Grundzüge der Literaturwissenschaft

Herausgegeben von
Heinz Ludwig Arnold und Heinrich Detering

Deutscher Taschenbuch Verlag

Von Heinz Ludwig Arnold
sind im Deutschen Taschenbuch Verlag erschienen:
»Draußen vor der Tür«. Deutsche Literatur 1945–1948 (dtv 12081)
»Doppelleben«. Deutsche Literatur 1949–1952 (dtv 12082)
Im Treibhaus. Deutsche Literatur 1953–1956 (dtv 12083)
Die Wunderkinder. Deutsche Literatur 1957–1960 (dtv 12084)
Geteilte Himmel. Deutsche Literatur 1961–1966 (dtv 12369)
Deutschstunden. Deutsche Literatur 1967–1971 (dtv 12441)
Unvollendete Geschichten. Deutsche Literatur 1972–1977 (dtv 12442)
Seelenarbeiten. Deutsche Literatur 1978–1983 (dtv 12596)
Letzte Welten. Deutsche Literatur 1984–1989 (dtv 12636)
Augenblicke des Glücks. Deutsche Literatur 1990–1995 (dtv 12697)
Flatterzungen. Deutsche Literatur 1996–1999 (dtv 12827)
Die westdeutsche Literatur 1945–1990. Ein kritischer Überblick
(dtv 30485)

Originalausgabe
Oktober 1996
6. Auflage November 2003

www.dtv.de

Umschlagkonzept: Balk & Brumshagen
Satz: Wallstein Verlag, Göttingen
Gesetzt aus der Stempel Garamond 9,5/11,2 Pt.
Gedruckt auf säurefreiem, chlorfrei gebleichtem Papier
Druck und Bindung: Druckerei C. H. Beck, Nördlingen
Printed in Germany · ISBN 3-423-30171-6

Inhalt

Vorwort

Idee und Konzeption dieses Studienwerks waren einst das Ergebnis vergeblichen Suchens nach im Zusammenhang gegebenen Beschreibungen und Definitionen literaturwissenschaftlicher Begriffe.

An Möglichkeiten, sich zu informieren, fehlte es damals zwar auch nicht, doch war jedes der verschiedenen Hilfsmittel nur auf (s)eine Weise benutzbar: Bot das eine ausführliche Artikel zu grundlegenden Begriffen, ohne die benutzten untergeordneten Einzelbegriffe zu definieren, so enthielt das andere lediglich kurze Worterklärungen und ließ den Zusammenhang und den Überblick außer Betracht.

Das Auseinanderliegende zusammenzubringen, ohne je eines zu vernachlässigen; zu versuchen, die Bestimmung untergeordneter Begriffe innerhalb einer Systematisierung literaturwissenschaftlicher Grundbegriffe zu leisten; schließlich also auch zu wagen, die stets problematisierte Literaturwissenschaft in einen neuen, weder traditionslosen noch allzu rigiden systematischen Zusammenhang zu bringen – dies waren die Forderungen, denen der 1973 erstmals erschienene und seither in zehn Auflagen verbreitete Band I der »Grundzüge der Literatur- und Sprachwissenschaft«, der Band »Literaturwissenschaft«, gerecht werden mußte.

Wichtig waren zumindest Plausibilität der Systematisierung, auch Erklärung und Bestimmung aller in Frage stehenden Begriffe. Sie wurden im Textzusammenhang und, davon unabhängig, in einem umfangreichen Glossar gegeben und sollten vom Register her schnell zu erschließen sein. Denn ohne diese Definitionen wäre das Verständnis der Artikel und ihre Verknüpfung innerhalb der versuchten Systematik kaum verbürgt.

Gerade in der Literaturwissenschaft mit ihrer zunehmenden Tendenz zur Teilhabe an einer allgemeinen Theoriebildung aber sind Begriffe selten normativ und noch weniger exakt. Deshalb ist es schier unmöglich, eine bis in die Filigranstruktur hinein gültige Systematik zu erreichen. Dennoch verstanden sich die »Grundzüge« auch als systematisierender Versuch. Und als solcher folgte er verständlicherweise den Signalen der damaligen Zeit.

Nach 23 Jahren erscheinen die »Grundzüge der Literaturwissenschaft« nun in einer völlig neuen Fassung. Die ihnen gegenwärtig zu Grunde liegende Systematik entspricht in ihrer gleichzeitigen Offenheit den Wandlungen auf dem Feld der Literaturwissenschaft.

Alles aber, was damals vom Grundsatz her gewollt wurde, gilt prinzipiell auch für diese Neufassung.

Damals wurde die Mühe so vieler, die an der Realisierung der Idee mitgewirkt haben, durch die wirkungsvolle Annahme der »Grundzüge« belohnt. Darauf hoffen alle, die an dieser Neufassung mitgearbeitet haben, auch diesmal.

Zu danken ist allen Beiträgern nicht nur für ihre Mitarbeit, sondern auch für vielfältige konzeptionelle Anregungen, Einwände und Ermutigungen und besonders für die Bereitschaft, Texteingriffe, die dem Dialog zwischen den Kapiteln und der Verständlichkeit dienen sollten, geduldig zu ertragen. Die Fülle technischer Schwierigkeiten, mit denen ein Vorhaben dieses Umfangs die Herausgeber konfrontiert, wäre nicht zu bewältigen gewesen ohne die Hilfe von Anne-Bitt Gerecke, Nicola Graap, Olaf Petersenn, Scharief El-Samadoni und vor allem Axel Ruckaberle. Auch ihnen sei hier gedankt.

Göttingen und Kiel, im August 1996 Heinz Ludwig Arnold
Heinrich Detering

»Grundzüge der Literaturwissenschaft« Eine Gebrauchsanweisung

1. Moden und Methoden

»Je näher man ein Wort ansieht«, hat Karl Kraus erklärt, »desto ferner sieht es zurück.« Betrachtet man lange genug den Titel des vorliegenden Bandes, so bestätigt sich diese Behauptung. »Grundzüge«, »Literaturwissenschaft« – was, genau besehen, soll das sein? Grundzüge, so könnte das diesem Band beigegebene → GLOSSAR paraphrasieren, sind Aufrisse, Strukturskizzen, Baupläne, also Darstellungen von Fundamenten, auf denen so komplexe Sachverhalte basieren wie beispielsweise diejenigen, die alltagssprachlich unter dem Begriff Literaturwissenschaft zusammengefaßt werden. Dieser Begriff wiederum, so wäre dort fortzusetzen, bezeichnet die Gesamtheit der wissenschaftlichen Beschäftigungen mit Literatur. Und damit schließlich wird im weiteren Sinne einfach die Gesamtheit aller geschriebenen und gedruckten Texte und ihrer mündlichen Vorgänger oder Modelle bezeichnet (über das heikle Verhältnis der Literalität zur Oralität und des Gedruckten zu anderen Medien mehr im Kapitel → LITERATUR UND MEDIEN). Dieser denkbar »erweiterte Literaturbegriff« ließe sich dann entsprechend den Eigenschaften, die an diesen Texten aufweisbar sind oder privilegiert werden, einschränken oder untergliedern – etwa nach fiktionalem Status in entweder »Sach-« und »Gebrauchs-« oder »belletristische«, »fiktionale«, »poetische Literatur« (welche dem gebräuchlichsten Begriff von »Literatur« im engeren Sinne entspräche); aber auch nach sprachlicher oder nationaler Zugehörigkeit – etwa in »deutschsprachige«, »romanische«, »skandinavische« Literaturen (im Plural) oder, enger, in eine »deutsche«, »französische«, »italienische« »National-«Literatur (im Singular); nach historischen (»mittelalterliche«, »Renaissance-«, »Gegenwarts-«Literaturen) oder soziologischen Kategorien (»Massen-«, »Jugend-«, »Frauen-«, »Arbeiter-«Literatur); nach Wert- (»Hoch-« oder »Trivial-«Literatur) und anderen Maßstäben, deren Zahl so groß ist wie die der möglichen Unterschiede zwischen Texten – also unendlich.

Die eben aufgezählten Möglichkeiten bezeichnen einige der bisher wohl am häufigsten gebrauchten Unterscheidungen; neue können jederzeit etabliert werden. Und wie die Literatur(en), so ihre Wissenschaft(en). Zu der grundlegenden Differenzierung in historische (oder »diachrone«) und systematische (oder »synchrone«) Ausrichtungen (zumeist unter den Etiketten »Literaturgeschichte« und »allgemeine Literaturwissenschaft«; zu den Begriffen und ihrer Geschichte vgl. RÜDIGER 1973 und WEIMAR 1989) gesellen sich von Jahr zu Jahr neue Unterscheidungen, die jeweils besondere Strömungen oder Schulen bezeichnen, alte und neue oder erneuerte »-ismen« oder »studies«.

Das erläuterungsbedürftigste Wort im Titel dieses Buches ist also der bestimmte Artikel. Die Literaturwissenschaft – das ist, scheint es, eine abenteuerliche Vereinfachung. Nichts kann diesen optimistischen Singular deutlicher Lügen strafen als ein Blick ins → INHALTSVERZEICHNIS dieses Buches selbst. Die meisten der dort aufgelisteten und abkürzend etikettierten »-ismen« und »-iken« würden es sich verbitten, so einfach, wie es für einen »Grundzüge«-Band naheläge, unter das Dach eines »Methodenpluralismus« zusammengezwängt zu werden. Zunächst deshalb, weil sich gegen das Wort »Methode« in unserem Fach in den letzten Jahrzehnten grundsätzliche Skepsis breitgemacht hat: Es suggeriere, so lautet der Einwand, ein Sortiment von säuberlich nebeneinander bereitliegenden Operations-Instrumenten, wo es sich doch in Wahrheit um das Zubehör von Theorien handle, die so grundverschieden seien wie Strahlenmedizin, Naturheilkunde und Hypnose. Und dem friedfertigen Wunsch nach »Pluralismus« steht die einfache Feststellung entgegen, daß nicht wenige dieser theoretischen »Grundzüge« schlechterdings unvereinbar scheinen und auch so verstanden werden wollen; was aber als Angriff gemeint ist, will nicht zum Diskussionsbeitrag verniedlicht werden (vgl. z. B. KITTLER 1991 und den Kontext der Debatte im Schiller-Jahrbuch 1991 bis 1993). Die Forderung, auf sprachliche Kunstwerke mit der »Kunst« der → ›TEXTIMMANENTEN‹ ANALYSE zu antworten, ist mit einer Verpflichtung der Textanalyse auf → SOZIALGESCHICHTLICHE ZUGÄNGE nicht ohne weiteres zu versöhnen; auf die Rekonstruktion ästhetischer »Stimmigkeit« ausgerichtete Interpretation und → DEKONSTRUKTION vertragen sich schlecht; und überhaupt sind → HERMENEUTISCHE MODELLE, scheint es, schwerlich in Einklang zu bringen mit poststrukturalistischen → PROBLEMATISIERUNGEN DER HERMENEUTIK.

Aber so anfechtbar der bestimmte Artikel ist – er ist doch die Rechtfertigungsgrundlage dieses Buches. Denn dessen Aufgabe und Ziel ist es, Orientierungen in jenem unübersehbaren Feld zu geben, das als ›Literaturwissenschaft‹ praktisch institutionalisiert ist – in

Schulfächern und universitären Studiengängen unterschiedlicher Philologien wie der ›Allgemeinen und Vergleichenden Literaturwissenschaft‹, in den entsprechenden Teilen des Buchmarktes (und den dazugehörigen Regalen beim Buchhändler), schließlich auch in der → LITERATURKRITIK und dem alltäglichen Literaturbetrieb. Dabei kann es gewiß nicht mehr um eine lückenlose Landkarte der einen Literaturwissenschaft gehen, wohl aber um die Darstellung (oder auch Konstruktion) eines Wegenetzes, das verschiedene, zuweilen weit auseinanderliegende und voneinander wenig Notiz nehmende Landstriche verbindet und Austausch zwischen ihnen ermöglicht, das sogar manche vermeintlich undurchdringliche Dickichte erschließen könnte, das die jeweils vertrauten heimatlichen Gefilde in einer weitläufigeren Topographie neu sehen ließe und Expeditionen in exotische Gefilde erleichtert. Das Verbindende dieser sehr unterschiedlichen Gegenden, das allein den Singular rechtfertigt, ist der gemeinsame Mutterboden, den ihre Bewohner mit sehr unterschiedlichen Anbaumethoden beackern: die Literatur. Die »Methoden«, die der vorliegende Band vorstellt, präsentieren sich darum nicht unter dieser (als ›technizistisch‹) mißverständlich gewordenen Bezeichnung, sondern als das, was sie ursprünglich bezeichnet hat: als Hinweise auf einen gangbaren Weg (»met-hodós«), als »Verfahren« und »Zugänge« (Teil V). Ihr gemeinsamer Bezugspunkt, ihr Ziel und Existenzgrund ist die Konzentration auf Texte in ihrer sprachlichen, rhetorischen, diskursiven, im engeren Sinne ihrer poetischen und ästhetischen Verfaßtheit.

Das hier entworfene Landschafts-Bild ist vergleichsweise jung; es ist wie alle anderen auch historisch bedingt, veränderbar und vergänglich. Als 1973 die erste Auflage und Version dieser »Grundzüge« von Heinz Ludwig Arnold und Volker Sinemus veröffentlicht wurde, da schien die Etablierung einer an den empirischen Sozialwissenschaften orientierten, in einigen Ausprägungen gar dem Modell exakter Wissenschaften wie der Mathematik folgenden, systematisch geschlossenen und einheitlichen Wissenschaft von der Literatur nicht nur erstrebenswert, sondern auch in greifbare Nähe gerückt zu sein.

Eine unüberschaubare Fülle soziokultureller, politischer, wissenschaftlicher Verschiebungen und Brüche haben in den vergangenen vierundzwanzig Jahren nicht nur diesen Optimismus zweifelhaft erscheinen lassen, sondern auch das Ziel, das er vor Augen hatte. Einige Protagonisten der Vereinheitlichung haben seither selbst die eigenen Methoden in Frage gestellt, indem sie sie zu Ende dachten oder die Prämissen gegen sich selbst wandten – so etwa, um das prominenteste (und im vorliegenden Band bemerkenswert häufig zitierte) Beispiel zu nennen, Roland Barthes, der sich vom Lehrer der strukturalen Textanalyse (1966), in der Konsequenz des dort Gelehrten, zum Verkünder der »Lust am Text« (1973) wandelte, vom Rekonstrukteur des Textes als eines Mechanismus zur Erzeugung von Bedeutungen zum Dekonstrukteur der Eindeutigkeiten, vom wissenschaftsbegeisterten Analytiker der *lisiblen* Texte zum Poeten der *écriture*.

Wer mag, kann in solchen Wandlungen des Zeitgeistes die ›Postmoderne‹ wahrnehmen. Schwer vorstellbar jedenfalls, daß in der Blütezeit eines strikt taxonomischen Strukturalismus und »mathematischer Textmodelle« ein Beiträger zu den »Grundzügen der Literaturwissenschaft« eine Verteidigung ausgerechnet der literaturwissenschaftlichen Moden-Anfälligkeit verfaßt hätte, wie sie von Walter Erhart im »Jahrbuch der Deutschen Schillergesellschaft« 1994 zu lesen war. In einer der Grundsatzdebatten über die »Krise des Faches«, wie sie in diesen Jahren in Publikationen und auf Germanistentagen geführt wurden (und deren Grundpositionen sich mit Gewinn in den Schiller-Jahrbüchern 1988-1995 nachlesen lassen), plädierte Erhart für einen fröhlichen Pluralismus; und er schrieb dabei ausgerechnet dasjenige Reizwort auf seine Fahne, das in der öffentlichen Diskussion wie im angefochtenen Selbstbewußtsein des Faches nach 1968 die Distanz zu den exakten Wissenschaften besonders schmerzlich zu markieren schien. Sein Beitrag war ein »Plädoyer für Moden«, das ausführlicher zitiert zu werden lohnt:

»Weit davon entfernt, das ›falsche Neue‹ zu repräsentieren, bewahren Moden das Fach vor einer geistigen Erstarrung, die meistens diejenigen befällt, die ihren müden, neugierlosen Blick mit einer Autopsie des ›bloß Modischen‹ verwechseln. [...] Die Geschichte der Germanistik seit 1945 ist noch nicht geschrieben; sie könnte aber das hier vorgetragene Plädoyer für literaturwissenschaftliche Moden durchaus unterstützen und darüber aufklären, daß der schnelle Wechsel dieser Moden die Disziplin oft genug selbst erst innovativ (für angrenzende Gebiete) und auch attraktiv (für neue Generationen, für die Öffentlichkeit) werden ließ.

Dieser Gewinn droht freilich verspielt zu werden, wenn das Neue nicht mehr dankbar aufgenommen wird, um Horizonte zu erweitern und Grenzen zu durchbrechen, sondern als eng umgrenzte ›Spezialgebiete‹ sorgsam abgeschottet und bald darauf als etwas nur Vorübergehendes betrachtet und daher vollständig ignoriert wird.

Moden sollen wieder verschwinden, und wenn am Anfang des Germanistik-Studiums die Rezeptionsästhetik als Innovation gefeiert und umworben [...], am Ende des Studiums schon wieder als ›angestaubt‹ oder – hochtrabender und mißverständlicher – als ›gescheitert‹ zurückgestellt wird: Warum denn nicht? Warum aber nicht auch Jauß und Iser heute einer Re-Lektüre unterziehen und die Moden der siebziger Jahre wieder in Umlauf bringen? Oder sich auf das Neueste stürzen, auf Judith Butler, Martha Nussbaum, Luc Ferry, Terry Eagleton, Greil Marcus, Robert C. Holub, Stephen Greenblatt (schon gehört, schon gelesen?), und mit Neugier zu bemerken, daß Poststrukturalismus und Postmoderne – anderswo – bereits wieder passé sind?« (ERHART 1994, S. 421f.)

Nun wird freilich auch die wacheste Neugier dem Dauerbeschuß durch *name dropping* (dessen Namensliste mutmaßlich schon bei Drucklegung dieses Buches wieder veraltet sein dürfte) auf die Dauer nicht standhalten, und sei es noch so spannend und spaßhaft; und das fortwährend neueste »schon gelesen?« wird auf die Dauer auch beim besten Willen nicht mehr so recht »dankbar aufgenommen« werden, eher doch entnervt ignoriert. Aber so auffallend dieses fashionable Literaturprogramm dem Zappen durch die verschiedenen Fernsehprogramme ähnelt, die damit alle gleich gleichgültig zu werden drohen, so beherzigenswert ist es doch. Erharts postmoderne Variante der Pluralitäts-Forderung erlaubt, ja fordert schließlich nicht nur, daß Unvereinbares gegeneinandergestellt und miteinander ins Spiel gebracht werde (und genießt die Differenzen lieber, als sie zum Verschwinden bringen zu wollen); sie schließt auch die Neulektüre des Veralteten ein und bricht damit, entgegen dem erklärten Vorsatz, mit der allen Moden gemeinsamen (sie am deutlichsten als Moden markierenden) Forderung nach Vergessen. In der Tat, Rezeptionsgeschichte und Wirkungsästhetik stehen ja noch zur Verfügung, auch wenn ihre (›modischen‹) Triumphe schon länger zurückliegen, und neben ihnen, ebenfalls in bequemer Reichweite, die »existentiale Interpretation« der fünfziger und die Spielarten marxistischer »Widerspiegelungs«-Modelle der sechziger Jahre, die psychoanalytischen Textlektüren freudianischer, jungianischer, lacanianischer Prägung, Adornos Ästhetik und Gadamers Hermeneutik, Habermas' Ideologiekritik und Kaysers Werkinterpretation und viele und vieles andere. Vermutlich wird nur sehr weniges davon sich nach noch so erfolgreichen Wiederbelebungsversuchen ganz in der alten Frische zeigen. Aber das Abgetane muß ja nicht schon deshalb immer das zu Ende Gedachte sein, weil es abgetan ist.

Und nicht bloß zur Bereicherung einer ohnedies schon hinreichend unübersichtlichen Diskussion sollte manches schon Totgesagte wieder ins Leben gerufen (oder in seiner unbemerkten Lebendigkeit wieder wahrgenommen) werden, sondern auch, weil sich viele Gestalten des auf den ersten Blick so Neumodischen als Wiedergänger des Alten erweisen könnten.

Vorsichtiger gesagt: Auf manches schon längst für »passé«, »angestaubt« oder »gescheitert« Gehaltene werfen neue Moden und Methoden ein neues Licht, und manche erstrahlen in dieser Beleuchtung unverhofft in neuem Glanz. In den Zeiten der florierenden → DEKONSTRUKTION und ihres neuen ›close reading‹ beispielsweise zeigt sich die → ›TEXTIMMANENTE‹ ANALYSE überraschend in freundlicherer Beleuchtung als in den Zeiten, in denen die ›Sozialgeschichte der Literatur‹ den Ton angab (die damit ihrerseits noch keineswegs »passé« ist). Paul de Man und Emil Staiger können ein zwar ungleiches, aber eben darum schönes Paar abgeben, das wiederum mit der alten Rhetorik Quintilians in eine leidenschaftliche *ménage à trois* geriete – weshalb hier, des jeweiligen modischen Status ungeachtet, von allen dreien ausführlich die Rede sein wird. Und die poststrukturalistischen Proklamationen einer »Lektüre« anstelle der alten »Interpretation« erkundigen sich von neuem nach den vermeintlich schon erledigten Konzepten der → WIRKUNGSÄSTHETIK und → REZEPTIONSGESCHICHTE – weshalb auch diese beiden Geschwister hier ausführlich zu Wort kommen. (Gut möglich also auch, daß in den nächsten zwanzig Jahren die mathematisch-taxonomische Textanalyse, vielleicht in computergestützter Form, wieder mehr Aufmerksamkeit erfährt, als ihr in diesem Band gewidmet wurde.)

Manche neuen Fragen also zeigen sich bei näherem Hinsehen eher als neue Formulierungen von sehr alten. Das Nestroy-Wort, das Ludwig Wittgenstein 1945 seinen »Philosophischen Untersuchungen« vorangestellt hat, gilt auch hier: »Überhaupt hat der Fortschritt das an sich, daß er viel größer ausschaut, als er wirklich ist.« Neben Roland Barthes behauptet sich als eine der meistzitierten theoretischen Autoritäten dieses Buches Aristoteles; und nicht nur die so jahrhundertealten wie aktuellen Debatten um »Mimesis« und »Mythos« bestätigen zumindest in diesem Fall den emblematischen Satz, daß der Pfeil um so weiter fliege, je weiter die Sehne zurückgespannt worden ist. Damit aber ist schon ein weiteres Grundproblem aller gegenwärtigen Beschäftigung mit der Literaturwissenschaft berührt: ihre Affinität zu den großen Theorien.

2. Philosophen und Phantome

Wer sich aus »Lust am Text« ins Studium der Literaturwissenschaft stürzt, wird häufig den Eindruck gewinnen, daß sie eigentlich von Gott und der Welt handelt, von Sprechakttheorien und Subjektmodellen, Kastrationswunden und Dezentrierung, von Mythos und Mystik. Über alle ›Methoden‹-Debatten hinaus und hinter sie zurück hat sich seit den 68er Klagen über ein »Theoriedefizit« des Faches ein theoretisches Reflexionsniveau etabliert, das so imponierend wie (nicht nur für Anfänger) häufig einschüchternd ist. Aber ehe man hier das Fach um seinen eigenen Gegenstand gebracht sieht, wäre daran zu erinnern, daß theoretische Grundprobleme auch dort bestehen, wo nicht nach ihnen gefragt wird. Je weiter man aber zurückfragt nach den Grundlagen selbst einer noch so handfesten analytischen Methode, desto philosophischer werden die Fragen – und desto präziser formulierbar die Voraussetzungen, aus denen die konkrete Textanalyse dann hervorgeht. Das beginnt (seit langem schon) mit Problemen der allgemeinen Ästhetik und der → POETIK; und der Bezirk dessen, was zu den literaturwissenschaftlichen »Grundfragen« gehört (oder zu gehören beansprucht), hat sich seit dem Ende des 19. Jahrhunderts in zunehmender Beschleunigung erweitert und ausdifferenziert – mit sprachanalytischen Fiktionalitätstheorien, mit strukturalen Modellen der Sprach-, dann Literatur- und schließlich überhaupt der Kulturwissenschaften und anderen Konzepten, die herkömmliche Fächergrenzen überschreiten, wenn nicht auflösen. Mit den in vieler Hinsicht vergleichbaren Ausdifferenzierungen der Selbstreflexion in anderen (zumal ›Geistes-‹) Wissenschaften haben sich überdies auch dort zunehmend Konzepte entwickelt, die für die Auseinandersetzung mit Literatur nicht ohne Folgen bleiben können (und die ihrerseits zunehmend auch der Literatur bedürfen) – man denke nur an gegenwärtige Strömungen wie den »new historicism« (alias »cultural poetics«!) in den Gesellschaftswissenschaften, an neuere Theoriedebatten über Historiographie und Fiktionalität in der Geschichtswissenschaft, an Lacans sprachtheoretische Neuformulierung der Freudschen Psychoanalyse, an die Verwandlung der Medientheorie von einer einstigen Hilfswissenschaft der Textanalyse zum Kernbestand genuin literaturwissenschaftlicher Entwürfe und so fort.

Wer also ›nur‹ Literaturwissenschaft betreiben will, betreibt am Ende nicht einmal diese – und wer, andererseits, nur nach deren philosophischen (oder sozialgeschichtlichen, medialen oder psychoanalytischen) Grundproblemen fragt, betreibt auch dann keine Literaturwissenschaft, wenn er fallweise literarische Texte als Belege heranzieht. Daß die Literaturwissenschaft zur Hilfswissenschaft für Nachbardisziplinen werden kann und soll (wie umgekehrt diese für sie), muß ja nicht dazu führen, daß sie sich von ihnen einverleiben läßt.

Diese Affinität des Faches zu den großen Theorien hat sich in seiner Geschichte zuweilen, von den Anfängen der Hermeneutik bis zur Diskursanalyse, als philosophisch wie literaturwissenschaftlich höchst produktiv erwiesen, nicht selten aber auch als schiere Ideologieanfälligkeit. Gegen das Bestreben, in den Texten möglichst genau das wiederzufinden, was als vorgewußte Wahrheit nur bestätigt, aber nicht mehr befragt werden soll, kann eine programmatische Aufmerksamkeit für die Texte in ihrer Besonderheit und Einzigkeit zwar nicht immunisieren, aber doch die Abwehrkräfte stärken. Die Vorstellung andererseits, daß es eine schlechterdings ›ideologiefreie‹ Literaturwissenschaft geben könnte, gehört wohl ebenso ins Reich der Phantome wie die von einer ›theoriefreien‹ Analyse. Gerade die originellsten Beiträge neuerer marxistischer Theoretiker wie Terry Eagleton oder Fredric Jameson haben gezeigt, wie erhellend die Reflexion (und Selbstreflexion) ideologischer Prämissen sein kann, wenn sie offengelegt und zur Diskussion gestellt werden (→ SOZIALGESCHICHTLICHE ZUGÄNGE).

3. System und Dialog

Die damit knapp resümierten Überlegungen haben Folgen für die Konzeption dieses Buches. Es ist so systematisch gegliedert, daß es eine fortlaufende Lektüre ermöglicht – seine einzelnen Teile sind ausdrücklich als ›Kapitel‹ konzipiert, nicht lediglich als ›Aufsätze‹ oder ›Beiträge‹. (Abgesehen von diesem übergreifenden Zusammenhang freilich kann jeder dieser Texte auch als ein selbständiger Handbuchartikel unabhängig von den anderen benutzt werden.) Die sechs Teile, in die diese 31 Kapitel zusammengefaßt sind, beschreiben einen Bogen, dessen erste Hälfte von den Bedingungen literarischer Texte und ihrer Analyse handelt, woraufhin dann die zweite die Verfahren und Kategorien der Textgestaltung, Textanalyse und Textrezeption erörtert. Dabei sind mit »Voraussetzungen« Grundprobleme gemeint, nicht etwa bloß äußerliche Vorfragen, die nach gebührender Erörterung erledigt und abgetan wären. Fundamentale Ambivalenzen und Widersprüche, wie sie hier erörtert werden, bestimmen unterschiedliche Zugänge auf allen erdenklichen Ebenen, sind daher keineswegs zu reduzieren auf ›bloße‹ Voraussetzungen, die stillschweigend akzeptiert oder ignoriert werden könnten.

Der Bogen reicht also von den ästhetischen und sprachtheoretischen, mediengeschichtlichen und -theoretischen, soziologischen »Voraussetzungen und Grundfragen« der Literaturwissenschaft (I) über die philosophischen »Grundfragen der Textanalyse« zwischen »Hermeneutik« und »Poststrukturalismus« (II) und die grundlegenden Probleme und Verfahren der »Textkritik und Textedition« (III) bis zu den »Grundlagen der Textgestaltung« (IV), »Verfahren der Textanalyse« (V) und schließlich »Grundfragen der Textrezeption« (VI). Daß und warum dabei nach Möglichkeit versucht wurde, alte und neue Konzepte aufeinander zu beziehen und miteinander ins Gespräch zu bringen, davon war hier schon die Rede; wiederholt werden soll allein der ausdrückliche Hinweis auf den Horizont, der die vorliegende wie jede Auswahl des für darstellenswert Gehaltenen begrenzt: Er ist abhängig vom Standpunkt des Betrachters, also hier des Unterzeichneten, und dementsprechend relativ und vorläufig.

Wo alles mit allem zusammenhängt – oder jedenfalls vieles mit vielem –, wo Diskursanalyse und *gender studies,* Dekonstruktion und Rhetorik, Edition und Intertextualität nicht mehr ohne einander auskommen, da erweisen sich Grenzziehungen zwischen Kapiteln und Abschnitten weithin als willkürlich – es könnte alles, um den skeptischen Lichtenberg zu zitieren, auch ganz anders sein. Um also einerseits dem berechtigten Benutzer-Bedürfnis nach systematischer Orientierung Rechnung zu tragen, andererseits aber keine falsche Eindeutigkeit zu suggerieren, sind in den übersichtlichen Grundriß der »Grundzüge« zwei subversive Mechanismen eingebaut: Erstens finden sich in jedem Kapitel → QUERVERWEISE auf andere (mit kontextbedingt variierenden Kurztiteln); und diesen Wegweisern folgend kann man ganz andere und sich weiter verzweigende Lektüre-Wege beschreiten, als der lineare Aufriß vorschlägt. Zweitens sind Doppelungen und Überschneidungen zwischen den Kapiteln nicht nur nicht vermieden, sondern nachdrücklich gefördert worden: Wechselseitige Beleuchtungen setzen Wechsel der Lichtquellen voraus. Wichtige oder jedenfalls umstrittene Themen sind deshalb hier aus unterschiedlichen Perspektiven und in unterschiedlichen Zusammenhängen erörtert. So behandelt Peter Rusterholz die wirkungsästhetischen und rezeptionsgeschichtlichen Ansätze der »Konstanzer Schule« im Zusammenhang eines historisch-systematischen Überblicks über → Hermeneutische Modelle; Matthias Richter und Detlev Schöttker nehmen dieses Thema dann im Hinblick auf diejenigen Fragen wieder auf, die für die konkrete Textanalyse relevant sein könnten (→ Wirkungsästhetik) oder die historische Tradierung und Vermittlung von Texten betreffen (→ Rezeptionsgeschichte); erzähltheoretische Modelle wie dasjenige Franz K. Stanzels werden von Jochen Vogt unter narratologischen, von Klaus Müller-Dyes unter gattungstheoretischen Aspekten erörtert (→ Grundlagen narrativer Texte; → Gattungsfragen); die soziologischen Modelle Pierre Bourdieus sind bei Ludgera Vogt und Andreas Dörner Gegenstand grundsätzlicher Überlegungen zu → Literatur – Literaturbetrieb – Literatur als ›System‹, während sie bei Kirsten Wechsel im Blick auf Textanalysen behandelt werden (→ Sozialgeschichtliche Zugänge); Grundprobleme des → Strukturalismus werden von Rainer Grübel aus der Tradition des Russischen Formalismus entwickelt, von Caroline Pross und Gerald Wildgruber in der Perspektive der → Dekonstruktion kritisch erörtert; und so fort.

In besonders umstrittenen Bereichen ist dieses dialogische Prinzip entsprechend nachdrücklich zur Geltung gebracht worden – in der vorangestellten Diskussion um »hermeneutische« und »antihermeneutische« Bewegungen der Literaturwissenschaft und in der Grundfrage danach, welche Texte denn überhaupt Gegenstand des Faches sein sollten: Der Themenkomplex der Kanonisierung und literarischen Wertung ist deshalb von zwei Bearbeitern unabhängig voneinander dargestellt worden. Der vorliegende Band soll also, mit einem Wort, zugleich systematisch (→ Literatur als ›System‹) und dialogisch sein (→ Dialogizität).

Gemeinsamer Gegenstand all dieser Kapitel ist, auch daran sei noch einmal erinnert, die Literaturwissenschaft – also weder eine nationalphilologisch verstandene »Germanistik« (auch wenn viele Beispiele der – für deutschsprachige Leser – Einfachheit halber aus der deutschen Literatur stammen) noch das Ensemble derjenigen benachbarten oder übergreifenden Theorien, ohne die literaturwissenschaftliche Reflexion nicht auskommt. Es wird also selbstverständlich auch um → Literatur und Medien gehen, aber nicht durchweg um Literatur- als Medienwissenschaft; für Sozialwissenschaften, Psychoanalyse, philosophische Ästhetik und andere Disziplinen gilt das Entsprechende.

Zu den Richtlinien für die Beiträger gehörte die dreifache Bitte, so systematisch wie möglich und so historisch wie nötig zu schreiben, so referierend wie möglich und so wertend wie nötig – und so verständlich wie nur irgend möglich. Dieser Grundsatz der Einfachheit ohne irreführende Vereinfachung galt für Fragen der → RHETORIK und → STILISTIK wie vor allem für den Umgang mit Fachterminologie. Wer die Geschichte der Hermeneutik kennenlernen will, muß sich wohl oder übel auch mit Heideggers esoterischer Schreibweise oder Gadamers Metaphorik auseinandersetzen; wer verstehen möchte, was *deconstruction* bedeuten soll, muß bereit sein, sich in andere als die alltäglichen Verwendungsweisen von Begriffen wie »Schrift«, »Stimme«, »Lektüre« einzulesen; wer bei »Phallus« immer nur Anatomisches assoziiert, wird mit Lacans Konzeption von Literatur und Psychoanalyse wenig anfangen können. Wo freilich solche Termini nur vorausgesetzt, aber nicht in umgangssprachlich verstehbarer Weise erläutert werden, bleibt es beim Unverständnis – oder dem heimlichen Appell an dasjenige sprachliche »Imponiergehabe eines rücksichtslosen Spezialistenjargons« (SCHÖNE 1986, S. 12), das einmal als »Uni-Bluff« zu akademischen Bestseller-Ehren kam. Dagegen hilft gewiß keine »Popularisierung [...], die das der Sache nach Schwierige und Anspruchsvolle versimpelte«, wohl aber das Bemühen, »den eigenen wissenschaftlichen Anspruch in angemessenen Formen auszubalancieren mit dem Öffentlichkeitsanspruch auf Verständlichkeit« (ebd.). Die Feinde der Literaturwissenschaft sind keineswegs (wie gelegentlich geargwöhnt wird) die neuen → MEDIEN, sondern ihre eigenen alten Laster: Selbstzufriedenheit, Gleichgültigkeit gegenüber Lesern, die Abstumpfung des wissenschaftlichen → LITERATURBETRIEBS gegenüber der Literatur.

Zur möglichst deutlichen Begrifflichkeit soll über die einzelnen Kapitel hinaus auch hier, wie bereits in der ersten Ausgabe, das → GLOSSAR beitragen, das unter Mitwirkung aller Beiträger erstellt worden ist (dabei wurden besonders wichtige oder in unterschiedlichen literaturwissenschaftlichen Konzeptionen und Disziplinen gleichermaßen zentrale Begriffe jeweils von mehreren Beiträgern unabhängig von einander erläutert). Wie schon in der ersten Ausgabe läßt das Glossar sich zum Nachschlagen von in den Beiträgen gebrauchten Fachtermini benutzen, darüber hinaus und unabhängig davon aber auch als selbständiges, freilich naturgemäß unvollständiges kleines Wörterbuch der Literaturwissenschaft. Das *Sachregister* ergänzt das Glossar durch Verweise auf Begriffe in den Kapiteln (nicht aber auf Glossareinträge); auf die frühere Markierung glossierter Begriffe im fortlaufenden Text ist zur Erleichterung der Lektüre verzichtet worden. Daß dem Sach- nun ein *Namensregister* an die Seite tritt, hat auch etwas mit der zunehmenden ›Unübersichtlichkeit‹ der Literaturwissenschaft zu tun, in deren Praxis nicht selten Namen leichter zur Orientierung und abkürzenden Verständigung taugen (etwa: »Barthes«) als Begriffe (hier also etwa: »Strukturalismus«, »Poststrukturalismus«, »Neostrukturalismus«, »Semiotik«, »Semiologie«, »Dekonstruktion«) – schon deshalb, weil sich über ihren Wortlaut weniger streiten läßt. Wie in der ersten Ausgabe ist auch in der vorliegenden um der Übersichtlichkeit willen auf Anmerkungen und Fußnoten verzichtet worden. Das *Literaturverzeichnis* (auf dessen Einträge im fortlaufenden Text mit den in KAPITÄLCHEN gesetzten Namen von Verfassern und Herausgebern, in allen Zweifelsfällen auch mit Jahreszahl und Index verwiesen wird) ist aus demselben Grund nicht mehr in Einzelbibliographien zu je einem Kapitel gegliedert, sondern durchlaufend konzipiert: Auch hier hat sich insofern eine Tendenz zur Auflösung einst scharfer Trennungen zwischen den ›Methoden‹ gezeigt, als eine große Zahl von Forschungsbeiträgen in ganz unterschiedlichen Zusammenhängen immer wieder aufgegriffen worden sind.

Die »Grundzüge« sollen also gangbare Pfade in das weite Feld »der Literaturwissenschaft« eröffnen, ohne das Terrain einzuebnen. Sie sollen aber keineswegs entscheiden, welche Pfade Ab- und Umwege sind, welche Abkürzungen, welche womöglich die Königswege. Dennoch können, eingedenk des hier über theoretische und ideologische Prämissen Gesagten, auch die Herausgeber von ›Grundzügen der Literaturwissenschaft‹ angesichts des anscheinend Unvereinbaren nicht ganz neutral bleiben. Deshalb sei hier abschließend eine persönliche Wunschvorstellung offengelegt, die das Konzept dieses Bandes mitbestimmt hat.

4. Für eine geläuterte Hermeneutik

Vieles ist mit vielem vereinbar; Grenzgänge und Vermischungen vollziehen sich allenthalben in schöner Unvorhersagbarkeit. Wirklich fundamentale Problematisierungen und Erschütterungen dessen, was bislang »Literaturwissenschaft« hieß, sind aber vor allem in unterschiedlichen Ausprägungen dessen formuliert worden, was unter einem Etikett wie »Dekonstruktion« verbucht wird.

Noch die unterschiedlichsten Versuche, Texte zu verstehen, und die unterschiedlichsten Meinungen darüber, was unter »Verstehen« zu verstehen sei, stehen gemeinsam einer auf grundsätzliche Nichtverstehbarkeit, auf »Unlesbarkeit« der Texte (Paul de Man) zielenden Lektüre diametral entgegen. Das zugleich Anziehende und für traditionelle Leseweisen Herausfordernde des Verfahrens liegt in seiner philologischen Prägnanz: Nicht eine bloß externe, ›ideologische‹ Prämisse, sondern subtile, die hermeneutischen Tugenden auf die Spitze treibende »Lektüre« ist es, die die Ruhe der Verstehbarkeit stört (wie hier im → DEKONSTRUKTIONS-Kapitel an Beispielen gezeigt wird).

Hatte die frühe Hermeneutik noch, so vernünftig wie arglos, auf die Frage geantwortet, was uns der Dichter mit seinem Text sagen wolle, so fügten spätere, sozialgeschichtlich, soziologisch, psychoanalytisch belehrte und modifizierte Hermeneutiken dem die zweite Frage hinzu: Und was sagt er uns tatsächlich? Selbst die strukturalistische Verschiebung des Untersuchungsgegenstands von den jeweiligen Bedeutungen auf die Verfahren ihrer Erzeugung hat, manchen Zeitenwende-Prophezeiungen zum Trotz, einerseits neue Möglichkeiten einer Allgemeinen Literaturwissenschaft (und darüber hinaus Kulturanthropologie) eröffnet, andererseits aber die Verstehens-Konzepte der unterschiedlichen Hermeneutiken nicht nur nicht erledigt, sondern im Gegenteil oft vielmehr ›struktural‹ ausdifferenziert (→ FORMALISMUS UND STRUKTURALISMUS). Poststrukturalistisch inspirierte Theorien der »Intertextualität« haben zwar den Begriff des »Textes« erheblich verändert (und denjenigen eines wie auch immer relativierten »Autors« an den Rand der Auflösung gebracht), aber weithin doch immer noch (oder erst recht) ungeahnte Möglichkeiten der »Lesbarkeit« eröffnet (→ DIALOGIZITÄT, INTERTEXTUALITÄT, GEDÄCHTNIS). Selbst die → DISKURSANALYSE Foucaultscher Ausprägung (und die von ihr angeregten → MEDIEN-Theorien etwa Wolf und Friedrich A. Kittlers) haben die Verstehbarkeit der Texte nicht grundsätzlich in Frage gestellt, wohl aber mit beunruhigender Ausdauer nach den historischen Ermöglichungsbedingungen einer Redeweise gefragt (und ihren Implikationen und Ausschließungen), daß ein »Dichter« »uns« »etwas« »sage«. Die Praxis der Dekonstruktion konstituiert sich gegen den Hintergrund des Verstehens-Postulats selbst, gegen das sie die Einsicht zur Geltung bringen will, daß weder der ›Dichter‹ noch der ›Text‹ ›uns‹ ›in Wahrheit‹ ›etwas‹ ›sage‹, daß die Texte, als sprachlich verfaßte Gebilde, sich notwendig als »unlesbar« erweisen müßten und die Aufgabe der »Lektüre« der Nachweis dieses Umstands sei.

Solche Lektüren bedürfen der Folie der traditionellen »Interpretation«. Haben sie diese zum Verschwinden gebracht, erlischt zumindest das kühle Pathos, das zu ihren faszinierenden Begleitumständen gehört (vielleicht eines Tages gehört haben wird). Dann freilich gerät die Dekonstruktionsarbeit entweder in die Lage des Zauberkünstlers, der aus immer neuen Text-Zylindern immer dasselbe Unlesbarkeits-Kaninchen zieht, oder in eine unfreiwillige Selbstauflösung (weil gegen den wiederholten Nachweis der Unlesbarkeit der Leseverzicht doch die einfachere Lösung wäre). Eine dritte Variante aber wäre die am wenigsten spektakuläre, und sie scheint sich derzeit an verschiedenen Orten abzuspielen: Die Lektürepraxis der → DEKONSTRUKTION wird vom erstaunlich großen Bauch einer Hermeneutik verdaut, die bei dieser Nahrungsaufnahme und -anverwandlung abermals auch die eigene Gestalt erheblich verändert.

Wie aber kann das möglich sein, wo doch beide einander so offenkundig ausschließen? Von der in den siebziger Jahren wie eine kopernikanische Wende der Textanalyse proklamierten Rezeptions- und → WIRKUNGSÄSTHETIK sei, so meint Matthias Richter in diesem Band, wenig mehr übriggeblieben als eine gesteigerte Aufmerksamkeit für den Leser, und das sei doch immerhin gar nicht wenig. Von *deconstruction* ist bereits jetzt in vielen Varianten hermeneutischer Textanalyse mindestens dies geblieben: daß die interpretierende Herstellung von Schlüssigkeit, Geschlossenheit, Ein-Deutigkeit gar nicht mehr so erstrebenswert erscheint und daß sich eine gesteigerte Aufmerksamkeit für Brüche, Risse, Sprünge, für die Textur der Texte entwickelt hat (und eine den klassizistischen Vorlieben mancher der alten *new critics* noch unvorstellbare Lust daran).

Die Möglichkeit, daß daran etwas Richtiges sein könnte, hat in der Konzeption dieses Bandes dazu geführt, daß der Kontrastierung von → HERMENEUTISCHEN MODELLEN und → PROBLEMATISIERUNGEN DER HERMENEUTIK IM ZEICHEN DES POSTSTRUKTURALISMUS ein Versuch hinzugefügt wurde, nicht etwa beides zu ›synthetisieren‹ oder zu ›versöhnen‹, wohl aber zu erwägen, welche Konzepte produktiv miteinander ins Spiel kommen könnten, wo sich hartnäckig Mißverständnisse halten, wo unvereinbare Differenzen bestehen: → ZUM VERHÄLTNIS VON HERMENEUTIK UND NEUEREN ANTIHERMENEUTISCHEN STRÖMUNGEN. Die Herausgeber sind dabei durchaus nicht so vermessen, in einem »Grundzüge«-Band zu jenem wissenschaftlichen Dialog zwischen hermeneutischen und dekonstruktiven Konzepten beitragen zu wollen, der trotz Manfred Franks ausdauerndem Bemühen schon zwischen Gadamer und Derrida gescheitert ist (wie ebd. nachzulesen ist) – aber sie würden doch gern die Benutzer zu diesem Dialog ermuntern.

5. Coda

Im übrigen gilt auch für diese »Grundzüge« der Satz, daß ihr Benutzer, wenn es gut geht, am Ende »durch sie – auf ihnen – über sie hinausgestiegen« sein sollte: »Er muß sozusagen die Leiter wegwerfen, nachdem er auf ihr hinaufgestiegen ist« (Wittgenstein, »Tractatus logico-philosophicus«, Satz 6.54) – und auf eigene Faust weiterwandern durch die fremden, vertrauten, verlockenden Landschaften der Literatur.

HEINRICH DETERING

I. Voraussetzungen und Grundfragen der Literaturwissenschaft

1. Fiktionalität und Poetizität

von Lutz Rühling

1. Einleitung

1.1 Vorläufige Begriffsbestimmung

Was ist Literatur? Was unterscheidet einen literarischen Text von einem nicht-literarischen? Ist es wahr, daß die Dichter lügen, wie ihnen Platon einst vorwarf? Fragen dieser Art sind es, auf welche Theorien der Fiktionalität und der Poetizität eine Antwort zu geben versuchen; wir befinden uns hier also im Bereich der literaturwissenschaftlichen ›Grundlagenforschung‹. Fiktionale Texte bilden eine bestimmte Klasse von Texten, die, wie sich jedenfalls vorläufig sagen läßt, von erfundenen Figuren, Gegenständen, Ereignissen handeln; und *Fiktionalität* ist genau jenes Merkmal, das diese Klasse von Texten von solchen unterscheidet, in denen keine erfundenen Figuren, Gegenstände, Ereignisse vorkommen (vgl. → Grundlagen narrativer Texte). Poetische oder literarische Texte hingegen (beide Begriffe seien im folgenden als gleichwertig betrachtet) bilden genau die Klasse von Texten, die zum Bereich der Sprachkunst, der Literatur, gehören; und *Poetizität* oder Literarizität ist dann genau jenes Merkmal, das, wie sich ebenfalls vorläufig sagen läßt, künstlerische Texte von nicht-künstlerischen unterscheidet.

Häufig wird davon ausgegangen, daß die Begriffe ›Fiktionalität‹ und ›Poetizität‹ ko-extensional seien, daß also alle fiktionalen Texte zugleich auch literarisch seien und umgekehrt: daß alle literarischen Texte zugleich auch fiktional seien (so etwa Iser 1991, S. 18). Eine solche Auffassung ist jedoch unplausibel. Es gibt vielmehr fiktionale Texte, die eindeutig nicht literarisch sind, wie etwa bestimmte philosophische Lehrdialoge des 18. Jahrhunderts, die einzig und allein den Zweck besitzen, dem Leser den Zugang zu den dargestellten Gedanken so weit als möglich zu erleichtern. Zum anderen aber gibt es auch literarische Texte, die eindeutig nicht fiktional sind, da sie keine erfundenen Figuren, Gegenstände, Ereignisse enthalten, wie etwa Tagebuchaufzeichnungen von Dichtern, Briefe, oder auch manche autobiographischen Werke. Daher gilt: Es gibt nicht-fiktionale Literatur, ebenso wie es auch nicht-literarische Fiktionen gibt.

1.2 Methodische Vorklärungen

Fiktionalität und Poetizität verweisen jeweils auf Phänomene, die keineswegs ausschließlich auf die Literatur beschränkt sind. Darstellungen von erfundenen Figuren, Gegenständen, Ereignissen kommen auch in anderen Kunstgattungen vor, etwa im Film, auf der Bühne oder in der bildenden Kunst. Und Poetizität auf der anderen Seite ist nur die auf Texte bezogene Variante einer Eigenschaft, die man als ›Ästhetizität‹ bezeichnen könnte, ein Merkmal, das Objekte der Kunst ganz allgemein von nicht zur Kunst gehörigen Gegenständen unterscheidet. Theorien der sprachlichen Fiktionalität und der Poetizität sind daher eigentlich nur Teilgebiet einer allgemeinen Fiktionalitätstheorie und einer allgemeinen Ästhetik. Daraus ergibt sich die Forderung, daß ihre Ergebnisse mit denen entsprechender Überlegungen zu den außerliterarischen Kunstgattungen jedenfalls nicht unverträglich sein sollten. Allerdings muß man einräumen, daß eine solche Forderung auf dem Gebiet der Fiktionalitätstheorien zur Zeit nur schwer zu erfüllen ist, da diese sich in der Vergangenheit nahezu ausschließlich sprachlichen Fiktionen gewidmet haben und es folglich vergleichbar elaborierte Theorien zu nichtsprachlichen Fiktionen bisher nicht gibt.

Wie dies im Bereich der Grundlagenforschung nicht selten der Fall ist, besteht auf dem Gebiet der Fiktionalitäts- und Poetizitätstheorie ein Nebeneinander unterschiedlicher Disziplinen: von Literaturtheorie, Philosophie, Sprachwissenschaft und Semiotik, wobei die linguistische und semiotische Beschäftigung mit Fiktionalität und Poetizität zum ganz überwiegenden Teil allerdings innerhalb der Literaturtheorie stattfindet. Hingegen kommt es zwischen Literaturtheorie und Philosophie zu gewissen Kompetenzstreitigkeiten, genauer gesagt zwischen Literaturtheorie einerseits sowie philosophischer Ästhetik und analytischer Sprachphilosophie andererseits. Diese haben ihren Grund darin, daß die philosophische Ästhetik bereits seit etwa zweihundert Jahren eine eigenständige Disziplin bildet, während die philosophische Beschäftigung mit ästhetischen Fragen im allgemeinen gar auf eine über zweitausendjährige Tradition zurückblicken kann, und daß die analytische Sprachphilosophie sich bereits in ihren Anfängen vor etwa hundert Jahren und seitdem kontinuierlich immer wieder mit dem Problem der Fiktionalität auseinandergesetzt hat.

Will man diese Konkurrenz zwischen Literaturtheorie und Philosophie bewerten, so läßt sich vielleicht feststellen, daß die philosophischen Theorien zur Fiktionalität und Poetizität den literaturwissenschaftlichen häufig hinsichtlich ihres Reflexions- und Argumentationsniveaus sowie der gedanklichen Klarheit und Schärfe überlegen sind, andererseits aber die philosophischen Theorien gerade der Fiktionalität an einer Beschränkung auf lediglich einen einzigen Typus fiktionaler Texte kranken, nämlich auf realistische Erzähltexte vornehmlich des 19. Jahrhunderts. Für eine angemessene Theorie der Fiktionalität wäre daher eine Verbindung der Stärken beider Disziplinen wünschenswert, so daß die spezifisch philosophischen Kompetenzen durch spezifisch literaturwissenschaftliche ergänzt werden.

Bedauerlicherweise gibt es trotz der langen Tradition bis auf den heutigen Tag weder eine allgemein anerkannte Theorie der Fiktionalität noch eine der Poetizität, so daß über beide Begriffe auch heute nicht anders zu schreiben möglich ist als wie »über ein noch ungelöstes Problem«, wie es Henning Boethius bereits in der ersten Ausgabe dieses Bandes mit Bezug auf die Ästhetik ausgedrückt hat. Dies bedeutet indes nicht, daß es gar keinen Fortschritt gäbe; durch die Diskussion sind vielmehr insbesondere die argumentatorischen Schwächen der unterschiedlichen Ansätze deutlich zutage getreten. Man kann daher sagen: Wir wissen vielleicht noch nicht genau, wie eine befriedigende Theorie der Fiktionalität und der Poetizität auszusehen hätte, aber wir wissen recht genau, welcher Art von Problemen sie zu begegnen und welche Schwierigkeiten sie zu vermeiden hat.

Aus diesem Grund sollen im folgenden, beginnend mit Theorien der Fiktionalität, einige der wichtigsten philosophischen und literaturwissenschaftlichen Positionen zum Problem der Fiktionalität und Poetizität knapp skizziert und in aller Kürze kritisch kommentiert werden. Im Anschluß an die Diskussion soll dann jeweils auf Probleme und Fragen aufmerksam gemacht werden, die für die Zukunft noch zur Lösung anstehen.

2. Fiktionalität

2.1 Merkmale der Fiktionalität?

Käte Hamburger hat in ihrem Werk »Die Logik der Dichtung«, das in Deutschland den Anfang der genuin literaturwissenschaftlichen

Beschäftigung mit dem Problem der Fiktionalität markiert, die These vertreten, fiktionale Texte seien an einer Reihe von »echten objektiven Symptomen« zu erkennen, deren wichtigstes das sogenannte »epische Präteritum« sei, durch welches »das Präteritum seine grammatische Funktion, das Vergangene zu bezeichnen«, verliere (HAMBURGER ³1977, S. 61; → GRUNDLAGEN NARRATIVER TEXTE). Als Beispiel dafür dient ihr ein Satz wie »Morgen war Weihnachten«, in dem das präteritale »war« in Widerspruch zur futurischen Zeitangabe (»morgen«) stehe. Sie erklärt dieses Phänomen damit, daß sich das Erzählte auf einen fiktiven Erzähler beziehe und nicht auf den realen Autor (ebd., S. 66). Doch diese Erklärung ist offensichtlich wenig einleuchtend, denn auch ein realer Ich-Erzähler könnte den Satz »Morgen war Weihnachten« verwenden, wenn er etwa in erlebter Rede die Gedanken wiedergibt, die ihm an einem 23.12. durch den Kopf gegangen sind. Überhaupt läßt sich dieser Einwand gegen nahezu alle Beispiele vorbringen, die Hamburger in diesem Zusammenhang anführt, da es sich stets um Fälle von erlebter Rede handelt.

Einer anderen Theorie zufolge gibt ein fiktionaler Text seine Fiktionalität dadurch zu erkennen, daß er dem Leser vor Augen führt, »daß der Text auf einer abstrakten Schicht der Sachlage beruht oder daß nur wenige oder keine Teile der Sachlage des Textes wirklichen Erscheinungen der Lebenswelt entsprechen« (GUMBRECHT 1975, S. 41). Doch dies ist ebenfalls nicht notwendig, wie etwa das Beispiel Karl Mays zeigt, dessen Texte, obwohl fiktional, von vielen Lesern für wahr gehalten wurden, weil sie aufgrund der in einer exotischen Ferne angesiedelten Ereignisse der Romane gar keine Möglichkeit besaßen, festzustellen, »daß nur wenige oder keine Teile der Sachlage des Textes wirklichen Erscheinungen der Lebenswelt« entsprachen. Dieses Beispiel macht deutlich, daß es keine »echten objektiven Symptome« für Fiktionalität gibt: Fiktionalen Texten sieht man ihre Fiktionalität nicht notwendigerweise an, sondern sie können durchaus ununterscheidbar von Sachtexten sein. Gerade aus diesem Grund freilich sind sie häufig vom Autor durch Gattungsbezeichnungen auf dem Titelblatt, interne Inkohärenz und andere Signale bewußt als fiktional gekennzeichnet (WEINRICH 1975), um eine angemessene Rezeptionsweise sicherzustellen (→ PARATEXTE).

Aus diesem Fehlen »echter objektiver Symptome« für Fiktionalität darf man freilich nicht den Schluß ziehen, eine Explikation von Fiktionalität sei prinzipiell unmöglich, wie dies etwa Harald Weinrich getan hat (ebd., S. 525). Als zusätzlicher Beleg für diese Behauptung wird häufig der Umstand angeführt, daß es Texte gibt, die wir heute als fiktional betrachten, die früher jedoch als Sachtexte angesehen wurden, wie dies etwa bei der Wiedergabe von Mythen der Fall sein kann. Doch ein solcher Schluß ist voreilig: Daraus, daß sich die Kriterien dafür, ob ein Text fiktional ist oder nicht, im Laufe der Zeit ändern können, folgt noch nicht, es sei prinzipiell unmöglich, zu explizieren, was ein fiktionaler Text ist.

2.2 Fiktionalität und Fiktivität

Zu Beginn einer Skizze von Fiktionalitätstheorien empfiehlt sich zunächst eine Differenzierung zwischen den umgangssprachlich oft synonym verwendeten Ausdrücken ›Fiktionalität‹ als Substantiv zu ›fiktional‹ und ›Fiktivität‹ als Substantiv zu ›fiktiv‹. Das Prädikat ›fiktional‹ bezeichnet im folgenden ausschließlich eine bestimmte *Darstellungsweise*, derart daß das Dargestellte nicht existiert. Das Prädikat ›fiktiv‹ hingegen bezeichnet im folgenden ausschließlich eine, wie sich vorläufig sagen läßt, bestimmte *Existenzweise* von Gegenständen (im formalen Sinne), derart daß diese Gegenstände nicht existieren. Fiktive Gegenstände sind beispielsweise alle jene uns vertrauten Gestalten aus fiktionalen Texten wie etwa Don Quijote, Sherlock Holmes, Josef K., aber auch Gegenstände wie jenes Bartbecken, das Don Quijote fälschlicherweise für Mambrinos Helm hält.

Fiktive Gegenstände werden nicht allein in fiktionalen Texten erwähnt: Der Weihnachtsmann, der »Wolpertinger« oder eine Person, die sich ein Kind im Rollenspiel ausdenkt, sind fiktive Gestalten, zu denen nie ein fiktionaler Text existiert hat, und in der Literaturwissenschaft ist es sogar der Normalfall, daß (etwa in der Sekundärliteratur) fiktive Gegenstände erwähnt werden, ohne daß diese Texte deshalb fiktional wären. Aus diesem Umstand ergibt sich die Folgerung, daß die Erwähnung fiktiver Gegenstände in einem Text noch *kein hinreichendes* Merkmal für dessen Fiktionalität darstellt.

Hingegen ist häufig behauptet worden, die Erwähnung fiktiver Gegenstände sei notwendiges Merkmal für die Fiktionalität eines Textes. Doch dies ist zunächst einmal offensichtlich falsch, da es fiktionale Texte gibt, in denen keinerlei fiktive Gegenstände vorkommen, wie etwa Bertolt Brechts Erzählung »Der verwundete Sokrates«, die eine Episode aus Platons »Symposion« nacherzählt. Die Anhänger einer solchen These nehmen daher häufig an, alle singulären Termini, die anscheinend historische Objekte bezeichnen (wie etwa der Eigenname »Napoleon« in Tolstois »Krieg und Frieden«), bezögen sich in Wahrheit auf fiktive Objekte, die den historischen lediglich sehr ähnlich, aber nicht mit ihnen identisch seien (DOLEŽEL 1989, S. 230); mit anderen Worten: in fiktionalen Texten könnten gar keine historischen Objekte vorkommen (HAMBURGER [3]1977, S. 93-95, STERN 1965/1966, S. 206f.). Eine solche Auffassung ist jedoch indirekt an bestimmte sprachphilosophische Thesen über die Natur von Eigennamen gebunden, um überhaupt den Anschein der Plausibilität erwecken zu können; Thesen, die sich bei näherem Hinsehen als äußerst fragwürdig herausstellen. Dazu nur ein Hinweis: Welchen Sinn sollte es für den Autor eines historischen Romans machen, sich eine Geschichte über eine fiktive Person auszudenken, die Napoleon heißt und dem historischen Napoleon extrem ähnlich sieht, statt über den historischen Napoleon selbst?

Diese Überlegungen machen deutlich, daß es sich bei Fiktionalität und Fiktivität um zwei logisch voneinander unabhängige Phänomene handelt. Dementsprechend sollen im folgenden die Problemfelder der Fiktionalität und der Fiktivität getrennt voneinander behandelt werden.

2.3 Theorien der Fiktionalität

2.3.1 Die Grundfrage der Fiktionalitätstheorie

Nahezu alle Fiktionalitätstheorien rekonstruieren den fiktionalen Text als eine bestimmte Art von Rede des Autors. Dies gilt auch für fiktive Gespräche wie philosophische Lehrdialoge, Dramen als ›Lesetext‹ oder Ich-Romane. Ein fiktiver Dialog etwa wird als elliptisch in bezug auf die Inquit-Formeln aufgefaßt, also so, daß der Autor hier erzählt: »A sagt: ›...‹, dann sagt B: ›...‹, dann wieder A: ›...‹« und so weiter; und bei einem Ich-Roman wird angenommen, der Autor unterstelle, es gebe eine Person namens David Copperfield, die folgendes erzähle: »...«. Die Inquit-Formeln sowie die Unterstellung der Existenz einer erzählenden Person bilden dann gleichsam Äußerungen erster Stufe, die dem Autor direkt zugeschrieben werden, während die Dialogbeiträge der fiktiven Sprecher und die ganze Erzählung David Copperfields Äußerungen zweiter Stufe darstellen, die vom Autor *innerhalb* seiner Äußerungen erster Stufe lediglich zitiert werden. Auf diese Weise kommt man fast zwangsläufig zu dem Schluß, die Rede des Autors eines fiktionalen Textes besitze stets explizit oder implizit die Struktur einer Erzählung; da aber Erzählungen in Form von Behauptungssätzen abgefaßt werden, ergibt sich als Grundform jeden fiktionalen Textes ebenfalls der Behauptungssatz. Solche dem Autor direkt zuzuschreibende Äußerungen in Form von Behauptungssätzen sollen im folgenden der Kürze halber ›fiktionale Äußerungen‹ genannt werden.

Da, wie wir gesehen haben, die Erwähnung fiktiver Gegenstände kein notwendiges Merkmal für die Fiktionalität eines Textes darstellt, liegt es nahe, sich auf die Frage zu konzentrieren, welchen *illokutionären Sprechakt* der Autor mit seinen expliziten oder präsupponierten fiktionalen Äußerungen vornimmt. Da nun aber mit Behauptungssätzen in der Regel Behauptungen vorgenommen werden, also ein Sprechakt, der dazu führt, daß den Sätzen das Prädikat ›wahr‹ oder ›falsch‹ zugesprochen werden kann, ergibt sich als zweite Grundfrage der Fiktionalitätstheorie, ob fiktionalen Äußerungen ein *Wahrheitswert* zugeschrieben werden kann und wenn ja, welcher. Entscheidend für das Verständnis von Fiktionalität sind dieser Auffassung zufolge also lediglich fiktionale Äußerungen; die Äußerungen höherer Stufe hingegen sind unproblematisch, da mit ihnen dieselben illokutionären Sprechakte ausgeführt werden wie mit entsprechenden Äußerungen in nicht-fiktionalen Texten.

2.3.2 Fiktionale Äußerungen als wahre oder falsche Äußerungen

Der erste Typ von Fiktionalitätstheorie geht davon aus, daß mit fiktionalen Äußerungen ganz einfach jener Sprechakt ausgeführt wird, der normalerweise mit Behauptungssätzen vollzogen wird: der des Behauptens. Die älteste und zugleich wohl populärste Variante dieser Theorie, die bereits auf Platon zurückgeht und unter anderem von David Hume wiederholt wurde, nimmt zudem an, diese Behauptungen seien im buchstäblichen Sinne falsch und die Dichter daher »liars by profession« (Hume). Doch diese Auffassung ist im höchsten Maße unplausibel. Zwar ist es richtig, daß die fiktionalen Äußerungen, wenn sie denn behauptet würden, falsch wären (GOODMAN 1983, S. 336); doch es wäre inadäquat, wenn ein Leser auf sie so reagieren würde wie auf eine falsche Behauptung im eigentlichen Wortsinne. Ein solcher Leser würde damit vielmehr lediglich dokumentieren, daß er die Erzählung nicht als eine fiktionale rezipiert. Natürlich kann ein Leser wissen, daß all das, was in der Geschichte erzählt wird, sich niemals ereignet hat, und sie folglich falsch wäre, wenn sie behauptet würde; doch dies läßt es eher fraglich erscheinen, ob es sich bei fiktionalen Äußerungen tatsächlich um Behauptungen handelt.

Eine weitere Theorie, die fiktionale Äußerungen als Behauptungen auffaßt, geht im Gegensatz zu der soeben skizzierten davon aus, diese Behauptungen seien wahr. Diese Auffassung läßt sich auf die unter anderem von Saul A. Kripke im Anschluß an Gottfried Wilhelm Leibniz entwickelte Theorie der »möglichen Welten« als einer Semantik für die Modallogik zurückführen. Danach konstituiert ein fiktionaler Text eine oder mehrere mögliche Welten; und die fiktionalen Äußerungen des Textes sind nur wahr in bezug auf diese möglichen Welten, nicht jedoch in bezug auf die wirkliche Welt (Martínez-Bonati 1973, S. 186). Eine derartige Theorie ist allerdings so lange unbefriedigend, solange sie nicht zu erklären vermag, auf welche Weise präzise ein fiktionaler Text solche möglichen Welten konstituiert. Dies aber kann sie schon deshalb nicht, weil der für die Explikation so wesentliche Ausdruck »mögliche Welt« lediglich eine Metapher darstellt (Thürnau 1994, S. 29), die in der Semantik der Modallogik ihre Berechtigung haben mag, sich für die Klärung des Fiktionalitätsbegriffs ohne weiterführende Überlegungen jedoch als wenig hilfreich erweist.

2.3.3 Fiktionale Äußerungen als vorgebende Äußerungen

Einwände wie diese lassen es fraglich erscheinen, ob man fiktionalen Äußerungen überhaupt die Prädikate ›wahr‹ oder ›falsch‹ zusprechen kann und ob es sich bei diesen folglich überhaupt um Behauptungen handelt. Auch dieser Zweifel ist nicht neu: »the poet [...] never affirmeth« heißt es in einem bereits 1595 erschienenen Essay des elisabethanischen Dichters Sir Philip Sidney zur Verteidigung der Literatur gegen Platons Vorwurf der Dichterlüge. Er kommt ebenfalls in einigen eher beiläufigen Bemerkungen des Begründers der modernen Logik, Gottlob Frege, zu Problemen der »Dichtung« zum Ausdruck, auf die zwei der wichtigsten zeitgenössischen Typen von Fiktionalitätstheorien zurückgehen. So heißt es bei Frege: »Wie der Theaterdonner nur Scheindonner, das Theatergefecht nur Scheingefecht ist, so ist auch die Theaterbehauptung nur Scheinbehauptung. [...] Sie [d.h.: der Schauspieler und der Dichter] tun nur so als behaupteten sie.« (Frege 1918/1919a, S. 36) Dieser Gedanke, fiktionale Äußerungen seien »Scheinbehauptungen«, ist insbesondere durch den amerikanischen Philosophen John R. Searle zu einer genuinen Fiktionalitätstheorie ausgebaut worden.

Searle zufolge gibt der Autor eines fiktionalen Textes vor (»pretend«), eine Reihe von illokutionären Akten zu vollziehen, woraus folge, daß das Kriterium dafür, ob ein Text fiktional sei oder nicht, notwendigerweise in den illokutionären Intentionen des Autors begründet liege (Searle 1975, S. 325). Die illokutionären Akte, die der

Autor des Textes Searle zufolge zu vollziehen vorgibt, sind solche des Behauptens, Aussagens, Beschreibens, der Identifikation, der Erklärung und zahlreiche andere. Zu prätendieren, einen solchen Akt zu vollziehen, heißt dann nichts anderes als Behauptungssätze zu äußern, mit denen normalerweise ein derartiger illokutionärer Akt vollzogen wird, ohne aber diesen damit tatsächlich zu vollziehen. Dies ist deshalb möglich, weil es im Falle der Fiktionalität eine Reihe von Konventionen gibt, welche die »normalen Operationen suspendieren, die eine Verbindung zwischen den illokutionären Akten und der Welt herstellen« (ebd.). Für Searle bedeutet dies: Der Autor eines fiktionalen Textes *tut* nur so, als behaupte, beschreibe, erkläre er, und dies wird ihm ermöglicht durch eine pragmatische *Lizenz*, die im Falle der fiktionalen Äußerungen wirksam wird.

Gegen diese Theorie lassen sich vielfältige Einwände vorbringen. Zum einen ist durchaus strittig, ob es allein von den Intentionen des Autors abhängt, ob ein Text fiktional ist oder nicht; dagegen spricht jedenfalls der schon erwähnte Umstand, daß wir einige Texte, die ursprünglich als Sachtexte intendiert waren, heute als fiktional betrachten können, obwohl wir wissen, daß wir sie damit gleichsam gegen den Strich lesen. Zum anderen aber kann man sich fragen, was mit dem »Vorgeben« eigentlich genauer gemeint ist. Searle selbst scheint hier wie Frege eher an eine Art Rollenspiel zu denken, wenn er den Dichter mit dem Schauspieler gleichsetzt. Doch die Annahme, der Autor spiele gleichsam einen Behauptenden, ist wenig überzeugend, zumal alle anderen Anzeichen des Rollenspiels, wie wir sie aus entsprechenden Situationen kennen, bei fiktionalen Äußerungen gänzlich fehlen; und geradezu widersinnig erscheint sie, wenn wir bedenken, daß im Standardfall der Rezeption fiktionaler Texte, bei der stillen Lektüre durch einen Leser, der Autor gar nicht als Person anwesend ist (weitere Einwände gegen Searle finden sich bei KLEMM 1984, S. 155-170, und MACCORMICK 1988, S. 38-77).

2.3.4 Fiktionale Äußerungen als nicht-behauptende Äußerungen

Läßt man den Gedanken der »Scheinbehauptung« und des »Vorgebens« beiseite und konzentriert sich ausschließlich auf die Beschreibung, die Searle von diesem Vorgeben gibt, dann ist man schnell bei dem anderen auf Frege zurückgehenden Typ von Fiktionalitätstheorie. Searle hatte angenommen, mit fiktionalen Äußerungen würden Behauptungssätze geäußert, ohne daß mit ihnen beispielsweise der Sprechakt des Behauptens vorgenommen werde. Dieser Gedanke begegnet bei Frege wieder, wenn er im Anschluß an die bereits wiedergegebene Äußerung über die »Scheinbehauptungen« fortfährt: »Der Schauspieler in seiner Rolle behauptet, er lügt auch nicht, selbst wenn er etwas sagt, von dessen Falschheit er überzeugt ist. In der Dichtung haben wir den Fall, daß Gedanken ausgedrückt werden, ohne daß sie trotz der Form des Behauptungssatzes wirklich als wahr hingestellt werden [...].« (FREGE 1918/1919a, S. 36) Da der »Gedanke« für Frege die Bedeutung (im Sinne von englisch »meaning«, bei Frege als »Sinn« bezeichnet) eines Behauptungssatzes ist, läßt sich seine These auch dahingehend verstehen, daß es sich bei fiktionalen Äußerungen um solche handelt, die zwar Bedeutung haben, aber nicht »mit behauptender Kraft« gesprochen werden (FREGE 1969c, S. 252), also Sätze, die nichts weiter tun, als eine Proposition auszudrücken.

Man hat mehrfach versucht, diese Äußerungen Freges durch eine nähere Bestimmung dessen, was es heißt, Behauptungssätze ohne »behauptende Kraft«, also nicht-behauptend zu äußern, zu einer systematischen Theorie der Fiktionalität auszubauen (GABRIEL 1975, S. 45; GALE 1971, S. 335f.). Alle diese Versuche, ebenso wie die These Freges selbst, scheitern jedoch aus einem wesentlichen Grund: Eine Explikation fiktionaler Äußerungen als Äußerung von Behauptungssätzen, mit denen nichts behauptet wird, ist *defizitär*. Illokutionäre Sprechakte stellen sinnvolle Handlungen dar, und um eine Handlung als sinnvoll aufzufassen, ist es notwendig, zu wissen, welcher Zweck mit ihr erreicht werden soll. Über einen solchen Zweck aber sagt dieser auf Frege zurückgehende Typ von Fiktionalitätstheorie nichts, und folglich wird überhaupt kein illokutionärer Sprechakt spezifiziert, der mit dieser Art nicht-behauptender Rede vollzogen würde. Fiktionale Äußerungen wären daher Rede ohne jegliche Illokution, Sprechhandlungen ohne Sinn und Zweck, also gar keine sinnvollen Handlungen und vielleicht nicht einmal Rede im eigentlichen Sinne des Wortes. Eine solche Theorie muß daher so lange unbefriedigend bleiben, wie es ihr nicht gelingt, fiktionale Äußerungen als Vollzug einer sinnvollen Sprechhandlung darzustellen.

2.3.5 Ausblick

Das Defizit dieser Theorie ließe sich dadurch beheben, daß man einen anderen illokutionären Sprechakt annimmt, der mit Behauptungssätzen vollzogen und unabhängig davon charakterisiert werden kann, ob die Rede zusätzlich behauptend ist oder nicht. Ein solcher Sprechakt ist beispielsweise der des *Erzählens*; und da die unter 2.3.1 skizzierte Grundannahme der Fiktionalitätstheorie von der Erzählstruktur eines jeden fiktionalen Textes ausgeht, könnte man fiktionale Äußerungen so im Sinne der zuletzt referierten Theorie zwanglos als erzählende Sätze beschreiben, mit denen nichts behauptet wird. Ein fiktionaler Text wäre dann nichts weiter als eine Erzählung ohne Wahrheitsanspruch. Eine solche Lösung beruht auf der Möglichkeit, Texte aufgrund von rein formalen Kriterien als Erzählungen zu identifizieren, ohne daß wir dazu wissen müssen, ob der Autor behauptet, seine Erzählung sei wahr, oder ob die Erzählung tatsächlich wahr ist.

Man kann hier jedoch noch einen Schritt weitergehen, indem man diese Überlegungen auf andere Sprechakte als den des Erzählens ausdehnt; auf diese Weise könnte dann auch auf die Grundannahme verzichtet werden, alle fiktionalen Texte besäßen Erzählstruktur. Texte wie die bereits als Beispiel erwähnten philosophischen Lehrdialoge oder Dramen als ›Lesetexte‹ lassen sich nämlich ebenfalls aufgrund rein formaler Kriterien unabhängig davon als Gespräch identifizieren, ob dieses je stattgefunden hat oder nicht, oder ob jemand behauptet, es habe stattgefunden. Ganz allgemein könnten fiktionale Texte dann als solche Texte charakterisiert werden, die 1. zu einem Typus von Sprechhandlung (in einem weiten Sinn) gehören, für die gilt, daß die Identifikation eines Textes als eben solche Sprechhandlung aufgrund rein formaler Kriterien möglich ist, und von denen 2. der Autor mit den ihm zugeschriebenen oder präsupponierten Äußerungen erster Stufe nicht behauptet, das in ihnen Dargestellte sei wahr. Eine derartige Theorie entspräche im übrigen auch unserer Intuition in bezug auf außersprachliche fiktionale Darstellungen und würde somit den eingangs aufgestellten Anforderungen an eine Fiktionalitätstheorie Genüge tun; denn es ist ja offensichtlich, daß ein Gemälde beispielsweise eine Schlacht darstellen kann, also rein formal als ein ›Schlacht-Gemälde‹ identifiziert werden kann (GOODMAN 1968, S. 39), ohne daß damit zugleich auch behauptet würde, diese Schlacht habe wirklich stattgefunden.

Freilich liegt hier zugleich auch ein Problem. Wir sind bisher, wenn auch stillschweigend, davon ausgegangen, daß die fiktionalen Texte, mit denen wir es bei den hier skizzierten Theorien zu tun hatten, stets in irgendeinem Sinne ›darstellende‹ Texte waren. Nun stellt sich jedoch die Frage: Können nicht-darstellende Texte auch fiktional sein? Wie ist es beispielsweise mit solchen Texten, die ausschließlich aus Zitaten bestehen, wie es etwa in der Agitprop-Lyrik der Fall ist, oder gar mit literarischen Ready-mades wie Peter Handkes Gedicht »Die Aufstellung des 1. FC Nürnberg vom 27.1.1968«: Daß es sich dabei um literarische Texte handelt, ist unbestritten (→ GATTUNGSFRAGEN) – doch auch um fiktionale? Vielleicht läßt sich eine solche Frage gar nicht beantworten ohne eine bewußte Entscheidung, also einen Akt der Willkür; dann aber ist es möglich, daß unsere bisherigen Überlegungen zur Fiktionalität von Texten um ein weiteres, bislang noch unbekanntes Moment ergänzt werden müssen.

2.4 *Theorien der Fiktivität*

Im Gegensatz zu dem der Fiktionalität ist das Problem der Fiktivität fast ausschließlich aus philosophischer Perspektive untersucht worden. Zwei Typen von Auffassungen zu fiktiven Gegenständen lassen sich unterscheiden, die sich beide mit dem Problem befassen, ob diese existieren und worauf man sich mit einem Eigennamen wie ›Sherlock Holmes‹ bezieht.

2.4.1 *Fiktivität als »Subsistenz«*

Diese Theorie geht auf Überlegungen des österreichischen Philosophen Alexius Meinong (1853-1920) zurück. Meinong zufolge gibt es ein »Jenseits von Sein und Nichtsein«, eine Klasse von Gegenständen, die zwar in irgendeiner Weise »bestehen, in keinem Falle aber existieren« (MEINONG 1904, S. 486) und denen damit eine eigene Seinsweise der »Subsistenz« unabhängig von ihrer Existenz oder Nicht-Existenz zukommt. Obwohl die Argumente, die Meinong für die Annahme einer solchen Seinsweise anführt, vielfach kritisiert wurden, hat seine Theorie mit Bezug auf fiktive Gegenstände in den vergangenen zwei Jahrzehnten eine gewisse Renaissance erlebt. Die Rechtfertigung einer solchen Theorie wird darin gesehen, daß wir über fiktive Objekte wahre Aussagen machen können wie etwa »Sherlock Holmes raucht Pfeife« und eine solche Behauptung auf den ersten Blick mit der negativen Existenzaussage »Sherlock Holmes existiert nicht« unverträglich zu sein scheint (PARSONS 1980, S. 37). Vielmehr scheint es ein berechtigter Einwand zu sein, auf die Leugnung der Existenz von Sherlock Holmes zu antworten: »Er existiert im Roman.« (Ebd., S. 50)

Dieser intuitiven Auffassung versucht Terence Parsons im Geiste Meinongs zu entsprechen, indem er zwei verschiedene Arten von Prädikaten einführt, »nukleare« und »extranukleare«: ›Mensch‹ oder ›grün‹ sind demzufolge nukleare Prädikate, ›möglich‹, ›fiktiv‹ oder eben ›existent‹ hingegen sind extranukleare Prädikate. Einer fiktiven literarischen Gestalt wie Sherlock Holmes kommt dann dieselbe Art nuklearer Prädikate zu wie existierenden Menschen, aber nicht dieselbe Art extranuklearer Prädikate, da Sherlock Holmes nicht existent ist.

2.4.2 Fiktivität als semantisches Problem

Der häufigste Einwand gegen eine Meinongsche Theorie fiktiver Gegenstände lautet, daß sie zweifelhafte ontologische Annahmen mache, die für die Analyse wahrer oder falscher Aussagen über fiktive Gegenstände und die Erklärung der Fiktivität zudem überflüssig seien. Als Alternative wird eine Theorie entwickelt, derzufolge sich jede (nicht-fiktionale) Aussage über fiktive Gegenstände im Sinne der Kennzeichnungstheorie von Bertrand RUSSELL 1905 behandeln läßt, indem der auf das fiktive Objekt verweisende Eigenname ersetzt wird durch eine definite Kennzeichnung (GABRIEL 1975, S. 33ff.), die ihrerseits wieder durch eine Existenzaussage ersetzt werden kann. Aus der Aussage »Sherlock Holmes raucht Pfeife« wird dann etwa: »In den Romanen Conan Doyles gibt es die Beschreibung eines Detektivs, der Sherlock Holmes heißt und Pfeife raucht.« Mit dem singulären Terminus ›Sherlock Holmes‹ bezieht man sich dann also nicht mehr auf eine fiktive Person, sondern darauf, was den Romanen Conan Doyles zufolge über Sherlock Holmes gesagt wird, also auf eine Sherlock-Holmes-Beschreibung als auf einen »komplexen prädikativen Ausdruck« (ebd., S. 38).

2.4.3 Fiktivität als Existenzweise

Gegen diesen Typ von Theorie sind von den Anhängern der Auffassung von Fiktivität als einer bestimmten Existenzweise ihrerseits schwerwiegende Einwände geäußert worden, die insbesondere solche Aussagen betreffen, in denen fiktive und existierende Objekte zugleich erwähnt werden. Die Aussage »Sherlock Holmes ist berühmter als jeder existierende Detektiv« etwa läßt sich nicht mehr in der Weise analysieren, die GABRIEL (1991, S. 142-146) vorgeschlagen hat, nämlich als: »Die fiktionale Beschreibung des Detektivs Sherlock Holmes ist berühmter als jeder existierende Detektiv«; denn wir wollen ja nicht den Ruhm der Beschreibung, sondern den des Beschriebenen mit dem eines jeden existierenden Detektivs vergleichen.

Um dieser Schwierigkeit zu begegnen, kann man nun annehmen, daß man sich auf den Gegenstand einer Beschreibung unabhängig davon beziehen kann, ob dieser existiert oder nicht; dieser Vorschlag weist gewisse Ähnlichkeiten mit dem unter 2.3.5 skizzierten zum Problem der Fiktionalität auf. Sherlock Holmes wäre demnach genau jene Gestalt, die in den entsprechenden Romanen Conan Doyles beschrieben wird, ein »reiner Referent oder ein grammatisches Objekt« (CRITTENDEN 1991, S. 97). Fiktive Gegenstände unterscheiden sich dann von existierenden dadurch, daß die »Bedingungen der Identifizierung«, die für sie gelten, von denen für existierende Gegenstände abweichen (CARL 1974, S. 205): Fiktive Gegenstände können nur mit Bezug auf einen bestimmten Kontext identifiziert werden, in dem sie beschrieben werden, etwa die Romane Conan Doyles. Dieser Kontext legt zugleich jenen Bereich fest, mit Hinblick auf welchen es sinnvoll ist zu sagen, daß fiktive Objekte existieren. Über fiktive Gegenstände sind daher zwei Typen von Existenzaussagen möglich: einmal eine ›normale‹ wie »Sherlock Holmes existiert«, die falsch ist, zum anderen jedoch auch eine qualifizierte, die den Existenzbereich angibt, in dem die fiktiven Gegenstände vorkommen, wie »Sherlock Holmes existiert in den Romanen Conan Doyles«, die wahr ist.

Die Frage nach der »Existenzweise« fiktiver Gegenstände läßt sich dann so beantworten: Fiktive Gegenstände existieren nicht, wenn man ›existieren‹ im normalen Sinne verwendet; sie existieren jedoch sehr wohl, wenn man damit auf bestimmte Redeweisen abstellt, die wir über solche »reinen Referenten« haben. Mit anderen Worten: Die Aussage »Es gibt fiktive Gegenstände« läßt sich analysieren als »Es gibt (eine bestimmte Art von) Beschreibungen von Gegenständen, die es nicht gibt«. Auf diese Weise scheinen sich sowohl die Schwierigkeiten der semantischen Analyse als auch die metaphysischen Implikationen einer Theorie vom Meinongschen Typ vermeiden zu lassen.

3. Poetitzität

3.1 Probleme der Explikation

Poetizität ist notwendiges und hinreichendes Merkmal zur Unterscheidung literarischer Texte von nicht-literarischen, also genau jene Eigenschaft oder Klasse von Eigenschaften, die allen literarischen Texten zukommt und allen nicht-literarischen abgeht. Zu explizieren, was Poetizität ist, heißt explizieren, was Literatur ist. Eine Explikation besteht stets in der Angabe notwendiger und hinreichender Merkmale des zu explizierenden Begriffs. Darauf noch einmal ausdrücklich hinzuweisen, gibt es gerade bei Theorien über Literatur und Kunst jeden Anlaß, da hier auch andere Typen von Theorien begegnen, die keine notwendigen und hinreichenden Merkmale von Kunst und Literatur angeben – obwohl dies auf den ersten Blick keineswegs deutlich wird. So gehen einige Theoretiker beispielsweise unterschwellig von ihrem je eigenen *Erleben* des Ästhetischen an der Kunst aus, um dies dann theoretisch zu verallgemeinern. Paradigmatisch ist dies etwa in der »Ästhetischen Theorie« Theodor W. Adornos der Fall, wo Adorno unter anderem die Ansicht vertritt, Kunstwerke brächten eine Wirklichkeit zum Ausdruck, die noch nicht durch irgendwelche Verstandeskategorien oder gesellschaftliche Zwänge verstellt worden sei, so daß sich bei der Rezeption gelungener Kunstwerke ein »Glück jähen Entronnenseins« einstelle (ADORNO 1970, S. 30). Einer solchen These liegt ein bestimmtes affektives Weltverhältnis, eine bestimmte ›Weltanschauung‹ zugrunde, so daß sie nur von solchen Personen geteilt werden kann, die ein ähnliches affektives Verhältnis zur Welt haben; andere Personen hingegen werden der These die Zustimmung versagen müssen, selbst wenn sie eine gewisse Sympathie für sie aufbringen sollten. Dies zeigt, daß eine auf einer subjektiven Weltanschauung basierende bloße Interpretation von Kunst nicht zur Grundlage einer allgemeinen Explikation werden kann. Damit ist freilich keine Geringschätzung dieser Art von Theorien verbunden, da in ihnen ja andere wesentliche Einsichten über Literatur und Kunst enthalten sein mögen, etwa solche über die psychologische, gesellschaftliche oder historische Funktion von Kunstwerken; nur: Diese Theorien können nicht erklären, was Kunst ist.

Die Explikation des Begriffs der Literatur beziehungsweise der Kunst führt jedoch auch eine Schwierigkeit mit sich, die in diesem selbst begründet ist: Er kann nämlich entweder rein klassifikatorisch oder aber normativ-evaluativ verwendet werden (WEITZ 1956, S. 204). Klassifikatorisch wird er gebraucht, wenn er zur Kennzeichnung des Status eines Textes als literarisch dienen soll, unabhängig von der Qualität des jeweiligen Textes; normativ-evaluativ hingegen wird er verwendet, wenn er Texte kennzeichnen soll, die diesen literarischen Status und darüber hinaus noch hohe Qualität besitzen. Im klassifikatorischen Sinne etwa wäre ein Roman von Hedwig Courths-Mahler als Literatur anzusehen, im normativ-evaluativen hingegen nicht notwendigerweise (→ LITERARISCHE WERTUNG; → WERT, KANON UND ZENSUR). Es ist dann offensichtlich, daß eine Explikation des Begriffs der Literatur ebenso wie desjenigen der

Kunst sich gleichsam *per definitionem* stets nur auf die klassifikatorische Verwendungsweise des Begriffs beziehen kann.

3.2 Literaturspezifische Theorien der Poetizität

Poetizität ist, wie wir eingangs sahen, das auf Texte bezogene Merkmal der Ästhetizität und Literatur somit nichts weiter als Kunst in einem bestimmten Medium, nämlich der Sprache. Daraus ergab sich für uns die Forderung, die Reflexion über Poetitzität einzubetten in eine allgemeine Kunsttheorie, die Ästhetik. Dennoch hat es in der Vergangenheit nicht an Versuchen gemangelt, eine Definition von Literatur zu geben, die unabhängig ist von einer Explikation des Kunstbegriffs. Zwei einflußreiche Typen solcher literaturspezifischer Theorien der Poetizität sollen im folgenden skizziert werden, ehe wir uns dann literaturübergreifenden Kunsttheorien zuwenden.

3.2.1 Regelpoetiken

Der älteste Typ von Theorien zur Poetizität und der mit der bei weitem längsten Tradition sind die sogenannten Regelpoetiken (→ Poetik). In ihnen werden der klassifikatorische und der normativ-evaluatorische Literaturbegriff implizit miteinander vermischt. Regelpoetiken nennen zum einen Normen, denen jeder literarische Text genügen sollte, um als guter literarischer Text angesehen zu werden, und geben zum zweiten Anweisungen, wie diese Normen praktisch erfüllt werden können. Texte, die diesen Anweisungen nicht Folge leisten und damit den angegebenen Normen nicht genügen, können daher entweder nicht mehr als Literatur im klassifikatorischen Sinne aufgefaßt oder aber müssen im normativ-evaluatorischen Sinne als schlechte oder minderwertige Literatur aufgefaßt werden. Regelpoetiken können daher allenfalls, wenn überhaupt, als Explikation eines zu einer Zeit vorherrschenden Literaturbegriffs angesehen werden, nicht jedoch als Explikation des Begriffs von Literatur überhaupt.

Bereits die älteste uns überlieferte Abhandlung über Literatur, die »Poetik« des Aristoteles, ist eine solche Regelpoetik. Schon im ersten Satz heißt es: »Wir wollen hier von der Dichtkunst als solcher sprechen, ihren Gattungen und deren verschiedenen Wirkungen, ferner davon, wie man die Erzählungen aufbauen muß, wenn die Dichtung schön werden soll [...].« (Aristoteles, S. 23) Im folgenden bestimmt Aristoteles die Kunst im allgemeinen als »Nachahmung«, »Mimesis«, »handelnder Menschen« (ebd., S. 24) und die Dichtkunst im besonderen als Nachahmung, die unter anderem oder ausschließlich die Sprache verwendet. Wie sehr bei Aristoteles deskriptive und normative Sprache Hand in Hand gehen, ergibt sich aus seinen Ausführungen zur Tragödie: »Es kann [...] Furcht und Mitleid aus dem Bühnenbild entstehen oder auch aus dem Aufbau der Handlung selbst«, heißt es zunächst rein beschreibend; doch dann fährt er fort: »[...] dies ist ursprünglicher und zeigt den besseren Dichter.« (Ebd., S. 42)

Für eine Explikation von Literatur sind Regelpoetiken nur von begrenztem Wert. Dies zeigt sich am deutlichsten dann, wenn neuartige Kunstwerke entstehen, die sich bewußt nicht mehr an die kanonisierten Normen halten wollen, wie dies insbesondere im Zeitraum vom Ende des 17. bis Mitte des 18. Jahrhunderts in der »Querelle des Anciens et des Modernes« der Fall ist (→ POETIK). Der Sieg der einen Partei (in diesem Falle der der »Modernen« über die »Alten«) nämlich läßt die Regelpoetiken der unterlegenen zwangsläufig entweder zum Ausdruck der bloß subjektiven Präferenz einer bestimmten Art von Literatur werden oder aber erweist diese als Definition von Literatur mit einem Schlage als inadäquat.

3.2.2 Abweichungspoetiken

Ein anderer Typ von Poetizitätstheorie versucht den Begriff der Literatur durch die Angabe bestimmter Bedingungen zu explizieren, denen ein literarischer Text im Gegensatz zu einem nicht-literarischen gerade *nicht* genügen muß. Diese Theorien fassen Literatur also als in gewisser Hinsicht von normaler Sprachverwendung abweichend auf und versuchen gerade diese Abweichung für eine Explikation fruchtbar zu machen. Solche Abweichungspoetiken wurden insbesondere im Russischen Formalismus und den an diesen anschließenden verschiedenen strukturalistischen Strömungen diskutiert und verdanken sich der intensiven Auseinandersetzung mit modernistischer Literatur und Kunst (→ FORMALISMUS UND STRUKTURALISMUS).

Allerdings führt die Orientierung an modernistischer Literatur die formalistischen und strukturalistischen Abweichungspoetiken häufig in die Nähe von Weltanschauungstheorien. Ganz deutlich wird dies bereits bei Viktor Šklovskij, der »das Verfahren der Kunst« als das »Verfahren der ›Verfremdung‹ der Dinge« bestimmt und als »Verfahren der erschwerten Form«, »das die Schwierigkeit und Länge der Wahrnehmung steigert, denn der Wahrnehmungsprozeß ist in der Kunst Selbstzweck und muß verlängert werden« (ŠKLOVSKIJ 1919, S. 15). Dies führt ihn schließlich zur Explikation der

»dichterischen Sprache« als einer »schwierige[n], erschwerte[n], gebremste[n] Sprache« (ebd., S. 33). Für Šklovskij ermöglicht Literatur aufgrund ihrer innovativen, traditionsbrechenden Verfahrensweisen eine »Entautomatisierung« der Wahrnehmung und somit eine Wahrnehmung der Dinge, wie sie wirklich sind, unverstellt durch tradierte Beschreibungs- und Darstellungskonventionen. Daß hinter dieser Explikation eine unhinterfragte weltanschauliche, metaphysische Grundannahme steht, wird deutlich, wenn man bedenkt, daß es keineswegs notwendig ist, daß alle Leser gerade auf diesen verfremdenden Aspekt eines literarischen Textes aufmerksam werden müssen, ja daß es Texte gibt, bei denen eine solche Betrachtungsweise für ein angemessenes Verständnis zweitrangig ist, wie etwa bei engagierter Literatur. Im Grunde nennt Šklovskij nur gewisse Eigenschaften an literarischen Texten, auf die man seiner Ansicht nach besonders achten sollte, und *empfiehlt* damit eine bestimmte Rezeptionsweise von Literatur (ohne freilich deren Vorzüge vor etwaigen anderen explizit zu machen), um diese dann zur einzig möglichen und damit dem ›Wesen‹ der Literatur entsprechenden zu verabsolutieren.

Ein entsprechender Einwand trifft auch den Explikationsversuch von Roman Jakobson, die vielleicht berühmteste der strukturalistischen Definitionen von Literatur. Für Jakobson ist die Poetik »wesentlicher Bestandteil der Linguistik«, da sie es »mit Problemen der sprachlichen Struktur zu tun« habe (Jakobson 1960, S. 100), und dies bedeutet für ihn insbesondere, daß eine Explikation von Literatur nur im Vokabular einer linguistischen Theorie vorgenommen werden kann. Für Jakobson besteht nun das Besondere der poetischen Sprachverwendung, das, was sie von der alltäglichen unterscheidet, darin, daß die »poetische Funktion« »das Prinzip der Äquivalenz von der Achse der Selektion auf die Achse der Kombination« überträgt (ebd.). Das heißt, daß die syntagmatische Reihung (»Kombination«) der Wörter im Text, die in nicht-literarischer Sprache durch das »Prinzip der Kontiguität« charakterisiert ist (also dadurch, daß die einzelnen Wörter einzig den syntaktischen und semantischen Sprachregeln gemäß kombiniert werden dürfen), nun nach dem ansonsten allein die Auswahl (»Selektion«) aus dem entsprechenden Paradigma von semantisch austauschbaren Wörtern (»Äquivalenzklasse«) bestimmenden »Prinzip der Äquivalenz« vollzogen wird. Jakobson veranschaulicht dies am Beispiel »horrible Harry«, das für ihn einen Fall poetischer Sprachverwendung darstellt: Hier werden die Wörter ›horrible‹ und ›Harry‹ deshalb kombiniert, weil sie in bezug auf den Anfangsbuchstaben »äquivalent« sind, also weil sie denselben Anfangsbuchstaben besitzen. Dies zeigt, daß Jakobson das Besondere der »poetischen Sprachverwendung« und damit auch der Literatur im allgemeinen darin sieht, daß im Text gewisse formale Bezüge hergestellt werden: etwa durch die Wiederholung einzelner Klänge, Wörter, Motive oder anderer Strukturelemente.

Abgesehen davon, daß sich der scheinbar streng wissenschaftliche Anstrich seiner Ausführungen ausschließlich der extrem unpräzisen Verwendungsweise von Schlüsselbegriffen wie »Äquivalenz« oder »Prinzip der Äquivalenz« verdankt, bedeutet eine Bestimmung von Literatur, die allein auf deren formale Eigenschaften abstellt, wiederum die Bevorzugung einer bestimmten Rezeptionsweise zuungunsten möglicher anderer. Es gibt sicher Texte, bei denen die Beachtung solcher Strukturen für ein angemessenes Verständnis des Textes unerläßlich ist; doch auf der anderen Seite gibt es ebenso sicher auch Texte, bei denen derartige Strukturen nur eine untergeordnete Rolle spielen, ja bei denen die ausschließliche Beachtung der formalen Bezüge sogar ein angemessenes Verständnis verhindert. Zudem mögen in einem alltäglichen Text etwa Alliterationen vorkommen, ohne daß diese an sich schon eine poetische Funktion besäßen, einfach deshalb, weil sie zufällig oder gar unbemerkt von Sprecher und Zuhörer zustandegekommen sind. Dies zeigt, daß solche strukturellen »Isotopien« zwar prinzipiell charakteristische, also häufig vorkommende Merkmale von literarischen Texten sein mögen, daß sie aber weder notwendige noch hinreichende Eigenschaften von Literatur darstellen.

Die am weitesten ausgearbeitete Abweichungspoetik stammt von dem deutschen Literaturwissenschaftler Harald Fricke, der sich ähnlich wie Jakobson auf die Charakterisierung einer auch in nichtliterarischen Texten vorkommenden poetischen Sprachverwendung beschränkt und die Frage »Was ist Literatur?« ausdrücklich ausklammert. Fricke zufolge ist eine Sprachverwendung genau dann poetisch, wenn sie erstens die Abweichung von einer sprachlichen Norm darstellt und zweitens diese Abweichung eine bestimmte Funktion besitzt (Fricke 1982, S. 87). Die Funktion ist entweder eine »interne«, das heißt eine solche, die »Beziehungen nur zwischen Tatsachen innerhalb des betreffenden Textes« herstellt, oder eine »externe«, das heißt eine solche, die »Beziehungen zwischen Tatsachen im Text und Tatsachen außerhalb des Textes« herstellt (ebd., S. 91). Dies ist in jedem Fall eine Verbesserung gegenüber

Jakobsons Vorschlag, der überhaupt nur interne Funktionen berücksichtigt hatte, während Fricke durch den Begriff der externen Funktion auch solche Phänomene wie satirische Anspielungen oder politische Literatur in den Blick bekommt.

Freilich steht auch diese Theorie sogleich wieder vor unübersteigbaren Schwierigkeiten. Zunächst einmal scheint Fricke häufig sprachliche Handlungen, die gar nicht unter bestimmte Normen fallen, als »Verletzung« einer sprachlichen Norm aufzufassen, was ungefähr so plausibel ist wie »die Charakterisierung eines Mordes mittels eines Tennisschlägers als Verstoß gegen die Regeln des Tennisspiels« (MARTINEZ/RÜHLING 1986, S. 389). Dies in Rechnung gestellt, bliebe von seiner Explikation aber nichts weiter übrig, als daß in poetischer Sprachverwendung Sprache anders verwendet wird als in nicht-poetischer, gerade weil sie hier eine andere Funktion besitzt. Mit anderen Worten: Poetische Sprachverwendung besitzt eine andere Funktion als nicht-poetische Sprachverwendung. In einer solchen Explikation hinge dann alles ausschließlich von der Charakterisierung eben dieser Funktion ab, und da zeigt sich schnell, daß Frickes Begriff der poetischen Funktion viel zu vage und inhaltsleer ist, um ein hinreichendes Merkmal von poetischer Sprachverwendung spezifizieren zu können (→ WERT, KANON UND ZENSUR; → STILISTIK).

3.3 Anti-essentialistische Theorien

3.3.1 Ist eine Explikation von Literatur überhaupt möglich?

Alle der hier vorgestellten literaturwissenschaftlichen Theorien der Poetizität scheitern also daran, daß die von ihnen angegebenen Merkmale weder hinreichend noch notwendig für Poetizität noch überhaupt mit ausreichender Präzision charakterisiert sind. An dieser Stelle legt sich die Frage nahe, ob es überhaupt möglich ist, Literatur dadurch zu definieren, daß man eine Klasse von Merkmalen bestimmt, die allen literarischen Texten gemeinsam sind, ohne sich in unspezifischen Allerweltsformeln zu verlieren, oder ob man sich nicht vielmehr mit »Symptomen des Ästhetischen« begnügen muß, Merkmalen also, die zwar charakteristisch für Literatur, aber weder notwendig noch hinreichend sind (GOODMAN 1968, S. 253-256); von solchen »Symptomen« hätten die skizzierten Theorien dann immerhin einige angeführt. Ein starker Grund, sich gegen die Möglichkeit einer solchen *essentialistischen* Explikation von Literatur im besonderen und von Kunst im allgemeinen auszusprechen, liegt darin, daß diese anscheinend jederzeit von der Wirklichkeit überholt werden kann, »so daß nach irgendeiner Revolution in der Kunstwelt die gutgemeinte Definition an den kühnen neuen Kunstwerken einfach abprallt« (DANTO 1981, S. 12). Dies hat seine Ursache unter anderem darin, daß die Schriftsteller und Künstler gerade des 20. Jahrhunderts sich dem Prinzip der Innovation verschrieben und einander zum Teil in dem Bestreben überboten haben, neuartige Kunstwerke zu produzieren, die alle bisherigen Bestimmungen von Kunst sprengen. »Art is the Definition of Art«, hat der amerikanische Concept-Künstler Joseph Kosuth einmal programmatisch verkündet: Das Ziel der Kunst solle gerade darin bestehen, mit jedem neuen Kunstwerk die bisherigen Definitionen des Begriffs ›Kunstwerk‹ *ad absurdum* zu führen und so indirekt zu dessen jeweiliger Neubestimmung beizutragen.

3.3.2 Kunst als »Familienähnlichkeit«

Angesichts dieses Umstandes ist es schwierig, sich vorzustellen, wie eine essentialistische Theorie von Kunst und Literatur überhaupt beschaffen sein sollte, und man hat daher versucht, anti-essentialistische Alternativen zu entwickeln. Diese Alternativen, die nahezu ausschließlich für den Bereich der Kunst, nicht aber für den der Literatur vorgeschlagen wurden, gehen davon aus, daß eine Explikation von Kunst und entsprechend von Literatur grundsätzlich nicht möglich ist. Statt dessen schlägt etwa der Philosoph Morris Weitz im Anschluß an den späten Wittgenstein eine Analyse des Begriffs der Kunst vor, derzufolge dessen Verwendung keine Gemeinsamkeit aller der mit ihm bezeichneten Gegenstände zugrundeliegt, sondern vielmehr »ein kompliziertes Netz von Ähnlichkeiten, die einander übergreifen und kreuzen« (Wittgenstein, »Philosophische Untersuchungen«, § 66): Das Prädikat ›Kunst‹ ist ein »offener Begriff«, das heißt ein solcher, dessen »Anwendungsbedingungen verbesserungsfähig und korrigierbar sind« (WEITZ 1956, S. 200f.). Mit anderen Worten: Für die Bedeutung des Prädikats ›Kunst‹ selbst ist es *wesentlich*, daß sie durch jedes neuartige Kunstwerk ein Stück weit neu definiert werden kann.

Gegen diesen Vorschlag ist freilich einzuwenden, daß er nicht mehr Probleme löst, als er sogleich neue wieder aufwirft; denn zum einen ist die Annahme eines offenen Kunstbegriffs ebensowenig notwendig, um das Auftauchen immer neuer Arten von Kunstwerken zu erklären, wie dieses Auftauchen an sich schon eine Explikation von Kunst unmöglich macht, da nämlich »die Ausdehnung des Begriffs nicht unbedingt dessen Bedeutung tangieren muß« (LÜDE-

KING 1988, S. 77). Vielmehr könnte man sich auch hier wieder vorstellen, ähnlich wie bereits beim Begriff der Fiktionalität, daß sich im Laufe der Zeit einfach die Kriterien dafür gewandelt haben, wann für uns ein Gegenstand diesen Begriff erfüllt. Zum anderen aber läßt eine solche Theorie völlig ungeklärt, nach welchen Kriterien Entscheidungen darüber getroffen werden, ob ein neuer Fall als Kunstwerk zu bezeichnen ist oder nicht. Warum beispielsweise stellt die Aufstellung des 1. FC Nürnberg vom 27.1.1968 einen literarischen Text dar, wenn sie in einem Gedichtband von Peter Handke abgedruckt wird, nicht hingegen, wenn sie am Vereinsbrett aushängt oder in der Tageszeitung bekannt gegeben wird? Auf Fragen dieser Art weiß dieser Typ von Theorie offensichtlich keine Antwort.

3.3.3 Institutionelle Theorien der Kunst

Gerade solche Fragen sind es jedoch, die für die zeitgenössische Ästhetik zum Kardinalproblem geworden sind: der Unterschied zwischen einem beliebigen Gegenstand und einem Kunstwerk. Dies hat damit zu tun, daß im 20. Jahrhundert, nach Marcel Duchamps Erfindung des Ready-mades und dem Aufkommen des Happenings in den späten fünfziger Jahren jeder beliebige Gegenstand, ja jede beliebige Handlung zum Kunstwerk werden kann. Dies gilt *mutatis mutandis* auch für die Literatur, wie sich an Peter Handkes Gedicht »Die Aufstellung des 1. FC Nürnberg vom 27.1.1968« gezeigt hat, obwohl dort Ready-mades bei weitem nicht die gleiche überragende Rolle gespielt haben wie in der Kunst. Institutionelle Theorien der Kunst, die ursprünglich auf einen Aufsatz des amerikanischen Philosophen Arthur C. Danto zurückgehen (DANTO 1964), versuchen dort weiterzumachen, wo die Theorie vom offenen Begriff der Kunst aufhörte: Ihnen zufolge ist ein Kunstwerk ein von Menschen geschaffener Gegenstand, dem von einer Person (dem Künstler) der Status als Kunstwerk übertragen wurde (DICKIE 1969, S. 254). Ein Kunstwerk ist dann folglich das, was vom Künstler als solches definiert wurde und in einem entsprechenden institutionellen Rahmen (etwa einem Museum oder einer Ausstellung) als solches präsentiert wird.

Ein Problem dieser Theorie besteht darin, daß sie nicht zu erklären vermag, warum es für die Übertragung des Kunststatus wesentlich zu sein scheint, *wer* diese vornimmt: Es macht einen Unterschied, ob eine beliebige Person Brillo-Schachteln ausstellt oder Fotoserien von Campbell's Suppendosen macht oder aber

Andy Warhol – obwohl die handwerklichen Fähigkeiten dazu in der Tat jeder besitzt. (Für die Literatur hingegen scheint sich dieses Problem nicht zu ergeben, da hier tatsächlich jede beliebige Person die Aufstellung einer Fußballmannschaft zum literarischen Text deklarieren kann, indem er sie in seine eigene Gedichtsammlung aufnimmt – selbst wenn diese nie veröffentlicht werden sollte.) Ein noch schwerwiegenderer Einwand gegen diese Art von Theorie dürfte jedoch sein, daß sie nahezu tautologisch ist: Ihr zufolge ist etwas genau dann ein Kunstwerk, wenn jemand es als solches ausgibt. Jemandem, der nicht weiß, was ein Kunstwerk ist, ist mit einer solchen ›Erklärung‹ aber nicht geholfen, da ihm keinerlei inhaltliche Merkmale des Prädikats ›Kunst‹ spezifiziert werden, die dieses von anderen Prädikaten unterscheiden. Der gleiche Einwand gilt im übrigen auch für die erste der hier skizzierten anti-essentialistischen Theorien: Indem sie jegliche Art von Explikation entweder vermeiden oder nur tautologische anbieten, lassen sie uns mit der Frage »Was ist Kunst, was ist Literatur?« allein.

3.4 Kunst als Zeichen

Anti-essentialistische Theorien scheinen also einerseits zwar keine befriedigende Alternative zu den vorher dargestellten essentialistischen zu bieten; andererseits aber sind die Argumente gegen die Möglichkeit von essentialistischen Theorien nicht von der Hand zu weisen. In dieser aporetischen Situation kam der zusammen mit Nelson Goodman wohl bedeutendste und einflußreichste analytische Kunstphilosoph der Gegenwart, der bereits erwähnte Arthur C. Danto, 1981 mit einem erstaunlichen Vorschlag, der alle genannten Probleme mit einem Schlage zu erledigen scheint. Dantos Lösung sieht so aus, daß er zwar die Ansicht der Anti-Essentialisten teilt, eine Explikation von Kunst sei unmöglich, solange diese sich noch weiter so entwickele, wie sie es in ihrer bisherigen Geschichte getan habe, jedoch der Meinung ist, diese Entwicklung sei definitiv zu einem Ende gekommen. Daher bestehe jetzt zum ersten Mal überhaupt die Möglichkeit einer Explikation von Kunst (DANTO 1981, S. 12).

Auf der Basis dieser Annahme expliziert Danto den Begriff der Kunst wie folgt: Ein Kunstwerk ist 1. die Darstellung eines bestimmten Themas (»Sujet«), das sich 2. dem Rezipienten in einem Akt der Interpretation erschließt, die optimalerweise die bisherige Kunstgeschichte in Rechnung stellt; und 3. das Thema wird dargeboten in einem bestimmten Stil, der charakteristisch ist für den

Künstler und seine Epoche. Mit den ersten beiden Punkten betont Danto den *Zeichencharakter* von Kunst: Sie ist stets »über« etwas (»about«) (ebd., S. 89), und das, worüber sie ist, ist ausschließlich durch Interpretation zugänglich, so daß er in Anspielung auf Berkeleys berühmtes Postulat »Esse est percipi« deklarieren kann, das *esse* des Kunstwerks sei sein *interpretari* (ebd., S. 193). Gerade dieses Interpretiert-werden-können unterscheidet denn auch einen Text wie Handkes bereits mehrfach erwähntes Gedicht »Die Aufstellung des 1. FC Nürnberg vom 27.1. 1968« vom gleichlautenden Text in einer Tageszeitung oder als Ankündigung am Vereinsbrett.

Mit ›Interpretation‹ ist dabei freilich nicht das gemeint, was für gewöhnlich in den Geisteswissenschaften so genannt wird. Danto unterscheidet nämlich zwischen »Oberflächen-« und »Tiefeninterpretation«. Die Oberflächeninterpretation ist genau jene, welche das Konzept erläutert, das dem Künstler bei der Verfertigung seines Werkes vorschwebte; dieses kann aber nur mit Bezug auf die Autorität des Künstlers herausgefunden werden und erfordert daher ein bestimmtes *Wissen* seitens des Rezipienten; mit anderen Worten: Wir müssen wissen, welche Intentionen der Künstler mit seinem Kunstwerk verfolgt hat, aber wir müssen darüber hinaus auch den bisherigen Verlauf der Kunstgeschichte kennen. So muß man beispielsweise wissen, daß ein Großteil der Kunst des 20. Jahrhunderts keine Gefühle zum Ausdruck bringen wollte, sondern statt dessen die bisherige Auffassung von Kunst ironisch kommentieren oder eben die Grenzen der Kunst neu bestimmen wollte, um ein Gedicht wie das Handkes angemessen zu verstehen. Erst die für diese Art von Interpretation vorausgesetzte »richtige Art von Wissen gibt dem Werk seine Identität« (DANTO 1986, S. 66). Eine Tiefeninterpretation hingegen setzt eine solche korrekte Oberflächeninterpretation bereits voraus und strebt statt dessen nach einer Deutung, die sich nicht auf die Intentionen des Künstlers berufen muß. Eine solche Interpretation ist für eine angemessene Rezeption eines Textes oder Gegenstandes *qua* Kunstwerk Danto zufolge nicht notwendig; ja er lehnt sie sogar ab. Da es aber genau diese Tiefeninterpretation ist, die er als typisch hermeneutisch ansieht, verurteilt er jede Art von Hermeneutik (ebd., S. 60) und stimmt dem berühmten Schlachtruf Susan Sontags zu, demzufolge »statt einer Hermeneutik« »eine Erotik der Kunst« notwendig sei (→ HERMENEUTIK).

Der Stil als drittes Explikationsmerkmal von Kunst spezifiziert die besondere Weise, in der Kunstwerke, im Gegensatz zu anderen Arten von Darstellungen wie insbesondere wissenschaftlichen, ihr

Thema darstellen (→ STILISTIK). Danto expliziert den Stil als eine Art metaphorischer Darstellung, und das Kunstwerk wird so für ihn zu einer Art *Gesamtmetapher.* »Das Kunstwerk verstehen« heißt dann, »die Metapher erfassen, die immer da ist« (DANTO 1981, S. 262). Wieder auf Handkes Gedicht bezogen, würde dies bedeuten: Dieses stellt metaphorisch dar (nämlich durch den Fakt, daß es eine Mannschaftsaufstellung ist, die in einen Gedichtband aufgenommen wurde), 1. daß auch eine Mannschaftsaufstellung ein Gedicht sein kann, 2. daß jeder beliebige Gegenstand ein Kunstwerk sein kann, wenn es vom Künstler dazu erklärt wird, 3. daß das Gedicht zum Teil durchaus sogar traditionellen Definitionen von Lyrik entspricht, da es in einer Art ›Versform‹ verfaßt ist, und Ähnliches mehr. Ein Kunstwerk wie Handkes textuelles Ready-made bringt also »die Strukturen der Kunst zum Bewußtsein«, wie Danto in bezug auf ein anderes Ready-made sagt (ebd., S. 315). Die Pointe dieser metaphorischen Darstellung aber im Gegensatz zur buchstäblichen besteht darin, daß der Leser des Textes diese »Strukturen der Kunst« anhand von diesem *selbst erkennen* muß, wenn er das Gedicht verstehen will – was wiederum ein entsprechendes Wissen vom Stand der Kunstgeschichte und von den Intentionen des Autors notwendig voraussetzt. Überspitzt ausgedrückt: Der Leser muß die *Ansichten* Handkes über die Kunst selbst einen Augenblick lang haben, um das Gedicht zu verstehen, auch wenn er sie nicht zu teilen braucht. Genau hier liegt denn auch die eigentliche Pointe von Dantos Ausführungen: Das Kunstwerk »veräußerlicht eine Weise, die Welt zu sehen« (ebd.); es macht diese Weltsicht für den Rezipienten gleichsam erlebbar, während sie sonst, in diskursiver Sprache, nur beschreibbar ist.

3.5 Ausblick

Dantos Unterscheidung zwischen Oberflächen- und Tiefeninterpretation sowie die Verurteilung letzterer zusammen mit dem sie betreibenden Berufsstand ist sachlich sicher kaum haltbar. Die Ansicht, daß das Urteil eines Autors über seine Werke nicht in jedem Fall das letzte Wort sein muß, ist schließlich keine Idiosynkrasie hermeneutischen Denkens, sondern findet ihren Grund darin, daß Autoren sich bezüglich ihrer Absichten irren können: August Strindberg beispielsweise war der Meinung, sein Roman »Am offenen Meer« handele von einem Mann, der, obwohl seiner Umwelt intellektuell weit überlegen, an deren Engstirnigkeit zugrundegeht; ein sorgfältiger Leser hingegen wird unweigerlich zum Ergebnis kommen, daß der Roman von einem Mann handelt, der, obwohl möglicherweise seiner Umwelt intellektuell überlegen, an seiner eigenen Überheblichkeit und Überspanntheit zugrundegeht. Dies Beispiel macht auch deutlich, daß die Identifizierung des Sujets in der Literatur keineswegs immer so einfach ist, wie Danto glaubt und wie es in der bildenden Kunst vielleicht tatsächlich der Fall ist (→ HERMENEUTISCHE MODELLE; → FORMEN ›TEXTIMMANENTER‹ ANALYSE).

Doch abgesehen von solchen, eher die Details betreffenden Kritikpunkten läßt sich gegen diese Theorie auch noch ein schwerwiegenderer Einwand vorbringen. So ist nämlich Dantos Perspektive auf Kunst ohne Zweifel die eines Kenners und Liebhabers: Der Rezipient des von ihm definierten Kunstwerks ist jemand, der das Sujet eines jeden Textes, gegebenenfalls unter Heranziehung von erforderlicher Hintergrundinformation, identifizieren und literarhistorisch richtig einordnen kann. Diese Charakterisierung legt die Frage nahe, ob nicht auch hier wieder nur eine bestimmte Rezeptionsweise von Kunst verabsolutiert und zum Maß aller Dinge erklärt wird, ja ob hier nicht sogar ein normativ-evaluativer Kunstbegriff unterschwellig dem klassifikatorischen in die Quere kommt. Was etwa ist das Sujet eines mittelmäßigen Kriminalromans von Edgar Wallace? Die Suche nach dem Täter, würde Danto vermutlich antworten. Doch inwiefern wird dieses Sujet in metaphorischer Weise dargeboten? Vielleicht würde Danto sagen: allein dadurch, daß überhaupt eine Geschichte erzählt wird. Doch eine solche Antwort ist unbefriedigend, da dann sofort wieder der Unterschied zwischen einer literarischen Geschichte und einem fiktionalen philosophischen Lehrstück – etwa der knappen narrativen Ausschmückung unseres mehrfach als Beispiel angeführten Lehrdialogs – verwischt würde, das ja auch ein Sujet besitzt, nämlich daß der eine Gesprächspartner dem anderen Erkenntnisse vermittelt. Diese Schwierigkeit könnte man vermeiden, indem man Danto dahingehend interpretiert, daß die veräußerlichte »Weise, die Welt zu sehen«, eine »existentielle« sein müsse, »eine Vergegenwärtigung von Bedürfnis- und Wertperspektiven« (KOPPE 1991, S. 99). Dann aber wäre erst recht nicht mehr verständlich, warum Produkte der Massenkultur wie Wallaces »Hexer« zur Literatur gehören. Natürlich könnte man an dieser Stelle stehenbleiben und einfach behaupten, solche Werke würden gar nicht als zur Klasse der Kunstwerke im klassifikatorischen Sinne gehörig betrachtet; es handele sich bei ihnen vielmehr um zwar fiktionale, aber keineswegs literarische

Texte. Doch dies scheint, gerade auch nach den entsprechenden Perspektivverschiebungen der letzten drei Jahrzehnte in den Kulturwissenschaften, empirisch falsch zu sein.

Diese Überlegungen können als Hinweis darauf verstanden werden, daß es heutzutage eher Werke der bis vor kurzem noch so genannten ›Trivialkunst‹ zu sein scheinen, die eine Provokation für die Explikation des Begriffs der Kunst beziehungsweise Literatur darstellen, und nicht mehr so sehr die einer ästhetischen Avantgarde. Im Zeichen der »Postmoderne« sind diese Werke freilich längst in den Blick gerückt, und der Unterschied zwischen ›hoher‹ und ›niedriger‹ Kunst ist inzwischen obsolet geworden (→ Literarische Wertung). In der Debatte jedoch um die Frage danach, was Kunst, was Literatur ist, hat diese Grenzverwischung bisher offensichtlich noch nicht die Aufmerksamkeit gefunden, die notwendig wäre, damit nicht wieder einmal, wie in der Geschichte der Ästhetik und Literaturtheorie so oft, bestimmte Kunstwerke von vornherein, wenn auch unterschwellig, aus der Klasse der zu definierenden Gegenstände ausgeschlossen bleiben. In jedem Fall aber scheint mir die Theorie vom Kunstwerk als Zeichen diejenige Kunst- und Literaturtheorie zu sein, die von den hier vorgestellten bei der zukünftigen Bearbeitung des »noch ungelösten Problems« (Boethius) am meisten Aufmerksamkeit verdient.

2. Literatur und Medien

von Erhard Schütz und Thomas Wegmann

1. Vorbemerkungen

Die Konkurrenz, Verdichtung, Vernetzung und absehbare Integration der Medien hat in der jüngeren Vergangenheit zu vielfältigen und weitreichenden medientheoretischen Überlegungen und medienhistorischen Forschungen geführt. Im Zuge dieser Entwicklung ist öfters eine Integration der Literaturwissenschaft(en) in Medien-, Kommunikations- oder Informationswissenschaften gefordert worden. Medienwissenschaft existiert vielerorts neben der Literaturwissenschaft oder ist zumindest eine Teildisziplin innerhalb der Literaturwissenschaft. Gleichwohl beschränkt sich häufig das Verständnis des Verhältnisses von Literatur und Medien (oder Literaturwissenschaft und Medienwissenschaft) noch immer auf die literaturwissenschaftliche Beschäftigung mit ›Literaturverfilmungen‹, auf Spekulationen über ›filmische Schreibweisen‹ oder das Genre des Hörspiels.

Immerhin läßt sich anhand allein dieser drei Elemente die Weite des Spektrums im Verhältnis von Literatur und Medien erahnen: Das Hörspiel führt auf die Bedeutung literarischer Formen innerhalb eines anderen Mediums als das des Buchs. ›Filmische Schreibweise‹ – worunter meist heterogene Aspekte von Montageverfahren bis Einstellungswechsel gefaßt werden – führt zu der Einsicht, wie wichtig die Imitation oder Simulation ästhetischer Elemente von Medien in literarischen Texten sein kann. Das gilt etwa für den ›fotografischen Blick‹ dokumentarischer Literatur, besonders jedoch für den riesigen Bereich der Imitation oder Simulation von Mündlichkeit durch – geschriebene oder gedruckte – Literatur.

Nicht nur ein Film, der nach einer literarischen Vorlage gedreht worden ist, transponiert Literatur in ein anderes Medium; dasselbe geschieht in Adaptionen für Hörfunk oder Fernsehen, in Comic-Bearbeitungen, ja vielleicht schon in der Einrichtung eines Textes für eine Lesung, allemal aber in der Bearbeitung eines dramatischen Textes für die theatralische Inszenierung (→ Grundlagen szenischer Texte).

In den Komplex von Literatur und Medien gehören allerdings wesentlich mehr Fragestellungen. Neben der grundsätzlichen Frage nach der spezifischen Medialität *von* Literatur sind das Fragen wie die nach dem Verhältnis von Literatur *zu* den medial veränderten Wahrnehmungsweisen, nach der Funktionsänderung von Literatur als System (oder als ›Literaturbetrieb‹) in der Konkurrenz, Verdichtung und Vernetzung von Medien (→ LITERATUR ALS ›SYSTEM‹). Dazu gehören aber auch eher konventionelle Fragen wie die nach Medien als Inhalt oder Gegenstand, als Thema und Motiv in literarischen Texten oder nach der Multimedialität im Werk eines Autors. Diesen Fragen gründlich nachzugehen, hieße am Ende freilich, ein eigenes Handbuch schreiben.

Im folgenden soll darum zunächst, um einige zentrale Aspekte zu konturieren, das Verhältnis von Literatur und Medien *historisch* entwickelt werden – eingangs an der Grundkonstellation der Medialität von Literatur, nämlich der Opposition von *Mündlichkeit und Schriftlichkeit*, dann am Buchdruck, der *Typographie*, und der allgemeinen *Literalisierung*, schließlich an den neuen *technischen Massenmedien* und der *Digitalisierung*.

2. Oralität – Literalität

Die Reflexion über die Differenz zwischen Mündlichem und Schriftlichem als konkurrierenden Kommunikations- und Überlieferungsweisen ist beinahe so alt wie die Schrift selbst, und sie führte schon früh zu medienspezifischen Überlegungen. Bereits Platon läßt Sokrates (im »Phaidros«) gegen das vergleichsweise junge Medium der Schrift polemisieren: Sie schwäche das Gedächtnis und richte sich nicht an einen bestimmten, überschaubaren Adressatenkreis, sondern potentiell an jeden Schriftkundigen (→ DEKONSTRUKTION). Doch selbst dies Plädoyer für das Mündliche, für die Stimme gegenüber der Schrift, wurde verbreitet und gewann Einfluß allein durch die Schrift, die effektivste Speichertechnik jener Zeit. Dieser performative Widerspruch von Medium und Medienbotschaft ist bis heute im Verhältnis von Literatur und Medien in vielerei Varianten konstitutiv geblieben: als »Mündlichkeit, die sich durch Schrift affirmieren läßt« (SCHNEIDER 1987, S. 15), oder allgemeiner gefaßt, als die Abwertung eines neuen Mediums bei dessen gleichzeitiger Nutzung. Virulent wird dieser Widerspruch vor allem in Zeiten technischer Innovationen, von der Typographie bis zum Fernsehen; und er kreist immer wieder um mediale Macht und kulturelle Vorherrschaft, die eben durch die jeweils schnellste und weiträumigste Kommunikationstechnik garantiert werden.

Das Spannungsverhältnis von Mündlichkeit und Schriftlichkeit, von Oralität und Literalität, geriet erst in diesem Jahrhundert in den systematischen Blick verschiedener Wissenschaftsdisziplinen. Vor allem die angloamerikanische Forschung ist dabei wegweisend gewesen (vor allem Jack GOODY, Eric A. HAVELOCK, Harold A. INNIS, Albert LORD, Milman PARRY, Walter J. ONG, Ian WATT). Dabei verdankt sich auch die ›Oral History‹ wiederum technischen Aufzeichnungsgeräten. Detaillierte Studien in noch bestehenden oralen Gesellschaften ergaben, daß dort vor allem das *Gedächtnis* als zentrale Kategorie für die Weitergabe der Kultur- und Wissensbestände etabliert ist (→ DIALOGIZITÄT, INTERTEXTUALITÄT). Daraus folgt einerseits eine deutliche Orientierung am *Körper* als dem genuinen Träger des Gedächtnisses und Generator von Rede, andererseits eine homöostatisch ausgeprägte Organisation: »Was von sozialer Bedeutung bleibt, wird im Gedächtnis gespeichert, während das übrige in der Regel vergessen wird.« (GOODY u. a., S. 68) Aus den Notwendigkeiten der Gegenwart konstituiert sich das Wissen und Verständnis von Vergangenheit, ohne daß hier zwischen Legende und Geschichte geschieden wird. Formalisierende und schematisierende Mittel sowie auffällige Redundanzen (Formeln, Floskeln, Wiederholungen usf.) sind dabei keineswegs bloß dekoratives Beiwerk, sondern Gedächtnisstützen und Erinnerungstechniken, sind also mnemotechnisch funktional. Auch die Bedeutung eines Wortes, mit dem man sich alltäglich verständigt, ergibt sich aus der Abfolge konkreter Situationen und ist nicht außerhalb dieses Alltags dauerhaft, institutionell und im gleichen Wortlaut fixiert. Je mehr wir über *orale* Kulturen erfahren haben, desto deutlicher zeichneten sich umgekehrt auch die Implikationen von *Literalität* ab; mit der Erforschung der Mündlichkeit ist deutlich geworden, was Schriftlichkeit bedeutet. Philologische Tugenden wie Text- und Quellentreue, intellektuelle Ordnungskategorien wie Epistemologie und Taxonomie, die philosophische Generaldifferenz von Mythos und Logos: dies alles verdankt sich der Medientechnik Schrift, die auf ihrer materiellen Seite Archive und auf ihrer intelligiblen Seite Abstraktionen ermöglicht. Eine Mediengeschichte und Medientheorie, die auf diesen Forschungen aufbaut, hat der hergebrachten Literaturwissenschaft vorgehalten, daß sie mit ihrer Fixierung auf »Sinn als Grundbegriff der Hermeneutik und Arbeit als Grundbegriff der Literatursoziologie« den Informationskanal Schrift mit den ihn steuernden Institutionen überspringe und »an Büchern alles andere als ihre Datenverarbeitung« untersuche (KITTLER [3]1995, S. 520;

→ Diskursanalyse, Diskursgeschichte). Zumindest in Teilen der Literaturwissenschaft hat man aber mittlerweile aufgehört, den Text unabhängig von seiner jeweiligen Materialität und seinem personalen oder papiernen Träger zu betrachten. Vielmehr wird man zunehmend darauf aufmerksam, »daß kein Schriftstück unabhängig von den Formen, in denen es seine Leser erreicht, verstanden werden kann« (Chartier 1990, S. 12).

So spielt etwa in der Analyse mittelalterlicher Texte das Spannungsfeld von Mündlichkeit und Schriftlichkeit, der semi-orale Kontext höfischer Kultur, eine zunehmend größere Rolle. Bedeutende Werke, die sich in verschiedenen Textvarianten erhalten haben, verdanken ihr Entstehen nicht selten einer langen Kette mündlicher Überlieferung – dabei nimmt vor allem das »Nibelungenlied« eine einzigartige Grenzstellung zwischen Mündlichkeit und Schriftlichkeit ein. Umgekehrt fordern wichtige höfische Texte des Mittelalters nicht nur inhaltlich neue und gemäßigtere Umgangsformen (Dämpfung der Affekte), sondern schon durch ihre eigene deutlicher vermittelte, ›gemäßigte‹ Form der literarischen Darstellung als Bestandteil höfischer Kultur. Das Medium Schrift öffnet dabei »einen Raum der Imagination, in dem sich die höfische Gesellschaft einschreibt, wie sie sich selbst sieht und sich sehen möchte« (Wenzel 1995, S. 371). Ist ein Vorbild nicht in Person verfügbar, tritt das Buch durch Imagination dafür ein. Dessen vorstellende Schrift wiederum wird durch Bilder gestützt. Bilder sollen die ästhetische Unattraktivität der Schrift kompensieren; Schriftbänder in Bildern steigern das Bild gleichsam zum audiovisuellen Ereignis; im lauten Lesen tritt auch die Stimme hinzu. »Bilder sollen nicht nur zeigen, sondern auch erzählen, Schrift nicht nur zu Gehör bringen, sondern auch verbildlichen.« (Ebd., S. 320) So entsteht ein Integrations- und Mediatisierungsprogramm des kulturellen Gedächtnisses (→ Dialogizität, Intertextualität, Gedächtnis), zugleich auch ein Programm der Differenzierung und Distanzierung: Das Schreiben trennt den Schreibenden von jenem sozialen Leben, das sein Buch lehren soll, so wie umgekehrt der Lesende, der aus Büchern Lernende für die Dauer der Lektüre getrennt wird von jenem höfischen Vollzug, den er lernen soll. Andererseits holen die Texte räumliche und zeitliche Ferne in den Verfügungsraum des Hier und Jetzt. Solche Ausdehnung der Reichweite bringt einen Verlust an Konkretheit mit sich. Diesem Mangel und der Unsinnlichkeit der Schriftzeichen arbeitet die Abwechslung im Angebot entgegen. Die Sinnfälligkeit zu steigern, um die Memorierbarkeit zu verbessern: das ist eine Aufgabe der Metaphorik.

Insgesamt blieben Lesen und Schreiben jedoch einer kleinen Elite vorbehalten, oft angebunden an kirchliche Institutionen und beherrscht vom Latein. Die Rezeption volkssprachlicher Literatur hingegen setzte – auch wenn sie schriftlich fixiert war – die körperliche Präsenz sowohl eines Sängers oder Erzählers als auch eines Publikums voraus. »Vieles deutet darauf, daß in der höfischen Zeit neben der schriftlich konzipierten Literatur eine intakte mündliche Literatur existiert hat. Das bedeutet, daß man die literarische Situation der Laiengesellschaft in dieser Zeit einseitig und unzureichend erfaßt, wenn man nur die in Handschriften überlieferten Werke betrachtet.« (BUMKE 1986, II, S. 614) Seit dem 13. Jahrhundert wurden neben den klösterlichen Skriptorien auch kommerziell arbeitende Schreiberwerkstätten eingerichtet, in denen Texte handschriftlich kopiert und verkauft wurden; im 14. und 15. Jahrhundert kamen die ersten Universitäten hinzu, die in diesem Manuskriptzeitalter für die Verbreitung von Schriftstücken große Bedeutung gewannen. Doch selbst in Institutionen mit einem hochentwickelten Schriftgebrauch – vor allem der Kirche, den Universitäten, Stadtverwaltungen, Höfen und Großhandelshäusern – »waren kaum kommunikative Prozesse denkbar, in denen nicht gesprochen, Bullen [d. h. kirchliche oder weltliche Urkunden] mit mündlichen Erläuterungen weitergegeben, die Thesen disputiert, Urkunden nach Diktat geschrieben und verlesen wurden usw.« (GIESECKE 1991, S. 32). Das änderte sich grundlegend erst mit der technischen Vervielfältigung durch den Druck mit einzelnen beweglichen Lettern, bei dem die Buchstaben aus einem zuvor bereits vorhandenen Zeichenvorrat gesetzt werden. Erst die Typographie also führte zur allmählichen Ablösung einer primär mündlich organisierten Kommunikation.

3. Buchdruck (Typographie)

Wenn es um das wirklich Neue an neuen Medien geht, scheiden sich Geister und Geschichten, die von ihnen handeln. So auch bei der Typographie. Während Michael Giesecke das Innovationspotential des Buchdrucks hoch ansetzt, ohne Kontinuitäten zu leugnen (ebd.), neigt Chartier dazu, »die Druckkultur als Fortsetzung der Manuskriptkultur zu betrachten« (CHARTIER 1990, S. 36). Gerade das Bemühen um Identität läßt Differenzen deutlich werden: Zwischen den Inkunabeln (den Frühdrucken des 15. Jahrhunderts), die die Ästhetik der Handschriften imitieren, und der Videohülle, die in Buchform gestaltet ist, liegen zahlreiche Beispiele von neuen Medien, die vor allem in ihren Anfängen Mimikry ans schon Bestehende betreiben. Die Typographie bietet dafür ein Musterbeispiel: »Bekanntlich ändert die Erfindung des Buchdrucks nicht schlagartig die Bedingungen literarischer Kommunikation: die Einrichtung der Frühdrucke orientiert sich an Handschriften; jahrzehntelang laufen mechanische Reproduktion und Abschreiben (z. T. nach Drucken!) nebeneinander her.« (J.-D. MÜLLER 1988, S. 154) Bereits die sogenannte 42zeilige Gutenberg-Bibel (gedruckt zwischen 1452 und 1455) lieferte das Modell für die Schwelle von Manuskript- und Druckzeitalter. Die Buchstaben einer Handschrift dienten als Vorlage für die Fertigung der einzelnen Lettern dieser lateinischen Bibel, die auch gleich einer Handschrift rubriziert (in Spalten gegliedert) und illuminiert (farbig illustriert) wurde. So verband das in rund 180 Exemplaren verbreitete Buch die Möglichkeiten der mechanisch-seriellen Reproduktion mit den ästhetischen Idealen der Manuskriptkultur. Auch der 1477 erschienene »Parzival« des Straßburger Frühdruckers Johann Mentelin zeigt die für viele Inkunabeln typische Kombination aus Homogenität und exakter Wiederholbarkeit des Drucks in vielen identischen Exemplaren auf der einen Seite, dem Einmaligkeitsgestus der Kodizes auf der anderen. Nach dem Vorbild der Schreiber wählte man nicht nur die Typen aus, sondern benutzte auch Abkürzungen, Interpunktionszeichen und Ligaturen (Buchstabenverbindungen), um die Zeilenenden bündig zu gestalten. Und obwohl es sich beim Mainzer Handgießinstrument um die erste seriell-normierte Produktionsmöglichkeit in der Geschichte der Textverarbeitung handelt, läßt sich doch offenbar – vor allem bei einigen Frühdrucken – von den gedruckten Charakteren nicht nur auf den jeweiligen Schriftentwerfer, sondern bis zu einem gewissen Grad selbst auf den ›Charakter‹ des Setzers schließen.

Wie sehr die Vorstellung vom Buch als Unikat auch nach der Einführung der Typographie dominiert, wie rudimentär hingegen Bewußtsein und Wissen von einem seriellen Reproduktionsverfahren ausgebildet sind, das verdeutlicht der Bericht über den Druck des Regensburger Meßbuches von 1485:

»[...] als man das Gedruckte mit der Vorgabe verglich – eine Arbeit, für die eigens Geistliche des Domes herangezogen wurden –,

›ergab es sich‹ (so heißt es in diesem Bericht) ›wie durch ein Wunder Gottes, daß in den Buchstaben, Silben, Wörtern, Sätzen, Punkten, Abschnitten und anderem, was dazugehört, der Druck bei allen Exemplaren und in jeder Hinsicht mit den Vorlagen unseres Doms übereinstimmte. Dafür danken wir Gott.‹ Man glaubte also, die aus der Druckerpresse hervorgehenden Exemplare Stück für Stück auf ihre Identität überprüfen zu müssen, wie man es vom Kollationieren von Handschriften gewohnt war.« (Widmann 1973, S. 15f.)

Die erst durch den Druck ermöglichte exakte Wiederholbarkeit von Texten hat also in den ersten Jahrzehnten nach der neuen Erfindung die allgemeinen Vorstellungen von schriftlicher Kommunikation und den Umgang mit Büchern und Schrift noch nicht nachhaltig verändert. Anders als in Zeiten alltäglich gewordener Typographie ist das Konzept von ›Text‹ noch mit dem konkreten und originalen Buchkörper verknüpft. Jeder Text war insofern Unikat, als er mit dem niemals exakt reproduzierbaren ›Unikat‹ Handschrift und dem konkreten, unterschiedlich rubrizierten und illuminierten Buchkörper untrennbar verbunden war. Erst die exakte technische Reproduzierbarkeit von Schrift setzte allmählich die Vorstellung von einem in zahlreichen Exemplaren verbreiteten und dennoch völlig identischen Text durch – unabhängig vom konkreten *corpus* des Buches, von Art und Grad seiner Vervielfältigung. Das an Kodizes und Manuskripten gewonnene Textverständnis hingegen orientiert sich ganz am Modell des Körpers: »Die Abwesenheit des Körpers, die erst eigentlich Möglichkeiten des Buches zur Geltung bringt (Reichweite, Dauer), wird kompensiert durch das körperhafte Bild des Buches.« (Wenzel, in: Gumbrecht u. a. 1988, S. 183) Wie der Körper des Sängers oder Erzählers, so ist auch der Körper des Buches vergänglich. Und wie ein Sänger seine Wissensbestände immer wieder mündlich an Jüngere weitergeben muß, um sie zu erhalten, so muß auch ein Kodex immer wieder abgeschrieben werden. Durch die untrennbare Gebundenheit an das Buch-Corpus, die ihm erst seine Unikatstellung garantiert, verfällt ein Text zwangsläufig mit seinem Träger. Erst vor diesem Hintergrund erschließt sich die von Johann Trithemius 1494 in Druck gegebene Polemik gegen den Druck: »Selbst wenn alle Werke der gesamten Welt gedruckt würden, bräuchte ein hingebungsvoller Schreiber von seinem Eifer keineswegs abzulassen [...]. Erst seine Leistung erwirbt den dürftigen Werken Autorität, den wertlosen Größe und den vergänglichen Langlebigkeit.« Das Textverständnis, welches Trithemius zu dieser Abhandlung »De laude scriptorum«

veranlaßte, orientiert sich daran, daß nur der konkrete Körper dem Text seine Dauer verleiht und nur die sorgfältige Abschrift auf ehernem Material, zu der Trithemius in diesem Werk ermahnt, per Unikat die Traditionskette garantieren konnte – nicht aber ein technisches Reproduktionsverfahren, dessen Schnelligkeit er sich als umgekehrt proportional zur Haltbarkeit seiner Produkte vorstellte.

Auf vielfältige Weise dominieren auch noch Jahrzehnte nach Einführung des Buchdrucks typische Vorstellungen der Manuskriptkultur. Die neue Technik wird zunächst nicht nur an Geschwindigkeit und Komfort gemessen, sondern an der ästhetischen Vollkommenheit und Harmonie ihrer Erzeugnisse. Eine zentrale Funktion nimmt in diesem Prozeß die Handschrift ein: Drucktypen werden nach der Vorlage ausgesuchter Handschriften gefertigt, Inkunabeln in ihrer Gestaltung den Manuskripten angeglichen und gedruckte Bücher wieder abgeschrieben, und die Skriptoren beharrten gelegentlich gegenüber den Druckern und Setzern auf ihrer tradierten Legitimation als wichtige Schaltstellen in der Weitergabe und Archivierung der Kultur- und Wissensbestände. Abschreiben, das hatte nach einer Analogie aus Richard de Burys »Philobiblon« von 1345 den Status einer Zeugung. Kopierbar waren Texte streng genommen nicht, sie mußten »ersetzt« werden; damit war die Weitergabe von Sprache nicht nur in der mündlichen Rede, sondern auch in der Schrift an Körper gebunden. Die Handschrift war dabei lediglich die Spur, die der sich bewegende Schreiberkörper erzeugt hatte. Erst eine effiziente Drucktechnik entlastete sie von ihrem Monopol bei der schriftlichen Tradierung von Kultur- und Wissensbeständen, welche zunehmend in den wachsenden typographischen Archiven gespeichert wurden, und ermöglichte so im Laufe der Zeit ihre bis heute gültige Aura von Individualität. Das Schreiben – zumindest in diesem Punkt sollte Trithemius rechtbehalten – wird durch das Drucken eben keineswegs aufgegeben, sondern es erhält eine andere Funktion: aus einem Abschreibesystem werden allmählich »Aufschreibesysteme« (KITTLER [3]1995). In ihrer eigenen Handschrift zeigen sich dann Eigentümlichkeit und Charakter der alphabetisierten Individuen.

Wie effizient das neue Medium des Buchdrucks sein konnte, das demonstrierte erstmals Luther: Bei seinem reformatorischen Unternehmen nutzte er nicht nur zahlreiche gedruckte Flugblätter zur Verbreitung seiner Thesen, sondern schuf auch wesentliche Voraussetzungen für einen bis heute unangefochtenen Bestseller, indem er die Verkündung der Bibel von Priestermündern auf serielle

Buchstaben umstellte und »die Schrift [...] aus dem Medium der sakramentalen Semiotik befreite« (SCHNEIDER 1987, S. 19).

3. Allgemeine Literalisierung

Mit dem typographischen Verfahren hört die Verfügbarkeit schriftlicher Überlieferung nach und nach auf, ein Privileg zu sein, und Gedrucktes wird allmählich ein alltäglicher Gebrauchsgegenstand. »Die vormals so kostbaren, so seltenen Bücher der alten Weltweisen, Geschichtsschreiber, Redner und Dichter, Rechtsgelehrten und Ärzte«, so Gottsched 1740, »wurden nunmehr auf erstaunende Weise vervielfältiget und auch dürftigen Liebhabern der Gelehrsamkeit um sehr wohlfeilen Preis überlassen.« Mit Flugschriften, Kalendern und Ratgebern für fast alle Lebenslagen entstehen zudem zahlreiche neue Formen von Schriftlichem, die in vergleichsweise hohen Auflagen verbreitet werden. Mit der Expansion der Schriftlichkeit geht ihre Ausdifferenzierung einher: Zum einen werden viele derjenigen Kultur- und Wissensbestände verschriftlicht, die zuvor eher mündlich weitergegeben worden waren (etwa Erfahrungen in Gartenbau und Landwirtschaft), zum anderen entwickeln sich qualitativ neue Schreib- und Leseweisen. Während in England und Frankreich die Buchproduktion kontinuierlich wächst, verhindert der Dreißigjährige Krieg in Deutschland zunächst eine ähnliche Entwicklung, die aber am Ende des 17. Jahrhunderts auch hier nachgeholt wird. Zwischen 1700 und 1800 erschienen rund 175 000 deutschsprachige Titel, zwei Drittel davon allein nach 1750 (nach ENGELSING 1973, S. 56). Um 1800 betrug der Anteil philosophischer und poetischer Werke an den Neuerscheinungen bereits weit über fünfzig Prozent. In diesem Zeitraum entstehen zentrale Paradigmen neuzeitlicher Literatur wie Autorschaft (→ DISKURSANALYSE, DISKURSGESCHICHTE) und → LITERATURKRITIK. Wichtige Institutionen wie Schule und Universität werden reformiert und neue, effektivere Methoden der Alphabetisierung erprobt. Vor allem für das städtische Bürgertum und den niederen Landadel wird die Literatur zum bestimmenden Medium kultureller Sozialisierung. An die Stelle intensiver Lektüre weniger Bücher tritt die extensive Lektüre einer großen Anzahl unterschiedlichster Texte. Zentrale Konzepte der → LITERATURGESCHICHTSSCHREIBUNG wie Aufklärung, Empfindsamkeit oder Romantik sind ohne die exzessive Schriftlichkeit der damit bezeichneten Perioden ebensowenig denkbar wie die geläufigen Entwürfe und Praktiken von Subjektivierung und Individualisierung, in denen Persönliches zur Dichtung und Dichtung von Autoren wie von Lesern individuell ›subjektiviert‹ wird.

Kulturhistorisch wird dieser Prozeß expandierender Literalisierung und sich ausdifferenzierender Lektürehaltungen durch zwei exemplarische Eckdaten markiert: Auf der einen Seite steht der frühaufklärerische Enthusiasmus angesichts der wachsenden Verbreitung des Buches als eines materiellen Garanten des Wahren, Guten, Schönen, auf der anderen Seite die massive Kritik der zunehmenden ›Lesesucht‹ im späten 18. Jahrhundert (vgl. SCHÖN 1987); auf der einen Seite wird das Buch als rationalisierender Affektdämpfer gepriesen, auf der anderen Seite etwa als erotisches Stimulans verdammt. Beide Extremfälle übertreiben nur geringfügig den Normalfall expandierender Schriftkultur, der neben Abstrakta wie ›Vernunft‹ auch konkrete Sinnesdaten schreibbar und lesbar macht. Dazu bedurfte es auf der Produktions- wie auf der Rezeptionsseite einschneidender Veränderungen. War die Lektüre in der Manuskriptkultur noch ein Ereignis gewesen, das visuelle und akustische Momente, ja sogar Berührungs- und Geruchsempfindungen integrierte, so wandelte sie sich nun zu einem leisen, intimen und individuellen Akt (vom geselligen Vorlesen in Salons oder Schenken abgesehen). Spätestens mit Gellerts empfindsamem »Leben der Schwedischen Gräfin von G***«, dem ersten deutschsprachigen Roman, »den derart auch eine ehrbare Bürgersfrau lesen konnte« (ebd., S. 47), wurde Lektüre überdies zu einem moralischen, einfühlungsbetonten und identifikatorischen Programm. Die Leser sollten nicht bloß »die Sache zu lesen, sondern [sie] selbst zu sehen glauben« – so Gellert 1747/1748. Standardisierte und serielle Typographie wird geradezu zur Ersatz-Sinnlichkeit, wenn die Lektüre Töne und Bilder unter die gelesenen Zeilen mischt – das prominenteste Beispiel für ein solches empathisches und emphatisches Lesen bildet wohl die Rezeption von Goethes Briefroman »Die Leiden des jungen Werthers«. Junge Leser, die im Zuge des »Werther-Fiebers« zu blauem Frack und gelber Weste greifen und schließlich zur echten Nachahmung des bloß schriftlich-fiktiven, typographisch vermittelten Selbstmords schreiten, signalisieren den vorläufigen Höhepunkt einer Entwicklung, in deren Verlauf die »Untertanen der allgemeinen Alphabetisierung, wie die Goethezeit sie ja gestartet hat, Manipulationen im Symbolischen als sinnliche Daten halluzinieren« sollten (KITTLER, in: SCHÜTZ 1991, S. 98; → THEORIEN DER LIT. REZEPTION).

Parallel dazu verwandelte sich das mühsame Kopieren von Einzelbuchstaben, das Verfahren der Skriptorien, in den Fluß der je individuellen Handschrift, die schließlich »als ebenso natürlich [erscheint] wie essen, schlafen oder sich fortpflanzen« (Barthes 1969, S. 21). Doch nicht die Stärkung ihrer Buchstäblichkeit, sondern die Betonung ihrer Lautlichkeit begründete die beispiellose Karriere der Buchstabenproduktion im 18. Jahrhundert. Gegen die Exzesse von Signifikanten, wie sie die Buchstabiermethode praktizierte, setzten die Fibeln und Leseanleitungen der Reformpädagogik einleuchtende Signifikate und genüßliche Referenten. Schreiben bedeutet nicht einfach, die vorgegebene Idealschrift nachzuzeichnen, sondern die Normen so zu internalisieren, daß auf ihrer Basis eine eigene und unverwechselbare Handschrift entstehen kann. »Wenn das Selbermachen bewußt und das Nachahmen verdrängt wird, vermögen die Buchstaben, die er schreibt, dem schreibenden Schüler als die seinigen zu erscheinen.« (Bosse 1985, S. 195f.) Aus der artifiziellen Kulturtechnik Schreiben wird so der quasi-natürliche Nachweis von Individualität. Dem entspricht eine immense Zunahme des privaten Schriftverkehrs. Dabei etabliert sich der Brief als Leitmedium der empfindsamen Kultur und Topos intimer Kommunikation, so daß man geradezu vom »Jahrhundert des Briefes« gesprochen hat (Vosskamp 1971; → Briefe). Gegen Kanzleifloskeln und Musterbriefkopien setzt man auf »die Kunst einer gewollten Kunstlosigkeit« (ebd., S. 80). An die Stelle formelhafter → Rhetorik tritt der vermeintlich unvermittelte Ausdruck des eigenen Inneren. Beredt lehren die neuen Briefsteller folglich, daß das Briefeschreiben im Prinzip nicht zu lehren sei, »weil der Werth eines Briefes«, so etwa Karl Philipp Moritz 1783, »darinn besteht, daß er ein getreuer Abdruck von der eignen Wendung in den Gedanken, und in dem mündlichen Ausdruck eines jeden sey« (nach Ebrecht u. a. 1990, S. 144). Auch Romanfiguren des 18. Jahrhunderts lesen nicht nur emphatisch, sondern schreiben auch ständig selbst – von Briefen und Tagebüchern bis zu Gedichten und essayistischen Abhandlungen. In Samuel Richardsons »Pamela« (1740/1741), dem Prototyp des empfindsamen Briefromans und ersten literarischen Vorbild für vertraute Briefwechsel, verlangt die Protagonistin als Hauptbedingung für eine neue Anstellung als Hausbedienstete, daß ihr Zeit zum Lesen bleiben müsse. Der empfindsame Roman und die zahlreich zirkulierenden Briefe bedingen und beeinflussen sich innerhalb einer expandierenden Schriftkultur gegenseitig. So erscheinen Lesen und Schreiben als ideale Beschäftigungen empfindsamer Gemeinschaft, die mit ihren Intimitätsveröffentlichungen eine quietistisch-moralische Opposition zur höfischen Gesellschaft bildet (→ BRIEFE UND ANDERE TEXTSORTEN).

Doch die gesteigerte Literalisierung führte auch zu Problemen der Auswahl und → KANONISIERUNG. Lesende konnten jederzeit zu Schreibenden werden, und deren Zahl wuchs denn auch derart an, daß Goethe sich sorgte, es wolle »niemand sich des Hervorgebrachten freuen, sondern jeder seinerseits selbst wieder produzieren«. Das Paradigma von Autorschaft (vgl. BOSSE 1981), wie es sich im Zuge der Genieästhetik gegen die klassizistische Regelpoetik behauptete (→ POETIK), reduzierte Kontingenz, indem es zwischen bloßen »Nachahmern« und »Original-Scribenten«, schlichtem Geschreibsel und schöner Literatur unterschied. Programmatisch wirkten hier einige Leitmotive aus Edward Youngs »Conjectures on Original Composition« (1759), deren Rezeption in Deutschland – anders als im englischen Ursprungsland – maßgeblich die Vorstellung eines originären Schöpfers als Absender von Literatur prägte. Auf dieser Basis konstituierte sich in einem längeren Prozeß der Autor als Rechtssubjekt in ökonomischer, juristischer und philosophischer Hinsicht. Der je individuelle Stil wurde Unterscheidungsmerkmal und Markenzeichen literarischer Produktion (→ STILISTIK), die Schrift zum geistigen Eigentum, an der die Autoren Urheberrecht und Tantiemen hatten. Seitdem können literarische Diskurse »nur noch rezipiert werden, wenn sie mit der Funktion Autor versehen sind: jeden Poesie- und Fiktionstext befragt man danach, woher er kommt, wer ihn geschrieben hat, zu welchem Zeitpunkt, unter welchen Bedingungen oder nach welchem Entwurf.« (FOUCAULT 1988, S. 19; → DISKURSANALYSE, DISKURSGESCHICHTE) Seitdem aber kommt es auch zu einer verstärkten Kommerzialisierung, Professionalisierung und Spezialisierung. Universalgenies wie Goethe, die mit demselben Autornamen literarische, naturwissenschaftliche, verwaltungs- und verkehrstechnische Diskurse steuerten, werden in einer sich diversifizierenden Schriftkultur zur Rarität. Stattdessen beginnt sich ein Typus des Allround-Autors zu etablieren, der fortan den ›echten‹ Dichtern als Schreckbild dienen wird: der (in Opposition zum ›Dichter‹ verstandene) ›Schriftsteller‹ als Lieferant für die Presse als Leitmedium des 19. Jahrhunderts.

Vorangetrieben durch technische Innovationen wie die Schnelldruckpresse, den Rotationsdruck und den Linotype-Satz entwickelte sich der Markt für periodische Druckerzeugnisse explosionsartig. (Im Verlauf des 19. Jahrhunderts verzehnfachte sich weltweit der Papierverbrauch.) Neben dem Kolportagebuchhandel, dem Vorläufer der späteren Serienheftchen, waren es vor allem die Familienzeitschriften, die für die Entwicklung des literarischen Marktes eine außerordentliche Bedeutung gewannen. Prototyp ist in Deutschland »Die Gartenlaube« (1853-1943), die zeitweilig in mehr als 380 000 Exemplaren erschien, daneben etwa »Über Land und Meer« (1858-1925) oder »Daheim« (1864-1944). Diese Periodika druckten Belletristisches in möglichst vielen Folgen. Die »Gartenlaube« brachte es dabei im Jahresdurchschnitt auf 14 Romane mit insgesamt etwa 80 Fortsetzungsbeiträgen. Fortsetzungsroman und Familienblatt gingen so ein symbiotisches Verhältnis wechselseitiger Förderung ein. Die Autoren des bürgerlichen Realismus, von Wilhelm Raabe bis zu Gottfried Keller, von Theodor Storm bis zu Paul Heyse lebten vor allem von Fortsetzungsabdruck – und von Arbeiten für Zeitungen und Zeitschriften. (Theodor Fontane bekam 1881 im Buchhandel 500 Taler Honorar, 800 Taler als Kritiker bei der »Vossischen Zeitung« und 1300 Taler für Fortsetzungsabdrucke.) Daneben etablierten sich Kultur- und Literaturzeitschriften wie »Die Grenzboten«, die »Deutsche Rundschau«, »Der Kunstwart«, »Pan« oder »Hochland«. »Die Fackel« von Karl Kraus widmete sich seit 1899 der Medienkritik; sie hatte sich als Reaktion auf den expandierenden Pressebetrieb die »Trockenlegung des weiten Phrasensumpfes« zum Programm gemacht. Gemeint war damit vor allem das *Feuilleton*, das sich seit 1848 in der deutschen Tagespresse etabliert hatte. »Feuilleton« (»Blättchen«) hieß zunächst der seit 1789 dem in Paris erscheinenden »Journal de Débats« beigelegte Viertelbogen mit Annoncen (zum Theater, zu neuen Büchern u. ä.); der Begriff wurde dann von Abbé Geoffroy auf die seit 1800 dort erscheinenden Glossen und Plaudereien übertragen; schließlich bezeichnete er, als dieser Teil in die Zeitung selbst integriert und vom übrigen Text durch einen Strich abgetrennt wurde (daher der Ausdruck »unter dem Strich«), den Kulturteil der Zeitung insgesamt. Seither meinte der Begriff beides, die Kultur- und Kunstsparte der Zeitung und die kleine Form literarisch-journalistischer Plauderei, dann aber auch – als »Feuilletonismus« kritisiert – die Literarisierung des Journalismus auch im Politischen und Wirtschaftlichen (Haacke 1950). (In Frankreich hingegen bezeichnet der Begriff »Feuilleton« heute lediglich Fortsetzungsromane in der Zeitung oder Fernsehserien, in Skandinavien eher eine essayistische Erörterung.)

Vermittelt vor allem durch Ludwig Börne und Heinrich Heine etablierte sich im deutschen Sprachraum das Feuilleton ab 1848, als sich die Aktivitäten der gescheiterten Revolutionäre auf die Kulturberichterstattung verlegten (als Zuflucht und Schonraum, als Mittel der Camouflage, als Ausdruck der Resignation usw.). Der immense Bedarf der Tagespresse an literarisch-unterhaltsamen Texten führte zur Makelei von Feuilletonmaterial (Theaterkritiken, Glossen, Lyrik, Erzählungen und Romanen); 1902 existierten über zwanzig Feuilleton-Korrespondenzen in Deutschland. Wie sehr sich Feuilleton und Presse im Europa des späteren 19. Jahrhunderts als eine medienkulturelle Macht durchsetzten, ist schon an der Zahl großer Romane ablesbar, die sich mit dem Verhältnis von Literatur und Presse befassen – so Balzacs »Verlorene Illusionen« (1837-1844), Thackerays »Jahrmarkt der Eitelkeit« (1847/1848), Raabes »Die Chronik der Sperlingsgasse« (1856) und »Der Lar« (1890; dazu exemplarisch MEYER-KRENTLER), Strindbergs »Das rote Zimmer« (1879), Jacobsens »Niels Lyhne« (1880), Maupassants »Bel ami« (1885), Gissings »Zeilengeld« (1891), Heinrich Manns »Im Schlaraffenland« (1900). ›Feuilleton‹ bleibt bis über die Mitte des 20. Jahrhunderts von Tagespresse bis Hochglanzmagazinen ein wesentlicher Publikationsmodus von Literatur, in primären wie in sekundären Texten, so daß Hermann Hesse noch im »Glasperlenspiel« (1943) abfällig vom »feuilletonistischen Zeitalter« sprechen konnte. Währenddessen hatten sich neben den nun pauschal Printmedien genannten längst andere Medien etabliert. Sie stellen heute, am Ende des 20. Jahrhunderts, die printmediale Literarkultur von Belletristischem bis zu seiner Kritik vor die Alternative, entweder sich als ein zunehmend marginalisiertes Segment des Medienmarktes zu beschränken oder als ›Ereignis‹ zu einem Epiphänomen der TV-Kultur zu werden.

4. Technische Speichermedien um 1900

Der Unterschied zwischen Goethes Eckermann und dem 1877 von Edison vorgestellten Phonographen ist banal, aber medienhistorisch folgenreich: der Phonograph kann weder lesen noch schreiben. Erstmals speichert ein Notationssystem schlicht Signifikanten, akustische Wellen, ohne sie nach Tönen und Geräuschen, Sinn und Unsinn zu sortieren, während Eckermann noch den Auftrag hatte, Gehörtes in Stichworten zu notieren, um es dann sinnvoll auszuarbeiten. Zwar wurde gerade in der Blütezeit von Dichtung um 1800 Mündlichkeit idealisiert, aber das alphabetische Notationssystem war überfordert, diese selbst zu speichern. Erst die akustischen Medien seit Edisons »Sprechmaschine«, Grammophon, Tonbandgerät usw. können völlige Identität zwischen Input und Output stiften. Neben Edisons Phonographen und dem auf seiner Basis 1887 von Emil Berliner entwickelten Grammophon (in dessen Gefolge sich mit dem ›Schlager‹ auch die Lyrik veränderte), waren es vor allem das kurz zuvor erfundene Telephon und der 1923 in Deutschland eingeführte Unterhaltungsrundfunk, die die akustische Wahrnehmung unabhängig von Zeit und Raum ermöglichten und die Präsenz der Stimme von der Präsenz des Körpers entbanden. Technisch exteriorisieren sie damit Humanfähigkeiten, historisch gehören sie zu jenem Strukturwandel durch Medienrevolution, der für die Jahrzehnte zwischen etwa 1880 und 1930 veranschlagt wird. In diesem Zeitraum kommt es durch zahlreiche Innovationen zu einer erheblichen Verdichtung der technischen Medien. Bis weit in die siebziger Jahre hinein wurde dieser mediale Umstrukturierungsprozeß im deutschsprachigen Raum bestenfalls in der Perspektive von Walter Benjamins »Kunstwerk«-Aufsatz (BENJAMIN 1963) gesehen, meist aber in den Bewertungen von Max HORKHEIMER und Theodor W. ADORNOs Kapitel über »Kulturindustrie« in der »Dialektik der Aufklärung« verhandelt. Mittlerweile kursieren unter dem Einfluß angloamerikanischer Forschung und französischer Theoretiker wie Michel FOUCAULT, Jacques DERRIDA oder Jean BAUDRILLARD Medientheorien, die in diskursanalytischer (Friedrich A. KITTLER), systemtheoretischer (Hans-Ulrich GUMBRECHT) oder konstruktivistischer Ausprägung (Siegfried J. SCHMIDT) auch in die Literaturwissenschaften Einzug gehalten haben (→ LITERATUR ALS ›SYSTEM‹; → DISKURSANALYSE, DISKURSGESCHICHTE; → DEKONSTRUKTION).

Das Aufkommen medialer Speicher- und Übertragungstechniken signalisiert nicht nur das Ende der vor allem durch Schrift dominierten »Gutenberg-Galaxis« (MCLUHAN [1962] 1968), sondern entlarvt auch »den Diskurs als Medium unter Medien« (KITTLER 1986, S. 215): dann nämlich, wenn Sinnesdaten statt symbolisch verzeichnet direkt als Frequenzen gespeichert und übertragen werden können. Das hat Auswirkungen auf die Literatur – nicht nur durch Veränderungen menschlicher Wahrnehmungsweisen und Konstruktionen von Wirklichkeit, sondern auch durch die Desillusionierung von Literatur als etwas Gemachtem und Artifiziellem.

Seither konturieren sich die Selbstbilder von Autoren, gleich ob sie sich als ›Schriftsteller‹, ›Dichter‹ oder ›Literaten‹ verstehen, immer auch im Verhältnis zur beschleunigten Medialisierung, wie früher allenfalls im Verhältnis zu anderen Künsten. Seither kommt es zwischen Literatur und neuen Medien zu wechselseitigen Adaptionen, wenn eben beispielsweise bestimmte Schreibstile als »filmisch« gelten, oder wenn umgekehrt literarische Stoffe verfilmt werden. Romane wie Alfred Döblins »Berlin Alexanderplatz« mit seinem multiperspektivischen Gestöber aus Plakat- und Zeitungszeilen, Kinobildern, Rundfunk- und Grammophonstimmen sind ohne den Kontext einer von technischen Apparaturen durchdrungenen Kultur nicht denkbar. »Der Filmsehende liest Erzählungen anders. Aber auch der Erzählungen schreibt, ist seinerseits ein Filmsehender.« So resümierte Bertolt Brecht 1931 diesen Prozeß. Wie Walter Benjamin gehörte Brecht zu den Autoren, die die neuen Medien nicht nur für eigene Arbeiten nutzten, sondern auch prägnant über ihre Funktion und Auswirkung reflektierten. Gerade das Konzept eines »Rundfunks für alle« bündelte dabei noch einmal literarische Hoffnungen (gegenüber dem inzwischen etablierten Film): Obwohl auch bei Arbeitern als Ersatz für die unerschwinglichen Grammophone propagiert, wurde er bürgerlich als »Weltuniversität« (Alfons Paquet) gefeiert, als Wiedereinsetzung des Oratorischen und des Dichterwortes. Geblieben ist aber nach dieser Euphorie der Anfangsjahre letztlich nur das Hörspiel als genuin literarisches Genre im Hörfunk. Hier ist nicht nur eine eigene Ästhetik zwischen »Traumspiel« und akustischem Experiment entwickelt, sondern auch – wie im »Feature«, »Kulturellen Wort« o. ä. – eine erhebliche Einkommensquelle für Autoren geschaffen worden.

Von Beginn an standen im Zentrum der literarischen Auseinandersetzung mit der neuen technischen Konkurrenz Begriffe wie Serialisierung, Standardisierung, Reproduzierbarkeit, Rationalisierung und Kommerzialisierung sowie Zerstreuung, Massenhaftigkeit und Reizüberflutung. Das soll anhand der Karriere reproduzierter Bilder – von der Fotografie über Film und Fernsehen bis zu ihrer Digitalisierung – und dem stets reflektierenden und reagierenden Schriftmedium exemplarisch verdeutlicht werden. Die Konzentration auf den optischen Kanal läßt sich zum einen durch die Forschungslage legitimieren, die hierauf vor allem ihr Augenmerk gerichtet hat, zum anderen durch die zeitgenössischen Reaktionen, in denen vor allem die Industrialisierung der Bilder und des Blicks zentrale Elemente von Massenkommunikation verkörpern.

5. Fotografie

Die Kreuzungen von Literatur- und Mediengeschichte verdanken sich der Verschaltbarkeit ihrer Archive. Georg Büchner läßt den Lenz seiner gleichnamigen Erzählung, der zwei schöne Mädchen betrachtet, über das Ungenügen der seinerzeitigen Speichertechniken klagen: »Die schönsten, innigsten Bilder der altdeutschen Schule geben kaum eine Ahnung davon. Man möchte manchmal ein Medusenhaupt sein, um so eine Gruppe in Stein verwandeln zu können [...].« Im selben Jahr 1839, in dem Karl Gutzkow das Textfragment, in dem diese Bemerkung steht, in der Zeitschrift »Telegraph« publizierte, stellte der Franzose Louis Jacques Daguerre der Öffentlichkeit ein Verfahren vor, das von solch einer Szene mehr wiedergeben konnte als bloß »eine Ahnung«, ohne sie deshalb in Stein verwandeln zu müssen: Daguerre hält ihr mediales Doppel als »Lichtzeichnung« fest. Seine »Daguerreotypien« blieben allerdings Unikate. Erst W. H. Fox Talbots Negativ-Positiv-Verfahren unter Verwendung von lichtempfindlichem Papier ebnete der Fotografie den Weg zum Massenmedium. Von »Gegenständen, die sich selbst zeichnen«, schreibt Alexander von Humboldt bereits 1839, und er meint damit eine Spiegeltechnik mit chemischer Fixation, die ihre Objekte nicht mehr mit menschlich-malerischer Ähnlichkeit, sondern nun mit physikalisch-chemischer Genauigkeit bannt. So fand zwischen Kunst und Technik die Fotografie ihren spezifischen Platz in der Mediendiskussion – einerseits als Einlösung des genieästhetischen Wunsches nach Abbildung der Natur durch sich selbst, andererseits als ein naturwissenschaftlich forciertes Verfahren – und damit für die Genie-, Originalitäts- und Kunst-Gewißheit das genaue Gegenteil dessen, was Kunst ausmachen soll, nämlich singulärer Ausdruck eines unverwechselbaren Inneren zu sein (→ Poetik).

Im Zuge ständiger technischer Verbesserungen konnten schließlich Augenblicke größter Flüchtigkeit gespeichert und in der Phasenfotografie serialisiert werden. 1880 erschien zum ersten Mal eine Fotografie in einer Zeitung, 1888 kam der erste preisgünstige, handliche Fotoapparat auf den Markt. Damit wurden Bildbesitz und -rezeption, noch am Anfang des 19. Jahrhunderts Privileg des Adels und Großbürgertums, demokratisiert. Es wurde nicht nur abgelichtet, was als bedeutsam galt, sondern auch umgekehrt Bedeutsames dadurch überhaupt erst konstituiert, daß es fotografiert wurde. Dazu gehörte vor allem die eigene Person, deren Bild alsbald in zahllosen Porträts massenhaft zirkulierte. In ihnen läßt sich rückblickend derselbe Hang zur Pose, zur Inszenierung und zur Theatralisierung des Verhaltens entdecken, aus denen auch im Alltag neue Normen entstanden. Gegen diese Mischung aus Konstruktion und Kontrolle waren auch Autoren nicht gefeit, selbst wenn sie selbst (mit Ausnahme von Experimentierern wie August Strindberg oder Lewis Carroll) kaum je fotografiert haben.

Neben der Konstruktion von Selbstbildern und der damit einhergehenden Organisation von Wahrnehmung etabliert sich mit der Fotografie auch ein neuer Begriff von Zeugnis und Zeugenschaft. Durch ihren scheinbaren Naturalismus sah sich die Fotografie im 19. Jahrhundert oft in Opposition zu den tradierten Künsten gestellt. Theodor Fontane etwa bemängelte bei seinem französischen Kollegen Emile Zola, daß er »das Reportertum zum Literaturbeherrscher« gemacht habe: »[...] so hört alle Kunst auf, und der Polizeibericht fängt an«. Allen abwertenden Äußerungen über die Fotografie zum Trotz aber gehorcht die Schilderung zu Beginn von Fontanes »Effi Briest« selber fotografischer Genauigkeit und Perspektive (KOPPEN 1987; zu Raabes zeitgenössischer Reflexion des Verhältnisses von Literatur, Zeitung, Fotografie vgl. MEYER-KRENTLER). Dem Verhältnis von Literatur und Fotografie sind mittlerweile umfangreiche Studien gewidmet (BUSCH, KOPPEN, PLUMPE). Nicht erst Vertreter der »Neuen Sachlichkeit« haben sich von der Fotografie mit ihrer Exaktheit, Kälte und Unbestechlichkeit »zwischen reproduzierender Technik und produzierender Kunst« (KRACAUER) beeinflussen lassen. Schon in der Literatur des 19. Jahrhunderts treten »mit dem Ende der Aura und der unendlichen Reproduzierbarkeit des Bildes imaginäre Bilder in den Vordergrund [...], deren soziale Fundierung weitgehend unbewußt bleibt« (KLEINSPEHN 1993, S. 266). Autoren wie Marcel Proust oder Lewis Carroll etwa entwickeln eine hohe Affinität zu dem neuen Medium. Carroll betätigte sich selbst intensiv als Fotograf, Proust arbeitete viele seiner fiktiven Figuren nach real existierenden Fotografien. Gerade ihm, der sich von zahlreichen Menschen Fotos erbat, ist die Fotografie mit ihrer Amalgamierung von Distanz und Nähe sowie ihrer Möglichkeit, Bild und Präsenz zu spalten, zwar nicht Inkarnation von Erinnerung, aber, weil sie notwendig von einer fernen, vergangenen Zeit künden muß, Initiatorin ausschweifender Erinnerungsprozesse. Mit ihrer Konzentration auf Äußeres hat die Fotografie bis heute immer wieder vor allem innere Bilder ausgelöst. Nicht nur bei Literaten.

6. Film und Fernsehen

Nachdem 1895 erstmals in Paris und Berlin öffentlich und gegen Eintrittsgeld bewegte Fotografien auf eine Leinwand projiziert worden waren, begann der Film seine Karriere im Ruch von Sensation und Massenamüsement. Abgefilmte Alltagsszenen wurden zur Attraktion auf Jahrmärkten und in Varietés. Anfangs galt das Interesse der naturgetreuen Aufzeichnung von Bewegung, auch wenn sich das lediglich jener Schwäche des menschlichen Auges verdankt, 24 Bilder pro Sekunde nicht mehr als diskrete Elemente wahrnehmen zu können. Bald jedoch begründeten Fiktionalisierung, kommerzielle Verwertung und Verbürgerlichung des Publikums den Aufstieg des Films zum Inbegriff expandierender Massenkommunikation und als Leitmedium einer Epoche, in der die tradierten Kategorien von Kunst und Ästhetik zunehmend in Frage gestellt wurden. Auch Literaten reagierten früh auf die mediale Konkurrenz – sollten doch »Spielfilme all das Phantastische oder Imaginäre, das ein Jahrhundert lang Dichtung geheißen hat« (KITTLER 1986, S. 231), mit immer größerer Opulenz und Perfektion vermitteln – das Kino als »Traumfabrik« bezeichnet geradezu die Industrialisierung des Imaginären.

Am Phänomen Film entzündeten sich breite Kontroversen über neue Formen der Wahrnehmung, Funktion und Wirkung von Massenmedien. Diese »Kino-Debatte« (KAES 1978) begann um 1909 mit dem verstärkten Einzug des Films in ortsfeste Spielstätten. Während die »Kinoreformbewegung«, von konservativen, klerikalen und pädagogischen Kräften dominiert, in einer Terminologie von Krankheit und Hygiene vor den physischen und psychischen Gefahren des Kinos warnte und dem Film gerade seine sprachlose Faktizität und Suggestivität als »Sünde gegen die Humanität selbst« anlastete (HEIMANN, nach KAES 1978, S. 79), akzeptierten viele Autoren das Kino als sinnliches Amüsement mit eigenem ästhetischen Reiz, das sie jedoch zunächst strikt von der Sphäre der Kunst abgrenzten. Bei Thomas Mann etwa, der doch an Honoraren aus der Filmwirtschaft stets interessiert war, heißt es noch 1928: »[...] mit Kunst hat, glaube ich, [...] der Film nicht viel zu schaffen.« Die Filmwirtschaft hingegen suchte bereits vor dem Ersten Weltkrieg die Nähe zu den tradierten Künsten, um sich durch die Mitarbeit angesehener Autoren und Schauspieler auch in den Augen eines bürgerlichen Publikums nobilitieren zu können. Der bis heute andauernde Austausch von Film und Literatur war spätestens 1913 mit Hans Heinz Ewers' »Der Student von Prag« und Paul Lindaus »Der Andere«, den beiden ersten deutschen Autorenfilmen, auch auf personaler Ebene in Gang gebracht.

Durch Plötzlichkeit und Schockhaftigkeit, Simultaneität und abrupte Wechsel stand der Film von Anfang an in engem Zusammenhang mit jenen Wahrnehmungs- und Verhaltensmustern, die durch die *Großstadt* gefördert wurden. Der Film entwöhnt sowohl von gewohnter Optik wie von schrifttradierter Subjektivität und trainiert für eine technisierte Gesellschaft. Für jüngere Autoren wie Bertolt Brecht, Arnolt Bronnen, Irmgard Keun, aber auch Gottfried Benn war der Film bereits selbstverständlicher Bestandteil zugleich von Alltag und avantgardistischer Ästhetik. Das Kino, so bemerkte der Kritiker Egon Friedell, »ist kurz, rapid, gleichsam chiffriert und es hält sich bei nichts auf. [...] Das paßt sehr gut zu unserem Zeitalter, das ein Zeitalter der Extrakte ist.« (FRIEDELL, nach KAES 1978, S. 43)

Ein weiteres Faszinosum oder Schreckbild war für Schriftsteller die Wirkung des Films auf breite Massen: einerseits eine als konturlos wahrgenommene Menge mit Lärm und Körpergeruch, andererseits ein potentielles, breit gestreutes, großes Publikum. Positionen wie die Brechts, der im »Dreigroschenprozeß« (1931) die Ansicht vertrat, durch den Film mit seiner kollektiven Produktions- und Rezeptionsweise sei die Obsoletheit des bürgerlichen Kunstbegriffs grundsätzlich erwiesen, wurden in ihrer Radikalität allerdings nur von wenigen geteilt. Eher versuchte man sich an der Übertragung der Dichotomie von hoher und niederer Kunst auch auf den Film. Gerade diejenigen, denen die bloße Zulassung zur Literatur schon als Indiz massenmedialer Inflationierung galt, wehrten sich am heftigsten gegen die Entwertung durch Massenmedien. Was Stefan George im esoterischen Zirkel, in äußerster Anstrengung des Dichtertums noch zu füllen vermochte, das gerät bei Hans Friedrich Blunck, Friedrich Griese oder Erwin Guido Kolbenheyer zum seriellen Gestus des Dichter-Priestertums. Auf der anderen Seite taucht der flexible, zu jeder Marktanpassung bereite Typus des seriellen Schreibers auf. Er changiert in den Typus des multimedial Versierten oder den des skandalisierenden, populären Medienstars: Vicki Baum, Arnolt Bronnen, Klaus Mann oder Erich Maria Remarque. Die Formen von Autorschaft bilden nun ein ebenso weites Spektrum aus wie die des Schreibens. Ihre avanciertesten Varianten setzen gerade angesichts der Materialität technischer Medien auf die Materialität der Schrift, ihren buchstäblichen Symbolcharakter – in bewußter Abgrenzung zur klassisch-romantischen Poetik mit ihren imaginären Effekten. »Unverfilmbarkeit« wird zum Kriterium für den Erweis von »E-Literatur« (KITTLER [3]1995, S. 314). Der an der Gründung des ersten Dubliner Filmtheaters beteiligte James Joyce etwa adaptiert zwar für die Darstellung eines Dubliner Weltalltags mit Montage und Simultaneität filmische Elemente und simuliert im Monolog der Molly Bloom Assoziationsketten in phonographischer Echtzeit. Doch sein »Ulysses« muß gerade mit seiner äußersten Konzentration auf Schrift als unverfilmbar gelten. Auch die prononcierte Wort-Literatur etwa von Kurt Schwitters oder auf andere Weise Stéphane Mallarmés hat von der technischen Massenkommunikation Materialgerechtigkeit gelernt. Sie setzt nicht länger auf die Illusionseffekte von Schrift, sondern auf ihre Buchstäblichkeit. Gleichzeitig sperrt sich dieser Purismus gegen Amalgamierung und Verbundschaltungen der Einzelmedien.

Auf der anderen Seite paktierten zahlreiche, vor allem jüngere Autoren mit der Illusionspraxis des Films. Irmgard Keun läßt die Protagonistin ihres Romans »Das kunstseidene Mädchen« (1932) notieren, daß sie »wie Film« schreiben wolle, Hans Fallada versucht mit »Kleiner Mann – was nun?« (1932) die Medienkonkurrenz zu überbieten, indem er zunächst die Diskrepanz von Filmillusion und Realität anprangert, dann aber mit seiner symbiotischen Schlußapotheose der Liebe den unterhaltungsliterarischen Ersatz für den ›Ersatz der Träume‹ im Film liefert. Vor allem unter dem Primat einer zerstreuten Rezeption war denn auch die Verknüpfung zwischen dem Kino, das sich anschickte, sprechen zu lernen, und einer Angestelltenkultur, die weniger lesen wollte, den späten zwanziger und frühen dreißiger Jahren geläufig – von Siegfried Kracauer bis zu Bertolt Brecht. Der Schrift wurde dabei tendenziell ein aufklärerischer, dem Film ein eher eskapistischer Status zugeschrieben. Walter Benjamin formulierte dann in seinem Traktat »Das Kunstwerk im Zeitalter seiner technischen Reproduzierbarkeit« (1936) eine Apologie der zerstreuten Haltung gegenüber der obsolet gewordenen Versenkung: »Die Rezeption in der Zerstreuung, die sich mit wachsendem Nachdruck auf allen Gebieten der Kunst bemerkbar macht und das Symptom von tiefgreifenden Veränderungen der Apperzeption ist, hat am Film ihr eigentliches Übungsinstrument.« (BENJAMIN 1963, S. 41)

Die ›Kino-Debatte‹, von Beginn an selbst Produkt des massenmedialen Zeitalters, der Beschleunigung von Zeitungs- und Zeitschriftengründungen mit ihrem großen Bedarf an Essays, Feuilletons, Glossen, Reportagen usw., verflachte insgesamt, nachdem sich der Film in der Weimarer Republik mit dem ›expressionistischen Film‹ vollends zwischen Kunst und Kommerz etabliert hatte. Erst die Einführung des *Tonfilms* 1928 brachte wieder Bewegung in einen Diskurs, der gerade mit Verzicht auf Sprache und Konzentration auf den visuellen Ausdruck die künstlerische Eigentümlichkeit des Films begründet hatte. Nachdem mit Grammophon und Film die zunächst getrennte Speicherung und mit dem Rundfunk auch die Sendung von Datenflüssen möglich geworden war, stellte der Tonfilm das erste Verbundsystem der Mediengeschichte dar. Die magischen Geister, von literarischen Figuren wie Hans Castorp (in Thomas Manns »Der Zauberberg«) durch das Abspielen von Grammophonplatten mühsam auf den Plan gerufen, brachte er in Synchronisation von Optik und Akustik auf die Leinwand. Gleichzeitig trug er in den folgenden Jahren und Jahrzehnten maßgeblich zur Ausbildung von Spezialkulturen, ob Jugendkultur oder Cinéastenszene, und zur weiteren Ausdifferenzierung des *Genrefilms* bei, in den USA etwa in Musical- und Horrorfilmen, in Deutschland zunächst in Operettenfilmen und Militärschwänken. Gerade die letzteren suggerieren eine oral vermittelte, ›organische‹ Gemeinschaft. Neben solcher Intimisierung von Gemeinschaft vollzieht sich vor allem im NS-Deutschland eine Re-Auratisierung organischer, kultischer, mythischer Erhabenheit – dies aber mittels modernster Medientechnik, ohne deren Inszenierung das Herrschaftssystem so nicht denkbar gewesen wäre (REICHEL 1993). In Leni Riefenstahls »Triumph des Willens« etwa kann sich die Masse als Masse sehen und identifizieren, wobei die Inszenierung der Wirklichkeit die inszenierte Wirklichkeit noch übertrifft. Unterhaltungsfilme sollten kompensatorische Funktionen erfüllen (vgl. WITTE), während das »Charisma des Führers sich schließlich als die bloße Allgegenwart seiner Radioreden erwies, welche die Allgegenwart des göttlichen Geistes dämonisch parodiert. Das gigantische Faktum, daß die Rede überall hindringt, ersetzt ihren Inhalt.« (HORKHEIMER/ADORNO [1944] 1969, S. 143)

In diese Zeit fällt auch die regelmäßige Aufnahme eines Fernsehprogramms. Der Wunsch, mit dem »nationalsozialistischen Fernsehrundfunk« das Bild Hitlers »tief und unverlöschlich in alle deutschen Herzen zu pflanzen« (so Reichssendeleiter Eugen Hadamovsky 1935), scheiterte aber vorerst an technischen, organisatorischen und finanziellen Schwierigkeiten. Der Teilnehmerkreis blieb bis 1945 äußerst gering (vgl. ZEUTSCHNER 1995).

Während sich das Verhältnis von Tonfilm und Literatur im Umfeld von Schriftstellern als Drehbuchautoren und zahlreichen Literaturverfilmungen unterschiedlichster Art gerade im »Dritten Reich« etablierte (z. B. Erich Kästner, Wolfgang Koeppen, Ernst von Salomon), dann in literarischen Erfolgen kulminierte, die bereits im Medienverbund geplant und vermarktet wurden, und schließlich sein ambitioniertestes Austauschprogramm wohl in der französischen »Nouvelle Vague« und im deutschen Autorenfilm fand, stieß auch das Fernsehen auf die massiven Vorbehalte, die medialen Innovationen gewöhnlich zuteil werden. Erst im Verlauf der fünfziger Jahre begann die Etablierung eines Mediums, das damit, wie längst schon in den USA, zur Verkörperung von Massenkommunikation schlechthin avancierte. Zunächst vermarktet unter dem programmatischen Anspruch, das »Fenster zur Welt« zu sein, setzte sich in Programmgestaltung, Wirtschaft und Kritik sehr rasch die Einsicht durch, daß der Bildschirm umgekehrt das Fenster war, durch welches man die Welt in immer perfekterer Simulation ins Haus holen konnte. Sehr rasch auch suchten zeitgenössische »Fernsehfibeln«, das Fernsehen als »Spiegel der Wirklichkeit« von der »Traumfabrik« des Kinos abzugrenzen. Vom Hörfunk übernahm man zunächst den künstlerischen Bildungsauftrag; das führte insbesondere zur Adaption von klassischer Dramatik an den Bildschirm und zur Entwicklung des »Fernsehspiels« (Kreuzer/Prümm 1979). Vor allem in seinen Anfängen orientierte es sich mit Quiz und Show stärker am Radio als am Kino. Folglich präsentierten sich die Quizmaster des frühen Fernsehens in nachgestellter Intimität »als überglücklich, ›bei Millionen Menschen zu Gast‹ zu sein« (Elsner/Müller, in: Gumbrecht u. a. 1988, S. 404). Seitdem gilt in der medientheoretischen Diskussion – mit unterschiedlicher Wertung – weithin das Diktum, Fernsehwirklichkeit ersetze Alltagswirklichkeit, obgleich auch die Literatur des 18. Jahrhunderts bereits mit der Entgrenzung von Fiktion und Wirklichkeit operierte und bis heute starke Habitualisierungseffekte erzeugte. Das Fernsehen strukturierte Raum und Zeit seiner Rezipienten in bisher unbekanntem Ausmaß. Es richtete das Mobiliar ganzer Räume auf sich selbst aus und suggerierte den Zuschauern per »Live-Schaltung«, bei Ereignissen an weit entfernten Orten unmittelbar dabei zu sein. Theoretiker wie Paul Virilio oder Marc Augé konstatieren ein »Verschwinden der Orte« durch die doppelte Perfektionierung von Luftverkehr und Fernsehen. Letzteres nimmt mit seinem Programmschema auch Einfluß auf Tagesabläufe. Der »Vorabend« etwa ist, wie die »Prime

Time«, eine Erfindung der TV-Gesellschaft, in der die Medien Zeitkontingente der Realitätswahrnehmung programmieren. Mit Wiederholungs- und Serialisierungseffekten reduziert das Fernsehen Komplexität und erzeugt zugleich einen neuen Zusammenhang, zu dessen Erhaltung es dann zunehmend unersetzlich scheint.

Die mediengeschichtliche und -theoretische Forschung thematisiert das Fernsehen spätestens seit den achtziger Jahren vor allem unter dem Aspekt der Verwischung und Auflösung von Gegensätzen wie Privatheit und Öffentlichkeit, Wahrheit und Inszenierung, Referentialität und Fiktionalität – Paradigmen, die sich nicht selten der Schriftkultur des 18. Jahrhundert verdanken. Es vermischt Elemente von Populärkultur und ›hoher Kultur‹, wenn beispielsweise in Quizsendungen universale Bildung und in Kritiker-Talkshows wie dem »Literarischen Quartett« Literaturkritik imitiert oder Fernsehserien nach Romanvorlagen gestaltet werden. Hier jedoch schon das Ende der Buchkultur zu veranschlagen (wie Neil Postman oder Barry Sanders) heißt, die Komplexität einer sich zunehmend differenzierenden Medienlandschaft und die beharrliche Variabilität von Literatur zu verkennen. Denn die alten Kulturtechniken werden zwar ihren Stellenwert im Medienzusammenhang radikal verändern, doch sie werden wohl keineswegs verschwinden. Darauf beginnt auch die Literatur sich einzustellen. Während bis über die Mitte des 20. Jahrhunderts hinaus das Fernsehen dämonisiert wurde – besonders ausgeprägt in Zukunftsliteratur (Samjatin, Orwell, Bradbury), die dagegen Schrift und Buch als Retter von Liebe und Individualität beschwor (Schütz 1992) –, zeigen seit längerem Autoren einen versiert ironischen Umgang mit der TV-Kultur, von der Selektion bestimmter Serien als eines kulturellen Kapitals und Spiels mit den feinen Unterschieden (Diedrich Diederichsen) über die Transkription eines Fernsehereignisses wie des Golfkriegs als Markierung seiner medialen Inszeniertheit (Rainald Goetz) bis zur Deklaration als optisch-akustische Umgebung, als »Nullmedium« und »buddhistische Maschine« (Hans Magnus Enzensberger). Allerdings muß zumindest für die Autoren der neuen und neuesten Literatur gelten: »Andere Generationen können sich noch an ein Leben ohne Fernseher erinnern. Bei uns war er schon immer da. [...] Unsere eigentlichen kulturellen Wurzeln sind die Kinderstunde und ZDF-Vorabendserien.« (Wüllenweber 1995, S. 43) Durch moralische Ignoranz oder hysterische Warnung wird man dem Konstruktionscharakter der TV-Wirklichkeit weder literarisch noch wissenschaftlich gerecht. Zu sehr sind die einschlägigen Argumentations- und Sprachfiguren selbst mediale Stereotypen und Routinen aus Zeiten früherer Medieninnovationen und -routinisierung.

7. Digitalisierung

Bereits 1882 formulierte Friedrich Nietzsche: »Unser Schreibzeug arbeitet mit an unseren Gedanken.« Solche Sätze setzen technische Alternativen zu Federkiel und Bleistift voraus. Die kurz zuvor auf den Markt gebrachte Schreibmaschine, auf der Nietzsche diesen Satz schrieb (vgl. Kittler 1986), zerlegte den Fluß der dichtenden Handschrift in eine Abfolge diskreter Elemente, generiert durch eine Tastatur. Das stieß bei beruflich oder berufen Schreibenden nicht nur auf Zustimmung: »Die Schreibmaschine täuscht über die Zurücklegung eines geistigen Weges durch Nebeneinanderrücken der Meilensteine«, weil »der Maschinentext sogleich in vorweggenommener Sauberkeit« dasteht (Radecki, nach Schütz 1991, S. 11).

Mit dem Computer tritt die »Technologisierung des Wortes« (Ong 1987) – nach Handschrift, Buchdruck und Schreibmaschine – in eine neue Phase, deren Implikationen erst erahnbar sind. Einig ist man sich darin, daß der Computer die Externalisierung von Teilen unseres Gehirns darstellt. Weitergehend wird er als »Psychotechnologie« bezeichnet, als ein Netzwerk, das eine körperexterne »elektronische Psyche« implementieren wird, »die uns künftig ein kollektives Parabewußtsein anbieten wird« (Kerckhove 1995, S. 19).

Wesentlich heftiger als zur Schreibmaschine haben sich Autoren, Intellektuelle und Wissenschaftler zum Computer vor allem als einem Textautomaten geäußert. Besonders häufig insistierte man gerade in der Innovationsphase des PC auf der möglichen Diskrepanz zwischen äußerer Perfektion (des Schriftbildes) und innerer Unfertigkeit (der Gedanken). Beklagt wurde zudem ein Verlust: die mangelnde Widerspiegelung des kreativen Prozesses durch den Computer, dessen Ausdrucken gerne die unübersichtlichen Manuskripte Balzacs und Prousts gegenübergestellt wurden (vgl. Schütz 1991). Solcher ganzheitlichen Emphase von Produktionsästhetik ist noch immer die Vorstellung von Schrift als etwas Organischem unterlegt, die seit der Goethezeit durch das System genialischer Autorschaft gesteuert wird.

Dabei ist es gerade das Paradigma von Autorschaft, welches durch Computer in Frage gestellt wird: Schon als Max Bense und seine Schüler in den sechziger Jahren ihre Experimente mit elektronischen Rechenanlagen begannen und dabei auch Lyrik vom Computer generieren ließen, war die ans Schriftmedium gekoppelte ästhetische Subjektivität nachhaltig erschüttert worden. Ein Computer, der aus dem Vokabular von Franz Kafkas »Das Schloß« nach stochastischen Prinzipien ein Gedicht errechnet, konnte unmöglich als ›Autor‹ im klassischen Sinn fungieren. Immerhin wurden diese elektronischen Erzeugnisse noch in Anthologien eingelassen, von Herausgebern und Autoren namentlich kenntlich gemacht und schließlich in traditioneller Buchform verbreitet. Mit den »Hypertexten«, die einer Textdatei besondere interaktive Eigenschaften verleihen, indem sie es dem Leser über spezielle Indizes (englisch »links«) ermöglichen, von einem Textteil zum anderen zu springen und sie zu ergänzen oder zu bearbeiten, fallen auch diese Reminiszenzen an die Literatur der Gutenberg-Galaxis fort: »Hypertext, which challenges narrative and all literary form based on linearity, calls into questions ideas of plot and story current since Aristotle.« (LANDOW 1992, S. 101) Solche Texte werden nicht mehr von Autorschaft gesteuert, sondern von eben jenen »links«. Das sich schnell erweiternde Spektrum reicht bereits Mitte der neunziger Jahre bis zu Programmen wie »RACTER« oder »Amnesia«, die automatisch Kurzgeschichten generieren oder gemeinsam mit dem Benutzer interaktive Romane entwerfen. »Wie oft in der Computer-Kunst tritt der Autor dabei auf eine Meta-Ebene zurück, schafft nur Möglichkeitsräume, Verlaufspläne mit Verzweigungen, über die der Zufall oder der jeweilige Rezipient entscheidet.« (GRASSMUCK 1988, S. 166) Solche maschinell erzeugten Texte stellen eine radikale Herausforderung an diejenigen Institutionen dar, die sich mit der Produktion, Distribution, Rezeption und Exegese von Texten beschäftigen. Dabei wird nicht nur die Rolle des Autors berührt, sondern ebenso die Rolle des Lesers: vom einsamen Buch-Leser und seiner halluzinierten Kopfinnenwelt wandelt er sich zum vereinzelten Lese-Spieler der »Electronic Novels«.

»Wenn Filme und Musiken, Anrufe und Texte über Glasfaserkabel ins Haus kommen, fallen die getrennten Medien Fernsehen, Radio, Telefon und Briefpost zusammen, standardisiert nach Übertragungsfrequenz und Bitformat.« (KITTLER 1986, S. 7) Was zuvor in getrennten Medien gespeichert wurde, läßt sich per Digitalisierung gemeinsam archivieren und bearbeiten: Wörter und Töne,

Geräusche und Schrift, Bilder und Filme werden (etwa auf einer CD-ROM) zu kompatiblen Daten. Die Aussicht auf die elektronischen Hypermedien erzeugt mannigfaltige Spekulationen zwischen Panik und Euphorie. Auch im Hinblick auf »Autorschaft« und »Literatur« lassen die Reaktionen zwischen trotziger Bewahrung und vorschneller Verabschiedung selten Differenzierungen zu. Das mag sich mit dem Bewußtsein erklären lassen, auf der Schwelle zwischen zwei Epochen zu stehen. Beide Gesten beeindrucken aber eher durch die Emphase, mit der sie vorgetragen werden, als durch Reflexion und Argumentation: »Maschinell generierte Texte repräsentieren nichts, weder Wahrheit noch Sinn noch Bedeutung noch das Subjekt, das sein Begehren artikuliert. Sie schaffen den Schreiber, den Leser und den Kommentar ab.« (SCHREIBER [!] 1985, S. 301) Vor der sich ständig entwickelnden Hardware Computer haben Prophezeiungen Konjunktur, weil Gewißheiten mit notorischer Verspätung daherkommen. Doch noch der fröhlichste Verteidiger digitaler Autospeicher braucht die Erinnerung ans bisher Gewesene, zumindest als Gegenbild, um vor ihm die Übermacht der neuen Maschinen rühmen zu können. Eine Literaturwissenschaft diesseits freudiger Selbstaufgabe und jenseits verstockter Selbstmusealisierung mag sich hingegen gelassen auf das multimediale Feld zukünftiger Gegenwart begeben, ohne auf die Literarhistorie als Teil des kulturellen Gedächtnisses zu verzichten. Denn nur so läßt sich das Instrumentarium schärfen, mit dem die Zeiten einander vermittelbar bleiben – das ihnen Ähnliche und Inkommensurable zugleich.

3. Literatur – Literaturbetrieb – Literatur als ›System‹

von ANDREAS DÖRNER und LUDGERA VOGT

1. Vorbemerkungen

Literatur ist ein Medium sozialer Kommunikation. Die Produktion und Rezeption literarischer Texte ist ebenso ein Bestandteil des gesellschaftlichen Prozesses, wie der Text selbst als Zeichenstruktur immer auf soziale Realitäten Bezug nimmt. Die Beschreibung dieses Zusammenhangs zwischen Literatur und sozialer Welt sowie die Lokalisierung des Literaturbetriebs als eines Teilsystems moderner Gesellschaften ist das Hauptziel der Literatursoziologie. Möglichkeiten und Grenzen literatursoziologischer Forschung sollen daher im folgenden anhand einiger wichtiger Ansätze diskutiert werden. Als Gliederungsprinzip haben wir den jeweiligen Bezug auf die Dimensionen Produktion/Distribution, Text, Rezeption und System zugrundegelegt.

Die ›Blütezeit‹ der Literatursoziologie lag in der Bundesrepublik ohne Zweifel in den 1960er und 1970er Jahren, als sich einerseits im Gefolge der Studentenbewegung eine Vorliebe für ausschließlich ›gesellschaftliche‹ Erklärungsmodelle verbreitete, andererseits die zunehmend ausgereiften Methoden der empirischen Sozialforschung auf Buchmarkt und Literaturbetrieb angewendet wurden. Nachdem der Boom durch Desinteresse abgelöst wurde, ist derzeit wieder eine intensivere Diskussion zu beobachten, die vor allem durch neuere Entwicklungen in der soziologischen Theorie angestoßen wurde (dazu ausführlich DÖRNER/VOGT 1994). Diese neueren Entwicklungen werden den Schwerpunkt unserer Aufmerksamkeit bilden.

2. Produktion

Der ›klassische‹ Ansatz einer Analyse des Literaturbetriebes ist marxistischer Herkunft. Literarische Produktion ist hier verknüpft mit der dialektischen Bestimmung des Verhältnisses von ökonomischer »Basis« und kulturellem »Überbau«. Das Spektrum der Bestimmungen reicht von klarer Determination bis zur Annahme einer lockeren Verbindung bei weitgehender Autonomie des Überbaus, und für beide Ausrichtungen lassen sich in den Schriften von

Karl Marx Belege finden. Wichtig ist, was jeweils unter »Basis« überhaupt verstanden wird.

In bezug auf literarische Produktion kann der Begriff zweierlei bedeuten. Zum einen kann die Herkunft und die Klassenlage des Autors gemeint sein, insofern sie sein Schreiben beeinflußt, zum anderen der institutionelle Rahmen, innerhalb dessen sich literarische Produktion vollzieht. Beide Ebenen, dies ist eine notwendige Konsequenz einer historisch-materialistischen Denkart, sind in hohem Maße geschichtlicher Veränderung unterworfen: Die mittelalterliche Ständegesellschaft bietet der Literatur eben andere Voraussetzungen als der Spätkapitalismus mit ausdifferenzierten Teilsystemen und klassenübergreifenden Entfremdungsprozessen.

Mit den Gesellschaftsformationen ändern sich auch die literarischen Institutionen. Der Professionalisierungsprozeß des modernen Schriftstellers mit dem Resultat einer eigenständigen Berufsrolle setzt erst in der frühen Neuzeit ein und erreicht in der bürgerlichen Marktgesellschaft seine endgültige Ausprägung. Wenn wir die marxistische Grundannahme ernst nehmen wollen, daß literarische Produkte von den materiellen Produktionsbedingungen beeinflußt werden, dann reicht es allerdings nicht, einen Blick auf Gehaltslisten und Wohnungseinrichtungen von Schriftstellern zu werfen. Vielmehr muß das komplexe Interaktionsgeflecht, in das der Autor seine Werke hineinschreibt, zum Gegenstand der Analyse gemacht werden. Erst dann, wenn man die Werkstruktur auch als eine Antizipation der Reaktionen von Lektor, Verleger, Kritiker und Publikum versteht (→ LITERATURKRITIK), erst dann entgeht die gesellschaftsbezogene Analyse von Literatur einer allzu flachen Dimensionierung.

Parallel zur Basis-Überbau-Thematik beschäftigt die marxistische Diskussion das Problem der »Widerspiegelung« gesellschaftlicher Verhältnisse in der Literatur. Die Produktionsbedingungen ›spiegeln‹ sich im literarischen Produkt, aber auch dieses Konzept läßt sich sehr unterschiedlich füllen. Von schlichten Abbildungsvorstellungen in der marxistischen Orthodoxie ist man bald abgekommen, um – oft im Rückgriff auf Hegel – ein komplexeres Modell von Widerspiegelung zu entwerfen. Den wichtigsten Beitrag hierzu hat der ungarische Philosoph Georg Lukács geliefert. Zwar sieht Lukács die Klassenlage eines Autors als Determinante seiner literarischen Produktion, so daß ihm z. B. dic Texte des deklassierten »preußischen Junkers« Heinrich von Kleist als zerrissen, widersprüchlich und letztlich reaktionär erscheinen müssen

(Lukács 1937). Auf der anderen Seite sieht er jedoch im bürgerlichen Realismus des 19. Jahrhunderts eine Produktionsweise, die in besonderer Weise geeignet ist, im Mikrokosmos eines Werkes den Makrokosmos der gesellschaftlichen Totalität komprimiert widerzuspiegeln. Dies geht sogar so weit, daß ein politisch reaktionärer Autor, der sich dieses Produktionsinstrumentes bedient, die Strukturen der bürgerlichen Welt schonungslos zu analysieren vermag, wie Lukács es am Fall von Honoré de Balzac gezeigt hat (Lukács 1951).

Das analytische Argument gerät bei Lukács jedoch zur zeitlosen poetologischen Norm: (bürgerlicher) Realismus wird als die einer kapitalistischen Gesellschaft vorgeblich allein adäquate Produktionsmethode ins Feld geführt gegen moderne Verfahren wie Montage- und Reportageschreibweisen. (Hier ist an die »Expressionismusdebatte« zu erinnern, in der Lukács gegen literarische Verfahren Bertolt Brechts und anderer Stellung bezog; vgl. Schmitt 1973.)

Lucien Goldmann, der an einige Schriften des frühen Lukács anknüpft, verfeinert schließlich das Widerspiegelungstheorem, indem er es von der Ebene der Inhalte auf die der textuellen Strukturen überträgt. Kern seiner Theorie des »genetischen Strukturalismus« (Goldmann 1970a) ist die Annahme einer elementaren Strukturhomologie, d. h. einer strukturellen, nicht inhaltlichen Entsprechung zwischen Werk und sozialem Kontext (→ Formalismus und Strukturalismus). Der literarische Produktionsprozeß ist demnach in zweierlei Hinsicht durch strukturhomologe Beziehungen gekennzeichnet. Zum einen verfolgt Goldmann die Relation zwischen einem Werk und seiner sozialen Trägergruppe. Die Grundhypothese lautet, daß die Strukturen der imaginären Welt den Denkstrukturen bestimmter sozialer Gruppen homolog sind; so entsprechen z.B. die Strukturen der tragischen Dramen von Jean Racine denen der Bewußtseinswelt des französischen Amtsadels im 17. Jahrundert (Goldmann 1973). Neben dieser Homologie zwischen Werk und sozialer Trägergruppe verweist Goldmann noch auf eine weitere Relation, die ebenfalls an die Arbeiten Georg Lukács' erinnert. Gemeint ist die Homologie zwischen Romanstruktur und Gesellschaftsstruktur, konkret: zwischen modernem bürgerlichen Roman und der liberal-kapitalistischen Wirtschaftsform als dem Grundprinzip der modernen Gesellschaft. Goldmann hebt mit Marx als das entscheidende Moment dieser Gesellschaft heraus, daß die authentischen Wertbeziehungen zwischen Mensch und Gütern, in denen es den Menschen auf den qualitativen Gebrauchswert des Gutes ankommt, ausgeblendet werden zugunsten abstrakter, auf dem Markt zustandegekommener Tauschwertbeziehungen.

Über die Analyse hinaus führt auch Goldmann, ähnlich wie Lukács, wertende Kriterien in die Argumentation ein. Der ›bedeutende‹ literarische Künstler vollzieht eine Formung der unterschiedlichen, inexpliziten und zum Teil widersprüchlichen Wissenselemente zu einer kohärenten »vision du monde«. Deskriptiv tragfähiger und breiter anwendbar wird sein Ansatz, wenn man ihn konsequent wissenssoziologisch weiterdenkt. Die Forderung nach Kohärenz und ›großem Kunstwerk‹ wäre fallenzulassen zugunsten einer genauen Analyse der Weise, in der inner- und außerliterarisch gesellschaftliche Wirklichkeit konstruiert wird (BERGER/LUCKMANN 1969), welche elementaren Wahrnehmungsmuster Verwendung finden, d. h. welches ›Material‹ von alltäglichen Denk- und Wahrnehmungswerkzeugen die jeweiligen Autoren zur Formulierung eines literarischen Textes heranziehen.

Diese unterschiedlichen Felder und Wissensformen, aus denen der Autor sein Material bezieht, sind Gegenstand der Theorie der »ideologischen Milieus«, die Pavel N. MEDVEDEV 1928 in einer semiotischen Reformulierung marxistischer Sichtweisen für die Literaturproduktion formuliert. Ideologien, die Medvedev nicht als (notwendig) falsches Bewußtsein, sondern als zeichenvermittelte Wissensstruktur begreift, werden in unterschiedlichen gesellschaftlichen »Milieus« tradiert (Religion, Kunst, Wissenschaft, Wirtschaft etc.). Literaturproduktion bezieht ihr (Zeichen-)Material aus diesen unterschiedlichen Milieus, in denen soziale Gruppen jeweils auf spezifische Weise die ökonomische Basis wahrnehmen und verarbeiten. Ohne eine derartige semiotische Brechung ist für Medvedev Widerspiegelung nicht möglich. Seine Theorie der »Doppelten Brechung« besagt nun, daß Literatur die sozialen Zeichenbestände in eine neue, ästhetische Struktur integriert, so daß sie ihre Bezeichnungsfunktion unter den Bedingungen des ästhetischen Textes, mit ›doppelt gebrochenem‹ Wirklichkeitsbezug ausüben.

Eine andersartige generative Theorie der literarischen Produktion entwickeln die Literaturwissenschaftler Jürgen Link und Ursula Link-Heer in einer Subversion der traditionellen Vorstellung vom Autor. Grundlegend geht es darum zu erfassen, »wie und nach welchen Regeln (vor allem nach welchen unbewußten Regeln) literarische Texte produziert werden« (LINK 1983, S. 9).

Was aber heißt in einem solchen Kontext eigentlich noch »Autor«? Zunächst erscheint der Autor als ein »Strukturbündel«, eine komplexe Variable, die auf unterschiedliche ästhetische, ideologische und soziale Achsen bezogen werden kann (LINK/LINK-HEER 1980, S. 356). Der Autor ist kein autonomes, frei wählendes oder gar erfindendes Individuum, sondern er wird von einer durch die Diskurse zur Verfügung gestellten Strukturposition ›in Dienst genommen‹. Er verwirklicht mit seinen Texten etwas, das als Möglichkeit von der Entwicklung der gesellschaftlichen Diskurse erst eröffnet wird (→ DISKURSANALYSE, DISKURSGESCHICHTE). Im Moment des Generativen besteht eine Parallele zum Habituskonzept Pierre Bourdieus, der eine ›Grammatik des Handelns‹ entwirft und ebenfalls betont, daß dieses Handeln nicht frei und spontan, sondern gemäß einsozialisierter Regeln erfolgt.

»Subjektivität« erscheint in dieser Perspektive lediglich als »im Spiel der sich widersprechenden Regeln mit Notwendigkeit mitproduzierte Kontingenz« (LINK 1983, S. 21). Die Diskurse können selbstverständlich konkrete Texte nicht völlig determinieren, so daß ein gewisser Spielraum für den Zufall verbleibt, der dann mit zu dem beiträgt, was tatsächlich am Ende als Produkt eines Autors zu Papier gebracht wird. Als Beispiel verweist Jürgen Link auf Kleists Novelle »Michael Kohlhaas«, deren markanter Stil ihm als Mischung aus dem Ton der zeitgenössischen Zeitungsberichterstattung, juristischem Diskurs, Chronik-, Märchen- und Bibelton erscheint. Allerdings möchte man hier fragen, ob diese zweifellos feststellbaren Bezüge das Entscheidende des Textes sind oder aber die ebenso zweifellos nirgends vorgeprägte (stilistische) Synthese in den Kleistschen Novellen. Mit anderen Worten: Sollte man den Schwerpunkt auf das Diskursmaterial legen, das in die Werke eingeht, oder auf die kreative Leistung, diese Materialien zu einer völlig neuen Struktur zu integrieren?

Links Sichtweise ist eng angelehnt an die Diskurstheorie des französischen Historikers und Sozialphilosophen Michel Foucault. Er bestimmt »Diskurse« als sprachliche Praktiken, die strikt aufgrund von institutionellen Regeln produziert werden. Diskurse legen fest, in welcher Weise wir über welche Realitätsbereiche reden können. In komplexen arbeitsteiligen Gesellschaften ist eine Reihe von Wissensbereichen und Spezialdiskursen ausdifferenziert, so daß Bewußtsein und Kommunikation hoffnungslos parzelliert wären, gäbe es nicht vermittelnde »Interdiskurse« (→ DISKURSANALYSE, DISKURSGESCHICHTE). Im Anschluß an die soziologische

Systemtheorie und ihr Theorem von der funktionalen Differenzierung moderner Gesellschaften lautet die Grundannahme des diskurstheoretischen Ansatzes, daß die Achse der gesellschaftlichen Stratifikation in Schichten und Klassen keineswegs mehr einfach mit der Achse der Spezialdiskurse korreliert werden kann (LINK/LINK-HEER 1990). Stattdessen geht man von einem komplexen Netzwerk von Relationen aus. Wichtiges Bindeglied ist dabei die »elementare Literatur«: ›halbfertige‹ Versatzstücke des Diskurses wie die (von Link analysierten) Kollektivsymbole, aber auch das, was André JOLLES (1930) die »einfachen Formen« genannt hat: Spruch, Witz, Rätsel usw., schließlich größere Formen wie etwa die Konversation, die ebenfalls genau vorgeschriebenen Regeln unterliegt.

Der institutionalisierte literarische Diskurs, also das, was wir die ›eigentliche Literatur‹ oder Literatur im engeren Sinne nennen, ruht auf der Basis der elementaren Literatur. Andererseits werden elaborierte literarische Strukturen wiederum in der Alltagswelt angewendet, wenn etwa Schiller- und Goethe-Zitate als Helfer in allen Lebenslagen fungieren. In ›gebildeten‹ Heiratsanzeigen kann man »Steppenwölfen« begegnen, die ihre »Diotima« fürs Leben suchen.

In Anlehnung an den französischen Philosophen Louis Althusser binden Link und Link-Heer schließlich die Literaturproduktion an Institutionen, die dazu dienen, eine gesamtgesellschaftliche Integration der verschiedensten Kräfte zu leisten, ohne die grundlegenden Herrschaftsverhältnisse anzutasten (LINK/LINK-HEER 1980, S. 378). Es formieren sich jeweils »Publiken«, d. h. soziale Gruppen von Rezipienten, und auf der anderen Seite Schriftsteller, die gegenüber bestimmten Gruppen einen »sozialen Auftrag« erfüllen. Schillers Texte wären beispielsweise besonders auf die Interessen des gebildeten Bürgertums bezogen, während Hölderlins Publikumsprojekt auch die »Plebejer«, d. h. die ›unterhalb‹ des Bürgertums situierten Schichten umfaßt.

Literarische Texte fungieren als Transportmittel für Ideologien. Aber auch hier stellen sich einige Fragen. Der »soziale Auftrag« wird bei vielen Autoren sehr schwer zu bestimmen sein. Welche sozialen Gruppen oder Blöcke werden etwa durch Kleist oder Kafka ›bedient‹? Lassen sich ästhetische Gebilde wirklich so auf ihre (angestrebte) sozial-ideologische Funktionalität reduzieren? Können sie nicht auch so etwas wie ästhetischen Eigensinn entwickeln, so daß sich die realen Funktionen von Werken ganz anders gestalten, als es der unterstellte »soziale Auftrag« vermuten ließe? Und kann nicht die innerästhetische bzw. innerliterarische Entwicklungslogik einen sehr viel stärkeren Einfluß ausüben als übergeordnete Ideologien oder gar die ökonomische Basis einer Gesellschaft?

Diese Kritik enthebt uns jedoch nicht der Frage, ob ein Schriftsteller in der Moderne letztlich nichts anderes ist als ein industrieller Lohnarbeiter, der die Ware ›Literatur‹ den Anforderungen des Marktes entsprechend anfertigt. Nach Theodor W. Adorno gleicht künstlerische Produktion der Produktion anderer Gegenstände. Obwohl Kunst und Literatur sich sorgsam den Anschein der Distanz zur Warenwelt geben, ist dies letztlich nur ein Schein, der diese Produkte zur ›besseren‹, distinguierteren Ware macht und einer besonders legitimen Art der Konsumtion zuführt (ADORNO 1970, S. 351ff). Die Produktion von Literatur ist somit Anpassungserfordernissen an Marktgesetze unterworfen; literarische Produktion ist Teil der »Kulturindustrie« (HORKHEIMER/ADORNO 1944).

Trotzdem besitzt die Literatur potentiell einen Doppelcharakter, sie ist ›fait social‹ und autonom zugleich. Literarische Produktion trägt auch immer die Möglichkeit der Negation in sich, die Möglichkeit, dem Verdikt der Verdinglichung zumindest teilweise zu entgehen. Dies gelingt jedoch in der Moderne – hier stellt sich auch bei Adorno eine normative Komponente ein – nur den außergewöhnlichen Kunstwerken der Avantgarde. Je abstrakter und hermetischer ein Werk ist, umso eher vermag es seine Autonomie gegenüber dem Konformitätsdruck der Gesellschaft zu behaupten (→ FORMALISMUS UND STRUKTURALISMUS).

Ein sehr nüchterner Blick auf gesellschaftliche Bedingungen der literarischen Produktion kennzeichnet die neueren empirisch-analytischen Ansätze der Literatursoziologie (ESCARPIT 1961, 1967; SILBERMANN 1981; → THEORIEN DER LIT. REZEPTION). Ohne den ›Ballast‹ geschichtsphilosophischer Rahmenkonzepte fragen diese Autoren nach der Berufsrolle des Schriftstellers, seinen Einkommensmöglichkeiten und Selbstbildern. Die Funktionsmechanismen des Marktes mit seinen Distributionsinstanzen (Verlage, Buchclubs etc.) werden hier ebenso thematisch wie die industriellen Bedingungen des Buchdrucks. Das Problem dieser Studien besteht darin, daß die großen Datenmengen meist ohne theoriehaltige Interpretation beschrieben werden, so daß die gesellschaftlichen Implikationen zu unbestimmt bleiben. Außerdem wird die Literatur selbst, werden die Texte nicht einbezogen in das Geflecht, sondern als eine Art ›black box‹ ausgeblendet.

3. Text

Der Ansatz einer explizit auf die Ebene des *Textes* gerichteten literatursoziologischen Analyse ist – so überraschend das klingen mag – relativ neu. Zwar haben vor allem Vertreter der marxistischen Literaturtheorie immer auch Texte in ihre Analysen einbezogen. Die Literarizität der Texte wurde dabei jedoch oft ausgeblendet, die ästhetische Struktur auf Inhalte reduziert, der spezifische Zeichencharakter des literarischen Werkes ging verloren (vgl. schon MEDVEDEV 1976 [1928], S. 23; → FORMALISMUS UND STRUKTURALISMUS).

Peter V. ZIMA 1980 setzt demgegenüber mit der Zielperspektive einer »Textsoziologie« bei gesellschaftstheoretisch fundierten Sprach- und Zeichentheorien an, um diese für die Analyse literarischer Werke fruchtbar zu machen und mit kulturphilosophischen Gedanken der »Kritischen Theorie« (insbesondere Adornos) zu verbinden. Die Kernthese Zimas besagt, daß jedes Werk in eine »soziolinguistische Situation« verstrickt ist. Das Textgebilde ist jeweils affirmativ oder kritisch auf eine Reihe von »Soziolekten«, d. h. kollektiv geteilten Redeweisen bezogen. Soziolekte können situations- und verwendungsspezifisch (Werbesprache, Salonsprache) oder weltanschaulich geprägt sein (christliche, konservative, sozialistische Redeweisen). Diese Elemente gehen auf unterschiedliche Weise in das literarische Werk ein. Ein Text kann homogen durch einen einheitlichen Soziolekt geprägt sein, es ist aber auch ein Neben- und Gegeneinander verschiedener Soziolekte möglich: Der gesellschaftliche Kampf, der immer auch ein Kampf der Diskurse ist, findet so seinen Niederschlag im literarischen Werk. In Fontanes Roman »Schach von Wuthenow« ist etwa die Kollision zwischen bürgerlichen und aristokratischen Soziolekten gestaltet, die letztlich zum Freitod des Titelhelden aus »Ehrgründen« führt.

Oberhalb dieser elementaren Diskursebene finden intertextuelle Dialoge statt. Ein literarischer Text zitiert, fingiert, parodiert und kritisiert andere – literarische und außerliterarische – Texte und Redeweisen (→ DIALOGIZITÄT, INTERTEXTUALITÄT, GEDÄCHTNIS). Schließlich umfaßt eine textsoziologische Analyse noch die Ebene der »semantischen Welten«, ein Konzept, das vor allem von Algirdas J. Greimas entwickelt wurde. Diese Welten bestehen aus »Aktanten« und deren Relationen zueinander. Ein Aktant bezeichnet jeweils eine im Text herausgebildete abstrakte Rollenstruktur aus Anforderungen und Handlungsmöglichkeiten, die dann von unterschiedlichen Personen oder literarischen Figuren konkret ausgefüllt werden können. Was Vladimir Propp sehr anschaulich für die Struktur russischer Volksmärchen beschrieben hatte: ein Szenario mit Protagonisten bzw. »Helden«, Gegenspielern, Helfern und typischen Problemsituationen, das läßt sich als komplexere Tiefenstruktur für alle (narrativen) Diskurse herausarbeiten (→ GRUNDLAGEN NARRATIVER TEXTE; → FORMALISMUS UND STRUKTURALISMUS).

Freilich sind die »narrativen Instanzen« keineswegs immer eindeutig in ein Schema einzuordnen, ja ein Kennzeichen moderner Textwelten kann gerade ihre Ambivalenz sein. Kennzeichnend ist eine derartige Ambivalenz etwa für die Figuren Marcel Prousts. Ein Marquis kann einerseits als aufrechter Intellektueller, andererseits als mieser Intrigant auftreten, und das gesamte Romanpersonal schwankt zwischen Treue und Untreue, Ehre und Niedertracht, zuweilen auch zwischen Männlichkeit und Weiblichkeit hin und her (ZIMA 1980, S. 109f). An anderer Stelle fordert Zima auch, diese analytischen Kategorien auf literaturwissenschaftliche Texte anzuwenden, um die dort formulierten Handlungsgrößen und Rollen (Bürgertum, Proletariat, Publikum usw.) kritisch zu befragen. Problematisch erscheint, daß Zima trotz aller Einsichten in die Machtbedingtheit und Geltungsrelativität der Diskurse an einem traditionellen Konzept von Ideologiekritik festhält, ein Konzept, das eine eindeutige Unterscheidung zwischen wahren und falschen Diskursen ermöglichen soll (vgl. ZIMA 1989). Hier wird der verlorengegangene ›archimedische Punkt‹ wieder in die Analyse eingeführt.

Einen anderen Weg zur Beschreibung semantischer Welten schlagen Jürgen LINK und Ursula LINK-HEER 1980 (S. 427ff.) mit dem Konzept der »Konfigurationsanalyse« ein. Der Kern dieser Methode besteht darin, daß die im Text implizit oder explizit gelieferten Merkmale zur Charakterisierung und sozialen Lokalisierung der handelnden Figuren sowie deren gegenseitiges Verhältnis zueinander registriert werden. In einem zweiten Schritt sind diese Merkmale abstrakter gefaßten semantischen Dimensionen zuzuordnen und die konkreten Ausprägungen dieser Merkmale (z. B. sozial hohe oder niedrige Position, moralisch guter oder böser Charakter, strategisches oder naives Verhalten etc.) zu einer komplexen Matrix zusammengefügt. Zuletzt können diese aus der Matrix ablesbaren Gruppierungen und Prozesse auf ihren ideologischen Gehalt hin interpretiert werden – so etwa im Szenario eines bürgerlichen Dramas wie Schillers »Kabale und Liebe«, wo zwar soziale Klassengrenzen den Konflikt im Drama schüren, als entscheidend jedoch die Ungleichheit ›anthropologisch‹-charakterlicher Merkmale zwischen den Liebenden gesehen wird (›kalküleinsichtig‹ versus ›kalkülblind‹; vgl. auch SCHULTE-SASSE/WERNER 1977b).

Diesen eher aus der Disziplin der Literaturwissenschaft heraus entwickelten Ansätzen wollen wir schließlich einen genuin *soziologischen* gegenüberstellen, dessen Grundkategorien die funktionale Einbindung aller kulturellen Gebilde in das Geflecht gesellschaftlicher Hierarchien in den Mittelpunkt des Interesses stellen: die Kultursoziologie von Pierre Bourdieu. Deren besonderer Erkenntniswert besteht darin, daß eine ausgefeilte soziologische Gesellschaftstheorie in aller Radikalität auf das angewendet wird, was wir andernorts »Textwelt« genannt haben (DÖRNER/VOGT 1994, S. 58ff). Das fiktionale Szenario wird als eines der sozialen Welt analysiert, und es kann nachfolgend gesehen werden, in welcher Relation Textwelt, Vorstellungswelt des Autors und sein reales Umfeld zueinander stehen.

Moderne Gesellschaften strukturieren sich für Bourdieu nicht nur nach Klassen, sondern auch nach den Dimensionen »Kapital«, »Feld« und »Habitus« (BOURDIEU 1982a, 1987b). Bourdieu sieht im Medium des Kapitals das wichtigste soziale Einflußmittel. Mit »Kapital« meint er jedoch nicht nur im herkömmlichen Sinne ökonomisches Kapital (Geld, Grundbesitz, Produktionsmittel, Aktien etc.), sondern auch soziales (Verwandtschaft, Beziehungen), kulturelles (Bildung, Titel, Sprachkompetenz) und schließlich symbolisches Kapital (Umgangsformen, Kleidung, aber auch Ehre, Reputation und Prestige). Symbolisches Kapital ist, obwohl es eine eigene Dynamik entwickelt, als symbolischer Ausdruck und sozial anerkannte Form der ersten drei Kapitalsorten zu verstehen (BOURDIEU 1985).

Wie die Systemtheoriker (s. u. Abschnitt 5) geht auch Bourdieu davon aus, daß sich in der Moderne eine Differenzierung von eigenständigen Handlungsbereichen mit jeweils eigenen Regeln und Legitimitätsnormen vollzieht (Wissenschaft, Kunst, Wirtschaft, Politik, Religion etc.). Diese verschiedenen gesellschaftlichen »Felder« strukturieren sich nach jenen Macht- und Einflußbeziehungen, die sich aufgrund der unterschiedlichen Verteilung von verschiedenen Kapitalsorten konstituieren und den Positionen bzw. den sie ausfüllenden Personen so ihren jeweiligen Ort im Gesellschaftsgefüge zuweisen. Untereinander stehen die verschiedenen Felder ebenfalls in einer strukturhomologen Beziehung: große Macht auf einem Feld erhöht die Wahrscheinlichkeit, daß man auch auf einem anderen Feld ein gewichtiges Wort mitreden kann.

Um den geheimnisvollen Abstimmungsmechanismus zwischen Gesellschaft und Individuum auch terminologisch herauszustreichen, verwendet Bourdieu den Begriff des »Habitus«. Damit ist eine komplexe, im Prozeß der klassenspezifischen Sozialisation erworbene Matrix von Wahrnehmungs-, Denk- und Handlungsmustern gemeint. Wie eine ›generative Grammatik‹ des Sozialverhaltens steuert der Habitus unser individuelles Handeln, ohne daß wir uns überhaupt einer solchen Steuerungsgröße bewußt wären. Auf diese Weise vollzieht sich eine Inkorporierung gesellschaftlicher Strukturen in den Menschen hinein. Sinnlich faßbar wird das überall dort, wo sich tatsächlich eine klassenspezifische Körperlichkeit in Haltungen, Mimik und Gestik ausdrückt.

Literarische Textwelten lassen sich mit dieser ›Brille‹ des Soziologen wie Sozialwelten analysieren: Welche Figuren erreichen mit welcher Kapitalausstattung welche Position im Feld? Welche Kapitalformen sind überhaupt wirksam, Geld, Prestige, Ehrenzeichen usw.? Textwelten sind als Zeichenräume interpretierbar, in denen unterschiedliche Lebensstile und Habitusformen aufeinander stoßen. Bourdieu selbst führt das am Beispiel von Flauberts Roman »L'éducation sentimentale« vor. Die verschiedenen gesellschaftlichen Kreise unterscheiden sich voneinander durch Kleidung, Wohnungseinrichtung, Speisen und Getränke (Bourdieu 1987a, 1992). Bourdieu beschreibt die Figuren als »mit soziologisch belangvollen Merkmalen gesättigte Symbole einer jeweiligen sozialen Position«.

Der Künstler selbst löst sich im Text durch seine Literaturproduktion und seine fiktiven Welten aus allen sozialen Determinationen heraus. Flaubert, so Bourdieu, versucht auf diese Weise seine eigene Position als Autor in der Fiktion ›aufzuheben‹. Interessant wird die Analyse dort, wo man das Verhältnis zwischen Textwelt und sozialer Welt untersucht: sind sie homolog oder unterschiedlich strukturiert? Ist im Text eine illusorische oder kritische Gegenwelt, eine Utopie oder ein Mythos gestaltet? Diese Fragen führen über die immanente Analyse weit hinaus.

4. Rezeption

Eine Soziologie der literarischen Rezeption hat zu klären, inwieweit Rezeptionsprozesse gesellschaftlich ›produziert‹ sind. (Zu textanalytischen und hermeneutischen Erforschungen der Wirkungspotentiale und Rezeptionsweisen von Texten → WIRKUNGSÄSTHETIK; → THEORIEN DER LIT. REZEPTION; → HERMENEUTISCHE MODELLE.) Welche Unterschiede ergeben sich in der Wahrnehmungsweise eines Textes, wenn man diesen einmal eher aus beruflichen, ein andermal eher aus privaten Gründen, aufgefordert oder freiwillig, liest? Welche unterschiedlichen Motivationen für das Lesen gibt es? Denkbar sind ja Antworten von der individuellen Triebsublimation bis zum Bildungshunger, vom Ausleben utopischer Gegenentwürfe des Gesellschaftlichen bis zur Bestätigung der eingefahrenen Wahrnehmungsweisen. Inwieweit sind die verschiedenen Lesarten jeweils eine Variable des Kontextes, in dem gelesen wird? Welche Rolle spielt Rezeption überhaupt bei der Konstitution von Literatur?

Im Mittelpunkt des Interesses stehen Rezeptionsprozesse und Fragen nach der gesellschaftlichen Funktion von ästhetischen Objekten in der Soziologie Pierre Bourdieus. Wenn man den Bereich der literarischen Rezeption in soziologischer Sicht thematisiert, so ist als erstes zu betonen, daß jeder Rezeptionsakt einen bestimmten Wahrnehmungs- und Entschlüsselungscode enthält. Was der Leser aus einem Text macht und was nicht, das ist abhängig von seiner kulturellen Sozialisation und literarischen Bildung. Literaturkompetenz ist insofern klassenabhängig verteilt, als sie erstens in primärer Sozialisation in der Familie erworben und zweitens über klassenspezifisch strukturierte Bildungsinstitutionen vermittelt und eingeübt wird.

Während der gebildete Leser sofort den ›frühen Hölderlin‹ oder den ›späten Goethe‹ erkennt, steht der ›Ungebildete‹ verständnislos vor einem eigentümlich formulierten Gebilde, das sein Gefühl der Fremdheit auch gegenüber den ›gebildeten Kreisen‹ noch verstärkt. So wie die Chancen auf die Aneignung entsprechender Kompetenzen klassenspezifisch verteilt sind, so wirken sie andererseits als eine Form kulturellen Kapitals an der zeichenhaften Zementierung der Klassengrenzen mit. Der souveräne Umgang mit ›literarischem Kulturgut‹ ermöglicht es den höheren Klassen, sich von den unteren sichtbar zu unterscheiden und die so zum Ausdruck kommenden hierarchischen Positionen zu legitimieren.

Die Pointe des Ansatzes besteht darin, kulturelle Praktiken nicht isoliert, sondern als Element spezifischer Geschmacksformen oder Lebensstile zu betrachten. Vorlieben für Musik, Kleidung, Design, Essen und Literatur stehen in systematischem Zusammenhang. Für die Literaturwissenschaft ist daraus die Forderung abzuleiten, literarische Rezeption nicht mehr losgelöst von anderen Kulturpraktiken zu untersuchen.

Einen wichtigen Ansatz der Rezeptionsforschung innerhalb der Literatursoziologie (→ Theorien der lit. Rezeption) stellen die empirischen Positionen von Robert Escarpit, Alphons Silbermann u. a. dar. So rückt z. B. Escarpit (1961, 1967) konkrete Fragen in den Vordergrund seiner Analysen: In welcher Situation werden Bücher gekauft, in welcher gelesen? Welche soziale Schicht kauft wo ihre Bücher? Wieviele Wörter liest eine Person durchschnittlich in welchem Land? Wieviel Lesezeit wird für welche Kategorie von Lesestoff verwendet? Bei diesen quantitativen Studien, in denen große Datenmengen erstellt werden – z. B. auch über Leihbibliotheken und Gründe für Buchkäufe (vom ›guten Titel‹ bis zum ›freundschaftlichen Tip‹) – kommen allerdings einige qualitative Aspekte des Lesevorgangs zu kurz: Hinweise auf die durchschnittliche Lesezeit oder den typischen Leseort sagen noch wenig über den konkreten Leseprozeß aus. Weiter scheint hier der Ansatz der qualitativen Sozialforschung zu führen, der nach Motiven und Wirkungen von Leseprozessen in offenen, sorgfältig interpretierten Interviews fragt. So sind auch ganze Lesebiographien rekonstruiert worden, die mehr Aufschluß bieten als so manche repräsentative Umfrage (vgl. Schön 1990).

Eine funktionale Sicht von Rezeptionsprozessen liegt schließlich auch der im Prager Strukturalismus entwickelten Theorie des ästhetischen Objekts zugrunde (→ Formalismus und Strukturalismus). Jan Mukařovský 1970a konzeptualisiert das literarische Werk als ein komplexes Zeichen, das immer aus zwei Bestandteilen zusammengesetzt ist: aus dem »Artefakt«, dem ›schwarz auf weiß‹ vorliegenden Text, und aus dem ästhetischen Objekt, dem Resultat des konkreten Rezeptionsprozesses.

Ein Werk entsteht also erst durch die Interaktion von Text und Leser. Deshalb, so die radikale These, wandeln sich literarische Werke auch je nach dem Rezeptionskontext, in dem sie aktualisiert werden. Dieser Wandel unterliegt durchaus Regelhaftigkeiten, denn der konkrete Rezeptionsakt ist abhängig von den ästhetischen (und außerästhetischen) Normen und Werten, die der Rezipient an das Werk heranträgt (→ Wirkungsästhetik; → Theorien der lit. Rezeption). Normen und Werte wiederum sind nicht nur historischem Wandel unterworfen, sondern sie sind auch ein jeweiliges Produkt der gesellschaftlichen Gruppen bzw. Klassen, der »sozialen Trägerschicht« des Rezipienten.

Mukařovský entwirft in seinen Schriften ein allgemeines Schema, demzufolge etwa in oberen Schichten ein rascher Wandel avantgardistischer Normen stattfindet, während in den unteren Schichten einzelne der ›höheren‹ Normen allmählich, gleichsam als ›gesunkenes Kulturgut‹, adaptiert werden. Interessanter aber erscheint es, historisch konkrete Formationen zu analysieren, in denen gesellschaftliche Klassen bestimmte Normen und Werte favorisieren und die literarischen Artefakte auf ihre je eigene Weise rekonstruieren: Der »Schiller« des frühbürgerlichen Liberalismus ist ein anderer als derjenige des arrivierten nationalen Bürgertums im deutschen Kaiserreich oder die Leitfigur der Arbeiterbewegung zur Jahrhundertwende. So werden erst bei Berücksichtigung dieser Strukturen manche rezeptionsgeschichtlichen Absonderlichkeiten besser verständlich (zum Beispiel auch die wechselhafte Rezeptionsgeschichte eines ›patriotischen‹ Dramas wie Kleists »Hermannsschlacht«; vgl. DÖRNER 1995).

Die Ausführungen zur gesellschaftlichen Bedingtheit von literarischer Rezeption haben an verschiedenen Stellen schon auf die große Bedeutung verwiesen, die den Prozessen der sozialen Konventionalisierung und Institutionalisierung zukommt. Eine institutionensoziologische Herangehensweise haben in Deutschland vor allem Christa und Peter Bürger propagiert (vgl. u. a. P. BÜRGER 1979, 1983; Chr. BÜRGER 1985; → SOZIALGESCHICHTLICHE ZUGÄNGE). Sie verstehen Literatur insgesamt als eine Institution, die aus den herrschenden Vorstellungen über Literatur und deren Funktion besteht und die den relativ verbindlichen Rahmen für alle stattfindenden Produktions- und Rezeptionsakte abgibt. Kern der Theorie ist der Nachweis, daß an der Schwelle vom 18. zum 19. Jahrhundert in der bürgerlichen Gesellschaft eine autonome ›Institution Literatur‹ entsteht, die von direkten Anbindungen an andere soziale Bereiche (Religion, Politik usw.) freigesetzt ist (→ POETIK). Diese neugewonnene Freiheit wird allerdings mit einem Verlust an Wirkungsmöglichkeiten bezahlt, und Autonomie schlägt schließlich ideologisch um in eine Rückzugs- und Kompensationsnische für die vom Modernisierungprozeß bedrohte bürgerliche Subjektivität.

An diesem Punkt kann die differenzierungstheoretisch angeleitete empirische Soziologie der literarischen Institutionen einsetzen. Die Autoren dieser Schule versuchen, tatsächliche gesellschaftliche Rollen von Verlegern, Kritikern, Schulen beziehungsweise Lehrern und Wissenschaftlern empirisch dingfest zu machen. Zentral ist dabei eine Variante des aus der Sozialpsychologie bekannten »Labelling Approach«, bei dem die Kategorie und der hierarchische Stellenwert eines Textes nicht mehr an ›immanenten‹ Eigenschaften, sondern an den Zuschreibungen durch die Institutionen des literarischen Feldes festgemacht wird (Van Rees 1983, Verdaasdonk 1985). Ein Text ›ist‹ das, als was er von den Institutionen dargestellt, oder besser: hergestellt wird.

5. Literatur als System

Dieser letzte Abschnitt verfolgt das Ziel, den Bereich von literarischer Produktion, Rezeption und Kommunikation als einen strukturierten sozialen Zusammenhang zu thematisieren. Über empirisch-deskriptive Arbeiten zum Literaturbetrieb hinaus sind hier zwei Ansätze der neueren soziologischen Theoriediskussion einschlägig: Arbeiten, die mithilfe systemtheoretischer Kategorien vorgehen, und Analysen zum »literarischen Feld«, wie sie von Pierre Bourdieu und seinen Schülern durchgeführt worden sind.

Zur Erörterung der systemtheoretischen Positionen ist es zunächst erforderlich, einige Grundzüge der Theorie sozialer Systeme darzustellen. Zugrundegelegt wird dabei die derzeit wohl prominenteste Theorievariante von Niklas Luhmann (vgl. Luhmann 1984), da sie auch in den meisten literatursoziologischen Anwendungen bestimmend ist.

Luhmann entwirft ein evolutionäres Modell, dessen Kern die Abfolge unterschiedlicher Formen gesellschaftlicher Differenzierung ist. Archaische Gesellschaften sind segmentär differenziert, es gibt einzelne Parzellen wie Stämme und Sippen, die nebeneinander existieren und den jeweiligen Personen einen festen sozialen Ort geben. Diese Form wird in mittelalterlichen und frühneuzeitlichen Gesellschaften überlagert von stratifikatorischer (also ›schichtender‹) Differenzierung mit gesellschaftlichen Ständen oder Klassen, die durch hierarchische Machtverhältnisse im stabilen Rahmen eines Staates übereinander geschichtet sind. Diese Formation wird schließlich in der Moderne abgelöst durch funktionale Differenzierung: Die Teilsysteme Politik, Wirtschaft, Recht, Erziehung usw. bilden effektive Strukturen zur spezialisierten Bearbeitung jeweils eines gesamtgesellschaftlichen Problems aus und entwickeln eine eigendynamische Selbststeuerung, durch die sie mit der Gesellschaft als Gesamtheit und den jeweils anderen Teilsystemen nur noch mittelbar verbunden sind.

Wichtig ist, daß die funktional ausdifferenzierten Teilsysteme jedem Mitglied der Gesellschaft prinzipiell den Zugang zu einer entsprechenden Rolle im System eröffnen, etwa als Politiker oder Staatsbürger, Jurist oder Klient, Arzt oder Patient; eiserne Stammes- oder Standesgrenzen existieren nicht mehr – wenngleich die Frage nach der Determination von Lebenschancen durch Klassenzugehörigkeit, die Bourdieu immer wieder aufwirft, damit noch nicht geklärt ist. Die Teilsysteme entwickeln schließlich drei Ebenen gesellschaftlicher Verbindung: als Funktion, die sie für das Gesamtsystem erbringen; als Leistung, die sie an andere Teilsysteme abgeben; und schließlich als Reflexion auf sich selbst in Form etwa der Selbstbeschreibung und Legitimation.

Die vor diesem Hintergrund sicher nicht überraschende Folgerung ist die, daß sich im Zuge der Umstellung des Gesellschaftssystems auf funktionale Differenzierung im 18. Jahrhundert ein selbstreferentielles System ›Kunst‹ oder ›Literatur‹ konstituiert.

Was bedeutet das nun konkret für literarische Gegenstände und Fragestellungen? Zunächst ist wichtig, daß literarische Kommunikation auf einen spezifischen Code umgestellt und von systemexternen Funktionen (z. B. Wahrheits- oder Nützlichkeitserwägungen, moralischer Kontrolle usw.) weitgehend abgekoppelt wird; Prozesse der Beinflussung von seiten anderer Teilsysteme, etwa in Form von politischen und moralischen Literaturskandalen oder Fällen von Zensur, bilden hier die Ausnahme von der Regel (→ WERT, KANON UND ZENSUR). Primäre Bezugsebene ist ›das Literarische‹, die Werke werden vor dem Hintergrund einer Fiktionalitätskonvention wahrgenommen (vgl. SCHMIDT 1989, S. 22f; → FIKTIONALITÄT UND POETIZITÄT). Als Reaktion auf diesen Prozeß der Autonomisierung kommt es zu intensiver Selbstreflexion und zu Versuchen der Selbstbeschreibung, über die das System Literatur seine eigenen Regeln und Medien, vor allem aber die Grenzen zur gesellschaftlichen Umwelt bestimmt. Ein anschauliches Beispiel dafür bieten Schillers Briefe »Über die ästhetische Erziehung des Menschen« von 1794 (vgl. dazu DISSELBECK 1987).

Innerhalb des primären Systembezuges kann man dann allerdings differenzieren zwischen Kommunikationen, die stärker selbstreferentiell (Ästhetizismus) oder stärker gesellschaftsbezogen (Realismus) orientiert sind. Dessen Texte bleiben gleichwohl immer im Literatursystem situiert: Realismus will ja gerade im Medium der Literatur eine Sicht von Gesellschaft und eine Orientierung ermöglichen, die außerhalb des Literarischen in dieser Kohärenz und Überschaubarkeit kaum noch möglich ist (PLUMPE 1985). Mit der Ausdifferenzierung verliert Literatur nicht ihre Gesellschaftlichkeit, sondern sie teilt mit den anderen sozialen Teilsystemen das Schicksal der Modernität mit allen Folgen der Verselbständigung, Isolierung und Entfremdung (vgl. LUHMANN 1986, 622f.).

Welche Funktion erbringt nun ein System ›Literatur‹ für die Gesellschaft, was ist das zu bearbeitende Problem? Luhmann zufolge besteht diese Funktion darin, daß Literatur und Kunst allgemein »Weltkontingenz« herstellen, indem sie uns die Möglichkeit vor Augen stellen, daß die Wirklichkeit auch ganz anders sein könnte, als sie ist. Realität wird im Modus des ›Als-Ob‹ eingeklammert. Entsprechend sieht Siegfried J. Schmidt bei seiner ausführlichen Beschreibung der Herausbildung eines autonomen Literatursystems in Deutschland die Hauptfunktion darin, daß Literatur die im Ausdifferenzierungsprozeß der Gesellschaft aufgerissenen Problemlücken bearbeitet: Vervielfachung von Wirklichkeitsvorstellungen, Eröffnung folgenfreier Erfahrungs- und Handlungsräume, integrative Ordnung von alltagsweltlichem Wissen, vor allem Hilfen bei der in modernen Gesellschaften immer schwierigeren Identitätsbildung und Orientierung werden ermöglicht (SCHMIDT 1989, S. 20ff.; → THEORIEN DER LIT. REZEPTION). Nun sind derartige Funktionsbestimmungen weder neu (vgl. JAUSS 1982) noch unbestritten (vgl. WERBER 1992). Luhmann selbst hat zudem in neueren Arbeiten seinen Ansatz ›beobachtungstheoretisch‹ reformuliert und sieht nun in der modernen Literatur eine besondere Möglichkeit der Selbstreflexion des Lesers in bezug auf dessen alltagsweltliche Wahrnehmungsbeschränkungen (LUHMANN 1990).

Wichtiger erscheint uns für die konkrete Analyse, daß sich im System Literatur spezifische Handlungsrollen bilden oder daß sie, soweit sie vorhanden sind, in neuer Weise marktgerecht professionalisiert werden: als eigenständiger Produzent; als differenzierte Berufsgruppe der Drucker, Verleger, Sortimenter; als bildungsbürgerliches und in sich ebenfalls differenziertes Publikum; schließlich in der neuen Gestalt des professionellen Rezipienten, des Kritikers, der wertende und geschmacksbildende Funktionen wahrnimmt (dazu ausführlich SCHMIDT 1989; → LITERATURKRITIK).

Systemtheorie als Gattungstheorie (→ GATTUNGSFRAGEN) steht schließlich im Mittelpunkt des von Dietrich SCHWANITZ 1990 anspruchsvoll als neues »Paradigma« in der Literaturwissenschaft angekündigten Ansatzes. Schwanitz hebt zum einen ab auf moderne Erzählformen, welche die Differenz zwischen System und Umwelt bzw. Erzählung und Wirklichkeit in die Kommunikation selbst hineinholen und somit auch thematisieren können: Paradigmatisch ist derartiges erkennbar beim »Don Quijote« oder beim »Tristram Shandy«, wo Fiktionalität und Erzählbarkeit selbst zum Problem werden.

Im Drama dagegen sieht Schwanitz die Differenz zwischen Interaktion und Gesellschaft als gattungsbegründendes Prinzip. Die Weise, in der sich diese Relation entwickelt, ist ausschlaggebend für die Entwicklung des Dramas. Es entsteht als neuzeitliche Gattung mit der höfischen Interaktionskultur im späten Mittelalter, die sehr intensiv auf Regeln des Verhaltens aufmerksam wird (Manieren, Rituale usw.). Im Drama wird die Interaktion der obersten Adelsklasse als repräsentativ für die ganze Gesellschaft modelliert: der Hof wird zum Modell der Gesellschaft, das Drama zum Modell des Hofes (SCHWANITZ 1990, S. 125). Eine solche ›repräsentative‹ Relation ist im Zuge der funktionalen Differenzierung von Gesellschaft nicht mehr haltbar, Struktur und Themenfokus der Dramen verschieben sich, etwa hin zum Verhältnis zwischen öffentlicher und privater Sphäre oder zwischen adeligen und bügerlichen Verhaltensweisen.

Literatur als gesellschaftliches Teilsystem betrachtet weist eine hochgradige, aber spezifisch moderne Gesellschaftlichkeit darin auf, daß die Funktions-, Leistungs- und Abbildbezüge der Texte zwar nicht abgekoppelt, aber durch die eigensystemischen Bedingungen der Kommunikation eingefärbt sind. Insofern scheinen systemtheoretische Sichtweisen in der Literaturwissenschaft eine Konsequenz sozialwissenschaftlicher Sichtweisen dessen zu bieten, was beispielsweise von Medvedev mit der Theorie der milieuabhängigen Brechung als Problem aufgeworfen wurde. Allerdings muß sich noch erweisen, inwiefern hier über eine elegante Reformulierung allgemeiner Probleme und eine Neusortierung schon bekannter Materialien hinaus wirklich literaturwissenschaftlicher Erkenntnisgewinn produziert werden kann.

Eine Dimension, die in dieser Perspektive zugunsten der Beobachtung von Entwicklungsprozessen eher ausgeblendet wird, kann mithilfe der im Anschluß an Bourdieu formulierten »Feldtheorie« ins Zentrum der Überlegungen gerückt werden: der Kampf um die legitime Benennungsmacht und die daraus resultierende Strukturierung des literarischen Feldes.

Die relevanten Positionen im Feld werden markiert durch Autoren, Lektoren und Verleger, Kritiker, Publikum, partiell auch Schule und universitäre Literaturwissenschaft sowie schließlich eine Reihe von Akademien, Stiftungen und Institutionen, die Stipendien und Preise verleihen und so über die Verteilung symbolischen und ökonomischen Kapitals in das Feldgeschehen eingreifen (insofern ist diese Feldvorstellung dem Schmidtschen »Literatursystem« mit seinen Handlungsrollen ähnlich).

Die Macht- und Einflußstrukturen des Feldes werden nun keineswegs erst dann wirksam, wenn ein Text bereits produziert ist. Vielmehr gehen sie – nämlich über die Antizipation der anderen Feldpositionen durch den Autor – schon in die Werkstruktur ein: Jeder Autor hat, bewußt oder unbewußt, konkrete Vorstellungen und Bilder von seinen Mitstreitern im Feld, von möglichen Lektoren, Verlegern, Kritikern und Lesern, die sich in seiner Schreibweise auswirken. Der Autor entwickelt, je länger er sich im Feld aufhält, einen »sense of one's place«: einen Sinn dafür, welche Position das Feld für ihn vorsieht. Über die Textproduktion liefert er seinen subjektiven Beitrag zu dem Autorenbild, das dann – ganz im Sinne eines ›image‹ oder ›corporate design‹ – im literarischen Feld entsteht.

Neben diesen gemeinsamen Konstruktionen literarischer Wirklichkeit gibt es auch die Variante, daß ein Autor sich in eine bestehende Marktlücke hineinschreibt und so die vom Feld definierte Rolle als eine Art ›zweite Haut‹ anzieht. Rémy Ponton beschreibt einen derartigen Prozeß für das Frankreich des 19. Jahrhunderts als »Geburt des psychologischen Romans«: Da in dem ›überlaufenen‹ Teilfeld der Produktion von ›hoher Poesie‹ kein Raum mehr ist, orientiert sich ein Teil der dem gehobenen Bürgertum entstammenden Autoren um und steigt auf die Produktion von Romanen um – ein Teilfeld, das bis dahin Autoren aus niedrigeren sozialen Schichten vorbehalten war. Den Roman gestalten sie nun jedoch nicht mehr naturalistisch, sondern psychologisch. Durch diesen Schachzug beginnt nicht nur der Aufstieg einer Gattung, sondern auch der einer Autorengruppe, die kulturelles und ökonomisches Kapital akkumulieren kann (Ponton 1988).

Lektor und Verleger sind die nächsten Stationen auf dem Weg des Manuskripts durch das »Feld«. Durch Ablehnung oder Annahme sowie durch die verlagspolitische Kategorisierung (Reihentitel, Ausstattung, Werbung) des Werkes bestimmen sie wie eine marktwirtschaftliche Zensurbehörde über die Wirkungsmöglichkeiten und versehen es mit einem Qualitätsstempel. Diese Stempel wirken nach der Veröffentlichung wiederum als symbolisches Kapital, das die Wahrscheinlichkeiten steuert, welcher Kritiker in welchem Medium auf welches Werk eingeht und mit seiner beglaubigten Benennungsmacht dieses symbolische Kapital durch seinen Segen vermehrt oder durch seine Verdammung schmälert (→ LITERATURKRITIK). Entsprechenden Niederschlag findet das in Verkaufszahlen – wobei sich allerdings auch der Mechanismus beobachten läßt, daß ein Verriß durch bestimmte Kritiker bei bestimmten Publikumsgruppen durchaus als Aufwertung rezipiert wird.

Selbstverständlich bedenken Lektor und Verleger ihrerseits die möglichen Reaktionen von Kritikern und Publikum mit. Der Antizipationsmechanismus durchzieht das gesamte Feld. Verlage und Autoren haben ja über Lob und Tadel für Kritiker wiederum Einflußmöglichkeiten, so daß sich schließlich ein komplexes Beziehungsgeflecht und Machtgefüge zwischen den verschiedenen Feldpositionen aufbaut. Wichtiges Medium zur kommunikativen Regelung dieser Formationsprozesse sind nicht zuletzt die von Gérard Genette so benannten → PARATEXTE (GENETTE 1989).

Zusammenfassend kann man sagen: Das gesamte Interaktionsgeflecht des literarischen Feldes kann angesehen werden als ein ständiger Kampf um die Benennungsmacht, um die Macht bzw. Autorität dazu, den Bereich der legitimen Literatur festzulegen und Zugehörigkeiten zum Feld zu definieren. Dadurch wird zugleich diejenige Literatur bestimmt, welche zu Zwecken der Distinktion und Lebensstilbildung gebraucht werden kann. Die Klassifikationsfunktion, die das literarische Feld für die Gesellschaft erfüllt, versorgt die verschiedenen Gruppen und Klassen mit hinreichend deutlich unterscheidbaren Zeichenmaterialien für deren kulturellsemiotische Positionierung. Die aktuellen Machtpositionen der einzelnen Autoren, Verleger, Kritiker sind dabei immer das Produkt vorangegangener Interaktionsprozesse: Je stärker zum Beispiel ein Autor in der Vergangenheit von bestimmten Verlegern und Kritikern akzeptiert worden ist, umso größer ist seine symbolische Machtbasis bei der Produktion des nächsten Werkes. Die Verleger und Kritiker kommen dem erfolgreichen Autor entgegen, eröffnen ihm Freiräume, da sie wissen, daß sie das dem Autor verliehene symbolische Kapital mit Zinsen zurückerhalten können.

Als Ergebnis einer Reihe von Interaktionsprozessen strukturiert sich das literarische Feld schließlich in eine Dichotomie von ›hoher‹ versus ›niederer‹ Literatur, »production restreinte« versus »grande production«. Im Bereich der hohen Literatur ist das Hauptinteresse der Beteiligten eher auf ein nicht direkt konvertierbares symbolisches Kapital gerichtet: Kommerzieller Massenerfolg gilt geradezu als unfein. Im Bereich der niederen Literatur ist es umgekehrt, kommerzieller Erfolg wird angestrebt, symbolisches Kapital ist Nebensache (vgl. BOURDIEU 1977). Massenliteratur und Massenverdienst können allerdings die Veröffentlichung von apokryphen Texten und Avantgardeliteratur finanzieren, was dann in entsprechenden Verlegeräußerungen auch häufig legitimatorisch ins Feld geführt wird.

Wenn man sich allerdings die Praxis der → LITERARISCHEN WERTUNG genauer anschaut, dann wird deutlich, daß es sich bei der Zuordnung von Bezeichnungen wie ›hoch‹ oder ›niedrig‹, ›Kunst‹ oder ›Kitsch‹ um einen nahezu klassischen Etikettierungsprozeß nach dem Muster des »Labelling Approach« handelt (VOGT 1994; → WERT, KANON UND ZENSUR). Je nachdem, welcher Bewerter in welchem Kontext mit welcher Autorität die Etikettierung vornimmt, kann das gleiche Werk einmal als Kitsch, ein anderes Mal als avantgardistisches Kunstwerk erscheinen. Die Kriterien, die im einen Kontext als Indiz der Minderwertigkeit herangezogen werden, dienen im anderen Kontext als sicherer Beweis der Originalität. Wie sehr die Praxis der Wertung hier von ›objektiven‹ Kriterien abstrahieren und sich jeweils Erfordernissen des Feldes anpassen kann, zeigt der Fall des Johannes Mario Simmel: Der Autor, jahrelang als »Kampfpanzer des Banalen« und Fließbandautor verschrien, wird im Jahre 1987 durch einen ›Schöpfungsakt‹ der Literaturkritik plötzlich als »großer Realist« und engagierter Autor gefeiert, obwohl sich die Produktionsweise überhaupt nicht geändert hat (VOGT 1992). Die Logik der Feuilletons machte es möglich: Man brauchte zur Unterhaltung der Leserschaft eine literarische Sensation und schuf sie sich mit der Umwertung Simmels gleich selber.

II. Grundfragen der Textanalyse

1. Hermeneutische Modelle
von Peter Rusterholz

1. Vorbemerkungen

Die deutschen Fremdwörter »Hermeneutik« und »hermeneutisch« werden je nach historischem und philosophischem Kontext mit so verschiedenen Wortinhalten, Denkformen und Interpretationskonzepten in Zusammenhang gebracht, daß es höchst gefährlich geworden ist, sie zu gebrauchen. Dennoch werden alle, die literaturwissenschaftlich tätig sind, sich mit den Beziehungen zwischen Theorie und Praxis der Textanalyse und Interpretation beschäftigen müssen. Wer meint, sich auf die Praxis beschränken zu können, belegt damit nur, daß er weder über ein kritisches Bewußtsein seiner eigenen Voraussetzungen verfügt noch die unterschiedlichen Konzepte in der wissenschaftlichen Kommunikationsgemeinschaft kennt. Theoriefeindlichkeit ist zwar dann verständlich, wenn Theorie den konkreten Zusammenhang mit der Praxis verfehlt. Dies rechtfertigt es aber nicht, aufgrund einer mangelhaften praxislosen Theorie zu theorielosen Praktiken überzugehen.

Den »Modell«-Begriff der Kapitelüberschrift auf die Hermeneutik zu beziehen, ist je nach Verständnis des Begriffs und je nach hermeneutischer Theorie sinnvoll oder höchst problematisch. »Modell« (von lateinisch »modulus«: »Maß, Takt«) kann sich ebenso auf den Bereich des Herstellens und Nachmachens beziehen wie auf den Bereich der Theorie. Wirkungsgeschichtlich bedeutsame Praktiken der Auslegung haben als »Modelle« fungiert, sind nachgeahmt worden, auch ohne daß die sie leitende Theorie erkannt worden wäre. Modelle eines so hochkomplexen Prozesses wie des Verstehens literarischer Texte sind verschiedenen Gefahren ausgesetzt. Entweder nähern sie sich dem Original so weit an, daß sie den erklärenden Charakter verlieren, oder sie reduzieren die Komplexität des Originals so stark, daß das Modell trivial wird und spezifische Eigenschaften des Originals verfehlt. Unterschiedliche hermeneutische Konzepte gehen implizit oder explizit von völlig verschiedenen Modellvorstellungen der Sprache, der Kunst und des Verstehensprozesses aus. Ein knapper historischer Exkurs kann diese Implikationen nicht explizit rekonstruieren, wohl aber bestimmende Entwicklungslinien skizzieren, die deutlich machen, wie unterschiedliche Modellierungen, im handwerklichen wie im strengeren Sinne des Wortes, zu unterschiedlichen Problemlösungen der Interpretation geführt haben.

2. Zur Wort- und Begriffsgeschichte

Das deutsche Fremdwort »Hermeneutik« wird in Zusammenhang gebracht mit der griechischen Wortfamilie »hermeneùein«, »herménéia«, »hermeneús«. Die Bedeutung von »hermeneùein« kann als »ausdrücken, aussagen, auslegen, interpretieren« umschrieben werden. Das Verbum bezeichnet also sowohl einfach »reden« oder »sprechen« als auch »verstehen« und »auslegen«, entsprechend der lateinischen Wortfamilie »interpretari«, »interpretatio«. Hermes, der Götterbote, ist der »hermeneús« der Götter, der den Sterblichen den Willen der Unsterblichen durch das Medium der Sprache auslegt. In der Rezitation des Rhapsoden wird die Sprache selbst zur Interpretation. Im Orakel der Götter ist die Sprache Subjekt, in der Auslegung des Sehers hingegen Objekt der Interpretation (PEPIN 1988, GADAMER 1974).

Für den Hermeneutik-Begriff im Feld der Dichtung ist die erste Hälfte des platonischen Dialogs »Ion« von besonderer Bedeutung. Sokrates sagt dort zu dem Rhapsoden Asklepios:

»Wahrlich, oft habe ich schon euch Rhapsoden beneidet um eure Kunst. Denn sowohl daß am Leibe immer geschmückt zu sein und euch aufs Schönste zu zeigen eurer Kunst angemessen ist, als auch daß ihr in der Notwendigkeit seid, mit vielen andern trefflichen Dichtern euch zu beschäftigen, besonders aber mit dem Homeros, dem trefflichsten und göttlichsten der Dichter, und seinen Sinn zu verstehen, nicht seine Worte nur, das ist beneidenswert.« (Platon, »Ion«, 530c)

Der Rhapsode ist also Interpret, »hermeneús« der Dichter, vor allem Interpret Homers. Die Dichter aber sind, wie Platon den Sokrates im selben Dialog sagen läßt, »nichts als Sprecher der Götter, besessen jeder von dem, der ihn eben besitzt« (»Ion« 534e). Das berühmte, auch als »Hermeneutik« bezeichnete Werk des Aristoteles »Peri hermeneias« (in der wirkungsmächtigen lateinischen Übersetzung: »De interpretatione«; vgl. WEIDEMANN 1994) ist keine Hermeneutik im modernen Sinne einer Theorie der Interpretation, sondern eine Art logischer Grammatik. Diese analysiert grammatisch-syntaktische und logisch-semantische Probleme der Aussage- und Behauptungssätze in bezug auf ihre Funktionen der Wahrheit und Falschheit der Aussagen. Immerhin das erste Kapitel dieses Werks ist aber für Aristoteles' Verständnis von Sprache und Auslegung wesentlich. Es behandelt die sprachlichen Ausdrücke in ihrem Verhältnis zu den in ihnen ausgedrückten Gedanken und den mit ihnen gemeinten Dingen. Der Text enthält eine semiotische Theorie, eine Zeichenlehre. Gesprochene oder geschriebene Worte symbolisieren demzufolge »seelische Widerfahrnisse« (Gedanken) und bilden gemeinte Dinge ab.

Dieses aristotelische Zeichenmodell der Sprache zeigt Analogien zu Platons Sprachmodell in seinem Dialog »Kratylos« – mit dem markanten Unterschied allerdings, daß Platon den kommunikativen Aspekt der Sprache stärker betont und Verstehen als dialogischen Prozeß darstellt. Während Platon von der Analyse der aus gesprochener Sprache gewonnenen Erkenntnisse auf das Denken schließt, vertritt Aristoteles in »De interpretatione« umgekehrt die These, die Untersuchung des Denkens gebe Aufschluß über die den Gedanken ihren Ausdruck verleihende Sprache (WEIDEMANN 1994, S. 148f.). Dieser Gegensatz ist für verschiedene Konzepte der Bildung und Verifikation von Bedeutung, und für verschiedene Theorien der Interpretation besitzt er ein gar nicht zu überschätzendes Gewicht.

3. Zur Geschichte der Auslegung von den Anfängen bis zu Luther

Jeder Versuch einer Skizze der hermeneutischen Positionen und Modelle könnte den falschen Eindruck hervorrufen, es gebe eine kontinuierliche Entwicklung von den Ursprüngen der griechischen Philosophie bis zu den ›Zielformen‹ der zeitgenössischen Hermeneutik von Hans-Georg Gadamer und Paul Ricœur. Gerade solche Ansätze zu einer sich gewissermaßen zielgerichtet verstehenden Universalgeschichte provozieren natürlich den Widerspruch sowohl der Spezialisten einzelner Epochen wie den Widerspruch der antihermeneutischen Positionen von Dekonstruktivismus und Poststrukturalismus, welche die Bruchstellen der Tradition betonen (→ DEKONSTRUKTION). Es wäre aber zweifellos falsch, aus diesem Grunde auf eine Skizze historischer Positionen zu verzichten. Im

Gegensatz zu naturwissenschaftlichen Methoden und Verfahrensweisen veralten historische Modelle des Lesens und Verstehens von Texten nicht, ja sie sind ganz unerläßlich für das Verständnis mittelalterlicher und frühneuzeitlicher Texte, deren Wirkungsgeschichte bis in die Gegenwart reicht.

Das Problem der Hermeneutik wird immer in Zeiten der Traditionskrise, in Zeiten des Wandels religiöser, kultureller, moralischer und ästhetischer Normen aktuell. Die Geschichte der Hermeneutik kennt zwei grundsätzlich verschiedene Verfahren der Auslegung von Texten, die sonst nicht mehr verständlich oder nicht mehr sinnvoll erscheinen. Die grammatisch-rhetorische Auslegung überträgt mittels sprachlogischer Analyse und mit Hilfe der Wort- und Bedeutungsforschung einen nicht mehr verständlichen Text in moderne Sprache (→ RHETORIK). Dabei soll der ursprüngliche Sinn bewahrt werden. Die allegorische Interpretation hingegen gibt einem buchstäblichen Sinn (»sensus litteralis«) eine übertragene Bedeutung, einen allegorischen, symbolischen Sinn (»sensus allegoricus«).

Diese Unterscheidung wurde in der Antike maßgeblich in der *Interpretation Homers* entfaltet. Dessen Schriften hatten in der Antike eine Verbindlichkeit und Autorität, wie sie die Bibel für das Mittelalter gewann. Die Wandlungen des Denkens vom anschaulichen Vorstellen des Mythos zur abstrakten philosophischen Reflexion führten zur Uminterpretation der homerischen Mythen (WEHRLI 1928, BUFFIÈRE 1956). Diese allegorische Tradition wurde von den Stoikern erweitert, die etwa die homerischen Götter als Veranschaulichungen kosmischer Kräfte und moralischer Tugenden deuteten. Die grammatisch-historische Auslegung versucht also den Sinn eines alten Textes durch Neuformulierung zu erhalten. Die allegorische Auslegung hingegen bewahrt alte, kanonisch gewordene Texte in ihrem ursprünglichen Wortlaut. Sie gibt ihnen aber im Kontext eines anderen neuen Denkens oder eines anderen neuen Dogmas einen neuen Sinn. Die alexandrinische Gelehrtenschule (mit ihren wichtigsten Vertretern Eratosthenes und Aristarchos von Samothrake) lehnte die Allegorese freilich ab und zeichnete sich durch streng grammatisch-historische und textkritische Methoden aus (→ EDITIONSFRAGEN), während die Schule von Pergamon (namentlich Krates von Mallos im 2. Jahrhundert v. Chr.) sie anwandte.

Dieser Gegensatz der Interpretationstypen prägt sich auch in der Geschichte der *Auslegung der Heiligen Schrift* aus. In den Auslegungspraktiken der griechischen Kirchenväter des 2. und 3. Jahrhunderts stehen sich die Schule von Antiochia, die am wörtlichen historischen Sinn der Schrift festhält, und die allegorische Auslegungslehre von Alexandria gegenüber. Origenes verbindet historisch-philologisches Textstudium mit der Auslegung eines mehrfachen, bei Origenes eines »dreifachen Sinnes« der Schrift, nämlich eines »somatischen« (also buchstäblichen, historisch-grammatischen), eines »psychischen« (d. h. hier moralischen) und eines »pneumatischen« (d. h. allegorisch-mystischen). Der weiten Dimension der Schrift entspricht konsequent die Weite seiner theologischen Konzeption, die Theologie, Seinslehre und Hermeneutik umfaßt (→ BILDLICHKEIT).

Unter den lateinischen Kirchenvätern betont Ambrosius die allegorische, Hieronymus die buchstäblich-historische Auslegung, während Augustinus beide Arten zu verbinden sucht. Als ehemaligem Lehrer der → RHETORIK war ihm die historisch-sprachwissenschaftliche Auslegung vertraut, die wissenschaftliche Interpretation entsprach seinem neuplatonischen Seinsbegriff und war ihm durch Ambrosius vermittelt worden. Die durch Augustin in »De doctrina christiana« fixierte exegetische Tradition eines mehrfachen Schriftsinnes ist durch das ganze Mittelalter hindurch bedeutsam gewesen. Die »vier Sinne der Schrift« (DE LUBAC 1959–1964) erläutert der Merksatz des Augustinus von Dakien, der eine Formulierung Augustins nur unwesentlich variiert:

Littera gesta docet, quid credas allegoria
Moralis quid agas, quo tendas anagogia

Der *wörtlich-buchstäbliche* Sinn erhellt die geschichtlich gesehene Tatsache; was heilsgeschichtlich zu glauben, in der Geschichte des alten Bundes vorgebildet und im neuen Bunde ausgeführt ist, vermittelt der *allegorische* Schriftsinn. Der *moralische* Sinn verweist auf ethisch richtiges Handeln, der »sensus anagogicus« schließlich zielt auf die letzte, die eschatologische Wirklichkeit am Ende der Tage. Ein beliebtes Beispiel ist die vierfache Auslegung des Worts »Jerusalem« – nämlich als der historischen Stadt im wörtlichen Sinne, die allegorisch auf die Kirche verweist, moralisch-tropologisch die Seele des Christen und anagogisch-eschatologisch die Gottesstadt, das ›Himmlische Jerusalem‹, bedeutet.

Im zweiten Schriftsinn, dem ›sensus allegoricus‹, wird deutlich, wie eng die *Allegorese*, also die Auslegung nach dem vierfachen Schriftsinn, zusammenhängt mit der *Typologie*. ›Typologie‹ ist eine seit dem Neuen Testament praktizierte Methode der Exegese, die Personen und Geschehnisse des Alten Testaments als Vor-Zeichen, als *Präfigurationen* des Neuen Testaments deutet, etwa nach dem Vorbild des Paulus, der Adam als Präfiguration, als *Typos* Christi bezeichnet (Röm. 5,14). Der *Antitypos* Christus verweist also auf den Typos Adam zurück wie dieser auf ihn voraus. Eva und Maria, Joseph oder Simson und Christus, Rhea, Rachel und Martha, Maria, Eden und Golgatha, Synagoge und Ecclesia, der Zug durch das Rote Meer und die Erlösung im Blut Christi stehen in demselben Verhältnis von Verheißung und Erfüllung. Die typologische Deutung entziffert also heilsgeschichtliche Realprophetie und erweist so die Übereinstimmung und Zusammengehörigkeit des Alten und des Neuen Testaments. Faßt man nun, in nachbiblischer Zeit, die neutestamentlichen Figuren selbst wiederum als *Typen* auf, so erfüllen sich diese als *Antitypen* in der letzten Zeit. Man hat deshalb literarische Figuren in der *Imitatio*, der Nachfolge Christi, auch als »Postfigurationen« Christi bezeichnet.

Die *christliche Hermeneutik des Mittelalters* ist zwar aus dem »Buch der Schrift« abgeleitet, aus der Bibel, bezieht sich aber ebenso auf das »Buch der Natur«, die Schöpfung. Für den Kirchenvater Augustinus ist zwar die menschliche Zeichensprache durch Konvention vermittelt, die Heilige Schrift aber vermittelt gemäß dem Willen des Schöpfers auch die Bedeutung von Sachverhalten. Die von Augustinus getroffene Unterscheidung von Wort- und Sachverhalten wird im 12. Jahrhundert intellektuelles Allgemeingut und auch auf profane Literatur bezogen. Die Semiotik, die Zeichenlehre, ist so nicht nur Gegenstand der Grammatik und Sprachlehre, sondern wird erweitert zu einer Hermeneutik der natürlichen und historischen Dinge, schließlich auch der literarischen – vor allem der antiken Tradition –, deren Figuren und Inhalte nun christlichen Sinn bekommen. Die Fülle der Zeichen und des Sinns ist das Wesen christlichen Schöpfungsverständnisses, so wie es Freidank, ein Lehrdichter des 13. Jahrhunderts, prägnant formuliert:

Diu erde keiner slahte treit,
daz gar sî âne bezeichenheit.
nehein geschepfede ist sô frî,
sin bezeichne anderz, dan si sî.

Die Erde trägt keinerlei (Ding),
das ganz ohne Bedeutung wäre.

Kein Geschöpf ist so frei,
daß es nicht noch anderes bedeutet als sich selbst.
(Wehrli 1984, S. 251, S. 328)

Wie sehr allegorisches und typologisches Denken nicht nur mittelalterliche Bibelexegese leiten, sondern auch als sprach- und stilbildende Kräfte die mittelalterliche Dichtung geprägt haben, ist durch die Forschungen von Julius Schwietering, H. H. Glunz, Erich Auerbach, Max Wehrli, Friedrich Ohly und ihren Schülern deutlich geworden. Die Literaturwissenschaft wird hier allerdings sorgfältig unterscheiden müssen: zwischen der *Allegorese* als dichterischer Anwendung einer ursprünglich geistlichen Zwecken reservierten Theorie der Auslegung, die aus dem Litteralsinn eines Wortes weitere spirituelle Dimensionen erschließt, und der (ebenfalls als »Allegorese« bezeichneten) dichterischen Technik der *Allegorie*, die in der Figurenlehre der → Rhetorik als eine »continuata metaphora«, eine fortgesetzte Übertragung, ein Gefüge mehrerer Metaphern darstellt, in dem etwa eine Idee durch Personifikation veranschaulicht wird. Handelt es sich bei der *Allegorie* darum, durch Wortfiguren einen gegebenen abstrakten Sinn konkret zu veranschaulichen, so gilt es bei der *Allegorese*, aus einem gegebenen Wort oder Ding die verschiedenen, durch das Buch der Schrift oder durch das Buch der Natur offenbarten spirituellen Sinne zu erschließen. Die spirituellen Dingbedeutungen sind gesammelt worden in Enzyklopädien, Bestiarien (zur Bedeutung von Tieren), Lapidarien (zur Bedeutung von Steinen) und allegorischen Wörterbüchern. Die namentlich von Friedrich Ohly begründeten und geförderten Studien zur spirituellen Bedeutungskunde des Mittelalters eröffnen interpretatorische Möglichkeiten für die mittelalterliche Dichtung, die noch in ferner Zukunft nicht ausgeschöpft sein werden (Ohly 1977, Meier 1977; → Bildlichkeit).

Allegorese und Typologie sind für das gesamte geistliche und weltliche Schrifttum wichtig, insofern die antike Tradition im Mittelalter als Präfiguration der christlichen verstanden worden ist. In diesem Sinne sind etwa Vergil und Ovid ausgelegt worden. Sicher waren die exegetischen Methoden für die Bibeldichtung, etwa die Tradition der Hohelied-Auslegung und Hohelied-Dichtung bis ins 17. Jahrhundert wichtig. Unterschiedlich aber wird die Bedeutung von Allegorie und Typologie für das Verständnis weltlich-höfischer Dichtung eingeschätzt. Gewiß ist auch hier schon im Sinne der Dichter selbst zu unterscheiden zwischen »matière« und »san« (so

Chrétien de Troyes), zwischen »rede« und »meine« (so Gottfried von Straßburg). Unterschiedlich aber wird die Frage beurteilt, inwiefern ein systematisches Vorgehen nach der Hermeneutik des mehrfachen Schriftsinns legitim sei (HOEFER 1971). Dies muß von Fall zu Fall untersucht werden. Einleuchtend und belegbar ist immerhin, daß die Tradition Vollzugsformen des Lesens und Verstehens wie des Schreibens geprägt hat. Gottfrieds von Straßburg Minnegrotten-Allegorese im »Tristan«-Roman ist eine vom Autor ausdrücklich definierte Anwendung spiritueller Exegese. Dante hat diese Methode in seinem »Convivio« beschrieben (II, 1, 2-15) und betrachtet sie selbst in der »Epistola a Cangrande« als Schlüssel zum Verständnis der »Divina Commedia«. Clemens HESELHAUS (1957) hat versucht, Dantes Interpretationstheorie zu einer modernen Hermeneutik umzubilden und sie auf Texte der neueren Literatur zu übertragen. Dies allerdings ist nicht generalisierbar und nur für spezielle Beispiele säkularisierter Nachwirkung mittelalterlicher Tradition in der Literatur des 20. Jahrhunderts möglich. Wilhelm Dilthey, der wirkungsgeschichtlich wichtigste Historiker der Hermeneutik, läßt die Wissenschaft der Hermeneutik erst mit dem Protestantismus beginnen (DILTHEY 1966). Er unterschätzt damit die Bedeutung der antiken Philologie und der Prinzipien der Auslegung der Kirchenväter, vorab Augustins, für die Entwicklung von Theorie und Praxis der Auslegung.

4. Zur Geschichte der Hermeneutik von Luther bis Schleiermacher

Die außerordentliche Bedeutung Martin Luthers für den Fortschritt der Auslegungskunst ist nicht zu bezweifeln und schon von Karl Holl prägnant charakterisiert worden (HOLL 1927). Gerhard Ebeling hat in einer grundlegenden Untersuchung Luthers Schriftprinzip aus dessen exegetischen Schriften abgeleitet (EBELING 1942). Natürlich ist Luthers Schriftauslegung ohne die philologischen Grundlagen des *Humanismus* nicht denkbar. Grundsätzlich neu und anders aber ist sein Verhältnis zur Tradition und zur Allegorese. Erasmus' von Rotterdam hermeneutische Schrift »Methodus« hatte noch die Allegorese des Origenes als vorbildlich gepriesen. Luther formulierte dagegen, nachdem er in der Psalmenvorlesung von 1513 noch an den vierfachen Schriftsinn angeknüpft hatte, 1519 erstmals sein Auslegungsprinzip, das mit der Formel »scriptura sui ipsius interpres« – »die Schrift legt sich selbst aus« berühmt geworden ist (vgl. WA Luther, VII, 97,21a). Das Verstehen folgt aus dem eindeutigen »sensus litteralis«. Einzelne Stellen werden an der Gesamtaussage der Schrift überprüft, zu der der Ausleger im ›hermeneutischen Zirkel‹, vom Einzelnen zum Ganzen verfahrend, durch Detailanalyse vom Buchstaben zum Geist der Schrift vorstößt. Ausgangspunkt der Bibelübersetzung war der Bezug zu den griechischen und hebräischen Urtexten, die nicht »wort uß wort«, sondern »sin uß sin« übertragen werden sollen, um so die Sache der Bibel in die Sprache der Zeit seiner Mitmenschen zu übertragen (STOLT 1984; → LITERARISCHE ÜBERSETZUNG). Stärker als Luther orientierte Melanchthon die Hermeneutik an Rhetorik und Dialektik. Matthias Flacius hat dann mit seiner »Clavis scripturae sacrae« von 1567 ein Standardwerk geschaffen, das zur Grundlage für alle Hermeneutiken der lutherischen Orthodoxie wurde (Neudruck des 2. Teils durch GELDSETZER 1968). Es verbindet biblisch-theologische Wortforschung mit der Analyse von Grammatik, Rhetorik und Stilart biblischer Schriften und kombiniert so den Ertrag humanistischer Studien mit dem reformatorischen Prinzip der Schrift.

Die Hermeneutiken lutherischer Orthodoxie beschränken zwar die dogmatische Relevanz auf den *einfachen Schriftsinn.* Die Allegoresen leben aber als metaphorische Spielarten, als »applicationes«, als Anwendungen auf das konkrete Leben der Gläubigen, und in der didaktischen Lehre vom vierfachen Nutzen der Schrift fort. Das wirkt sich nicht nur auf das im 17. Jahrhundert nicht immer von der Dichtung zu trennende Erbauungsschrifttum aus, sondern auch auf Texte der bedeutendsten Dichter des Jahrhunderts wie etwa Gryphius und Grimmelshausen (vgl. SCHINGS 1966, JÖNS 1966, SCHÖNE ²1968, FELDGES 1969, RUSTERHOLZ 1970). Die Wirkungsgeschichte der typologischen Auslegung führt zu figuralen Strukturen in der Dichtung, wie sie Erich Auerbach in seinem Buch »Mimesis« dargestellt hat (AUERBACH 1946, ³1964). Er bestimmt dort Figuraldeutung als »Zusammenhang zwischen zwei Geschehnissen oder Personen [...], in dem eines von ihnen nicht nur sich selbst, sondern auch das andere bedeutet, das andere dagegen das eine einschließt oder erfüllt. Beide Pole der Figur sind zeitlich getrennt, liegen aber beide, als wirkliche Vorgänge oder Gestalten, innerhalb der Zeit; sie sind beide in dem fließenden Strom enthalten, welcher das geschichtliche Leben ist, und nur das Verständnis, der intellectus spiritualis ihres Zusammenhangs, ist ein geistiger Akt.« (AUERBACH ³1964, S. 75)

Albrecht Schönes Interpretation von Andreas Gryphius' Trauerspiel »Carolus Stuardus« deutet in produktiver Aneignung dieser Tradition die Figur des Titelhelden überzeugend als postfigurale Gestaltung Christi (SCHÖNE [2]1968).

Die Geschichte der theologischen Hermeneutik zwischen Luther und Schleiermacher bildet »Vollzugsformen des Verstehens« aus (KIMMERLE 1970, GADAMER 1960), die für das Verständnis der Genese einer philosophischen Hermeneutik und für die Entwicklung der Hermeneutik zu einer allgemeinen Theorie der Geisteswissenschaften grundlegend sein könnten. Dies wird jedoch von verschiedenen Forschern sehr unterschiedlich beurteilt. Die Hermeneutik dieses Zeitraums ist noch viel zuwenig gründlich erschlossen. Immerhin sind einige Forschungsbeiträge zu nennen: Hasso JÄGERS »Studien zur Frühgeschichte der Hermeneutik« (1972) sind Johann Conrad Dannhauers »Idea Boni Interpretis et Malitiosi Calumniatoris« von 1630 gewidmet; die Texte von Manfred BEETZ (1980, 1981) untersuchen vor allem das Verhältnis von Logik und Rhetorik in Barock und Aufklärung; der von Axel BÜHLER herausgegebene Sammelband »Unzeitgemäße Hermeneutik« diskutiert »Verstehen und Interpretation im Denken der Aufklärung« (1994). Überblick und Orientierungshilfe gibt Werner ALEXANDERS »Hermeneutica generalis. Zur Konzeption und Entwicklung der allgemeinen Verstehenslehre im 17. und 18. Jahrhundert« (1993).

Das Verhältnis von Logik und Rhetorik ist die für die Theorie der Auslegung wie für die Praxis der Interpretation literarischer Texte zentrale Frage dieses Zeitraums. Johann Conrad Dannhauer, der Straßburger Theologe, hatte ab 1629 in seiner Rhetorikvorlesung erstmals den Terminus »Hermeneutica« gebraucht und setzte sich in seiner »Idea Boni Interpretis [...]« zum Ziel, im Anschluß an den aristotelischen Traktat »Peri hermenéias« eine wissenschaftliche Verfahrensweise für die höheren drei Fakultäten zu entwickeln, die es erlauben sollte, schriftliche Aussagen sinn- und sachgerecht auszulegen. Er stellt dabei nicht lediglich eine Sammlung von Interpretationsregeln auf. Vielmehr entwickelt er im Anschluß an die aristotelische Analyse der Aussage- und Behauptungssätze eine Lehre von den richtigen und falschen Begriffsverbindungen; besondere Aufmerksamkeit gilt dabei den Beziehungen der »signa voluntaria«, der durch Konvention entstehenden Ausdrücke, mit den »signa doctrinalia«, den Termini der Logik. Der rechte Interpret analysiert die nicht einsichtigen Sätze durch Reduktion auf ihre logischen

Voraussetzungen und unterscheidet so den wahren Sinn vom falschen. Freilich kann die hermeneutische Analyse und Synthese nur die immanente Schlüssigkeit belegen, nicht die sachliche Richtigkeit, nur den richtigen Sinn einer Aussage, nicht den Sinn richtiger Aussage, auch wenn sich Dannhauers Interpretationslehre letztlich doch auf den Wahrheitsgehalt der Sache bezieht. JÄGER (1972), der eine differenzierte Analyse der »Idee des guten Interpreten« vorgelegt hat, betont das Gewicht der Logik gegenüber der Rhetorik und unterstreicht polemisch wertend den radikalen Gegensatz dieser rationalen Hermeneutik zu allem, was sich später seit Schleiermacher und im 20. Jahrhundert so nenne. (Entsprechend kritisch replizierte GADAMER [5]1986 a II, S. 276-300.)

In Dannhauers »Hermeneutica sacra« von 1654, die zum ersten Mal das Wort »Hermeneutik« im Titel führt, bekommt die → RHETORIK ein ganz anderes, weit stärkeres Gewicht. Denn die »Idea Boni Interpretis« stellt eine allgemeine Lehre für die höheren Fakultäten mit besonderer Berücksichtigung ihrer dogmatischen und normativen Ansprüche dar, nicht aber eine spezielle Hermeneutik, die sich mit den besonderen Strukturen einer bestimmten Textsorte beschäftigt.

Noch entschiedener gilt die Bedeutung der Rhetorik für die Auslegung der Poesie, die einer ganz anderen Logik und Wahrheit verpflichtet ist als die dogmatischen Wissenschaften. Deshalb ist es fragwürdig, diese Frühgeschichte der Hermeneutik mit der Behauptung zu beenden, die heutige Hermeneutik hätte keine Ahnen, sie sei »traditionslos« (JÄGER 1972, S. 84). Auch die ältere Hermeneutik rekonstruiert nicht nur die Korrektheit der sprachlichen und gedanklichen Fügung und ihren Bezug zu einer eindeutigen Wahrheit. Zweifellos aber vertrat Dannhauer einen schon der Frühaufklärung sich nähernden *Rationalismus*.

Die pietistische Gegenbewegung erhebt das eigene persönliche und lebenspraktische Anwenden der Schrift zum Kriterium der Wahrheit (so August Hermann Francke, »Hermeneutische Vorlesungen«, Halle 1717; Johann Jakob Rambach, »Institutiones hermeneuticae sacrae«, Jena 1724). Die philologisch-historische Arbeit war in der *Orthodoxie* und im *Pietismus* nur Hilfswissenschaft einer wesentlich dogmatisch begründeten Disziplin. Die philologisch-historische Interpretation als selbständige, erkenntnisleitende Methode gedieh vorerst außerhalb der Kirche, etwa bei Spinoza oder Hugo Grotius. Hugo Grotius versteht die historischen Texte der Bibel anhand derselben Prinzipien wie die profane, die weltliche

Geschichte. Die Differenz zwischen »hermeneutica sacra« und »hermeneutica profana« entfällt. Die hermeneutischen Regeln gelten gleicherweise für alle schriftlich fixierten Äußerungen (was etwa in Johann Alfred Turretins »De sacra scripturae interpretandae methodo tractatus bipartitus«, 1728, ausdrücklich gesagt wird).

Die für den Hauptstrom der *Aufklärung* repräsentative Hermeneutik des Philosophen Christian Wolff begründet Hermeneutik auf der Basis eines naiven Realismus. Ihr Ziel ist die Erforschung des Geistes des Autors, um die hermeneutische Wahrheit, das heißt hier die Rekonstruktion der Meinung des Autors zu bestimmen (ARNDT, in: BÜHLER 1994). Die Vollzugsform des Verstehens ist dadurch bestimmt, daß die zu verstehende Sache mittels rein rational zu begründender Methoden erfaßt wird. Weder die Eigenart verschiedener Textsorten und die Medialität der Sprache, die durch die Art des Sprechens aussagt, was explizit nicht gesagt wird, noch die historische Differenz zwischen Text und Interpret werden berücksichtigt. So ergeben sich Widersprüche zwischen ungeschichtlich vernünftig begründeter und historisch sich entwickelnder Wahrheit der Texte, Widersprüche, die etwa in Lessings Schriften thematisch geworden sind. Der Leipziger Theologe und Altphilologe Johann August Ernesti unterschied (in seiner »Institutio interpretis Novi Testamenti«, Leipzig 1761) zwischen der »subtilitas intelligendi« und der »subtilitas explicandi«, zwischen dem Verstehen aus dem historischen und dem Verstehen aus dem sprachlichen Kontext, zwischen einem eindeutigen allgemeinen Wortsinn und der Vielfalt der sich historisch je verschieden ausprägenden Bedeutungen. Die pietistische Hermeneutik etwa Johann Jakob Rambachs hatte bereits einen dritten Modus des Verstehens dazugefügt: die »subtilitas applicandi«, die Anwendung auf die konkrete Lebenspraxis der Hörenden. Es sind dies schon Aspekte der spezifischen Modi des Verstehens, die auch die gegenwärtige hermeneutische Diskussion beschäftigen. Strittig ist allerdings, ob dies drei verschiedene, zwar nicht unabhängige, sondern verbundene, aber doch deutlich trennbare Phasen des Verstehensprozesses seien – oder ob diese als drei Momente eines einzigen und unteilbaren Vermittlungsprozesses zu betrachten wären.

5. Schleiermachers Hermeneutik – Medium der Vermittlung zwischen den Traditionen, Ferment neuer Konzepte

Mit Schleiermachers Hermeneutik beginne in jeder Hinsicht etwas grundsätzlich Neues, das Verstehen als solches werde zum Problem gemacht, und so stelle die psychologische Interpretation »sein Eigenstes« dar: lange ist diese Meinung die vorherrschende gewesen – angefangen mit Wilhelm Dilthey, gestützt von Hans-Georg Gadamer, suggeriert schon durch Schleiermachers Selbsteinschätzung. Aufgrund dieser Meinung hat Gadamer auf die Diskussion des zweiten Hauptstücks der Schleiermacherschen Hermeneutik, die grammatische Interpretation, weitgehend verzichtet. Dabei verdankt gerade die grammatische Interpretation Schleiermachers der vorangehenden Tradition der Bibelhermeneutik trotz gravierender Differenzen jedenfalls die Anregung zu kritischer Transformation (vgl. SCHNUR 1994). Die ersten Notizen zu seiner Interpretationstheorie verfaßte Schleiermacher während des Studiums von Ernestis »Institutio interpretis Novi Testamenti«. Es ist Peter Szondis Verdienst, schon 1970 auf die früher übersehenen Aspekte der Tradition in Schleiermachers Konzept verwiesen und zugleich ihre in die Zukunft weisenden Möglichkeiten erkannt zu haben. Er spricht von einer »neuen noch ausstehenden Interpretationslehre, zu deren Ausarbeitung die Literaturwissenschaft sich mit der neueren Sprachwissenschaft verbünden muß, um über ihre heute übliche Praxis der Interpretation hinaus zu gelangen« (SZONDI 1976 [1970], S. 97).

Im Zentrum von Schleiermachers Hermeneutik steht weder der Bezug auf eine Wahrheit der Sache noch der auf eine fixierte Bedeutung, sondern das Verstehen eines Aktes, einer Handlung sprachlicher Kommunikation. Sein Interesse gilt gleichermaßen mündlicher und schriftlicher Kommunikation, handle es sich nun um einen alltäglichen Dialog oder um einen literarischen Text. Schleiermacher versteht eine sprachliche Äußerung als ein Lebensmoment, als Handlung, als Prozeß, den er in seiner Genese und Funktion zu verstehen versucht. Das heißt, er versucht sprachliche Äußerungen oder ihre Dokumente aus dem Textkontext und dem historischen Lebenskontext so zu rekonstruieren, daß nicht nur intuitives, sondern intersubjektiv begründbares Wissen sein Verständnis belegt. Er unterscheidet im Akt des Sprachverstehens zwei Momente, die nur in gegenseitiger Relation zureichend erkannt werden können:

»Hiernach ist jeder Mensch auf der einen Seite ein Ort in welchem sich eine gegebene Sprache auf eine eigenthümliche Weise gestaltet, und seine Rede ist nur zu verstehen aus der Totalität der Sprache. Dann aber auch ist er ein sich stetig entwickelnder Geist, und seine Rede ist nur als eine Thatsache von diesem im Zusammenhange mit den übrigen.« (SCHLEIERMACHER 1959, S. 81)

Mit der Analyse der Rede in bezug »auf das Ganze der Sprache« (die »langue« in Saussures Terminologie) befaßt sich die *grammatische* Interpretation; die Untersuchung der Rede im Kontext des Denkens des Autors oder der Sprechenden leistet dann die *psychologische* oder *technische* Interpretation. Schleiermacher spricht von zwei Arten des Zusammenhangs der Wörter: vom *ganzen* Zusammenhang, also vom Bezug zur Sprache als System, und vom *unmittelbaren* Zusammenhang, dem Wort im Satz. Peter Szondi hat mit guten Gründen die These vertreten, daß Schleiermacher hier Grundbegriffe und Relationen moderner, durch Ferdinand de Saussure begründeter Sprachtheorie vorwegnehme, nämlich die Begriffe von »langue« und »parole« und die paradigmatische und die syntagmatische Beziehung (SZONDI 1976 [1970]; → FORMALISMUS UND STRUKTURALISMUS). Freilich können wir die Qualität dieser Relationen erst unter Voraussetzung von Schleiermachers Begriffen der Sprache und des Denkens präziser verstehen. Seine Hermeneutik ist in Beziehung zu setzen zu seiner Dialektik, die die sprachliche Verständigung bestimmt. Sie ist charakterisiert durch die relative Identität von Sprechen und Denken. Sprache wirkt als Begrenzung der Subjektivität des Denkens. Umgekehrt wirkt die Subjektivität des Denkens als kreative Energie der Individualisierung der Sprache.

In Schleiermachers Hermeneutik von 1809/1810 finden wir diese Relationen prägnant und konzentriert:

»Verhältniß des Redenden zur Sprache; er ist ihr Organ und sie ist seines.

1. Die Sprache ist für jeden leitendes Princip, nicht nur negativ, weil er aus dem Gebiet des in ihm befaßten Denkens nicht herauskann, sondern auch positiv, weil sie durch die in ihr liegenden Verwandtschaften seine Combination lenkt. Jeder kann also nur sagen, was sie will, und ist ihr Organ.

2. Jeder, dessen Rede Object werden kann, bearbeitet selbst oder bestimmt die Denkweise auf eine eigenthümliche Art. Daher ja die Bereicherung der Sprache mit neuen Objecten und Potenzen, die immer von der Sprachthätigkeit einzelner Menschen ausgehen.

3. Weder die Sprache noch der Einzelne als productiv-sprechend können anders bestehen als durch das Ineinander-Seyn beider Verhältnisse.« (SCHLEIERMACHER 1985 [1809/1810], S. 1273)

Die Sprechenden sind also wechselweise Subjekt und Objekt der Sprache, die zwischen Wahrnehmung und Denken vermittelt, deren Wesen die zwischen Wahrnehmung und Denken vermittelnde Anschauung ist. Die beiden Hauptteile der Auslegung sind die allgemeine, sprachbezogene (die »grammatische«) und die personenbezogene (die »psychologische« oder »technische«) Auslegung. Die letztere untersucht dabei die individuelle Seite des Textprozesses als umgekehrte Komposition; die erstere, dem Allgemeinen der Sprache geltende Auslegung, untersucht den Textprozeß als umgekehrte Grammatik. Der gegenseitige Bezug aber macht deutlich, daß es hier nicht um Reproduktion einer einmal gesetzten Bedeutung geht, sondern um die Analyse einer Sprachhandlung, um die Analyse eines kreativen Prozesses. Sprechen und Verstehen korrespondieren und konstituieren so Prozesse einer innerhalb bestimmter Grenzen freien Geistestätigkeit.

Diese Hermeneutik unterscheidet sich grundsätzlich von all jenen interpretationstheoretischen Modellen, die Kommunikation lediglich als Bedeutungstransport und Interpretation als Bedeutungszuweisung betrachten (zum Beispiel durch die Rekonstruktion der Autorintention) oder die etwa die Logik der Aussagen und ihr Entsprechungsverhältnis zur Wirklichkeit als Kriterium eindeutig richtiger Interpretation postulieren. Diese gegenüber der älteren Hermeneutik grundsätzlich andere, nicht rein instrumentelle, sondern kreative Funktion der Sprache wird zwar bei Schleiermacher in zuvor nicht vorhandener Klarheit analysiert. Sie ist aber vorbereitet durch die zunehmende Distanz von der Hermeneutik der Aufklärung bereits bei Hamann, Herder und Friedrich Schlegel (vgl. SCHNUR 1994). (Dieser Prozeß könnte und müßte freilich besser und differenzierter verstanden werden, wenn er durch semiotische Analyse der je verschiedenen Zeichen- und Sprachbegriffe begleitet würde.)

Die Polarität von Allgemeinem und Individuellem prägt sich nicht nur in der Dialektik von grammatischer und psychologischer Auslegung, sondern auch innerhalb der psychologischen oder technischen Auslegung aus. Dieser Begriff umfaßt sowohl die psychologische Auslegung im engeren Sinn, die sich auf die Individualität des je besonderen Sprachprozesses bezieht, als auch die je besondere Vermittlungsqualität von Gedanken und Bildern in bezug auf das Lebensganze der Schreibenden oder Sprechenden. Die psychologische Auslegung im weiteren, »technischen« Sinn betont die »techné«, die spezifische Fügungsart des Stils, als charakteristische Modifikation der Sprache und der Weise der Komposition. Dabei setzt sie selbstverständlich die umfassendste Kenntnis der historischen Voraussetzungen des kulturellen Kontexts als notwendige Bedingung zur Bestimmung des Individuellen voraus.

Schleiermachers Konzept der Auslegung ist nicht ganz so unabhängig von der früheren Tradition, wie dies Dilthey später suggerieren wird. Das Konzept der grammatischen Auslegung kann als Versuch kritischer Rekonstruktion jener Auslegungsregeln betrachtet werden, die die vorangehende Bibelhermeneutik schon bereitgestellt hatte. Hendrik Birus (1982a) hat deshalb Schleiermachers Hermeneutik als Vollendung und Überwindung der Aufklärungshermeneutik charakterisiert. Schleiermachers Konzept unterscheidet sich von der Tradition allerdings grundsätzlich durch sein Verständnis der *Sprache*. Im Gegensatz zur früheren Bibelhermeneutik ist sein Sprachverständnis nicht instrumentell-rhetorisch, auch hält er nicht an der Vermittlung fixer Vorstellungen oder Sachaussagen fest. Wortbedeutungen werden vielmehr durch das sprechende Subjekt konstituiert und schaffen damit immer ein durch das Verstehen des Interpreten analysierbares Verhältnis von Tradition und Innovation. Schleiermacher kennt die Parallelstellen-Methode der Bibelhermeneutik sehr genau und differenziert sie kritisch. So vermeidet er es, Parallelstellen als Textgleichungen zu interpretieren und akzeptiert Parallelstellen als Interpretationsindizien nur dann, wenn sie im Kontext vergleichbaren Zusammenhangs gesehen werden können. In diesem Fall muß nach der Bestimmung der *Analogie* auch die *Differenz* des Funktionsstellenwertes analysiert und bestimmt werden (→ Dialogizität).

Manfred Frank hat, Anregungen Peter Szondis weiterentwickelnd, Schleiermacher als »genetische[n] Strukturalist[en] avant la lettre« bezeichnet (Frank 1977, S. 249; → Formalismus und Strukturalismus). Frank erörterte, inwiefern Schleiermachers Hermeneutik aktuelle Streitigkeiten zwischen unterschiedlichen Literaturtheorien antizipiert: solchen, die sich an hermeneutischer Philosophie, und solchen, die sich an strukturalistischen Konzepten der Dekonstruktion des Textes und des Subjekts orientieren. So könnte seiner Hermeneutik als einem »Vermittlungsmodell« zwischen diesen gegensätzlichen Extrempositionen neue Bedeutung und Aktualität zukommen. Schleiermachers Hermeneutik ist weit angelegt, da ihr Gegensatz es erfordert, alle auf Denken und Sprechen bezogenen Disziplinen – die Dialektik, die Rhetorik und die Kritik – zu berücksichtigen. Ihre Sprachanalyse erfaßt Individuelles und Allgemeines, synchrone und diachrone Aspekte der Sprache und der Textsorten. Die Dialektik von grammatischer und psychologischer Interpretation schließlich umfaßt Bereiche, die heute durch den Konflikt zwischen Hermeneutik und anti-hermeneutischen Bewegungen von Poststrukturalismus und Dekonstruktion getrennt sind (→ PROBLEMATISIERUNG DER HERMENEUTIK; → DEKONSTRUKTION).

6. Zu Wilhelm Diltheys Intention, Werk und Wirkung

Wirkungsgeschichtlich ist die psychologische Interpretation Schleiermachers zweifellos viel früher und stärker beachtet worden. Das ist vor allem auf die frühe Rezeption und nachhaltige Wirkung Diltheys zurückzuführen. Sein Aufsatz »Die Entstehung der Hermeneutik« (1900) hat lange Zeit die Einschätzung Schleiermachers bestimmt.

Diltheys frühe und heute überholte Studie über Schleiermachers Verhältnis zur Bibelhermeneutik ist erst 1966 ediert worden. Auch seine differenziertesten Versuche zum Verstehensproblem sind Fragmente aus dem Nachlaß. Frühere Studien aber legen die wirkungsgeschichtlich weit verbreitete Fehlinterpretation nahe, Diltheys Verstehensbegriff sei zureichend bestimmt mit der Formel »Einfühlung durch Identifikation mit eigenen Lebensäußerungen«. Daß der frühe Dilthey im Gegensatz zum späten die psychologischen Momente stärker betonte, entsprach seiner Lebensphilosophie und seiner Frontstellung gegen den Positivismus, der die Eigenart geisteswissenschaftlicher Erkenntnisgegenstände nicht berücksichtigte und auch diese Bereiche dem naturwissenschaftlichen Methodenideal unterzogen hatte. Das erste Kapitel der »Einleitung in die Geisteswissenschaften« (1883) beginnt mit der Diagnose einer Situation, durch die Verfahrensweise, Intention und Ziel des Denkens Diltheys verständlich werden. Er vergleicht dort die Gesellschaft mit einem Maschinenbetrieb, der durch die Handlungen der Individuen erhalten wird, ihnen aber als Ganzes vollständig unverständlich ist. Innerhalb dieser Gesellschaft sei »der mit der isolierten Technik seines Einzelberufs Ausgerüstete [...] in der Lage eines Arbeiters, der ein Leben hindurch an einem einzelnen Punkte dieses

Betriebs beschäftigt ist, ohne die Kräfte zu kennen, welche ihn in Bewegung setzen, ja ohne von den anderen Teilen des Betriebs und ihrem Zusammenwirken zu dem Zwecke des Ganzen eine Vorstellung zu haben« (DILTHEY 1883, [2]1923, S. 3).

Dieser Prozeß hat Folgen für den Einzelnen wie für das Verhältnis der Wissenschaften. Das abstrakte Naturverhältnis der Naturwissenschaften und die durch sie ermöglichte Technik führen zu einem Chaos im Innenleben des Menschen. Sie werden »in eine dunkle, unaufklärliche und als empirisches Datum hinzunehmende Welt von Antrieben und Gefühlen versenkt, ohne ein Element des Allgemeinen und Vernünftigen in sich« (DILTHEY [2]1923, I, 3). Die Geisteswissenschaften sollten den zerrissenen Zusammenhang zwischen der individuellen Welt der Subjekte und der Objektwelt wieder herstellen. Nach Dilthey sind die Bedingungen des Bewußtseins nicht in einem abstrakten Erkenntnissubjekt gegeben – nicht das Bewußtsein bestimmt das Leben, wie das die idealistische Philosophie angenommen hatte, sondern Leben ist begründet in der ihm eigenen Einheit von Erkenntnis, Bewußtsein und Handeln. Die letzte Bedingung allen Erkennens ist also im *Lebenszusammenhang* gegeben; Leben wird im *Erlebniszusammenhang* verstanden. Das Grundverhältnis von Erleben und Verstehen ist nicht zirkulär. Das eigene Erlebnis wird durch das Erlebnis des anderen aufgehellt. Im ersten Teil des »Plan[s] der Fortsetzung zum Aufbau der geschichtlichen Welt in den Geisteswissenschaften« heißt es:

»Das Verstehen ist ein Wiederfinden des Ich im Du; der Geist findet sich auf immer höheren Stufen von Zusammenhang wieder; diese Selbigkeit des Geistes im Ich, im Du, in jedem Subjekt einer Gemeinschaft, in jedem System der Kultur, schließlich in der Totalität des Geistes und der Universalgeschichte macht das Zusammenwirken der verschiedenen Leistungen in den Geisteswissenschaften möglich.« (DILTHEY, ed. Riedel 1981, S. 235)

Im selben Text bestimmt Dilthey »Erlebnis« als das, »was im Fluß der Zeit eine Einheit in der Präsenz bildet, weil es eine einheitliche Bedeutung hat«. In der Tat hatte der Erlebnis-Begriff in der Literaturwissenschaft eine ungeheure Konjunktur. Freilich nicht in den differenziertesten Bestimmungen von Diltheys fragmentarischem Werk, die erst aus dem Nachlaß gewonnen wurden, sondern aus seinem gefährlich vereinfachenden, die Literatur der Klassik mythisierenden und philosophisch wie germanistisch problematischen Buch »Das Erlebnis und die Dichtung« von 1905 (→ FORMEN ›TEXTIMMANENTER‹ ANALYSE). Es glorifiziert Goethes Leben und Werk zur wunderbaren Einheit und Harmonie; Rätsel, Dissonanzen und Widersprüche werden unterschlagen. Dadurch wird Goethes Persönlichkeit um ihre Widersprüche, ihr Unglück und ihr Scheitern gebracht, dadurch werden auch die Texte geglättet und harmonisiert, so daß sie ihre perspektivenreiche Differenziertheit verlieren.

Diltheys Hermeneutik ist allumfassend, ihr Konzept aber nur in Bruchstücken unterschiedlicher Konkretion und Präzision ausgeführt. Der Terminus »Hermeneutik« selbst wird von ihm nicht einheitlich verwendet, bezeichnet aber vor allem die Theorie des Verstehens im weitesten Sinne, die Theorie der Sach- und Umweltbezüge so, daß Hermeneutik zur Erkenntnistheorie wird (vgl. INEICHEN 1975). Eine Bestimmung mittlerer Reichweite definiert die Theorie der Auslegung als methodische Auseinandersetzung mit Gegenständen der Kultur. Diese bestimmt er als »kunstmäßiges Verstehen von dauernd fixierten Lebensäußerungen« (DILTHEY 1900, ed. Misch 1957, S. 319). Schließlich bezeichnet er ebenfalls in der Abhandlung »Die Entstehung der Hermeneutik« (1900) die hermeneutische Wissenschaft als die »Kunstlehre der Auslegung von Schriftdenkmalen« (ebd., S. 320).

Dilthey unterscheidet in seinen Entwürfen ›elementare‹ und ›höhere‹ Formen des Verstehens. Die literaturwissenschaftlich interessantesten, differenziertesten höheren Formen finden sich erst in den späten Nachlaß-Fragmenten, so daß das Dilthey-Bild der Germanistik weitgehend von den Simplifikationen und Mythisierungen aus »Das Erlebnis und die Dichtung« bestimmt wurde. Im Gegensatz zu diesem vulgären Dilthey-Verständnis des reinen Einfühlens, der reinen Projektion eigenen Erlebens auf fremde Lebensäußerungen fordert »höheres Verstehen«, wie es Dilthey in seinen späten Entwürfen bestimmt hat, nicht nur Projektion, sondern anschließende *vergleichende Reflexion* von Eigenem und Fremdem. Verstehen ist damit schon für Dilthey ein reproduktiv-produktiver Prozeß. Weder reduziert er den Textprozeß auf bloße Projektionen des Lesers, noch reduziert er den Text auf Intentionen oder ein Bewußtsein des Dichters. In aller Klarheit wird das deutlich zu Beginn des »Plans der Fortsetzung zum Aufbau der geschichtlichen Welt in den Geisteswissenschaften (Entwürfe zur Kritik der historischen Vernunft)« (DILTHEY, ed. Riedel 1981, S. 233-364). Dilthey entwikkelt dort das Problem der Verbindung subjektiver Erfahrung und ihrer wissenschaftlichen Objektivation zu immer differenzierteren Unterscheidungen zwischen elementaren und höheren Formen des Verstehens.

In *elementaren* Formen des Verstehens wird aus der Wiederkehr derselben Bedeutung eines Wortes, einer Gebärde, einer äußeren Handlung auf deren neue Bedeutung in einem neuen analogen Falle geschlossen; es ist dies das Verfahren des Analogieschlusses. *Höhere* Formen des Verstehens reflektieren nicht nur auf die Bedeutung eines Wortes, sondern reflektieren auch die Weise, in der die einzelnen Wörter im Textgefüge miteinander verbunden sind. Es wird also versucht, nicht nur Bedeutungen aus einzelnen Fällen abzuleiten, sondern auch die spezifische Eigenart des neuen Falles tiefer zu begründen. So wird der *Analogieschluß* durch einen *Induktionsschluß* abgelöst: Ein literarischer Text ist nie ein Fall, der auf einen je schon vorhandenen Fall lückenlos zurückgeführt werden könnte.

Der Vorgang literarisch-ästhetischen Verstehens ist also ein Induktionsschluß ganz bestimmter Art, der Analogien und Differenzen verwandter Bedeutungsbeziehungen präzise bestimmt. Dilthey bestimmt den Prozeß ›höheren‹ Verstehens als Folge von Versuchen wechselnder Hypothesenbildung über das Verhältnis von inhaltlichen und formalen Teilen und dem Ganzen inhaltlicher und formaler Strukturen. »Alles Probieren im Verständnisvorgang« müsse »die Worte zu einem Sinn und den Sinn der einzelnen Glieder eines Ganzen zu dessen Struktur zusammennehmen. Gegeben ist die Folge der Worte. Jedes dieser Worte ist bestimmt-unbestimmt. Es enthält in sich eine Variabilität seiner Bedeutung. Die Mittel der syntaktischen Beziehung jener Worte zueinander sind ebenfalls in festen Grenzen mehrdeutig: so entsteht der Sinn, in dem das Unbestimmte durch die Konstruktion bestimmt wird. Und ebenso ist dann der Kompositionswert der aus Sätzen bestehenden Glieder des Ganzen in bestimmten Grenzen mehrdeutig und wird vom Ganzen aus festgelegt. Eben dieses Bestimmen unbestimmt-bestimmter Einzelheiten ...« (ebd., S. 272) – mit diesen Worten bricht Diltheys Fragment ab. Wir erkennen aber, daß dieses Bestimmen »unbestimmt-bestimmter« Einzelheiten und seine Ordnung durch die Konstruktion schon vor Dilthey in der Hermeneutik des Theologen Schleiermacher als grammatisch-komparatives Verstehen beschrieben und schließlich, nach Dilthey und Schleiermacher, in Methoden des → STRUKTURALISMUS unserer Tage präziser ausgearbeitet worden ist.

Diltheys Entwurf einer umfassenden Kritik historischer Vernunft wurde nicht ausgearbeitet, und der schon von Schleiermacher geleisteten Differenzierung der Analyse sprachlicher Kommunikation nähert sich Dilthey erst in den wirkungsgeschichtlich weitgehend vernachlässigten Schriften des Nachlasses. Seine Absicht, eine Funktionsbestimmung der Geisteswissenschaften in der Moderne durch Kritik der historischen Vernunft zu leisten, bleibt aber immer noch ein nicht eingelöstes Desiderat der Forschung. Sein Werk enthält eine Fülle von Anregungen, auch wenn die begriffliche Ausarbeitung heute fragwürdig erscheint und Dilthey selbst seine differenzierte Rezeption in der Germanistik durch sein Buch »Das Erlebnis und die Dichtung« eher verhindert hat.

7. Die hermeneutische Philosophie: Anwendung – Kritik – Transformation

7.1 Martin Heideggers Phänomenologie – Ontologische Wende der Hermeneutik

Martin Heideggers Hauptwerk »Sein und Zeit« (1927) versteht sich selbst als Versuch einer hermeneutischen Phänomenologie. Das Fundament der Diltheyschen Philosophie war das Postulat der Unhintergehbarkeit des Lebens, der Lebenswelt gewesen. Grundlage der Heideggerschen Philosophie ist nun die Frage nach der Seinsgeschichte, nach dem »Sinn von Sein«, und das Postulat der Unhintergehbarkeit der Sprache. Wir befinden uns, meint er, immer schon in geschichtlich verstandener, sprachlich erschlossener Welt. Auch philosophische und einzelwissenschaftliche Sprachen sind auf diesen Horizont der Alltagssprache bezogen und in ihrem Zusammenhang zu sehen.

Heidegger entwickelt sein Verständnis von Verstehen und Auslegung im Paragraphen 32 seines Hauptwerks »Sein und Zeit«. Diese Explikation erfolgt im Kontext der Grundfrage nach dem Sinn von Sein. Dies ist doppelt zu verstehen, erstens als ›sein‹ in der Verbbedeutung ›existieren‹, zweitens als das Substantivum ›(das) Sein‹. Ebenso versteht Heidegger den Begriff ›Dasein‹ doppelt, erstens als Bezug des Seins zum Wesen des Menschen und zweitens als Wesensverhältnis des Menschen zur Offenheit des Seins. Dasein des Menschen bezieht sich immer auf offene Möglichkeiten, nicht auf zufällig Aktuelles:

»Das Dasein entwirft als Verstehen sein Sein auf Möglichkeiten. Dieses verstehende *Sein zu Möglichkeiten* ist selbst durch den Rückschlag dieser als erschlossener in das Dasein ein Seinkönnen. Das Entwerfen des Verstehens hat die eigene Möglichkeit, sich auszubilden. Die Ausbildung des Verstehens nennen wir *Auslegung*. In ihr eignet sich das Verstehen sein Verstandenes verstehend zu. In der Auslegung wird das Verstehen nicht etwas anderes, sondern es selbst. Auslegung gründet existential im Verstehen, und nicht entsteht dieses durch jene. Die Auslegung ist nicht die Kenntnisnahme des Verstandenen, sondern die Ausarbeitung der im Verstehen entworfenen Möglichkeiten. Gemäß dem Zuge dieser vorbereitenden Analysen des alltäglichen Daseins verfolgen wir das Phänomen der Auslegung am Verstehen der Welt, das heißt dem uneigentlichen Verstehen und zwar im Modus seiner Echtheit.« (HEIDEGGER [15]1979, S. 148)

Der Vorgang des Verstehens ist also nicht mit einem Dekodierungsvorgang zu verwechseln, der einen verschlüsselten Text entschlüsselt, wo eine feststehende, immer gleiche Botschaft übermittelt wird. Gegenstand der Auslegung ist nicht ein Text, sondern das Dasein als eigenste, als höchste Möglichkeit der Art und Weise zu sein. Verstehen ist ein »Existential«, das heißt eine Grundbestimmung des Menschen, der sich im Verstehen Möglichkeiten des Seins erschließt. Eigentliches und uneigentliches Verstehen bedingen sich gegenseitig. Verstehen wird dann »eigentliches« Verstehen genannt, wenn es dem Selbst entspringt. Das »Un-« ist, wie Heidegger ausdrücklich ausführt, nicht abwertend gemeint. »Uneigentliches« Verstehen wird es genannt, wenn es sich auf die Welt bezieht. Verstehen in diesem Sinne muß sowohl vom Subjektpol als auch vom Objektpol aus akzentuiert werden. Im Grunde genommen ist keine Trennung der Pole möglich, wohl aber die präzise Auslegung der Subjekt-Objekt-Vermittlung notwendig. Zwar darf dieses Konzept mit der Auslegung von Texten nicht verwechselt werden, wohl aber steht es mit dieser in engem Zusammenhang. Verstehen als Existential (als allgemeine Bestimmung des Daseins) ist dem Verstehen als Auslegung von Texten (als einem abgeleiteten Modus dieses Existentials) vorgeordnet. Der innere Zusammenhang beider wird deutlich anhand der Erläuterung der Termini »Vorhabe«, »Vorsicht« und »Vorgriff«:

»Die Auslegung von Etwas als Etwas wird wesenhaft durch Vorhabe, Vorsicht und Vorgriff fundiert. Auslegung ist nie ein voraussetzungsloses Erfassen eines Vorgegebenen. Wenn sich die besondere Konkretion der Auslegung im Sinne der exakten Textinterpretation gern auf das beruft, was ›dasteht‹, so ist das, was zunächst ›dasteht‹, nichts anderes als die selbstverständliche, undiskutierte Vormeinung des Auslegers, die notwendig in jedem

Auslegungsansatz liegt als das, was mit Auslegung überhaupt schon ›gesetzt‹, das heißt in Vorhabe, Vorsicht, Vorgriff vorgegeben ist.« (Ebd., S. 150)

Die Auslegung von »Etwas als Etwas« will uns bewußt machen, daß wir Dinge nicht ›an sich‹, sondern immer mit unserem lebensweltlichen Vorverständnis als etwas betrachten. Heidegger verdeutlicht dies andernorts mit sehr anschaulichen und konkreten Beispielen. Ein und dasselbe Waldstück kann beispielsweise vom lebensweltlichen Vorverständnis des Försters her im Hinblick auf zu schlagende Stämme betrachtet werden; der Grundstückmakler hingegen sieht den unmittelbar realisierbaren Vermögenswert; der Spaziergänger den Erholungsort; der Liebhaber betrachtet das Waldstück nach den Kriterien der Tauglichkeit oder Untauglichkeit als Liebesort; der Pilzsucher sieht Zusammenhänge zwischen Bodenbeschaffenheit, Baumsorten und dort zu findenden Pilzarten; der Jäger schließlich betrachtet dieselbe Gegend unter dem Gesichtspunkt, wie und wo dort am besten Wild zu finden und zu erlegen sei. Was zunächst dasteht, ist diese Vormeinung des Auslegers, der Gesichtspunkt, der ihn etwas als etwas sehen läßt. Unter »Vorhabe« versteht Heidegger diesen unmittelbaren Bewandtniszusammenhang, die Sinn-Antizipation, den Blickwinkel, mit dem der Betrachter das Ganze umfaßt. Unter »Vorsicht« versteht er die Zielform, auf die die Auslegung sich richtet, die Vollzugsformen des Verstehens. Mit »Vorgriff« schließlich meint er die Wahl der Begrifflichkeit, die Wahl der Methodik, die das Verständnis erschließt. Vorhabe, Vorsicht und Vorgriff erschließen den Sinn, aus dem etwas verständlich wird.

Natürlich provoziert das die Frage, ob hier nicht schon vorausgesetzt würde, was erst begründet werden sollte, die Frage nämlich nach dem ›hermeneutischen Zirkel‹ der Auslegung. Heidegger meint aber, daß das Bestreben, diesen Zirkel zu vermeiden, das Verstehen von Grund auf mißverstehen hieße. Entscheidend sei, nicht aus dem Zirkel heraus, sondern auf rechte Weise in ihn hineinzukommen. Er hält das Methodenideal konsequenter Subjekt-Objekt-Trennung für eine Fiktion und kann deshalb behaupten: »Mathematik ist nicht strenger als Historie, sondern nur enger hinsichtlich des Umkreises der für sie relevanten existentialen Fundamente.« (Ebd., S. 153)

Heidegger kommt deshalb zu einer anderen und neuen Hierarchie der Erkenntnis. Er sieht weder eine Unterordnung historischen Verstehens unter das naturwissenschaftliche Erkenntnisideal noch, wie Dilthey dies getan hatte, eine Nebenordnung zweier verschiedener Formen des Erkennens, des *historischen »Verstehens«* und des *naturwissenschaftlichen »Erklärens«* (vgl. Patzig 1980, S. 45-75), sondern er ordnet grundsätzlich die naturwissenschaftliche Form der Erkenntnis der historischen Erkenntnis als einer Abart von Verstehen unter, die ihre eigenen Voraussetzungen negiert. Das Objekt der Geisteswissenschaften hingegen wird vom Erkennenden zu großen Teilen selbst konstituiert. Welches Textobjekt eine Interpretin generiert, ist nicht unabhängig von ihrem Vorwissen. Diese Subjekt-Objekt-Konfundierung ist ein Hauptproblem der Textanalyse (auch wenn wir seit Karl R. Poppers »Logik der Forschung«, 1934, wissen, daß der Mythos von der reinen Beobachtung auch in den Naturwissenschaften hinfällig ist).

Die sprachliche und begriffliche Prägnanz des Terminus »hermeneutischer Zirkel« ist allerdings mit guten Gründen kritisiert worden (Stegmüller 1974). Der »hermeneutische Zirkel« ist ja, wenn er eine Progression der Erkenntnis beschreibt und nicht nur einen Zirkelschluß darstellt, eher als Wendeltreppe oder Spirale zu beschreiben: Wir konstituieren aus unserer Weltsicht eine erste Vormeinung des Ganzen, analysieren die Teile, schließen von den Teilen aufs Ganze, um es prägnanter zu bestimmen, und konstituieren in der Folge im Rückschluß von diesem Ganzen die Teile neu. Die ontologische Hermeneutik Heideggers betrachtet die Methodologie der historischen Geisteswissenschaften als eine von dieser Hermeneutik abgeleitete Disziplin. Von kritischer Seite der analytischen Philosophie kann dagegen eingewendet werden, daß Verstehen in diesem Sinne keine Methode darstelle, sondern eine Weise, Auslegungshypothesen zu formulieren (Ineichen 1991, S. 174). Das Moment der Hypothesenprüfung aber fehlt: Diese Hermeneutik fördert zwar kritisches Reflexionswissen, enthält aber weder Hinweise noch Elemente einer Methodik der Validierung der Ergebnisse.

Emil Staiger hat unter Berufung auf Heideggers Lehre »Die Zeit als Einbildungskraft des Dichters« (Staiger 1939) als Fundament des Verstehens betrachtet, das es erlaube, die Einheit im Mannigfaltigen einer Dichtung darzustellen. In seinem Aufsatz »Die Kunst der Interpretation« (Staiger 1955 [1951]) hat er exemplarisch eine Vollzugsform des hermeneutischen Zirkels der Literaturwissenschaft im genannten Sinne beschrieben. Der Aufsatz ist zu einem hermeneutischen Manifest der sogenannten »Stilkritik« oder der immanenten Deutung der Texte geworden. Texte sollen aus sich selbst verstanden werden – dies aber unter ausdrücklicher Voraussetzung des ausgebreiteten Wissens, »das ein Jahrhundert deutscher Literaturwissenschaft erarbeitet hat« (→ FORMEN ›TEXTIMMANENTER‹ ANALYSE).

7.2 Verstehen im Kontext der Wirkungsgeschichte der Tradition: Hans-Georg Gadamers Hermeneutik »Wahrheit und Methode«

Hans-Georg Gadamers epochemachendes Werk »Wahrheit und Methode« ([1]1960, [5]1986a) steht ganz ausdrücklich und bewußt in der Nachfolge Martin Heideggers. Gadamer grenzt sich ebenso dezidiert gegen den Verstehensbegriff als Methodenbegriff ab wie gegen Diltheys Versuche einer hermeneutischen Begründung der Geisteswissenschaften. Er tut dies im Wissen, daß das für die traditionelle Hermeneutik eine Zumutung ist (GADAMER [5]1986a, S. 264). Nicht durch die Trennung des Interpreten von seinem Gegenstand werde historische Erkenntnis möglich; vielmehr führe Heideggers Interpretation des Verstehens zu einer neuen Dimension der Hermeneutik:

»Die Zugehörigkeit des Interpreten zu seinem Gegenstande, die in der Reflexion der historischen Schule keine rechte Legitimation zu finden vermochte, erhält nun einen konkret aufweisbaren Sinn, und es ist die Aufgabe der Hermeneutik, die Aufweisung dieses Sinnes zu leisten. [...] Die allgemeine Struktur des Verstehens erreicht im historischen Verstehen ihre Konkretion.« (Ebd., S. 268)

Gadamer übernimmt Heideggers Beschreibung und existentiale Begründung des ›hermeneutischen Zirkels‹ und betont deren grundsätzlichen Unterschied zu seinem Verständnis sowohl gegenüber der Tradition Schleiermachers wie gegenüber der Sicht zeitgenössischer analytischer Philosophie noch stärker: »Der Zirkel von Ganzem und Teil wird im vollendeten Verstehen nicht zur Auflösung gebracht, sondern im Gegenteil am eigentlichsten vollzogen.« (Ebd., S. 298) Dies sei weder eine Handlung der Subjektivität noch eine Anpassung an ein bestehendes Dogma, sondern bestimme sich aus der Gemeinsamkeit, die uns mit der Überlieferung verbinde. Freilich sind in diesem Zusammenhang zwei schwer verständliche und häufig mißverstandene Begriffe zu klären, der »Vorgriff der Vollkommenheit« und die »Horizontverschmelzung« (zum folgenden auch → THEORIEN DER LIT. REZEPTION).

Mit »Vorgriff der Vollkommenheit« meint Gadamer die alles formale Verstehen leitende Voraussetzung, daß nur das verständlich sei, was eine vollkommene *Einheit von Sinn* darstelle (ebd., S. 299).

Schon hier kann man fragen, ob das für alle Textsorten, und wenn für literarische Texte, dann nur für die klassische Tradition gelte. Für Gadamer besteht der Vollzug des Verstehens darin, »in konzentrischen Kreisen die Einheit des verstandenen Sinnes zu erweitern« (ebd., S. 296). Jacques Derrida hat als einer der einflußreichsten Vertreter antihermeneutischer Strömungen die bedenkenswerte Gegenfrage gestellt: »Kontinuierliche fortschreitende Ausweitung? oder nicht eher diskontinuierliche Umstrukturierung?« (DERRIDA 1984a; → DEKONSTRUKTION) Beide Positionen können je nach konkretem Fall mit mehr oder weniger guten Gründen vertreten werden. Wenn Gadamer von Erweiterung des vorhandenen Sinnes spricht, setzt das allerdings mehr voraus, als man ohne Kenntnis des Gesamtkonzepts meinen könnte. Die Erweiterung des Sinns erfolgt im Kontext der Wirkungsgeschichte der Tradition. Gadamer betont, daß wir, mehr als wir wüßten, immer schon von der Tradition geprägt wären: »Es gibt so weder einen Gegenwartshorizont für sich, wie es historische Horizonte gibt, die man zu gewinnen hätte. Vielmehr ist Verstehen immer der Vorgang der Verschmelzung solcher vermeintlich für sich seiender Horizonte.« (GADAMER 51986a, S. 311) Der häufig mißverstandene, wohl auch nicht sehr glücklich gewählte Begriff der »Verschmelzung« meint weder ein unvermitteltes Zusammentreffen von gegenwärtigen und vergangenen Positionen noch gar eine konfuse Vermischung. Vielmehr bezeichnet er einen Prozeß der Konstituierung, der Abhebung von einem Gegenwartshorizont, der sich seiner Bildung durch die Tradition bewußt wird und an ihr seine Vorurteile erprobt, bis er im Prozeß des Verstehens den Horizont findet, der als höhere Allgemeinheit Gegenwärtiges und Vergangenes umfaßt. Am Überlieferungsgeschehen teilhabend, werden die Verstehenden, dieses bestimmend, von ihm bestimmt.

Gadamers Hermeneutik ist von verschiedenen Seiten kritisiert, aber auch von einflußreichen Strömungen der Literaturwissenschaft rezipiert und für die Entwicklung ihrer Methoden und Verfahrensweisen in Anspruch genommen worden. Emilio BETTI grenzt sich in seiner »Teoria generale della interpretazione« (1955, deutsch »Allgemeine Auslegungslehre als Methodik der Geisteswissenschaften«, 1967) und in »Zur Grundlegung einer allgemeinen Auslegungslehre« (1988) von der Heidegger-Gadamer-Tradition ab und entwickelt seine Auslegungslehre in traditioneller Weise als prozeßhaft sich entfaltende Subjekt-Objekt-Relation zwischen Interpret und sinnhaltigen Formen (als Objektivationen des Geistes, die

Betti entsprechend der jede Geschichtlichkeit negierenden Ontologie Nicolai Hartmanns versteht). Die Vorgeschichte dieser Position und eine reichhaltige Verarbeitung der Literatur zur historischen, philologischen, juristischen und theologischen Hermeneutik sind in imponierender Materialfülle dargestellt, so daß Bettis Buch auch für Leser von Interesse bleibt, die seine idealistischen Vorannahmen nicht akzeptieren können. Auch wenn Bettis Hermeneutik ihr Ziel, Objektivität verbürgende Regeln zu entwickeln, nicht erreicht, bleibt seine Problematik aktuell (GRONDIN 1991, S. 164).

Im Gegensatz zu, aber in produktiv-kritischer Auseinandersetzung mit Gadamer versucht Jürgen Habermas die Bedeutung der Hermeneutik für die Sozialwissenschaften zu klären. Für Habermas bedeutet Verstehen freilich nicht Einrücken in einen Traditionszusammenhang, sondern den Gewinn eines »handlungsorientierenden Selbstverständnisses« (HABERMAS 1967, S. 169). Habermas wirft Gadamer vor, sein Konzept der Hermeneutik vermittle nicht nur Einsicht in die Vorurteilsstruktur des Verstehens, sondern rehabilitiere das Vorurteil als solches und verzichte damit auf die *Kritik der Tradition durch Reflexion*. Gadamer sieht den umfassenden Anspruch der Hermeneutik in der umfassenden sprachlichen Bestimmtheit der gesamten Kultur begründet. Habermas betrachtet dies als Universalitätsanspruch und setzt Gadamer seinen am Modell der Psychoanalyse (→ PSYCHOLOGISCHE ZUGÄNGE) entwickelten Begriff einer »Tiefenhermeneutik« und eine »emanzipatorische Ideologiekritik« entgegen, deren Aufgabe es sei, systematisch verzerrte Kommunikation aufzuklären. Sinnverstehen ist auch für Habermas' Konzept von Sozialwissenschaft die Voraussetzung jeder Gewinnung wissenschaftlicher Daten (→ SOZIALGESCHICHTLICHE ZUGÄNGE).

Gadamer kritisiert in seiner Replik die Übertragung des Arzt-Patienten-Modells der Psychoanalyse auf die Gesellschaft. Es erscheint ihm problematisch, ob die Kompetenz zur Bestimmung dessen, was als gesund oder krank zu bezeichnen sei, einer bestimmten Richtung der Sozialwissenschaft zuerkannt werden dürfe. Droht in diesem Fall nicht der Ideologiekritik die Gefahr, selbst ideologisch zu werden? Andererseits bleibt bei Gadamer die Frage offen, welches denn nun die Kriterien seien, die ›richtiges‹ von ›falschem‹ Verstehen der Tradition unterscheiden, und wie die *normativ* wirkende Autorität der Tradition zu begründen sei.

Die Auseinandersetzungen um Hermeneutik und Ideologiekritik waren im historischen Kontext der Studentenrevolution und neomarxistischer Renaissancen heftiger als heute, wo angesichts der poststrukturalistischen und dekonstruktivistischen Herausforderung (→ PROBLEMATISIERUNG DER HERMENEUTIK; → DEKONSTRUKTION; → FEMINISTISCHE ZUGÄNGE) das Gemeinsame wieder stärker hervortritt als das Trennende. Gadamer und Habermas sind sich einig in der Kritik des Positivismus. Habermas selbst hat von »Gadamers großartiger Kritik an dem objektivistischen Selbstverständnis der Geisteswissenschaften« gesprochen (ebd., S. 265), und beide zeigen Gemeinsamkeiten in ihrer Kritik des Dekonstruktivismus (HABERMAS 1985). Beide betonen gegenüber der dekonstruktivistischen Vielfalt der Dimensionen nicht eindeutig bestimmbaren Sinns die »Einheit der Vernunft in der Vielfalt ihrer Stimmen« (vgl. GADAMER [5]1986a II, S. 23). Freilich bleibt eine grundsätzliche Meinungsverschiedenheit zwischen Gadamer und Habermas bestehen, die für jede Methodik der Geistes- und Sozialwissenschaften, insbesondere aber für die Literaturwissenschaft von großer Bedeutung ist. Im Gegensatz zur radikalen Kritik der Methode bei Gadamer relativiert Habermas die scharfe Polarisierung von geisteswissenschaftlichem »Verstehen« und naturwissenschaftlich-methodischem »Erklären«. Durch Sprachzeichen vermittelte Erkenntnis bedarf sowohl des interpretierenden Verstehens als auch der methodisch geregelten Kritik und Erklärung der Bedeutungs- und Sinnkonstitution (RUSTERHOLZ 1977).

Eine gegenüber Gadamer kritische, traditionalistische Richtung vertritt Eric Donald Hirschs Hermeneutik »Validity in Interpretation« (1967, deutsch: »Prinzipien der Interpretation«, 1972, zu Gadamer dort im Anhang, S. 301-320). Nachdem er »Wahrheit und Methode« als wichtigste Abhandlung über hermeneutische Theorie bezeichnet hat, die in diesem Jahrhundert in Deutschland hervorgebracht wurde, versucht Hirsch gleichwohl, ihr innere Konflikte und Widersprüche nachzuweisen. Wenn Gadamer den Sinn schriftlicher Aufzeichnung grundsätzlich für identifizierbar und wiederholbar halte, lesendes Verstehen aber nicht als Wiederholen von etwas Vergangenem, sondern als Teilhabe an einem gegenwärtigen Sinn betrachte, dann widerspreche er sich selbst: »Damit scheint gesagt zu werden, daß der Sinn eines Textes mit sich selbst identisch und wiederholbar ist, im gleichen Atem aber, daß die Wiederholung eigentlich keine Wiederholung, die Identität eigentlich keine Identität ist.« (HIRSCH 1972, S. 308) Hirsch sieht den Text als eine von der Autorintention eindeutig bestimmte Substanz und Interpretation als Bedeutungszuweisung. Gadamer hingegen betont eine

Lösung des schriftlichen Textes vom Autor, der sich im Gegensatz zu mündlicher Rede sowohl vom Verfasser wie von eindeutiger Bestimmung des Adressaten löse (→ LITERATUR UND MEDIEN). Deshalb sieht Gadamer Interpretation als nicht nur reproduktive, sondern auch produktive Handlung, die sich im dialektischen Prozeß der Horizontverschmelzung ereignet. Wie für viele andere ist dieser Begriff Gadamers auch für Hirsch ein Ärgernis:

»Denn wenn man einmal zugibt, daß der Interpret eine aus einer Verschmelzung hervorgegangene Perspektive, die sich von seiner eigenen, gegenwärtigen unterscheidet, annehmen kann, so gesteht man im Prinzip zu, daß er aus seiner eigenen Perspektive ausbrechen *kann*. Ist dies aber möglich, so zerschellt das Fundament der Theorie.« (Ebd., S. 310)

Gadamer betrachtet und beschreibt diesen Prozeß als dialektischen Prozeß der gegenseitigen Konstitution und Transformation eines Gegenwarts- und Vergangenheitshorizonts, so daß der vergangene Text durch gegenwärtige Auslegung zum Sprechen kommt. Hirsch betrachtet dies als Versuch, die traditionelle Trennung von »subtilitas intelligendi« und »subtilitas explicandi«, der Kunst des Textverstehens und der Kunst, diesen Text anderen verständlich zu machen, aufzuheben. Er selbst sieht es als möglich an, linear fortschreitend diese Prozesse zu trennen. Ersteres wäre nach Hirsch, der mit dieser Trennung die Traditionen der Bibelhermeneutik des 18. Jahrhunderts wieder aufnimmt, Aufgabe der Literaturwissenschaft, die die objektiv rekonstruierbare Bedeutung bestimmt (»verbal meaning«), während die Literaturkritik die Bedeutsamkeit für konkrete Leser in bestimmten historischen Situationen vermittle (»significance«).

Für Gadamer aber gibt es kein rein objektives Sinnverstehen, dem in konkretem Bezug auf je eine besondere Situation eine bestimmte Bedeutsamkeit zugeordnet werden könnte. Für ihn fallen Verstehen und Anwendung zusammen. Fraglich und umstritten ist also, ob eine Trennung dieser Akte überhaupt möglich sei. Vermitteln sie sich nicht gegenseitig? Ist die Wahrnehmung des Textes nicht immer schon durch Lebenswelt und Erkenntnis mitbestimmt? Wäre deshalb die von Hirsch genannte Reihenfolge nicht umzukehren? Die von Hirsch stillschweigend vorausgesetzte Trennbarkeit der Akte setzt ja ein beide Aspekte immer schon umfassendes Verstehen voraus. Wäre eventuell nach Analyse dieses Vermittlungsprozesses ein objektivierbares Textkonstrukt zu gewinnen? Hirsch postuliert ein (wie er selbst sagt) sehr einfaches Prinzip der Bestimmung der objektiven Bedeutung des Texts durch Rekonstruktion der Autorintention: »[...] das letzte Prinzip der Verifizierung ist jedoch sehr einfach: die imaginative Rekonstruktion des sprechenden Subjekts.« (Ebd., S. 298)

Damit sind allerdings zwei Momente ausgeblendet, die kritische Einwände ermöglichen, die Lösung des Texts vom sprechenden Subjekt durch schriftliche Aufzeichnung und die besondere, durch Lösung vom direkt referentiellen Bezug charakterisierte Eigenart des literarischen Texts. In der Anmerkung zur zitierten Stelle bemerkt Hirsch: »Ich bringe hier absichtlich meine Sympathie für Diltheys Begriffe ›Sichhineinfühlen‹ und ›Verstehen‹ zum Ausdruck«. Freilich versucht er dieses Konzept mit modernen linguistischen Mitteln neu zu begründen, indem er die zwischen Autor und Lesenden vermittelnde Kategorie des »Genre« einführt. Gemeint ist damit »jener Sinn des Ganzen, durch den ein Interpret jeden der Teile des Ganzen in dessen Determiniertheit korrekt verstehen kann« (ebd., S. 113). Nach Hirsch gehören alle gesprochenen und geschriebenen Sprachakte zu einer begrenzten Anzahl von Genres, die durch die Normen und Konventionen früheren Sprachgebrauchs determiniert wurden:

»Jede kommunizierbare Äußerung gehört zu einem so definierten Genre; es kann in kommunizierter Sprache kein wirklich neues Genre geben, da aus sprachlichen und gesellschaftlichen Notwendigkeiten sogenannte neue Genres stets Erweiterungen und Variationen bestehender Normen und Konventionen sind.« (Ebd., S. 319)

Das Autor und Interpret gemeinsame System von Konventionen der Sprache und des Sprachgebrauchs ermöglicht die Objektivierbarkeit des Sinns. Es läßt aber die Frage offen, ob damit literarische Texte nicht auf konventionelle Sprachmuster reduziert würden, so daß mit dieser Kategorie des »Genres« allenfalls eine Hermeneutik normierter Gebrauchstexte, nicht aber eine solche literaturwissenschaftliche Theorie der Interpretation begründet werden könnte, die auch die Aktivität und Produktivität der literarisch Lesenden einbezöge (→ GATTUNGSFRAGEN; → BRIEFE UND ANDERE TEXTSORTEN).

Ein Grundproblem der Bedeutungs- und Sinnkonstitution ist in diesem theoretischen Ansatz überhaupt nicht berücksichtigt worden, die Tatsache nämlich, daß diese Konstituierungsvorgänge bei verschiedenen Textsorten und je verschiedenen Kommunikationsmodi je verschieden sind. Hirsch reduziert diese Problematik auf den durch den Autorwillen initiierten, durch gemeinsame Kenntnisse der Genre-Konventionen von Autor und Leserinnen garantierten Transport identischer Bedeutung. Eine vielleicht produktivere Lösung erörtert die Konstanzer Rezeptionsästhetik.

7.3 Die ideologische Beziehung Werk – Leser im historischen Kontext: Die Konstanzer Rezeptionsästhetik

In produktiver, differenzierterer, aber nicht unkritischer Weise ist Gadamers Hermeneutik in Konstanz rezipiert worden. Hans Robert Jauß folgte in seiner Konstanzer Antrittsvorlesung »Literaturgeschichte als Provokation der Literaturwissenschaft« (1967) Gadamers Kritik des historischen Objektivismus (zum folgenden → WIRKUNGSÄSTHETIK; → THEORIEN DER LIT. REZEPTION).

Jauß übernimmt Gadamers Prinzip der Wirkungsgeschichte und der Horizontverschmelzung. Er versucht, Produktions- und Darstellungsästhetik in einer Rezeptions- und Wirkungsästhetik zu fundieren, indem er die Literaturgeschichte als Prozeß der Rezeption von Texten durch Leser und als Prozeß der Wirkung von Texten auf Autoren betrachtet. Literaturgeschichte hat dann nicht eine identische Bedeutung von Texten zu rekonstruieren, sondern die historische Entfaltung eines Sinnpotentials zu beschreiben, das sich in der Rezeption aktualisiert und in der Wirkungsgeschichte immer wieder neu vergegenständlicht. Es ist dies ein Sinnpotential, das sich verstehendem Urteil erschließt, sofern es die Verschmelzung der Horizonte »in der Begegnung mit der Überlieferung kontrolliert vollzieht« (JAUSS 1967, S. 46). Collingwood und Gadamer folgend versucht auch Jauß, einen Text zu verstehen, indem er die Frage zu verstehen sucht, auf die dieser eine Antwort ist; und er begründet die Forderung der Rekonstruktion des Erwartungshorizonts, den die Lesergesellschaft eines bestimmten Zeitraums gegenüber dem literarischen Text ins Spiel bringt (→ LITERATURGESCHICHTSSCHREIBUNG). Im Gegensatz zu Gadamer aber sieht er das Klassische nicht als Norm, sondern nur als historisches Moment. Deshalb betrachtet er literaturgeschichtliches Verstehen nicht als ein Einrücken in ein Überlieferungsgeschehen, sondern letztlich als Versuch, die Kluft zwischen Literatur und Geschichte zu überbrücken, »wenn sie im Gang der literarischen Evolution jene im eigentlichen Sinn gesellschaftsbildende Funktion aufdeckt, die der mit anderen Künsten und gesellschaftlichen Mächten konkurrierenden Literatur in der Emanzipation des Menschen aus seinen naturhaften, religiösen und sozialen Bindungen zukam« (ebd., S. 72).

Jauß betont im Gegensatz zur traditionellen autorzentrierten Konzeption Hirschs die produktive Funktion des Lesers. Sein anglistischer Freund und Kollege Wolfgang ISER hat sich in seiner Konstanzer Antrittsrede »Die Appellstruktur der Texte« 1971 die Aufgabe gestellt, das Verhältnis von Text und Leser beschreibbar zu machen (→ WIRKUNGSÄSTHETIK). Bedeutungen werden danach nicht als rekonstruierbare Substanzen betrachtet, sondern erst im Lesevorgang als Produkt der Interaktion Text – Leser generiert. Der literarische Text ist nach Iser von allen Texten zu unterscheiden, die einen vom Text unabhängig existierenden Gegenstand vorstellen oder mitteilbar machen. Der Text ist aber auch nicht bloße Projektionsfläche des Lesers. Er bietet vielmehr Einstellungen und Perspektiven, die die empirisch bekannte Welt verändern und verfremden. Daraus resultiert eine gewisse Unbestimmtheit, die der Leser auf unterschiedliche Weise verarbeiten kann. Wer den Text auf seine Erfahrung reduziert, normalisiert ihn und vernachlässigt damit die spezifisch literarische Qualität. Wer die Differenz wahrnimmt und produktiv verarbeitet, macht die eigentliche Qualität des *literarischen* Textes sichtbar. Ein solcher Text sei nie allseitig bestimmt, und diese Unbestimmtheit wachse in literarischen Texten seit dem 18. Jahrhundert. Es ist dies eine These, die er 1972 in seinem Buch »Der implizite Leser. Kommunikationsformen des Romans von Bunyan bis Beckett« belegt hat.

Wenn die Textbedeutung allerdings erst in der Interaktion Text – Leser generiert wird, stellt sich die Frage, in welchem Verhältnis Rezeption und objektivierende Analyse zu sehen seien. Wie weit gelingt es, Werksystem und Interpretationssystem zu trennen? Welche Kriterien adäquaten Verstehens sind denkbar? (Vgl. RUSTERHOLZ 1979a) Eine kritische Diskussion der Theorie und praktische Beispiele finden sich in Rainer WARNINGS Reader »Rezeptionsästhetik. Theorie und Praxis« (1975a) und in Gunter GRIMMS »Rezeptionsgeschichte« (1977). In seinem Buch »Der Akt des Lesens. Theorie ästhetischer Wirkung« betrachtet Iser den Text gleichsam als Partitur, die der Leser, indem er dem im Text vorgezeichneten Aktcharakter des Lesens folgt, konkretisiert. Die Leserin agiert als gleichsam »wandernder Blickpunkt« (ISER 1976, S. 177ff.), der sich durch den Text bewegt, durch immer wieder neue Vor- und Rückgriffe neue Relationen schafft und neue Bedeutungsspielräume und Leerstellen wahrnimmt. Der Autor schreibt sich durch die Rezeptionsdisposition, auf die der Text angelegt ist, und durch die Brüche und Leerstellen ermöglichende Segmentierung und Perspektivierung des Texts in den Text ein. Der Leser konkretisiert diese Aktstruktur des Lesens und konstituiert im Rahmen dieser Spielräume und Lücken Bedeutung und Sinn.

Isers phänomenologisch inspirierte Untersuchung des Leseaktes wie Hans Robert Jauß' »Ästhetische Erfahrung und literarische Hermeneutik« (1982) machen beide mit exemplarischen Fallstudien deutlich, wie sehr eine Hermeneutik, die Interpretation als Bedeutungszuweisung betrachtet, die differenzierte ästhetische Erfahrung reduziert. Kritische Stimmen meinten allerdings, daß solch differenzierte Analyse der Leseerfahrung unweigerlich im Subjektivismus individueller Reize und Reaktionen ende (vgl. etwa SCHÖNE [3]1993b, [1982], etwa S. 67 u. ö.). Dies führte Jauß dazu, Wirkung als das vom Text bedingte und Rezeption als das vom Leser bedingte Element der Konkretisation zu beschreiben. Natürlich bleibt dabei die von Vertretern einer autorzentrierten Interpretation gestellte Frage offen, welche Norm denn über richtige oder falsche Interpretation entscheide. Hans Ulrich Gumbrecht schlug deshalb vor, »im Rahmen einer deskriptiven Rezeptionsgeschichte die vom jeweiligen Autor intendierte Sinngebung als Hintergrund des Verständnisses und des Vergleichs von Sinngebungen über den von ihm produzierten Text zu benützen« (GUMBRECHT 1975, S. 392). Alle Begründungen sind einleuchtend mit Ausnahme der ersten und grundlegenden Voraussetzung, der Behauptung nämlich, die vom Autor intendierte Sinngebung sei leicht und unabhängig von den Voraussetzungen der Literaturwissenschaft rekonstruierbar. Damit würden grundsätzliche Einwände, die die Rezeptionsästhetik mit Gadamer gegen die alte Hermeneutik moniert hat, zumindest relativiert. Praktisch dürfte sich die Rekonstruktion der vom Autor intendierten Sinngebung nur bei Verfassern rhetorischer Texte mit eindeutiger Wirkungsintention und Verwendungsfunktion ergeben (→ RHETORIK). Ich würde statt dessen vorsichtiger vorschlagen, die Zeichenrelationen, die auf Rezeptionsdispositionen verweisen, als Indizien eines vom Autor intendierten Potentials möglicher Sinngebung zu interpretieren (vgl. RUSTERHOLZ 1977). So kann zwar keine Norm, wohl aber ein Vergleichsgegenstand gegenüber anderen Sinnbildungen konstituiert werden, der zusammen mit den von Karlheinz STIERLE (1975a) postulierten historisch-systematischen Rezeptionsmodellen Stufen der Adäquatheit von Rezeptionen und Interpretationen zu qualifizieren erlaubt. Wir könnten Rezeptionsformen, die das Wahrgenommene unreflektiert nach privaten Erfahrungsnormen konkretisieren, historische Analysen, die die im

Text angelegte Rezeptionsdisposition rekonstruieren, und rezeptionsgeschichtliche Analysen und Interpretationen unterscheiden.

Die Konstanzer Rezeptionsästhetik hat die Literaturwissenschaft zu einer historischen Kommunikationssoziologie entwickelt, die mit Gadamer die Vorstellung eines unabhängig vom Prozeß des Verstehens existierenden Objekts des Verstehens negiert, aber gegen Gadamers Negation der Methoden die durch → FORMALISMUS UND STRUKTURALISMUS bereitgestellten analytischen Instrumente einsetzt, um die Steuerung der literarischen Kommunikation durch die Wirkungen des Textes zu analysieren und Aufnahme und Wirkung der Werke im objektivierbaren Bezugssystem zur Lesererwartung zu beschreiben, das sich aus dem Vorverständnis der → GATTUNGEN und dem Gegensatz von poetischer und praktischer Sprache ergibt.

7.4 Auf der Suche nach Wahrheit mit Methode: Paul Ricœur

Im Gegensatz zu Gadamer, der die durch die moderne Linguistik und Literaturtheorie bereitgestellten Methoden weitgehend ausklammert, bezieht die hermeneutische Philosophie Paul Ricœurs diese in weitestem Umfang ein. Sein Buch »De l'interprétation« (1965, dt. 1969, 1974) ist zwar eine Abhandlung über Freud, enthält aber schon in der Einleitung ein Kapitel über das Gebiet der Symbolinterpretation. In seinem Beitrag für die Festschrift Gadamer (1970) analysiert er die für die literaturwissenschaftliche Hermeneutik grundlegend wichtige Differenz von mündlicher Rede und schriftlichem Text (→ LITERATUR UND MEDIEN), indem er die unterschiedlichen Relationen von Sprecher und mündlicher Rede und Autor und Text, von Sprechenden und Angesprochenen, von Autor und Adressat, schließlich von mündlicher und schriftlicher Sprache und Wirklichkeit klärt. Durch Verschriftlichung löst sich der Autor von seiner Rede, gewinnt der Text eine gewisse Autonomie, transzendiert sich der Autor durch die Perspektivierung zunächst des *literarischen* Textes. Während die mündliche Gesprächssituation auf eindeutige Adressaten verweist, ist der schriftliche Text im Prinzip unendlich großer Leserschaft offen und deshalb vielfältig interpretierbar. Im Gegensatz zum beschreibenden Sachtext, der wie die mündliche Rede auf eine bestimmte wirkliche Situation verweist, eröffnet der literarische Text einen Raum der Einbildungskraft, der zwar auf eine charakteristische Welt verweist, diese aber nicht wie der Sachtext oder der historische Quellentext raumzeitlich eindeutig bestimmt (→ FIKTIONALITÄT UND POETIZITÄT). Der

Autor berücksichtigt diese dreifache Distanzierung mehrfach: indem er den Text so formuliert, daß er für sich selbst spricht, indem er die Redesituation mindestens durch Anzeichen skizziert und indem er eine spezifische Rezeptionsdisposition schafft. Diese soll dem Kommunikationsmodus einer bestimmten Gattung, eines Genres des Texts entsprechen und doch – im Falle eines literarischen Textes ersten Ranges – dem Text so viel Universalität zugestehen, daß er in verschiedensten historischen Epochen durch verschiedenste historische Leser rezipierbar bleibt (→ LITERARISCHE WERTUNG; → WERT, KANON UND ZENSUR). Textproduktion ist bei Ricœur durch *Distanzierung* und *Dekontextualisierung* charakterisiert. Diese sind Voraussetzung für universale Rezeption des Textes und Ursache des *Bedürfnisses nach Interpretation.*

Ricœurs Konzept verarbeitet umfangreich strukturalistische Ansätze der Erklärung syntaktischer und semantischer Relationen des Textes und strukturale Methoden einer Relationierung der im Text verbundenen Sprachhandlungen (vor allem in »Le conflit des interprétations. Essais d'herméneutique« 1969, deutsch als »Hermeneutik und Strukturalismus. Der Konflikt der Interpretationen I« 1973). Im Gegensatz aber zu einem → STRUKTURALISMUS, der Sprache als System von Zeichen und Regeln, der vor allem die »langue«, den Systemcharakter der Sprache analysiert, beschäftigt sich Ricœur mit der Semantik und Funktion der Texte im konkreten historischen Kontext. Ricœur entwickelt eine doppelte Front gegen den methodischen Rigorismus rein technischer Wissenschaftsrationalität einerseits und gegen eine antimethodische Ontologie andererseits. Er versucht, analytische Methodik und hermeneutisches Reflexionswissen mittels einer *Dialektik von Verstehen und Erklären* zu verbinden. Verstehen und Erklären betrachtet er als relative Momente eines Interpretation genannten komplexen Prozesses.

Ein zweiter Sammelband mit Beiträgen zur Theorie und Praxis der Interpretation behandelt sowohl Probleme der Tradition hermeneutischer Philosophie, der Texthermeneutik, als auch der Ideologiekritik (RICŒUR 1986b). Für die Literaturwissenschaft von größter Bedeutung aber sind seine Studien über die *Metapher* (1975, 1986a) und vor allem das in drei Teilen vorliegende Hauptwerk »Temps et récit« (1983-1985, deutsch »Zeit und Erzählung«, 1988-1991). Im zweiten und dritten Teil (»Zeit und literarische Erzählung«, »Die erzählte Zeit«) analysiert Ricœur die Zeitstrukturen historischer und fiktionaler Texte und legt Beispielanalysen und

Interpretationen von Romanen Virginia Woolfs, Thomas Manns und Marcel Prousts vor. Im dritten Band erläutert Ricœur auch das Verhältnis zwischen Werk und Leser, angeregt und in Auseinandersetzung mit Jauß, Gadamer und Iser. Entsteht das Werk nach Ricœur durch Distanzierung (»distanciation«), durch Lösung des Texts vom Autor, so versteht er in spiegelbildlicher Entsprechung Interpretieren als Aneignung (»appropriation«). Er bezieht sich auf den durch Gadamer neu bestimmten, pietistischer Hermeneutik entstammenden Begriff der *Applikation* als integrierenden Bestandteil jedes hermeneutischen Prozesses. Während Ricœur den impliziten Autor als Maske des wirklichen Autors betrachtet, der im Werk verschwindet, indem er sich zur narrativen Stimme macht, betont er, daß der implizite Leser erst im wirklichen Leser Gestalt gewinne. Isers Analysen des Leseakts und Jauß' rezeptionsgeschichtliche Ästhetik aufgreifend, beschreibt er die Interaktion zwischen Text und Leser als Dialog mit mehreren Phasen verschiedener Qualitäten der Lektüre, von der wahrnehmend genießenden Rezeption vorerst noch unbestimmter Bedeutungselemente zur Thematisierung der provozierten Fragen der Bedeutung, schließlich zur Frage nach dem historischen Horizont des Textes, um endlich die Frage: ›Was sagt der Text? Auf welche Frage war er eine Antwort?‹ in die Frage überzuführen: ›Was sagt mir der Text? Inwiefern greift er ein in mein Leben? Inwiefern bewegt er nach Prozessen der Wahrnehmung, der Identifikation und Verfremdung der kathartischen Wirkung nicht nur Reflexion und Selbsterkenntnis, sondern wirkt durch die Schaffung neuer Werte und Normen, die der herrschenden Moral entgegenstehen oder sie erschüttern, auch auf mein Handeln im wirklichen Leben?‹

Ricœurs Versuch hat vorerst vor allem im französischen Sprachbereich sowohl Zustimmung wie Kritik ausgelöst (Bouchindhomme 1990, Wood 1991), ist aber selbst von Vertretern analytischer Philosophie in Deutschland positiv aufgenommen worden, da hermeneutisches Verstehen »so nicht von den methodischen Erkenntnissen der Einzelwissenschaften getrennt, sondern darauf bezogen« wird (Ineichen 1991, S. 228).

2. Problematisierungen der Hermeneutik im Zeichen des Poststrukturalismus

von KLAUS-MICHAEL BOGDAL

»Der Text muß lesbar sein.«
Hans-Georg Gadamer

»Die Schrift [...] gibt [...] keinen Anlaß [...] zur Entzifferung eines Sinns oder einer Wahrheit.«
Jacques Derrida

1. Die antihermeneutische Wende

Bei allem Methodenstreit in den Literaturwissenschaften blieb bis in die siebziger Jahre hinein weitgehend unbestritten, daß eine wie auch immer geartete Hermeneutik die systematische Grundlage jeglichen Textverstehens bilde. Denn literarische Texte, zumal solche von Rang, geben – so der Konsens – ihre Bedeutung nur demjenigen preis, der sie nach den Regeln der Kunst auszulegen versteht. Sie sind eine historisch-ästhetische ›Quelle‹, aus der es ›Sinn‹ zu ›schöpfen‹ gelte. Das ist eine ehrwürdige Vorstellung, die bis zum Talmud, zur Exegese der »Heiligen Bücher« (vgl. OHLER 1995) und der Auslegungstradition römischen Rechts zurückreicht. Seit der Renaissance und dem Humanismus gilt sie auch für das Studium der ›alten Schriftsteller‹, deren Werke im Wandel der Zeiten ihre ursprüngliche Bedeutung verloren zu haben schienen. Solange literarische Texte als Quelle von Erfahrung, Wissen und Wahrheit eine gewisse Autorität beanspruchen durften (und dies durften sie seit der Aufklärung in steigendem Maße, wenn auch mit wechselnder sozialer Reichweite, bis in die siebziger Jahre unseres Jahrhunderts), konnte die Hermeneutik als ›Königsweg‹ zu ihrem Verstehen gelten. In dieser Grundvorstellung waren sich die in ihren Fragestellungen und Erkenntnisinteressen zum Teil erheblich divergierenden Methoden der Literaturinterpretation und -analyse weitgehend einig.

Diese Vorstellung setzt sich mit Friedrich Schleiermacher um 1800 durch. Von da ab kann man von moderner Textwissenschaft sprechen; Manfred Frank hat diese Phase als »hermeneutische Wende« bezeichnet. »Diese Wende bestand in der grundsätzlichen

Reflexion auf Deutungsabhängigkeit jeder, auch der automatisierten Sinnzuweisung und der Maxime, nichts für selbstverständlich zu halten.« (FRANK 1986, S. 120) Erst die poststrukturalistische, durch die analytische Philosophie und die moderne Linguistik sekundierte Skepsis hat den Grundkonsens aufgekündigt. Aus dieser Sicht sind Texte selbstregulierende Zeichensysteme mit Mehrfachcodierung und ohne eine ihnen von einer vorgängigen Instanz wie einem Gott, dem Gesetz oder dem Dichter verliehene Tiefendimension. Wenn sie nicht länger ›Quellen‹ sind, sondern nun ›Texturen‹, dann scheint die ›Zeit der Auslegung‹ vorbei. Denn, so die neue Auffassung, »Texte ergehen, fungieren und funktionieren – auch und gerade wenn sie nicht eigens interpretiert werden« (HÖRISCH 1988, S. 25). Hermeneutisches Verstehen erscheint nun, um eine prägnante Formel Harro Müllers aufzugreifen, als »Sinnzentrierungspolitik mit [...] Heteronomiebeseitigungsverfahren« (MÜLLER 1994, S. 23). Folgt also der hermeneutischen am Ende des 20. Jahrhunderts die antihermeneutische Wende der Literaturwissenschaft?

Ein zu rasches Fazit: Wissenschaftsgeschichte läßt sich in den Geisteswissenschaften selten als Bruch beschreiben. In unserem Fall stellt es sich zumindest so dar, daß die grundlegenden Probleme der Hermeneutik und des Textverstehens ebenfalls noch die antihermeneutischen Ansätze bestimmen, die bisher keine konsensfähigen Lösungen für sie bieten konnten. Auch darf nicht unterschlagen werden, daß die Hermeneutik-Diskussion der letzten dreißig Jahre zu kritischer Selbstreflexion und zu Differenzierungen (vgl. FRANK 1985, WITTE 1993) geführt hat, die manche poststrukturalistische Globalkritik an der Interpretation ungerechtfertigt erscheinen lassen (→ ZUM VERHÄLTNIS VON HERMENEUTIK UND NEUEREN ANTIHERMENEUTISCHEN STRÖMUNGEN). Ein Beispiel für eine reflektierte Hermeneutikdefinition bietet Hans Blumenberg: »Hermeneutik geht auf das, was nicht nur je einen Sinn haben und preisgeben soll und für alle Zeiten behalten kann, sondern was gerade wegen seiner Vieldeutigkeit seine Auslegungen in seine Bedeutung aufnimmt. Sie unterstellt ihrem Gegenstand, sich durch ständig neue Auslegung anzureichern, so daß er seine geschichtliche Wirklichkeit geradezu darin hat, neue Lesarten anzunehmen, neue Interpretationen zu tragen.« (BLUMENBERG 1986, S. 21)

Dennoch hat sich trotz der Selbstproblematisierung der Hermeneutik und der Abarbeitung an der poststrukturalistischen Herausforderung die von Frank 1977 geäußerte Hoffnung, daß eine reformulierte »neuere Hermeneutik« (JUNG 1990) »der zeitgenössischen, zwischen zwei divergierenden methodologischen Optionen zerspaltenen Literaturwissenschaft zur Rückgewinnung der Einheit ihrer theoretischen Praxis verhelfen könnte« (FRANK 1985, S. 11), nicht erfüllt. Ein konstruktiver Dialog ist bisher nicht in Sicht (vgl. FORGET 1984; → ZUM VERHÄLTNIS VON HERMENEUTIK UND NEUEREN ANTIHERMENEUTISCHEN STRÖMUNGEN). Deshalb wird es auch in absehbarer Zeit notwendig sein, die Auseinandersetzung um die Grundlagen des Textverstehens weiterzuführen.

2. Gegen Interpretation

Noch zu Beginn der siebziger Jahre schien es erstrebenswert, die auf unterschiedliche Weise – von der phänomenologischen über die sozialgeschichtliche bis zur psychoanalytischen und historisch-materialistischen – hermeneutisch fundierten Methoden der Literaturwissenschaft mit den an Saussure anschließenden strukturalistischen und textlinguistischen Methoden zu einem neuen, binnendifferenzierten textwissenschaftlichen Paradigma zu verbinden (vgl. ARNOLD/SINEMUS 1973, Bd. 1, S. 15-72; → PSYCHOLOGISCHE ZUGÄNGE; → SOZIALGESCHICHTLICHE ZUGÄNGE; → FORMALISMUS UND STRUKTURALISMUS). Auf diese Weise hätte die vom Stammvater moderner Hermeneutik Friedrich Schleiermacher getroffene Unterscheidung zwischen »divinatorischem« und »komparativem« Verstehen, zwischen subjektiven Sinngebungs- und objektiven Erkenntnisprozessen, letztlich zu einer arbeitsteiligen Lösung auf texttheoretischer Basis gefunden. Daß die Kluft zwischen *deskriptiven* strukturalistischen und *interpretierenden* hermeneutischen Methoden dennoch nicht überbrückt wurde, lag nicht allein am Ausbleiben eines plausiblen, konsensfähigen Gesamtkonzepts (vgl. JAMESON 1972, LINK 1979, EIBL 1976, SCHULTE-SASSE/WERNER 1977b). Denn inzwischen hatten die profiliertesten Vertreter des → STRUKTURALISMUS in Frankreich wie Roland Barthes, Louis Althusser, Michel Foucault und Jacques Lacan den ›Szientismus‹ ihrer bisherigen Arbeiten selbst kritisiert und zugleich die wissenschaftstheoretischen Prämissen geistes- beziehungsweise humanwissenschaftlicher Verfahren auf eine Weise verworfen, die statt einer Synthese eine radikale antihermeneutische Umorientierung auch in den Literaturwissenschaften nahelegte.

Diese mit guten Gründen heute als ›poststrukturalistisch‹ etikettierte Kritik richtete sich nicht mehr gegen einzelne Methoden und deren Grenzen, sondern stellte die Gegenstände und Untersuchungseinheiten bisheriger Forschung selbst in Frage: den *Text* als kohärentes, entzifferbares Werk, den *Autor* als Schöpfer von Sinn und die *Geschichte* als totalisierbaren, sinnhaften Prozeß. Sie setzten dagegen, was als Schlagwörter die nachfolgenden Debatten durchzieht: die *Unlesbarkeit* der Texte, das *Verschwinden* des Subjekts und die *Textualität* der Geschichte. Nicht, welche ›Bedeutung‹ Texte, Subjekte und Geschichte haben, sollte untersucht werden, sondern auf welche Weise sie konstituiert werden und welche heterogenen Praktiken sie bündeln.

3. Die hermeneutischen Selbstverständlichkeiten

3.1 Hermeneutik und Wissen

Eine Schwierigkeit der Diskussion um die Grundlagen des Textverstehens liegt darin begründet, daß die neuzeitliche Hermeneutik nach Schleiermacher, die bis zur poststrukturalistischen Kritik mit wachsendem Universalitätsanspruch aufgetreten ist, ihre historischen Konstituierungsbedingungen weitgehend ausgeblendet hat (vgl. MÜLLER 1994, S. 22-24). Dazu gehört in erster Linie die historische Tatsache, daß sie sich selbst in einem unmittelbaren Entstehungszusammenhang mit jenen ›Einheiten‹ oder Rede- und Texttypen befindet, die sie ›auslegt‹. Die hermeneutische Wende zu Beginn des 19. Jahrhunderts läßt sich vom Wandel des Wissens und der Ausdifferenzierung der Schriftlichkeit um 1800 nicht trennen (vgl. KITTLER ²1987; → LITERATUR UND MEDIEN).

Prämoderne Hermeneutiken vor 1800 gingen restriktiv mit dem Interpreten um, insofern er aus Achtung vor dem Werk und seinem Schöpfer gehalten war, nichts eigenes in die Texte ›hineinzulegen‹. Die Auslegung war Teil der kooperativen Gelehrsamkeit derjenigen, die sich mit den Schriften beschäftigten. Sie setzte ein durch Fleiß und Sorgfalt anzueignendes Wissen voraus, mit dessen Hilfe auch solche Texte verstanden werden konnten, die durch historischen Abstand, fehlenden Kontext, stilistisch-rhetorische Ausdrucksweise oder als ›Offenbarung‹ einer übermenschlichen Instanz unverständlich, unklar oder mehrdeutig schienen. Auf diese Weise erhoffte man zum Beispiel die Echtheit biblischer oder antiker Texte feststellen zu können. Die Divination und Intuition des Interpreten, die Schleiermacher anstrebte, konnte nur deshalb hierüber hinausgehen, weil den Texten inzwischen ein ›Mehr‹ an Bedeutung zugeschrieben wurde. Verstehen hieß nun An-Eignung, Teilhabe durch ›Mitschöpfung‹ eines Sinns, der mit erlernbarem, gelehrtem Wissen nicht mehr zu ergreifen ist.

Auf die Literatur bezogen kann man festhalten, daß bis zur »hermeneutischen Wende« noch → POETIK und → RHETORIK, die das Literaturwissen tradierten, systematisierten und normierten, zum Verständnis der Texte ausreichten. Solange literarische Texte als mit Hilfe dieses Wissens entschlüsselbar galten – selbst wenn sie die ausgesuchtesten Embleme benutzten (→ BILDLICHKEIT) –, gab es keinen Ansatzpunkt für eine divinatorische Interpretation, die in der Tat aus der alten Perspektive den ›Sinn‹ verfehlt hätte. Vom Standpunkt unserer Gegenwart und damit eines anderen Wissens aus können wir zum Beispiel prämodernen Texten unbewußte Anteile unterstellen und diese ›auslegen‹. Mit dem tiefgreifenden Wandel des Autorbilds und des Werkbegriffs im 18. Jahrundert schwand die Plausibilität und Autorität poetologisch und rhetorisch fundierter Auslegung rasch. Ein Autor, der Genialität und Originalität in Anspruch nimmt, läßt sich nicht mehr von der poetologischen Tradition her begreifen; ein autonomes, auf Vieldeutigkeit und Einzigartigkeit hin konzipiertes Werk wie Goethes »Faust II« entzieht sich in wesentlichen Aspekten der ›gelehrten‹ Deskription. Um diese neue Literatur nicht zu verfehlen, mußten Interpretation und theoretische Reflexion die traditionelle Poetik und Hermeneutik überbieten und zugleich unterbieten (vgl. PLUMPE 1993, Bd. 1). Sie überboten sie in der philosophischen Ästhetik, die als theoretische Grundlegung der Kunst das poetische Regelwissen nicht mehr tradiert und nur noch marginal berücksichtigt (ebd.). Sie unterboten sie mit der sich herausbildenden philosophischen Hermeneutik Schleiermachers, die sich präzise dem neuen Problem der unabdingbaren Interpretationsbedürftigkeit aller Werke ›von Rang‹ stellt. Dazwischen – auf mittlerem Abstraktionsniveau und in kritischer Übernahme poetologischen Basiswissens und der althermeneutischen ›ars critica‹ – entstand die Philologie als moderne Textwissenschaft.

Ausschlaggebend für diese Ausdifferenzierung im Umgang mit Texten waren die Auswirkungen des neuen anthropologischen, sozialen, politischen, ökonomischen und psychologischen Wissens über das Subjekt. Es erlaubte, mit dem Dichter, seinem Werk und seinem Leser emphatische Vorstellungen von Genialität, Originalität, Freiheit und Autonomie zu verbinden, die den Zeitgenossen plausibel schienen. Das Individuum erhielt durch dieses Wissen eine intellektuelle und emotiale Tiefenbedeutung, ohne deren ›Deutung‹ seine sprachlichen Äußerungen, Produkte und Handlungen nicht mehr verständlich erschienen. Mit dem um 1800 sich herausbildenden Dichtertypus gewann die bürgerliche Gesellschaft eine neue Subjektposition, in der sich unterschiedliche Individualitätskonzepte kreuzen und zu einer Sozialfigur von geradezu symbolischer Bedeutung verbinden (→ POETIK). Die Folgen im kulturellen Alltag blieben nicht aus. Eine Literatur, die sich in kürzester Zeit differenziert, individualisiert und statuserhöht präsentierte, erfordert zu ihrem Verstehen ein Wissen, über das selbst der gebildete Normalleser in der Regel nicht verfügt. Daher tauchte im 18. Jahrhundert ein Stellvertreter auf, der Literaturkritiker, der den entstehenden Graben überbrückt (→ LITERATUR UND MEDIEN; → LITERATURKRITIK). Er imitiert die Tätigkeit, die bis dahin nur bei theologischen und juristischen Texten vonnöten war: die Interpretation. Damit wurde eine wesentliche Veränderung eingeleitet, die sich bis heute fortsetzt: Der Leser sozial anerkannter Literatur tritt hinter jene Institutionen zurück, die jeweils einen verbindlichen Interpretationsanspruch vertreten, den sie mit ihrem Textwissen, ihrem Kontextwissen und ihrer hermeneutischen Professionalität legitimieren: Literaturkritik, Schule und Universität (vgl. BOGDAL 1995b).

Schleiermachers Hermeneutik konstruiert einen systematischen Zusammenhang zwischen den Texten und den neuen Subjektzuschreibungen und gibt Tiefendimensionen an, auf die hin Texte gelesen werden müßten, um adäquat verstanden zu werden. Diese Lesart setzt wiederum ein differenziertes Wissen über das Individuum und seine Psyche, über Geschichte und die Textualität der Texte selbst voraus. Letztlich liest der Hermeneut nun auf das ›Individuelle‹ hin, das im Innenraum eines Textes zu einer besonderen Gestalt findet. Die wahre Bedeutung eines Werkes liegt in dieser Gestalt.

3.2 Historisches Verstehen

Wilhelm Diltheys zur geisteswissenschaftlichen Methode ausgearbeitete Hermeneutik, die für die deutsche Literaturwissenschaft des 20. Jahrhunderts zum bestimmenden Paradigma wird, tradiert als unbefragte Prämisse die emphatische Subjekt- und Texttheorie der klassisch-romantischen Epoche. Unter dem Druck des positivistisch-naturwissenschaftlichen Wahrheitsbegriffs strebt sie, in Überbietung des ›Individuellen‹ Schleiermacherscher Konzeption, ein Verstehen an, dem ein höherer Allgemeinheitsgrad zukommt. Dies gelingt in einer Zusammenhangkonstruktion, die die Endlichkeit und Einzigartigkeit des Individuellen in der Totalität der geschichtlichen Bewegung aufgehen läßt:

»Die geschichtliche Welt als ein Ganzes, dies Ganze als ein Wirkungszusammenhang, dieser Wirkungszusammenhang als wertgebend, zwecksetzend, kurz: schaffend, dann das Verständnis dieses Ganzen aus ihm selbst, endlich die Zentrierung der Werte und Zwecke in Zeitaltern, Epochen, in der Universalgeschichte – dies sind die Gesichtspunkte, unter denen der anzustrebende Zusammenhang der Geisteswissenschaften gedacht werden muß.« (DILTHEY ²1958, Bd.VII, S. 155)

Damit wird jene methodische Unbestimmtheit installiert, nach der »jede Handlung, jeder Gedanke, jedes gemeinsame Schaffen, kurz jeder Teil dieses historischen Ganzen seine Bedeutsamkeit durch sein Verhältnis zu dem Ganzen der Epoche oder des Zeitalters« hat (ebd.) und die als »hermeneutischer Zirkel« die poststrukturalistische Kritik zur Ablehnung herausfordert. Literatur wird aus einem Ereignis zu einem Schrift-Dokument, dessen Sinn ihm von der Geschichte vor-geschrieben ist. Ziel der Interpretation ist nicht ›die‹ Bedeutung eines Textes, sondern sein Sinn in der Geschichte, der allein Bedeutung zukommt. Die Historisierung des Textes im Blick auf eine vorgegebene Totalität entzeitlicht ihn paradoxerweise zugleich, indem sie seine konkrete Gegenwärtigkeit entwertet. In der geistesgeschichtlichen Konstruktion ist dies jedoch kein Widerspruch, weil Dichtung im emphatischen Sinn immer schon eine Überschreitung des Individuellen und ein privilegiertes Verstehen des Ganzen ist. Die Hermeneutik vollzieht den Weg der Dichter zum Ganzen durch »kunstgemäßes methodisches Erfassen« nur nach.

Die Vorstellung, daß »Dichtung [...] Lebensdeutung« ist (UNGER 1924, S. 8) und Literatur etwas präsentiert, »das bedeutsam ist in sich« (ebd., S. 9) und das von der Hermeneutik in einem zweiten, begrifflichen Diskurs verdoppelt und damit gesichert und tradiert wird – diese Vorstellung macht die Attraktivität und zugleich die fundamentale Schwäche hermeneutischer Konzepte aus. Der behauptete semantische Mehrwert der Texte resultiert allein aus der Privilegierung von Autor und Werk. Vom Werk wird angenommen, »daß es in sich seinen Sinn trägt, unabhängig von der wechselnden Bedeutung alles Einzelnen im Zusammenhang des Lebens« (ebd.). Ihn vermag nur derjenige zu entziffern, der um ihn weiß. Ohne »gestaltende Deutung oder deutende Gestaltung« (ebd., S. 15) und damit ohne Totalität gibt es aus dieser Perspektive keinen Sinn, um den sich hermeutisches Bemühen lohnte. Für die geisteswissenschaftliche Hermeneutik von der Jahrhundertwende bis zur werkimmanenten Methode sind alle anderen Texte profane Mitteilung ohne ›Tiefe‹.

3.3 Die Universalisierung der Hermeneutik

Hans-Georg Gadamer sieht in der sprachlichen Kommunikation die Basis des Verstehens (GADAMER 1972). Der von ihm angestrebte methodisch-reflexive *Dialog* zwischen Werk und Leser stärkt die Position des Interpreten. Aufgrund der dialogischen Grundstruktur jeglichen Verstehens steht für ihn »der universale Anspruch der Hermeneutik außer allem Zweifel« (GADAMER 1984, S. 24). Auf der anderen Seite wird das literarische Werk selbst hermetisiert. Hierin folgt Gadamer Heideggers Auffassung, daß der ›Dichter‹ sich zwar der allgemeinen Sprache bedienen müsse, »aber nicht so wie die gewöhnlich Redenden und Schreibenden die Worte verbrauchen müssen, sondern so, daß das Wort erst wahrhaft ein Wort wird und bleibt« (HEIDEGGER ³1957, S. 36). Während Sprache also zeichenhaft und ›leer‹ ist, wird der Dichtung Symbolhaftigkeit und damit semantische ›Fülle‹ zugeschrieben; das Kunstwerk ist ein »eminenter Text«, das heißt »ein in sich selbst gefestigtes autonomes Gebilde« (GADAMER 1986b, S. 6). An dieser Unterscheidung wird die antihermeneutische Kritik ansetzen. Für Gadamer hingegen »gewinnt das Wort im literarischen Text erst seine volle Selbstpräsenz« (GADAMER 1984, S. 47). Der Begriff der »Selbstpräsenz« zielt auf die Prämisse der Intentionalität und damit der Autorität von Texten, die eine hermeneutische Lektüre erst in Gang setzen. Daß Interpretieren unter dieser Prämisse unabdingbar wird, hat Heidegger in »Kant und das Problem der Metaphysik« – einem in Zusammenhang mit der Debatte um Hermeneutik und Antihermeneutik zu wenig beachteten Text – deutlich ausgesprochen:

»Um freilich dem, was die Worte sagen, dasjenige abzuringen, was sie sagen *wollen*, muß jede Interpretation *Gewalt* brauchen. Solche Gewalt aber kann nicht schweifende Willkür sein. Die *Kraft* einer vorausleuchtenden Idee muß die Auslegung treiben und leiten. Nur in Kraft dieser kann eine Interpretation das jederzeit Vermessene wagen, sich der verborgenen inneren Leidenschaft eines Werkes anzuvertrauen, um durch diese in das Ungesagte hineingestellt und zum Sagen desselben gezwungen zu werden.« (HEIDEGGER 1929, S. 193f.)

Die »Kraft einer vorausleuchtenden Idee« sieht Gadamer in dialektischer Wendung in der kulturellen Tradition, dem »Überlieferungsgeschehen« (GADAMER 1972, S. 275), dessen historischer ›Gewalt‹ das Kunstwerk abgerungen wurde und mit deren Hilfe es durch den Interpreten zum erneuten Sagen gezwungen wird. Dennoch vermag der Sinn eines Werks in der Begriffssprache des anderen, des Interpreten, nicht eingeholt zu werden, »weil das Eigentliche unübertragbar bleibt« (GADAMER 1986b, S. 8). Aus dieser Vorstellung erwächst die Motivation hermeneutischer Verfahren, weil die Uneinholbarkeit Befremden, Unverständlichkeit und Strittigkeit beim Leser hervorruft, die Gadamer aus seinem anthropologischen Selbstverständnis heraus (»die Fähigkeit des Verstehens [ist] eine grundlegende Ausstattung des Menschen«, GADAMER 1984, S. 24) für unerträglich hält.

Damit wäre Literatur, was ihr »Eigentliches« betrifft, unlesbar, wenn dieses nicht in der Intuition, das heißt ›ganzheitlich‹ wahrgenommen werden könnte. Hier kehrt die romantische Vorstellung des Individuellen als des Singulären innerhalb einer Sprache wieder, die ohne dessen ›Inspiration‹ allgemein – und gewöhnlich – ist. Was eigentlich-einmalig ist, ist auch durch Deutung nicht wiederholbar, sondern nur wieder-holbar. Hermeneutisches Textverständnis schlußfolgert daraus, daß nur das Eigentliche zum Verstehen zwingt, weil es, wie Martin Heidegger schreibt, uns einen »Stoß« versetzt und die Suche nach der Wahrheit und Bedeutung an-stößt. »Nur wo der Text schon entziffert ist und der entzifferte Text sich nicht anstandslos ins Verständliche umsetzen läßt, sondern Anstoß fordert, fragt man danach, was eigentlich dasteht.« (Ebd., S. 36)

Literarische Texte sind bei Gadamer und überhaupt in der Hermeneutik nach Schleiermacher von eigenartiger Ambivalenz. Sie sind einmalig, ›Wort‹ in dessen Selbstpräsenz und deshalb uneinholbar, und sie sind als Schrift defizitär, weil sich in ihnen der lebendige, kommunikativ-situative, ›geistige‹, emotionale usw. Anteil nicht sichtbar überliefert. Daher sind sie doppelt interpretationsbedürftig, um das ›Wort‹ und den intentionalen, dialogischen Anteil zu retten. »Insofern bedeutet Lesen und Verstehen, daß die Kunde auf ihre ursprüngliche Authentizität zurückgeführt wird.« (Ebd., S. 39) Damit konstituiert Gadamer ein auf den Text als Autorität zentriertes und ihn zugleich immer schon transzendental überschreitendes Interpretieren, das die Materialität der Literatur und die Präsenz des Interpreten verdrängt, denn der »Interpret hat keine andere Funktion als die, in der Erzielung der Verständigung ganz zu verschwinden« (ebd., S. 45).

3.4 Das Problem des Doppelsinns der Sprache

Hermeneutik insistiert seit Dilthey darauf, daß das Problem der Mehrdeutigkeit der Sprache nicht allein linguistisch oder sprachphilosophisch zu lösen sei, sondern im Kontext einer historisch fundierten Auslegepraxis. Diesen Aspekt hat Paul Ricœur stärker als Dilthey und Gadamer herausgearbeitet. Für ihn stellt das »Problem des Doppelsinns« der Sprache (RICŒUR 1974, S. 19) die eigentliche Herausforderung der Hermeneutik dar. Damit meint er jedoch nicht die vormoderne Vorstellung eines intendierten und durch Gelehrsamkeit entschlüsselbaren mehrfachen Schriftsinns, sondern in erster Linie die durch Sigmund Freud entdeckte Symptomatik der Sprache im Spiel zwischen Bewußtem und Unbewußtem (→ PSYCHOLOGISCHE ZUGÄNGE).

Durch die Reduzierung der Hermeneutik auf eine »Theorie der Regeln, die eine Exegese leiten« (ebd., S. 20) entlastet Ricœur sie vom Universalitätsanspruch einer philosophisch-anthropologischen Theorie des Verstehens. Ausgangspunkt bleibt jedoch der klassisch-romantische Symbolbegriff, den Ricœur umstandslos mit dem linguistischen Zeichenbegriff gleichsetzt. Mit der Semiotisierung der Hermeneutik wird zumindest die Tatsache eingestanden, daß in der Wahrnehmung des Interpreten nur *ein* je präsentes Zeichensystem existiert. Dennoch hält Ricœur an der hermeneutischen Tradition fest, die davon ausgeht, daß sich über die Intention des Autors, über unbewußte Prozesse oder geniale Sprachschöpfung tieferer Sinn unsichtbar-sichtbar in den Text einschreibt. »Der symbolische Sinn wird innerhalb und mittels des wörtlichen Sinns konstituiert.« (Ebd., S. 29) Dabei bringe der Symbolcharakter der Sprache mythische Dimensionen hervor, die auf ihre Logik hin gelesen werden können und müssen. Hermeneutik umfaßt für ihn daher die Wiederherstellung der ursprünglichen »Botschaft« und die Entmystifizierung ihrer mitgelieferten Selbstdeutungen. Die Interpretation behält hier die Ambivalenz, die sie schon bei Gadamer kennzeichnete: Der Hermeneut entdeckt, weil er von der ›Tiefe‹ weiß, hinter der Kargkeit der Zeichen und ihrem entzifferbaren Sinn die »Fülle« (ebd., S. 44) symbolischer Bedeutungen und reduziert sie auf die wahre Bedeutung des »ursprünglichen Wortes« (ebd., S. 45), das nie gesprochen wurde.

Jürgen Habermas hat die universalistische Hermeneutik als idealisierendes, ahistorisches Verstehensmodell kritisiert (HABERMAS 1968, 1973), ohne deren intentionalen, referentiellen Bedeutungsbegriff und interaktionistische Grundstruktur aufzugeben. Bei ihm rückt das deutende Individuum mit seinen konkreten (bewußten) Interessen und (unbewußten) Bedürfnissen, aber auch in seiner historischen und gesellschaftlichen Eingebundenheit in den Vordergrund. In Habermas' »kritischer Hermeneutik« ist Interpretation, wenn sie nicht ›bewußtlos‹ die Tradition wiederholt, kritische Selbstaufklärung und damit Teil eines Emanzipationsprozesses (vgl. BÜRGER 1979).

Der Ambivalenz der Interpretation, die bei Habermas von den Texten auf die Subjekte verlagert wird, möchte die neuere Hermeneutik, wie sie Frank im Rekurs auf Schleiermacher entworfen hat, entkommen (FRANK 1980, [2]1984a, 1985). Obwohl er Verstehen und Interpretieren weiterhin als Grundlage der Aneignung von Texten aufrecht hält, nimmt er nicht mehr die prätextuellen Bedeutungszuschreibungen an den »Strom der Geschichte« (Dilthey), den »eminenten« Text der Dichter (Gadamer) und den Symbolcharakter der Sprache (Ricœur) auf. Poststrukturalistischen Kritikern gesteht er im Rekurs auf Saussure zu: »[...] das Subjekt ist nicht länger mehr Herr seines Sinns, es erwirbt sein ›Selbstverständnis‹ im Zeichen-Zusammenhang einer Welt, in deren Struktur eine bestimmte Deutung des Sinns von Sein eingegangen ist.« (FRANK 1984b, S. 181) Die neuere Hermeneutik gibt, die »Grenzen der Beherrschbarkeit der Sprache« anerkennend, zumindest die Vorstellung eines ursprünglichen, mit sich selbst identischen Textsinns auf, den es durch die Interpretation freizulegen gelte.

4. Die poststrukturalistischen Herausforderungen

4.1 Die Abwesenheit von Bedeutung

Die poststrukturalistische Behauptung, daß Texte auch ›funktionieren‹, wenn sie nicht methodisch reflektiert gedeutet werden, ist so zutreffend wie nichtssagend. Mit ihr werden die Probleme der Autorschaft, Geschichtlichkeit, Intentionalität und Mehrdeutigkeit von Texten nicht gelöst, ebensowenig wie die Tatsache, daß jeder Leser, wenn es nicht um den alltagssprachlich seltenen Texttypus mit eindeutiger Aussage geht, zu einer Deutung gezwungen ist. Generell ist zu fragen, ob Lesen, ob auch nur ein sogenanntes einfaches Entziffern der Schrift ohne Interpretieren möglich ist. Selbst wenn die Konstituiertheit von Texten eine solche Möglichkeit offenläßt, müßte sie am lesenden Individuum, das nicht, wie ein Text, ›automatisiert‹ und der Zeit enthoben werden kann, scheitern – und zwar schon in dem Augenblick, in dem unbewußte Momente in die Lektüre eingehen (vgl. PIETZCKER 1992). Vor diesem Hintergrund konnten zum Beispiel Michel Pêcheux' (1975) zunächst aussichtsreich erscheinenden Versuche einer automatisierten Lektüre nicht überzeugen.

Die poststrukturalistische Behauptung, daß die Hermeneutik die Antwort überforderter Individuen auf die seit Ende des 18. Jahrhunderts rapide anwachsende Sinnproduktion gewesen sei (HÖRISCH 1988, S. 65), läßt sich historisch wohl kaum belegen. Zwar kann man Schleiermachers Hermeneutik als Antwort auf gesellschaftlichen Komplexitätszuwachs sehen, jedoch eher im Sinne von Diskursvernetzungen und Wissensverknüpfungen (bis zu Hegels Totalitätsvorstellung) der Moderne. Die klassisch-romantische Kunst wird erst durch den Symbolbegriff und eine Ästhetik des sinnlichen Scheinens der Idee wieder ›lesbar‹, allerdings nur für jene, die über dieses Wissen verfügen. Aber ebenso werden elementare soziale Praktiken – von den Geschlechterdifferenzen über Kriminalität und Wahnsinn bis zur Erziehung oder der Schaffung von Mehrwert – deutungsbedürftig, weil sie nun als *Symptome* einer komplexen und vielschichtigen Wahrheit und Wirklichkeit gesehen werden. Der historische Hintergrund ist nicht die Explosion der ›Buchstaben‹, sondern die Sprengung eines bis dahin gültigen Sinnrahmens und die daraus resultierende Explosion des *Wissens* über den Menschen. Lesarten machen handlungsfähig, und »Individuen, eingespannt in die Relation Selbstreferenz und Fremdreferenz, müssen immer wieder neu Sinn produzieren, um Anschlußhandeln zu ermöglichen« (MÜLLER 1994, S. 16).

Genau diese in letzter Konsequenz aufklärerische Vorstellung wird im Poststrukturalismus verabschiedet. Texte und mit ihnen die Literatur gelten nicht länger als Teil einer homogenen Kultur, die auf intersubjektive Verständigung zielt. Für den späten Roland Barthes etwa ist das ›Wort‹ eine Durchgangsstation der vorher und in Zukunft gesprochenen Worte; es ist nicht von wesenhafter Schwere, sondern erscheint als zeitlich unabgeschlossener Prozeß, dessen Bedeutung mit jedem neuen Wort verschoben wird und niemals im hermeneutischen Sinn zu verstehen ist. Die Lektüre, die den unendlichen Text, das Rauschen der Zeichen, wie Barthes schreibt, weiterschreibt, erwächst einem Begehren, das gerade durch den Mangel an Bedeutung ausgelöst wird. Der Text verbirgt nicht in der Tiefe einen Sinn, den der Interpret im Nachvollzug aufzudecken hätte; er ist eine unendliche Bewegung, die der Leser für einen

Moment, den der Deutung nämlich, anhält (vgl. BOGDAL 1995a, S. 138ff.).

Sieht man von dieser generellen, primär ideologiekritisch motivierten Ablehnung kultureller ›Bedeutungsverwaltung‹ ab, wie Barthes sie vorträgt, dann zeichnen sich bisher drei ernsthafte alternative Ansätze ab, die auf unterschiedliche Weise die hermeneutischen Selbstverständlichkeiten in Frage stellen:

- die historische → DISKURSANALYSE in der Nachfolge Michel Foucaults;
- die sich auf Jacques Derrida berufende → DEKONSTRUKTION;
- schließlich der von der Systemtheorie und Kognitionsforschung inspirierte empirische Konstruktivismus (vgl. → LITERATUR ALS ›SYSTEM‹; → THEORIEN DER LIT. REZEPTION).

Die Diskussion ist noch zu neu, als daß sich nicht, zumindest was die akademische Literaturwissenschaft betrifft, in den antihermeneutischen Ansätzen traditionelle hermeneutische Methoden fortschreiben würden: in der Diskursanalyse sozialhistorische, ideologiekritische und psychoanalytische (→ SOZIALGESCHICHTLICHE ZUGÄNGE; → PSYCHOLOGISCHE ZUGÄNGE), im Dekonstruktivismus Phänomenologie und Werkimmanenz (→ FORMEN ›TEXTIMMANENTER‹ ANALYSE), im Konstruktivismus → THEORIEN DER LIT. REZEPTION, Literatur- und Kommunikationssoziologie sowie Textlinguistik (vgl. auch → LITERATUR UND MEDIEN; → LITERATUR ALS ›SYSTEM‹). Daß sie dennoch mehr sind als ein ›Theorie-Design‹ alter Hüte, soll in kritischer Abwägung des Innnovationspotentials gezeigt werden.

4.2 Historische Diskursanalyse

Michel Foucaults diskursanalytische Arbeiten (vgl. KAMMLER 1986, 1990) sind, methodisch betrachtet, ein Gegenmodell zu Gadamers hermeneutischem Dialog des Interpreten mit dem Text. Genau dessen konstituierendem Moment, der Autonomie des verstehenden Subjekts und des verstandenen Werks, gilt die Kritik – und damit der Vorstellung, daß sich hinter einem Text, der uns nur in seiner ›Materialität‹ gegenwärtig ist, immer ein Subjekt verberge, dessen ursprüngliche Aussage seine eigentliche Bedeutung ausmache. Diskursanalyse untersucht die umfassenden Bedingungen der Möglichkeit von »Aussagen«:

»Die Aussageanalyse ist also eine historische Analyse, die sich außerhalb jeder Interpretation hält: sie fragt die gesagten Dinge nicht nach dem, was sie verbergen, [...] nach dem Nicht-Gesagten [...].

Sondern umgekehrt, auf welche Weise sie existieren, was es für sie heißt, manifestiert worden zu sein, Spuren hinterlassen zu haben und vielleicht für eine eventuelle Wiederverwendung zu verbleiben.« (FOUCAULT 1973, S. 159)

Die uns präsenten Zeichensysteme werden deshalb nicht »Texte« oder in unserem Fall »Dichtung« genannt, weil dies schon eine historische Bedeutungszuschreibung wäre. Sie sind Elemente von Diskursen, deren Homogenität erst in der Analyse festgestellt wird. Als Texte gewinnen sie dadurch jedoch erneut eine Bedeutung, die über ihre sprachliche Repräsentationsfunktion hinausreicht, eine Bedeutung, die in der historischen Alltagspraxis zu finden ist. »Dieses *mehr* macht sie irreduzibel auf das Sprechen und die Sprache.« (Ebd., S. 74) Auf dieses »mehr« richtet die Diskursanalyse ihr Erkenntnisinteresse.

Aus dieser Herangehensweise ergeben sich gravierende Einwände gegen hermeneutische Selbstverständlichkeiten. Zunächst sind das Werk und sein Autor nicht mehr unbefragt Ausgangs- und Endpunkt der Interpretation. Sie verschwinden nicht mit ihren Äußerungen, sondern sie werden zu ›Elementen‹ größerer synchroner und diachroner Einheiten. Texte werden radikal auf ihre ›Materialität‹ reduziert, also von Selbst- und Fremdzuschreibungen und damit der Interpretation getrennt.

Ein für Literaturwissenschaftler unmittelbar zugängliches Beispiel ist die Kategorie »Autor«. Foucault betrachtet den Autor nicht als Subjekt der Aussage, dessen Intention und deren Inhalt zu untersuchen wären, sondern als ›Aussagesubjekt‹, das erst durch bestimmte, historisch rekonstruierbare, konkrete Praktiken als ein ›Subjekt‹ konstituiert wird, das sich dann in der Position eines ›Aussagenden‹ befindet. »Wer darf sprechen?« – lautet die Leitfrage (FOUCAULT 1974a). Bedeutung haben Texte aus dieser Sicht nicht von ›innen‹; sie wird innerhalb kultureller Entwicklungen und vor allem durch Machtbeziehungen von ›außen‹ je historisch hergestellt.

Ungelöst bleibt bisher die Frage, wie sich ein Text in seiner historischen Einmaligkeit und Vernetzung rekonstruieren läßt, in einem Zustand also, in dem er dem Interpreten niemals unmittelbar zugänglich ist (vgl. FRANK 1986, S. 25). Die Zeit, die immer auch eine Zeit der Auslegung ist, kann nicht übersprungen werden. Genau das versucht die historische Diskursanalyse, die Foucault als »Archäologie des Wissens« bezeichnet hat, annäherungsweise. Auch die »dichte Beschreibung« des Ethnologen Clifford Geertz (GEERTZ 1987) ist ein solcher Versuch, eine praktische und an konkreten Ergebnissen orientierte Alternative zur Hermeneutik zu schaffen, indem deren Tendenz zur Universalisierung und Totalisierung durch historische Relativierung gegengesteuert wird.

4.3 Dekonstruktion

Die von Gadamer geprägte literaturwissenschaftliche Hermeneutik ist, bei aller Differenzierung, einem Modell der *Repräsentation* von Sprache verpflichtet. Ausdruck, Bedeutung und Wirklichkeitsbezug eines Textes entspringen nach diesem Konzept nicht dem System der Zeichen, sondern einem vorgängigen Bewußtsein; Zeichen bilden das Denken eines Subjekts oder die Realität ab. Daß die Dichtung dem Text vorangeht und ihren Sinn in ihm festschreibt, hat Gadamer immer wieder betont, vor allem dann, wenn es sich um Texte mit Wahrheitsanspruch handelte, die er als »klassisch« definiert. »Klassisch ist, was sich bewahrt, *weil* es sich selbst bedeutet und sich selber deutet; was also derart sagend ist, daß es nicht eine Aussage über ein Verschollenes ist, ein bloßes, selbst noch zu deutendes Zeugnis von etwas, sondern das der jeweiligen Gegenwart etwas so sagt, als sei es eigens ihr gesagt.« (GADAMER 1972, S. 274)

Derrida und der literaturwissenschaftliche Dekonstruktivismus (→ DEKONSTRUKTION) lehnen die Vorstellung einer vorangehenden und sich durch die Zeit bewahrenden Bedeutung als ›Metaphysik‹ ab. Für sie sind ›Zeichen‹ im Sinne einer konsequent strukturalistischen Lesart der Linguistik Saussures die Gegenwart eines ›Abwesenden‹, Lese-Zeichen, die einzig auf die Differenz zu anderen Zeichen eines Systems verweisen (→ FORMALISMUS UND STRUKTURALISMUS). Die Zeichen gehen der Bedeutung voraus, die erst durch die Lektüre hergestellt werden muß. Aber auch die Lektüre vermag die im System präsente Bedeutung nicht zu erreichen, weil sie immer nachträglich ist. Jede Lektüre ist einmalig und wird durch eine neue Lektüre revidiert. Deshalb, so die Schlußfolgerung, sind Interpretationen »unentscheidbar« (vgl. MENKE 1990, S. 251-254). Wenn »Bedeutung [...] in einem selbst nicht Bedeutenden« gründet (FRANK 1985, S. 57), eben dem System der Sprache, dann kann es auch keine kohärente Weitergabe vom Autor über den Text zum Leser geben, welche die hermeneutische Interpretation gegen Verluste zu schützen hätte. Wo Gadamer einen kontinuierlich erhellenden Dialog zwischen Autor/Text und Leser einrichten möchte, da sieht Derrida eine »diskontinuierliche Umstruktierung« (DERRIDA 1984a, S. 57) und einen unüberwindlichen Bruch. Aus der grundlegenden Zurückweisung einer »semantische[n] Identität« (FRANK

1984a, S. 92) ergeben sich weitreichende Konsequenzen für den Literaturbegriff und den Umgang mit Texten. Ein Text, der weder seinen Sinn in sich selber hat noch eine Bedeutung, die ihm vorausgeht, kann auch nicht auf einen authentischen oder ursprünglichen Sinn hin entziffert werden.

Das Problem der Doppel- oder Mehrfachcodierung, vor das jeder komplexe literarische Text den Interpreten stellt, wird von Derrida von textexternen Instanzen abgekoppelt. Es verschwindet jedoch keineswegs, sondern konstituiert im Gegenteil – eher traditionell – die dekonstruktivistische Lesart: nun als interner Widerspruch von Texten, die durch ihre eigenen Strategien und unbewußten Brüche die Heterogenität ihrer Bedeutung selbst inszenieren (vgl. MENKE 1990, S. 235). Dekonstruktion unterstellt die interne Heterogenität von Texten, wie die Hermeneutik eine (letztlich Homogenität garantierende) Tiefendimension annimmt. In beiden Fällen wird, wenn auch durch konträre Zuschreibungen, ein Raum zwischen den Zeichen (und Zeilen) geöffnet, den die Interpretation (oder die »Lektüre«) ausfüllt.

Aus der »Unmöglichkeit des Lesens«, die von der Dekonstruktion so betont wird, ergibt sich in der Praxis eine Interpretation, in der, wie bei der Hermeneutik, ein Text ›lesbar‹ gemacht und damit auf das Wissen und den Wahrnehmungshorizont des Interpreten reduziert wird – und dies durch den weitgehenden Verzicht auf Kontextanschlüsse in erheblichem Maße. Allerdings verhält sich der Dekonstruktivismus kritisch und subversiv gegen kulturelle Bedeutungszuschreibungen, die als Deutungsanweisungen in die Struktur der Texte eingeschrieben sind.

4.4 Konstruktivistische Ansätze

Die antihermeneutische Haltung des empirischen Konstruktivismus (SCHEFFER 1992, SCHMIDT 1980, 1982a, 1987) und der von der Systemtheorie geprägten Literaturwissenschaft (SCHWANITZ 1990) erwächst aus ihrer Grundorientierung am naturwissenschaftlichen Paradigma (→ LITERATUR ALS ›SYSTEM‹). Dem vagen geisteswissenschaftlichen Interpretieren möchte diese Richtung empirisch fundierte, daß heißt durch textlinguistische, rezeptions- und kognitionspsychologische Ergebnisse abgesicherte Textdeskriptionen entgegensetzen.

Während die literaturwissenschaftliche Hermeneutik Texten als ›Werken‹ Subjekteigenschaften zuschreibt und die interpretierenden Individuen als deutungsmächtige Instanzen anerkennt, und während historische Diskursanalyse ersteres und der Dekonstruktivismus letzteres negieren, streitet der Konstruktivismus ab, daß man (empirisch nachprüfbare) Aussagen über den Text und das verstehende Individuum treffen könne. Text und Leser seien autonome, geschlossene ›Systeme‹, zu denen wir keinen unmittelbaren Zugang haben (vgl. SCHEFFER 1993, S. 145) und die wir deshalb im emphatischen Sinn der Hermeutik nicht ›verstehen‹. Zu untersuchen ist daher einzig das uns zugängliche Material: die vielfältigen (oder konformen) ›Interpretationen‹, die Individuen äußern oder die in größeren ›Einheiten‹ wie einer Kultur oder Gesellschaft kommuniziert werden. Zugänglich seien auf der Subjektseite die menschlichen Wahrnehmungs- und Verstehensstrukturen, die von der Kognitionswissenschaft am Zusammenhang von Denken und Sprechen empirisch erforscht werden.

Den literarischen Text sieht der Konstruktivismus als einen Reiz oder Impuls. Dieser löst eine interpretierende Aktivität des Subjekts aus, das »unter Aktivierung aller affektiv-kognitiven Bezugssysteme *selbstreferentiell* ein autonomes Resultat [erzeugt], dessen Intersubjektivierbarkeit allein durch biologische und soziale Parallelitäten zwischen Aktanten gewährleistet wird« (SCHMIDT 1990, S. 318). Was also eine konstruktivistische Literaturwissenschaft aufdeckt, sind »primär die Eigenschaften von Beobachtern, nicht die der ›Gegenstände‹, der ›Texte‹« (SCHEFFER 1993, S. 145). Sie ist an den kognitiven Vorgängen interessiert, durch die ein Leser Sinnwelten aufbaut, ›konstruiert‹. Lesen und Interpretieren sind nicht »Bedeutungs-Entnahme«, sondern spezialisierte Formen eines ständigen Prozesses von »Bedeutungs-Zuschreibung« (ebd., S. 147).

Mit dem Poststrukturalismus teilt der Konstruktivismus die Voraussetzung, daß Texte »keine in ihnen selbst liegende Bedeutung« haben (ebd., S. 145). Als ›Zuschreibungen‹ von Individuen sind die Beschreibungsvarianten so unterschiedlich wie ihre ›Erzeuger‹. Eine Reduktion der potentiell unendlichen Menge von Interpretationen kann nur durch eine Überprüfung ihrer Schnittmengen und ihrer Plausibilität erfolgen, nicht im Rückgriff auf den Text; der »›Wortlaut‹ ist keine verläßliche methodische Grundlage der Interpretation« (ebd., S. 148). Während die hermeneutische Literaturwissenschaft sich auf die Autorität der Texte beruft und diese theoretisch zu begründen sucht und poststrukturalistische Verfahren die Autorität der Textbedeutung durch die des Signifikanten und der Materialität der Zeichen (Diskurse) ersetzen, reduziert der Konstruktivismus den literarischen Text auf eine *Funktion* im Wahrnehmungs- und Verstehensprozeß. Klassifizierungen wie ›literarisch‹ und ›ästhetisch‹, die etwa Derrida noch fraglos übernimmt, erscheinen aus seiner Perspektive als konventionelle Regelungen in bestimmten historischen und sozialen Kontexten (vgl. ebd., S. 149) und nicht als ›Wesenheiten‹ von Texten. Daraus folgt eine Vernachlässigung traditioneller literaturwissenschaftlicher Arbeitsfelder und eine Neuorientierung in Richtung einer empirischen Medienwissenschaft (→ Literatur und Medien). Die theoretische Option, als Kernbereich die »Selbstbeschreibungsfähigkeit psychischer Systeme« (ebd., S. 145) abzustecken, birgt die Gefahr einer Spezialisierung auf Erkenntnisse, die für den Gesamtrahmen der Literaturwissenschaften nur von bedingter Relevanz sind. Theoretisch ungelöst bleibt das Problem, daß die ›Interpretationen von Beobachtern‹ selbst ›Texte‹ beziehungsweise ›Textangebote‹ sind, über die aus konstruktivistischer Perspektive keine Aussagen gemacht werden können. Sich auf eine unendliche Folge von Interpretationsangeboten zu beschränken – wozu der Konstruktivismus tendiert (Scheffer 1992, S. 178ff.) –, entzöge den Literaturwissenschaften ihre bisherige kulturelle Legitimation, ohne eine neue anzubieten.

5. Kultureller Wandel und Textverstehen – ein unabgeschlossener Prozeß

Die Auseinandersetzungen um die Grundlagen des Textverstehens in den Literaturwissenschaften sind Teil eines kulturellen Wandels in der Gegenwart (vgl. Janota 1993). Auf die Widersprüchlichkeit und Unabgeschlossenheit dieses Prozesses, in dem literarische Texte aus ihren uns vertrauten kulturellen, sozialen und institutionellen Zusammenhängen entbunden werden, wird nur in wenigen Ausnahmen systematisch reflektiert. Die seit dem Ausgang des 18. Jahrhunderts sich entwickelnden unterschiedlichen Bedeutungs- und Funktionszuschreibungen der Literatur haben sich zu einem pluralen Konglomerat differenziert, innerhalb dessen sich keine hegemoniale Position erkennen läßt. An literarischen Texten entzünden sich heute keine Bedeutungskämpfe mehr, wie noch in der Aufklärung um Lessings »Nathan der Weise«, im 19. Jahrhundert um Heines Lyrik oder in der Moderne um Kafkas ›eigenartige‹ Prosa (um nur ein paar prägnante Fälle zu nennen). Selbst pornographische Texte, die über Jahrzehnte von der Öffentlichkeit ausgeschlossen waren, werden höchstrichterlich ›freigegeben‹ (→ Literarische

WERTUNG; → WERT, KANON UND ZENSUR). Literatur ist nicht nur den meisten Menschen, sondern auch der Mehrheit der Literaturwissenschaftler *gleich-gültig*. Das hängt damit zusammen, daß ein strukturiertes und differenziertes Wissen, das notwendig ist, um Lesarten zu produzieren, gesellschaftlich nicht mehr generell höher bewertet wird als ein unmittelbarer Zugriff: woraus postmoderne Texte ihren Erfolg beziehen. Der bisher stärkste Kontext literarischen Verstehens, sein spätestens seit Humboldt als unentbehrlich geltender Anteil an Kultur, Bildung und Persönlichkeitsbildung (vgl. FREUNDLIEB 1992, S. 27), zerfällt zu einer milieuspezifischen Option einzelner Schichten. Nur in diesem jetzt sich auflösenden Kontext war bisher ein Konsens über die *Grundlagen* des Textverstehens möglich.

Wer diesen Kontext bewahren möchte, wird den hermeneutischen Textbegriff und die hermeneutischen Methoden verstärkt in eine Richtung fortschreiben, in der Literatur die Gesellschaft offen hält und im humanen Sinn (mit)gestaltet:

»Durch seine Unausschöpflichkeit stellt das Werk Fragen an das Leben und an seine Zeit: es stellt sie in Frage; doch eben nicht nur *seine* Zeit, sondern jede kommende, die sich zur Einlösung seines immer noch unvollendeten Sinns aufrufen läßt. Da alle Deutung schöpferisch und alle Schöpfung ein ›factum ex improviso‹ ist, vermittelt jede divinatorische Lektüre ein Erlebnis von Freiheit.« (FRANK 1986, S. 29)

Wer hingegen hinnimmt, daß »Zeichen heute im erschlagenden Übermaße nicht produziert werden, um verstanden zu werden« (HÖRISCH 1988, S. 97), der diagnostiziert in dem Versuch, sie zu verstehen, einen Anachronismus. Hermeneutische und antihermeneutische Ansätze sind nicht vermittelbar, weil sie bisher eine historisch fundierte Analyse der Funktion von Literatur *in der Gegenwart* nicht zu leisten vermochten und weil sie, wie Harro Müller konstatiert, nicht »radikal nach den Konstitutionsbedingungen des [...] Sinns« (MÜLLER 1994, S. 118) fragen. Beide weichen der Tatsache aus, daß jeder Text (zunächst) ein historisches ›Ereignis‹ mit einer endlichen Menge von Aussagemöglichkeiten, Aussagen und Aussagewirkungen *ist*. Hermeneutik und Dekonstruktion interpretieren gegen das Geschehensein an, so wie Erinnerung gegen das Geschehensein von Geschichte arbeitet, die in ihrer Faktizität und damit scheinbaren Sinnlosigkeit nicht ertragen werden kann. Um dem Dilemma der Interpretation zu entgehen, könnte die Literaturwissenschaft versuchen, Texte als Ereignisse ›anzunehmen‹, indem sie sie in ihrer Bewirktheit und Einzigartigkeit zugleich rekonstruiert.

Ein antihermeneutisch inspirierter Dekonstruktivismus könnte hierbei zeigen, daß Interpretationen nicht die ›Wahrheit‹ eines Textes zu Tage fördern und ihre Kohärenz nicht durch ein erkennendes Subjekt oder Instanzen wie den ›Autor‹ und das ›Werk‹ zu garantieren ist; Hermeneutik könnte jene ›Deutungen‹ der Literatur liefern, ohne die eine Kommunikation zwischen Individuen in unserer Gesellschaft nicht funktioniert und so belanglos ist wie eine Literaturwissenschaft, die auf sie vollständig verzichtet.

3. Zum Verhältnis von Hermeneutik und neueren antihermeneutischen Strömungen

von Peter Rusterholz

> »Die Frage ist«, sagte Alice, »ob man es machen kann, daß Wörter viele verschiedene Dinge bedeuten.«
> »Die Frage ist«, sagte Humpty-Dumpty, »wer der Herr sein soll –, das ist alles.«
>
> Lewis Carroll

> »Wir müssen auf das Verhältnis eines Sprechenden und Hörenden zurückgehen. Ist Denken und Gedankenverbindung in beiden ein und dasselbe, so ergibt sich bei Gleichheit der Sprache das Verstehen von selbst. Wenn aber das Denken in beiden wesentlich verschieden ist, ergibt es sich nicht von selbst auch bei Gleichheit der Sprache. Nehmen wir beide Fälle absolut, so verschwindet die Aufgabe, denn im ersteren Falle entsteht sie gar nicht, weil sie mit der Auflösung rein zusammenfällt, im zweiten Falle ist sie, wie es scheint, unauflösbar.«
>
> Friedrich Schleiermacher

1. Vorbemerkungen

Schleiermacher nennt hier zwei absolute Extremfälle, so absolut, wie sie nur in der Reinheit abstrakten Denkens, aber nicht in der Differenziertheit konkreten Lebens vorkommen: den Extremfall des absoluten Verstehens und den Extremfall der Unlösbarkeit des Verstehensproblems. Er nennt mit »Gleichheit der Sprache« und »Gleichheit des Denkens« die Voraussetzungen, deren Existenz oder Absenz über Verstehen oder Nichtverstehen entscheidet. Absolute Gleichheit der Sprache kann es aber gerade nach Schleiermachers eigener Sprachauffassung nicht geben, da Sprache für Schleiermacher ein »individuelles Allgemeines« ist (Frank 1977). Er begründet die Grenzen der Auslegung mit dem unendlich Unbestimmten der Sprache und der Individualität: »Denn überall ist

Konstruktion eines endlichen Bestimmten aus dem unendlichen Unbestimmten. Die Sprache ist ein Unendliches, weil jedes Element auf eine besondere Weise bestimmbar ist durch die übrigen. Ebenso aber auch die psychologische Seite. Denn jede Anschauung eines Individuellen ist unendlich. [...] Sollte die grammatische Seite für sich allein vollendet werden, so müßte eine vollkommene Kenntnis der Sprache gegeben sein, im anderen Falle eine vollständige Kenntnis des Menschen.« (SCHLEIERMACHER 1977, S. 80f.)

Absolute Gleichheit des Denkens und der Sprache ist nur vorstellbar, wenn wir die Menschen als identisch programmierte Automaten denken. Es ist wichtig, daran zu erinnern, daß Schleiermacher durchaus der Rigorosität radikalen Modelldenkens fähig ist. Allerdings ist er ebenso der beweglichen Modifikation im Wechsel der Reflexion von Idealtypen zur Analyse konkreter Situationen fähig. Unser Motto signalisiert den Wechsel der Perspektive mit dem relativierenden »wie es scheint«, das das abschließende »unauflösbar« in Frage stellt. Und so lautet der folgende Satz: »Allein in dieser Schärfe oder Absolutheit ist der Gegensatz gar nicht vorhanden. Denn in jedem Falle ist immer eine gewisse Differenz des Denkens vorhanden zwischen dem Sprechenden und dem Hörenden, aber keine unauflösliche. Selbst im gewöhnlichen Leben, wenn ich bei vollkommener Gleichheit und Durchsichtigkeit der Sprache die Rede eines anderen höre und mir die Aufgabe stelle, sie zu verstehen, setze ich eine Differenz zwischen ihm und mir. Aber in jedem Verstehenwollen eines anderen liegt schon die Voraussetzung, daß die Differenz auflösbar ist.« (Ebd.)

Selbst im Falle idealer Voraussetzungen täglicher Rede bleibt die Differenz, und doch soll mit dem guten Willen die Voraussetzung der Auflösbarkeit gegeben sein. Dies scheint widersprüchlich, entspricht aber durchaus der Schleiermacherschen Eigenart, sowohl das scheinbar selbstverständliche Verstehen zu problematisieren als auch die prinzipielle Möglichkeit des Verstehens trotz des Bewußtseins seiner Schwierigkeiten offenzuhalten. Gespräche zwischen Hermeneutik und antihermeneutischen Strömungen sind extrem schwierig, da die genannten Parteien von völlig verschiedenen philosophischen und sprachtheoretischen Voraussetzungen ausgehen. Ihr Sprechen wie ihr Denken sind so verschieden, daß vorerst die Gegensätze genannt werden müssen, bevor Voraussetzungen und Möglichkeiten eines Dialogs in Betracht gezogen werden können.

2. Die linguistisch-strukturalistische Wende nach 1968

Die Rezeption des schon 1915/1916 in Rußland entstandenen Formalismus (Striedter 1969a, [2]1971), des Prager Strukturalismus, der dänischen Glossematik und des französischen Strukturalismus (→ Formalismus und Strukturalismus) führte mit den Neuerungen der generativen Transformationsgrammatik zu einer linguistischen Wende nicht nur der Sprach-, sondern auch der Literaturwissenschaft. Sie ist dokumentiert in den wirkungsgeschichtlich folgenreichen, von Jens Ihwe herausgegebenen Bänden »Literaturwissenschaft und Linguistik« (Ihwe 1971-1972). In seinem Aufsatz »Interpretation und Analyse. Brechts Gedicht ›Die Literatur wird durchforscht werden‹« (in: Ihwe 1971, II.1, S. 179-198) setzt Klaus Baumgärtner der subjektiven Kunst hermeneutischer Werkinterpretation seine objektive, strukturalistische Formanalyse des Texts entgegen, die dessen Funktion im sozialen System erforscht. »Eine solche Analyse wäre dann aber nicht, wie noch die Interpretation, die Aufzeichnung von Wirkungen auf mich allein, sondern sie könnte die Beschreibung darstellen aller realen Wirkungselemente in ihrem Zusammenhang, bezogen auf das in diesem Stadium sozial gegebene System.« (Ebd., S. 184) Baumgärtner kritisiert die Interpretationstechnik, die die Vieldeutigkeit der Texte nicht in den Griff bekommen habe (→ Formen ›textimmanenter‹ Interpretation). Er meint, dieses Problem durch den Einbezug des Kontexts zu lösen: »Der Kontext müßte bei einer informationstheoretischen Definition des Textes als wichtigster Faktor vorangestellt werden. Er kann dann bewältigt werden, wenn er in die Untersuchung so einbezogen wird, daß er alle nur zufälligen, einmalig individuellen Momente radikal verliert.« (Ebd., S. 187) Fernziele dieses Konzepts sind die elektronische Übersetzung dichterischer Texte und eine Poetik, die es erlauben würde, Texte mit exakt bestimmbaren Wirkungen auf die Leser zu schreiben; der Text würde so zur eindeutigen Botschaft mit kalkulierbarer Wirkung.

Zweifellos sind linguistische Methoden der Analyse für die Produktion von Agitations- und Werbetexten nützlich, problematisch aber für die Anwendung auf den poetischen Text, der nicht im gleichen Sinne produzierbar ist. Ihwe hat aus der Reduktion des ästhetischen Texts zum linguistischen Objekt radikale Konsequenzen gezogen. Er bezeichnet die Rede von ästhetischen Gegenständen als sinnlos. »Die einzige sinnvolle Bedeutung, die man der Rede von (sprachlichen) ›Kunstwerken‹ als ›Objekten‹ geben kann, ist, daß sie sprachliche Gebilde sind.« (IHWE 1977, S. 29) Er schließt daraus, die Frage nach der richtigen Interpretation eines Kunstwerks sei sinnlos, wenn sie als empirische Frage aufgefaßt werde: »Es gibt kein Objekt, an dem, wenn nicht die Wahrheit (beziehungsweise Falschheit), so doch zum mindesten die (In-)›Korrektheit‹ oder (In-)Plausibilität einer ›Interpretation‹ abgelesen werden könnte.« (Ebd., S. 31) Er schließt mit der These, daß sich mit nichtexistenten Objekten keine wissenschaftliche Disziplin begründen lasse. Interpretationen seien nur Anwendungen eines spezifischen literarischen Normensystems auf sprachliche Gebilde, deren Gebrauchswert über- beziehungsweise unterdeterminiert sei. Diesen Bereich schließt er aber aus dem Gebiet zu bearbeitender wissenschaftlicher Gegenstände ausdrücklich aus. Die Verpflichtung auf einen rigiden Wirklichkeits- und Wahrheitsbegriff führt zu größerer Strenge der Wissenschaft, aber um den Preis des Verlusts des ästhetischen Objekts (IHWE 1976; → FIKTIONALITÄT UND POETIZITÄT).

Michael Titzmann, der eine sorgfältig durchdachte und mit konkreten Analysebeispielen versehene Einführung in die strukturale Textanalyse geschrieben hat (TITZMANN 1977), hat nach Ihwes Leichenrede auf die Interpretation den Erbanspruch strukturaler Textanalyse angemeldet, die die Leerstelle der Interpretation ausfüllen müsse. Titzmann will den Pluralismus der Interpretationen durch strukturale Analysen der Rekonstruktion des Einzeltexts und der ihm begründet zuzuordnenden Kontexte ablösen: »Eine strukturale Textanalyse, wie sie hier angedeutet wurde, muß notwendig behaupten, daß es zu einem gegebenen Zeitpunkt, bei einem gegebenen Stand der semiotischen Theorien und der geltenden Wissenschaftstheorie nur eine befriedigende Analyse geben kann.« (Ebd., S. 42) Der literarische Text wird zur ›nature morte‹, zum Katalog eines Systems von Beschreibungssätzen, die den Text auf kulturelles Durchschnittswissen reduzieren. Vor diesem Hintergrund methodischer Entwicklungen des textlinguistischen Strukturalismus, der generativen Transformationsgrammatik, der Informationstheorie, die auf totale Beherrschbarkeit, auf Mechanisierung des Bedeutungsprozesses und auf Negation der Interpretation angelegt sind, ist der Radikalismus poststrukturalistischer Strömungen erklärbar.

3. Philosophische Voraussetzungen des Neostrukturalismus

Die stolze Sicherheit objektivierbaren Wissens und unbegrenzter Bemächtigung der Sprache wird durch den »Poststrukturalismus« oder »Neostrukturalismus«, durch grundsätzliche Negation philosophischer und sprachwissenschaftlicher Begriffe erschüttert. Es ist dies eine Kritik an den Begriffen einer geschlossenen Struktur, an der Einheit des Textes, an der Feststellung einheitlicher Bedeutung, an der Generierung eines Sinns. Im engsten Zusammenhang damit steht eine grundsätzliche Kritik der philosophischen Begriffe des Subjekts und der abendländischen Metaphysik. Zwar entwickelt keiner der poststrukturalistischen Autoren und Autorinnen eine neue Semiotik. Ihre Kritik betrifft aber Faktoren der Semiose und führt zur Negation oder Veränderung der Begriffe von Autor, Text, Leser und Gesellschaft. Mit Manfred FRANK ([2]1984a) können wir den »Post-« als »Neostrukturalismus« bezeichnen: in ihm wird Saussures These, die Sprache sei eine Form differentieller Relationen, radikalisiert. Dadurch werden Begriffe wie »Text« oder »Kunstwerk«, sofern sie als objektiv rekonstruierbare Substanzen gedacht werden, unmöglich. Die Analyse und Interpretation von Texten wird durch die Beschreibung »diskursiver Praktiken« ersetzt (→ DISKURSANALYSE, DISKURSGESCHICHTE). So verschiedene Autoren wie Jacques Derrida, Jacques Lacan, Julia Kristeva, Michel Foucault sowie Paul de Mans → DEKONSTRUKTION stimmen in der Opposition gegen die abendländische Metaphysik und Identitätsphilosophie, gegen den Repräsentationscharakter der Sprache, gegen die semantische Identität von Sprachzeichen und gegen die Präsenz des Sinns und die Autonomie eines selbstbewußten Subjekts überein.

Das hat Konsequenzen für das Verständnis von Philosophie und Wissenschaft. Eine rational begründete Durchsichtigkeit des Seins und Wissenschaft als ein Medium der objektiven Erkenntnis sind aufgrund dieser Voraussetzungen nicht denkbar. Die Traditionen und Ideale der Aufklärung sind in Frage gestellt. Damit wird Heideggers Kritik der Metaphysik radikalisiert, ohne daß ein »Seinsgeschick« die Stelle des negierten Gottes einnähme. Die Sprachkritik orientiert sich an Nietzsches »Über Wahrheit und Lüge im außermoralischen Sinn«. Mit Nietzsche wird auch die Frage aktuell, ob das Ich nicht eine Fiktion, nur ein bloßes Epiphänomen des Willens zur Macht sei. Mit Freud wird gefragt, inwiefern das Ich nicht Herr im eigenen Hause, sondern Figuration des Unbewußten sei. (Zum folgenden → Problematisierung der Hermeneutik; → Dekonstruktion.)

4. Das unendliche Spiel differentieller Relationen: Jacques Derrida

Derridas Sprachkritik beruht auf einer Umkehrung des traditionellen Primats der mündlichen Rede, des Logos, gegenüber der Schrift. Im Text »La Pharmacie de Platon« (Derrida 1972a) bezieht er sich auf die folgende Stelle in Platons Dialog »Phaidros«:

»Sokrates: Denn dieses Schlimme hat doch die Schrift, Phaidros, und ist darin ganz eigentlich der Malerei ähnlich; denn auch diese stellt ihre Ausgeburten hin als lebend, wenn man sie aber etwas fragt, so schweigen sie gar ehrwürdig still. Ebenso auch die Schriften: Du könntest glauben, sie sprächen, als verständen sie etwas, fragst du sie aber lernbegierig über das Gesagte, so bezeichnen sie doch nur stets ein und dasselbe. Ist sie aber einmal geschrieben, so schweift auch überall jede Rede gleichermaßen unter denen umher, die sie verstehen, und unter denen, für die sie nicht gehört, und versteht nicht, zu wem sie reden soll und zu wem nicht. Und wird sie beleidigt oder unverdienterweise beschimpft, so bedarf sie immer ihres Vaters Hilfe; denn selbst ist sie weder sich zu schützen noch zu helfen imstande.

Phaidros: Auch hierin hast du ganz recht gesprochen.

Sokrates: Wie aber? Wollen wir nicht nach einer anderen Rede sehen, der echtbürtigen Schwester von dieser, wie sie entsteht und wieviel besser und kräftiger als jene sie gedeiht?

Phaidros: Welche doch meinst du, und wie soll sie entstehen?

Sokrates: Welche mit Einsicht geschrieben wird in des Lernenden Seele, wohl imstande, sich selbst zu helfen, und wohl wissend zu reden und zu schweigen, gegen wen sie beides soll.

Phaidros: Du meinst die lebende und beseelte Rede des wahrhaft Wissenden, von der man die geschriebene mit Recht wie ein Schattenbild ansehen könnte.« (Platon, »Phaidros«, 275E/276A)

Diese Privilegierung der mündlichen Rede gegenüber der schriftlichen wurde, wie Derrida ausführt, von Rousseau, Hegel, Husserl, Heidegger wiederholt. Sie alle, meint er, seien noch einer logozentrischen Metaphysik verhaftet, selbst Heidegger, dessen Dekonstruktion der Metaphysik Derrida radikalisiert. Am Beispiel des Platon-Textes versucht er zu zeigen, wie die durch den Logos verdrängte Schrift im Text wirkt und ihn von innen dekonstruiert.

In Platons Text erscheint die Ambivalenz der Schrift als Heilmittel (»remède«) und als Droge und Gift, als »pharmakon«, in ihrer Doppelfunktion als Stütze des Gedächtnisses und als Grund von dessen Degeneration, da die Schrift dem Gedächtnis nur äußerlich sei und keine Wahrheit, sondern nur Schein erzeuge. In der Perspektive des platonischen Dialogs ist die Schrift suspekt, weil sie »umherschweift« und weil sie nicht versteht, »zu wem sie reden soll und zu wem nicht«. Als Schrift ist sie von direkter Kommunikation gelöst, bedarf sie der Hilfe, der Autorität des Vaters. Diese väterliche Instanz des Platonischen Dialogs sieht Derrida in Zusammenhang mit der Autorität des metaphysischen Philosophen und mit der Instanz des Väterlichen als Verkörperung der Autorität schlechthin. Da Derrida das hierarchische Verhältnis von Wort (»parole«) und Schrift (»écriture«) umkehrt, ist diese Umkehrung auch eine Negation der Autorität, eine Negation der abendländischen Tradition, eine Negation der Identität des Sinns und Auflösung der festumgrenzten Totalität des Texts – ja letztlich eine Negation jedes Ganzheits- und Totalitätsdenkens, eine Negation der Interpretation und Hermeneutik, soweit sie auf die Reproduktion eines Sinns oder auch nur auf die Begründung eines Zusammenhangs verschiedener Möglichkeiten einer Sinnbildung angelegt ist (→ HERMENEUTISCHE MODELLE).

Dies führt Derrida zur radikalen Kritik des klassischen → STRUKTURALISMUS und zur Kritik traditioneller Zeichenbegriffe. Derrida kritisiert selbstverständlich die vorstrukturalistische Zeichendefinition des »aliquid stat pro aliquo« (»etwas steht für etwas«, repräsentiert gleichsam stellvertretend ein anderes), die klassische Repräsentationsfunktion eines Signifikanten, der ein eindeutiges Signifikat vertritt, als metaphysischen Schein. Es ist dies ein substantialistischer (oder ›essentialistischer‹) Zeichenbegriff, der mit Derridas Entgrenzung der Zeichen und des Textes nicht zu vereinbaren ist. Dieser Zeichenbegriff wurde ja schon durch Saussures Sprachbegriff in der von Bally und Sechehaye publizierten Fassung des »Cours de linguistique générale« kritisiert und ersetzt. Saussure hat nicht mehr einzelne Einheiten des Sprachsystems als isolierte, substantiell bestimmte Elemente betrachtet. Er hat vielmehr die einzelnen Einheiten als sich gegenseitig differenzierende und somit gegenüber den andern Einheiten des Systems negativ bestimmte Elemente beschrieben. Ein Zeichen verbindet ein Lautbild mit einer Vorstellung, und zwar so, daß diese Relation an sich beliebig, aber durch soziale Konvention geregelt ist. Dieser Zeichenbegriff bezieht sich, was Derrida kritisch vermerkt, auf die gesprochene Sprache; er ist »phonozentrisch«. Trotzdem ist er nicht substantialistisch; vielmehr erscheint Bedeutungsbildung als Prozeß differentieller Relationen. Dieser Prozeß ist allerdings endlich, durch Konventionen begrenzt. Der klassische Strukturalismus (etwa bei Claude Lévi-Strauss oder Algirdas J. Greimas) begrenzt das Spiel differentieller Relationen durch die Grenzen von Strukturen im Rahmen eines geschlossenen Systems. Derrida will diese Begrenzung aufheben und zeiht auch Saussure – obgleich er erkennt, daß dieser nicht mehr einen substantialistischen Zeichenbegriff verwendet – des Phonozentrismus:

»Der Begriff des Zeichens impliziert immer schon die Unterscheidung zwischen Signifikat und Signifikant, selbst wo diese (de Saussure zufolge) letzten Endes nichts anderes ist als die zwei Seiten ein und desselben Blattes. Unangestastet bleibt somit ihre Herkunft aus jenem Logozentrismus, der zugleich ein Phonozentrismus ist: absolute Nähe der Stimme zum Sein, der Stimme zum Sinn des Seins, der Stimme zur Idealität des Sinns.« (Derrida 1983, S. 25)

Derrida stellt nun die Begrenzung dieses Spiels differentieller Relationen in seinem Buch »L'écriture et la différence« (»Die Schrift und die Differenz«) in einem für sein Verhältnis zum klassischen Strukturalismus zentralen Kapitel in Frage (»Die Struktur, das Zeichen und das Spiel im Diskurs der Wissenschaften vom Menschen«, Derrida 1972b, S. 422-442). Begriff und Wort der Struktur seien gleichzeitig mit der Wissenschaft und der abendländischen Philosophie entstanden. Das Zentrum einer Struktur hätte nicht nur die Aufgabe, ein Gleichgewicht der beteiligten Faktoren zu organisieren, sondern vor allem das Spiel der Struktur zu begrenzen. Er meint, in der Geschichte des Begriffs der Struktur hätte dieses Zentrum, die geregelte Struktur, viele verschiedene metaphorische Namen getragen, wie zum Beispiel ›Essenz‹, ›Substanz‹, ›Subjekt‹, ›Gott‹, ›Mensch‹, ›Bewußtsein‹. Nun aber hätte sich in der Geschichte des Denkens ein Bruch, ein Riß ereignet, den er als *Dezentrierung*, als Denken der Strukturalität der Struktur bezeichnet. Er nennt als Autoren, die der Formulierung dieser Dezentrierung vor ihm am nächsten gekommen wären, vor allem Nietzsche und Heidegger. Nietzsches Kritik an der Metaphysik und an den Begriffen des Seins und der Wahrheit hätte diese Begriffe durch die des Spiels, der Interpretation und des jeglicher Präsenz der Wahrheit baren Zeichens ersetzt. Er nennt weiterhin Freuds Kritik des Bewußtseins und des mit sich selbst identischen Subjekts, schließlich aber Heideggers Dekonstruktion der Metaphysik und der Bestimmung des Seins als Präsenz. Alle diese Bewegungen des Denkens negieren oder kritisieren Instanzen, die als Zentrum von Strukturen fungiert haben. Gegenüber der Frage, was dies für die Wissenschaften vom Menschen bedeute, verweist Derrida auf die besondere Funktion der Ethnologie, die als Wissenschaft erst entstehen konnte, als die Kritik des Ethnozentrismus einsetzte, gleichzeitig mit der Geschichte der Auflösung der Metaphysik.

Es ist sinnvoll, sich dieses weiteren Horizonts zu vergewissern, auch wenn wir uns nun fragen, was das für den engeren Bereich von Sprache und Literatur bedeute. Im Gegensatz zum Strukturalismus des Ethnologen Claude Lévi-Strauss, der die Grenzen des Spiels differentieller Relationen im Rahmen eines geschlossenen Systems bestimmte, stellt Derrida die Begrenzung von Strukturen durch ein zentrales Prinzip grundsätzlich in Frage: »Die Abwesenheit eines transzendentalen Subjekts erweitert das Feld und das Spiel des Bezeichnens ins Unendliche.« (DERRIDA 1972b, S. 424) Derrida *dekonstruiert* also die Präsenz des Sinns, die geschlossenen Strukturen, die Taxonomien, die festen Signifikant-Signifikat-Relationen. Er stellt ihnen das Gegenextrem des unendlichen Fluktuierens im subjektlosen, dezentrierten Spiel der Differenzen entgegen. Das französische Verb »différer« wie das lateinische »differe« vereint zwei Bedeutungen. Es kann sowohl »unterscheiden« als auch »aufschieben« heißen. Derrida schreibt deshalb nicht »différence«, sondern »différance«. Dieser Neologismus soll den Unterschied, die Differenz, auf zwei verschiedene Weisen ausdrücken. Er markiert das Spiel der Differenzen, und er bezeichnet den Aufschub, das Sichentziehen des Sinns. Zudem wird das »a« von »différance« zwar geschrieben, ist aber nicht zu hören: dies ist zeichenhaft für das Primat der Schrift vor dem Laut der Stimme. Ausgangs- und Zielpunkt der Schrift ist eine »Urschrift«. Sie hebt den Gegensatz von »Stimme« und »Schrift« in sich auf.

Das kann zu kritischen Rückfragen danach führen, ob sich hier die alte Metaphysik nicht in einer neuen Metaphysik auflöse. Derrida hat die wichtigsten Ergebnisse seiner Auseinandersetzung mit Saussure in einem Gespräch mit Julia Kristeva selbst zusammengefaßt (DERRIDA 1972c). Er stimmt Saussures Konzept der prinzipiellen Einheit von Lautbild und Vorstellung zu, ebenso der Betonung des formellen und differentiellen Charakters der Zeichen. Er wirft Saussure aber vor, die strenge Trennung von Signifikant und Signifikat doch beizubehalten. So wäre es möglich, daß ein Gedanke der

Zeichenkonstitution voranginge. Er meint, Saussure privilegiere den Vorrang des lautlichen Gedankens vor der Schrift. Dies wäre dann doch eine phonische Repräsentation der Schrift, und damit verfalle er einem Psychologismus, der auch sein Verständnis der Kommunikation bestimme. Derrida versteht hier allerdings Kommunikation im Sinne des einfachsten Modells der Informationstheorie als »transmission de faire passer d'un sujet à l'autre l'identité d'un objet signifié« (ebd., S. 34). Es ist dies das Konzept des Bedeutungstransports eines eindeutigen, im Übergang von einem Subjekt zum andern absolut unveränderten, identischen Ojekts. Das Konzept des Saussureschen »Cours de linguistique générale« nimmt aber zwischen diesen Extrempositionen des identischen Bedeutungstransports einerseits und dem Spiel der Differenzen andererseits eine genau bestimmbare Zwischenstellung ein. Saussure formuliert präzise: »Bien que le signifié et le signifiant soient, à chaque part, purement différentiels et négatifs, leur combinaison est un fait positif.« (SAUSSURE 1972, S. 166) So wird das Spiel der Differenzen, die sich voneinander abheben, in die Struktur der Oppositionen transformiert, die durch die Konventionen des Kollektivbewußtseins bestimmt werden.

Leider haben sowohl Strukturalisten wie Poststrukturalisten Saussure überwiegend in der vereinfachten Form der Redaktion seiner Schüler Bally und Sechehaye rezipiert. Die Rekonstruktion des authentischen Saussure durch die bahnbrechende kritische Ausgabe Rudolf Englers wurde nicht berücksichtigt (SAUSSURE, ed. Engler 1967). Diese liefert die Grundlage für eine semiologische Verstehenstheorie (JÄGER 1980). Sie relativiert Derridas Kritik an Saussures Konzept der Bedeutungsbildung. Die Vieldeutigkeit seiner Begriffe »écriture« und »différance« führt zu Widersprüchen, die in traditionell wissenschaftlicher Terminologie nicht eindeutig und präzise aufzulösen sind (vgl. HEMPFER 1976, S. 13-25). Als kritisches Korrektiv zu simplifizierenden Kommunikationstheorien der systemlinguistischen Informationstheorie oder der extremen hermeneutischen Richtung einer bloßen Rekonstruktion der Autorintention (→ LITERATUR ALS ›SYSTEM‹; → HERMENEUTISCHE MODELLE) ist Derridas Konzept jedenfalls als »remède« – je nachdem »pharmakon« –, als differenzierendes Gegengift zur Dogmatik identischer Bedeutungsrekonstruktion sinnvoll. Hermeneutik und antihermeneutische Strömungen teilen den Mangel, verschiedene Arten der Zeichensynthesen in verschiedenen Sprachtypen und Textsorten nicht zu unterscheiden. Sie teilen ein zwar unterschiedliches, aber jedenfalls engagiertes und differenziertes Verständnis literarischer Texte. Möglichkeiten und Grenzen des Gesprächs zwischen hermeneutischen und antihermeneutischen Strömungen zeigen sich prägnant am Beispiel des literarischen Textes.

5. Die Unlesbarkeit der Texte: Paul de Man

In den frühen siebziger Jahren hat sich in Amerika die literaturtheoretische Bewegung des Dekonstruktivismus unter dem direkten Einfluß von Jacques Derrida, der in Yale wirkte, gebildet (CULLER 1988, S. 95ff.). In Kontakt mit postmodernen Varianten von Kunst und Literatur entwickelte sie sich als Gegenbewegung gegen den »New Criticism« (LENTRICCHIA 1980). Harold Bloom, Geoffrey H. Hartman, J. Hillis Miller und Paul de Man bildeten den »Yale Deconstructionism« und gaben gemeinsam den erfolgreich wirkenden programmatischen Sammelband »Deconstruction and Criticism« heraus (BLOOM 1979; → DEKONSTRUKTION). Durch die Vermittlung Derridas wurden Heidegger und Nietzsche zu Einflußgrößen des amerikanischen Dekonstruktivismus. Kleinster gemeinsamer Nenner der verschiedenen Varianten ist die Negation jedes Ideenplatonismus, die Negation fester Bedeutungen in literarischen Texten und die Umwertung aller traditionellen Formen des Wissens und der Wissenschaft. Der Leser wird zum Objekt des Textes, die Interpretation weist die Selbstaufhebung der Texte nach und wird so zur radikalen Anti-Hermeneutik. Lentricchia (1980, S. 283) hat Paul de Man als »Godfather« der Bewegung bezeichnet.

In »Blindness and Insight: Essays in the Rhetoric of Contemporary Criticism« (DE MAN 1971, [2]1983) schreibt de Man, sein Interesse gelte dem Problem des literarischen Verstehens und den theoretischen Fragen über die Möglichkeit literarischer Interpretation (DE MAN [2]1983, S. 135). Ihn interessieren allerdings weder die Klassiker philosophischer Hermeneutik noch die Versuche, Literaturwissenschaft als strenge Wissenschaft zu begründen, ohne den Prozeß der Interpretation zu analysieren. Ihn interessieren die kognitiven Strukturen des Interpretationsprozesses und die Logik des literaturkritischen Diskurses. So bekommen Lesen und Lektüre bei ihm ganz besonderes Gewicht. Mit ganz anderen Voraussetzungen des Sprach- und Werkbegriffes als der »New Criticism« und mit einer auf die kognitiv erfaßbaren Textaspekte weitgehend eingeschränkten Textwahrnehmung erinnert seine Verfahrensweise doch an die werkimmanente Analyse (→ Formen ›textimmanenter‹ Analyse) und an die Techniken des »close reading«. Während aber die sogenannte »immanente Interpretation« und der amerikanische »New Criticism« (Halfmann 1971, Bermann 1988, Zapf 1991a) an der Einheit des Werks festhielten, dessen Stimmigkeit und innerer Zusammenhang gerade seinen Kunstcharakter ausmachte (auch wenn diese Einheit unter Umständen eine paradoxe Einheit von Gegensätzen bildete), formuliert de Man die These, im literarischen Text stünden sich Logik und → Rhetorik unversöhnbar gegenüber und sprengten die Einheit des Textes. So verstanden sagen literarische Texte nie, was sie bedeuten wollen. Die Leserin erfährt die Lektüre als kognitiven Prozeß, der sich selbst bezweifelt, da die rhetorische Form den referentiellen Gehalt in Frage stellt.

Nachdem de Man in »Blindness and Insight« alle früheren Versuche der Bestimmung des Literarischen kritisiert und abgelehnt hatte, glaubte er, durch die Analyse der komplexen Verbindung von Einsicht und Blindheit die Eigenart des Literarischen bestimmen zu können. Der Widerspruch zwischen logischer und figuraler Bedeutung, zwischen referentiellem und rhetorischem Bezug offenbart sich dem Leser in der Dialektik von Blindheit und Einsicht als Einsicht in die Blindheit der so ihre Bedeutung selbst dementierenden Texte. Er nennt »jeden Text ›literarisch‹ im vollen Sinne des Wortes [...], der implizit oder explizit seinen eigenen rhetorischen Modus bezeichnet und seine mögliche Fehldeutung als Korrelat seines rhetorischen Charakters, seiner ›Rhetorizität‹ vorwegnimmt« (de Man 1993, S. 220f.; vgl. de Man [2]1983, S. 136f.: »calling ›literary‹, in the full sense of the term any text that implicitly or explicitly signifies its own rhetorical mode and prefigures its own misunderstanding as the correlative of its rhetorical nature that is, of its ›rhetoricity‹«.). Der literaturkritische Kommentar zeigt als Ergebnis einer Lektüre, daß er keine Wahrheit der Literatur, daß er keine entscheidbare Bedeutung feststellen kann. Insofern der immanente Kommentar im Sinne der Logik und der Referenzanalyse auf die Feststellung von »wahr« und »falsch« konzentriert ist, kann er nur die Geschichte scheiternder Lektüre, die Geschichte der Unlesbarkeit der Texte erzählen.

Sind damit nicht eingeschränkte Begriffe der Kunst vorausgesetzt? Im genannten Sinne könnten Aspekte von Texten der Frühromantik, Rousseaus, Nietzsches, des Surrealismus und der Postmoderne betrachtet werden. Texte aus Aufklärung und Klassik aber müßten, um diesem Literaturbegriff zu entsprechen, recht selektiv und gewaltsam gelesen werden. Literaturtheoretisch äußerst anfechtbar ist auch der Verstehensbegriff. De Man definiert ›Verstehen‹ als Bestimmung des referentiellen Modus eines Textes. Er identifiziert Bedeutung mit Referenz und behandelt literarische Sprache nach den Kriterien der Logik. Daß indessen literarische Texte nicht direkt referentialisierbar sind, ist zum mindesten seit Mukařovskýs Analyse des ästhetischen Zeichens ein Gemeinplatz (→ FORMALISMUS UND STRUKTURALISMUS). Ebenso problematisch ist die vorausgesetzte Sprachtheorie. Sprache erscheint nur als widersprüchliche Substanz sich gegenseitig widersprechender Mittel logischer und rhetorischer Darstellung. Die Möglichkeit, auch eine »Appellstruktur der Texte« (Wolfgang Iser) zu beachten und nicht nur eine rezeptiv-kognitive Aktivität der Leser, also auch affektiv und kognitiv produktive Aktivitäten der Leserinnen zu erwägen, wird nicht in Betracht gezogen (→ WIRKUNGSÄSTHETIK; → REZEPTIONSGESCHICHTE; → HERMENEUTISCHE MODELLE). Abgesehen von den genannten fragwürdigen Voraussetzungen und Defiziten wird man de Man die Anerkennung für intellektuellen Scharfsinn und stilistische Brillanz sowie für die Schärfung der Sensibilität für Paradoxien und Widersprüche der Literatur nicht versagen können. Allerdings kann er hier an ein reiches Erbe des »New Criticism« anschließen (William Empson: »Seven Types of Ambiguity«, London 1930; »The Structure of Complex Words«, London 1951; Cleanth Brooks: »The Well-Wrought Urn: Studies in the Structure of Poetry«, New York 1947).

De Mans »Allegorien des Lesens« sind jedoch nach ihren eigenen Voraussetzungen immer Fehlschläge, Dekonstruktionen der eigenen Lektüre. »The allegory of reading narrates the impossibility of reading.« (DE MAN 1979, S. 77) Das Mißlingen dieser Lektüre beruht jedoch nicht auf einem unhintergehbaren Charakter der Poesie oder der poetischen Sprache, sondern auf der rationalistischen Reduktion der Poesie und auf der Reduktion des Problems der Bedeutung auf das Problem der Referenz. De Mans Art der Problemlösung des Verstehens abstrahiert von jeder Möglichkeit kommunikativer Funktion der Sprache und nivelliert ohne ausreichende sprachwissenschaftliche und philosophische Begründung die Differenz zwischen wissenschaftlichem und poetischem Text. Der Schluß des Textes »Semiologie und Rhetorik« (in der Sammlung »Allegorien des Lesens«) lautet: »Literatur und Literaturwissenschaft – die Differenz zwischen ihnen ist Trug – ist verurteilt (oder privilegiert), für immer die strengste und folglich am wenigsten verläßliche Sprache zu sein, in deren Begriffen der Mensch sich selber benennt und verwandelt.« (DE MAN 1988, S. 50) Dies provoziert kritische Lektüre und die Fragen: Inwiefern ist das ›am wenigsten Verläßliche‹ Folge generalisierender, zwischen Literatur und Literaturwissenschaft nicht unterscheidender »Strenge«? Inwiefern könnte diese Position immerhin Korrektiv einer Objektivität sein, die sich ihrer Subjektivität nicht bewußt ist? De Man beschreibt literarisches Bewußtsein als tragisch gespaltenes Bewußtsein unentscheidbarer Perspektiven, ohne in kritischer Praxis zu unterscheiden, was er theoretisch gelegentlich durchaus trennt: verschiedene Organisationsformen des Wissens, der Wissenschaft, der Literatur und der Politik (vgl. DE MAN und MENKE 1993; → LITERATUR ALS ›SYSTEM‹; → DISKURSANALYSE, DISKURSGESCHICHTE). Handelt es sich nicht auch hier um provokante Übertreibung und rhetorische Pointierung von Positionen, die ihrerseits wieder nach Differenzierung verlangten (vgl. ZAPF 1991a, S. 219)?

6. Die Schwierigkeit des Gesprächs zwischen Hermeneutik und ›Anti-Hermeneutik‹

Nicht nur das Denken von Hermeneutik und ›Anti-Hermeneutik‹ ist grundsätzlich verschieden, sondern auch die Objektkonstitution. Traditionelle → HERMENEUTIK rekonstruiert ein Textobjekt im Sinne des Autors; an der → REZEPTIONSÄSTHETIK orientierte Hermeneutik beschreibt die Appellstruktur der Texte, die zwischen Text und Leser vermittelt. Derrida analysiert die Suche der Signifikanten nach dem nie Erreichbaren, aber doch immer wieder ersehnten und immer wieder aufgeschobenen Signifikat. De Man reflektiert die kognitive Struktur unauflöslich widersprüchlicher Lektüre. Kein Wunder, daß schließlich Literaturtheorien konzipiert werden, die entweder den Text als reine Projektion des Lesers betrachten oder aber, um der Annahme vollständiger Anarchie und Willkür der Literaturbetrachtung zu entgehen, die These vertreten, das Subjekt der Zeicheninterpretation, die die Deutungen bestimmende Größe, sei die Sozialisationsformen prägende Gemeinschaft, die »interpretive community«, also eine letztlich politische Macht (FISH 1980, HAVERKAMP 1995; → DISKURSANALYSE, DISKURSGESCHICHTE). Humpty-Dumpty scheint recht zu bekommen: »Die Frage ist, wer der Herr sein soll.« Kein Wunder, daß dies die feministische Literaturtheorie auf den Plan ruft, die Praktiken der männlich dominierten Interpretationsgemeinschaften zu hinterfragen (Moi 1985 und Halfmann 1971, S. 220-229; → Feministische Zugänge – ›gender studies‹).

Trotz der ungeheuren Widersprüche zwischen hermeneutischen und antihermeneutischen Strömungen ist es zum Versuch eines Gesprächs zweier der bedeutendsten Vertreter dieser Richtungen, zwischen Hans-Georg Gadamer und Jacques Derrida gekommen. Es ist gut dokumentiert in dem von Philipp Forget herausgegebenen Band »Text und Interpretation« (Forget 1984). Hans-Georg Gadamer hat am 25. April 1981 in Paris vor Derrida und seinen Schülern den Vortrag »Text und Interpretation« gehalten (ebd., S. 24-55). Er faßt darin seine Position zusammen, die Begründung des Universalitätsanspruchs der Hermeneutik, die neue Funktion, die Sprache und Individualität in der Romantik bekommen, und deren Konsequenz für das Problem des Verstehens. Anschließend vergleicht er sein und Derridas Verständnis von Heidegger und Nietzsche, denen sich beide mit unterschiedlichem Gewicht und unterschiedlicher Auslegung verpflichtet fühlen. Schließlich erläutert er sein Verständnis von ›Text‹ und ›Interpretation‹ und konkretisiert es anhand von Mallarmés Sonett »Salut« und Mörikes Gedicht »Auf eine Lampe«.

Gadamer begründet Sprachverstehen in der Kunst des lebendigen Dialogs. Er sieht diese in der sokratisch-platonischen Denkbewegung zwar schon vollzogen, sie sei aber erst in der Abenddämmerung der Metaphysik, im Zeitalter der deutschen Romantik, zu philosophischem Bewußtsein gelangt und in unserem Jahrhundert gegen die Subjektbefangenheit des Idealismus geltend gemacht worden (Gadamer, in: Forget 1984, S. 30f.). Auch die Sprache des Dialogs ist für ihn Brücke und Schranke. Sein Konzept des Dialogs vertritt weder den Idealismus der Möglichkeit unbegrenzter Selbsterkenntnis noch denjenigen des unbegrenzten Fremdverstehens. Gadamer betont aber das Primat der Sprachlichkeit unserer Welterfahrung gegenüber dem Primat des Selbstbewußtseins im Idealismus und gegenüber dem Tatsachenbegriff des Positivismus, da alles Bewußtsein und alles Wissen sich sprachlich artikuliere. Er beruft sich dabei auf Nietzsches Kritik der idealistischen Begründung der Wahrheit im Selbstbewußtsein, auf die Radikalisierung dieser Kritik durch Freud und auf Heideggers grundsätzliche Kritik des Bewußtseins. Wenn alles der Zwischenwelt der Sprache bedarf und der Begriff der ›reinen Wahrnehmung‹ als dogmatisch negiert wird, dann erfolgt schon das sogenannte Wahrnehmen im Modus des »Etwas-als-etwas-Verstehen«, dann ist Interpretation nicht eine zusätzliche Prozedur des Erkennens, sondern macht »die ursprüngliche Struktur des ›In-der-Welt-Seins‹« aus (ebd., S. 34). Auf der Basis dieses Begriffs der Interpretation bildet Gadamer auch seinen Begriff des Texts: »Jeder Rückgang auf den Text, ob es sich dabei um einen wirklichen, schriftlich fixierten Text handelt oder um die bloße Wiederholung des im Gespräch Geäußerten, gilt gleichviel – meint die ›Urkunde‹, das ursprünglich Gekündete oder Verkündete, das als ein sinnhaft Identisches gelten soll.« (Ebd., S. 39) Gadamer betont ›sinngemäß‹, nicht ›wörtlich‹. Ein Text ist also für ihn keine feste Bedeutungssubstanz, allerdings auch keine unendliche Variable, sondern eine Identität des Sinns in wandelbarer Form, Ergebnis einer Interpretation. Vor dem Hintergrund dieses allgemeinen Textverständnisses profiliert er nun seine besondere Sicht des literarischen Textes.

Im Gegensatz zum nicht-literarischen Text, der dann, wenn der Leser den ursprünglichen Sinn verstanden hat, »verschwindet«, beschreibt er die literarischen Texte als »Texte, die nicht verschwinden, sondern allem Verstehen gegenüber mit normativem Anspruch dastehen und allem neuen Sprechenlassen des Textes bevorstehen« (ebd., S. 46). Sie verweisen auch nicht auf ein schon gesprochenes Wort zurück. Gadamer plädiert keineswegs für die Rekonstruktion der Autorintention. Der literarische Text verweist nicht zurück auf eine ursprüngliche Sprechhandlung, sondern er schreibt Sprachhandlungen vor. Diese Vorschrift ist aber nie ganz zu erfüllen. Nicht nur dieser völlig andere Bezug und dieses völlig andere Ideal der Vollzugsform unterscheidet den literarischen Text von anderen Texten, sondern auch die Aufhebung der Funktionen direkter Mitteilung und Referenz, die Selbstpräsentation des dichterischen Wortes. Er erklärt aber ausdrücklich und läßt dies gesperrt drucken: »Es ist aber ein Trugschluß, wenn man solche Präsenz von der Sprache der Metaphysik aus auf die Gegenwärtigkeit des Vorhandenen oder vom Begriff der Objektivierbarkeit aus verstehen will.« (Ebd., S. 51) Diese Präsenz betrifft nur die Prägnanz des Texts, der aber im Gegensatz zum gewöhnlichen Text gerade deshalb eine Norm setzt, die nie vollständig erfüllt werden kann. Für Gadamer ist der literarische Text der Partitur vergleichbar, nicht der Aufführung, nicht der Repräsentation. Gadamer versucht den Prozeß der Interpretation so zu beschreiben, daß jedenfalls klar wird, daß dieser der Norm des Texts nicht entspricht: »Die Aufgabe ist, das, was ein Gebilde ist, in sich aufzubauen, etwas, was nicht konstruiert ist, zu konstruieren – und das schließt ein, daß alle Konstruktionsversuche wieder zurückgenommen werden.« (Ebd., S. 54) Als exemplarisches Beispiel wählt auch er (wie zuvor Emil Staiger) Mörikes »Auf eine Lampe« (→ FORMEN ›TEXTIMMANENTER‹ ANALYSE). Die umstrittene Schlußzeile: »Was aber schön ist, selig scheint es in ihm selbst«, interpretiert er weder im Sinne von ›den Anschein haben‹ wie Staiger noch im Sinne von ›schön scheinen‹ wie Leo Spitzer, sondern im Sinne von ›leuchten‹ – wie sein philosophischer Lehrer Heidegger. Er begründet dies aber anders, nicht wie jener mit dem Verweis auf Hegels Ästhetik und damit auf »das sinnliche Scheinen der Idee«, sondern mit der Begründung, die Deutung des »scheint« im Sinne von ›hat den Anschein‹ erfülle das Gesetz des Verses nicht. In der Tat liest sich der Text in diesem Sinne flüssiger. Lesen wir ›scheinen‹ im Sinne von ›videtur‹, stockt der Fluß der Rede, zögert er zum mindesten. Vielleicht würde gerade eine der Norm sich nähernde Rezitation, ein Sprechen, das zögert, durch die Art des Sprechens dem Zweifel, welche Deutung die richtige sei, adäquaten Ausdruck verleihen. Doch dies möchte Gadamer nun gerade vermeiden. »Jede Doppelmöglichkeit des Verstehens ist aber ein Anstoß« (ebd.), sagt er, ja er spricht sogar von einer »reflexiven Irruption« durch das prosaische Verständnis von »scheint es« und meint, dies würde die melodische Einheit des Satzes zerstören. Gadamers Interpretation »verinnert« den Text. Er spricht vom inneren Ohr, das ihn hört und vom inneren Auge, in dem das »stille Sichverströmen des Lichtes erscheint«. Diese sinnliche Inszenierung ist Voraussetzung des Verständnisses, mit dem der Text endet:

»So versteht unser Verstand nicht nur, was da über das Schöne gesagt wird und was die Autonomie des Kunstwerks ausspricht, das von keinem Gebrauchszusammenhang abhängt – unser Ohr hört und unser Verständnis vernimmt den Schein des Schönen als sein wahres Wesen. Der Interpret, der seine Gründe beibrachte, verschwindet, und der Text spricht.« (Ebd., S. 55)

Gadamer hat im Blick auf Derrida deutlich gemacht, inwiefern sein Verständnis von Hermeneutik sich von traditionellen Positionen unterscheidet. Er bejaht Heideggers Kritik der Metaphysik, bejaht auch Nietzsches und Freuds Kritik des idealistischen Subjektbegriffs. Er kritisiert wie Derrida die Naivität des positivistischen Tatsachenbegriffs, und er sieht Grenzen des Verstehens und der Interpretation. Allerdings sind das nur bescheidene Annäherungen, die Derrida offensichtlich nicht wahrnahm. Er nahm nicht einmal wahr, was in entschiedenem Sinne vorhanden war, den guten Willen Gadamers, seinen Widerpart Derrida zu verstehen.

Derrida vermag im guten Willen Gadamers nur den »guten Willen zur Macht« zu sehen. Mit diesem Titel ist seine Antwort überschrieben. Derrida hatte auf Kants Verständnis des guten Willens zu Beginn der »Grundlegung zur Metaphysik der Sitten« verwiesen, wo Kant die Idee des absoluten Werts des bloßen Willens postuliert. Hätte Gadamer diesen Begriff vertreten, wäre Derridas Rückfrage verständlich gewesen: »Gehört nicht eine solche Redeweise – bis in ihre Notwendigkeit hinein – einer vergangenen Epoche an, nämlich jener der Metaphysik des Willens?« Gadamer aber möchte seinen guten Willen im Sinne Platons verstanden wissen: »Das will sagen: man ist nicht darauf aus, recht zu behalten und will deshalb die Schwächen des anderen aufspüren; man versucht vielmehr, den anderen so stark wie möglich zu machen, so daß seine Aussage etwas Einleuchtendes bekommt.« (Ebd., S. 59)

Auf diesen für Gadamer zentralen Punkt geht Derrida so ein, daß auch ein Derrida nahestehender Kenner beider Positionen, Philipp Forget, sagt, daß »ein Dialog verunmöglicht« wird (FORGET 1984, S. 8). Während sich Gadamer vorerst durch die Themenwahl und durch die Betonung der Grenzen seiner Konzepte in der Tat Derrida zu nähern und verständlich zu machen sucht, beendet er seinen Vortrag mit einer Präsentation literarischen Textverstehens, die Derrida zutiefst fremd sein muß. Die Betonung eines Lebenszusammenhangs beim dialogischen Verstehen, die Ausweitung des interpretatorischen Zusammenhangs bis ein Text »spricht«, führt Derrida zur kritischen Rückfrage, ob dies auch noch für das psychoanalytische Verstehen verzerrter Kommunikation gelte. Derrida zweifelt daran, daß Ausweitung genüge und meint, hier »würde ein Bruch notwendig sein oder eine allgemeine Neustrukturierung« (ebd., S. 57). Derrida bemerkt Gadamers Tendenz zur Kontinuität und Kohärenz, zur Einheit und Autonomie des Schönen und betont dagegen den Bruch, die Diskontinuität, die Umstrukturierung. Gadamer versucht darauf, Möglichkeiten und Grenzen des Verstehens des literarischen Texts noch schärfer zu profilieren. Auch ihm ist klar, daß er sich stärker am mündlichen Dialog, Derrida aber am schriftlichen Text orientiert. Derridas Argumentation aufnehmend erwidert Gadamer: »Alles als Schrift erscheinende Wort sei immer schon ein Bruch und vollends gilt [gelte] das für den literarischen Text [...], daß [er] uns einen Bruch mit unseren Erfahrungslinien zumutet.« (Ebd., S. 61) Er beschreibt Lesen als einen nie zu einem Ende führenden Weg, der den Leser verändert, und schließt mit dem Satz: »Ich glaube mich gar nicht so fern von Derrida, wenn ich unterstreiche, daß man nicht vorher weiß, als was man sich findet.« (Ebd., S. 61) Dies hebt allerdings die grundsätzlichen Gegensätze des Denkens nicht auf. Gadamers Verstehen ist letztlich auf Überwindung der Differenz angelegt und zielt auf eine nie erreichbare, aber doch approximativ erstrebte Ganzheit. Derrida betont das Nicht-Verstehen, den Bruch, und kritisiert schließlich ausführlich Heideggers Nietzsche-Interpretation, die er als hermeneutisch totalisierend ablehnt, und setzt ihm seine Dekonstruktion der Totalität entgegen (BEHLER 1988).

Dieses Gespräch wurde so eher zum Ort der Demonstration der Differenz zwischen Neo-Strukturalismus und Hermeneutik als zum Ort gegenseitigen Verstehens. Kritisch Lesende verstehen aber die Gründe der Grenzen solchen Verstehens. Die Verschiedenheit der Formen des Denkens und der Gedankenverbindung werden als Grund der Differenzen erkannt. Philipp Forget gibt deutungswilligen Lesern darüber hinaus die Aufgabe, die Fäden weiter zu verfolgen, obgleich die Partner dieser Debatte »teilweise keinen guten Faden miteinander spinnen wollten« (FORGET 1984, S. 23). Vorbild könnte dabei der Diskussionsleiter der Debatte sein, Manfred Frank, der im Forgets Band abschließenden Artikel schon im Titel einen gemeinsamen Nenner der Parteien nennt: »Die Grenzen der Beherrschbarkeit der Sprache.« (Ebd., S. 181-213) Die Hermeneutik im Sinne Gadamers und der Poststrukturalismus im Sinne Derridas distanzieren sich vom Repräsentationsmodell der Sprache und von den einfachen sprach- und texttheoretischen Modellen, die so unterschiedliche Schulen wie der textlinguistische → STRUKTURALISMUS, die generative Transformationsgrammatik, die »Archäologie des Wissens« (→ DISKURSANALYSE, DISKURSGESCHICHTE), die Informations- und die Sprechakttheorie miteinander teilen. Derrida und Gadamer lehnen die Vorstellung von Codes, die die identische Zeichenreproduktion, die einen einfachen Bedeutungstransport erlauben, entschieden ab. Diese Modelle erfassen Textsorten und kommunikative Funktionen praktischer Alltagsrede und mechanisierbarer Abläufe von Handlungen. Differenzierteres Verstehen, wie es mitmenschliches Verstehen oder das Verstehen literarischer Texte erfordert, erfassen sie deshalb nicht, weil das Funktionieren dieser Modelle die restlose Konditionierung und Konventionalisierung von Sprache voraussetzt. Sprache reduziert sich dann notwendig auf ›leere Rede‹, die nur wiederholt, was schon einmal viele gesagt haben. Insofern allerdings die Verstehenden dem Überlieferungsgeschehen der Tradition unterworfen werden, ist die Distanz der Hermeneutik Gadamers zum Code-Modell der Sprache geringer als das Sprachdenken Derridas (vgl. FRANK, in: FORGET 1984, S. 189, 191).

Gemeinsam bleibt beiden Konzepten, daß die Zeitlichkeit der Zeichenartikulation beachtet wird. Dies führt bei Gadamer zur Problematisierung, bei Derrida zur Negation der semantischen Identität der Zeichen. Manfred Franks Darstellung der theoretischen Positionen Derridas (FRANK 1983, [2]1984a) ist von neostrukturalistischer Seite als »hermeneutische Auslegung« Derridas kritisiert worden (BEHLER 1988, S. 163). Franks Versuch aber, Derridas Begründung der Unausdeutbarkeit von Mallarmés Text »Mimiques« zu analysieren und an diesem und an weiteren Beispielen zu zeigen, wie und weshalb nicht nur die einfachen Sprachkonzepte der Linguistik, sondern auch die Hermeneutik Gadamers an Texten Mallarmés oder Celans an ihre Grenzen stößt, hat auch im poststrukturalistischen Lager Anerkennung gefunden (BEHLER 1988, S. 163). Diese Texte sagen Unsagbares, enthalten aporetische Aussagen, das heißt, sie widersprechen sich selbst, verweigern rationalisierbaren Sinn, um doch durch Klang und Rhythmus auf ästhetisches Aussagepotential zu verweisen, das sich nicht nur eindeutiger Bedeutungsrekonstruktion, sondern auch hermeneutischer Bedeutungs- und Sinnkonstitution entzieht. Es ist kein Zufall, daß Gadamer sich vor allem auf eine klassisch-klassizistische Tradition bezieht, während Derrida sich mit besonderer Neigung dem Dichtungsbegriff Mallarmés zugewandt hat.

Die Alternative ›Interpretierbarkeit oder Uninterpretierbarkeit der Texte‹ ist wohl zu einfach (RUSTERHOLZ 1993). Differenziertere Theorien der Literatur und der Auslegung müßten nicht nur die unterschiedlichen Formen der Bedeutungskonstitution verschiedener Textsorten berücksichtigen, sondern sollten sich auch an den je verschiedenen historischen Sprach- und Kunstbegriffen der Texte orientieren, dies allerdings nicht, ohne den weiteren Horizont der historischen Wandlungen der Begriffe und Funktionen von Autor, Text, Leser und Gesellschaft einzubeziehen. Solche Sicht könnte entscheiden, inwiefern verschiedene Konzepte der Auslegung sich in jeder Beziehung widersprechen, sich sinnvoll ergänzen (MÜLLER 1993), Defizite kompensieren oder die eine Übertreibung und isolierte Ansicht durch ein anderes Gegenextrem ersetzen. Der Optimismus, mit dem Schleiermacher das diesem Kapitel vorangestellte Zitat fortsetzt, ist heute grundsätzlich in Frage gestellt:

»Allein in dieser Schärfe oder Absolutheit ist der Gegensatz gar nicht vorhanden. Denn in jedem Fall ist immer eine gewisse Differenz des Denkens vorhanden zwischen dem Sprechenden und dem Hörenden, aber keine unauflösliche. Selbst im gewöhnlichen Leben, wenn ich bei vollkommener Gleichheit und Durchsichtigkeit der Sprache die Rede eines anderen höre und mir die Aufgabe stelle, sie zu verstehen, setze ich eine Differenz zwischen ihm und mir. Aber in jedem Verstehenwollen eines anderen liegt schon die Voraussetzung, daß die Differenz auflösbar ist. Die Aufgabe ist, in die Beschaffenheit und Gründe der Differenzen zwischen dem Redenden und dem Verstehenden genauer einzugehen. Dies ist schwierig.« (SCHLEIERMACHER 1977, S. 178)

Die Aufgabe ist allen aufgegeben, die Schwierigkeit kaum zu bezweifeln, das Gelingen abhängig von der Präsenz oder Absenz des Subjekts, vom Selbstverständnis des Menschen, der partizipiert am Subjekt der Zeicheninterpretation, der teilhat an künstlerischer Kreation oder aber sich nur noch leidend erfährt als passives Objekt gesellschaftlich konventionalisierten Bedeutungstransports.

im kritischen Apparat
i.d.R. von Anmerkungen unter dem Text
indem die Eingriffe des ~~Autors~~ Herausgebers & sonstige Anmerkungen kenntlich gemacht

Aufgabe der Textkritik / Edition

den ursprünglichen Wortlaut eines ~~ist~~ Textes, dessen vorliegende Fassung fehlerhaft oder verfälscht, möglichst genau zu erschließen
~~Voraussetzung für Edition ist textkrit. Bearbeitung:~~

III. Textkritik und Textedition

Textkritik und Textedition

von Anne Bohnenkamp

1. Vorbemerkungen

Die Grundlage aller wissenschaftlichen Beschäftigung mit Texten ist ihre Bereitstellung in zuverlässiger Gestalt. Ermittlung und Präsentation des authentischen Wortlauts sind die Aufgaben von Textkritik und Textedition. Je nach den für die literarischen Texte aus verschiedenen Zeiten sehr unterschiedlichen Entstehungs- und Überlieferungsbedingungen werden dabei verschiedene editorische Verfahrensweisen eingesetzt. Ziel ist die Erarbeitung einer wissenschaftlichen Textedition. Diese enthält neben dem kritisch edierten Text selbst in einem zweiten Teil je nach Editionsverfahren unterschiedlich angelegte, den Text rechtfertigende bzw. seine Entwicklung dokumentierende Materialen und erläuternde Angaben des Herausgebers. Dazu gehören:

1. Informationen des Herausgebers über die Anlage der Ausgabe sowie ein Verzeichnis der verwendeten Abkürzungen und Siglen,
2. eine Darstellung der Überlieferungsgeschichte des edierten Werkes und die detaillierte Beschreibung der Überlieferungsträger (Handschriften, Abschriften, Drucke),
3. das im engeren Sinne als *kritischer Apparat* bezeichnete Lesarten- und/oder Variantenverzeichnis,
4. soweit möglich eine Darstellung der Entstehungsgeschichte,
5. ein Register.

Je nach Anlage der Ausgabe können darüber hinaus auch weitere Zeugnisse (etwa zur Wirkungsgeschichte des Werkes) aufgenommen werden sowie vor allem den edierten Text sprachlich und inhaltlich erläuternde Kommentare des Herausgebers.

Voraussetzung für die wissenschaftliche Edition eines Werkes ist seine textkritische Bearbeitung. Diese beginnt mit der Sichtung der *Überlieferungslage*, also der Gesamtheit der als *Überlieferungsträger* oder *Textzeugen* bezeichneten Handschriften, Abschriften und Drucke, die zu einem Werk überliefert sind, und schließt den Versuch einer Rekonstruktion seiner Überlieferungsgeschichte ein. Stehen entsprechende Materialien zur Verfügung, gehört zur Textkritik auch die Rekonstruktion der Entstehungsgeschichte eines Textes.

2. Antike Texte

Entwickelt wurde die Textkritik im Zusammenhang mit der Arbeit an Texten, deren Originale nicht mehr zur Verfügung stehen. Die Rekonstruktion ihrer Gegenstände war die zentrale Aufgabe der ältesten philologischen Disziplin, der Klassischen Philologie (weshalb die Terminologie der Editionsphilologie bis heute in besonderem Maße lateinisch geprägt ist). Wir besitzen kein vom Verfasser eigenhändig niedergeschriebenes oder auch nur von ihm autorisiertes (für gültig erklärtes) Dokument antiker Dichtung. Viele Texte sind ganz verloren gegangen; von Sophokles etwa sind 132 Dramen dem Titel nach bekannt, vollständig überliefert davon aber nur sieben. Erhaltene Texte kennen wir nur durch viel spätere Abschriften ganz unterschiedlicher Zuverlässigkeit, meist liegen Jahrhunderte zwischen der ersten erhaltenen Abschrift eines Textes und seiner Entstehungszeit; nur in wenigen Fällen reichen Papyrusfunde deutlich näher an sie heran. Eine bis zum Aufkommen des Buchdrucks im 15. Jahrhundert auf immer neuem Abschreiben beruhende Tradierung der Texte hat das Original in der Regel mehr oder weniger entstellt. Neben Fehler aus Unkenntnis oder Unaufmerksamkeit treten dabei auch absichtliche Veränderungen, die etwa aus weltanschaulichen, pragmatischen oder auch textkritischen Gründen vorgenommen worden sein können: den jeweiligen Erfordernissen entsprechend kann ein Text gekürzt oder ergänzt, zensiert oder ›verbessert‹ worden sein. Die Erforschung der Überlieferungsgeschichte eines Werkes kann dabei wichtige Hinweise geben auf die ursprüngliche Funktion bestimmter Textzeugen und damit auf mögliche Typen von Änderungen: Schauspielerexemplare etwa lassen andere Eingriffe in den Text vermuten als für die Lektüre in Schulen gedachte Texte usw.

Um den Wortlaut des Originals wieder herzustellen bzw. ihm möglichst nahe zu kommen, müssen die im Verlauf der Überlieferung entstandenen Veränderungen des Textes erkannt und wieder rückgängig gemacht werden.

Zu diesem Zweck müssen zunächst in einem traditionell als (textkritische) *Heuristik* bezeichneten Arbeitsschritt die verschiedenen überlieferten Abschriften oder Drucke des zu edierenden Werkes, die *Textzeugen*, systematisch gesucht und gesammelt werden. Neben der *Hauptüberlieferung*, den vollständigen oder fragmentarischen Kopien des zu edierenden Textes, ist dabei die (auch als indirekte Überlieferung bezeichnete) *Nebenüberlieferung* eines Textes zu beachten: Zitate und Exzerpte in anderen Werken, in Lexika oder Kommentaren, Parodien, Paraphrasen oder Übersetzungen etwa können wertvolle Hinweise geben; manche Autoren sind überhaupt nur aus solchen Quellen bekannt.

Schon das Lesen von antiken Texten erfordert Spezialwissen, die Entzifferung der zu verschiedenen Zeiten in verschiedenen Schriften fixierten Textzeugen eines Werkes setzt Kenntnisse der Geschichte der Schrift voraus. Diese ist Gegenstand einer eigenständigen Disziplin, der *Paläographie*, mit deren Hilfe es gelingen kann, Handschriften aufgrund ihrer Schrift zu datieren und bestimmten Regionen, Schreibschulen oder sogar bestimmten Schreibern zuzuordnen. Die Paläographie kann auch helfen, Überlieferungsfehler zu erkennen und zu beseitigen, wenn diese auf bestimmte mißverständliche Besonderheiten verwendeter Schriften zurückzuführen sind.

Nach der Sammlung und Lesung aller Textzeugen setzt die eigentlich textkritische Arbeit ein, der Versuch der Rekonstruktion des authentischen, originalen Textes aus dem überlieferten Material (*Textkonstitution*). Bis in das vorige Jahrhundert wurde die textkritische Arbeit nach weitgehend vom jeweiligen Editor bestimmten individuellen Regeln durchgeführt. Meist wurde dafür eine besonders zuverlässige Abschrift ausgewählt, die dann an den Stellen, an denen es notwendig schien, und teilweise anhand anderer Überlieferungsträger, ausgebessert wurde.

Die Entwicklung eines textkritischen Verfahrens, das vom subjektiven Urteil des einzelnen Editors weitgehend unabhängig machen sollte, wird auf die theoretischen und editionspraktischen Arbeiten Karl LACHMANNS zurückgeführt (1793-1851), dessen Grundsätze in der Folge zu einem festen Regelsystem ausgebaut wurden (MAAS 1960). Diesem System entsprechend vollzieht sich die textkritische Arbeit in mehreren Schritten, die traditionell als »recensio«, »examinatio« und »emendatio« bezeichnet werden.

In der auf die Heuristik folgenden *recensio* werden die verschiedenen überlieferten Textzeugen im Hinblick auf Übereinstimmungen und Abweichungen sorgfältig miteinander verglichen (kollationiert), mit dem Ziel, ihre Beziehungen zueinander zu ermitteln. Die auf dem Wege der *Kollation* festzustellenden ›Verwandtschaftsverhältnisse‹ zwischen den überlieferten Textzeugen werden dann in Form eines *Stemmas* verzeichnet, d. h. eines Stammbaumes, der die Verzweigungen der Überlieferung als ein Beziehungssystem zwischen den überlieferten (und den erschlossenen) Handschriften graphisch darstellt. Textzeugen, die sich als Abschriften anderer erhaltener Zeugen erweisen, können dabei unberücksichtigt bleiben, sie sind für die stemmatologische Rekonstruktion der Überlieferung ohne Belang (*eliminatio codicum descriptorum*).

Aufgrund der ermittelten Abhängigkeitsverhältnisse der überlieferten Textzeugen glaubte Lachmann, nach objektiven Regeln zur Rekonstruktion des sogenannten *Archetypus* gelangen zu können, von dem sich alle überlieferten Abschriften herleiten lassen und der »entweder der ursprüngliche [Text] selbst seyn oder ihm doch sehr nahe kommen muss« (LACHMANN 1876, S. 82). Die Beziehungen zwischen mehreren vorliegenden Zeugen lassen sich vor allem durch die zwischen ihnen auftretenden Veränderungen feststellen. Abweichungen, die Aufschluß geben über die Abhängigkeitsverhältnisse zwischen verschiedenen Textzeugen, heißen *Leitfehler*. Solche, die die Unabhängigkeit eines Zeugen von einem anderen zeigen, werden als *Trennfehler* bezeichnet, solche, die die Abhängigkeit eines Zeugen von einem anderen beweisen, entsprechend als *Bindefehler*. Bei den für die Textkritik relevanten Fehlern handelt es sich vor allem um Auslassungen oder Zusätze (*Interpolationen*) eines Bearbeiters, Verwechslungen oder Umstellungen im überlieferten Text. Solche ›Fehler‹ müssen dabei keineswegs Irrtümer sein, häufig handelt es sich auch um von einem Schreiber aus unterschiedlichsten Gründen absichtlich eingeführte *Varianten*.

Die bis weit ins 20. Jahrhundert maßgebend gebliebene *Lachmannsche Methode* wurde bald auch Gegenstand grundsätzlicher Kritik (vgl. BÉDIER, TIMPANARO, LUTZ-HENSEL, STACKMANN). Die Kritiker machten deutlich, daß die Rekonstruktion des Archetypus aus dem Stemma nur unter ganz bestimmten Bedingungen möglich ist. Angenommen werden muß die Existenz nur eines Originals – hat schon der Autor selbst zwei voneinander abweichende Versionen in Umlauf gebracht (wie das zum Beispiel bei Aristophanes' »Wolken« der Fall ist), kann das stemmatologische Rekonstruktionsverfahren nicht funktionieren. Natürlich ist diese Methode auch dann nicht anwendbar, wenn ein Text nur durch einen einzigen Überlieferungsträger (*Codex unicus*) bezeugt ist. Stehen dagegen mehrere Textzeugen zur Verfügung, muß eine geradlinige Entwicklung zwischen ihnen gesichert sein, was bedeutet, daß jeweils nur von *einer* Abschrift abgeschrieben wurde und keine *kontaminierten Textzeugen* hergestellt wurden, womit in der Überlieferungsgeschichte tatsächlich jedoch häufig gerechnet werden muß. Ist eine Abschrift nämlich aus mehreren abweichenden Vorlagen hergestellt (*Codex mixtus*), hat der Schreiber also zwei oder mehr Textzeugen zu Rate gezogen und jeweils die ihm besser scheinenden Varianten ausgewählt, sind klare Abhängigkeitsverhältnisse kaum noch auszumachen und ist ein Archetypus nicht mehr zuverlässig zu rekonstruieren (vgl. STACKMANN 1964, S. 246f.).

Die stemmatologische Methode der »recensio« setzt also ideale Überlieferungsbedingungen voraus – und ist damit häufig nicht anwendbar. In solchen Fällen wird der Herausgeber es vorziehen, einen urkundlich bezeugten Text zu edieren, und darauf verzichten, einen ›kritischen‹ Text herzustellen, der das Original zu rekonstruieren versucht.

Auf die »recensio« folgt die *examinatio*, die qualitative Bewertung der ermittelten Überlieferung. Anhand von Kriterien wie Sprachrichtigkeit, Angemessenheit des Stils oder Wahrscheinlichkeit der Gedanken wird geprüft, inwieweit das in der »recensio« Ermittelte als original anzusehen ist.

Der letzte Schritt auf dem Weg zur Wiederherstellung des originalen Wortlauts ist der der *emendatio*: Der Herausgeber versucht, die von ihm in der »examinatio« als fehlerhaft erkannten Stellen im Sinne des Originals zu ›heilen‹. Gründliche literarhistorische Kenntnisse und ausgreifende metrische, grammatikalische und stilistische Studien sind dazu unerläßliche Voraussetzungen. Neben evidente Berichtigungen (*Emendationen*) können hier *Konjekturen* treten, plausible Vermutungen zur Verbesserung des Textes. Solche Eingriffe des Herausgebers in den Text können die Korrektur fehlerhafter Stellen, die Tilgung von Interpolationen (*Athetese*) und die Ergänzung offensichtlicher (mechanisch verursachter) oder vermuteter Textlücken betreffen. Mit einer *Crux* (+) werden solche Stellen bezeichnet, an denen der Editor einen Fehler der Überlieferung diagnostiziert hat, eine Heilung der verderbten Stelle ihm aber nicht möglich ist.

Wie schon die »examinatio«, so setzt erst recht die »emendatio« das individuelle Urteil des Editors voraus, mechanische Regeln lassen sich hier nicht angeben. Stets bedacht werden sollte das gegenseitige Abhängigkeitsverhältnis von literarhistorischer Forschung und Editionstätigkeit: Der hermeneutische Zirkel (→ HERMENEUTISCHE MODELLE) wird zu einem Teufelskreis, wenn ein Herausgeber aufgrund von Hilfsmitteln (Lexika usw.) emendiert, die selbst wiederum auf den Texten emendierter Ausgaben beruhen.

3. Mittelalterliche Texte

Mit der von Zahl und Qualität der Überlieferungsträger bestimmten Überlieferungslage eines Textes verändern sich auch die Aufgaben und Probleme des Textkritikers und Editors. Vergleichbar mit der Situation des Klassischen Philologen ist die des Herausgebers von mittelalterlichen Texten, die nur in ganz wenigen Ausnahmefällen im Original überliefert sind. Neuere Erkenntnisse über die Überlieferungsbedingungen der Texte (vgl. SCHWEIKLE 1985) sowie die Erweiterung des Gegenstandsbereichs der Mediävistik durch die Einbeziehung nicht-literarischer Textformen (vgl. RUH 1985) schränken den Anwendungsbereich des Lachmannschen Editionsverfahrens hier jedoch ein. Da in vielen Fällen mit einer offenen, von mehreren unterschiedlichen ›Originalen‹ ausgehenden und zudem von Kontamination gekennzeichneten Überlieferung zu rechnen ist, wird die Möglichkeit der Rekonstruktion eines allen überlieferten Textzeugen überlegenen Archetypus heute allgemein eher zurückhaltend beurteilt. So tritt hier neben den Rekonstruktionsversuch des Archetypus der diplomatische Abdruck einer bestimmten historischen Abschrift und häufig das Prinzip der *Leithandschrift*, bei dem der Editor eine bestimmte als qualitativ gut erkannte Abschrift (oder Abschriftengruppe) zur Textgrundlage wählt, die nur in Fällen ganz offensichtlicher Fehler von ihm verbessert wird (→ LITERATUR UND MEDIEN).

Im Zusammenhang mit der Edition sogenannter ›unfester Texte‹, für deren Überlieferung etwa im Zusammenhang mit unterschiedlichen Zweckbestimmungen (und häufig fehlendem Autorbezug) zahlreiche Textmutationen (zum Beispiel beim Minnesang) und mehrfache Redaktionen (zum Beispiel im Bereich mittelalterlicher Predigttexte) charakteristisch sind, kommt eine Archetypus-Rekonstruktion grundsätzlich nicht in Frage. Das Bemühen um ein ›Original‹ verliert hier seine Berechtigung; an seine Stelle tritt als Editionsziel der in den Handschriften überlieferte, nachweislich gelesene und wirkungsmächtige Text bzw. das Ensemble seiner verschiedenen Fassungen. Sinnvoll ist in solchen Fällen eine die rezeptionsgeschichtliche Textvarianz erschließende überlieferungsgeschichtliche Edition, die entweder den gebräuchlichsten Text (»Vulgata«-

Fassung) in der authentischen Gestalt einer individuellen historischen Handschrift zugrundelegt, oder als Mehrtext-Ausgabe mit editorischer Vergegenwärtigung der Textrelationen realisiert wird – etwa in Gestalt einer synoptischen Wiedergabe von Handschriften. (Vgl. RUH 1978, STEER 1985 und 1993; vgl. auch CERQUIGLINI 1989, dessen ›New Philology‹ die zwischen den Fassungen herrschende »variance« zum eigentlichen Gegenstand der Betrachtung macht; dazu STACKMANN 1993.)

4. Neuzeitliche Texte

Die Entscheidung über das angemessene Editionsverfahren hängt von den jeweils unterschiedlichen Bedingungen ab, die sich von Fall zu Fall, aber auch im Laufe der Zeit grundsätzlich wandeln. Die Überlieferungslage literarischer Werke verändert sich vor allem im Zusammenhang mit dem aufkommenden Buchdruck deutlich und unterscheidet sich bald gravierend von derjenigen antiker und mittelalterlicher Texte. Je jünger die zu edierenden Texte sind, desto häufiger stehen dem Herausgeber eigenhändige Manuskripte (heute auch Typoskripte oder Tonbänder) des Autors, vom Autor diktierte und korrigierte Niederschriften sowie im Normalfall vom Autor veranlaßte und überwachte Drucke zur Verfügung. Die Situation des Herausgebers neuzeitlicher Texte ist damit gegenüber der des Klassischen Philologen grundlegend verändert, da seine Gegenstände zum überwiegenden Teil nicht rekonstruiert werden müssen: sie liegen in originalen Fassungen vor.

Aber auch Originale können den Editor vor Probleme stellen. Abgesehen von den textkritischen Aufgaben im Zusammenhang mit der Entlarvung von Fälschungen oder der Identifikation anonymer Autoren weisen auch die Texte der neueren Literatur in den meisten Fällen bereits Textverderbnisse auf. Gemessen an der Intention des Autors können selbst Autographe Fehler enthalten (Schreibversehen oder Irrtümer des Autors); vom Autor veranlaßte und autorisierte Niederschriften (Abschriften, Diktate) oder Drucke enthalten fast immer schon die ersten Überlieferungsfehler in Gestalt von Hör-, Schreib- oder Druckfehlern. Werden Neu-, Nach- oder Raubdrucke (illegale Nachdrucke) des Textes veranstaltet, nimmt die Zahl der Korruptelen weiter zu. Neben solchen auf Versehen beruhenden Fehlern sind beabsichtigte Eingriffe Dritter möglich (politische, moralische oder ästhetische Zensur und andere

›Bearbeitungen‹). In vielen Fällen schließlich sind mehrere Originale erhalten, also mehrere gleichermaßen auf den Autor zurückgehende, aber unterschiedliche Fassungen eines Werkes. Überliefert sind häufig nicht nur überarbeitete Auflagen und neue Ausgaben, sondern auch die Vorarbeiten und Entwürfe, Vorstufen und Paralipomena zu einem Werk.

Damit kommt eine Dimension des zu edierenden Werkes in den Blick, die aufgrund mangelnden Materials bei der Herausgabe älterer Texte keine Rolle spielt: die Dimension seiner Genese. Haben es die Editoren der älteren Literatur fast ausschließlich mit *Überlieferungsvarianten* (*Lesarten*) zu tun – Abweichungen vom originalen Text also, die unterschiedliche Lektüren des einen Textes dokumentieren (Fehler der Abschreiber, Konjekturen der Editoren) –, so verfügt der Editor neuerer Werke häufig über eine Vielzahl von *Entstehungsvarianten*, die die unterschiedlichen, auf die Arbeit des Autors am Text zurückgehenden und seine Genese dokumentierenden *Fassungen* ausmachen. Ihre Erforschung und adäquate editorische Präsentation, d. h. die Darstellung der *Textgenese*, gehört zu den zentralen Aufgaben des Herausgebers neuerer Texte. Besondere Schwierigkeiten sind mit der Edition von solchen Texten verbunden, die der Autor (noch) nicht für die Publikation vorgesehen hatte (Nachlaßedition) und bei denen es sich häufig um nicht abgeschlossene Werke (Fragmente), Entwürfe oder Vorarbeiten handelt. Anders als die von einer dem Autor zu Lebzeiten nahestehenden Person veranstalteten Nachlaßausgaben, die das Werk des Autors zu vollenden oder abzurunden suchen und damit verändernd und verfälschend eingreifen (vgl. etwa die Edition der Romane Kafkas aus dem Nachlaß durch seinen Freund Max Brod oder die Erstellung des »Willens zur Macht« durch Elisabeth Förster-Nietzsche aus den nachgelassenen Fragmenten ihres Bruders), muß die wissenschaftliche Nachlaßedition auf der sorgfältigen Dokumentation des Überlieferten beruhen.

Nicht zuletzt aufgrund der im einzelnen sehr unterschiedlichen Überlieferungsverhältnisse im weiten Bereich der ›neueren Literatur‹ gibt es über die angemessenen Verfahren und Ziele ihrer wissenschaftlichen Edition unterschiedliche Auffassungen, die zur Entwicklung verschiedener Editionsverfahren und -modelle geführt haben. Eine im Interesse der Benutzer der Ausgaben wünschenswerte Vereinheitlichung der verwendeten Abkürzungen, Siglen und Apparatmodelle hat sich nicht im angestrebten Maße durchgesetzt, da unterschiedliche Problemlagen (und individuell verschiedene

Arbeitsweisen der Autoren) immer wieder unterschiedliche Lösungen herausforderten. (Im angloamerikanischen Bereich wurde mit der Entwicklung der Richtlinien des CEAA, des »Center for Editions of American Authors«, und dem von ihm verliehenen Emblem ›An Approved Text‹ eine gewisse Standardisierung erreicht, die aber gerade in den letzten Jahren zunehmend wieder in Frage gestellt wird.) Die Entwicklung von Editionskonzepten steht außerdem in direktem, wenn auch lange kaum reflektiertem Zusammenhang mit literaturtheoretischen Positionen. Die Bedeutung theoretischer, ja ideologischer Grundannahmen über das Wesen des literarischen Kunstwerks und seine Beziehungen zu zentralen Größen wie Autor und Leser für das editorische Verfahren wurden in den letzten Jahren intensiver diskutiert. Ob ein Kunstwerk als perfekte, dauerhafte, vollendete Gestalt oder aber als Prozeß von grundsätzlicher Offenheit aufgefaßt wird, ob es als Schöpfung eines Künstlers oder als Ergebnis verschiedener sozialer Determinanten gesehen wird, hat Konsequenzen für die Anlage einer Edition. Von zentraler Bedeutung ist hier der sehr unterschiedlich gebrauchte Textbegriff, der sowohl für eine bestimmte dokumentierte Textgestalt (für ein konkretes Dokument oder die von einem Dokument bezeugte Gestalt) verwendet wird, als auch für die Summe aller Fassungen eines Textes oder aber für die Idee eines Textes im Kopf seines Autors, die von einzelnen, selbst autographen Zeugen, nur unvollkommen wiedergegeben werden kann (→ PROBLEMATISIERUNGEN DER HERMENEUTIK).

5. Angloamerikanische Edition

Dem Selbstverständnis des Editors antiker Werke am nächsten steht heute der Editor angloamerikanischer Prägung. Er sieht seine Aufgabe vor allem in der kritischen Erstellung des *idealen Textes*, also eines Textes, der der endgültigen – vom Editor zu rekonstruierenden – Autorintention entspricht, die in den überlieferten Textzeugen nur unzulänglich realisiert ist. Diese im englischen Sprachraum bis Ende der achtziger Jahre dominierende Auffassung editorischer Arbeit ist geprägt von einem ihrer zentralen Gegenstände, dem Werk Shakespeares, dessen Überlieferungslage durch das Fehlen autographer Zeugen gekennzeichnet ist und damit wesentlich von den für die ›neuere Literatur‹ typischen Bedingungen abweicht. Von einigen Dramen Shakespeares sind ganz unterschiedlich zuverlässige Drucke zu Lebzeiten erhalten, ein großer Teil jedoch ist überhaupt nur in einem posthumen Druck überliefert, dem berühmten »First Folio« von 1623. Da Originale nicht erhalten sind, besteht eine zentrale Aufgabe der Shakespeare-Philologie im Versuch ihrer Rekonstruktion. In diesem Zusammenhang entwickelte sich in England die *analytical* (oder *critical*) *bibliography*, eine analytische Buch- und Druckkunde, die Bücher in ihrer Eigenschaft als materielle Gegenstände erforscht (vgl. die Arbeiten von McKerrow 1948, Bowers 1964, 1975 und Boghardt 1977). Die Untersuchung der technischen Vorgänge bei der Herstellung und Überlieferung literarischer Werke liefert wichtige Informationen für die textkritische Analyse der überlieferten Zeugen eines verlorenen Originals. Die Ergebnisse der analytischen Druckforschung machten die Notwendigkeit einer *internen Kollation* deutlich, die im Gegensatz zur *historischen Kollation* nicht die verschiedenen Ausgaben oder Auflagen eines gedruckten Werkes miteinander vergleicht, sondern die verschiedenen Exemplare *einer* Ausgabe, die durch das Vorkommen von *Preßvarianten* (während des Druckprozesses vorgenommene Veränderungen), *Kartons* (nachträglich gedruckte und dem Buch beigefügte Ergänzungs- oder Ersatzblätter) und *Doppeldrucken* (unberechtigte und als solche nicht gekennzeichnete Nachdrucke der Originalausgabe, die vom selben Verleger häufig ohne Wissen des Autors hergestellt wurden) ebenfalls voneinander abweichen können. Ziel der internen Kollation ist die Ermittlung des Originaldrucks als zuverlässiger Textgrundlage der Neuedition. Im Zusammenhang mit den druckanalytischen Arbeiten an Shakespeares »First Folio«, die zu spektakulären Erfolgen und der Rekonstruktion seiner intendierten, aber nie realisierten ›Idealgestalt‹ führten (Hinman 1963 und 1968, vgl. aber Schäfer 1975), entwickelte Charlton Hinman einen mit reflektierenden Spiegeln arbeitenden Apparat zur Beschleunigung der internen Kollation, den sogenannten »Hinman Collator« (vgl. Fabian/Kranz).

Mit Blick auf Shakespeare und auf die Edition elisabethanischer Dramen im allgemeinen wurden von W. W. Greg Mitte des 20. Jahrhunderts die Grundprinzipien einer *»theory of copy-text«* formuliert, die angloamerikanische Editionsverfahren bis heute wesentlich mitbestimmen. Gegen eine strikte Befolgung des damals sowohl in England als auch in Frankreich favorisierten Leithandschriftenprinzips, der »tyranny of copy-text«, plädiert Greg für die Erstellung eines kritischen Mischtextes mit Hilfe einer analytisch-bibliographischen Methode. Der als Grundlage und pragmatischer

Ausgangstext vom Editor zu wählende *copy-text* soll lediglich für die *accidentals*, die Gestaltung von Orthographie und Interpunktion des zu edierenden Textes, verbindlich sein, während der Herausgeber hinsichtlich des genauen Wortlauts des Textes, der sogenannten *substantive readings*, gerade nicht an den »copy-text« gebunden ist: Der Editor ist aufgefordert, den ›idealen‹ Text aus den verschiedenen überlieferten Versionen wählend oder auch frei emendierend nach seinem Urteil kritisch herzustellen.

Dieses Verfahren wurde in der Folge auch auf die Edition von Texten des 19. und 20. Jahrhunderts übertragen (vgl. vor allem die Arbeiten von Bowers) und zur maßgeblichen Grundlage für die editorischen Richtlinien der Zentralstellen für wissenschaftliche Editionen unter dem Dach der »Modern Language Association« (MLA), nach deren Maßgabe in den letzten Jahrzehnten zahlreiche ›definitive editions‹ der Werke neuerer Autoren erarbeitet worden sind (vgl. das Statement of Editorial Principles and Procedures 1967, [2]1972 des CEAA und des CSE, des »Center for Scholarly Editions«, der MLA). Voraussetzung ist die Vorstellung, daß der Text in seiner eigentlich gemeinten idealen Gestalt nicht in den immer fehleranfälligen Materialisationen verschiedener Textzeugen, sondern (sozusagen im Kopf des Autors) hinter und über den überlieferten Dokumenten existiert. An die Stelle der Rekonstruktion des nicht erhaltenen Originals tritt so die Rekonstruktion eines der ›endgültigen Intention‹ des Autors entsprechenden Textes als Ziel des kritischen Editors, den dieser aufgrund seiner Kenntnis des Autors, seiner Sprache und seiner Zeit aus den unterschiedlichen zur Verfügung stehenden autorisierten Versionen eines Textes herzustellen unternimmt.

Aufgrund der veränderten Überlieferungsbedingungen und der wachsenden Einsicht in die Bedeutung auch der »accidentals« für die Struktur eines literarischen Textes, ist die von Greg getroffene Unterscheidung zwischen »accidental« und »substantive readings« für die Edition neuerer Texte inzwischen weitgehend obsolet geworden. Die konsequente Fortführung des seit Greg als »copy-text«-Verfahren bekannten Editionsprinzips besteht heute also folgerichtig in einem »editing without a copy-text« (Tanselle 1994): Auf den »copy-text« als die vor allem mit Rücksicht auf die »accidentals« von Greg geforderte pragmatische Grundlage läßt sich verzichten. In genauem Gegensatz zu dem von einer bestimmten Leithandschrift ausgehenden Verfahren historisch dokumentierenden Edierens ist der Ausgangspunkt des konsequenten »copy-text«-Herausgebers ein leeres Blatt Papier, auf dem der ideale Text anhand der verschiedenen überlieferten Textzeugen vom kritischen Editor erst hergestellt wird.

Dieses nicht nur im angloamerikanischen Raum praktizierte, dort jedoch am stärksten institutionalisierte und standardisierte Verfahren der Erstellung von Mischtexten mit dem Ziel der Realisierung der »endgültigen Intention« des Autors wird inzwischen auch dort kritisch diskutiert: In Frage gestellt wird sowohl die dominierende Rolle der *endgültigen* Autorintention (zugunsten anderer autorisierter Fassungen und eines ›dynamischen‹ Textbegriffs) als auch, im Blick auf andere die Gestaltung eines Textes mitbestimmende Faktoren, die alleinige Relevanz der Autorintention überhaupt (vgl. McGann 1983 und 1991).

6. Neugermanistische Edition

Die kritische Auseinandersetzung mit den Prinzipien der Mischtextedition wurde Mitte des Jahrhunderts zum entscheidenden Impuls in der Entwicklung der neugermanistischen Editionsphilologie. Unter dem Einfluß der sowjetischen ›Textologie‹, einer seit den zwanziger Jahren diskutierten »Wissenschaft von der Geschichte eines Texts«, deren Vertreter die Vorstellung von der Gleichrangigkeit einzelner Entwicklungsstufen an die Stelle der Suche nach dem ›besten Text‹ setzten (vgl. z. B. Tomaševskij 1985) und geprägt von einer strukturalistischen Literaturauffassung (→ Formalismus und Strukturalismus), wurde an die Stelle der Konstitution kritischer Mischtexte die Edition historisch dokumentierter Textfassungen gesetzt. Die von Ernst Grumach nach »copy-text«-Grundsätzen begonnene neue Ausgabe der Werke Goethes (die inzwischen abgebrochene Akademie-Ausgabe) wurde unter der Leitung von Siegfried Scheibe ab 1959 nach den veränderten Prinzipien fortgeführt (vgl. Scheibe 1971, Zeller 1975, S. 115). Zugrunde liegt eine gewandelte Auffassung vom Charakter der überarbeiteten Fassungen eines Werkes, die nicht länger als zu überwindende Stationen auf dem Weg zu dem *einen* vom Autor intendierten und gewollten Text des vollendeten Kunstwerks gesehen werden, sondern als prinzipiell gleichwertige historische Ausformungen des Werkes, wie sie von Goethes Überarbeitungsweise nahegelegt wird (vgl. z. B. die unterschiedlichen historischen Fassungen des »Werther«, des »Faust«, der »Iphigenie«).

Die Konstruktion einer eklektischen Idealfassung durch den Herausgeber wird entsprechend als ahistorische und die Struktur des Kunstwerks verfälschende Kontamination kritisiert. Impliziert ist damit auch ein gewandeltes Selbstverständnis des Herausgebers: Aufgabe des Editors kann es nicht sein, die verschiedenen autorisierten Fassungen ineinander zu arbeiten und so stellvertretend für den Autor die – mutmaßlich – intendierte Idealfassung des Werkes herzustellen; der dokumentierende Herausgeber beschränkt sich darauf, die verschiedenen autorisierten Textfassungen wiederzugeben und auf diese Weise das Werk, das auch in der Varianz seiner unterschiedlichen historischen Realisationsformen existiert, angemessen darzustellen. Als Textfassungen gelten dabei »vollendete oder nicht vollendete Ausführungen eines Werkes, die voneinander abweichen. Sie sind durch Textidentität [...] aufeinander beziehbar und durch Textvarianz voneinander unterscheidbar. Sie sind zu einem konkreten Zeitpunkt entstanden und stellten jeweils innerhalb eines bestimmten Zeitraums für den Autor das Werk dar.« (SCHEIBE 1991a, S. 25) An die Stelle des editorischen Leitkriteriums der Autorintention wird damit die historisch nachweisbare Tatsache der *Autorisation* einer bestimmten Textfassung gesetzt (ZELLER 1971, S. 55f.). Als autorisiert gilt ein Text dann, wenn die unmittelbare Beteiligung eines Autors an der Entstehung des entsprechenden Textzeugen erwiesen ist (SCHEIBE 1988a, S. 65f.; vgl. auch SCHEIBE 1990). Je nach der Art dieser Beteiligung läßt sich der *Autorisationsgrad* unterscheiden in Formen genereller (Druckerlaubnis), punktueller (Einzelkorrekturen) und delegierender (Einbeziehung von Helfern) Autorisation. Vorgeschlagen wurde auch, auf das Konzept der Autorisation ganz zu verzichten und stattdessen von der »Faktizität der Texte« als editorisch relevanter Größe auszugehen (KRAFT 1982 und 1990).

Für die Erstellung des edierten Textes rückt also vor allem die Frage nach der dafür auszuwählenden Fassung in den Vordergrund. Prinzipiell sollen in einer wissenschaftlichen Ausgabe alle autorisierten überlieferten Fassungen verzeichnet sein, nur in bestimmten Fällen gravierender Abweichungen aber ist es möglich und sinnvoll, mehr als eine Fassung im Ganzen (zum Beispiel im Paralleldruck) wiederzugeben; in allen anderen Fällen werden die Abweichungen der übrigen Fassungen im Variantenverzeichnis des Apparats dokumentiert. Statt der letzten Fassung als Höhepunkt und Vollendung eines Werkes (so zum Beispiel das Editionsprinzip der Weimarer Goethe-Ausgabe) wird heute für den Textteil meistens eine ›Fassung früher Hand‹ gewählt. Unterschiedliche Ansichten gibt es darüber, ob dies am besten eine eigenhändige Reinschrift des Autors o. ä. sein sollte, in der die ursprüngliche Konzeption bzw. wichtige Konzeptionsveränderungen am deutlichsten zum Audruck kommen (vgl. zum Beispiel die Anlage der Akademie-Ausgabe der Werke Goethes und SCHEIBE 1991a), oder ob generell eine Fassung von besonderer ›historischer Wirksamkeit‹, wie etwa der Erstdruck eines Werkes, zu bevorzugen ist (KRAFT 1990). Tatsächlich wird diese Frage heute meistens von Fall zu Fall – »aus den Eigenheiten der Text- und Überlieferungsgeschichte« (ZELLER 1989, S. 10) – entschieden. Der Text einer historisch-kritischen Ausgabe beschränkt sich nun jedoch nicht auf den bloßen diplomatischen Abdruck bzw. die Transkription oder Faksimilierung des Originals einer einmal gewählten historischen Fassung: Auch für den dokumentierenden Herausgeber gibt es Textbefunde, die seinen – auf jeden Fall im Apparat zu verzeichnenden und zu begründenden – Eingriff erlauben, ja verlangen.

Ein solcher vom Herausgeber zu emendierender oder zumindest im Text zu kennzeichnender *Textfehler* liegt nach der restriktiven Definition von Scheibe und Zeller nur dann vor, wenn eine Stelle »eindeutig fehlerhaft« ist, d. h. »wenn sie der Struktur des Textes widerspricht« bzw. »wenn sie im Zusammenhang ihres weiteren Kontextes keinen Sinn zuläßt« (ZELLER 1985, S. 319; vgl. auch ZELLER 1971, S. 70; SCHEIBE 1971, S. 43, und 1991a, S. 31). Eine Veränderung, von der sich zeigen läßt, daß sie nicht auf den Autor zurückgeht und also als *Textverderbnis* eingestuft werden muß, ist dagegen nach dieser Auffassung nicht zwangsläufig ein zu emendierender Textfehler. Gerade solche nicht autorisierten Abweichungen, die einen neuen Sinn ergeben (und vom Leser also nicht als Textverderbnis erkannt werden können), müssen im Text stehenbleiben. Diese umstrittene Position wurde von Zeller später selbst revidiert und das textanalytische Kriterium wieder mit einem überlieferungsanalytischen verknüpft: Ein zu emendierender Textfehler liegt demnach auch dann vor, wenn sich für eine im Kontext sinnvolle Stelle zeigen läßt, daß sie nicht autorisiert ist. Textfehler können jedoch immer nur fassungsbezogen bestimmt werden: Sie sind als stellenweises Aussetzen der Autorisation einer Fassung zu betrachten (ZELLER 1975, S. 118ff.). Der emendierende Herausgeber muß dabei beachten, daß es in der neueren Literatur Fälle gibt, in denen ein Autor Textverderbnisse geradezu provoziert (indem er etwa durch eine schwer leserliche Handschrift die produktive

Phantasie des Druckers herausfordert, vgl. ARP, S. 7) oder zumindest nachträglich akzeptiert und so zum autorisierten Bestandteil seines Werkes macht (vgl. Joyces Integration von Schreiberfehlern in »Ulysses« und »Finnegans Wake«).

Konsens besteht darin, daß der Editor im Textteil keine Kontamination unterschiedlicher autorisierter Versionen, sondern eine historische Fassung wiedergeben sollte. Ebenso wird übereinstimmend der Verzicht auf eine Modernisierung bzw. Normalisierung gefordert. Die edierten Texte sollen in unveränderter historischer Orthographie und Interpunktion gedruckt werden, da hier jeder normalisierende oder modernisierende Eingriff eine Veränderung der Semantik eines Textes bedeuten kann und interpretatorische Entscheidungen des Herausgebers voraussetzt.

Während diese Forderung in wissenschaftlichen Grundlagenausgaben weitgehend erfüllt wird, streben immer noch zahlreiche Verlage im Interesse einer angeblich größeren Leserfreundlickeit für die sogenannten Studienausgaben eine »behutsame Modernisierung« historischer Texte an. Editionsphilologen halten dagegen, daß eine auf diesem Wege erreichbare ›leichtere Lesbarkeit‹ lediglich über den tatsächlichen historischen Abstand hinwegtäusche und so Mißverständnissen und Fehldeutungen Vorschub leiste (vgl. die »Empfehlung an Verlage von Studienausgaben« der Kommission für Edition von Texten seit dem 18. Jahrhundert, in: editio 2 (1988), S. 228; vgl. auch OELLERS 1982, ZELLER 1985, KRAFT 1990).

Eine allgemein akzeptierte differenzierte Ausgabentypologie steht derzeit nicht zur Verfügung (vgl. H. MEYER 1992). Üblich ist folgende Unterscheidung der drei häufigsten Ausgabentypen.

1. Die *historisch-kritische Ausgabe* ist eine wissenschaftliche Grundlagenausgabe des Werkes neuerer Autoren. Sie bietet einen kritisch erarbeiteten Text, dessen Konstitutionsprinzipien in einem editorischen Bericht dargelegt werden; alle Herausgebereingriffe werden nachgewiesen. Neben dem gesicherten Text stellt sie dem Forscher das Material zu Entstehungs- und Überlieferungsgeschichte vollständig und kritisch aufbereitet zur Verfügung. Ihre aufwendige Erarbeitung wird in den meisten Fällen von öffentlichen Geldern getragen. (Als *kritische Ausgabe* werden heute vor allem solche Ausgaben bezeichnet, die ein verlorenes Original auf der Grundlage der überlieferten Textzeugen wiederherzustellen suchen.)

2. Die *Studienausgabe* ist eine für ein breiteres Publikum angelegte Ausgabe mit wissenschaftlichem Anspruch. Auch sie bietet einen gesicherten Text (der aus einer zuverlässigen Ausgabe über-

nommen oder neu erarbeitet wird) und einen Bericht des Herausgebers über die gewählte Textgrundlage sowie ein Verzeichnis aller Herausgebereingriffe. Darüber hinaus enthält sie einen ausführlichen Sachkommentar und häufig auch ausgewählte Materialien zur Entstehungs- und Rezeptionsgeschichte eines Werkes (→ THEORIEN DER LIT. REZEPTION).

3. Die *Leseausgabe* beschränkt sich auf einen (beliebigen) Textabdruck ohne weitere Erläuterungen, gelegentlich von einem einführenden Herausgeber-Vorwort begleitet.

Angestrebt wird die Entwicklung eines (im angloamerikanischen Bereich teilweise bereits realisierten) Ausgabenspektrums nach dem Baukastenprinzip: Der in der historisch-kritischen Grundlagenausgabe vor dem Hintergrund der vollständigen Dokumentation und Sichtung des Materials erarbeitete Text sollte als zuverlässige Grundlage in alle anderen Ausgabentypen übernommen und wahlweise mit anderen Elementen (Materialien, Kommentar usw.) kombiniert werden (vgl. ZELLER 1985, H. MEYER 1992).

7. Die Gestaltung des genetischen Apparats

Die mit einem strikten Textfehlerbegriff und der Orientierung an *einer* Fassung verbundene radikale Beschränkung des Spielraums editorischer Eingriffsmöglichkeiten wurde als Abdankung des kritischen Herausgebers aufgefaßt und angegriffen (so bei Polheim). Tatsächlich haben sich die Ziele des dokumentierenden Herausgebers gegenüber dem kritischen Herausgeber alter Prägung verschoben; das Gewicht der Herausgebertätigkeit hat sich von der kritischen Konstitution des Textes verlagert auf die Analyse und Darstellung seiner unterschiedlichen autorisierten Fassungen, d. h. seiner Genese. In diesem Zusammenhang rückt die Gestaltung des Varianten-*Apparats* in den Mittelpunkt des Interesses, dessen Aufgabe im wesentlichen nun nicht mehr darin besteht, die Textkonstitution des Herausgebers zu rechtfertigen, sondern die Entwicklung des Textes zu dokumentieren.

Dafür ist nur in sehr einfachen Fällen der traditionelle Apparat geeignet, der in den Ausgaben der Klassischen Philologie die für die Herstellung des Stemmas relevanten Lesarten enthält und Ende des letzten Jahrhunderts in Ausgaben neuerer Literatur auch für die Auflistung von Entstehungsvarianten eingesetzt wurde (vgl. zum Beispiel die Weimarer Goethe-Ausgabe). Dieser Apparat verzeichnet am Fuß der Seite oder in einer dem Textteil folgenden Liste zu jeder Stelle des edierten Textes die überlieferten Abweichungen. Er ist häufig als *lemmatisierter Apparat* angelegt: Auf das Stichwort aus dem edierten Text (das *Lemma*) – und von diesem meist getrennt durch das *Lemmazeichen* (]) – folgen die verschiedenen überlieferten Varianten zur betreffenden Textstelle, die zur Kennzeichnung ihrer Herkunft mit der *Sigle* (einem vereinbarten Abkürzungszeichen) des entsprechenden Überlieferungsträgers gekennzeichnet sind: *Hund*] Kamel H1, Affe H2. Entsprechend der Ausrichtung auf den edierten Text ist die Anlage dieses Apparats meist retrospektiv; wird er zur Verzeichnung von Entstehungsvarianten verwendet, geben die auf das Lemmastichwort folgenden Varianten die jeweils vorangehenden Vorstufen an. Der Nachteil des lemmatisierten Apparats (dessen Informationsgehalt sich durch Angaben über Schreiber, Schreibmittel, Duktus usw. erweitern läßt) liegt darin, daß er die Varianten einzeln verzeichnet und daher den Zusammenhang gleichzeitig vorgenommener Änderungen, der bestimmte Phasen oder Stufen der Textgenese ausmacht, nicht darzustellen vermag.

Auf die Notwendigkeit, die Varianten im Zusammenhang zu präsentieren, hat als einer der ersten Seuffert aufmerksam gemacht: »eine Änderung, die zwei getrennte Wörter zugleich ergreift«, darf nicht »getrennt behandelt und so aus einer Variante zwei gemacht werden« (Seuffert 1989, S. 57). In der kritischen Auseinandersetzung mit den damals üblichen Verfahren der Variantendarstellung betonte dann Backmann die Notwendigkeit der Darstellung sowohl der *absoluten Chronologie* – »die zeitliche Abfolge aller Änderungen zu einer und derselben Stelle *ohne* Rücksicht auf umgebende Teile der Handschrift« – *und* der *relativen Chronologie*, die »mehrere absolute Chronologien zueinander in Beziehung zu setzen« versucht und im Idealfall »überall die *ganze* Handschrift im Auge« behält (Backmann 1924, S. 638). Für den Nachvollzug der Genese ist es notwendig, nicht nur die Varianten*folge* (die vertikale oder paradigmatische Achse bzw. die absolute Chronologie), sondern auch den jeweiligen Varianten*zusammenhang* (die horizontale oder syntagmatische Achse bzw. die relative Chronologie) zu erkennen und zu dokumentieren.

Die Entwicklung der verschiedenen *genetischen Apparate* war von der Absicht geleitet, diese Anforderung einzulösen. Dem traditionellen lemmatisierten Listenverzeichnis stehen heute unterschiedliche Modelle *integraler Apparate* gegenüber, die eine Darstellung des gesamten Textes einschließlich seiner Varianten – also eine gemeinsame Darstellung von variantem und invariantem Text – zum Ziel haben (vgl. ZELLER 1986). In bestimmten Fällen der editorischen Praxis hat es sich als sinnvoll erwiesen, integrale Darstellungsweisen mit Listenverzeichnungen zu kombinieren.

Rein deskriptive Angaben über den handschriftlichen Befund bietet das Faksimile bzw. seine diplomatische Transkription, die sich mit interpretierenden Apparatmodellen kombinieren lassen. *Einzelapparate* verzeichnen die auf *einem* Textzeugen überlieferten Varianten (sogenannte *Binnenvarianz*), *synoptische Apparate* geben mehrere Zeugen wieder, deren Fassungen aufeinander beziehbar sind (*Außenvarianz*). Für die Darstellung mehrerer Zeugen ist auch der Paralleldruck mit graphischer Kennzeichnung der Variation eine mögliche Lösung. Lineare Apparatversionen blenden die Varianten fortlaufend in den invarianten Text ein (*Einblendungsapparat*), während räumliche Darstellungen das Variantenparadigma in vertikaler, das Syntagma des jeweiligen Kontexts in horizontaler Richtung verzeichnen. Zu diesem Typ gehören die treppenartige Darstellung der Varianten bei Beißner und die kolumnierende Darstellung Zellers.

Das von Friedrich Beißner vor allem im Zusammenhang mit seiner Hölderlin-Ausgabe (Stuttgart 1943ff.) entwickelte Verfahren der Variantenverzeichnung besteht aus einem treppenartig angelegten und mit Leitziffern und -buchstaben versehenen Stufenmodell. Ein handschriftlicher Befund

Die schweben im Herbstwind
Blätter ~~fallen~~ ~~rieseln~~ ~~im Herbstwind~~ zögernd ~~herab~~

ließe sich nach erfolgter genetischer Deutung so darstellen (Modell nach ZELLER 1986, S. 45):

(1) Blätter			
(2) Die Blätter	(a) fallen		
	(b) rieseln		
	(c) schweben	(a1) im Herbstwind zögernd	
		(b1) zögernd im Herbstwind	(a2) herab
			(b2) /

Leseregel: (2) hebt den Text auf Stufe (1) auf, (c) hebt (b) auf, usw.

Beißners bahnbrechendes Verfahren der integralen Darstellung wurde vor allem in zwei Punkten kritisiert:

1. Es ist jeweils auf die letzte Arbeitsstufe ausgerichtet und bleibt damit einem teleologisch-organischen Modell der Entstehung des Kunstwerks verhaftet.

2. Es beschreibt nicht den realen Arbeitsprozeß des Dichters, sondern »das ideale Wachstum vom ersten Keim des Plans und Entwurfs bis zur endgültigen Gestalt« (Beissner 1961, S. 260).

Das Ziel ist die »Erklärung des Seins aus dem Werden« (ebd., S. 252). Es geht Beißner nicht um die deskriptive räumliche Beschreibung eines handschriftlichen Befundes, sondern um eine diesen Befund deutende, die »zeitlichen Schichten der Entstehung unterscheiden[de] und voneinander abheben[de]« und dabei übersichtlich bleibende Darstellung der Entwicklung eines Textes (ebd., S. 259).

Dagegen verlangt vor allem Hans Zeller als editorisches Prinzip die Trennung von Befund und Auswertung des Befundes (Zeller 1971, S. 51), um auf diese Weise die zwangsläufig interpretierenden Entscheidungen eines Herausgebers nachprüfbar und kritisierbar zu machen. Zellers eigenes, für die Erstellung einer historisch-kritischen C. F. Meyer-Ausgabe (Zürich 1958ff.) in der Auseinandersetzung mit Beißners Verfahren entwickelte Modell will dieser Forderung Rechnung tragen; deskriptive und interpretierende Information sollen für den Benutzer der Ausgabe unterscheidbar bleiben, so daß er in der Lage ist, die Deutung des Herausgebers anhand des Befundes zu prüfen (ebd., S. 79f.). Zellers Verfahren parallelisiert variante Fassungen durch kolumnierte Untereinanderstellung (Modell nach Zeller 1986):

	Blätter	[fallen]Z				
Die	....	[rieseln]	[im Herbstwind]	*zögernd*		[herab]
...	....	*schweben*	o	....	*im Herbstwind*	o

.... : das darüberstehende Wort ist weiterhin gültig; o: das darüberstehende Wort ist nicht mehr gültig; Z: Sofortkorrektur

Eine Reihe von zusätzlichen deskriptiven Zeichen, die über die graphische Position der unterschiedlichen Korrekturen in der Handschrift informieren, soll den Leser in die Lage versetzen, zumindest im Prinzip den handschriftlichen Befund anhand dieser Angaben zu rekonstruieren.

Das viel beachtete und häufig abgewandelt übernommene Modell wurde als zu aufwendig und kompliziert kritisiert. Es benötigt eine große Zahl neu eingeführter diakritischer Zeichen, macht in Fällen unübersichtlicher Umstellungen die Anlage eines Zweitapparates notwendig (vgl. KRAFT 1990, S. 155) und führt schließlich doch nicht zur Überprüfbarkeit aller Herausgeberentscheidungen. Grundsätzlich wurde diesem Ziel Zellers – der Trennung von Befund und Deutung – entgegengehalten, daß jede Befunddarstellung zwangsläufig bereits Deutung enthalte und die Aufgabe eines Variantenapparats entsprechend nicht in der Rekonstruktion, sondern nur in der Enträtselung und damit Deutung eines handschriftlichen Befunds bestehen könne (BEISSNER 1964a, 1964b).

Einen Zellers Grundannahmen teilenden neuen Lösungsvorschlag macht D. E. Sattler in seiner Hölderlin-Ausgabe (Frankfurt 1975ff.). Sattler verzichtet auf die Trennung von Apparat und Text und bemüht sich sowohl um Übersichtlichkeit als auch um die Trennung von Befund und Deutung. Seine Ausgabe bietet fotomechanische Reproduktionen von allen Handschriften und eine das Bild der Handschrift nachbildende (mit Hilfe typographischer Differenzierungen bereits deutende) Transkription sowie eine lineare genetische Darstellung der Texte in einem Zellers Verfahren modifizierenden integralen Apparat. Dieser kann auf die deskriptiven Elemente verzichten, die von Reproduktion und Transkription übernommen werden. Zusätzlich nimmt er den Vorschlag eines Lesetextes auf, der – wie die genetische Deutung – vom Benutzer an den in der Ausgabe gebotenen Materialien selbst überprüft werden können soll. Kritische Einwände gegen Sattlers Konzept beziehen sich vor allem auf die hypothetische und für den Benutzer häufig kaum nachvollziehbare genetische Interpretation des Befundes, dessen Darstellung die charakteristische Offenheit Hölderlinscher Entwürfe wiederum verfehle (vgl. UFFHAUSEN 1975/1977).

Mit dem Verzicht auf den explizit deutenden Teil (genetische Darstellung und Lesetext) und der Beschränkung auf die Wiedergabe des Faksimiles und seiner Transkription wurde ein weiteres editorisches Modell eingeführt (›Archiv-Ausgabe‹), das dem Benutzer Material plus Erläuterungen liefert, so daß er selbst Deutungshypothesen entwickeln kann. Dieses Verfahren bietet sich vor allem in solchen Fällen der Nachlaßedition an, in denen kein vom Autor abgeschlossener Text vorliegt (vgl. zum Beispiel die »Woyzeck«-Ausgabe von Gerhard SCHMID sowie die angekündigte »Faksimile-Edition« der Werke Kafkas durch REUSS/STAENGLE 1995).

Welcher Apparattyp im Einzelfall gewählt wird, hängt sowohl von den Zielen des Herausgebers als auch von der Gattung des zu edierenden Textes ab; neben dem an lyrischen Texten entwickelten zeilenparallelisierenden Verfahren Zellers wurden verschiedene

Modelle für die Edition von Prosatexten vorgeschlagen (ZELLER 1986, SCHEIBE 1988b); ein im Zusammenhang mit der seit 1982 entstehenden Kritischen Kafka-Ausgabe entwickeltes »›Alphabet‹ für die Darstellung von Korrekturvorgängen« bietet die Möglichkeit, mit Hilfe einer Reihe von möglichst einfachen und sprechenden Zeichen nicht Korrektur*ergebnisse*, sondern Korrektur*verfahren* mitzuteilen, die der Benutzer der Ausgabe dann selbständig deuten kann (SCHILLEMEIT, S. 97f.). Die Entscheidung für einen Apparattyp beruht schließlich vor allem auch auf den Gegebenheiten des überlieferten Materials. Diese sind zu einem wesentlichen Teil von der *Arbeitsweise* des jeweiligen Autors bestimmt. Unter Arbeitsweise versteht man die »allgemeine und spezifische Form des schöpferischen Produktionsprozesses eines Autors« (SCHEIBE 1990, S. 57), gemeint ist die konkrete Weise, in der ein Autor an einem Werk arbeitet. Ob ein Autor zunächst vor allem ›im Kopf‹ arbeitet oder gleich ›auf dem Papier‹, hat ebenso Konsequenzen für die Gestalt seiner Arbeitshandschriften wie die unterschiedlichen Verfahren beim Niederschreiben selbst. Häufig lassen sich verschiedene Arbeitsphasen ausmachen, denen bestimmte Handschriftentypen zugeordnet werden können (Exzerpte, Konzepte, Notizen, Schemata, Entwürfe, Reinschriften, Diktatniederschriften, überarbeitete Abschriften usw.). Die auf den Papieren dokumentierten *Korrekturvorgänge* lassen sich unterscheiden nach der Art der Korrektur (Streichung, Ergänzung, Ersetzung, Umstellung) und dem Zeitpunkt der Korrektur: *Sofortkorrekturen*, die gleich nach der Niederschrift eines begonnenen Wortes, Satzes, Absatzes erfolgen, oder *Durchsichtkorrekturen* (auch *Spätkorrekturen*), die auf eine nachträgliche Überarbeitung des bereits vollständig niedergeschriebenen Manuskripts oder Manuskriptteils zurückgehen. Ansätze zu einer Typologie möglicher Arbeitsformen finden sich ausgehend von der Beobachtung solcher konkreten Vorgänge etwa in der von Hay vorgeschlagenen Unterscheidung zwischen ›programmiertem‹ und ›immanentem Schreiben‹, eine Gegenüberstellung von Autoren, die zunächst Pläne und Gliederungen entwerfen, um diese dann Schritt für Schritt auszuarbeiten, und solchen, die ohne vorhergehende strategische Überlegungen einen Text direkt aus einem ersten Satz oder Vers entfalten (vgl. HAY 1984). Offensichtlich von Bedeutung für die Konzeption genetischer Texteditionen ist auch das Kriterium der Zielgerichtetheit verschiedener Arbeitsverfahren, nach dem sich die Produktion von ›Werk‹ oder ›Schrift‹ (NEUMANN 1981) bzw. rezeptions- oder produktionsbezogene Arbeitsweisen (HUR-

LEBUSCH) unterscheiden lassen. Auf der einen Seite stehen hier die auf die Vollendung eines bestimmten Werkes hinarbeitenden Autoren, auf der anderen Seite Schriftsteller, die ihre Texte immer wieder verwandeln, ohne sie dabei auf eine bestimmte Endgestalt hin zu verbessern. Dieser Gegensatz spiegelt unterschiedliche ästhetische Konzepte: die klassische Auffassung des Kunstwerks als vollkommene Gestalt und geglückte Endstufe eines Schöpfungsvorgangs auf der einen, eine moderne (bzw. romantische) Position, für die der Entstehungsprozeß selbst als das eigentliche ästhetische Ereignis im Mittelpunkt steht, auf der anderen Seite.

Der Darstellung der Genese eines Kunstwerks fällt hier jeweils eine sehr unterschiedliche Rolle zu; und die Konzeption eines genetischen Apparats hängt nicht zuletzt davon ab, welche Funktion dem »Einblick in die Werkstatt des Dichters«, den die textgenetische Edition ermöglichen soll, zugeschrieben wird. Steht das Kunstwerk als Resultat eines Schöpfungsprozesses im Mittelpunkt des Interesses, wird die Rekonstruktion seiner Entstehung vor allem in den Dienst seiner Interpretation gestellt. Der Rückgriff auf frühere Fassungen des Textes soll seinen Sinn zu erschließen helfen, allerdings nicht durch eine einfache Kontamination der Fassungen (›x bedeutet y, weil in der früheren Fassung y stand‹). Im Gegenteil: die »Varianten bestimmen negativ die Semantik derjenigen Textstellen, von denen sie abweichen« (KRAFT 1982, S. 9; vgl. auch ZELLER 1979). Aber nicht nur als Deutungshilfe ist die Kenntnis der Varianten von Interesse, sondern auch im Blick auf den Weg, der den »unermüdet zum bessern arbeitenden Schriftsteller« über »stufenweise Korrekturen« zur endgültigen Gestalt führt (GOETHE [1795] über Wieland, Weimarer Ausgabe, Abt. I, Bd. 40, S. 201). Die »Veränderungen und Verbesserungen«, die ein Dichter in seinen Werken macht, verdienen »mit allem Fleiße studieret zu werden«, denn: »Man studieret in ihnen die feinsten Regeln der Kunst.« (LESSING 1759, S. 79, mit Bezug auf Klopstock)

Eine grundsätzlich andere Bedeutung gewinnt der textgenetische Apparat, wenn man das Kunstwerk nicht mit dem Resultat eines Prozesses, sondern mit dem Prozeß selbst identifiziert und den literarischen Text nicht mit einer endgültigen Fassung, sondern mit der Summe seiner Fassungen.

Eine nicht mehr normativ-teleologisch geprägte Lektüre der Varianten kann dann Auskunft geben über die Strukturprinzipien, die den Stil eines Dichters bestimmen und die als aktive Tendenz in den Veränderungen, die der Dichter vornimmt, zum Ausdruck kommen (vgl. MUKAŘOVSKÝ). Im Fortgang der Textbildung sollen die poetologischen Gesetze eines Kunstwerks erkennbar werden (vgl. MARTENS 1975 und 1993).

7. »Critique génétique«

Das Interesse an den Varianten als ein Interesse für die Vorgänge in der »Werkstatt des Dichters« und die Überzeugung von der ästhetischen und semantischen Eigenwertigkeit der Vorstufen steht im Mittelpunkt der *critique génétique*, die in den siebziger Jahren entstand und seit 1982 am I.T.E.M. (»Institut des textes et manuscrits modernes«) des CNRS (»Centre National de la Recherche Scientifique«) institutionalisiert ist. Ihr Gegenstand sind die Arbeitshandschriften der Dichter (die »avant-textes« oder »dossiers génétiques«), die mit Hilfe verschiedener, zum Teil rechnergestützter Laborverfahren analysiert werden. Untersucht werden Textträger, Schreibstoffe, Schriftzüge und ihre Veränderungen, um nach Möglichkeit aus den in der Handschrift erhaltenen Spuren den Schreibprozeß selbst zu rekonstruieren (vgl. HAY 1993). Das Forschungsgebiet der »critique génétique« verbindet neue Verfahren empirischer Handschriftenforschung mit einer poststrukturalistisch gewandelten Auffassung vom Text (→ PROBLEMATISIERUNGEN DER HERMENEUTIK): An die Stelle der strukturalistischen Konzeption des Textes als einer geschlossenen Gestalt tritt die Vorstellung vom Text als »productivité« (vgl. KRISTEVA 1969a). Dieses Interesse am Text als Vorgang und Spielraum unterschiedlicher Möglichkeiten spiegelt einen Wandel ästhetischer Konzeptionen und knüpft an die Vorstellungen verschiedener Autoren der Moderne an, für die das Werk nur noch die »Totenmaske der Konzeption« (BENJAMIN, S. 49) ist: »Das Werk des Geistes existiert nur im Vollzug.« (VALÉRY 1991, S. 129; vgl. auch die unterschiedlichen, das Unfertige bzw. den Entstehungsvorgang selbst einbeziehenden Werkkonzeptionen bei Autoren wie Joyce, Aragon oder Ponge). Wie Valéry in der Deutung T. S. Eliots (ELIOT, S. 109) hat auch die »critique génétique« »aufgehört, an *Ziele* zu glauben«, und ist »nur noch an *Prozessen* interessiert«. Nicht das Ergebnis des Schreibens (»écrit«) ist ihr Gegenstand, sondern das Schreiben selbst (»écriture«). Forschungsziele der »critique génétique« liegen etwa in der Erarbeitung einer »Geschichte der Schreibweisen« und in der Entwicklung einer »Ästhetik literarischer Produktion« (GRÉSILLON, S. 203ff.; vgl. auch

Gellhaus). Indem sie also nicht mehr Textkritik im traditionellen Sinne ist, zielt die »critique génétique« auch nicht auf die Edition literarischer Werke, sondern auf die Untersuchung und Präsentation von Vorstufen und Skizzen (»brouillons«). In den von ›Genetikern‹ erarbeiteten Editionen geht es nicht um die Beschreibung einer Entwicklung bis zu einem endgültigen und stabilen Ergebnis, sondern um die Wiedergabe von Entstehungsstadien bzw. des Prozesses der Schreib- und Arbeitsweise selbst (zum Beispiel Bonnet/Bruns Proust- oder Bonaccorsos Flaubert-Ausgabe).

Neue Aspekte für die Realisierung solcher genetischer Editionen, die den Prozeß der Entstehung zur Darstellung bringen wollen, bieten die Möglichkeiten *elektronischen Edierens.* Schon seit Beginn der Textverarbeitung auf dem Computer wurde wiederholt auf die – heute bei der Erarbeitung herkömmlicher Bucheditionen vielerorts bereits eingesetzte – Unterstützung der Editionsarbeit durch elektronische Datenverarbeitung hingewiesen (vgl. Ott 1982 und 1990), die sich nicht auf die Hilfe bei der Erfassung, Korrektur und Vervielfältigung von Texten beschränkt, sondern darüber hinaus durch automatisches Vergleichen, Zerlegen und Sortieren von Texten bei der Kollationierung oder der Erstellung jeder Art von Listen (Register, Konkordanzen usw.) eine wichtige Rolle spielt. Eine neue Stufe im Einsatz der EDV ist mit der Realisation elektronischer Editionen erreicht, durch die große Datenmengen dem Benutzer kostengünstig zur je individuellen Verfügung gestellt werden können (vgl. zum Beispiel das Pilotprojekt der von Aspetsberger, Eibl, Frisé hg. CD-ROM-Edition des Musil-Nachlasses; dazu Fanta). Durch den Einsatz von *Hypertext*-Systemen kann dabei das lineare Nacheinander der Schrift durch ein mehrdimensionales dezentralisiertes Informationsnetzwerk ersetzt werden, in dem alle eingegebenen Dokumente vom Benutzer auf jede gewählte Weise miteinander verbunden werden können (vgl. Hofmann/Simon). Solche Verfahren bieten gerade für die Darstellung der »dritten Dimension der Literatur« (Hay 1984) – der Dynamik des Schreibvorgangs – Möglichkeiten, die keine Papier-Edition zu erreichen in der Lage ist, und eröffnen neue Spielräume auch für die Integration unterschiedlichster kommentierender Texte. Leistungsfähige neue Rechner erlauben inzwischen die Erstellung von *Hypermedia*-Projekten, in deren Informationsraum dann nicht nur Texte, sondern auch Bilder und Töne zur Verfügung gestellt werden können, womit einer Edition weitere Dimensionen eröffnet werden (etwa in Gestalt der Integration von Faksimiles der Handschriften und Illustrationen sowie Vertonungs- oder Inszenierungsbeispielen; vgl. McGANN 1995; → LITERATUR UND MEDIEN).

8. Ausblick

Die Bereitstellung des Textes als zentrale Aufgabe von Textkritik und Textedition kann also je nach der – von Entstehungs- und Überlieferungsbedingungen abhängigen – Existenzweise eines Textes (vgl. GRUBMÜLLER) sehr unterschiedliche Ziele verfolgen und dementsprechend verschiedene Verfahren implizieren. Dem traditionellen Ziel der Wiederherstellung des Originals oder der Rekonstruktion des Textes in seiner idealen – schon vollendeten und noch nicht verwitterten – Gestalt am Kreuzungspunkt von Entstehungs- und Überlieferungsgeschichte stehen Vorstellungen gegenüber, die den Text als Prozeß in den Mittelpunkt rücken. Solche dynamischen, ›offenen‹ Textkonzeptionen sind dabei nicht auf die Berücksichtigung der Entstehungsgeschichte eines Textes zu begrenzen: einbezogen werden können auch die Überlieferungs- und → REZEPTIONSGESCHICHTE eines Textes (vgl. etwa BOLLACKS rezeptionsgeschichtlich orientierte Ausgabe von Sophokles' »König Ödipus«), die von seiner Genese nicht immer eindeutig zu trennen sind; in Fällen nicht autorfixierter ›unfester‹ Texte fallen Entstehungs- und Rezeptionsgeschichte zusammen.

Mit der Entwicklung eines dynamische und statische Textkonzepte umgreifenden ›komplexen Textbegriffs‹ (MARTENS 1989) wurde der Versuch gemacht, beide Aspekte wieder miteinander zu vermitteln, um so dem gerade in der Dialektik von Gestalt und Prozeß liegenden Kunstcharakter des literarischen Textes gerecht zu werden; als editorische Realisationsversuche solcher Vermittlung können Ausgaben angesehen werden, die den genetischen Prozeß *und* einen geschlossenen Text präsentieren (wie zum Beispiel Gablers »Ulysses«-Edition, Sattlers Hölderlin-Ausgabe oder Groddeks textgenetische Präsentation von Nietzsches »Dionysos-Dithyramben« als Ergänzung der Darstellung in der historisch-kritischen Nietzsche-Ausgabe Colli/Montinaris). Aktuelle Entwicklungen und Diskussionen werden dokumentiert in den Zeitschriften »Studies in Bibliography«, »Text«, »editio« und »Genesis« (→ BIBLIOGRAPHIE).

IV. Grundlagen der Textgestaltung

1. Poetik

von Albert Meier

1. Grundsätzliches

Der Terminus »Poetik« ist aus dem Altgriechischen (»poietiké«, vom Stammwort »poiein«: »machen, bilden, hervorbringen«) über das Lateinische (»poetice, ars poetica«), Italienische (»poetica, arte poetica«), Französische (»poétique, art poétique«) ins Deutsche eingegangen und bezeichnet generell die »Dichtkunst« im Sinne einer Theorie der Poesie. Als Sammelbegriff umfaßt er die verschiedenen Formen und Dimensionen der Reflexion über »schöne« bzw. kunstvolle Literatur; insofern ist die Poetik als eine philologische Grundlagendisziplin zu verstehen. »Poetiken«, d. h. Abhandlungen zur Poetik, behandeln das Dichten zuzeiten *normativ*, indem sie den Autoren Anweisungen für ihr Schaffen geben; zuzeiten gehen sie *deskriptiv* vor, um das Wesen und/oder die Geschichte der Dichtung herauszuarbeiten. Ihr Geltungsanspruch schwankt zwischen universell und individuell.

Zu den zentralen Themenbereichen der Poetik gehören: der Ursprung der Dichtung, deren Beziehung zu den anderen Künsten sowie ihr Verhältnis zur Lebenswirklichkeit und ihre ethisch-soziale Rechtfertigung, das System der → Gattungen und deren ästhetische Gesetze, die Eigenschaften des wahren Dichters und die Entstehungs- wie Rezeptionsbedingungen der Werke, die Bestimmung unterschiedlicher → Stil-Lagen und ihre Eignung für die jeweiligen Gegenstände, die Verslehre sowie die Voraussetzungen für literarische → Kritik und → Hermeneutik. Infolgedessen überschneidet sich die Poetik in wechselndem Maß mit der Ästhetik (→ Fiktionalität und Poetizität) und der → Rhetorik. Heute partizipiert sie als – auch historisch arbeitende – Teilwissenschaft an der Ästhetik als der Philosophie des (Kunst-)Schönen.

Bei Platon und Aristoteles, dessen »Poetik« neben der Dichtung auch die anderen »mimetischen« Künste (u. a. Musik und Tanz) einbezog, ist die Poetik noch mit allgemeiner Kunstphilosophie vermischt. Erst während der römischen Kaiserzeit bildete sich in

Reaktion auf die → RHETORIK eine Literaturlehre im engeren Sinn heraus, die sich auf Richtlinien für gutes Dichten konzentrierte. Diese Entwicklung führte in der intensiven Horaz-Rezeption vom Mittelalter bis zur Renaissance zu einer rhetorischen Instrumentalisierung der Poetik. Wie zu dichten war, wurde nach dem Schema »inventio – dispositio – elocutio« gelehrt (Erfindung – Einrichtung – Ausformulierung). Als zentrale Wirkungsabsicht der Dichtung galt wie in der Rhetorik das »movere«: die sinnliche Affizierung (»Rührung«) des Lesers oder Zuhörers. Auf dieser Basis fand die Poetik in der italienischen Renaissance zu einer Traktat-Form, die zunächst Auskunft gab über Eigenart und Entwicklung der Dichtung, dann eine Hierarchie der literarischen Gattungen definierte und schließlich verbindliche Vorschriften für künftige Dichter zusammenstellte. Dabei orientierte man sich gleichermaßen an den theoretischen wie poetischen Autoritäten der griechischen und römischen Antike (vorrangig an Platon, Aristoteles, Horaz, Vergil). Erst im Lauf des 18. Jahrhunderts enthob die zunächst in England erfolgreiche »Genie«-Lehre mit ihrer Überbietung des platonischen »Enthusiasmus«-Gedankens den poetologischen Aristotelismus seiner Vormachtstellung. Mit der Bindung an die Muster verlor die Poetik in der Folge inhaltlich wie formal ihren systematischen Charakter. Nun untersuchte sie nicht mehr die Dichtung in deren gesamtem Umfang, sondern konnte sich auf einzelne Gattungen beschränken (vor allem auf die neuentstandenen wie den Roman oder Mischformen wie das »Bürgerliche Trauerspiel«), nationale Sonderentwicklungen reflektieren und alternative Wirkungsstrategien entwerfen. Diese Wende im 18. Jahrhundert manifestiert sich im Aufstieg des »Erhabenen« zum Komplementärbegriff des »Schönen«. Bis dahin hatten stereotyp die Themenbereiche der antiken Poetiken im Vordergrund gestanden (die Konzentration auf die Großgattungen Tragödie und Epos, der Vorrang der Affektwirkung, die Frage des Wahrheitsanspruchs usw.). Das Verständnis von Dichtung als einer *schöpferischen* Tätigkeit im Unterschied zur *Nachahmung* (»mimesis«) von Wirklichkeit brachte neue Aspekte in die Diskussion ein. Sie führten von der Lehrbarkeit des Dichtens weg, stellten den geschichtlichen Wandel der Poesie in den Mittelpunkt und näherten die Poetik wieder an die Ästhetik an. Im gleichen Maße, in dem sich die Dichtung semantisch öffnete und zunehmend erläuterungsbedürftig wurde, vollzog die Poetik zwei Wandlungen: Einerseits übernahm sie die Aufgabe der individuellen Explikation (als Auskunft über die jeweilige Dichtungsauffassung und die Intentionen eines Autors). Andererseits verschwand im romantischen Begriff der »Transzendentalpoesie« die bis dahin selbstverständliche Grunddifferenz zwischen Poesie und Poetik; auch dadurch wuchsen der Dichtungstheorie neue Aufgaben zu. An die Stelle der nachträglichen Theoretisierung der poetischen Tradition oder der Erläuterung des dichterischen Handwerkszeugs trat die Reflexion auf die sprachtheoretischen Grundlagen des Dichtens. Infolge dieses Funktionswandels hat die Diskussion seitdem an Übersichtlichkeit verloren. So wie sich die Poetik in formaler Hinsicht in verschiedene Textsorten aufspaltete (Manifest, Aphorismus, Essay, poetologisches Gedicht usf.), differenzierte sie sich auch inhaltlich aus: in allgemeine Literaturwissenschaft oder Poetikgeschichte, in wissenschaftliche oder private Definition des Dichterischen.

2. Poetik in der Antike

Ihren Ausgangspunkt hat die poetologische Reflexion im 4. Jahrhundert v. Chr. bei der Frage nach dem sozialen Wert von Dichtung genommen. Abgesehen von den vereinzelten (und nur sehr lückenhaft überlieferten) Bemerkungen der »Vorsokratiker« wie Demokrit (470/60-380/70 v. Chr.), der das Dichten aus einer der religiösen Ekstase ähnlichen Begeisterung erklärte (dem »Enthusiasmus«: »enthousiasmós«, wörtlich: »das in-dem-Gott-Sein«), oder Gorgias von Leontinoi (ca. 480-380 v. Chr.), der Ansätze zu einer Theorie der Kunstprosa entwickelte, muß als erste Poetik im eigentlichen Sinn die um 335 v. Chr. entstandene und nur fragmentarisch erhaltene »Poetik« des Aristoteles (»Peri poietikés«) gelten. Sie bestimmt in polemischer Absetzung von Platon die anthropologische Basis des Dichtungsvermögens und sucht alle Gattungen durch ihren spezifischen gesellschaftlich-sittlichen Nutzen zu legitimieren. Dichtung wird als (dem Mythos analoge, aber von seiner Verbindlichkeit abgelöste) »mimesis praxeos« verstanden, d. h. nicht vorrangig als kunstvoll geformtes Sprechen (in Versen), sondern als ›Nachahmung‹ menschlichen Handelns. Deutlich wird das an der Gegenüberstellung von Geschichtsschreibung und Poesie. Dabei gesteht Aristoteles dem Historiker nur das sachlich korrekte Erfassen einzelner Ereignisse zu, während die »philosophischere« Dichtung – im Rahmen der Wahrscheinlichkeit – auch erfinden darf und demzufolge die Möglichkeit besitzt, statt bloßer faktischer Richtigkeit allgemeingültige Wahrheiten darzustellen (oder zu erproben).

Demgegenüber hatte Platon das Dichten als Folge einer göttlichen Inspiration begriffen, die nicht mehr der rationalen Kontrolle unterliegt und insofern primär sinnlich ist (vgl. »Ion« 533d-534e; »Phaidros« 245a). Daraus war von ihm die Befürchtung abgeleitet worden, die Poesie verderbe die Charakterstärke (»Staat« X 605d-607a); sie führe zumal bei der Jugend zu einer Verweichlichung und folglich zu einer Vernachlässigung der sozialen Pflichten. Deshalb wollte er in seinem idealen Staat ausschließlich eine obrigkeitlich kontrollierte Zweckpoesie zur Steigerung des Kampfesmutes dulden (»Staat« III 395c-398b; »Gesetze« II 653d-663d; VII 801b-e). Neben diesem rezeptionstheoretischen Argument, das allein schon die Verbannung der Poesie aus einem gut regierten Staat begründete, hat Platon die Dichtung auch mit einem erkenntnistheoretischen Argument zurückgewiesen: Jede poetische Darstellung stehe als (spielerische) Nachahmung zufälliger Realitätspartikel in doppelter Distanz zur Wahrheit der außerzeitlichen Ideen und führe von deren Betrachtung ab (»Staat« X 595a-602b). Aristoteles hält dem entgegen, daß das Nachahmen (mitsamt der Freude daran) dem Menschen angeboren sei und folglich keiner weiteren Rechtfertigung bedürfe. Gerade aufgrund ihrer Affektwirkung sei die Dichtung zudem in der Lage, das Publikum sittlich zu stärken. Denn insbesondere die Tragödie führe zu einer Reinigung der Seele (»Katharsis«), bei der sich die tragischen Affekte (»phobos«: Schauder; »eleos«: Jammer) auf ein sozialverträgliches Mittelmaß einpendeln und gesellschaftlich erwünschtes Verhalten erleichtern (→ GRUNDLAGEN SZENISCHER TEXTE). Die »Poetik« des Aristoteles leistet darüber hinaus eine an den Gattungsdifferenzen orientierte Systematisierung der dichterischen Formen (→ GATTUNGSFRAGEN). Dabei kommt der höchste Rang der Tragödie und dem Epos zu, weil deren Helden die Durchschnittsmenschen sittlich überragen, um der Mimesis in solcher Idealisierung ihre philosophische Dimension zu verleihen.

Der hier skizzierte Gegensatz zwischen Platon und Aristoteles zieht sich durch die gesamte weitere Geschichte der Dichtungstheorien. Vor allem Aristoteles ist mit der Katharsis-Theorie, mit der Kontrastierung von Tragödie und Epos und mit dem Anspruch auf eine philosophische Wahrheit der Dichtung seit der Wiederentdeckung seiner »Poetik« im italienischen Humanismus bis ins späte 18. Jahrhundert zentraler Orientierungspunkt geblieben.

Die nach Platon und Aristoteles dritte antike Autorität ist Horaz mit seiner 14 v. Chr. veröffentlichten Versepistel »De arte poetica«

(»Epistulae« II,3: »Ad Pisones«), die zwischen platonischen und aristotelischen Positionen vermittelt. Im Unterschied zu seinen griechischen Vorläufern setzt sich Horaz weniger mit den Voraussetzungen von Produktion und Rezeption als mit der Sprachgestalt eines poetischen Werks auseinander. Dazu faßt er die Regeln einer vernünftigen Dichtung zusammen, die er im wesentlichen aus dem Vergleich mit den bildenden Künsten ableitet (gemäß der Formel »ut pictura poesis«: »die Dichtung wie die Malerei«). Indem er die klassische Literatur der Griechen zum Maßstab nimmt, hat Horaz einerseits die (dann in der Renaissance wiederaufgenommenen) Ideale von Einheit (»unum«), Schlichtheit (»simplex«) und Angemessenheit (»decorum« bzw. »aptum«) kodifiziert. Andererseits betont er den doppelten Wirkungszweck der Poesie in der Verbindung von Lehrhaftigkeit und sinnlichem Vergnügen: »aut prodesse volunt aut delectare poetae / aut simul« (»die Dichter wollen entweder nützen oder unterhalten / oder auch beides zugleich«). Im Interesse einer solchermaßen sachgerechten Dichtung plädiert Horaz für eine strenge literarische Kritik zur Abwehr des Dilettantismus und erhebt Einspruch gegen die Überschätzung des poetischen »Enthusiasmus«.

Eine gegenüber Platon, Aristoteles und Horaz in vieler Hinsicht innovative Position vertritt um 40 n. Chr. der unter dem Namen »Pseudo-Longinus« geläufige unbekannte Verfasser des nur fragmentarisch überlieferten Traktats »Über das Erhabene« (»Peri hypsous«). Freilich entfaltete er seine Wirkung erst verspätet: während der italienischen und vor allem der französischen Renaissance; insbesondere beförderte er im späten 18. Jahrhundert den Paradigmenwechsel zur sensualistischen Ästhetik. Dieser Anonymus entwirft ein Produktionskonzept, dem es um die Bestimmung von überraschenden, die Seele bewegenden Gegenständen und deren angemessene Darstellung in überwältigender Sprache geht. In Abkehr von den Wirkungsstrategien der → RHETORIK hebt er die sinnliche Wirkung des Erhabenen hervor, das den Rezipienten nicht überreden, sondern in Verzückung setzen soll.

3. Poetik in der Neuzeit

Mit Ausnahme von Horaz sind alle diese Theorien seit der römischen Kaiserzeit, als die Poesie von der Rhetorik überlagert wurde, mehr oder weniger in Vergessenheit geraten. Weil die Dichtung zumeist nur noch als – nach Kunstregeln erlernbares – Sprechen in Versen galt, trat das Interesse an der Poesie ebenso zurück wie deren Wertschätzung überhaupt. Im System der sieben freien Künste (Trivium: Grammatik, Rhetorik, Dialektik; Quadrivium: Arithmetik, Geometrie, Musik, Astronomie) war weder für Poesie noch für Poetik Platz; infolgedessen gab es bis ins 12. Jahrhundert keine selbständigen Poetiken mehr. Die Beschäftigung mit gebundener Sprache (→ METRIK) beschränkte sich auf den Unterricht in der Versifikation nach rhetorischen Prinzipien (etwa in der um 1175 entstandenen »Ars versificatoria« des Matthäus von Vendôme) und machte als Vorübung nur einen Teilbereich des Grammatikunterrichts aus. Diese Schriften geben Anleitungen für die Konzeption von Dichtungen und erläutern stilistische Regeln im Zusammenhang mit dem jeweiligen Gegenstand; darüber hinaus sammeln sie rhetorische Tropen und Figuren, die sie auch an mustergültigen Texten der Antike illustrieren (→ RHETORIK).

Obwohl sich in der Literatur des Mittelalters die allmähliche Ausprägung eines Problembewußtseins von → FIKTIONALITÄT UND POETIZITÄT beobachten läßt (HAUG 1985), so ist es doch erst im italienischen Humanismus wieder zu einer ernsthaften und systematischen Auseinandersetzung mit Dichtung als solcher gekommen. Dabei gilt weiterhin das »movere« als dritte Aufgabe der Dichtung neben dem horazischen Doppelzweck »prodesse«/»delectare«; als unbedingtes Richtmaß wahren Dichtens fungieren die antiken Poeten, deren Nachahmung fruchtbarer sein soll als die der Natur. Nicht der Dichter steht hier im Mittelpunkt, sondern sein Werk, nach dessen strukturellen Gesetzmäßigkeiten gesucht wird, um sie als Regeln der künftigen Produktion vorzuschreiben. Die folgenreichste Neuerung der Poetik des 16. Jahrhunderts in Italien besteht in der Wiederbeschäftigung mit Aristoteles, der 1498 durch Giorgio Valla erstmals in einer philologisch befriedigenden lateinischen Version präsentiert und schnell durch vielfältige Kommentare erschlossen wurde. Für die folgenden Jahrhunderte ausschlaggebend ist dabei die Tendenz, die aristotelischen Bestimmungen *normativ* zu präzisieren; dies bedeutet auch, daß sich die poetische Theorie des 16. Jahrhunderts auf die bei Aristoteles prominenten Gattungen (Tragödie/Epos) konzentriert und insbesondere das Problem der Wahrscheinlichkeit bzw. das Verhältnis zwischen der Natur und ihrer Nachahmung diskutiert. Nach der ersten eigentlichen Renaissance-Poetik (Marco Girolamo Vida: »De arte poetica«; 1527) wird der Höhepunkt durch Lodovico Castelvetros umfangreich kommentierte Übersetzung der aristotelischen »Poetik« ins Italienische markiert (»Poetica d'Aristotele Vulgarizzata et Sposta«; 1570). Zum erstenmal erfaßt Castelvetro die drei »aristotelischen Einheiten« der Tragödie (Einheit der Handlung, Einheit der Zeit und Einheit des Orts); er wird damit vor allem dem französischen Regelklassizismus des 17. Jahrhunderts die Orientierung liefern.

Als Hauptwerk der italienischen Renaissancepoetik sind freilich Julius Caesar Scaligers »Poetices Libri VII« (1561) anzusehen, die den Wissensstand auf lange Zeit kanonisiert haben. Anders als Aristoteles stellt Scaliger das Epos über die Tragödie, wobei er die verschiedenen Gattungen streng nach Kriterien des sozialen Rangs ihres Personals gliedert. Folgenreich ist vor allem seine Abwertung des aristotelischen Katharsis-Theorems zugunsten einer generellen Verpflichtung der Dichtung auf die *moralische Besserung* ihres Publikums gewesen. Die originellste These Scaligers bezieht sich auf den Dichter selbst: Ihn bestimmt er in Anlehnung an die platonische Inspirationslehre als »alter deus« (»zweiter Gott«). Damit präludiert er die Genie-Lehren des 18. Jahrhunderts – die Leistung des Dichters erscheint nun als das Erschaffen einer neuen Welt. Dennoch bleibt diese Gottähnlichkeit des Poeten bei Scaliger noch rückgebunden an seine Gelehrsamkeit (»poeta eruditus«, »poeta doctus«) und behält auf diese Weise ihr rationales Fundament.

Im 17. Jahrhundert ist es dann die französische Poetik, die an Eigenständigkeit und europäischem Einfluß gegenüber der italienischen gewinnt. Sie intensiviert deren Tendenz zur Reglementierung, nimmt sich dabei aber eher das Rom der frühen Kaiserzeit als das klassische Athen zum Muster. Zu zentralen Begriffen avancieren der »Verstand« (»raison«) und die davon abhängige »Wahrscheinlichkeit« (»vraisemblance«). Die erste Ausformulierung dieser »doctrine classique« findet sich bei Jean Chapelain (»Discours de la poésie représentative«; 1635). Die Musterhaftigkeit der Antike wird hier ebenso nachdrücklich betont wie die Verpflichtung der Poesie auf die Prinzipien der Vernunft und damit auf (erlernbare und einzuhaltende) Regeln. Als die beiden poetologischen Hauptwerke des französischen Klassizismus gelten aber die »Pratique du Théâtre« (1657) des Abbé d'Aubignac (François Hédelin) sowie Nicolas Boileaus Versdichtung »L'art poétique« (1674). Während sich Hédelin auf bühnenpraktische Überlegungen beschränkt und die bis weit ins 18. Jahrhundert hinein befolgten ›Vernunftgesetze‹ einer klassizistischen Dramaturgie entwirft, bietet Boileau eine umfassende Poetik, die sich auf Horaz stützt und mit »clarté« (Klarheit) und »bienséance« (Wohlanständigkeit) diejenigen Kategorien propagiert, die den Geist der französischen Klassik am besten resümieren. Den gemeinsamen Nenner der rationalistischen Dichtungslehre des 17. Jahrhunderts definiert allerdings nicht Boileaus »Art poétique«, sondern seine »Épistre IX«. In ihr wird das Schöne der Vernunft untergeordnet und damit den Gesetzmäßigkeiten der Logik unterworfen: »Rien n'est beau que le vrai« – »Nur das Wahre ist schön«.

Erst die zu Beginn des 18. Jahrhunderts in England aufkommende sensualistische Ästhetik sollte dieses Prinzip umkehren und in Shaftesburys Formel »All beauty is truth« – »Alle Schönheit ist Wahrheit« (»Sensus communis«; 1709) die Distanzierung vom Regelklassizismus einleiten. Aus diesem neuplatonischen Ansatz erwächst die anti-aristotelische Strömung, die sich im Laufe des 18. Jahrhunderts als Konkurrenz zum französischen Regelkanon etablierte. Schon seit Sir Philip Sidneys »Defence of Poesie« (1595) war die englische Poetik speziell an der dichterischen Produktion interessiert gewesen und hatte im Gegensatz zum Mimesis-Theorem das *schöpferische* Handeln des inspirierten Poeten betont. Daß damit auch eine Distanzierung von der verpflichtenden Vorbildhaftigkeit der Antike verbunden war, hatte sich bereits in John Drydens Dialogessay »Of Dramatick Poesy« (1668) manifestiert. Dort wird die »moderne« Literatur gerade in ihrer Abkehr von den alten Regeln legitimiert; das entscheidet den 1687 in Frankreich von Charles Perrault entfachten Streit um den Vorrang entweder der antiken oder der neuzeitlichen Dichtung (»Querelle des Anciens et des Modernes«) zugunsten der neuzeitlichen. So wie sich während des 18. Jahrhunderts der aufklärerische Sensualismus gegen den barocken Neustoizismus durchsetzte, so erwies sich auch die englische Ästhetik und Poetik als Alternative zum italienisch-französischen Klassizismus und schuf die Voraussetzungen für die Distanzierung vom Aristotelismus. Sowohl anhand der beiden ›Musterautoren‹ Shakespeare und Milton als auch in der religiös fundierten Genie-Lehre namentlich Edward Youngs (»Conjectures on Original Composition«; 1759) hatte diese Bevorzugung des »Natürlichen« gegenüber dem Vernünftigen europaweiten Erfolg; insbesondere in Deutschland leitete sie die Abkehr von den kulturellen Normen Frankreichs ein.

Im deutschen Bereich hat eine kontinuierliche und systematische Beschäftigung mit der Frage nach dem richtigen Dichten und dessen Sinn erst im 17. Jahrhundert eingesetzt, was sich nicht zuletzt am

Verzicht auf das vormals obligate Latein zugunsten des Deutschen dokumentiert. Alle Vorläufer seit dem Mittelalter (etwa der »Laborintus«, eine allegorisch umrahmte Dichtungslehre in mittellateinischen Versen, die Eberhard der Deutsche vor 1250 verfaßte) und auch noch im Humanismus (vor allem Konrad Celtis: »Ars versificandi et carminum«; 1486) hatten die an Horaz anschließenden Dichtungslehren rhetorischer Prägung fortgeführt (vgl. aber wiederum HAUG 1985). Gleiches gilt für die wenigen poetologischen Schriften des 16. Jahrhunderts, die keine autonome Traditionslinie ausbilden konnten (z. B. Joachim Vadianus' »De poetica et carminis ratione«; 1518). Aus diesem Grund bemühen sich die meisten deutschen Literaturtheoretiker im 17. Jahrhundert vor allem darum, den italienisch-französischen Theoriestandard in die deutsche Literatur zu übertragen. Dabei ist es zunächst nur darum gegangen, die klassizistischen Normen so auf die deutschen Gegebenheiten zu übertragen, daß sich auch die deutsche volkssprachliche Poesie als gleichrangig neben dem Lateinischen, Italienischen und Französischen behaupten konnte. Genau hierin liegt der erfolgreiche Ansatzpunkt von Martin Opitz' »Buch von der Deutschen Poeterey« (1624): Er übernimmt die zeitgenössischen Theorien aus dem Ausland (Vida, Scaliger, Ronsard, Heinsius) und postuliert die Möglichkeit, die deutsche Dichtung an diesen Vorbildern auszurichten. Auf diese Weise erläutert er das Gattungssystem, führt den Alexandriner als vorherrschendes Versmaß ein und zielt mit der Forderung nach dem ›natürlichen‹ Wortakzent auf eine würdevolle Hochsprache ab (→ METRIK). In dieser Tradition verstehen sich alle deutschen Barock-Poetiken als Anweisungsschriften, die vom Dichter zuallererst die Befolgung der Regeln verlangen.

Grundsätzlich lassen sich dabei zwei Tendenzen unterscheiden. Die von Opitz inaugurierte aristotelisierende Richtung vertritt strikt die Musterhaftigkeit der Antike und betrachtet den Dichter weniger als Schöpfer denn als talentierten Handwerker. Dagegen bemühen sich die stärker auf die sinnliche Kraft der bildhaften Sprache verweisenden Nürnberger um Georg Philipp Harsdörffer – in Affinität zu Platon – um ein freieres Verhältnis zur Antike und kultivieren aktuelle Formen und Stilprinzipien des 17. Jahrhunderts wie das Emblem. Harsdörffers »Poetischer Trichter« (Nürnberg 1647-1653) hält zwar am Postulat der Verbindung von Nutzen und Ergötzen fest, gliedert jedoch insbesondere die Dramengattungen in Analogie zur Gesellschaftsstruktur und betont die sinnliche Wirkung der poetischen Sprache (wobei er nachdrücklich für die »Reinhaltung«

der deutschen Sprache plädiert). Grundsätzlich bleibt die Dichtung bei ihm jedoch rückgebunden an eine christlich bestimmte Ethik, die ihr Ziel im Verweis auf das Jenseits sieht und deshalb der *Beherrschung* der Affekte dienen will. Aus diesem Grund spielt das aristotelische Katharsis-Theorem während des 17. Jahrhunderts keine große Rolle, sondern tritt – im Interesse der »constantia« (der »Beständigkeit«) – hinter Strategien der Gemütsabhärtung zurück. Erst in der zweiten Hälfte des 17. Jahrhunderts richtet sich die Aufmerksamkeit wieder stärker auf die antiken Quellentexte und führt allmählich zu einem tatsächlichen Neuansatz.

Auf der Grundlage des von Leibniz vertretenen, von Wolff popularisierten Vernunftoptimismus hat insbesondere Johann Christoph Gottsched im »Versuch einer Critischen Dichtkunst vor die Deutschen« (1730) die erste genuin deutsche Poetik entwickelt. Er verknüpft die herkömmliche Verpflichtung der Dichtung auf sittliche Besserung ihres Publikums strikt mit der rationalen Einsicht in das richtige Handeln und vertraut darauf, daß fiktionale Texte als Exempel rezipiert werden und insofern einen moralischen Lehrsatz illustrieren, der den Willen des Rezipienten prägen muß. Alle Gattungen haben demselben Prinzip zu folgen: Sie versinnbildlichen eine didaktische Fabel und genügen dem logischen Gesetz vom zureichenden Grund. Diese rationalistische Fundierung der Dichtung und ihre moralistische Instrumentalisierung stellen in der Geschichte der Poetik ein Novum dar. Zugleich war Gottscheds »Critische Dichtkunst« die letzte systematische Dichtungstheorie, die ihre Bestimmungen als allgemeingültig und überzeitlich verstand. (→ GRUNDLAGEN SZENISCHER TEXTE)

Trotz der gleichen rationalistischen Prämissen haben Gottscheds Schweizer Antipoden Johann Jacob Bodmer und Johann Jacob Breitinger der dichterischen Phantasie größere Freiheit zugestanden (→ BILDLICHKEIT): Wo Gottsched auf der Nachahmung der ›*Wirklichkeit*‹ beharrt, verlangen ›die Schweizer‹ unter Berufung auf Leibniz die Nachahmung »*möglicher* Welten« und wollen weniger durch vernünftige Einsicht als durch die Sprache des Herzens rühren. Der französisch geprägten Verstandeskultur Gottscheds steht hier das an der christlichen Epik Miltons geschulte Prinzip des affektstarken »Wunderbaren« entgegen, das durch die Phantasie hervorgebracht wird.

In der Folgezeit wendet sich die Poetik in Deutschland, in Anlehnung an englische Vorbilder, immer stärker von starren Regeln ab und beginnt, Unterschiede des Geschmacks in Abhängigkeit von

Ort und Zeit, ›Volkscharakter‹ und Kultur anzuerkennen. Diese Entwicklung, die in scharfer Rivalität zwischen deutschem und französischem Geschmack ausgetragen wurde, beruht auf der *Historisierung* der Poetik und schafft die Voraussetzungen dafür, den Eigenwert der ›modernen‹ Dichtung anzuerkennen. Wie sich insbesondere an Lessing zeigt, spaltet sich die Poetik zur gleichen Zeit in die verschiedenen Gattungspoetiken auf: in Theorien zum Drama, zum Roman, zur Fabel usw. Nun gilt nicht mehr ein einziges Grundprinzip als universal verbindlich, sondern jede Gattung wird nach ihren spezifischen Gesetzen konzipiert. Die entsprechenden Diskussionsbeiträge gewinnen auch formal an Offenheit: Es handelt sich nicht mehr um systematisch angelegte Traktate, sondern zunehmend um essayistische Reflexionen oder empirisch begründete Studien. Dieses Aufbrechen der Textsorte geht einher mit der Abkehr vom herkömmlichen Aristotelismus – die poetologische Reflexion nimmt ihren Ausgang nicht mehr bei den tradierten Kategorien, sondern bemüht sich um Aktualität und Praxisnähe.

Bevor sich aber diese Tendenz in Deutschland durchsetzen kann, vollzieht sich um die Mitte des 18. Jahrhunderts erst noch die nachdrücklichste Auseinandersetzung mit der aristotelischen »Poetik«. Auf Michael Conrad Curtius' ausführlich kommentierte Übersetzung (1753) folgt die eindringliche, wenngleich historisch irrige Interpretation in Lessings »Hamburgischer Dramaturgie« (1767-1769). In kritischer Spiegelung der zeitgenössischen Theaterpraxis wird dort eine sensualistische Ausdeutung des Katharsis-Prinzips präsentiert: »Katharsis« bezeichne die »Verwandlung der Leidenschaften in tugendhafte Fertigkeiten«. Auf der Grundlage seines anthropologischen Optimismus versteht Lessing die Affektreinigung als wechselseitiges Sich-Austarieren der beiden tragischen Leidenschaften »Furcht« und »Mitleid« auf ein sozialverträgliches Maß; deren wirkungsstrategische Voraussetzung liegt in der unwillkürlichen Identifikation des Zuschauers mit dem sittlich »mittleren« Helden auf der Bühne (→ GRUNDLAGEN SZENISCHER TEXTE). Darüber hinaus übernimmt Lessing vorsichtig auch schon denjenigen poetologischen Begriff, der die Dichtungstheorie in den folgenden Jahren am nachhaltigsten verändern sollte: »Genie«.

Als Gegenentwurf zu den aristotelischen »Regeln« und damit zum französischen Klassizismus verschiebt die Genie-Idee den Akzent von der aufklärerischen Wirkungs- und Werkpoetik auf die Seite der *Produktion*: 1710 hatte Shaftesbury in »Soliloquy or Advice to an Author« erklärt: »Such a poet is indeed a second Maker, a just Prometheus under Jove [d. i. Jupiter]«. In der Fortsetzung dieser »Prometheus«-Metapher gilt der Dichter den Autoren des »Sturm und Drang« als gottgleicher Schöpfer einer eigenständigen Welt. Nicht mehr die Wirklichkeit wird in der Dichtung nachgeahmt, sondern die Schaffenskraft Gottes. Diese Auffassung eliminiert die Regeln aus der Poetik – das Genie handelt aus einer nicht hinterfragbaren, individuell wirksamen Naturkraft heraus. Dichtungstheorien verlieren demgemäß jeden Anspruch darauf, die poetische Produktion zu *lenken*, und können nur noch im nachhinein das Verständnis des Geschaffenen *koordinieren*.

Daß in diesem Zusammenhang der soziale Nutzen der Dichtung ins Hintertreffen gerät (markant in Jakob Michael Reinhold Lenz' »Anmerkungen übers Theater«; 1774), hat das Risiko eines Auseinanderdriftens von Ethik und Ästhetik bewußt gemacht. Dieses Defizit wird in der Weimarer Klassik korrigiert, wenn insbesondere Friedrich Schiller die versittlichende Kraft der schönen Dichtung hervorhebt. Im Unterschied zu den Wirkungsstrategien der Frühaufklärung geht es nun jedoch nicht mehr um direkte, begrifflich faßbare Belehrungen, sondern um die Erfahrung eines unentfremdeten Zustands der Versöhnung von Vernunft und Sinnlichkeit, von Einzelnem und ›Gattung‹. Hier mündet die Poetik nicht nur in eine allgemeine Ästhetik ein, sondern in Geschichtsphilosophie: Im Dreistufen-Modell von ursprünglicher Einheit des Menschen mit der Natur, sentimentalischer Entzweiung von Natur und Geist und zweiter, nun der Vernunft geschuldeter Naivität gewinnt die Kunst die Qualität einer Utopie, in der die kulturell noch nicht verwirklichte Harmonie bereits vorweggenommen ist.

Die Theoretiker der *Frühromantik* führen dieses geschichtsphilosophische Konzept der Dichtung fort. Sie distanzieren sich allerdings konsequent von den herkömmlichen Systematisierungsversuchen und projektieren eine moderne Poesie, die im Gegensatz zur sinnlichen Objektivität der Antike vom intellektualistischen Prinzip des »Interessanten« lebt. Über neue Darstellungsformen wie Gespräch oder Aphorismus hinaus propagieren Novalis und Friedrich Schlegel eine »Transzendentalpoesie«, in der das jeweilige Werk selbst seine ästhetischen Voraussetzungen reflektiert. Einerseits wird nun die schöpferische Aktivität des Dichters *totalisiert*, indem das Dichten in Analogie zur Religion als Lebensform gilt, andererseits wird die Poesie strikt *dynamisiert*, d. h. in einem kontinuierlichen Entwicklungsprozeß gesehen, in dem jedes Werk über den bisherigen Stand hinausführt und so zum Moment einer unaufhörlich fortschreitenden »progressiven Universalpoesie« wird. Die romantische Dichtungstheorie überhöht auf diese Weise nicht nur die Poetik zur Philosophie, sie problematisiert auch das Material des dichterischen Werks: die Sprache bzw. das Verhältnis zwischen Wort und Sache. Dabei wird das Wort konsequent von der Verpflichtung auf die Bezeichnung von Realität befreit. Diese sprachphilosophische Ausrichtung verleiht der Poetik eine neue Dimension, die gerade im Zusammenhang mit der Frage der → HERMENEUTIK nach der Verständlichkeit einer Dichtung dazu führt, sich mit den Möglichkeiten der Lektüre zu beschäftigen.

4. Status quo

Man mag den poetologischen Diskurs zu Beginn des 19. Jahrhunderts als Endphase dieser geschichtlichen Entwicklung verstehen, weil jetzt der zweitausendjährige Konsens über den Gegensatz von Theorie und Praxis der Dichtung ebenso obsolet geworden ist wie die Überzeugung von der Musterhaftigkeit der Antike. Allerdings bringen das 19. und 20. Jahrhundert eine zuvor nie dagewesene Fülle an dichtungstheoretischer Reflexion hervor. Insbesondere entwickelt sich die poetologische Diskussion im 19. Jahrhundert – in Deutschland wie in den anderen europäischen und europäisch beeinflußten Ländern – zum Medium der Auseinandersetzung mit der jeweils aktuellen Literaturproduktion. Im gleichen Maße, in dem der rhetorisch-normative Charakter verlorengeht, konkretisiert sich die Poetik als *Literaturästhetik*, der es um die Begründung des Schaffens statt der Regeln geht. In den zahllosen Essays, Manifesten und individuellen Stellungnahmen seit dem Realismus beschränkt sich das dichtungstheoretische Denken zumeist auf die Legitimation und Explikation des eigenen Vorgehens. Dabei stehen ethische, politische, religiöse oder naturwissenschaftliche Grundannahmen im Mittelpunkt und tragen die poetologischen Schlußfolgerungen. Gehen solche Überlegungen zum Teil in die poetischen Werke selbst ein (z. B. als Vorwort in Adalbert Stifters »Bunte Steine« oder als poetologische Allegorien in H. C. Andersens späten »Märchen«), so zeigt sich parallel zu dieser Individualisierung auch die Tendenz zur Verwissenschaftlichung: einerseits im Sinne einer Geschichtsschreibung der Poetik, andererseits im literaturästhetischen Interesse der Suche nach der spezifischen Seinsweise der Poesie (im Unterschied zur Alltagssprache) oder als allgemeine Literaturwissenschaft (als Inventarisierung dichterischer Techniken und Mittel jenseits der Nationalliteraturen; → FIKTIONALITÄT UND POETIZITÄT). Hier hat sich nach den ontologischen Bemühungen während der ersten Hälfte des 20. Jahrhunderts (vgl. z. B. Roman Ingarden) vor allem in Osteuropa mit → FORMALISMUS UND STRUKTURALISMUS eine neue Sichtweise durchgesetzt. Sie geht von sprach- und kommunikationstheoretischen Ansätzen aus und fragt zum einen nach den apriorischen Differenzen zwischen verschiedenen Zeichensystemen (zwischen einem poetischen und einem alltagssprachlichen Code); zum anderen geht es um die Ermittlung eines neuartigen »Text«-Begriffs, der durch Typologisierung das objektive Erfassen der »ästhetischen« Qualität ermöglichen soll (vgl. z. B. Jan Mukařovský oder Jurij Lotman) und die Gesetzmäßigkeiten der literarischen Evolution erforschen will.

Diesem ›logozentrischen‹, wissenschaftsoptimistischen Ansatz halten die Post- oder Neostrukturalisten gegenwärtig sprachphilosophische Einsichten der Romantik entgegen, die gerade auf die Aufhebung der Basisopposition »poetisch«/»nichtpoetisch« abzielen. Hier stehen weit weniger Fragen der Produktion von Kunstliteratur im Vordergrund als das Problem des Verstehens; insofern schließt diese Richtung an hermeneutische Überlegungen seit Friedrich Schleiermacher an und konzentriert sich auf die Aporien des Lesens (→ PROBLEMATISIERUNGEN DER HERMENEUTIK; → ZUM VERHÄLTNIS VON HERMENEUTIK UND NEUEREN ANTIHERMENEUTISCHEN STRÖMUNGEN).

Indem seit Roland Barthes (u. a. »S/Z«, 1970) nicht mehr der Autor, sondern der Leser als der eigentliche Produzent des Textes gilt, der seine je individuelle Sinn-Realisation leistet, erweist sich stets von neuem die Unmöglichkeit eines eindeutigen bzw. intersubjektiv verbindlichen Textsinns. Deshalb verweigert die Poetik nunmehr der Dichtung die – normgebende oder erläuternde – Unterstützung und kapriziert sich vielmehr auf die subversive Aktivität der → DEKONSTRUKTION von Sinnkonventionen. Eine fundamentale Differenz zwischen der alltäglichen und der poetischen Sprache wird in dieser Perspektive nicht mehr anerkannt; insofern spricht die Poetik der Poesie derzeit gern die Qualität des Besonderen ab.

2. Rhetorik

von Uwe Neumann

1. Tradition, Kritik und Verteidigung der Rhetorik

Von Beginn der abendländischen Literatur an haben rhetorische Verfahrensweisen eine große Auswirkung auf die Gestaltung von Texten gehabt. Indem sich menschliches Sprechen in der Literatur spiegelt, sind nicht nur Literatur und Rhetorik eng aufeinander bezogen, sondern erweist sich die Rhetorik als ein die menschliche Sprache konstituierendes Element. Rhetorische Methoden, die Sprache in ihrer ästhetischen, argumentativen und affekterzeugenden Wirkung zu perfektionieren, sind darum in literarischen Texten nachweisbar, bevor die Rhetorik sich als Fach etabliert hat und mit Hilfe von Lehrbüchern als allmählich immer fester umrissenes System tradiert wurde. Von Homer, dessen »Ilias« und »Odyssee« die Bedeutung der Rede für die Entscheidungsfindung (und damit für den Fortschritt der erzählten Handlung) zeigen und in denen sich bereits ein Bewußtsein für unterschiedliche Rednertypen manifestiert (»Ilias« 3, 205-224), gelangt die Rhetorik in weitere Gattungen der antiken Literatur. Die Geschichtsschreibung – die in der gesamten Antike eine stark unter dem Einfluß der Rhetorik stehende Disziplin geblieben ist – und die dramatischen Gattungen, Tragödie und Komödie, nehmen die Möglichkeiten auf, die das Epos gewiesen hat: Texte dieser Gattungen werden dadurch um die Perspektiven der handelnden Figuren bereichert und legen dafür Zeugnis ab, daß die Vielfalt der subjektiven Meinungen und Standpunkte den Zugang zu den Sachen erst ermöglicht. Mit der sophistischen Bewegung im 5. Jahrhundert v. Chr. kommt es zu einer ersten reflektierten Bestimmung dessen, was Rhetorik ist: Das Erfahrungswissen, wie sich wirkungsvolles Sprechen herstellen läßt und auf welchen Bedingungen eine erfolgreiche Gestaltung der Kommunikationssituation beruht, wird erstmalig systematisch erfaßt, theoretisch reflektiert und damit professioneller Vermittlung zugänglich gemacht. Es spricht viel dafür, daß diese Technisierung der Rhetorik erst durch die Etablierung der Schriftlichkeit im 5. Jahrhundert v. Chr. ermöglicht wurde (→ Literatur und Medien). Mit den Sophisten wird die Wirkungsmächtigkeit des rhetorischen Sprechens erheblich gesteigert. Möglich wurde dies durch die Erkenntnistheorie des Gorgias. Er vertrat die Ansicht, daß es nichts gibt oder daß, wenn es doch etwas gäbe, dies dann nicht erkennbar wäre oder daß es, wenn es doch erkennbar wäre, dann jedenfalls nicht mitteilbar wäre. Aus diesem Relativismus ergibt sich die Konsequenz, daß die Ebene der Worte und die der Dinge nur vage miteinander verknüpft sind und die Rhetorik der einzige Weg ist, um zu akzeptierten Entscheidungen zu gelangen. Das rhetorische Sprechen ist deshalb so effektiv, weil es durch keine Realitäten gebunden ist, sondern selbst Realitäten schafft. Das Wort des sophistischen Redners bestimmt den politisch-geschichtlichen Ablauf mindestens ebenso sehr wie konkrete Taten, und die Rhetorik wird auf diese Weise zum »Inbegriff menschlichen Könnens überhaupt« (Buchheim 1986, S. 79). Entscheidend für die sophistische Rhetorik ist die Fähigkeit, in einem Wettstreit, einem Agon, bestehen zu können. Da es im Agon auf Bewährung, nicht auf Wahrheit ankommt (ebd., S. 12f.), muß jeder Agonteilnehmer, um Aussicht auf den Sieg zu haben, beide Standpunkte einnehmen und begründen können. Platon kritisiert (wie sein Lehrer Sokrates) diese Art der Rhetorik und versucht, sie wieder dem Primat der Philosophie, der Wahrheitssuche unterzuordnen.

Isokrates begründet die Tradition, die in der Redefähigkeit, in der Ausbildung einer das Gemeinschaftsleben organisierenden Rhetorik eine zivilisatorische und kulturstiftende Qualität des Menschen erkennt; diese Tradition wird dann über Cicero bis in den europäischen Humanismus hinein zentrale Bedeutung haben. Nach dieser Anschauung definiert sich der Mensch über seine Sprache, und durch das besondere sprachliche Können des Redners kommen die im Menschen angelegten Möglichkeiten zu ihrer Vollendung. Cicero schafft auf Isokrates aufbauend ein Idealbild vom Redner, das alle kulturellen Tendenzen und Bildungsbereiche in sich vereinigt: »Von einem Redner aber muß man dialektischen Scharfsinn verlangen, philosophische Gedanken und eine schon fast dichterische Ausdrucksweise, das Gedächtnis von Juristen, die Stimme von Tragöden und die Gebärdensprache fast der besten unter den Schauspielern.« (Cicero, »De oratore« 1, 128) Zusätzlich muß der Redner für Cicero hohen moralischen Ansprüchen genügen, und durch dieses vir-bonus-Ideal soll der nutzvolle Einsatz der Rhetorik für das staatliche Zusammenleben gewährleistet sein. Bereits bei Cicero ist eine Tendenz bemerkbar, »den Rhetorikbegriff so weit zu entgrenzen, daß jedes Sprechen als rhetorisches deutbar wird« (Ptassek 1994, S. 86). Tendenziell werden dadurch die spezifischen Unterschiede zwischen Rhetorik und Philosophie, zwischen der Sprache der Literatur, der Wissenschaft und der der Alltagskommunikation fließend.

Der Wechsel der Staatsform von der römischen Republik zur Alleinherrschaft des Kaisers leistet der Literarisierung der Rhetorik weiteren Vorschub. Quintilian dehnt die Ausbildung zum Redner zu einem umfassenden Erziehungs- und Bildungsprogramm, in dem – vor allem im zehnten Buch seines rhetorischen Lehrbuchs, der »Institutio oratoria« – dem angehenden Redner in erheblichem Maß eine Orientierung an der literarischen Tradition empfohlen wird. Damit sind die Voraussetzungen dafür erfüllt, daß in der Folgezeit das Lehrgebäude der Rhetorik nicht nur als ein Produktionsschema begriffen und genutzt wurde, sondern als ein literarisches Analysemodell, das den systematischen Umgang mit Texten vermittelte, als Texttheorie tauglich war und direkten Eingang in die → POETIK fand.

Vor diesem Hintergrund ist es verständlich, daß die Bezüge zwischen Rhetorik und → HERMENEUTIK eng sind, daß sich also – wie Hans-Georg Gadamer zu Recht betont – der »rhetorische und der hermeneutische Aspekt der menschlichen Sprachlichkeit« durchdringen (GADAMER 1967, S. 238). Eine besonders folgenreiche Adaptation der antiken Rhetorik vollzog sich durch das Christentum, das deren Analysetauglichkeit für die Bibelexegese nutzt, die Grundlage der Verkündigung wird. Im Mittelalter wird die Rhetorik herangezogen für die Predigtlehre (»ars praedicandi«), die Kunst des Briefeschreibens (»ars dictaminis«) sowie die der poetischen Texterzeugung (»ars versificandi«). Das rhetorische System wird in den »septem artes liberales«, den sieben freien Künsten, tradiert und hat hier seinen Platz gleichberechtigt neben der Grammatik und der Dialektik.

Der Humanismus erhebt die Rhetorik zur Leitwissenschaft, die die umfassende Bildung und die Entwicklung der dem Menschen eigenen Fähigkeiten zum Ziel hat. Sie dient dazu, den Menschen für das politisch-soziale Zusammenleben tauglich zu machen. Im humanistischen Rückbezug auf die antike Kultur wird die Macht der Sprache erfahren, die die geistige Gemeinschaft mit den überlieferten Autoren vermittelt. Die Rhetorik ermöglicht es so, Kontakt mit der Vergangenheit aufzunehmen und selbst Überlieferung zu praktizieren.

Das Barockzeitalter, von der Auffassung durchdrungen, daß die Welt ein Theater sei und der Mensch sich in ihr wie ein Schauspieler bewege, ist gerade deshalb eine in hohem Maß rhetorische Epoche, weil aufgrund seines öffentlichen und auf permanente Repräsentation angelegten Charakters der Dichter wie ein Rhetor Wirkungen bei einem Publikum hervorzurufen hatte. Eine wichtige Umsetzung des rhetorischen Systems für die Erfordernisse der höfischen Kultur, für die Bildung des Hofmanns leistet Baldassare CASTIGLIONE in seinem »Buch vom Hofmann« (»Il libro del Cortegiano«).

Im Zeitalter der Aufklärung wendet Knigge in seiner Schrift »Über den Umgang mit Menschen« das rhetorische System auf die Ausbildung bürgerlicher Formen des Umgangs an. Bis weit in das 18. Jahrhundert hinein bleiben Rhetorik und → POETIK in enger Verbindung, und selbst die Angriffe auf die Rhetorik zeigen sich noch ihren Wirkungsmitteln verpflichtet. Im 19. Jahrhundert erst bricht die Tradition, die bisher der Rhetorik einen festen Platz an den Universitäten zugewiesen hatte, ab.

Daß die Rhetorik zumal in Deutschland aus dem Kreis der Wissenschaften verdrängt werden konnte, hat viele Ursachen, etwa die fehlende demokratische Überlieferung, die restaurativen Tendenzen zu Beginn des 19. Jahrhunderts, eine gewisse Neigung zur Innerlichkeit, die an einer öffentlichen Wirkung nicht interessiert war, und schließlich die Spezialisierung der Wissenschaften in Einzeldisziplinen. Die Rhetorik als übergeordnete Wissenschaft wurde deshalb nicht mehr benötigt, einzelne Teile ihres Systems fanden jedoch Eingang in die sich neu etablierenden Fächer; außerhalb der akademischen Bildung hat sich die Rhetorik gewissermaßen in einem Diffusionsprozeß allgemein ausgebreitet – allerdings um den Preis, daß nicht mehr ihr umfassendes Bildungskonzept rezipiert wird, sondern jeweils einzelne Elemente der rhetorischen Tradition, die spezifischen Zwecken dienstbar gemacht werden.

Es ist bemerkenswert, daß die Bedeutung der Rhetorik von der Antike an nahezu ungebrochen anhalten und sich die rhetorischen Anwendungsmöglichkeiten fortwährend erweitern konnten. War sie ursprünglich ein Verfahren, in juristischen Auseinandersetzungen die Durchsetzungsfähigkeit zu erhöhen und in politischen Fragen zu einer plausiblen Entscheidung zu kommen, hat sie zunehmend das gesamte gesellschaftliche und kulturelle Leben beeinflußt und häufig seine Foren und Medien erst geschaffen. Indem auch die Musik, die Architektur, die Malerei, die Kultur des Festes (etwa im Barock) und die modernen visuellen Medien von rhetorischen Elementen beeinflußt wurden, hat sich die Auswirkung der Rhetorik sogar auf nicht unmittelbar sprachlich vermittelte Anwendungsgebiete ausgedehnt. Auch Änderungen in der Staatsform, Umbrüche in der gesellschaftlichen Struktur oder in der vorherrschenden Religion haben die Tradition der immer wieder ihre Anpassungsfähigkeit unter Beweis stellenden Rhetorik letztlich nicht unterbrochen.

2. Charakteristika

Diese bemerkenswerte Überlebensfähigkeit verdankt die Rhetorik mehreren Charakteristika:

1. Die Rhetorik ist offensichtlich in hohem Maße dazu in der Lage, Veränderungen in der Kommunikationssituation Rechnung zu tragen und sich auf jeweils neue Bedingungen einzustellen. Das gelingt deshalb, weil sie in ihren einzelnen Vorschriften so wenig spezifiziert ist, daß eine Übertragung in jeweils neue Formen und Medien des Sprechens unter den verschiedenen historischen und gesellschaftlichen Konstellationen möglich ist. Ihr Regelwerk ist prinzipiell nicht abgeschlossen, sondern offen und kann Modifizierungen und Neuerungen leicht integrieren. Andererseits ist das rhetorische System so genau konturiert, daß die Neuerungen an einen festen tradierten Bestand sprachlicher Verfahren anknüpfen, dort ihren Platz finden und Teil der Tradition werden können. Die enge Verflechtung der Rhetorik mit den jeweils geltenden Kommunikationsweisen begründet die Notwendigkeit, das rhetorische System kritisch-reflektiert zu rezipieren.

2. Die Anpassungsfähigkeit der Rhetorik wird dadurch unterstützt, daß sie zwei unterschiedliche Prinzipien, Konvention und Innovation, in sich faßt. Auf der einen Seite beruht sie auf einem klaren Regelwerk, auf konventionellen, standardisierten Lösungen für Formulierungs- und Ausdrucksprobleme; diesem Aspekt verdankt sie ihre effiziente Lehrbarkeit, die ihrerseits erst die lange Überlebensdauer der Rhetorik ermöglicht hat. Andererseits leitet sie jedoch zum kreativ-individuellen Umgang mit ihren Regeln an, da sie nur auf diese Weise immer neue Wirkungen hervorrufen kann und sich ein schnelles Verbrauchen ihrer sprachlichen Methoden verhindern läßt.

3. Als Erfahrungswissenschaft war der Rhetorik eine reine Theoriebildung ebenso fremd wie eine dogmatische Verengung ihrer Bildungsinhalte. Sie war in ihrem Selbstverständnis immer auf die praktische Situation, auf die Anwendung ihres theoretisch fundierten

Sprachbewußtseins ausgerichtet. In der Rhetorik ist somit eine Einheit von Theorie und Praxis gegeben.

4. Die Rhetorik war für alle Bereiche des menschlichen Wissens immer prinzipiell offen und hat von den Erkenntnissen anderer Wissenschaften, sofern sie für die rhetorische Kommunikation belangvoll waren, profitiert (Rechtswissenschaft, Geschichtswissenschaft, Psychologie, Philosophie). Durch diese Stellung zwischen den Wissenschaften konnte sie auch das Medium werden, in dem sich ein Austausch zwischen den einzelnen Wissenschaften einerseits, zwischen der Wissenschaft und der Alltagskommunikation andererseits organisieren ließ. Insbesondere hat sie deshalb andere Künste beeinflußt und neben deren Terminologie auch deren theoretische Konzepte geprägt. Neben der Literatur gilt dies vor allem für die Musik und die Malerei.

5. Die Rhetorik hat die der Sprache eigenen Möglichkeiten entdeckt und stetig perfektioniert. Die Entwicklung klanglich-ästhetischer Eigenschaften der Sprache ist von ihr ebenso vorangetrieben worden wie die der Argumentationsstrukturen.

6. Da es das Ziel der Rhetorik ist, eine subjektive Ansicht zu einer allgemeinen zu machen, eine Identifizierung zwischen dem Redner und den Hörern herbeizuführen, hat sie zugleich auch immer die Kommunikationsbedingungen reflektiert. Der rhetorisch gebildete Sprecher besitzt und benützt ein Wissen über die einzelnen Konstituenten, die Einfluß auf den Rezeptionsprozeß sprachlicher Äußerungen haben, insbesondere über die Sprech- und Denkweise seiner Adressaten, ihre gesellschaftliche Herkunft, ihre Bildung usw. Das rhetorische Sprechen richtet sich wesentlich gegen Rezeptionshindernisse, die von mangelndem Verstehen bis zur rationalen oder emotionalen Ablehnung reichen (REHBOCK 1980, S. 298). Die Rhetorik spricht ihren Adressaten in seiner Ganzheit an; neben seiner rationalen ist ihr immer auch seine affektiv-emotionale Zustimmung wichtig.

3. Entfaltung der rhetorischen Systematik

Das System der Rhetorik ist im wesentlichen schon in der Antike (Aristoteles, Cicero, Quintilian) fixiert worden. Die folgende Systematik ist eine ahistorische Zusammenstellung, die die Historizität der einzelnen Bestandteile der rhetorischen Theorie vernachlässigt: ›die‹ Rhetorik gibt es nicht; die erhaltenen Rhetorik-Lehrbücher und ihre Systematik spiegeln jeweils bestimmte historisch gebundene Kommunikationssituationen, sie sind also im strengen Sinne immer nur auf Texte derjenigen Epoche anwendbar, aus der sie stammen (Breuer 1974, S. 140). Eine unreflektierte Anwendung der Rhetorik auf die Textanalyse sollte deshalb vermieden werden.

Nach der antiken Auffassung müssen für die Ausbildung zum Redner drei Voraussetzungen erfüllt sein: Erstens muß der angehende Redner eine gewisse natürliche Begabung (»natura«) besitzen, die zweitens durch eine theoretische Ausbildung (»doctrina, ars«) entwickelt wird und schließlich drittens in der rednerischen Erfahrung zum praktischen Können heranreift. Auch wenn der Naturanlage ein hohes Gewicht beigemessen wird, wird die Lehrbarkeit der Rhetorik – vor allem in der Sophistik – stets vorausgesetzt. Gelehrt wird das Redevermögen durch den theoretischen Unterricht, der das rhetorische Wissen vermittelt und die Herausbildung eines rhetorischen Urteilsvermögens (»iudicium«) anstrebt; durch die Lektüre als mustergültig empfundener Autoren sollen deren rhetorisch-stilistische Vorzüge oder Fehler analysiert und die Fähigkeit vorbereitet werden, es diesen Vorbildern gleichzutun (»imitatio«) oder sie zu übertreffen (»aemulatio«). Und schließlich absolviert der Redeschüler eine Vielzahl sprachpraktischer Übungen (»exercitatio«), die je nach den historischen Umständen unterschiedlich ausfallen. Während in der römischen Republik der junge Redner sich einem erfahrenen Politiker anschloß und die rhetorischen Methoden in der praktischen Situation erlernte, wurden in den Redeschulen der römischen Kaiserzeit den Schülern fiktive oder aus mythologischen Begebenheiten konstruierte Rechtsfälle (Kontroversien) bzw. Probleme für eine politische Beratungsrede (Suasorien) aufgegeben, zu denen Deklamationen verfaßt werden sollten; deren Nähe zur Literatur war mitunter beachtlich (Ovid).

Die Realisierung einer Rede vollzieht sich in fünf Arbeitsschritten, den sogenannten Produktionsstadien. Für jedes Stadium stehen dem Redner betimmte erlernte Muster zur Verfügung, die ihm die zielgerichtete Erarbeitung der Rede ermöglichen. Die rhetorische Lehre gibt nicht konkrete Rezepte an die Hand, sondern bestimmte Strukturen, die jeweils nach den Erfordernissen des Themas, des Publikums und des Redners sinnvoll und kreativ in eine individuelle sprachliche Lösung umgesetzt werden. Am Beginn steht das Auffinden des Stoffs und der relevanten Argumente (»inventio«). Bei diesem Produktionsschritt wird der Übergang vom Denken zum Sprechen vorbereitet. Die Auffindung des Stoffs erfolgt nicht zufällig, sondern wird durch bestimmte Suchkategorien gesteuert und erleichtert, die in der Topik zusammengefaßt sind. Die Beherrschung der Topik soll den Redner von zufälligen, spontanen Einfällen unabhängig machen und die systematische Auffindung der geeignetsten Argumente gewährleisten. Die Topik wurde zuerst von Aristoteles in die Rhetorik integriert, sie variiert je nach Epoche und Fach. In ihr sind »aus dem Fundus der gesellschaftlich allgemein anerkannten bzw. konsensus-fähigen Meinungen [...] allgemeine Argumentationsgesichtspunkte« gesammelt (BORNSCHEUER [2]1984, S. 455). Die Topoi knüpfen also an allgemein anerkanntes Wissen an: an die Alltagslogik (KIENPOINTNER 1992); sie sind nicht die Argumente selbst, sondern die ›Orte‹, an denen die Argumente gefunden werden können, und infolgedessen je nach Argumentationsinteresse durchaus gegensätzlichen Interpretationen offen.

Die Bedeutung der Topik für die Literatur haben besonders die Arbeiten von Ernst Robert CURTIUS erschlossen. Von der Topik kann die »Kernstruktur der abendländischen Literatur im Mittelalter und weit darüber hinaus aufgeschlüsselt werden« (APEL 1980, S. 139). Aus der literaturwissenschaftlichen Topos-Forschung hat sich die Stoff- und Motivforschung entwickelt, die insbesondere für die vergleichende Literaturwissenschaft (Komparatistik) wichtig ist.

Im zweiten Schritt wird der gefundene Stoff geordnet (»dispositio«). Es stehen verschiedene Dispositionsmöglichkeiten zur Auswahl: Je nach den Erfordernissen kann der Redner das zweigliedrige, das antithetische oder mehrgliedrige Schemata wählen. Im nächsten Arbeitsschritt erfolgt die sprachlich-stilistische Umsetzung des Redeinhalts. Die »elocutio« ist der differenzierteste Schritt; häufig wird er geradezu mit der Rhetorik gleichgesetzt. (So etwa wurde im 16. Jahrhundert durch Ramus und die auf ihn zurückgehende Schule eine nur auf der »elocutio« beruhende Rhetorik von der Dialektik abgespalten, der »inventio« und »dispositio« zugeordnet wurden – eine Rhetorikkonzeption, die im 20. Jahrhundert wieder aufgegriffen worden ist.) Unter die »elocutio« fällt alles, was an einem Text sprachlich auffällig ist. Die rhetorische Figurenlehre stellt ein differenziertes Inventar bereit, mit dessen Mitteln sich die Sprache ausgestalten läßt. Figuren und Tropen bewirken, daß die Rede ungewohnt und neu erscheint; sie machen die Sprache anziehend und stellen einen interessanten Inhalt in Aussicht (vgl. ECO [5]1985, S. 182). Bei der stilistischen Gestaltung seiner Rede hat der Redner verschiedene Kriterien zu bedenken:

Sprachrichtigkeit (»puritas, latinitas«); Verständlichkeit (»perspicuitas«); die Angemessenheit (»aptum«), die hinsichtlich des Redners, des Publikums und des Redeinhalts gewährleistet sein muß; den Redeschmuck (»ornatus«) und die Kürze (»brevitas«), gegen welches Stilideal nicht ohne Grund verstoßen werden sollte. Im vierten Arbeitsschritt, der »memoria«, wird die ausgearbeitete Rede dem Gedächtnis eingeprägt. Dem Redner stehen hierfür mnemotechnische Hilfen zur Verfügung, die ihm durch Vorstellungszeichen (»imagines«) den Gang durch seine Rede erleichtern sollen: Er soll sich etwa vorstellen, er ginge durch ein Haus, und jedes Zimmer, jedes Möbelstück erinnert ihn an bestimmte Teile seiner Rede. Im letzten Produktionsstadium wird der eigentliche Vortrag der Rede thematisiert (»pronuntiatio«, »actio«). Dieser Teil der Rhetorik hat stark auf die Schauspielerausbildung gewirkt und – da er alles umfaßt, was das Äußere des Redners betrifft – maßgeblich auch die ›körperliche Beredsamkeit‹ geprägt.

Die Rede selbst gliedert sich in die folgenden Teile: Einleitung (»exordium«); Darstellung des Sachverhalts, Erzählung des behandelten Vorfalls (»narratio«); die – durch Argumente vorgetragene – Beweisführung (»argumentatio«) und den Redeschluß (»conclusio«, »peroratio«). Die einzelnen Redeteile sollen jeweils möglichst durch einen geschickt eingesetzten Übergang miteinander verknüpft werden (»transgressio«, »transitus«). Der Wichtigkeit, die der Einleitung für den Erfolg einer Rede zukommt, entsprechen die detaillierten rhetorischen Bestimmungen zu diesem Redeteil. Dieses »Proömium« soll einerseits in die Thematik einführen und andererseits die Sympathie, die Aufgeschlossenheit des Publikums gewinnen: Der Redner soll sich in der Einleitung die Aufmerksamkeit der Zuhörer sichern (»docilem parare«) und ihre Aufnahmebereitschaft erregen (»attentum parare«). Durch eine »captatio benevolentiae« kann er explizit das Wohlwollen zu erlangen suchen, durch die »insinuatio« sein Publikum in seinem Sinn emotional einstimmen. Die Proömientopik, die die antike Rhetoriktheorie entwickelt hat, hat stark auf literarische Prologe gewirkt.

Reden können nach drei Wirkungsfunktionen unterschieden werden: Entweder wollen sie primär unterrichten und belehren (»docere«), durch die Hervorrufung gemäßigter Affekte erfreuen (»delectare«, »conciliare«) oder durch die Erregung starker Leidenschaftlichkeit bewegen (»movere«, »concitare«; → Poetik). In der letzten Funktion der Rhetorik ist immer wieder die besondere Meisterschaft des Redners gesehen worden, und Aristoteles hat die

Grundlagen für die rhetorisch-psychologische Affektenlehre gelegt. Den drei Wirkungsfunktionen sind die drei Stilarten, die die Rhetorik entwickelt hat, zugeordnet (→ Stilistik). Für die rationale, den Sachverhalt in den Vordergrund rückende rhetorische Belehrung wird der sachlich-nüchterne Stil (»genus humile«, »genus subtile«) empfohlen; für die rhetorische Kategorie des »delectare« ist der mittlere Stil der geeignete (»genus medium«, »genus mixtum«), der von der rhetorischen Figuration einen moderaten Gebrauch macht. Und die großen Leidenschaften werden im erhabenen Stil (»genus grande«, »genus sublime«) hervorgerufen, für den das ganze Spektrum der rhetorischen Figuren aufgeboten werden kann. Der spätantike Autor Pseudo-Longinus hat eine Schrift eigens über das in dieser Stilart vorherrschende Erhabene verfaßt. Aus diesen drei Stilarten entwickelt sich die Drei-Stil-Lehre, die den drei Stilen nicht nur ihre unterschiedliche Wirkung, sondern auch verschiedene stoffliche Ebenen zuweist. Im Mittelalter versinnbildlichten im »Rad Vergils«, der »rota Vergilii«, Vergils Werke diese drei Bereiche: die »Bucolica«, die Hirtendichtung Vergils, zeigen den einfachen, die »Georgica« den mittleren und die »Aeneis«, das römische Nationalepos, den hohen Stil. Jeder Stilart sind – dem mittelalterlichen »ordo«-Gedanken entsprechend – Personen bestimmter sozialer Zugehörigkeit zugewiesen. Auch für die literarischen Gattungen ist die Drei-Stil-Lehre ein wichtiges Paradigma. Während die Komödie mit Personen niederen Standes den beiden unteren Stillagen zugeordnet ist, treten in der auf der hohen Stilebene angesiedelten Tragödie Personen hohen Standes auf.

Die rhetorische Tradition hat in der Statuslehre ein Muster herausgebildet, das es dem Redner ermöglicht, seine Situation und den Grad, mit dem sein Standpunkt von dem seiner Zielgruppe (etwa des Richters) abweicht, zu analysieren. Ursprünglich wurde die Statuslehre für die Gerichtsrede entwickelt. Der Redner hatte zu unterscheiden: Ob der Angeklagte tatsächlich die Tat begangen hat (»status coniecturalis«); wie die Tat des Angeklagten strafrechtlich zu fassen ist (»status definitivus«); wie die Tat aufgrund von heranzuziehenden Rechtfertigungsgründen zu bewerten ist (»status qualitatis«) und schließlich, ob der in Rede stehende Rechtsfall überhaupt vor diesem Gericht verhandelt werden kann. Weiter gefaßt ist die folgende Differenzierung: »genus honestum« (Sachverhalt mit hohem Überzeugungsanspruch), »genus dubium« (mittlere Stufe mit ungewissem Ausgang), »genus admirabile« (ungewöhnlicher, erstaunlicher Sachverhalt), »genus turpe« (anstößiger Sachverhalt),

»genus humile« (unbedeutender Redegegenstand) und »genus obscurum« (unverständlicher Gegenstand). Aus der Zuordnung des jeweils gegenwärtigen Falles zu einer dieser Kategorien ist es dem Redner möglich, die am besten geeigneten argumentativen Ansatzpunkte für seine Rede zu finden.

Je nach ihrem Thema und nach der Situation, für die sie verfaßt sind, können Reden der politischen Redegattung zugehören (»genus deliberativum«), der Gerichtsrede (»genus iudiciale«) oder der epideiktischen Festrede (»genus demonstrativum«), die nichts beweist, sondern etwas zeigt. Besonders die politische Rhetorik ist stark von der jeweiligen Staatsform abhängig; und das Verkümmern der Rhetorik in einer monarchisch-autoritären Staatsform ist seit dem »Dialog über den Redner« des Tacitus zu einem Topos der Rhetorikgeschichtsschreibung geworden. Allerdings hat sich dann jeweils die epideiktische Redeart stärker entwickelt, die zahlreiche literarische Gattungen beeinflußt hat.

4. Rhetorik und Sprachkunst

Die Rhetorisierung, die nahezu alle Künste erfaßte, zeigt sich am deutlichsten in der Sprachkunst. Literatur und Rhetorik haben gemeinsam, daß sie niemals nur eine rationale Übereinstimmung zwischen Textproduzenten und -rezipienten erreichen wollen, sondern auch eine emotionale Zustimmung (→ POETIK; → WIRKUNGSÄSTHETIK; → THEORIEN DER LIT. REZEPTION). Der Qualität der Sprache kommt in der Rhetorik und der Literatur ein hoher Eigenwert zu, sie ist zur Entfaltung der Text- oder Redewirkung von großer Bedeutung. Indem die Literatur beim Rezipienten eine bestimmte Wirkung hervorruft, ist sie unmittelbar rhetorisch. Das gilt besonders für jede Art von engagierter, politischer Literatur, die auf eine Haltungsänderung bei ihrem Adressaten hin verfaßt ist. Doch auch indem ein sprachlich elaborierter Text auf seine Sprache selbst hinweist, also in der Terminologie von Jakobson in ihm die poetische Sprachfunktion realisiert ist, erweist er sich als persuasiv (→ FORMALISMUS UND STRUKTURALISMUS). Die Rhetorisierung der Literatur hat vor allem über die folgenden Teile des rhetorischen Systems stattgefunden: Die rhetorische »elocutio« hat die ästhetische Gestaltung der Literatur beeinflußt. Die rhetorisch geprägten Stilideale haben lange Zeit den Rahmen, in dem sich der Textproduzent bewegen konnte, festgelegt: Er konnte entweder das sprachliche Muster seiner Adressaten erfüllen oder ihm bewußt, durch eine beabsichtigte »aptum«-Verletzung, widersprechen. Mit der rhetorischen Affektenlehre stand der Literatur ein Schema zur Verfügung, das die Kenntnis und Beeinflussung der Verhaltensnormen der Zuhörer ermöglichte. Und schließlich hat die Statuslehre dem Autor ein Mittel an die Hand gegeben, das ihm das Verhältnis zwischen sich und seinem Publikum bestimmen half.

Die Rhetorik, die in ihren Grundelementen seit der Antike konstant geblieben ist und damit eine Universalie der europäischen Kultur darstellt, ist eine Klammer, die Tradition vermittelt und Traditionsbewußtsein herstellt. Da die Rhetorik zwischen vielen Wissensbereichen eine vermittelnde Funktion ausübt, ist in ihr Kultur in einem umfassenden Sinn aufgehoben und der Weitergabe zugänglich gemacht. Sie wurde auf diese Weise über viele Epochen eine tief in die gesamte Gesellschaft und insbesondere in die Organisation aller Arten von Bildung wirkende Kraft. Und die Annahme liegt deshalb sehr nahe, daß auch die Produktion und die Rezeption von Literatur wesentlich von der Rhetorik gesteuert worden sind. Das gilt auch, nachdem die rhetorisch geprägte Regelpoetik an Bedeutung verlor (→ POETIK). Mit der Entstehung eines Lesepublikums im 18. Jahrhundert, dessen Verhältnis zum Autor distanzierter ist (→ LITERATUR UND MEDIEN), und mit der zunehmenden Autonomie der Poetik seit dem »Sturm und Drang« ist das Bedürfnis nach einer »neuen Einheit von Produktionstheorie und Analysesystem« (SCHANZE 1977, S. 73) angestiegen. Es entsteht mit der → LITERATURKRITIK ein neues Medium, das zwischen Autor und Leser vermittelt und rhetorische Beschreibungs- und Bewertungskategorien aufgegreift und in die Literaturdiskussion einführt.

Die Rhetorik hat für alles Sprachliche und so besonders für die Literatur eine katalysatorische Wirkung, die das Bewußtsein für die Möglichkeiten der Sprache entwickelt hat. Bei der Entstehung der unterschiedlichen Poetiken und der literarischen Praktiken der Autoren ist die Rhetorik als ein allgemeines Paradigma für die kreative Textherstellung strukturbildend gewesen. Nachdem dieser Tatsache in der germanistischen Forschung für verschiedene Epochen Rechnung getragen worden ist – zuerst für das Barockzeitalter (DYCK 1966, FISCHER 1968, BARNER 1970) –, ist in den modernen Literaturwissenschaften, insbesondere für die Literatur- und Texttheorie, das rhetorische Analyseinstrumentarium seit einiger Zeit neu entdeckt und adaptiert worden, in »Konzeption, Methodik und Begriffsapparat« (COENEN 1988, S. 43). Nachdem der negative

Begriff des Rhetorischen, der lange Zeit mit ›gesucht‹ und ›gekünstelt‹ synonym gebraucht worden ist, überwunden oder doch zumindest relativiert worden war (vgl. GAUGER 1985), setzte sich die Auffassung durch, daß mit der Rhetorik eine umfassende, zudem durch die Praxis vielfach erprobte Systematik vorlag, die es erlaubte, das Wahrnehmungsfeld weiter zu spannen, als es mit Hilfe einzelner Interpretations- und Beschreibungsmethoden allein möglich ist. Auch bei der Textanalyse erweist sich das rhetorische Modell als so weitgespannt und vielschichtig, daß alle Phasen und Ebenen der Textproduktion und Textrezeption in den Blick genommen werden können. Die rhetorische Analyse ist ferner gegenüber der auf das Wort oder den Satz sich spezialisierenden linguistischen Betrachtung dadurch im Vorteil, daß sie größere Texteinheiten beschreibt, die über die Satzgrenze hinausgehen. Die Qualität eines argumentativen Verfahrens, die dispositionelle Struktur eines Textes, viele rhetorische Figuren, die erst über den Satzeinschnitt hinaus ihre Wirkung entfalten, sind zuerst von der rhetorischen Beschreibung zu fassen gewesen. Es ist deshalb nicht zufällig, daß verschiedene linguistische Teildisziplinen ganz explizit das rhetorische Erbe angetreten haben. Das gilt besonders für die Textlinguistik, in der die Rhetorik eine Erneuerung erlebte (KALVERKÄMPER 1983, S. 359), die Pragmalinguistik (BREUER 1974), die Soziolinguistik und die Psycholinguistik. Die Rhetorik hat ferner die moderne Rezeptionsforschung und die Literaturpsychologie beeinflußt. Daß keine der einzelnen Disziplinen ganz das erfaßt, was ursprünglich in der Rhetorik aufgehoben war, begründet den nach wie vor geltenden Anspruch der Rhetorik, ein in den Einzelaspekten zwar weniger ausgereiftes, dafür aber umfassendes Modell der Analyse bereitzustellen. Die Rhetorik, die ja immer eine spezialisierteren Einzeldisziplinen übergeordnete Wissenschaft gewesen ist, hat die Fähigkeit, verschiedene Ansätze in ein umfassendes Modell zu integrieren und methodische Einseitigkeit auszugleichen. Mit dem Rekurs auf die klassische Rhetorik verbindet sich deshalb die Hoffnung, eine »allgemeine Methode der Literaturanalyse« (COENEN 1988, S. 45) zu besitzen.

Für die Literaturanalyse der Gegenwart ist die »elocutio«, die Figurenlehre, die fruchtbarste Adaptation der klassischen Rhetorik geworden – in dem Maße, in dem sich in den semiotischen und strukturalistischen Konzepten der Literaturwissenschaft der Akzent von inhaltsbezogenen Forschungen auf ein Interesse am Verfahren der Textherstellung als solcher verlagerte. Der → STRUKTU-

RALISMUS beruht auf der Annahme, daß literarische Texte durch eine bestimmte Technik des Zeichengebrauchs konstituiert werden, und er strebt die Erstellung einer → POETIK an, die die Verfaßtheit und die Generierung von Literatur ebenso beschreibt wie die Linguistik diejenigen der allgemeinen Sprache. Die rhetorische Figurenlehre bot deshalb ein geeignetes Modell, weil sich bei der Erzeugung von Figuren Textherstellungsprozesse gewissermaßen in ihrer kleinsten Einheit verfolgen lassen. Zugleich versprach die Figurenlehre ein überzeugendes Erklärungsmodell dafür zu liefern, was literarische Rede von normaler Alltagssprache unterscheidet, was die Literarität eines Textes erzeugt. Möglich wurde dieser Ansatz durch die seit Quintilian geltende Definition der rhetorischen Figur als einer bewußten, um einer bestimmten Wirkung willen und durch Regeln geleiteten Abweichung von der normalen alltagssprachlichen Ausdrucksweise. In ihrer Neuordnung der Figurenlehren haben die Mitglieder der Lütticher »Groupe μ« um Jacques DUBOIS diese Bestimmung der rhetorischen Figur als Deviation ebenso aufgegriffen wie Heinrich F. PLETT. Dubois geht von einer Nullstufe der Sprache aus, die mit der Alltagssprache identisch ist und die durch die Kategorien Überschuß (»adjonction«), Defizit (»suppression«), Ersatz (»suppression-adjonction«) oder Vertauschung (»permutation«) verändert werden kann. Diese moderne Variante der rhetorischen Änderungskategorien führt zu einer Klassifikation der Figuren, die allerdings zu sehr systemorientiert und in ihrer Anwendbarkeit eingeschränkt ist. Zudem ist diese Bestimmung wie die meisten Abweichungs- oder Deviationsmodelle nicht unproblematisch, weil die Norm, von der die Figur abweicht, ein konstruiertes Postulat bleiben muß und auch die gesprochene Alltagssprache bis zu einem gewissen Grad figuriert erscheint (→ FIKTIONALITÄT UND POETIZITÄT). Die Figurierung eines nicht-literarischen Textes nach den Regeln der Rhetorik läßt noch keinen literarischen Text entstehen, die Verwendung einer rhetorischen Figur allein ist noch nicht literarisch belangvoll. Die Stilforschung hat deshalb versucht, die antiken Suchkategorien zu einem eigenen Beschreibungsapparat weiterzuentwickeln, mit dem es möglich ist, diejenige Qualität eines Textes zu erfassen, die ihn zu einem Text der Literatur macht. Damit aber tatsächlich ein sinnvolles Raster für die literarische Analyse bereitsteht, muß der rhetorische Figurenbestand erweitert werden. Die moderne Stilforschung knüpft deshalb an die linguistischen Ebenen Graphemik, Phonologie, Lexikologie, Syntax und Semantik an (KNAPE 1994, S. 1071; → STILISTIK).

5. Rhetorik und Dekonstruktion

Eine andere Rezeption der Rhetorik findet in postmodernen dekonstruktivistischen Verfahren statt (→ DEKONSTRUKTION). Schon NIETZSCHE hatte in seiner 1874 gehaltenen Vorlesung »Darstellung der antiken Rhetorik« die gänzliche Durchdringung der Sprache von Rhetorik, die nicht mögliche Trennung zwischen Sprache und Rhetorik betont. Diese Auffassung wird in der Philosophie selbst etwa von DERRIDA und von durch ihn beeinflußten Autoren wie P. L. OESTERREICH aufgegriffen und führt zu der Überzeugung, daß philosophische ebenso wie literarische Texte vieldeutig sind. Rhetorisch ist dieser postmoderne Zugang zu Texten insofern, als der metaphorische Charakter der Sprache in ihm besondere Bedeutung gewinnt und damit das rhetorische Wesen der Sprache überhaupt erwiesen werden soll. Gegen das Rhetorikverständnis des Dekonstruktivismus ist jedoch kritisch eingewandt worden, es sei eingeschränkt auf einen kleinen Teil der rhetorischen »elocutio« und lasse zentrale Bereiche der rhetorischen Tradition unberücksichtigt (PEKAR 1994, Sp. 520; VICKERS 1988, S. 453ff.).

Der anregendste Literaturtheoretiker, der diese Prämisse für die dekonstruktivistische Literaturwissenschaft nutzbar gemacht hat, ist Paul de Man gewesen. Da die Sprache ganz von rhetorischen Figuren durchzogen ist und sich nicht verläßlich zwischen rhetorischer und eigentlicher Bedeutung unterscheiden läßt – etwa bei der rhetorischen Frage, der Metapher, der Allegorie, der Ironie –, wird nicht nur die hermeneutische Überzeugung, zu einer gesicherten Textbedeutung gelangen zu können, fragwürdig. Selbst die Opposition zwischen ›buchstäblicher‹ und ›figurativer‹ Bedeutung wird von dieser dekonstruktivistischen Strategie des Lesens unterlaufen, und es ist nach de Man unmöglich, »mit Hilfe grammatischer oder anderer sprachlicher Hinweise zu entscheiden, welche der beiden Bedeutungen (die miteinander inkompatibel sein können) den Vorrang hat. Rhetorik ist die radikale Suspendierung der Logik und eröffnet schwindelerregende Möglichkeiten referentieller Verirrung. Und obgleich es vielleicht etwas weiter vom allgemeinen Gebrauch entfernt ist, würde ich [de Man] nicht zögern, die rhetorische, figurative Macht der Sprache mit der Literatur selber gleichzusetzen.« (DE MAN 1988, S. 40)

3. Stilistik

von Bernd Spillner

1. Stilproblematik

»Stil« ist eines der charakteristischen Merkmale von Literatur (wenngleich nicht auf Literatur beschränkt). Man hat sogar versucht, literarische Texte durch die Existenz von stilistisch-poetischen Elementen zu definieren und von anderen Textarten abzugrenzen (vgl. Jakobson 1960). Die Stilistik ist neben der → Rhetorik und der → Poetik die grundlegende Anleitungstechnik zur Produktion von literarischen Texten und gleichzeitig wissenschaftliches Instrument zu ihrer Beschreibung und Analyse.

Trotz ihrer konstitutiven Funktion gelten »Stil« und »Stilistik« als linguistisch wie literaturwissenschaftlich umstritten. Beide Begriffe werden vieldeutig verwendet (Aronstein 1920, S. 251) und immer wieder in unkommentierten Listen von unterschiedlichen Definitionen präsentiert (vgl. u. a. Simons 1932, S. 20-35; Guiraud [1954] 1970, S. 24-39; Sowinski 1973, S. 13-31; Sanders 1973, S. 22); »Stil« wird als einer der schwierigsten sprachwissenschaftlichen Begriffe herausgestellt (Crystal 1987, S. 66) oder in seiner Existenz überhaupt geleugnet (etwa Gray 1969). Freilich gibt es Stil: als Epiphänomen an gesprochenen oder geschriebenen Texten, das von einem Sprecher oder Schreiber bewußt oder unbewußt hervorgebracht und das in der Rezeption von einem Leser oder Hörer konstituiert oder aktualisiert wird.

Stil ist an sprachliche Varietät, an die unterschiedlichen Ausdrucksmöglichkeiten in menschlicher Sprache geknüpft. Gäbe es nur je eine einzige Möglichkeit, einen Gedanken oder eine Information zu übermitteln, dann könnte es in der Tat keinen Stil geben. Jeder weiß aber, daß man ganz verschieden formulieren kann, ohne die Bedeutung der Aussage prinzipiell zu verändern. Und in der Literatur wird besonders variabel und kreativ von solchen konkurrierenden Ausdrucksmöglichkeiten Gebrauch gemacht. Vergleichen wir zur Veranschaulichung die folgenden kurzen Texte:

1. »Der Schreiber dieser Zeilen entdeckte während eines Waldspaziergangs, ohne danach planmäßig Ausschau zu halten, geschützt von der Sonne eine ästhetisch besonders ansprechende Blütenpflanze.«

2. »Meine zufällige Entdeckung des im Schatten gedeihenden Bedecktsamers erfolgte passim während eines Ganges durch ein baumbestandenes Areal.«

3. »Was fiel mir da unversehens ins Auge, als ich so durch den schattigen Hain wandelte? Ein Blümchen, ein Blümchen, schön, wie ich es niemals geschaut!«

4. »Ich ging im Walde / So für mich hin, / Und nichts zu suchen, / Das war mein Sinn. / Im Schatten sah ich / Ein Blümchen stehn, / Wie Sterne leuchtend, / Wie Äuglein schön.« (Goethe)

Die Beispiele teilen identische Informationen mit, sie verwenden dazu aber ganz unterschiedliche sprachliche Mittel. Sie wirken jeweils pedantisch, schlicht, distanziert, amtlich, lyrisch, manieriert, wissenschaftlich usw. – kurz: sie unterscheiden sich im Stil. Theoretisch hat dies der amerikanische Linguist Charles F. Hockett in einem Definitionsversuch formuliert, der noch heute als guter Zugang zur Problematik verwendet werden kann: »Roughly speaking, two utterances in the same language which convey approximately the same information, but which are different in their linguistic structure, can be said to differ in style.« (Hockett 1958, S. 556) Stil ist also an formale Unterschiedlichkeit bei gleichzeitiger semantischer Invarianz, d. h. Identität der Bedeutung, gebunden. Allerdings hat diese Definition auch Nachteile: Hockett definiert nicht »Stil« oder »Stilistik«, sondern lediglich »Stilunterschiede«. Zudem ist seine Definition – absichtlich oder unabsichtlich – ungenau (»roughly speaking«, »approximately«); im Hintergrund steht die sprachtheoretisch ungelöste Frage, ob es Synonymie, d. h. Bedeutungsgleichheit bei unterschiedlicher sprachlicher Form, im strengen Sinne gibt (vgl. auch → Übersetzungsforschung). Und schließlich geht Hockett als taxonomischer Strukturalist von rein linguistischen Kriterien aus. Dem ist entgegenzuhalten, daß »Stil«, zumal »literarischer Stil«, nur interdisziplinär beschreibbar ist. Die Stilistik muß mindestens drei Komponenten enthalten:

1. eine *linguistische* Komponente: Der Analysegegenstand liegt sprachlich kodiert in Äußerungen, Texten vor und muß daher zunächst sprachwissenschaftlich beschrieben werden.

2. eine *kommunikationswissenschaftlich-pragmatische* Komponente: Der Text muß im Kommunikationsprozeß auf Autor, Leser/Hörer, Rede zugeordnet und auf pragmatische Kategorien wie Zeit, Situation, Kontext und Redegegenstand bezogen werden.

3. eine *literaturwissenschaftlich-ästhetische* Komponente: Der Text muß in seiner stilistischen Wirkung gewürdigt, auf das Ge-

samtwerk des Autors, auf die Epoche, ein bestimmtes Textcorpus usw. bezogen, ästhetisch bewertet und literarkritisch interpretiert werden.

Obwohl bei einer Stilanalyse nicht in jedem Fall alle drei Komponenten relevant sein müssen, sind doch prinzipiell alle Faktoren relevant und voneinander abhängig. Sie müssen also alle in eine Stilkonzeption integriert sein. Tatsächlich ist diese Voraussetzung bei den meisten Stilauffassungen nicht erfüllt. Sie stützen sich vielmehr in der Regel auf nur eine der drei genannten Komponenten. Die dadurch entstehende Mehrdeutigkeit des Stilbegriffs ist mindestens partiell durch die Geschichte von Philologie und Literaturwissenschaft bedingt (vgl. MÜLLER 1981).

»Stilistik« ist zu einem guten Teil neuzeitliche Nachfolgerin der antiken → RHETORIK, die ihrerseits eine multifunktionale Disziplin war. Im Laufe ihrer Entwicklung hat die Rhetorik u. a. folgende Funktionen und Methoden herausgebildet: Sie gibt Anleitung zur (mündlichen) Parteirede vor Gericht und zur (mündlichen) Rede in der Öffentlichkeit (zu politischen, religiösen, akademisch-lehrhaften Zwecken); sie ist die Wissenschaft von »guten« (d. h. ethisch akzeptablen, kommunikativ wirksamen, intersubjektiv überzeugenden, ästhetisch formulierten) Texten; sie liefert eine Methode der Erkenntnis von naturwissenschaftlich nicht beweisbaren Tatsachen und ist Medium ihrer plausiblen Vermittlung; sie entfaltet ein System zur Produktion von mündlichen und schriftlichen Texten; sie ist eine Methode zur Analyse von schriftlichen und mündlichen, insbesondere literarischen Texten.

Ähnlich wie sich die Rhetorik als Lehrgebäude sowohl für die Produktion als auch für die Analyse von Texten entwickelt hat, wird auch der Terminus »Stilistik« (durchaus mißverständlich) für diese unterschiedlichen Gebiete verwendet. Eine Darstellung zur »Stilistik« ist daher notwendigerweise zunächst eine Begriffsabgrenzung und eine Darstellung der unterschiedlichen Konzeptionen von »Stil«.

2. Stiltheorie und Stildefinition

2.1 Abgrenzung von »Stilistik«

Ein Versuch, Licht in die Begriffsverwirrung um »Stilistik« zu bringen, kann am ehesten dadurch geschehen, daß die unterschiedlichen Verwendungen des Terminus aufgestellt und durch Differenzkriterien voneinander abgegrenzt werden:

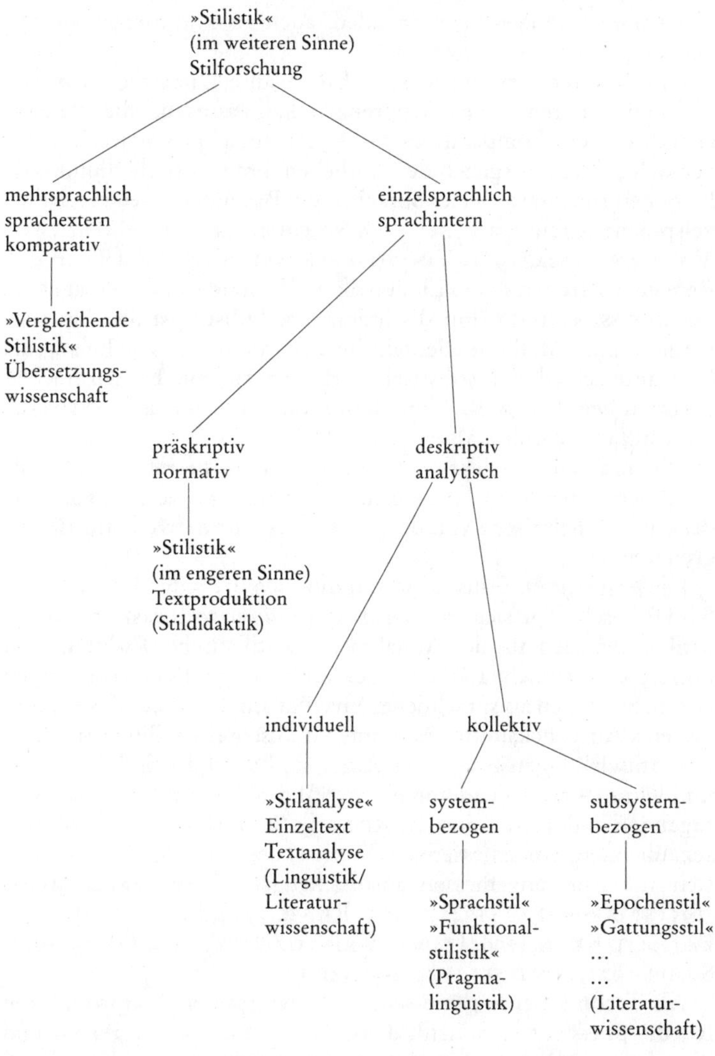

Der Gesamtkomplex der hier dargestellten Teilbereiche wird häufig als »Stilistik« bezeichnet. Dabei ist zu bedenken, daß der Terminus hier im weiteren Sinne verwendet wird – man könnte das Gesamtgebiet, in dem es in irgendeiner Form um »Stil« geht, um Verwechslungen zu vermeiden, auch als »Stilforschung« bezeichnen.

Um die literaturwissenschaftlich relevante Dimension von Stilistik im weiteren Sinne einzugrenzen, kann zunächst die »vergleichende« oder »komparative« Stilistik ausgeschlossen werden. Sie versucht, durch Vergleich der lautlichen, grammatischen und lexikalischen Inventare zweier Sprachen die Besonderheiten einer Einzelsprache herauszuarbeiten (vgl. STROHMEYER 1910, BALLY 1932, MALBLANC 1944, 1961, VINAY/DARBELNET 1958). Sie fällt in den Bereich der Kontrastiven Linguistik und besonders der → ÜBERSETZUNGSWISSENSCHAFT. Für die literarische Stilistik ist diese sprachvergleichende Methode allenfalls insofern am Rande von Belang, als hier unterschiedliche stilistische Präferenzen von Einzelsprachen ermittelt werden (z. B. Nominalstil vs. verbale Ausdrucksweise, Abstrakta vs. Konkreta).

Die anderen Konzeptionen von »Stilistik« betreffen eine Einzelsprache oder deren Teilbereiche. Nach ihrem Zweck läßt sich die deskriptiv-analytische von der präskriptiv-normativen Stilistik abgrenzen.

Die *präskriptive* Stilistik (terminologisch die Stilistik im engeren Sinne) beschäftigt sich mit der Text-*Produktion*. Präskriptive Stilistiken beruhen auf der Annahme, daß stilistische Wirkungen an konkrete sprachliche Einheiten geknüpft sind und sich vorhersagen lassen. Sie stellen als sprachliches Inventar auf der Ebene des Sprachsystems Ausdrucksmittel zusammen und schreiben ihnen Stilwerte und Stilwirkungen zu. In der Regel sind sie didaktisch orientiert und lehren – ausgehend von einem Stilideal oder apriorischen Stiltugenden in der Tradition der Rhetorik (z. B. Klarheit, Kürze, Anschaulichkeit, Angemessenheit, Wechsel des Ausdrucks) – wie man sich stilistisch angemessen ausdrücken soll (z. B. BALLY [1909] ³1951, MAROUZEAU [1941] ⁵1963, RIESEL 1954, [1959] ²1963, 1964, FAULSEIT/KÜHN [1965] ⁴1969, CRYSTAL/DAVY 1969, GÁLDI 1971, SUMPF 1971, SOWINSKI 1973, TURNER 1973).

Als Technik der angemessenen und wirksamen Textproduktion hat die präskriptive Stilistik denselben Status wie die Poetik und die Rhetorik als Lehre von der Redeherstellung. Ein Unterschied besteht allerdings insofern, als Poetik und Rhetorik gemeinhin für professionelle Textproduzenten konzipiert sind (Dichter, politische Redner usw.), während die präskriptive Stilistik sich traditionell in der muttersprachlichen Didaktik – insbesondere in der Aufsatzlehre – entwickelt hat und sich auch mit ›Alltagstexten‹ beschäftigt.

Die präskriptive Stilistik ist vor allem für die Literaturgeschichte von hohem Interesse: Man muß die zeitgenössische Stillehre kennen, an die ein Autor sich anlehnt oder von der er sich kreativ unterscheidet, um ein Werk historisch und stilistisch beurteilen zu können. Als Regelwerk zur *Produktion* von Texten ist die präskriptive Stilistik allerdings weniger relevant für die *Analyse* von Texten – also für die Stilanalyse im eigentlichen Sinne. Soweit die Stilistik deskriptiv angelegt ist, läßt sich unterscheiden, ob sie sich als *Individualstilistik* versteht oder ob sie überindividuelle, d. h. *kollektive* Stileigenschaften beschreiben will.

Die traditionelle Stilanalyse literarischer Texte hat »Stil« überwiegend als *Individualstil* verstanden, der sich in Texten eines Schreibers oder Sprechers manifestiert. Dabei interessiert allerdings nicht das textproduzierende Individuum (abgesehen von einigen Ansätzen der biographischen Literaturinterpretation, etwa → PSYCHOLOGISCHE ZUGÄNGE). Es geht bei der Konzeption von »Individualstil« vielmehr um die Tatsache, daß Stil auf der Gebrauchsebene, im konkreten Text, innerhalb des literarischen Diskurses analysiert wird: »[...] die Stilistik hat es primär mit dem *Gebrauch* der sprachlichen Mittel seitens des Sprechers zu tun, nicht mit der *systeminternen* Semantik der sprachlichen Mittel.« (MICHEL 1968, S. 275) Mit der Stilanalyse, der Individualstilistik, als dem zentralen Bereich der Stilforschung hat es die literarische Stilistik in erster Linie zu tun.

Dagegen ist die abschließend zu erwähnende *kollektive* Richtung der deskriptiv-analytischen Stilistik für die Literaturwissenschaft von geringerer Bedeutung. Hier wird versucht, »Stil« als kollektives Phänomen entweder auf der Ebene des Sprachsystems oder eines sprachlichen Subsystems anzusiedeln. Die oben in der graphischen Aufstellung vorgenommene Unterscheidung von »systembezogen« und »subsystembezogen« läßt sich allerdings nicht exakt einhalten, da sich Ansätze der systembezogenen Stilistik, z. B. funktionalstilistische Einteilungen, auch als sprachliche Teilsysteme auffassen lassen.

Eine sprachsystembezogene Stilistik hatte bereits Helmut Hatzfeld postuliert: »Eine ganz neue stilistische Disziplin dürfte die *Sprachstilforschung* an den Schriftsprachen bilden, deren Wesenszüge als Ausdrucksformen einer nationalen Kultur ähnlich jenen der Kunstsprachen festgestellt werden wollen.« (HATZFELD 1929, S. 66) Diese Auffassung hatte sich in der Sprachwissenschaft nicht durchgesetzt, da es erhebliche theoretische Schwierigkeiten bereitet,

»Stil« als Eigenschaft des Sprachsystems – also auf der Ebene der »langue« – zu situieren, statt ihn wie üblich als Merkmal des Sprachgebrauchs – also im Bereich der »parole« zu begreifen (→ FORMALISMUS UND STRUKTURALISMUS). Erst in letzter Zeit hat es in der linguistischen Pragmatik wieder Versuche gegeben, die »Beschreibung von Stilistischem als Regelhaftem« (SANDIG 1978, S. 19) intendieren. Diese Ansätze sind jedenfalls dann als systemorientierte Stilistik einzuschätzen, wenn sie von Stilinventaren, konventionellen Stilmustern ausgehen oder die Erstellung eines Stilsystems beabsichtigen: »Der Versuch einer umfassenden Differenzierung einer Einzelsprache müßte es sich also zum Ziel setzen, ein Stilsystem dieser Sprache zu entwickeln.« (PÜSCHEL 1976, S. 228) Obwohl diese stilistischen Ansätze durchaus deskriptiv-analytisch angelegt sind, kommen sie in ihrer Stilkonzeption der systembezogenen präskriptiven Stilistik nahe. Sie gehen von einem sprachtheoretisch fragwürdigen Stilbegriff aus und sind für die individualstilistische Analyse literarischer Texte nicht geeignet.

Diese Einschränkung gilt prinzipiell auch für die im russischen Formalismus und in der Prager Schule (→ FORMALISMUS UND STRUKTURALISMUS) entwickelte *Funktionalstilistik*: »Die Stilistik ist eine sprachwissenschaftliche Disziplin, deren erstrangige Aufgabe die Aufhellung aller funktionalstilistischen Systeme einer Nationalsprache ist.« (SPIEWOK 1970, S. 6) Als solche funktionalstilistischen Systeme werden z. B. beschrieben: der Konversationsstil, die Alltagssprache, die Wissenschaftssprache und die Sprache der Poesie (HAVRANEK 1964, S. 14) oder der Stil des öffentlichen Verkehrs, der Stil der Wissenschaft, der Stil der Publizistik und der Presse, der Stil des Alltagsverkehrs und der Stil der schönen Literatur (RIESEL 1964, S. 3).

Problematisch bei der Konzeption einer Funktionalstilistik sind die Fragen, ob die einzelnen Bereiche in sich homogen und voneinander wohlgeschieden sind und ob es legitim ist, hier von »Stil« zu sprechen. So ist immerhin fraglich, ob die sprachlichen Mittel eines »Stils der schönen Literatur« eindeutig abgrenzbar von anderen »Stilen« sind (→ FIKTIONALITÄT UND POETIZITÄT). Funktionalstilistische Ansätze sind varietätenlinguistisch und soziolinguistisch interessant, für eine literarische Stilanalyse aber nur sehr begrenzt einsetzbar.

Ähnliche Einschränkungen gelten bis zu einem gewissen Grade auch für die *Registertheorie* (dazu u. a. HALLIDAY/MCINTOSH/STREVENS [1964] 1970, ENKVIST/SPENCER/GREGORY 1964, SPILLNER

1974, Hess-Lüttich 1974), die man deutlicher als die Funktionalstilistik als subsystembezogen einstufen kann. Für die literarische Stilistik wird sie relevant, wenn es um Fragen von stilistischer Angemessenheit, um Stilebenen oder um Registerwechsel im Diskurs geht.

In den Bereich der subsystembezogenen deskriptiven Stilistik gehören schließlich die in der Literaturwissenschaft häufig verwendeten Kategorien »Epochenstil«, »Gattungsstil« usw. Diese Begrifflichkeit ist nicht unproblematisch, da es sich hierbei nicht um den individuellen Stil in Texten handelt, sondern allenfalls um eine kollektive Generalisierung. Es ist auch die Frage zu stellen, ob es einen homogenen Epochenstil oder Gattungsstil überhaupt gibt. Es wäre sicher eher ratsam, von Stiltendenzen, zeitgenössischen Konventionen, literarischen Moden zu sprechen und nicht von einem »Stil«. Diese Bedenken gelten bis zu einem gewissen Grade auch für Termini wie »Autorenstil«, »Altersstil« usw. Derartige Begriffe sind also weniger theoretisch fundiert als vielmehr legitim als generalisierende Heuristik.

2.2 Konzeptionen von »Stil«

Die Differenzierung des vielschichtigen Begriffs »Stilistik« hat zur Abgrenzung desjenigen Teilbereiches geführt, der für die Stilanalyse literarischer Texte relevant ist, aber noch nicht den Objektbereich von »Stil« definiert. Hierüber besteht in der Stilforschung keineswegs Einmütigkeit. Es ist daher erforderlich, knapp die wichtigsten Stilauffassungen zu skizzieren und aus ihrer kritischen Evaluation die – nach heutigem Stand der Stilforschung – plausibelste Konzeption zu entwickeln.

Von den eingangs genannten drei obligatorischen Komponenten einer Stiltheorie kann dafür die kommunikationswissenschaftlich-pragmatische Komponente als Ausgangspunkt gewählt werden. (Die linguistische Komponente ist in ihr als Voraussetzung enthalten; die literaturwissenschaftlich-ästhetische Komponente baut auf ihr interpretierend auf.)

Am literarischen Kommunikationsprozeß sind als minimale Faktoren beteiligt: ein Text, ein Autor (Schreiber oder Sprecher) und ein Rezipient (Hörer, Leser, Publikum). Hinzu kommen natürlich weitere Faktoren wie Thema oder Inhalt, Sprache und Sprachnorm, Entstehungszeit, Rezeptionszeit, literarische Tradition, Genus, normative → Rhetorik, → Poetik und → Stilistik, → Intertextualität, → Medien usw. Prinzipiell sind bei einer Textanalyse natürlich alle diese Faktoren zu berücksichtigen. In den meisten der gängigen Stilauffassungen sind jedoch nicht einmal die drei rudimentären Faktoren berücksichtigt; vielmehr wird oft einseitig auf einen oder zwei Faktoren abgestellt.

2.2.1 Stil und Text

Die auf die klassische → RHETORIK zurückgehende Stillehre geht von der – meist unausgesprochenen – Annahme aus, daß im Prozeß der Textproduktion zunächst eine neutrale, unmarkierte Textfassung entsteht, die dann in der Produktionsstufe der *elocutio* einer besonderen Ausarbeitung unterzogen wird. Dabei entsteht nach dieser Auffassung »Stil«, der als ›Schmuck‹ (*ornatus*), als ›Kleid‹ des Gedankens bezeichnet oder mit der schönen Tapete eines Zimmers verglichen wird (zu diesen metaphorisch formulierten Auffassungen vgl. SPILLNER 1974, S. 26-28, sowie ASMUTH 1991). Als besonders stilbildendes, ausschmückendes Inventar stehen dafür die Stilfiguren und Tropen zur Verfügung. Stil kommt also durch eine besondere sprachliche Ausarbeitung des Textes zustande und ließe sich als priviligierte ästhetische Beigabe, Ausschmückung verstehen. Folgte man dieser Auffassung, so müßte es konsequenterweise auch Texte ohne Stil geben.

Diese alte rhetorische Stilauffassung hat sich sogar bis in die neuere linguistische Stilistik fortgesetzt, wenn etwa Stil als »an addition to a central core of thought or expression« bezeichnet wird (ENKVIST 1964, S. 12) oder als »une sorte de valeur surajoutée« (LORIAN 1970, S. 115). Eine ausschließlich auf den Text bezogene Stilkonzeption findet sich auch in allen Ansätzen einer werkimmanenten Interpretation (→ FORMEN ›TEXTIMMANENTER‹ ANALYSE), die auf alle historischen und kommunikativen Textkomponenten verzichten zu können meint. Am deutlichsten wird dies durch die Annahme, »daß auch ein Werk an sich Stil hat« (KAYSER 1948, S. 289). In ähnlicher Weise abstrahieren die »explication de textes« der französischen Tradition ›textimmanenter‹ Analyse (vgl. SPILLNER 1974, S. 78) und das Interpretationsverfahren Leo Spitzers (vgl. ASCHENBERG 1984; → FORMEN ›TEXTIMMANENTER‹ ANALYSE) von kommunikativen Komponenten. Gemeinsam ist diesen Stilauffassungen, daß sie das literarische Werk als homogen und in sich ›stimmig‹ auffassen (dagegen → DEKONSTRUKTION), daß sie außer dem Text alle Komponenten der literarischen Kommunikation ignorieren und daß sie Stil im Werk und nur im Werk glauben dingfest machen und analysieren zu können. Dies gilt letztlich auch für die moderne linguistische Variante, Stileffekte allein auf Kontraste im Kontext zurückzuführen (Strukturveränderungen, Wechsel der Textkonvention, lexikalische Inkompatibilität usw., vgl. RIFFATERRE 1959, 1960, 1971). Spitzer als »Initiator einer immanenten pars-pro-toto-Interpretation« (KLOTZ 1964, S. 997) glaubt außerdem, vom Stil eines einzelnen sprachlichen Elementes unmittelbar auf den Stil des literarischen Gesamtwerkes schließen zu können.

In Wirklichkeit haben diese Stilforscher nicht getan, was sie vorgaben zu tun. Selbstverständlich haben sie sich bei der Interpretation als Leser mit zur Geltung gebracht und – bewußt oder unbewußt – auf ihre Lektüreerfahrungen, Kenntnis des Autors, der Epoche, anderer Texte, der Stilistik und Poetik usw. zurückgegriffen. Leider muß dennoch, bei allem Respekt vor der philologischen Leistung etwa Kaysers und Spitzers, festgestellt werden, daß sie die Entwicklung einer fundierten allgemeinen Stiltheorie und einer wissenschaftlichen Methodik der Stilanalyse eher blockiert haben – es gibt keinen ›Stil an sich‹.

2.2.2 Stil und Sprachnorm

Ebensowenig akzeptabel für eine Stiltheorie wie die rein textimmanente Stilauffassung ist eine verbreitete Variante, die den Text lediglich mit einer extratextuellen und apriorischen Sprachnorm konfrontiert. Als Stil wird hier alles aufgefaßt, was sprachlich im Widerspruch zur Norm steht. Diese – meist als ›Abweichungsstilistik‹ oder ›Devianzstilistik‹ bezeichnete – Stilkonzeption definiert Stil negativ als »deviation from a norm« (ENKVIST 1964, S. 23) oder genauer als »écart par rapport à la norme linguistique« (MOUNIN 1967/1968, S. 55). ›Stilistisch‹ ist also alles, was von einer außerhalb des Textes zu definierenden Sprachnorm abweicht (→ FIKTIONALITÄT UND POETIZITÄT).

Eine neuere Variante dieser Ansicht wurde in der ›generativen Transformationsgrammatik‹ der Linguistik entwickelt. Nach dieser Konzeption gelten Äußerungen dann als ›stilistisch‹, wenn sie gegen den Regelapparat des generativen Erzeugungs-Algorithmus verstoßen, also von der Grammatizität und/oder Akzeptabilität abweichen (z. B. LEVIN 1962, 1965, BIERWISCH 1965, THORNE 1969). Als ›stilistisch‹ wurden dabei immer wieder grammatisch oder semantisch fehlerhafte Sätze diskutiert wie (vgl. SPILLNER 1974, S. 34 und 44): »Colorless green ideas sleep furiously« (Chomsky), »He danced his did«, »Anyone lived in a pretty how town« (Cummings).

Ob aber solche konstruierten und textlosen Einzelsätze typisch für literarische Texte und geeignet zur Deduktion einer Stiltheorie sind? Die Auffassung von Stil als Abweichung von einer Sprachnorm hält sich hartnäckig, obwohl kaum eine Konzeption so gründlich widerlegt ist wie diese (vgl. SPILLNER 1974, S. 31-45; → FIKTIONALITÄT UND POETIZITÄT). Abgesehen von der Problematik, eine extratextuelle Norm zu definieren und Abweichungen von Varietäten zu unterscheiden, müßten nach dieser Auffassung alle Fehler »Stil« sein und dürften »normale« Texte keinen Stil haben. Die Abweichungskonzeption mag daher in der Stilanalyse als erste heuristische Annäherung geeignet sein, auffällige Textmerkmale zu entdecken – als Grundlage für eine Stiltheorie ist sie ungeeignet.

2.2.3 Stil und Autor

Einige Stilauffassungen konzentrieren sich (innerhalb des literarischen Kommunikationsprozesses) auf die Komponente »Autor« oder auf das Verhältnis zwischen »Autor« und »Text«. Dies geschieht vor allem in einigen von Pierre GUIRAUD ([1954] 1970, S. 61ff.) als »stylistique génétique« zusammengefaßten Richtungen der Stilforschung, die Stil im Hinblick auf seine *Hervorbringung* im individuellen künstlerischen Schaffensprozeß untersuchen. Stil als *Individualstil* meint ein Phänomen, das entscheidend durch die Individualität des Autors geprägt ist; Stil wird hier als die charakteristische Schreibart eines Autors definiert: »Let us assign ›style‹ to an author's characteristic way, manner, fashion of writing.« (CHATMAN 1966, S. 24) Oft wird auch umgekehrt – bei Stiluntersuchungen mit biographischem oder psychoanalytischem Interesse – aus Stilmerkmalen des Textes auf die Persönlichkeit des Autors zurückgeschlossen. Das kann dazu führen, daß der Stil nur insoweit interessiert, als er Aufschluß über den Autor gibt, oder daß lediglich Besonderheiten der dichterischen Individualität, die aus der Biographie vorab bekannt sind, im Text erneut belegt werden.

Ungleich bedeutsamer für die Stilanalyse ist die Auffassung von Stil als *Auswahl*. Sie geht von dem Umstand aus, daß der Autor eines Textes prinzipiell mehrere sprachliche Möglichkeiten hat, einen Sachverhalt auszudrücken. Er trifft nach bestimmten Ausdrucksabsichten (Stilintentionen) eine Wahl unter Alternativen, die das Sprachsystem ihm anbietet. Dieses »concept of style as choice« (RUSSELL 1971, S. 76; vgl. MAROUZEAU 1968, S. 10) stimmt genau mit der eingangs zitierten Stilumschreibung von Hockett überein. Die Auswahl kann bewußt oder unbewußt geschehen (vgl. SPILLNER

1974, S. 45-49); sie ist auch nie völlig frei, sondern bis zu einem gewissen Grade durch gesellschaftliche Normen, sprachliche Regeln, stilistische Konventionen determiniert (vgl. u. a. ASMUTH/BERG-EHLERS 1974, S. 28; SANDIG 1978, S. 39-42; → DIALOGIZITÄT).

Sprachliche Varietät, die semantisch nicht differenziert wird, Auswahlmöglichkeiten unter alternativen Varietäten des Sprachsystems und die Annahme, daß die sprachlich-stilistischen Folgen der Auswahl im Text kodiert sind, stellen also wichtige Grundlagen für eine kohärente Stiltheorie dar. Die *Auswahlstilistik* ist also ein wichtiger Baustein für eine kohärente Stilkonzeption; sie vernachlässigt jedoch Komponenten des literarischen Kommunikationsprozesses – vor allem die Komponente des Lesers.

2.2.4 Stil und Leser

Nur selten ist die Komponente »Leser« in eine Stilkonzeption eingegangen. In der traditionellen Stilforschung geschieht dies allenfalls durch die Kategorien »Affektivität« und »Konnotation«, die gelegentlich mit dem Stilbegriff in Verbindung gebracht werden (vgl. SPILLNER 1974, S. 30f.). Stil kann beim Leser affektive Wirkungen erreichen oder spezifische Konnotationen, d. h. über die eigentliche Bedeutung hinausgehende psychische Assoziationen auslösen. Der entscheidende Anstoß, eine Stilkonzeption auf das Verhältnis von Text und Textrezipienten zu zentrieren, ging von den seit Ende der fünfziger Jahre betriebenen Stilarbeiten von Michael Riffaterre aus. Für ihn kommt Stil durch die Reaktion des Lesers auf den Text zustande. Im Text kann eine fortlaufende Struktur aufgebaut werden, die durch einen plötzlichen Kontrast unterbrochen werden kann. Dadurch wird die Erwartungshaltung des Lesers »enttäuscht«, und es entsteht bei ihm ein ›Stileffekt‹ (→ WIRKUNGSÄSTHETIK; → REZEPTIONSFORSCHUNG).

Riffaterre konzipiert also einen potentiellen Leser, der auf Anregungen des Textes reagiert und aus dessen Blickwinkel die Stilanalyse vorgenommen werden soll. Hierbei wird aber nicht klar, ob es sich bei dem »Leser« um eine Komponente der Stiltheorie, um ein Hilfsmittel für die Stilanalyse oder um beides handelt. Einerseits geht Riffaterre davon aus, daß die Stileffekte auf den Leser gemünzt sind und von ihm gar nicht übersehen werden können, und leitet daraus als Rolle des Lesers ab: »[...] the prolongation of stylistic effects [...] as well as the perception of the poem [...] depends entirely on the reader.« (RIFFATERRE 1959, S. 162) Demnach kommt dem Leser eine entscheidende Funktion zu: die Stileffekte »werden eigentlich erst existent, wenn sie vom Leser wahrgenommen werden« (Frey 1970, S. 35) – »car il n'y a de style que dans ce qui est perçu« (Riffaterre 1961, S. 334). Demnach wäre die Existenz von Stil an die Wahrnehmung durch den Rezipienten gebunden; der »Leser« müßte dann Kategorie der Stiltheorie sein. Andererseits beschreibt Riffaterre den Leser als heuristische Größe für die praktische Stilanalyse. Dieser zunächst als »average reader« (Riffaterre 1959, S. 165), dann in der bearbeiteten französischsprachigen Aufsatzsammlung (1971, S. 46) als »archilecteur« bezeichnete Leser soll dem Stilforscher Hinweise auf das Vorhandensein der »stylistic devices« geben. Um die Stilanalyse nicht von eigenen Werturteilen lenken zu lassen, ist der Stilforscher gehalten, die Reaktionen von Lesern empirisch zu ermitteln und bei der literarischen Interpretation zu berücksichtigen. Der theoretische Status des »Lesers« ist also unklar; in der Stilanalyse ist der »Leser« keineswegs homogen, sondern umfaßt neben individuellen Lesern auch Interpretationen, Wörterbücher usw. Zudem ist nicht einzusehen, warum nur Kontraste im Kontext stilistisch wirksam sein sollen, nicht aber sprachliche Übereinstimmungen (z. B. Wiederholungen, Parallelismen).

Mag man aus Sicht der → Rezeptionsästhetik Riffaterres Konzeption begrüßen, so bleibt sie doch einseitig. Wenn Riffaterre es als Aufgabe der Stilforschung bezeichnet, »to study language from the decoder's viewpoint« (Riffaterre 1964, S. 316), dann wird die Rezeptionsseite bei Vernachlässigung des Autors überbetont. Gleichwohl kann Riffaterres Ansatz als entscheidender Anstoß zu einer wissenschaftlich begründeten Stiltheorie angesehen werden.

2.2.5 Integrative Stiltheorie: Stil in der literarischen Kommunikation

Aus den Defiziten der bisher beschriebenen Stilkonzeption (vgl. Nischik 1991, S. 56) folgt, daß eine Stiltheorie wünschenswert ist, die den gesamten literarischen Kommunikationsprozeß berücksichtigt. Sie muß *integrativ* sein, also die konstitutiven Komponenten des Kommunikationsprozesses berücksichtigen.

»Stil« wird aufgefaßt als das Resultat aus der Auswahl des Autors aus den konkurrierenden Möglichkeiten des Sprachsystems und der Rekonstituierung durch den textrezipierenden Leser/Hörer. »Stileffekte« ergeben sich erst im dialektischen Wechselspiel zwischen den im Text kodierten Folgen der durch den Autor getroffenen Auswahl und der Reaktion durch den Leser (→ Wirkungsästhetik). Stil ist eine Erscheinung an Texten, die im Kommunikationsprozeß konstituiert wird – also keine statische Eigenschaft eines Textes, sondern eine virtuelle Qualität, die im Rezeptionsvorgang rekonstruiert werden muß. Am Text erkennbar sind nur die Folgen der einmal erfolgten Auswahl und die Voraussetzungen für die durch die Rezipientenerwartung determinierte Reaktion des Lesers/Hörers (vgl. Spillner 1974):

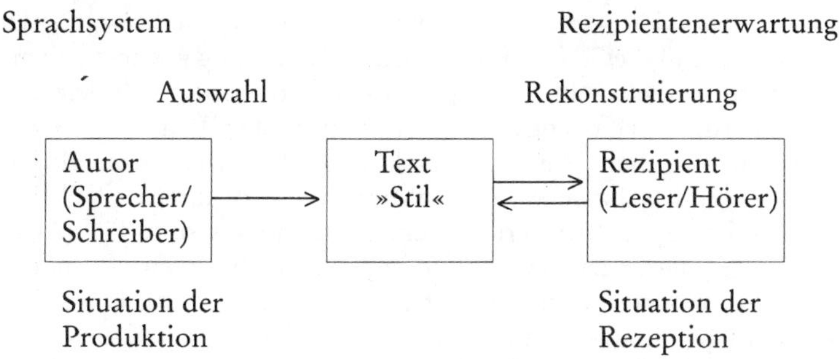

Gewiß kommt Stil nur zustande, wenn im Text formal beschreibbare (syntaktische, lexikalische usw.) Merkmale enthalten sind, die Stileffekte auslösen können. Wichtig aber ist, daß diese Merkmale auf eine Auswahl des Autors unter den ihm zur Verfügung stehenden sprachlichen Realisierungsmöglichkeiten zurückgehen und daß man der gewählten Sprachform im Vergleich zu anderen Möglichkeiten gegebenenfalls eine Hypothese über die stilistische Absicht des Autors zuordnen kann. Wichtig ist ebenso, daß ein virtuelles Textmerkmal nur dann Stilqualität erlangen kann, wenn es im Rezeptionsvorgang vom Leser/Hörer bemerkt und durch seine Reaktion aktualisiert wird. Nach dieser Auffassung ist »Stil« also eine dynamische Kategorie, die historischen Veränderungen unterworfen ist und bei der Lektüre jeweils bis zu einem gewissen Grad unterschiedlich aktualisiert werden kann. Dabei ist auch mit der Möglichkeit zu rechnen, daß im Text kodierte virtuelle Stilelemente bei der Lektüre nicht bemerkt und somit nicht als Stil rekonstruiert werden. Diese Konsequenzen einer dynamischen Stilauffassung machen die Stilanalyse nur scheinbar kompliziert. Tatsächlich erleichtern sie den Umgang mit grundlegenden Problemen der stilistischen Textanalyse:

1. Zum Unterschied zwischen Produktionszeit und Rezeptionszeit. In der Wahrnehmung älterer literarischer Texte kann eine Stilveränderung, ein Stilverlust oder ein Stilzugewinn eingetreten sein.

Wir lesen Texte früherer Epochen anders, als sie zu ihrer Entstehungszeit gelesen wurden (→ REZEPTIONSGESCHICHTE). Die literaturwissenschaftliche Stilanalyse hat daher zwei Möglichkeiten: Entweder sie geht von den Stilreaktionen des heutigen Lesers aus, oder sie rekonstruiert den zeitgenössischen oder intendierten Leser (u. a. mit Hilfe von Wörterbüchern, Grammatiken, zeitgenössischen Stilistiken). Als beispielsweise Lessing den Neologismus »empfindsam« verwendete, um das synonyme Fremdwort »sentimental« zu ersetzen, muß diese Neubildung stilistisch auffällig gewirkt haben.

Heute ist dies nicht mehr der Fall; außerdem hat sich eine Bedeutungsdifferenzierung durch den semantischen Wandel von »sentimental« ergeben. Andererseits können Lexeme, Phraseologismen, sogar syntaktische Konstruktionen, die zu ihrer Zeit üblich, also stilistisch ›unmarkiert‹ waren, heute stilistisch auffällig wirken: »Auf dieser Bank von Stein, will ich mich setzen« (Schiller); »Oheim, waz wirret iu?« (Wolfram von Eschenbach). Durch die dynamische Stilkonzeption und die Einbeziehung des Lesers können Stil und Stilwirkung jeweils adäquat beschrieben werden.

2. Zur Reaktion auf virtuelle Stilelemente. Im Text kodierte virtuelle Stilelemente können vom Leser erkannt und als Stil rekonstituiert werden. Dies muß aber nicht der Fall sein. Ironie, Wortspiele, Anspielungen usw. können vom Leser übersehen und daher nicht stilistisch relevant werden. Je nach Bildungsgrad, Lesepraxis, Umgang mit Literatur wird es dabei Unterschiede geben. Die gesellschaftliche Kompetenz in der literarischen Rezeption kann sich auch historisch verändern. So gibt es in der mündlich vorgetragenen spätmittelalterlichen Lyrik über größere Textentfernung Reime, Responsionen, Wiederholungen und andere Textbezüge, die offenbar vom zeitgenössischen höfischen Publikum beim Zuhören erkannt und als Stilelement rekonstituiert wurden. Damit ist bei veränderten Rezeptionsgewohnheiten in der Gegenwart nicht unbedingt zu rechnen – Stil und Stilwirkung der Texte haben sich also verändert.

3. Ebenen der Stilbeschreibung

Bevor aus der integrativen Stiltheorie methodische Konsequenzen für die literarische Stilanalyse gezogen werden, muß kurz angedeutet werden, auf welchen sprachlichen Ebenen mit den im Text kodierten virtuellen Stilmerkmalen zu rechnen ist. Prinzipiell kann dies auf allen Sprachebenen der Fall sein; allerdings werden einige Bereiche relativ gering genutzt. In der Morphologie und Wortbildung gibt es stilistisch relevante Verfahren in nennenswertem Umfang nur bei Neuprägungen, wie z. B. »verschlimmbessern«. Immerhin werden solche Verfahren in Werbetexten wegen des Überraschungseffektes und der Einprägsamkeit in Werbeslogans nicht selten genutzt (»biorein«, »frischwärts«). In geringerem Maße stilistisch relevant ist auch der Bereich der Phraseologie. Aber auch hier werden Abwandlungen in der Werbesprache gern zu Stileffekten genutzt (»Liebe geht durch den Wagen«). Daß tatsächlich prinzipiell *alle* sprachlichen Bereiche zur Erzeugung virtueller Stilmerkmale genutzt werden können, läßt sich exemplarisch am Beispiel der Silbentrennung zeigen: »Jeder weiß, was so ein Mai- / käfer für ein Vogel sei.« (Wilhelm Busch)

3.1 Lexik und Syntax in der Stilanalyse

Besonders vielfältig sind die Wahlmöglichkeiten des Autors im Bereich des Wortschatzes und des Satzbaus (besonders der Satzstellung). Bereits in der antiken Stilistik waren drei Stilebenen unterschieden worden, für die der Autor je verschiedene Lexeme auszuwählen hatte (vgl. LAUSBERG 1960, S. 519-525). Auf die deutsche Sprache übertragen, könnte die *lexikalische Differenzierung* nach Stilebenen etwa so aussehen:

Hohe Stilebene:	entschlafen	Antlitz	Roß
Mittlere Stilebene:	sterben	Gesicht	Pferd
Niedere Stilebene:	verrecken	Fresse	Gaul

Diese Lehre von den Stilebenen ist natürlich der präskriptiven Stilistik zuzurechnen; die Ebenen sind an literarische Gattungen gebunden. Bei der Textproduktion hat der Autor noch größere Wahlmöglichkeiten unter Quasi-Synonymen und Umschreibungen. Je nach lexikalischer Wahl und der potentiellen Reaktion des Rezipienten ändert sich der Stil.

Auch auf *syntaktischer* Ebene stehen dem Autor viele alternative Ausdrucksmöglichkeiten zur Verfügung. Ihre Zahl ist um so größer, je freier die Wort- und Satzstellung der betreffenden Sprache ist. So sind im Lateinischen aufgrund der differenzierten Flexion die Positionsmöglichkeiten der Satzglieder fast unbegrenzt. Auch das Deutsche kommt mit einer relativ geringen Anzahl obligatorischer syntaktischer Stellungsregeln aus, verfügt also über einen hohen

Grad an Wahlmöglichkeiten. So läßt sich in der deutschen Sprache ohne nennenswerten semantischen Unterschied die Stellung der Satzglieder verändern, z. B.:

Hans ging gestern mit Grete vergnügt in die Stadt.
Gestern ging Hans mit Grete vergnügt in die Stadt.
Vergnügt ging Hans gestern in die Stadt mit Grete.
Mit Grete ging Hans gestern in die Stadt – vergnügt.
In die Stadt ging Hans gestern vergnügt mit Grete.
(usw.)

Nicht alle mathematisch denkbaren Permutationen sind syntaktisch möglich, aber doch sehr viele; und denkbar ist, daß sie unterschiedliche Stilwirkungen auslösen können. Aufgrund der hohen Wahlmöglichkeit stehen die Ebenen der Lexik und der Syntax im Zentrum der Stilanalyse.

3.2 Graphostilistik

Der Inhalt eines Textes wird durch lexikalische Semantik und Satzsemantik ausgedrückt und übermittelt. In literarischen Texten (im weitesten Sinne) wird versucht, zusätzliche Bedeutungselemente durch die sprachliche Form hinzuzufügen. Alle derart markierten Textelemente sind natürlich eminent stilistisch relevant. Das Verfahren besteht in einer spezifischen Auswahl und Anordnung graphischer und phonischer sprachlicher Zeichen, wobei das Mittel der Rekurrenz (Wiederkehr, Wiederholung eines sprachlichen Zeichens im Text) die wichtigste Rolle spielt.

In der Graphostilistik geht es um Buchstaben und Interpunktionszeichen (vgl. PFEIFFER-RUPP 1984). Den verschiedenen Druckschriften (z. B. Fraktur, Bodoni-Antiqua, Grotesk), ihren Schriftgraden (Perl, Nonpareille, Colonel, Petit usw.) und ihren Auszeichnungsgarnituren (mager, fett, normal) entsprechen unterschiedliche Konnotationen beim Leser, die sich für virtuelle Stileffekte nutzen lassen. Stileffekte können auch bewirkt werden durch Wechsel der Drucktypen innerhalb einer Druckschrift (Großbuchstaben, Kapitälchen, Kursiv), durch expressive Verwendung von Satzzeichen (Ausrufungszeichen, Auslassungspunkte, Gedankenstriche usw.) und durch graphische Mittel der semantischen Hervorhebung (Unterstreichung, Sperrdruck usw.). Besonders deutlich wird dies, wenn innerhalb eines Textes die typographischen Mittel gewechselt werden (Kontrast im Kontext).

Während diese graphostilistischen Verfahren in Fachtexten häufig, dagegen in literarischen Texten vergleichsweise selten verwendet werden, hat das »Figuren-« oder »Bildgedicht« eine lange literarische Tradition, an die die moderne Lyrik (etwa der »Konkreten Poesie«) wieder anknüpft. Hier werden durch typographische Anordnung der Verszeilen oder ihrer Teile die Konturen der erörterten Gegenstände abgebildet (etwa ein Kreuz in einem barocken Gedicht über die Kreuzigung; → GATTUNGSFRAGEN).

3.3 Phonostilistik

Mit Vorsicht ist die Möglichkeit zu überprüfen, ob auch durch lautliche Ausdrucksmittel der Sprache über die Syntax und Semantik hinausgehende Sinnelemente oder Stileffekte hervorgebracht werden können (LÉON 1993). Immerhin ist die Möglichkeit nicht auszuschließen, daß in einem literarischen Text durch den Reim eine Beziehung zwischen zwei Morphemen konstituiert werden kann, die nicht bereits im Sprachsystem durch syntagmatische oder paradigmatische Relationen festgelegt ist. Ähnliche Überlegungen lassen sich für Assonanzen, Alliterationen oder andere Lautresponsionen anstellen. Durch phonostilistische Mittel könnten also potentiell stilistisch wirksame intratextuelle Beziehungen hergestellt werden. Problematisch sind allerdings die Fragen, welche Reime zusätzliche Beziehungen konstituieren, ob diese Beziehungen vom Autor intendiert sind, ob sie vom Leser als solche wahrgenommen werden und welcher Art die möglicherweise vom Leser konnotativ hergestellten Beziehungen zwischen den gereimten Morphemen sind (z. B. Gleichsetzung, Zuordnung, raumzeitliche Kontiguität, Ursache-Wirkungs-Relation).

Neben der Möglichkeit, daß durch phonische Mittel spezifische Beziehungen konstituiert werden, wird in der Stilanalyse lyrischer Texte meist stillschweigend als gesichert vorausgesetzt, daß lautliche Ausdrucksmittel Sinnelemente des Textes verstärkend abbilden oder gar eigenständig konstituieren können (zum folgenden vgl. SPILLNER 1984c). Da sich aber phonostilistische Analysen überwiegend auf geschriebene Texte beziehen, muß zunächst darauf hingewiesen werden, daß sie natürlich nur für *gesprochene* Sprache sinnvoll sind. Es muß also angenommen werden, daß der Leser den Text laut liest oder daß er ihn zumindest im literarischen Rezeptionsvorgang innerlich artikuliert.

Unter diesen Voraussetzungen lassen sich in der Phonostilistik zwei Analysebereiche unterscheiden. Der eine befaßt sich mit *Laut-*

schmuck oder *lautlicher Strukturierung von Texten* und den damit verbundenen potentiellen Stilwirkungen. Hier werden die vornehmlich in der Lyrik, aber z. T. auch in Prosa verwendeten sprachästhetischen Qualitäten Metrum, Rhythmus, Reim, Assonanz, Alliteration usw. analysiert, durch Frequenzuntersuchungen abgesichert und empirisch auf Leserreaktionen hin überprüft. Dieser Bereich der Phonostilistik spielt zu Recht eine wichtige Rolle bei Stilanalyse und Interpretation von Lyrik (→ GATTUNGSFRAGEN; → METRIK).

Der zweite – sehr viel problematischere Bereich – postuliert *Laut-Sinn-Beziehungen*, einen Beitrag der lautlichen Form zum Sinngehalt des Textes. Hier lassen sich wiederum zwei unterschiedliche Richtungen unterscheiden: die eine analysiert *Lautbedeutsamkeit*, die andere postuliert *Lautsymbolik.* Als Lautbedeutsamkeit wird neben der *Lautexpressivität* (Annahme, daß einige Laute besonders geeignet sind, bestimmte Gemütsverfassungen expressiv auszudrücken) vor allem die *Lautimitation/Lautmalerei* angesetzt. Tatsächlich lassen sich als besonderer Stileffekt semantische Elemente phonostilistisch abbilden, z. B.:

> Da pfeift es und geigt es und klinget und klirrt,
> Da ringelt's und schleift es und rauschet und wirrt,
> Da pispert's und knistert's und flüstert's und schwirrt.
>
> (Goethe)

Hier muß freilich daran erinnert werden, daß der Vorrat des Sprachsystems an lautmotivierten, onomatopoetischen Lexemen äußerst begrenzt und daher die Wahlmöglichkeit des Autors sehr begrenzt ist. Der Leser kann also nur äußerst selten lautbedeutsame Stilmerkmale rekonstituieren.

Die in der gängigen literarischen Textdeutung verbreitete *Lautsymbolik* kann nur mit großer Zurückhaltung für eine phonostilistische Analyse akzeptiert werden. Lautsymbolik fällt in den Bereich der *Synästhesie*: Lautwahrnehmungen werden mit anderen Sinneswahrnehmungen oder kognitiven Kategorien verbunden. In der Interpretation von Lyrik hat man versucht, Laute unmittelbar mit Gefühlen, optischen Wahrnehmungen, Gegenständen zu verknüpfen. Nach psychologischen Experimenten scheint dies aber nur sehr begrenzt möglich zu sein; die Grenze zu individuellen Assoziationen ist fließend. Dies gilt insbesondere für die von zahlreichen Dichtern (von Arthur Rimbaud bis zu Ernst Jünger) behaupteten festen Relationen zwischen Vokalen und Farben – in der wissenschaftlichen Stilanalyse hat die Zuordnung von Farbwerten zu Lauten keinen Platz.

3.4 Textstilistik und Stilsemiotik

Der eigentliche Gegenstand der Stilanalyse ist der Text. Nur im Rahmen des Textzusammenhangs läßt sich die Auswahl des Autors konzipieren. Mit fortschreitender Textlektüre etabliert sich die Lesererwartung, reagiert der Leser auf die kodierten virtuellen Stilmerkmale. Erst innerhalb eines größeren Textzusammenhangs lassen sich durchgehende Isotopien oder Metaphernfiliationen belegen. Erst im Text werden Stiltugenden der antiken Rhetorik wie »Klarheit« und »Angemessenheit« realisiert und analysiert; dies gilt auch für in der Aufsatzdidaktik geforderte Stilkategorien wie »Anschaulichkeit« und »Spannung«.

Praktisch hat sich die Stilistik bislang mit Analysen auf dieser Textebene schwergetan und eher einzelne mikrostilistische Stilzüge untersucht als Textphänomene der Makrostilistik. Gründe dafür sind die Größe des Kontextes, Komplexität der stilistischen Einzelbefunde, Schwierigkeiten mit der empirischen Ermittlung der Leserreaktionen auf Texte, Probleme einer übersichtlichen Darstellung der Befunde. Ein interessanter Vorschlag wie das Konzept einer »Textpartitur« (WEINRICH 1972) zeigt bereits, wie kompliziert die Beschreibung von Textstrukturen wird. Ein Grund für die Schwierigkeiten der *Textstilistik* liegt auch im Stand der noch jungen *Textlinguistik*. Noch gilt es, die Verfahren der Textkonstitution, die Regeln von Textkohärenz und Textkohäsion vollständig zu beschreiben. Immerhin weiß man, daß Fachtexte eher mit lexikalischer *Rekurrenz* (also terminologischer Wiederholung) arbeiten, während in literarischen Texten überwiegend lexikalischer *Wechsel* durch Synonymie und Paraphrase bevorzugt wird (mit jeweils eminent stilistischen Konsequenzen). Aber eine kohärente Textstilistik bleibt einstweilen Programm.

Auch innerhalb einer etablierten Textstilistik wird es nützlich sein, im Text Stilfiguren zu isolieren. Die philologische Turnübung, sie mit griechischen oder lateinischen Termini zu etikettieren, nützt allein freilich wenig. Vielmehr gilt es, ihre potentiellen Stilfunktionen zu kennen und ihre Funktion im Kontext, im Vergleich zu alternativen Möglichkeiten und im Blick auf Leser zu analysieren. So kann syntaktischer Parallelismus für Klarheit und logische Gliederung sorgen, er kann Aufzählungen strukturieren, er kann leichte Einspeicherung ins Gedächtnis und Merkfähigkeit sichern, er kann – vor allem in politischen und religiösen Texten – dem Zweck intensiver Überredung dienen. Stilfiguren als stilistische Versatzstücke können im Text prinzipiell unterschiedliche Stilfunktionen erfüllen; sie sind polyvalent.

In der Textstilistik ist schließlich zu bedenken, daß es auch in der Literatur multimediale Texte gibt (Comics, Drama, Oper, Film u. a.; → GRUNDLAGEN SZENISCHER TEXTE). Die Stilanalyse muß dabei verbale und nonverbale Textelemente aufeinander beziehen und semiotisch analysieren (vgl. dazu u. a. KLOEPFER 1977, SPILLNER 1982, MUCKENHAUPT 1986, SCHRÖDER 1993). Die Textstilistik muß daher durch die Komponente einer *Stilsemiotik* ergänzt werden.

4. Methoden der Stilanalyse

Stilanalyse soll lehr- und lernbar sein. Es muß daher wenigstens auf einige derjenigen stilanalytischen Methoden hingewiesen werden, die sich der beschriebenen integrativen Stiltheorie einpassen und in der literaturwissenschaftlichen Analysepraxis bislang nicht hinreichend genutzt werden (weiterführende Hinweise bei SPILLNER 1974, S. 76-95, und SPILLNER 1984a).

4.1 Stilistischer Textvariantenvergleich

Das Spezifische eines Untersuchungsgegenstandes kann wissenschaftlich nie aus dem Untersuchungsgegenstand allein, sondern nur durch Vergleich ermittelt werden. Dies gilt selbstverständlich auch für die Textanalyse. Eine einfache Möglichkeit besteht darin, vergleichbare Textfassungen gegenüberzustellen, die der Autor selbst hinterlassen hat und die in einer historisch-kritischen Werkausgabe zugänglich gemacht sind (→ EDITIONSFRAGEN). Dabei können auch geringfügige Veränderungen von Bedeutung sein:

1. Fassung
Und wenn die beiden gleich darauf sich trennen,
beim ersten Wort ist jeder schon allein.
Sie werden lächeln und sich kaum erkennen,
aber sie werden beide größer sein …

2. Fassung
Das erste Wort wird beide wieder trennen,
ein jeder ist, mehr als vorher, allein;
sie werden lächeln und sich kaum erkennen,
aber sie werden beide größer sein.

(Rilke)

Der Textvergleich zeigt Änderungen in der Interpunktion (mit stilistischer Wirkung besonders am Schluß), die Einführung von Zäsuren im zweiten Vers, die Schaffung einer intensiven dreifachen Alliteration und einen wichtigen semantischen Wechsel: »die beiden trennen sich« – »das Wort wird beide trennen« sowie einen inhaltlichen Zusatz (›mehr als vorher‹). Auf jede virtuell stilistische Textveränderung ist mit unterschiedlicher Leserreaktion zu rechnen. Der stilistische Textvariantenvergleich ist also eine vorzügliche Methode, mindestens teilweise die Auswahl des Autors zu objektivieren.

4.2 Rekonstruktion von Stilalternativen

Wenn zu einem Text keine Autorenvarianten existieren oder zugänglich sind, lassen sich experimentell exemplarische Alternativen des Sprachsystems rekonstruieren. Bei älteren literarischen Texten sind dazu natürlich historische Wörterbücher und zeitgenössische Grammatiken, die präskriptive Stilistik, Rhetorik, Poetik der Entstehungszeit zu konsultieren.

4.3 Mathematisch-quantitative Stiluntersuchung

Selbstverständlich gibt es auch Methoden, die zunächst nur am Text operieren und erst anschließend mit der Autorenwahl und der Leserreaktion zu verknüpfen sind. Besonders aufschlußreich sind solche Verfahren, die die Stilanalyse zu objektivieren suchen, indem sie sich ausschließlich auf quantifizierbare Textparameter stützen. Solche Methoden wurden insbesondere von Mathematikern mit dem Ziel entwickelt, den »Stil« einzelner Autoren mit Hilfe von statistisch-quantitativen Daten exakt zu differenzieren (vgl. etwa Fucks 1955, Fucks/Lauter 1965, Nübold 1974 und vor allem den gut lesbaren Überblick von Bolz 1984).

Die Ergebnisse der mathematisch-quantitativen Stilanalysen waren für die literaturwissenschaftliche Textanalyse begreiflicherweise unbefriedigend: Zum einen waren sie rein numerisch formuliert, nur auf den Text selbst bezogen und boten keinen Ausgangspunkt für eine Einbettung in den literarischen Kommunikationsprozeß und schon gar nicht für eine literaturwissenschaftliche Interpretation. Zum andern basierten sie auf sehr wenigen und sehr rudimentären sprachlichen Faktoren (Zahl der Buchstaben pro Wort, Satzlänge, Anzahl der Wörter pro Verb etc.). Wer diese Daten – zu Recht – für unzulänglich hält, sollte aber angeben, welche Textparameter für eine Stilanalyse relevant sind. Es besteht für die literarische Stilistik kein Grund, quantitative Textuntersuchungen rundweg abzulehnen. Erstens tun literaturwissenschaftliche Interpretationen gut daran, ihre intuitiven Häufigkeitsaussagen statistisch abzusichern. Zweitens zeigt die Existenz gelungener Pastiches und Parodien, daß es möglich ist, den Stil eines Autors oder Textes formal zu erkennen und zu imitieren. Drittens sind quantitative Stilvergleiche mit erstaunlichem Erfolg eingesetzt worden bei der Zuschreibung anonym veröffentlichter literarischer Texte (vgl. z. B. MORTON 1978, BOLZ 1984).

4.4 Verfahren der Rezipientenbefragung

Wenn die Komponente »Leser« innerhalb einer kommunikativen Stiltheorie ernst genommen wird, dann darf der Stilanalytiker nicht ein für allemal stillschweigend diese Rolle selbst übernehmen, sondern sollte literarsoziologisch nach realen Lesern fragen und »Leserreaktionen« wenigstens exemplarisch immer wieder empirisch ermitteln (→ WIRKUNGSÄSTHETIK; → REZEPTIONSFORSCHUNG). Dies ist zunächst im Anschluß an die Arbeiten von Riffaterre mit sehr einfachen Verfahren (Unterstreichungsmethode) und dann mit statistischer Auswertung erfolgt (E. FREY 1970, 1980). Wichtig dabei war vor allem die Beobachtung, daß die Leserreaktionen keineswegs individuell unterschiedlich, sondern bis zu einem gewissen Grade homogen waren.

Inzwischen sind die Verfahren der stilistischen Rezipientenbefragung verfeinert und experimentell erprobt worden (vgl. SPILLNER 1974, S. 85-95, 1976, 1984a). Lesererwartung und Leserreaktion lassen sich u. a. mit Hilfe des semantischen Differentials, mit dem Vervollständigungsverfahren (Ausfüllen von Lücken im Text) und dem Multiple-Choice-Verfahren (Wahl unter präsentierten Textalternativen) testen. Die Resultate sind für die Stilanalyse ein wichtiges Indiz zur Reaktion auf virtuelle Stilmerkmale des Textes. Selbstverständlich dürfen solche Stilindizien der Rezipientenbefragung nicht isoliert interpretiert werden. Sie müssen als Hinweis auf Stilmerkmale vielmehr in eine Stilanalyse einbezogen werden, die Autorenauswahl, Textbeschreibung und Leserreaktion integriert.

4. Bildlichkeit

von Hermann Korte

1. Bild und Literatur

Der Begriff »Bild« ist literaturwissenschaftlich eine unbestimmte, unscharfe Bezeichnung für unterschiedliche Formen einer sprachlichen Ausdrucksweise, die sich eines breiten Repertoires an Möglichkeiten ›uneigentlichen‹, also nicht wörtlich, sondern im übertragenen Sinne gemeinten Sprechens bedient. Der Terminus »bildhafte Ausdrucksweise« kann daher zunächst als eine Sammelbezeichnung für alle sprachlichen Wendungen mit übertragener Bedeutung (die *Tropen*) verstanden werden; sie voneinander zu unterscheiden, zu beschreiben und zu klassifizieren war seit der Antike ein klassisches Aufgabenfeld der Rhetorik. Von Bildern im Zusammenhang mit Dichtung zu sprechen greift jedoch über den Horizont rhetorischer Definitionen hinaus, und zwar in jenem ebenso umfassenden wie unklaren, jedenfalls vielfältig auslegbaren Sinne, den Walther Killy, die Tradition zusammenfassend, seinen »Wandlungen des lyrischen Bildes« voranstellt: »Die Poesie spricht in Bildern. Sie nennt Dinge der Welt, welche ein inneres Auge durch die Kraft des Wortes aufs Neue wahrnehmen kann.« (KILLY [2]1958, S. 5)

Die Spannweite zwischen einer am einzelnen Wort orientierten Bildlichkeitstheorie der → RHETORIK und jener breit ausholenden, ins Metaphysische reichenden Bestimmung von Bildlichkeit als konstitutivem Urgrund aller Poesie markiert zugleich die Pole konkurrierender wissenschaftlicher Theorien zur Bildlichkeit. Im vorwissenschaftlichen Verständnis assoziieren wir mit ›Bild‹ und ›Bildlichkeit‹ Malerei und gelangen zu der (nicht unberechtigten) Annahme, dem sprachlichen Bild sei – im alltäglichen Sprachgebrauch wie in der Literatur – ein Element der Anschaulichkeit eigen, das auf uns gerade wegen seiner lebendig-einprägsamen, plastisch-sinnfälligen Ausdrucksweise seine Wirkung erzielt. Bildhaftigkeit wird auf diesem Hintergrund zum Synonym für Einprägsamkeit, Farbigkeit, Lebendigkeit und Anschaulichkeit. Ein sprachliches Bild führt uns einen Gegenstand, einen Sachverhalt, einen Gedanken, ein Gefühl anschaulich vor Augen, entfaltet also seine Kraft aufgrund seiner sinnhaften Gestalt.

Es ist kein Zufall, daß ein solches Verständnis von Bildhaftigkeit, auf die Poesie bezogen, schon in der Antike nicht nur die Rhetorik zu Definitions- und Klassifikationsversuchen reizte, sondern auch die Poetik zu Vergleichen zwischen Bildmalerei und Dichtung stimulierte. Am folgenreichsten hat sich die Formel des Horaz »ut pictura poesis« erwiesen, die in Malerei und Dichtung jahrhundertelang zeitweilig höchsten kanonischen Rang erhielt (→ POETIK), indem sie Dichtung an Malerei, aber auch umgekehrt Malerei an Literatur und Schrift band und nicht zuletzt mit der Ikonographie eine bis ans Ende des 18. Jahrhunderts reichende Lehre schuf, in welcher der Zusammenhang von Literatur und bildender Kunst auf unterschiedlichsten Feldern künstlerischer Praxis konkretisiert und in Vorschriften gefaßt wurde. Diese Formel, wonach »die Dichtung dem Gemälde gleicht«, bezeichnete ursprünglich eher ein wirkungsästhetisches als ein genuin produktionsästhetisches Prinzip; sie hat aber bei ihren Auslegern vom Mittelalter über die Renaissance (so bei Scaliger) bis ins 18. Jahrhundert (von Boileau bis Winckelmann) unterschiedliche Interpretationen erfahren. Ihnen gemeinsam war der Versuch, Bildlichkeit auf Vorschriften und Regeln festzulegen. Die Malerei als ›stumme Poesie‹ und die Poesie als ›sprechende Malerei‹: in der Verschränkung beider Künste wird die bildende Kunst in ihren Themen, Gegenständen und Darstellungsmodi an Texte geknüpft, vor allem an Bibelstellen, literarische Vorlagen, theologische und philosophische Schriften, während die Literatur ihrerseits, mit Martin Opitz' Worten, als »Poeterey / Ein redendes Gemähld', und Bild, das lebe«, sein müsse (nach BUCH 1972, S. 21; → POETIK).

Hatte die ›Tropen‹-Lehre der → RHETORIK bildhafte Rede in ihrer schmückenden Funktion (»ornatus«) als eine Redeweise unter anderen definiert, so zielt die Poetik mit ihrer weiten Auslegung der zitierten Horaz-Stelle auf das Selbstverständnis der Poesie. Eine solche Bestimmung ist keineswegs nur eine enge, reglementierende Vorschrift (wie etwa in der ›malenden Poesie‹ des frühen 18. Jahrhunderts, die Lessings »Laokoon« erfolgreich bekämpfte). Sie trägt vielmehr der grundlegenden Einsicht Rechnung, »daß die Sprache der Literatur, wie übrigens jede Sprache (ist sie keine Kalkülsprache), in sich selbst bildlich ist. [...] Für das Bildkunstwerk wie für das poetische Gebilde darf gelten, daß ihre Bildlichkeit einen Sinn kommuniziert, den kein Begriff je genau bezeichnen würde. Bilder sind, weil ihr Sinn sich prima vista sinnlich mitteilt, interpretationsfähig.« (HARTH 1982, S.14f.)

Unausgesprochen opponiert ein solches Verständnis von sprachlicher und literarischer Bildhaftigkeit gegen die nicht allein in der

Rhetorik verbreitete Ansicht, das sprachliche Bild ersetze einen Begriff. Daß sich Bildlichkeit nicht ohne Rest in Begrifflichkeit überführen läßt, daran haben diejenigen Anstoß genommen, welche im Bewußtsein, philosophische und wissenschaftliche Sprache sei der literarischen an Erkenntnisvermögen und Wahrheit überlegen, analytische Begriffspräzision dem zwiespältigen Schein literarischer Bildlichkeit entschieden vorzogen.

Umgekehrt ist die Aufstiegsgeschichte der Literatur seit dem 18. Jahrhundert, ihre Etablierung als Leitmedium bürgerlicher Identitätsbildung, nicht abzukoppeln von der allmählichen Aufwertung poetischer Bildlichkeit als Ausdruck eines genuin subjektiven Vermögens. Der Legitimationsprozeß nimmt in der deutschsprachigen Literatur eine entscheidende Wendung, als die Zürcher Gelehrten Bodmer und Breitinger um 1740 gegen den frühaufklärerischen Ansatz Gottscheds das poetische Bild und, was noch wichtiger ist, die Freiheit der dichterischen Bildproduktion aus der funktionalen Unterordnung von Bild und Dichtung unter die begriffliche Wahrheit moralisch-nützlicher Lehrsätze lösen. Noch für Gottsched war beispielsweise metaphorisches Sprechen so beschaffen, daß es sich von einem philosophisch geübten Leser ohne Mühe in eine begriffliche Aussage zurückverwandeln ließ. In solcher Lektürearbeit sah er nicht zuletzt den Sinn des literarischen Leseprozesses überhaupt; Lektüre habe – eine wichtige Erkenntnis aufklärerischer Metapherntheorie – ›vergnüglich‹ auf die Teilnahme am philosophischen Diskurs vorzubereiten, in dem man ohne sinnhaft-bildliche Einkleidungen von Wahrheit auskommen sollte. »Der Prozeß der ›Erfindung‹ von Metaphern ist [hier] umkehrbar, ohne Verlust rückführbar auf die ›eigentliche‹ Aussage. Nicht für den angesprochenen Laien, aber für den philosophischen Kopf erwächst daraus das Lesevergnügen. Keine Rede also davon, daß der in einer Metapher vorgestellte Sachverhalt angereichert würde durch die gefühlsmäßigen und semantischen Implikate des Bildes.« (Graefe 1976, S. 92)

Bodmer und Breitinger machen den Weg frei für ein zunehmend subjektives und autonomes Verständnis literarischer Bildlichkeit, indem sie die Bedeutung von Imagination (lat. »imago«, »Bild«), Phantasie (griech. »phantasia«, »Erscheinung, Vorstellung«) und Einbildungskraft als einer produktiven Tätigkeit von Autor und Leser theoretisch begründen. In den meisten europäischen Literaturen lassen sich im Übergang vom 17. zum 18. Jahrhundert analoge Prozesse beobachten. Die Poesie löst sich von der noch im Barock dominanten Geltung moralisch-religiöser Sinnbildlichkeit, welche die einzelnen Bildfelder der Dichtung miteinander verknüpft und den Vorgang der Bilderfindung, mag sie – als Element rhetorischer »ars inveniendi« (der »Kunst des Findens und Erfindens«) – noch so kühn und neuartig, noch so individuell und geistreich sein, in letzter Instanz auf die Konventionalität gesellschaftlich überlieferter Bildsemantik verpflichtet.

Als historisches Phänomen ist die Geschichte literarischer Bildlichkeit daher unmittelbar verknüpft mit der Geschichte der Autonomisierung und Subjektivierung der Poesie. Jenseits der Konvention aber beginnt, forciert durch die europäische Romantik und den Symbolismus im 19. Jahrhundert, jener Prozeß der Chiffrierung und komplexen Verschlüsselung sprachlicher Bilder, deren Bedeutung sich erst jenseits von Übertragungs- und Ersetzungstheorien metaphorischen Sprechens entfaltet. Bildlichkeit konstituiert hier allererst Dichtung, wie der englische Romantiker Coleridge erläutert: »Die Macht der Dichtung liegt, in einem Wort, vielleicht darin, dem menschlichen Geist Energie einzuflößen, woraus für die Imagination der Zwang entsteht, das Bild zu produzieren.« (Iser 1991, S. 328) In welchem Maße schließlich moderne Bildlichkeit selbstreferentiell ist, also auf sich selbst bezogen, auf sich selbst verweisend und abgeschottet gegen alltagssprachliche Konvention und alltägliche Kommunikation (bis hin zur paradoxen, jede ›Bedeutung‹ konterkarierenden Spiegelung des Bildes als Bild seiner selbst), das hat Höllerer manifestartig für die moderne Lyrik zusammengefaßt: »Jedes Wort ist wie ein Bild zu betrachten, dann wie eine Reihe von Bildern. [...] Ein Bild ist kein Vergleich, sondern die Annäherung zweier Realitäten, je ferner, je genauer, der Reitersprung zwischen Entgegengesetztem, eine Assoziation der Ideen von großer Spannweite. [...] Das Bild ist unanpassungsfähig an irgendeinen Gegenstand der Wirklichkeit.« (Höllerer 1965, S. 423f.) Das moderne Bild, das poetische Bild in der Moderne, ›repräsentiert‹ keine Bedeutung, sondern entwirft den nur in ihm aufgehobenen Bedeutungszusammenhang, bis hin zur sogenannten (terminologisch nicht unumstrittenen) *absoluten Metapher*, genauer: zu einer Form literarischer Bildlichkeit, die sich, wie in García Lorcas Wendung »Es ziehen schwarze Pferde durch die tiefen Wege der Gitarre« (Friedrich [5]1973, S. 206), jedes Vergleichsansatzes entledigt und so die Metaphorizität der Sprache ad absurdum führt.

2. Metapher und Metapherntheorie

Wie provozierend und produktiv zugleich dieses moderne Bildlichkeitsverständnis ist, wird deutlich, wenn man die rhetorische Tradition rekonstruiert, gegen deren Geltung moderne Poetiken und Metapherntheorien gleichermaßen opponieren. In der antiken Rhetorik ist die *Metapher* – gemäß der an Aristoteles orientierten Definition Quintilians – ein Tropus und gehört damit zu einer Redeweise, die »von ihrer natürlichen und ursprünglichen Bedeutung auf eine andere übertragen ist, um der Rede zum Schmuck zu dienen« (QUINTILIAN 1975, IX 1,4). Der ›eigentliche‹, wörtliche Ausdruck wird redewirksam durch einen anderen, ›uneigentlichen‹ Ausdruck ersetzt. Diese Ersetzungs- oder Substitutionstheorie war jahrhundertelang das kanonische Erklärungsmuster für bildhaftes Sprechen wie für dichterische Bildlichkeit. Den Konsens zusammenfassend, heißt es bei Wolfgang Kayser: »Als dichterischste Figur des uneigentlichen Sprechens gilt seit je die Metapher, das heißt die Übertragung von Bedeutungen aus einem Bezirk in einen anderen, von Haus aus fremden.« (KAYSER [16]1973, S. 112; → FIKTIONALITÄT UND POETIZITÄT)

Ist die Metapher »die Übertragung von Bedeutungen aus einem Bezirk in den anderen«, so verbleibt die *Synekdoche* innerhalb des ›Bezirks‹; sie ersetzt den eigentlichen Begriff durch einen zum Begriffsfeld gehörenden, enger oder weiter gefaßten Begriff. Ein Teil steht für ein Ganzes (»20 Lenze« statt »20 Jahre«), eine Art für die Gattung (»die Sterblichen« statt »die Menschen«) und das Vorhergehende für das Folgende (»vom Rebensaft« berauscht statt »vom Wein«). Die *Metonymie* dagegen ist eine Verschiebung »der Benennung außerhalb der Ebene des Begriffsinhalts« (LAUSBERG [4]1971, S. 75), freilich so, daß das ersetzte Wort (»verbum proprium«) und das ersetzende Wort – im Unterschied zur Metapher – in kausaler, logischer, räumlicher oder temporaler Beziehung zueinander stehen (»Lesen Sie einmal Hermann Burger [= Burgers Werke]«; »Das 19. Jahrhundert [= die bürgerliche Gesellschaft des 19. Jahrhunderts] war prüde«). Auf die literarische Bedeutung der Metonymie (etwa in der Dichtung des Realismus) hat vor allem Roman Jakobson aufmerksam gemacht, der Metonymie und Metapher textlinguistisch unterscheidet: »Eine Rede kann sich in zwei verschiedenen semantischen Richtungen entwickeln: der Gegenstand der Rede kann sowohl durch die Similaritätsoperation als auch durch die Kontiguitätsoperation in einen anderen Gegenstand überführt werden. Den ersten Weg könnte man als den *metaphorischen*, den zweiten als den *metonymischen* Weg bezeichnen.« (Jakobson 1971, S. 328; → Formalismus und Strukturalismus; → Dekonstruktion)

Stand indes schon für Quintilian und Cicero die Metonymie in enger Nachbarschaft zur Synekdoche, so sind auch die Grenzen zwischen Metapher und Metonymie zuweilen fließend. Im Unterschied zu Synekdoche und Metonymie aber ist die Metapher weder alltagssprachlich noch literarisch aus begriffslogischen Analogien schlüssig herzuleiten. Die bis in 20. Jahrhundert reichende Substitutionstheorie hat dort ihre Grenze, wo sie die Metapher als reine Wortmetapher und wortsemantisches Phänomen erörtert. Die aristotelische Metapherndefinition – sie begründet die rhetorische Metaphernlehre – als »Übertragung eines Wortes (das somit in uneigentlicher Bedeutung verwendet wird)« fußt auf der Annahme von Analogien zwischen Wörtern. Der ›Lebensabend‹ etwa ist zu verstehen als Beziehung einzelner sprachlicher Größen zueinander: »[...] das Alter verhält sich zum Leben wie der Abend zum Tag.« (Aristoteles 1982, S. 67/69) Zwei weitere Elemente dieser Metaphernlehre aber deuten in der Sache bereits ein Überschreiten der lexikalischen Begriffsbestimmung an. So bezeichnet Aristoteles die Metapher als »fremdartig«, als etwas, das gewöhnliche Rede ›erweitert‹ und als ungewöhnlich registriert wird. Damit deutet er einen wichtigen funktionalen Zusammenhang der Metaphorik innerhalb der Rede an, nicht zuletzt ihr produktives Wirkungspotential als *Äußerung*. Folgerichtig heißt es an anderer Stelle: »Denn gute Metaphern zu bilden bedeutet, daß man Ähnlichkeiten zu erkennen vermag.« (Ebd., S. 77) Die Metapher, so verstanden, entfaltet ein ihr gemäßes Erkenntnispotential, indem sie Dinge, Eigenschaften, Beziehungen in metaphorischer Rede zusammenbringt und Ähnlichkeiten anschaulich macht: auf fremdartige, ungewöhnliche, aber ebenso wirkungsvolle wie schöpferische Weise.

In der modernen Metapherntheorie hat zuletzt Paul Ricœur eine solche Lektüre der aristotelischen Metaphernlehre angeregt (Ricœur 1986a, S. 13-55). Ungleich schärfer indes lassen sich die Rolle des sprachlichen Kontextes und der ebenso sprach- wie erkenntnisproduktive Akt der Metaphernbildung mithilfe der *Interaktionstheorie* (beispielsweise Beardsley 1962, Black 1962, 1979, Ricœur 1986) erläutern, die den bei Aristoteles schon angedeuteten metaphorischen Prozeß als aktiven, in seinen kommunikativ-situativen Ort eingebetteten Prozeß des Denkens und Sprechens reflektiert:

»Wir ›meinen‹ oder ›verstehen‹ einen gesprochenen Satz wörtlich oder metaphorisch. Dies hängt vom Kontext oder der Situation ab, also vom Sprecher, vom Hörer, vom Schreiber, vom Leser, von der Situation, vom interessierenden Thema, vom gemeinsam geteilten Wissen über die Welt. [...] Es gibt keine sprachliche Bedeutung an sich, sondern nur in bestimmten Situationen, für bestimmte Sprecher und Hörer, für bestimmte Absichten. Wenn wir uns die Bedeutung eines Wortes klarmachen, müssen wir uns seine Verwendung klarmachen. So muß die metaphorische Bedeutung nicht als Eigenschaft der syntaktisch-semantischen Einheit Satz, sondern als Eigenschaft einer *Äußerung* bestimmt werden. Mit einer Äußerung ist eine kommunikative Situation gegeben, nach der erst entschieden werden kann, ob ein Ausdruck metaphorisch gemeint ist oder nicht. Dies macht es freilich auch so schwierig, Regeln für das Bilden und Verstehen von Metaphern anzugeben.« (KURZ 1982, S. 13)

Der metaphorische Prozeß als Interaktionsprozeß ist kein Spezialfall ›uneigentlichen‹ Sprechens mehr. Im Vergleich zur Substitutionstheorie ist die Interaktionstheorie gleichsam ein dynamisiertes Erklärungsmodell: Verabschiedet werden Begriffe wie Ähnlichkeit, Analogie, Uneigentlichkeit, Übertragung; schärfer in den Blick kommen das Nicht-Konventionelle, Offene, ja Unbestimmte in der metaphorischen Bedeutung, zugleich aber auch deren weit gefaßte textuell-dialogische Funktionsmeachnismen: Die Metapher erscheint hier als Aktivierung von Emotion, Erkenntnis und Vorstellungskraft, die Metapher als Veranschaulichung, Verfremdung, Spiel, Provokation, Verrätselung, Mythisierung. In den Zusammenhang der Interaktionstheorie gehört auch Harald Weinrichs Versuch, die Metapher als »Konterdetermination« zu erklären, als Auflösung der in der Wortbedeutung angelegten Erwartung durch eine kontextuell unerwartete Bedeutung:

»Wir wollen diesen Vorgang Konterdetermination nennen, weil die tatsächliche Determination des Kontextes gegen die Determinationserwartung des Wortes gerichtet ist. Mit diesem Begriff ist die Metapher definierbar als ein Wort in einem konterdeterminierenden Kontext. [...] Es entsteht ein Überraschungseffekt und eine Spannung zwischen der ursprünglichen Wortbedeutung und der nun vom Kontext erzwungenen unerwarteten Meinung.« (WEINRICH 1967a, S. 5)

Die Rolle der Rezipienten wird für den Prozeß des Metaphernverständnisses implizit hervorgehoben und so die funktionale Betrachtungsweise der Metaphorik akzentuiert. Ende der sechziger

Jahre entwickelt, trägt dieses Theoriekonzept der eminent wichtigen Rolle der Metaphorik in der modernen Poesie Rechnung, die sich nicht mehr traditionellen Schemata fügt. Die Historizität der Metapherntheorien wird vor solchem Hintergrund ebenso evident wie der veränderte Wertungsmaßstab. Hatte Hegels »Ästhetik« die »romantische Phantasie, die sich gern metaphorisch ausdrückt«, ebenso ablehnend wie weitsichtig mit einer Prognose zur Verselbständigung der Metapher in Verbindung gebracht: »der metaphorische Gebrauch [...] wird für sich selber Zweck« (HEGEL 1976, S. 368f.), so wird jene Verselbständigung des metaphorischen Prozesses zur Prämisse moderner Metaphernpoetik. »Um belebt zu bleiben, braucht eine Metapher zwei wesentliche Voraussetzungen«, heißt es bei García Lorca: »Form und Aktionsradius«. Wie weit dieser reicht, läßt Lorcas berühmt gewordene Formel erahnen: »Die Metapher verbindet zwei entgegengesetzte Welten mit einem Reitersprung der Bildvorstellungskraft.« (Nach HÖLLERER 1965, S. 357f.)

Die Metaphorik der Poesie ist seit der Antike ein bevorzugter Gegenstand aller theoretischen Überlegungen zur Metaphorik, ja eine klassische Schnittstelle zwischen literarisch-poetologischem und epistemologischem Diskurs. Zuweilen geriet gar die nichtliterarische Verwendung der Metaphorik fast ganz aus dem Blick. Denn die These, »daß die Tendenz zur Bildlichkeit gerade in der mitteilenden Sprache und nicht in der Poesie ihre maximale Verwirklichung« finde (MUKAŘOVSKÝ 1977, S. 203; → FORMALISMUS UND STRUKTURALISMUS), hat sich kaum durchgesetzt. Dabei zeigt spätestens seit dem 18. Jahrhundert die öffentliche Wirksamkeit der politischen Metaphorik, in welchem Maße der nichtliterarische Metapherngebrauch zur Pragmatik alltäglicher Rede und Kommunikation gehört. Aus psychoanalytischer Perspektive hebt Michael B. Buchholz deshalb mit Recht hervor:

»Metaphern deuten [...] nicht nur an, sie haben nicht nur einen poetischen Überschuß, sie organisieren unser Handeln und unsere Wahrnehmung und determinieren gar, was wir fühlen – mehr vielleicht, als wir denken. Sie sind der immanente Demiurg, dessen Geschöpfe wir sind und den doch niemand anders erschafft als wir mit der Sprache. Eben diese Doppelstellung als Schöpfer und Geschöpf zugleich macht auch eine anthropologische Dimension der Metaphern-Analyse aus; methodisch gewendet bedeutet dies, die Analyse zwischen Konstruktivismus und Dekonstruktion zu verorten.« (BUCHHOLZ 1993, S. 9)

Dabei bezieht jenes »wir« den wissenschaftlichen Diskurs ein, als das explizite und implizite Metapherngeflecht im epistemologischen Zeitalter. Gemeint ist die Rolle der Metaphorik und metaphorischen Vorstellungskomplexe im menschlichen Handeln, in Erfahrungs-, Wahrnehmungs- und Konzeptionalisierungsprozessen. Die literaturwissenschaftliche Metapherntheorie ist vor solchem Horizont trotz ihrer Zuständigkeit für die noch immer (nach-)wirkende rhetorisch-poetische Tradition nur eine Teildisziplin der Metaphorologie. Ihr Beitrag kann jedoch auch außerhalb des literarisch-hermeneutischen Erkenntnisinteresses sehr nützlich sein, wenn es um die terminologisch exakte Deskription metaphorischen Sprechens und die Klassifizierung metaphorischer Verwendungsweisen sowie um ein plausibles Begriffsinventar der Metaphernanalyse geht.

In diesen Kontext gehören Unterscheidungen von *Metapherntypen* nach dem Grad ihrer Abweichung vom konventionellen Ausdruck. Dabei kann der metaphorische Sprachgebrauch verstanden werden als »ein konventionelles Verfahren der Überschreitung konventioneller Ausdruck-Inhalt-Zuordnungen« (Birus/Fuchs 1989, S. 162). Er ist konventionell in dem Sinne, daß metaphorisches Sprechen Teil sprachlicher Konvention ist (also kein grammatischer Fehler), aber es gehört gerade zu dieser Konvention, daß die Metapher, mit Weinrich formuliert, den erwarteten Ausdruck »konterdeterminiert«, also die Konvention überschreitet. Es gibt in vielen Sprachen eine große Zahl von Wörtern, deren ursprünglich metaphorische Bedeutung längst erloschen ist (*tote Metaphern*, wie lesen = sammeln, aufheben). Eher noch als Metaphern zu entschlüsseln sind alltäglich gewordene Wendungen wie ›Motorhaube‹, ›Briefkopf‹ und ›Redefluß‹. Es handelt sich dabei um derart *verblaßte Metaphern*, daß deren Bedeutung kontextunabhängig zu fixieren ist; Gerhard Kurz nennt sie daher »lexikalisierte Metaphern« und unterscheidet sie von »Klischees«, von Metaphern, »die nicht mehr neu [...], aber auch noch nicht lexikalisiert« (Kurz 1982, S. 18f.) sind. Solche *konventionellen Metaphern* (wie ›Schullandschaft‹, ›Unternehmenskultur‹, ›Datenautobahn‹) sind formelhafte Ausdrucksweisen. Ihre Wirkung entfalten sie gerade aus ihrer mnemotechnisch einprägsamen, ideologiebildenden Klischeefunktion.

Der Grad der »Überschreitung« ist ungleich größer, wenn die Metaphernbildung als aktives, produktives Element in die Verwendungssituation eingeht, wenn sie also ihre gegenkonventionelle Kraft im metaphorischen Prozeß entfaltet (*lebendige*, *kühne*, *neu-*

geschöpfte, innovative Metapher). Ob eine Metapher indes ein lebendiger Ausdruck oder eine abgestumpfte Konvention ist, hängt durchaus nicht allein von ihrer Zuordnung zu Metapherntypen ab, sondern von ihrer je konkreten Verwendung im Text. Michael Riffaterre nennt als Beispiel die zum blassen literarischen Klischee abgesunkene Metapher ›Donnerstimme‹ (frz. ›voix tonnante‹), deren anschauliche metaphorische Kraft indes ein Autor wie Victor Hugo im Romankontext wieder voll zu entfalten verstehe (RIFFATERRE 1973, S. 141). Als produktives sprachliches Vermögen ist die lebendige Metapher nach Ricœur sogar »die konstitutive Form der Sprache« (RICŒUR 1986a, S. 139). Diese aber – hier schließt sich der Zirkel der Metapherntypologie – wird in der Dichtung besonders virulent; denn Poesie, so Ricœur, ist bildhaft verschlüsselte »metaphorische Wahrheit« (ebd., S. 238) – oder in metaphorischer Umschreibung: lebendige Metapher.

3. Bildfeld und Allegorie

Für den literarischen wie nichtliterarischen Metapherngebrauch spielen schließlich nicht nur einzelne Metapherntypen, sondern deren komplexe *Bildfelder* eine wichtige Rolle. Weinrich hat den Begriff in Anlehnung an Jost Triers Wortfeldbegriff geprägt: »Die aktuell geprägte oder vernommene Metapher wird von einem in der sprachlichen und literarischen Tradition vorgegebenen Bildfeld getragen« (WEINRICH 1967a, S. 13), wobei er die Felder in einen ›bildspendenden‹ und ›bildempfangenden‹ Bezirk unterteilt. So ist in Durs Grünbeins Vers »In solcher Frühe / Ein unbekanntes Tier, vergaß ich meinen Weg« das Bildfeld der Tiermetaphorik ein Rekurs auf eine in der Metapherngeschichte höchst wirksame ›Zentralmetapher‹; sie kommt im literarischen und nichtliterarischen Sprachgebrauch gleichermaßen vor, etwa in der politischen Metaphorik. Die Analyse solcher Bildfelder führt in einen gesellschaftlichen und kulturgeschichtlichen Konnex, der auf den Prozeß der Bildproduktion und damit auch auf den metaphorischen Prozeß vielfältig einwirkt.

»Das Bildfeld läßt sich als ein offenes, systemähnliches Gebilde auffassen, d. h. als eine unbestimmte Menge von verschiedenen (Bild-)Elementen in unterschiedlicher Ausprägung, zwischen denen verschiedene Relationen bestehen oder denen (im Sinne der Prädikatenlogik) verschiedene ein- oder mehrstellige Prädikationen zugesprochen werden können. [...] Die Grenzen zwischen Bildelement, Teilbild und Bildvariante sind fließend.« (PEIL 1990, S. 220) Die Bedeutung komplexer Metaphernfelder wird evident, wenn man deren kultur-, literatur-, sozial-, philosophie- und religionsgeschichtlichen Verbreitungsgrad bedenkt. Die historische Semantik solcher ›Zentralmetaphern‹ enthält im Kern die Geschichte menschlichen Selbst- und Weltverständnisses, wie die folgenden Beispiele andeuten sollen.

Die *Theater- und Bühnenmetaphorik* hat gesellschaftliche Rollenspiele und die Stellung des Menschen im ›Welttheater‹ reflektiert. Soziale Prozesse und Zukunftsprognosen wurden in den Bildfeldern des *Weges* (›Fortschritt‹, ›Aufstieg‹) und des *Lichts* (›Aufklärung‹) veranschaulicht, aber auch im Bildfeld der *Katastrophenmetaphorik* (›Revolutions-Ausbruch‹), wie überhaupt die *Naturmetaphorik* als eines der weitestverzweigten, wirksamsten und sinnfälligsten Vorstellungsfelder in unterschiedlichsten Kulturkreisen erscheint. Weiterhin wären – ohne Anspruch auf Vollständigkeit – zu nennen: die zahlreichen *Schrift-, Text- und Buchmetaphern* (›Buch des Lebens‹, Welt als ›Buch‹ der Schöpfung), die *Metaphorik des Kranken und des Gesunden* (die ›paranoide Gesellschaft‹; ›wirtschaftliche Depression‹), die *Fahrt- und Reisemetaphorik* (›Lebensreise‹) und die *Maschinenmetaphorik*, die beispielsweise im Zeitalter des Absolutismus Mechanismen des Staates oder in der Psychologie des 19. Jahrhunderts den Aufbau der menschlichen Seele erklären helfen sollte. Die *nautische Metaphorik* schließlich liest sich (BLUMENBERG 1979) wie ein weitverzweigtes Bildfeld, dessen Imaginationskraft seit der Antike ein immer wieder erneuertes, aktualisiertes Repertoire an *Daseinsmetaphern* geschaffen hat: Irrfahrten, Lebensodysseen, Schiffbrüche (mit Zuschauern), aber auch, utopisch gewendet, das ›Meer der Glückseligkeit‹, die ›Insel der Hoffnung‹ und, als Prunk- und Kabinettstück des nautischen Bildfeldes, die ›Staatsschiff‹-Metapher der politischen Rhetorik. Erst in ihrem historischen Horizont lassen sich semantische und pragmatische Funktionen von Bildfeldern näher bestimmen. Der Metapherngebrauch reicht von der dynamischen Aktivierung der Bildfelder als lebendig-innovativer Ausdrucksformen bis hin zu Schwundstufen der Verflachung und Erstarrung, der Klischeereproduktion, der Phrase, ja der manipulativen Täuschung.

Solche Multifunktionalität der Bildfelder folgt – im Unterschied zur Wortfeldanalyse – keineswegs primär linguistischen Distinktionsmerkmalen. Die Metaphorologie ist daher trotz sprachwissenschaftlicher Versuche (etwa KÖLLER 1975) im Kern eine hermeneutische Disziplin geblieben. Wie für die »Einzelmetapher bislang kein allgemein anerkanntes Erklärungsmuster vorliegt«, so sind auch die Bildfeldtheorien nicht »in sich voll konsistent und widerspruchsfrei« (PEIL 1990, S. 241). Hinzu kommen terminologische Interferenzen. So findet sich zum Beispiel die Staatsschiff-Metapher, und zwar mit durchaus plausiblen Gründen, unter der Bezeichnung ›Staatsschiff*topos*‹. Die Toposforschung untersucht traditionell überlieferte, formelhaft gebrauchte, literarisch und ikonographisch als Bildungsgut vermittelte Ausdrucksschemata, also immer wieder verwendete Versatzstücke rhetorischer Praxis. Solche rhetorischen Gemeinplätze (*Topoi*) aber rekurrieren in dem Maße auf traditionelle Bildfelder, wie sie an deren anschaulicher bildlicher Projektionskraft, aber auch deren klischeehafter Konventionalität partizipieren und deren mnemotechnische Einprägsamkeit nutzen.

Die Staatsschiff-Metapher findet sich freilich noch unter einem anderen Begriff. Am Beispiel der Staatsschiff-Ode des Horaz entwickelt Quintilian seinen (rhetorischen) Begriff der *Allegorie* (→ RHETORIK). Er subsumiert unter diesem Begriff die weiter ausgeführte, fortgesetzte Metaphorik der Rede, in diesem Falle die ständig variierte Ausfaltung der Staatsschiffmetapher in immer neuen politischen Bilddetails.

»Die Form der Allegorie definiert Quintilian als einen Text, als eine Geschichte, einen Diskurs. Die Allegorie ist eine narrative Sequenz, eine Erzählung mit bekannter Handlungsstruktur. Zeit ist ein konstitutives Element der Allegorie. [...] Die komprimierte Sinnfülle einer Metapher verlangt ja geradezu danach, fortgesponnen zu werden. [...] Die Form der Allegorie ist also eine Geschichte, eine Geschichte mit kohärentem, kontinuierlichem Zusammenhang.« (KURZ 1979, S. 15)

Die narrative Komponente ist für das Verständnis komplexer allegorischer Bildprogramme besonders aufschlußreich und verbindet literarische Allegorien mit denen der bildenden Kunst. Nicht jede Definition der Allegorie berücksichtigt indes deren aus der Entfaltung metaphorischen Sprechens motivierten ›erzählenden‹ Grundzug. Unter den konkurrierenden Erklärungsmustern nimmt, trägt man die Begriffsbestimmungen selbst neuester Sachlexika zusammen, immer noch Goethes ebenso folgenreiche wie in neuerer Zeit revidierte Dichotomie von Allegorie und Symbol eine Sonderstellung ein. Die Hochschätzung des Symbolbegriffs soll, durchaus apologetisch gedacht, das eigene Spätwerk gegen den Vorwurf des

Allegorisierens verteidigen: »Die Symbolik verwandelt die Erscheinung in Idee, die Idee in ein Bild, und so, daß die Idee im Bild immer unendlich wirksam und unerreichbar bleibt«, während die Allegorie »die Erscheinung in einen Begriff« verwandelt und »den Begriff in ein Bild, doch so, daß der Begriff im Bilde immer noch begrenzt und vollständig zu halten« sei (GOETHE [9]1981, S. 470f.).

Goethe akzentuiert eindeutig die *Begriffsallegorie*, also die Art von Allegorie, die Begriffe – wie Gerechtigkeit, Freiheit, Tugend, Zeit, Welt – personifiziert (Justitia als Frau mit Waage, Augenbinde und Schwert). Die Begriffsallegorie ist aber weder die einzige Form der Allegorie noch, wie immer wieder behauptet, ein bloßes Zeugnis rationalistischer Bildlichkeit, das allegorische Bildform und allegorischen Sinn auf eindeutige Weise zur Deckung bringt. Die bis in die Spätantike zurückreichende Unterscheidung von *rhetorischer* und *hermeneutischer Allegorie* markiert die Differenz zwischen der allegorischen Wortfigur und der *Allegorese*, dem allegorischen Auslegungsprozeß. Diese vermittelt einen Eindruck davon, wie mehrdeutig und verschlüsselt allegorisches Bilder-Lesen sein kann. So lassen sich die Texte des Mittelalters zu einer allegorischen Enzyklopädistik, der mittelalterlichen Bedeutungsforschung, bündeln, die ein weitgespanntes Spektrum allegorischer Sinnträger und Bedeutungen repräsentiert und sich »der Erforschung der im weiten Sinne allegorischen Zeichenhaftigkeit der Welt der Schöpfung und des von Menschen Geschaffenen und Geschehenen« widmet (OHLY 1977, S. IX → HERMENEUTISCHE MODELLE).

Die Allegorie ist eine Art des ›uneigentlichen‹ Sprechens, die, vereinfacht formuliert, etwas anderes sagt als sie meint. Sie wird vom Rezipienten verstanden, wenn er das ›Andere‹ zu entschlüsseln versteht. Die Rekonstruktion des allegorischen Sinns kann ihren Schlüssel im Text, im Bildprogramm der Allegorie enthalten (»allegoria permixta«). Im anderen Falle (»allegoria tota«) ist der allegorische Sinn nur aus dem historisch-kulturellen, religiösen, literarischen und sozialgeschichtlichen Kontext zu entwickeln, den der Gebrauch der Allegorie voraussetzt und an dem dieser vielfältig partizipiert. So spontan, so auf ihren je besonderen Effekt die Metapher in der Rede bezogen ist, so verbindlich und allgemein sind Allegorie und allegorische Deutung in kultureller Praxis verankert. Die Allegorie ist zwar auch ein »direkt-indirekter Sprechakt« (KURZ 1982, S. 87), zugleich aber, darüber hinausweisend, eine an kulturelle Formationen gebundene kommunikative Verständigungsform. Sie kann schließlich, wie im Barock, die Dinge der sichtbaren Welt zu allegorischen Zeichen der Vergänglichkeit (»vanitas«) werden lassen: »Soll denn das Spiel der Zeit, der leichte Mensch, bestehn? / Ach, was ist alles dies, was wir vor köstlich achten, // Als schlechte Nichtigkeit, als Schatten, Staub und Wind, // Als eine Wiesenblum, die man nicht wieder find't!« (Andreas Gryphius)

Die Prädominanz solcher Vanitas-Allegorien hat Walter Benjamin vor Augen, wenn er über die barocke Allegorie schreibt: »Allegorien sind im Reiche der Gedanken was Ruinen im Reich der Dinge.« (BENJAMIN 1972, S. 187) Mit seinen Ding-, Zeit-, Pflanzen-, Tier- und Zahlenallegorien steht das 17. Jahrhundert am Ende einer allegorischen Tradition, die weit ins Mittelalter zurückreicht. Vor diesem Hintergrund überrascht es nicht, wenn im Barock die Kunstform der *Emblematik* besonders beliebt war, die Bild und Text verbindet, indem ein allegorisches Bildelement (»pictura«) mit einer Inschrift (»inscriptio«) und einem erklärenden Epigramm (»subscriptio«) ein Sinn- und Denkbild verschlüsselter Welt- und Daseinsinterpretation repräsentiert (vgl. SCHÖNE [3]1993a). Benjamins Aufwertung von Allegorie und Emblem hat die Frage nach der Gegenwärtigkeit allegorischer Formen stimuliert. Kurz verweist auf allegorische Deutungen Kafkas (KURZ 1982, S. 60), während H. Schütz anhand illustrer Beispiele aus dem modernen »theatrum emblematicum« erläutert, wie am Ende des 20. Jahrhunderts, etwa als Warenembleme der Werbung oder aber als mit den Mitteln der Kunst zum Sprechen gebrachte Alltagsgegenstände, ein »Theater der Embleme« wiederkehrt (H. SCHÜTZ 1989).

Die drei Elemente emblematischer Bedeutung (»pictura«, »inscriptio«, »subscriptio«) hat Jürgen Link mit veränderten Definitionen auf den Begriff des literarischen *Symbols* übertragen und diesen nach Jahrzehnten literaturwissenschaftlicher Abstinenz wieder aktiviert (LINK 1975). Methodologisch nicht unumstritten, wird das Symbol »als motiviertes, und zwar ikonisch« und »quasi-ikonisch motiviertes Zeichen« (LINK/PARR 1990, S. 114) aufgefaßt, als ein Zeichenkomplex, der letztlich, konsequent zuende geführt, den traditionellen Begriff der Bildlichkeit insgesamt ersetzt. Wenn die (so verstandene) literarische Symbolik dann »als fundamentales, sehr verbreitetes Konstituens literarischer Diskurse – mit Koppelungsmöglichkeiten zu allen anderen Teilstrukturen« (ebd., S. 115) – bezeichnet wird, dann ist die Bildlichkeit von Literatur und Sprache kein marginales Rhetorik- und Stilphänomen mehr, sondern ein brisanter Forschungsgegenstand, am dem wissenschaftliche Theorien ihre Plausibilität erweisen können. Aber nicht nur Emblem und

Symbol, auch die Metaphorik reizt gerade neuere und neueste Theorieansätze zu weiteren Überlegungen. So ist, mit Jacques Lacan formuliert, der »schöpferische Funke der Metapher« für die poststrukturalistische Prämisse einer Aufhebung fester Signifikant-Signifikat-Verbindungen von besonderem Interesse, denn im metaphorischen Prozeß wurde stets schon ein »Wort für ein anderes« gesetzt (LACAN 1975, S. 32). Metaphorisches Sprechen, so verstanden, interpretiert nicht bloß Wirklichkeiten, sondern konstruiert sie. Es sind nicht zuletzt die Interpreten und Analytiker, die dafür einen anschaulichen Beweis liefern (→ PROBLEMATISIERUNGEN DER HERMENEUTIK; → DEKONSTRUKTION).

5. Metrik

von BURKHARD MOENNIGHOFF

1. Vorbemerkung

Gegenstand von metrischen Studien sind Verstexte. Man kann, wie es die Theoretische Metrik mit guten Gründen tut, unterscheiden zwischen der sprachlichen (oder prosodischen) und der metrischen (oder versifikatorischen) Seite eines Verstextes. Die Prosodie umfaßt alle suprasegmentalen Merkmale einer Sprache – etwa solche, die die Akzentuierung und die Intonation betreffen. Mit der Prosodie befaßt sich vor allem die seit den fünfziger und sechziger Jahren verstärkt in Erscheinung tretende linguistische, besonders die strukturale und die generative Metrik (CHATMAN 1965, KIPARSKY 1975, SCHMIDT/BARSCH 1981). Der Begriff der Versifikation bezieht sich auf den Gebrauch, der in Verstexten von einem prosodisch relevanten Sprachmaterial gemacht wird. Er bezieht sich auf die Regeln, nach denen das Lautmaterial von Sätzen einer periodischen Ordnung unterworfen wird – etwa auf die Regeln der Reimbildung, auf die des metrisch regulierten Verses, die der metrisch regulierten Strophe und die des metrisch regulierten Gedichts. Die Untersuchung der Regeln der Versifikation gehört traditionell in das Feld der literaturwissenschaftlichen Metrik. In jüngster Zeit treten die linguistisch und die literaturwissenschaftlich orientierte Metrik zunehmend miteinander ins Gespräch (KÜPER 1988).

Die metrischen Regeln, denen die Verstexte der einzelnen Literaturen folgen, gehören nicht in jedem Fall ein und demselben metrischen System an. Es hat sich im Verlauf der Literaturgeschichte eine Mehrzahl solcher metrischer Systeme ausgebildet. Während sich diese Einzelsysteme durchaus systematisch auf Begriffe bringen lassen, kann die in Versen verfaßte Dichtung einer Literatur kaum anders als historisch erfaßt werden (WAGENKNECHT [3]1993). Dem sollen die folgenden Ausführungen Rechnung tragen. Nach der Klärung einiger wichtiger metrischer Grundbegriffe werden einzelne metrische Systeme am Beispiel der neueren deutschen Versgeschichte beschrieben. Am Ende finden sich Anmerkungen zum individuellen Gebrauch metrischer Formen in literarischen Texten.

2. Metrische Grundbegriffe

Die metrische Eigenheit einer großen Zahl von Verstexten ist durch den Reim bestimmt. Anders als der alliterierende Reim, der sich durch die Übereinstimmung der Anlaute akzentuierter Silben kennzeichnet (»laue Lüfte«, »Stock und Stein«), beruht der Endreim auf der Übereinstimmung des Lautmaterials zweier Wörter mindestens ab dem letzten betonten Vokal. Hinsichtlich der Stellung des Endreims innerhalb eines Verses läßt sich der Eingangsreim vom Binnenreim und Ausgangsreim unterscheiden. Die Übereinstimmung des reimenden Lautmaterials ist, gemessen an dem zugrundegelegten Sprachsystem, entweder vollständig (»Eigensinn : Zigeunerin«) oder partiell, sei es aufgrund akzentueller Ungleichgewichte (»Herr : Schulmeister«), sei es aufgrund konsonantischer oder vokalischer Unreinheiten (»kälter : Wälder«; »Küsse : Bisse«). Bei der einen Reimform handelt es sich um den reinen Reim, bei der anderen um den unreinen Reim. Auch die Assonanz, bei der nur die Vokale mindestens ab der letzten betonten Silbe übereinstimmen, ist ein unreiner Reim (»Marktkapelle : Menge«).

Schließt die Übereinstimmung zwischen zwei Reimpartnern auch das Wortmaterial vor dem letzten betonten Vokal mit ein, handelt es sich um einen erweiterten Reim. Dieser kann in verschiedenen Varianten in Erscheinung treten. Beim identischen Reim stimmen zwei Wörter vollständig überein. Beim grammatischen Reim haben die Reimwörter denselben Wortstamm (»gehen : übergehen«). Beim rührenden Reim, dessen Reimwörter nicht identisch und miteinander nicht grammatisch verwandt sind, beginnt der Gleichklang der Reimwörter vor dem letzten betonten Vokal (»heute : Häute«). Beim reichen Reim setzt die Übereinstimmung zwischen den Reimwörtern mindestens mit dem vorletzten betonten Vokal ein (»Sausewind : Brausewind«). Auch der Schüttelreim, bei dem die anlautenden Konsonanten der Reimpartner in chiastischer Stellung stehen, ist ein reicher Reim (»Nachtlicht : lacht nicht«).

Sonderformen des Reims sind der gespaltene Reim, bei dem wenigstens ein Reimpartner auf zwei Wörter verteilt ist (»spricht er : Dichter«), und der gebrochene Reim, bei dem die Versgrenze innerhalb eines Reimwortes liegt (»Und dieselbige lebte ziem- : lich vergnüget und wohl mit ihm«).

Hinsichtlich der Stellung des Reims am Versende unterscheidet die Verslehre zwischen dem umschließenden Reim, der auch Blockreim genannt wird (a b b a), dem Kreuzreim (a b a b), dem Paarreim (a a), dem Schweifreim (a a b c c b) und dem verschränkten Reim (a b c a b c).

Ein eigenes Thema ist die Poetik des metrisch regulierten Verses. Das Versmaß eines Verses ist das ihm zugrundegelegte metrische Muster. Es wird durch eines der drei folgenden Elemente oder durch Kombinationen aus ihnen bestimmt: die Anzahl der Silben, die Art und Anzahl der Größen (in der deutschen Verslehre nach Art und Anzahl der Versfüße) und den Reim. Der Versfuß ist ein wiederkehrendes Element eines Versmaßes. In der deutschen Dichtung häufig verwendete Versfüße sind der aus einer (in metrischer Notation als Keil markierten) Senkung und einer darauffolgenden (als Querstrich markierten) Hebung gebildete Jambus (v –), des weiteren der Trochäus (– v), der Daktylus (– v v), der Anapäst (v v –) und der Spondeus (– –). In antikisierender Dichtung gibt es zudem noch folgende häufig gebrauchte und darum nennenswerte Versfüße: den Amphibrachus (v – v), den Kretikus (– v –), den Choriambus (– v v –) und den Tonikus (v v – –). Meist läßt sich schon anhand der Betonungsregeln des Lexikons entscheiden, welche Silbe im Vers eine Senkung und welche eine Hebung fordert. In strittigen Fällen gilt: Eine Silbe ist in metrischer Hinsicht ›schwer‹ dann, wenn sie schwerer, und ›leicht‹, wenn sie leichter ist als ihre sprachliche Umgebung (WAGENKNECHT [3]1993, S. 30-33).

Verse können durch eine oder mehrere Kolon-Grenzen, Versmaße durch eine Zäsur gegliedert werden. Das Kolon ist eine durch Pausen markierte Sequenz eines Satzes, die Zäsur ein metrisch verlangter Wort- oder Kolonschluß innerhalb eines Verses. (Eine Kolongrenze wird in metrischer Notation als Schrägstrich, eine Zäsur als Apostroph wiedergegeben.)

Bei der Gestaltung des Versendes ist zwischen einer klingenden (auch: weiblichen) Kadenz, die bei unbetonter letzter Silbe vorliegt, und stumpfer (auch: männlicher) Kadenz, die bei betonter letzter Silbe vorliegt, zu unterscheiden. Fällt das Satzende nicht mit dem Versende zusammen, liegt ein Zeilensprung vor. Wenn das syntaktische Gefüge über das Ende einer Strophe hinaus fortgeführt wird, liegt ein Strophensprung vor. Wenn abweichend von der metrischen Norm der Versfuß am Versende um ein oder mehrere Elemente verkürzt ist, spricht man von einem katalektischen Vers. Die normabweichende Erweiterung eines Verses heißt hyperkatalektisch. Vielgebrauchte Versmaße sind der Alexandriner, der Blankvers, der Hexameter und der Pentameter. Der Alexandriner ist ein entweder zwölf- oder dreizehnsilbiges Versmaß mit einer durch Kolongrenze begründeten Zäsur nach der sechsten Silbe. (Die Position im Vers, die unbesetzt bleiben kann, wird durch Klammern markiert.) Der Heroische Alexandriner zeichnet sich durch Paarreim, der Elegische Alexandriner durch Kreuzreim aus. In der deutschen Dichtung wird der Alexandriner durch sechs Jamben nach folgendem Muster konstituiert: v – v – v – / v – v – v – (v). Der Blankvers ist ein fünfhebig jambisches und ungereimtes Versmaß, dessen Beginn abweichend auch trochäisch gestaltet sein kann. Das Grundmuster des Blankverses in metrischer Notation: v – v – v – v – v – (v). Der Hexameter ist ein sehr flexibles Versmaß. Es besteht aus sechs Daktylen, deren erste vier durch Spondeen oder Trochäen ersetzt werden können und deren letzter katalektisch ist. Die letzte Silbe des Hexameters kann entweder als Hebung oder als Senkung realisiert werden. (Sie wird durch ein Kreuzchen markiert.) Der Hexameter hat folgende Formel:

‾ ‾ ‾ ‾
– v (v) – v (v) – v (v) – v (v) – vv – x .

Der Pentameter, der nur in Verbindung mit dem Hexameter gebraucht wird, besteht in seiner deutschen, akzentuierenden Variante aus sechs Daktylen; die ersten zwei können durch Spondeen oder Trochäen ersetzt werden; der dritte und sechste sind senkungslos; nach dem dritten Versfuß ist eine Zäsur vorgeschrieben. Der Pentameter in metrischer Notation:

‾ ‾
– v (v) – v (v) – ' – vv – vv –

Häufig werden Verse in Strophen zusammengestellt. Der Begriff der Strophe ist in der metrischen Terminologie keineswegs einheitlich geregelt. Neuere Vorschläge zur Begriffsverwendung erfassen die Strophe als ein in einem Verstext metrisch stets gleichgeregeltes und wiederkehrendes Element von mittlerer Größe (WAGENKNECHT ^{3}1993, S. 20). Demgegenüber wäre eine metrisch nicht geregelte, gleichwohl graphisch erkennbare Zusammenfügung von Versen als »Versgruppe« zu bezeichnen. Die metrischen Muster, nach denen Strophen gebildet sind, bezeichnet man als »Strophenmaße«. Über die Vielzahl der deutschen Strophenmaße informieren vorzüglich neuere Handbücher (besonders: FRANK ^{2}1993). Hier nur zwei Beispiele: Seit dem ausgehenden 18. Jahrhundert ist die aus vier trochäischen Versen gebildete, bald kreuzgereimte, bald halb kreuzgereimte Romanzenstrophe beliebt geworden. Heine hat sie in seinen »Neuen Gedichten« gebraucht:

Unterm weißen Baume sitzend
Hörst du fern die Winde schrillen,
Siehst, wie oben stumme Wolken
Sich in Nebeldecken hüllen.

– v – v – v – v   x
– v – v – v – v   a
– v – v – v – v   x
– v – v – v – v   a

Die Stanze, ein Strophenmaß italienischer Herkunft, besteht in ihrer deutschen Variante aus acht fünfhebigen, jambisch alternierenden Versen mit der Reimordnung a b a b a b c c. Goethe hat diese Strophenform für sein Erotikon »Das Tagebuch« gewählt:

Wir hören's oft und glauben's wohl am Ende:
Das Menschenherz sei ewig unergründlich,
Und wie man auch sich hin und wider wende,
So sei der Christe wie der Heide sündlich.
Das Beste bleibt, wir geben uns die Hände
Und nehmen's mit der Lehre nicht empfindlich;
Denn zeigt sich auch ein Dämon, uns versuchend,
So waltet was, gerettet ist die Tugend.

v – v – v – v – v – v   a
v – v – v – v – v – v   b
v – v – v – v – v – v   a
v – v – v – v – v – v   b
v – v – v – v – v – v   a
v – v – v – v – v – v   b
v – v – v – v – v – v   c
v – v – v – v – v – v   c

Vom Begriff des Strophenmaßes ist der des Gedichtmaßes zu unterscheiden. Gedichtmaße sind metrische Muster, die das Ganze von Gedichten regeln. Als solches hat das Sonett in seinen verschiedenen

Varianten zu gelten. Das Sonett ist italienischer Herkunft und in seiner Grundform ein vierzehnzeiliges Gedichtmaß, das sich aus zwei vierzeiligen Versgruppen (zwei Quartette, die gemeinsam ein Oktett bilden) und zwei dreizeiligen Versgruppen (zwei Terzette, die gemeinsam ein Sextett bilden) zusammensetzt. Die Reimfolge der Quartette ist a b b a a b b a, die der Terzette ist c d c d c d oder c d e c d e. Die Einzelverse sind, wenigstens im Deutschen, aus fünf oder sechs Jamben gebaut. Das Shakespeare-Sonett variiert die Grundform, indem es drei kreuzgereimte Quartette mit einem paargereimten couplet verbindet. Das sogenannte Französische Sonett verbindet zwei blockgereimte Quartette mit zwei Terzetten, die die Reimordnung c c d e e d oder c c d e d e aufweisen. Weitere Varianten des Sonetts sind nachweisbar.

Eine Vielzahl von Verstexten ist metrisch nicht wohlreguliert, sondern metrisch frei gebaut. Hierher gehören Texte, die in Knittelversen, in Freien Rhythmen oder in Freien Versen verfaßt sind. Hinsichtlich des Knittelverses unterscheidet man zwischen seiner freien und seiner strengen Variante; bei ersterer ist die Silbenzahl nicht vorgeschrieben, bei letzterer auf acht oder neun Silben festgelegt; in beiden Fällen ist der Paarreim vorgeschrieben. Freirhythmische Gedichte sind solche Gedichte, die sich durch das Fehlen jeglicher Reimbindung sowie jeglicher strophischer Ordnung und jeglichen durchgehend einheitlichen Versmaßes auszeichnen. Die Versmaße eines freirhythmischen Gedichts wechseln von Vers zu Vers; sie sind (durch den Bezug auf die antike Odendichtung) klassisch verbürgt. Freie Verse kennzeichnen Gedichte, die wie die freirhythmischen Gedichte ohne Reimbindung, strophische Ordnung und durchgehendes Versmaß gebaut sind, aber anders als diese nicht den Bezug auf antike Vorbilder haben.

3. Versgeschichte am Beispiel der deutschen Dichtung seit dem 16. Jahrhundert

Die Verse einer Vielzahl von Texten vor allem des 16. Jahrhunderts sind grundsätzlich durch den Reim und fast immer durch die Anzahl der Silben bestimmt. Nach diesem metrischen System ist der Knittelvers gebildet. Dieses Versmaß, das im 16. Jahrhundert in epischer und dramatischer Dichtung ein Standardmaß darstellt, ist vor allem aufgrund seines ungeregelten Gebrauchs von Hebungen und der vielfach nachweisbaren Unfertigkeit in der Reimbildung während des 17. Jahrhunderts in Verruf geraten. Die strenge Variante des Knittelverses, die vor allem von Hans Sachs, Sebastian Brant und Johann Fischart gepflegt wurde, ist darum später nicht mehr aufgegriffen worden. Hingegen ist der Freie Knittelvers aus höheren (meist komischen oder archaisierenden) Absichten der Dichter seit dem Ende des 18. Jahrhunderts wieder gebraucht worden; ihn verwenden Goethe (»Des Künstlers Erdewallen«), Kortum (»Die Jobsiade«) und noch Hauptmann (»Festspiel in deutschen Reimen«) sowie Peter Weiss (»Nacht mit Gästen«).

Einfache und produktionsästhetisch vergleichsweise leicht zu verwirklichende metrische Regeln unterliegen auch der Volkslieddichtung. Sie ist mündlich überliefert; die Verfasser der einzelnen Volksliedtexte sind nicht namhaft zu machen. Die Volkslieder sind in Strophen gegliedert, diese wiederum durch Reime gebunden. Die Silbenzahl der einzelnen Verse ist nicht vorgeschrieben; die Zahl der Hebungen beläuft sich um der Sangbarkeit willen auf drei oder vier; die Abfolge der Kadenzen eines Strophenmaßes ist jeweils reglementiert.

Zu den häufig auftretenden Volksliedstrophen gehören die Vagantenstrophe, die aus acht kreuzgereimten Versen mit abwechselnd vier und drei Hebungen sowie abwechselnd männlichen und weiblichen Kadenzen gebildet wird (beziehungsweise die halbe Vagantenstrophe, die entsprechend aus vier Versen besteht), die Hildebrandsstrophe, die aus acht kreuzgereimten Versen mit jeweils drei Hebungen und abwechselnd weiblichen und männlichen Kadenzen gebildet wird (beziehungsweise die halbe Hildebrandsstrophe, die entsprechend aus vier Versen besteht) und die Chevy-Chase-Strophe, die aus vier kreuzgereimten Versen mit abwechselnd vier und drei Hebungen sowie durchgehend männlichen Kadenzen gebildet wird. Daneben sind in der Volksliedddichtung des 16. Jahrhunderts noch einige Strophenmaße mit ungerader Verszahl gebräuchlich. Schon im 17., vor allem aber im 18. Jahrhundert werden die Strophenmaße der Volksliedddichtung in die seit dieser Zeit als Kunstform betriebene Lieddichtung überführt. Das Kunstlied wird von Goethe, dann von Romantikern wie Brentano und Eichendorff, auch von Heine und Mörike, in neuester Zeit von Brecht und Biermann gebraucht. Für die volksliedhafte Lyrik gilt jedoch, was auch über die sogleich zu nennende Kirchenlieddichtung zu sagen wäre: Im Anschluß an die Versreform von Opitz werden seit dem 17. Jahrhundert die Lieddichtungen fußmetrisch, meist jambisch reguliert.

Der Meistersang, der noch im 16. Jahrhundert in Blüte stand, mit dem Niedergang der Singschulen aber an Bedeutung verloren hat und für die poetische Praxis seit Beginn des 17. Jahrhunderts allmählich unwichtig wurde, reguliert anders als das Volkslied, aber dem Strengen Knittelvers ähnlich die Verse hinsichtlich ihrer Silbenzahl; Strophen werden gereimt; die Anzahl der Hebungen ist nicht vorgeschrieben.

Das Kirchenlied des 16. Jahrhunderts kennt ähnliche metrische Muster wie der Meistersang: Die Silbenzahl ist vorgeschrieben, nicht aber die Anzahl der Hebungen; die Strophen sind fast immer durch den Reim gebunden; manchmal treten ungereimte Einzelverse (»Waisen«) auf.

Beim Wechsel vom 16. zum 17. Jahrhundert werden nach französischem Vorbild allerlei metrische Formen neu in die deutsche Dichtung eingeführt. Zu diesen Erscheinungen der deutschen Renaissance, die immer noch den traditionellen metrischen Prinzipien der Reimung und der Silbenzählung folgen, gehören neben dem Alexandriner auch das Sonett und die meist aus drei oder fünf dreiteiligen Strophen (Strophe / Antistrophe / Epodos) bestehende Pindarische Ode.

Mit dem »Buch von der Deutschen Poeterey« (1624) von Martin Opitz wird ein in der deutschen Versgeschichte epochemachendes, neues metrisches System begründet (→ Poetik). Bis heute wird vielfach nach den Regeln dieses nach niederländischem Vorbild etablierten Systems gedichtet. Die wesentliche Neuerung des durch Opitz kodifizierten metrischen Systems betrifft das Prinzip der fußmetrischen Regulierung: Die Silben werden gemäß ihrer Akzentgewichte im Vers einer jambischen oder trochäischen Ordnung unterworfen. Außerdem verlangt Opitz, wie es schon in der Versdichtung der Renaissance Praxis war, eine feste Silbenzahl im Vers sowie den Reim. Vom Reim wiederum verlangt Opitz Reinheit; der noch in der Renaissancedichtung erlaubte rührende Reim wird von ihm verboten, ebenso die Auslassung des auslautenden »e« vor einem anlautenden Vokal (»Hiat«). Opitz selbst hat mit seinen »Teutschen Poemata« Musterbeispiele für fußmetrisch gebaute Dichtungen gegeben.

Im Rahmen der Opitzschen Versreform bewegen sich schon im Zeitalter des Barock, aber auch später allerlei Variationen des ursprünglich etablierten metrischen Systems. Das madrigalische Gedicht etwa zeichnet sich durch die freie Anzahl der Silben je Vers sowie die freie Anzahl der Verse aus; die Reimordnung ist, wie noch das madrigalische Erzählgedicht des 18. Jahrhunderts zeigt (Wieland: »Musarion«), frei und kann Waisen enthalten.

Schon wenige Jahrzehnte nach Opitz' Reform werden im Vers der Barockdichtung auch daktylische und anapästische Maße erlaubt. Es entstehen in dieser Zeit auch aus einzelnen Versfüßen gemischte Maße, die »mengtrittigen« Versmaße. Im übrigen wird im 17. Jahrhundert neben dem beliebten Alexandriner der auch trochäischer Septenar genannte trochäische Tetrameter gebraucht (– v – v – v – v / – v – v – v – (v)). Erst im 18. Jahrhundert tritt der reimlose Blankvers auf, der sich nach ersten Versuchen vor allem durch Wieland (»Lady Johanna Gray«) in Deutschland bald durchsetzt und seit dem Ende des 18. Jahrhunderts für lange Zeit den konventionellen Dramenvers bildet.

Die Strophenmaße, in denen sich die Dichter des 17. Jahrhunderts versuchen, stammen weitgehend aus der Volkslied- und Kirchenlieddichtung der älteren Tradition sowie dem Bestand der Renaissancedichtung. Das in Terzinen abgefaßte Gedicht, dessen Verse sich üblicherweise aus elf jambisch regulierten Silben zusammensetzen und durch die fließende Reimfolge a b a b c b c d c ... y z y z miteinander verbunden sind, findet in der deutschen Dichtung erst im 18. Jahrhundert Anklang, ohne jemals wirklich beliebt zu werden. Dasselbe gilt für die Stanze.

Zu den Gedichtmaßen, die im 17. Jahrhundert in Blüte standen, gehört das in dieser Zeit aus Alexandrinern zusammengesetzte Sonett. Daneben wurden auch gebraucht: die Sestine und das Rondeau. Die Sestine setzt sich aus sechs sechszeiligen Strophen zusammen, deren jeweilige Reimwörter in der nächsten Strophe identisch, jedoch in regelhaft variierter Abfolge wiederholt werden (zum Beispiel: a b c d e f f a b c d e und so weiter); ein dreizeiliges Geleit, das die Sestine abschließt, greift die Reimfolge der ersten Strophe wieder auf. Das Rondeau ist ein aus dreizehn Versen bestehendes Gedichtmaß; der Anfang des ersten Verses wird nach dem achten Vers und am Ende des Gedichts wiederholt; es gibt nur zwei Reimklänge.

Das 19. Jahrhundert fügt diesem Bestand unter anderem noch einige Gedichtmaße orientalischer Herkunft hinzu, insbesondere das Ghasel. Dieses Gedichtmaß setzt sich aus zehn bis zwanzig Versen zusammen; die Ordnung der Reime hat folgendes Muster:

a a x a x a x a ... x a

Eine versgeschichtliche Innovation, die sich sowohl im einzelnen als auch im ganzen von dem durch Opitz gegebenen metrischen System absetzt, wird im 18. Jahrhundert durch das Werk von Klopstock markiert. Das Neuartige einer Vielzahl seiner Dichtungen ist dadurch gekennzeichnet, daß es Verse nicht nach festgeschriebener Silbenzahl bildet und nicht in Reimen bindet, sondern sie ähnlich der antiken Metrik allein nach Größen baut. Aber anders als die antike griechische Metrik, die das phonetische Material nach langen und kurzen Silben unterscheidet, trifft Klopstock eine Unterscheidung zwischen schweren und leichten Silben. Dementsprechend sind die Hexameter seines biblischen Epos »Der Messias« und seine aus Hexameter und Pentameter gebildeten Distichen, die er in epigrammatischer Dichtung und in der Elegie verwendet, akzentuierend und nicht quantifizierend gebaut. Johann Heinrich Voß ist in seinen frühen Übersetzungen der homerischen Epen dem Klopstockschen Vorbild gefolgt, ebenso Goethe in seinen Hexameterdichtungen (»Reineke Fuchs«, »Hermann und Dorothea«). Noch Thomas Manns »Gesang vom Kindchen« und Gerhart Hauptmanns »Till Eulenspiegel« folgen den Spuren von Klopstocks Hexametern. Distichen Klopstockscher Prägung sind vielfach im 18. und 19. Jahrhundert verwendet worden. Erwähnt seien nur Goethes »Römische Elegien«.

Neben der Einführung des Hexameters sowie des Distichons gehört zu Klopstocks wirkungsreichen Taten die Prägung von allerlei antikisierenden Odenmaßen. Drei davon haben sich in der Nachfolge Klopstocks durchgesetzt. Die erste Strophe von Klopstocks »Friedensburg« ist eine Asklepiadeische Strophe:

Selbst der Engel entschwebt Wonnegefilden, läßt
Seine Krone voll Glanz unter den Himmlischen,
Wandelt, unter den Menschen
Mensch, in Jünglingsgestalt umher.

– v – v v – ' – v v – v –
– v – v v – ' – v v – v –
– v – v v – v
– v – v v – v –

Die Alkäische Strophe, hier repräsentiert durch die erste Strophe von Klopstocks »Die Stunden der Weihe«, und das ihr zugrundeliegende metrische Muster:

Euch, Stunden, grüß' ich, welche der Abendstern
Still in der Dämmrung mir zur Erfindung bringt,
O, geht nicht, ohne mich zu segnen,
Nicht ohne große Gedanken weiter!

v – v – v ' – v v – v –
v – v – v ' – v v – v –
v – v – v – v – v
– v v – v v – v – v

Die Sapphische Strophe sei hier anhand der ersten Strophe von Klopstocks »Die tote Clarissa« illustriert:

Blume, du stehst verpflanzet, wo du blühest,
Wert, in dieser Beschattung nicht zu wachsen,
Wert, schnell wegzublühen, der Blumen Edens
Bessre Gespielin!

– v v – v – v – v – v
– v – v v – v – v – v
– v – v – v v – v – v
– v v – v

In der Nachfolge der Klopstockschen Reform haben sich viele Dichter, zum Beispiel August Wilhelm Schlegel, strenger als Klopstock selbst den metrischen Regeln der antiken Dichtung zu folgen bemüht. Sie haben dem Hexameter nicht mehr die Variabilität zugestanden, die Klopstock ihm in den ersten Gesängen des »Messias« noch gegeben hatte. Auch die Odendichtungen anderer Dichter sind strenger an antiken Vorbildern orientiert als die von Klopstock, etwa die von Platen.

Neben den antikisierenden Vers- und Strophenmaßen gehen auch die Freien Rhythmen in der deutschen Dichtung auf Klopstock zurück (»Frühlingsfeier«). Der junge Goethe hat die Erfindung von Klopstock begeistert aufgenommen und wie dieser auch seine Hymnen in Freien Rhythmen verfaßt (»Prometheus«). Hölderlin, Heine (»Die Nordsee«) und später auch Nietzsche folgen dem durch Klopstock gegebenen Muster.

Das 19. und das 20. Jahrhundert haben keine neuen metrischen Systeme hervorgebracht. Die Dichter des 20. Jahrhunderts schöpfen aus dem Formenbestand der Verstradition, mit dem sie im Einzelfall durchaus innovativ umzugehen verstehen. Rilke gibt vielen seiner Gedichte durch unbedeutende Reimwörter und kühne Zeilensprünge ein ganz eigenes Gepräge; Rühmkorf sucht in seinen Gedichten den ungewöhnlichen und überraschenden Reim. Andere Versdichtungen bewegen sich am Rande oder außerhalb der durch die Tradition vorgezeichneten Metrik. Bei Trakl, Brecht, Bachmann und Celan finden sich ohne Bezug auf vorgegebene metrische Muster immerhin noch halbwegs gleichförmig gebaute Freie Verse. Daneben gibt es in der Moderne vermehrt solche Texte, die nur noch aufgrund einer graphischen Segmentierung versartig gegliedert sind. Man hat sie als »Prosaische Lyrik« bezeichnet (WAGENKNECHT 1993, S. 102f.) Die Konkrete Poesie, deren Texte auf Vers und Reim verzichten und statt gehört vielmehr gesehen werden müssen, ist in metrischer Hinsicht nur in wenigen Einzelfällen dann relevant, wenn sie die metrische Beschaffenheit eines Textes demonstriert. Ein Beispiel bietet Ernst Jandls »sonett 2«, das unter Vernachlässigung der Regeln von Reimbindung und Versgestaltung immerhin eine mögliche Art der Versgruppierung im Sonett zeigt:

sonett
sonett
sonett
sonett

sonett
sonett
sonett
sonett

sonett
sonett
sonett

sonett
sonett
sonett

4. Zum Gebrauch metrischer Formen

Die Bestimmung der Versgestalt eines Textes setzt ihre Beschreibung voraus. Doch damit ist nur das erste Wort zu ihrer Eigenart gesagt. Neben der Analyse des Rhythmus eines Verstextes, die das individuelle Verhältnis von Prosodie und Versifikation zu erfassen hat (KAYSER [17]1975, S. 100-120), wäre auch die Semantik metrischer Formen zu bestimmen. Dazu ein Beispiel.

Von den metrischen Systemen, die sich bis zum Ende des 18. Jahrhunderts in der deutschen Dichtung etabliert haben, hat es vor allem Goethe verstanden, weitreichenden Gebrauch zu machen. Neben seinem lyrischen Werk ist es der »Faust«, der sich mit Entschiedenheit der überlieferten metrischen Formenwelt bedient. Das Drama ist darum auch mit gutem Recht als »summa metrica« bezeichnet worden (BREUER [3]1994, S. 220-227).

Der streckenweise librettohafte Gebrauch der vielen Vers-, Strophen- und Gedichtformen im »Faust« bezweckt Vielfältiges. Eine Gruppe von Versmaßen wird beispielsweise zur Kennzeichnung von einzelnen Sprechern verwendet. Faust etwa spricht überwiegend in den sogenannten Faust-Versen. Diese Verse, die keine feste Reimordnung und keine feste Hebungszahl vorschreiben, eignen sich durch ihre systematisch angelegte Unregelmäßigkeit als Konversationsvers; sie konstituieren den Parlandoton der Hauptfigur. Margaretes metrischer Code hingegen ist überwiegend durch Knittelverse gekennzeichnet; das einfache Versmaß steht in Relation zur sozialen Herkunft von Margarete, gewiß auch zur Eigenart ihres Charakters. Auch das einfach gebaute und von Margarete zum Zeitvertreib gesungene Lied vom »König in Thule« bildet individuelles Kolorit ab. In ähnlichem Sinn zeichnet sich die Rede des Schülers in der Studierzimmer-Szene (nach der Zählung von Schöne: V. 1868ff.) durch ihre Nähe zum Knittelvers aus. Mephistos Rede ist nicht überwiegend einem metrischen Muster verpflichtet; er versteht sich auf diesen und jenen Ton und ist darum – seiner proteushaften Gestalt durchaus angemessen – ein metrisches Chamäleon. Helena im zweiten Teil des Dramas spricht vorwiegend in Trimetern, streckenweise auch in trochäischen Tetrametern, wodurch die Aura des Antiken sinnfällig gemacht wird. Beide Versmaße nämlich sind antiker Herkunft; sie sind in der antiken dramatischen Dichtung gebraucht worden.

Andere metrische Formen kennzeichnen bestimmte Situationen im »Faust«. Margaretes Rede in der Kerkerszene (V. 4405-4612), die zunächst in Knittelversen verfaßt ist, geht allmählich in Freie Rhythmen über, die an manchen Stellen lizenzweise von Reimen durchsetzt sind: eine metrische Gestaltung des Wahnsinns. In ähnlicher Weise fällt Margaretes Rede in der Domszene (V. 3776-3834) aus der Rolle: die freirhythmische Rede ihres Gegenübers, des bösen Geistes, steckt sie an. Fausts Eingangsmonolog (V. 354ff.) ist in Knittelversen verfaßt, um das Altdeutsche dieser Szene zu betonen. Die Blankverse seiner Rede in der Szene »Wald und Höhle« betonen deren Charakter der Selbstaussprache; sie erinnern auf metrischer Ebene an die großen Monologe in den Dramen Shakespeares. Die einzige Prosaszene des »Faust«, die kleine Szene »Trüber Tag. Feld«, ist zugleich auch die prosaischste im ganzen Drama. Fausts Rede hätte nicht das ihr an dieser Stelle eigentümliche Rohe, wäre sie in Versen verfaßt. Der vierte Akt im zweiten Teil des »Faust« wird durch die Szene »Des Gegenkaisers Zelt« beschlossen. In der Szene tritt höchstes höfisches Personal auf, weltliche und kirchliche Herrschaften dominieren die Szenerie (V. 10849-11042), und darum wird an dieser Stelle in zeremoniellen Heroischen Alexandrinern geredet. Der typische Vers des Barockdramas wird zitathaft in diese Szene eingespielt. Fausts erste Rede im zweiten Teil des Dramas (V. 4679-4727), nach einem Schlaf gesprochen, der ihm Heilung von den Wirrungen der Gretchen-Tragödie gebracht hat, ist in Terzinen gekleidet. Die Verse verweisen Fausts bald einsetzende Wanderschaft durch Raum und Zeit und schließlich seine Seligsprechung in ein intertextuelles Kraftfeld von weltliterarischem Niveau: Auch Dantes »Divina Commedia«, das in Terzinen verfaßte italienische Weltgedicht, auf das sich Goethe durch die Wahl der metrischen Form an dieser Stelle bezieht, hat eine Art Wanderschaft zum Thema: die des Dichters Dante durch Hölle, Fegefeuer und Paradies.

Den sinnreichsten Gebrauch von Vers und Reim macht Goethe im dritten Akt des zweiten Teils des Dramas, insbesondere in der Szene »Innerer Burghof«. In den Gestalten Helenas und Fausts begegnen einander die Sprach- und Kulturwelten der Antike und Moderne; für einen kleinen Moment vereinigen sie sich sogar, und sie tun dies auch auf der Ebene der Versgestalt des Dramas. Zum Zeichen seiner Bereitschaft zur Annäherung an Helena spricht Faust gleich in seiner ersten Rede in dieser Szene nicht mehr in gereimten Versen, sondern in Blankversen. Helena reagiert darauf und spricht nun ihrerseits in diesem Versmaß. Kurz darauf kommt es zu einer Wechselrede, in der das Band zwischen Faust und Helena noch enger geknüpft wird: Helena setzt einzelne Redebeiträge von Faust unter Verwendung des Reims fort (V. 9380-9384). Danach wird die vollzogene Vereinigung von Faust und Helena im beiderseits betriebenen, vielfältigen Reimspiel sinnfällig gemacht (V. 9411-9418). Nachfolgend spricht Faust in jambischen Trimetern, dem Versmaß, das sonst üblicherweise Helena gebraucht – ein metrisches Zeichen dafür, daß Faust ihr Gemahl ist. Am Ende des dritten Aktes trennen antike und moderne Welt sich wieder. Zwar klingt in Fausts Eingangsmonolog zu Beginn des vierten Aktes das gerade Erlebte noch nach, aber dann wechselt seine Rede zum Faust-Vers über: Faust gehört wieder derjenigen Sphäre an, aus der er kommt.

Mit einigem Recht läßt sich der Gebrauch, den Goethe im Helena-Akt des »Faust« von metrischen Formen macht, als ikonisch bezeichnen: Die Verskunst in diesem Akt bildet auf weite Strecken ab, was in ihm geschieht.

6. Grundlagen narrativer Texte
von JOCHEN VOGT

1. Die Erzählungen und das Erzählen

»Die Menge der Erzählungen ist unüberschaubar. Da ist zunächst eine erstaunliche Vielfalt von Gattungen, die wieder auf verschiedene Substanzen verteilt ist, als ob dem Menschen jedes Material geeignet erschiene, ihm seine Erzählungen anzuvertrauen: Träger der Erzählung kann die gegliederte, mündliche oder geschriebene Sprache sein, das stehende oder bewegte Bild, die Geste oder das geordnete Zusammenspiel all dieser Substanzen; man findet sie im Mythos, in der Legende, der Fabel, dem Märchen, der Novelle, dem Epos, der Geschichte, der Tragödie, dem Drama, der Komödie, der Pantomime, dem gemalten Bild [...], der Glasmalerei, dem Film, den Comics, im Lokalteil der Zeitungen und im Gespräch. Außerdem findet man die Erzählung in diesen nahezu unendlichen Formen zu allen Zeiten, an allen Orten und in allen Gesellschaften; die Erzählung beginnt mit der Geschichte der Menschheit; nirgends gibt und gab es jemals ein Volk ohne Erzählung; alle Klassen, alle menschlichen Gruppen besitzen ihre Erzählungen, und häufig werden diese Erzählungen von Menschen unterschiedlicher, ja sogar entgegengesetzter Kultur gemeinsam geschätzt. Die Erzählung schert sich nicht um gute oder schlechte Literatur: sie ist international, transhistorisch, transkulturell, und damit einfach da, so wie das Leben.«

Dürfen wir all die hier genannten Ausdrucksformen mit Roland BARTHES (1988b, S.102, frz. 1966) wirklich unter dem Begriff *Erzählung* (frz. »récit«) zusammenfassen? Welches sind die Gründe für deren »Universalität«? Wie lassen sich »Grundzüge narrativer Texte« umreißen, die einerseits die »gemeinsame Struktur« aller Erzählungen (ebd., S. 103) herausarbeiten, andererseits aber auch zur differenzierenden Analyse narrativer Genres oder Schreibweisen beitragen können? Welche Schichten oder Aspekte erzählender Prosa sind zu untersuchen? Und welche Vorarbeiten, Entwürfe, Theorien hat die internationale *Erzählforschung* (auch: *Narratologie*, Narrativik von lat. »narrare«, »erzählen«) im Rahmen der Literaturwissenschaft (oder benachbarter Disziplinen) dafür bereitgestellt? Diesen und einigen weiteren Fragen wird die folgende Skizze nachgehen.

Erzählungen oder *narrative Texte* können alle erwähnten Ausdrucksformen insofern heißen, als es sich jeweils um eine Abfolge von Zeichen (einen ›Text‹) handelt, die eine Abfolge von Ereignissen (eine ›Geschichte‹) repräsentieren (→ Formalismus und Strukturalismus). Beide Ebenen des narrativen Textes: Zeichenfolge (Text; frz. »discours«, engl. »discourse«) und Ereignisfolge (Geschichte; frz. »histoire«, engl. »story«) sind eng aufeinander bezogen und zugleich in die Dimension der *Zeit*, die fundamentale »Form unseres Erlebens« (Edmund Husserl) eingebunden. Besonders stark und vielfältig vermitteln narrative Texte deshalb Effekte der *Zeit-Erfahrung*. Wie Barthes betont, können für die Textebene unterschiedliche ›Substanzen‹, Medien oder Zeichensysteme benutzt werden; wir beschränken uns hier jedoch auf rein *sprachliche* Erzählungen (in mündlicher und/oder schriftlicher Form) und lassen Bildfolgen aller Art ebenso beiseite wie die dramatische Narration, die auch Mimik, Gestik und Bewegung der Akteure einschließt (→ Grundlagen szenischer Texte). Für die Ebene der ›Geschichte‹ unterscheidet bereits die »Poetik« des Aristoteles die Erzählung des »wirklich Geschehenen« (in der Geschichtsschreibung) von der Dichtung, die erzählt, »was geschehen könnte, d. h. das nach den Regeln der Wahrscheinlichkeit oder Notwendigkeit Mögliche« (Aristoteles 1982, S. 29; → Poetik). Mit Gérard Genette sprechen wir heute von *faktualen* und *fiktionalen* Erzählungen (Genette 1992, S. 66). – Damit sind bereits einige fundamentale Unterscheidungen getroffen, an denen Theorie und Strukturanalyse narrativer Texte ansetzen kann – wie wir noch sehen werden.

Zuvor ist aber noch ein Blick auf die beschriebene Vielfalt, die praktisch unendliche Menge narrativer Texte nötig, mit denen wir es in Alltag und Kultur zu tun haben. Sie ist, wie Barthes andeutet, ein Resultat der anthropologisch tief verankerten Tätigkeit des *Erzählens*. In seinem ursprünglichen Sinn, als mündliche Wiedergabe faktischen Geschehens im Rahmen von Alltagssituationen, dient es in primitiven wie in entwickelten Kulturen in erster Linie dazu, subjektives Erleben zu thematisieren, »in den intersubjektiven Raum der Kommunikation zu holen« (Gumbrecht 1980, S. 408f.). Aber dies gilt in übertragenem Sinn auch vom literarischen ›Erzählen‹, das sich zunächst ebenfalls mündlich, dann aber ganz überwiegend im Medium der Schrift vollzieht (→ Literatur und Medien). Erzählend (und zuhörend oder lesend) fixieren, wiederholen, ordnen, überprüfen, deuten und verändern wir geschehene (faktische) oder erfundene (fiktive) Handlungen. Wir erkunden den Raum der wirklichen Welt und die Räume der Einbildungskraft – zu unserer Lust und/oder unserem Schrecken. Im Erzählen suchen wir schließlich Gemeinsamkeit, »Intersubjektivität von Sinnbildung« zu sichern (ebd., S. 408), die bedrohliche Komplexität der Welt anhand von exemplarischen Abläufen – was einer erlebt hat, was jedem widerfahren könnte – überschaubar und erträglich zu machen, zu *Erfahrung* zu verarbeiten. Erzählen ist eines »der prominentesten Mittel, mit denen der Transfer von Erfahrung bewältigt werden kann«; als symbolisches Probehandeln überwindet es »Isolation« und kann »Menschen dazu [verhelfen], ihre eigenen Fähigkeiten zur Veränderung einzusetzen« (EHLICH 1980b, S. 20f.).

Das gilt in mehr oder weniger ›direkter‹ Weise für mündliches und schriftliches, für ›alltägliches‹ und literarisches, faktuales und fiktionales Erzählen (und dessen mögliche Kombinationen). Zweifellos war die Orientierungsfunktion alltäglichen Erzählens (oder einer noch mündlich praktizierten Erzähl*kunst*) in traditionalen Gesellschaften bedeutsamer als in der Moderne mit ihren spezialisierten Institutionen und technologischen Medien. Immerhin besteht sie auch dort noch weiter und vermag sogar neue, teils (massen-)medial vermittelte Varianten des Erzählens als Tätigkeit und der Erzählung als Form hervorzubringen (→ LITERATUR UND MEDIEN). Herkömmliche oder auch neu entstehende Traditionen und Formen mündlichen Erzählens finden seit einigen Jahrzehnten das besondere Interesse von Linguistik, Soziologie und Literaturwissenschaft (ONG 1987, SCHÜTZE 1976, LABOV/WALETZKY 1978, EHLICH 1980a, QUASTHOFF 1980, BOUEKE u. a. 1995). Der Quellenwert lebensgeschichtlichen Erzählens wird unter dem Stichwort »oral history« in der Geschichtswissenschaft diskutiert (NIETHAMMER 1980). Aber auch die narrativen Strukturen und Strategien entwickelter Großformen faktual-schriftlichen Erzählens werden neuerdings interdisziplinär erforscht (LÄMMERT 1982), so etwa die *Autobiographie* (LEJEUNE 1994), die *Biographie* (SCHEUER 1979) und besonders die *Geschichtsschreibung* (DANTO 1985, QUANDT/SÜSSMUTH 1982, WHITE 1986, 1990).

Für den Bereich der *fiktionalen* Erzählliteratur gilt, daß sie in einem Prozeß, der durch die Kulturtechniken von Schrift und Druck erst möglich wurde, aus einer ausschließlich mündlichen in eine weit überwiegend schriftliche Form transformiert wurde. Ältere idealisierende Theorien des antiken *Epos* (HEGEL o. J., Bd. 2, S. 402ff.; LUKÁCS [7]1982) sind durch neuere komparatistische Forschungen zur »oral poetry« relativiert worden, die zu rekonstruieren suchen,

»wie ein Epos entsteht« (LORD 1965, BOWRA 1964). Heute machen narrative Texte, die nicht erst sekundär ›verschriftet‹ und überliefert, sondern bereits schriftlich bzw. nach den Regeln des Drucks konzipiert wurden, die überwiegende Menge dessen aus, was wir als Literatur bezeichnen. Am *Roman*, der allein »unter den großen Genres jünger [ist] als Schrift und Druck« und sich »organisch den neuen Formen der stummen Wahrnehmungsweise, d. h. dem Lesen angepaßt« hat (BACHTIN 1989, S. 210), läßt sich dies paradigmatisch beobachten. Als komplexeste Erzählform und dominerendes literarisches Genre der Moderne liegt er auch vielen Versuchen zugrunde, den gestalterischen Spielraum des narrativen Diskurses abzustecken (zur Theorie und Poetik des Romans in historischer Perspektive vgl. VOGT [7]1990, ŽMEGAČ 1990, HILLEBRAND [3]1993, PETERSEN 1991).

2. Auf der Suche nach einer Strukturformel: strukturale Erzähltextanalyse

Zunächst jedoch sei an einen frühen, methodologisch bahnbrechenden Versuch erinnert, der geradezu entgegengesetzt verfährt und ein »gemeinsames Prinzip« des Erzählens anhand »einfacher« Erzählformen (André JOLLES [4]1968, zuerst 1930) aufzufinden sucht. In Analogie zur botanischen Morphologie, die den »Bau der Pflanze« untersucht, nahm der russische Folklore-Forscher Vladimir Propp 1928 eine »Morphologie des Märchens« in Angriff, »die auf dem Gebiet des Volksmärchens eine Formanalyse sowie die Ableitung von Strukturgesetzmäßigkeiten« anstrebt (PROPP [2]1975, S. 9). So wie man die Erscheinungen einer Sprache nur aus ihrer Grammatik als »abstraktem Substrat« (ebd., S. 23) erklären könne, so schaffe erst die Kenntnis der Erzählgrammatik (wie man später sagen wird) ein Verständnis für die unterschiedliche Ausgestaltung der Textoberfläche und damit die Vielfalt der Texte.

Anregungen des Russischen → FORMALISMUS und der »morphologischen« Betrachtungen Goethes aufnehmend, untersucht Propp einhundert russische Zaubermärchen auf ihre konstitutiven Handlungsträger und Handlungselemente und kommt zu folgenden Resultaten. »1. Die Funktionen der handelnden Personen [...] bilden dic wesentlichen Bestandteile des Märchens.« Propp erkennt sieben *Handlungsträger* (in späterer Terminologie: ›Aktanten‹): Held und Gegenspieler, falscher Held, Schenker (von Zaubermitteln), Helfer und Sender (Aussender des Helden), ›Zarentochter‹

(und ihr Vater). Dabei können verschiedene Handlungsträger (besonders Helfer, Schenker) in einer konkreten Märchenfigur zusammenfallen, so wie ein Handlungsträger auch in mehrere Figuren ›aufgeteilt‹ werden kann. Ähnlich lassen sich verschiedene Geschehnisse auf der Diskursebene als Ausgestaltung einer identischen *Funktion* erkennen: Der körperliche Kampf des Helden mit dem Drachen oder sein Kartenspiel mit dem Teufel repräsentieren beide Funktion XVI: »Held und Gegenspieler treten in einen direkten Zweikampf«. »2. Die *Zahl* der Funktionen ist für das Zaubermärchen beschränkt«, und zwar auf maximal 31, von denen ein Teil einem bestimmten Aktanten fest zugeordnet ist (z. B. die Ausfahrt dem Helden). »3. Die *Reihenfolge* der Funktionen ist stets ein und dieselbe«, einzelne Funktionen (die Propp mit Buchstaben-Symbolen kennzeichnet) können aber ausfallen oder (wie auch ganze Handlungssequenzen) wiederholt werden. Schließlich: »4. Alle Zaubermärchen bilden hinsichtlich ihrer Struktur einen einzigen Typ.« (Ebd., S. 26ff.)

Methodisch gesehen erzählt Propp die Märchentexte ›nach‹, indem er die »erstaunliche Vielfalt an Formen und Bildern« auf der Diskursebene (russ. »sjuzet«) funktional reduziert, den Text nach Handlungsschritten segmentiert und so die »ständige Wiederkehr bestimmter Elemente« auf der Ebene der »Geschichte« (russ. »fabula«) feststellt, die dann in einer Strukturformel wie der folgenden (vgl. ebd. S. 104) ausgedrückt werden kann:

$$\text{A B C} \uparrow \text{Sch H Z W} \begin{Bmatrix} \text{K} & & \text{S} \\ & \text{M} & \\ \text{P} & & \text{Lö} \end{Bmatrix} \text{L} \downarrow \text{V} - \text{R X U E Ü T St H}^{*}$$

Propp hat seine Untersuchung ausdrücklich auf ein narratives Genre mit starker *Schematisierung* beschränkt und betont, daß die feste Funktionsfolge eben nur für das Volksmärchen gelte, während sie im *Kunst*märchen vielfach abgewandelt werden könne. Das verweist schon auf die Frage, die seit den sechziger Jahren im Anschluß an Propp vor allem von französischen Narratologen formuliert wird: ob und »unter welchen Bedingungen man diese Formalisierung auf andere narrative Genres, oder besser, auf jegliche Art von Erzählung übertragen könnte« (BREMOND 1973, S. 7). Möglich ist dies, mit gewissen Variationen, am ehesten bei Texten und Genres, die so wie das Märchen geprägt sind durch Dominanz der Handlung, genauer: durch Aktantenopposition (Held-Gegenspieler) und rekurrente Handlungselemente (Funktionen wie: Ausfahrt, Kampf, Sieg,

Heimkehr, Belohnung) – also z. B. Epos, Abenteuer- und Agentenroman, Detektivgeschichte. In diesem Sinn haben z. B. Viktor Šklovskij und Umberto Eco praktikable Schemata zu Conan Doyles »Sherlock Holmes«-Geschichten bzw. Ian Flemings »James Bond«-Romanen entwickelt (beide in VOGT 1972a); Roland Barthes unternimmt seine berühmte »Einleitung in die strukturale Analyse von Erzähltexten« anhand des James-Bond-Romans »Goldfinger« (BARTHES 1988a).

Die Grenzen des Modells sind ebenso einsichtig: Die konkrete Ausgestaltung von Figuren und Funktionen, in denen sich historische, kulturelle und ästhetische Differenzen ausdrücken, wird in Propps Analyse zum Verschwinden gebracht – der Ausritt des russischen Märchenhelden und James Bonds Flug mit dem roten Düsenauto ergeben eine identische Funktion. Längere Erzähltexte mit komplexen Handlungsstrukturen aber sind selbst auf der Handlungsebene nur noch schwer segmentierbar. Weiterhin sind nichtnarrative Diskurselemente wie z. B. Beschreibung und Reflexion, aber auch die Narration von Bewußtseinsvorgängen der Figuren, schließlich die spezifische Perspektivierung durch einen ›Erzähler‹ auf diese Weise nicht zu erfassen. Vor allem bei komplexen modernen Erzähltexten, die von solchen Elementen geprägt sind, stößt diese Analyse von vornherein ins Leere.

Nichtsdestoweniger hat Propp eine bis heute einflußreiche methodische Tradition der Erzähltheorie begründet. Seit den sechziger Jahren wurden seine Anregungen im Umkreis des französischen Strukturalismus aufgenommen und, in Verbindung mit linguistischen und semiotischen Kategorien, zu anspruchsvollen Projekten einer universellen ›Erzählgrammatik‹ weiterentwickelt. Algirdas J. GREIMAS (1970, 1972b) bestimmt die *Opposition* von *abstrakten Konzepten* (z. B. gut/böse; tot/lebendig) als grundlegende Semantik, die durch Dynamisierung und ›Vermenschlichung‹ in eine Erzählsyntax (ein funktionales Aktantenmodell) transformiert wird: Der (gute) Held tötet den (bösen) Gegenspieler. Claude BREMOND versucht in seiner »Logik der Erzählung« (1973) ein System von *narrativen Rollen* als »Gerüst« des Erzähltextes zu bestimmen; beide bleiben überwiegend an ›einfachen‹ Erzählformen (Mythen, Märchen, Novellen) orientiert. Deutlicher sieht Tzvetan TODOROV (1972) dic Notwendigkeit, von der funktionalen Tiefenstruktur der Erzählung zur vielfältig codierten und perspektivierten Oberfläche von Erzähltexten zurückzugelangen; sein Konzept der »narrativen Transformationen« soll insbesondere die modale Differenzierung des Erzählgeschehens analysierbar machen. Es sind jedoch erst spätere Arbeiten von Barthes einerseits (»S/Z« 1987, frz. 1970) und Genette andererseits, die Propps Tradition mit differenzierten, ja subtilen Strukturierungs- und Lektürevorschlägen für die Diskursebene verbinden. Mit Genettes »Die Erzählung« (1994, frz. 1972/1983) nähert sich die ›strukturale‹ französische Linie der Erzähltheorie dann wieder ›traditionellen‹ deutschen und angloamerikanischen Konzepten an, die vorrangig die Textebene im Blick haben.

3. Fiktionale und faktuale Erzählungen

Das betrifft auch Theorieentwürfe, die von grundlegenden Bestimmungen wie der Fiktionalität des dichterischen Erzähltexts ausgehen (→ Fiktionalität und Poetizität). *Fiktion* (lat. »fictio«, ›Erdichtung‹, von »fingere«, ›bilden, erdichten‹) nennen wir eine Aussage bzw. Darstellung eines Sachverhalts oder Geschehens, die keinen Wirklichkeitsbezug, keine »Referenzialisierbarkeit« beansprucht und demnach weder »wahr« noch »falsch« genannt werden kann. Die literarische Fiktion im besonderen stellt, nach einer Formulierung Immanuel Kants, »gedichtete und zugleich dabei für möglich angenommene Gegenstände« vor und grenzt sich damit, in dramatischer wie epischer Ausformung, von der Wirklichkeitsaussage, besonders vom historischen Bericht ab. In dieser Darstellung des »Möglichen« (wir könnten auch sagen: des Vorstellbaren) sieht bereits Aristoteles die Überlegenheit, die größere Allgemeinheit der dichterischen Fiktion gegenüber der ans besondere Faktum gebundenen Historiographie begründet (→ Poetik). Damit widerspricht er Platons Abwertung der Dichtung als »Lüge« und sichert ihr einen Eigenwert, der den abendländischen Literaturbegriff bis heute prägt. »Literatur ist immer Erfindung. [...] Wer eine Erzählung ›wahr‹ nennt, beleidigt Kunst und Wahrheit zugleich.« (Vladimir Nabokov)

Die angemessene Rezeption fiktionaler Texte setzt voraus, daß aufgrund einer »Übereinkunft zwischen Autor und Leser« der Anspruch auf Verifizierbarkeit, den dieser an informative Texte richtet, »suspendiert« wird. Die »suspension of disbelief«, von der bereits der Romantiker Samuel Taylor Coleridge sprach, realisiert sich in einer spezifischen Situation oder *Institution* (z. B. auf der Bühne), oder sie wird, bei der Lektüre von narrativen Texten, durch *para-*

textuelle Angaben hervorgerufen (→ PARATEXTE), vor allem durch die gattungspoetische Deklaration als »Roman«, »Erzählung« u. ä. (Philippe LEJEUNE 1994, S. 27ff., beschreibt die entsprechende Lesehaltung als »Romanpakt« im Unterschied zum »autobiographischen Pakt«.) Dies gilt auch für die häufigen Fälle, wo Orte, Daten, Personen, Geschehnisse einer Erzählung der historischen Realität entlehnt sind. Zuschauer oder Leser beziehen einen Dramenhelden namens Wallenstein oder den Romanschauplatz Lübeck nicht – oder doch nur in einem indirekten Sinn – auf die historisch-empirische Realität. Sie akzeptieren, daß sich fiktive Personen namens Buddenbrook an historisch authentischen Orten bewegen. Bestimmend bleibt auch in solchen Fällen die rezeptionslenkende Deklaration als fiktionaler Text: »So wie der Löwe, nach Valéry, kaum mehr als verdautes Lamm ist, so besteht die Fiktion fast ausschließlich aus einem fiktionalisierten Realen.« (GENETTE 1992, S. 60)

Eine vieldiskutierte Theorie des fiktionalen Erzähltextes hat Käte HAMBURGER vorgelegt: »Die Logik der Dichtung« (zuerst 1957). Auch sie unterscheidet grundlegend Wirklichkeitsaussage (oder -bericht) und dichterische, insbesondere erzählerische Fiktion. Diese sieht sie nicht nur durch Kontextangaben, sondern auch durch *textinterne Fiktionalitätssignale* gekennzeichnet. Das Raum-Zeit-Gefüge des erzählten Geschehens ist, anders als im Wirklichkeitsbericht, nicht auf die Position des Berichterstatters bezogen, sondern auf die Figuren der Erzählung. Zugleich akzeptieren wir als Leser im fiktionalen narrativen Text (jedenfalls in der »Er-Erzählung«) die Mitteilung der Gedanken und Empfindungen von ›dritten‹ Personen durch die Erzählinstanz. Hieraus ergeben sich grammatisch-stilistische Indizien für die Fiktionalität eines narrativen Textes: Erstens die Verbindung des üblichen Erzähltempus Präteritum mit in die Gegenwart oder gar Zukunft verweisenden (›deiktischen‹) Zeitadverbien: »*morgen* war der gefürchtete Dritte.« (Kleist, »Die Marquise von O…«) Hamburgers These vom *epischen Präteritum* besagt, daß dieses seine temporale Bedeutung verloren habe und nur noch Fiktionalität indiziere. In der nachfolgenden Diskussion (besonders LEIBFRIED ²1972, WEIMAR 1974) wird jene Kombination überzeugender verstanden als eine Überblendung der Perspektiven von erlebender Figur (»morgen«) und retrospektivem Erzähler (»war«). Zweitens ist es nur in fiktionaler Erzählprosa möglich, mit Hilfe der »Verben der inneren Vorgänge« die Gedanken, Gefühle, Wahrnehmungen von Figuren mitzuteilen, die grammatisch in der 3. Person stehen: »Die Dame *fühlte* etwas

Unangenehmes in der Herz-Magengrube« (Musil, »Der Mann ohne Eigenschaften«). In der Entwicklungsgeschichte der neueren Erzählprosa mit ihrem zunehmenden Interesse an der »inneren Geschichte« der Figuren entwickeln sich eben dafür spezifische Techniken, von denen besonders die »erlebte Rede« und der »Bewußtseinsstrom« (»stream of consciousness«) wichtig werden.

Das Bewußtsein vom Eigenwert der Fiktion, das stets die Frage nach der besonderen Erkenntnisqualität oder Wirkungsmacht der künstlerischen Imagination berührt, ist historisch gewachsen und wandelbar. Im griechischen Altertum markiert, wie Heinz SCHLAFFER (1990) gezeigt hat, die »Poetik« des Aristoteles eine Ausdifferenzierung des archaischen Mythos in wissenschaftliche Erkenntnis einerseits und (fiktionale) Dichtung andererseits, die nicht mehr mythisch, wohl aber (in Merkmalen magischer Beschwörungen oder enthusiastischer Inspiration wie Metrum und Reim, in der Verschränkung einer scheinbar dominierenden Geschehens-»Motivation von vorn« mit einer »Motivation von hinten«) *mythosanalog* strukturiert ist. (Dieses Modell der Dichtung als eines »mythischen Analogon« hat Clemens LUGOWSKI 1932 in seinem Buch »Die Form der Individualität im Roman« entwickelt, das Schlaffer 1976 neu herausgegeben hat; zu Lugowski grundlegend MARTINEZ 1996; vgl. auch DETERING 1995.)

Die vom Mythos zugleich geprägte und emanzipierte Dichtung übernimmt dann als Organ des »Möglichkeitssinns« (Musil) zunehmend kompensatorische Funktionen: So »ergänzt die Fiktion uns verstümmelte Wesen«, die wir nur »ein einziges Leben haben und die Fähigkeit, tausend zu wünschen« (Mario Vargas Llosa). In der frühen Neuzeit wehrt sich fiktionale Erzählliteratur zwar durch nachdrückliche Authentizitätserklärungen gegen gattungspoetische Geringschätzung. Sie werden aber zunehmend – wie schon das »Es war einmal ...« des Märchens – gegen ihren Wortlaut als Ankündigung von Fiktionalität verstanden. Die ›realistische‹ Literatur besonders des 19. Jahrhunderts verwendet die Verfahren fiktionalen Erzählens überwiegend *mimetisch* zur Erzeugung einer Realitätsillusion. So postuliert Theodor Fontane, der Roman solle uns »eine Welt der Fiktion auf Augenblicke als eine Welt der Wirklichkeit erscheinen lassen«. Im 20. Jahrhundert verstärken sich dagegen die Versuche, den Charakter der Fiktionalität hervorzukehren und dadurch bewußt zu machen. Diese *antimimetische* Tradition des Erzählens, die einzelne Vorbilder schon im 18. und 19. Jahrhundert hat (Laurence Sterne, Jean Paul), prägt in der zweiten Hälfte des

20. Jahrhunderts besonders die angloamerikanische, französische und italienische Erzählliteratur. *Metafiction* wird zu einem Sammelbegriff »für fiktionale Erzähltexte, die selbstreflexiv und systematisch die Aufmerksamkeit auf ihren Status als Artefakte lenken, um damit die Beziehung zwischen Fiktion und Wirklichkeit zu problematisieren« (WAUGH 1984, S. 2). Damit reagiert Gegenwartsliteratur zweifellos auch auf die zunehmende Schwierigkeit, innerhalb der Lebenswelt zwischen Wirklichkeit und Fiktion zu unterscheiden. Was wir – insbesondere in der Vermittlung durch die modernen Massenmedien – als ›Wirklichkeit‹ erleben, ist bereits medial produzierte Pseudowirklichkeit – also nicht mehr kenntliche Fiktion, sondern undurchschaubare, tendenziell allumfassende *Simulation* (BAUDRILLARD 1982).

4. »Die Erzählung hat zweierlei Zeit«

Die Erzählung mag, wie Barthes sagt, mit dem Leben vergleichbar sein: zumindest hat sie wie dieses einen Anfang und ein Ende. Aber zwischen diesen Zäsuren besitzt sie eine ganz eigene *zeitliche Qualität*, eine ›Doppelstruktur‹, in der die Zeit des (faktualen oder fiktionalen) Geschehens in den Zeitrahmen des Textes eingespannt wird. Das heißt in erster Linie, daß Zeiträume, die unser – existentielles oder alltägliches – ›Zeitbudget‹ übersteigen, so verkürzt werden, daß wir sie imaginär miterleben können. Möglich wird dies, weil die Sprache solche Abläufe oder Zustände in knappen narrativen Aussagen zu komprimieren vermag. Für die Erschaffung der Welt waren samt Ruhetag sieben Tage nötig; die entsprechende Erzählung (zu Beginn des biblischen Buches »Genesis«) dauert keine sieben Minuten. In einem Roman Thomas Manns verbringt der Held sieben lange Jahre auf dem Zauberberg; für die Lektüre könnten sieben Tage ausreichen; und natürlich läßt sich diese Geschichte in sieben Worten (nach)erzählen: »Hans blieb sieben Jahre auf dem Zauberberg.« Die temporale Spannung »zwischen dem vorgespiegelten realen Geschehen und seiner erzählerischen Bewältigung« (LÄMMERT [8]1991, S. 22), zwischen der Erzähl*aussage* und dem Erzähl*akt* ist den Praktikern seit jeher bewußt gewesen. In Thomas Manns Formulierung im »Zauberberg« liest sich das so: »Die Erzählung [...] hat zweierlei Zeit: ihre eigene erstens, die musikalisch reale, die ihren Ablauf, ihre Erscheinung bedingt; zweitens aber die ihres Inhalts, die perspektivisch ist, und zwar in so verschiedenem

Maße, daß die imaginäre Zeit der Erzählung fast, ja völlig mit ihrer musikalischen zusammenfallen, sich aber auch sternenweit von ihr entfernen kann.« Eben diese Unterscheidung wurde seit den späten vierziger Jahren in der deutschen, später auch in der französischen Erzählforschung aufgegriffen und systematisch ausgebaut. Das *Zeitgerüst* einer Erzählung bildet eine der wichtigsten Ebenen narrativer Textkonstitution und damit auch der Textanalyse. Günther MÜLLER (1968) und sein Schüler Eberhard Lämmert rücken die Relation von *Erzählzeit* und *erzählter Zeit* (das »Erzähltempo«) als strukturierende Größe eines Erzähltextes oder -abschnitts in den Blick. Wo beide zusammenfallen, sprechen wir von ›zeitdeckendem‹ Erzählen (z. B. bei der Wiedergabe direkter Rede); ›zeitdehnend‹ erfahren wir Beschreibungen oder die Artikulation von Bewußtseinsprozessen. Am häufigsten und wichtigsten ist jedoch, wie oben angedeutet, das *zeitraffende* Erzählen. Mit Lämmert darf man es als »das negativ kennzeichnende Prinzip allen Erzählens« (LÄMMERT [8]1991, S. 83) verstehen. Zu seinen Varianten zählt die ›Auslassung‹ (Ellipse) eines zumeist unwichtigen (oder auch besonders wichtigen!) Zeitraums, oftmals durch eine Überleitungsformel wie »Zweiundeinhalb Jahre später ...« präzisiert. Zeitraffungen im engeren Sinne können ›sukzessiv‹ (»und dann ... und dann ...«), ›iterativ‹ (»immer wieder ...«) oder ›durativ‹ (»sieben Jahre lang ...«) angelegt sein, oder auch mehrere Möglichkeiten kombinieren – wie die berühmte Passage aus Johann Peter Hebels »Unverhofftes Wiedersehen«: »Unterdessen wurde die Stadt Lissabon in Portugal durch ein Erdbeben zerstört, und der Siebenjährige Krieg ging vorüber und Kaiser Franz der Erste starb [...] und der Kaiser Leopold der Zweite ging auch ins Grab. Napoleon eroberte Preußen, und die Engländer bombardierten Kopenhagen, und die Ackerleute säeten und schnitten. Der Müller mahlte, und die Schmiede hämmerten. [...] Als aber die Bergleute in Falun im Jahre 1809 [...].«

Doch nicht nur die Dauer, auch die *chronologische Abfolge* der erzählten Ereignisse kann im narrativen Diskurs verändert werden. (Das entspricht der von Husserl beschriebenen Fähigkeit unseres Bewußtseins, aus der jeweiligen Jetzt-Erfahrung in die Vergangenheit zurück- und in die Zukunft vorgreifen zu können; vgl. dazu auch → WIRKUNGSÄSTHETIK.) Mehr oder weniger umfangreiche und auffällige *Umstellungen* innerhalb der Chronologie sind in der Erzählliteratur so häufig und typisch, daß Lämmert einige davon, je nach Umfang und Funktion für die Tektonik der Erzählung, als feste »Bauformen« systematisieren kann: Bei den *Rückwendungen* etwa ›Vorzeithandlung‹, ›aufbauende Rückwendung‹ (als zweiter Erzählabschnitt in vielen Novellen und Romanen), ›auflösende Rückwendung‹ (als letzter Erzählabschnitt z. B. im Detektivroman), subjektiver ›Rückblick‹ einer Figur usw. *Vorausdeutungen*, die den Zukunftshorizont einer erzählten Handlung öffnen und Spannung aufbauen, sind ›zukunftsungewiß‹ oder ›-gewiß‹ – je nachdem, ob sie von einer Handlungsfigur (als Wunsch, Befürchtung, Versprechen usw.) oder von der im Rahmen der Fiktion ›allwissenden‹ Erzählinstanz geäußert werden. In jedem Fall dienen sie (wie die Rückwendungen) als Mittel der Rezeptionslenkung und der epischen Integration zugleich. Besonders ausgeprägt sind ›einführende‹ Vorausdeutungen, die am Beginn eines Textes oder Abschnitts stehen (so z. B. eine Kurzfassung des nachfolgenden Epos in den ersten 19 Versen von Homers »Odyssee«), aber auch schon paratextuell im Titel (z. B. »Buddenbrooks. Verfall einer Familie«).

LÄMMERTS Standardwerk »Bauformen des Erzählens« ([8]1991, zuerst 1955) versuchte solche Zeitstrukturen in ihrer konstruktiven Leistung für den Einzeltext (oder auch als genrespezifische Aufbauform) zu verstehen, strebte im Sinne der »werkimmanenten Interpretation« (→ FORMEN ›TEXTIMMANENTER‹ ANALYSE) eine »Synthese« an. Das geht bisweilen zu Lasten der analytischen Prägnanz, wie – trotz vieler Übereinstimmungen – der Vergleich mit Genettes »Die Erzählung« zeigt, das derzeit als differenziertestes System narrativer Zeitanalyse gelten darf. Genette legt drei temporale Kategorien zugrunde: Unter dem Stichwort *Ordnung* registriert er »Anachronien« (also Abweichungen von der Handlungschronologie) und zwar »Analepse« (Rückwendung) und »Prolepse« (Vorwegnahme), die jedoch nach Reichweite und Umfang präziser kategorisiert werden als bei Lämmert. Unter dem Aspekt der *Dauer* unterscheidet er »Summary« (stark geraffter Bericht), »Szene« (zeitdeckende szenische Gestaltung), »Pause« (nicht-narratives Textelement, z. B. Beschreibung, Reflexion) und »Ellipse« (Auslassung), die ihrerseits »explizit« oder »implizit«, »definiert« oder »undefiniert« sein kann. Die spezifische Struktur eines Werkes wird durch die Verwendung bzw. Kombination dieser Erzählweisen mitgeprägt. Unter dem Stichwort *Frequenz* (Häufigkeit) unterscheidet Genette schließlich »singulative«, »repetitive« und »iterative« Erzählweise. Ein einmaliges Ereignis kann einmal oder mehrfach (z. B. von verschiedenen Erzählfiguren) erzählt werden; wiederholte (gleichartige) Ereignisse können mehrfach oder zusammenfassend nur einmal – eben *iterativ* erzählt werden: »Lange Zeit bin ich früh schlafen gegangen.« (Proust, »Auf der Suche nach der verlorenen Zeit«) Die iterative Erzählweise, die von der Forschung lange vernachlässigt worden ist, prägt nicht nur durchgängig Prousts von Genette exemplarisch analysiertes Werk, sie dient in vielen modernen Romanen (etwa auch im »Zauberberg«) als besonders wichtiges Bauelement. Diese erzähltechnische Beobachtung verweist ihrerseits darauf, daß *Zeit* und *Zeiterfahrung* spätestens im Roman des späten 19. und des 20. Jahrhunderts thematisch zentral werden, so daß Georg Lukács in seiner »Theorie des Romans« schon 1916 mit einigem Recht konstatieren konnte: »[...] die ganze innere Handlung des Romans ist nichts als ein Kampf gegen die Macht der Zeit.« (LUKÁCS [7]1982, S. 102)

5. »Wer erzählt den Roman?«

Die Antworten der internationalen Erzählforschung auf diese nur scheinbar naive Frage Wolfgang Kaysers sind vielfältig und widersprüchlich. Offenbar läßt sich die unbestreitbare Lektüreerfahrung, daß zumindest komplexe Erzählwerke von einer mehr oder weniger deutlichen *Erzählerstimme* getragen werden, nur schwer in ein schlüssiges Kategoriensysem übersetzen. Wie erleben wir diesen »Erzähler«? In manchen Texten ist seine Erzählweise – auch in Kommentaren zum Geschehen – so ausgeprägt, daß er als ›Persönlichkeit‹ vor unser inneres Auge zu treten scheint, obwohl er doch im Text anonym und körperlos bleibt. In anderen Texten, wo diese Stimme nicht so deutlich wird, läßt immerhin die Darbietung des erzählten Geschehens aus einem bestimmten *Erzähl-* oder *Blickwinkel* (engl. »point of view«, frz. »point de vue«) auf Existenz einer Erzählinstanz schließen. Schließlich gibt es eine Gruppe von Erzählungen, in denen der oder die Erzähler(in) als konkrete Figur mit Namen vorgestellt wird und zugleich als Haupt- oder Nebenfigur im Geschehen mitwirkt. Die immanente Erzählinstanz kann also verschieden (oder verschieden stark) ausgestaltet werden. So kommt es auch zu unterschiedlichen Vorschlägen, den ›Erzähler‹ theoretisch oder erzähltechnisch zu bestimmen (die oft auf problematische Weise mit unhistorisch-normativen Urteilen verbunden werden). Für Kayser ist der Erzähler »eine gedichtete Person« (KAYSER 1957, S. 452) und »vielleicht das wesentlichste« Formprinzip des Romans, so daß zu befürchten sei: »Der Tod des Erzählers ist der Tod des Romans.« (KAYSER 1954, S. 445) Im Kontrast dazu läßt Hamburger allenfalls eine vom Autor ins Werk gesetzte »Erzählfunktion« gelten (HAMBURGER [3]1977, S. 113); und die angelsächsische Tradition erhebt seit Henry James gar den »erzählerlosen« Roman zur Norm (vgl. BOOTH 1974).

In der deutschsprachigen Erzählforschung ist vor allem Franz K. Stanzels Konzept der »typischen Erzählsituationen« bekannt geworden, das er seit 1955 mehrfach differenziert hat (zur Diskussion von Stanzels Konzept vgl. → GATTUNGSFRAGEN). Er beschreibt zunächst eine *auktoriale* Erzählsituation, die durch raffenden Bericht, Kommentare des Erzählers und dessen souveränes Verfügen über Zeit, Raum und Geschehen (›Allwissenheit‹) charakterisiert ist. Als Beispiel ein berühmter Romanbeginn von Goethe: »Eduard – so nennen wir einen reichen Baron im besten Mannesalter – Eduard hatte in seiner Baumschule die schönste Stunde eines Aprilnachmittags zugebracht [...].« (»Die Wahlverwandtschaften«) In der *personalen* Erzählsituation wird nur erzählt, was unter dem »point of view« einer Romanfigur (nicht immer der Hauptfigur) wahrzunehmen ist. Es dominieren Beschreibung, szenische Gestaltung und dialogische Partien; Bewußtseinsprozesse der Perspektivfigur(en) werden gern in »erlebter Rede« artikuliert: »Das Schauspiel dauerte sehr lange. Die alte Barbara trat einigemal ans Fenster und horchte, ob die Kutschen nicht rasseln wollten. Sie erwartete Marianen, ihre schöne Gebieterin [...].« (Goethe, »Wilhelm Meisters Lehrjahre«) Die *Ich-Erzählsituation* schließlich ist dadurch bestimmt, daß die 1. Person Singular zur Bezeichnung sowohl der Erzählinstanz wie auch einer Handlungsfigur (›erzählendes‹ und ›erlebendes Ich‹) verwendet wird: »Wie froh bin ich, daß ich weg bin!« (Goethe, »Die Leiden des jungen Werthers«) Der Ich-Erzähler (oder auch die Ich-Erzählerin) stellt sich zuallermeist mit Namen vor und wird uns als konkrete Figur so anschaulich wie die anderen Personen der Handlung. Insofern besitzt die (fiktionale) Ich-Erzählung strukturelle Affinitäten zu faktual-narrativen Gebrauchsformen, die sie häufig imitiert bzw. fiktionalisiert, etwa als *Brief-* und *Tagebuchroman* oder *autobiographischer Roman* (→ BRIEF).

Stanzels Konzept, dessen aktuellste Version er etwas mißverständlich »Theorie des Erzählens« nennt (STANZEL [4]1989), hat sich besonders als Hilfsmittel der Textanalyse bewährt und zählt im deutschsprachigen Raum zum literaturwissenschaftlichen Grundwissen. Zugleich ist es vielfach kritisiert worden, zumeist wegen mangelnder theoretischer Stringenz und der Vermischung analytischer Kategorien, zuletzt sehr scharf von Jürgen Petersen: Tatsächlich stellt es eher »eine Art Beschreibungssystem zur Erfassung erzählender Dichtung« (PETERSEN 1993, S. 2) dar als eine strikte Theorie; Unstimmigkeiten sind nicht zu leugnen – vielleicht aber kann es dennoch oder deswegen produktiv umgeformt werden. Die amerikanische Narratologin Dorrit COHN (1981), aber auch GENETTE (1994) haben sich um solche produktive Kritik bemüht.

Vor allem plädieren sie dafür, die bei Stanzel diffuserweise vermischten Kategorien »(grammatische) Person« (Erzählstimme) und »Modus« (Perspektive) – bzw. die Fragen »Wer spricht?« und »Wer sieht (was)?« – zu entzerren. Das führt bei der »Er-Erzählung« (3. Person) zu einem ›auktorialen‹ (»Wahlverwandtschaften«) und einem ›personalen‹ Typ (»Lehrjahre«). Genette faßt die perspektivische Differenz als ›Null-Fokalisierung‹ (keine Beschränkung des Erzählerblickfelds) einerseits, ›interne Fokalisierung‹ (Beschränkung auf den »point of view« einer Figur) andererseits. Bei der »Ich-Erzählung« kann man dementsprechend einen am ›erlebenden Ich‹ orientierten Text wie »Werther« ›personal‹ nennen, während die Retrospektive des ›erzählenden Ich‹ in Autobiographie oder autobiographischem Roman ›auktorial‹ heißen darf: »Am 28. August 1749, mittags mit dem Glockenschlage zwölf, kam ich in Frankfurt am Main auf die Welt. Die Konstellation war glücklich [...].« (Goethe, »Dichtung und Wahrheit«). Hinzu kommt nach Genettes Systematik bei der ›Er-‹ wie bei der ›Ich-Erzählung‹ jeweils ein (ziemlich seltener) Typ mit ›externer Fokalisierung‹, der ähnlich wie eine Kamera nur die äußerlich wahrnehmbaren Vorgänge aufzeichnet. »Damit sind wir also von den drei ›typischen Erzählsituationen‹ aus Stanzel 1955 zu sechs Typen gelangt, die sicher unterschiedlich stark vertreten sind, aber alle irgendeiner Kombination in einer Tabelle ›narrativer Möglichkeiten‹ entsprechen, die fürs erste nur zwei Kategorien umfaßt, die der ›Person‹ und die der Perspektive.« (GENETTE 1994, S. 277)

Eine solche Tabelle könnte, in Anlehnung an Stanzel *und* Genette, etwa so aussehen:

Erzählsituation (»Perspektive«) / Person	auktorial	personal	neutral
Er/Sie	Th. Mann »Der Zauberberg«	Kafka »Der Proceß«	Hammett »Der Malteser Falke«
Ich	Th. Mann »Felix Krull«	Goethe »Werther«	Camus »Der Fremde«

Will man diese Kategorientafel auch für die Textanalyse nutzen, so ist dreierlei zu beachten. Erstens: Die durch die Kategorien Person/Modus bestimmte Typik ist nur *eine* Strukturierungsebene des narrativen Textes; ihr Zusammenspiel mit anderen, z. B. dem Zeitgerüst (siehe oben) und der Personenrede (siehe unten), darf nicht übersehen werden. Zweitens: Wir haben nicht nur mit reinen Typen, sondern sehr häufig mit Zwischenstufen, Mischformen und Kombinationen zu rechnen, die sich aus der jeweils übergeordneten Erzählstrategie und Wirkungsabsicht erklären (als Beispiel: das kleinschrittige Wechselspiel personal/auktorial zu Beginn von »Buddenbrooks«, vgl. Vogt [7]1990, S. 49ff.; Vogt [2]1995, S. 13ff.). Drittens: Die unterschiedlichen ›narrativen Möglichkeiten‹ sind durchaus historisch, von grundsätzlichen Wirkungsabsichten bzw. außerliterarischen Faktoren geprägt: Auktoriales Erzählen ist oftmals Ausdruck von Lehrhaftigkeit und starker Leserlenkung und insofern frühbürgerlich bis ins 18. Jahrhundert, aber z. B. auch im »Sozialistischen Realismus« dominant; personales Erzählen gewinnt seit Mitte des 19. Jahrhunderts (im Kontext von Naturwissenschaften, Psychologie, neuen Kommunikationsmedien) als Programm eines ›objektiven‹ Erzählens (›der Roman, der sich selbst erzählt‹) die Oberhand und wird vor allem von der traditionellen angelsächsischen Kritik bis weit ins 20. Jahrhundert favorisiert. Die Erzählliteratur der Moderne/Postmoderne hingegen ist dadurch charakterisiert, daß sie die verschiedenen Möglichkeiten bewußt aufgreift und historisierend, eklektisch oder spielerisch kombiniert.

6. Redeformen und Bewußtseinswiedergabe

Seit über zweitausend Jahren wird die Erzählung als Nachahmung (*mimesis*), genauer gesagt als Darstellung oder Nachahmung »handelnder Menschen« definiert (Aristoteles 1982, S. 7): Das muß die Wiedergabe dessen einschließen, was jene *sagen* oder *denken* und *fühlen*. Schon Platon hatte verschiedene dichterische Darbietungsweisen danach unterschieden, ob die Figuren (wie im Drama) zu Wort kommen (›unmittelbare Wiedergabe‹ bzw. ›Nachahmung‹ im engeren Sinn) oder nur der Erzähler (›mittelbare Wiedergabe‹ bzw. ›einfache Erzählung‹); das homerische Epos, in dem Erzähler *und* Figuren sprechen, ist demnach ›gemischte‹ Erzählung (Platon 1982, S. 171ff.). Im Roman wird die Textschicht von Personenrede bzw. -bewußtsein so wichtig, daß man (mit einiger Übertreibung) sagen kann, der »sprechende Mensch und sein Wort« sei »der spezifizierende, die Eigenart dieser Gattung konstituierende Gegenstand der Romangattung« (BACHTIN 1979a, S. 221) – oder auch, der Roman sei die »Rede eines Erzählers, der berichtet, was seine Figuren sagen« (RICŒUR 1989, Bd. 2, S. 150). Hat die Figurenrede ihrerseits narrativen Charakter, so ergibt sich eine ›Erzählung in der Erzählung‹, ein zweites *narratives Niveau* (GENETTE 1994, S. 249ff.) – das geschieht vielfach unauffällig, kann aber auch zu großen *Rahmen*-konstruktionen führen wie in der »Odyssee«, wo der Erzähler in den Büchern IX bis XII dem Helden das Wort zur (Ich-)Erzählung seiner Vorgeschichte überläßt. Und wenn der kleine Christian Buddenbrook zitierend ›nachahmen‹ darf, was im Unterricht »Herr Stengel zu Siegmund Köstermann gesagt hat«, dann erreichen wir sogar ein drittes Erzählniveau.

Für die neuere Erzählliteratur ist nun besonders wichtig, *auf welche Weise* Personenrede (oder Gedanken und Gefühle als ›stumme Rede‹) Ausdruck finden. Erste Hinweise zu den Redeformen hat bereits Lämmert gegeben; lebhaftes Forschungsinteresse galt sodann neuartigen Techniken der Bewußtseinswiedergabe; die schlüssigste Systematisierung hat schließlich Dorrit COHN in ihrem Buch »Transparent Minds« (1978) gegeben.

Wir beschränken uns nachfolgend auf ›gesprochene‹ Rede im Rahmen einer »Er-Erzählung« und geben Beispiele aus Thomas Manns »Buddenbrooks«. Was eine Figur sagt, kann vom Erzähler berichtet werden wie andere Handlungen auch: »Dann kam Frau Permaneder auf das Leben zu sprechen [...].« Solche *Redeberichte*, die vom Inhalt mehr oder weniger absehen können, haben meist verbindenden und raffenden Charakter. Für die Wiedergabe des Wortlauts kannte schon die antike Rhetorik die Techniken der »oratio recta« oder »obliqua«, der ›direkten‹ und ›indirekten‹ Rede; beide dienen in realistischer Erzähltradition auch zur Charakterisierung der Figuren: »›Wenn es ein warmer Schlag ist‹, sprach Tony und nickte bei jedem Wort mit dem Kopfe, ›so schlägt der Blitz ein. Wenn es aber ein kalter Schlag ist, so schlägt der Donner ein!‹ [...] Herr Buddenbrook aber war böse auf diese Weisheit, er verlangte durchaus zu wissen, wer dem Kinde diese Stupidität beigebracht habe [...].« *Direkte* Rede ist ein ›dramatisches‹ Element im Erzähltext und dient der szenischen Gestaltung. *Indirekte* Rede kann vom Erzähler in vielfacher Weise moduliert und gerafft werden, die grammatische Verschiebung in den Konjunktiv und die 3. Person für das Redesubjekt (vgl. in direkter Rede: »Ich verlange...«) bewirken eine gewisse Distanzierung. Eine ›literarische‹, das heißt nur in fiktionaler Erzählprosa verwendete, im 19. Jahrhundert immer beliebter werdende Form ist die *erlebte Rede* (frz. »style indirect libre«, engl. »free indirect style«). Man darf sie als »Doppelstimme« verstehen (Roy PASCAL 1977), die Erzähler- und Figurenstimme übereinander blendet und mit direkter Rede die Wortstellung, mit indirekter Rede die Verwendung der 3. Person fürs Redesubjekt und des Präteritums an Stelle des Präsens gemeinsam hat. »Man erkundigte sich nach den Plänen der jungen Herrschaften, Pläne, die sogar schon die Hochzeitsreise betrafen... Sie gedachten an die Riviera zu gehen, nach Nizza und so weiter. Sie hatten Lust dazu – und warum also nicht, nicht wahr?« Erlebte Rede oder *narrated monologue* (COHN 1978, S. 99ff.) kann so wie hier an die Sprechweise der Figur assimiliert und flexibel in den Erzählerbericht eingefügt werden, aber auch eine Vielzahl von anderen Wirkungseffekten haben (vgl. Beispiele von Kafka, Th. Mann, Musil bei VOGT [7]1990, S. 166ff.). Historisch ist sie eng mit der Durchsetzung personalen Erzählens im 19. Jahrhundert verbunden und insbesondere durch Jane Austen, Gustave Flaubert und Henry James entwickelt und popularisiert worden.

Fragen wir nun nach der Anwendung all dieser Techniken auf ›stumme‹ Rede, also Gedanken und Empfindungen der Romanfiguren, so ergibt sich folgendes Bild: Der einfache *Gedankenbericht* – »Hierüber dachten alle eine Weile nach« – gewinnt eine neue Dimension, wenn er zur *psycho-narration*, das heißt zur bildhaften Erzählung von Bewußtseinszuständen benutzt wird, die von der Handlungsfigur selbst nicht versprachlicht werden (können): etwa in der Schopenhauer-Vision Thomas Buddenbrooks (oder in Hans Castorps »Schnee«-Traum im »Zauberberg«). »Psycho-narration« darf »als einziger Weg überhaupt angesehen werden, der in die vorsprachlichen Tiefen des Bewußtseins reicht.« (COHN 1978, S. 61) Während ›stumme‹ indirekte Rede ein wenig schwerfällig und deshalb selten ist, wird die *erlebte Rede* gerade auch deshalb so wichtig, weil sie die Grenze zwischen Rede und Gedanken oder Gefühl unauffällig verwischen kann. Schließlich avanciert die *›stumme‹ direkte Rede*, die nach Cohn (ebd., S. 58ff.) *quoted monologue* heißen kann, zu einer spezifisch ›modernen‹ Technik narrativer Bewußtseinsartikulation. Über die traditionelle und stets etwas künstlich wirkende Form des ›Selbstgesprächs‹ (häufig noch im Roman des 18. Jahrhunderts) wird sie seit etwa 1900 als *Innerer Monolog* (frz. »monologue intérieur«) oder *Bewußtseinsstrom* (engl. »stream of consciousness«, nach einem Begriff des Psychologen William James) zur vielleicht wichtigsten technischen Innovation im Roman der klassischen Moderne. Während *autonomous monologue* (ebd., S. 217ff.), also die *Monologerzählung* (ZENKE 1976) in Ich-Form und ohne Erzählrahmen ein seltenes Experiment bleibt (Arthur Schnitzler, »Leutnant Gustl«), wird die punktuell verwendete *stream of consciousness*-Technik innerhalb der Er-Erzählung (wie in James Joyces »Ulysses« oder Alfred Döblins »Berlin Alexanderplatz«) stilbildend (vgl. → GATTUNGSFRAGEN). Die an diesem Punkt besonders große Begriffsverwirrung in der internationalen Narrativik läßt sich ein wenig entwirren, wenn man sich an BICKERTONS (1967) und Cohns Klarstellung hält, daß die syntaktische Form des *stream of consciousness* einfach die ›stumme‹ direkte Rede ist, daß er jedoch (anders als »psycho-narration«) immer schon *sprachlich* vorformuliert ist – auch wenn, wie bei Joyce, die Konventionen von Syntax und Morphologie oft verletzt werden.

Auch hier ist es wiederum die textspezifische Verwendung der gegebenen Möglichkeiten, die unterschiedliche Wirkungseffekte möglich macht. Wie durch Kombination dreier Techniken der Gedanken- und Gefühlswiedergabe erzählerische Monotonie vermieden und eindringliche Suggestivität erreicht wird, sei zum Schluß an einem kleinen Stück aus Thomas Buddenbrooks Vision gezeigt:

»Und siehe da: plötzlich war es, als wenn die Finsternis vor seinen Augen zerrisse, wie wenn die samtne Wand der Nacht sich klaffend teilte und eine unermeßlich tiefe, eine ewige Fernsicht von Licht enthüllte ... [psycho-narration] Ich werde leben! sagte Thomas Buddenbrook beinahe laut [quoted monologue] und fühlte, wie seine Brust dabei vor innerlichem Schluchzen erzitterte [psycho-narration]. Dies ist es, daß ich leben werde! Es wird leben... [quoted monologue] [...] Und er lag stille und wartete inbrünstig, fühlte sich versucht, zu beten, daß es noch einmal kommen und ihn erhellen möge. Und es kam. Mit gefalteten Händen, ohne eine Regung zu wagen, lag er und durfte schauen... [psycho-narration] Was war der Tod [narrated monologue]? Die Antwort darauf erschien ihm nicht in armen und wichtigtuerischen Worten: er fühlte sie, er besaß sie zuinnerst [psycho-narration]. Der Tod war ein Glück, so tief, daß er nur in begnadeten Augenblicken, wie diesem, ganz zu ermessen war [narrated monologue].«

7. Intertextualität und Leserrolle

Es bleiben zwei literaturtheoretische Konzepte zu erwähnen, die zwar nicht auf narrative Texte beschränkt sind, dort aber – vor allem im (modernen) Roman – besonders deutlich und produktiv werden. Beide sehen den Erzähltext nicht als geschlossene Struktur, sondern betonen seine ›Offenheit‹, seine prozessuale Qualität – wenn auch in zwei verschiedenen Richtungen. Erstens: Schon um 1930 beschrieb Michail Bachtin den Roman als »künstlerisch organisierte Redevielfalt, zuweilen Sprachvielfalt und individuelle Stimmenvielfalt« (BACHTIN 1979a, S. 157). Im »polyphonen Roman« Dostoevskijs sieht er dafür das maßgebende Paradigma (BACHTIN 1971, S. 10). Nach der Entdeckung Bachtins und seiner Konzeption von → DIALOGIZITÄT im Westen wurde dies Konzept der *Intertextualität* u. a. von Julia Kristeva verallgemeinert; für sie ist jeder Text »eine Permutation von Texten, eine Inter-Textualität: in dem Raum eines Textes überlagern sich mehrere Aussagen, die aus anderen Texten stammen und interferieren« (KRISTEVA 1972a, S. 245). Damit werden nicht nur vielfältige Figurenstimmen, Zitate und Anspielungen faßbar, sondern auch die Kombination oder Überlagerung verschiedener Erzählmuster und Diskurse im erzählerischen Werk – etwa die experimentellen Formen der Diskursmontage im Roman der klassischen Moderne und der Postmoderne (dazu ausführlich → DIALOGIZITÄT, INTERTEXTUALITÄT, GEDÄCHTNIS; → DISKURSANALYSE).

Im methodischen Rahmen von → WIRKUNGSÄSTHETIK bzw. Semiotik werden zweitens die in der Textstruktur verankerte *Leserrolle* und ihr Beitrag zur Sinnkonstitution im Lektürevorgang in den Blick gerückt. »Das Konzept des impliziten Lesers« – von Wolfgang Iser in einer Reihe von Studien ausgearbeitet – beschreibt den »Übertragungsvorgang, durch den sich die Textstrukturen über die Vorstellungsakte in den Erfahrungshaushalt des Lesers übersetzen« (ISER 1976, S. 67). Isers Zugriff läßt sich mit schon diskutierten Analysekategorien (Zeitstruktur, »point of view«) verbinden – insbesondere sein zentrales Theorem von den narrativen »Leerstellen«, die als »ausgesparte Anschließbarkeit« gewissermaßen die »Gelenke des Textes« ausmachen (ebd., S. 284; dazu ausführlich → WIRKUNGSÄSTHETIK). Während Iser von phänomenologisch-hermeneutischen Fragestellungen ausgeht, entwirft Umberto Eco unter dem sprechenden Titel »Lector in fabula. Die Mitarbeit der Interpretation in erzählenden Texten« (1990) ein textpragmatisches Modell auf semiotischer Grundlage; auch ihm geht es grundsätzlich um die

»Mitarbeit, durch die der Empfänger dazu veranlaßt wird, einem Text das zu entnehmen, was dieser nicht sagt (aber voraussetzt, anspricht, beinhaltet und miteinbezieht), und dabei Leerräume aufzufüllen und das, was sich im Text befindet, mit dem intertextuellen Gewebe zu verknüpfen, aus dem der Text entstanden ist und mit dem er sich wieder verbinden wird« (ebd., S. 5).

Was hier anklingt, läßt sich abschließend verallgemeinern. Nach wie vor besitzen wir keine einheitliche Theorie narrativer Texte oder auch nur eine allgemein akzeptierte Terminologie zu ihrer Beschreibung. Unterschiedliche Forschungstraditionen waren lange Zeit sowohl durch nationale wie durch methodologische Grenzen voneinander getrennt und haben sich oft genug gegenseitig ignoriert. Dennoch scheint es nicht unmöglich, ja geradezu nötig und produktiv, unterschiedliche Ansätze, die je verschiedene Schichten oder Aspekte erzählender Prosa untersuchen, miteinander zu kombinieren und auf ihre Tauglichkeit – auch im Blick auf Textanalyse – zu überprüfen. Seit Ende der siebziger Jahre wird immer deutlicher, daß es sehr wohl Verbindungen, Anschlußstellen, sachliche Gemeinsamkeiten zwischen differierenden und konkurrierenden Konzepten gibt, seien sie nun ›morphologisch‹, phänomenologisch, strukturalistisch oder semiotisch begründet.

Ein zugleich umfassendes und differenziertes Beschreibungssystem für narrative Texte ist am ehesten wohl eklektizistisch zu gewinnen. Das läßt sich auch an verbreiteten »Einführungen« in die Erzähltheorie/Narratologie beobachten. Ein amerikanisches Standardwerk, Seymour CHATMANS »Story and Discourse« (1978), will, trotz grundsätzlicher Orientierung am Strukturalismus, »nicht polemisieren, sondern die tragfähigsten Einsichten synthetisieren – seien es angloamerikanische, russische oder französische«. (Die deutschsprachigen Ansätze bleiben leider, ähnlich wie bei Shlommit RIMMON-KENAN 1983 oder Mieke BAL 1985, leider fast unberücksichtigt.) In Deutschland wiederum versuchte zuletzt Jürgen Petersen, eine eigenständige – und durchaus diskussionswürdige – »Deskriptionspoetik narrativer Texte fiktionaler Art« (PETERSEN 1993, S. 3) zu entwerfen. Sein Weg führt dabei methodisch über eine systematische Kritik der »Mängel und Defizite überkommener Theorien« (Hamburger, Stanzel, Lämmert u. a.) – während VOGT ([7]1990) in entschiedenem Eklektizismus gerade deren »taugliche Überlegungen« zu integrieren sucht (vgl. PETERSEN 1993, S. 170) und sie mit der französischen (besonders Genette) und angelsächsischen Diskussion (besonders Cohn) in Beziehung setzt.

7. Grundlagen szenischer Texte

von Bernd Graff

1. Vorbemerkungen

Zu den grundlegenden Errungenschaften, die der Poststrukturalismus den Theorien vom Wissen gebracht hat, gehört die Erkenntnis, daß Wissen stets relativ zu der Methode gedacht werden muß, die zu seiner Erlangung verwandt wird. Dies gilt insbesondere für den Bereich des Dramatischen. In ihm wird abhängig von der Zugangsweise ein Gegenstand verhandelt, der keinesfalls in einem Begriff des Dramatischen aufgeht, sondern zu einer zwischen Literatur und Bühne oszillierenden Kategorie wird.

Noch die allgemeinste Deskription dessen, was als gemeinsame Charakteristik aller szenischen Texte gegolten hat – etwa: ›Handlung in Dialogen‹, der ›pyramidale, fünfaktige Bau des Dramas‹ bei Gustav Freytag, Aufteilung in Akte und Szenen usw. – verkommt angesichts der Fülle von je anders strukturierten Spielvorlagen zu einer immer unvollständigen Aufzählung. Sie muß mehr damit beschäftigt sein, die von ihr ausgegrenzten Ausnahmen erneut zu reintegrieren, als sinnvolle analytische Arbeit zu leisten. Darum wird in diesem Kapitel als Grundlage aller szenischen Texte die implizite Absicht ihrer Aufführbarkeit und damit das historisch variierende Verhältnis von Text oder Literatur zur Bühne problematisiert.

Literatur- und die aus ihr hervorgegangene Theaterwissenschaft bezeichnen mit dem »Drama« zum einen den *Text* als materiales Gebilde, also die gedruckte Abfolge sprachlicher Zeichen. Zum anderen wird damit das *Bühnen-Ereignis* bezeichnet, das – als Kunstwerk über ein Kunstwerk – nach einer Spielvorlage inszeniert wurde. Daraus resultieren völlig unterschiedliche Prämissen für die Analyse, aber auch Abhängigkeitsverhältnisse. Einerseits wird das Drama in der literaturwissenschaftlichen Theorie der → Gattungsfragen neben Lyrik und Epos verbucht; der Aufführungsaspekt scheint demgegenüber vernachlässigbar zu werden. So erklärt zum Beispiel noch Staiger die Bühne zum bloßen »Instrument für die Poesie«, wenn er behauptet, daß »aus dem Geist dramatischer Dichtung die Bühne erschaffen« worden sei (Staiger [5]1983, S. 103). Andererseits verstehen eher theaterwissenschaftlich orientierte Untersuchungen unter dem »Drama« das transitorische Kunstwerk der Aufführung, für das der gedruckte Text lediglich eine der Inszenierungsgrundlagen darstellt. So werden auch nicht-narrative Musik- und Tanztheaterformen durchaus auch dann ›dramatisch‹ genannt, wenn ihre Spielvorlage in einer Choreographie oder einer Partitur plus Text besteht, die nicht losgelöst voneinander betrachtet werden können (etwa in den Inszenierungen von Johann Kresnik oder Robert Wilson). Gleiches gilt für Bearbeitungen von Klassikern, die vor der Folie der Gegenwart ihr Inszenierungs-Interesse von der Versinnlichung des Textes auf die kritische Überprüfung der Vorlage lenken (so in den Inszenierungen von Frank Castorf). Vollends problematisch wird die Suche nach einer alle Begriffsverwendungen einschließenden Bestimmung des »Dramatischen« dann, wenn diese »plurimediale Darstellungsform« unter semiologischem Vorzeichen wiederum zum Text erklärt wird (PFISTER [3]1982, S. 24; vgl. FISCHER-LICHTE 1983, Bd. 3; → GATTUNGSFRAGEN).

Diese Multipolarität des Dramatischen und seiner Verhandlung geht zurück auf eine Weichenstellung in der »Poetik« des Aristoteles (BAYERDÖRFER 1987). Aristoteles konstatiert dort sechs »qualitative Elemente« der Tragödie (nach ASMUTH 1980, S. 3ff.): »mythos« (Handlung), »ethe« (Charaktere), »lexis« (Rede, Sprache), »dianoia« (Gedanke, Absicht), »opsis« (Schau, Szenerie) und »melopoiía« (Gesang, Musik). Von diesen fallen »vier in den Bereich der Poetik. [...] Das visuell-szenische Element, die opsis, ist laut Aristoteles zwar [...] psychisch erregend, aber [...] am wenigsten der [...] Kunst zugehörig und daher am weitesten entfernt vom Poetischen. Ausdrücklich konstatiert Aristoteles, daß die Wirkung der Tragödie auch ohne Aufführung und Schauspieler zustande käme.« (BAYERDÖRFER 1987, S. 124)

Damit ist eine bis in unser Jahrhundert nachwirkende Dichotomie konstituiert: Einerseits kann das Theater (wie in den Literarisierungstendenzen der Aufklärung des 18. Jahrhunderts) lediglich als Institution einer auf das Werk verpflichteten »After-Kunst« (HÖFELE, S. 7), als »Dienerin und Verkünderin der Dichtung« Anerkennung finden (HART, in: BORCHMEYER 1987, S. 371); noch Gründgens erklärt: »Ein Werk ist [auf der Bühne] so zu interpretieren, wie es vom Dichter gemeint ist.« (GRÜNDGENS 1953, S. 185) Andererseits entsteht gegenläufig – anknüpfend an volkstümliche Traditionen und an die Schauspielformen der »Commedia dell'arte« – mit einer starken Zuspitzung ab der Mitte des 19. Jahrhunderts über Nietzsches »Geburt der Tragödie« und Wagners Begriff des »Gesamtkunstwerks« die Programmatik einer Kunstform eigenen Zuschnitts (vor allem bei Edward Gordon Craig, Adolphe Appia,

Wsewolod Meyerhold). Auch für sie werden szenische Texte produziert. Doch wendet man sich ab vom abendländischen ›Logozentrismus‹ des Literaturtheaters (→ PROBLEMATISIERUNGEN DER HERMENEUTIK; → ZUM VERHÄLTNIS VON HERMENEUTIK UND NEUEREN ANTIHERMENEUTISCHEN STRÖMUNGEN) und öffnet sich dagegen anderen ethnischen, vor allem asiatischen Spieltraditionen (etwa Meyerhold, Brecht, Artaud). Es werden anti-mimetische Tendenzen stilbildend, die sich bewußt von den an realistischer Detailtreue orientierten Text- und Theatervorstellungen absetzen, wie sie etwa der Naturalismus des Pariser »Théâtre-libre« von Antoine, der Berliner »Freien Bühne« von Brahm oder des Moskauer Künstlertheaters von Stanislavskij vertreten worden waren. Damit sind dem Theater zugleich völlig neuartige Möglichkeiten der Textproduktion gegeben: Es entstehen »Formexperimente« wie »Einakter, lyrische Dramen, Pantomimen, ›drames statiques‹ [...] und all jene avantgardistischen Theaterformen, welche sich im Umkreis des Kunstkabaretts entwickelt haben« (BORCHMEYER, S. 379). In diesen spiel- und erfahrungsdominierten Erkundungen des Dramatischen beginnt die Theatermoderne, »zunehmend über das ›Drama‹ [...] im weiteren, anthropologischen und gesellschaftlichen wie im engeren, dramaturgisch-gattungshaften Sinn kritisch zu reflektieren, also sein eigenes Wesen in Frage zu stellen« (MENNEMEIER, in: BORCHMEYER/ŽMEGAČ 1987, S. 89). Ausgehend von Strindbergs Experimenten über Brechts »episches« und Artauds »grausames« Theater lassen sich theater- und dramenspezifische Fortentwicklungen begreifen, in denen das Theater – gegen die Literatur – zum Ort alternativer Wirklichkeits-Produktion gemacht wird. Sie reichen bis in die Gegenwart hinein: »absurdes« Theater (Beckett, Ionesco), multikulturelles, »heiliges« Theater (Mnouchkine, Brook), Formen eines Erfahrungs-, Bilder- und Ritualtheaters, Happenings und Performances (J. Grotowski, J. Beck, R. Schechner, A. Kaprow, N. J. Paik, L. Anderson) wollen dem Zuschauer – gelegentlich orgiastisch-mystisch (H. Nitsch) – Visionen von Wirklichkeiten vermitteln oder ihn anregen, sich dem Fluß seiner eigenen Imagination zu überlassen (R. Wilson). Sehr zutreffend ist über das Theater des 20. Jahrhunderts bemerkt worden, daß »seine Eigenart weniger in der Umwälzung des Themengehalts zu finden [sei], als vielmehr in der Weiterentwicklung oder Umgestaltung von Ausdrucksformen« (BRAUNECK/SCHNEILIN 1987, S. 61). Diese »Umwälzung« ist das Ergebnis einer theoretischen Entwicklung in einem langen historischen Prozeß.

2. Zum Begriff des »Dramas«

Es ist eine »konstituierende Eigenschaft des Dramas, aufführbar zu sein« (HAMBURGER 1987, S. 175). So ist das Drama stets als »aufzuführender Text zu betrachten, als ein im Hinblick auf seine Inszenierung konzipiertes literarisches Artefakt« (HÖFELE, S. 11; vgl. auch PLATZ-WAURY 1993, S. 11ff.). Das ist die Grundlage für die Gattungscharakteristik szenischer Texte: Der dramatische Text muß stets in einem Verhältnis zur Bühne und ihrer Praxis gedacht werden. Konsequent setzt Greiner seine Bestimmung der Komödie daher unter das Vorzeichen der Aufführung, für die der darstellende menschliche Körper konstitutiv wird; die Komödie muß »als Theatergeschehen gefaßt werden, von dem der Text nur ein Teil ist« (GREINER 1992, S. 5). Eine solche theoretische Doppelsicht läßt sich selbstverständlich auch auf der Seite der Dramatiker feststellen, selbst wenn diese, wie im Lesedrama des 18. Jahrhunderts (s. u.), das Drama ausdrücklich als untauglich für die Bühne bezeichnen. Sobald allerdings die theoretische Perspektive auf die Theatralität der Texte schwenkt, steht man vor der entscheidenden Interpretationsschwierigkeit, ein »Gelenkstück« zwischen »Theatersemiotik und Poetik des Dramas« auszumachen (TURK 1988a, S. 9). Schon aus der produktionsästhetischen Polarisierung des Dramenbegriffs wurde erkennbar, warum die wissenschaftliche Rezeption – unabhängig davon, ob sie nun Dramen- oder Inszenierungsanalyse betreiben will – vorab ihre eigene Position und ihren Dramenbegriff bestimmen muß. Nun kommt ein weiteres erkenntnistheoretisches Problem hinzu: Theorien setzen in einem metaphysischen Fluchtpunkt (vgl. FRANK [2]1984a, S. 85f.) eine Art von ›Wesen‹ des dramatischen Textes als überzeitlichen Begriff an, von dem aus Gattungsgeschichte wie -typologie erst entworfen werden können. So begreift Bernhard Asmuth das Drama als »ahistorische oder besser überhistorische Gattung«: »Im Sinne des Allgemeinbegriffs als Summe seiner wesentlichen Merkmale« sei es »zeitlos« (ASMUTH 1980, S. 1; zu diesem Essentialismus-Problem vgl. POPPER [5]1979, S. 21-27). Aus diesem Grundproblem aller → GATTUNGSFRAGEN ergibt sich für dieses Kapitel, daß Methoden jeweils nur für einen spezifischen Fragehorizont zur Verfügung stehen. Nicht alle Fragen zu szenischen Texten sind für alle Theorien von Interesse, nicht alle können von ihnen beantwortet werden. Die Ergebnisse der Dramenforschung, die Bauformen szenischer Texte erst erkennen läßt, können deshalb nur so pluralistisch beschrieben werden, wie diese

Forschung pluralistisch betrieben wird. Theorieübergreifend kann gesagt werden, daß sich in der wissenschaftlichen Diskussion zwei Hauptstränge ausdifferenziert haben: ein im weitesten Sinne historisch-kritisch hermeneutischer (→ HERMENEUTISCHE MODELLE) und ein strukturalistischer (→ FORMALISMUS UND STRUKTURALISMUS). Dazwischen gibt es eine Reihe von Mischformen, so in den Arbeiten von Peter Szondi, Volker Klotz und Horst Turk, die versuchen, Strukturformen historisch zu interpretieren.

3. Text und Theater

Wählt man die allgemeine Voraussetzung der Aufführbarkeit als Referenzpunkt für szenische Texte, dann ist mit dem Lesedrama eine der interessantesten Schnittstellen zur Erörterung von Dramenästhetiken gegeben. Denn es muß doch verwundern, daß Autoren überhaupt die Textgattung ›Drama‹ wählen, obwohl sie deren Bühnenimplikation nicht einzuhalten gedenken. So verteidigt Klopstock im Vorbericht zu seinem »Tod des Adam« (1757), das explizit »nicht zu diesem Endzwecke [d. i. der Aufführung] gemacht ist«, die Wahl der dramatischen Form damit, daß er »seine guten Gründe haben kann, zu einer Begebenheit die Art vorzustellen, die dem Trauerspiele eigen ist, [...], ob er gleich einsieht, daß sein Stück [...] nicht aufs Theater gehöre« (KLOPSTOCK, in: ZELLER 1988, S. 52). Noch entschiedener gibt Schiller »Die Räuber« in seiner Vorrede als »eine dramatische Geschichte« aus, die nicht »nach dem zweifelhaften Gewinn bei theatralischer Verkörperung« geize. In beiden Äußerungen zeigt sich die historisch dauerhafte Ambivalenz in der Betrachtung der Kunstform Drama. Die Autoren des 18. Jahrhunderts sehen sich unumgehbaren ästhetischen und auch ethischen Normen für die Aufführungspraxis konfrontiert, die jeder Bühnenrealisierung eines Dramas vorgelagert sind. Schiller spricht in der Vorrede davon, daß »Die Räuber« durch eine »Fülle ineinandergedrungener Realitäten« ausgewiesen seien, die »unmöglich in die allzu engen Palisaden des Aristoteles« hätten eingekeilt werden können. Obwohl also die von Schiller geschaffene Text-Form gegen die aristotelische Aufführungs-Norm rebelliert, obsiegt diese für die Bühnenpraxis. Im historischen Feld wird unterschiedlich bewertet und gewichtet, ob – wie Turk pointiert bemerkt – das Theater unter die Bedingungen des Textes oder der Text unter die Bedingungen des Theaters zu stellen sei (TURK 1992, S.VIIff.).

Damit sind auch die unterschiedlichen Möglichkeiten und Beschränkungen von Literatur und Theater mitbezeichnet. Die Regelpoetiken des 18. Jahrhunderts (→ POETIK) berufen sich auf die Definition des Tragischen bei Aristoteles, die als allgültige Norm angesetzt wird. Für sie ist die Tragödie nur denkbar als die »historische Verwirklichung einer zeitlosen Form« (SZONDI 1992, S. 10). Und die verlangt – nach Aristoteles und seinen, vor allem französisch-klassizistischen Kolporteuren – u. a. die Einhaltung der ›Ständeklausel‹ und die der drei Einheiten: Ort, Handlung und Zeit. Davon fordert Aristoteles indes nur die Einheit der Handlung (»Poetik«, 7). Die Erregung von Jammer und Schauder (»phobos« und »eleos«) beim Zuschauer zum Endzweck der »Katharsis« (→ POETIK) ist im Anschluß an die Aristoteles-Rezeption des französischen Klassizismus als Katalog primärer Forderungen auf das Theater verengt worden, das »als Empfindungs- und Wahrnehmungsraum aufgefaßt« wird:

»Die Gleichsetzung von aufgeführtem Ort und Aufführungsort, aufgeführter Zeit und Aufführungszeit ist aus der Perspektive des Zuschauers gedacht. Dasselbe gilt für die ›Einheit der Handlung‹, vorausgesetzt, daß man darunter mit Gottsched die ›liaison des scènes‹, d. h. die ›Regel‹ versteht, Personen nie unangekündigt auftreten zu lassen, damit keine Lücke in der szenischen Präsentation entsteht.« (TURK 1992, S.VIII)

Ein Text, der im 18. Jahrhundert zur Aufführung gelangen soll, hat sich dem zu beugen – und das heißt für die selbst inszenierenden ›Klassiker‹, etwa Goethe in Weimar, auch, massive Eingriffe in die Textgestalt vorzunehmen (eine Tatsache, die oft in der seit den fünfziger Jahren immer wieder geführten Werktreue-Diskussion vernachlässigt wird). Die enge Verknüpfung von Illusion und Abbildlichkeit auf der Bühne wird zunehmend aufgeweicht durch Veränderungen in den Absprachen über die Plausibilität von Darstellungsform auf dem Theater. Ein bekannter Satz von Jakob Michael Reinhold Lenz rühmt Hans Sachs und Shakespeare dafür, daß sie ihren Zuschauern haben »Menschen zeigen [wollen], nicht eine Viertelstunde« (LENZ, in: TURK 1992, S.X). Wenn damit die Glaubhaftigkeit eines dargestellten Charakters ins Zentrum der theaterästhetischen Verhandlung rückt, dann bedeutet das, daß ein Autor nun auch »auf die Einbildungskraft des Zuschauers zurückgreifen« kann (TURK 1992, S. X), um seine Fabel darzustellen. Dem Zuschauer wird abverlangt, auf der Bühne lediglich evozierte Modi von Realität in seiner Vorstellung zu vervollständigen.

Diese Wende in den ästhetischen Maßgaben für die Bühnen-Textproduktion entbindet das Theater keinesfalls von der Vorherrschaft des Textes über die Bühne, markiert aber einen ersten Knotenpunkt in der weiterlaufenden Form-Inhaltsdebatte. Trotz der noch von Schiller verspürten »aristotelischen Palisaden« ist so nämlich der Rigorismus der Gottschedschen Poetik gebrochen (→ POETIK): die Forderung nach Bühnen-Inhalten ausschließlich gemäß einem Theaterverständnis, »das nur glauben will, was es auch sehen kann« (HÖFELE 1991, S. 6). Die Autoren bringen nun in Deutschland (nach und mit dem jetzt für sich beanspruchten Shakespeare) die illusionsstiftende Kraft der Bühne für ihre Texte zur Geltung. Nach ihrem Theaterverständnis bedeutet dies, daß aus dem theatralischen »Wahrnehmungsraum ein Handlungsraum« (TURK 1992, S.XI) geworden ist – dem die Befreiung von den Vorgaben konventioneller, außenbestimmter Motivierung der Figuren entspricht. Dies ist ein gewaltiger Schritt in Richtung auf die Literarisierung des Theaters: der im Text formulierte Inhalt kann jetzt beginnen, Einfluß auf die Bühnenform zu nehmen.

Aus der Theater-Perspektive stellt sich dieser Wandel als Wechsel von einem Darstellungsraum in einen Illusionsraum dar. Diderot und Lessing können jetzt als Zeugen aufgerufen werden für ein Verständnis innerhalb des literarisierten Theaters, nach dem die Bühne als »Vorstellungs- und Urteilsraum« bestimmt ist (ebd., S.XIf.). Ein weiteres Stadium in der Entwicklung, die dem Text Vorrang vor der Bühne gibt, ist die Erweiterung des Handlungsbegriffes zu einem Sprach-Geschehen. Damit geht zweierlei einher. Erstens wird die Szene neu bewertet: Sie muß nun nicht mehr in ausschließlich linearen Abläufen auch zeigen, was zur Sprache gebracht werden kann. Zweitens wird das ästhetische Urteil an den Zuschauer übereignet, dem eben nicht all das präsentiert werden muß, was er erkennen soll oder kann. Lessings Neubestimmung der aristotelischen »phobos« und »eleos« als »Furcht« und »Mitleid« tut ein übriges, das Räsonnement und die Empfindungsfähigkeit des Zuschauers zur zentralen Instanz für ästhetische Glaubwürdigkeit und theatrales Gelingen zu erheben. Diese neue Auslegung zeigt zwar weiterhin den nur schwer zu umgehenden Einfluß der aristotelischen Autorität, erreicht jedoch in der Definition »Furcht ist das auf uns selbst bezogene Mitleid« (aus dem 75. Stück der »Hamburgischen Dramaturgie«) einen beachtlichen und bedeutenden Gipfel. Es erweist sich als eine poetologische Errungenschaft und dann auch bühnenpraktische Weichenstellung, daß die Betonung der ästhetischen Mündigkeit des Zuschauers die Verlagerung der theatralen Prämissen von der klassizistischen Plausibilität zur modernen Stimmigkeit des Verhältnisses von Form und Inhalt einleitet (→ POETIK).

4. Modelle der Dramenanalyse

Peter Szondi und Volker Klotz markieren für die neuere wissenschaftliche Dramentheorie sowohl den Übergang als auch die Kombination von historisch-ästhetischer und systematischer Betrachtung des literarisch gefaßten Dramas (→ GATTUNGSFRAGEN). Szondi führt den Nachweis darüber, daß der Dialog als »Träger des Dramas« (SZONDI 1992, S. 19) zum Aufweis für eine Transformation von der Neuzeit zur Moderne werden kann. So sei formkonstituierendes Merkmal des neuzeitlichen Dramas die »Wiedergabe zwischenmenschlichen Bezuges« im Dialog. Dieser habe ab der Renaissance, »nach Ausschaltung von Prolog, Chor und Epilog« – also den Formgebern für antike, mittelalterliche und barocke Stücke – zum »alleinigen Bestandteil des dramatischen Gewebes« werden können (ebd., S. 15). Mit der Moderne habe nun die Dramatik im Rahmen der »pièce bien faite« ihre Intaktheit eingebüßt: Die dialoggeführte Wirklichkeitsdarstellung sei in eine Krise geraten, die sich indes weniger an Inhalten als vielmehr an Experimenten mit der Form des Dramas ablesen lasse. Um das nachzuweisen, muß Szondi einen »Form«-Begriff verwenden, der semantisiert und als solcher historisiert wird. Während nämlich die an Aristoteles geschulten Poetiken über Jahrhunderte hinweg eine überzeitliche Form als »objektiven Stand der Dramatik« vorgegeben hätten, entstehe mit dem Einsetzen der Moderne ein dialektisches Verhältnis von Form und Inhalt. »Form« wird dabei im Anschluß an Hegel »ein Ursprung im Inhaltlichen« attestiert und damit »Aussagefähigkeit« (ebd., S. 10). So erwachse die Möglichkeit einer Dialektik zwischen formaler und inhaltlicher Aussage: Parallelität, Übereinstimmung, Widerspruch, innere Antinomie von »Form« und »Gehalt« werden deutbar – etwa Episierungstendenzen (bei Ibsen und Strindberg, dann programmatisch in der Brechtschen Dramatik), die mit einem starren Dramenbegriff nicht gefaßt werden konnten.

Mit einem semantisierten Formbegriff für das literarische Drama arbeitet auch Klotz. Auch er erblickt »in der dramatischen Form [...] ein Indiz des Gehaltes« (KLOTZ 1962, S. 12). Zwar analysiert er historische Beispiele, allerdings nur insoweit, als er an ihnen zwei verschiedene »stilistische Grundtendenzen« herausarbeitet. Um die beiden Dramenmerkmale von »geschlossener und offener Form« konstruieren zu können, untersucht Klotz sechs Elemente des Dramas: Handlung, Zeit, Raum, Personen, Komposition und Sprache. Gemäß der grundlegenden Dichotomie von »offener« und »geschlossener Form« geraten die Schilderungen der sechs spezifischen Dramenelemente jeweils zu Oppositionspaaren. Grob charakterisierend werden hier Polaritäten in der Weise beschrieben, ein dramatisches Sujet nach spezifischer Weltsicht zu bearbeiten: Auf der einen Seite wird mit dem Willen zu vollendeter Kunst ein regelhafter, abgerundeter Kunst-Bau geschaffen, dem eine Aussage ablesbar wird (geschlossene Form), auf der anderen wird alle Kunstfertigkeit eingesetzt, um faktisches Krisen- und Diskontinuitätsbewußtsein in Fragmenten auszudrücken (offene Form). Zwei Gegensatzformeln stehen am Ende: die tektonische Form des geschlossenen Dramas zeige *im Ausschnitt ein Ganzes*, die atektonische, offene Form *das Ganze in Ausschnitten*.

Die grundlegenden Arbeiten von Szondi und Klotz stehen für eine literarisch orientierte Dramenanalyse, die den Aspekt der Aufführung lediglich implizit berücksichtigt (Szondi über die Analyse des Dialogs, Klotz über die Interpretation dramaturgischer Wirkformen). Dramatische Formen des Tanz- und Bildertheaters, Performance, Happenings sowie die szenischen Phantasien eines Dichter-Praktikers wie Artaud sind mit solchen textuellen Kategorien allein nicht zu fassen (→ LITERATUR UND MEDIEN). Während Szondis und Klotz' historisch orientierte Darlegungen eine interpretierbare Verknüpfung von Gehalt und Form des Textes aufweisen wollen, bewegen sich die folgenden semiotischen Strukturuntersuchungen des Dramatischen gewissermaßen im Vorfeld von Einzel-Interpretationen. So erarbeitet die Zeichentheorie Systeme bedeutungserzeugender Codes zunächst für *dramatische Texte* (PFISTER), dann für deren *theatrale Umsetzung* (FISCHER-LICHTE) und in Fortführung dieses Ansatzes schließlich auch für deren *Rezeption* (PAVIS). Solche semiologischen Verfahren verwenden stets – offen oder verdeckt – einen Begriff von »Zeichen«, der dieses nicht selber positiv, sondern auf der Grundlage des Saussureschen Strukturalismus negativ definiert. Um mit einer Bedeutung verknüpfbar zu werden, bedarf das einzelne Zeichen eines endlichen Systems oder Codes, nach dem die Zeichenhaftigkeit seiner Teile geregelt wird. Da ›Bedeutung‹, ›Gehalt‹, ›Geist‹ in der Form nicht einfach abgebildet werden, sondern sich erst am Ende eines Spiels differentieller

Beziehungen von Zeichen jeweils ergeben, ermöglicht es erst die Kenntnis der *Struktur* des Dramas, diese Relation jeweils herzustellen (→ FORMALISMUS UND STRUKTURALISMUS). Darum sind semiologisch-strukturalistische Methoden zum Drama daran interessiert, eine ›Gesamt-Architektur‹ der dramatischen Form zu konstruieren. Mit der Prämisse von der Unveränderlichkeit dieser Architektur wird dann das Verfahren gerechtfertigt, auf der Grundlage allen vorkommenden Materials überzeitliche Dramenstrukturen zu beschreiben, die nur so überhaupt nachweisbar werden. Der Zeichen-Struktur, die so die frei gewordene Stelle des sinnstiftenden Bandes zwischen Form und Gehalt in der Hermeneutik neu besetzt, wird damit gewissermaßen ein eigenes, universelles Existenzrecht (als einer Art struktureller Matrix) zuerkannt: »Der theatralische Code als System liegt also nicht einer Aufführung irgendeiner tatsächlichen, historisch nachweisbaren Theaterform zugrunde, sondern in ihm sind alle Elemente enthalten, aus denen die unterschiedlichsten Theaterformen sich die jeweils konstituierenden Elemente auswählen können.« (FISCHER-LICHTE 1983, Bd. 1, S. 22)

Die besondere Kommunikationsstruktur, die »kommunikative Poetik dramatischer Texte« will Manfred Pfister untersuchen (PFISTER, S. 18). Anhand eines Vergleichs zwischen narrativen und dramatischen Kommunikationsmodellen will er zeigen, daß in dramatischen Texten anders als in narrativen Texten die Positionen des fiktiven Erzählers und seines fiktiven Zuhörers nicht besetzt sind: Es gibt in dramatischen Texten keine vermittelnde Sprecherinstanz, die das Geschehen kommentiert, weiterführt, Zeitsprünge erläutert usw. (→ GRUNDLAGEN NARRATIVER TEXTE). Die Vermittlung des Inhalts ist angewiesen auf Darstellung und Dialog in einer Folge von Rede- und Darstellungsgegenwarten, die das transitorische Kunstwerk Drama kennzeichnen. So definiert Pfister Drama als »szenisch realisierten Text«, als Aufführung, die für begrenzte Zeit menschliche Sinneswahrnehmung mittels verschiedener Codes stimuliert. Der Text, der bislang Drama genannt wurde, schlägt hier nur als eine der Aufführungsgrundlagen, als »literarisches Textsubstrat« zu Buche (ebd., S. 29). Der Fortgang seiner Arbeit rückt jedoch nicht (wie zu erwarten wäre) eine semiologisch-strukturale Analyse von Aufführung in den Vordergrund, sondern die umfassende Beschreibung der Bauteile des literarischen Textes; im Zentrum stehen Figur und Handlung, sprachliche Kommunikation und Raum-Zeit-Konzeptionen, die allesamt textuell angelegt sind. Dagegen werden Lichtsemantik, Mimik, Gestik, Proxemik, Kinetik und Musik kaum behandelt (vgl. aber zur Geschichte der Bühnenform PFISTER [3]1982, S. 41ff.).

»Wir können [...] die Aufführung [...] als theatralischen Text bestimmen«, heißt es apodiktisch bei Erika Fischer-Lichte. »Aufführungsanalyse läßt sich folglich als ein besonderer Modus der Textanalyse begreifen und durchführen.« (FISCHER-LICHTE 1983, Bd. 3, S. 10) Ausgehend von einer Überlegung des Strukturalisten Jurij M. Lotman, wonach der Sinn eines ästhetischen Textes »außerhalb der betreffenden Struktur weder existieren noch übermittelt werden kann« (LOTMAN, in: ebd., S. 11), bestimmt Fischer-Lichte die Strukturanalyse als den »einzig mögliche[n] Weg [...] zum Verstehen eines künstlerischen Textes« (ebd.; → FORMALISMUS UND STRUKTURALISMUS). Für den theatralen Kontext steht dabei die Tätigkeit des Schauspielers semiologisch im Zentrum. Er vermittelt sprachliche, kinesische, gestische und proxemische Zeichen, womit seine artikulierte Sprache, seine Bewegungen und das Verhältnis des Körpers zum Raum gefaßt sind. Weiterhin erhält die Erscheinung des Schauspielers Bedeutung über die Zeichen von Maske, Frisur und Kostüm. Raum kann über Dekoration, Requisiten und Licht semantisiert werden, Geräusche und Musik bilden weitere Zeichenebenen. Der generelle Zeichengebrauch selbst wird nach System, Norm und Rede des Theaters differenziert. Darunter werden das System des Theaters in einer Kultur, die dann historisch spezifischen Vereinbarungen über den theatralen Code und schließlich die aktuelle Aufführung begriffen. Die Sinnvermittlung wird idealistisch gedacht: Ein von Theaterleuten in die Zeichen gelegter Sinn wird von Zuschauern in der Lektüre dechiffriert – die beiden Vorgänge sind »in gewisser Weise reziprok« (ebd., S. 54).

Aus diesen formal strengen Bestimmungen des theatralen Textes ergeben sich zwei Fragen: 1. In welchem Verhältnis stehen aufgeführter und literarischer Text semiotisch zueinander? 2. Welche Bedeutung hat für diesen Ansatz der Adressat des theatralen Codes? Fischer-Lichtes Bearbeitung des ersten Problems unternimmt einen komplizierten Versuch. Einerseits soll das Verhältnis von Drama und Aufführung nicht einem interpretations-offenen Begriff von → INTERTEXTUALITÄT untergeordnet, andererseits die Aufführung als völlig eigenständiges Kunstwerk beachtet werden. Der für die Dramen-Aufführungs-Transformation zunächst erwogene *Übersetzungs*-Begriff (ebd., S. 36) muß relativiert werden, weil »die [...] theatralischen Zeichen [...] aufgrund ihrer Ikonizität weitere, zusätzliche Bedeutungen in den theatralischen Text hineintragen, [...] so daß im Verlauf des Transformationsprozesses ein ganz neues, in dieser Struktur einzigartiges Bedeutungsgefüge entsteht« (ebd., S. 53). So handelt es sich bei der Aufführung »um ein eigenständiges Kunstwerk, das ebensowenig als bloße Übersetzung des Dramas angemessen zu begreifen ist wie umgekehrt das Drama lediglich als Vorlage für eine Aufführung im Sinne einer Partitur. Sowohl das Drama als auch die Aufführung stellen jeweils ein Werk *sui generis* dar.« (Ebd.)

Um die Beziehung zwischen Drama und Aufführung dennoch mit dem Übersetzungs-Begriff erfassen zu können, muß darum eine weitere Kategorie eingeführt werden, die auf den hier angeschnittenen 2. Problemkomplex zuläuft. Die Frage nämlich, ob die Aufführung (als eigenständiges Kunstwerk) schließlich als adäquate Übersetzung des Dramas gelten könne, mündet in einen Begriff der *Äquivalenz*, der ins Richteramt für Angemessenheit »im Hinblick auf einen gemeinsamen Sinn« den Rezipienten beruft. »Äquivalenz ist dann gegeben, wenn die Aufführung sich als Interpretant für die mögliche[n] Bedeutung[en] des zugrundeliegenden Dramas verstehen läßt.« (Ebd., S. 48) So taucht mit dem Begriff des ›Verstehens‹ am Ende dieses Ansatzes wiederum die Kategorie eines Sinnes auf, der sich nicht strukturaler Analyse, sondern der Interpretation verdankt. Der zweite Teil dieses Bandes knüpft daher wiederum an die → HERMENEUTIK an (ebd., S. 54ff.).

Gegen die formal-strukturalistische Theatersemiologie ließe sich also dreierlei einwenden:

1. Ästhetische Zeichen bringen »keineswegs nur die platte Signalfunktion von Verkehrsschildern mit« (HÖFELE 1991, S. 20); sie entfalten eine Bedeutungsfülle, die erst im Akt der jeweiligen Interpretation konkret wird (→ WIRKUNGSÄSTHETIK; → THEORIEN DER LIT. REZEPTION).

2. Formen theatraler Kunst können darum nicht systematisch gefaßt werden, weil ihre Bauteile/Zeichen auch innerhalb einer Inszenierung auf verschiedene Signifikate verweisen können (vgl. auch FISCHER-LICHTE 1983, S. 96ff.). Es existiert daher nicht einfach ein Code, der regelt, »welche Bedeutungen den Zeichen a) in bestimmten Kontexten und teilweise auch b) isoliert beigelegt werden können« (FISCHER-LICHTE 1983, Bd.1, S. 13).

3. Im Theater werden in der Tat »Kunstwerke *sui generis*« hergestellt (FISCHER-LICHTE 1983, Bd.3, S. 53). Insofern wird Bedeutung hier gegenüber dem Text neu formuliert.

Gemeinsames Charakteristikum aller bislang behandelten Entwürfe ist es, daß sie – ob beschreibend oder interpretierend – stets beim Werk ansetzen, dessen Objektivität nicht angezweifelt wird. Solche Ansätze zeigen sich als analytische Instrumente dann als problematisch, wenn etwa Heiner Müllers »Hamletmaschine« als ein Text, der von Dramentheorien nicht hinlänglich erfaßt werden könnte, von Robert Wilson 1986 als Montage frei assoziierter Bildmomente inszeniert wird, die sich diesem Text lediglich anlagern, ihn also keineswegs bebildern. Die Semiotik Fischer-Lichtes hat auch methodologisch gezeigt, daß jede Analyse von Kunstwerken einen Rezipienten voraussetzt, der ›versteht‹, indem er die Zeichen des Textes und der Aufführung dechiffrierend liest. Aus dieser Überlegung heraus sind neuere Theorien dazu übergegangen, von der reinen Arbeit am Werk abzulassen und vielmehr diesen letzten Produzenten der Kunst ausdrücklich in ihre Ästhetiken einzubeziehen (→ Wirkungsästhetik; → Theorien der lit. Rezeption; → Hermeneutische Modelle).

Dabei setzen sich »Produktion und Rezeption voraus« (Pavis 1988, S. 86) – und diese Allianz stellt ihren historisch einmaligen Text der Aufführung her. Er entsteht damit erst im Vollzug des Theaterabends: Der ›Text‹ wird also gedacht »als Prozeß einer historischen Konkretisation in Funktion des sozialen Kontextes der Produktion und der textuellen Rezeption« (ebd., S. 95). Pavis entwickelt hierzu einen historisch-semiotischen Begriff von »Rhythmus« (ebd., S. 94), der »in Abhängigkeit von den historischen Bedingungen [der] Rezeption« zur Ermöglichungsbedingung von ›Sinn‹ wird. So sieht Pavis von einer Konstitution des Sinnes durch Visualisierung des Textes ab; an deren Stelle tritt eine szenische Struktur, die als Produkt aller Inszenierungsteile wie Kostüm, Raum, Licht, Geste »rhythmisch« definiert wird. Gedacht wird die Aufführung damit als ein Prozeß, zu dem Pausen und Zäsuren, also Zeitphänomene (nicht nur in der Rede) ebenso ausdrücklich gehören wie ›Oberflächenphänomene‹ an der Textur der Inszenierung, etwa Betonungen und Wiederholungen. Mit diesem Modell könnten endlich alle Phänomene des Theaters erfaßt werden, nicht lediglich die literarisch-dramatischen. Gebrochen wird das Verfahren dieser komplexen historischen Semiologie allerdings dadurch, daß mit dem »Rhythmus« eine Metaebene beschrieben ist, die keinen eindeutigen Begriff von »Zeichen« mehr zuläßt: »Der Rhythmus verhindert [...], eine Semiotik auf feste Einheiten zu gründen, die ein für allemal in minimalen Einzelheiten erstarren.« (Ebd., S. 99)

Zu den pragmatischen Errungenschaften dieser Rezeptionssemiologie gehört ein »Fragebogen zur Aufführungsanalyse« (ebd., S. 101ff.), der eine Art von ›Checkliste für die theatrale Wahrnehmung‹ darstellt. Darin wird auch zur Sprache gebracht, was vom Zuschauer »ergänzt und zurechtgelesen wurde« (ebd., S. 106). Die zur Erstarrung neigende Systematik der Semiologie ist damit überschritten.

Eher von der Literatur- als von der Theaterwissenschaft rezipiert werden bislang zwei weitere weitausgreifende Kultur-Theorien, die gerade in ihrer Kombination dazu angetan sind, Grundlagen szenischer Texte herauszuarbeiten: die Diskursanalyse und die Systemtheorie.

Mit der Diskursanalyse Foucaultscher Prägung (FOUCAULT 1974a, 1974b) werden völlig neue Fragehorizonte für die Theaterrezeption eröffnet (→ DISKURSANALYSE, DISKURSGESCHICHTE; → PROBLEMATISIERUNGEN DER HERMENEUTIK; → SOZIALGESCHICHTLICHE ZUGÄNGE). Denn nun ist die Ursache von ›Bedeutung‹ im historisch divergierenden Auftauchen von Diskursformationen zu suchen, nicht mehr in der Struktur oder der Form oder der Semiose von Werken. Gerade im Konnex mit der Systemtheorie, die mit ihrem Begriff von Kommunikation ebenfalls so etwas wie Konstitution eines Gegenstandes durch Rede annimmt und mit dem Terminus der »Ausdifferenzierung« die ausschließlich selbstreferentielle Dynamik von Systemen hervorhebt, kann die Diskursanalyse fruchtbare Ergebnisse in die Theaterdebatte eintragen (→ LITERATUR ALS ›SYSTEM‹). Denn nun können unterschiedliche Typen von theoretischem und praktischem Theaterdiskurs hervorgehoben und in ihrer historischen Genese rekonstruiert werden. ›Verstehen‹ wird so zu einem systemrelativen Begriff, der seine Diskurs-Grenzen theoretisch nicht mehr zu überschreiten braucht.

5. Ausblick

Manfred Frank hat das Verfahren der Interpretation generell als »Vorschlag« bezeichnet, »wie man den mangelnden Zentralsinn des Textes ersetzen« könnte. Aber er fügt sogleich hinzu, daß »dieser Zusatz nicht dauerhaft sein [kann], denn er hat im Text selbst keine objektive Ausweisung und also keine bleibende Stätte; darum ist ihm bestimmt zu ›flottieren‹« (FRANK ²1984a, S. 85f.; → ZUM VERHÄLTNIS VON HERMENEUTIK UND NEUEREN ANTIHERMENEU-

TISCHEN STRÖMUNGEN). So tritt auch die Beschäftigung mit dramatischer Kunst ein in eine stets offene und offen zu haltende Diskussion von Texten, die für allseitig vernetzt und daher für unabschließbar gehalten werden muß (wie zuletzt die Diskussion um Konzepte von → INTERTEXTUALTIÄT gezeigt hat). Das bedeutet nicht, daß mit der ausdrücklichen Einwilligung in den Methodenpluralismus einer Beliebigkeit das Wort geredet wird. Doch wenn ›alles geht‹, wie Paul Feyerabend in »Against Method« behauptet hat, dann besagt dies neben der (unausweichlich historischen) Relativität aller Methoden zumindest doch auch, daß alles in Bewegung ist.

8. Gattungsfragen
von KLAUS MÜLLER-DYES

1. Zur Seinsfrage der Gattungen: Gattungen und Gattungsbegriffe

Das Gattungsproblem ist eines der ältesten und bis heute am heftigsten umstrittenen Probleme der Literaturwissenschaft, mit dem nicht zuletzt auch die Frage nach ihrer Wissenschaftlichkeit berührt wird. Seine klassische Formulierung hat das Problem in der Auseinandersetzung zwischen Nominalisten und Realisten um das Verhältnis von Allgemeinem (»universale«) und Besonderem (»res«) im Universalienstreit des Mittelalters gefunden. In dieser Auseinandersetzung wollten die radikalen Nominalisten das Allgemeine bloß als Namen *nach* dem Einzelnen gelten lassen (»universalia sunt nomina post rem«), die radikalen Realisten dagegen dem Allgemeinen wahre Wirklichkeit *vor* dem Einzelnen zuschreiben (»universalia sunt realia ante rem«).

Daß die literarische Gattungslehre von diesem Grundproblem zunächst weitgehend unberührt blieb, hängt mit ihrer lange Zeit ausschließlich normativen, auf einige reale, meist antike Vorbilder fixierten Einstellung zusammen, die erkenntnistheoretische Fragen dieser Art nicht aufkommen ließ. Erst nachdem mit der Geniebewegung des 18. Jahrhunderts und dem beginnenden Historismus die Gattungen ihre Mustergültigkeit verloren hatten, wurde die Auseinandersetzung auf das Feld der → POETIK übertragen, wo sie bis heute mit geringfügigen Variationen fortbesteht (vgl. HEMPFER 1973).

So erblickt der italienische Philosoph und Historiker Benedetto Croce in den Gattungen bloße Etiketten ohne jeden Erkenntniswert: »Jede beliebige Theorie der Teilung der Künste ist unbegründet. Die Gattung oder die Klasse ist in diesem Fall eine einzige, die Kunst selbst oder die Intuition, während die einzelnen Kunstwerke im übrigen zahllos sind: alle original, keines ins andere übersetzbar [...]. Zwischen das Universale und das Besondere schiebt sich in philosophischer Betrachtung kein Zwischenelement ein, keine Reihe von Gattungen oder Arten, von ›generalia‹.« (CROCE 1930, S. 43) Auch wenn dieser extreme Nominalismus heute kaum noch Anhänger findet, ist das Mißtrauen gegenüber der ›Wissenschaft‹ von der Literatur im allgemeinen und der Gattungspoetik im besonderen nicht verstummt. In abgemilderter Form erscheint es wieder in der poststrukturalistischen Unterscheidung zwischen »Gattungstheorie« auf der einen und »Semiotik der ›écriture‹« auf der anderen Seite, wobei die »Gattungstheorie [...] eine Ästhetik der Kontinuität und Tradition, die Semiotik der ›écriture‹ eine Ästhetik des Bruchs und der Emanzipation« darstellt (SCHNUR-WELLPOTT 1983, S. 233; → DEKONSTRUKTION). An dieser Unterteilung wird deutlich, daß sich der nominalistische Ansatz gegen die Gattungstheorie wendet, weil er den Gattungsbegriffen generell normative Funktion unterstellt.

Demgegenüber sehen die modernen ›Realisten‹ die Besonderheit des individuellen Textes gerade *in* seiner Gattungshaftigkeit – sei es, daß sie die Gattungen wie Goethe zu »Naturformen der Poesie« erklären (GOETHE [9]1981, S. 187f.), sei es, daß sie sie wie Dilthey auf psychologische Kategorien zurückführen, sei es, daß sie sie morphologisch (G. MÜLLER 1929) oder fundamentalontologisch fundieren (STAIGER 1946 u. ö.).

Dabei liegt dem Streit um das Verhältnis von Allgemeinem und Besonderem in dieser extremen Form ein Mißverständnis zugrunde. Es resultiert aus der Verwechslung von ontologischer Fragestellung (Präexistenz von Ideen) und Logik (Bildung von Allgemeinbegriffen) und ignoriert, daß jede Art wissenschaftlicher Erkenntnis um Generalisierungen nicht herumkommt. Begriffe, auch Gattungsbegriffe, sind das Ergebnis abstrahierenden Denkens, das aus einer Menge varianter Einzelerscheinungen das ihnen Gemeinsame abzieht und so das Besondere als Variation eines gedachten Allgemeinen (»universalia in mente«) oder das Allgemeine als das am Besonderen und nur dort auftretende Invariante (»universalia in rebus«) versteht. Ohne diesen bis zu einem gewissen Grade schon der Umgangssprache innewohnenden Zwang zur Generalisierung wäre Verständigung, auch wissenschaftliche, nicht möglich.

Aufgabe der Gattungstheorie ist es nun, die Mannigfaltigkeit der Textklassen und ihrer Begriffe in ein halbwegs geordnetes System zu bringen. Daß ihr das angesichts der unabgeschlossenen, mehr als dreitausendjährigen Geschichte abendländischer Literatur nur sehr unvollkommen gelingen kann, ist kein Hinderungsgrund, nicht wenigstens die Prinzipien und logischen Regeln zu benennen und zu reflektieren, nach denen sie dabei verfährt. Dabei sind die Gattungen – aus der Perspektive des logischen Systems – Definitionsangebote, die unabhängig von der Erfahrung formuliert sind; aus der Perspektive der Texte erscheinen sie als durch Abstraktion gewonnene Merkmalkombinationen. Beide Sichtweisen, die deduktive und die induktive, treffen im Begriff der Gattung als logischer Klassenbezeichnung zusammen (vgl. HEMPFER 1973).

Nach diesen allgemeinen Überlegungen lassen sich zwei grundsätzlich verschiedene Gattungskonzeptionen unterscheiden, die beide in der heutigen wissenschaftlichen Diskussion Gültigkeit beanspruchen. Die *erste* betrachtet Gattungen unter der logischen Prämisse ihrer Verwendbarkeit für die Klassifikation von Texten. Bedingungen dafür sind *Trennschärfe* (die Klassifikationsmerkmale müssen klar definiert und in der Lage sein, Texte eindeutig voneinander zu unterscheiden) und *Systematik* (die verwendeten Begriffe müssen in einem erkennbaren, logisch geordneten Verhältnis zueinander stehen). Sie sind insofern ahistorisch, als sie von den historischen Gegebenheiten ihrer Gegenstände absehen, nicht aber, weil sie überzeitliche Geltung im Sinne von Archetypen oder Urformen für sich beanspruchen. Im Gegensatz zu den im folgenden behandelten (historischen) Gattungen sprechen wir hier von *Gattungsbegriffen*, um hervorzuheben, daß es sich bei ihnen um keine wie auch immer geartete überzeitliche Wesenheiten handelt.

Die *zweite* Konzeption betrachtet Gattungen als historische »Institutionen« mit mehr oder weniger langer Geltungsdauer (so schon WELLEK/WARREN [1963] 1968, S. 203; vgl. auch VOSSKAMP, in: HINCK 1977, S. 27-44). Ihr Allgemeines sind nicht Klassen, sondern Gruppen oder Familien von Texten, die nicht nach logischen, sondern nach historischen Gesichtspunkten gebildet sind. Gattungen können in diesem Sinne konstituiert werden durch explizite Regelanweisungen, durch die immanente Poetik einzelner Werke, aber auch durch bloße vom Autor oder Verleger vorgenommene Zuschreibungen wie »Novelle« oder »Robinsonade« (→ PARATEXTE). Im Unterschied zu den Gattungsbegriffen sollen die nach solchen Kriterien gebildeten Textgruppen *Gattungen* heißen, um ihren ›realen‹, institutionellen Status zu bezeichnen.

Beide Fragerichtungen sind strikt voneinander zu trennen, auch wenn das nicht heißt, daß sie unabhängig voneinander auskommen. Ihre Grenzen lassen sich auch nicht dadurch aufweichen, daß man ihnen unterschiedliche Gattungstypen zuordnet: der Literaturtheorie die Hauptgattungen Lyrik, Epik und Dramatik und der Literaturgeschichte die kleineren Gattungen wie Elegie, Novelle, Komödie usw., wie dies Goethe mit seiner Zweiteilung von »Naturformen« und »Dichtarten« und unzählige nach ihm versucht haben. Auch HEMPFER 1973 unterscheidet zwischen ahistorischer »Schreibweise« (wie dem Narrativen, dem Dramatischen oder Satirischen), den historischen Gattungen (Roman, Novelle, Epos usw.) und den reinen Klassifikationsbegriffen (Lyrik, Epik, Dramatik). Das legt den Verdacht nahe, hier solle durch Differenzierungen im Gegenstandsbereich das eigentliche methodische Problem umgangen werden. Gattungen und Gattungsbegriffe bezeichnen unterschiedliche »Forschungsperspektiven« (VERWEYEN, in: WAGENKNECHT 1989a, S. 263-273), die sämtliche Arten von Texten betreffen, auch wenn durch den größeren Begriffsumfang der »Naturformen« der Eindruck entstehen mag, diese seien im Unterschied zu den kleineren Genres zeitlos.

Jedoch bleibt zu bedenken – und dies scheint die eigentlich zentrale Frage der gesamten Gattungsdiskussion zu sein –, wie sich (historische) Gattungen und (systematische) Gattungsbegriffe zueinander verhalten. Doch dürfte dies mehr eine praktisch-methodische als eine grundsätzliche Frage sein. In ihr verbirgt sich das Problem des Verhältnisses von Gattungsbegriff und Textkorpus oder allgemeiner: von Induktion und Deduktion. Weicht nämlich der deduktiv gewonnene Gattungsbegriff zu weit von der historischen Textwirklichkeit ab, bleibt er, um mit Kant zu reden, »leer«; findet umgekehrt die historische Anschauung nicht den Weg zum Begriff, ist sie »blind«. Der Gattungsbegriff ist insofern auf die Gattung bezogen, als mit ihr ein – wenn auch vorläufiges – Textkorpus gegeben ist, auf dem die Begriffsbildung aufbauen kann und sollte. Systematische Gattungsforschung bedeutet demnach in erster Linie Überprüfung und kritische Rekonstruktion vorhandener Gattungskonzepte. Umgekehrt bestimmt der Gattungsbegriff den Rahmen, innerhalb dessen diese Überprüfung erfolgt. Historische und systematische Gattungsforschung finden nicht isoliert voneinander statt. Sie sind aufeinander angewiesen wie Teil und Ganzes im ›hermeneutischen Zirkel‹ – und letztlich so wenig zirkulär wie dieser (→ HERMENEUTISCHE MODELLE; ZUM VERHÄLTNIS VON HERMENEUTIK UND NEUEREN ANTIHERMENEUTISCHEN STRÖMUNGEN).

Gattungsbegriffe sind Klassenbegriffe, die über eine begrenzte Menge von mehr oder weniger isolierten, obligatorischen wie fakultativen Merkmalen gebildet sind. Je nach Anzahl dieser Merkmale, d. h. je nach Grad der Abstraktion vom konkreten Text, entsteht eine Rangfolge, wobei der übergeordnete Begriff den jeweils untergeordneten einschließt:

Hauptgattungen: Lyrik, Epik, Dramatik usw.

Untergattungen: Elegie, Sonett; Novelle, Roman; Tragödie, Komödie usw.

Typen: Liebesgedicht, Bildungsroman, Bürgerliches Trauerspiel usw.

konkreter Text

Das »usw.« am Ende jeder Reihe gibt an, daß diese (fast) beliebig fortsetzbar ist, es zwar nicht unendlich viele, aber doch unzählige Klassen von Texten gibt, und zwar über die Anzahl der historisch bereits vorhandenen hinaus. Wie im Laufe der Geschichte einzelne Merkmalkombinationen bevorzugt realisiert worden sind, andere dagegen kaum oder gar nicht (nach den Gründen dafür hat die historische Gattungspoetik zu fragen), so gibt es grundsätzlich so viele Kombinationsmöglichkeiten (und damit Gattungsbegriffe) wie Merkmale am Text, also unzählig viele, von denen die historische Gattungspoetik nur einen Bruchteil erfaßt. (Immerhin zählte das Düsseldorfer Dokumentationszentrum zur französischen Literatur bis zum Jahr 1989 allein ca. 3000 Gattungsbezeichnungen; vgl. Nies, in: Wagenknecht 1989a, S. 326-336.)

Zu den wichtigsten gattungskonstitutiven Merkmalen gehören u. a. solche der Sprechhaltung (Befehl oder Bitte), der äußeren Form (Länge oder Kürze, Vers oder Prosa), der Darbietungsform (Bühne, Film, Gesang) oder subkategorielle Bestimmungsgrößen aus dem Gebiet der → Metrik oder → Stilistik. Das oft geäußerte Argument, Gattungsbegriffe als Klassenbegriffe seien darum nicht brauchbar, weil sie »wenig über die Eigenschaft des dergestalt klassifizierten Objekts« aussagten (Hempfer 1973, S. 137), spricht nicht gegen das klassifikatorische Verfahren. Denn diesem geht es gar nicht um die »Eigenschaft« der individuellen Texte, die es absolut ja übrigens gar nicht gibt, sondern um ein Ordnungsprinzip, ohne das wissenschaftliche Aussagen sinnlos wären.

2. Zur Geschichte der Gattungspoetik

Die Lehre von der Einteilung der Dichtkunst ist einer der ältesten Wissenschaftszweige der abendländischen Kultur. Die erste zusammenhängende Darstellung zu diesem Thema, die »Poetik« des Aristoteles, die dieser Disziplin den Namen gab (→ Poetik), enthält neben Hinweisen auf das Wesen und die Funktion der Dichtung schon Ansätze einer systematischen Gattungslehre. Dabei läßt der fragmentarische Charakter der Schrift keinen sicheren Aufschluß darüber zu, ob es Aristoteles mehr um einen systematischen Überblick oder mehr um eine Musterpoetik speziell der Tragödie zu tun war. Jedenfalls geht er überall von den besonderen Erscheinungen aus, um diese dann nach allgemeinen Gesichtspunkten zu ordnen (also gemäß dem Prinzip »universalia in rebus«). »Das Epos also und die Dichtung der Tragödie, ferner die Komödie, die dithyrambische Poesie und der größte Teil der Auletik und Kitharistik, sie alle sind in ihrer Gesamtheit nachahmende Darstellungen [mimesis]. Es besteht aber unter ihnen ein dreifacher Unterschied, nämlich in bezug auf die verschiedenen Mittel, die verschiedenen Gegenstände und die verschiedene Art der Darstellung und zwar nicht in gleicher Weise.« (ARISTOTELES 1976, Abs. 1)

Das Mimesis-Prinzip bildet also die gemeinsame Basis sowohl der Künste untereinander (bildende Kunst, Musik, Tanz, Poesie) wie – als »Nachahmung handelnder Menschen« – der poetischen Gattungen (Epos, Tragödie, Komödie, Dithyrambus). Die weiteren drei Einteilungsprinzipien Mittel, Gegenstand und Art der Mimesis haben, wenn nicht für Aristoteles selbst, so doch für die Wirkungsgeschichte seiner Poetik weitreichende Bedeutung erlangt (vgl. SCHERPE 1968). Als das bis heute wichtigste Prinzip hat sich dabei die Art der Mimesis, das *Redekriterium* erwiesen: Der Dichter redet selbst (»genus narrativum«), die handelnden Personen reden (»genus dramaticum«), Dichterrede und Personenrede wechseln sich ab (»genus mixtum«). Je nach Auffassung des aristotelischen Grundsatzes von der »Nachahmung handelnder Menschen« lassen sich daraus zwei (Epik und Dramatik, ohne Lyrik), drei (Lyrik, Epik, Dramatik) oder vier Hauptgattungen (Lyrik, Epik, Dramatik und die sogenannte Didaktik) ableiten. Die engere Auslegung des Nachahmungsgesetzes stellte die Aristoteles-Nachfolger seit der Renaissance vor die Entscheidung, entweder auch die Lyrik unter diesen Grundsatz zu zwingen oder ihn als übergeordnetes Prinzip ganz aufzugeben.

Die letztere Möglichkeit wurde dadurch gefördert, daß die großen Poetiken des 16. und 17. Jahrhunderts, die sich auf Aristoteles beriefen (darunter vor allem die des Dichters und Humanisten Julius Cäsar Scaliger; → POETIK), im Unterschied zu diesem weniger an theoretischen Einsichten als an verwertbaren Regeln und Ratschlägen für die Praxis interessiert waren und infolgedessen die Gattungen unverbunden nebeneinander in der Rangfolge ihrer zeitgenössischen Wertschätzung abhandelten.

Mit der »Einschränkung der schönen Künste auf einen einzigen Grundsatz«, den der Nachahmung, bringt der französische Rationalist Charles Batteux 1746 die Vielfalt der Gattungsbestimmungen weit auseinander liegender Epochen erstmals in ein geschlossenes System, in dem nun auch die Lyrik als »Nachahmung der Empfindungen« ihren Platz findet. Damit gewinnt die Trias, die außer gelegentlichen Erwähnungen der Lyrik als dritter Hauptgattung in italienischen Poetiken des 16. Jahrhunderts nicht existiert hatte, kanonische Geltung – freilich auf Kosten jener Genres, die in dem System nicht unterzubringen waren, wie die Lehrdichtung (z. B. Fabel) oder andere, neu aufkommende Formen (bürgerliches Trauerspiel, comédie larmoyante, Briefroman). Der normative Charakter dieses Systems besteht denn auch nicht so sehr in dem Anspruch, Handlungsanweisungen für den praktischen Gebrauch zu geben, als in der Entscheidung, den restriktiv verstandenen Nachahmungsgrundsatz zum Einteilungsgrund auch der Gattungspoetik zu machen und so der zeitgenössischen Ästhetik die Richtlinienkompetenz über jene einzuräumen.

Schon Johann Adolf Schlegel, einer der Übersetzer der »Beaux-arts«, kritisiert die Einseitigkeit seiner Vorlage, der ähnlich wie Gottscheds »Versuch einer critischen Dichtkunst vor die Deutschen« (1730), der ebenfalls vom Prinzip der Naturnachahmung ausging, mit Alexander Gottlieb Baumgartens Lehre vom besonderen Erkenntnisvermögen der Poesie und Klopstocks dichterischem Irrationalismus der Boden entzogen war. Doch erst Herders individualistische Geschichtsauffassung stellt jegliche Gattungspoetik radikal infrage: »Wie keine zwei Historien in der Welt sich gleich erzählt werden müssen, so keine zwei Oden gleich gesungen. Aber da jeder Vogel wie seine Stimme und Gesangweise, so jeder Dichter seinen Standpunkt, Sehart, Empfindungsart hat, der er gemeiniglich treu bleibt, so bilden sich eigne Gesangarten, Behandlungen Pindars, Horaz', Petrarchs: jede kann schön sein, nur keine ist Schönheit. Es gibt also kein allgemeines Muster der Ode in Schwung, Irrung, Zurückkunft usw., kein[en] Bauplan [...] noch weniger ein Gesetz, aus welchen Materialien gebauet werden soll.« (An Nicolai, 2. Juli 1772; in: HERDER 1977, S. 187) Allerdings bleibt Herder bei dieser nominalistischen Auffassung nicht stehen. Jenseits der Einzelwerke erkennt der »philosophische« Blick als elementare Ausdrucksweisen der menschlichen Seele »lyrische«, »epische« und »dramatische« Züge, die zeitlos und nicht an bestimmte Gattungen gebunden sind. Mit dieser folgenschweren Unterscheidung zwischen Einzelwerken, »historischen« Gattungen und »philosophischen« Grundbegriffen, die ähnlich in Emil Staigers »Grundbegriffe der Poetik« (1946) wiederkehrt, suchen Herder und seine idealistischen Nachfolger das Universalienproblem zu lösen, das mit dem Geltungsverlust der Regelpoetiken entstanden war. »Der Gegensatz von besonderem Phänomen und allgemeinem Prinzip, den die Gattungskritik des 18. Jahrhunderts aufdeckte, wird von den idealistischen Theoretikern der Jahrhundertwende philosophisch transzendiert.« (SCHERPE 1973, S. 269)

Die philosophische Richtung findet ihren krönenden Abschluß in der posthum erschienenen Ästhetik G. W. F. Hegels (1835-1838). In ihr, die einen integralen Bestandteil von Hegels philosophischem Gesamtsystem bildet, nimmt die Lehre von den poetischen Gattungen einen relativ gewichtigen Raum ein und erscheint als vollendet durchdachte Summe aller in der vorangegangenen Epoche seit Herder gewonnenen Einsichten und Denkanstöße. Wie der Begriff des Schönen als das »sinnliche Scheinen der Idee« nicht aus der Empirie, der vergleichenden Betrachtung der Menge aller schönen Gegenstände, geschöpft ist, sondern der philosophischen Reflexion entstammt, so sind wir auch bei der Gattungsbestimmung »überhaupt nicht von den einzelnen Erscheinungen her bei dem allgemeinen Begriff der Sache angelangt, sondern haben umgekehrt aus dem Begriffe die Realität desselben zu entwickeln gesucht« (HEGEL 1970, S. 238). Dieser Begriff ist das die gesamte Philosophie Hegels durchziehende Subjekt-Objekt-Schema, das nun auf die Gattungen und ihre geschichtliche Entwicklung angewendet wird. Dabei erscheint die *Epik* als die objektive, auf die Totalität der äußeren Erscheinungen gerichtete Dichtart und die *Lyrik* als die subjektive, die ihren Gegenstand in der inneren Welt des betrachtenden und empfindenden Gemüts hat; das *Drama* verknüpft objektive und subjektive Seite »zu einer neuen Totalität, in welcher wir ebensosehr eine objektive Entfaltung als auch deren Ursprung aus dem Inneren von Individuen vor uns sehen« (ebd., S. 323). Zugleich repräsentieren die Gattungen unterschiedliche Entwicklungsstadien der Dichtkunst, so daß die systematischen Gattungsbegriffe gleichzeitig Manifestationen der Geschichte sind.

Auf diese Weise ließ sich das Problem des Verhältnisses von Geschichte und System als gelöst betrachten, jedenfalls solange der Fortgang der Geschichte das solcherart entworfene System nicht eines besseren belehrte. Die Poetik nach Hegel kehrt denn auch alsbald zu der Frage nach der Allgemeingültigkeit der Gattungsbegriffe zurück. Dabei beruft sich Wilhelm Dilthey nicht mehr auf die Metaphysik, sondern nunmehr auf die Psychologie als letzte Begründungsinstanz: »Seitdem die Voraussetzung vom mustergültigen Wert der antiken Dichtung gefallen ist, können also nur aus der menschlichen Natur das Gesetz des Schönen und die Regeln der Poesie abgeleitet werden. Die Poetik hatte zuerst einen festen Punkt in dem Mustergültigen, aus dem sie abstrahierte, dann in irgendeinem metaphysischen Begriff des Schönen: nun muß sie diesen im Seelenleben suchen.« (DILTHEY 1924, S. 126) Die Annahme, die Gattungen und speziell die Gattungstrias ließen sich aus »der menschlichen Natur« herleiten, war bereits in Goethes Formel von den »Naturformen« der drei Hauptgattungen angelegt: »Es gibt nur drei echte Naturformen der Poesie: die klar erzählende, die enthusiastisch aufgeregte und die persönlich handelnde: Epos, Lyrik und Drama. Diese drei Dichtweisen können zusammen oder abgesondert wirken. In dem kleinsten Gedicht findet man sie oft beisammen, und sie bringen eben durch diese Vereinigung im engsten Raume das herrlichste Gebild hervor, wie wir an den schätzenswerten Balladen aller Völker deutlich gewahr werden.« (GOETHE [9]1981, S. 187f.) Im Gegensatz zu diesen überzeitlichen »Naturformen« haben die kleineren »Dichtarten« wie Ballade, Kantate, Drama usw. lediglich historische Bedeutung. Doch nicht allein diese Unterscheidung, sondern vor allem die Vorstellung vom Zusammenwirken der »Naturformen« hat, gemeinsam mit Herders »philosophischen« Grundbegriffen, zu Emil Staigers Konzept einer Fundamentalpoetik auf der Grundlage von Heideggers Existenzphilosophie beigetragen (→ FORMEN ›TEXTIMMANENTER‹ ANALYSE). In seinen »Grundbegriffen der Poetik« löst er den adjektivischen Gebrauch der Gattungsnamen von dem substantivischen ab, spricht also statt von Lyrik, Epik, Dramatik von »dem Lyrischen«, »dem Epischen«, »dem Dramatischen«. Er verwendet diese Begriffe zur Bezeichnung einfacher Stilqualitäten, die er auf anthropologische Gegebenheiten zurückführt. Diese Kategorien, »Gattungsideen«, wie Staiger sie nennt, dienen nur sehr begrenzt klassifikatorischen Zwecken, da nach Staiger »jede echte Dichtung an allen Gattungsideen in verschiedenen Graden und Weisen beteiligt ist« (STAIGER 1946, S. 10).

Die moderne Gattungspoetik ist so mit ihrem Festhalten an der Gattungstrias in eine Sackgasse geraten. Aus ihr führen auch Versuche nicht heraus, die Zahl von drei auf vier Hauptgattungen zu erhöhen (um die »didaktische« bei SEIDLER 1959, die »artistische« bei RUTTKOWSKI 1968), solange sie auf der Idee der »Naturformen« bestehen. Gegen sie haben die beiden (als Amerikaner weniger stark mit der deutschen Tradition verbundenen) Literaturtheoretiker René Wellek und Austin Warren mit Recht zu bedenken gegeben,

»ob diesen drei Arten überhaupt solch ein letztlicher Status eignet, selbst wenn man sie als Bestandteile sieht, die in verschiedener Weise kombiniert werden können« (Wellek/Warren 1968, S. 248). Nicht nur die Vielfalt des historischen Materials spricht dagegen, sondern die Gattungsbegriffe selbst zeigen die Begrenztheit der traditionellen Trias.

3. Funktionen der Sprache und Gattungssystem

Trotz solcher Bedenken sind die drei Gattungsbegriffe weitgehend eingebürgert und aus dem wissenschaftlichen Diskurs nicht mehr wegzudenken. Eine Möglichkeit, die traditionelle Trias aufzubrechen, ohne die Begriffe Lyrik, Epik und Dramatik selbst preiszugeben, besteht darin, die Gattungen von den Sprachfunktionen her zu definieren, wie sie Karl Bühler [2]1965 in seinem Organon-Modell und in erweiterter Form Roman Jakobson in seinem Aufsatz »Linguistik und Poetik« (1960) formuliert haben (Jakobson 1978a, S. 83-121).

Nach Bühler ist das Gesprochene nicht nur durch seinen Gegenstand charakterisiert, wenn auch durch diesen primär und grundlegend, sondern ebenso durch den Sprechenden und den Angesprochenen, und zwar nicht in dem äußerlichen Sinne, daß es von einem konkreten Subjekt (dem Autor) hervorgebracht, auf einen konkreten außersprachlichen Gegenstand oder Sachverhalt bezogen und von einem ebenfalls konkreten Subjekt (dem Leser) aufgenommen wird, sondern durch Positionen im »logischen Schema des Sprachereignisses«, innerhalb der (Tiefen-)Struktur des sprachlichen Zeichens selbst. Demnach wird die *expressive Funktion* (Bühler: die »Kundgabefunktion«) bestimmt durch den Sprecher- oder Senderbezug (»toll!«), die *appellative Funktion* durch den Hörerbezug (»los!«) und die *darstellende Funktion* durch den Bezug zum Gegenstand (»2 + 2 = 4«).

Zu diesen Funktionen treten nach Jakobson die *phatische Funktion*, wenn das Kontaktmedium zwischen Sprecher und Hörer im Mittelpunkt steht (»verstehen Sie mich?«), die *metasprachliche Funktion*, wenn der gemeinsame Code überprüft wird (»was bedeutet das?«) und schließlich die *poetische Funktion*, sofern das Sprachzeichen selbst das Hauptinteresse beansprucht (»*l*auter *l*iebe *L*eute«). Diese poetische Funktion ist nicht, wie der Name vermuten lassen könnte, auf dichterische Texte beschränkt, sondern bezeichnet eine allgemeine Möglichkeit der Sprachverwendung – wie die Vorliebe der Umgangssprache für Paronomasien, Alliterationen oder onomatopoetische Ausdrücke beweist (→ FIKTIONALITÄT UND POETIZITÄT).

Diese sechs Funktionen treten nur selten isoliert voneinander auf, aber doch so, daß eine Unterscheidung nach der jeweils dominanten Funktion sinnvoll erscheint. Die Affinität der Sprachfunktionen zu den literarischen Gattungen liegt auf der Hand. Auf sie hat schon der Literaturwissenschaftler Wolfgang Kayser in seinem Buch »Das sprachliche Kunstwerk« (1948) aufmerksam gemacht, indem er das Bühlersche Schema – allerdings in der stark erweiterten, spekulativ unterfütterten Fassung des Sprachphilosophen Heinrich F. J. Junkers – mit der Gattungstrias korreliert und die Gattungen damit erneut als »Naturformen« zu etablieren sucht (KAYSER [5]1959, S. 332-338). Ebenso stellt schon Jakobson selbst in dem genannten Aufsatz eine Verbindung zwischen literarischen Gattungen und Sprachfunktionen her: »In der epischen Dichtung, die sich an der dritten Person orientiert, kommt besonders die referentielle [= darstellende] Funktion der Sprache zum Zuge; Lyrik, die sich an die erste Person richtet, ist eng mit der emotiven [= expressiven] Funktion verbunden.« (JAKOBSON 1978a, S. 93f.)

Derartige Zuordnungen leiden darunter, daß sie das Verhältnis von Sprachfunktionen und literarischen Gattungen nicht näher bestimmen und damit eher zu einer Stabilisierung als zu einer kritischen Überprüfung und Revision der gängigen Gattungsvorstellungen beitragen (wie etwa Jakobson mit seiner Festlegung der Lyrik auf den emotionalen Bereich).

4. Expressive Funktion: Lyrik

Anknüpfungspunkt für die Korrelation von Sprachfunktionen und Gattungen ist weniger Goethes »Naturformen«-Begriff als Hegels Anwendung des Subjekt-Objekt-Schemas auf die Gattungstrias: »Zur epischen Poesie führt das Bedürfnis, die Sache zu hören, die sich für sich als eine objektiv in sich abgeschlossene Totalität dem Subjekt gegenüber entfaltet; in der *Lyrik* dagegen befriedigt sich das umgekehrte Bedürfnis, *sich* auszusprechen und das Gemüt in der Äußerung seiner selbst zu vernehmen« (HEGEL 1970, S. 418), wobei unter »Gemüt« nach Hegel sowohl das betrachtende wie das empfindende Subjekt zu verstehen ist (ebd., S. 312). Vorläufer dieser Lyrikauffassung ist Herder mit seiner Hochschätzung der »Naturpoesie« als eines unmittelbaren Gefühlsausdrucks. Seine am Volkslied gewonnene Vorliebe für Apostrophe, Ellipse und Interjektionen als »Schreie der Empfindung« zielt eindeutig auf den Kundgabeaspekt (expressive Funktion) der Sprache ab, versteht unter dem Kundgabesubjekt aber nicht so sehr das einzelne Individuum wie das anonyme Kollektiv der »Volksseele« (HERDER 1891, S. 159-231). Erst Goethes Individualitätsauffassung festigt die Vorstellung von Lyrik als Manifestation individueller Seelenzustände und hat, insbesondere in Deutschland, das populäre Lyrikverständnis bis heute geprägt. Im Ausdruck »Erlebnislyrik«, der für Dilthey und Oskar Walzel den Inbegriff von Lyrik schlechthin bezeichnete, verbindet sich der sprach- und dichtungslogische Aspekt der Kundgabestruktur mit dem besonderen psychologisch-biographischen Inhalt zu der Vorstellung einer im empirischen Subjekt gelegenen, aus unmittelbarem Erleben gewonnenen Gestaltungseinheit.

Diese Festlegung der lyrischen Kundgabestruktur auf ein in ihr sich unmittelbar äußerndes empirisches Subjekt stellt schon rein begrifflich eine ungerechtfertigte Einengung dar, die auf der Verwechslung der Begriffsebenen von Sinn (»meaning«) und Bedeutung (»reference«) beruht. Denn das Kundgabesubjekt einer Äußerung kann tiefenstrukturell gesehen sowohl der Autor als bestimmtes Individuum sein wie der überindividuelle Repräsentant einer Gruppe oder eine fiktive Rolle oder auch einfach eine Leerstelle innerhalb des Textes. So trifft der Begriff der »Erlebnislyrik« nur auf einen bestimmten Typus von Gedichten zu, der in Deutschland historisch etwa den Zeitraum vom zweiten Drittel des 18. Jahrhunderts bis zum Ende des 19. Jahrhunderts umfaßt. Als gänzlich ungeeignet erweist er sich dagegen zur Kennzeichnung moderner, etwa symbolistischer Lyrik. Kapitelüberschriften und Stichworte aus Hugo Friedrichs grundlegender Darstellung »Die Struktur der modernen Lyrik« lesen sich daher geradezu wie ein Negativkatalog zum Konzept der »Erlebnislyrik«: »Entpersönlichung«, »Lyrik und Mathematik«, »Das künstliche Ich«, »Enthumanisierung«, »Fest des Intellekts«, »Abstraktion« (FRIEDRICH 1956).

Schon aus Charles Baudelaires »Fleurs du Mal« (1857) ist das empirische Ich ausgezogen: »Die ›Fleurs du Mal‹ sind keine Konfessionslyrik, kein Tagebuch privater Zustände, so viel auch aus dem Leiden eines Vereinsamten, Unglücklichen, Kranken in sie eingegangen ist. Keines seiner Gedichte hat Baudelaire datiert, wie Victor

Hugo das tat. Keines ist aus biographischen Tatsachen in seiner eigentlichen Thematik aufhellbar. Mit Baudelaire beginnt die Entpersönlichung der modernen Lyrik, mindestens in dem Sinne, daß das lyrische Wort nicht mehr aus der Einheit von Dichtung und empirischer Person hervorgeht, wie dies, zum Unterschied von vielen Jahrhunderten früherer Lyrik, die Romantiker angestrebt hatten.« (Friedrich 1956, S. 36)

Die Distanz, die der Autor hier zwischen sich und die gestaltete Welt legt, hat zur Folge, daß das Gedicht mitunter in vollständiger Anonymität erstarrt scheint, wie in den folgenden Versen von Federico García Lorca:

El Grito	Der Schrei
La elipse de un grito va de monte a monte.	Die Ellipse eines Schreis geht von Berg zu Berg.
Desde los olivos será un arco iris negro sobre la noche azul.	Von den Oliven her wird er zum schwarzen Regenbogen über der blauen Nacht.
¡Ay!	Ay!
Como un arco de viola el grito ha hecho vibrar largas cuerdes del viento.	Wie unter einem Geigenbogen bebten unter dem Schrei die langen Saiten des Windes.
¡Ay!	Ay!
(Las gentes de las cuevas asoman sus velones)	(Die Leute in den Höhlen halten ihre Ampeln hinaus)
¡Ay!	Ay!

Mit Recht läßt sich fragen, ob in einem solchen Gebilde überhaupt noch von Kundgabe die Rede sein kann. Wer oder was sollte sich kundgeben außer dem Schrei selbst, der in einer Art Refrain die Strophen verbindet? Doch wer stößt ihn aus, von wem kommt er? Ein Mensch? Ein Tier? Hier auf den Autor zu verfallen, wäre völlig abwegig. Gerade die unbeantwortete Frage nach der Herkunft des Schreis (Herders »Schreie der Empfindung« bezogen sich doch wenigstens noch auf ein anonymes »Wir« außerhalb des Gedichts), die Tatsache, daß wir uns gleichwohl nicht bei dem mitgeteilten

Sachverhalt (»die Ellipse eines Schreis geht von Berg zu Berg...«) beruhigen können oder wollen, die Ratlosigkeit, vielleicht auch Angst vor der grenzenlosen Leere und Einsamkeit, die daraus resultiert, bezeichnet wie nichts anderes den unausgesprochenen, reinen Sprecherbezug. Die Abstraktheit des Subjekts der lyrischen Aussage wird in dem Gedicht gleichsam thematisch: als ungelöste Frage nach dem Autor, die das Gedicht mit sich herumträgt, ohne sie wie das Epos auf sich beruhen lassen zu können. »Ein in keiner Weise zu reduzierendes X«, zitiert Gottfried Benn in seinem Vortrag »Probleme der Lyrik« 1951 zustimmend einen Lyriker-Kollegen, »hat Teil an der Autorschaft des Gedichtes, mit anderen Worten, jedes Gedicht [...] ist von mehreren, das heißt von einem unbekannten Verfasser.« (BENN 1968, S. 1071)

Damit wird das *lyrische Ich* zur Zentralkategorie eines auf den Kundgabeaspekt gerichteten Lyrikverständnisses. Mit der tiefenstrukturellen Verwendung des Begriffs hat Kaspar H. SPINNER 1975 gezeigt, wie er sich auch auf solche Gedichte beziehen läßt, die weder pronominale Ausdrücke der ersten Person Singular oder Plural (Ich-Deiktika) enthalten noch der üblichen Aussagestruktur (Subjekt-Objekt-Korrelation) entsprechen.

Dadurch, daß sich in dem vorliegenden Gedicht der Schrei »Ay!« gleichsam verdinglicht, sich vom Zeigfeld auf das Symbolfeld (Bühler) verlagert, entsteht der Eindruck von Gegenständlichkeit (Darstellungsfunktion), die es zu verbieten scheint, hier überhaupt noch von lyrischer Subjektivität (Kundgabefunktion) zu reden. In Wahrheit sind die Begriffe Objektivität und Subjektivität selbst obsolet. Außenwelt und Innenwelt, Materielles und Immaterielles gehen ineinander über (der Schrei wird zum »schwarzen Regenbogen«) und verbinden sich in moderner Lyrik nicht selten zur ›absoluten Metapher‹, bei der wie bei Rilkes »auf den Bergen des Herzens« ›Bildspender‹ und ›Bildempfänger‹ nicht mehr zu unterscheiden sind (→ BILDLICHKEIT). Dennoch finden sich auch in moderner Lyrik Deiktika, die auf ein Aussagesubjekt verweisen (inklusive des Personalpronomens ›ich‹), nur bleiben diese ›leer‹, können und sollen nicht gefüllt werden. Die vielbeschworene ›Dunkelheit‹ moderner Lyrik erklärt sich u. a. daraus, daß der Leser nicht mehr in der Lage ist, die dargebotenen Gegenstände aus der Perspektive eines wirklichen oder vermeintlichen Autorbewußtseins wahrzunehmen und zueinander in Beziehung zu setzen. Nichts anderes meint die berühmte Formel Stéphane Mallarmés, ein Gedicht bestehe nicht aus Gefühlen, sondern aus Worten.

Während »Erlebnislyrik« und »absolute Poesie« gemeinsam haben, daß sie eine »anachoretische Kunst« (Gottfried Benn) sind, die den Verkehr mit der prosaischen Umwelt meidet und den ebenfalls weltflüchtigen, innigem Fühlen oder einsamem Grübeln hingegebenen Leser sucht, erweist sich die Lyrik früherer Jahrhunderte als eine durch und durch gesellige Kunstform.

Darauf deutet schon ihre ursprünglich enge Bindung an Musik und Tanz hin. In der Antike verstand man unter Lyrik (Melik) das zu einem Saiteninstrument (Lyra oder Kithara) gesungene Einzel- oder Chorlied; Elegie, Jambos (Schmäh- oder Spottgedicht) und Epigramm, die nicht gesungen wurden, zählten nicht zur Lyrik. Darbietungsform und Themenwahl sicherten ihr von vornherein eine breite Zuhörerschaft und einen festen Platz im öffentlichen Leben der Gemeinschaft.

Bei den Griechen ist es vor allem die Chorlyrik, die diesen öffentlichen Charakter trägt. Ihre Dichter (Alkman, Simonides, Pindar) sind nicht nur – häufig auf Bestellung arbeitende – Textautoren, sondern zugleich Komponisten und Chormeister, die ihre Lieder bei festlichen Anlässen zu arrangieren und einzustudieren pflegten. Den Chor bildeten geschulte Laien, die den Text sangen und ihn zugleich durch Tanz und sprechende Gesten interpretierten. Das Ich dieser Lyrik ist daher nicht so sehr das des Dichters wie dasjenige des Kollektivs der an ihr Beteiligten – der Besungenen nicht weniger als der öffentlichen Meinung, deren Ausdruck sie ist. Aber auch die monodischen Lyriker (Archilochos, Sappho, Alkaios, Anakreon) geben weniger ihr individuelles als ein für die Allgemeinheit repräsentatives Ich kund: »Griechische Lyrik, auch die monodische, ist kein Selbstgespräch sondern Rede zu andern, über Dinge die auch für andere von Bedeutung sind. So ist das erlebende Ich oft nicht als Individuum gemeint sondern als Typos, und das urteilende Ich gibt nicht individuellen Ansichten oder Stimmungen Ausdruck, sondern gibt an wie man urteilen soll.« (FRÄNKEL [2]1962, S. 587)

Mit den Römern verliert sich der Zusammenhang mit der Musik, die Entwicklung führt zur Buchlyrik, orientiert an der klassischen griechischen Überlieferung, die eine literarische, keine mündliche Überlieferung ist (→ LITERATUR UND MEDIEN). Ein um so größeres Gewicht erhält die Versform als in den Text einbezogene musikalische Komponente, welche Vorführbarkeit und Wiederholbarkeit garantiert und die Erinnerung an die Sangbarkeit auch noch in nachantiken Zeiten wachhält (→ METRIK).

Dies gilt auch für die von Horaz gepflegte Ode. Gottsched überschreibt den Titel seiner »Critischen Dichtkunst«, der von der Lyrik der Griechen und Römer handelt, mit »Von den Oden oder Liedern«, setzt also Ode und (gesungenes) Lied gleich. Von der Schlichtheit und Einfachheit volkstümlicher Lyrik oder romantischer Liedformen ist die horazische Ode allerdings weit entfernt. Sie ersetzt die gesellige Kunstform des Gesangs durch die Allgemeingültigkeit und Idealität des literarischen Gehalts, der für die Gebildeten seiner Zeit der würdige Ausdruck ihrer eigenen Wert- und Erlebniswelt war. Diese Lyrik ist alles andere als spontane Bekenntnisdichtung, wie es z. B. einige der Oden Klopstocks sind. In ihr plaudert kein Individuum seine Privatgeheimnisse aus, vielmehr erscheint noch der letzte Rest an biographischem Detail aufgehoben und verwandelt ins Idealtypische.

Bis weit ins 18. Jahrhundert hinein bleibt die lateinische mehr als die griechische Lyrik gern und häufig nachgeahmtes Vorbild. Verslehre und die von der Antike übernommenen Themen und Motive bilden den Rahmen, innerhalb dessen sich die lyrische Produktion in Deutschland bis an die Schwelle der Geniezeit heran bewegt (→ METRIK). Ihr Prinzip »Nachahmung von Empfindungen« (Gottsched) statt Ausdruck von Gefühlen sichert ihr den Abstand, der zwischen Dichter und Gedicht, aber auch zwischen Autor und Leser besteht, widerspricht aber nicht dem Kundgabecharakter, der sich aus der Tiefenstruktur der Sprache, nicht aus den pragmatischen Kommunikationsbedingungen einer bestimmten Epoche herleitet.

5. Darstellende Funktion: Epik

Ähnliche Vorsicht wie bei der Lyrik ist bei der Epik als »Darstellung« geboten. Ihre größere ›Sach‹-Nähe, verglichen mit der Lyrik und Dramatik, hat schon immer als verbindendes Merkmal gegolten: nicht nur zwischen antikem und mittelalterlichem Epos, sondern auch zwischen Epos und Roman (und den kleineren Erzählformen). »Der Gegenstand als Gegenstand in seinen Verhältnissen und Begebenheiten, in der Breite der Umstände und deren Entwicklung, der Gegenstand in seinem ganzen Dasein soll zum Bewußtsein kommen.« (HEGEL 1970, S. 325)

Auch wenn man den Gegenstandsbezug nicht wie Hegel mit der Kategorie der »Totalität« verbindet (»der Gegenstand in seinem *ganzen* Dasein«) und damit einer gewissen normativen Beschränkung des Gattungsbegriffs das Wort redet, bleibt die Frage nach der Art dieses Sachbezugs, nach dem Verhältnis des Sprachzeichens zur außersprachlichen Wirklichkeit, jenem Verhältnis, das unter dem Begriff »Fiktionalität« von Philosophen, Sprach- und Literaturwissenschaftlern in letzter Zeit ausführlich und intensiv erörtert worden ist (vgl. HAMBURGER ²1968, ANDEREGG 1973, GABRIEL 1975). Ohne diese Debatte hier aufgreifen oder fortführen zu wollen (dazu grundlegend → FIKTIONALITÄT UND POETIZITÄT), läßt sich feststellen, daß für keine Gattung das Problem der Fiktionalität so sehr im Mittelpunkt steht wie für die Epik, so daß im Englischen ›fiction‹ gleichbedeutend mit Erzählprosa ist, während im Deutschen auch die Dramatik (gelegentlich auch die Lyrik) zur fiktionalen Literatur zählt. Diese terminologische Differenz ist von Harald FRICKE 1982 zum Anlaß genommen worden, Epik und Dramatik nach Art ihrer Fiktionalität (semantische bzw. pragmatische Fiktionalität) zu unterscheiden. Wie immer man zu dieser gattungskonstitutiven Unterteilung stehen mag, sicher ist, daß ihr ein viel älteres Kriterium, das oben erwähnte Redekriterium, zugrunde liegt, wonach die epische Dichtung entgegen der dramatischen durch eine vermittelnde Instanz, den Erzähler, bestimmt ist. Damit aber verschiebt sich die eingangs gestellte Frage nach dem Objekt auf die nach dem Subjekt der Aussage. Von ihm, d. h. vom medialen Charakter des Epischen her gewinnt Franz K. STANZEL 1979 Zugang zur Gattungsfrage, ohne diese ausdrücklich zu thematisieren (hierzu grundlegend → GRUNDLAGEN NARRATIVER TEXTE).

Um Abgrenzungsprobleme von der angeblich dramatisierenden Prosadichtung des Naturalismus geht es auch in der ersten größeren Abhandlung zum Erzählerproblem, in Käte Friedemanns Abhandlung »Die Rolle des Erzählers in der Epik« von 1910. Im Gegensatz zu der programmatischen Forderung Friedrich Spielhagens (»Beiträge zur Theorie und Technik des Romans«, 1883), einzig legitime, weil »objektive« Form der zeitgenössischen Epik sei die den Erzähler möglichst ausschaltende personale Erzählweise, sieht Friedemann das »Wesen der epischen Form« gerade »in dem Sichgeltendmachen« eines erzählenden Subjekts, eben des Erzählers, »der selbst als Betrachtender zu einem organischen Bestandteil seines eigenen Kunstwerks wird« (FRIEDEMANN 1910, S. 26). Hier knüpft Wolfgang Kayser an, wenn er verlangt, der Erzähler sei »immer eine gedichtete, eine fiktive Gestalt, die in das Ganze der Dichtung hineingehört« (KAYSER 1954, S. 17). Infolgedessen hört in dem Maße, in dem »stream of consciousness«, innerer Monolog und erlebte Rede die Oberhand gewinnen, die überschauende und sinngebende Instanz eines persönlichen Erzählers also hinter den partikularen Eindrücken der Figuren zurücktritt, der Roman auf, Roman zu sein – aber auch Kunstwerk. »Der Tod des Erzählers ist der Tod des Romans« (ebd., S. 34) also nicht bloß als einer Gattung, sondern überhaupt als eines ästhetischen Gebildes. Damit ist ein bestimmter Erzähltyp, der des (mit Stanzels Terminus) »auktorialen Romans«, zur Gattungsnorm über alle anderen erhoben und die Gattungstheorie zum Instrument der Wertungsästhetik degradiert (→ GRUNDLAGEN NARRATIVER TEXTE; → WERTUNGSFRAGEN).

Von einer anderen Seite her nähert sich Käte Hamburger dem Problem des Erzählers. Die epische Fiktion ist für sie dadurch gekennzeichnet, daß in ihr und nur in ihr »von dritten Personen nicht oder nicht nur als Objekten, sondern auch als Subjekten gesprochen, d. h. die Subjektivität einer dritten Person als einer dritten dargestellt werden kann« (HAMBURGER ²1968, S. 115). In dem Maße, in dem die subjektive Sichtweise der dargestellten Figuren die des Erzählers verdrängt, wie es beim personalen Erzählen der Fall ist, verschwindet der Erzähler nicht nur als Person, sondern auch als mediale Instanz. Folgerichtig schließt Hamburger den Ich-Roman mit seinem durchgängig präsenten fiktiven Erzähler-Ich aus der fiktionalen Gattung aus und sieht in ihm einen eigenständigen Typus des Erzählens.

Stanzels Typenkatalog belegt die Einseitigkeit sowohl der einen wie der anderen Auffassung. Das epische Subjekt ist weder allein eine »fiktive Gestalt« (Kayser) noch eine abstrakte »Erzählfunktion« (Hamburger), sondern beides, je nach dem Standpunkt, den es gegenüber dem Erzählten einnimmt. Das eine Mal steht es über den Dingen, betrachtet das Geschehen, von dem es berichtet, mehr von außen (»auktorialer« Erzähltyp), das andere Mal versetzt es sich in die Gestalten hinein, sieht und erlebt die Welt aus ihrer Sicht (»personaler« Erzähltyp), ein weiteres Mal ist es als erlebendes und erzählendes Ich sowohl innen- wie außenbezogen (Ich-Erzählung). Doch stets verweist das Erzählte auf eine mediale Instanz, sei diese nun im Werk selbst als Person oder bloß als anonymer Bezugspunkt greifbar.

Am äußersten Ende seines Kategorienspektrums, bei der Opposition von »Erzähler« und »Reflektorfigur«, zeigt sich jedoch, daß Stanzel mit dem Redekriterium allein nicht auskommt. Wo es nur noch eine Reflektorfigur gibt wie in Arthur Schnitzlers »Leutnant Gustl« oder in manchen Passagen von James Joyces »Ulysses«, aber auch im sogenannten Dialogroman des 18. Jahrhunderts, eine vermittelnde Instanz also nicht mehr auszumachen ist, schwindet die Grenze zur dramatischen Dichtung. Was die Beispiele mit der epischen (aber auch der dramatischen) Dichtung verbindet, ist die Tatsache, daß es sich bei ihnen um die (fiktive) Darstellung eines *Geschehens in der Zeit* handelt, bei »Leutnant Gustl« sogar um eine Handlung mit Anfang, Ende und einem Höhepunkt wie bei einer ›echten‹ Novelle. Der Zeitfaktor ist ein notwendiges, wenn auch nicht hinreichendes Merkmal, das Eberhard LÄMMERT 1955 zur Grundlage seines Buches über die Zeitorganisation des Erzählens gemacht hat. In Verbindung mit dem Redekriterium (und der Fiktionalität) bestimmt es die Eigenart und strukturelle Vielfalt epischer Dichtkunst.

6. Appellative Funktion: Dramatik

Diejenige Gattung, die ohne mediale Instanz auskommt, so daß ausschließlich die »nachgeahmten Gestalten selbst als handelnd tätig auftreten« (Aristoteles, »Poetik«), ist schon nach antiker Auffassung das Drama (→ GRUNDLAGEN SZENISCHER TEXTE). Doch bietet auch hier das Redekriterium allein offensichtlich keine zureichende Unterscheidungsgrundlage. Zum einen, weil Formen wie Ich- oder Briefroman den Erzähler zugleich als Handlungsträger ausweisen, vor allem aber, weil auch im Umkreis der Dramatik mit epischen Gestaltungstendenzen zu rechnen ist, wie wir nicht erst seit Brechts Konzept eines »epischen Theaters« wissen. So stellt sich die Frage, wieweit die Dramatik als »plurimediale Darstellungsform« (PFISTER 1977) überhaupt in das System der literarischen Gattungen gehört. Zwar hält die bis ins 18. Jahrhundert maßgebliche Dramentheorie des Aristoteles an der Vorherrschaft des Wortes für die dramatische Kunstform fest – eine der Voraussetzungen für den Siegeszug des Dramas innerhalb der Gattungspoetik bis Hegel –, verliert damit aber gerade die für die Entwicklung des Theaters (und damit des Dramas) maßgeblichen Aufführungsbedingungen aus dem Blick. Aber auch wenn man sich auf den rein sprachlichen Aspekt beschränkt, ergeben sich Probleme, die der Klärung bedürfen.

Der Aufklärungsphilosoph Johann Jakob Engel betrachtet in seinen »Ideen zu einer Mimik« (1785/1986) den *Dialog* als ausschlaggebendes Moment, das die dramatische Dichtung von der monologischen Epik unterscheide: »Im Drama erscheinen Personen, die sich in wirklicher gegenwärtiger Unruhe befinden; Personen, die ihre Gefühle selbst im Augenblick des Eindrucks, ihre Ideen selbst im Augenblicke des Entstehens mittheilen; die nie mit der Ausbildung dieser Gefühle und Ideen allein zu schaffen haben, sondern immer Absichten erreichen wollen, immer mit ihren Gedanken vorwärts in die Zukunft streben, immer Veränderungen und Umwälzungen ihres innern und äußern Zustands bald selbst bewirken, bald von Andern erfahren.« (ENGEL 1844, S. 216) Ähnlich erklärt Peter Szondi das Drama aus der Neigung des Menschen, »die Weltwirklichkeit, in der er sich feststellen und spiegeln wollte, aus der Wiedergabe des zwischenmenschlichen Bezuges allein aufzubauen [...]. Das sprachliche Medium dieser zwischenmenschlichen Welt aber war der Dialog. Er wurde in der Renaissance, nach Ausschaltung von Prolog, Chor und Epilog, vielleicht zum erstenmal in der Geschichte des Theaters (neben dem Monolog, der episodisch blieb und die Dramenform also nicht konstituierte) zum alleinigen Bestandteil des dramatischen Gewebes.« (SZONDI 1963, S. 14f.) Ausdrücklich wird hier wie bei Engel der dramatische Dialog von anderen Formen des Gesprächs abgegrenzt. Nach Wolfgang Kayser ist es die appellative Sprachfunktion, die das Spezifische des dramatischen Dialogs ausmacht: »Da ist der letzte Sinn des Sprechens nicht Kundgabe einer Verschmolzenheit oder Darstellung eines anderen Seienden, sondern da löst die Sprache aus, da pro-voziert das Wort etwas, was bisher nicht da war, da empfindet sich das Ich dauernd angesprochen, aufgefordert, angegriffen, da spannt sich alles auf das Kommende.« (KAYSER 51959, S. 367) Kein Zweifel, daß mit solchen Bestimmungen nicht das Drama schlechthin, sondern nur ein bestimmter Dramentyp getroffen ist. Szondi behält daher den Begriff »Drama« konsequenterweise allein dem klassischen Dramentyp vor, dessen Eigenart neben der Dominanz des Dialogs in seiner »Absolutheit«, d. h. in seinem nicht-medialen Charakter besteht und der sich darin »sowohl von der antiken Tragödie wie vom mittelalterlichen geistlichen Spiel, vom barocken Welttheater wie vom Historienstück Shakespeares« unterscheidet (SZONDI 1963, S. 14). Ob allerdings der Begriff der »Episierung«, den Szondi zur Charakterisierung der modernen Dramatik von Ibsen bis Brecht benutzt, dieser insgesamt gerecht wird oder letzten Endes doch nur wieder dem Systemzwang der Gattungstrias gehorcht, mag dahingestellt bleiben. Entscheidend ist, daß der dramatische Dialog mit seiner appellativen Sprachfunktion auf einen bestimmten Dramentyp (oder bestimmte Dramentypen) beschränkt ist, auch wenn dazu wohl mehr gehört als bloß das von Szondi ins Auge gefaßte klassische Drama, »wie es im elisabethanischen England, vor allem aber im Frankreich des siebzehnten Jahrhunderts entstand und in der deutschen Klassik weiterlebte« (ebd., S. 12).

Zu einem ähnlichen Ergebnis wie Szondi gelangt Volker Klotz in seinem Buch »Geschlossene und offene Form im Drama«. Während der dramatische Dialog auch bei ihm ausschließlich dem geschlossenen (klassischen) Typ zukommt, neigt der offene Dramentyp zu monologischer Rede der Figuren: Es »sind vornehmlich Selbstaussagen der Personen und Situationsreflexe, Äußerungen der inneren Verhältnisse der Menschen und Antworten auf das, was sie gerade im Augenblick des Sprechens von außen her bedrängt«, die das sprachliche Gefüge der offenen Form prägen (KLOTZ 1969, S. 183).

Das Problem von Klotz' typologischer Darstellung ist, daß sie auf eine Gattungsdefinition verzichtet und der Begriff des offenen Dramas daher notgedrungen so weit gefaßt ist, daß er alles einschließt, was *nicht* zum relativ fest umrissenen geschlossenen Dramentyp gehört; alle weiteren Differenzierungsversuche jenseits des auch historisch verhältnismäßig eng begrenzten Geltungsbereichs klassischer Dramatik unterbleiben. In Ermangelung einer auch nur halbwegs schlüssigen Gattungsdefinition hat man sich stattdessen mit der losen Begriffsklammer ›Bühnenstück‹ zu begnügen. Dieser Begriff bietet aber letztlich allen möglichen theatralischen Formen von der griechischen Tragödie bis zum mittelalterlichen Fastnachtsspiel, vom Musiktheater bis zur Pantomime Raum und verlangt nach einer eigenen, an der Darbietungsform statt an der Sprachfunktion orientierten Systematik (→ GRUNDLAGEN SZENISCHER TEXTE).

7. ›Nicht-mitteilende‹ Sprachfunktionen und Formen der Avantgarde

Bisher war ausschließlich von jener Art Dichtung die Rede, die Sprache in der einen oder anderen Weise als Mitteilungsorgan verwendet. Wo dies nicht der Fall ist, in der sogenannten Avantgarde-Literatur, versagt daher das Bühlersche Organon-Modell als Klassifikationsinstrument, und der Geltungsbereich der traditionellen Gattungslehre ist endgültig verlassen. »Es empfiehlt sich«, schreibt Franz Mon, einer der Wortführer der Konkreten Poesie, »den Gattungsbegriff, der der gewohnten Poetik schon Schmerzen bereitet, links liegen zu lassen. Die Unterscheidung von Prosa und Poesie und ganz und gar die von Lyrischem, Epischem und Dramatischem hat ihren Sinn verloren, wenn die Texte sich nicht mehr nach Haltungen von Ich, Du, Gesellschaft und Welt zu sich und zueinander charakterisieren, sondern nach ihren experimentellen Fragestellungen. Die Gattungseinteilung wird vollends zu Schrott, wenn man die intermedialen Textphänomene in den Blick nimmt, die eine immer wichtigere Rolle spielen: Texte, die in den Grenzbereichen zur Musik (sound poetry, phonetische Poesie, Lautgedichte usw.) oder zur bildenden Kunst (poème objet, Schriftbilder, Konkrete Poesie) erscheinen und mit den Begriffen dieser Disziplinen oft ebenso beschrieben werden können wie mit denen der Poetik.« (MON 1968, S. 434) Sieht man von den intermedialen Fragen einmal ab (→ LITERATUR UND MEDIEN), so entpuppt sich als gemeinsamer Grundzug aller hier genannten experimentellen Richtungen die Konzentration auf das Sprachzeichen selbst, das, was Roman Jakobson die *poetische Funktion* der Sprache nennt. Sie bezeichnet keine besondere ästhetische Qualität, sondern eine Eigenschaft des Sprachgebrauchs, die sich auch in nicht-poetischen Texten findet und in den oben benannten Produkten in den Vordergrund rückt. In einem »Text« wie dem folgenden von Timm Ulrichs –

Un-ordnung

ordnungordnung
ordnungordnung
ordnungordnung
ordnungordnung
ordnungordnung
ordnung unordn   g
ordnungordnung
ordnungordnung
ordnungordnung
ordnungordnung
ordnungordnung

– wäre es daher völlig unsinnig, nach so etwas wie Sender, Empfänger oder Gegenstand zu fragen, auch wenn das Geschriebene nicht gegenstandslos, d. h. nicht ohne Bedeutung ist. Seine Bedeutung entspringt vielmehr seiner typographischen Form, der »Unordnung« der sechsten Zeile, und ist von dieser nicht ablösbar, wie dies in den älteren Figurengedichten von der Antike bis zum Barock der Fall ist, wo der Inhalt des Gedichts notfalls auch ohne seine besondere typographische Gestaltung auskommt (→ METRIK).

Die Materialität des Sprachzeichens ist aber nicht wie in der *Visuellen Poesie* allein an die graphische Form gebunden. Sie zeigt sich auch in der syntaktischen Anordnung der Sätze und Satzpartikel (was sich allerdings ebenfalls nur graphisch darstellen läßt):

Helmut Heißenbüttel (aus: Sprechwörter)

```
          geh ich
immer                zu
             zu
immer            geh ich
     wieder          zu
                 ich
             geh zu
immer        wieder
immer                zu
             geh ich
     wieder          zu  rück

immerzu geh ich wieder zurück
```

Je nach Segmentierung des Textes beim Lesen bilden sich hier unterschiedliche syntaktische Einheiten heraus, die in ihrem semantischen Gehalt und ihrer kontinuierlichen Abfolge die Umschreibung einer Kreisfigur darstellen (»Geh ich immer zu«; »immer geh ich wieder zu«; »immer geh ich wieder zu: ich geh«; »ich geh zu«; »immer wieder immerzu geh ich wieder zu«; »immerzu geh ich wieder zurück«; »geh ich immerzu, geh ich wieder zurück«). Vorläufer solcher »Konstellationen« (so die Bezeichnung des ›Konkreten Poeten‹ Eugen Gomringer) finden sich bereits bei Mallarmé, Apollinaire und Arno Holz (»Phantasus«). Schließlich wird in den *Lautgedichten* beispielsweise Ernst Jandls (»schtzngrmm«) vorzugsweise die phonetische Seite des Sprachzeichens betont, ohne daß die semantische – wie gelegentlich bei den Dadaisten – ganz verlorengeht.

Bei einer weiteren Spielart experimenteller Dichtung, bei der bereits vorgeformtes Sprachmaterial benutzt wird, um es durch Verpflanzung in einen anderen Kontext der Selbstentlarvung preiszugeben (Heißenbüttel, Handke u. a.; → FIKTIONALITÄT UND POETIZITÄT), kann nach Jakobson von *metasprachlicher* Operation gesprochen werden, insofern hier die Rede auf den Code und seine Eigenschaft gerichtet ist. Ein gutes Beispiel hierfür ist Erich Frieds Gedicht »Tiermarkt/Ankauf«, in dem der Autor eine Anzeige des Polizeipräsidiums aus einer Westberliner Tageszeitung wörtlich wiedergibt und dadurch ›verfremdet‹, daß er sie in Verse aufteilt. Im Idealfall führt dies zu einer Selbstprüfung des Lesers und seiner Lesegewohnheiten. Als literarisches Mittel eingesetzt, kann die metasprachliche Funktion, die sonst für den störungsfreien Ablauf der Kommunikation sorgt, zu einem eminenten Störfaktor eingeschliffener Sprachgewohnheiten werden – während der *phatische* Sprachgebrauch, häufig in Stücken des ›Absurden Theaters‹ benutzt, die Unfähigkeit der Akteure zur Kommunikation bei gleichzeitigem Bedürfnis danach deutlich macht:

Eugène Ionesco, aus: »Die kahle Sängerin«

Mr. Smith: Hm. *Pause*
Mrs. Smith: Hm, hm. *Pause*
Mrs. Martin: Hm, hm, hm. *Pause*
Mr. Martin: Hm, hm, hm, hm. *Pause*
Mrs. Martin: Oh, gewiß. *Pause*
Mr. Martin: Wir sind alle etwas heiser. *Pause*
Mr. Smith: Es ist aber gar nicht kalt. *Pause*
Mrs. Smith: Es ist gar kein Durchzug. *Pause*
Mr. Martin: Oh, zum Glück nicht. *Pause*

8. Grenzen der traditionellen Gattungsbegriffe

Leitet man, wie hier geschehen und wie es teilweise der überkommenen Definition der Gattungstrias entspricht, diese Gattungstrias von den Sprachfunktionen ab, dann erweist sich ihre Begrenztheit schon auf rein begrifflich-deduktivem Feld. So wie Roman Jakobson über das Bühlersche Organon-Modell und seine drei Mitteilungsfunktionen hinausgeht, ist auch auf literarischem Gebiet mit weiteren ›nicht-mitteilenden‹ Gattungsformen zu rechnen. Zudem ergeben sich aus der Zuordnung von Gattungen und Sprachfunktionen weitere Einschränkungen und Differenzierungen, welche die Rede von den »Naturformen« als unzulässige Hypostasierung erscheinen lassen.

1. Zur *Lyrik* gehören neben ihrer Kundgabefunktion die *Versform* (→ METRIK) und (wohl eine Folge des Kundgabecharakters) die relative *Kürze*. Dagegen scheiden nicht überwiegend kundgebende Aussageformen wie Epigramm, Sinnspruch, große Bereiche der Gedankenlyrik, Ballade, Fabel, aber auch vornehmlich appellative Gedichtformen wie Kampf- und Kriegslieder oder politische Gedichte wie Puškins »An die Verleumder Rußlands« oder Aleksandr Bloks »Skythen« aus dem Bereich der Lyrik aus.

2. Um die darstellende Funktion geht es nicht nur bei der *Epik*, die ein Geschehen in der Zeit behandelt, sondern auch in Formen, die man mit dem schottischen Geistlichen Hugh Blair (»Rhetoric and Belles Lettres«, 1783) *beschreibende Dichtung* nennen könnte. Zu ihr gehören etwa das naturwissenschaftliche oder weltanschauliche Themen behandelnde Lehrgedicht wie Lukrez' »De rerum natura«, Alexander Popes »Essay on man« oder Goethes »Die Metamorphose der Pflanzen«. Lobreden auf berühmte Männer wie die »Leichabdankungen« des Barock sind hier ebenso zu erwähnen wie die »malende« Dichtung des 18. Jahrhunderts (James Thomsons »The Seasons«, Albrecht von Hallers »Die Alpen«, Edward Youngs »Night Thoughts«), mit der sich Lessing in seiner Schrift »Laokoon oder Über die Grenzen der Mahlerey und Poesie« auseinandergesetzt hat. Auch die Idylle und Satire als Gattungen lassen sich unter die beschreibende Dichtung rechnen. Die Diskussion um die beschreibende und didaktische Poesie hat im 18. und 19. Jahrhundert eine nicht unbeträchtliche Rolle gespielt und sowohl die Ästhetik (im Zusammenhang mit dem Autonomiebegriff) wie die Gattungspoetik beschäftigt. Neuerdings hat Harald Weinrich (»Tempus. Besprochene und erzählte Welt«, 1964) aus sprachwissenschaftlicher Sicht versucht, Bericht und Beschreibung von den Tempusformen her zu bestimmen, ohne sich dabei um ästhetische oder poetologische Fragen zu kümmern.

3. Die Appellfunktion ist nicht das einzige Kriterium *dramatischer Dichtung*. Ebenso und im allgemeinen Bewußtsein wohl vorrangig gehört die Bühnenfähigkeit dazu, die Forderung, daß die literarische Vorlage mit den Mitteln der Bühne realisierbar sein muß (→ GRUNDLAGEN SZENISCHER TEXTE). Aber bei weitem nicht alle, vermutlich nicht einmal die Mehrzahl aller Bühnenstücke basieren

auf einer Dialogform, bei der die appellative Sprachfunktion vorherrscht. Klotz und Szondi ordnen sie allein dem klassischen Dramentyp zu, einem Bühnenstück also, das in Europa seit der Renaissance bis ins 19. Jahrhundert Vorbildcharakter besaß und vornehmlich auf der sogenannten Guckkastenbühne gespielt wurde. Das schließt nicht aus, daß diese Dialogform nicht auch in anderen, nicht-»klassischen« Stücken wie schon in der antiken Tragödie (trotz der besonderen Rolle des Chors) oder in Brechts »epischem Theater« anzutreffen ist. Daß mit der Krise des neuzeitlichen Dramas der Dialog mehr und mehr in Monolog übergeht, wie Szondi und, von einem anderen Blickwinkel aus, Volker Klotz behaupten, dürfte kaum strittig sein und verlagert das Gattungskriterium zunehmend vom sprachlichen Aspekt auf den der Darbietungsform, also auf die ›Bühne‹ mit ihren vielfältigen Möglichkeiten. Das sogenannte Monodrama (z. B. Strindberg, »Die Stärkere«; Samuel Bekkett, »Glückliche Tage«), das sich auf eine einzige zentrale Figur beschränkt, ist eine der Konsequenzen aus dieser Entwicklung, die mit der Verselbständigung der Figurenrede im inneren Monolog oder Bewußtseinsstrom im Bereich der Epik zusammenfällt und sich von diesen Formen in literarischer Hinsicht, d. h. unabhängig von ihrer Darbietungsform, so wenig unterscheidet wie Peter Handkes Sprechstücke (»Publikumsbeschimpfung«, »Weissagung«, »Selbstbezichtigung«) von Formen der (appellativen) Rhetorik.

Diese Hinweise haben die Grenzen der herkömmlichen Gattungstrias sichtbar gemacht. Sie umfaßt längst nicht alle Dichtungsarten (Untergattungen) und Einzelwerke, nicht einmal diejenigen, bei denen traditionellerweise der Mitteilungsaspekt der Sprache im Vordergrund steht. Natürlich gibt es diesseits und jenseits dieser Grenzen auch *Mischformen*, Texte und Textklassen, die verschiedenen Gattungen angehören (zu ihnen gehört nach Goethe etwa die Ballade) – genauer formuliert: deren Eigenschaften die Anwendung zweier oder mehrerer Gattungsbegriffe zulassen. Hier wird man nur im Einzelfall entscheiden können, ob der Text mehr in die eine oder andere Richtung tendiert. Auch wenn diese Entscheidung nicht immer leicht fallen mag, liegt das am Gegenstand und seinem ›Mischcharakter‹, nicht an der Undefinierbarkeit der Begriffe, um deren Bestimmung sich die Gattungstheorie, die diesen Namen verdient, zu bemühen hat.

9. Paratexte

von BURKHARD MOENNIGHOFF

Mit dem von Gérard Genette geprägten Begriff des Paratextes werden die Rahmenstücke eines Textes zusammenhängend erfaßt, die keine Bestandteile von ihm sind, ihn gleichwohl auf das engste umgeben und zu ihm in einem vielfach komplexen Verhältnis stehen. Gegenüber bisherigen Forschungen auf diesem Gebiet, die sich ›avant la lettre‹ meist einzelnen Formen des Paratextes vorzugsweise unter literaturhistorischen Gesichtspunkten gewidmet haben, tritt die Paratextforschung mit deutlich systematischem Interesse auf. Dazu gehört nicht nur, daß Genette die Formen und Funktionen der Paratexte bei der Kommentierung und Analyse eines Textes geschlossen in Betracht zu ziehen empfiehlt, sondern dazu gehören vor allem auch seine typologischen Angebote zur Unterscheidung und Subklassifikation der einzelnen Formen des Paratextes. Hierin besteht der Gewinn des als Ganzes noch wenig genutzten Instrumentariums der Paratextforschung.

Genette unterscheidet zwei Bereiche des Paratextes (GENETTE 1989, 1992). In einen weiten Bereich faßt er außerhalb des gedruckten Werkes stehende Paratexte: öffentliche Äußerungen eines Autors zu seinem Werk sowie nicht zur Veröffentlichung vorgesehene Autornotizen, auch Vorstufen einer endgültigen Textfassung, Entwürfe und Skizzen (→ EDITIONSFRAGEN). Auch eine ganze Reihe von verlegerischen Texten zu einem Text gehört in diesen Bereich: Plakate, Prospekte und Anzeigen.

In einen engen Bereich des Paratextes faßt Genette die Rahmenstücke eines Textes innerhalb eines gedruckten Buches. Hierher gehört erstens die publizistische Erscheinung eines Textes: der Buchumschlag, das Papier, das Format, die Typographie sowie Illustrationen. Zweitens gehören die textuellen Rahmenstücke hierher: die Angabe des Autornamens, der Titel, das Vorwort, die Widmung, das Motto und die Anmerkung. Nur diese Gattungen, die den Kern des Paratextes bilden, werden im folgenden skizziert.

Die *Angabe des Autornamens* kennt mehrere Formen: neben der Angabe des authentischen Namens die pseudonyme Namensnennung. Daneben gibt es die anonyme Verschweigung des Autornamens. Obwohl die Angabe des authentischen Dichternamens erst in der Neuzeit üblich ist, ist sie in Altertum und Mittelalter keineswegs unbekannt. Vergil nennt sich am Ende der »Georgica«, nicht aber in der »Aeneis«, denn das Epos ist nach homerischem Vorbild die Wiedergabe dessen, was die Muse verkündet. Hesiod nennt sich zu Beginn der »Theogonie«, Dante im 30. Gesang des »Fegefeuers« in seiner »Divina Commedia«.

Die Gründe für eine anonyme Veröffentlichung sind vielseitig. Es kann sich darin Einsicht in die mangelhafte ästhetische Qualität eines Textes, Bescheidenheit oder die Befolgung eines Verbots der Namensnennung ausdrücken (Curtius [4]1963, S. 503-505). Anonymität kann außerdem vor öffentlicher Brüskierung und Verfolgung schützen oder bei Veröffentlichungsverbot die Publikation eines Buches sichern (Lessing, »Ernst und Falk«).

Üblicherweise ist das Pseudonym ein erfundener Name, nur selten der authentische Name eines anderen Autors. Die Substitutionsoperation, mit der die Wahl eines Pseudonyms vorgenommen wird, kann unterschiedlichen Komplexitätsgrad haben; das Spektrum reicht von der Ersetzung einfachster Art über viele Zwischenstufen bis zur anspruchsvollen Anagrammbildung. Die Motive für die Wahl eines Pseudonyms sind vielfältig. Sie können im Wohlklang eines Pseudonyms gründen, wie vermutlich im Fall von »Klabund«, in der Notwendigkeit zur oder der Lust an der Verbergung oder in der Wertschätzung eines Autors für einen anderen (Henri Beyle nannte sich aus Hochachtung für Johann Joachim Winckelmann nach dessen Geburtsort »Stendhal«). Viele weitere Gründe sind denkbar.

Der *Titel* eines Textes ist sein Name. Auch wenn die Wahl eines Titels grundsätzlich keinen Restriktionen unterliegt, gehen die Urheber von Titeln doch sehr überlegt mit ihrer Freiheit in dieser Hinsicht um: Im Titel wird der erste, oft werbende Kontakt zwischen Text und Leser gesucht oder werden erste vorverweisende Informationen über den nachfolgenden Text gegeben. Im Einzelfall geben Titel wichtige Anhaltspunkte für das Textverständnis (Lessing, »Die Juden«).

Die Titelforschung hat sehr viele Anstrengungen unternommen, die Vielfalt der Titelerscheinungen nach formalen Kriterien typologisch zu ordnen (z. B. Kuhnen 1953). Eine in diesem Sinn schlüssige und sinnvoll anwendbare Typologie existiert hingegen nicht. Andere Forschungen ordnen in Anlehnung an neuere semiotische Textmodelle verschiedene sprachliche Ebenen des Titels (Hoek 1981) oder in Anlehnung an Roman Jakobsons Sprachmodell verschiedene Funktionen des Titels (Rothe 1986).

Die Verbreitung des auf dem Haupttitelblatt und gegebenenfalls auf dem Buchrücken und Buchumschlag mitgeteilten Titels ist eine Erscheinung der Neuzeit und setzt die Erfindung des Buchdrucks voraus. Im Altertum war der Titel allenfalls als »titulus« bekannt: als Textname auf einem kleinen, einer Buchrolle beigegebenen Zettel, oder als Eintrag am Textanfang. Die spätantiken und mittelalterlichen Kodizes behalten diese Formen der Titelgebung bei. In der Frühzeit des Buchdrucks übernimmt oft das Kolophon, der Druckvermerk im Anschluß an den Haupttext, Titelfunktion. Gegen Ende des 15. Jahrhunderts setzt sich die bis heute lebendige Institution des Titelblattes durch. Im 17. Jahrhundert sind Titel vielfach prunkvolle und raumgreifende, nämlich fast ganzseitige Gebilde. Mit Beginn des 18. Jahrhunderts wird dieser Usus gelegentlich parodiert (Johann Gottfried Schnabel, »Die Insel Felsenburg«) und danach im übrigen kaum mehr befolgt. Der knapp formulierte Titel setzt sich in dieser Zeit durch.

Die Überschrift eines Kapitels und die eines Aktes oder einer Szene bilden Varianten des Titels. Am Ende des 15. Jahrhunderts dringen Kapitelüberschriften in den Roman ein und bleiben bis in das 18. Jahrhundert hinein gebräuchlich (WIECKENBERG 1969). Moderne Fortsetzungen dieser Tradition sind häufig ironisch gebrochen (Robert Musil, »Der Mann ohne Eigenschaften«). Überschriften von Akten und Szenen spielen narrative Elemente in einzelne Dramen ein (Bertolt Brecht, »Der kaukasische Kreidekreis«; → GRUNDLAGEN SZENISCHER TEXTE).

Das *Vorwort* ist üblicherweise ein in expositorischer Prosa abgefaßtes Rahmenstück, das vor einem einzelnen Text oder einer Textsammlung deutlich abgesetzt steht und sich auf den Leser, das nachfolgende Werk oder den Urheber des Vorworts bezieht (EHRENZELLER 1955). Vorworte können vereinzelt auch szenisch-dialogische (Jean-Jacques Rousseau, »Julie ou La Nouvelle Héloïse«) oder metrisch gebundene Form annehmen (Rabelais, »Gargantua et Pantagruel«). Nur ausnahmsweise treten Vorworte gleichsam nackt, nämlich ohne nachfolgendes Werk auf (Friedrich Nietzsche, »Fünf Vorreden zu fünf ungeschriebenen Büchern«). Gewöhnlich ist der Autor eines Werkes auch der Verfasser des Vorworts. Doch auch Herausgeber zeichnen für Vorworte verantwortlich. Gelegentlich läßt ein Autor eine fiktive Figur als Vorwortverfasser auftreten (Alain René Lesage, »Gil Blas de Santillane«). Die Herausgeberfiktion ist bereits mitgedichteter Teil des Haupttextes. Die Funktionen des Vorworts sind vielfältig und kaum auf einen Nenner zu bringen; die Mehrzahl, so Genette, will die gute Lektüre eines Textes gewährleisten (GENETTE 1989, 1992, S. 191). Ähnliches ließe sich auch zum Nachwort sagen, das eine zurückhaltende Variante des Vorworts ist.

Die Geschichte des Vorworts hat ihre Ursprünge in der Antike. Vorformen sind das Proömium im Epos und das Exordium in der Rhetorik; auch Einleitungsformeln in antiken Romanen (Apuleius, »Verwandlungen«) und historiographischen Werken (Thukydides, »Der peloponnesische Krieg«) können als Vorformen gelten. Eine buchgeschichtliche Vorform des Vorworts bildet die knappe Inhaltsangabe, die sich in Antike und Mittelalter oftmals zu Beginn einer Handschriftenrolle findet. Erst infolge der Erfindung des Buchdrucks beginnt die Verbreitung des Vorworts (→ LITERATUR UND MEDIEN). Die Wiegendrucke in der frühen Phase des Buchdrucks enthalten nur vereinzelt Vorworte; im 16. Jahrhundert bildet das Vorwort bereits eine übliche paratextuelle Institution des gedruckten Buchs. In dieser Zeit wird die gattungstypische Vielfalt an Themen und Strategien nahezu vollständig ausgebildet. Das Vorwort dient vornehmlich dem Appell an den Leser, der Rechtfertigung des Textes oder der vorweggenommenen Entgegnung auf eine mögliche Kritik. Das 16. und 17. Jahrhundert unterwerfen das Vorwort dem Diktat der → RHETORIK. Entsprechend würdig und schmuckvoll fällt es in Texten der höfisch-gelehrten Welt aus (Daniel Caspar von Lohenstein, »Arminius und Thusnelda«), entsprechend wenig kunstvoll tritt es im Bereich der volkstümlich-satirischen Dichtung in Erscheinung (Andreas Gryphius, »Absurda Comica. Oder Herr Peter Squentz«). Im 18. Jahrhundert gehört das Vorwort zunächst unangefochten zu den paratextuellen Rahmenstücken eines Buches. In der zweiten Hälfte des 18. Jahrhunderts verliert das Vorwort jedoch an Prestige. Der Leser – so Jean Paul in der Vorrede zur dritten Auflage des »Hesperus« – stirbt auf dem Weg zum Buch. Viele Autoren in dieser Zeit machen keinen weiteren Gebrauch von dieser Gattung, andere brechen mit ihren Konventionen, indem sie einzelnen Vorworten den Charakter kleiner reizvoller Phantasiestücke verleihen (Jean Paul, »Siebenkäs«). Trotz ausweisbarer Gegenbeispiele setzen sich diese Tendenzen bis in das 20. Jahrhundert fort. Vorworte werden in Dichtungen gemieden oder doch möglichst knapp formuliert. In literarischen Anthologien hingegen ist das Vorwort bis heute üblich geblieben.

Während eine unikale, meist handschriftliche *Widmung* die tatsächliche Schenkung eines Exemplars von einem Werk signalisiert, handelt es sich bei einer gedruckten Widmung um die symbolische Zueignung eines Werkes. Die Textsorte ›Widmung‹ ist durch dreierlei charakterisiert: einen Widmungsspender, einen Widmungsgegenstand und einen Widmungsadressaten. Der Widmungsspender ist gewöhnlich der Autor eines Buches; er kann aber auch der Drucker, der Verleger, der Übersetzer oder der Herausgeber eines Buches sein (Rolf Tiedemann und Hermann Schweppenhäuser widmen ihre Benjamin-Ausgabe Adorno). Widmungsgegenstand ist gewöhnlich ein Buch; er kann aber auch der Teil eines Buches oder einer Zeitschrift, etwa ein einzelnes Gedicht oder ein einzelner Essay, sein. Der Widmungsadressat ist zumeist eine reale Einzelperson; aber auch Personengruppen wird gewidmet (Peter Handke, »Publikumsbeschimpfung«), ebenso nicht-menschlichen Wesenheiten (Friedrich Schiller widmet seine »Anthologie auf das Jahr 1782« dem Tod) wie fiktiven Figuren (Christian Reuter, »Schelmuffsky«). Die Widmung steht gewöhnlich am Anfang eines Buches, hinter dem Titelblatt und vor dem Vorwort. Nur selten steht sie an anderer Stelle, etwa am Ende eines Textes (Johann Wolfgang Goethe, »Noten und Abhandlungen zu besserem Verständnis des West-östlichen Divans«).

Widmungen lassen sich in drei Typen gliedern (WAGENKNECHT 1988b). Es gibt Widmungen, die nach der Art von Inschriften dicht im Stil formuliert und oft auf Mittelachse gesetzt sind. Solche Widmungstafeln richten sich an Adressaten, die üblicherweise den Rang des Widmungsspenders weit übertreffen (Angelus Silesius, »Der Cherubinische Wandersmann«). Andere Widmungen bedienen sich der Briefform (LEINER 1965): mit Anrede, Datum und Unterschrift (Johann Wolfgang Goethe, »Briefwechsel mit Schiller«). Ein dritter Widmungstyp, die Widmungsrede, lehnt sich an das rhetorische Zeremoniell der Ansprache an: im Stil prunkvoll und oft in Versen verfaßt (Heinrich von Kleist, »Prinz Friedrich von Homburg«).

Die Geschichte der Buchwidmung beginnt nicht erst mit der Erfindung des Buchdrucks, sondern schon in der Antike. Horaz stellt seinen »Oden« das berühmte an Maecenas gerichtete Widmungsgedicht voran. Das mittelalterliche Buch kennt die Praxis des Widmungsbildes. In solchen Bildern wird die Überreichung einer Gabe durch einen vor einem ranghohen Adressaten knienden Widmungsspender dargestellt (Hrabanus Maurus, »Liber de laudibus sanctae crucis«, Ausgabe von 1503).

Im 16. und 17. Jahrhundert gehört die Widmung zu den üblichen Ausstattungsstücken des Buches. Außer sehr kleinen und anonym erschienenen Schriften wird nahezu jedes Buch gewidmet, und zwar hauptsächlich aus zwei Gründen: aus materiellen – der Widmungsspender erhält einen Ehrenlohn für seine geistige Arbeit – und aus verlagspraktischen – für die Widmung wird im Gegenzug oftmals ein Privileg ausgesprochen, das ein Buch bedingt vor unerlaubtem Nachdruck schützt. Widmungsadressaten sind in dieser Zeit vorwiegend hochgestellte Amts- und Würdenträger. Selten hingegen werden Widmungen an bürgerliche Adressaten gerichtet, die dem Widmungsspender gleichgestellt sind (Jörg Wickram, »Apostelspiel«). Gleichfalls eine Ausnahme stellen in dieser Zeit die gruppenbildenden Widmungen im Kreis der Pegnitzschäfer dar – lange vor ähnlich gearteten Widmungstexten in den Werken der älteren Romantiker sowie in denen der Theoretiker der Frankfurter Schule.

Im 18. Jahrhundert erfährt das Widmungswesen deutliche Veränderungen. Das bürgerliche Selbstbewußtsein sowie die wachsende ökonomische Unabhängigkeit einiger Dichter in dieser Zeit und ein Geschmackswandel, der sich von der Rhetorik als Bezugspunkt der literarischen Praxis lossagt, führen dazu, daß überhaupt weniger gewidmet wird, einzelne Widmungen auf das Nötigste reduziert werden (Friedrich Gottlieb Klopstock, »Oden«) oder Widmungen zu einem Spielfeld poetischer Phantasie werden (Laurence Sterne, »Life and Opinions of Tristram Shandy, Gentleman«, 1, Kap. 8). Insgesamt nimmt der soziale Unterschied zwischen Widmungsspender und Widmungsempfänger ab.

Das sich seit dem 19. Jahrhundert etablierende Urheberrecht begünstigt die Entwicklungen und Tendenzen, die im 18. Jahrhundert ein- und sich bis in das 20. Jahrhundert fortsetzen. Nennenswerte Veränderungen gegenüber der Tradition sind nicht prinzipieller Natur. In neuester Zeit werden in Widmungen private Verhältnisse zunehmend nur noch in verschlüsselter Form öffentlich bezeugt (Franz Kafka, »Das Urteil«). Manchmal wird die Gattung parodiert (Gernhardt/Bernstein, »Besternte Ernte«: »Deiner Frau gewidmet«). Vielfach nehmen Widmungen Mottocharakter an (Anna Seghers, »Das siebte Kreuz«). Literarische Massenware wird im 20. Jahrhundert nicht gewidmet, selten auch Dramen.

Das *Motto* ist ein Sinnspruch spezieller Natur. Es ist üblicherweise einem Text oder dessen Vorwort unmittelbar vorangestellt oder auf dem Titelblatt plaziert. Es kann aber auch einem Kapitel (Stendhal, »Le Rouge et le Noir«) oder einem Akt (Büchner, »Leonce und Lena«) vorangestellt sein. Ein Motto ist konventionsgemäß ein Zitat, das vollständig oder im Wortlaut leicht variiert und meist unter Angabe seiner Herkunft in die paratextuelle Umgebung eines Textes integriert ist. Es handelt sich im Regelfall um ein Fremdzitat und nur selten um ein Selbstzitat oder ein erfundenes Zitat. Motti können einzeln oder in Serien auftreten (Karl Kraus setzt seinem kulturkritischen Essay »Sittlichkeit und Kriminalität« sieben Motti aus Shakespeare voran). Sie dienen der Kommentierung des nachfolgenden Textes, ohne daß in jedem Fall eine Verdeutlichung seines Sinns erreicht würde. Manche Motti haben Schmuckfunktion: sie erleuchten einen Text mit dem Glanz fremder Namen und Werke.

Die Geschichte des Mottos ist vergleichsweise jung und reicht nicht vor das 17. Jahrhundert zurück. Vorformen des Mottos sind das autoritative Zitat in der Rhetorik, die Inschrift auf Denkmälern, Tafeln und Medaillen und die spätmittelalterliche Devise (Rehm 1964a). Im 17. Jahrhundert entwickelt sich das Motto allmählich zu einer literarischen Form. Erst im 18. Jahrhundert von Liscow über Gleim und Gessner bis Winckelmann, Lessing, Wieland, Hamann, Schiller und Forster wird das Motto wie selbstverständlich gepflegt. Die Motti des 17. und weitgehend auch die des 18. Jahrhunderts zitieren aus der klassischen römischen Literatur: aus Cicero, Horaz, Seneca und Juvenal. Vor allem Johann Georg Hamann ist es, der dieses Spektrum erweitert; er bezieht einen reichhaltigen Vorrat an Motti aus der Bibel und aus der französischen, englischen sowie der griechischen Literatur. Im Bereich der deutschen Literatur zeigt sich das Motto seit dem Ende des 18. Jahrhunderts als prinzipiell frei zur Zitation aus jederlei literarischem Text.

Literarische *Anmerkungen* in Form von Fußnoten am unteren Rand einer Seite (selten am seitlichen oder oberen Rand) oder im Anschluß an einen Text gehen auf die Scholiastentradition des gelehrten Kommentierens von Werken namhafter antiker Autoren zurück. Besonders in Zeiten, die zum Polyhistorismus neigen, ist das Anmerkungswesen auch von Dichtern betrieben worden. Häufig zeichnen sich Texte mit historischen Stoffen sowie Lehrdichtungen durch einen ausgreifenden Anmerkungsapparat aus. Das Barockzeitalter bietet viele Beispiele für solch eine im Buch mitgeteilte Gelehrsamkeit (Andreas Gryphius, »Carolus Stuardus«). Auch später noch erhält sich das Anmerkungswesen des ›poeta doctus‹, wenn auch nur in Einzelerscheinungen. Über Hagedorn (»Versuch einiger Gedichte«), Wieland (»Geschichte des Danischmend«), Haller (»Die Alpen«), Brentano (»Die Gründung Prags«) und Scheffel

(»Ekkehard«) setzt sich die Tradition der gelehrten Anmerkung bis in das 20. Jahrhundert fort (T. S. Eliot, »The Waste Land«).

Anmerkungen treten mit unterschiedlichen Funktionen in Erscheinung (Rehm 1964b, S. 57-89). Sie können erstens, wie häufig im historischen Roman, eine Quelle anführen, aus der der Autor schöpft. Sie können zweitens eine im Text angelegte Anspielung erklären. Drittens können Anmerkungen zur Kommentierung von Handlung und Figuren gebraucht werden (Wilhelm Heinse, »Ardinghello«). Gelegentlich werden viertens in Anmerkungen aus Höflichkeit gegenüber dem sprachenunkundigen Leser fremdsprachige Textpassagen übersetzt (Jean Paul, »Titan«). Viele literarische Anmerkungen zeigen sich fünftens gegenüber dem Haupttext emanzipiert und führen ein paratextuelles Eigenleben, wie häufig in den Romanen von Jean Paul, in denen sie sentenzartig oder bisweilen sogar in fiktionaler Form auftreten. In Nabokovs »Pale Fire« wird die Praxis des gelehrten Anmerkens geistreich parodiert.

10. Der Brief und andere Textsorten im Grenzbereich der Literatur

von R. M. G. Nickisch

1. Vorbemerkungen

Die Kulturgesellschaft hat im Lauf ihrer geschichtlichen Entwicklung eine Vielzahl von Textsorten hervorgebracht, die ursprünglich nicht in derselben Weise als ›literarisch‹ gelten wie z. B. Gedicht, Epos, Roman und Drama (→ Gattungsfragen), die aber gleichwohl aufgrund einer bestimmten Verwendungsweise und Ausgestaltung literarischen Intentionen dienstbar gemacht wurden und werden, so daß sie Bestandteil der Literaturgeschichte und Gegenstand der Literaturforschung sind. Zu diesen Textsorten gehören: der Traktat, der Dialog, die Rede, die Predigt, die Flugschrift, das Pamphlet, die Polemik, die Kritik, die Biographie, die Memoiren, der Bericht, die Reportage, das Protokoll und die Glosse; aber auch: der Brief, der Essay, das Feuilleton, die Autobiographie und das Tagebuch. Die letzteren sind insgesamt häufiger und folgenreicher ›literarisiert‹ worden als die ersteren. Allen diesen Textsorten ist gemeinsam, daß sie primär pragmatischen oder publizistischen Zwekken dien(t)en, sei es in *informierender* (Biographie, Traktat, Dialog, Bericht, Reportage, Protokoll), *wertender* (Essay, Kritik, Feuilleton, Glosse), *appellierender* (Rede, Predigt, Flugschrift, Pamphlet, Polemik) oder *autobiographischer* (Autobiographie, Tagebuch, Memoiren) Funktion (Belke 1973a, S. 78 ff.).

Im folgenden beschränke ich mich darauf, die in der Literatur am meisten und wirkungsvollsten benutzten pragmatisch-publizistischen Textsorten darzustellen. Dem Brief als der Form, die literarisch am vielseitigsten einsetzbar ist, gilt dabei die Hauptaufmerksamkeit; knappere Anmerkungen befassen sich dann mit dem Essay, dem Feuilleton, der Autobiographie und dem Tagebuch.

2. Brief

Je nach der Intention des Briefschreibers nimmt ein Brief (wie jedes sprachliche Erzeugnis) in der Hauptsache eine der vier oben angeführten dominanten Funktionen der Sprache wahr; meist jedoch übernimmt er mehr als eine. Nicht zuletzt dieser ›Fähigkeit‹ des

Briefes ist es zuzuschreiben, daß sich Literaten seiner öfter und auf vielfältigere Weise bedient haben als jeder anderen eingangs genannten Form von Gebrauchstexten. Er ist wohl die älteste verschriftlichte Textsorte überhaupt. Diente er seit dem Aufkommen der Schriftkultur als Übermittlungsträger von Nachrichten und Instruktionen zwischen räumlich getrennten Partnern wie auch, zumal im Mittelalter, als Rahmen für die Fixierung von rechtsgeschäftlichen Vorgängen mit urkundlicher Wirkung, so erweiterten sich mit dem Beginn der Neuzeit die Möglichkeiten seiner Verwendung: Man benutzte die Briefform im Zeitalter der Reformation z. B. zu publizistischen Zwecken (vgl. etwa Luthers »Sendbrieff [...] Von Dolmetzschen« von 1530), wohingegen die ungezählten Briefschreiber des briefsüchtigen 18. Jahrhunderts den Brief vor allem zur intimen An- und Aussprache gebrauchten. Eine Unzahl von ›Briefstellern‹, deren Vorläufer bereits im Mittelalter aufgekommen waren, versuchte, die Briefbeflissenen die Kunst des Briefschreibens zu lehren. Die gattungstypischen Möglichkeiten des Briefes haben von früh an literarisch ambitionierte Schreiber dazu verlockt, Briefe zu fingieren oder zu fiktionalisieren: die persönliche Hinwendung zu einem Empfänger, die zwanglose, gesprächsnahe Gedankenführung, das Nebeneinander verschiedener Themen und Anliegen, die latente Dialogizität. Dabei haben die Autoren verschiedene Grade der Fingierung entwickelt: Der höchste ist dann erreicht, wenn nicht nur der Absender oder der Empfänger oder beide ›vorgetäuscht‹ sind, sondern außer Absender und Empfänger auch noch die Briefsituation insgesamt – wie das eklatant bei den Briefen eines Briefromans geschieht (→ GRUNDLAGEN NARRATIVER TEXTE).

Nach dem Muster antiker Autoren (etwa Ovids, des Horaz, Senecas) verfaßten mittelalterliche Dichter wie Ulrich von Lichtenstein literarisierte Liebesbriefe in Versen (als Einlagen in seinem »Frauendienst«). Solche Versbriefe fanden (als Einlagen) ebenfalls in den großen Versepen des Heinrich von Veldeke, Wolframs von Eschenbach und anderer Verwendung. Um erfundene Briefe handelt es sich auch bei den »Dunkelmännerbriefen« (1515/1517), der wirkungsreichsten Satire des deutschen Humanismus, die das Modell für viele spätere Sammlungen fingierter Briefe als eines Mittels satirischer Kritik abgaben. Eine durchgängige Poetisierung der Briefform stellen die vor allem nach dem Vorbild von Ovids »Heroides« gestalteten »Heldenbriefe« deutscher Barock-Dichter dar: erdichtete Liebesbriefe in Alexandrinern, die zwischen dem ›Helden‹ und der ›Heldin‹ – hochgestellten Personen aus Sage oder

Geschichte – gewechselt werden. Die berühmtesten deutschen »Helden-Briefe« stammen von Christian Hofmann von Hofmannswaldau (1679). Erdachte und rhetorisch effektvoll stilisierte Briefe in Prosa und in Versen gehören zu den wichtigsten Einlagen in den Romanen der barocken und galanten Literatur. Aus den ungezählten persönlichen Briefwechseln des 18. Jahrhunderts ging eine Fülle von »Vertrauten« oder »Freundschaftlichen Briefen« hervor – in Druck gegebene Sammlungen von privaten Briefen, die auf diese Weise Bestandteil der Literatur, zumal derjenigen der Empfindsamkeit, wurden (→ LITERATUR UND MEDIEN). Manchmal schrieb man sich auch in Versen oder verschickte Gedichte anstelle von Briefen, wie etwa Goethe an Frau von Stein oder gute Freunde (vgl. SCHÖNE 1967) oder wie Gleim an Jacobi (»Briefe von den Herren Gleim und Jacobi«, 1768). Waren die in Versen behandelten Briefthemen nicht nur für den persönlichen Adressaten erheblich, sondern konnten allgemeineres Interesse beanspruchen, so publizierte man solche brieflichen Verse als »poetische Epistel«. Auch für diese »Epistel« hatte die antike Literatur – in der Gestalt der Episteln des Horaz und Ovids – das Muster geliefert. Im 17. und 18. Jahrhundert erfreute sich die Vers-Epistel bei sehr vielen Autoren großer Beliebtheit. Auch ungezählte Gelegenheitsdichter produzierten sich gern mit poetischen Versbriefen. Deutsche Dichter des 19. und 20. Jahrhunderts (z. B. Mörike und Brecht) haben gleichfalls noch poetische Episteln gestaltet.

Den Reiz des persönlich-intimen Prosabriefes beutete man etwa seit der Mitte des 18. Jahrhunderts an anderer Stelle in der Literatur nachgerade exzessiv aus: in den nach den Mustern Richardsons (»Pamela«, 1740) und Rousseaus (»Julie ou La Nouvelle Héloïse«, 1761) massenhaft verfaßten Briefromanen, die ja aus den fingierten Briefen einer Gruppe von Briefschreibern (so in Sophie La Roches Roman »Das Fräulein von Sternheim«, 1771) oder eines einzelnen (so in Goethes »Werther«, 1774) bestanden (→ LITERATUR UND MEDIEN).

Die Briefform nutzten Literaten aber auch noch zur Realisierung vieler weiterer kritischer, polemischer oder künstlerischer Absichten, vornehmlich im brieffreudigen 18. und 19. Jahrhundert. Viele der folgenreichsten Kontroversen sind in ›kritischen‹ Briefen öffentlich ausgetragen worden (vgl. z. B. Bodmers »Critische Briefe«, 1746, oder Lessings »Kritische Briefe«, 1753; → POETIK). Häufig enthielten ›kritische‹ Briefe Besprechungen wichtiger neuer zeitgenössischer – deutscher oder ausländischer – Werke der Literatur.

Einen Höhepunkt solcher in epistolarer Form präsentierter Literaturkritik sind Lessings »Briefe die Neueste Literatur betreffend« (1759-1765). Der berühmte 17. Brief aus dieser Brieffolge (über Shakespeare; → POETIK) verdeutlicht übrigens am besten, daß die ›kritischen‹ Briefe oder Briefreihen des 18. Jahrhunderts vielfach auch als Vehikel für Polemik und Satire in der Auseinandersetzung mit literarischen Gegnern genutzt wurden. In der Hauptsache zeitkritisch ausgerichtet sind demgegenüber die vielen ebenfalls im 18. und 19. Jahrhundert beliebten Reisebrieffolgen (vgl. z. B. Forsters »Ansichten vom Niederrhein«, 1791-1794, oder Börnes »Briefe aus Paris«, 1832). Die Verfasser solcher Reisebriefe benutzten die Briefform auch als Mittel einer literarisch-publizistischen Fiktion und zugleich als Tarnung gegen mißtrauische Zensoren.

Andererseits enthalten viele der ›kritischen‹ Briefe des 18. Jahrhunderts Passagen in essayistischer Schreibweise. Zu regelrechten Briefessays entwickelten sich im letzten Drittel dieses Jahrhunderts zahlreiche Brieffolgen, insofern sie grundlegende Fragen aspektreich, aber nicht systematisch im Rahmen einer Brieffiktion erörtern. Man denke an Herders »Briefe zur Beförderung der Humanität« (1793-1797) oder an Schillers Werk »Über die ästhetische Erziehung des Menschen, in einer Reihe von Briefen« (1795). (Einen bemerkenswerten Sonderfall stellt Winckelmanns öffentliches »Sendschreiben« an den Freiherrn von Berg dar, das sowohl als ästhetische »Abhandlung von der Fähigkeit der Empfindung des Schönen« wie als camouflierte Liebeserklärung konzipiert ist; vgl. DETERING 1994.) Erst im 19. und 20. Jahrhundert allerdings wird der Essay, und so auch der Epistolar-Essay, zu einer zielstrebig gepflegten literarischen Textsorte. Hugo von Hofmannsthals »Ein Brief« (»Brief des Lord Chandos«, 1902) ist einer der berühmtesten Briefessays der deutschen Literatur.

3. Essay und Feuilleton

Der Essay ist ein subjektiv gestaltetes und stilästhetisch durchformtes abgeschlossenes Stück nichtfiktiver Prosa, das prinzipiell weder thematisch noch tendenziell eingegrenzt ist und seinen Gegenstand in aller Regel kritisch-skeptisch, intuitiv-assoziativ, anregend, facettenreich und oft auch mehr oder minder dialogisch (nicht aber methodisch, systematisch und erschöpfend wie etwa Traktat oder Abhandlung) behandelt. Der Essay ist, was sein Alter anbelangt, das

Gegenstück zum Brief. Während dieser fast genauso alt sein dürfte wie das Schreiben selbst, gibt es eine bewußt gepflegte literarische Textsorte unter dem Namen ›Essay‹ erst seit etwa zweieinhalb Jahrhunderten. Seither ist er indes für die Literatur so eminent wichtig geworden, daß die jüngere Gattungstheorie und → LITERATURGESCHICHTSSCHREIBUNG die essayistische Prosa (gelegentlich zusammen mit anderer nichtfiktiver Prosa) als vierte Hauptgattung der Literatur betrachtet – neben Lyrik, Erzählkunst und Drama (→ GATTUNGSFRAGEN). Essayistische Prosa bietet die deutsche, erst recht die englische und französische Literatur des 18. Jahrhunderts in reicher Fülle. Diese Prosa ist damals auffallend häufig mit der Briefform verbunden – wie das gerade besonders deutlich die vielen ›kritischen‹ Arbeiten des »entscheidende[n] Inaugurator[s] des Essays in der deutschen Literatur«, nämlich Lessings (JUST ²1960, Sp. 1917), wie aber auch die Werke anderer großer ›Essayisten‹ des 18. Jahrhunderts – etwa Herders, Schillers, Forsters – zeigen. Der Begriff ›Essay‹ ist, im Anschluß an seine Verwendung in der französischen, englischen und amerikanischen Literatur – etwa bei Montaigne, dem ›ersten‹ Essayisten (»Essais«, 1580), Francis Bacon (»Essays«, 1625) und Ralph Waldo Emerson (»Essays«, 1841/1844 u. a.) – hierzulande erst 1859 durch Herman Grimm in Umlauf gebracht worden. Seitdem gewann die neue literarische Kunstgattung rasch an Gewicht. Kaum ein namhafter Autor in den letzten eineinhalb Jahrhunderten, der nicht Beiträge zur Spezies Essay beigesteuert hätte. Ja, viele Romanschriftsteller haben die im Essayistischen liegenden Gestaltungsmöglichkeiten genutzt, um reflexionsbestimmte und diskursive Partien ihrer Werke in essayistischer Manier darzubieten. Was ältere Romanautoren (wie Wieland, Heinse, Goethe, Jean Paul, Keller oder Stifter) in ihre Erzählwerke noch als gedanklich-theoretische Binnentexte, Digressionen o. ä. einschalteten, das wird in modernen Romanen – bei (zumeist auch als Essayisten bekannten) Romanciers wie Thomas Mann, Hesse, Musil, Broch, Frisch, Johnson, Peter Weiss und vielen anderen – zum integralen Bestandteil und Strukturelement der epischen Präsentation; so gilt der ›Essayismus‹ geradezu als ein essentielles Gestaltungsprinzip dieser Romane, der überdies als dominant gewordener Erkenntnismodus »alle gattungsspezifischen Grenzen sprengt« (MÜLLER-FUNK 1995, S. 176).

Das *Feuilleton* (synonym dafür steht etwa auch »Kleine Prosa«, »Kleine Form« oder »Causerie«) ist dem Essay eng benachbart. Als bewußt kultiviertes Genre ist es nur etwa ein halbes Jahrhundert jünger als dieser. Im Pariser »Journal des Débats« zunächst nur als Füllsel im Anzeigenteil eingeführt, wurde das zunächst rein publizistisch intendierte Feuilleton nach 1830 ein festes Ingredienz aller europäischen Zeitungen (→ LITERATUR UND MEDIEN). Was als kleine und eher marginale Ergänzung zu aktuellen Meldungen, Nachrichten und Berichten aus Politik, Wirtschaft usw. ›unterm Strich‹ entstanden war, entwickelte sich im 19. Jahrhundert rasch zu einer Bruderform des Essays, die sich allerdings in wesentlichen Punkten von diesem unterschied: Der ›Feuilletonist‹ (im engeren ›Genre‹-Sinne) greift immer eine scheinbar wenig erhebliche oder gar zufällige aktuelle Sache, Begebenheit, Erscheinung auf und präsentiert sie in einem knapp, geistreich, unterhaltsam, humorvoll oder auch kritisch-satirisch formulierten Prosastück ganz subjektiver Prägung. Der improvisatorische, impressionistische und ›causierende‹ Charakter des Feuilletons darf nicht darüber hinwegtäuschen, daß der Verfasser nicht allein unterhalten, sondern zugleich auch immer, auf gleichsam spielerische Weise, aufklären und belehren will. Das verlangt den konzentrierten Einsatz stilistischer und rhetorischer Mittel. So haben sich nicht nur in Frankreich, England und Amerika, sondern auch im deutschsprachigen Raum viele Schriftsteller des 19. und 20. Jahrhundert als glänzende Feuilletonisten hervorgetan. Sie haben die ästhetisch-artistischen Qualitäten ihrer Feuilletons derart gesteigert, daß diese zu einem unübersehbaren Bestandteil der jüngeren deutschen Literatur geworden sind. Zu nennen wären als bedeutende Verfasser feuilletonistischer Prosa in erster Linie Heine, Börne, Glassbrenner, Fontane, Hermann Bahr, Franz Blei, Peter Altenberg, Alfred Polgar, Tucholsky, Kisch, Robert Walser, Sigismund von Radecki, Friedrich Sieburg, Benno Reifenberg, Walter Jens.

4. Autobiographische Texte

In der Autobiographie gibt der Schreibende eine zusammenhängende bekenntnishafte Darstellung seines Lebens oder einer wesentlichen Teilstrecke seines Lebensweges. Da der Autor diese Darstellung in aller Regel erst im reiferen Alter formuliert, verbindet er mit dem Bericht über sein Leben zumeist den Versuch, die dessen Gang prägenden Faktoren und Einflüsse herauszuarbeiten – mit dem Ziel, den eigenen Lebenslauf »als ein geschlossenes Ganzes darzustellen, Strukturen und Entwicklungslinien in ihm aufzudecken« (Belke 1973b, S. 138) und so die ›Wahrheit‹ über sein Leben als die Summe von Erlebnissen, Erfahrungen, Erkenntnissen, Bestrebungen, Taten, Fügungen und Wirrungen, Erfolgen und Niederlagen zu vermitteln. Kennzeichnend für die Struktur der Autobiographie ist die chronologische Abfolge der berichteten Lebensereignisse sowie die Doppelung (oder Aufspaltung) des Ichs in ein erzählendes und ein erzähltes Ich, als Subjekt und Objekt. Die Grundzüge der Gattung finden sich bereits in den spätantiken »Confessiones« des Kirchenvaters Augustinus. Die bürgerlichen Autobiographien des 18., 19. und 20. Jahrhunderts von den zahlreichen und vielfältigen Autobiographien des Pietismus (vgl. Schrader) über die literarisch komplexen Texte Rousseaus (»Les Confessions«, 1782/1788), Goethes (»Aus meinem Leben. Dichtung und Wahrheit«, 1811-1833), Gervinus', Wilhelm von Kügelgens, Malvida von Meysenbugs, Schnitzlers, Tollers, Canettis u. a. schließen ihre Darstellung meist an dem Punkt, an dem Entwicklung, Bildung und Werdegang des Individuums in die Übernahme einer klar umrissenen Rolle in der Gesellschaft einmündet (während *Memoiren* zumeist erst die Laufbahn und die in die Öffentlichkeit hineinwirkenden Handlungen einer seiner sozialen Rolle sicher gewordenen Persönlichkeit schildern). Der literarisch orientierte Autobiograph offeriert seine – durchkomponierte – Darstellung nicht nur in geformter Prosa, sondern verschmilzt mit dem Bericht über seinen Lebensgang auch fiktiv-erzählerische und symbolisch-überhöhende Elemente (dazu grundlegend Lejeune 1975) – wie das Goethe bereits im Titel seiner Autobiographie »Dichtung und Wahrheit« andeutet, die zum klassischen Muster des Genres geworden ist (→ Grundlagen narrativer Texte). Die künstlerisch durchformte Autobiographie berührt sich daher mit dem autobiographischen Roman, wie er z. B. in unterschiedlichen Variationen von Grimmelshausen im »Simplizissimus«, von Karl Philipp Moritz im »Anton Reiser«, von Alfred de Musset, Keller, Thomas Mann, D. H. Lawrence, Erich Kästner oder Peter Weiss gestaltet worden ist.

Nicht selten dienen als Materialsammlung für eine spätere Autobiographie die Aufzeichnungen in einem *Tagebuch*. Dieses besteht aus täglich oder doch vergleichsweise regelmäßig niedergeschriebenen – und fast immer auch datierten – Eintragungen eines Verfassers, der auf diese Weise monologisch-subjektiv das eigene Leben, Erleben, Denken, Meinen, Fühlen, Träumen, Planen und Handeln authentisch festhält und dokumentiert – für sich selbst.

Regeln für Inhalt, Form und Umfang solcher diaristischen Aufzeichnungen existieren nicht. Das Führen von Tagebüchern im beschriebenen Sinne kam bezeichnenderweise erst im Zusammenhang mit dem wachsenden Interesse am Schicksal und Innenleben des Individuums auf. Im Pietismus des ausgehenden 17. und beginnenden 18. Jahrhundert, der dem Gläubigen eine intensive Selbstbeobachtung und -prüfung abverlangte, wurde das Tagebuch ein bevorzugtes Medium, das in säkularisierter Form seine Fortsetzung und Steigerung im späteren 18. Jahrhundert erlebte. Als solches diente es nicht nur als Erinnerungsstütze, sondern mehr noch und zunehmend als Mittel der Selbstanalyse, Selbstvergewisserung, Selbstbesinnung, Selbstkritik usw. sowie der Speicherung von Ideen und Werkentwürfen. Wo bei der Führung eines Tagebuches der Gedanke an eine absehbare Veröffentlichung aufkommt (was im 19. Jahrhundert die Regel ist) und Inhalt und Stilgebung der Aufzeichnungen bestimmt, ist ein entscheidender Schritt hin zur Literarisierung dieser zunächst ›vorliterarischen‹ Textsorte getan. Dort, wo die Veröffentlichung geplant und vom Diaristen selbst realisiert wird, sind die Grundvoraussetzungen für die Entstehung eines ›literarischen Tagebuchs‹ gegeben. Entscheidende Schritte in Richtung der Literarisierung des Tagebuchs tut der Autor, der die Form des Tagebuchs bewußt wählt und die Aufzeichnungen kunstvoll stilisiert (so zumal im 20. Jahrhundert – beispielsweise bei André Gide, Hans Carossa, Ernst Jünger, Theodor Haecker, Cesare Pavese oder Max Frisch) oder der fiktive Tagebücher als Einlagen in Erzählwerken verwendet (wie etwa Goethe oder Mörike in ihren Romanen) oder der schließlich ein fiktionales Werk vollständig in Tagebuchform oder tagebuchähnlicher Form gestaltet und dabei eine weitere Möglichkeit der Ich-Erzählung wahrnimmt (Beispiele bei Raabe, Rilke, Georges Bernanos, Frisch, Grass). Die Bedeutung autobiographischer Schreibweisen für die Entwicklung eines ›weiblichen‹ Schreibens ist von der neueren feministischen Literaturwissenschaft intensiv erörtert worden (vgl. exemplarisch HEITMANN 1994; → FEMINISTISCHE ZUGÄNGE – ›GENDER STUDIES‹).

V. Verfahren der Textanalyse

1. Formen ›textimmanenter‹ Analyse

von Peter Rusterholz

1. Aktualität und Geschichtlichkeit eines fragwürdigen Themas

Die Begriffe literaturwissenschaftlicher ›Textanalyse‹ und ›Interpretation‹ haben in verschiedenen Zeiten ihre Konjunktur gehabt, und ebenso wurden sie zu verschiedenen Zeiten als vergangen und veraltet verachtet, um später wieder aktualisiert zu werden. Die sogenannte »immanente Interpretation« der Texte ist schon vor dem Zweiten Weltkrieg begründet worden und hat in der Zeit von 1945 bis etwa 1968 fast unbestritten die germanistischen Fachbereiche beherrscht. Sie hat sich gegen den – nach dem Modell naturwissenschaftlicher Analyse und Objektivierung organisierten – Positivismus wie gegen die in der Zwischenkriegszeit dominierende ›Geistesgeschichte‹ gewendet und ihre Grundprinzipien in ausgesprochenem Gegensatz zu diesen Strömungen bestimmt. (Zur entstehungsgeschichtlich und methodisch verwandten Konzeption des angloamerikanischen »New Criticism« → Zum Verhältnis von Hermeneutik und neueren antihermeneutischen Strömungen.)

Der Terminus ›Analyse‹ bezeichnete bei Aristoteles ursprünglich die Klärung der logischen Formen, die sprachlichen Formulierungen zugrunde liegen. In der gegenwärtigen Umgangssprache ist ›Analyse‹ weitgehend zum Ausdruck wissenschaftlich objektivierender Untersuchung geworden. ›Interpretation‹ bezeichnet demgegenüber den Prozeß und das Ergebnis der Auslegung, insofern er die eigenen Voraussetzungen und Verfahrensweisen und die Konstituierung seines Objekts mit reflektiert. ›Analyse‹ blendet objektivierend das erkennende Subjekt aus und versucht die Frage zu beantworten: Welche Form und Funktion hat das untersuchte Objekt? ›Interpretation‹ versucht die Frage zu beantworten: Welche Bedeutung und welchen Sinn nehme ich wahr und erkenne ich als Leser oder Leserin dieses Textes?

Die besondere Schwierigkeit und das besondere Problem der Literaturwissenschaft besteht in der auch von Vertretern streng analytischer Wissenschaftstheorie nicht bestrittenen Tatsache, daß die

Konstitution der literaturwissenschaftlichen *Gegenstände* von besonderem Charakter ist. Ihre Objektivierung ist vom Standpunkt empirisch-analytischer Wissenschaftstheorie aus problematisch: Forschende und Lesende sind identisch, die ›objektive‹ Textwahrnehmung ist weitgehend abhängig von dem Hintergrundwissen, der Sensibilität und Erfahrung der Lesenden. Die literaturwissenschaftliche Forschung hat also ungleich größere Schwierigkeiten als die naturwissenschaftliche, Subjekt und Objekt zu trennen. Sie muß diese mit ihrem Gegenstand gegebene Vermengung je nach methodischer Richtung zu analysieren, zu interpretieren oder zu überwinden versuchen. Im schlimmsten, jede Wissenschaftlichkeit ausschließenden Fall verfällt sie ihr bewußtlos. Der entgegengesetzte Fall radikaler Modellierung nach naturwissenschaftlichem Vorbild ist allerdings nicht weniger gefährlich. Im Grenzfall enden die Versuche, mit mathematischen und statistischen Mitteln literarische Texte zu erfassen, zwar mit dem objektiven Nachweis der quantitativen Verteilung von Wortklassen, Satzstrukturen und Partikeln, aber auch mit dem Verlust des ästhetischen Objekts. Um die objektive Analyse der Semantik und Syntax der Texte für die Aussage des ästhetischen Textes fruchtbar zu machen – müßten sie interpretiert werden. Man wird gut daran tun, an Einsteins Warnung vor einer an den Naturwissenschaften orientierten Kunstanalyse zu erinnern: »Es wäre dies eine Abbildung mit inadäquaten Mitteln, so als ob man eine Beethoven-Symphonie als Luftdruckkurve abbildete.« (Wagenschein 1977)

Vom Standpunkt strenger Wissenschaft aus müßte die Disziplin der Germanistik, die weit entfernt ist von normierten Grundbegriffen, von klar definierten Erkenntnisobjekten und von verbindlich geregelter, intersubjektiv anwendbarer Methodik, als völlig unzureichend betrachtet werden – wäre da nicht Einsteins Bemerkung und damit die Frage, ob und wie die Präzision konkreter Wahrnehmung des konkreten ästhetischen Objekts und die Logik intersubjektiv begründbarer Argumentation miteinander verbunden werden könnten.

Die sogenannte »immanente Interpretation« ist von 1945 bis 1966 als dominierendes Paradigma der Literaturwissenschaft kaum kritisiert worden. Sie wurde um 1968 und in den folgenden Jahren von neomarxistischen Bewegungen als »bürgerliche Wissenschaft« kritisiert, bis schließlich nachfolgende Studentengenerationen kaum mehr wußten, was unter »immanenter Interpretation« zu verstehen sei, wohl aber, daß man diese Verfahrensweise abzulehnen hätte. In einer 1992 erschienenen Einführung in die Literaturwissenschaft kommt die »immanente Interpretation« nur noch in einem historischen Resümee »Neuere Entwicklungen zwischen 1945 und 1980« vor. Darin werden zwei Richtungen »immanenter Interpretation« unterschieden, eine konservativ-humanistische, als deren Hauptrepräsentant Emil Staiger genannt wird, und eine strukturalistisch-formanalytische, für die Wolfgang Kayser steht (→ FORMALISMUS UND STRUKTURALISMUS). »Ähnlich verfahren Germanisten wie Kurt May, Heinz-Otto Burger, Oskar Seidlin, Paul Stöcklein, Erich Trunz, August Closs und Heinrich Henel, auch sie verzichteten weitgehend auf jede gesellschaftliche Relevanz und beschränkten sich allein auf das Werkimmanente« und betreiben »Klassikverkultung« (HERMAND 1992, S. 567). Dies ist nicht nur ein undifferenziertes und pauschal abwertendes Urteil; bei genauerer Kenntnis der Werke der beiden genannten Autoren erscheint die Trennung eher künstlich, da sich bei beiden sowohl verwandte Züge eines humanistischen Klassizimus wie auch der Stilanalyse literarischer Formen nachweisen lassen. Eine 1995 erschienene Einführung wiederum empfiehlt Staiger, Kayser und Benno von Wiese als Wissenschaftler, »mit deren zahlreichen neuaufgelegten Arbeiten sich der heutige Student nach wie vor auseinandersetzen muß« (BLEISSEM/REISNER 1995, S. 60). Man sieht: die Urteile schwanken; einige Grundprobleme der wissenschaftsgeschichtlichen Differenzierung skizziert sehr präzise Lutz DANNEBERG (1996).

Was im folgenden knapp dargestellt und begründet werden soll, sind die Paradigmenwechsel vom Positivismus zur »immanenten Interpretation« und von dieser zur linguistischen und strukturalen Analyse. Wie immer man diese Phasen beurteilen mag, sie sind doch instruktiv für die Erkenntnis historischer Bedingungen und Gründe des Methodenwandels und der Möglichkeiten und Grenzen von Literaturwissenschaft im historischen Kontext.

2. Stilanalyse und Werkinterpretation

Stilanalyse (→ STILISTIK) und Werkinterpretation, so unterschiedlich sich einzelne Richtungen präsentieren mögen, haben doch dies gemeinsam, daß sie sich dezidiert gegen die Reduktion literarischer Texte auf Stoffe und Quellen wie gegen die Reduktion auf Spiegelungen der Geistesgeschichte wenden. Sie interessieren sich nicht für die Frage: Woher hat es der Dichter?, sondern sie konzentrieren sich auf die Form des Zusammenhangs, der Fügung des als Kunstwerk betrachteten literarischen Texts. Oskar Walzels programmatischer Aufsatz »Die künstlerische Form des Dichtwerks« begann mit dem ironischen Goethe-Zitat: »Das Was des Kunstwerks interessiert die Menschen mehr als das Wie; jenes können sie einzeln ergreifen, dieses im ganzen nicht fassen.« (WALZEL 1916 in: ENDERS 1967, S. 1; → FORMALISMUS UND STRUKTURALISMUS) Die Fügungsart des Ganzen zu fassen, ist das gemeinsame Ziel verschiedenster Richtungen der Werkinterpretation. So ist es wohl kein Zufall, daß erste Beispiele textimmanenter Interpretation aus der kritischen Textedition (→ TEXTKRITIK UND TEXTEDITION) hervorgingen, etwa in den knappen Auslegungen, die Norbert von HELLINGGRATH seiner Hölderlin-Ausgabe (1913ff.) beigab. Vor allem die sprachwissenschaftliche Stilanalyse aber wurde für die Entwicklung der textimmanenten Schule maßgeblich.

Der Romanist Leo SPITZER hat sein Werk mit sprachwissenschaftlichen Stilstudien begonnen und mit Interpretationen abgeschlossen, die durch diese Stilstudien geprägt sind. Spitzer begann mit Aufsätzen zur romanischen Syntax und Stilistik (»Die syntaktischen Errungenschaften der französischen Symbolisten«, 1917/1918); mit »Stilstudien« (2 Bände, 1928) verschob sich der Schwerpunkt seiner Arbeit vollends in den literaturwissenschaftlichen Bereich. Zur Emigration gezwungen, edierte er 1948 in Princeton »Linguistics and Literary History. Essays in Stilistics« und »A Method of Interpreting Literature«. Seine letzten Publikationen nach der Rückkehr nach Deutschland waren dann die späten »Romanischen Stilstudien« (1959) und die »Interpretationen zur Geschichte der französischen Lyrik«. Diese Titel spiegeln die wichtigsten Phasen der Entwicklung. Spitzer versuchte, linguistische und literaturwissenschaftliche Interpretationstypen hermeneutisch reflektiert zu verbinden (→ HERMENEUTIK):

»[...] die Verteidigung der Intuition und Subjektivität des forschenden Subjekts verbindet sich bei Spitzer mit dem Bemühen um die Erforschung des Gegenstandes in seiner Eigentümlichkeit. Aufgrund dieses Festhaltens an der Individualität des erkennenden Subjekts und an der Partikularität des zu erkennenden Gegenstands kann der zwischen ihnen sich vollziehende Erkenntnisprozeß nicht als einer auf intersubjektive oder gar objektive Gültigkeit Anspruch erhebenden Methode folgend gedacht werden. Methode im Falle Spitzers muß verstanden werden als subjektiver Entwurf und Realisierung von Analyseschritten in Hinblicknahme auf einen je besonderen Gegenstand, sei es ein Individualstil oder ein Text. Daß sich in dem Entwurf und in der Realisierung der Untersuchungen verschiedener Stile gewisse Gleichförmigkeiten abzeichnen, die die Unterscheidung von Interpretationstypen und so etwas wie einen Methodenbegriff unter Vorbehalt sinnvoll erscheinen lassen können, liegt – paradoxerweise – im Subjekt selbst, in der ihm eigenen Identität beschlossen.« (ASCHENBERG, 1984, S. 223)

3. Gegen Positivismus und Geistesgeschichte: Die »Kunst der Interpretation«

3.1 Positivismus und Geistesgeschichte

Wie Spitzer hat auch Emil Staiger sich gleichermaßen gegen den ›Positivismus‹ wie gegen die ›Geistesgeschichte‹ gewandt. Wichtigste Eigenarten des ›Positivismus‹ sind seine Orientierung am naturwissenschaftlichen Methodenideal und die Konzentration auf die Erhebung von Daten und Fakten, die in gesetzmäßige Beziehungen gebracht werden sollen. Wilhelm Scherer (→ LITERATURGESCHICHTSSCHREIBUNG) glaubte 1874 die Zeichen der Zeit in der naturwissenschaftlich-technischen Entwicklung zu sehen und verlangt eine dieser Entwicklung entsprechende Literaturwissenschaft:

»Mit schönen Ansichten, mit geistreichen Worten, mit allgemeinen Redensarten ist uns nicht geholfen. Wir verlangen Einzeluntersuchungen, in denen die sicher erkannte Erscheinung auf die wirkenden Kräfte zurückgeführt wird, die sie ins Dasein riefen [...]. Gewissenhafte Untersuchung des Thatsächlichen ist die erste und unerläßliche Forderung. Aber die einzelne Thatsache als solche hat an Werth für uns verloren. Was uns interessiert, ist vielmehr das Gesetz, welches daran zur Erscheinung kommt. Daher die ungemeine Bedeutung, welche die Lehre von der Unfreiheit des Willens, von der strengen Causalität auch in der Erforschung des geistigen Lebens erlangt hat.« (SCHERER 1874, S. 408, S. 412)

Scherers berühmt gewordene (an Taine angelehnte) programmatische Formel, ein Kunstwerk sei nur Produkt des Ererbten, Erlernten und Erlebten, faßt das Konzept zusammen und läßt ahnen, wie das funktionieren könnte, auch wenn Scherers Praxis sehr häufig in größtem Widerspruch zu seiner Theorie stand. Seiner Schule sind zahlreiche kritische Editionen und präzise Dichterbiographien zu verdanken.

Dieser ›Positivismus‹ ist von der ›Geistesgeschichte‹ abgelöst worden. Die Ausbreitung dieses Terminus läßt sich seit dem ausgehenden 19. Jahrhundert nachweisen. Sie ist vermutlich von Wilhelm Diltheys »Einleitung in die Geisteswissenschaften« (1883) angeregt worden und steht im Zusammenhang mit der zunehmenden Verbreitung neu-idealistischen und neu-hegelianischen Denkens. Diese Bewegung hatte zwischen 1910 und 1925 ihre größte Bedeutung und wirkte noch bis Ende der dreißiger Jahre nach. Der schwer definierbare Begriff ist am ehesten mit den Worten eines der prominentesten ›Geistesgeschichtler‹, des Germanisten Paul Kluckhohn, zu umschreiben: Geistesgeschichte sei auf die Einheit des geistigen Lebens in Staat, Philosophie, Kunst und Dichtung gerichtet (vgl. WEHRLI 1993). Der Germanist Karl Viëtor, selbst Vertreter dieser Richtung, ironisierte sich und andere, als er meinte, bei der Geistesgeschichte habe es sich »um das letzte Aufflackern eines senilen Idealismus« gehandelt (vgl. ebd., S. 23). Das verweist auf Hegels Verständnis der Geschichte als des Zusichselbstkommens des absoluten Geistes über die Etappen von Recht, Kunst, Religion und Philosophie. Der Literatur kommt dabei als Mittlerin zwischen ›Geistes-‹ und ›Sinnenwelt‹ besonderes Gewicht zu. Nach Diltheys Lebensphilosophie, die diese Bewegung geprägt hat, konkretisiert sich ›Leben‹ vornehmlich in der Form des wissenschaftlichen Erkennens und der dichterischen Phantasie. In seinem fragwürdigsten, aber wirkungsgeschichtlich erfolg- und einflußreichsten Buch »Das Erlebnis und die Dichtung« (→ HERMENEUTIK) formulierte er am Beispiel Goethes sein Konzept exemplarisch:

»Indem ich nun das Verhältnis von Leben, Lebenserfahrung, Phantasie und dichterischen Werken in Goethe auszusprechen suche, ergreift mich wieder vor allem die wunderbare Einheit und Harmonie in diesem Dasein. Es gibt in ihm kaum Rätsel und Dissonanzen. Dies Leben ist ein Wachstum nach einem inneren Gesetz, und wie einfach ist dies Gesetz, wie regelmäßig und stetig wirkt es! Aus seiner Anschauung von der bildenden Kraft der Natur schafft Goethe ihr das Leben nach, das der Gegenstand der Dichtung ist, und nach der hier gefundenen inneren Gesetzlichkeit formt er seine dichterische Welt und gestaltet sich selbst – dies beides in einem untrennbaren Zusammenhang.« (DILTHEY [13]1957, S. 127)

Die Gefahr, einen idealisierenden Zusammenhang von Werk und Leben zu konstituieren, ist offensichtlich. Die idealisierte deutsche Klassik wird zum normbildenden Gegenstand der Literaturwissenschaft – so auch in Hermann August Korffs ideengeschichtlichem

Hauptwerk »Geist der Goethezeit« (4 Bände, 1923-1953; → LITERATURGESCHICHTSSCHREIBUNG). Emil Ermatinger, ebenfalls der Geistesgeschichte verpflichtet, hat in seiner Poetik »Das dichterische Kunstwerk« (1921) den »Erlebnis«-Begriff erweitert und für die Textauslegung konkretisiert, indem er die Kategorien »Gedankenerlebnis«, »Stofferlebnis« und »Formerlebnis« unterschied. Verschiedene Vertreter der Geistesgeschichte haben sich mit Problemen des Stils beschäftigt und so über die Stilgeschichte die Wendung zur Stilanalyse des Werks vorbereitet. Oskar Walzel erklärte in »Gehalt und Gestalt« (1923), die zentrale Frage der Literaturwissenschaft sei die Frage nach den »Bauweisen der Wortkunst« (→ FORMALISMUS UND STRUKTURALISMUS). Strich und Walzel hatten sich in ihrer Erforschung des Sprachstils von der Kunstwissenschaft, von der Stiltypologie Heinrich Wölfflins, anregen lassen. Sie interessierten sich für epochale Stile; das hat dann die spätere Stilkritik zugunsten der Beschreibung des einzelnen Kunstwerks abgelehnt (und so das Hauptdefizit der geistesgeschichtlichen Methode zu ihrem bevorzugten Gegenstand gemacht). Durch diese Vorgeschichte wird verständlich, gegen welche Positionen die sogenannte »immanente Interpretation« der Texte sich richtete und welche Vor- und Frühformen sie übernahm oder aber neu und anders weiterentwickelte.

3.2 Die Kunst der Interpretation – Enthistorisierung des Texts?

Emil Staiger, Ermatingers Zürcher Nachfolger, hat sich in der Einleitung seines Buches »Die Zeit als Einbildungskraft des Dichters« (1939) unter der Überschrift »Von der Aufgabe und den Gegenständen der Literaturwissenschaft« dezidiert von früheren Methoden distanziert und seine eigene Verfahrensweise begründet:

»Die Literaturgeschichte steht, wie alle Geisteswissenschaften, unter der Frage: ›Was ist der Mensch?‹ Wie alle Geschichte unterrichtet sie über Möglichkeiten des Menschen, die nacheinander im Wandel der Zeiten Wirklichkeit geworden sind. Sie wagt vielleicht nicht mehr, sich zu dem kühnen, gegen Nietzsche gerichteten Satze Diltheys zu bekennen: ›Was der Mensch sei, sagt nur die Geschichte.‹ Doch unbeirrbar hält sie an dem Wort des jungen Dilthey fest: ›Wer mit solchem Ausblick nach den Formen des menschlichen Daseins, den Gesetzen, die es beherrschen, den Richtungen, die seiner Natur entspringen, Geschichte studiert, in dem ist ein ebenso großer Teil der uns vergönnten Wahrheit auf originale Weise lebendig als in dem Philosophen.‹« (STAIGER 1939, S. 9)

Das ist sowohl gegen den radikalen Geschichtsskeptizismus in Nietzsches »Über Nutzen und Nachteil der Historie« gerichtet wie gegen den idealistischen Erkenntnisoptimismus der Lebensphilosophie Diltheys. In der Zustimmung zur Überzeugung des jungen Dilthey, daß die Untersuchung der künstlerischen Gestaltungen des menschlichen Daseins zu anthropologischen Einsichten führen würde, setzt sich Staiger zugleich von Positivismus und Geistesgeschichte ab:

»Wilhelm Scherer hat die Fragen literaturgeschichtlicher Forschung in die bekannte Formel ›Erlebtes, Erlerntes, Ererbtes‹ zusammengefaßt. [...] am meisten hat die Frage nach dem Erlernten an Anteil eingebüßt. Es kümmert uns heute nicht mehr sehr, ob wir alle Bücher kennen, die ein Dichter gelesen hat, ob diese Wendung seiner Prosa einer vergessenen Schrift entlehnt, jener Vers einer Erinnerung an ältere Lyrik zu danken sei. Wenn ein Wort lebendig ist, wenn es uns anspricht, gibt es seine Möglichkeit menschlichen Daseins kund. Was kann es da bedeuten, wenn dieselbe Möglichkeit schon früher erfahren und ausgedrückt worden ist? Was soll der Versuch, den Einzelnen und sein Eigentum säuberlich auszusondern? Als ob der Dichter überhaupt je ein Einzelner sein könnte! Ein Einzelner ist der Mensch in sittlicher oder religiöser Hinsicht. Doch schon die Sprache eines Dichters ist allen gemeinsam, an die er sich wendet. Und das Neue, das der schöpferische Künstler stiftet, ist jedenfalls nie mit den Mitteln einer die Wörter vergleichenden Philologie herauszulösen. Wie dieselbe Folge von Tönen in Beethovens ›Eroïca‹ und in Mozarts ›Bastien et Bastienne‹ ganz unvergleichbar klingt, so kann dieselbe Folge von Wörtern Grundverschiedenes besagen, gerade in dem, was wesentlich ist und dichterisch den Ausschlag gibt. Das ›Erlernte‹ in diesem Sinn ist also nicht einmal feststellbar, geschweige denn irgendwie wissenswert.« (Ebd., S. 9f.)

Staiger interessiert also nicht die Frage: Woher hat es der Dichter?, sondern die Frage: Was sagt uns dieser Text hier in dieser einmaligen neuen Situation? Das kann in der radikalen Ablehnung aller historischen Lokalisierung natürlich zu neuer Einseitigkeit führen. Staiger mäßigt seine Ablehnung der Quellenforschung in den folgenden Abschnitten insofern, als er einräumt, daß es durchaus von Interesse sein könnte, zu überlegen, wie Goethe den Homer oder Shakespeare und wie Schiller den Sophokles aufgenommen habe. Freilich geht es dabei allein um die Transformation des Gelesenen in neue dichterische Gestalt. In Staigers Ausführungen über das »Ererbte« wird sein eigentümliches Geschichtsverständnis besonders deutlich:

»Der Titel ›Ererbtes‹ muß für ganz verschiedene Unternehmungen gelten, zunächst für die tiefenpsychologische Forschung und für die Stammesgeschichte, die Josef Nadler ausgeführt hat. Diese beiden Richtungen haben nämlich wenigstens eins gemeinsam: sie gehen zur Erklärung literarhistorischer Befunde in eine tiefere Schicht zurück, aus dem Bereich des Worts in den des Bluts oder den des Unbewußten. Und sie glauben, daß eine aus dem anderen nach dem Verhältnis von Ursache und Wirkung begreifen zu können. [...] Darüber kann kein Zweifel sein: Hier verzichtet die Literaturgeschichte auf Autonomie und begibt sich in den Dienst der Psychoanalyse und Ethnologie. Denn, was den Literaturhistoriker angeht, ist das Wort des Dichters, das Wort um seiner selbst willen, nichts, was irgendwo dahinter, darüber oder darunter liegt [...], was uns der unmittelbare Eindruck aufschließt, ist der Gegenstand literarischer Forschung; daß wir begreifen, was uns ergreift, das ist das eigentliche Ziel aller Literaturwissenschaft.« (Ebd., S. 11)

Derselbe Einwand gelte auch für die Erklärung des Dichterischen aus Gesellschaft, politischer Lage, kulturellen Verhältnissen – für alle Versuche, das Wesen des Kunstwerks als Ergebnis oder als Funktion zu verstehen. (Mit Nadler ist dabei freilich eine fragwürdige Figur der ›Geistesgeschichte‹ genannt; → LITERATURGESCHICHTSSCHREIBUNG.) Staigers Ablehnung der historisch-soziologischen Perspektiven erfolgt keineswegs absolut, wie dies immer wieder behauptet wird, sondern bezieht sich nur auf Versuche, das Kunstwerk auf die Funktion als historischen Quellentext zu reduzieren – ausdrücklich: »[...] damit wird der Wert kulturgeschichtlicher oder soziologischer Einführungen nicht geleugnet. Wer wollte sie, zumal bei älteren Dichtern, deren Lebensraum uns fremd geworden ist, entbehren? [...] Allein, man sei sich stets bewußt, daß solche Einführungen nur bis zur Pforte des Dichterischen geleiten, daß die eigentlich literaturwissenschaftliche Arbeit erst beginnt, wenn wir bereits in die Lage eines zeitgenössischen Lesers versetzt sind.« (Ebd., S. 11) Einerseits also soll das, was der unmittelbare Eindruck aufschließt, nicht nur Ausgangspunkt, sondern auch Ziel literaturwissenschaftlicher Forschung sein, andererseits soll eigentlich literaturwissenschaftliche Arbeit erst dann beginnen, wenn wir bereits in die Lage eines zeitgenössischen Lesers versetzt sind. Das Konzept setzt also gleichzeitig Unmittelbarkeit der Wahrnehmung und einen fast gottähnlichen historischen Horizont voraus; Vermittlungsprobleme sind ausgeblendet. Gadamer, der im übrigen Staigers Konzept literarischen Verstehens weitgehend zustimmt, kritisiert deshalb, daß diese Versetzung in die Lage eines zeitgenössischen Lesers nie möglich sei (GADAMER [5]1986a, S. 271; → HERMENEUTIK). Die fiktive Gleichzeitigkeit von Text und Lektüre negiert nicht nur die prinzipielle Zeitdifferenz, sondern auch die Erkenntnis der Geschichtlichkeit des Lesers und fördert die Gefahren subjektiver Projektion.

Die Formel von Staigers Enthistorisierung der Texte ist dennoch ohne Differenzierungen nicht richtig. Staiger versucht sehr wohl, das ausgedehnteste historische Wissen für die Interpretation des Textes einzusetzen, aber ihn interessiert nur die Geschichte im Text, nicht der Text in der Geschichte. Faszination und Wirkung seiner Methode beruhten in hohem Maße auf der Konzentration auf eine Frage, die frühere Methoden völlig ausgeblendet hatten: Was sagt mir dieser Text? Staiger bestimmt den Gegenstand der Werkinterpretation, die er selbst nicht als »immanente Analyse«, sondern als Stilkritik versteht, folgendermaßen:

»Darauf kommen wir immer wieder zurück, auf die Welt des Dichters, die wortvernehmlich wird, das heißt wir kommen immer wieder zum Werk, das uns allein als unmittelbarer Gegenstand gegeben ist. Und so mag und soll der Literarhistoriker manches unternehmen, anderen Wissenschaften dienen und von anderen zehren – beides bringt dem Ganzen Gewinn – [...]: im eigenen Hause schaltet er, und den Auftrag, der an ihn besonders ergangen ist, führt er aus, wenn er die Sprache gewordenen Welten der Dichter wissenschaftlich beschreibt.« (STAIGER 1939, S. 15)

Staiger stellte kausalen Erklärungen der Naturwissenschaften die phänomenologische Beschreibung des Kunstwerks gegenüber, des Kunstwerks, wie es sich selbst zeigt in der Eigenart seiner sprachlichen Struktur. Der Begriff »Stil« (→ STILISTIK) wird verstanden im Sinne einer Einheit von Gedanke, Vers, Syntax und Bildlichkeit. Diese Einheit wird auf eine zugrunde liegende Form der Anschauung bezogen, auf »Die Zeit als Einbildungskraft des Dichters« – etwa als »reißende Zeit« bei Brentano, als »erfüllter Augenblick« bei Goethe, als »ruhende Zeit« bei Keller.

Die »immanente Interpretation« ist also schon vor dem Zweiten Weltkrieg durch einen ihrer wichtigsten Vertreter in den Grundzügen konzipiert und exemplarisch demonstriert worden. Anfangs dem Nationalsozialismus gegenüber nicht ganz unempfänglich (SCHÜTT 1995), konzentrierte sich Staiger doch zunehmend auf ein apolitisches Verständnis seines Faches und auf einen das ›Zeitlose‹

betonenden Begriff der Kunst. Dies wurde zumindest ein wesentlicher Grund der sich nach 1945 rasch verstärkenden Breitenwirkung in der deutschen Germanistik, die ja seit den dreißiger Jahren ganz überwiegend eine nationalsozialistische Wissenschaft gewesen war. Ihr bot sich nach 1945 die werkimmanente Stilkritik als nicht korrumpierte Möglichkeit der Literaturwissenschaft an.

3.3 Die Kunst der Interpretation

Wie Staiger sich den Vollzug seines Interpretationsverfahrens vorstellt, zeigt sein Aufsatz »Die Kunst der Interpretation« (STAIGER 1955) konkret. In diesem Text bezieht Staiger sich vor allem auf die Philosophie Martin Heideggers. Diese Affinität war dreifach begründet: durch die hervorragende Stellung, die in Heideggers Denken die Kunst einnimmt (als das Grundgeschehen, als »eigentlich Schaffendes des Seins«), durch seine Husserls »Phänomenologie des inneren Zeitbewußtseins« weiterentwickelnden temporalen Analysen und durch sein Konzept des interpretierenden Verstehens, das (in »Sein und Zeit«) wesentliche Motive Diltheys und Husserls verbindet. Dilthey verstand historische Objektivationen der Kultur als Teile der Ganzheit von Lebenszusammenhängen, Husserl hat die Konstitution von Welt als Handlungen des Bewußtseins verstanden, die phänomenologisch zu beschreiben sind. Insofern sich in Heideggers Philosophie der »Sinn von Sein« in der Kunst erschließt, kommt der phänomenologischen Beschreibung künstlerischer Texte besondere Dignität zu; eine so verstandene historische Stilkritik könnte einen Beitrag leisten zur allgemeinen und historischen Anthropologie.

Daß solche Reflexionen Staiger inspirierten, läßt sich nachweisen. Ob das mehr als ein produktives Mißverständnis war, wäre in umfassenderer Weise, als es bisher geschehen ist, erst noch kritisch zu untersuchen (vgl. dazu WEIMAR/JERMANN 1984). Daß sich freilich in bezug auf das geschichtliche Verständnis auch Differenzen zwischen beiden ergeben, zeigt die Auseinandersetzung um Mörikes Gedicht »Auf eine Lampe«, dessen Auslegung Staigers »Kunst der Interpretation« exemplarisch belegt:

Auf eine Lampe

Noch unverrückt, o schöne Lampe, schmückest du,
An leichten Ketten zierlich aufgehangen hier,
Die Decke des nun fast vergeßnen Lustgemachs.

Auf deiner weißen Marmorschale, deren Rand
Der Efeukranz von goldengrünem Erz umflicht,
Schlingt fröhlich eine Kinderschar den Ringelreihn.
Wie reizend alles! lachend, und ein sanfter Geist
Des Ernstes doch ergossen um die ganze Form -
Ein Kunstgebild der echten Art. Wer achtet sein?
Was aber schön ist, selig scheint es in ihm selbst.

Staiger wählt zur Demonstration seines Verfahrens bewußt einen Text, der für ein erstes Verständnis keines Kommentars bedarf. Heidegger folgend bemüht er sich, den ›hermeneutischen Zirkel‹ nicht zu vermeiden, sondern im Gegenteil recht in ihn hineinzukommen, und fragt nach seinem Vollzug (→ HERMENEUTISCHE MODELLE). Vorerst gesteht er seine Liebe zu diesem Gedicht: »Das allersubjektivste Gefühl gilt als Basis der wissenschaftlichen Arbeit!« (STAIGER 1955, S. 12) Gemeint ist nicht vage Assoziation und Anmutung, sondern eine bestimmte Qualität der Wahrnehmung des Kunstcharakters des Textes, nämlich des »Rhythmus« seines »Stils«. Dieses Stilverständnis wird bezogen auf Gustav Beckings Buch »Der musikalische Rhythmus als Erkenntnisquelle«: Staiger meint, daß sich auch der literarische Stil künstlerischer Texte durch je eigenartige Rhythmik unterscheide. (Und wenn wir den Klang etwa der Prosa Kleists oder der Lyrik Brentanos im Ohr haben, bekommt das eine gewisse Evidenz.)

Staigers Stilbegriff hat aber einen sehr weiten Umfang. Stil wird definiert als »das, worin ein vollkommenes Kunstwerk – oder das ganze Schaffen eines Künstlers oder auch einer Zeit – in allen Aspekten übereinstimmt« (ebd., S. 14). Daraus wird ein Kriterium der → LITERARISCHEN WERTUNG abgeleitet: »Kunstgebilde sind vollkommen, wenn sie stilistisch einstimmig sind.« (Ebd.) Während Liebhaberlektüre sich mit dem vagen Eindruck zufriedengebe, habe die wissenschaftliche Interpretation den Nachweis der Übereinstimmung von Teil und Ganzem zu leisten. Staiger gibt Beispiele vorerst falscher Hypothesenbildung, die durch historisch-philologisches Wissen korrigiert werden. Er kann daraus die Folgerung ableiten, »daß es ein barer Hochmut sei, sich beim Erklären von Sprachkunstwerken auf den Text beschränken zu wollen« (ebd., S. 17). Darauf wird der Text aufgrund von klanglichen wie inhaltlichen Indizien als »Spätblüte klassizistischer Dichtung« klassifiziert und im Kontext deutscher Klassik metrisch analysiert. Auch biographische und philologische Kenntnisse werden als notwendig vorausgesetzt. Hinreichende Bestimmung des Stils ist aber dann und nur dann möglich, wenn nicht nur die einzelnen Faktoren, sondern auch die Weise ihres Zusammenhangs erfaßt ist: »Der individuelle Stil ist nicht die Form und nicht der Inhalt, nicht der Gedanke und nicht das Motiv. Sondern er ist dies alles in einem.« (Ebd., S. 20) Dies wird anschließend durch eine Untersuchung der Gliederung des Satzbaus und des Klangs konkretisiert.

Ausführlichste grammatische Analyse und literarhistorische Forschung, die dieser Interpretation vorangingen, werden in der Abhandlung einerseits beschränkt durch das für dieses Stilprinzip Relevante und anderseits exemplarisch eingeschränkt, um den Text auch für Laien lesbar zu gestalten. Ebenso knapp wird der kulturgeschichtliche Kontext der zur Neige gehenden Goethezeit skizziert und die Transformation antiker Vorbilder beschrieben; so wird das Ganze als charakteristische sprachliche Erscheinungsweise dieses Bildes einer Lampe gezeigt, als Bild des Schönen, das nicht »in sich« scheint, sondern »in ihm« selbst.

»Eigentlich«, fügt Staiger dieser Deutung hinzu, »sollten wir jede Dichtung im Ganzen der Menschheitsgeschichte betrachten, ein Ideal, das niemand erreicht, dem aber nachzustreben auch Germanisten nicht vergessen sollten.« Dieses Manifest der Interpretation schließt mit einem Bekenntnis der Unabschließbarkeit der Interpretation angesichts der nie zu erschöpfenden Interpretierbarkeit der Kunst: »Der Fortschritt dieser Erkenntnis vollzieht sich im Gang der Geschichte und findet kein Ende, so lange die Überlieferung währt.« (Ebd., S. 29, 33; → REZEPTIONSGESCHICHTE)

Heidegger und Staiger lesen das exemplarische Gedicht, wie in dem in »Die Kunst der Interpretation« überlieferten Briefwechsel Staigers mit Martin Heidegger deutlich wird, auf bezeichnende Weise unterschiedlich (ebd., S. 34-49). Anlaß zur Auseinandersetzung gab die (selbst als ästhetische Maxime formulierte) Schlußzeile: »Was aber schön ist, selig scheint es in ihm selbst.« Heidegger betont mit Nachdruck: ›Was aber schön *ist*, selig *scheint* es in ihm selbst.‹ Staiger dagegen betont ›schön‹, ›selig‹ und ›selbst‹: ›Was aber *schön* ist, *selig* scheint es in ihm *selbst*.‹ Das ist, wie Staiger ausdrücklich erklärt, keine beliebige Meinungsverschiedenheit, sondern Ausdruck eines wesentlichen Unterschiedes in der Auffassung dichterischer und philosophischer Sprache. Wenn Heidegger einen besonderen Akzent auf ›ist‹ legt, tut er dies in Zusammenhang mit seiner Dichtungsauffassung, die Wahrheit des Seins eröffne sich im Kunstwerk. Das wird noch deutlicher im Moment, wo sich auch noch Differenzen der semantischen Interpretation ergeben (die in Diskussionen des öffentlichen Vortrags an den Universitäten in Freiburg und Amsterdam nachdrücklich zutage traten). Im Zentrum stand die Frage, wie »scheint« zu verstehen sei – als ›videtur‹, also in Zusammenhang mit anscheinend, Schein, scheinbar (so Hugo Friedrich und Walter Rehm)? Oder als ›lucet‹, von ›leuchten‹ (so Herman Meyer und Heidegger)? Und ist »selig« prädikativ zu verstehen (so Staiger: »felix in se ipso [esse] videtur«) oder adverbial (so Heidegger: »feliciter lucet in eo ipso«)?

Der Streit um einen Mörike-Vers wird so zur Debatte um die ästhetischen Grundlagen der »textimmanenten Interpretation«. Staiger begreift Mörikes ›Scheinen‹ als historischen Ausdruck für die Erscheinungsweise des Schönen in einer Spätzeit. In Mörikes Formulierung ›in ihm selbst‹ (im Gegensatz zu dem möglichen ›in sich selbst‹) sieht er das Abrücken eines Schönen, das zwar noch dazusein scheint, aber seine Leuchtkraft und die Macht über die Wirklichkeit verloren hat. Heidegger hingegen versteht das Schöne als das sinnliche Scheinen der Idee – in der Tradition Hegels. Staiger erwidert, Mörike sei kein Hegel-Kenner, sondern ein Dichter, der »zu ernsthaftem Denken keine Lust und kein Geschick hatte«. Für Heidegger sind die Zeugnisse des Dichterischen und des Schönen mithin zeitlos-ungeschichtlich; historisch an ihnen ist allenfalls die Form ihrer Beziehung zu den Lesern. Für Staiger hingegen ist das Gedicht Zeugnis derjenigen besonderen und unwiederholbaren Erscheinungsform des Dichterischen und des Schönen, die durch Eduard Mörike um die Mitte des 19. Jahrhunderts verwirklicht worden ist; er begreift also auch Form und Inhalt des Schönen als geschichtlich – in diesem Fall mindestens im Rahmen der Kultur- und Kunstgeschichte.

Schließlich hat auch Leo Spitzer in die Diskussion eingegriffen (Spitzer 1951), die weder von dem Literaturwissenschaftler noch von dem Philosophen mit zureichender philologischer Präzision geführt worden sei. Spitzer analysiert zunächst subtil die Wechselbeziehungen von Farben und Reigentanz, die in den Versen 7 und 8 geschildert werden, und deren metrischer Struktur, die Äquivalenzbeziehungen von semantischen und metrischen Gegensätzen, Spannungen der Tempi usf., ehe er sich der Kontroverse um den Schlußvers zuwendet. Dezidiert wendet er sich gegen Heideggers etymologisierende Wortspielakrobatik. Er zitiert Heidegger: »[...] das Wesen des Kunstwerks, die Schönheit der schönen Lampe, leuchtet in der Weise des lichtenden Scheinens. Die schon erloschene Lampe leuchtet noch, indem sie als schöne Lampe lichtet: sich zeigend (scheinend), ihre Welt (das Lustgemach) zum Scheinen bringt.« Spitzer kommentiert nüchtern: »All solch präziöser Wortprunk kann nicht um die einfach nüchterne, sachliche Feststellung herum, daß von einem Leuchten der Lampe in unserem Gedicht sonst keine Rede ist.« Das ist erfrischend klar und nicht zu widerlegen. Auch Heideggers etymologisch-metaphysizierende Auslegung des ›ist‹ – »das *ist* hat hier die Bedeutung von *west*: was in der Weise des Schönen *west*« – begegnet Spitzer mit nüchternem philologischem Sachverstand:

»Aber überhaupt handelt es sich hier ja nicht um die Bedeutung des *ist*, sondern um die des ganzen Sätzchens ›was schön ist‹, das jeder Deutsche als eine umgangssprachliche Umschreibung von mehr literarischen Wendungen wie ›alles Schöne‹ [...] oder ›jeder schöne Gegenstand‹ fassen wird. Der verallgemeinernde Relativsatz mit ›was‹ klingt einfach spontan volkstümlicher als das abstraktere ›alles Schöne‹ und poetisch einfacher als ›jeder schöne Gegenstand‹. *Ist* ›west‹ gar nichts. Es ist eine Kopula, die keine andere Funktion hat, als eine nominale Fügung in einen Satz zu verwandeln.« (Ebd., S. 140)

Zur Interpretation der umstrittenen Schluß-Sentenz greift er zum 1831 erschienenen schwäbischen Wörterbuch Christoph von Schmids, das den schwäbischen Wortgebrauch von ›scheinen‹ im Sinne von ›schön sein‹ nachweist – und also auch der Staigerschen Interpretation (von ›scheint‹ als ›videtur‹) widerspricht. Auch Staigers darauf gegründete Deutung des Textes als Ausdruck der melancholischen Stimmung einer Spätzeit lehnt Spitzer ab: »Für mich ist die Melancholie der Feststellung der modernen Fremdheit um das Kunstwerk herum überwunden in der idyllischen Gelassenheit des letzten Verses«; Mörike proklamiere die alte Auffassung von der »Autarkie des Kunstwerks, das kein Publikum braucht«. Hier freilich nimmt auch Spitzer eine erklärtermaßen subjektive Perspektive ein; logisch ist sie nicht zwingend. Tatsächlich verfängt sich Spitzers eigene Deutung am Ende in den Widersprüchen zwischen Staiger und Heidegger.

Sowohl Staigers Interpretation wie Spitzers Stilanalyse sind Dokumente sensibler Lektüre. Sie zeigen beide Grenzen ihrer Verfahrensweisen und Grenzen der Objektivierbarkeit. Die Qualitäten zeigen sich in der subtilen Wahrnehmung der Form und in Ansätzen zu einer Semantisierung der Form. Zwar besitzen beide dafür keine Wissenschaftssprache, wie sie der Russische Formalismus und der frühe Strukturalismus entwickelt hatten (→ Formalismus und Strukturalismus); dafür vermögen sie ihre Beobachtungen weitgehend allgemeinverständlich zu formulieren und geraten weniger leicht in eine Verkürzung des Textes auf vereinfachende Modelle. Spitzer wiederum vermag einige Spekulationen Heideggers mit philologischen Argumenten zu widerlegen; und sein Versuch, die sinnliche Gestalt des Kunstgebildes in ihrem Symbolwert zu erfassen, ergänzt und kritisiert die vorangehenden Versuche in wesentlichen Punkten.

Alle drei vermögen die problematische Schlußsentenz nicht textimmanent, sondern nur durch den Verweis auf extratextuelle Bezüge zu interpretieren. Heidegger verweist auf Hegels Ästhetik; Staiger negiert diese Auslegung mit dem Nachweis von Mörikes geringer philosophischer Bildung; Spitzer bezieht sich auf schwäbischen Wortgebrauch. Alle diese Argumente haben eine gewisse Plausibilität, alle widersprechen sich. Und alle sind extratextuell begründet. Wäre die »immanente Interpretation« wirklich »immanent«, müßte sie wohl offen lassen, wie die Schlußsentenz zu interpretieren sei. Zwar handelt es sich offenkundig um ein symbolisches Dinggedicht, das sich in der Schlußsentenz selbst interpretiert, aber die Fragen, die diese Selbstinterpretation aufwirft, sind textimmanent nicht entscheidbar.

Mörikes »Auf eine Lampe« ist zum Beispielfall der Methodendiskussion geworden. Anläßlich des Gesprächs zwischen Gadamer und Jacques Derrida in Paris hat Gadamer ebenfalls anhand dieses Texts versucht, seine Position gegenüber dem Poststrukturalismus zu erläutern (→ Zum Verhältnis von Hermeneutik und neueren antihermeneutischen Strömungen). 1990 schließlich sind Staigers, Heideggers und Spitzers Interpretationen dieses Texts ins Englische übersetzt und im Rahmen der amerikanischen Diskussion über Literaturkritik und Politik diskutiert worden (Lindenberger 1990).

4. Zur Kritik der »immanenten Interpretation«

Gegen einige naheliegende Mißverständnisse der »immanenten Interpretation« (vgl. neuerdings etwa Hermand 1968, S. 141, und Hermand in: Brackert-Stückrath 1992, S. 564-578; vgl. auch Berghahn 1979, S. 394f.) hat sich Staiger selbst entschieden verwahrt:

»Sowie man sich entschlossen hatte, einzig dem dichterischen Wort zu dienen, geriet man in die Versuchung, eine falsche Konsequenz zu ziehen. Man kümmerte sich überhaupt nicht mehr um die Voraussetzungen des Werks, um die Tradition, auf der es beruht, die Welt, in die es hineingehört. Man interpretierte sozusagen munter aus der blauen Luft. Und das hieß denn doch: man beschrieb im Grunde nur seinen eigenen Eindruck. Gerade indem man selbstlos zu sein begehrte, geriet man in die arroganteste Subjektivität. Die Resultate liegen in einer Reihe von Publikationen vor, die schon nach wenigen Jahren kein Mensch mehr ernsthaft lesen, die jedermann als Zeugnis einer sonderbaren Verirrung, vielleicht, was auch nicht unrichtig wäre, als Beweis der unverfrorensten Bequemlichkeit ansehen wird.« (STAIGER 1962, S. 1)

Die Fragwürdigkeit und Grenze des Verfahrens liegt also nicht in einer radikalen Negation der Geschichte, sondern in der faktischen Beschränkung auf Literatur- und Kulturgeschichte ohne Einbezug der politischen und der Sozialgeschichte und in der Beschränkung auf diejenigen Formen der Kunst, die noch eine gewisse Unmittelbarkeit des Zugangs ermöglichen. Der gravierendste Mangel aber liegt wohl im einseitig klassizistischen Kunstbegriff, der die Norm der Interpretation ebenso bestimmt wie die Norm dessen, was als Kunst zu gelten habe: Das Kunstwerk muß als stilistisch kohärente Einheit zu beschreiben sein; das historische Wissen wird auf seine heuristische Funktion zum Erweis dieser »Stimmigkeit« beschränkt (ein übrigens vieldeutiger und in der Praxis auf völlig verschiedene Bereiche bezogener Begriff). Die an die Mörike-Debatte anschließende Frage, wieso es denn zur beklagten Mißachtung des Schönen in der Gegenwart gekommen sei, bedürfte historischer, politischer, zivilisationsgeschichtlicher Erörterungen.

Max Wehrli hat auf Staigers Forderung, »zu begreifen, was mich ergreift«, erwidert, daß es »freilich auch gelingen soll zu begreifen, was mich nicht ergriffen hat« (WEHRLI 1965, S. 15). Bestimmte Texte des Mittelalters, des Barock, aber auch der Moderne, überhaupt antiklassizistische und manieristische Verfahren sind unmittelbarer Wahrnehmung des Gefühls nicht zugänglich, weil sie von ganz anderen Dichtungskonzepten ausgehen als dem von Staiger vorausgesetzten:

»Zahlreiche Kunstwerke der Vergangenheit, darunter hochberühmte, sind unmittelbar nicht mehr zu erfahren und werden von der Fiktion solcher Unmittelbarkeit verfehlt. [...] Die Beschreibung ästhetischer Erfahrungen, Theorie und Urteil, ist zu wenig. Bedarf es der Erfahrung der Werke, nicht bloß des herangebrachten Gedankens, so stellt umgekehrt kein Kunstwerk in unmittelbarer Gegebenheit adäquat sich dar; keines ist rein aus sich selbst heraus zu verstehen. Alle sind ebensowohl ein Insichgebildetes, von eigener Logik und Konsequenz, wie Momente im Zusammenhang von Geist und Gesellschaft.« (ADORNO 1970, S. 518f.)

Zugleich zeigt sich das Problem der literarischen Wertung: »Fatalerweise lassen sich gerade diejenigen Attribute, welche von der Stimmigkeitslehre der höchsten Kunst vorbehalten werden, Ordnung, Rundheit, Harmonie mit dem gleichen Recht auch dem Kitsch zusprechen.« (MECKLENBURG 1972, S. 77) In den besten Beispielen entwickelte die Werkinterpretation freilich eine Sensibilität der Wahrnehmung und der Lektüre, die wir in der Praxis wissenschafts- und literaturtheoretisch anspruchsvollerer Methoden allzuoft vermissen – eine notwendige, wenn auch gewiß noch nicht hinreichende Voraussetzung für die sinnvolle Anwendung jeder Methodik der Interpretation.

Die Grenzen und Probleme der immanenten Werkinterpretation zeigten sich in aller Schärfe im sogenannten »Zürcher Literaturstreit« von 1966 (BÖHLER 1985). Er trug wesentlich zu einem umfassenden Paradigmenwechsel der Literaturwissenschaft bei. Anlaß war Staigers im Zürcher Schauspielhaus gehaltene Rede »Literatur und Öffentlichkeit« (STAIGER 1967a). Staiger griff darin die engagierte Literatur der Gegenwart als eine Entartung jenes Willens zur Gemeinschaft an, der Dichter vergangener Tage beseelt habe, und beklagte eine amoralische Haltung der gegenwärtigen Literatur, in der es »von Psychopathen [wimmle], von gemeingefährlichen Existenzen, von Scheußlichkeiten großen Stils«; »lichtscheu« und »niederträchtig« gehe es zu. Hatte er schon am Schluß seines Schiller-Buches gegen den Romantiker Friedrich Schlegel und für den Klassiker Schiller Partei ergriffen (»Friedrich Schlegel will das Individuelle, Interessante schlechthin, Schiller [...] legt das Schwergewicht auf das zeitlos Allgemeine, das Gültige«, STAIGER 1967b, S. 420), so spielt er nun abermals den klassischen gegen den romantischen Kunstbegriff aus. Max Frisch, Paul Nizon und zahlreiche andere betroffene Schriftsteller meldeten sich zum Gegenangriff; es kam zu einem grundsätzlichen Streit über das Verhältnis von Kunst, Geschichte und Gesellschaft. Dabei zeigte sich die Gegenwartsliteratur als Produzentin neuer Erfahrungsmodelle, die auch zur Revision wissenschaftlicher Methodik führen sollten.

5. Von der Werkinterpretation zur Form- und Funktionsanalyse im soziokulturellen Kontext

Wolfgang Kayser gehört mit Staiger zu den Hauptvertretern der Werkinterpretation. Sein erstmals 1948 erschienenes Buch »Das sprachliche Kunstwerk« war für Generationen von Germanistinnen und Germanisten eine Einführung in die Literaturwissenschaft oder mindestens eine Einführung in die Werkinterpretation und ist es lange geblieben ([20]1992). Als Ziel germanistischer Forschung bestimmt es Kayser, Dichtung als in sich geschlossenes sprachliches Gefüge zu verstehen. Im ersten, analytischen Teil werden Elemente und Grundbegriffe der → Metrik, der Rede- und Aufbauformen behandelt. Der zweite Hauptteil verbindet diese isolierten Darstellungen mit den integrierenden Begriffen des Gehalts, des Rhythmus, der → Stilistik und → Gattungsfragen. Interpretation wird von Kayser definiert als »die auf Verstehen beruhende Erfassung und Vermittlung des eine Sinn- bzw. Funktionseinheit bildenden Komplexes«. Während Staiger die im subjektiven Gefühl gründende Interpretation betont, akzentuiert Kayser den objektiv faßbaren Formkomplex. Auch Staigers problematische »Stimmigkeits«-Norm wird relativiert. Indem Kayser Brüche und Spannungen ästhetisch legitimiert, sie innerhalb des Werk-Ganzen aber wieder aufgehoben sieht, bleibt er doch im engeren Bereich der »immanenten Interpretation«.

Weitere Varianten der Werkinterpretation sind gut dokumentiert in Enders 1967. Herman Meyers Untersuchungen von Raum und Zeit in der Erzählkunst (ebd., S. 253-293) und Günther Müllers »Über das Zeitgerüst des Erzählens« (ebd., S. 214-252) eröffnen Möglichkeiten, die Bauformen des Erzählens zu analysieren und so Interpretation zu objektivieren. Heinz Otto Burger fordert in »Methodische Probleme der Interpretation« eine differenzierte Interpretation, die von der Erschließung des Wortkunstwerks ausgehend dessen Bezug zu den sich historisch wandelnden Anschauungsformen bis zum Konzept einer Dichtungsgeschichte in vergleichenden Sinnbildern fortschreiten sollte (ebd., S. 198-213). Auch Wilhelm Emrichs Studie »Das Problem der Symbolinterpretation im Hinblick auf Goethes ›Wanderjahre‹« sprengt den engeren Rahmen der Werkinterpretation, indem sie versucht, das »Werk in seiner paradoxen Einheit zugleich als ein geschichtliches wie übergeschichtliches Phänomen« zu verstehen und in den künstlerischen Antinomien der Werkstruktur die Antinomien der Gesellschaft, die sie darstellt, nachzuweisen (ebd., S. 169-197). Der »Zürcher Literaturstreit«, so wenig reflektiert er auch ausgetragen wurde, dokumentiert doch historische Veränderungen der Kunst, die schließlich sowohl die ›Wahrheit der Kunstwerke‹ als auch die Konzeption des ›Werks‹ und des ›Autors‹ als seines Subjekts überhaupt in Frage stellten (vgl. THIERSE 1985). Diese Krise des Werkbegriffs führte zum Wechsel der Methoden. Gegen die Werkinterpretation formierte sich die Konkurrenz ideologiekritischer, sozialwissenschaftlicher, rezeptionsorientierter Ansätze. Setzten hermeneutische Verfahren und klassische Kunsttheorien zumindest die Möglichkeit der Freiheit eines sich selbst bestimmenden Subjekts voraus, erscheint das Individuum in neueren sozialwissenschaftlichen Konzepten als sekundäre Größe innerhalb komplexer sozialer, sprachlicher Zusammenhänge (→ PROBLEMATISIERUNGEN DER HERMENEUTIK; → DISKURSANALYSE, DISKURSGESCHICHTE; → SOZIALGESCHICHTLICHE ZUGÄNGE).

Die erst 1968 mit der Studentenrevolution einsetzende späte Rezeption des Russischen Formalismus und des tschechischen Strukturalismus hat neue, besser objektivierbare Methoden der Analyse bereitgestellt, deren Vorzüge freilich zuweilen erkauft sind durch eine Tendenz zur Reduktion der ästhetischen Texte. Dies gilt nicht nur für die Reduktion eines reproduktiv-produktiven Interpretationsprozesses der Sinnkonstitution auf einen Dekodierungsprozeß; es gilt in vielen Fällen auch für die mittels Textmodellen rekonstruierte Textgestalt selbst (vgl. RUSTERHOLZ 1979; → FORMALISMUS UND STRUKTURALISMUS). Solche Modelle freilich sind als heuristische Instrumente zur Erkenntnis der Grundstrukturen von Texten dann am sinnvollsten zu gebrauchen, wenn sie ergänzt werden durch die Reflexion über die Bedingungen der Gegenstandskonstitution und deren Relativität gegenüber der Komplexität des ästhetischen Objekts. Ein am naturwissenschaftlichen Methodenideal orientierter Strukturalismus und die rationalitätskritischen (wenn nicht irrationalistischen) Lektüren in Dekonstruktion und Poststrukturalismus schließen einander aus.

Hingegen zeigen einige Arbeiten von Roland Barthes Möglichkeiten der Vermittlung zwischen hermeneutisch-textimmanenten Verfahren und dem Strukturalismus. Barthes versteht (jedenfalls in der durch sein Buch »S/Z« markierten Phase seiner Entwicklung) ›Struktur‹ nicht als interdependente Beziehung zwischen zwei oder mehreren Elementen innerhalb eines geschlossenen Systems, sondern begreift sie als Ergebnis einer strukturierenden Tätigkeit des lesenden Subjekts und bezieht deshalb die Beziehungen der Rekonstruktion und Präsentation des ästhetischen Textes in seine Reflexion ein (Barthes 1964b, S. 213-220; → Dekonstruktion; → Wirkungsästhetik). Andere Möglichkeiten einer Vermittlung zeigt die Strukturalismuskritik Paul Ricœurs (1969); in seinem Hauptwerk »Temps et récit« (»Zeit und Erzählung«) werden diese Konzepte in differenzierterer Form vorgestellt (Ricœur 1988-1991 [1983-1985]; → Zum Verhältnis von Hermeneutik und neueren antihermeneutischen Strömungen).

2. Formalismus und Strukturalismus

von Rainer Grübel

1. Vorbemerkung

Formalismus und Strukturalismus stehen als literaturwissenschaftliche Methoden des 20. Jahrhunderts, insofern sie in eine Ästhetik der Innovation eingebettet sind, kulturtypologisch der avantgardistischen Kunst und Literatur der Hochmoderne nahe – etwa Futurismus und Konstruktivismus, Dada und Surrealismus, abstrakter Malerei, konkreter Poesie oder ›Nouveau roman‹. Im Rückblick erscheinen sie als Bestandteil jenes ›linguistischen Zeitalters‹, das bis hinein in die Sprachphilosophie den Kern der Kultur und ihrer Wissenschaft im Medium der Sprache zu fassen suchte (→ Fiktionalität und Poetizität).

Husserls *Phänomenologie* mit ihrer Kategorie der »Einstellung«, vor allem aber die von Linguisten wie Ferdinand de Saussure und Baudoin de Courtenay auf den Weg gebrachte *strukturale Sprachwissenschaft* mit ihrer zentralen Unterscheidung zwischen Paradigmatik und Syntagmatik bilden die gemeinsame Grundlage für den Russischen Formalismus wie den daraus hervorgegangenen Strukturalismus in der Literaturwissenschaft; dieser Ursprung erklärt auch die Nähe beider zu Semiologie und Semiotik. Ihre Vertreter widersetzten sich (wie auf andere Weise auch die → Formen ›textimmanenter‹ Analyse) dem literaturwissenschaftlichen »Positivismus« wie der »Geistesgeschichte«, dem Glauben an die Determination kultureller Erscheinungen durch linear-kausale historische oder ökonomische Gesetzmäßigkeiten (→ Literatur als ›System‹; → Sozialgeschichtliche Zugänge) und der Indienstnahme der Literatur für die allgemeine Geschichtsschreibung (→ Literaturgeschichtsschreibung). Sie verfahren andererseits aber auch nicht ahistorisch, da sie geschichtliche Momente aus ihrer Literaturbetrachtung keineswegs ausblenden. Literatur und Kunst werden von ihnen nicht länger als ›Spiegel‹ einer vorgegebenen äußeren Wirklichkeit angesehen, auch nicht als ›niedere‹ materielle Zeugen einer ›höheren‹ psychischen oder metaphysischen Realität, sondern als Erscheinungen von eigener Art und mit eigenem Wert.

2. Anfänge strukturaler Sprachwissenschaft: Saussure

Die Absetzung einer systematischen von einer historischen Betrachtungsweise prägte schon Saussures berühmten »Cours de linguistique générale« (dessen Buchausgabe ist aus studentischen Vorlesungsmitschriften rekonstruiert worden, die Saussure zwischen 1906 und 1911 in Genf gehalten hat). Diese 1916 erstmals erschienene Grundschrift des linguistischen Strukturalismus unterscheidet in der allgemeinen Erscheinung menschlicher Sprachfähigkeit (»langage«) zunächst das Saussure vor allem beschäftigende abstrakte *Regelsystem* Sprache (»langue«) und den jeweiligen konkreten *Sprechakt* (»parole«), der das überindividuelle Regelsystem im jeweiligen Einzelfall individuell anwendet und aktualisiert. Beeinflußt von Wilhelm von Humboldts ›energetischer‹, die jeweils aktuelle Sprachwirklichkeit in den Mittelpunkt rückender Sprachauffassung, richtet Saussure sich in seiner Analyse der »langue« gegen die romantisch inspirierte Sprachforschung, die das ›Wesen‹ der Sprache vor allem aus ihrer Entstehung zu erklären suchte. Er unterscheidet darum zweitens die *Diachronie*, das historische Werden der Sprache, von der *Synchronie*, dem zu einem bestimmten Zeitpunkt gegebenen Sprachzustand im Sinne des regelhaften wechselseitigen Verhältnisses gleichzeitiger sprachlicher Gegebenheiten. Dieser Gliederung entsprechen zwei verhältnismäßig eigenständige Teilbereiche der Sprachwissenschaft, die historisch-›diachronische‹ und die systematisch-›synchronische‹ Linguistik. Dabei verzichtet Saussure weitgehend auf Spekulationen über außersprachliche Gründe für den Sprachwandel.

Sprachliche Erscheinungen faßt Saussure durchweg als *Zeichen* auf (daher der Terminus »Semiologie«), die sich – aufgrund einer grundsätzlich zwar beliebigen, tatsächlich aber durch Konventionen gleichsam vertraglich vereinbarten und daher in der Synchronie unverrückbaren – wechselseitigen Zuordnung zusammensetzen aus mentaler Vorstellung und artikulatorisch umgesetztem Lautbild. Semiologisch (also ›zeichentheoretisch‹) vollziehen sich diachrone Prozesse stets als Veränderung im Verhältnis zwischen diesen Bestandteilen von Zeichen. Die Beziehungen zwischen verschiedenen Zeichen können entweder *paradigmatisch* (assoziativ) sein – das gilt beispielsweise für das Verhältnis des Personalpronomens »ich« zu den anderen Personalpronomina (»du, er, sie, es, wir, ihr, sie«), aus deren Paradigma der Sprecher das jeweils von ihm benötigte Element auswählt –, oder aber *syntagmatisch* – das gilt etwa für das

Verhältnis eines Wortes zu den benachbarten Wörtern im Satz: »Ich liebe Nina Creuf.« Während syntagmatisch verbundene Zeichen durch gemeinsame Anwesenheit (Präsenz) im Satz charakterisiert sind, ist die paradigmatische Beziehung eine Beziehung der Abwesenheit (Absenz): Von den im sprachlichen Paradigma wie im Gedächtnis des Sprechers ›kopräsenten‹ Elementen ist im konkreten Satz jeweils nur eines anwesend, alle anderen sind abwesend. Wie später die *Strukturalisten* (die sich auch in der Literaturwissenschaft ausdrücklich auf Saussures Modell berufen sollten), so sind bereits die *russischen Formalisten* im frühen 20. Jahrhundert geprägt worden von Saussures zweiteiligem Zeichenbegriff und seiner Entgegensetzung von sprachlichem Paradigma und Syntagma, von systematischer und historischer Wissenschaft. (Zur ›poststrukturalistischen‹ Kritik an Saussure ausführlicher → DEKONSTRUKTION.)

3. Anfänge des »Russischen Formalismus«

Angeregt von Adolf Hildebrands Form- und Oskar Walzels Gestalt-Ästhetik, aber auch von der deutschen Erzählmorphologie (Dibelius, Schissel von Flaschenburg, Seuffert; vgl. DOLEŽEL 1990), sahen es die Formalisten als ihr Ziel an, die Literatur nicht aus außerliterarischen Gegebenheiten oder Regeln herzuleiten – etwa der Geistes- und Gesellschaftsgeschichte, der Autorenbiographie oder Autorpsychologie –, sondern ihre Besonderheit, ihre im Werk gegebene ›Literarizität‹ zu erfassen (→ LITERARIZITÄT UND POETIZITÄT). Erkenntnistheoretisch wie forschungspraktisch haben die Formalisten ihre Einsichten als stets vorläufig und erneuter Überprüfung an literarischen Fakten bedürftig angesehen (ĖJCHENBAUM 1965, S. 44); die Literaturwissenschaft bleibt so ihrem Gegenstand, der Literatur, stets grundsätzlich nachgeordnet.

Institutionell bestand die russische »Formale Schule« aus dem stärker sprachwissenschaftlich geprägten »Moskauer linguistischen Kreis« (1914/1915 bis 1924) und der eher literarisch orientierten Petrograder bzw. Leningrader »Gesellschaft zum Studium der poetischen Sprache«, russisch abgekürzt »OPOJaZ« (1916/1917 bis zum Ende der zwanziger Jahre). Die darin zusammengeschlossenen und ihnen nahestehende Literatur- und Sprachwissenschaftler haben gegen den zunehmenden Widerstand von Marxisten (etwa Trockij, Lunačarskij und Bucharin) und dogmatischen Soziologen (etwa Kogan und Poljanskij) eine mehr oder weniger schlüssige Theorie der Literatur und ihrer Sprache sowie Grundsätze für die Literaturkritik, die Folklore, die bildende Kunst und den Film behauptet, bis sie durch den überhandnehmenden politischen Druck des Stalinismus um 1930 zur Aufgabe genötigt wurden.

Die Wiederentdeckung und Erforschung der russischen Formalen Schule begann in den fünfziger Jahren mit der bahnbrechenden Studie von Victor ERLICH (1955, dt. 1964). Im deutschsprachigen Raum lagen die Höhepunkte ihrer Wirkung (befruchtet von den beiden Bänden der zweisprachigen Ausgabe »Texte der russischen Formalisten«, 1969 und 1972) in den späten sechziger und in den siebziger Jahren. Als den Kern des formalistischen Denkens hat Roman Jakobson 1975 rückblickend die »wesentliche Änderung des Verhältnisses zwischen ›signans‹ und ›signatum‹ wie auch zwischen Zeichen und Begriff« herausgeschält (JAKOBSON 1978b, S. 124) – also das Ende früherer Instrumentalisierungen der Zeichen im Blick auf die Nachricht, die sie vermitteln. Der Literaturwissenschaftler Aage HANSEN-LÖVE dagegen, der in seiner systematisch-historischen Darstellung 1978 den Formalismus in drei Phasen mit vorherrschender (1) paradigmatischer Reduktion, (2) syntagmatischer Funktion und (3) Pragmatik untergliederte, erhob als Grundprinzip der »Formalen Schule« das ästhetische Verfahren der »Verfremdung« (»ostranenie«).

Diese einander ergänzenden Auffassungen bilden zugleich die beiden Pole des formalistischen Denkens selbst ab: einerseits den *poeto-linguistischen*, der an den Gesetzmäßigkeiten der literarischen Rede interessiert war und sie im Rahmen einer Abweichungs-Poetik (→ FIKTIONALITÄT UND POETIZITÄT) absetzte gegen die andersartigen Regeln unterworfene praktische Sprache (Jakobson, Jakubinskij, Reformatskij, Vinokur u. a.), andererseits den *literarisch-ästhetischen* Pol, dessen Verfechter (Ėjchenbaum, Šklovskij, Tomaševskij, Tynjanov u. a.) die ästhetische Wirkungsweise künstlerischer Erscheinungen als Ausgangspunkt der Erforschung von Sprachkunst, bildender Kunst und Filmkunst bestimmten. Von Saussures Setzung eines *einheitlichen* Sprachsystems unterscheidet sich der poeto-linguistische Flügel des Formalismus durch die Grundannahme von zwei Sprachen, der literarisch-ästhetische durch seinen Blick auf die Wirkungsweise der Verfahren.

Bei der Grundlegung der erkenntnistheoretischen, wahrnehmungspsychologischen und ästhetischen Kategorie des Verfremdens hat Viktor Šklovskij sich zwar auf den Begriff des »Fremden« (»xenikon«) bei Aristoteles berufen (»Rhetorik« 1406a, 15), der die

Sprache der Wortkunst als »Fremdländisches, Erstaunliches, Nicht-Eigenes« (»ton me idiotikon«) bezeichnet. Im Gegensatz zum griechischen Philosophen spannt er das »erstaunliche Fremde« jedoch nicht in den Rahmen eines durchschaubaren, Rätselhaftigkeit und Barbarismus meidenden Verständigungszusammenhanges, sondern bestimmt das Fremd-Machen des Materials als *Voraussetzung* einer ästhetischen Wahrnehmung, die er emphatisch »Neues Sehen« nennt (STRIEDTER 1969b, S. 30; vgl. LACHMANN 1974).

Diese Auffassung des Ästhetischen ist eine Form neuzeitlicher Innovationsästhetik. Sie gründet in der spätromantischen Unterscheidung zwischen einer archaisch-mythisch gedachten »poetischen« Rede, einer alltäglich-praktischen, »begrifflichen« Rede und einer intellektuell-philosophischen, »diskursiven« Rede. Sie geht zurück auf August Wilhelm Schlegel und Steinthals Humboldt-Interpretation und ist durch Aleksandr Potebnja (1905, 1926) und Aleksandr N. Veselovskij (1940) in die russische Sprachwissenschaft vermittelt worden. Gestützt auf den Begriff der »Differenzqualität« in Broder Christiansens »Philosophie der Kunst« (1908) und im Einklang mit Futuristen und Konstruktivisten verwirft Šklovskijs Ästhetik der Verfremdung auch Potebnjas Entwurf des künstlerischen Wortes als eines bildlichen Symbols, der der intuitivistischen Ästhetik der frühmodernen Symbolisten entspricht. Mit der Rezeption von HILDEBRANDS Buch »Das Problem der Form in der bildenden Kunst« (Straßburg 1893, russ. 1914) und von Wilhelm Worringers Schrift »Abstraktion und Einfühlung« (1908) zeigten sich die Formalisten auf der Höhe der zeitgenössischen Kunsttheorie.

Eine wichtige *russische* Quelle für die Formale Schule war Veselovskijs Evolutionsmodell der Sprache: Im »Kampf ums Dasein« behaupten sich demnach sprachliche Erscheinungen mit gesteigerter Expressivität – also Ausdrücke, deren normbrechende Individualität die Neigung zur normsetzenden Typisierung besiegt. Diese Steigerung der Ausdruckskraft könne dem drohenden Vergessen der ursprünglich ›konkreten‹ Bedeutung, könne dem Konventionalisieren und *Automatisieren* der Aufnahme sprachlicher Einheiten gegensteuern, und es könne damit dem Bedürfnis der am sprachlichen Austausch Beteiligten nach Sensibilisierung, nach Intensivierung des Lebensgefühls sowie nach Variation des Wahrgenommenen genügen. Die russischen Formalisten haben diesen linguistischen Entwurf wahrnehmungspsychologisch verallgemeinert und die stetige *Erneuerung* zum Spezifikum der Sprache der Literatur erklärt.

Weitere Impulse empfing die Formale Schule schließlich aus der zeitgenössischen Bildenden Kunst. Seit den zehner Jahren hatten Kubisten, Futuristen und abstrakte Maler die künstlerischen Zeichen aus ihrer normativen Bindung an eine außerkünstlerische Wirklichkeit befreit: Sie schufen Kunstwerke nicht länger als von sich selbst absehende und fortweisende Zeichen, sondern als Erscheinungen von Eigenwert, die eine eigene Wirklichkeit herstellen und in den Umgang mit Wirklichkeiten selbstreferentiell eingreifen. Im Einklang damit forderte Šklovskij von der Literatur, die »Wahrnehmung« (»oščuščenie«) der Dinge und Ausdrücke durch die Erneuerung des Wortes zu erneuern, »den Stein wieder steinern zu machen« – und zwar kraft der *»Verfremdung«* der Dinge (»ostranenie«) und einer mit ihr einhergehenden *»Erschwerung«* der Form (in: STRIEDTER 1969b, S. 8, 14; STEMPEL 1972b, S. 2). Die Kunst sollte sich so dem zweckrationalen Prinzip der Ökonomie der Mittel widersetzen. Als Beispiele dienen das von der Zentralperspektive gelöste Bildzeichen in der kubistischen und abstrakten Kunst sowie das seines Kontextes beraubte Wort in der Sprachkunst des Futurismus (Chlebnikov, Kručënych, Majakovskij; vgl. MARKOV 1968). Syntaktisches Modell für die Deformation des sprachlichen Materials ist die Verschiebung von Wortgrenzen (»sdvig«); Ausdrücke aus konventionellen Realitäts-, Bedeutungs- oder Bild-Schemata werden in andere Ordnungen verlagert. (Beispiel: In der realisierten Metapher »meine weisheit ist eine binse / schneide dich in den finger damit«, Enzensberger, wird das Bild beim Wort genommen.)

Gestalt und Bedeutung der Zeichen sollten darum weder stereotyp nach der »mechanischen Kontiguitäts-Assoziation« verbunden werden (JAKOBSON, in: STRIEDTER 1969b, S. 82), wie es ihre im Wörterbuch festgehaltene konventionelle Verknüpfung nahelegt, noch nach dem Grundsatz der Ähnlichkeit, da beide Verfahren die Wahrnehmung automatisieren. Vielmehr galt es, sie zu *dissoziieren*, um ihre Bestandteile (z. B. abgestorbene Suffixe) zu neuem Leben zu erwecken (Beispiel: »Außer*dem* und Inner*dem*«, Celan). Hier liegt das Motiv für Jakobsons Grundsatz, die poetische Rede verlagere das Prinzip der Äquivalenz, also der Gleichwertigkeit sprachlicher Elemente, von der Achse der Paradigmatik auf die Achse der Syntagmatik (dazu ausführlicher → FIKTIONALITÄT UND POETIZITÄT). Der Vers entsteht aus Versfüßen, die aufeinander folgen wie die Ausdrücke »ich«, »du«, »er« im Paradigma der Personalpronomen, und er verleiht den nacheinander folgenden Wörtern im Vers den Charakter gleichwertiger Elemente. Dadurch werden die Ausdrücke aus konventionellen Zusammenhängen gelöst und in neue Kontexte eingefügt, etwa in Gestalt der realisierten Metapher und der Metamorphose. (Beispiel: Die Bourgeoisie »macht aus der Fliege einen Elefanten / und dann / verkauft sie das Elfenbein«, Majakovskij; vgl. HANSEN-LÖVE 1978.)

Hauptkategorie der frühen Phase des Formalismus ist die Analyse von »Kunst als *Verfahren*« (»priem«; ŠKLOVSKIJ, in: STRIEDTER 1969b, S. 2), als poetische Bearbeitung einzelner sprachlicher Ausdrücke, die in dieser Anfangszeit isoliert betrachtet wurde. Der künstlerische Text erscheint so zunächst als *»Summe der Verfahren«*, mit denen das unkünstlerische Material bearbeitet ist. Dies gilt auch für die von Šklovskij 1929 analysierte »Sujetfügung« in der Prosa, welche die quasinatürliche logische, chronologische und psychologische Ordnung des Geschehensmaterials in die künstlerische Ordnung umprägt.

Den Formalisten schwebte vor, die in der Ästhetik des Realismus vorherrschende mimetische Motivation der Sprache abzulösen und das Verfahren, z. B. durch seine Motivierung, bloßzulegen (»Hier greife ich, des Reimes wegen, / Zu den Wörtern ›ganz verlegen‹«, Selvinskij). Nicht von der Wahrscheinlichkeit dargestellter äußerer Wirklichkeit soll das Wort überzeugen, auch nicht symbolisch auf eine ›höhere Wirklichkeit‹ verweisen, sondern kraft des *Verfahrens* Leser und Zuhörer zur *»Einstellung auf den Ausdruck«* bewegen (»ustanovka na vyraženie«; JAKOBSON, in: STEMPEL 1969b, S. 30), zur Wahrnehmung des Mediums ›poetische Rede‹, und es soll dadurch seine Selbstbezüglichkeit enthüllen und wirksam machen. Den Begriff »Einstellung« hat Jakobson der Phänomenologie des Philosophen Edmund Husserl entlehnt (HOLENSTEIN 1975, S. 59), während die Grundbegriffe »Verfahren« und »Machen« im Einklang mit dem technischen Zeitalter demonstrativ Abschied nehmen von überkommenen Dichterbildern: Der Autor der Avantgarde und der Formalisten ist Erfinder, Techniker und Konstrukteur.

Der scheinbar naheliegende und oft erhobene Vorwurf, die Vertreter der russischen Formalen Schule betrachteten damit nur die *Form* literarischer Texte, trifft nicht zu. Boris Ėjchenbaum wendet sich gegen die herkömmliche Form-Inhalt-Dichotomie, wenn er das Verhältnis der »grundlegenden Abstraktion« zu den ihr untergeordneten und von ihm aufgezehrten Elementen der Realisierung und Motivierung, zum Material also, herausstellt. Die emphatische, poetische Rede »entblößt die Ausdruckskraft der verbalen

Laute, es offenbart sich die ursprüngliche Grundlage der menschlichen Rede – sie ist elementar, emotional, unauflöslich verbunden mit der Mimik, der Bewegung der Redeorgane, dem Klang der Stimme, der Geste«. Eher schon gilt Michail Bachtins Kennzeichnung der formalen Methode als einer »Material-Ästhetik« (Bachtin 1979b, S. 99-139). Freilich führt, wie Ėjchenbaum feststellt, das mimetisch-artikulatorische Substrat der Rede kraft der artikulatorischen Intention und der Mimik der inneren Redeorgane des Sprechers zu jenem Ringen mit dem Wort als einem widerständigen Material, in dem das Gedicht dann als Kompromiß entstehe zwischen der reinen Intention des Autors und der Natur des Materials – nicht etwa als »Denken in Bildern«, sondern durch das »Rede-Erlebnis« (Ėjchenbaum 1987, S. 336). Auch die frühformalistische Theorie des »Skaz«, eines Sonderfalls erzählerisch konkretisierender Darstellung der zumeist mündlichen Rede, wird so physiologisierend nach der mimetisch-artikulatorischen Laut- und der Bedeutungsform klassifiziert (Hansen-Löve 1979, S. 159f.). Der paradigmatische Wortentwurf des frühen Formalismus zielt auf die Literarizität als das Kennzeichen derjenigen Texte, die das Verfahren – kraft der Bildung von Parallelismen und Verschiebungen – auf der Ebene des einzelnen Ausdrucks entblößen und damit alle anderen Elemente des Werks deformieren und zum bloßen Material abwerten.

4. Entwicklungen und Umorientierungen des »Russischen Formalismus«

Im Rahmen einer *Text*theorie ›avant la lettre‹ haben die russischen Formalisten in einem zweiten Schritt diese poetische *Paradigmatik des »Kunstgriffs«* ergänzt durch die *Syntagmatik der poetischen Konstruktion*. Das Verfahren der Isolation von Wörtern aus ihrem Kontext, das zunächst nur die additive Reihung der einzelnen Kunstgriffe kannte, wird erweitert um die Bestimmung ihrer Struktur und Funktion in »konstruktiven Reihen« und kommunikativen Zusammenhängen. Boris Ėjchenbaum fordert nun, die Verstheorie nicht auf Rhythmus (→ Metrik), Lautinstrumentierung und Lexik zu gründen, sondern auf die Syntagmatik des Verses. In charakteristischer taxonomischer Absicht entfaltet er den Gegensatz zwischen grammatisch bestimmter Syntax in der Prosa und bedingter bzw. deformierter Syntax in der Poesie zu einer dreigliedrigen

Typologie der Versrede. Er unterscheidet so 1. einen deklamativ-rhetorischen Typ (z. B. die Ode), 2. einen melodiös-liedhaften Typ (z. B. die Elegie) und 3. einen Gesprächstyp (z. B. Gedankenlyrik; → GATTUNGSFRAGEN).

In der bedeutendsten verstheoretischen Studie des Formalismus hat Jurij TYNJANOV ([1924] 1977, S. 151) syntaktische Wechselbeziehung und dynamische Form als grundlegende Momente der poetischen Rede bestimmt. Es geht nun um die Hierarchie der Verfahren: Einheit und Dichte der Verszeile, die nun anstelle des Wortes zum Grundelement der Versrede erhoben wird, dynamisieren als konstruktives Prinzip, als die alle anderen Kunstgriffe deformierende Verfahrensdominante, jedes Wort im Kontext der Versreihe und verleihen ihm seine lexikalische Tonalität (und zwar dank der assimilativen Kraft der lexikalischen Färbung der Einzelwörter). Die Dynamik des Verswortes wird hergeleitet aus seiner im Vers gestärkten Selbständigkeit, seiner Äquivalenz mit benachbarten Wörtern sowie dem Einwirken seiner rhythmischen Bedeutung auf seine Semantik.

Während Lautmalerei und Lautmetapher – Tynjanov zufolge (ebd., S. 150) – die Semantik der Versrede umformen, erzeugt die Lautgeste den Eindruck einer Dauer der Artikulation und suggeriert so die Wahrnehmung einer wirklichen Geste. Lautwiederholungen (rhythmische Metaphern) verteilen die materiellen und formalen Teile des Wortes um, lassen formal-syntagmatische Bezüge auf die Sachbedeutung einwirken. Die Versrede »bricht die Perspektivik des Sujets«; sie ist durch künstlerische Syntagmatik »deformierte« Rede (TYNJANOV [1924] 1977, S. 170; TYNJANOV 1929, in: TYNJANOV 1967).

Mit der Bestimmung des »literarischen Faktums« (TYNJANOV, in: STRIEDTER ³1981, S. 392-431) wird das Redegeschehen nun kultur*theoretisch*, durch die Rekonstruktion der »literarischen Evolution« kultur*historisch* (ebd., S. 433-461) und mit der Erfassung des »literarischen Alltags« kultur*soziologisch* untermauert. Dabei ergeben sich Berührungspunkte mit den sprach- und literatursoziologischen Entwürfen der »Formalen Soziologen« Arvatov, Cejtlin und Vinokur (vgl. GRÜBEL 1979), die etwa am Beispiel des Feuilletons den gesellschaftlichen Charakter literarischer Kommunikation in den Vordergrund rückten.

Damit vollzieht sich eine hierarchisierende Umorientierung: Das Forschungsinteresse wendet sich nun von der konstitutiven Wirkung der Paradigmatik der Einzelverfahren und der sinnlich wahrnehmbaren Oberfläche ihres sprachlich-literarischen Substrats ab und richtet sich auf die bestimmende Kraft des übergeordneten konstruktiven Faktors. Ziel dieser Umorientierung ist eine systematische Diachronie der literarischen Entwicklung. Die »konstruktive Funktion«, die bei TYNJANOV (1977, S. 272) auch »Synfunktion« der Zeichen genannt wird, meint den Bezug eines jeden Elementes auf die anderen Elemente sowie auf das Gesamtsystem. Diese Funktion setzt als Ergebnis des Verhältnisses zwischen den einzelnen Textelementen und dem Gesamttext bereits den Entwurf des Kunstwerks als eines funktionalen Systems voraus. Diese innere Systemhaftigkeit des Kunstwerks wird ergänzt durch seine »Autofunktion«, den Wechselbezug der jeweiligen Textelemente zu anderen Sprachen und anderen kulturellen Reihen (z. B. zu anderen Künsten, zum Verlagswesen, zur Presse; → DIALOGIZITÄT, INTERTEXTUALITÄT, GEDÄCHTNIS).

Nach Tynjanovs Auffassung sind es keineswegs fixierte Strukturmerkmale, die eine Textgattung als ein statisches Gebilde konstituieren. Vielmehr wird sie durch Funktionsdominanzen als ein variabler Gegenstand ästhetischer Rezeption und Evaluation bestimmt. Das »konstruktive Prinzip« des Textes ist mitbestimmt von der Autofunktionalität der allgemeinen »Redefunktion« – in dieses Konzept wird der frühere Begriff »Einstellung« nunmehr aufgelöst. Durch die »Redefunktion« stellt sich der Bezug des jeweiligen Textes zur Realität des kulturellen Soziums, zum Alltag, her. Wenn in der literarischen Evolution ein Element durch ein anderes ersetzt wird, so bedeutet das stets, daß »in ein System das Zeichen eines anderen Systems einbeschlossen wird« (TYNJANOV 1977, S. 301). Die Evolution der literarischen Systeme vollzieht – im Unterschied zur punktuellen kausalen Genese – eine Systemablösung in Etappen; sie führt zum stufenweisen Abstoßen konventionalisierten literarischen Materials und überschreitet mit der Emanzipation der literarischen Funktion in den Alltag hinein immer wieder die Grenzen zu anderen kulturellen Funktionen.

Für Tynjanov bedeutet »Alltag« den gesamten außerliterarischen Materialbereich. ĖJCHENBAUM hingegen (1987, S. 428) grenzt im »literarischen Alltag« jenes Feld ab, in dessen Institutionen sich die literarische Kommunikation abspielt (vgl. → LITERATUR ALS ›SYSTEM‹). Die Autonomie der literarischen Evolution wird relativiert durch genetische Faktoren, die zusammenhängen mit Bedingungen literarischer Kommunikation, mit der Wirkungsweise des literarischen Alltags. Der späte Formalismus unterscheidet damit den im

Werk verkörperten »Erzähler« (oder das »lyrische Ich«, die »Autormaske«) vom konkreten Zeichengeber (der Gestalt des Autors als des Verfassers des Textes) und diesen wiederum von der biographischen Person. Untersuchungen zu literarischen Institutionen (wie dem Salon des frühen 18. Jahrhunderts) ergänzten die evolutionäre Betrachtung der ästhetischen und sozialpsychologischen Pragmatik der Zeichengeber. Im sowjetischen Totalitarismus konnte sie ebensowenig ausgearbeitet werden wie die auf Thema und Emotion gründende Dramentheorie S. O. Baluchatyjs (1927) oder die in den »Thesen« von 1929 geforderte Erforschung des Systems kultureller Systeme (in: Striedter 1969b, II, S. 387-391).

5. Grundzüge des literaturwissenschaftlichen »Strukturalismus«

Die Einstellung auf den *Systemcharakter* kultureller Felder und ihrer Einzelerscheinungen verbindet den späten Formalismus methodisch mit dem frühen *Strukturalismus* und nähert sie der Gestalttheorie an (vgl. Scholes 1974, W. Schmid 1977). Der auch von benachbarten Wissenschaften, vor allem von Linguistik und Anthropologie, von den dreißiger bis zu den siebziger Jahren zunächst in Europa, dann auch in den USA entwickelte, schließlich vor allem in Frankreich und in der Sowjetunion blühende Strukturalismus zeigte sich in Zielsetzung und Methode weit heterogener als der in seinem Kern verhältnismäßig homogene Formalismus. Bindeglied für die angestrebte umfassende Kulturwissenschaft war die Vorstellung, kulturelle Erscheinungen gehorchten wie der Redeakt (in Saussures Terminologie: der »parole«) einem System von Regeln, wie sie die Sprache darstellt (in Saussures Terminologie: die »langue«), und sie ließen sich mehr oder weniger wie das System der Sprache modellieren. Ein wichtiges Vorbild war die von N. S. Trubeckoj [1933] 1973 im Anschluß an Saussure entwickelte *Phonologie* (vgl. Lévi-Strauss 1971, S. 45), die Phoneme nicht als Einzelerscheinungen nach ihrem positiven Lautwert bestimmt, sondern aufgrund ihrer distinktiven Eigenschaften nach ihrem Stellenwert im System der Bedeutung tragenden Sprachlaute.

Der im Oktober 1926 in Prag von Vilém Mathesius begründete, durch Russischen Formalismus und tschechischen »Poetismus« befruchtete und wesentlich von Jan Mukařovský getragene strukturalistische »cercle linguistique« verstand sich selbst als Aufhebung der Dichotomien von Romantik und Positivismus und von Sprach- und

Literaturwissenschaft. Dieser Schule ging es vor allem darum, die ästhetische Tätigkeit in ein funktionales Verhältnis zu anderen kulturellen Praktiken zu setzen und die Evolution von Literatur und Kunst in einem Modell von Errichtung und Durchbrechung der ästhetischen Norm zu fassen. Der Wert eines Kunstwerks vermittelt demnach zwischen seiner ästhetischen Funktion (»estéticka fúnkce«) und der Norm. Die *ästhetische* Funktion ist anders als die *praktische* Funktion nicht auf den gestaltenden Eingriff des Subjekts in die Umwelt gerichtet, auch nicht wie die *theoretische* Funktion auf den Eingriff in das Bewußtsein von Wirklichkeit. Der ästhetische Wert befreit andere Werte aus ihrer Bindung an den existentiellen Wert und bezieht sie so auf das Gesamtsystem kultureller Werte. Vodičkas Buch »Die Struktur der Entwicklung« bettet die literarische Evolution der Einzelwerke dann ein in den Systemzusammenhang von Gruppen, Epochen und Nationalliteraturen.

Mukařovský unterscheidet am Kunstwerk zwischen (1) dem in seinem Bestand relativ stabilen, sinnlich wahrnehmbaren materiellen Werk, dem *»Artefakt«*, (2) dem im kollektiven Bewußtsein verankerten *»ästhetischen Objekt«*, das sich zum Artefakt verhält wie das Signifikat eines Zeichens zu seinem Signifikanten, und (3) dem Verhältnis beider zum bezeichneten *Sachverhalt*, zur im Werk dargestellten Wirklichkeit, die sich ihrerseits gliedert in einen konkreteren inhaltlichen Teil (*explizit* dargestellte Personen, Gegenstände, Ereignisse) und die *impliziten* philosophischen, politischen und ökonomischen Erscheinungen des jeweiligen historischen Milieus. Die Integration der Bedeutungsverweise im jeweiligen Kunstwerk wird geleistet durch die »semantische Geste« (»sémantické gesto« – ein Begriff, dessen Nomen nicht zufällig metaphorisch der visuellen Kommunikation entlehnt ist), die die allgemeine Redehaltung des jeweiligen Werks bezeichnet (H. Schmid 1982).

Mukařovský bezieht nichtkünstlerische Elemente, Funktionen und Werte in das Kunstwerk ein, hält jedoch an der Innovationsästhetik fest: Zwar räumt er ein, daß in Klassizismus und Symbolismus die Norm weit stärker binde als in der Moderne, doch ist seine Ästhetik auf stete Erneuerung gegründet und läßt sich daher auf Folklore und Trivialliteratur kaum anwenden. Sein ganzheitlicher, an Burkamp (1929) angelehnter Strukturbegriff ist nicht statisch, sondern energetisch, schwankt aber zwischen noetischer Operationalität und ontologischer Fundierung in anthropologischen Konstanten. Schließlich definiert er ästhetische Funktion und ästhetischen Wert zirkulär: Kunst ist der Bereich, in dem der ästhetische

Wert vorherrscht – und der ästhetische Wert ist eben jener, der die Kunst dominiert.

Roman Jakobson war vermutlich der international wirkungsvollste Strukturalist, der sich wie im Feld der Sprach-, so auch in dem der historischen und systematischen Literaturwissenschaft bewegt hat. Er hat Bühlers Organon-Modell der Sprache mit ihren drei Instanzen und den hier in Klammern beigefügten Funktionen *Sprecher* (Ausdrucksfunktion), *Adressat* (Appellfunktion) und *Besprochener* (Darstellungsfunktion) erweitert auf ein sechsstelliges Schema (auch → GATTUNGSFRAGEN):

Kontext (referentielle Funktion)
Nachricht (poetische Funktion)
Sender (emotive Funktion) ------ Empfänger (konative Funktion)
Kontakt (phatische Funktion)
Kode (metasprachliche Funktion)

Während die meisten anderen Mitteilungen von der referentiellen Funktion dominiert sind, welche die Wahrnehmung auf den Gegenstand der Mitteilung, den »Kontext« richtet, lenkt – Jakobson zufolge – in der schönen Literatur die vorherrschende *poetische Funktion* die Aufmerksamkeit des Rezipienten auf die Mitteilung *in ihrer Ausdrucksgestalt* (z. B. ihre Lautung, Diktion, Syntax) und bringt so ihre *Selbstbezüglichkeit* zur Geltung. Das entscheidende Mittel, diese Umorientierung des Rezipienten zustande zu bringen, ist die Herstellung von Äquivalenzen zwischen benachbarten Einheiten. Sie wird zuwege gebracht durch die bereits genannte zusätzliche Herstellung paradigmatischer Beziehungen zwischen den in syntagmatischer Folge angeordneten Einheiten.

Die Bildersprache kann Jakobson zufolge entweder im paradigmatischen Prinzip der Übereinstimmung von Merkmalen gründen (›Similarität‹) und *Metaphern* erzeugen (z. B. »Windrose« für: Koordinatensystem der Winde) oder den Grundsatz der Syntagmatik von Erscheinungen nutzen (›Kontiguität‹) und *Metonymien* bilden (z. B. »Südwester« für Wind aus südwestlicher Richtung).

Ähnliche Dominanzverhältnisse erhebt Jakobson auch für das Verhältnis der Künste untereinander, in dem einmal die bildende Kunst (Renaissance), einmal die Musik (Romantik) und ein drittes Mal die Literatur (Realismus) vorherrsche.

Offene Fragen mit Blick auf Jakobsons Strukturalismus gelten der Wahrnehmbarkeit der linguistisch feststellbaren Äquivalenzen durch Leser oder Hörer, den Kriterien zur Abgrenzung irrelevanter Äquivalenzen sowie der Unterscheidung, welche Äquivalenzen Literatur- und Gattungszugehörigkeit, welche die Spezifik eines Werks signalisieren (→ FIKTIONALITÄT UND POETIZITÄT). Wenn der Linguist zum kompetentesten Leser erklärt wird – erlangt dann nicht die linguistische Präsumption für die Werkpoetik einen normativen Charakter?

Auch Claude Lévi-Strauss' *anthropologischer Strukturalismus* gründet in der vorausgesetzten Sprachanalogie der Bewußtseinserscheinungen. Lévi-Strauss will sie anhand von durch »bricolage« (Bastelei) konstituierten archaisch-mythischen Kulturelementen nachweisen im unbewußten, zugleich synchronische und diachronische Totalitäten erfassenden ›wilden‹ Denken. Obgleich er anthropologische und sprachliche Erscheinungen verschiedenen Ordnungen zuweist, sieht er sie doch als Phänomene gleichen Typs an und sucht in ihnen dieselben systemhaften Universalien. Alle geistigen Erscheinungen werden von LÉVI-STRAUSS (1960, S. 3) konsequent als strukturierte Gebilde aufgefaßt, deren Hauptmoment die Bauform ist: »Die Struktur ist der Inhalt.« Im gleichen Zuge wird die Methode zum Gegenstand der Betrachtung, die so allgemeine Dichotomien konstituiert wie belebte/unbelebte Erscheinung, figürliche/unfigürliche Darstellung, oder das ›kulinarische Dreieck‹ Kochen/Braten/Räuchern und sie Verhältnissen anderer Ordnung (z. B. Freund vs. Feind) homolog setzt. Lévi-Strauss' Mythologie ist, da sie die erörterten Strukturen als im untersuchten Gegenstand real gegeben voraussetzt, ein Beispiel für einen »ontologischen Strukturalismus« (ECO [5]1985), wie ihn Saussure in der Sprachwissenschaft vertreten hatte. Die strukturale Analyse Lévi-Strauss' führt Glieder syntagmatischer Ketten zurück auf universale paradigmatische Beziehungen, die als ihnen zugrundeliegend gedacht sind, und verharrt dabei in der Synchronie.

Dem zeitgenössischen Strukturalismus in der Literaturwissenschaft – wohl vor allem den Arbeiten von Roland Barthes – kreidete Lévi-Strauss an, daß er keinen systematischen Universalismus begründete. (Von Jakobson in den vierziger Jahren in den linguistischen Strukturalismus eingeführt, hat Lévi-Strauss 1962 gemeinsam mit ihm eine vieldiskutierte Analyse und Deutung von Baudelaires Gedicht »Le Chat« vorgelegt; vgl. dazu RIFFATERRE 1970, POSNER 1972). Er selbst dagegen entschlüsselt die Sprache von Märchen und Mythen, die er als nachrichtenorientiert der poetischen Sprache entgegensetzt, am Material archaischer Kulturen. So liest er (LÉVI-

STRAUSS 1958) den Mythos des Ödipus als einen Text, der die Frage nach der Entstehung des Menschen aufgrund der Strukturgleichheit durch Über- und Untertreibung der Blutsverwandtschaft gegen die empirische Evidenz zugunsten der Kosmologie entscheidet.

Roland BARTHES widmete sich zunächst den »Mythen des Alltags« (1964a [1957]). Diese »Mythen« faßt er, früh von Saussure beeinflußt, als gesellschaftliche Semiologie der Zivilisation auf, als »sekundäres semiologisches System«. Die Speisekarte eines Restaurants etwa bietet als Zeichensystem der Gastronomie die Gerichte paradigmatisch unter den Rubriken »Vorspeisen«, »Hauptgerichte«, »Nachspeisen« und syntagmatisch unter dem Stichwort »Menü«; sie entfaltet so einen Subcode der »Sprache der Kultur«. Das Einnehmen einer Speisenfolge ist ein »Redeakt«, der aus dem Paradigma der Speisen eine syntagmatisch geordnete Auswahl trifft. Mit Blick auf die Literatur sind für Barthes die referentiellen Erscheinungen der Wirklichkeit (Jakobsons »Kontexte«), wie er am Werk des Realisten Balzac gezeigt hat, stets bereits kodiert, sprachlich vorgeprägt.

Barthes' »strukturalistische Tätigkeit« (1969) besteht – wie die künstlerische Handlung – im Zerlegen von Texten und im erneuten Arrangement der erhaltenen »Einheiten«. Beide Operationen dienen dazu, die signifikative Funktion der Einheiten und durch sie die *Schreibweise* erkennbar zu machen, den zuvor undurchschauten Gegenstand um den Gegenstand zu ergänzen, der mit Blick auf sein Funktionieren verstanden wird. Das strukturierende Subjekt ist dabei ebenso in die Funktionalität des Bezeichnens eingebunden wie der zu strukturierende Gegenstand (→ FORMEN ›TEXTIMMANENTER‹ ANALYSE). Die Handlung des Strukturierens fügt dem behandelten Gegenstand jenes Einsichtsvermögen hinzu, das BARTHES 1969 (S. 154) mit dem (dann durch Pierre Bourdieu aufgegriffenen) Ausdruck »Simulacrum« belegt hat.

Neben der Schreibweise steht für Barthes die *Institution der Literatur* in ihrem historischen Wechselverhältnis zu anderen sozialen Institutionen im Vordergrund. Literaturgeschichte ist demnach sozialgeschichtliche Institutionenkunde. Freilich bleibt auch Barthes' »Nouvelle critique« der Innovationsästhetik verpflichtet: Die alte, konventionalisierte Literatur, die nur »lesbar« (»lisible«) ist, übermittelt uns überlieferte (Un-)Wahrheiten, während eine auch »schreibbare« (»scribible«) neue Literatur unserer Zeit adäquat ist. Anders als Lévi-Strauss geht es BARTHES 1959 um die Diachronie von Bezeichnungsfunktionen, die er für seine Gegenwart einmünden sieht in den aporetischen Widerspruch zwischen überkommenen Themen und lebendiger Gegenwart oder zwischen frischem Thema und konventioneller Schreibweise. Der Mythos ist für Barthes in ›Natur‹ verkehrte Geschichte. Jean-Paul SARTRE 1966 (S. 210f.) hat dem Strukturalismus von Lévi-Strauss und Barthes das vielzitierte »Verschwinden des Subjektes« angelastet. Den »Tod des Autors«, sein Verschwinden in der Textur der Sprachen, Intertexte, Diskurse, hat Barthes in seinem berühmten Aufsatz »La mort de l'auteur« in der Tat als radikalisierte Konsequenz aus Nietzsches Proklamation des »Todes Gottes« beschrieben – aber zugleich als »die Geburt des Lesers« (dazu ausführlicher → DEKONSTRUKTION, zum »Intertextualitäts«-Begriff auch → DIALOGIZITÄT, INTERTEXTUALITÄT, GEDÄCHTNIS; → WIRKUNGSÄSTHETIK).

6. Strukturale Erzähltheorie

Anders als im russischen Formalismus, im tschechischen Strukturalismus und bei Jakobson überwiegt im französischen Strukturalismus die Beschäftigung mit Prosatexten. Seine literaturwissenschaftlich bedeutendste und folgenreichste Leistung ist vielleicht die strukturale Erzähltextanalyse. (Dabei werden als »Erzählungen« literarische Darstellungen von Geschehen aufgefaßt, unabhängig davon, ob es sich um Märchen, Romane und Novellen handelt oder um Dramen, Balladen, Filme usf.)

Ausgangspunkt der strukturalen Narratologie ist die bedeutende Studie des russischen Ethnologen Vladimir Propp »Morphologie des Märchens« (1929). Propps erzähl-»syntaktische« Analyse führt ein Korpus hochstandardisierter russischer Zaubermärchen auf eine Kette von »Funktionen« (Grundhandlungen) zurück, die als syntaktische Schemata gebaut sind (ausführlicher dazu → GRUNDLAGEN NARRATIVER TEXTE).

Im Versuch, Propps Methoden auf die Analyse anderer narrativer Texte zu übertragen (initiiert durch Lévi-Strauss und Bremond), wurde lange übersehen, daß Erzähltexte der ›Hochliteratur‹ ein weit vielfältigeres und komplexeres Inventar von Handlungselementen nutzen als die Folklore. Zunächst hat Bremond versucht, von den für nebensächlich erklärten textspezifischen Handlungs- und Ereignismomenten abzusehen und »Invariable« zu bestimmen, »deren Funktion es ist, eine andere Handlung einzuführen, die ihrerseits dieselbe Funktion hinsichtlich einer anderen Handlung einnehmen wird: So eröffnet das Verbot eine Möglichkeit der Übertretung, die Missetat eine Möglichkeit der Ahndung« (BREMOND 1972 [1964], S. 181). Angeregt wohl auch vom Vorbild der generativen Grammatik, führt Bremond die Inhaltsstruktur von Erzähltexten mit Hilfe von »Elementarsequenzen« auf eine endliche Zahl von Urstrukturen zurück. Dabei wird ein geschlossenes System vorausgesetzt, in dem jede gegebene Funktion das Vorhandensein anderer Funktionen voraussetzt.

An die von Tzvetan TODOROV 1965 nach Frankreich vermittelte Erzähltheorie des russischen Formalismus sowie an Propp und Bremond anknüpfend, hat Barthes 1966 (in: BARTHES 1988b, S. 102-143) in seiner grundlegenden Studie »Einführung in die strukturale Analyse von Erzählungen« eine die Grenzen des Satzes übersteigende textlinguistische Erzähltextanalyse gefordert (und anhand einer strukturalen Analyse von Ian Flemings »James Bond«-Roman »Goldfinger« zu demonstrieren versucht). Sie erlaubt es, die unübersehbare Vielzahl der Erzählungen auf einige wiederkehrende Grundprinzipien zurückzuführen. Barthes entwirft ein nichtmimetisches ›Dreischichtenmodell des Erzählens‹ aus Erzähleinheiten, Handlungen und dem Erzähldiskurs, das in mancher Hinsicht auf Jacques Derridas Saussure-Kritik vorausweist (ausführlicher dazu → DEKONSTRUKTION). Eine Erzählung zu verstehen bedeutet danach, neben der horizontalen Verkettung von Erzähleinheiten im Gang der Lektüre auch vertikal gestufte Ebenen zu erfassen – wie Propps und Bremonds »Funktionen«, Algirdas J. Greimas' »Handlungen« im Entwurf einer fundamentalen »Erzählgrammatik« und Todorovs »Diskurs« (dem in Šklovskijs Erzähltheorie der Begriff »Sujet« entsprochen hatte). (Zu strukturalistischen Projekten einer universellen »Erzählgrammatik« auch → GRUNDLAGEN NARRATIVER TEXTE.)

Barthes untergliedert in der »Einführung« die »Funktionen« in »distributive«, die wie bei Propp auf ein und derselben Ebene liegen, und »integrative«, die von den »Indizien« gebildet werden und verschiedene Ebenen der Erzählung verbinden. Distributive Funktionen verknüpfen wie im Fall der aufeinander folgenden Ereignisse der erzählten Welt metonymische Bezugsgegenstände, während integrative Funktionen metaphorische Beziehungen herstellen. Die Dominanz der jeweiligen Funktionen begründet bei Barthes unter anderem eine Typologie der Prosa: Überwiegen in Märchen die distributiven Funktionen, so herrschen die integrativen im psychologischen Roman vor.

In eine andere Richtung als die Äquivalenzpoetik Jakobsons geht die Narratologie Barthes', wo sie weitere Hierarchien der Textebenen analysiert und die distributiven Funktionen ihrem Gewicht nach stuft in »Kerne« oder »Kardinalfunktionen«, die für die Struktur des erzählten Geschehens unentbehrlich sind, und »Katalysen«, die nur für die Ebene der diskursiven (oder narrativen) Vermittlung notwendig sind und ›Zwischenräume‹ des erzählten Geschehens füllen. Diese Rangfolge entspricht Boris Tomaševskijs Stufenleiter der »verknüpften« und »freien« Motive (TOMAŠEVSKIJ 1985 [1925], S. 219). Die »Kardinalfunktionen« tragen der Erzählung überdies Ambiguität ein, indem sie jeweils alternative Fortgänge eröffnen oder beenden und den gängigen Schluß von der zeitlichen Folge auf die logische Folgerung (»post hoc ergo propter hoc«) diskreditieren. Während »Katalysen« von Kardinalfunktionen bedingt werden, stehen diese in gleichberechtigter Beziehung zueinander. Nur Kardinalfunktionen spielen eine für den Gang der Geschichte konstruktive Rolle, und nur sie können andere Kardinalfunktionen implizieren.

Wie für Propp gehört auch für Barthes die *Zeit* in der Erzählung nicht dem Diskurs an, sondern ist lediglich eine »realistische Illusion« der Referenz. Wie andere Strukturalisten lehnt er es auch ab, die *Protagonisten* ›essentialistisch‹ zu bestimmen, und schlägt stattdessen vor, sie nach strukturalen und pragmatischen Verhaltensformen wie »Wunsch«, »Verständigung«, »Kampf« usf. einzuteilen. Das Subjekt der erzählten Handlung ist, nach Barthes, eher von linguistischen Kategorien wie den Personalpronomina bestimmt als von psychologischen, und es ist eher handlungsfunktional zu begreifen als in Analogie zu ›wirklichen‹ Personen. Der grundsätzlichen Unterscheidung des Sprechenden vom Besprochenen folgend, hält Barthes drei Instanzen des Erzähltextes auseinander: »*Der* (in der Erzählung) *Sprechende* ist nicht *der* (im Leben) *Schreibende*, und *der Schreibende* ist nicht *der Seiende*.« (BARTHES 1988b, S. 127)

Das »System der Erzählung« sieht Barthes bestimmt durch zwei Abweichungen vom üblichen Sprachgebrauch: Den Zeichen wird zum einen die syntagmatische Möglichkeit eröffnet, sich über die gesamte Geschichte auszudehnen (»Distorsion«) und durch Verstoß gegen die Syntax, etwa durch Inversion oder Einschübe, die logische Linearität zu beeinträchtigen und so die Zeichen nicht stationär auf ihren jeweiligen Standort zu begrenzen, sondern ihnen Strahlkraft nach vorn und hinten zu verleihen. Zum anderen lädt semantische »Expansion« die Bedeutung der Zeichen – jenseits ihrer Referenz auf das erzählte Geschehen – mit Sinn auf und sprengt die Immanenz des Erzählens, denn dieser Sinn wird aus jener Welt bezogen, in der das Erzählen stattfindet.

Wo es Barthes wie Lévi-Strauss vor allem um den Code, um Regelmäßigkeiten der Texte geht, ist es Gérard Genette am Beispiel der Metaphern und Metonymien in der Prosa Marcel Prousts um die je einzelne rhetorische Figur zu tun (→ RHETORIK). Sein ›gemäßigter‹ Strukturalismus hat den Leser in den Mittelpunkt des literarischen Geschehens gerückt und wohl auch Hans Robert Jauß' Rezeptionsästhetik mit ausgelöst (→ THEORIEN DER LIT. REZEPTION). Die Figur ist für ihn »nichts anders als der Sinn für die Figuration, und ihr Vorhandensein hängt völlig ab vom Bewußtsein, das der Leser von der Ambiguität des Diskurses entwickelt oder auch nicht entwickelt« (GENETTE 1966, S. 216). GENETTE 1972 unterscheidet – wie die russischen Formalisten »Fabel« und »Sujet« unterschieden hatten – zwischen der Geschichte als *»histoire«* auf der Grundlage von Zeitdarstellung (»temps«) und Modus (»mode«), also der Perspektive, einerseits und der Erzählung als *»récit«* andererseits. Von ihr wiederum hebt sich die erzählerische Darstellung als *»narration«* durch die Stimme ab (»voix«), durch die Position des Erzählers gegenüber den Rezipienten. Nachdem Wolfgang ISER 1976 dieses Erzählschema mit den Schichten »Geschehen«, »Geschichte« und »Erzählung« weiter präzisiert hatte, hat Wolf SCHMID 1994 es durch Hinzufügen der *»Präsentation* der Erzählung«, d. h. der Rücksicht auf die sprachlich-mediale Eigenart des Erzähltextes, zu einem *Vierschichtenmodell* der Narration fortentwickelt.

Todorov selbst ist dagegen vor allem dem Verhältnis nachgegangen, das sich zwischen Aussage und Aussagevorgang (»Register des Sprechens«), der Perspektive (»vision«) und den Personenkonstellationen entwickelt (TODOROV 1972, S. 114). Algirdas J. Greimas schließlich hat ein generatives Strukturmodell der »Erzählaktanten« entworfen, das erzählte Handlungen aufgrund ihrer Isotopie systematisch auf Handlungsträger bezieht (GREIMAS 1972a [1967]; → GRUNDLAGEN NARRATIVER TEXTE).

Der russische Strukturalismus, der sich seit den sechziger Jahren vor allem um Jurij Lotman entfaltet hat, geht von Arbeiten des Russischen Formalismus und tschechischen Strukturalismus aus (EIMERMACHER 1977, 1989) und begreift im Einklang mit Roland Barthes die Kunst als sekundäres modellbildendes System. Lotman selbst hat originelle und für die weitere Diskussion grundlegende

Einführungen in die strukturalistisch-semiotische Literaturbetrachtung geschrieben. Wichtig ist vor allem »Die Struktur literarischer Texte« (LOTMAN 1970, dt. 1973), wo das narrative »Ereignis« als eine Bewegung zwischen »semantischen Räumen« erzähltheoretisch analysiert und kultursemantisch fruchtbar gemacht wird, und »Die Analyse des poetischen Textes« (LOTMAN 1973, dt. 1975). Außerdem veröffentlichte Lotman zahlreiche Arbeiten zur Theorie und Geschichte der Literatur, des Theaters und des Films (1990) und entwarf und revidierte in Kenntnis der Arbeiten Jakobsons eine systematische Text- und Kultursemiotik.

Grundlegend ist nach Lotman für den inneren Aufbau des literarischen Textes das Verfahren der »Gleich- und Entgegenstellung« (»so-protivopostavlenie«) – ein Konzept, das Jakobsons Äquivalenzbegriff operational zu machen sucht. So versetzt etwa der Reim die ihn bildenden Wörter zugleich in die Position der Gleichwertigkeit wie in die der Verschiedenheit und verleiht ihnen oft eine von ihrer lexikalischen Grundbedeutung abweichende okkasionelle semantische Färbung. Lotmans Streben, ›substantialistische‹ oder ›essentialistische‹ und auf den Nachweis von ›Präsenz‹ verengte Positionen zu meiden, gipfelt in seinem Terminus eines »Minusverfahrens«, das eine strukturelle Absenz im Text kennzeichnet – eine wesentliche Ergänzung zu Barthes' Begriff des »Nullzeichens«. In seinen späteren Arbeiten hat Lotman Prigoshins naturwissenschaftlich-systemtheoretisches Konzept der »Bifurkation« aufgegriffen (einer Verzweigung, die einem System eine Wahl eröffnet) und seinen anfangs eher systemhaft geschlossenen Text- und Kulturbegriff zu einem offenen, Bruch und Ausbruch (»vzryv«) einschließenden Verständnis kultureller Arbeit fortentwickelt, das den Blick statt auf stetige Erscheinungen mehr auf Diskontinuitäten richtet.

7. Neuere Ausdifferenzierungen

Die jüngere Geschichte des literaturwissenschaftlichen Strukturalismus ist gekennzeichnet durch zunehmende Ausdifferenzierung und Verknüpfung mit anderen literatur- und kulturwissenschaftlichen Modellen und Übergänge zu ›poststrukturalistischen‹ (oder mit Manfred FRANKS Terminus: »neostrukturalistischen«) und dekonstruktiven Verfahren (→ PROBLEMATISIERUNGEN DER HERMENEUTIK). Wo Julia KRISTEVA sich im Gang der Rezeption von BACHTINS »Dialogizitäts«-Konzept von einer mathematisierten generativen hin zu einer paragrammatischen und intertextuellen, dann auch psychoanalytischen Literaturwissenschaft bewegt hat (→ DIALOGIZITÄT, INTERTEXTUALITÄT, GEDÄCHTNIS; → PSYCHOLOGISCHE ZUGÄNGE), wo Lucien GOLDMANN versuchte, in seiner genetisch-strukturalen Methode marxistisch-soziologische Forschung mit dem Strukturalismus in Einklang zu bringen (→ LITERATUR ALS ›SYSTEM‹), da sah sich Michael RIFFATERRE (1983, S. 2) in der Tradition der Stilkritik (→ STILISTIK) mit seiner Textanalyse weniger dem Allgemeinen als dem Besonderen des Werks verpflichtet. Jeder literarische Text ist demnach einmalig, und gerade diese Einmaligkeit ist sein Stil: »style is the text itself«. Obgleich Riffaterre die Wahrnehmung des Textes durch die Leser zum Ausgangspunkt seiner Analysen nimmt (→ WIRKUNGSÄSTHETIK), setzt er eine unbezweifelbare leser- und zeitunabhängige Textbedeutung voraus.

Paul RICŒUR 1975 schließlich löst sich in seiner Metaphorologie von der Auffassung, poetische Rede komme durch Abweichung von der natürlichen Sprache zustande (→ FIKTIONALITÄT UND POETIZITÄT), und setzt an ihre Stelle das Konzept der »nicht zutreffenden Prädikation« (»prédication impertinente«). Schon durch seine philosophische Ausrichtung eher am Rande des Strukturalismus stehend (→ HERMENEUTISCHE MODELLE), bewegt er sich in seinem mehrbändigen Werk zur Zeitstruktur des Erzählens (1983-1985, 1989-1991) mit dem Aufweis der Aporien erzählerischer Identität, temporaler Totalität und ihrer Darstellbarkeit zunehmend hin zu einer poststrukturalistischen Position (→ PROBLEMATISIERUNGEN DER HERMENEUTIK).

In Italien hat Umberto Eco einen betont semiologischen Strukturalismus vorgetragen, der früh den Leser (»Lector in fabula«) berücksichtigte und gegen einen engen und geschlossenen Systembegriff den auf die romantische Idee des Fragments wie auf Nietzsche zurückgehenden Entwurf eines »offenen Kunstwerks« (»Opera aperta«) behauptet. Seine auf Peirce aufbauende Zeichentypologie hat Eco eingebettet in eine Kulturtheorie, die mehr und mehr intermediale Beziehungen (Fernsehen), historische Voraussetzungen und politische Horizonte berücksichtigt.

Unter den Arbeiten russischer Semiotiker neben Lotman, die großenteils in thematischen Tagungen etwa zur Semiotik des Raums oder zur Intertextualität besprochen wurden, verdient »Die Poetik der Komposition« von Boris USPENSKIJ (1973/1975) besonders hervorgehoben zu werden. Sie analysiert die Perspektive poetischer

Texte auf der Ebene (1) der Wertung mit Blick auf die Ideologie des Textes, (2) der Phraseologie, (3) der Raum-Zeit-Charakteristik sowie (4) der Psychologie der Charaktere als Mittel der Komposition von Prosatexten wie von Kunstwerken überhaupt. Semiologische Grundfragen erörtert Vjačeslav Ivanov 1976 in den Bänden »Gleich und Ungleich« und seinen »Skizzen zur Geschichte der Semiotik in der UdSSR«; die Bedeutung mythischer Strukturen für das literarische Bewußtsein erfassen die ertragreichen Studien Meletinskijs und TODOROVS im Rahmen der Mythopoetik.

Im deutschsprachigen Raum ist der Strukturalismus, angeregt vor allem durch Übersetzungen der slawischen und französischen Theoretiker, durch Jens IHWES Editionen und Günther SCHIWYS Darstellungen, erst seit den späten sechziger Jahren methodenbewußt aufgegriffen und in den grundlegenden und weit verbreiteten Studien und Lehrbüchern Michael TITZMANNS sowohl systematisch als auch praktisch-textanalytisch entfaltet worden. Ernst Robert CURTIUS' »Europäische Literatur und lateinisches Mittelalter« und namentlich Wolfgang KAYSERS »Das sprachliche Kunstwerk« (beide 1948), wohl auch prosaanalytische Arbeiten von Eberhard LÄMMERT (1955) und Franz K. STANZEL (1979), standen strukturalistischen Verfahren sicherlich nahe (→ GRUNDLAGEN NARRATIVER TEXTE), doch kommt die methodisch reflektierte strukturalistisch-semiotische Forschungstradition zunächst aus der Romanistik und der Slawistik. Sie ist etwa von Hansen-Löve zur Erfassung der Intermedialität und zur Abgrenzung von Lyrik als Sprachkunst und Prosa als Perspektivkunst weiterentwickelt worden. Wolf Schmid hat die Jakobsonsche Äquivalenzthese genutzt zur Analyse poetisch strukturierter (›ornamentaler‹) Prosa. Während text- und kulturtheoretische Studien Smirnovs und Renate Lachmanns zunehmend in poststrukturalistische Verfahren gemündet sind, nutzt Dietrich SCHWANITZ 1990 noch einmal den im Strukturalismus angelegten *System*gedanken (→ LITERATUR ALS ›SYSTEM‹) und erarbeitet auf der Grundlage von Konzepten der »Selbstreferenz« und »Autopoiesis« einen systemtheoretischen Entwurf der Literaturwissenschaft. Die jeweilige Oberflächenstruktur des Textes sieht er als Lösung eines in der Tiefenstruktur verankerten Problems, wobei die verschiedenen Lösungen dazu genutzt werden, die analoge Evolution von sozialem und literarischem System zu explizieren. Auf der anderen Seite verschiebt der aus der tschechischen Tradition kommende, in Kanada wirkende Forscher Lubomìr DOLEŽEL den Schwerpunkt von der sprachlichen Struktur auf die modallogische

Relation, wenn er das Verhältnis zwischen Realität und → FIKTIONALITÄT narrativer Texte im Rahmen der Theorie möglicher Welten angeht.

8. Ausblick

Die poetologischen Arbeiten von Formalismus und Strukturalismus dürften als Selbstmodellierung der hochmodernen Innovationsästhetik ebenso Bestand haben wie die heuristische poetologische Scheidung zwischen der Ordnung der dargestellten Welt und der darstellenden Ordnung literarischer Texte. Literarische Methodologie *nach* dem Strukturalismus muß sich auch an dem von Strukturalisten ausgearbeiteten Verfahren des komplementären Erfassens der Diachronie und Synchronie literarischer Erscheinungen messen lassen. Abzuwarten bleibt, ob nach der Ablehnung des »Logozentrismus«, der DERRIDA 1967 zufolge das »Sein« ungerechtfertigt als »Präsenz« setze, ob nach der Kritik am »Prisonhouse of Language« (JAMESON 1972) mit dem linguistischen Zeitalter die semiologische Betrachtung der Literatur auch dann der Vergangenheit angehören wird, wenn sie keine geschlossenen Systeme mit einwertigen Erscheinungen und schon gar nicht Strukturen mit statischer Ausdrucks-Inhalts-Beziehung voraussetzt.

3. Dekonstruktion

von CAROLINE PROSS und GERALD WILDGRUBER

1. Vorbemerkungen

Die prominenteren Arbeiten, die unter dem Etikett »Dekonstruktion« im Umlauf sind, präsentieren sich auf den ersten Blick als eine gewisse Praxis der Genauigkeit im Lesen, die in bislang kaum gekannter Präzision den komplexen Verfahren der Sinnkonstitution in literarischen Texten nachgeht. Die Arbeiten von Jacques Derrida und Paul de Man sowie die späteren Textanalysen von Roland Barthes praktizieren diese Art gleichbleibend angespannter Aufmerksamkeit gegenüber dem Text, die sich in geringerem Maße einer traditionell hermeneutischen Unterscheidung von Haupt- und Nebengedanken überläßt und so oft einen unerwarteten Reichtum an Interpretationen und Perspektiven selbst auf die bekanntesten Texte der abendländischen Tradition (etwa Rousseau, Romantik, Nietzsche, Proust) freisetzen kann. Dekonstruktion stellt sich also auf diese Weise als eine extrem elaborierte, genuine Praxis des Textes dar und könnte in diesem Sinne als Fortschritt und konsequente Weiterentwicklung der literaturwissenschaftlichen Projekte verstanden werden (→ PROBLEMATISIERUNGEN DER HERMENEUTIK; → FORMEN ›TEXTIMMANENTER‹ ANALYSE).

Es kommt dann aber darauf an, diese Sicht der Dekonstruktion als einer Lektürepraxis mit dem weiterreichenden Projekt einer Befragung oder Beunruhigung grundlegender Konzepte des abendländischen Denkens in Zusammenhang zu sehen. In dieser Perspektive wird es problematisch, die Dekonstruktion lediglich als die gegenwärtig aktuelle Form (literatur-)wissenschaftlicher Betätigung zu begreifen, die – ausgestattet mit einem übertragbaren Inventar an Verfahren – einen bestimmen Moment in einer Kette von einander ablösenden Schulen innerhalb eines sonst nicht weiter problematisierten Systems »Wissenschaft« bildete. Denn in dem Maße, wie die Dekonstruktion die vielfältigen Abhängigkeiten der Wissenschaften von der Tradition der Metaphysik freilegt, kann das Paradigma Wissenschaft nicht mehr den unverbrüchlichen Boden der dekonstruktiven Projekte abgeben. Der Versuch einer wie auch immer gearteten Rückführung dieses Denkens – sei es in den Bereich der Literaturwissenschaft, sei es in die Philosophie, von der sie ausging – wäre nur um den Preis einer Leugnung dieser Geste der Selbstbefragung möglich. Statt dessen bestünde die Chance einer allgemeinen Darstellung der Dekonstruktion darin, eben diesem Funktionieren einer Intrikation von Textualität und philosophischer Problematik nachzugehen. Es bietet sich dabei an, eine solche Darstellung um zwei exemplarische »Lektüren« von Jacques Derrida und Paul de Man zu gruppieren. Dies hat zum einen den Vorteil, eine rein abstrakte (und methodologisch fragwürdige) Explikation dessen, ›was Dekonstruktion sei‹, zu vermeiden; zum anderen verhindert diese Zweiteilung und die Betonung ihrer jeweils unterschiedlichen Tendenzen den Eindruck der Geschlossenheit einer ›Schule‹.

2. Das problematische »Objekt« der Dekonstruktion

2.1 Die Thematik des Zeichens

Metaphysik-Kritik über den Weg einer Neubewertung des Begriffs des sprachlichen Zeichens stellt die allgemeinste Form dieser Auseinandersetzung von Textualität und Philosophie im Werk Derridas dar. Es ist wichtig, sich die charakteristische Wendung dieses Vorgehens bei Derrida vor Augen zu führen: Während das Zeichen im klassischen philosophischen Kontext über die Merkmale der Abgeleitetheit und Sekundarität abgewertet und vernachlässigt wurde – das Zeichen ist Zeichen von etwas und verweist auf eine Präsenz als dem eigentlichen Gegenstand philosophischer Betrachtung, auf die »Sache selbst« –, stellt Derrida die gesamte Philosophie in den Kontext einer Problematik des Zeichens. Die Argumentation Derridas zielt darauf, über eine kritische Lektüre der modernen Zeichentheorie fundamentale Vorgaben der abendländischen Metaphysik und deren oft untergründige Wirkung in den modernen Wissenschaften in Frage stellen zu können.

In einem ersten Schritt hat die Linguistik also die Funktion, sich dem Denken der Metaphysik entgegenzusetzen. Damit ist jedoch keine Neufundierung der Philosophie aus der Linguistik impliziert, die somit als neuer Ursprung und Beginn ausgezeichnet wäre: Das Charakteristische der Verwendung der linguistischen Denkmodelle besteht darin, sie – im Begriff Derridas – zu »erschöpfen«; dieses Vorgehen einer Auseinandersetzung von Philosophie und Texttheorie bewirkt eine grundsätzliche Veränderung der Perspektive auf das begriffliche Inventar beider Disziplinen: Der Zeichenbegriff ermöglicht zwar eine Überschreitung metaphysischer Denkmuster, wird aber in einem solchen Prozeß selbst bis an seine Auflösung getrieben (die, wie sich zeigen wird, auf das allgemeinere Konzept der *Schrift* führt).

2.2 Begriffliche Ökonomie der Dekonstruktion
Dabei ist es von großer Wichtigkeit, den Status der analysierten Texte für die Dekonstruktion richtig zu bestimmen: Sie sind nicht bloßes Objekt der Untersuchung, über das der Kritiker vermittels seiner als fortgeschritten verstandenen Metasprache verfügt. Es gehört vielmehr mit zu den entscheidenden Gesten der Dekonstruktion, ihre Autorität nicht aus der Gewißheit einer solchen Trennung zu beziehen, sondern ihr kritisches Vokabular gerade aus den gelesenen Texten selbst zu gewinnen.

Die potentielle Zirkularität der Analyse durch die Vorfindlichkeit des Begriffssystems, dessen Logik der Kritiker verhaftet ist, hat Derrida zum Programm der Dekonstruktion als kritischer Operation gewendet. Der Terminus knüpft an Heideggers in »Sein und Zeit« geprägter Formulierung von der Destruktion der Geschichte der Ontologie an (→ HERMENEUTISCHE MODELLE; → FORMEN ›TEXTIMMANENTER‹ ANALYSE). Gemeint ist ein Verfahren der Kritik der Metaphysik, das sich nicht als Abwendung vom vorfindlichen philosophischen System realisieren läßt, sondern sich im Register und Wertesystem der vorgefundenen Begriffe selbst vollzieht. Dekonstruktion ist in diesem Sinn als Verfahrensweise konzipiert, die sich bewußt dem »Zirkel« oder »Paradox« aussetzt, Kritik als »Verstellen« semantischer Prämissen im Register der sprachlichen Strukturen und Werte selbst zu entfalten, die ihr Gegenstand vorgibt. Nimmt man Derridas massiven Vorbehalt gegen die Festschreibung von Dekonstruktion als akademischer Methode ernst, so ist es problematisch, ›die Dekonstruktion‹ als Singular im Sinne eines methodologisch definierten Verfahrens der Textanalyse zu beschreiben: Denn in dem Maße, wie Dekonstruktion nur als Bewegung des Lesens im Sinne der nachvollziehenden Lektüre der prozessualen Sinnkonstitution und -durchkreuzung, der differentiellen Dynamik von Einzeltexten existiert, lassen sich nur je unterschiedliche Dekonstruktionen beschreiben.

3. Derridas Saussure-Lektüre

Den Ort der bekanntesten dieser Dekonstruktionen bildet das Gründungswerk der modernen Sprachwissenschaft, methodologisches Fundament zugleich des → Strukturalismus, der »Cours de linguistique générale« (1916) des Genfer Sprachwissenschaftlers Ferdinand de Saussure (1857-1913). Es ist wichtig, in Derridas Auseinandersetzung mit Saussure (in »De la Grammatologie«) die Dekonstruktion in zweierlei Hinsicht zu erkennen: »Dekonstruktion« soll sich nicht lediglich am Ende des Textes als das zutage geförderte neue Inventar an Begriffen darstellen (»décentrement«, »différance«, »trace«, »écriture«). Gegen ein solches teleologisches Verständnis von Kritik setzt Derridas Lektüre anders an: Das lange Verweilen am Text Saussures hat nicht den Status eines bloßen Referierens der darin vorgetragenen Positionen, sondern »ist« in gewissem Sinne schon – als charakteristische Bewegung des Durchgangs mit Blick auf die textfundierenden Oppositionen und deren Inkonsistenz – die »Dekonstruktion selbst«, vor ihrer Markierung durch die genannte Konstellation von Begriffen.

3.1 Stimme und Schrift

Das Indiz, das für Derrida die Richtung der Untersuchung wichtiger Stellen aus Saussures »Cours« bestimmt, ist die Frage nach der Behandlung des Verhältnisses von Schrift (»écriture«) und Stimme (»voix«, »parole«). Saussure, im Begriff, eine ›Allgemeine Sprachwissenschaft‹ zu begründen, nimmt in einem einleitenden Kapitel (VI) diesen massiven Ausschluß vor: Schrift, in ihrem Charakter der Sekundarität und Abgeleitetheit, sei nicht nur ohne Relevanz für das Gebiet der Sprachwissenschaft, sondern darüber hinaus Ursache einer Reihe schwerwiegender Irrtümer in den bisherigen Arbeiten zur Linguistik.

Die Vehemenz der Geste Saussures – der Wechsel zu Begriffen von »Verunstaltung«, »Ungeheuerlichkeit« und »Mißgeburt« (Saussure 1967a, S. 37) –, ihr von Derrida aufgewiesener »rousseauistischer« Akzent, legen nahe, daß hier mehr als nur wissenschaftliches Interesse im Spiel ist: Tatsächlich kann eine solche Darstellung des Verhältnisses von Schrift und gesprochenem Wort auf eine lange Tradition philosophischer Schriftverachtung zurücksehen. Das Motiv, der Schrift eine mit dem Epitheton »lebendig« versehene Rede entgegenzusetzen, reicht bis auf den platonischen Mythos von deren Erfindung durch den ägyptischen Gott Theut zurück (vgl. Platons »Phaidros«, ab 247b) und wird von Derrida in ihren Hauptmomenten untersucht.

Der Vorzug der *Stimme* kann in zwei Richtungen entwickelt werden. Zum einen steht er im Zusammenhang mit einer Selbstvergewisserung im Augenblick des Sich-Sprechen-Hörens; Derrida nennt diese Selbstvergegenwärtigung, das heißt die Erfahrung des Beisichseins im Moment des Sprechens, das System des »s'entendre-parler«, des »Sich-im-Sprechen-Vernehmens« (DERRIDA 1974, S. 19). Dieser Akt der reinen *Selbst-Affektion* ist von größter Reichweite, da aus ihm die Entstehung der Gegensätze von Innen und Außen, von Ich und Welt gedacht werden kann: Wenn die Stimme immer als der nicht äußerliche, nicht kontingente und auf intime Weise mit dem Sprecher verbundene Signifikant interpretiert wurde, so wird die (Außen-)Welt vor dem Hintergrund dieses unmittelbaren Beisichseins im Sprechen als Anderes erfahren. Zum anderen artikuliert sich in dieser Vorstellung einer Tilgung des Signifikanten (dank seiner Natürlichkeit) das quasi-theologische Bedürfnis, Sinn und Wahrheit in einer Transzendenz ruhend verbürgt und unbeeinträchtigt von der Materialität und Äußerlichkeit der Zeichen zu denken. Die sprechende Selbst-Affektion würde sich dann in dieser Region reiner Idealität abspielen.

Vor der unmittelbaren Verbindung von Seele und Stimme erscheint jeder weitere Signifikant abgeleitet, sekundär, technisch, abbildend; dies trifft in besonderem Maße auf die *Schrift* zu. Die Schrift ist gekennzeichnet durch ihre Abgelöstheit und ihr Potential freier Zirkulation jenseits der Person des Sprechers; ihre Äußerlichkeit geht soweit, daß sie den Sprecher überleben kann, der Tod des Sprechers affiziert die Schrift nicht, vielmehr kündigt sich umgekehrt in der Schrift ständig die Endlichkeit und der Tod des Menschen an. Die Schrift widersteht also dem Verlangen nach einer Selbst-Affektion, die gerade von aller Äußerlichkeit sprachlicher Zeichen absehen und sich im Umfeld bloßer Intelligibilität halten will (→ LITERATUR UND MEDIEN). Die hier von Derrida in ihrer Wirkungsmächtigkeit vorgeführte und als Phonozentrismus bezeichnete Figur verbindet also die Momente von Stimme, Wahrheit und Idealität, eine Konstellation, »durch die das Subjekt vermöge des unauflöslichen Systems des Sich-im-Sprechen-Vernehmens sich selbst affiziert und sich im Element der Idealität auf sich selbst bezieht« (DERRIDA 1974, S. 26). Dieses Bedürfnis der sprechenden Autoaffektion – Erfahrung des Selbst als eines Anwesenden – bezeugt die Verbindung von Phonozentrismus und der philosophischen Privilegierung von Präsenz: das ruhende Nur-auf-sich-selbst-Verweisen wurde als irreduzible Qualität alles Seienden interpretiert.

3.2 Der Text des »Cours«

Saussure steht ganz in dieser Tradition, indem er zu Beginn des Kapitels VI »Représentation de la langue par l'écriture« der Schrift eben diese bloße Abgeleitetheit zuerkennt; sie habe rein abbildenden Charakter: »Signifikant eines ersten Signifikanten, Repräsentation der sich selbst gegenwärtigen Stimme, der unmittelbaren, natürlichen und direkten Bezeichnung des Sinns« (ebd. S. 54). Der Schrift wird kein eigener Status zuerkannt, ihr Funktionieren ist ohne Auswirkung auf die Bedeutungskonstitution im System Sprache. Der Ausschluß der Schrift aus dem Gegenstand der Sprachwissenschaft findet auf der Grundlage der Vorstellung von »langue« als dem *Innern* der Sprache statt. Die tradierten Gegensätze von Innen und Außen, Abbild und Realität bilden das Raster, an dem Saussure die Entwicklung einer streng wissenschaftlich projektierten ›Allgemeinen Sprachwissenschaft‹ ausrichtet. Das Schrift-Kapitel zu Beginn des »Cours« macht den Eindruck, als ginge es darum, die bevorstehende Entwicklung der Innerlichkeit der »langue« vor der Kontamination durch das Außen der Schrift zu bewahren.

Neben der Denkfigur von Innen und Außen argumentiert Saussure in Begriffen von Natürlichkeit und Ursprünglichkeit: es gebe ein natürliches Band zwischen dem Signifikat und dem *lautlichen* Signifikanten. Die Schrift, oder ihre Überbewertung im Bereich der Sprachwissenschaft, bewirke, so Saussure, eine Verkehrung der Vorgängigkeitsverhältnisse. Der »Cours« führt dies daran vor, wie zum Beispiel Probleme der Aussprache behandelt werden: Indem gesagt wird, diese oder jene Buchstabenfolge müsse so oder so ausgesprochen werden, wird die schriftliche Fixierung als Grundlage anerkannt, »dann nimmt man das Abbild als Vorbild« (SAUSSURE 1967a, S. 35). Mit der Einschiebung der schriftlichen Form wird das gesprochene Wort selbst zum Spiegel des geschriebenen, der Ursprung verwirrt sich oder wird unentscheidbar. Sprache geht nicht mehr von einer natürlichen Quelle, dem gesprochenen Wort aus, sondern die Differenz von Rede und Schrift steht konstituierend an ihrem Beginn (DERRIDA 1974, S. 65). Die Einfachheit des Ursprungs wurde so vergessen. Wie in der platonischen Tradition ist Schrift das Element des Vergessens. Saussure konstruiert die Sprachwissenschaft als eine Restituierung der natürlichen Verhältnisse gegen die Deformationen, die sich im Laufe der Geschichte eingestellt hätten.

Nachdem so die den Text von Saussure organisierende Opposition von »écriture« und »voix« (»parole«) zutage getreten ist und die massive Privilegierung eines der Terme gezeigt werden konnte, unternimmt es Derrida in einem zweiten Schritt, bei Saussure solche Denkfiguren auszumachen, die den erklärten Voranahmen in zunehmendem Maße widersprechen und den Weg eines alternativen Denkens der Schrift und der Konstitution von Sinn in Texten weisen. Es sind dies die Prinzipien der *Arbitrarität* des sprachlichen Zeichens und der rein *differentiellen* Konstitution von Bedeutung in der »langue«. Vor der Arbitrarität des Zeichens, von Saussure als oberstes Prinzip für die neu zu begründende Sprachwissenschaft eingeführt, erscheint der vorher unternommene vehemente Ausschluß der Schrift schwer zu rechtfertigen: ›Arbitrarität‹ bezeichnet genau den Sachverhalt, keine bestimmten Ordnungen von Signifikanten auszuzeichnen – z. B. der lautlichen vor den rein graphischen –, sondern vielmehr als das Wesentliche des Zeichens den Charakter der unmotivierten Vereinbarung anzunehmen. Saussure muß also das Prinzip der Arbitrarität mit dieser Einschränkung verwenden: es bestimme das Verhältnis von Signifikant und Signifikat lediglich *innerhalb* einer von vornherein privilegierten Ordnung von Signifikanten, nämlich den lautlichen, innerhalb des als ›natürlich‹ ausgewiesenen Bandes von Stimme und Sinn.

Saussures Argument, die Irrelevanz der Schrift aus deren Äußerlichkeit und Unnatürlichkeit abzuleiten, setzt somit eine komplexe Ökonomie von Widersprüchen frei. Beide Kennzeichnungen stehen in absolutem Gegensatz zum Arbitraritätsprinzip: dieses verbietet ja gerade, daß Zeichen – und die Schrift ist für Saussure ausdrücklich ein System von Zeichen – über eine bildhafte, das heißt motivierte Beziehung von Signifikant und Signifikat funktionieren; die Schrift kann also vor dem Hintergrund des Arbitraritätsprinzips nie Bild sein; Saussure muß hier also den Begriff des Bildes auf absolut unpräzise – wie soll ein Phonem abbildbar sein? – und nur durch die »ideologische« Absicht zu rechtfertigende Weise einführen; inmitten eines sich als objektive Wissenschaft verstehenden Arguments ereignet sich der Rückgriff auf allenfalls landläufige Begrifflichkeit. Andererseits sollten mit diesem Prinzip auch gerade alle Vorstellungen von ›Natürlichkeit‹ unmöglich werden; die von Saussure projektierte Semiologie müßte genau solche Zeichen aus ihrem Gegenstandsbereich ausschließen, in denen eine natürliche, das heißt motivierte Verbindung am Werk ist; mit der emphatischen Betonung des »lien naturel«, das lautliche Signifikanten wegen ihrer vorzüglichen Nähe zum Sinn vor allen anderen auszeichnet, müßten also genau diese – wegen ihrer vermeintlichen Natürlichkeit – aus der Linguistik ausscheiden.

Hier interessiert also vor allem die Tatsache, wie das Modell objektiver Wissenschaft nur mit dem Rückgriff auf Bereiche von Irrationalität funktioniert. Die Dekonstruktion erscheint für einen Moment als eine Art ›Psychoanalyse‹, die den nicht reflektierten Vorannahmen und Anliegen des wissenschaftlichen Diskurses nachgeht.

3.3 Herausbildung dekonstruktiver Begrifflichkeit

Ab dieser Stelle der Lektüre, die im Text eine in gewisser Weise gegen sich selbst gerichtete Bewegung erkennbar gemacht hat, entwickelt Derrida in Fortführung und Radikalisierung eben dieser Tendenzen eine Reihe von wichtig gewordenen Konzepten. Dies geht aus von der bereits angekündigten Figur der universellen *Differenzialität* und *Relationalität*. Im Zuge dieser Entwicklung wird das klassische Zeichenkonzept der Linguistik seine Gültigkeit verlieren und Raum geben für einen allgemeineren Begriff von Schrift und Differenz, mit dem eine grundlegende Kritik des metaphysischen Begriffs der Präsenz und des Denkens von Sinn als Präsenz möglich wird.

Die Figur der Differenz. – Differenzialität und das korrelative Prinzip der *Relationalität* beschreiben im »Cours« eine bestimmte Art und Weise, sprachliche Bedeutungsproduktion zu denken. Ihre Einführung durch Saussure richtete sich gegen die wirkungsmächtige Vorstellung von Sprache als einer »Nomenklatur«: In einem solchen Modell würde sich die Zeichenrelation etablieren zwischen sprachlichen Zeichen und dem, wofür sie stehen, den Dingen; das Zeichen wäre Stellvertreter der Sache selbst und verstünde sich rein sekundär und provisorisch als aufgeschobene Präsenz der vorübergehend abwesenden Sache; das Zeichen wäre nur denkbar im Blick auf eine es fundierende Präsenz. Saussures entscheidende Wendung bestand in der Abkoppelung der Sprache von der außersprachlichen Realität; Sprache wird zum rein relationalen System der »langue«, deren Funktionieren immanent als bloße Interaktion der sie konstituierenden Elemente, der Zeichen mit ihren zwei Seiten, »signifiant« und »signifié«, zu beschreiben ist. Die Bedeutung eines sprachlichen Zeichens stellt sich nicht mehr als kompakte, für sich stehende Einheit dar, gefüllt und gestützt durch den außersprachlichen Referenten, sondern funktioniert als ein System von Gegensätzen und Differenzen, die die Zeichen *untereinander* zu einem System verbinden.

»Alles Vorausgehende läuft darauf hinaus, daß es in der Sprache nur Verschiedenheiten gibt [›dans la langue il n'y a que des différences‹]. Mehr noch: eine Verschiedenheit setzt im allgemeinen positive Einzelglieder voraus, zwischen denen sie besteht; in der Sprache [›langue‹] aber gibt es nur Verschiedenheiten ohne positive Einzelglieder. Ob man Bezeichnetes [›signifié‹] oder Bezeichnendes [›signifiant‹] nimmt, die Sprache enthält weder Vorstellungen noch Laute, die gegenüber dem sprachlichen System präexistent wären, sondern nur begriffliche und lautliche Verschiedenheiten, die sich aus dem System ergeben. Was ein Zeichen an Vorstellung oder Lautmaterial enthält, ist weniger wichtig als das, was in Gestalt der anderen Zeichen um dieses herum gelagert ist.« (SAUSSURE 1967a, S. 144)

Die Entgrenzung des Spiels. – Derridas Saussure-Lektüre zieht aus diesem Denken der Differenz Implikationen, die den Rahmen der Linguistik als einer Einzelwissenschaft weit überschreiten: Ausgehend von der differentiellen Seinsweise sprachlicher Zeichen werden Denkfiguren möglich, die den immer als grundlegend, ursprünglich und unhintergehbar verstandenen Wert der *Präsenz* problematisieren. Die Phänomene von Bedeutung und Sinn können nicht mehr in Begriffen von Präsenz beschrieben werden; das Aufschieben der Zeichen, ihr Verweisungscharakter wird nicht mehr gedacht mit Blick auf eine letztliche Präsenz der Sache selbst: Dagegen eröffnet sich die Struktur eines unabschließbaren Verweisungsprozesses, in dem kein Element in dem Sinne privilegiert ist, daß diese Bewegung in ihm zum Stehen käme, es also nur noch auf sich selbst verwiese. Derrida interpretiert nun die Geschichte des abendländischen Denkens, die Epoche der Metaphysik, gerade als Folge von Setzungen solcher ausgezeichneter transzendentaler Signifikate: Sein, Idee, Wahrheit, ratio, Ich, Gott, Mensch usw; Entitäten, die am Ursprung des Ganzen der Welt und somit ihrer Interpretation stehen, die alles, was existiert, organisieren, selbst aber außerhalb einer solchen Struktur stehen: Sie bilden das begründende Zentrum der Struktur, müssen aber gleichzeitig deren Immanenz absolut transzendieren. Dahinter steht das Bedürfnis, in dieser – von Derrida auch als Spiel, »jeu«, bezeichneten – Struktur einen ruhenden Pol auszumachen; es geht um das Verlangen einer Begrenzung des Spiels und um die Angst, von Anbeginn unentrinnbar in das Spiel miteingeschlossen zu sein (DERRIDA 1972, S. 423).

Saussures Denken der Differenz, wie es in Derridas Interpretation radikalisiert wird, stellt sich dann dar als das Ereignis einer Dezentrierung der Struktur, einer Entgrenzung des Spiels: Vor dem linguistischen Modell der rein differentiellen Konstitution von Bedeutung offenbart sich die Setzung transzendentaler Signifikate als

Befriedigung eines »Verlangen[s] nach einem Zentrum« (ebd., S. 424). Dezentrierung heißt dann, die Strukturalität der Struktur, also: die Form eines potentiell unabschließbaren Verweissystems, in dem kein Element mehr ›per se‹ privilegiert sein kann, in Gänze auf sich zu nehmen: die Aufgabe aller transzendentalen Signifikate.

Die »différance«. – Diese Struktur der Zentrums- und Ursprungslosigkeit und der rein differentiellen Daseinsweise verdichtet Derrida zum Konzept der »différance«. Die orthographische Irregularität der Wortform (die vor der klassischen Schreibung »différence« wie ein Rechtschreibfehler absticht) hat verschiedene Vorteile: Diese Graphie ist im gesprochenen Wort unvernehmbar, es ist unmöglich, in mündlicher Rede einen Unterschied zwischen beiden Formen auszumachen, das Verständnis der Form »différance« hat es deshalb nötig, sich auf die Instanz des geschriebenen Textes zu beziehen. Wichtiger ist jedoch, daß die Form »différance«, so mit dem grammatikalischen Marker des Partizip Präsens (»-ance«) versehen, jenseits einer bloßen Beschreibung von Zuständen (»différence«) auf ein zugrundeliegendes Verb verweist: »différer« wird zwar meistens als Zustandsverb verwendet – »unterschieden sein« –, doch aktualisiert »différance« gerade die andere, aktivische Bedeutung »aufschieben«. »Différance« würde dann anders als bei Saussure nicht im Sinne statischer, »langue«-konstituierender Differenzen verstanden werden, sondern die Prozessualität des Vorgangs betonen: die »Aktivität des ›différer‹ [...], bevor sie noch eine in ›différent‹ oder ›différence‹ konstituierte Wirkung produziert hat« (Derrida 1988, S. 34).

In einer klassischen Begrifflichkeit würde sie sich als Ursache, als ein unablässiger Prozeß der Spaltung und Teilung darstellen, dessen Wirkungen die Differenzen der »langue« sind. Damit soll aber nicht gemeint sein, die »différance« beanspruche für sich die Fülle einer urprünglichen in-differenten Präsenz. Die Frage nach dem letztlichen Träger oder Ursprung der Differenzen in einer »langue« wird nicht beantwortet; »différance« nimmt nicht die Stelle dieses Ursprungs ein, sondern bezeichnet als Konzept genau den Sachverhalt der Ursprungslosigkeit; damit soll die Möglichkeit eröffnet werden, Phänomene anders als über ihre Rückführung auf einen Ursprung zu denken. Die »différance« steht nicht als eine Präsenz außerhalb der von ihr lancierten Bewegung.

Daraus ergibt sich die allgemeine Tragweite dieser Ausführungen: Sie präzisieren die bereits wiederholt angegangene Infragestellung von Präsenz als kompakter, unhintergehbarer Letzteinheit, als »absolute[r] Matrixform des Seins« (ebd., S. 42); die »différance« denkt Präsenz als Effekt von Differenzen, die selbst wiederum keinen Ursprungscharakter haben. Wie bereits angedeutet, heißt das im Falle sprachlicher Bedeutungen, daß kein Konzept, kein Signifikat autonom und bei sich ist und im Sinne einer selbstgenügsamen Präsenz nur auf sich verwiese.

Darüber hinaus aber erscheint alles, was in der Tradition der Philosophie auf den Wert der Präsenz gründend konstruiert wurde, mit dem Prinzip der »différance« in verändertem Licht, affiziert von der Bewegung der »différance«: »Ein Intervall muß es von dem trennen, was es nicht ist, damit es es selbst sei, aber dieses Intervall, das es als Gegenwart konstituiert, muß gleichzeitig die Gegenwart in sich selbst trennen, und so mit der Gegenwart alles scheiden, was man von ihr her denken kann.« (Ebd., S. 39) Das Denken der Dekonstruktion reicht hier an eine genuin ethische Dimension, auf die Derrida explizit hinweist (Derrida 1974, S. 83): Das Subjekt kann nicht mehr als selbstgewisses, beisichseiendes Bewußtsein konstruiert werden, das mit anderen Subjekten bloß im Modus eines Austausches des Eigenen kommunizieren würde (so ein traditionell → Hermeneutisches Modell; → Zum Verhältnis von Hermeneutik und neueren antihermeneutischen Strömungen). Vielmehr ermöglicht sich Subjektivität im Denken der »différance« nur mit dem Bezug auf das absolut Andere; jede Präsenz eines Subjekts hat so nötig, was sie selbst nicht ist. Mit diesem Denken – der Nicht-Einfachheit von Präsenz, der Unmöglichkeit eines absoluten Ursprungs – ist eine Konstellation von Begriffen aufgerufen, um die sich die hauptsächlichen Aktivitäten der Dekonstruktion gruppieren: »Und ich schlage vor, diese Konstitution der Gegenwart, als ›originäre‹, und in irreduzibler Weise nicht-einfache, also, stricto sensu, nicht-originäre Synthese von Merkmalen, von Spuren [...] Urschrift, Urspur zu nennen.« (Derrida 1988, S. 39) »Trace« (»Spur«) als Variation des Konzepts der »différance«, deren ethische Konnotationen mit dessen Herkunft aus der Philosophie Emmanuel Lévinas' zusammenhängen, bezeichnet die Spur des Anderen im Selben, die Konstitution des Selben als Bündel von Spuren. Für die so angedeuteten Projekte der Dekonstruktion – »jenen Wert von Gegenwart zu bemühen [›solliciter‹]« (ebd., S. 42), »das Bewußtsein in seiner gesicherten Selbstgewißheit in Frage stellen« (ebd., S. 43), »Entfaltung des Gleichen als ›différance‹« (ebd., S. 43) – ist neben Lévinas ein bestimmter Strang der Tradition wichtig geworden, für den Derrida die Namen von Nietzsche, Freud und Heidegger nennt.

Die Herausbildung des Begriffs der »archi-écriture« erlaubt es, nachdem er hier im Zusammenhang mit den Andeutungen zu verschiedenen philosophisch-ethischen Implikationen der Dekonstruktion fiel, den weit gespannten Bogen der Saussure-Lektüre Derridas in seiner Tendenz zu überblicken und zu einem gewissen Abschluß zu führen.

Dekonstruktion binärer Oppositionen. – Es geht um die bereits in Bewegung gebrachte Dekonstruktion der Oppositionen von Signifikat und Signifikant, von »écriture« und »voix«, sowie um die daraus motivierte Verallgemeinerung des Konzeptes der Schrift zu einer »archi-écriture« oder Proto-Schrift.

Die entscheidende Immanenz-Geste der Dekonstruktion, die Strukturen von innen im Blick auf ihre Überwindung zu behandeln, hat Derridas Saussure-Lektüre in zweifacher Weise vollzogen. Die Lektüre konnte zeigen, daß die von Saussure selbst eingeführten Prinzipien von Arbitrarität und Differenzialität das Potential zur Überschreitung der eigenen erklärten Vorgaben enthielten. In der Opposition von »signifiant« und »signifié« ist bei Saussure noch das metaphysische Denkmuster am Werk, Bedeutungen unabhängig von einem als materiell und äußerlich gedachten Träger, dem Signifikanten, in einer Region reiner Idealität zu denken. Sobald aber die Differenzialität sprachlicher Zeichen – oder in Derridas Reformulierung: die »Spur« – beide Aspekte des sprachlichen Zeichens betrifft, sich also Signifikant und Signifikat nur rein differentiell über ihre Relation zu den anderen Zeichen bestimmen, wird die strikte Trennung der beiden Aspekte fragwürdig: Auch das Signifikat teilt diese Notwendigkeit, Beziehungen zu unterhalten mit dem, was es selbst nicht ist; ihm kommt also ebenso die Eigenschaft zu, die immer seinem oppositiven Term zugewiesen wurde: »immer schon in der Position des Signifikanten« zu sein (Derrida 1974, S. 129).

Das betrifft auch die Schrift, die zu Beginn von Saussures Errichtung einer ›Allgemeinen Sprachwissenschaft‹ als der abgewertete und ausgeschlossene Term der Opposition »écriture« – »parole« präsentiert wurde. Die Rechtfertigung lag für Saussure in der bloßen Abgeleitetheit der Schrift vom gesprochenen Wort; sie stelle die nochmalige Abbildung des schon als Abbildung (des Gedankens, des Konzepts) verstandenen gesprochenen Wortes dar: Der Schrift kommt also diese als Ausscheidungsgrund gewertete Struktur zu, Signifikant des Signifikanten zu sein. Nachdem nun dieser Ausschluß von Saussure vorgenommen wurde, um in Ruhe die Innerlichkeit der »langue« zu entwickeln, wird ebenfalls mit dem Prinzip der unabschließbaren Verweisbewegung genau die inkriminierte Struktur – »Signifikant des Signifikanten« (ebd., S. 17) – wieder ins Innerste der »langue« als deren grundlegende Struktur eingeführt. Saussures Prinzip der universellen Differenzialität impliziert, daß die Schrift – um die Struktur »Signifikant des Signifikanten« mit diesem Namen zu belegen – Grundlage der gesamten Sprache ist. Damit kann auch die für Saussure so wichtige Opposition von »écriture« und »parole« nicht mehr aufrechterhalten werden. Schrift steht auch am Ursprung der »parole«: Der Sprecher kann nicht anders, als sich im – wie auch immer individuellen und partikularen – Akt der »parole« dem System der »langue« zu unterstellen; so hat auch das Sprechen an den in der »langue« wirkenden Bewegungen von »trace« und »différance« teil. Eine qualitative Unterscheidung der beiden Praktiken über das Denken der Unmittelbarkeit und Natürlichkeit ist damit nicht mehr möglich.

Es ist diese Bewegung des unabschließbaren Aufschiebens, der Nicht-Einfachheit von Präsenz, der Implikation des Anderen im Selben, die Derrida zu dem erweiterten Konzept von Schrift, der Proto-Schrift (»archi-écriture«), zusammenfaßt. An sie schließt sich das Projekt einer Grammatologie an, einer Theorie der Schrift, die auf unterschiedlichen Ebenen der Abstraktion oder Fremdheit – das Ziehen der Hand über das Papier, die differentielle Ökonomie des Gegenwärtigen – eine nie geleistete eigene Geschichte der Schrift entwirft.

3.4 Dekonstruktion als Programm

Aus dem Gang dieser Lektüre läßt sich pragmatisch Derridas Vorgehen als charakteristische Bewegung dekonstruktiver Lektürepraxis skizzieren. Zunächst wird die zentrale binäre semantische Opposition des Texts aufgesucht, deren Hierarchie auf der Abwertung eines der beiden Terme beruht, der als sekundär oder supplementär ausgewiesen wird. Es folgt der Nachweis, daß die Merkmale des ausgeschlossenen Terms auch für den anderen Term dieser Opposition gelten. Die Bewegung der dekonstruktiven Lektüre besteht somit darin, im Verlauf ihrer Entfaltung die begriffliche Unterscheidung aufzuheben, mit der sie eingesetzt hat. Zugleich wird jedoch im dritten Schritt der Begriff für den ausgeschlossenen Terminus beibehalten und zur Beschreibung der allgemeinen Struktur weiterverwendet, die die Lektüre als grundlegend für beide Terme der hierarchischen Opposition ausgewiesen hat, wie z. B.

»Schrift« weiterhin für das differentielle, nicht-ursprüngliche Moment von Sprache verwendet wird, das die Dekonstruktion der metaphysischen Opposition von Rede und Schrift, von Selbstpräsenz und Abwesenheit als deren verdrängte Grundstruktur erwiesen hat. Damit erst sieht Derrida die kritische Funktion dekonstruktiver Lektüre gewährleistet, die es sich zur Aufgabe macht, in das vorfindliche begriffliche Feld einzugreifen, indem sie die metaphysischen Oppositionen »ver-stellt«. Die fortgeführte Verwendung des Begriffs »Schrift« ist demnach nicht mit einer einfachen Aufwertung des marginalisierten Terms einer semantischen Opposition zu verwechseln. Vielmehr verweist sie auf die notwendige Differenz, die die signifikanten Einheiten zuallererst konstituiert, indem sie sie als Opposition differenziert und gleichzeitig aufeinander bezieht und so erst die Textbewegung von Sinntotalisierung und -durchkreuzung ermöglicht. In diesem Sinne bezeichnet Barbara Johnson Dekonstruktion als einen Lektürestil, dessen Akzent auf dem »sorgfältigen Entwirren einander bekämpfender Bedeutungskräfte im Text« liegt (JOHNSON 1980, S. 5). Unabschließbarkeit oder Aufschub des Sinns ist dabei dezidiert als Struktur des Textes selbst zu verstehen, als Ergebnis einander widersprechender Aussagen, die im Prozeß der Lektüre offengelegt werden; die Aufmerksamkeit richtet sich nicht auf die Kohärenz der Struktur und Einheit des Sinns (→ FORMEN ›TEXTIMMANENTER‹ ANALYSE), sie sucht systematisch die Momente auf, an denen ein Begriff divergierende Argumentationslinien verbindet. In dem Maße, wie dekonstruktive Lektüre den autoritativen Aussagen eines Textes gegenüber seinen Inkohärenzen und Ambiguitäten keine Priorität zugesteht, sondern die Durchkreuzung von Abgeschlossenheit des Sinns zum Gegenstand der Lektüre macht, wendet sie sich bei der Wahl ihrer Themen verstärkt den »Randgängen« zu: sowohl den thematischen »marges« innerhalb der philosophischen Tradition als auch den von der Kritik wenig beachteten oder systematisch marginalisierten Texten innerhalb des → KANONS sowie des Werkkorpus einzelner Autoren.

4. Dekonstruktion und Literaturwissenschaft

4.1 Den Strukturalismus erschöpfen: Roland Barthes

Die so angedeutete unmittelbare literaturtheoretische Relevanz dieses Denkens, vor allem in seiner spezifischen Art und Weise, das Phänomen und den Daseinsmodus von Sinn in Texten zu beschreiben, läßt sich besser fast noch als an Derridas eigenen Analysen im Werk Roland Barthes' aufweisen. Dekonstruktion aus dieser Perspektive darzustellen, bietet auch den Vorteil, das wichtige und überaus komplexe, uneindeutige Verhältnis von Strukturalismus und Dekonstruktion am Werk ein und desselben Autors zu verfolgen.

Barthes ist der Autor, der maßgeblich verantwortlich ist für die Entfaltung des literaturwissenschaftlichen Strukturalismus im Frankreich der sechziger Jahre. Mit der Veröffentlichung der Balzac-Analyse »S/Z« (1970) findet die entscheidende Überschreitung des strukturalistischen Paradigmas statt: Dem exemplarischen Projekt einer strukturalistischen »Erzählgrammatik« wird dort Möglichkeit und Relevanz abgesprochen. Die strukturalistische Hypothese einer Homologie von Satz und Erzählung, die davon ausging, ein und diesselbe Formalorganisation bestimme alle semiotischen Systeme, unabhängig von Substanz und Umfang, erscheint nun als der am Erkenntnisgewinn bemessen irrelevante Vorgang, erst aus einem Korpus von Erzählungen eine Struktur herauszupräparieren, nur um diese dann im zweiten Schritt in jeder einzelnen Erzählung wiederfinden zu können. Wie in Derridas Kritik erscheint das Denken der Struktur in seinem Potential der Immobilisierung, durch welche der Text seine *Differenz* verliere (Barthes 1976, S. 9). Differenz meint dabei nicht die aus einer Autorsubjektivität gespeiste Eigentümlichkeit eines Textes; Barthes nimmt vielmehr auf die bei Derrida vorgestellte Figur der »différance« bezug. Der prozessuale Charakter des Lesens wird zum Prinzip der Analyse: Er verhindert genau jene Überführung des Textes in die statische Präsenz einer Struktur, die den Sinn des Werkes halten soll. Diese »progressive« Form der Analyse versteht sich als ein Durchgang durch den Text, dessen Ideal gerade nicht die Totalität, die vollständige Erhebung alles Einzelnen ist. Barthes beschreibt diese Form der Analyse so:

»Wir belassen unserer Analyse das wesentliche Verfahren der Lektüre; diese Lektüre wird bloß gewissermaßen in Zeitlupe gefilmt. Diese Vorgangsweise ist theoretisch wichtig: sie bedeutet, daß wir nicht darauf abzielen, die Struktur des Textes zu rekonstruieren, sondern seiner Strukturation zu folgen, und daß wir die Strukturation der Lektüre für wichtiger halten als die des Aufbaus (ein rhetorischer und klassischer Begriff).« (Barthes 1988a, S. 269)

Wie im Falle der »différance« läßt sich hier die charakteristische Geste einer Dynamisierung wichtiger Konzepte verfolgen.

4.2 Dekonstruktion im Umfeld der Yale-School

Den Berührungspunkt von Derridas zunächst im Umgang mit Texten der philosophischen Tradition entwickelten Dekonstruktionen mit dem Feld der Literaturwissenschaft stellt neben der Kritik grundlegender zeichen- und repäsentationslogischer Kategorien vor allem die strikt textimmanente Konzentration auf die Struktur der Sinnkonstitution des einzelnen Textes dar. Eine programmatische Übertragung von Derridas Theorie der Dekonstruktion auf den Bereich der Literaturwissenschaft und -kritik findet in den siebziger Jahren durch die Vertreter der Yale-School, Geoffrey Hartman, J. H. Miller, Harold Bloom und Paul de Man statt. Die Rezeption von Derridas Philosophie knüpft dort verstärkt an die Tradition des »New Criticism« an, stellt doch die programmatische Textimmanenz und die Emphase des Begriffs der Lektüre die Nähe zum Konzept des »close textual reading« her. Die Differenz zum »New Criticism« (und analog zu anderen → FORMEN ›TEXTIMMANENTER‹ ANALYSE) wird freilich in der Frage nach der Intentionalität und Sinntotalität des Textes sichtbar. Bemißt der »New Criticism« den Text an der Kongruenz von Form und Inhalt, die die Kohärenz und Einheit des Texts als Ausdruck eines sich selbst bewußten Sprechens zum Ausdruck bringen, so verneint dekonstruktive Lektüre den Begriff der Intentionalität keineswegs. Sie modifiziert ihn vielmehr dahingehend, daß darunter die dominante Argumentationslinie eines Textes zu verstehen ist, deren Totalisierung als Sinnzentrum jedoch immer von der differentiellen Dynamik des Texts selbst überschritten wird. Das Augenmerk gilt daher denjenigen Aspekten, in denen Texte sich der Abgeschlossenheit und Einheit des Sinns entziehen. In der nordamerikanischen Literaturwissenschaft wird Dekonstruktion in diesem Sinn als eine Lektürepraxis rezipiert, die den Gegenstandsbereich über Derridas Konzentration auf den Bereich der Metaphysik und Sprachphilosophie überschreitet. Geht man mit Barbara Johnson davon aus, daß Texte stets durch binäre, hierarchische Oppositionen strukturiert sind, die ihr begriffliches Wertesystem konstituieren, so macht es sich eine sich als dekonstruktiv verstehende Literaturwissenschaft zur Aufgabe, Texte systematisch nach der Verdrängung von Differenzen innerhalb der Terme zu befragen, die ihrem Begriffssystem zugrunde liegen. Damit eröffnet sich ein breites Spektrum von thematischen Oppositionen und Differenzen als Gegenstand der Lektüre: Leitkategorien der Ästhetik wie die Differenz von Philosophie und Literatur, von Theorie und Praxis, von Prosa und Poesie, von Text und

Kontext, Verstehen und »Misreading« ebenso wie die Etablierung von Gattungsgrenzen und Kanonbildung stehen im Zentrum der Aumerksamkeit. Feministisch argumentierende Literaturwissenschaftlerinnen wie C. Chase, Sh. Felman und B. Johnson haben die Geschlechterdifferenz als Gegenstand eines »Dekonstruktiven Feminismus« (VINKEN 1992) etabliert (→ FEMINISTISCHE ZUGÄNGE – ›GENDER STUDIES‹). Vertreter des »New Historicism« wie Stephen Greenblatt zeigen sich neuerdings darum bemüht, die Selbstbeschränkung der Dekonstruktion auf die textimmanente Lektüre zu überschreiten und über das Konzept »poetics of culture« die Analyse der differentiellen Ökonomie von Repräsentation in einzelnen Texten mit einer diskursanalytischen Untersuchung sozialer Repräsentation zu verbinden (VEESER 1989; → SOZIALGESCHICHTLICHE ZUGÄNGE).

4.3 Paul de Man: Rhetorisch lesen

Neben einem dergestalt operational erweiterten Verständnis von Dekonstruktion, das auf die Rezeption von Derridas Entfaltung des Begriffs zurückgeht und dem Derrida selbst äußerst kritisch gegenübersteht (DERRIDA 1987), sind für die Literaturwissenschaft die Arbeiten Paul de Mans von Bedeutung, die eine Ausprägung dekonstruktiver Sprachtheorie auf dem Feld der Literatur und Ästhetik darstellen. Bezeichnet de Man seine Arbeiten seit den siebziger Jahren programmatisch als dekonstruktiv, so handelt es sich doch um eine eigenständige Theorie der literarischen Kritik, die de Man seit den sechziger Jahren in Auseinandersetzung mit der Literaturtheorie Maurice Blanchots, den Vertretern des »New Criticism« und des französischen → STRUKTURALISMUS entwickelt hat.

Ausgangspunkt ist auch für de Man die differentielle Dynamik von Sprache, die eine Totalisierung des Textes auf einen kohärenten Sinn unterläuft und die Möglichkeit interpretatorisch-hermeneutischen Verstehens in Frage stellt. Der Fokus seiner Lektüre liegt daher auf der »Rhetorizität« und »Literarizität« als dem strukturellen Moment, aufgrund dessen Texte »von sich selbst differieren«. Steht de Mans Begriff der Literarizität in der Tradition von Roman Jakobsons Definition von Literarizität als des selbstreferentiellen, auf die Weise der Äußerung gerichteten Aspekts sprachlicher Aussagen, der »poetischen Funktion« (→ FIKTIONALITÄT UND POETIZITÄT), so entwickelt de Man das Konzept der »Rhetorizität« in polemischer Absetzung von der traditionellen Auffassung von → RHETORIK. Traditionell bezeichnet Rhetorik, dem Bereich der → STILISTIK zugeordnet, die Ersetzung einer buchstäblichen durch eine figurale Bedeutung und impliziert damit eine Sprachtheorie, die auf der grundsätzlichen Unterscheidbarkeit von eigentlicher und übertragener Rede basiert. Rhetorik gilt, im Gegensatz zur Norm semantisch eindeutigen Sprechens, als sekundärer Kunstgriff der Überredung durch die Performanz rhetorischer Tropen und Figuren und als substitutive Verschiebung von Sinn, der jedoch stets auf seine eigentliche Bedeutung zurückgeführt werden kann. De Man dagegen bezeichnet mit der »Rhetorizität« aller sprachlichen Äußerungen die Auffassung, daß die strikte Trennung von wörtlicher und figuraler Rede, von Bedeutung und Behauptung nicht gegeben ist, sondern jegliches Sprechen durch Tropen und Figuren als basaler »textproduzierender Funktion« rhetorisch affiziert ist. Rhetorik und »Rhetorizität« avancieren daher zum linguistischen und sprachphilosophischen Paradigma schlechthin und bezeichnen die tropologische Dimension jeglichen Sprechens, dessen Figuralität von der referentiellen Bedeutung nicht zu trennen ist. Aus dieser sprachlichen Doppelstruktur von performativer und konstativer, von figuraler und wörtlicher Rede, von Rhetorik und Grammatik leitet de Man die dekonstruktive Dynamik von Texten ab. Wo die Rhetorik eines Textes zu seiner Grammatik in Widerspruch tritt, wo seine figurative Praxis Bedeutungseffekte produziert, die sich nicht mit seinen konstativen Aussagen zur Deckung bringen lassen, wo also der Text nicht von dem »handelt«, was er »sagt«, gelangt auch die Interpretation an den Punkt der Unentscheidbarkeit oder »Unlesbarkeit«:

»Das grammatische Modell der Frage wird rhetorisch nicht, wenn wir auf der einen Seite eine buchstäbliche Bedeutung und auf der anderen eine figurative erkennen, sondern wenn es unmöglich ist, mit Hilfe grammatischer oder anderer sprachlicher Hinweise zu entscheiden, welche der beiden Bedeutungen (die miteinander inkompatibel sein können) den Vorrang hat.« (de Man 1988, S. 40)

Als prägnantes Beispiel für de Mans Lektürestil, der systematisch diese Unentscheidbarkeitsstellen aufsucht, kann das Kapitel von »Allegorien des Lesens« gelten, das unter dem programmatischen Titel »Lesen« die Konsequenzen von Rhetorizität für die Entfaltung dekonstruktiver Lektüre exemplifiziert (ebd., S. 91-117).

De Mans Proust-Lektüre. – Gegenstand ist eine Passage aus Proust »A la Recherche du Temps Perdu«, die eine für die sprachphilosophischen Konzepte des Romans zentrale Reflexion auf die Funktion und epistemologische Implikation der Tropen Metapher und Metonymie zum Thema hat (→ RHETORIK; → BILDLICHKEIT). Zunächst arbeitet de Man das binäre Wertesystem heraus, das der Text selbst etabliert: die Opposition von »Wahrheit« und »Irrtum« nämlich, in deren Kontext der Erzähler die Möglichkeit reflektiert, vermittels sprachlicher Figuren die zwei oppositiven Konnotationsketten des Textes zu vermitteln. Es handelt sich um den dunklen, kühlen Innenraum des ruhend lesenden Protagonisten, der von der Aktivität, Helligkeit und Wärme der Außenwelt getrennt ist. Leitthese des Proustschen Textes ist es, daß kraft der Imagination des lesenden Protagonisten die Eigenschaften der äußeren Welt mit dem Innenraum des dunklen Zimmers synthetisiert werden können. Zwei Typen figuralen Sprechens, die Metapher und die Metonymie, werden als mögliche Träger dieser Synthese reflektiert. Die Aussage des Textes lautet, daß die Metapher die Vergegenwärtigung des abwesenden Außenraums leistet, da sie auf einem »notwendigen Band« zwischen den Identitäten beruhe, die einander aufgrund einer substantiellen Ähnlichkeit metaphorisch substituieren. Die Metonymie dagegen basiere auf einer »zufälligen« Berührungsassoziation der Begriffe, die einander substituieren. Als Trope der Kontingenz wird sie der »notwendigen«, auf substantieller Korrespondenz beruhenden Trope der Metapher untergeordnet, eine Unterscheidung, die in der Bewertung von »Wahrheit« und »Irrtum« situiert ist. Diese These behauptet der Text in seiner zentralen Passage mittels einer weiteren Metapher: »mon repos [...] supportait pareil au repos d'une main immobile au milieu d'une eau courante, le choc et l'animation d'un torrent d'activité«. Bei »torrent d'activité« handelt es sich jedoch um eine »tote Metapher«, um ein Klischee, das seine wörtliche Bedeutung (»Anprall, Wasserwirbel«) verloren hat und nur noch in seiner figuralen Bedeutung für Intensität steht. Über die Assonanz zu »torride« (»heiß«) steht das Klischee zugleich in der Konnotationskette Hitze/Außenwelt. Durch die syntaktische Nachbarschaft zu »eau« wird zugleich die wörtliche Bedeutung von »torrent« (»Wasserwirbel«) reaktiviert, die im Klischee verlorengegangen war, so daß die Metapher in ihrer figuralen Bedeutung die Semantik von Hitze und Bewegung erhält, während sie in ihrer wörtlichen Bedeutung mit dem Bereich der Kühle assoziiert ist und dergestalt beide semantischen Ketten verbindet. Die »operationale Wirksamkeit« der für die Aussage des Textes zentralen Metapher »torrent d'activité« weist de Man jedoch in einem zweiten Lektüregang bezüglich ihrer strukturellen Verbindung der Wörter als »mindestens doppelt metonymisch« aus. Zum einen sind in einem Klischee wie »torrent d'activité« die beiden Ausdrücke nicht aufgrund ihrer Ähnlichkeit oder potentiellen Identität, sondern durch die »bloße Gewohnheit der Nähe« assoziiert. Zum anderen wird die buchstäbliche Bedeutung von »torrent« als Wasserwirbel, durch die syntaktische Nachbarschaft der Formulierung »eau courante« aktiviert, durch eine Beziehung rein syntagmatischer Kontiguität also, der keine substantielle Äquivalenz zugrunde liegt. Die Kontiguität von »eau courante« innerhalb des narrativen Syntagmas ruft vielmehr erst die Verschiebung auch der buchstäblichen Bedeutung von »torrent« als Wasserwirbel hervor, die die Zugehörigkeit zum semantischen Bereich der Kühle begründet. Erweist diese zweite, rhetorische Lektüre die Metonymie als die grundlegende Trope des Textes, so steht dieses Ergebnis im Widerspruch zum Befund der thematischen Lektüre, die die Priorität der Metapher als Aussage des Textes ermittelt hat.

Lesen/Unlesbarkeit. – Ein derartiges Eintreten zweier gleichberechtigter Lektüren, die einander bezüglich ihrer Aussage ausschließen und von denen gleichwohl keine als falsch oder als untergeordnet ausgewiesen werden kann, weil sie die Doppelstruktur von Sprache als performativer und konstativer Rede markieren, bezeichnet de Man als die »Rhetorizität« oder »Unlesbarkeit« eines Textes. Es handelt sich um strukturelle Aporien, die dem Verstehen sowohl auf der Ebene der figuralen Sprache der Tropen wie auf der Ebene der thematischen Aussagen entgegenstehen: »Die Dekonstruktion ist nichts, was wir dem Text hinzugefügt hätten, sondern sie ist es, die den Text allerst konstituiert.« (Ebd., S. 48) Im Zentrum von de Mans Theorie der Rhetorizität steht dabei die Dekonstruktion von Tropen wie der Metapher, denen Konzepte von Identität, »Wahrheit« der Bedeutung und unproblematischer Referenz unterliegen (DE MAN 1983); zum anderen gilt sein Interesse der Revalorisierung von Tropen, denen das strukturelle Moment der Nicht-Koinzidenz und Differenz eignet: der Allegorie als Trope der zeitlichen wie semantischen Differenz (DE MAN 1988, S. 91-117; 1993, S. 83-130), der Ironie als Trope der Unentscheidbarkeit (DE MAN 1993, S. 83-130), der Metonymie als Trope der Kontingenz (DE MAN 1988, S. 91-117), der Prosopopöie als Trope der Referenz (DE MAN 1993, S. 131-146). Damit dementiert »Rhetorizität« jedoch keineswegs den Anspruch auf das Verstehen von Texten. Sie macht die Problematisierung des Verstehensprozesses selbst zum Thema, insofern sie die grundlegende Bewegung bezeichnet, in der die Unentscheidbarkeitsstellen eines Textes den Zugang zu einer kohärenten

Bedeutung verstellen; gleichwohl wird diese Textstruktur erst sichtbar in einer doppelten, ambivalenten Bewegung des »Lesens«: durch die Duplizität von semantischer Lektüre als »Akt des Verstehens«, die durch eine zweite, an den figuralen Sprachstrukturen orientierte »rhetorische« Lektüre mit der Unmöglichkeit konfrontiert wird, eine Einheit und Sinntotalität des Textes zu ermitteln. »Diese Verwicklung ist für jeden dekonstruktiven Diskurs bezeichnend: die Dekonstruktion stellt den Trugschluß der Referenz auf notwendig referentielle Weise fest.« (DE MAN 1988, S. 170) De Mans Theorie des »Lesens« entfaltet sich damit als Kritik auch an einer Texttheorie, die den Text lediglich als Verweisungsspiel der Signifikanten beschreibt. Die differentielle Dynamik des Rhetorischen leitet sich vielmehr aus der Doppelung von referentiellem Lesen, das um Bedeutung bemüht ist, und der Figuralität der Behauptung ab, die die Bedeutung als Effekt einer figurativen Setzung kenntlich macht und auf diese Weise wiederum »defiguriert«. Erst so wird plausibel, daß Rhetorik bei de Man zu einer erkenntnistheoretischen und »epistemologischen Disziplin« avanciert und den kritischen Wert der Lektüre am Verhältnis von »Blindheit« des notwendig referentiellen, sinntotalisierenden Lesens und der komplementären »Einsicht« in die Rhetorizität des Textes bemißt, wie es der Doppeltitel seiner maßgeblichen Aufsatzsammlung zum Status der literarischen Kritik exponiert: »Blindness and Insight« (DE MAN [2]1983 [1971], S. 185-230). Diese Theorie des »Lesens«, die de Man bezüglich der programmatischen Textimmanenz auch als »Return to Philology« bezeichnet, bietet zum einen in ihrem Rekurs auf das traditionelle Repertoire rhetorischer Figuren und Tropen einen wichtigen Bezugspunkt für die Literaturwissenschaft, der zu einer Renaissance der → RHETORIK innerhalb der dekonstruktiven Literaturtheorie geführt hat. Zugleich bleibt jedoch zu beachten, daß sich die »rhetorische Lektüre«, wenn sie auf den Figurenkatalog der traditionellen Rhetorik zurückgreift, gleichwohl nicht auf eine Stilistik der Figuren reduzieren läßt, sondern stets an der »metafigurativen«, epistemologischen Bedeutung rhetorischer Figuren orientiert ist: als Reflexion auf das notwendige Immanenzverhältnis von Lesen und Text und auf die Rhetorizität als den Aspekt von Sprache, der »Lesen« als Ort eines »negativen Wissens von der Verläßlichkeit sprachlicher Äußerungen« (DE MAN 1987, S. 91) auszeichnet (auch → WIRKUNGSÄSTHETIK).

4. Dialogizität, Intertextualität, Gedächtnis
von MATIAS MARTINEZ

1. Dialogizität

1.1 Sprachtheoretische Voraussetzungen

Michail Bachtins (1895-1975) Theorie der »Dialogizität« beruht auf seiner Auffassung sprachlicher Kommunikation. Er kritisiert an der klassischen Linguistik Ferdinand de Saussures (→ FORMALISMUS UND STRUKTURALISMUS; → DEKONSTRUKTION), daß sie nur die situationsinvariante »Bedeutung« (»značenie«), nicht aber den besonderen »Sinn« (»smysl«) einer sprachlichen Äußerung erfasse. Während die Bedeutung eines Wortes oder auch der semantische Gehalt eines Satzes aus dem Lexikon und den grammatischen Regeln der jeweiligen Sprache ableitbar ist, wird der Sinn einer »Äußerung« (»vyskazivanie« – die grundlegende Einheit der sprachlichen Kommunikation) erst verständlich, wenn man auch die besondere Situation berücksichtigt, in der sich der Sprecher mit seiner Äußerung an einen Hörer richtet. Die Bedeutung eines Satzes umfaßt die konstanten, in unterschiedlichen Situationen wiederholbaren Elemente der Sprache und stellt so nur ein Sinnpotential für mögliche Äußerungen dar; erst in ihrem komplexen Sinn referiert die Äußerung auf Wirklichkeit. Eine solche Überschreitung des Gegenstandsbereiches der klassischen Linguistik auf das durch pragmatische Aspekte bestimmte Feld der Äußerung fällt für Bachtin in den Bereich einer »Metalinguistik« – man würde heute sagen in den Bereich einer (besonderen Art der) Pragmalinguistik. Kein Satz ist mit rein sprachlichen Mitteln auf einen fixen Sinn festlegbar, denn es gibt keine stabile Korrespondenz zwischen Bedeutung und Sinn – ein und derselbe Wortlaut kann, je nach Verwendungssituation, unterschiedlichen Sinn tragen. Eine angemessene Analyse sprachlicher Kommunikation hat deshalb nicht nur das verwendete linguistische Wortmaterial zu analysieren, sondern muß auch außersprachliche Elemente der Kommunikationssituation berücksichtigen, in der die Äußerung erfolgt. Die aktuelle Referenz indexikalischer Ausdrücke wie »hier«, »jetzt« oder »ich« zum Beispiel kann nur im Rahmen der jeweiligen raumzeitlich fixierten Verwendungssituation festgestellt werden. Solche indexikalischen Ausdrücke machen besonders deutlich, was generell für die Bezugnahme auf Wirklichkeit mit Hilfe von Sprache gilt: Begriffe und Propositionen werden erst dann referenzfähig, wenn sie von jemandem geäußert werden.

Wichtiger als die Referenz sind für Bachtin jedoch drei weitere Aspekte, die jede (schriftliche oder mündliche) Rede prägen: (1) Die Expression des Sprechers, (2) der Einfluß der sprachlichen Äußerungen anderer und (3) der Bezug auf den Gesprächspartner in der eigenen Rede.

(1) In *mündlicher* Rede kann der Sprecher mit Hilfe außersprachlicher Mittel wie Gestik und Mimik über den propositionalen Gehalt seiner Worte hinaus eine persönliche Haltung zum Ausdruck bringen, die den aktuellen Sinn der Äußerung mitbestimmt. Aber auch einer weitgehend auf das Medium der Sprache reduzierten *schriftlichen* Äußerung ist die Position ihres Urhebers abzulesen. Bachtin geht so weit zu sagen, daß jede sprachliche Äußerung vom »verbal-ideologischen« Standpunkt ihres Sprechers imprägniert ist. Diese Auffassung gestattet einerseits Analysen, die der Individualität konkreter sprachlicher Kommunikation gerechter werden als die klassische Linguistik. Andererseits ist jedoch zu beachten, daß Bachtin mit dem Rede-Standpunkt eines Sprechers nichts Subjektiv-Privates meint. Man wird zwar unterschiedliche Grade der Individualisierung zugeben müssen – eine Liebeserklärung ist persönlicher als ein Börsenbericht. Doch erscheint bei Bachtin der Sprecher in seiner Rede stets als kollektives Subjekt, als Repräsentant soziologisch fixierbarer Gruppen, deren spezifische »Sprache« (»jazyk«) er spricht.

Nationale Hochsprachen wie das Deutsche differenzieren sich im Alltagsgebrauch in eine Vielzahl von Sprachen im engeren Sinn von Soziolekten gemäß Beruf, Schicht, Alter, Bildung, Region, Konfession usw. »In jedem Augenblick der Geschichte des verbal-ideologischen Lebens hat jede Generation in jeder sozialen Schicht ihre eigene Sprache, ihr Lexikon, ein eigentümliches Akzentsystem, die ihrerseits in Abhängigkeit von der sozialen Schicht, der Lehranstalt (die Sprache des Kadetten, des Gymnasiasten und des Realschülers sind verschiedene Sprachen) und anderen trennenden Faktoren variieren.« (Bachtin 1979a, S. 182) Man wählt sich solche Sprachen nicht aus, sondern wächst in sie hinein. Jeder Mensch hat im Laufe seines Lebens je nach sozialer Situation und Funktion an unterschiedlichen Sprachen Anteil. Die sprachlich-stilistischen Besonderheiten solcher Sprachen sind für Bachtin als Indikatoren der jeweiligen Haltung gegenüber der Wirklichkeit wichtig: »[...] alle Sprachen der Redevielfalt stehen [...] für spezifische Sichten der

Welt, für eigentümliche Formen der verbalen Sinngebung, besondere Horizonte der Sachbedeutung und Wertung.« (Ebd., S. 183) Im Anschluß an diese Überlegungen hat Boris Uspenskij in seiner »Poetik der Komposition« (1975) vier »Ebenen« der Standpunktgebundenheit literarischer Rede unterschieden, nämlich die Ebenen der Ideologie, der Phraseologie, der Raum-Zeit-Ordnung und der Psychologie.

(2) Indem der Sprecher sich eines kollektiven Sprachgebrauchs bedient, bezieht er sich auf den Gegenstand seiner Äußerung stets in einer sozialtypischen Färbung. Die verwendete Sprache ist nur eine unter mehreren, in denen man den intendierten Aussagegegenstand ausdrücken könnte. Die anderen Sprachen bilden einen latenten Hintergrund für die explizite Rede: »[…] zwischen Wort und Gegenstand, zwischen Wort und sprechender Person liegt die elastische und meist schwer zu durchdringende Sphäre der anderen, fremden Wörter zu demselben Gegenstand, zum gleichen Thema. […] So findet jedes konkrete Wort (die Äußerung) jenen Gegenstand, auf den es gerichtet ist, immer schon sozusagen besprochen, umstritten, bewertet vor und von einem ihn verschleiernden Dunst umgeben oder umgekehrt vom Licht über ihn bereits gesagter, fremder Wörter erhellt.« (Ebd., S. 169) (Die Bedeutung des russischen »slovo« umfaßt nicht nur das einzelne »Wort«, sondern auch größere Einheiten wie »Rede« oder »Diskurs«; die im Deutschen übliche Übersetzung »fremdes/konkretes Wort« ist insofern verkürzend.)

(3) Die sprachliche Kommunikation wird nicht nur durch den Kampf zwischen der aktuellen Sprechintention und den vorfindlichen »fremden Wörtern«, sondern auch durch den Bezug auf den Gesprächspartner in der eigenen Rede dynamisiert. Der Sprecher versucht, seine Rede »am fremden Horizont des Verstehenden zu orientieren und tritt in ein dialogisches Verhältnis zu den Momenten dieses Horizonts. Der Sprecher dringt in den fremden Horizont des Hörers ein, errichtet seine Äußerung auf fremdem Grund und Boden, vor dem Apperzeptionshintergrund des Hörers.« (Ebd., S. 175; → HERMENEUTISCHE MODELLE)

So entsteht durch die Konfrontation verschiedener Sprachen und der durch sie repräsentierten Weltsichten erstens im Subjekt, zweitens im Bezug auf den Aussagegegenstand und drittens in der Ausrichtung auf den Gesprächspartner eine *innere Dialogizität* und damit eine »Wechselwirkung zwischen verschiedenen Kontexten, verschiedenen Standpunkten, verschiedenen Horizonten, verschiedenen expressiven Akzentsystemen, verschiedenen sozialen ›Sprachen‹« (ebd., S. 174). Eine sprachliche Kommunikation zu verstehen heißt, sie als Szenario einer Auseinandersetzung widerstreitender Weltsichten zu erkennen.

Obwohl Bachtin einerseits behauptet, daß jede Äußerung dialogisch sei (wenn auch in unterschiedlich starkem Maße), spricht er andererseits auch vom Gegensatz zwischen »monologischer« und »dialogischer« Rede. Dieser beruhe auf dem Gegensatz zwischen »der einheitlichen und einzigen, abgeschlossenen, ptolemäischen sprachlichen Welt« und der »offenen, galileischen Welt der vielen, sich gegenseitig beleuchtenden Sprachen« (ebd., S. 322). (Das Gegensatzpaar »monologisch« vs. »dialogisch« schwankt also zwischen einer trennscharfen Entweder-Oder-Klassifikation und einer graduellen Mehr-oder-Weniger-Typologie.) Bachtin sieht die »ptolemäische« Welt des monologischen Bewußtseins besonders in kulturgeschichtlichen Epochen wie dem Hochmittelalter oder in oralen Gesellschaften ausgeprägt (zu Mündlichkeit und Schriftlichkeit → LITERATUR UND MEDIEN). Zwar gebe es auch in monologischen Gesellschaften verschiedene »Sprachen«, doch seien diese durch die zentrale Position einer einzigen Weltanschauung (etwa der katholischen Kirche) hierarchisch geordnet. Das dialogische Bewußtsein der »galileischen« Welt (beispielsweise der Renaissance) sei hingegen durch die Koexistenz einer Vielzahl konkurrierender Weltsichten dezentralisiert. Nicht schon die gleichzeitige Präsenz mehrerer »verbal-ideologischer Sprachen« führe zu Dialogizität, sondern erst die Spannung zwischen den durch diese Sprachen repräsentierten Weltsichten. Bachtin meint mit seinem Begriff des Dialogischen also etwas anderes als einen Dialog im gewöhnlichen Sinne eines Zwiegesprächs verschiedener Sprecher. Gewöhnliche Monologe können »dialogisch« im Sinne Bachtins sein und gewöhnliche Dialoge »monologisch«.

1.2 Stilisierung und Hybridisierung

Auch die literarische Rede ist nach Bachtin durch dieselben Züge charakterisiert, die für sprachliche Kommunikation allgemein gelten – und zwar sowohl die fiktiven Reden innerhalb literarischer Texte (das heißt die Wechselreden zwischen den Figuren) als auch die reale, an den Leser gerichtete Rede des Autors. Um andererseits das Spezifische gerade der literarischen Kommunikation zu bestimmen, verweist Bachtin zunächst auf deren schriftlichen Charakter, während er als Paradigma alltäglicher Kommunikation meist das mündliche Gespräch heranzieht. Schriftliche Kommunikation ist gegenüber mündlicher insofern defizitär, als sie bei der Vermittlung von Sinn auf außersprachliche Mittel wie Mimik oder Gestik und auf den gemeinsamen Situationsrahmen verzichten muß. Dieser Umstand ist für Bachtins Theorie wichtig, da ja ihr zufolge der Sinn einer Äußerung, im Unterschied zu ihrer Bedeutung, nicht durch linguistische Mittel, sondern durch den Kontext der Kommunikationssituation bestimmt wird. Während für die Teilnehmer eines Gesprächs ein gemeinsamer situativer Rahmen unmittelbar gegeben ist, gibt es bei schriftlichen Mitteilungen eine räumliche und zeitliche Differenz zwischen Entstehungs- und Rezeptionskontext des Textes. Fiktionale Texte fügen eine weitere Differenz hinzu, indem sie eine imaginäre Kommunikationssituation entwerfen, die der Leser allein aus dem Text heraus rekonstruieren muß (→ WIRKUNGSÄSTHETIK). Das Verstehen eines literarischen Textes erfordert also im Vergleich zum Verstehen einer mündlichen Kommunikationssituation in zweierlei Hinsicht zusätzliche Interpretationsarbeit: Der Leser muß sowohl den Entstehungskontext der (realen) Autorrede als auch den fiktiven Rahmen der Figurenreden rekonstruieren.

Bachtin gesteht zwar die Existenz eines »direkten, unmittelbar auf seinen Gegenstand gerichteten Wort[es], als Ausdruck der letzten Bedeutungsinstanz des Sprechenden« zu. Sein Interesse gilt aber weniger einem solchen »einstimmigen Wort« als vielmehr jenen Fällen, in denen ein fremdes Wort mit der Rede des Sprechers interferiert und so ein »zweistimmiges Wort« entsteht, ein »Wort mit Ausrichtung auf ein fremdes Wort« (BACHTIN 1971, S. 222). Beim »zweistimmigen« Wort sind zwei Typen zu unterscheiden: die explizite Reproduktion des fremden Wortes und die verdeckte Anspielung auf das fremde Wort in der eigenen Rede. Im ersten Fall bildet die fremde Stimme den expliziten Vordergrund und die eigene Stimme den latenten Hintergrund der zweistimmigen Äußerung; im zweiten Fall ist die eigene Stimme explizit und deutet die fremde Stimme als abweichenden Hintergrund nur an. Bachtin erläutert das zweistimmige Sprechen zumeist am Verhältnis zwischen Autorrede und Figurenrede. (Als »Erzähler« [»rasskazčik«] bezeichnet Bachtin meist nur persönlich hervortretende Erzähler; der Produzent eines Textes heißt generell »Autor« [»avtor«].)

(1) Im Fall der »Stilisierung« reproduziert der Autor das fremde Wort einer Figur vor dem Hintergrund seines eigenen, von der Figurenrede abweichenden Standpunktes, so daß ein »objektivierender Schatten« auf das fremde Wort fällt und es mit einer zweiten

»Bedeutungstendenz« belegt. Das Wort dient so »gleichzeitig zwei Sprechern und drückt gleichzeitig zwei verschiedene Intentionen aus: die direkte Intention der sprechenden Person und die gebrochene des Autors« (BACHTIN 1979a, S. 213). Der Autor spricht hier in der Rolle eines anderen, wobei die Rollenhaftigkeit der Rede ihren Sinn beeinflußt. Eine Verschärfung der Stilisierung stellt die Parodie dar: Die verdeckte Autorstimme bestreitet implizit den Wahrheitsanspruch der Figurenstimme.

(2) Zweistimmigkeit entsteht auch, wenn der Autor in eigener Sache zu sprechen scheint, dabei aber in einer »hybriden Konstruktion« indirekt auf ein fremdes Wort Bezug nimmt. »Wir nennen diejenige Äußerung eine hybride Konstruktion, die ihren grammatischen (syntaktischen) und kompositorischen Merkmalen nach zu einem einzigen Sprecher gehört, in der sich in Wirklichkeit aber zwei Äußerungen, zwei Redeweisen, zwei Stile, zwei ›Sprachen‹, zwei Horizonte von Sinn und Wertung vermischen.« (Ebd., S. 195) Als Beispiele für ein solches »Wort mit Seitenblick auf ein fremdes Wort« (BACHTIN 1971, S. 223) nennt Bachtin das unterwürfige, die eigenen Aussagen sogleich wieder infragestellende Sprechen oder auch beleidigende Anspielungen.

1.3 Karnevalisierung

So wie die unendliche Zahl möglicher Äußerungen in einer Sprache durch eine viel kleinere Zahl linguistischer Normen gesteuert wird, so stehen über den einzelnen literarischen Werken als produktions- und rezeptionssteuernde Schablonen die literarischen Genres (→ GATTUNGSFRAGEN). Aber noch oberhalb der Genres sieht Bachtin die Literatur in zwei große Gruppen zerfallen, welche antagonistische Grundkräfte repräsentieren, die jede Kultur prägen: einerseits die zentripetalen »Kräfte der Vereinheitlichung und Zentralisierung der verbal-ideologischen Welt«, die die Hochkultur bestimmen, und andererseits die zentrifugalen Kräfte der »Dezentralisierung und Differenzierung« (BACHTIN 1979a, S. 163, S. 165), die meist von marginalisierten Bereichen einer kulturellen Gemeinschaft ausgehen. Bachtin scheint der Auffassung zu sein, daß literarische Werke und Genres *Produkte*, aber auch *Darstellungen* der kulturellen Verfassung ihrer jeweiligen Epoche sind; monologische Werke sind charakteristisch für zentralisierte Kulturen, dialogische Werke hingegen Ausdruck zentrifugaler Tendenzen.

Das Hochmittelalter ist für Bachtin Beispiel einer weitgehend zentralisierten Kultur, die aber von der zentrifugalen, subversiven

»zweiten Welt« des Karnevals begleitet wurde. In der Renaissance fand die marginalisierte mittelalterliche »Lachkultur« schließlich auch Eingang in die Hochkultur und ihren bedeutendsten literarischen Ausdruck in François Rabelais' (1494-1553) Roman »Gargantua et Pantagruel« (erschienen zwischen 1532 und 1564). Ihr Grundzug ist die Subversion der traditionellen, ernst-offiziösen Lebensform. »Das karnevalistische Leben ist ein Leben, das aus seinem *gewöhnlichen* Gleis geraten ist, in gewisser Weise ein ›verkehrtes Leben‹, ›eine auf den Kopf gestellte Welt‹.« (BACHTIN 1971, S. 137) Bachtin bestimmt die *Karnevalisierung* anhand von vier (sicherlich nicht trennscharfen) Kriterien:

(1) *Familiarität*: Die hergebrachten Standes-, Klassen- und Schichtengrenzen werden durch engen zwischenmenschlichen Kontakt überschritten.

(2) *Exzentrizität*: Das sinnliche Verhalten im Karneval erscheint gemessen an den Normen des Alltags unfunktional, maßlos, obszön und grotesk.

(3) *Mesalliance*: »Der Karneval nähert Heiliges und Profanes, Hohes und Niedriges, Großes und Nichtiges, Weises und Dummes einander an, schließt es zusammen, verlobt und verbindet es miteinander.« (Ebd., S. 138)

(4) *Profanierung*: Selbst das Sakrale wird seines tabuisierten Geltungsanspruches beraubt und durch Lästerung, Obszönität oder Parodie in die Zone respektlosen Kontaktes gerissen.

Diese vier karnevalistischen Praktiken führen zu einer »fröhlichen Relativität alles Bestehenden« (ebd., S. 140), indem sie eine fundamentale Ambivalenz der etablierten kulturellen Ordnung herstellen. Die Karnevalisierung zerstört nicht anerkannte Werte, aber relativiert ihren absoluten Geltungsanspruch.

Inwieweit Bachtins Beschreibung des mittelalterlichen und frühneuzeitlichen Karnevals zutrifft, ist heute umstritten. Das gilt insbesondere für seine wenig differenzierte Darstellung des Verhältnisses zwischen karnevalistischer Volkskultur und kirchlich-feudaler Hochkultur. Die funktionale Komplexität des sozialen Systems, dem der Karneval – als ein anerkannter Bestandteil des christlichen Kirchenjahres – angehörte, wird durch das simple Schema von repressiver Macht und subversivem Widerstand wohl nicht angemessen erfaßt. Immerhin steht die methodische Fruchtbarkeit von Bachtins Ansatz außer Frage. Sein Buch »Rabelais und seine Welt. Volkskultur als Gegenkultur« (publiziert 1965) ist ein eindrucksvoller Beleg für die Auffassung, die zeitgenössische Kultur liefere

»den notwendigen Kontext für das literarische Werk und die Position, die der Autor im Werk einnimmt; außerhalb dieses Kontextes kann man weder das Werk noch die im Werk widergespiegelten Autorintentionen verstehen« (BACHTIN 1989, S. 207). Mit der Berücksichtigung marginalisierter kultureller Praktiken bei der Textanalyse besitzt das Rabelais-Buch zudem im Lichte des »New Historicism« und neuerer kulturanthropologischer Ansätze in der Literaturwissenschaft besondere Aktualität (→ SOZIALGESCHICHTLICHE ZUGÄNGE).

1.4 Polyphonie

Das Verhältnis zwischen dialogischen und monologischen Tendenzen in der Literatur wird von Bachtin auf eine ähnlich zweideutige Weise charakterisiert wie das allgemeinere Verhältnis zwischen zentrifugalen und zentripetalen Kräften in der Kultur. Einerseits erscheinen monologische und dialogische Tendenzen als überhistorische Antagonisten, als anthropologische Konstanten, deren Kampf die gesamte Literaturgeschichte durchzieht. Andererseits beschreibt Bachtin, etwa in seinem Aufsatz über »Epos und Roman« (publiziert 1970), Dialogizität als Emanzipation aus monologischen Anfängen, also als historisch späteres Stadium einer linearen Entwicklung. In dieser zweiten Perspektive nun gelten die Romane Fëdor M. Dostoevskijs (1821-1881) als erste vollständige Verwirklichung des dialogischen Prinzips in der Literatur. In seiner wohl bedeutendsten Arbeit, »Probleme der Poetik Dostoevskijs« (geschrieben 1929, überarbeitete Ausgabe 1963), erklärt Bachtin den Autor von Werken wie »Schuld und Sühne« (1866), »Die Dämonen« (1871) und »Die Brüder Karamazov« (1879) zum Schöpfer des »polyphonen Romans« (BACHTIN 1971, S. 201).

Auch der monologische Roman kann zwar in Figuren- und Erzählerrede verschiedene Stimmen mit ihren entsprechenden Anschauungen erklingen lassen, doch »die Auffassungen und Urteile des Autors müssen über alle übrigen dominieren und ein kompaktes, nicht zweideutiges Ganzes ergeben« (ebd., S. 227). Die Protagonisten des polyphonen Romans hingegen vertreten unvereinbare Standpunkte, deren Konkurrenz nicht durch eine übergeordnete Autorinstanz entschieden wird. In Dostoevskijs »karnevalistischem Weltempfinden« lebt alles »an der Grenze zu seinem Gegenteil. Die Liebe lebt an der Grenze zum Haß, kennt und versteht ihn und der Haß lebt an der Grenze zur Liebe und versteht sie ebenfalls [...]. Der Glaube lebt an der Grenze zum Atheismus, betrachtet sich in ihm und versteht ihn, und der Atheismus lebt an der Grenze zum Glauben und versteht ihn. Höhe und edle Gesinnung leben an der Grenze zu Fall und Gemeinheit [...]. Die Liebe zum Leben ist dem Verlangen nach Selbstvernichtung benachbart [...]. Reinheit und Keuschheit verstehen Laster und Wollust.« (Ebd., S. 200) Nicht nur die Positionen der Figuren, sondern auch die des Autors sind im polyphonen Roman in die wechselseitige Relativierung einbezogen.

Kann man aber im Falle einer solchen »echten Polyphonie« (ebd., S. 201) noch von künstlerischer Einheit sprechen? Ist der polyphone Roman mehr als ein heterogenes Konglomerat widerstreitender Stimmen? Es wird leider oft übersehen, daß Bachtin auch hier an der Existenz einer »letzten Bedeutungsinstanz« festhält, nämlich an der »Intention des Autors« (ebd., S. 209). Auch wenn der Autor nicht direkt spricht, wird seine Intention doch indirekt verwirklicht »mit Hilfe fremder Worte [des Erzählers oder der Figuren], die auf bestimmte Weise konstruiert und als fremde angeordnet sind« (ebd.). Für die Beschreibung der besonderen künstlerischen Verfahrensweise des polyphonen Romans benutzt Bachtin eine weitere Metapher aus dem Bereich der Musik: Der Autor »orchestriert« Stimmen, so wie der stumme Komponist Melodien in verschiedenen Tonarten und durch verschiedene Instrumente erklingen läßt. Die künstlerische Wahrheit des polyphonen Autors wird nicht gesagt, sondern ausgedrückt; sie hat nicht propositionalen, sondern kompositorischen Charakter.

1.5 Chronotopos

Vor dem Hintergrund der übergreifenden Unterscheidung zwischen monologischen und dialogischen Tendenzen in der Literatur hat sich Bachtin auch mit Genres befaßt, und zwar fast ausschließlich mit dem Roman als Paradigma dialogischer Literatur, während Genres bzw. Gattungen wie das Epos oder die Lyrik Beispiele für tendenziell monologische Kunst sind (gemeint ist klassische und romantische Lyrik; aber schon bei Heinrich Heine oder Aleksandr Puškin und in der Lyrik des 20. Jahrhundert beobachtet Bachtin eine »Prosaisierung der Lyrik«, ebd., S. 223). Der Roman »setzt die verbal-semantische Dezentralisierung der ideologischen Welt voraus, die sprachliche Obdachlosigkeit eines literarischen Bewußtseins, das das unanfechtbare und einheitliche sprachliche Medium des ideologischen Denkens verloren hat« (BACHTIN 1979a, S. 252). Er entstand »historisch im Rahmen der dezentralisierenden, zentrifugalen Kräfte. [Es] erklang in den Niederungen, in Schaubuden und auf Jahrmarktsbühnen die Redevielfalt der Narren, ein Nachäffen aller ›Sprachen‹ und Dialekte, entwickelte sich die Literatur der Fabliaux und Schwänke, der Straßenlieder, Sprichwörter und Anekdoten, in der es keinerlei sprachliches Zentrum gab, in der das lebendige Spiel ›mit den Sprachen‹ von Dichtern, Gelehrten, Mönchen, Rittern u.a. üblich war, in der alle ›Sprachen‹ Masken waren und es kein unumstrittenes sprachliches Gesicht gab.« (Ebd., S. 166)

Wegen seiner Originalität greife ich aus Bachtins Untersuchungen zur Theorie und Geschichte des Romans den Begriff des *Chronotopos* heraus, eine Neubildung aus griech. »chronos« (»Zeit«) und »topos« (»Ort«). Der »künstlerisch-literarische Chronotopos« ist eine typische Verschmelzung räumlicher und zeitlicher Merkmale: »Die Merkmale der Zeit offenbaren sich im Raum, und der Raum wird von der Zeit mit Sinn erfüllt und dimensioniert.« (Bachtin 1989, S. 8) Als Beispiel diene hier der besondere Chronotopos des antiken Abenteuerromans, der mit wenigen Modifikationen noch für die heutige Abenteuerliteratur (und den Abenteuerfilm) Geltung hat.

In Texten wie Heliodors »Aithiopika« oder Longos' »Daphnis und Chloe« herrscht eine spezifische »Abenteuerzeit«. Am Anfang dieser Abenteuergeschichten steht »die erste Begegnung des Helden mit der Heldin und das jähe Aufflammen ihrer gegenseitigen Liebe, der Schlußpunkt ist ihre glückliche Vermählung« (ebd., S. 13). Zwischen diesen beiden Zeitpunkten liegt eine oft jahrzehntelange Kette von Prüfungen, Täuschungen, Entführungen, Kämpfen, Schiffbrüchen usw., die jedoch keinerlei Auswirkung hat auf die Persönlichkeit der Protagonisten. Das Paar übersteht die schier endlose Reihe von Katastrophen körperlich und geistig nicht nur unversehrt, sondern unverändert; am Ende ist es ebenso jung, schön und verliebt wie zu Anfang. In einer Hinsicht sind die Protagonisten am Ende allerdings doch weiter als am Anfang: Sie haben die Unwandelbarkeit ihrer Gefühle bewiesen. Insofern ist der griechische Abenteuerroman ein – wenngleich unpsychologischer – Prüfungsroman. Die Zeit der Abenteuer gleitet spurlos am Liebespaar ab, sie findet sozusagen außerhalb der biographischen und historischen Zeit statt. Zeit ist in diesen Romanen vor allem technisches Mittel der Handlungsverknüpfung und tritt insbesondere beim Zufall in Erscheinung, also dort, »wo der normale und pragmatisch oder kausal begriffene Gang der Ereignisse abreißt und der ›reinen Zufälligkeit‹ mit ihrer spezifischen Logik Platz macht« (ebd., S. 16). Rettungen ›in letzter Minute‹, unglückselige Zusammentreffen usw. beruhen auf einer untrennbaren Kombination räumlicher und zeitlicher Bestimmungen, sorgen für einen »Riß im normalen Ereignisverlauf« und belegen die »Einmischung irrationaler Kräfte in das menschliche Leben« wie Schicksal, Götter oder Dämonen.

So wie die Zeit der Abenteuer außerhalb der biographischen Zeit bleibt, so spielt sich das Geschehen räumlich in der Fremde, das heißt außerhalb des gewohnten Raumes ab. Auch der Raum entbehrt jeder näheren geographisch-kulturellen Bestimmung, weil er handlungstechnisch funktionalisiert ist als (gefahr- oder glückbringende) Nähe und Ferne. »Für den Schiffbruch wird ein Meer benötigt, aber was für ein Meer das im geographischen und historischen Sinne ist, interessiert überhaupt nicht.« (Ebd., S. 25)

1.6 Probleme der Dialogizitätstheorie

Bachtins Theorie der Dialogizität ist nicht frei von Problemen. Einige wurden bereits erwähnt. Zum Schluß seien drei Schwierigkeiten der zentralen Opposition »Monologizität« vs. »Dialogizität« benannt. Erstens vermischen sich in Bachtins literaturgeschichtlichen Analysen deskriptive und normative Elemente. In Dichotomien wie »monologisch« vs. »dialogisch«, »zentripetal« vs. »zentrifugal«, »Epos« vs. »Roman« wird die jeweils zweite Hälfte favorisiert – denn, so Bachtin, »das denkende menschliche Bewußtsein und die dialogische Seinssphäre dieses Bewußtseins sind in ihrer ganzen Tiefe und Besonderheit der monologischen künstlerischen Betrachtungsweise unzugänglich« (Bachtin 1971, S. 304). Wenn ein Autor der dialogischen menschlichen Wirklichkeit gerecht werden möchte, dann – so wird suggeriert – *sollte* er dialogisch verfahren. Auf diese Weise wird die Legitimität monologischer Literatur – und damit ein beträchtlicher Teil der Literaturgeschichte – rigoros ausgeblendet.

Das letzte Zitat zeigt, zweitens, daß sich bei Bachtin Aussagen über anthropologische und Aussagen über historische Sachverhalte vermischen. Ist Dialogizität eine Konstante menschlicher Kommunikation und Wirklichkeitserfahrung, oder ist sie ein historisches Phänomen, das nur in bestimmten Epochen dominiert und sich erst in der Moderne voll ausgebildet hat?

Bachtins dialogisches Prinzip verkündet, drittens, die »Wahrheit der Relativität der Wahrheit« (Lachmann, in: Bachtin 1987, S. 15). Was für eine Wahrheit kann aber dieses Prinzip für sich selbst beanspruchen? Ist das Phänomen der Dialogizität auf den Gegenstandsbereich der literarischen ›Worte‹ beschränkt, oder betrifft es auch die Analyse des Literaturwissenschaftlers? Bachtin vertritt die Meinung, die Literaturwissenschaft (wie alle Geisteswissenschaften, im Gegensatz zu den Naturwissenschaften) müsse selbst dialogisch verfahren: »In der Philologie ist das dialogische Erkennen obligatorisch (ohne es ist ja kein Verstehen möglich).« Dialogisches Verstehen ist nun aber nicht dasselbe wie das Verstehen von Dialogizität. Man sollte zwischen Objekt- und Metasprache unterscheiden und außerdem bedenken, daß Bachtin den Begriff »Verstehen« emphatisch im Sinne von »Einfühlung« verwendet. Ein weniger anspruchsvoller Gebrauch von »Verstehen« im Sinne von ›Erfassen‹ oder ›Begreifen‹ scheint mir für das philologische Erkenntnisinteresse durchaus auszureichen. Warum sollte die Vieldeutigkeit der »lebendigen ideologischen Bedeutung des Wortes« (Bachtin 1979a, S. 238) nicht »monologisch« beschreibbar und insofern auch verstehbar sein? Und besteht nicht auch Bachtin auf der künstlerischen Geschlossenheit und der »letzten Bedeutungsinstanz des Autors« selbst im »polyphonen Roman«?

2. Intertextualität

2.1 Julia Kristeva und poststrukturalistische Intertextualitätskonzepte

Bachtins Ideen blieben jahrzehntelang weitgehend unbeachtet. In den sechziger Jahren wurden dann die beiden Bücher über Dostoevskij und Rabelais sowie einige Aufsätze gedruckt und einem größeren Publikum in der Sowjetunion bekannt. Wenig später erlangten sie über Julia Kristeva auch internationale Verbreitung. Mit Bezug auf Bachtin prägte Kristeva den Namen »Intertextualität« für eine Theorie, die sich allerdings von derjenigen Bachtins in wichtigen Punkten unterscheidet. Seither ist unter diesem Namen eine Vielfalt von Ansätzen entstanden, die methodisch und konzeptionell oft weit auseinander liegen.

Zwar richten alle diese Ansätze ihre Aufmerksamkeit auf das Verhältnis eines Textes zu anderen Texten und begreifen Intertextualität als Faktor der Textbedeutung. Aber sowohl der Begriffsinhalt wie der Begriffsumfang von ›Intertextualität‹ werden sehr unterschiedlich bestimmt. Bei Kristeva ist die Intertextualität ein allgemeines Merkmal von Texten: »[...] jeder Text baut sich als Mosaik von Zitaten auf, jeder Text ist Absorption und Transformation eines anderen Textes.« (KRISTEVA 1969a, S. 348) Da sie den Textbegriff sehr weit im Sinne kulturell codierter Zeichensysteme faßt und literarische Texte in dem »allgemeinen Text (der Kultur)« eingebettet sieht (ebd., S. 113), ist die Intertextualität (wie auch Bachtins Dialogizität) nicht auf den Bereich literarischer Texte beschränkt. Anders als Bachtin spricht Kristeva dem als »Mechanismus« und »Produktivität« verstandenen Text (ebd.) jedoch eine bedeutungsproduzierende Selbständigkeit zu, die sich von der Instanz einer künstlerischen Gestaltungsabsicht des Autors, dem Konzept eines geschlossenen Werkes und der Idee einer dialogischen Kommunikation zwischen Subjekten ablöst. Der Autor wird zum Schnittpunkt von Diskursen, das intendierte Werk zum ambivalenten Text, an die Stelle der Intersubjektivität tritt die Intertextualität.

In diesem Verständnis wird Intertextualität zu einem Leitbegriff von Poststrukturalismus (→ PROBLEMATISIERUNGEN DER HERMENEUTIK) und → DEKONSTRUKTION. Dabei erscheint die intertextuelle Verfassung der kulturell codierten Wirklichkeit als repressive Repetition, aber auch als subversive Differenz: Einerseits gleicht sie als allumfassendes Reservoir ideologischer Diskurse einem Gedankengefängnis, andererseits unterläuft sie wegen der Unkontrollierbarkeit diskursiven Sinns jede ideologische Fixierung.

2.2 Hermeneutische und strukturalistische Intertextualitätskonzepte

Anders als die Kristeva folgenden Poststrukturalisten versuchen hermeneutisch oder strukturalistisch orientierte Ansätze, Intertextualität als begrenztes Verfahren innerliterarischer Sinnbildung zu fassen und halten an einem traditionelleren Verständnis von Begriffen wie ›Autor‹, ›Werk‹ und ›Leser‹ fest. Im Unterschied zur gewöhnlichen Quellen- und Einflußforschung geht es diesen Intertextualitätstheorien jedoch weniger um die Einwirkung fremder Texte auf die Textgenese als vielmehr um Verweise des Folgetextes auf Prätexte, die vom Autor beabsichtigt, im Text markiert und vom Leser im Interesse eines angemessenen Textverständnisses erkannt sein müssen.

In der bislang umfassendsten Systematik unterscheidet Gérard Genette fünf Typen der »Transtextualität« als Inbegriff der Sachverhalte, die einen Text »in eine manifeste oder geheime Beziehung zu anderen Texten« bringen (GENETTE 1993, S. 9): *Paratextualität* bezeichnet die pragmatische Einrahmung des Textes durch beigeordnete Texte wie Titel, Motto, Vor- oder Nachwort, Einleitung, Umschlagstext (→ PARATEXTE). *Metatextualität* liegt vor, wenn der

Text einen anderen kommentiert. Die *Architextualität* eines Textes besteht in seiner taxonomischen Zugehörigkeit zu bestimmten Gattungen, Textsorten oder Schreibweisen. Der Terminus der *Intertextualität* wird hier in einem engen Sinne verwendet, nämlich als die effektive Präsenz eines Textes in einem anderen Text in Form von Zitat, Plagiat oder Anspielung. Als *Hypertextualität* bezeichnet Genette schließlich die Beziehung eines Textes zweiten Grades (den Genette Hypertext nennt) zu Prätexten (Genette: Hypotexten), von denen er durch Transformation (Parodie, Travestie) oder Nachahmung (Persiflage, Pastiche) abgeleitet ist.

Bei intertextuellen Bezügen ist zwischen *Einzeltextreferenz* und *Systemreferenz* (Genette: Architextualität) zu unterscheiden, d. h. zwischen Verweisen auf individuelle Prätexte oder aber auf literarische Muster und Normen wie Gattungen oder Schreibweisen; da Gattungsnormen und Schreibweisen im literarischen Bewußtsein oft durch paradigmatische Einzelwerke repräsentiert sind, ist die Grenze zwischen Einzeltext- und Systembezug allerdings nicht immer scharf zu ziehen. Die intertextuellen Bezüge können außer der semantischen auch andere Ebenen des Textes betreffen, nämlich linguistische Aspekte wie Graphie, Interpunktion, Phonologie, Morphologie, Lexik oder Syntax, aber auch Aspekte der metrischen, rhetorischen oder erzählerischen Gestaltung.

Die verschiedenen Arten und Grade intertextueller Bezüge sind wohl nur durch ein Bündel von einander überschneidenden Kriterien erfaßbar, die teils graduelle Unterschiede, teils dichotomische Entweder-Oder-Alternativen anzeigen. Ein Text kann bei der Übernahme einzelner Elemente die Fremdheit des ursprünglichen Kontexts und damit seine Referentialität mehr oder weniger deutlich als solche markieren; er kann seine eigene Intertextualität autoreflexiv thematisieren; er kann punktuell Anleihen machen oder sich zu großen Teilen oder auch insgesamt eines Prätextes als struktureller Folie bedienen; er kann in direkter oder indirekter Weise auf den Prätext anspielen; schließlich kann er in größerer oder kleinerer semantischer und ideologischer Spannung zum Prätext stehen.

2.3 Harold Bloom

Eine Zwischenstellung zwischen den beiden hier idealtypisch akzentuierten Richtungen der Intertextualitätstheorie nimmt Harold Bloom ein. Bloom sieht literarische Produktivität durch »anxiety of influence« bestimmt und rekonstruiert die Literaturgeschichte als einen intertextuellen, aber innerliterarischen Kampf von Autoren gegen ihre kanonischen Vorbilder. Jeder bedeutende Autor sei unweigerlich auf literarische Vorbilder bezogen und versuche gleichzeitig, sie zu verdrängen. In ödipaler Ambivalenz verbleibe er zwar unter dem Einfluß des übermächtigen »Vaters«, müsse dessen Werke aber notwendig mißverstehen (»misreading«), um eine selbständige künstlerische Artikulationsmöglichkeit zu finden.

2.4 Intertextualität und Imitatio

Im weitesten Sinne umfaßt Intertextualität alle Bezüge eines literarischen Textes auf andere literarische oder auch außerliterarische Texte. Meist allerdings wird Intertextualität enger gefaßt und steht dann in Gegensatz zum Begriff der *imitatio*, der in der antiken, mittelalterlichen und frühneuzeitlichen → POETIK eine zentrale Position einnimmt. Der Verfasser einer Imitatio erkennt die Überlegenheit des nachgeahmten Prätextes an oder versucht, ihn wetteifernd zu übertreffen (*aemulatio*). Jedenfalls wird eine Vergleichbarkeit von Prä- und Folgetext im Hinblick auf absolut gesetzte poetologische Normen angenommen; der überlieferte → KANON besitzt vorbildhafte Verbindlichkeit, und der Zielpunkt der Beurteilung des Folgetextes liegt in der Person des Autors, dessen Bildung und Können sich in seinem Text ausdrücken. Intertextualität hingegen betont eher den selbständigen Umgang des Folgetextes mit der Tradition, gesteht kanonischen Werken keine privilegierte Rolle gegenüber anderen Prätexten zu und bezieht sich eher auf den Text als auf die Person des Autors (auch → DEKONSTRUKTION).

Dessen ungeachtet bleibt festzuhalten, daß literarische Texte seit jeher intertextuelle Verfahren in Form von Parodien, Travestien, Pastiches, Adaptionen, Florilegien oder auch von Zitaten und Anspielungen verwendet haben. Dominierend allerdings werden bestimmte Arten der Intertextualität, in denen der Text einen offenen, vom Leser allererst auszufüllenden Assoziationsspielraum möglicher intertextueller Bezüge anbietet, erst in Texten der literarischen Moderne und Postmoderne.

3. Gedächtnis

Zur gleichen Zeit wie Bachtin und mit ähnlich schwacher unmittelbarer Resonanz entwickelte der französische Historiker Maurice HALBWACHS in den zwanziger Jahren sein Konzept des *kollektiven Gedächtnisses* (»mémoire collective«), das inzwischen zu einer maßgeblichen Quelle kulturanthropologisch orientierter Literaturwissenschaft geworden ist. Bachtin zufolge repräsentiert individuelle Rede stets den »verbal-ideologischen Standpunkt« einer sozialen Gruppe. In ähnlicher Weise meint Halbwachs, das individuelle Gedächtnis des einzelnen sei stets von Formen des kollektiven Gedächtnisses geprägt. Soziale Bezugsrahmen (»cadres sociaux«) organisieren und stabilisieren die persönliche Erinnerung an vergangene Ereignisse. »Es gibt kein mögliches Gedächtnis außerhalb derjenigen Bezugsrahmen, deren sich die in der Gesellschaft lebenden Menschen bedienen, um ihre Erinnerungen zu fixieren und wiederzufinden.« (HALBWACHS 1985, S. 121) Im Unterschied zur abstrakten »Geschichte«, die der Historiker idealiter zu beschreiben versucht, wird das kollektive Gedächtnis vom Bedürfnis der jeweiligen sozialen Gruppe nach Konstruktion einer sinn- und identitätsstiftenden Vergangenheit bestimmt (→ LITERATUR UND MEDIEN).

In den letzten Jahren hat der Ägyptologe Jan Assmann Halbwachs' Konzept des kollektiven Gedächtnisses aufgenommen und in die beiden Untertypen eines »kommunikativen« und eines »kulturellen Gedächtnisses« zerlegt. Das *kommunikative* Gedächtnis beruht auf persönlich beglaubigten Erinnerungen an zeitgenössische Ereignisse. Nach ungefähr achtzig Jahren weicht das kommunikative Gedächtnis der Zeitzeugen dem *kulturellen* Gedächtnis. Dieses gestaltet Vergangenheit mit Hilfe von »festen Objektivationen sprachlicher und nichtsprachlicher Art: in Gestalt von Ritualen, Tänzen, Mythen, Mustern, Kleidung, Schmuck, Tätowierung, Wegen, Malen, Landschaften usw., Zeichensystemen aller Art, die man aufgrund ihrer mnemotechnischen (Erinnerung und Identität stützenden) Funktion dem Gesamtbegriff ›Memoria‹ zuordnen darf« (ASSMANN 1992, S. 52). Wie schon in Bachtins Dialogizitäts- und Kristevas Intertextualitätsbegriff wird auch im Begriff des kulturellen Gedächtnisses der literarische Text in den übergreifenden Rahmen der kulturellen Sinnproduktion gestellt.

5. Sozialgeschichtliche Zugänge

von Kirsten Wechsel

1. Vorbemerkungen

Geht man von einem Literaturverständnis aus, das den historischen Wandel von Literatur berücksichtigt, so stellt sich die Frage nach den Gründen des Wandels. Eine Antwort hierauf wird unweigerlich einen Zusammenhang zwischen literarischen und gesellschaftlichen Entwicklungen feststellen müssen (→ Formalismus und Strukturalismus; → Formen ›textimmanenter‹ Analyse). Das Verhältnis von Literatur und Gesellschaft genauer zu bestimmen, ist Ziel sozialgeschichtlicher Zugänge, die die literaturwissenschaftliche Methodendiskussion seit dem Ende der sechziger Jahre in entscheidendem Maße mitbestimmt haben.

Die Studentenbewegung hatte gegen die herrschende Auffassung der Autonomie von Literatur, die die Literaturwissenschaft seit der Nachkriegszeit bestimmt hatte, Stellung bezogen und eine politisch und sozial verantwortungsbewußte, ›progressive‹ Literaturwissenschaft gefordert. Literaturkritik sollte sich nicht länger allein dem ästhetischen Gegenstand widmen, sondern vor allem gesellschaftliche Zusammenhänge berücksichtigen. Die Erneuerungsbestrebungen des Fachs in den späten sechziger und den siebziger Jahren fanden einen Anknüpfungspunkt in den marxistisch geprägten Debatten der zwanziger und dreißiger Jahre, wie sie vor allem Georg Lukács, Walter Benjamin und die Literatursoziologen der Frankfurter Schule über das Verhältnis von Literatur und Gesellschaft geführt hatten.

Die *empirische Literatursoziologie* erlebte eine Renaissance. Sie legt den Schwerpunkt auf Produktion, Rezeption und Verbreitung und läßt das Ästhetische als Gegenstand literaturwissenschaftlicher Forschung weitgehend in den Hintergrund treten. In eine andere Richtung weisen diejenigen Neuansätze, die das Verhältnis der ästhetischen Strukturen literarischer Werke zu den Strukturen einer Gesellschaft untersuchen. Auf der Grundlage einer marxistischen Gesellschaftstheorie wird Literatur einerseits als »Widerspiegelung« der Wirklichkeit betrachtet (Lukács, Goldmann; → Wert, Kanon und Zensur), andererseits analysieren komplexere ideologiekritische Methoden die ästhetische Umsetzung sozialer Erfahrungen.

Für eine sozialgeschichtlich ausgerichtete Forschungsliteratur – und nur diese soll im folgenden diskutiert werden – ist die zentrale Kategorie der *Geschichte* ausschlaggebend. Folglich wird das Verhältnis des literarischen Wandels zum geschichtlichen Prozeß zur zentralen Fragestellung erhoben. Literarischer Wandel ist dabei sowohl auf die innerliterarische Entwicklung wie auf die Entwicklung der literarischen Institutionen zu beziehen.

Mit der Postmodernediskussion der achtziger Jahre, die von Skepsis gegenüber den geltenden Vorstellungen von Wirklichkeit und Geschichte getragen wird, geraten die sozialgeschichtlichen Erklärungsmodelle mehr und mehr in Bedrängnis, und eine Neuorientierung bei der Bestimmung des Verhältnisses von Literatur und Gesellschaft wird erforderlich.

Im folgenden werden eine Reihe von Ansätzen vorgestellt, deren Gemeinsamkeit die Annahme von Wechselwirkungen zwischen Literatur und Geschichte, zwischen (literarischem) Text und (sozialem) Kontext ist. Die Darstellung folgt zwei Erklärungsmodellen, an denen sich der Paradigmenwechsel von der sozialgeschichtlich ausgerichteten Diskussion der siebziger Jahre hin zur Postmodernedebatte der achtziger und neunziger Jahre abzeichnen wird. Zunächst sollen eine Reihe von sozialgeschichtlich orientierten Projekten präsentiert werden, denen der Begriff »Vermittlung« als zentrale Kategorie gemeinsam ist. Ein zweiter Abschnitt geht von einem Literaturverständnis aus, bei dem Literatur als »Diskurs« betrachtet wird und das folglich eine Loslösung vom Vermittlungsmodell darstellt, dessen Wert als Erklärungsmodell durch die Postmodernedebatte in Frage gestellt worden ist. (Zum Folgenden und besonders zu literatursoziologischen und systemtheoretischen Ansätzen → LITERATUR, LITERATURBETRIEB, LITERATUR ALS ›SYSTEM‹.)

2. Vermittlungsmodelle

Ausgehend von der Annahme, daß die sozialen Verhältnisse Einfluß auf Form und Inhalt von Literatur haben und Literatur auch ihrerseits auf die Gesellschaft zurückwirkt, stellt sich die Frage nach der Wirkungsweise derartiger Wechselbeziehungen. Als Erklärungsansatz bedient sich die sozialgeschichtlich ausgerichtete Literaturwissenschaft des dialektischen Begriffs der »Vermittlung«. Vermittlungsmodelle, die den im folgenden erörterten Ansätzen zugrundeliegen, stellen Literatur und Gesellschaft als eigenständige Bereiche dar, die mittels bestimmter Vermittlungsinstanzen Austauschbeziehungen eingehen.

2.1 Literaturgeschichte als Sozialgeschichte

Eine kritische Auseinandersetzung mit den traditionellen, in erster Linie positivistisch und ideengeschichtlich ausgerichteten Literaturgeschichten war in den siebziger Jahren der Auslöser für zahlreiche großangelegte Projekte zur Erneuerung der → LITERATURGESCHICHTSSCHREIBUNG. Die gemeinsame Grundlage lag in der Auffassung, literaturgeschichtliche Entwicklungen folgten keinem immanenten Prinzip, vielmehr seien ästhetische Erscheinungen als spezielle Form sozialer Erscheinungen zu verstehen. Folglich könne die Funktion einer Darstellung von Literatur im Wandel der Geschichte nicht allein in der Beschreibung ästhetischer Veränderungen liegen. Indessen gelte es, unter Berücksichtigung außerliterarischer Entwicklungen, den Ursachen für die Veränderung ästhetischer Vorstellungen und Ziele nachzugehen.

Bei der Konzeption der sozialgeschichtlich angelegten Literaturgeschichten wurde der historische Kontext stärker gewichtet und ein Vermittlungsmodell zugrunde gelegt, das als Vermittlungsinstanz auf das Konstrukt ›literarisches Leben‹ referiert. Darunter sind diejenigen Faktoren zu verstehen, die die literarische Kommunikation ermöglichen. Der Wandel von Produktions- und Kommunikationsbedingungen und deren Einfluß auf das künstlerische Schaffen einer Periode bilden den Gegenstand der sozialgeschichtlichen Literaturgeschichtsschreibung. Die Rolle der Medien (→ LITERATUR UND MEDIEN), die Verbreitung von Literatur und das Publikum rücken thematisch in den Vordergrund. Damit finden auch solche Textsorten Berücksichtigung – etwa Gebrauchstexte, »Trivial-« und »Arbeiterliteratur« –, die aufgrund von normativen ästhetischen Bewertungskriterien bisher aus dem traditionellen Kanon ausgeschlossen worden waren (→ LITERARISCHE WERTUNG), deren Bedeutung für das literarische Leben nun jedoch ein Umdenken hinsichtlich der Bewertungskriterien erforderlich werden läßt.

Für die Gliederung der Literaturgeschichten spielt vor allem die Einteilung in Gattungen eine Rolle (→ GATTUNGSFRAGEN). In Anlehnung an die Gattungstheorie Wilhelm Voßkamps werden Gattungen als literarisch-soziale Verständigungsformen, als ein Ausdruck historischer sozialer Bedürfnisse verstanden. Gattungen stellen in dieser Sichtweise Lösungsversuche für gesellschaftliche

Probleme dar und lassen soziale Widersprüche zum Vorschein kommen. Ein Gattungswandel artikuliert demnach auch den Wandel sozialer Bedürfnisse. Mit dem Gattungsbegriff ist eine Instanz gewonnen, die den Einfluß des literarischen Lebens auf die ästhetische Gestalt literarischer Werke dokumentierbar werden läßt.

Es ist allerdings fraglich, ob die Kategorien ›literarisches Leben‹ und ›Gattung‹ tatsächlich ausreichen, um den Zusammenhang zwischen gesellschaftlichem und ästhetischem Wandel zu erklären. Bei der Umsetzung dieses Vermittlungsmodells in den Literaturgeschichten hat sich immer wieder gezeigt, daß die historischen Darstellungen der sozialen Verhältnisse einerseits und der ästhetischen andererseits nicht überzeugend miteinander verknüpft werden konnten.

Kritik an der Praxis der sozialgeschichtlich ausgerichteten Literaturgeschichtsschreibung wurde auch von feministischer Seite laut: Obwohl die neueren Literatursozialgeschichten den Einfluß sozialer Gruppen und kollektiver Interessen auf den literarischen Wandel berücksichtigen, was sich nicht zuletzt in der Erweiterung des Kanons ausdrückt, werden Frauen als Literaturschaffende weiterhin kaum einbezogen (→ FEMINISTISCHE ZUGÄNGE).

Als Antwort darauf erschienen seit Mitte der achtziger Jahre eine Reihe von Frauenliteraturgeschichten. In Anlehnung an feministische Sozialgeschichtsforschung geht es ihnen entgegen der üblichen Marginalisierung von Frauen darum, diesen als Bedeutungsträgerinnen innerhalb des geschichtlichen Prozesses Anerkennung zu verschaffen. In diesem Sinne wird die Neuschreibung von Literaturgeschichte zur »Spurensicherung« (BECKER-CANTARINO 1987) mit dem Ziel, schreibende Frauen in der Literaturgeschichte sichtbar zu machen, indem der Bedingungszusammenhang von sozialer und literarischer Praxis von Frauen herausgestellt wird. Das ›Geschlecht‹ tritt dabei nicht als biologische, sondern als soziale Kategorie neben das in der Sozialgeschichtsforschung gängige Untersuchungskriterium der ›gesellschaftlichen Klasse‹. Mit Hilfe der Kategorie ›Geschlecht‹ konzentriert sich das Untersuchungsfeld auf weibliche Formen der Wahrnehmung und Sinnbildung (vgl. BRINKER-GABLER 1988). Somit finden Texte Eingang in die Literaturgeschichte, die nicht im engeren Sinne Literatur darstellen, die jedoch Zeugnis über die Lebenspraxis von Frauen ablegen, zum Beispiel Erbauungsschriften, Traktate, Beichten, Gerichtsprotokolle, Kochbücher. Die Auswahl literarischer Texte beabsichtigt, die soziale Auseinandersetzung von Frauen aus ihrer Perspektive heraus, als gleichermaßen in der Gesellschaft Innen- wie Außenstehende, deutlich werden zu lassen.

Mit der Kritik an der Sozialgeschichtsschreibung einer männlich dominierten Literaturwissenschaft wurde von feministischer Seite auch eine methodische Neuorientierung angestrebt. Sie bezieht Ansätze aus den Bereichen → GENDER STUDIES, Mentalitätsgeschichte und Poststrukturalismus (→ PROBLEMATISIERUNGEN DER HERMENEUTIK) mit ein und verweist damit bereits auf die im zweiten Teil dieses Überblicks zu diskutierenden → DISKURSANALYTISCHEN Ansätze.

2.2 *Literatur als Institution – Peter Bürgers Funktionsbestimmung von Literatur*

In seinen Studien zur Avantgardebewegung und zum gesellschaftlichen Funktionswandel von Literatur untersucht der Bremer Literaturwissenschaftler Peter Bürger die Institutionalisierung von Literatur in bürgerlichen Gesellschaften (vgl. BÜRGER 1974, 1977a, 1979). Während Georg Lukács und Theodor W. Adorno, deren literatur- und kunsttheoretische Schriften den Hintergrund für Bürgers Arbeiten bilden, nach dem gesellschaftlichen Gehalt von Kunstwerken fragen, drehen sich Bürgers Arbeiten um die Frage der gesellschaftlichen Funktionen von Kunst. Die Funktionsanalyse bildet in Bürgers Ansatz den Angelpunkt der Vermittlung zwischen Literatur und Gesellschaft.

Bürger zufolge wird die Funktion von Literatur durch institutionelle Rahmenbedingungen bestimmt, die die Produktion und Rezeption regeln. Die Institution dient in diesem Ansatz als Vermittlungsinstanz. Bürgers Begriff der Institution bezieht sich nun nicht auf Einrichtungen wie Buchhandel, Verlage und Bibliotheken, die das Untersuchungsfeld der Literatursoziologie bilden. Vielmehr versteht Bürger unter Institution die sozial bedingten, allgemeinen Vorstellungen, die in einer Gesellschaft über Literatur gelten und dort ihre Funktion bestimmen. Diese »Funktionsbestimmungen« (vgl. BÜRGER 1979) von Literatur sind einem historischen Wandel unterworfen. Mittels ästhetischer Normen, die auf das künstlerische Material (Produktion) wie auch auf die Erwartungen des Lesers (Rezeption) Einfluß haben, wird zwischen Werk und Publikum vermittelt (→ THEORIEN DER LIT. REZEPTION).

Bürger entwickelt den Institutionenbegriff in seinen Untersuchungen zur Kunst und Literatur in der bürgerlichen Gesellschaft, die zum Paradigma für die Frage der Funktionsbestimmung wird.

Entscheidend ist dafür, daß der Bereich der Kunst erst in der bürgerlichen Gesellschaft voll ausdifferenziert ist. Hier kommt ihm eine Funktion zu, die von anderen Institutionen, wie Religion oder Philosophie, nicht mehr übernommen werden kann. Kunst ist autonom, und als solche wird sie einer durch Aufklärung und Industrialisierung von Arbeitsteilung und Zweckrationalität bestimmten Welt entgegengesetzt. In der Literatur wird die Entfremdungserfahrung des Menschen wieder aufgehoben und seine verlorene Totalität wiederhergestellt. Damit hat Literatur einen ganz spezifischen hohen Anspruch zu erfüllen, den nur eine ›hohe‹ Kunst zu leisten vermag. Diese Funktionsbestimmung bedeutet zugleich, daß mit der Institutionalisierung von Kunst Ausschließungsregeln erhoben werden, die die ›hohe‹ Kunst von der ›niederen‹ abgrenzen, somit also die Dichotomisierung der Kunst begründen.

Die bürgerlichen Gesellschaften vollziehen im Gegensatz zu höfisch-feudalen, in denen die Kunst in die höfische Lebenspraxis integriert war, eine klare Trennung zwischen der Institution Literatur und der Lebenswelt. In der höfisch-feudalen Gesellschaft erfüllte Kunst als Herrschaftslegitimation wie als unterhaltsame Zerstreuung eine politische Funktion. In bürgerlichen Gesellschaften hingegen bedeutet die Trennung von der Lebenswelt die politische und gesellschaftliche Folgenlosigkeit der Kunst.

Bürgers Konzept der Institution bezieht sich vollkommen auf die herrschende Auffassung einer Autonomie der Literatur. Andere in der bürgerlichen Gesellschaft parallel existierende Literaturauffassungen, die von der Möglichkeit der Beeinflussung der Lebenswelt ausgehen, können Bürger zufolge nur in Abhängigkeit von der herrschenden Literaturauffassung bestimmt werden. In Anlehnung an die Systemtheorie (→ LITERATUR ALS ›SYSTEM‹) ließe sich jedoch fragen, ob solche unterschiedlichen Funktionsbestimmungen nicht vielmehr für ein Nebeneinander unterschiedlicher Formen der Institutionalisierung sprechen (vgl. HEYDEBRAND u. a. 1988).

2.3 Literatur als Sozialsystem. Ein struktural-funktionales Modell

Den Problemen, die die sozialgeschichtliche Ausrichtung der Literaturwissenschaft in den siebziger Jahren aufgeworfen hatte, begegnete ein Münchener Forschungsprojekt zur Sozialgeschichte der Literatur mit einer interdisziplinären Vernetzung von Literatur-, Geschichts- und Sozialwissenschaften. Ziel des Forschungsprojektes war die Entwicklung eines systematischen Modells zur Klärung der kausalen und funktionalen Zusammenhänge zwischen Literatur, literarischem Leben und Gesellschaft. Auf der Grundlage der Systemtheorie Talcott Parsons', die eine makrosoziologische Betrachtungsweise der Gesellschaft mit einem handlungstheoretischen Konzept verbindet, geht es in diesem Entwurf um die Strukturen, die das Sozialsystem Literatur organisieren (HEYDEBRAND 1988 u. a.).

Parsons geht vom systemhaften Charakter der Gesellschaft aus: Aufgrund der Überkomplexität der Welt muß menschliche Wahrnehmung und menschliches Handeln stets eine Selektion darstellen. Die ›Wirklichkeit‹ wird demnach erst durch menschliches Handeln konstituiert, stellt eine Konstruktion dar. Handeln entsteht durch Interaktion (Gemeinsamkeit mit anderen) und durch Intentionalität (Verweis auf Sinnhorizonte). Es ist demnach nur möglich, wenn bestimmte Selektionsmechanismen vorhanden sind. Der gesellschaftlichen Ordnung liegt demzufolge gemeinsames Handeln vor dem Hintergrund normativer Handlungsdeterminanten zugrunde, die im Sozialsystem institutionalisiert sind. Parsons betrachtet das Gesellschaftssystem als Einheit. Im Verlaufe der Evolution kommt es zu einer wachsenden Komplexität, die zur Ausdifferenzierung in immer neue Subsysteme führt. Die vier Subsysteme Ökonomie, Politik, gesellschaftliche Gemeinschaft und Sozialkultur bilden das gesellschaftliche Gesamtsystem, die oberste Ebene von Parsons' hierarchisch strukturiertem Gesellschaftsmodell. Diese Subsysteme sind nun durch Interaktionszusammenhänge und Austauschprozesse miteinander verbunden. Mittels »Interaktionsmedien« wird zwischen den einzelnen Medienteilen vermittelt: Für das Subsystem Ökonomie steuert das Austauschmedium »Geld« die Interaktionsprozesse, für Politik das Austauschmedium »Macht«, für gesellschaftliche Gemeinschaft »Einfluß« und für den Bereich der Sozialkultur die »Wertbindung« (vgl. HEYDEBRAND 1988 u. a., JENSEN 1976). Das Sozialsystem Literatur stellt in diesem Modell ein Subsystem des Subsystems Sozialkultur dar. Als Sozialsystem verstanden, wird Literatur nun nicht mehr auf den Text als ästhetisches Gebilde beschränkt. Dieser geht indessen aus sozialen Handlungen hervor, für die er zugleich auch Ausgangspunkt ist (vgl. HEYDEBRAND 1988 u. a.). Zwischen dem Sozialsystem Literatur und anderen Subsystemen bestehen wechselseitige Beziehungen, die beispielsweise in der Abhängigkeit von Produktion, Rezeption, Distribution von Ökonomie, Politik und kulturellen Normen zutage treten.

Entscheidend ist bei diesem Modell, daß es nicht nur synchrone Darstellungen des Sozialsystems Literatur ermöglicht, indem die Austauschbeziehungen zwischen den einzelnen Subsystemen veranschaulicht werden. Auch auf den historischen Wandel kann das Modell angewendet werden. Sozialer Wandel stellt sich in der Systemtheorie als Prozeß der Ausdifferenzierung von Systemen dar, als Veränderung in der Struktur wie der Funktion sozialer Systeme. Ebenso sind die Beziehungen zwischen den Subsystemen eines Sozialsystems wandelbar. Bei einer Untersuchung der historischen Veränderungen im System Sozialkultur zeigt sich, daß die Subsysteme Religion, Literatur, Kunst und Wissenschaft hinsichtlich der Wertbindung unterschiedliche Positionen einnehmen können. Während bis ins 18. Jahrhundert die Wertbindung als Interaktionsmedium in erster Linie vom Subsystem Religion bestimmt wird, kann hier ein Wandel beobachtet werden. Am Ende des 19. Jahrhunderts hat das Subsystem Literatur diese Funktion übernommen. Das Modell kann damit strukturelle Veränderungen innerhalb der Gesellschaft deutlich machen, die als Wertewandel im Kultursystem zutage treten (→ REZEPTIONSGESCHICHTE).

3. Diskurstheoretische Ansätze

Den unter Punkt 1. vorgestellten Modellen – den systemtheoretischen Ansatz einmal ausgenommen – ist ein Geschichtsverständnis gemeinsam, demzufolge Geschichte eine von den historischen Texten unabhängige, kohärente Wirklichkeit darstelle, die es auf dem Umweg über die Texte zu rekonstruieren gelte. Wirklichkeit wird verstanden als einheitliches Sinngefüge, als durch die erkennenden Leistungen des Subjekts zu erschließende Totalität.

Dieser Auffassung läßt sich entgegnen, daß Wirklichkeit und damit auch Geschichte immer nur über kulturelle Äußerungen, über literarische und nicht-literarische Texte, über Artefakte und andere Dokumente zugänglich ist. Solche kulturellen Äußerungen – Texte im erweiterten Sinne der Intertextualität – transportieren und formen die Diskurse, über die sich eine Gesellschaft erst formiert. Das Selbstverständnis einer Gesellschaft existiert folglich nicht außerhalb der Texte, es bildet keine Folie, vor deren Hintergrund sie interpretiert werden könnten, sondern wird vielmehr erst durch die Texte selbst hervorgebracht, die den gesellschaftlichen Diskurs nach ihren Bedingungen gestalten und sich gegenseitig beeinflussen.

Hinter einer derartigen Textualisierung des Wirklichkeitsbegriffs steht die Abkehr des Poststrukturalismus von den »großen Schlüsselerzählungen«, den letztlich metaphysischen Sinnkonzepten der abendländischen Philosophie (→ PROBLEMATISIERUNGEN DER HERMENEUTIK; → DEKONSTRUKTION). Für eine Literaturkritik auf der Grundlage poststrukturalistischer Annahmen hat das zur Folge, daß die Frage nach dem Verhältnis von Literatur und Geschichte nicht mehr über den Begriff der »Vermittlung« bestimmt werden kann, dem die Vorstellung einer unabhängig existierenden (und erkennbaren) Wirklichkeit zugrundeliegt.

Dieser zweite Abschnitt ist daher einer Reihe von neueren Arbeiten gewidmet, die methodisch an die historischen Diskursanalysen Michel Foucaults anknüpfen (→ DISKURSANALYSE, DISKURSGESCHICHTE; → LITERATUR ALS ›SYSTEM‹). Foucault verwendet den Diskursbegriff zunächst für das Gesamtfeld kulturellen Wissens als einer unüberschaubaren Ansammlung von Aussagen und Ereignissen – oder, in der charakteristisch metaphorischen Sprache Foucaults, als »das ordnungslose Rauschen des Diskurses« (FOUCAULT 1974b). Weil Kontroll- und Regulierungsmechanismen diesen Diskurs strukturieren und die diskursive Praxis einer Gesellschaft bestimmen, ist das, was wir über die Wirklichkeit wissen und was wir über sie sagen, der Ordnung des Diskurses unterworfen. Gegenstand der Diskursanalysen Foucaults sind die Machtverhältnisse und Machtmechanismen, die die Wissensdiskurse einer Gesellschaft, das medizinische, naturwissenschaftliche und philosophische Spezialwissen, kontrollieren.

Da Literatur kein Wissensdiskurs ist, muß eine diskursanalytisch ausgerichtete Literaturwissenschaft nach dem Verhältnis von Literatur zu den herrschenden Diskursformationen einer Gesellschaft fragen. Foucault selbst hat in einigen früheren Arbeiten Literatur zum »Gegendiskurs« erklärt, weil sie die herrschenden diskursiven Ordnungen und Regeln verletzt und mißachtet. Daß das nur auf ganz bestimmte Texte zutrifft, nämlich auf die Sprachspiele der ästhetischen Moderne, macht erneut die Notwendigkeit einer Auseinandersetzung mit der Rolle der Literatur innerhalb der Diskurstheorie deutlich. An dieser Stelle sollen daher eine Reihe von unterschiedlichen Lösungen dieses Problems erörtert werden.

3.1 Kulturpoetik statt Sozialgeschichte: Der »New Historicism«

»Es begann mit dem Wunsch, mit den Toten zu sprechen«, lautet das Bekenntnis des amerikanischen Literaturwissenschaftlers und Renaissance-Experten Stephen Greenblatt in der Einleitung zu einer Aufsatzsammlung, die die als »New Historicism« bezeichnete textkritische Methode präsentiert (GREENBLATT 1990). Das von Greenblatt bekundete persönliche Interesse am Text ist ebenso ironisch wie programmatisch: Es widerspricht dem Anspruch auf Objektivität (stellt ihn im Sinne Michail Bachtins auf den Kopf; → DIALOGIZITÄT), mit dem der »New Criticism« die Literaturkritik als ernstzunehmende wissenschaftliche Disziplin an britischen und amerikanischen Universitäten einst etabliert hatte (→ ZUM VERHÄLTNIS VON HERMENEUTIK UND NEUEREN ANTIHERMENEUTISCHEN STRÖMUNGEN). Die Thematisierung der Vergangenheit rückt zudem die Frage nach dem Verhältnis von Literatur und Geschichte in den Vordergrund.

In den Arbeiten zum »New Historicism« – inzwischen bevorzugt Greenblatt die Bezeichnung »Cultural Poetics« – geht es weniger um ein theoretisches Konzept als vielmehr um konkrete Beispiele für eine neue Methode der Textanalyse. Sie wendet sich gegen die an amerikanischen Universitäten herrschende Praxis der textimmanenten Interpretation in der Tradition des »New Criticism«, der den literarischen Text als geschlossenes und in sich schlüssiges Kunstwerk betrachtet, losgelöst vom sozialen Umfeld seiner Entstehung (→ FORMEN ›TEXTIMMANENTER‹ ANALYSE). Auch die in den siebziger Jahren an den Universitäten etablierte → DEKONSTRUKTION hatte in der spezifisch amerikanischen Ausprägung der »Yale Critics« nicht mit dieser textzentrierten Leseweise brechen können.

Gegen ein solch ahistorisches Textverständnis richtet sich die Forderung des »New Historicism«, literarische Werke wieder zu den historischen sozialen Bedingungen ihrer Entstehungszeit in Beziehung zu setzen. Aber im Unterschied zu früheren ideologiekritischen und sozialgeschichtlichen Ansätzen verabschiedet sich der »New Historicism« von einem ontologischen Geschichtsverständnis zugunsten der Kontingenz der Geschichte. Damit sind auch Texte kontingent, Teil der sozialen Praxis, durch die sich eine Gesellschaft selbst auslegt und damit zugleich immer wieder neu konstituiert.

Betrachtet man die historische Situation als ein Kräftefeld, in dem literarische Texte mit anderen kulturellen Äußerungen und Ereignissen nebeneinander wirken und miteinander verwoben sind, hat das zur Konsequenz, daß die Funktion der Interpretation nicht mehr darin liegt, die einzelnen Elemente eines Textes in einen kausalen oder funktionalen Gesamtzusammenhang zu bringen. Die Analysepraxis der »New Historicists« konzentriert sich vielmehr auf das Verhältnis von Literatur zu anderen Texten. Gefragt wird nach den Austauschbeziehungen, Greenblatt spricht von »Transaktionen«, zwischen kulturellen Äußerungen; Verhaltens- und Sprachformen, Gesten und Rituale, kollektive Anschauungen und Erfahrungen werden vom literarischen Text nicht einfach übernommen, sie fließen vielmehr als soziale Energie ein und werden unter bestimmten Bedingungen angeeignet und modifiziert.

Bei der Suche nach Spuren solcher Transaktionen werden elisabethanische Dramen, politische Traktate, Anekdoten, religiöse und ethnographische Schriften, die zunächst keinerlei Zusammenhang vermuten lassen, miteinander verknüpft. Erst durch das Nebeneinander unterschiedlicher Textsorten können Stück für Stück soziale Praktiken und Machtstrukturen der englischen Renaissance aufgedeckt werden. Das elisabethanische Zeitalter steht dabei paradigmatisch für die Entstehung der modernen westlichen Kultur, so daß die Untersuchungen der Machtstrukturen letztlich die kulturkritische Haltung des »New Historicism« zu erkennen geben. Als Beispiel sei hier Greenblatts Begriff des »Renaissance Self-Fashioning« genannt (GREENBLATT 1980). Greenblatt geht von der Annahme aus, das Prinzip des Sicheinlebens in andere sei das charakteristische Kennzeichen des modernen Menschen. Mit den Entdeckungsfahrten in der Renaissance wurde die Selbstanpassung an Fremdes und an neue kulturelle Erfahrungen notwendig. Diese Anpassungsfähigkeit wird nun negativ gedeutet; denn wie Greenblatt am heterogenen Textmaterial verdeutlicht, liegt sein Motiv im Streben nach Machterhaltung und in dem Ziel der Manipulation des Anderen. Als Stimme im gesellschaftlichen Diskurs hat der literarische Text an diesem »self-fashioning« des Renaissancemenschen ebenso teil, wie andere gesellschaftliche Praktiken. Damit wird deutlich, daß Literatur nicht nur als Zeichen auf die gesellschaftliche Realität verweist, sondern selbst an der diskursiven Konstituierung von Machtstrukturen beteiligt ist.

Die eingangs zitierte Vorstellung greift Greenblatt am Ende seines Einleitungskapitels noch einmal auf: »Am Anfang stand der Traum vom Gespräch mit den Toten, den ich noch immer nicht aufgegeben habe. Der Fehler bestand darin, mir eine einzelne Stimme vorzustellen, die Stimme des Anderen.« (GREENBLATT 1990) Diese Auffassung vom literarischen Text als Stimmenvielfalt oder Polyphonie im Sinne Bachtins (→ DIALOGIZITÄT) bestimmt auch Greenblatts kulturelle Sichtweise. Das Ziel der »Cultural Poetics« ist die Aufhebung von Grenzen, Hierarchien und der Polarisierung von Eigenem und Anderem. Darin scheint auch der Grund für die

Popularität des »New Historicism« zu liegen. Als problematisch erweist sich in Greenblatts Ansatz allerdings die Betonung der allumfassenden Machtstrukturen, die ein Durchbrechen des herrschenden Diskurses und damit die Möglichkeit des Engagements letztlich auszuschließen scheinen.

3.2 »Cultural Materialism«

Unter dem Einfluß von Raymond Williams und Terry Eagleton hat sich in Großbritannien eine als »Cultural Materialism« bezeichnete marxistisch orientierte Variante von Greenblatts »Cultural Poetics« herausgebildet. Mit den »New Historicists« verbindet ihre Vertreter (genannt seien hier Jonathan DOLLIMORE und Alan SINFIELD) einerseits das Interesse an den Zusammenhängen zwischen staatlicher Macht und Kultur und andererseits die Konzentration auf das elisabethanische Zeitalter als Untersuchungsgegenstand. Im Unterschied zu ihren amerikanischen Kollegen, denen zuweilen eine gewisse Machtfaszination vorgeworfen wird, steht für sie dabei die Frage nach den Möglichkeiten der Kritik und der Subversion von Macht im Zentrum ihrer Studien. Um eine kritische Instanz zu bewahren, die sich mit dem Diskursbegriff vereinbaren läßt, knüpft Dollimore an den Ideologiebegriff des marxistischen Strukturalisten Louis Althusser an, demzufolge »Ideologie« nicht als »falsches Bewußtsein«, sondern als Repräsentation des imaginären Verhältnisses der Individuen zu ihren realen Existenzbedingungen definiert wird.

Da der »Cultural Materialism« davon ausgeht, daß auch die Kultur einer Gesellschaft von ihren wirtschaftlichen Produktionsbedingungen bestimmt wird, können literarische Texte Aufschluß über die ideologisch geformten Herrschaftsverhältnisse einer Gesellschaft geben. Die herrschende Kultur stellt niemals die gesamte Kultur einer Gesellschaft dar, durch Abgrenzung bringt sie vielmehr Gegenkulturen hervor, die sie zugleich wieder in die Strukturen der Macht einbindet. Diesen Subkulturen gilt das Hauptinteresse des »Cultural Materialism«, wie es die zahlreichen Arbeiten über Homosexualität, Transsexualität, Feminismus und Kolonialismus belegen. Dollimore zeigt, wie die Subversionsbestrebungen marginalisierter Gruppen von der herrschenden Kultur für ihren Zweck nutzbar gemacht werden. Aber er nennt auch Beispiele für das Mißlingen solcher Einbindungsstrategien.

Die Vertreter des »Cultural Materialism« geben sich mit der Analyse von Machtstrukturen allein nicht zufrieden, sondern bestehen auf der Notwendigkeit von Subversion. Kritik hat die Aufgabe, die marginalisierten Stimmen einer Gesellschaft zu Gehör zu bringen, um deutlich zu machen, daß der Prozeß der Einbindung in die Machtstrukturen keine Notwendigkeit darstellt. Kulturelle Vorherrschaft ist vielmehr kontingent und kann damit stets in Frage gestellt und erneuert werden.

Die Arbeiten des »Cultural Materialism« reflektieren immer auch die eigene Verantwortung für das Sichtbarmachen dieser Kontingenz von Herrschaftsstrukturen. Sie stellen sich damit der Forderung Terry Eagletons nach einer diskursiven Literaturkritik, deren Grundlage im politischen Handeln liegt (vgl. EAGLETON 1988).

3.3 Fredric Jamesons »Politisches Unbewußtes« – Marxismus und Diskursanalyse

Mit den Vertretern des »Cultural Materialism« hat der amerikanische Literaturwissenschaftler Fredric Jameson die Absicht gemeinsam, Marxismus und Diskurstheorie zu verbinden. In seinem Buch »Das politische Unbewußte. Literatur als Symbol sozialen Handelns« (JAMESON 1988) geht es Jameson, der einerseits in der Tradition des Hegelschen Marxismus Lukács'scher Prägung steht, andererseits von Louis Althussers strukturalistischer Lesart beeinflußt ist, um eine systematische Erneuerung des Marxismus. Ziel ist die Bewahrung einer sozialistischen Geschichtsutopie, ohne dabei die poststrukturalistische Auffassung von der Textualität der Wirklichkeit zu verwerfen.

Als Anknüpfungspunkt zum Poststrukturalismus bietet Jameson die psychoanalytische Theorie Jacques Lacans mit ihrer Unterscheidung zwischen dem Realen und dem Symbolischen (→ PSYCHOLOGISCHE ZUGÄNGE). Das Reale erleben wir niemals unmittelbar, sondern immer bereits als durch das Symbolische strukturiert. Auf die Totalität der Geschichte übertragen heißt das für Jameson, Geschichte als »abwesende Ursache« zu deuten. Nur in textualisierter Form ist ein Zugang möglich. Da die Wahrnehmung der Wirklichkeit jedoch stets eine kollektive, vom Diskurs der Klassen geprägte Deutung darstellt, sind Textualisierungen stets ideologisch geformt. Das politische Unbewußte, die Spuren der Klassendiskurse, an der Oberfläche der Texte sichtbar zu machen, ist laut Jameson nur möglich, wenn der Marxismus als »absoluter Bezugshorizont« der Interpretation begriffen wird.

Jamesons Interpretationsmodell ist hermeneutisch konzipiert, unterscheidet sich jedoch von traditionellen hermeneutischen Verfahren (→ HERMENEUTISCHE MODELLE). In drei Interpretationsschritten wird der literarische Text auf sein gesellschaftliches Fundament hin untersucht. Den ersten Bezugsrahmen bildet die »politische Geschichte«. Geschichte wird in diesem Fall auf einen historischen Zeitpunkt bezogen. Die Interpretation klopft den Text zunächst auf Widersprüche, Brüche und Diskontinuitäten ab und stellt dann einen Zusammenhang zu seiner Entstehungszeit her. Entscheidend ist dabei, und hierin unterscheidet sich Jamesons Verfahren von der traditionellen Ideologiekritik, daß Literatur als »symbolische Handlung« gedeutet wird. In der Realität existierende unüberwindliche gesellschaftliche Widersprüche finden (unbewußt) im literarischen Werk eine formale Lösung.

In einem zweiten Schritt begibt sich Jameson auf die Ebene der Diskurse. Er bezeichnet diesen Deutungshorizont als »Gesellschaft«. Gesellschaft wird durch den antagonistischen Kampf zwischen oppositionellen Klassen bestimmt. Innerhalb des kollektiven Klassendiskurses stellt der literarische Text eine Äußerung dar, steht somit nicht autonom außerhalb des sozialen Diskurses. Die Textanalyse sucht auf dieser Ebene nach spezifischen »Ideologemen«, über die der gesellschaftliche Diskurs in den Text hineingetragen wird. Als Beispiel nennt Jameson die ethische binäre Opposition von Gut und Böse, die das Denken des westlichen Kulturraums auf fundamentale Weise geprägt hat. Als narratives Paradigma formt diese Opposition auch literarische Texte. Unabhängig von der eigentlichen Absicht des Autors wird somit durch die Übernahme traditioneller Erzählverfahren eine ideologische Botschaft in den Text transportiert. Formen und Gattungen haben folglich auf der Diskursebene eine strategische Funktion.

Den abschließenden Bezugsrahmen bildet »das Historische«, das Jameson als Spannungsfeld verschiedener Produktionsverhältnisse versteht. Eine Gesellschaftsformation wird stets durch das gleichzeitige Nebeneinander verschiedener wirtschaftlicher Produktionsweisen konstituiert: Einerseits wirken die Überbleibsel älterer Produktionsweisen weiter, andererseits verweisen antizipatorische Tendenzen bereits auf zukünftige Neuerungen. Dadurch ergeben sich Widersprüche, die als Konflikte im gesellschaftlichen und politischen Leben an die Oberfläche treten und einer ständigen »Kulturrevolution« gleichkommen. Den literarischen Text deutet Jameson als Kraftfeld, in dem sich die Dynamiken der unterschiedlichen Produktionsweisen feststellen lassen. So kann das Nebeneinander unterschiedlicher Gattungen auf unterschiedliche Produktionsweisen verweisen. Gattungen bewahren nicht nur formale Strukturen, sie artikulieren auf allegorische Weise das Zusammentreffen von Produktionsweisen zu einem bestimmten historischen Zeitpunkt.

Jameson versteht seine Theorie als Metakommentar, der andere Interpretationsmethoden historisiert und unter das eigene System subsumiert. Das ist deshalb möglich, weil der Marxismus einen »nichttranszendierbaren Horizont« darstellt, eine Totalität, an der Jameson im Gegensatz zu den Vertretern des Poststrukturalismus festhält. Das utopische und emanzipatorische Moment von Jamesons Theorie des Politischen Unbewußten liegt in seinem Verständnis von Literatur als Symbol sozialen Handelns. Indem sie die gesellschaftlichen Widersprüche artikuliert, wird Literatur zum Ort des kulturellen Widerstands.

3.4 Literatur als Interdiskurs
Jürgen Links Untersuchungen zur Kollektivsymbolik

In der deutschen Foucault-Rezeption hat besonders die Systemtheorie deutliche Spuren hinterlassen. Die Arbeiten des Bochumer Germanisten Jürgen Link zur Literatur als einer institutionalisierten Form des Interdiskurses machen das deutlich. Links Vorgehensweise ordnet Literatur nicht mit anderen Diskursen gleich und unterscheidet sich darin von den bisher besprochenen diskursanalytischen Ansätzen.

Sein Konzept des Interdiskurses geht aus einer Kritik an Foucaults ambivalenter Verwendung des Diskursbegriffs hervor, der einerseits um ein internes diskursives Regelsystem kreist, andererseits aber soziale Praktiken, Rituale und Institutionen als konstituierend hervorhebt. Eine Koppelung dieser Aspekte läßt sich Link zufolge in Anlehnung an Niklas Luhmann nur strukturalfunktional erklären.

Ausgangspunkt der Argumentation ist die wachsende Ausdifferenzierung der modernen Gesellschaft. Besonders seit der Industrialisierung geht die gesellschaftliche Arbeitsteilung mit einer Funktionstrennung der kulturellen Diskurse einher. Das wachsende Wissen der modernen Gesellschaft wird in zunächst voneinander isolierten medizinischen, juristischen, ökonomietheoretischen, naturwissenschaftlichen, religiösen und anderen Spezialdiskursen gewonnen und verwaltet. Zugleich besteht jedoch stets die Notwendigkeit einer Funktionsintegration; um einen Austausch über das Wissen der einzelnen Spezialdiskurse zu gewährleisten, ist ein

Interdiskurs notwendig, der dieses Wissen über die Einzeldiskurse hinaus auch Laien zugänglich macht. Die Alltagssprache, politische, journalistische und populärwissenschaftliche Diskurse, aber auch die Literatur fungieren solchermaßen als Interdiskurse.

Bestimmte »elementar-literarische Anschauungsformen« (vgl. LINK 1988), wie etwa Analogien, Metaphern und Symbole, überführen das Spezialwissen in eine anschauliche und allgemeinverständliche Form und ermöglichen damit erst das Gespräch über die Diskursgrenzen hinweg. Dabei spielen besonders die von einer Gesellschaft kollektiv verwendeten Symbole, denen gesamtgesellschaftliche Erfahrungen zugrundeliegen, eine wichtige Rolle.

Link geht es nun darum, wie solche Kollektivsymbole literarisch verwendet und verarbeitet werden. Als Beispiel dient ihm das seit der Erfindung des Ballons im 18. Jahrhundert in literarischen und journalistischen Texten häufig verwendete Symbol des (Fessel-)Ballons. Den Erfolg dieses Symbols erklärt Link aus der Tatsache, daß sich in ihm zahlreiche Diskurse berühren: Das Ballonsymbol repräsentiert als Vehikel oder Maschine einerseits den Diskurs der Naturwissenschaften; als Jahrmarktsspektakel wird der Ballon andererseits zum technisch realisierten Wunder. Das Wissen der Aufklärungsgesellschaft tritt demnach neben den Glauben des religiösen Diskurses. Die unmittelbare Erfahrbarkeit durch die Massen macht den Ballon schließlich zu einem geeigneten Symbol des Fortschritts im politischen Diskurs der Befürworter der Französischen Revolution.

Kollektivsymbole sind in ein festes semantisches Raster eingebettet, das jedoch kollektiv erweitert werden kann – zum Ballonsymbol gehört zum Beispiel die Luft als Medium, gehören weiterhin vertikale Bewegung, freies Schweben und Panoramablick, aber auch Nicht-Lenkbarkeit, Absturzgefahr und Schwindelgefühl. Positive und negative Konnotationen bestimmen die Grundstruktur von Kollektivsymbolen. Diese Ambivalenz ist die Bedingung für ihren Gebrauchswert, weil erst sie es ermöglicht, unterschiedliche Positionen und Konflikte diskursiv auszutragen. Indem Kollektivsymbole durch neue Konnotationen erweitert und indem ihre Bewertungen verändert werden, passen sie sich zudem dem historischen sozialen Wandel an. Das ist auch deshalb möglich, weil unterschiedliche Kollektivsymbole zu ›Katachresen-Mäandern‹ (nach dem Modell »der Zahn der Zeit wird auch über diese Wunde Gras wachsen lassen«) miteinander verknüpft werden können – also zu ganzen Serien von unterschiedlichen, nicht-zusammengehörenden Bildern, zwischen denen sich ein Diskurs hin und her bewegt. Das System der Kollektivsymbole läßt sich als eine Art Netz mit Kreuz- und Querverweisen vorstellen. Ein Beispiel hierfür ist der Vulkan, dessen Unberechenbarkeit mit der Unmöglichkeit, einen Ballon zu lenken, in Zusammenhang gebracht werden könnte.

Jürgen Links Analysen von literarischen und journalistischen Texten bieten eine Fülle von Beispielen für die diskursive Verwendung von Kollektivsymbolen. Für die Literatur des 18. und 19. Jahrhunderts untersucht er in erster Linie den Wandel diskursiver Positionen – von der Begeisterung für die Französische Revolution bis zur Restauration – sowie die Nutzbarmachung von Kollektivsymbolen für die Bildung nationaler Mythen und Symbole und die zeitgenössische politische Diskussion. Link zeigt aber auch – und dabei wird der methodische Gewinn seines Ansatzes für die Literaturwissenschaft deutlich – wie gerade die Literatur es versteht, den Konnotationenreichtum stereotyper Bilder für sich zu nutzen.

Zusammenfassend läßt sich feststellen, daß sozialgeschichtliche Zugänge in der Methodendiskussion der Literaturwissenschaft seit den siebziger Jahren präsent sind und keineswegs an Aktualität verloren haben. Gegenwärtig wird die Frage nach dem Verhältnis zwischen Literatur und Gesellschaft vor allem von zwei Seiten diskutiert. Zum einen beleben diskursanalytische Ansätze unter poststrukturalistischem Vorzeichen die Theoriedebatte.

Andererseits hat die Systemtheorie zumindest im deutschsprachigen Raum einen festen Platz eingenommen. Dabei spielt vor allem der Einfluß von Niklas Luhmann, auf den an anderer Stelle eingegangen wird (→ DISKURSANALYSE, DISKURSGESCHICHTE; → LITERATUR ALS ›SYSTEM‹), eine entscheidende Rolle. Der hier präsentierte Ansatz, der sich auf Talcott Parsons beruft, stellt insofern eher eine Ausnahme dar. Es bleibt abzuwarten, welche Richtung in Zukunft die entscheidenden Anregungen geben wird.

6. Diskursanalyse, Diskursgeschichte

von Simone Winko

1. Vorbemerkungen

Was bedeutet dieser Text? Welche Intention hat der Autor mit dem Text verfolgt? Antworten auf Fragen wie diese erwarten viele Leser (noch immer) von literaturwissenschaftlichen Textinterpretationen. In traditionellen hermeneutischen Interpretationen wird dieser Erwartungshaltung meist entsprochen, indem zum Beispiel Aufschluß über die historische Bedeutung von Wörtern, Motiven und Problemen gegeben wird, die im Text nachzuweisen sind, und Informationen über Autor, Entstehungszeit sowie historische Sachverhalte vermittelt werden (→ Hermeneutische Modelle). Liest man diskursanalytische Interpretationen mit derselben Erwartung, so entsteht zunächst Irritation: Antworten auf die genannten Fragen sind hier nicht zu finden. Stattdessen werden beispielsweise Texte auf andere Texte und auf Diskurse bezogen, wird nach dem Vorgang des Schreibens selbst und nach der ›Autorfunktion‹ gefragt, werden Texte zu so wenig ›literaturwissenschaftlichen‹ Themen wie Körperkultur, Tischsitten oder Urheberrecht herangezogen. Schnell wird deutlich: Diskursanalytiker folgen einer anderen ›Suchoptik‹, stellen andere Fragen ins Zentrum ihrer Untersuchungen und setzen theoretische Prämissen und Begriffe ein, die sich ›Hermeneutikgewöhnte‹ Leser erst aneignen müssen.

Als eine Art erster Hilfestellung ist dieses Kapitel zu verstehen. Zunächst sollen kurz die leitenden Begriffe dieses Kapitels eingegrenzt werden, um dann theoretische Prämissen und zentrale Begriffe der Diskursanalyse und Diskursgeschichte am Beispiel der Arbeiten von Michel Foucault, dem ›Begründer‹ der Diskursanalyse, zu erläutern. Anschließend sollen diskursanalytische Ansätze in der Literaturwissenschaft charakterisiert, ihre Fragestellungen und ihre Umgangsweisen mit literarischen Texten vorgestellt werden.

2. Die Begriffe »Diskurs«, »Diskursanalyse«, »Diskursgeschichte«

Es gibt keine einheitliche oder gar verbindliche Definition des Diskursbegriffs. Der Begriff »Diskurs« – ursprünglich als Bezeichnung für eine systematische Abhandlung zu einem Thema verwendet –

wird in verschiedenen Disziplinen als eingeführter Terminus mit unterschiedlichen Bedeutungen gebraucht. Zugleich ist er seit den achtziger Jahren ein literaturwissenschaftlicher Modebegriff und insofern oft unspezifisch gebraucht worden. Mindestens vier Typen des »Diskurs«-Begriffs sind aber zu unterscheiden, die jeweils in verschiedenen Varianten auftreten können. In literaturwissenschaftlichen Texten kann der Begriff prinzipiell in allen seinen Verwendungsweisen vorkommen, wenn auch, zumindest seit Ende der siebziger Jahre, der vierte der hier zu beschreibenden Typen dominiert.

(1) In der Linguistik bezeichnet der Begriff »Diskurs« in der Regel zusammenhängende Rede, kohärente Texte. Die Struktur dieser Rede wird nach linguistischen – zum Beispiel strukturalistischen oder sprechakttheoretischen – Verfahren analysiert; gefragt wird nach Sprachfunktionen oder der Konstruktionsleistung beim Hervorbringen solcher Texte.

(2) Philosophisch spielt der Begriff in der »Frankfurter Schule«, besonders bei Jürgen Habermas, eine Rolle. Hier bezeichnet er denjenigen Kommunikationstyp, mit dem sich Personen über den Geltungsanspruch von Normen verständigen.

(3) In der Erzähltheorie bezieht sich der Begriff »Diskurs« (»discours«) auf den formalen Aspekt einer Erzählung. Er bezeichnet das Erzählen, die Narration, während das Erzählte, die Handlungsfolge, »histoire« genannt wird (→ FORMALISMUS UND STRUKTURALISMUS; → GRUNDLAGEN NARRATIVER TEXTE).

(4) Im engeren Sinne »diskurstheoretisch« wird der Begriff disziplinübergreifend in Philosophie, Soziologie, Psychologie, Geschichte und Literaturwissenschaft verwendet. Abhängig von den jeweiligen theoretischen Grundannahmen kommt dieser diskurstheoretische Diskursbegriff in zahlreichen Varianten vor. Vorläufig soll er hier als Bezeichnung für ein »System des Denkens und Argumentierens« verstanden werden, das durch einen gemeinsamen »Redegegenstand«, durch »Regularitäten der Rede« und durch »Relationen zu anderen Diskursen« bestimmt ist (TITZMANN 1991, S. 406). Diskurse sind also keine Einzeltexte oder Textgruppen, sondern Komplexe, die sich aus Aussagen und den Bedingungen und Regeln ihrer Produktion und Rezeption in einem bestimmten Zeitraum zusammensetzen. Ein Beispiel: Der »juristische Diskurs des 19. Jahrhunderts« ist demnach zu bestimmen über seinen Gegenstand (das Recht, die Rechtsprechung), über die Weise, in der dieser Gegenstand thematisiert wird (zum Beispiel in einer bestimmten juristischen Terminologie und Argumentationsform), und über

seine Beziehungen zu anderen Diskursen der Zeit, etwa zu psychologischen oder theologischen Diskursen.

Den vier Verwendungsweisen des »Diskurs«-Begriffs entsprechend unterscheiden sich auch die Begriffe »Diskursanalyse« und »Diskursgeschichte«. Im folgenden geht es vor allem um ihre Verwendung im Sinne von (4). Wieder ist festzustellen, daß die beiden Begriffe in der Literaturwissenschaft – und ebenso in anderen Disziplinen – uneinheitlich gebraucht werden. Nach ihren theoretischen Schwerpunkten lassen sich drei Tendenzen unterscheiden: eine *semiotisch-philosophische* Richtung der Diskursanalyse etwa bei Jacques Derrida (→ DEKONSTRUKTION), eine *linguistisch-psychoanalytische* etwa bei Jacques Lacan und Julia Kristeva (→ PSYCHOLOGISCHE ZUGÄNGE) und eine *historisch-genealogische* Richtung vor allem bei Michel Foucault (vgl. FOHRMANN/MÜLLER 1988, S. 14-18), zu denen es jeweils auch feministisch argumentierende Varianten gibt (→ FEMINISTISCHE ZUGÄNGE – ›GENDER STUDIES‹). Sie alle werden »diskursanalytisch« genannt, nur für die dritte ist auch der Terminus »diskursgeschichtlich« gebräuchlich. Bezeichnet »Diskursanalyse« die genaue Untersuchung von Diskursen, ihren *Funktionsweisen* und *Bedingungen*, so legt »Diskursgeschichte« das Gewicht auf deren *historische Rekonstruktion*. Als Synonym findet man auch den Ausdruck »historische Diskursanalyse«, was die Annahme nahelegt, der historisierende Zugang sei für die Diskursanalyse ohne Zusatzbestimmung nicht zwingend. In diesem Artikel soll es nur um die *historische* Variante der Diskursanalyse und ihre literaturwissenschaftlichen Adaptionen gehen (→ PROBLEMATISIERUNGEN DER HERMENEUTIK).

3. Diskursanalyse bei Foucault

Michel Foucault (1926-1984) war weniger ein systematischer als ein außerordentlich kreativer Denker, der seine theoretischen Positionen oft verändert hat. Einer seiner Kommentatoren bezeichnet sein Werk als »verwirrendes Labyrinth«, dem man kaum die Autorschaft nur einer Person ansieht (FINK-EITEL 1989, S. 10). Auf die verschiedenen Auslegungs- und Ordnungsversuche in der Forschung sei lediglich verwiesen (z. B. DREYFUS/RABINOW 1987, FINK-EITEL 1989, KÖGLER 1994). Wenn in diesem Kapitel einige der Thesen und Begriffe Foucaults vorgestellt werden, dann mit zwei Einschränkungen: Zum einen werden die Thesen und Begriffe stark vereinfacht, ihre Bedeutungsvielfalt bei Foucault kann und soll also nicht erreicht werden. Zum anderen beschränkt sich die Darstellung überwiegend auf Texte aus den ersten beiden Phasen in Foucaults Werk (vgl. FINK-EITEL 1989, S. 14ff.). Sie werden herangezogen, um die erkenntnistheoretischen Prämissen und wissenssoziologischen Annahmen zu skizzieren, auf die die meisten literaturwissenschaftlichen Adaptionen zurückgreifen.

3.1 Bezugstheorien und Abgrenzungen

Von den zahlreichen Einflüssen, die Foucault aufgenommen und produktiv verarbeitet hat, können hier nur wenige aufgeführt werden, um einen ungefähren Eindruck zu vermitteln. Als wichtigster Ausgangspunkt Foucaults ist der → STRUKTURALISMUS zu nennen – einige seiner Grundannahmen hat er übernommen, von vielen hat er sich explizit abgesetzt (daher auch hier die Rede vom »Poststrukturalismus«; → PROBLEMATISIERUNGEN DER HERMENEUTIK). Dennoch hat er auch die Disziplinen, die sein Denken am stärksten beeinflußt haben, Psychoanalyse, Linguistik und Ethnologie, vornehmlich in ihren strukturalistischen Spielarten zur Kenntnis genommen (vgl. FINK-EITEL 1989, S. 47ff.).

Weil sie besonders einflußreich gewesen ist, sei hier Foucaults Kritik moderner Erkenntnistheorie skizziert. Seit und mit Descartes, so kritisiert er, hätten sich Strategien der philosophischen Tradition durchgesetzt, welche »die Realität« von Diskursen leugneten und den Diskurs als ›Spiel mit Zeichen‹ zu verharmlosen suchten. Zu diesen Strategien zählt er die scheinbar ›selbstverständliche‹ Annahme eines »begründenden Subjekts«, das als Ursprung sprachlicher Äußerungen und Ursache für deren Bedeutung angesehen wird, und die Annahme einer »ursprünglichen Erfahrung«, für welche die Gegenstände Träger von Wahrheit oder Bedeutung darstellen, die Sprache dann ›nur noch‹ ausdrücken muß (FOUCAULT 1974b, S. 31f.). Dagegen stellt er nun die These, daß es nichts ›hinter‹ den Diskursen gebe; anders ausgedrückt: Welt ist nur durch Sprache zu ›haben‹, wird durch sie nicht etwa repräsentiert, sondern (als diese bestimmte Welt) allererst konstituiert; und diese Sprache wird von vorgängigen symbolischen Ordnungen bestimmt (→ LITERATUR ALS ›SYSTEM‹). Entsprechend wird auch Wahrnehmung (und sei sie scheinbar noch so ›authentisch‹) stets durch die diskursive Einbindung der Wahrnehmenden geprägt und ermöglicht; auch sie ist also keineswegs ›ursprünglich‹. Dem Subjekt, der zentralen Instanz moderner Erkenntnistheorie, kann infolgedessen keine Autonomie mehr zugeschrieben werden: Es ist abhängig von den Diskursen, in denen es erkennt und spricht und die es selbst überhaupt erst hervorbringen und ausmachen (Foucault).

3.2 Zentrale diskursanalytische Thesen und Begriffe

Foucault hat den Diskursbegriff programmatisch uneinheitlich verwendet; in einzelnen Arbeiten hat er ihn bestimmt, aber mit Gültigkeit oft nur für das spezielle Werk (vgl. M. FRANK 1988). Grob läßt sich unterscheiden zwischen einer weiten und einer engen Begriffsverwendung:

(1) Den *weiten*, schwer präzise faßbaren Diskursbegriff setzt Foucault voraus, wenn er zum Beispiel von dem »großen unaufhörlichen und ordnungslosen Rauschen des Diskurses« spricht (FOUCAULT 1974b, S. 33). Hier wird das Bild einer reichen, gefährlichen, weil ›wuchernden‹ oder ›strömenden‹ sprachlichen Größe entworfen, die im Wortsinne anarchisch ist. Weil dieser Diskurs ordnungslos und unberechenbar ist, erzeugt er Angst und wird mithilfe zahlreicher Verbote und Regeln gebändigt. Diese chaotische Variante eines Diskurses bildet gewissermaßen die ›metaphysische‹ Grundlage (vgl. JAPP 1988, S. 231) für den klarer faßbaren, engen Diskursbegriff, auf den wir uns im folgenden konzentrieren wollen.

(2) »Diskurs« im engeren Sinne ist ein *wissenssoziologischer* Begriff. Foucault bezeichnet damit »eine Menge von Aussagen, die einem gleichen Formationssystem zugehören« (FOUCAULT 1973 [1969], S. 156). Die »Aussage« ist Gegenstand verschiedener Klassifikationssysteme: der Logik, der Grammatik, der Sprechakttheorie. Foucault schließt sich keinem dieser Systeme an. Für ihn bezeichnet der Begriff »Aussage« die vereinzelte und kontingente, keinem konkreten Sprecher zuzuordnende »Materialität des zu einer bestimmten Zeit und an einem bestimmten Ort wirklich Gesagten« (FINK-EITEL 1989, S. 58). Aussagen transportieren demnach keine feste Bedeutung, und sie sind auch nicht nur deshalb einer Untersuchung wert, weil sie auf etwas außerhalb ihrer selbst verweisen, etwa auf eine Wahrheit, einen Sinn ›hinter‹ ihnen oder auf die Intention eines sprechenden Subjekts; vielmehr nimmt Foucault sie als schlichte sprachliche »Ereignisse« ernst und analysiert sie »archäologisch«, indem er ›positive‹ Fakten über sie sammelt: etwa wie oft sie wann und in welcher Kombination vorkommen.

»Diskurse« setzen sich aus Komplexen von so verstandenen »Aussagen« zusammen, deren Verbindung oder »Formation« bestimmten Regeln gehorcht. Diese Regeln sind historisch variabel.

Das heißt: die Möglichkeiten und Beschränkungen, Aussagen zu formieren, unterscheiden sich in verschiedenen Epochen. Das »allgemeine System der Formation und der Transformation von Aussagen« nennt Foucault »Archiv«. Um Diskurse zu analysieren, sind also sowohl Aussagen als auch ihre Formationen und deren Bedingungen zu untersuchen – also die impliziten und expliziten Regeln, die zu einem gegebenen Zeitpunkt Diskurse strukturieren: Sie legen fest, welche Gegenstände in einem Diskurs zugelassen sind, mit welchen Begriffen und in welchem Modus (Erzählung, wissenschaftliche Abhandlung, mythologische Darstellung u. a.) über sie gesprochen wird, welche theoretischen Annahmen dabei vorausgesetzt werden, wer redet oder reden darf. Dasjenige »kognitive Ordnungsschema«, mit dem in einer Epoche Alltagswissen und wissenschaftliches Wissen organisiert werden (FINK-EITEL 1989, S. 38f.), bezeichnet Foucault als deren »Episteme« (vgl. FOUCAULT 1971 [1966], S. 46-66).

Diskurse entstehen und regeln sich nicht aus sich selbst heraus. Vielmehr sind sie Bestandteil von sozialen Kräfteverhältnissen, von Praktiken der *Macht* (zum Machtbegriff Foucaults vgl. KÖGLER 1994, S. 91-98). Als ordnungstiftende Kraft manifestiert sich die so verstandene »Macht« in denjenigen Ausschlußverfahren, mit denen ein Diskurs ›nach außen‹ abgegrenzt wird, und in den Kontrollmechanismen, die ihn intern regulieren. Der »medizinische Diskurs« etwa ist dementsprechend als ein Komplex von Aussagen und Regeln aufzufassen, die festlegen, wer wann in welcher Institution und mit welchen Begriffen über Gesundheit und Krankheit spricht und was er damit bezeichnet; entsprechendes gilt für juristische, politische oder literarische Diskurse. Komplexe, in denen Wissen und Macht zusammenwirken, nennt Foucault »Dispositive«; sie lassen sich beschreiben als »machtstrategische Verknüpfungen von Diskursen und Praktiken« (FINK-EITEL 1989, S. 80). Ein solches Dispositiv ließe sich am Beispiel der literarischen Kanonbildung illustrieren, in der innerdiskursive Faktoren – wie Literaturtheorien, literaturwissenschaftliche Maßstäbe, literarische Konventionen – zusammenwirken mit politisch-gesellschaftlichen Kräften, etwa kulturpolitischen Vorgaben (→ WERT, KANON UND ZENSUR; → LITERARISCHE WERTUNG).

3.3 Literatur und ihre Bedeutung

Die Beschäftigung mit Literatur stand für Foucault also nicht im Zentrum seines Interesses, und er hat auch keine systematische

Analyse des literarischen Diskurses vorgenommen. Literatur und Bildende Kunst haben für ihn überwiegend illustrative Bedeutung; er behandelt sie als Beispiele, an denen er andere – etwa erkenntnistheoretische oder wissensorganisatorische – Überlegungen, seine Postulate und historischen Thesen verdeutlichen kann. Dabei wandelt sich die Rolle, die Literatur für Foucault spielt, mit den drei Phasen seines Werks (vgl. KÖGLER 1994, S. 68-79). Hier sollen nur zwei Aspekte erörtert werden, auf die sich die *literaturwissenschaftliche* Diskursanalyse hauptsächlich bezieht.

In seinem Frühwerk, also in den sechziger Jahren, schreibt Foucault der Literatur die Funktion eines »Gegendiskurses« zu, der im Gegensatz beispielsweise zum wissenschaftlichen Diskurs dem dominierenden Machtmechanismus (dem in Analogie zu Nietzsches »Willen zur Macht« so genannten »Willen zur Wahrheit«) nicht unterworfen ist. Literarische Texte stellen Muster und Schemata der Wahrnehmung und Erkenntnis von Wirklichkeit in Frage, die in der Wissenschaft wie im Alltag als normal gelten, und gehen über sie hinaus. Hinter dieser These steht die Annahme, daß gelungene Kommunikation und Verstehen die Ausnahme, Selbstreferentialität dagegen als Normalfall der Sprache anzusehen sei, der in den anderen Diskursen durch entsprechende Regeln nur aufgehoben werde (→ FORMALISMUS UND STRUKTURALISMUS; → DEKONSTRUKTION). Allein Literatur realisiert unter diesen Voraussetzungen die eigentlichen Qualitäten der Sprache: Sie thematisiert die Auflösung des Ich, ist also gewissermaßen subjektlos und verweist allein auf sich selbst. Als Charakteristika literarischer Texte treffen diese Merkmale allerdings nur auf moderne Literatur zu; dementsprechend bezieht sich Foucault auch überwiegend auf symbolistische und besonders auf surrealistische Texte.

Während Literatur in Foucaults frühen Texten schon allein durch ihre Sprachverwendung subversiven Charakter erhält und dadurch ›wertvoll‹ wird, sieht Foucault sie in anschließenden Arbeiten kritischer. Da er sich hier generell auf gesellschaftliche Zusammenhänge und Machtmechanismen konzentriert, nimmt er auch Literatur unter dieser Perspektive wahr. Auch literarische Texte können Bestandteil von Herrschaftsdiskursen sein, können Macht ausüben. »Literatur« ist hier als wertneutrale Bezeichnung für einen wechselnden Gegenstandsbereich aufzufassen, der durch verschiedene innerdiskursive Faktoren (zum Beispiel poetologische Doktrine) und einander überlagernde andere Diskurse (etwa politische, juristische, medizinische) strukturiert ist.

Mit einer der wichtigsten textanalytischen Instanzen nicht nur der Literaturwissenschaft befaßt sich Foucault in seinem berühmt gewordenen Vortrag »Was ist ein Autor?« (FOUCAULT 1974) Ausgehend von Eigenschaften moderner Literatur proklamiert er das »Verschwinden des Autors« (BARTHES 1977a [1968], S. 143-148). Damit ist nicht die Existenz einer empirischen Person geleugnet, die den Text verfaßt. Verworfen werden aber die Eigenschaften, die dieser Person zugleich mit der Bezeichnung »Autor« zugeschrieben werden: die Position und Autorität eines »Zentralsubjekts« (LINK 1988, S. 284), das aus sich heraus erschafft, seine Intentionen im literarischen Text realisiert und das nicht selten als ›autonom‹ gedacht wird. Foucault analysiert den Konstruktcharakter dieses »Autor«-Begriffs und stellt ihn als interne Ordnungskategorie für Diskurse heraus, die verschiedene Funktionen erfüllt, zum Beispiel Texte zu Gruppen zusammenzufassen oder Identitäten herzustellen (→ LITERATUR ALS ›SYSTEM‹). Die Zuschreibung eines Textes zu einem Autor zählt Foucault zu den »Verknappungsprinzipien«, die den Diskurs (im weitgefaßten Sinne) beschränken (FOUCAULT 1970, S. 34). Zu ihnen rechnet er auch den »Kommentar«, die Wiedergabe eines Textes mit anderen Worten (ebd., S. 18f.). Im *Umgang* mit literarischen Texten übernehmen Interpretationen diese Kommentarfunktion: Interpreten setzen voraus, daß ein literarischer Text etwas enthalte, das er nicht explizit ausspreche, das ihn aber wichtig mache; und die Aufgabe der Interpretation sei es, dieses Ungesagte auszusprechen (→ HERMENEUTISCHE MODELLE; → FORMEN ›TEXTIMMANENTER‹ ANALYSE). Mit dieser Strategie solle, so Foucault, das Zufällige des Diskurses (wieder im weitgefaßten Sinne) gebannt werden, indem die Kommentare sich an bereits geäußerte Texte ›anhängen‹ und sie nur permanent umformulieren.

4. Diskursanalyse und Diskursgeschichte in der Literaturwissenschaft

In der zweiten Hälfte der siebziger Jahre wurde die Diskursanalyse als »ein neues Konzept der Humanwissenschaften« (KITTLER/TURK 1977, S. 7) in die deutschsprachige Literaturwissenschaft eingeführt. Was war das Motiv dieses Willens, ›traditionelle‹ Umgangsweisen mit literarischen Texten wie die Textanalyse und die sozialhistorische Rekonstruktion von Kontexten abzulösen? Und warum wurde gerade in Foucaults Diskursanalyse eine Möglichkeit gesehen, ›angemessener‹ mit Literatur umzugehen?

Angeführt werden allgemein theoretische und gegenstandsbezogene Gründe. Zu den ersteren zählt eine seit den siebziger Jahren zunehmende, generelle Kritik an traditionellen Wissenschaftskonzeptionen. Inbesondere deren Objektivitätsideal und Fixierung auf Rationalität und Wahrheit werden als Fiktionen abgelehnt, entsprechendes gilt für ihre Methoden. Aber auch die theoretischen Voraussetzungen und Ziele der → HERMENEUTIK werden als nicht mehr haltbar kritisiert. Hier richtet sich der Angriff vornehmlich gegen ihren subjektzentrierten Erkenntnisbegriff, etwa die Kategorie der Autorintention, und gegen ihre verstehenstheoretischen Grundannahmen, etwa das Konzept der »Horizontverschmelzung« (→ ZUM VERHÄLTNIS VON HERMENEUTIK UND NEUEREN ANTIHERMENEUTISCHEN STRÖMUNGEN). Einige wichtige erkenntnistheoretische Prämissen dieser Kritik überschnitten oder deckten sich mit denen Foucaults und begünstigten seine umfangreiche Rezeption.

Die gegenstandsbezogenen Gründe artikulieren Ungenügen an traditioneller, besonders hermeneutischer Interpretationspraxis (→ FORMEN ›TEXTIMMANENTER‹ ANALYSE), aber auch an ›szientistischen‹ Gegenpositionen, zum Beispiel in der Adaption strukturalistischer und linguistischer Analyseverfahren (→ FORMALISMUS UND STRUKTURALISMUS). Kritisiert wird eine Literaturwissenschaft, die Texte nur als Träger von etwas vermeintlich Wichtigerem auffasse, der es nicht eigentlich um die literarischen Texte gehe, sondern um das, was sie bedeuten. Hinzu kam ein literaturgeschichtliches Argument: Moderne Literatur spätestens seit Beginn des 20. Jahrhunderts verweigere sich der Fixierung eines Sinns und produziere offene statt geschlossener Texte; daher werde Literatur von einem ›sinnsuchenden‹ Ansatz wie der Hermeneutik ebenso verfehlt wie von allen Konzeptionen, die von einem geschlossenen Werkganzen ausgehen, auf das hin einzelne Elemente und Analyseergebnisse zu beziehen sind – sei es nun hermeneutisch oder strukturalistisch begründet.

Aus Einwänden wie diesen lassen sich bereits charakteristische Gemeinsamkeiten diskursanalytischer Literaturwissenschaft ableiten. Die Diskursanalyse teilt nicht mehr das hermeneutische Ziel, durch bestimmte interpretative Operationen zu einem adäquaten Sinnverstehen des Textes zu gelangen. Schon das triadische Kommunikationsmodell, das den meisten bis dahin vertretenen literaturwissenschaftlichen Theorien und Interpretationsverfahren zugrundegelegt worden ist, widerspricht ihren theoretischen Prämissen. In der einfachsten Form dieses Modells wird ein ›Dreiecksverhältnis‹ mit eindeutig fixierbaren Instanzen angenommen: Es gibt den Autor als Urheber eines Textes, den als Einheit verstandenen und auf seinen Produzenten und seine Entstehungssituation verweisenden Text sowie den Leser, der im Verlauf des Verstehens in einen Dialog mit dem Text tritt und sich dessen ›Sinn‹ aneignet. Statt dieser Instanzen untersuchen Diskursanalytiker Prozesse, Relationen, intertextuelle Verweise.

Der Autor gilt nicht mehr als autonomes Schöpfersubjekt. Was er schreibt, ist nicht als Ausdruck seiner Individualität und seiner Absichten zu verstehen, sondern wird bestimmt von der vorgängigen symbolischen Ordnung, an die jeder Mensch durch seine Sprache gebunden ist. Mit jeder Aussage gibt sich ein Sprecher – zumindest dem Diskursanalytiker – als von Diskursen geprägt zu erkennen und keineswegs als freies Subjekt: »Die Plätze des Sprechers und Autors sind von Diskursformationen abhängige Variable.« (KITTLER/TURK 1977, S. 32) Entsprechend werden auch literarische Texte als ›Knotenpunkte‹ im Netzwerk verschiedener Diskurse betrachtet. Sie sind kontingent, ohne feste Grenzen und verweisen nicht auf eine außertextuelle Wirklichkeit, sondern auf andere Texte: Die Diskursanalyse »verabschiedet [...] die Erkenntnisfunktion der Literatur [...]. Wenn sie Referenzbezüge statuiert, dann nicht auf Sachverhalte in oder jenseits einer Kultur, sondern immer nur von Diskursen auf Diskurse.« (Ebd., S. 40; → DIALOGIZITÄT, INTERTEXTUALITÄT, GEDÄCHTNIS) Da es keinen verbindlichen Sinn eines Textes gibt, den sich Leser aneignen könnten, keine Bedeutung, die Interpreten rekonstruieren könnten, können Rezipienten immer nur ihre eigene Lesart konstruieren.

Mit diesen Zielen und Fragestellungen ist die Diskursanalyse überwiegend kein Verfahren zur Einzeltextanalyse. Wenn sie dennoch auch als solches angewendet wird (so KITTLER 1985a; TURK 1988b), dann unter zwei Perspektiven: Zum einen wird untersucht, welche Diskurse in dem einzelnen Text thematisiert werden bzw. sich in ihm nachweisen lassen; zum anderen wird gefragt, wie die nachweisbaren Diskurse im Text zur Sprache kommen: ob der Text sie reproduziert oder ob er sie – explizit oder implizit – unterläuft. Über diese globalen Gemeinsamkeiten hinaus sollen nun weitere, für verschiedene Richtungen diskursanalytischer Literaturwissenschaft charakteristische Fragestellungen anhand von drei Beispielen vorgestellt werden.

4.1 Historisch-psychoanalytische Variante

Paradigmatisch für diese Richtung sind die programmatische Einleitung zu dem Band »Urszenen« (KITTLER/TURK 1977) und Friedrich A. Kittlers »Aufschreibesysteme« (KITTLER 1985b). Die wichtigsten Voraussetzungen liegen in der engen Koppelung Foucaultscher Grundannahmen mit Konzepten der Psychoanalyse und der Linguistik – in der Annahme, daß »Rede, Begehren und Macht unlöslich ineinandergreifen« (KITTLER/TURK 1977, S. 20). Ausgangspunkt ist die These, daß es zum einen unbewußte kulturelle Faktoren, Verbote, gibt, »die das Sprechen steuern« und sich einem reflexiven Erfassen entziehen (ebd., S. 24), und zum anderen »Mythen«, die diese Verbote verschleiern. Beides aufzudecken ist Ziel der Diskursanalyse, deren Anliegen damit nicht nur historisch-rekonstruktiv, sondern auch kritisch-›politisch‹ ist (→ PSYCHOLOGISCHE ZUGÄNGE; → SOZIALGESCHICHTLICHE ZUGÄNGE).

Als Gegenstand der literaturwissenschaftlichen Diskursanalyse erscheinen hier erstens diejenigen Diskurse, die diese Verbote und Mythen verwenden und reproduzieren. Dazu zählen auch Interpretationen im traditionellen Sinne, die als Kommentare verstanden werden, die literarische Texte lediglich ›verdoppeln‹ (ebd., S. 36). Die zweite Gruppe von Gegenständen bilden solche Diskurse, denen in verschiedenen Kulturen »paradoxe Sprechakte« zugeschrieben werden: → RHETORIK und Literatur. In einem literarischen Text wird der wahrheitsfunktional bestimmte Diskurs alltäglicher oder wissenschaftlicher Rede durch selbstbezügliches Sprechen ›übertreten‹, das heißt literarische Texte thematisieren immer ihr eigenes ›Geschriebensein‹ (ebd., S. 37). Diesen Gegenständen widmet sich die Diskursanalyse in drei Aufgabenbereichen: Zum einen untersucht sie die Regeln, nach denen Literatur jeweils bestimmt und abgegrenzt worden ist; zum anderen arbeitet sie die Funktionen heraus, die dem Autor jeweils zugeschrieben worden sind; und drittens analysiert sie literarische ›Oberflächenphänomene‹, etwa Themen und Motive.

Um diese Aufgaben zu erfüllen, werden Beziehungen zwischen literarischen Texten und anderen – medizinischen, pädagogischen – Texten und Dokumenten hergestellt, die demselben Diskurs angehören sollen. Das Bindeglied wird meist in einem gemeinsamen Thema, einem Denkmuster oder einer Schreibtechnik gesucht. Es werden keineswegs immer zeitgenössische Texte herangezogen, teilweise sind es auch die eigenen Bezugstheorien (Foucault, Lacan), die mit den historischen Texten gekoppelt werden (so etwa bei

KITTLER 1985b, S. 15f.). Dabei gelten Grenzziehungen traditioneller Interpretationspraxis nicht mehr ohne weiteres. Dies zeigt sich beispielsweise darin, daß direkte Verbindungen zwischen fiktionalen und nicht-fiktionalen Informationen hergestellt werden und daß Geschichte wie Literatur behandelt wird, wenn etwa historische Konstellationen mit literaturwissenschaftlichen Techniken als Zeichen gedeutet werden.

4.2 Historisch-philologische Variante

Die zuletzt genannte Verfahrensweise einer ›textualisierenden‹ Geschichtsbetrachtung findet sich in Arbeiten dieser zweiten Variante der Diskursanalyse kaum. In ihr dominiert vielmehr der historisierende Zugang, während ihre psychoanalytische Orientierung weniger stark ausgeprägt ist. Als exemplarisch seien hier die Arbeiten Nikolaus Wegmanns genannt (WEGMANN 1988a, 1988b). Auf der Grundlage Foucaultscher Prämissen bindet er die Diskursanalyse an ›philologische Qualifikationen‹ zurück, an die philologische Konzentration auf die Schrift (→ DEKONSTRUKTION) und nicht auf einen ›dahinterliegenden‹ metaphysischen Sinn. Damit benennt er eine Anschlußstelle an die ältere literaturwissenschaftliche Tradition, plädiert für eine Diskursanalyse als »aus dem Geist der philologischen Tradition motivierte[n] literaturwissenschaftliche[n] Lesetechnik« (WEGMANN 1988a, S. 350).

Eine wichtige Aufgabe dieser Richtung liegt in der Analyse, Kritik und Revision literarhistorischer Klassifikationen, beispielsweise des Epochenbegriffs ›Empfindsamkeit‹. Das Vorgehen traditioneller Literaturwissenschaftler, nur bestimmte Typen von Kontextwissen zu berücksichtigen, also stark auszuwählen und so ein einheitliches Bild der Epoche zu entwerfen, wird abgelehnt. Statt dessen soll nach den diversen Diskursen gefragt werden, die einander in dem bislang als Epoche der »Empfindsamkeit« bezeichneten Zeitraum überschneiden, ergänzen und widersprechen, nach diskursiven Abgrenzungsstrategien und nach der »Leitdifferenz«, die »empfindsames« Sprechen kennzeichnen. In ihren Fragestellungen weist diese Konzeption Ähnlichkeiten mit neueren → SOZIALGESCHICHTLICHEN ZUGÄNGEN auf.

Ein Problem beider bislang beschriebener Richtungen der Diskursanalyse stellt der Literaturbegriff dar: Ist Literatur eigentlich als Gegendiskurs oder ›nur‹ als Schnittmenge von Diskursen aufzufassen? Wenn sie als ›immer schon‹ subversiver Gegendiskurs verstanden wird, dann fällt es schwer zu erklären, warum literarische Texte dennoch dieselben Machtmechanismen wie andere Texte reproduzieren können. Wird sie als Manifestationsform verschiedener sich überlagernder Diskurse betrachtet, dann bleibt die Frage unbeantwortet, was denn das spezifisch Literarische dieser Redeformation sei (vgl. auch KREMER 1993, S. 103).

4.3 Semiotische Variante
Dieses Problem stellt sich semiotischen Diskursanalytikern nicht. Sie ziehen Modelle und Verfahrensweisen der Semiotik heran, die sich mit der Struktur sprachlicher Zeichen und außersprachlicher Zeichensysteme befaßt und ein Repertoire textanalytischer Kategorien zur Beschreibung textueller Mikro- und Makrostrukturen zur Verfügung stellt. Schon aufgrund dieser Bezugstheorie wird der erste Schwerpunkt ihres Interesses deutlich: die besondere Funktionsweise literarischer Texte; den zweiten Schwerpunkt stellt das Verhältnis von Literatur und Diskursen dar. Jürgen Link, prominentester Vertreter dieses Konzepts, differenziert »Diskurselemente« in solche, die nur in einem Diskurs vorkommen (»spezialdiskursive Elemente«), und solche, die in mehreren Diskursen vorkommen. Diese »interdiskursiven Elemente« verbinden gewissermaßen die zahlreichen spezialisierten Einzeldiskurse. Literatur wird nun als ein Spezialdiskurs aufgefaßt, der eben solche interdiskursiven Elemente, vor allem »Kollektivsymbole«, aufnimmt und verarbeitet (LINK 1988, S. 300). Kollektivsymbole sind anschauliche »Sinn-Bilder« (ebd., S. 286), die zeitgleich in verschiedenen diskursiven Zusammenhängen einer Kultur verwendet und jeweils mit unterschiedlichen Wertungen versehen werden.

Eine semiotische Diskursanalyse kann demnach zum einen die Funktion untersuchen, die ein »Kollektivsymbol« in einem literarischen Text hat; zum anderen kann sie das Netzwerk der Beziehungen analysieren, in dem der Text mit der Verwendung dieses Symbols steht. Dabei verweisen die einzelnen Beziehungen des Kollektivsymbols immer auf ganze Reihen von Symbolverwendungen, und die unterschiedlichsten Diskurse lassen sich auf diese Weise kombinieren. Wie komplex eine solche Analyse wird, hat Link am Beispiel des Ballon-Symbols gezeigt (LINK 1983, S. 48-71; dazu im einzelnen → SOZIALGESCHICHTLICHE ZUGÄNGE).

5. Leistungen und Probleme literaturwissenschaftlicher Diskursanalyse

Diskursanalytische Konzepte sind in der Literaturwissenschaft seit ihrem Aufkommen umstritten gewesen: Sie wurden emphatisch begrüßt und heftig kritisiert – neutral haben sich die wenigsten Forscher zu ihnen verhalten. Um einige Streit- und Standpunkte dieser Auseinandersetzungen zumindest anzudeuten (vgl. auch WUCHERPFENNIG 1988), soll abschließend ein Blick auf Leistungen und Probleme diskursanalytischer Untersuchungen geworfen werden.

Eine der Standardfragen lautet, ob die Bezeichnung »Diskurs« nicht nur ein modischer Name für Phänomene sei, die in anderer Terminologie schon lange erörtert worden seien. Diese Frage ist zu verneinen – sowohl für den weiten, unscharfen Diskursbegriff als auch für seine engeren Fassungen. Zwar weisen diskursanalytische Arbeiten Berührungspunkte mit sozialgeschichtlichen, ideen- oder begriffsgeschichtlichen Untersuchungen auf, wenn es ihnen um historisch fixierbare Denk- und Sprechzusammenhänge und die Bedingungen geht, unter denen sie entstehen und erhalten werden. Die Kontexte, die dabei herangezogen werden, können zwar dieselben sein wie etwa in sozialgeschichtlichen Interpretationen; tatsächlich haben Diskursanalytiker aber das Spektrum derjenigen Kontexte und Fragestellungen erheblich erweitert, die als literaturwissenschaftlich relevant gelten. Zum einen haben sie die Medialität von Literatur stärker in den Blick gerückt, als dies bislang geschehen war: Sie fassen Texte nicht mehr als ›Transportmittel‹ für Wissen und Bedeutung auf, sondern berücksichtigen ihre Beschaffenheit, ihre Materialität, indem sie beispielsweise fragen, wie geschrieben wird oder wie Texte präsentiert werden (paradigmatisch KITTLER 1985b). In diesen Zusammenhang gehört auch die zunehmende Aufmerksamkeit auf die Beziehung zwischen literarischen Texten und neuen Wahrnehmungs- und Darstellungstechniken einer Zeit, zum Beispiel Fotografie und Film (→ LITERATUR UND MEDIEN). Zum anderen werden Wissensformen berücksichtigt, die zwar schon in der Geschichtswissenschaft (etwa in »Alltags-« und »Mentalitätsgeschichte«) ›entdeckt‹ worden waren, die aber erst durch ihre programmatische Behandlung in diskursanalytischen Arbeiten zum festen Bestand literaturwissenschaftlicher Fragestellungen gezählt werden können: Wurde Literatur in ›traditionellen‹ geistesgeschichtlichen Interpretationen überwiegend auf philosophische Kontexte oder institutionalisierte Wissensbestände wie naturwissenschaftliche Erkenntnisse hin untersucht, so kommen jetzt auch Alltagswissen, kulturelle Wahrnehmungsmuster und Kulturbereiche wie Mode, Eßgewohnheiten und dergleichen in den Blick; die Wahrnehmung der literarischen Texte wird dadurch um einiges komplexer und differenzierter.

Ein zweiter Bereich von Einwänden gruppiert sich um den Wissenschaftsbegriff und seine Prämissen und betrifft Status und Präsentationsform diskursanalytischer Untersuchungen. In diesem Fall wird die Leistung der Diskursanalyse, Ansatzpunkte für eine neue Theoriediskussion gegeben und eine Reflexion bislang unbefragter Prämissen eingeleitet zu haben, nicht bestritten. So hat die Diskursanalyse immer wieder tradierte und konventionelle theoretische Voraussetzungen explizit gemacht und in Frage gestellt, etwa die Kriterien, nach denen Texte als ›literarisch‹ eingestuft werden, die Implikationen der Behauptung, der Autor sei authentischer Urheber eines Textes, oder die Annahme, Texte ließen sich säuberlich von Kontexten unterscheiden. Strittig sind aber gleichwohl die Alternativen, die die Diskursanalyse vorschlägt. Das soll an zwei Beispielen gezeigt werden.

(1) Probleme mit dem Status der Textanalysen: Wenn der literarische Text nicht mehr als intersubjektiver Zielpunkt literaturwissenschaftlicher Forschung angenommen wird, verliert auch die Einzelinterpretation ihren Erkenntnisanspruch. Bedeutungszuordnungen werden beliebig, wenn es keinen Näherungswert gibt, auf den sich Interpretationen zubewegen, oder wenn es kein Kriterium mehr gibt, das ihre Intersubjektivität zumindest hypothetisch garantiert. Wenn in diskursanalytischen Arbeiten Beziehungen zwischen literarischen Texten und Diskursen oder diskursiven Praktiken der Entstehungszeit nachgewiesen werden, so kann ein solches Vorgehen aus der Sicht hermeneutischer Literaturwissenschaft zwar interessant sein, aber keine ›erheblichen‹ Einsichten in den Text als ein Ganzes eröffnen. Aus diesem Gegensatz lassen sich Status und Anspruch hermeneutischer und diskursanalytischer Interpretationen pointiert zusammenfassen: Das Festhalten an der Vermittlung von Erkenntnis steht gegen den Entwurf interessanter neuer Perspektiven auf Literatur.

(2) Probleme mit den Präsentationsformen: Diskursanalytiker haben einen neuen Stil des Sprechens über Literatur etabliert, der besondere Rezeptionshaltungen fordert (und fördert). Die meisten Verfasser diskursanalytischer Texte machen es ihren Lesern, und das gilt nicht nur für Anfänger, nicht gerade leicht: Auffällig sind zu-

nächst die deutliche Vorliebe für wohlgelungene (und wohlklingende) Formulierungen, nicht selten auf Kosten der argumentativen Prägnanz und Klarheit, sowie – gerade bei Vertretern eines ›subversiven Literaturbegriffs‹ – eine Tendenz zum emphatischen Sprechen. Das Verständnis wird auch dadurch erschwert, daß die theoretischen Prämissen und Begriffe meist nicht expliziert werden. Hierin unterscheiden sich diskursanalytische Arbeiten zwar nicht von hermeneutischen; jedoch fällt es Lesern in der Regel leichter, Argumentationslücken in hermeneutischen Interpretationen zu schließen, weil die vorausgesetzte Theorie meist schon in vor-universitären Institutionen wie der Schule vermittelt wird. Eine dritte Schwierigkeit liegt darin, daß in vielen diskursanalytischen Arbeiten eine erhebliche Menge an Informationen präsentiert wird, ohne daß der Bezug zum behandelten literarischen Text immer ganz klar wäre. Wenn keine Auswahlkriterien genannt werden (was in diskursanalytischen Arbeiten ›per definitionem‹ ein Problem ist), wirkt die Bezugnahme beliebig. Dem entspricht auf der Mikroebene der Argumentation eine eher assoziative Verbindung von Argument und Konklusion, die nur nachvollziehbar ist, wenn die Leser ›gleich denken‹. Gründe hierfür liegen auch hier unter anderem im Verzicht auf die kategoriale Unterscheidung zwischen Objekt- und Metasprache, zwischen literarischer Rede und Rede über Literatur, der Folgen für den Sprachgestus und die Maßstäbe der Argumentation hat.

Im Rahmen diskursanalytischer Theoriebildung sind diese Präsentationsformen häufig gerechtfertigt; zu kritisieren sind sie von einem Wissenschaftsbegriff aus, der auf Erkenntnis der Literatur, auf einheitliche Begriffsverwendungen und auf die Trennung von Objekt- und Metasprache abzielt. Letztlich geht es um die Frage, was ein plausibles Argument sei – sie wird von beiden Wissenschaftskonzeptionen her unterschiedlich beantwortet. Deshalb enden die meisten Diskussionen um das Für und Wider diskursanalytischer Verfahren bei diesen ›letzten Fragen‹.

7. Psychologische Zugänge

von Lutz Rühling

1. Einleitung

Das Verständnis von literarischen Texten wie von Kunstwerken überhaupt setzt stets eine Art von Verstehen voraus, das auf Personen bezogen ist: das Verstehen von *Handlungen* und das Verstehen von *Ausdruck*. Die Handlung einer Person verstehen heißt erklären können, *was* jemand tut, *wie* er es tut oder *warum* er es tut; den Ausdruck (etwa eines Gesichtes oder einer Gebärde) verstehen heißt erklären können, *was* jemand fühlt oder *warum* er es fühlt (Haussmann 1991, S. 141-146). Daß diese beiden Arten des Verstehens eine notwendige Voraussetzung für jedes Verständnis literarischer Texte darstellen, hat drei Gründe: Zum einen kommen in den meisten literarischen Texten Figuren vor, deren Handlungsweise und Gefühlsäußerungen wir in irgendeiner Weise nachvollziehen müssen, wenn wir den Text als ganzen verstehen wollen; zum anderen kann der Text selbst Gefühle oder Erlebnisse seines Verfassers zum Ausdruck bringen, so wie dies häufig etwa bei Gedichten der Fall ist; und zum dritten ist jeder literarische Text selbst das Ergebnis einer Handlung seines Autors (→ Hermeneutische Modelle).

In bezug sowohl auf den Ausdruck als auch auf Handlungen gibt es eine besondere Art des Verstehens, die man als *psychologisch* bezeichnen kann. Dabei handelt es sich um ein Verstehen, das erstens nach dem ›Warum‹, dem Grund für die Handlung oder für den Ausdruck fragt und sich zweitens bei der Erklärung auf allgemeine Gesetzmäßigkeiten der menschlichen Psyche bezieht. Zwar ist demnach nicht jede Art von Ausdrucks- oder Handlungsverstehen als psychologisch zu bezeichnen, doch dieses besitzt für unser kognitives und emotionales Verhältnis zu unseren Mitmenschen einen eminenten Stellenwert. Das gleiche gilt prinzipiell auch für unser Verhältnis zu literarischen Texten und den in diesen vorkommenden Personen, so daß die Behauptung gerechtfertigt erscheint, kein Interpret eines literarischen Textes komme »ohne psychologische Termini aus« und müsse »wohl oder übel Psychologie irgendwelcher Art betreiben« (von Matt 1972, S. 46).

Freilich ist mit »Psychologie irgendwelcher Art« hier zunächst noch nichts weiter als normale Menschenkenntnis gemeint, wie wir sie durch alltägliche Erfahrungen erwerben. Hilfe bei der Psychologie als der ›Wissenschaft vom Menschen‹ zu suchen wird hingegen erst dann ratsam erscheinen, wenn uns diese Menschenkenntnis im Stich läßt und wir beispielsweise die Handlungsweisen oder Gefühlsäußerungen der im Text vorkommenden Personen nicht mehr ohne weiteres verstehen. Die Erklärung komplexer Gefühlsäußerungen und Handlungen aber ist nun fast ausschließlich Domäne der Psychoanalyse oder der Tiefenpsychologie, so daß Literaturpsychologie im hier erläuterten Sinne als Erklärung von auf den ersten Blick unverständlichen Handlungen und Gefühlsäußerungen als nahezu identisch mit Literatur-*Psychoanalyse* aufgefaßt werden kann. Die gegenseitige Affinität von Literaturwissenschaft und Psychoanalyse wird zusätzlich dadurch verstärkt, daß die Psychoanalyse »durch bestimmte Struktureigenheiten ihrer Theoriengenerierung der Literaturwissenschaft im speziellen – und der hermeneutischen Wissenschaftsstruktur allgemein – starke Berührungspunkte« bietet (GROEBEN 1972, S. 84).

Im folgenden werden unter ›Tiefenpsychologie‹ oder ›Psychoanalyse im weiteren Sinne‹ alle psychologischen Strömungen verstanden, die *unbewußten* Wünschen und Gefühlen einen zentralen Platz bei der Erklärung menschlicher Handlungen und Gefühlsäußerungen einräumen. Als ›klassische Psychoanalyse‹ hingegen wird ausschließlich jene tiefenpsychologische Richtung bezeichnet, die sich seit ihren Anfängen bis heute auf Sigmund Freud als ihren Gründer und wichtigsten Theoretiker beruft. Obwohl alle tiefenpsychologischen Richtungen ursprünglich auf Freud zurückgehen, haben sich einige seiner Schüler im Laufe der Zeit von ihm abgewandt und eigene Theorien entwickelt, die den Grundüberzeugungen Freuds in wesentlichen Punkten widersprechen. Insbesondere zwei dieser nicht-psychoanalytischen Richtungen haben Bedeutung für die Literaturpsychologie erlangt und sollen im Anschluß an die klassische Psychoanalyse kurz skizziert werden: die »analytische Psychologie« Carl Gustav Jungs und die »strukturale Psychoanalyse« Jacques Lacans; der Schwerpunkt der Darstellung liegt jedoch auf der klassischen Psychoanalyse.

Die folgende Skizze versteht sich nicht als Einführung in die Grundgedanken der entprechenden tiefenpsychologischen Theorien. Vielmehr soll die Frage im Mittelpunkt stehen, was und auf welchc Weise solche Theorien zum Verständnis literarischer Texte beitragen können. Vorderhand lassen sich zwei Arten eines solchen Beitrags unterscheiden. Die eine besteht in der *Anwendung* tiefenpsychologischer Theorien auf den Text: Mithilfe tiefenpsychologischer Konzepte werden die Handlungen und Gefühlsäußerungen der im Text vorkommenden fiktiven Figuren, des Autors oder des Lesers erklärt, also diese Personen einer ›Psychoanalyse‹ unterworfen. Die andere besteht in einer spezifisch tiefenpsychologischen *Kunst- und Literaturtheorie*: Mithilfe tiefenpsychologischer Konzepte wird die psychologische Funktion von Kunst und Literatur für Autor und/oder Leser erklärt. Da in der klassischen Psychoanalyse eine solche Kunst- und Literaturtheorie die Voraussetzung für deren Anwendung auf den Autor ist, erfolgt die Darstellung der Psychoanalyse des Autors erst im Zusammenhang mit dieser.

2. Anwendungen der klassischen Psychoanalyse auf literarische Texte

2.1 Analyse literarischer Gestalten

Am Anfang der Literaturpsychoanalyse steht die Beschäftigung mit den im Text vorkommenden Gestalten. Schon in der »Traumdeutung« greift Freud des öfteren auf literarische Beispiele zurück, um seine Thesen zu illustrieren. Und in seiner umfangreichsten literaturpsychologischen Abhandlung überhaupt rechtfertigt er sein Vorgehen, fiktive Gestalten »in allen ihren seelischen Äußerungen und Tätigkeiten« grundsätzlich so zu behandeln, »als wären sie wirkliche Individuen und nicht Geschöpfe eines Dichters« (FREUD 1907, S. 41), mit dem Umstand, daß Psychoanalytiker und Dichter »wahrscheinlich aus der gleichen Quelle« schöpften, »das nämliche Objekt« bearbeiteten, »ein jeder von uns mit einer anderen Methode, und die Übereinstimmung im Ergebnis scheint dafür zu bürgen, daß beide richtig gearbeitet haben« (ebd., S. 82).

Die Psychoanalyse literarischer Gestalten kann »nomenklatorisch« oder »explanatorisch« verfahren (WÜNSCH 1977, S. 49f.). *Nomenklatorisch* heißt sie, wenn Charakter oder Verhalten einer literarischen Figur gemäß der psychoanalytischen Charakter- und Neurosenlehre klassifiziert werden, indem man etwa Madame Bovary als eine ›typische Hysterikerin‹ diagnostiziert. Der Erkenntniswert solcher diagnostischer Etikettierungen besteht darin, daß sich aus ihnen Folgerungen über bestimmte unbewußte Motive und Wünsche der Figuren ergeben, die nicht ausdrücklich im Text erwähnt werden, deren Kenntnis jedoch die Handlungsweise der betreffenden Figuren verständlicher macht. Angenommen, alle Hysterikerinnen litten an einer ödipalen Fixierung, die sich unter anderem darin äußert, daß sie sich Phantasien von einem heldenhaften Märchenprinzen als ihrem Ehemann hingeben, die in der Realität nicht einzulösen sind: dann könnten wir, wenn wir davon ausgehen, daß Madame Bovary eine Hysterikerin ist, verstehen, warum sie stets in einer Traumwelt lebt und auch durch ihre außerehelichen Liebesverhältnisse nicht wirklich zufriedenzustellen ist. Auch eine nomenklatorische Verfahrensweise kann also erklärende Kraft haben, und ihre »literaturwissenschaftliche Fruchtbarkeit« muß keineswegs »sehr gering« sein, wie Norbert Groeben meint (GROEBEN 1973, S. 85f.).

Eine *explanatorische* Analyse literarischer Figuren hingegen »erklärt de facto, warum jemand etwas sagt oder tut« (WÜNSCH 1977, S. 50). Eines der besten Beispiele für ein solches Verfahren ist Freuds Analyse der Rebecca West aus Ibsens Drama »Rosmersholm«, deren Verhalten in der Tat jedem Leser Rätsel aufgibt: Die freigeistige, scheinbar über den Normen der Gesellschaft stehende Rebecca kommt als eine Art Gouvernante auf den Herrensitz Rosmersholm, wo sie sich alsbald in den Besitzer, den verheirateten Pastor Johannes Rosmer, verliebt und seine schwächliche Gattin Beate skrupellos in den Tod treibt. Als Rosmer ihr nach einem Jahr gemeinsamen Zusammenlebens einen Heiratsantrag macht, reagiert sie zwar einen Augenblick lang euphorisch, lehnt dann aber kategorisch mit dem vagen Hinweis auf ein früheres sexuelles Verhältnis ab. »Wie konnte es kommen«, fragt Freud, »daß die Abenteurerin mit dem mutigen, freigeborenen Willen, die sich ohne jede Rücksicht den Weg zur Verwirklichung ihrer Wünsche gebahnt, nun nicht zugreifen will, da ihr angeboten wird, die Frucht des Erfolges zu pflücken?« (FREUD 1916, S. 245) Aufgrund einer scharfsinnigen Textanalyse kommt er zu dem Schluß, das sexuelle Verhältnis, auf das sich Rebecca bei ihrer Ablehnung bezieht, habe zu ihrem Adoptivvater bestanden, der sich im Laufe des Dramas überraschenderweise als ihr leiblicher Vater herausstellt. Freuds Fazit: »Nachdem sie erfahren hat, daß sie die Geliebte ihres eigenen Vaters gewesen ist, unterwirft sie sich ihrem jetzt übermächtig hervorbrechenden Schuldgefühl. Sie [...] verzichtet endgültig auf das Glück, zu dem sie sich durch Verbrechen den Weg gebahnt hatte, und rüstet zur Abreise.« (Ebd., S. 248) Mit anderen Worten: Freud deutet den Verzicht Rebeccas auf die Heirat mit Rosmer als eine Selbstbestrafung für den Inzest mit ihrem Vater.

Diese Hypothese ist insofern aufschlußreich, als sie deutlich macht, daß eine Psychoanalyse des Verhaltens literarischer Gestalten tatsächlich zum Verständnis des Textes als ganzem beizutragen vermag; denn ohne Verständnis der Handlungsweise Rebeccas in dieser entscheidenden Situation bliebe auch Ibsens Drama unverständlich. Dies läßt sich verallgemeinern: Eine Psychoanalyse literarischer Gestalten wird sich grundsätzlich bei solchen Texten als besonders fruchtbar erweisen, in denen das Verständnis bestimmter, auf den ersten Blick rätselhafter Verhaltensweisen wesentlich ist für das Verständnis des Textes selbst; und es ist daher nicht erstaunlich, daß es gerade Gestalten wie Hamlet oder die Brüder Karamasow sind, die das Interesse der Psychoanalyse bereits seit ihren Gründertagen erregt haben.

Auf der anderen Seite kann Freuds Analyse von Rebecca West freilich auch den Unterschied verdeutlichen, der zwischen der Psychoanalyse fiktiver Gestalten und derjenigen realer Personen besteht: Die Psychoanalyse fiktiver Gestalten kann sich stets nur auf die Informationen stützen, die der Text zur Verfügung stellt; und wenn diese Informationen aufgrund der prinzipiellen Indeterminiertheit fiktiver Gestalten nicht eindeutig sind, so wie es fast immer der Fall ist, dann bleibt die Analyse notwendigerweise spekulativ und entzieht sich einer definitiven Überprüfung. Bei realen Personen hingegen besteht jedenfalls grundsätzlich die Möglichkeit, Erklärungshypothesen über ihr Verhalten zu verifizieren oder zu falsifizieren. Mit anderen Worten: Hypothesen, die das Verhalten und die Gefühlsäußerungen realer Personen erklären, sind empirische Aussagen, solche über literarische Gestalten hingegen nicht; und dieser Unterschied macht die Grenze von Freuds Methode sichtbar, fiktive Gestalten so zu behandeln, »als wären sie wirkliche Individuen und nicht Geschöpfe eines Dichters«.

2.2 Analyse des Lesers als Gegenübertragungsanalyse

Die emotionalen Reaktionen der Leser auf ein und denselben Text können bekanntermaßen ganz unterschiedlich ausfallen, da sie vor dem Hintergrund der jeweiligen psychischen Lebensgeschichte, den jeweils durchlittenen Traumata, deren Verarbeitung und den sich daraus ergebenden Charakterstrukturen stattfinden. Diese vielfältigen Reaktionsweisen werden von der psychoanalytischen Rezeptionstheorie untersucht, wie sie insbesondere von Norman N. Holland ausgearbeitet worden ist. Nun ist offensichtlich, daß eine solche Rezeptionstheorie an sich noch nichts zum uns hier ausschließlich interessierenden Verständnis des Textes beitragen muß.

Dies ändert sich erst, wenn man die emotionalen Reaktionen des Lesers in Anlehnung an entsprechende Phänomene im therapeutischen Prozeß als »Gegenübertragung« deutet, worunter ursprünglich die Reaktion des Therapeuten auf die »Übertragung« des Patienten verstanden wird. Als Übertragung bezeichnet man das Phänomen, daß dem Therapeuten durch den Patienten eine bestimmte Kommunikationsrolle zugeschrieben wird, die aus der Wahrnehmung des Therapeuten durch den Patienten resultiert und von dessen unbewußten infantilen Phantasien und Fixierungen geprägt ist; der Patient wiederholt also mit bezug auf den Therapeuten bestimmte Interaktionsmuster, die er aus seiner eigenen Kindheit übernommen hat.

Die Gegenübertragung des Therapeuten kann nun ihrerseits auf eigenen unbewußten Gefühlen und Wünschen basieren, die durch infantile Phantasien und Fixierungen des Therapeuten geprägt sind. Diese Art von Gegenübertragung stellt also eine unangemessene Form der emotionalen Reaktion auf die Übertragung des Patienten dar, die dieser entspricht. Die Gegenübertragung kann jedoch auch eine angemessene emotionale Reaktion sein, die dem Therapeuten hilft, die Übertragung des Patienten besser zu verstehen. Für den Erfolg des therapeutischen Prozesses ist es daher notwendig, daß der Therapeut seine Gegenübertragung ständig aufmerksam beobachtet und analysiert, um angemessene Reaktionen von durch seine eigene psychische Geschichte motivierten zu unterscheiden. (Wenn der Therapeut etwa bemerkt, daß ihn eine bestimmte Verhaltensweise des Patienten verärgert, dann muß er durch eine »Gegenübertragungsanalyse« herausfinden, ob seine Reaktion nur eine subjektive, auf seiner eigenen Vergangenheit beruhende Empfindung darstellt oder ob sie ein Indiz dafür ist, daß der Patient beispielsweise unterschwellig versucht, ihn zu dirigieren und zu manipulieren.)

Wenn man nun Übertragung und Gegenübertragung nicht nur auf den therapeutischen Prozeß bezieht, sondern sie vielmehr als »ubiquitär auftretende Phänomene zwischenmenschlicher Beziehungen des Alltags« auffaßt (GOEPPERT/GOEPPERT 1981, S. 102), dann kann man den literarischen Text als eine Form der Übertragung interpretieren, durch welche dem Leser implizit eine bestimmte Rezipientenrolle zugewiesen wird; die Reaktionen des Lesers werden dann entsprechend als Form der Gegenübertragung gedeutet. In Analogie zum therapeutischen Prozeß ergibt sich dann für den Interpreten als denjenigen, der sich in der ›Therapeuten‹-Rolle befindet, die Notwendigkeit einer Gegenübertragungsanalyse und -kontrolle. Bei mangelhafter Kontrolle der eigenen Gegenübertragung besteht insbesondere die Gefahr, daß die Analyse des Textes unbewußt von *Abwehrmechanismen* gegen die durch diesen im Interpreten hervorgerufenen Gefühle geleitet ist (PIETZCKER 1992, S. 28-32). Ein Beispiel für Textanalysen als Form der Abwehr ist die frühe Rezeption von Becketts Dramen, insbesondere von »En attendant Godot« und »Fin de Partie«: Sie zeigt, daß sich die Interpreten offensichtlich gegen die durch diese Stücke bei ihnen hervorgerufenen Gefühle der Leere und Sinnlosigkeit zur Wehr setzen mußten (GOEPPERT/GOEPPERT 1981, S. 92 und 103ff.).

Eine Gegenübertragungsanalyse ist daher notwendig, um »erkenntnisverhindernde Wirkungen der Gegenübertragung« auszuschalten; doch »sie will mehr: Gegenübertragung als Erkenntnisinstrument nutzen« (PIETZCKER 1992, S. 35), und sie steht auch darin in Analogie zum therapeutischen Prozeß. Wenn die Lektüre eines Textes im Interpreten zunächst etwa Widerwillen und Langeweile hervorruft (»negative Gegenübertragung«), dann kann dieser sich fragen, ob es zur Strategie des Textes gehört, gerade diese Gefühle in ihm wachzurufen, und so etwa zu der Erkenntnis gelangen, daß der Text Leere und Sinnlosigkeit darstellt. Gerade bei Texten, mit denen man zunächst ›nicht viel anfangen‹ kann, ist eine solche Gegenübertragungsanalyse unter Umständen von erheblichem heuristischen Wert, da sie den Text aufzuschließen und so den Weg zu einem genaueren Verständnis zu bahnen vermag.

3. Psychoanalytische Kunst- und Literaturtheorie

3.1 Die Theorie Freuds

Der aus literaturwissenschaftlicher Sicht sicher originellste Beitrag der Psychoanalyse zum Verständnis von Kunst und Literatur ist ihre Theorie von der allgemeinen *psychologischen Funktion* des Kunstwerks für Autor und Leser. Erst diese Theorie nämlich gestattet es, statt lediglich einzelner Aspekte das ganze Kunstwerk psychoanalytisch zu betrachten.

Freud faßt den literarischen Text in Analogie zum Traum auf und kann daher von seinen bereits früher formulierten Prinzipien der Traumdeutung ausgehen. Danach ist jeder Traum die Erfüllung unbewußter, ursprünglich anstößiger Wünsche, die in diesem durch die »Traumarbeit« entstellt zum Ausdruck gebracht werden, so daß sie vom Träumer nicht mehr unmittelbar erkannt werden können.

Als Ausdruck einer Wunscherfüllung gelten Freud dabei allerdings auch Angst- und Alpträume, da in ihnen Wünsche des Über-Ichs, also des Gewissens befriedigt würden. Die Traumarbeit hat die Funktion, die Wünsche einerseits zwar zu artikulieren, ihnen andererseits aber das Anstößige zu nehmen und auf diese Weise etwaige Skrupel des Träumers zu umgehen. Der »manifeste Trauminhalt« ist somit aufgrund der beiden Herren – anstößigen Wünschen und Skrupeln des Träumers – dienenden Traumarbeit das Ergebnis einer Kompromißbildung.

Diese Hypothesen werden nun von Freud auf den literarischen Text, ja auf jedes Kunstwerk überhaupt übertragen. In einem ersten Schritt interpretiert er dazu den Tagtraum und »das Phantasieren« als traumanalog: Der wichtigste Unterschied zum Nachttraum besteht lediglich darin, daß der Wunsch, der im Tagtraum zum Ausdruck kommt, häufig nicht für den Phantasierenden selbst, sondern nur für seine soziale Umgebung verpönt und damit »ich-synton« ist; obwohl der Tagträumer seine eigenen Wünsche durchaus anerkennt, sucht er sie vor anderen zu verbergen und schämt sich ihrer. In einem zweiten Schritt wird dann der literarische Text als Tagtraum aufgefaßt: Das Kunstwerk ist demnach nichts weiter als die Erfüllung eines ursprünglich verpönten Wunsches, dessen »egoistischer« und nicht zuletzt bereits dadurch für andere anstößiger Charakter durch »Abänderungen und Verhüllungen« gemildert wird (FREUD 1908, S. 179), die denen der Traumarbeit entsprechen.

Freud sieht nun freilich selbst sogleich, daß die Analogie dieser »Abänderungen und Verhüllungen« zu den Entstellungen der Traumarbeit noch nicht ausreicht, um verständlich zu machen, warum wir bei der Lektüre eines literarischen Textes nicht nur nicht abgestoßen werden, sondern im Gegenteil sogar »hohe, wahrscheinlich aus vielen Quellen zusammenfließende Lust« empfinden (ebd.). Zur Erklärung greift er auf Hypothesen zurück, die er drei Jahre zuvor bereits für den Witz formuliert hatte und die er daher im Zusammenhang mit dem literarischen Kunstwerk nicht mehr näher auszuführen braucht: Der Dichter »besticht« den Leser zunächst »durch rein formalen, d. h. ästhetischen Lustgewinn«, der »eine[r] *Verlockungsprämie* oder eine[r] *Vorlust*« entspricht (ebd.). Als »Vorlust« beim Witz bestimmt Freud die »Möglichkeit der Lustentwicklung«, die zu einer Situation hinzutritt, »in welcher eine andere Lustmöglichkeit« aufgrund der Zensur der Person »verhindert ist, so daß diese für sich allein keine Lust ergeben würde«. Statt zu dieser »anderen [gehemmten] Lustmöglichkeit« kommt es zunächst nur zur »Vorlust«, die dann aber den verpönten Wunsch gleichsam mitreißt; und »das Ergebnis ist eine Lustentwicklung, die weit größer ist als die der hinzugetretenen Möglichkeit«, also als die »Vorlust« (FREUD 1986 [1905], S. 111). Die »ästhetische Lust« am Text ist eine solche »Vorlust«, die dem Leser einerseits einen Genuß an dessen formalen Qualitäten verschafft, andererseits aber zu einer anderen und tieferen Art der Befriedigung allererst hinführt.

Diese tiefere Befriedigung als den »eigentliche[n] Genuß des Dichtwerkes« sieht Freud in einer »Befreiung von Spannungen in unserer Seele«. Worin diese Befreiung bestehe, wird indes nicht näher ausgeführt; Freud beschränkt sich lediglich auf die Mutmaßung, »zu diesem Erfolge« des Dichtwerkes trage vielleicht nicht wenig bei, »daß uns der Dichter in den Stand setzt, unsere eigenen Phantasien nunmehr ohne jeden Vorwurf und ohne Schämen zu genießen« (FREUD 1908, S. 179). Die »Befreiung von Spannungen in unserer Seele« läßt sich demnach als kathartischer Effekt auffassen, der auf der zeitweisen Bewußtwerdung von ursprünglich anstößigen und daher unbewußten Wünschen beruht; daß dabei Energien, die zur Unterdrückung dieser Wünsche notwendig waren, jedenfalls zeitweise freigesetzt werden, trägt zusätzlich zum »Genuß« am literarischen Kunstwerk bei.

Der literarische Text kann dieser Theorie zufolge dann als Darstellung einer Wunscherfüllung charakterisiert werden, wobei die soziale Anstößigkeit des Wunsches 1. durch der Traumarbeit analoge Mechanismen abgemildert wurde und 2. die Darstellung ihrem Leser Lust verschafft, nämlich 2.1 Vorlust durch ihre rein formalen Qualitäten und 2.2 eigentliche Lust durch »Befreiung von Spannungen in unserer Seele«.

3.2 Kritik und Modifizierungen der Freudschen Literaturtheorie

Diese Theorie Freuds ist in mehrfacher Hinsicht kritisiert und, als Reaktion auf diese Kritik, modifiziert worden. Dabei standen insbesondere drei Punkte im Vordergrund: 1. die Konsequenzen von Freuds Theorie für die literaturwissenschaftliche Deutungspraxis, 2. die Analogisierung von literarischem Text und Tagtraum und 3. die Analyse der literarischen Form mithilfe des Begriffs der »Vorlust«.

3.2.1 »Biographismus«?

Impliziert Freuds Theorie notwendigerweise eine biographistische Vorgehensweise? Dieser Vorwurf ist der psychoanalytischen Literaturbetrachtung häufig gemacht worden, etwa von Theodor W. Adorno: Er spricht von der »Banausie feinsinniger Ärzte«, die »auf das untauglichste Objekt, auf Lionardo oder Baudelaire« übertragen werde (ADORNO 1970, S. 19). Der Vorwurf basiert auf dem Umstand, daß aufgrund von Freuds Theorie die Möglichkeit besteht, den literarischen Text als nichts weiter denn als ›Material‹ aufzufassen, in dem das Unbewußte des Autors zum Ausdruck kommt und gemäß der Traumdeutung analogen Regeln dechiffriert werden kann. Vor allem die ältere Literaturpsychoanalyse hat von dieser Möglichkeit reichlichen Gebrauch gemacht und den Autor gleichsam auf die Couch gelegt. Ein Musterbeispiel dafür ist die Edgar-Allan-Poe-Studie von Marie Bonaparte, in der dem Autor von »The Fall of the House of Usher« bescheinigt wird, er werde in der Geschichte dafür bestraft, »daß er seiner Mutter untreu geworden ist, indem er Madeline-Virginia liebt« (BONAPARTE 1981 [1933] II, S. 63).

Gegen solche Studien läßt sich jene Kritik vorbringen, die in diesem Zusammenhang auch gegen jede andere Form der biographischen Methode vorgebracht werden kann: daß nämlich ein biographischer Reduktionismus nichts zum Verständnis des Werks selbst beiträgt; vielmehr steht hier der Autor im Mittelpunkt des Interesses, und der Text ist nur insofern von Belang, als er uns die Psyche des Autors erschließt. Doch dieses Stehenbleiben beim Autor ist keine Konsequenz, die sich aus der Psychoanalyse des Autors und damit aus Freuds Literatur- und Kunsttheorie notwendigerweise ergeben würde. Unter anderem Carl Pietzcker hat in seiner ausführlichen Deutung von Jean Pauls »Rede des toten Christus vom Kreuz herab, daß kein Gott sei« gezeigt, wie »es dem Autor gelingt, seine Erfahrung und die Struktur seines psychischen Verhaltens in der Struktur des ideologischen Materials darzustellen, also zu einer Verdichtung subjektiver und objektiver Momente auf der Basis ihrer Strukturgleichheit zu kommen« (PIETZCKER 1985a, S. 203). Der in der Analyse herausgearbeitete psychische Konflikt des Autors wird hier also als typisch für eine ›objektiv‹ bestehende historische Situation interpretiert, bei der es sich um eine materiell-ökonomische, soziale, literarhistorische oder ideengeschichtliche Situation handeln kann. Die Psychoanalyse des Autors dient so als Vorbereitung für eine historische Verortung des Autors und seines Textes, deren literaturwissenschaftlicher Erkenntnisgewinn weit über den eines bloßen ›Biographismus‹ hinausgeht.

Doch nicht einmal die Psychoanalyse des realen Autors ist eine notwendige Konsequenz aus Freuds Theorie, wenn man sich nämlich auf die theoretisch weniger folgenreiche Feststellung beschränkt, der literarische Text gestalte in der von Freud beschriebenen Weise die psychischen Konflikte eines vom Autor verschiedenen Erzählers, eines Ichs oder ganz allgemein des impliziten Autors (→ GRUNDLAGEN NARRATIVER TEXTE). Heuristisch längst bewährte Unterscheidungen wie diese gestatten die Annahme, daß in einem Text psychische Erfahrungen dargestellt werden können, ohne zu der Schlußfolgerung zu verpflichten, diese seien auch die des Autors (VON MATT 1974, S. 35). Der von einem literarischen Text dargestellte psychologische Inhalt ist vielmehr »prototypisch« in dem Sinne, daß er überindividuelle Erfahrungen und Verarbeitungsmechanismen repräsentiert (WYATT 1976, S. 348), was unter anderem erklären mag, warum er das Interesse des Lesers gewinnen kann. Der besondere Vorzug einer solchen Modifikation der ursprünglichen Theorie liegt darin, daß sie, anders als eine Psychoanalyse des Autors, die unüberschaubaren Schwierigkeiten vermeidet, die in einer empirischen Überprüfung von Hypothesen über die Psyche des realen Autors bestehen. Denn Erklärungshypothesen über die Gefühlsäußerungen des impliziten Autors sind ebenso wie solche über das Verhalten fiktiver Gestalten keine empirischen Aussagen.

3.2.2 »Tagträume«?

Auch die These Freuds, der literarische Text sei als »Tagtraum« zu betrachten, ist vielfach kritisiert worden. Selbst wenn literarische Texte ihren Ursprung in einer Phantasie oder einem Tagtraum ihres Verfassers haben und es darüber hinaus plausibel erscheint, daß diese Phantasie »in ihrer Entfaltung oder als Prozeß dem Phantasieren dem Inhalt und der Struktur nach ähnelt«, so reicht diese »Ähnlichkeit aber noch nicht aus, die formale, ästhetische, eigenständige Qualität der Literatur damit hinreichend zu erklären« (WYATT 1976, S. 346). Ein Grund dafür liegt darin, daß ein Tagtraum das Ergebnis spontaner Phantasietätigkeit ist, während ein Kunstwerk zumeist erst aus einem komplexen Bearbeitungsprozeß hervorgeht, bei dem ästhetische, historische, soziale oder intertextuelle Gesichtspunkte eine Rolle spielen, die mit der ursprünglichen Phantasie des Autors in keinem Zusammenhang mehr zu stehen brauchen. Angenommen, Edgar Allan Poes berühmtes Gedicht »The Raven« sei tatsächlich Ausdruck einer ödipalen Phantasie, in welcher der Rabe für den kastrierenden (Adoptiv-)Vater John Allan steht, der den Sohn (das Ich des Gedichtes) besiegt (BONAPARTE

1981 [1933] I, S. 225f.) – dann bleibt jedenfalls die Widerlegung der romantischen Dichtungstheorie, die Poe den Aussagen seiner »Philosophy of Composition« zufolge mit dem Gedicht angestrebt hat, ein rein innerliterarischer Aspekt, der von der ursprünglichen Phantasie unabhängig ist. Dies zeigt, daß die Vorstellung des Autors, welche Form sein Werk annehmen soll (»opus-Phantasie«), die Phantasie mit Ursprung in der Psyche des Autors (»Ich-Phantasie«) überlagern, ja dominieren kann (VON MATT 1979, S. 200ff.).

Im Hinblick auf moderne Kunstwerke läßt sich noch ein weiterer Einwand gegen die Tagtraum-Theorie formulieren: Es gibt Kunstwerke, denen keine Phantasie im Freudschen Sinne zugrundeliegen kann, weil sie einem ganz anderen künstlerischen Konzept verpflichtet sind als jene, die Freud als Paradigmen dienten. Dies sind solche, denen es gar nicht mehr um den Ausdruck der künstlerischen Persönlichkeit geht, sondern beispielsweise um eine Erweiterung des Kunstbegriffs. »Ready-mades« und »Concept Art« sind dafür Beispiele (→ FIKTIONALITÄT UND POETIZITÄT): Solche Kunstwerke lassen sich nicht mehr psychologisch im Sinne von Freuds Theorie interpretieren, wenn man nicht ihren Sinn gänzlich verfehlen will; hinter Marcel Duchamps »Fountain« (einem vom Künstler signierten und ausgestellten Pissoir) wird überhaupt keine Phantasie, kein ›latenter‹ Kunstgehalt mehr sichtbar, der dargestellt würde.

Beide Einwände bestreiten lediglich die Allgemeingültigkeit von Freuds Theorie, *jeder* literarische Text sei verursacht von oder Ausdruck einer Phantasie, die ihn zur Analogie eines Tagtraums mache; sie bestreiten hingegen nicht, daß es *einige* Texte geben mag, die auf diese Weise gedeutet werden können.

3.2.3 »Vorlust«?

Beruht das Vergnügen an der ästhetischen Form auf »Vorlust«? Von allen Thesen der Freudschen Kunsttheorie ist diese sicher die angreifbarste. Schon von ästhetischem Vergnügen oder gar ästhetischer »Lust« zu sprechen ist äußerst fragwürdig, da die Wertschätzung, die wir für gewöhnlich den formalen Qualitäten eines Werks entgegenbringen und die sich in einem positiven Werturteil äußert, kein Korrelat in einer bestimmten Empfindung, einem bestimmten Gefühl zu haben braucht (SAVILE 1983, S. 99ff.); Freud übernimmt hier einfach ungeprüft gewisse Annahmen der zeitgenössischen Ästhetik. Hinter der Redeweise Freuds vom »ästhetischen Lustgewinn« verbergen sich denn auch zwei ganz unterschiedliche

Probleme: zum einen die Frage nach den psychologischen Gründen dafür, daß wir die formalen Qualitäten eines literarischen Kunstwerks überhaupt schätzen, und zum anderen die Frage nach der psychologischen Funktion dieser formalen Qualitäten im allgemeinen oder für ein bestimmtes Werk.

Auf die erste Frage ist die psychoanalytische Literaturtheorie, soweit ich sehe, bisher eher am Rande eingegangen. Andeutungen zu diesem Problem finden sich allerdings schon bei Freud, der, wiederum in Analogie zum Tagtraum, auf das Spielerische der Literatur verweist (FREUD 1908, S. 171-173); ähnlich begreift auch Walter Schönau als eine »Wurzel der ›technischen‹ Meisterschaft des Dichters [...] die als sprachliche *Funktionslust* beibehaltene kindliche Freude am Spiel mit den Klängen und semantischen Werten der Sprache« (SCHÖNAU 1991, S. 27).

Im Gegensatz dazu ist die Anzahl unterschiedlicher Theorien zur psychologischen Funktion formaler Eigenschaften eines literarischen Textes beträchtlich. Vier Hauptpositionen lassen sich unterscheiden, die jeweils auf unterschiedliche Aspekte der formalen Eigenschaften abstellen und für die alle Freuds Konzept der »Vorlust« keine wesentliche Rolle mehr zu spielen scheint: 1. Die formalen Eigenschaften des Werks stehen im Dienste des Über-Ichs, das sich durch Formstrenge zur Geltung bringt und so das Ich von bestehenden Schuldgefühlen entlastet (LESSER 1970, S. 266); diese These betont also die Form*strenge* mancher Kunstwerke. 2. Die formalen Eigenschaften des Werks stehen im Dienste der Abwehr, da gerade aufgrund von dessen formaler Durchdachtheit die vorhandenen Wünsche gezügelt und kanalisiert werden. 3. Die formalen Eigenschaften sind Ausdruck narzißtischer Allmachtsphantasien, da sich in ihnen die absolute Herrschaft des Autors über seinen Stoff ausdrückt (SACHS 1951, S. 49; ähnlich auch ADORNO 1970, S. 21f.). 4. Die formalen Eigenschaften stellen eine Grenze dar, welche die im Werk ausgedrückte Phantasie zum einen von der sie umgebenden Realität abgrenzt und diese damit vor ihr schützt, andererseits aber den Leser zugleich auch zur Phantasie hinführt; diese bildet so eine Art »Schonung«, die nie in die Realität einbrechen kann und in die man sich als Leser gerade daher mit der Sicherheit hineinbegeben kann, auch wieder herauszukommen (PIETZCKER 1990).

Für all diese Theorien, auch Pietzckers eigene, gilt, daß sie »bei allem Reichtum ihrer Ergebnisse unvollkommen und nicht frei vom Anschein des Willkürlichen« sind (PIETZCKER 1985b, S. 197). Überhaupt stellt sich die Frage, ob es möglich ist, die Funktion der formalen Eigenschaften eines literarischen Textes insgesamt zu bestimmen, oder ob dies nicht vielmehr immer nur in bezug auf ein bestimmtes Werk oder eine Gruppe ähnlicher Werke gelingen kann. Eine solche, nur auf einen bestimmten Text gerichtete Vorgehensweise hätte darüber hinaus den Vorteil, daß sie präzisieren könnte, worin die zu analysierenden formalen Eigenschaften eigentlich exakt bestehen. Um diese Präzisierung nämlich hat sich die »Psychoanalyse der literarischen Form« bisher kaum gekümmert, so daß nicht selten ganz unterschiedliche Phänomene über einen Kamm geschert werden.

4. Andere tiefenpsychologische Ansätze

4.1 Die analytische Psychologie Carl Gustav Jungs

Obwohl sich die von Jung entwickelte Theorie des Kunstwerks grundsätzlich von der Freuds unterscheidet, besteht auch die Analyse des literarischen Textes gemäß den Prinzipien der »analytischen Psychologie« in nichts anderem als in einer Anwendung der Theorie auf den Text. Allerdings wendet sich Jung entschieden gegen jede Analyse des Autors; sie sieht er als irrelevant für den künstlerischen Gehalt des Textes an. Lediglich die Analyse literarischer Gestalten und des Kunstwerks selbst läßt er gelten. Die Analyse des Autors führt ihm zufolge ins »Persönliche«; dieses aber »ist eine Beschränkung, ja sogar ein Laster der Kunst«: »Das Wesen des Kunstwerkes besteht nämlich nicht darin, daß es mit persönlichen Besonderheiten behaftet ist [...], sondern daß es sich weit über das Persönliche erhebt und aus dem Geist und dem Herzen und für den Geist und das Herz der Menschheit spricht.« (JUNG 1930, S. 94)

Im Sinne dieser Bemerkung entwickelt nun Jung seine eigene Theorie der psychologischen Funktion von Literatur: Das Überpersönliche und Überindividuelle sieht er in *Symbolen* verkörpert, die auf das »kollektive Unbewußte« verweisen. Dieses ist »nichts als eine Möglichkeit, jene Möglichkeit nämlich, die uns seit Urzeiten in der bestimmten Form der mnemischen Bilder oder, anatomisch ausgedrückt, in der Gehirnstruktur vererbt ist« (JUNG 1920, S. 36). Es handelt sich also um archaische Strukturen und Vorstellungen, wie sie insbesondere in den Mythen der Völker zum Ausdruck kommen und die Jung daher auch »Archetypen« nennt. Solche Archetypen können sich im literarischen Text auch »in moderner Bildsprache verbergen«, so daß »der Kampf der Drachen« zum »Eisenbahnzusammenstoß«, »der Held, der den Drachen erschlägt«, zum »Heldentenor am Stadttheater« werden (Jung 1930, S. 91). Sie sind als Symbole »Möglichkeit und Andeutung eines noch weiteren, höheren Sinns jenseits unseres derzeitigen Fassungsvermögens« (Jung 1920, S. 31). Dieser »höhere Sinn« bezieht sich nun auf die Sozialisations- und Individuationsgeschichte des Menschen: Sozialisation bedeutet nämlich für Jung eine Anpassung an bestimmte »Kollektivnormen«, in deren Vollzug andere Seiten der Persönlichkeit abgespalten und nicht mehr wahrgenommen werden. Auf diese Weise besteht die Gefahr einer Entfremdung von sich selbst, der nur durch Bewußtwerdung von und verstärkte Hinwendung zu diesen abgespalteten Persönlichkeitsanteilen begegnet werden kann – einen Prozeß, den Jung »Individuation« nennt. Die im Text vorhandenen archetypischen Motive und Strukturen sind Symbole insofern, als sie auf jene Anteile verweisen, die in einer bestimmten historischen Epoche aufgrund der Beschaffenheit des »Zeitgeistes« von den in ihr lebenden Menschen abgespalten wurden.

Auf diese Weise wird der Dichter zum Erzieher des Lesers wie des »Zeitgeistes«, der »es sozusagen jedem ermöglicht [...], wieder den Zugang zu den tiefsten Quellen des Lebens zu finden, die ihm sonst verschüttet wären« (ebd., S. 38). Und entsprechend, so darf man wohl hinzufügen, wird auch der Interpret zum Erzieher, der mit der Analyse des Werks auf die Defizite der Epoche hinweist und Entwicklungen anmahnt. Später läßt Jung den Dichter (und entsprechend den Interpreten) zum Erzieher nicht nur des »Zeitgeistes«, sondern insbesondere auch »seines Volkes« werden, dessen »seelische[s] Bedürfnis« sich »im Werke des Dichters« erfüllt (Jung 1930, S. 97); das weist auf die anti-rationalistischen, anti-modernistischen und prä-faschistischen Tendenzen hin, die sich bei Jung finden. Diese waren indes kein Hindernis für die umfassende Rezeption seines Werkes vor allem in den USA, wo die Textanalyse nach den Prinzipien der analytischen Psychologie relativ weit verbreitet ist.

4.2 Die strukturale Psychoanalyse Jacques Lacans

Die Theorie Lacans ist derart komplex und bietet so viele Schwierigkeiten, daß es unmöglich ist, ihre Grundgedanken im Rahmen dieser Skizze psychoanalytischer Textzugänge in verständlicher Weise darzustellen. Im folgenden sollen daher lediglich die wesentlichen Unterschiede zur Freudschen Psychoanalyse angedeutet werden; für eine ausführliche Einführung in Lacans Werk sei hingegen auf die Monographien von LANG 1973 und WEBER 1990 sowie die Kurzdarstellung in MELLARD 1991, S. 1-68, verwiesen.

Lacan versucht mit seinem Projekt einer »Rückkehr zu Freud« die klassische Psychoanalyse mithilfe der Zeichentheorie Saussures zu re-interpretieren, wodurch sie jedoch in entscheidender Hinsicht modifiziert oder »ent-stellt« (WEBER 1990) wird (→ FORMALISMUS UND STRUKTURALISMUS; → DEKONSTRUKTION; → FEMINISTISCHE ZUGÄNGE – ›GENDER STUDIES‹). Dies äußert sich insbesondere in einem Vorgang, den man als ›strukturalistische Allegorisierung‹ bezeichnen könnte: Während sich bei Freud Ausdrücke wie ›Vater‹ oder ›Penis‹ zunächst auf konkrete Personen oder Körperteile beziehen, die eine bestimmte Rolle in der Entwicklung des Kindes spielen, ist etwa ›der Vater‹ bei Lacan keine konkrete Person mehr, sondern lediglich abstrakter Aktant in einem bestimmten strukturellen Geschehen, ebenso wie ›der Phallus‹ keinen erigierten Penis mehr bezeichnet, sondern Symbol ist für eine bestimmte Art von Erfahrung, die jede Person notwendigerweise durchläuft. Freilich muß man zugeben, daß diese Allegorisierung bei Freud bereits angelegt ist, wenn auch keinesfalls in diesem Maße; der Ausdruck »Kastrationsangst« etwa bezieht sich schon in der klassischen Psychoanalyse nicht allein auf eine Angst vor dem konkreten Akt der Penis- oder Hodenamputation, sondern bezeichnet auch eine »Verschiebung« dieser Angst auf jede Art von körperlicher Verletzung, unabhängig vom Geschlecht der Person, die sich fürchtet. Dies zeigt, daß Lacans »Zurück zu Freud« im Grunde eine Überspitzung von bereits bei diesem vorkommenden Gedanken einschließt.

Ferner übernimmt Lacan von Saussure eine wichtige Prämisse, die er aber in einer chrakteristischen und auch für andere Strömungen des 20. Jahrhunderts typischen Weise radikalisiert: Die Sprache spielt eine fundamentale, gleichsam transzendentale Rolle für jegliche Erkenntnis, da sie diese ›a priori‹ strukturiert und damit bestimmt, wie wir die Wirklichkeit überhaupt erfahren. Die so aufgefaßte Sprache wird nun gerade in ihrer transzendentalen Funktion für das Individuum psychologisch interpretiert, indem Lacan die von ihm allegorisierten Begriffe Freuds auf sie anwendet.

Auf diese Weise bekommt Lacans Psychologie einen stark spekulativen, um nicht zu sagen: metaphysischen Zug, der sie grundsätzlich von der klassischen Psychoanalyse unterscheidet. Während diese nämlich von ihrem Anspruch her eine *empirische* Theorie über die Psyche des Menschen, ihre Entwicklung und ihre Störungen ist, läßt sich die strukturalistische Psychoanalyse Lacans eher mit der »Fundamentalontologie« Martin Heideggers vergleichen; überspitzt könnte man sagen: Sie stellt eine Art ›Fundamental‹- oder ›Transzendentalpsychologie‹ dar und damit eine in ihren Grundzügen eher *apriorische* Theorie über die psychologische Verfaßtheit des Menschen und die Rolle, welche die Sprache für diese spielt.

Ein einziges Beispiel mag diese Eigentümlichkeiten von Lacans Gedanken illustrieren. In »Jenseits des Lustprinzips« schildert Freud, wie sein kleiner Enkel eine Garnrolle fortwirft und sie anschließend wiederholt, wobei er die Laute »ooo« und »da« äußert, die von der Umgebung als »fort« und »da« gedeutet werden. Freud interpretiert die Szene so, daß die Garnrolle symbolisch für die Mutter stehe und der Junge mit seinem Spiel deren Abwesenheit verarbeite. Lacan nun faßt die gleiche Szene als Allegorie für die Funktion der Sprache für den Menschen überhaupt auf: Die Garnrolle bedeutet für das Kind »die Anwesenheit eines Abwesenden«, das heißt die Anwesenheit von etwas, das jemand Abwesenden symbolisiert. Doch die Garnrolle *ist* andererseits nicht die Mutter, und daher bedeutet die Garnrolle zugleich auch »die Abwesenheit eines Anwesenden«, das heißt die Abwesenheit von jemandem, der nur als Symbol vorhanden ist (LACAN 1966c, S. 23). Diese Ambivalenz aber ist Lacan zufolge charakteristisch für jede Art von Symbolisierung, gerade auch die sprachliche: Symbolisierung bedeutet immer zugleich die Linderung eines Verlustes *und* dessen Festschreibung, da sie das, wofür das Symbol steht, ja nicht wirklich anwesend sein läßt. Im Individuum entsteht so eine Sehnsucht nach einer unmittelbaren Anwesenheit, die durch die Sprache nie gestillt werden kann und die Lacan »Begehren« (»désir«) nennt. Umgekehrt ergibt sich daraus die Konsequenz, daß jede Sprache, jede Symbolisierung durch dieses *per definitionem* unstillbare »Begehren« gekennzeichnet ist.

Lacan selbst hat, im Unterschied zu Freud und Jung, keine eigene Kunst- und Literaturtheorie ausgearbeitet. Dennoch eignet sich seine ›Transzendentalpsychologie‹ in besonderer Weise für eine Anwendung auf literarische Texte. Denn aufgrund der Bedeutung, die sie der Sprache beimißt, stellt sie eine »Kongruenz zwischen Psychoanalyse und Textanalyse« her, welche »die Arbeit des nach Lacan vorgehenden Literaturwissenschaftlers viel verträglicher mit den üblichen Vorgehensweisen der Literaturwissenschaft macht« als die klassische Psychoanalyse (MELLARD 1991, S. 56). Freilich unterscheidet sich auch eine Textanalyse im Sinne Lacans nicht notwendigerweise von den Verfahren, die wir bisher kennengelernt haben, selbst wenn sie sich ebenso wie die Jungsche Interpretationsweise eher auf die Analyse literarischer Figuren und die Herausarbeitung des prototypischen psychologischen Gehalts im Text beschränkt und eine Analyse des Autors ablehnt. Andererseits wurde Lacans Theorie zu einer Grundlage für das von Jacques Derrida entwickelte Verfahren der dekonstruktivistischen Textlektüre, dem eine Kritik und Weiterentwicklung der strukturalistischen Psychoanalyse zugrundeliegt (→ DEKONSTRUKTION).

5. Zur Kritik an der Tiefenpsychologie

Kaum eine wissenschaftliche Disziplin ist seit ihren Anfängen so umstritten wie die Psychoanalyse, und Entsprechendes gilt erst recht für die anderen tiefenpsychologischen Richtungen (vgl. dazu auch die Monographie von GRÜNBAUM 1984). Da eine Textanalyse immer nur so gut sein kann wie die Theorie, die sie anzuwenden versucht, stellt sich die Frage, wie verläßlich auf der Basis der hier skizzierten Theorien durchgeführte Analysen überhaupt sind. Dazu nur zwei knappe Hinweise:

1. Eine Art der Kritik betrifft lediglich die *Allgemeingültigkeit* der von der Theorie aufgestellten Thesen; der Kritiker bezweifelt zwar, daß die Aussage für alle in Frage kommenden Gegenstände, nicht jedoch, daß sie für einige zutrifft. Falls diese Art der Kritik berechtigt ist, bleibt es immerhin noch möglich, die entsprechende Hypothese weiterhin als *heuristisches Prinzip* zu verwenden, also nach genau jenen Texten zu suchen, auf die sie zutrifft. Ein Beispiel: Selbst wenn man daran zweifelt, daß tatsächlich in allen literarischen Texten archetypische Symbole vorkommen, die abgespaltene Ich-Anteile bezeichnen, kann man vor dem Hintergrund dieser These auf solche Symbole achten und so zu Erkenntnissen geführt werden, zu denen man sonst nicht gelangt wäre.

2. Eine zweite Art der Kritik bestreitet nicht allein die Allgemeingültigkeit der These, sondern behauptet sogar, daß sie auf *keinen der entsprechenden Gegenstände* zutrifft. Falls die Kritik berechtigt ist, wäre für eine Textanalyse gemäß den Grundsätzen der Theorie nur dann überhaupt etwas zu retten, wenn diese andere Hypothesen enthielte, die einer solchen Kritik nicht anheimfallen; man zieht sich damit also auf den unproblematischen Teil der Theorie zurück.

Es scheint mir nun verhältnismäßig unstrittig, daß alle drei hier skizzierten tiefenpsychologischen Theorien Thesen enthalten, die sich als heuristische Prinzipien verwenden lassen; einige Beispiele dafür wurden bereits angeführt. Wesentlich schwieriger hingegen ist die Frage nach dem unproblematischen Bereich der einzelnen Theorien zu beantworten, nach jenen Aussagen, in bezug auf welche weder die erste noch die zweite Art von Kritik berechtigt ist. Da scheint es mir, daß die strukturalistische Psychoanalyse Lacans zwar faszinieren mag, aber nicht wegen der Konsistenz und Wohlbegründetheit ihrer Behauptungen, und daß die analytische Psychologie Jungs den Geist ihrer Entstehungszeit allzu offen auf der Stirn trägt, als daß sie wissenschaftlich noch in ganzem Umfang ernstgenommen werden könnte. Für die klassische Psychoanalyse hingegen gibt es einen zentralen Bereich fundamentaler Aussagen, die man wohl kaum bezweifeln kann: Sie betreffen die Existenz unbewußter Gefühle und Wünsche, die Funktion der Abwehrmechanismen, den Einfluß der frühen Kindheit auf den Charakter oder die Bedeutung unverarbeiteter Traumata für das seelische Wohlbefinden. Dieser Bereich ist daher offensichtlich groß genug, daß die Anwendung der klassischen Psychoanalyse auf literarische Texte auch über heuristische Zwecke hinaus gerechtfertigt zu sein scheint, sofern beim Interpreten ein entsprechendes Problembewußtsein vorhanden ist.

8. Feministische Zugänge – ›Gender Studies‹

von WALTER ERHART und BRITTA HERRMANN

1. Vorbemerkungen

Das Etikett »Feministische Literaturwissenschaft« ist auf eine soziale und politische Bewegung bezogen, der sie in den späten sechziger Jahren des 20. Jahrhunderts zunächst ihre Entstehung verdankt. Heute, fast dreißig Jahre später, befinden wir uns in einer Zeit, die einige bereits »postfeministisch« nennen. Wozu nun also noch »feministische Zugänge«? Der Grund liegt vor allem darin, daß sie trotz ihrer scheinbaren Historizität, trotz der Flut von sich in irgendeiner Weise feministisch gebenden Publikationen und den damit einhergehenden Erschöpfungserscheinungen, aber auch trotz ihrer scheinbaren Beschränktheit auf frauenspezifische Interessen immer noch höchst innovativ und anregend sein können – heute vielleicht sogar mehr als vor dreißig Jahren. Wie nämlich kaum eine andere Richtung der Literaturtheorie haben feministisch orientierte Zugänge zur Literatur bis in die Gegenwart hinein eine Vielzahl ganz unterschiedlicher Theorien integriert, die sich weder zu einem geschlossenen Theoriengebäude fügen noch ein einziges methodisches Verfahren zugrundelegen. Gerade deshalb aber sind feministische Theorien in den Literaturwissenschaften über Jahrzehnte hinweg so produktiv geblieben; sie haben sogar aufgrund dieser eklektischen Vorgehensweise inzwischen eine eigene immanente Theorie-Entwicklung aufzuweisen – und zwar in einem solchen Maße, daß sich viele historische Auseinandersetzungen zwischen einzelnen Literaturtheorien in der Theorie-Geschichte der feministischen Literaturwissenschaft wiederfinden lassen: die Spannung zwischen einer politisch-sozialgeschichtlichen Interpretation von Literatur (→ SOZIALGESCHICHTLICHE ZUGÄNGE) und einem auf die Ästhetizität von Texten spezialisierten Lektüre-Verfahren (→ FIKTIONALITÄT UND POETIZITÄT; → FORMEN ›TEXTIMMANENTER‹ ANALYSE; → FORMALISMUS UND STRUKTURALISMUS), der Widerspruch zwischen einer auf die historische Produktion und Rezeption bezogenen Literaturwissenschaft (→ POETIK; → LITERATURGESCHICHTSSCHREIBUNG; → THEORIEN DER LIT. REZEPTION) und einer auf die rhetorischen Verfahrensweisen abzielenden Textanalyse (→ RHETORIK), die Auseinandersetzung zwischen hermeneutischen, subjektzentrierten Ansätzen und postrukturalistischer, subjektkritischer Dekonstruktion (→ HERMENEUTISCHE MODELLE; → PROBLEMATISIERUNGEN DER HERMENEUTIK; → DEKONSTRUKTION).

Mittlerweile haben alle diese Ansätze ihre Anfänge weit hinter sich gelassen, um sich in den »gender studies« mit anderen, neuen Schwerpunkten wiederzufinden, die das Erkenntnisinteresse von frauenspezifischen Themen auf die generellen Konstruktionsmechanismen von sozialem wie biologischem Geschlecht verlagert haben. Dennoch sind »gender studies« ohne ihre feministische (Vor-)Geschichte nicht zu denken (vgl. TODD 1988, MOI 1989, GALLOP 1992, LINDHOFF 1995, HOF 1995, SCHABERT 1995).

Aufgrund ihrer Verflechtung mit historisch-sozialen Bewegungen sowie aufgrund ihrer immanenten Theorie-Entwicklung lassen sich feministische und geschlechtsspezifische Ansätze in den Literaturwissenschaften am besten in ihrer Genese und in ihrer Geschichte darstellen; ihr interpretatorischer Wert zeigt sich jedoch nur mithilfe eines kurzen Analysebeispiels. Beides haben wir hier miteinander zu verbinden versucht, und um die Unterschiedlichkeit der jeweiligen Ansätze deutlicher vor Augen zu führen, haben wir uns auf einen Beispieltext beschränkt: auf Theodor Fontanes »Effi Briest« (FONTANE 1974).

2. Feministische Literaturwissenschaft: Anfänge und Entwicklung

Was die Literaturwissenschaft in Deutschland anbelangt, so hat sie feministische Theorie-Impulse eher von Zeit zu Zeit absorbiert als beigesteuert. Die feministische Literaturwissenschaft befindet sich daher von Anfang an an einem Schnittpunkt zwischen französischer und anglo-amerikanischer Theoriebildung, und anders als bei den meisten literaturtheoretischen Ansätzen gibt es hier auch konkrete Initialtexte, die bis in die Gegenwart hinein die Überlegungen zur Geschlechtertheorie beeinflußt haben – sei es in gedanklicher Nachfolge oder in kritischer Distanzierung.

1928 veröffentlichte Virginia Woolf ihren Essay »A Room of One's Own«, in dem sie unter anderem mit der hypothetischen Frage nach Judith Shakespeare, einer fiktiven Schwester Williams, die historische Situation von Schriftstellerinnen, die Möglichkeiten einer Frauen-Literaturgeschichte sowie die historischen Unterschiede zwischen einer männlichen und einer weiblichen Schreibweise in den Blick rückte (WOOLF 1992). 1949 erschien Simone de

Beauvoirs Buch »Le Deuxième Sexe«, eine erste große systematische Untersuchung über die soziale Konstruktion von Weiblichkeit, über den Ort der Frau in der Geschichte und über die ideologische Gleichsetzung von ›Frau‹ und ›Natur‹. Der berühmt gewordene und bis heute in fast jeder Geschlechter-Studie zitierte Satz »Man kommt nicht als Frau zur Welt, man wird es« steht erst am Anfang des zweiten Buches, aber vor allem er hat der Frauenforschung den Weg gewiesen, jene sozialpsychologischen und historischen Bedingungen zu untersuchen, aufgrund derer die Kategorien ›Frau‹ und ›Weiblichkeit‹ jeweils immer wieder aufs neue entstehen (Beauvoir 1992, S. 334).

Virginia Woolf und Simone de Beauvoir haben so beide darauf aufmerksam gemacht, daß die Frau in der Literatur- und Kulturgeschichte als Mythos und als Bild zwar ständig präsent und nahezu überrepräsentiert ist, in der Geschichtsschreibung selbst aber kaum einen Platz hat – weder innerhalb einer ›universalen‹ Geschichte, die lediglich die Taten männlicher Akteure aufzeichnet, noch als Teilnehmerinnen und Produzentinnen eines literarisch-kulturellen Systems, von dem Frauen aufgrund ihrer Lebensbedingungen zumeist ausgeschlossen geblieben sind.

Nach dem frühen Kampf um politische und rechtliche Gleichberechtigung an der Wende zum 20. Jahrhundert formierte sich daher nun mit der sogenannten zweiten Frauenbewegung in den späten sechziger Jahren auch eine feministische Literaturwissenschaft in Europa und in den USA, die an die von Woolf und Beauvoir vorgegebenen Themen und methodischen Ansätze nur noch anzuknüpfen brauchte. Schon Beauvoir hatte in einigen Kapiteln ihres Buches die Frauenbilder in literarischen Werken von Stendhal bis D. H. Lawrence untersucht und die in der gesamten ›schönen Literatur‹ zahlreich verbreiteten Bilder und Imaginationen aufgezeigt, in denen sich der Weiblichkeits-Mythos spiegelt und immer aufs neue inszeniert wird. Zum Vorschein kommen dabei die unterschiedlichsten Formen, mit denen ›die Frau‹ jeweils als das ›Andere‹ des Mannes konstruiert wird: als bloßes Naturwesen, als bedrohliche Sinnlichkeit, als idealisierte Natur oder als negative Folie, vor der sich männliche Selbstbehauptung und Macht um so deutlicher abheben.

Die Frauenbewegung versuchte nun, eine bisher verborgen gebliebene Realität von Frauen wieder zu entdecken und zugänglich zu machen, indem sie nach den verschütteten Quellen suchte, in denen Frauen als Subjekte sichtbar werden und in denen sie sich selbst – statt der auf sie projizierten Bilder – wiedererkennen können (vgl. MILLETT 1971). Mit Virginia Woolf hat man in den Literaturwissenschaften etwa nach jenen Traditionen gefragt, die schreibenden Frauen seit jeher zur Verfügung gestanden haben. So bestand ein programmatischer Schwerpunkt der Frauenforschung in der Archäologie einer weiblichen Kulturtradition (BRINKER-GABLER 1978, 1988, GNÜG/MÖHRMANN 1985, BECKER-CANTARINO 1987). Indem vergessene literarische Werke von Schriftstellerinnen aus allen Epochen entdeckt und erschlossen, weibliche Lebensbedingungen und Erfahrungszusammenhänge in diesen Werken zu Tage gefördert, interpretiert, historisch eingeordnet sowie die historischen Produktionsbedingungen und Biographien der Autorinnen untersucht wurden, sollte eine Neuorientierung des → KANONS und der → LITERATURGESCHICHTSSCHREIBUNG eingeleitet werden, die die bisherige Ausrichtung auf männliche Autoren in Frage stellt, einen ›anderen‹ Kanon weiblicher Autoren etabliert und die geschlechtsspezifischen Ausschlußprozeduren der Literaturwissenschaften offenlegt, um sie unterlaufen zu können. Davon ist freilich nicht allzu viel übriggeblieben: Die Suche nach Autorinnen blieb auf eine vielleicht bereits vorhersehbare Weise beschränkt, und oft ließen sich wieder nur jene Autorinnen anführen, die im literarischen Kanon bisher ohnehin berücksichtigt waren. Die Entdeckung und Erforschung zahlreicher bislang unbekannter Autorinnen – etwa aus dem 19. Jahrhundert – war hingegen bald mit Fragen nach der ästhetischen Qualität und der → LITERARISCHEN WERTUNG konfrontiert, und Dokumentationen über Leben und Werk von Schriftstellerinnen verblieben bis auf weiteres in den nicht sonderlich beachteten Randbezirken des literarischen und literaturwissenschaftlichen Lebens (vgl. HEYDEBRAND/WINKO 1994).

Mit den beiden Schwerpunkten der Frauenbildforschung und der Frauen-Literatur(geschichte) waren die politischen Ziele der frühen feministischen Literaturwissenschaft zwar scheinbar etabliert, drohten zugleich jedoch wirkungslos zu werden. Die Kritik an den fast immer gleichen Frauenbildern und die Erweiterung des literarischen Kanons um Autorinnen ergänzten zwar die Inhalte des Faches, methodisch ließen sich über die politisch-soziale Orientierung hinaus jedoch offenbar kaum neue Wege beschreiten. Die Forschungsschwerpunkte begannen sich deshalb zu verlagern: Die Frauenbildkritik konzentrierte sich zunehmend auf die Analyse der literarischen Mechanismen und Strategien, mit denen diese Bilder erstellt werden. Das Interesse an der Literatur von Frauen führte zunächst zu einem Nachdenken über ›Frauenliteratur‹ als einer speziellen Gattung, mündete jedoch schließlich in Konzepte über ›weibliches Schreiben‹.

2. Feminist studies go gender

2.1 Von den Frauenbildern zu den (Frauen-)Bildkonstruktionen

Indem sich also die Kritik an den Frauenbildern bald auf das Interesse an der spezifischen Herstellung dieser Bilder verlagerte, rückten zunehmend die ästhetischen Verfahrensweisen in den Blick, mit denen Weiblichkeit buchstäblich ins Bild gesetzt wird. Dies führte schließlich zur Frage, von welchem Ort aus diese Bilder denn überhaupt kritisiert werden sollen, wenn ›Frau‹ und ›Weiblichkeit‹ seit jeher nur in diesen Bildern existiert haben, wenn also die imaginierte Weiblichkeit (BOVENSCHEN 1979) zugleich das in der Kultur und Geschichte ausgeschlossene ›Andere‹ ist und Bilder und Realität daher wieder zusammenzufallen scheinen. Neueste feministische Lektüren haben deshalb darauf aufmerksam gemacht, daß gerade diese Bildproduktion von Weiblichkeit die Geschlechter-Differenz als einen Prozeß der Imagination und der Fiktionalisierung deutlich werden läßt. Hinter den Bildern läßt sich kaum ein Geschlecht ›an sich‹ oder ein von Bildern befreites Subjekt erkennen. Vielmehr besteht weibliche Subjektivität gerade darin, die Bilder zu durchqueren, den Ort der Zuschreibungen beständig zu wechseln, die Konstruiertheit der Bildzuweisung zu enthüllen, bewußt zu machen und ständig neu in Gang zu setzen (WEIGEL 1984, KOLKENBROCK-NETZ 1988). Solche Ansätze beschäftigen sich immer schon mit ästhetischen Theorien über das Fiktive und Imaginäre, über die Funktion und Macht von Diskursen sowie über die Differenz zwischen Ästhetik und Lebenswelt. Wie keine andere Literaturtheorie haben die von der feministischen Forschung ausgehenden Interpretationen daher auf die Ausschlußverfahren aufmerksam gemacht, mit denen eine Kultur das in ihr Verborgene und ›Verdrängte‹ in Bildern thematisiert und oftmals unter der Oberfläche ihrer Texte versteckt. Von der frauenspezifischen Fragestellung ließen sich diese Ansätze leicht ablösen, erweitern und auf andere Themenkomplexe anwenden (etwa Ausschlußpraktiken aufgrund sexueller Vorlieben, klassenspezifischer und ethnischer Zugehörigkeit). Wie kaum eine andere literaturwissenschaftliche Fragestellung hat die feministisch inspirierte Literaturtheorie historische Zusammenhänge immer wieder auf den ästhetischen Eigensinn der vorliegenden Texte zurückgeführt. Sie hat dabei den für die Literaturtheorie entscheidenden Weg von der Betrachtung literarischer Inhalte, die auch mit kritischem Blick diese Inhalte letztlich nur reproduzieren kann, zu den ästhetischen Verfahrensweisen beschrieben. Auf der Ebene der Textproduktion wurde die bloße Kritik an literarischen Frauenbildern in eine Analyse überführt, die einerseits die Entstehung und Mechanismen der Geschlechter-Differenz auf ihre literarisch-ästhetischen Konstruktionen hin durchsichtig macht, andererseits die Literatur auf ihre verborgenen Geschlechter-Texte hin untersucht.

Beispiel 1: Verborgen sind diese Geschlechter-Texte aber eben gerade deshalb, weil sie nicht nur die Figuren eines literarischen Textes als ›männlich‹ oder ›weiblich‹ charakterisieren, sondern auch die Erzählweise und nachfolgende Interpretationen organisieren. Fontanes »Effi Briest« gilt als einer jener Ehebruch-Romane des 19. Jahrhunderts, die das Schicksal von Frauen in einer männlich dominierten, patriarchalischen Gesellschaft, also den Objekt- und Opfer-Status weiblich sozialisierter Subjekte, besonders eindringlich vorführen (Müller-Seidel 1975, Frei 1980, Mittelmann 1980). Gerade hier läßt sich jedoch ein Subtext entziffern, der das Verhältnis von aufgezwungener Rolle und darunter liegendem weiblichen Subjekt nicht nur auf der Figurenebene in Frage stellt, sondern auch die narrative Strategie verdeutlicht, die diese Leseweise gesteuert hat.

Als Effi etwa dem von ihren Eltern bestimmten Ehemann Geert von Innstetten zum ersten Mal gegenübertritt, kommt sie vom Spiel mit ihren Freundinnen, soll sich für die ›erwachsene‹ Gesellschaft umkleiden und begegnet zuvor ihrer Mutter, genauer gesagt dem mütterlichen »Blick«, der auf Effi fällt: »[...] auf das jugendlich reizende Geschöpf, das, noch erhitzt von der Aufregung des Spiels, wie ein Bild frischesten Lebens vor ihr stand« (Fontane 1974, S. 17). Die Wahrnehmung der Mutter verbindet sich hier mit einer vom Erzähler selbst hergestellten Perspektive des »frischesten Lebens«, das die Mutter im folgenden gleichsetzt mit ›Natur‹ und dem noch unverbrauchten ›Leben‹ der Tochter. Mit der Bezeichnung »Geschöpf« gibt der Erzähler Effi unmerklich als ein aus den ›Händen der Natur‹ hervorgegangenes Produkt aus, und genau dieses Bild soll sie nun nach dem Willen der Mutter für ihren zukünftigen Verlobten darstellen: »Es ist am Ende das beste, du bleibst wie du bist. Ja, bleibe so. Du siehst gerade sehr gut aus. Und wenn es auch nicht wäre, du siehst so unvorbereitet aus, so gar nicht zurechtgemacht, und darauf kommt es in diesem Augenblicke an.« (Ebd.)

Die ›Natur‹, d. h. das, was Effi angeblich ohne gesellschaftliche Konvention »ist«, erweist sich als eine Konstruktion, ein Bild, mit der Weiblichkeit projiziert, hergestellt und wirkungsvoll inszeniert wird. Dies geschieht am Beginn einer Romangeschichte, die Effi durch ihre ›Weiblichkeit‹ als genau jenes unverbrauchte Wesen stilisiert, das schließlich in die Fänge des Ehebruch-Romans gerät. Zahlreiche Interpreten haben sich an dieser Inszenierungspraxis wiederum beteiligt und reproduzierten dabei nicht selten das Bild vom unschuldigen Naturkind Effi, dessen ursprüngliches »Leben« im Verlauf des Romans entfremdet, zerstört und den gesellschaftlichen Verhältnissen geopfert wird (MENDE 1980).

Fontane – wie kaum ein zweiter Romancier des 19. Jahrhunderts ein Schriftsteller, der das Schicksal von Frauen im gründerzeitlichen Deutschland vorführt – ist so insgeheim selbst an der Konstruktion von Weiblichkeit beteiligt, indem er darauf all jene Bilder projiziert, die seine Frauenfiguren als eine durch Gesellschaft geopferte ›Natur‹ kennzeichnen (STEPHAN 1981).

Sich darüber zu streiten, ob der Autor mit diesem Projektionsverfahren die gesellschaftlich produzierten Frauenbilder ideologiekritisch entlarvt oder aber diese Bilder selbst bloß reproduziert, ohne aufzuzeigen, wie die von ihnen betroffenen und entstellten Subjekte davon befreit werden könnten, bleibt müßig (vgl. die Debatte zwischen SEILER 1988 und GRAWE 1989), denn eine von Geschlechtervorstellungen freie Perspektive ist ohnehin nicht denkbar. Eine geschlechtsspezifisch orientierte Lektüre geht vielmehr davon aus, daß jede Subjektkonstruktion immer schon und von Anfang an mit der Konstruktion geschlechtlicher Identität verknüpft ist.

Wenn Effi Briest etwa äußert: »Freilich ist das die Hauptsache, ›Weiber weiblich, Männer männlich‹« (FONTANE 1974, S. 10), so weist dies eben nicht bloß auf gesellschaftlich zugeschriebene Geschlechterrollen hin, sondern verdeutlicht vor allem die geschlechtsspezifische Formierung jeglicher Identität: Nach Effis Definition bleibt nicht viel übrig von der Identität eines Mannes oder einer Frau ohne Männlichkeit oder Weiblichkeit.

Die neuere Geschlechter-Theorie hat Effi Briests Diagnose bestätigt. Die Unterscheidung zwischen biologischem Geschlecht (»sex«) und der sozial wie kulturell zugeschriebenen Geschlechtsidentität (»gender«) beruht auf einem »sex/gender system«, einem »set of arrangements by which a society transforms biological sexuality into products of human activity, and in which these transformed sexual needs are satisfied. [...] Sex as we know it – gender identity, sexual desire and fantasy, concepts of childhood – is itself a social product.« (Rubin 1975, S. 159, S. 166) Die Zuordnung des biologisch festgesetzten Geschlechts besitzt gegenüber dem soziokulturell konstruierten Geschlecht für die Subjektwerdung kaum Gewicht, und jeder literarische Text ist seinerseits immer schon daran beteiligt, die jeweiligen Zuschreibungsprozesse von Geschlecht und Geschlechtlichkeit vorzunehmen. Die Ordnungsfunktion der Kategorie ›Geschlecht‹ bleibt jedoch nicht nur auf die Subjektkonstitution beschränkt, sie besteht zusätzlich darin, daß Geschlechtlichkeit ein Feld von Oppositionen strukturiert, die auch in zunächst scheinbar geschlechtsunabhängige kulturelle Symbolbereiche hineinreichen (→ Strukturalismus).

So entfaltet »Effi Briest« ein ganzes Feld von Metaphern und Bildern, die in Opposition zur Männlichkeit und zur Gesellschaft stehen, indem sie mit dem Ort von Weiblichkeit, mit weiblicher Sexualität und mit Natur verbunden werden. Mit der Gleichsetzung Natur – (Unschuld –) Weiblichkeit wird jedoch nicht nur Effis ›Weiblichkeit‹, sondern gleichzeitig auch ein bestimmtes Naturbild als ›weiblich‹ entworfen. Naturgegenstände und Landschaftsmomente – Garten, Teich, Tiere – gewinnen dadurch ebenso eine an die Geschlechter-Differenz angelehnte Bedeutung wie die mit Effi assoziierten und symbolisch verknüpften Attribute und Praktiken – etwa das Spiel mit der Schaukel, Effi als Tochter der Luft und der Elemente, Hohen-Cremmen, Kessin und die Nordsee als geschlechtsspezifisch aufgeladene Seelenlandschaften.

Die Geschlechter-Klassifikation übernimmt eine konstitutive Funktion für sämtliche Prozesse der kulturgeschichtlichen, sozialen und politischen Bedeutungszuweisung, und ihre soziokulturelle Macht besteht gerade darin, daß sich ›Geschlecht‹ von den biologisch jeweils vorgesehenen Trägern gelöst hat. Von der Analyse der ›Frauenbilder‹ in literarischen Werken hat sich der Schwerpunkt geschlechtsspezifischer Interpretationen dadurch immer stärker auf die Konstitution der Geschlechter-Differenz selbst verlagert. Es geht dabei weniger um eine stets zu konstatierende binäre Opposition zwischen ›männlich‹ und ›weiblich‹ als vielmehr um den historisch jeweils unterschiedlichen Prozeß, durch den diese Oppositionen immer wieder neu hergestellt und gestaltet werden, um die jeweiligen Konstruktionsmechanismen und Kontexte, mit und in denen sich Geschlechter-Differenzen entfalten, die geschlechtlichen Bedeutungszuweisungen verändern oder neue Bedeutungen annehmen (vgl. Scott 1988; → Diskursanalyse).

Dies kann in einem relativ kurzen Zeitraum geschehen. Um 1750 bildet z. B. die literarische Bewegung der »Empfindsamkeit« eine kulturelle Disposition, in der bürgerliche Männer nicht wenige der später als ›weiblich‹ gekennzeichneten Praktiken entwickeln, sich durch Weinen und Gefühl ihrer Menschlichkeit versichern sowie ›Zärtlichkeit‹ und ›Sich-Selber-Fühlen‹ als Distinktionsmerkmale gegenüber aristokratischer Etikette und frühbürgerlichem Verstandesdenken einsetzen (→ POETIK). Im Gegenzug aber werden dem aristokratischen Standesmenschen die Züge des verweichlichten ›weibischen‹ Höflings verliehen: eine Übertragung der Geschlechter-Ordnung auf politische und rein ›männliche‹ Machtverhältnisse, die sich in der Deklassifizierung des politischen und militärischen Gegners durch Attribution ›weiblicher‹ Unterlegenheit und ›weibischer‹ Schwäche bis ins 20. Jahrhundert fortsetzt. Bereits fünfzig Jahre nach der Empfindsamkeitskultur jedoch bildet die Geschlechter-Differenz nicht mehr länger eine soziale Klassifikation unter anderen, sondern wird als natürlicher ›Geschlechtscharakter‹ – philosophisch, anthropologisch und medizinisch – festgeschrieben, der Männer und Frauen als jeweils völlig unterschiedliche Naturwesen ausgibt, vom biologischen Geschlecht bis hin zu allen Einzelheiten der Denk- und Gefühlsapparate (HAUSEN 1976, HONEGGER 1991, LAQUEUR 1992). Die Folge ist eine neue Verteilung der Geschlechter-Opposition im 19. Jahrhundert, in dem die Trennung zwischen Öffentlichkeit und Häuslichkeit nicht nur als neues soziales und politisches Ordnungssystem festgesetzt, sondern auch als natürliches System der Geschlechter ausgegeben wird. Zugleich aber führt diese neue Geschlechter-Ordnung zu einer tiefgreifenden geschlechtlichen Überformung kultureller und sozialer Wertsphären – mit dem Ergebnis, daß Kindheit, Familie, Gefühl und Poesie fortan mit Weiblichkeit assoziiert und verbunden werden, daß Männlichkeit sich umgekehrt durch strenge Zurückweisung von ›Weiblichem‹ – Gefühl, Emotionen, Schwäche – geradezu definiert. Die Beispiele zeigen, daß geschlechtliche Oppositionen nicht nur in ganz unterschiedlichen Bereichen wirksam werden, sondern auch historisch durchaus wechselnden Zwecken dienen können. Wirksam aber werden die hierarchisch strukturierten Zeichen des Geschlechts überall dort, wo sich Gegensätze, Wertbinaritäten und Machtverhältnisse herausbilden. In literarischen Werken kommen nicht nur diese vielfältigen Bedeutungszuweisungen zum Ausdruck, es lassen sich dort in ganz besonderer Weise das Zustandekommen, die Historizität und die Rhetorik dieser Vorgänge analysieren. So geben literarische Texte über die narrativen Strukturen Auskunft, mit denen die Geschlechter-Differenz jeweils inszeniert wird.

Schon die Struktur mythischer Erzähltexte etwa, die Gegenüberstellung eines Helden und der von ihm zu überwindenen Hindernisse, läßt sich als Text dechiffrieren, der sich von Beginn an mit geschlechtsspezifischen Bedeutungen gleichsam auflädt und diese weiter transportiert. Die Position des aktiven und mobilen Helden ist ›männlich‹ konnotiert, und die von ihm zu überwindenden Hindernisse sind als unbewegliche Positionen eines ›weiblich‹ figurierten Raumes gekennzeichnet – eine Struktur, die völlig unabhängig von dem biologisch jeweils fixierten Geschlecht der Heldenfigur funktioniert (LAURETIS 1987, S. 43f.). Gerade durch solche literarischen Strukturen werden geschlechtsspezifische Bedeutungen fortgeschrieben, und umgekehrt sind Rhetorik und Erzählstruktur – von der → BILDLICHKEIT bis zu den → GRUNDLAGEN NARRATIVER TEXTE und den → GRUNDLAGEN SZENISCHER TEXTE – besonders geeignete Instrumente, die Geschlechter-Opposition unmerklich immer wieder einzuspielen. Doch bereits die Rede von Körpern, von Sexualität und vom biologisch festgelegten Geschlecht (»sex«) selbst ist historisch bedingt und diskursiv festgelegt (vgl. FOUCAULT 1978; → DISKURSANALYSE, DISKURSGESCHICHTE), und auch ihre Literarisierung ist daher keineswegs unabhängig von den Diskursen zu denken, mit denen das Wissen über diese Bereiche verbreitet wird – im Gegenteil, wie unser Textbeispiel zeigt:

In »Effi Briest« wie in den meisten Werken des literarischen »Realismus« wird unentwegt über Sexualität geredet – in Anspielungen, versteckten Bezügen, unter der Oberfläche von scheinbar neutralen Diskursen, die sich stets mit ›anderen‹ Bedeutungen aufladen können. Gerade dieses ›uneigentliche‹ Sprechen aber bringt den Gegenstandsbereich einer tabuisierten Sexualität und das Tabu selbst erst hervor (FOUCAULT 1983; dagegen DETERING 1994) – und mit ihm auch jene Attribute, die wiederum als Bestandteile männlicher und weiblicher Sexualität sowie als Männlichkeit und Weiblichkeit ausgegeben werden.

Damit hat die frühe Frauenforschung sich nicht nur erweitert zur Untersuchung der Geschlechter-Differenz schlechthin, sie hat ihre Aufmerksamkeit von den Bildern auch auf die künstlichen Verfahrensweisen gelenkt, die diese Bilder im kulturellen Bewußtsein verankern und als ›natürlich‹ ausgeben, die stattdessen aber als wechselnde Interpretationen zu begreifen sind.

2.2 Von der Literatur der Frauen zum ›weiblichen Schreiben‹

Nachdem seit den späten sechziger Jahren eine ganze Reihe von Autorinnen (wieder-)entdeckt worden sind, rücken auch hier die Verfahrensweisen in den Blick, durch die sich literarische Texte von Autorinnen und ›weibliches Schreiben‹ auszeichnen. Schon Virginia Woolf hatte die »Auswirkung seines Geschlechts auf den Schriftsteller« (WOOLF 1992, S. 70) zum Thema gemacht und die unterschiedlichen Inhalte in ›weiblichen‹ Werken untersucht. Die große Zahl von Romanschriftstellerinnen im 19. Jahrhundert geht demzufolge auf die dort etablierte ›Spezialisierung‹ der Frau auf den privaten Bereich emotionaler und sozialer Beziehungen zurück; diese Inhalte wiederum werden in einer literarischen Form dargeboten, die sich nur fallweise an einer Tradition orientieren kann und deshalb – nach Woolf – nicht nur die weitgehend offene Gattung des Romans bevorzugt, sondern zugleich mit größeren Schwierigkeiten und der Gefahr ihres Scheiterns konfrontiert ist. Vor allem amerikanische Literaturwissenschaftlerinnen sind der von Woolf eingeschlagenen Richtung gefolgt und haben die Literatur von Frauen in Analogie zur Literatur anderer ›Minderheiten‹ untersucht, die sich im Laufe eines historischen Prozesses erst eine ›Stimme‹, nämlich Medien und Verfahrensweisen, zur Artikulation ihrer Erfahrungen aneignen müssen. Elaine Showalter etwa hat die historische Entwicklung der englischen Frauenliteratur als einen solchen Prozeß rekonstruiert (»A Literature Of Their Own«) und der damit befaßten Literaturwissenschaft den Namen »gynocriticism« gegeben (SHOWALTER 1977, 1979). Sandra Gilbert und Susan Gubar haben englische Frauenromane des 19. Jahrhunderts auf die darin vorfindbare doppelte Tradition untersucht – als eine Schreibweise, die sich an dem Kanon männlicher Schriftsteller und an dem dort reproduzierten Bild der Frau als eines weiblichen und objektivierten Raumes häuslicher Tugenden orientiert, und zugleich als eine andere, in der die Stimme der Frau selbst zum Ausdruck kommt (GILBERT/GUBAR 1984). Unter der Oberfläche dieser Romane und ihrer viktorianischen Heldinnen wird jeweils das Bild einer ›anderen‹ Frau sichtbar, die sich in Phänomenen des Wahnsinns und der schizophrenen Aufspaltung, im Durchbrechen narrativer Kohärenz und in der ständigen Präsenz eines die männlichen Textmuster in Frage stellenden weiblichen Subtextes zu erkennen gibt. In der Folge sind diese Beschreibungskategorien häufig aufgenommen worden, um die historische Entwicklung der Literatur von Frauen zu rekonstruieren (WEIGEL 1987, BRINKER-GABLER 1988). Zugleich jedoch entstand – ähnlich wie in der Frauenbildforschung – die Schwierigkeit, jenen Ort anzugeben, von dem aus die Artikulation einer weiblichen Perspektive ausgehen soll, denn jede Berufung auf eine genuin weibliche Erfahrung und Perspektive markiert die Position des von der allgegenwärtigen männlichen Tradition und Sprache ausgeschlossenen ›Anderen‹.

Wieder war es Virginia Woolf, die bereits von dem »plötzlichen Riß des Bewußtseins« gesprochen hatte, von dem »die Frau« überrascht wird, »wenn sie zum Beispiel die Whitehall entlanggeht und von der naturgemäßen Erbin dieser Zivilisation im Gegenteil zu einer Außenseiterin und fremd und kritisch wird« (WOOLF 1992, S. 95). Spätestens seit dem einflußreichen Essay von Myra Jehlen über »Archimedes and the Paradox of Feminist Criticism« (1981) ist dieses Dilemma auch zu einem festen Bestandteil der feministischen Literaturtheorie geworden und hat zwei unterschiedliche theoretische Bewegungen ausgelöst (JEHLEN 1992). Auf der einen Seite hat eine vornehmlich aus Frankreich stammende feministische Theorie versucht, sich diesem Ort trotzdem anzunähern, indem sie spezifisch weibliche Körpererfahrungen als Ausgangspunkt genommen hat, um zu einem ›anderen‹, nicht-linearen und fragmentarischen Schreiben zu gelangen, zu einer »écriture féminine« (CIXOUS 1980, IRIGARAY 1977, 1980). Auf der anderen Seite haben Vertreterinnen des Feminismus aus der Not einer prinzipiell unmöglichen weiblichen (Selbst-)Repräsentation eine Tugend gemacht und im »schielenden Blick« weiblicher Autoren (WEIGEL [2]1985), d. h. in der Wiederholung des männlichen Blicks bei gleichzeitiger Durchquerung der weiblichen Bilder und im doppelten Status der schreibenden Frau als Subjekt und als Objekt, Strategien gesehen, sich der binären Logik der Geschlechter-Differenz zu entziehen.

Von dieser Problemstellung aus läßt sich auch die seit den späten siebziger Jahren beobachtbare Rezeption der Psychoanalyse in der feministischen Theorie erklären (→ PSYCHOLOGISCHE ZUGÄNGE). Ausgehend von Juliet Mitchells Wiederentdeckung Freudscher Ansätze als eines historischen, aber immer noch gültigen Modells zur Erklärung geschlechtlicher Differenz (1974) bot sich die Psychoanalyse schon deshalb an, weil sie unter den beschreibbaren sozialen Geschlechterrollen jene Mechanismen und Faktoren zu erkennen vorgab, die auf weit tiefgreifendere Weise an der Entstehung der Geschlechtsidentität beteiligt sind. »Nicht Männer sind die Inhaber der Macht, sondern Väter«, lautet der Ausgangspunkt von Mitchells Plädoyer, sich jenen psychischen Prozessen von geschlechtlicher Internalisierung und geschlechtlicher Identifizierung zuzuwenden, die bei jeder Selbstzuschreibung von Weiblichkeit und Männlichkeit von Beginn an beteiligt sind (MITCHELL 1985, S. 467). »Denn als Frauen denken wir zurück durch unsere Mütter.« So unterschrieb schon die feministische ›Ur-Mutter‹ Virginia Woolf ihren Versuch, die literarische Produktion von Autorinnen auf deren geschlechtsspezifische Traditionserfahrung zurückzuführen (WOOLF 1992, S. 75). Die Rezeption der psychoanalytischen Theorie in der feministisch orientierten Literaturwissenschaft stellte daher nun folgerichtig jene Ansätze ins Zentrum, die sich mit der Phase *vor* dem von Freud beschriebenen Ödipus-Komplex beschäftigen, nämlich mit der präödipalen Einheit von Mutter und Kind. Dort – so lehrt es die psychoanalytische Objektbeziehungstheorie von Melanie Klein über Nancy Chodorow bis zu Jessica Benjamin – sind die Identitätsgrenzen noch nicht genau markiert, aber es bilden sich schon jene ambivalenten Objektbeziehungen heraus, die später die weibliche Geschlechtsidentität und die Bedeutung von Weiblichkeit prägen: eine im Gegensatz zum männlichen Kind nie ganz aufgegebene Bindung an die Mutter, ein Gefühl der Abhängigkeit ebenso wie die Disposition zu einem Denken in Beziehungen, eine stärkere ›Verflüssigung‹ der Ich-Grenzen und der geschlechtlichen Identität, die jeweils zwischen gleichgeschlechtlicher und gegengeschlechtlicher Objektbeziehung zu changieren in der Lage ist (KLEIN 1985, CHODOROW 1985, J. BENJAMIN 1990).

Die feministische Rezeption der Psychoanalyse führte jedoch nicht nur zur Festschreibung weiblicher und männlicher ›Wesenszüge‹, sondern ganz andererseits auch zu einem neuen Verständnis darüber, wie die scheinbar selbstverständliche Zuschreibung von Weiblichkeit und Männlichkeit sich schon in der Genese jeder geschlechtlichen Identität festsetzt und in jeweils unterschiedlichen historischen Kontexten die Bildung und die geschlechtliche Differenz von Identität hervorbringt. So konnte sich ein Verfahren entwickeln, das ›weibliche Erfahrung‹ und ›weibliches Schreiben‹ in Begriffe faßt, ohne auf verborgene biologische Grundlagen zurückgehen zu müssen und etwa weibliche Autoren ›essentialistisch‹ auf bestimmte Schreibweisen festzulegen.

In diesem Sinne hat bereits 1974 die französische Theoretikerin Julia Kristeva in ihrem Buch »Die Revolution der poetischen Sprache« die Psychoanalyse mit einer Literaturtheorie verbunden (KRISTEVA 1978). Sie knüpft dabei an die psychoanalytische Theorie Jacques Lacans an, in der jede Subjektwerdung mit dem Eintritt in die vom »Gesetz des Vaters« konstituierte sprachliche Ordnung beginnt und damit eine für jedes Geschlecht immer schon erfolgte Spaltung zwischen der ›weiblichen‹ Mutter-Kind-Einheit und der ›männlichen‹ Ordnung der Sprache voraussetzt (vgl. LACAN 1985; → PSYCHOLOGISCHE ZUGÄNGE). Kristeva rekonstruiert eine Schreibweise, die die von der »symbolischen Ordnung« des Vaters gesetzte Sprache unterläuft und sich jener präödipalen, »semiotisch« genannten Erfahrung annähert, die im Rückgriff auf die verlorene Einheit mit der Mutter das nach hierarchisierenden grammatischen Strukturen geordnete Sprechen des Symbolischen stört. Den Einbruch des »Semiotischen« ins »Symbolische« untersucht Kristeva anhand der Lyrik von Lautréamont und Mallarmé, und sie findet es in der Fragmentarisierung, der abstrakten Poesie, der semantischen Offenheit, der Aufsplitterung sprachlicher Sinneinheiten. All jene hinlänglich bekannten literarischen Techniken der klassischen Moderne also werden nun als geschlechtsspezifische und psychoanalytische, aber sich unabhängig vom biologisch ›männlichen‹ Geschlecht der Autoren vollziehende Prozesse lesbar. Die Theorie des ›weiblichen Schreibens‹ begründet sich so gerade nicht in einer Wesenheit, die sich einzig unter der Hand von Autorinnen entfalten würde, wie es etwa noch die Vorstellung von einer speziellen ›Frauenliteratur‹ gefordert hatte. (Die Umrisse dieses ›Genres‹ sind ohnehin einigermaßen unscharf geblieben: Sie sollte nicht nur die weibliche Autorschaft benennen, sondern darüber hinaus eine frauenspezifische Realität mit mehr oder minder bekenntnishaftem bis politischem Anspruch verarbeiten und diese einer weiblichen Zielgruppe als Identifikationsangebot nahebringen. Dabei blieben ihre Schreibpraktiken jedoch in der Regel konventionell und gerieten zum Teil auch ins Populistische.)

Die Theorie des ›weiblichen Schreibens‹ verweist hingegen auf eine Schreib-Struktur, in der sich die sprachliche Entstehung und das binäre Wechselspiel geschlechtlicher Oppositionen dokumentieren. Eine von Kristeva ausgehende Theorie wiederholt damit weder das egalitäre Postulat der Frauenbewegung, die sich am Status des Männlichen orientiert, noch versucht sie die Differenz, nämlich weibliche Eigenart und weibliche Qualität, zu produzieren. Vielmehr geht es auch hier darum, die binäre Geschlechter-Opposition auf ihre Bruchstellen, ihre Fragilität und ihre der Differenz immer schon innewohnenden Auflösungserscheinungen hin zu untersuchen sowie die Binarität selbst außer Kraft zu setzen.

2.3 »Gender studies«

Frauenbild- wie Frauenliteraturforschung haben sich bis zu dem Punkt einander angenähert, an dem ihre einstige Zuschreibung auf Weiblichkeit verlorengeht, zugleich jedoch ein geschlechtsspezifisches Feld literarischer Verfahrensweisen sichtbar wird, das alle Bedeutungsebenen miteinbezieht. Statt einer monotonen, immer wieder aufs neue auftauchenden Geschlechter-Differenz kommt dabei eher eine Vielfalt an Differenzen zum Vorschein: sowohl in historischer Perspektive, wo sich die Kategorie ›Geschlecht‹ mit anderen – klassenspezifischen und ethnischen – Positionsbestimmungen vielfach überschneidet, als auch in den geschlechtsspezifischen Positionen selbst, die bei genauerem Hinsehen zwischen den Geschlechtern und den Sexualitäten oszillieren. So wird Weiblichkeit als jener Ort lesbar, der die linear-narrative Handlung aufbricht, fragmentarisiert und blockiert, und innerhalb der Erzähl- und Handlungsmodelle finden sich Bewegungen, die geschlechtlich interpretierbare Oppositionen hervorbringen und ineinander umschlagen lassen. ›Männlichkeit‹ und ›Weiblichkeit‹ enthüllen sich in solchen Lektüren als diskursive Effekte und als rhetorische Figuren, die jede binäre Festlegung immer schon unterlaufen, indem die ihnen zugeschriebenen Charakteristika zwischen den vermeintlich getrennten Bereichen hin- und herwechseln (FELMAN 1992, 1993; → DEKONSTRUKTION). ›Geschlecht‹ ist daher nicht mehr zu denken als ein System von Oppositionen, sondern als ein Ensemble von Positionen und Beziehungen, die sich je nach Kontext anders entfalten und anders gruppieren.

Paradoxerweise hat sich gerade – oder erst – unter diesen Gesichtspunkten auch die in der Frauenforschung oft als selbstverständlich und einheitlich vorausgesetzte Kategorie der ›Männlichkeit‹ aufgelöst und erscheint nunmehr als ebenso wenig erforschte und ebenso vielfältige soziale und historische Konstruktion wie die ihr relational zugeordnete ›Weiblichkeit‹ (BROD 1987, FREVERT 1991, SCHISSLER 1992, BADINTER 1993). Auch männliche Identität läßt sich fortan nicht mehr auf ein klar umrissenes Bild, also weder auf eine psychische Einheit noch auf ein Ensemble an Rollenerwartungen, reduzieren, sondern verweist nur noch auf den komplizierten Prozeß, in dem geschlechtliche Identität und Geschlechtlichkeit selbst hergestellt werden (BOONE/CADDEN 1990, P. MURPHY 1994, BROD/KAUFMAN 1994).

Beispiel 2: Statt dem Erzähler nachzufolgen und den analytischen (männlichen) Blick ausschließlich der ›armen Effi‹ zuzuwenden, kann man sich nun fragen, welche unterschiedlichen Positionen von Männlichkeit etwa der Ehemann Geert von Innstetten, der Ehebrecher Major von Crampas und Effis Vater einnehmen oder welche Positionen ihnen von den Figuren ihres Umfeldes zugewiesen werden. So beschreibt Effi vor der Verlobung den achtundreißigjährigen Innstetten, der als junger Leutnant Jahre zuvor »beinah romantisch« (FONTANE 1974, S. 11) die Mutter umworben hat: »er ist Landrat, gute Figur und sehr männlich« (ebd., S. 10) und »sehr schneidig« (ebd., S. 13). Kurz darauf, nunmehr mit dem Wissen um die bevorstehende Verlobung, wird Innstetten den Lesern und Effi sehr viel nüchterner und formeller aus der Perspektive des Erzählers vorgeführt, als »Baron Innstetten, schlank, brünett und von militärischer Haltung« (ebd., S. 18). Nach der Verlobung hingegen erscheint er in Effis Augen nur noch als Ehegatte, ein bißchen langweilig und pedantisch, einer, der das »rechte Maß« hält und »ein schöner Mann, ein Mann, mit dem ich Staat machen kann, aus dem etwas wird in der Welt« (ebd., S. 34), als ein »Mann von Charakter, ein Mann von Prinzipien« (ebd., S. 35), der insgesamt etwas zu alt ist: »Er hat sein Alter und ich habe meine Jugend.« (Ebd., S. 31)

Auch die Geschlechtlichkeit Innstettens ist kaum je thematisiert worden, ebensowenig die Strategien Effis, seine Zuneigung und Zärtlichkeitsbeweise abzuwehren und ihr Verhältnis mit Crampas geheimzuhalten, oder die Ängste des Ehemanns um seine junge Frau (ebd., S. 120-123, S. 179-183). Erst nach der Entdeckung des Ehebruchs formuliert Innstetten in einem Männergespräch mit Wüllersdorf sein Gefühle, als beide die Modalitäten der Duellfrage besprechen, und er produziert zugleich einen Subtext über männliche Geschlechtsidentität im preußischen 19. Jahrhundert: »Es steht so, daß ich unendlich unglücklich bin; [...] ich liebe meine Frau, ja, seltsam es zu sagen, ich liebe sie noch [...], daß ich mich, mir selbst zum Trotz, in meinem letzten Herzenswinkel zum Verzeihen geneigt fühle. [...] Aber im Zusammenleben mit den Menschen hat sich etwas ausgebildet, das nun mal da ist und nach dessen Paragraphen wir uns gewöhnt haben, alles zu beurteilen, die andern und uns selbst. Und dagegen zu verstoßen geht nicht.« (Ebd., 235f.) Die Aufhebung eines festgelegten Schemas, das über die Geschlechter-Differenz entscheidet, sowie die Verlagerung von festgelegten Bildern auf die rhetorischen Effekte unterschiedlichster Geschlechter-Merkmale hat schließlich auch die Bedeutung einer ihrerseits festgelegten heterosexuellen Sexualität relativiert. Eine von Foucault ausgehende und wesentlich von Judith Butler beeinflußte Interpretationsweise versucht die Existenz einer konstanten sexuellen, geschlechtlichen und sogar körperlichen Identität als Phantasma zu entlarven, an dessen Stelle ganz unterschiedliche Inszenierungen, zeitlich befristete Identitätskonstellationen und wechselnde Subjekt-Positionen sichtbar werden (Butler 1991, 1994). In den USA haben so die »gay and lesbian studies« nicht nur als eine dem Feminismus vergleichbare soziale Bewegung mittlerweile Eingang in literaturwissenschaftliche Untersuchungen gefunden (vgl. Haggerty/Zimmerman 1995), sondern zugleich auf ein neues Themenfeld und eine Verschiebung der »gender studies« aufmerksam gemacht. Als weitere Lektürepraxis haben sie sich unter dem Neologismus »queer studies« etabliert und konzentrieren ihr Interesse auf eine gegen den Strich gelesene, ›verkehrte‹ Sexualität, um die semantische Offenheit und Instabilität aufzuzeigen, aufgrund derer Sexualität ebensowenig auf eindeutige binäre Codierungen festzulegen ist wie Körper und Geschlecht. *Beispiel 3*: Eine daran interessierte Lektüre würde bespielsweise nicht nur Effis ›Weiblichkeit‹ auffallen, sondern genauso ihre Erscheinung zu Beginn des Romans, als sie – im Matrosenanzug – von der Freundin betrachtet wird: »du siehst aus wie ein Schiffsjunge« (Fontane 1974, S. 15). Effi, die sich selbst als »Midshipman« bezeichnet sehen möchte, spinnt das Bild sogleich aus und will – auf einem »Mastbaum« kletternd – Hulda einen Kuß geben (ebd.) – genauso wie sie sich zuvor in die Rolle des jungen Innstetten versetzt hatte: »Wenn ich ein junger Leutnant wäre, so würd' ich mich in die Mama verlieben.« (Ebd., S. 12) Schuld an dieser ›Jungenhaftigkeit‹, die zugleich die Jugend und ›Natürlichkeit‹ Effis betont, ist die Mutter: »Und dann, warum steckst du mich in diese Hänger, in diesen Jungenskittel? Mitunter denk' ich, ich komme noch wieder in kurze Kleider. [...] Warum kriege ich keine Staatskleider? Warum machst du keine Dame aus mir?« (Ebd., S. 9) In genau dieser »Matrosen«-Aufmachung wird Effi aber nun mit Kalkül (vgl. die zu Anfang dieses Kapitels zitierte Passage) Innstetten präsentiert, auf den dies auch durchaus die beabsichtigte Wirkung hat: »Denn du mußt wissen, die alte Effi, die noch aussah wie ein Kind, nun, die war auch nach meinem Geschmack. Grad so wie die jetzige gnäd'ge Frau.« (Ebd., S. 180) Als ›Frau‹ jedoch hat Effi bereits wieder eine andere Identität und auch eine andere Wirkung auf Innstetten: »Weißt du, daß du eine kleine Kokette bist? [...] Du hast was Verführerisches.« (Ebd., S. 122f.) Diese Stellen zeigen, daß sich Weiblichkeit und Sexualität auch in »Effi Briest« nicht eindeutig zuordnen lassen, sondern von jenen Bewegungen durchkreuzt werden, aufgrund derer jede Ordnung der Geschlechter nur als zeitlich befristetes Oberflächen-Arrangement sichtbar wird, das durch eine genaue Lektüre seine Instabilität immer aufs neue enthüllt.

9. Wirkungsästhetik

von Matthias Richter

1. Vorbemerkungen

Mit ›Wirkung‹ kann man sowohl den Vorgang der durch eine verursachende Kraft bewirkten Veränderung bezeichnen – das Wirken oder Bewirken – als auch das Resultat dieses Vorgangs selbst, das bewirkte Ergebnis. »Wirkungsästhetik« wäre demnach die kunsttheoretische Unternehmung, in deren Mittelpunkt die Fragen stehen, welche Wirkung Kunstwerke bei einem Rezipienten hervorrufen und auf welche Weise das geschieht. Dabei kann man nach Arten von Wirkungen unterscheiden: kognitive (den Bereich des Verstehens und der Erkenntnis betreffende), moralisch-praktische, emotionale Wirkungen.

Die Wirkungsästhetik hat eine beachtliche Tradition. Besonders die Tragödie – von Aristoteles über Lessing bis Brecht – war immer ein Gegenstand wirkungsästhetischer Überlegungen (vgl. Turk 1976), etwa wenn Aristoteles in seiner »Poetik« als Zweck der Tragödie festlegt, sie solle Erschrecken und Anteilnahme hervorrufen und dadurch die Seele des Zuschauers reinigen (Katharsislehre); als wirkungsästhetisch gilt vielfach auch Kants Bestimmung des ästhetischen Urteils als interesselosen Wohlgefallens (in der »Kritik der Urteilskraft«), woraus man ableiten kann, daß es die spezifisch ästhetische Wirkung eines Kunstwerks sei, die Empfindung interesselosen Wohlgefallens zu erregen (→ Poetik). Eine ganz eigenständige und zu wenig bekannte Auffassung hat Josef König in seiner Abhandlung »Die Natur der ästhetischen Wirkung« entwickelt (König 1978). *Angewandte* Wirkungsästhetik dagegen, ein System von Anweisungen zum zielgerichteten und wirkungsoptimierten Einsatz sprachlicher Mittel in der Rede, stellt etwa die → Rhetorik dar. Unter einer literaturtheoretisch grundlegenden »Wirkungsästhetik« werden in jüngerer Zeit aber vor allem die Modelle verstanden, die der Konstanzer Anglist Wolfgang Iser vorgelegt hat.

Isers Gedanken nehmen einen prominenten, auch international sehr beachteten Platz im weiten Feld literaturwissenschaftlicher Rezeptionsästhetik und Rezeptionsforschung ein, die sich mit der Aufnahme (»receptio«), im häufigsten Fall also mit der Lektüre von Texten befaßt. Dabei fragt man nach den Bedingungen und Voraussetzungen, nach den Formen und nach den Wirkungen und

Folgen der Rezeption (→ THEORIEN DER LIT. REZEPTION; → LITERATUR ALS ›SYSTEM‹).

Grundlegend für alle Richtungen der Rezeptionstheorie scheint die Auffassung, daß die Bedeutung eines Textes nicht einfach in ihm enthalten ist wie etwa ein bestimmter Stoff in einer chemischen Verbindung, der gleich von wem und unter welchen Umständen mithilfe einer einschlägigen Analyseprozedur herausgelöst werden kann. Vielmehr werde die Bedeutung immer erst während der Rezeption gebildet, und zwar im Wechselspiel zwischen dem Text und der Aktivität des Lesers. Sowohl dieses Entstehen der individuellen Auffassung eines Textes als auch das empirisch greifbare Ergebnis werden häufig »Realisation« genannt.

In der Diskussion ist umstritten: (1) ob es einen leserunabhängigen Textsinn überhaupt gibt; (2) wie man sich das Zusammenwirken von Textwirkung und Leseraktivität vorstellen könne; (3) ob und gegebenenfalls auf welche Weise die im Text beschlossenen und von Lesern erzeugten Anteile in der Rezeption bestimmt werden können; (4) in welchem Sinn von einer adäquaten Rezeption zu sprechen sei.

2. Entfaltung und Ausdifferenzierung der Rezeptionsforschung

Die Rezeptionsforschung entfaltete sich stürmisch gegen Ende der sechziger Jahre, hat aber in die dreißiger Jahre zurückreichende vielfältige Wurzeln vor allem im Umkreis des Prager → STRUKTURALISMUS, in der phänomenologischen Literaturtheorie Roman Ingardens und in der → HERMENEUTIK Hans-Georg Gadamers mit ihrer These von der subjektiven Standortgebundenheit alles Verstehens (vgl. INGARDEN 1968, 1972, GADAMER [4]1975; gute Dokumentation und Einführung in WARNING 1975a).

Daß man sich Ende der sechziger Jahre verstärkt, ja enthusiastisch der Rolle des Lesers innerhalb der Kommunikationsstruktur Autor – Text – Leser zuwandte, hatte vielfältige Ursachen (vgl. ISER 1984, S. 1ff., MANDELKOW 1989, S. 252ff., HORN 1990, S. 1ff.): das Ungenügen an der tendenziell geschichtslosen Auslegungspraxis der → ›TEXTIMMANENTEN‹ ANALYSE, die objektive Gültigkeit beansprucht habe, wo doch die Widersprüchlichkeit, ja Unvereinbarkeit verschiedener konkurrierender Deutungen ebenso offensichtlich sei wie die zeitbefangene Subjektivität der Meister der »Kunst der Interpretation«, die ihre Auslegungen »oft in hieratischem Ton auf den Kathedern deutscher Hörsäle« vorgetragen hätte (Iser ²1984, S. III); gemeint waren namentlich Emil Staiger und Wolfgang Kayser. Zudem orientiere sie sich zu sehr an einem klassizistischen Stimmigkeitsideal, das die Kunst der Moderne mit ihrem »Negativitätshabitus« verfehle (ebd., S. II).

Die Unzufriedenheit mit dieser Art der Textauslegung traf nun zusammen mit der Forderung nach gesellschaftlicher Emanzipation und Modernisierung, nach Teilhabe an Entscheidungsprozessen – wie in der Gesellschaft und in der Universität so auch in der Beschäftigung mit Texten. Damit verbunden war die Forderung, die als dürftig empfundenen wissenschaftstheoretischen Fundamente der Literaturwissenschaft auf eine sichere, auch ideologiekritisch geprüfte Grundlage zu stellen und die Rolle des Lesers im Umgang mit Texten aller Art, nicht nur denen eines weltliterarischen → Kanons, methodologisch zu reflektieren.

Daß Textauslegung einem historischen Wandel unterlag, daß verschiedene Leser, auch gleich kompetente Leser, die gleichen Texte unter verschiedenen Bedingungen ganz verschieden gelesen und gedeutet hatten, wurde zunehmend als Herausforderung empfunden. 1967b trat Harald Weinrich mit einer brillanten historischen Skizze einer Lesergeschichte hervor, die den appellativen Titel »Für eine Literaturgeschichte des Lesers« trug; im selben Jahr erregte Hans Robert Jauß Aufsehen mit seiner Konstanzer Antrittsvorlesung »Literaturgeschichte als Provokation der Literaturwissenschaft« (→ Theorien der lit. Rezeption; → Hermeneutische Modelle). Konstanz wurde nun ein Zentrum rezeptionsästhetischer Studien; 1967 wurde neben Jauß auch Wolfgang Iser dorthin berufen. Isers wirkungsästhetische Überlegungen hatten sich in einer Reihe anregender Analysen leserlenkender Erzählstrategien von englischsprachigen Romanen angebahnt (zusammengefaßt im Band »Der implizite Leser«, 1972) und wurden ebenfalls in seiner Konstanzer Antrittsvorlesung umfassend skizziert: »Die Appellstruktur der Texte« (1970; in: Warning 1975a). Hier sind fast alle Ideen Isers im Kern enthalten. In der Folge erläuterte Iser seine Theorie in verschiedenen Diskussionsbeiträgen (z. B. in Warning 1975) und arbeitete sie in seinem systematischen Hauptwerk »Der Akt des Lesens« (1976) aus.

Seit Ende der sechziger Jahre hatte sich die Beschäftigung mit der Rezeption von Texten rasch ausdifferenziert: Neben Isers Bemühungen und die hermeneutische Rezeptionsästhetik von Jauß traten Einzeluntersuchungen zur Rezeptions- und Wirkungsgeschichte (nur zwei Beispiele: MANDELKOW, »Goethe in Deutschland«, 1982/1989; EHRISMANN, »Nibelungenlied«, 1975), und einschlägige Dokumentationen wurden bald fester Bestandteil anspruchsvollerer Editionsvorhaben. Es bildete sich eine »Empirische Literaturwissenschaft« heraus, deren Hauptvertreter in Deutschland der ›radikale Konstruktivist‹ Siegfried J. Schmidt und der ›gemäßigte Konstruktivist‹ Norbert Groeben sind (→ THEORIEN DER LIT. REZEPTION). Während Schmidt eher als Theoretiker einer empirischen Literaturwissenschaft auftritt (z. B. HAUPTMEIER/SCHMIDT 1985, SCHMIDT 1991; eine Probe konstruktivistischer Literaturgeschichtsschreibung gibt SCHMIDT 1989), hat Groeben Ergebnisse empirischer Untersuchungen zusammengefaßt (vgl. etwa GROEBEN 1982b und GROEBEN/VORDERER 1988; gute Forschungsübersicht bei VIEHOFF 1988). Empirische Rezeptionsforschung arbeitet vor allem mit Methoden, die in der Sozialforschung und in der empirischen Psychologie entwickelt wurden (→ LITERATUR ALS ›SYSTEM‹). Groeben versucht dabei auf eine hermeneutisch gewonnene Bedeutungsvorgabe, die dann als ›adäquate‹ Realisation die Funktion einer Interpretationsnorm hätte, völlig zu verzichten und Aussagen über die Bedeutung von Texten sowie Aufschluß über das Zustandekommen der individuellen Deutungen allein aus den empirisch gewonnenen Daten der befragten Rezipienten zu gewinnen (Kritik an diesem Vorgehen z. B. bei WÜNSCH [2]1984, S. 908ff.). Das Verhältnis von Hermeneutikern und Empirikern zueinander ist vielfach von Skepsis, Argwohn, ja Hochmut geprägt – nicht eben günstige Voraussetzungen für den doch unerläßlichen Dialog zwischen beiden Lagern (wohltuend maßvoll dazu der ›Empiriker‹ Elrud IBSCH 1995).

Weitgehend unabhängig von der literaturtheoretischen Diskussion nahm, vor allem in den USA, die kognitive Psychologie und mit ihr die empirisch-psychologische Erforschung des Lesens (nicht nur, aber auch von literarischen Texten) und der Aufnahme und Verarbeitung des Gelesenen einen beachtlichen Aufschwung, im Hinblick auf verstehende wie auf affektiv orientierte Lektüre (handliche Übersicht bei GROSS 1994, AUST 1983, VIEHOFF 1988; jeweils umfangreiche Literaturangaben).

Eher zögernd kam seit Ende der siebziger Jahre die Diskussion rezeptionsästhetischer Ideen in den USA in Gang. Beachtliche Verbreitung fanden dann namentlich Isers Entwürfe, die vielfach in das Interpretationssystem des »New Criticism« eingepaßt wurden (vgl. HOLUB 1984 und 1992). Unabhängig davon hatte es in den USA bereits eine intensive Debatte um die Einbeziehung von Leserreaktionen in die Textauslegung gegeben, die unter dem Stichwort »reader-response-criticism« zusammengefaßt werden. Sie sind teils behavioristisch, teils psychoanalytisch (Norman Lesser, Norman N. Holland) orientiert und interessieren sich in jedem Fall für die individuelle, besonders die affektive Leserreaktion (vgl. CROSSMAN/SULEIMAN 1980, FREUND 1987, BLEICH 1978).

Als 1976 Isers »Der Akt des Lesens« erschien, hatte die Rezeptionsästhetik den Höhepunkt ihrer akademischen Wirkung erreicht (vgl. grundlegend WARNING 1975a, auch H. LINK 1976, GRIMM 1977). Rezeptionsästhetische Ideen wurden in allen Philologien, im Westen wie in der DDR, lebhaft diskutiert. Wie keine andere Theorie hatte die Rezeptionsästhetik im Zeichen einer auf Emanzipation gestimmten Gesellschafts- und Bildungspolitik unmittelbar Eingang in die Literaturdidaktik gefunden, und ihr Einfluß hat hier bis zur Mitte der neunziger Jahre noch zugenommen, wie sich an den schulischen Rahmenrichtlinien vieler Bundesländer ablesen läßt. Zentral ist hier die Ergänzung, manchmal auch Verdrängung begriffsbestimmter *Textanalyse* durch die Gestaltung der individuellen *Lektüreerfahrung* mit Hilfe »produktionsorientierter« Verfahren: Durch das Umschreiben literarischer Texte (etwa durch das Ausgestalten von Nicht-Dargestelltem, das Weiterschreiben von Textanfängen oder durch den Wechsel der Erzählperspektive und Erzählweise) lasse sich, so hofft man, sowohl die persönliche Erfahrung des Lesers in die Beschäftigung mit literarischen Texten besser einbeziehen als auch ein angemessenes Verständnis für die Aussage und Form solcher Texte fördern.

Demgegenüber ist die Rezeptionsästhetik in der universitären Literaturwissenschaft seit Ende der siebziger Jahre zumindest in den Hintergrund getreten. Eine Ursache dafür dürfte sein, daß einige ihrer Ideen in das Grundrepertoire literaturwissenschaftlichen Arbeitens eingegangen sind und damit ihre Auffälligkeit verloren haben. Die genaue Erforschung realer Leseprozesse im Umkreis sozial-, medien- und geschlechtsspezifischer Fragestellungen hat in den vergangenen Jahren überhaupt erst eingesetzt (für die Lesegeschichte vgl. z. B. SCHÖN 1987). Ein weiterer Grund ist aber wohl auch, daß sich viele Ideen nicht genügend operationalisieren ließen. Verglichen mit den zahllosen rezeptionsgeschichtlichen Arbeiten und gemessen an der Menge von Textanalysen überhaupt, ist die Zahl derjenigen Untersuchungen, die sich z. B. ausdrücklich Isers Konzept verschrieben haben, sehr gering (vgl. PLATZ 1986, bes. S. 22-37). Zu berücksichtigen ist ferner, daß gerade Iser es seinen Lesern auch nicht eben leicht macht. »Der Akt des Lesens« ist in der Darstellung weder sehr bündig noch sehr klar. Zwar erweckt der enorme begriffliche Aufwand den Eindruck großer Genauigkeit, bei schärferem Hinsehen zeigt sich aber oft eine eigentümliche Vagheit. Die Frage, was Iser mit Zentralbegriffen wie »Textrepertoire«, »impliziter Leser« oder »Leerstelle« genau meint, zwingt den Leser zu mühsamen Rekonstruktionen. Außerdem bezieht sich Iser, um seine Ideen zu entwickeln, auf eine Fülle heterogener Theorien und Denkmodelle und nötigt den Leser dadurch, die Begriffsoptik ständig neu zu justieren. So entwickelt Iser seine Überlegungen zum kommunikativen Status fiktionaler Texte mit Hilfe der Sprechakttheorie; Funktion und Wirklichkeitsbezug fiktionaler Texte erläutert er mit Hilfe der Luhmannschen Systemtheorie; zur Beschreibung der Sinnbildung im Leserbewußtsein benutzt Iser Konzepte der Gestaltpsychologie und Phänomenologie (in enger Anlehnung an Husserl und Ingarden). Kritiker bestreiten den Nutzen dieses Theorien-Zappings und werfen Iser Eklektizismus und inkonsistente Begriffshypertrophie vor (vgl. z. B. Holub 1984, S. 100).

Seit Anfang der achtziger Jahre hat Iser sich nicht mehr darum bemüht, sein Modell der Sinnbildung im Akt des Lesens weiter auszubauen. Vielmehr hat er sich zum einen wieder verstärkt der Textanalyse zugewandt und z. B. Interpretationen von Shakespeares Historien (1988) und von Sternes »Tristram Shandy« (1987) vorgelegt, die auf seiner Texttheorie basieren, in denen aber erstaunlicherweise seine berühmtesten Begriffe – die des »impliziten Lesers« und der »Leerstelle« – fast gar nicht mehr verwendet werden. Zum anderen hat Iser Gedanken weiterentwickelt, die er schon in seinem Entwurf von 1970 skizziert hatte: welche anthropologische Funktion nämlich fiktionale Texte überhaupt haben könnten (»Das Fiktive und das Imaginäre«, 1991).

3. Wolfgang Isers wirkungsästhetische Konzepte

Innerhalb des Theorienbündels der Rezeptionsästhetik grenzt Iser selbst seine Überlegungen ab nach der Blickrichtung, aus der er die Rezeption betrachtet: Die Rezeptionsforschung setzt beim Rezipienten und beim Resultat eines Lesevorgangs an, sammelt Daten und Zeugnisse darüber, wie Texte tatsächlich aufgenommen und verarbeitet wurden und gewirkt haben; sie fragt nach den (historischen, sozialen, psychischen, geschlechtsspezifischen usw.) Bedingungen und Folgen der dokumentierten Rezeption.

Der Klarheit halber sollte der Ausdruck ›Wirkung‹ für tatsächliche bei einer Rezeption festzustellende Wirkungen reserviert bleiben. Um solche tatsächlichen Wirkungen aber geht es Iser *nicht*; er entwickelt ein abstraktes Modell des literarischen Textes als eines »Wirkungspotential[s], dessen Strukturen Verarbeitungen in Gang setzen und bis zu einem gewissen Grade kontrollieren« (ISER [2]1984, S. I). Iser verwendet die Ausdrücke »literarisch« und »fiktional« offenbar synonym und interessiert sich für die spezifischen Funktionen, die in ihrem Charakter als fiktionalen Gebilden begründet sind (→ FIKTIONALITÄT UND POETIZITÄT) – und die Iser fast ausschließlich im kognitiven Bereich, im Bereich von Erkenntnis und Sinnbildung, sieht. Er würde nicht bestreiten, daß ein fiktionaler Text auch alle möglichen moralischen, praktischen und emotionalen Wirkungen haben kann, aber er läßt sie beiseite und würde wohl auch bestreiten, daß in ihnen das Spezifische der Wirkung fiktionaler Texte läge.

Isers Thema läßt sich in zwei Fragen formulieren: (1) Wie sind fiktionale Texte beschaffen, und welche Funktion, d. h. welches Wirkungspotential resultiert aus dieser Beschaffenheit? (2) Wie realisiert sich diese Funktion beim Lesen?

Dementsprechend ist Isers Hauptwerk, »Der Akt des Lesens«, in zwei komplementär aufeinander bezogene Teile gegliedert: eine Texttheorie und eine Verstehenstheorie. In einem dritten Teil werden die Mechanismen der Text-Leser-Interaktion in den Blick genommen.

In der Frage, wie man sich die Sinnbildung während des Lesens zu denken hätte und welche Rolle dabei der Text, welche der Leser spielen, schlägt Iser einen mittleren Weg ein: Weder ist der Sinn eines Textes vollständig in ihm enthalten und läßt sich durch sachgerechtes Verstehen gleichsam entnehmen (objektivistische Position), noch ist der Text lediglich eine Projektionsfläche für beliebige individuelle Bedeutungszuweisungen (subjektivistische Position). Vielmehr sind fiktionale Texte gleichzeitig so beschaffen, daß sie zwar immer neue und gleich angemessene Realisationen erlauben, zugleich aber doch nicht alle Realisationen als gleichberechtigt akzeptiert werden müssen. Denn fiktionale Texte sind in mancher Hinsicht bestimmt, gleichzeitig jedoch in anderer Hinsicht unbestimmt. Dieser Zentralgedanke von Isers Texttheorie ist in mehrere Aspekte aufgefächert. Zu unterscheiden sind die pragmatische und die semantische Unbestimmtheit fiktionaler Texte.

Ihrem kommunikativen Status nach unterscheidet Iser fiktionale von nicht-fiktionalen Texten dadurch, daß er sie nicht als Teil einer realen Kommunikationssituation zwischen einem bestimmten Absender und einem bestimmten Adressaten und mit einem bestimmten Zweck ansieht. Vielmehr sind sie entpragmatisiert, und das ist die Bedingung dafür, daß sie an die Erfahrungswirklichkeit vieler verschiedener Leser auch unterschiedlicher Epochen anschließbar sind. Diese Gedanken weiterführend, gelangt Karlheinz Stierle zu einem eigenen, vielbeachteten Modell der Rezeption fiktionaler Texte (STIERLE 1975b).

Zur pragmatischen Unbestimmtheit tritt die semantische. Ein fiktionaler Text stellt einen ästhetischen Gegenstand dar, der niemals mit bereits Existierendem identisch ist und ausschließlich mit Hilfe dieses Textes konstituiert wird (vgl. z. B. ISER ²1984, S. 120). Der ästhetische Gegenstand und seine Konstituierung ist aber vom Text nicht vollständig determiniert; er weist – in von Text zu Text variierendem Maße – Momente von Unbestimmtheit auf. Zu deren Behebung bei der Lektüre kann der Leser von Gegebenheiten des Textes ausgehen, ist aber bei der Ausgestaltung des im Text Angelegten unausweichlich auch auf seine Subjektivität angewiesen.

Den Textaufbau beschreibt Iser mit Hilfe der Begriffspaare Selektion und Kombination bzw. Repertoire und Strategien (→ FORMALISMUS UND STRUKTURALISMUS) – wohlbekannte Begriffe aus dem (namentlich linguistischen) Strukturalismus, die Iser aber in einem eigentümlichen Sinn verwendet. Während in der strukturalen Linguistik als Elemente von Texten vor allem linguistisch definierte Einheiten – Silben, Wörter, Sätze – angesehen werden, meint Iser mit Repertoireelementen »das selektierte Material, durch das der Text auf die Systeme seiner Umwelt bezogen ist« (ebd., S. 143). In Anlehnung an die Systemtheorie Luhmanns und gleichzeitiger Abwehr einer marxistischen Widerspiegelungslehre begreift Iser als die Bezugsrealität fiktionaler Texte nicht ›die Wirklichkeit‹ schlechthin, sondern immer nur Wirklichkeitsverarbeitungen: die »Weltbilder, Sinn- oder Sozialsysteme«, »Interpretationssysteme« (ISER 1988, S. 28), Konventionen und Normen einer Zeit (ebd., S. 207). Diese würden überhaupt erst zugänglich, indem sie in Sprache gefaßt würden (vgl. ISER ²1984, S. 114-143). (Iser nimmt übrigens an, daß »bedeutsame Literatur sich auf jene zeitgenössischen Sinn- und Sozialsysteme bezieht, die einen beherrschenden Charakter besitzen«, und denkt dabei etwa an Shakespeares Dramen; ISER 1988, S. 207.) Darüber hinaus können sich literarische Texte auf andere literarische Texte beziehen, auf »Bruchstücke vorangegangener Literatur« (ISER [2]1984, S. 118), die genauso wie die Interpretationssysteme usw. im Text »eingekapselt« seien (ebd., S. 123 und 143; → DIALOGIZITÄT UND INTERTEXTUALITÄT). Selbstverständlich bestehen Texte auch für Iser aus sprachlichen Einheiten, die man mit linguistischen Begriffen beschreiben kann. Ihn beschäftigen aber nur diejenigen Interpretationssysteme, denen sich die linguistisch beschreibbaren Einheiten zuordnen lassen. – In jedem Fall konstituiert sich Isers »Textrepertoire« aus abstrakten und interpretationsintensiven Elementen, deren Identifikation interpretativer Anstrengung und sprachlich-kulturellen Wissens bedarf. Dies um so mehr, als die Sinnsysteme immer nur in einer bestimmten Fassung und bruchstückhaft in fiktionalen Texten »eingekapselt« sind.

Die Anordnung der Repertoireelemente ist Aufgabe der Textstrategien. Sie sind verantwortlich für die »textimmanente Organisation des Repertoires« (ebd., S. 144) auf allen Textebenen, z. B. für die Handlungsfügung, vor allem aber für die gedankliche Perspektivierung der Repertoire-Elemente. Zugleich zeichnen sie dadurch »jene Bahnen [vor], durch die die Vorstellungstätigkeit gelenkt und damit der ästhetische Gegenstand im Rezipientenbewußtsein hervorgebracht werden kann« (ebd., S. 154). Im Bereich erzählender Texte entspricht dem teilweise der herkömmliche Begriff der Erzähltechnik (→ GRUNDLAGEN NARRATIVER TEXTE). Denn hier regulieren die Textstrategien nicht nur, wie die Elemente des Geschehens auf der Ebene des ›plot‹ (also des temporal-kausal strukturierten Handlungsgerüstes) angeordnet sind, sondern auch, aus welcher Erzählperspektive, in welcher Reihenfolge oder in welcher Vollständigkeit sie dem Leser dargeboten werden – und regulieren damit, welche gedanklichen Schritte beim Erfassen des Dargestellten vollzogen werden müssen.

Wenn nun im literarischen Text die ausgewählten Systembruchstücke in einen neuen Zusammenhang eintreten, werden die Grenzen deutlich, die die einzelnen Sinnsysteme bei der gedanklichen Ordnung der Wirklichkeit haben. Die Verpflanzung in den neuen Kontext eines literarischen Werkes erlaubt die »Bilanzierung der Defizite« der herrschenden Systeme – das ist Isers zentrale These zur Funktion von Literatur (vgl. ebd., S. 129 u. ö.; ISER 1988, S. 208).

Im Gleichnis des Hausbaus entsprächen dem Textrepertoire die Bauelemente und den Textstrategien der Bauplan. Dieser Bauplan regelt den Textaufbau und die Vorstellungsbildung im Bewußtsein des Lesers. Es ist gleichsam die Baustelle, auf der – vermittels der kognitiven Operationen, die das Lesen begleiten – der ästhetische Gegenstand, den der fiktionale Text darstellt, überhaupt erst entsteht. Hierbei geht es – und das ist ein wesentlicher Gedanke Isers – nicht nur um das Ergebnis, sondern genauso um den Rezeptionsprozeß selbst. Ja, offenbar ist für die ästhetische Erfahrung das, was ein Leser am Ende einer Lektüre in Sätzen festhalten kann, sogar weniger entscheidend als das, was während des Lesens in und mit ihm geschieht.

Iser setzt dabei zwei Dinge voraus, die vielleicht als anthropologische Konstanten anzusehen sind: Jede Informationsaufnahme, also auch jede Lektüre, sei von vornherein von dem Bestreben begleitet, sie in einen individuell befriedigenden Sinnzusammenhang zu bringen. (Iser bezieht sich hier besonders auf den Psycholinguisten Hans Hörmann.) Zum anderen verfüge das menschliche Bewußtsein über die Fähigkeit zu antizipierender Hypothesenbildung und rückwirkender Korrektur der urprünglichen Erwartung. (Iser verwendet hier zwei Begriffe aus der Phänomenologie Edmund Husserls: »Protention« und »Retention«.)

Die bei fortschreitender Lektüre entstehenden einzelnen Vorstellungssegmente werden, entsprechend dem fortschreitenden Auftauchen und Verschwinden der Textelemente, durch ständige vorausgreifende Hypothesenbildung und ständige Bestätigung oder Revision der ursprünglichen Erwartung zueinander in Beziehung gesetzt, nämlich zu einem als stimmig empfundenen Ganzen verknüpft, einer »konsistenten Interpretation« (Iser ²1984, S. 194), »Sinnkonfiguration« (ebd., S. 198) oder (in Anlehnung an Gedanken der Gestaltpsychologie) »Gestalt«. Die Vorstellungssegmente stehen dabei während des Lese- und Verarbeitungsvorgangs in einem Verhältnis von Thema (dem jeweils aktuell gebildeten Vorstellungssegment) und Horizont (einem oder mehreren damit verknüpfbaren anderen Segmenten). Die Sinnbildung vollzieht sich zumal bei längeren Texten auf der Basis einer sehr großen Zahl zu verknüpfender Vorstellungssegmente und auf mehreren Ebenen. Im Roman oder im Drama gilt es etwa auf der Ebene der Handlung, den ›plot‹ zu rekonstruieren. Dabei unterstellt Iser, daß sich Leser jedoch mit der Rekonstruktion der Handlung meist nicht zufriedengeben, sondern sich (wie er selbst) letztlich vor allem für die Ebene der Erkenntnis und Beurteilung der Wirklichkeit interessieren (gemäß seiner Idee von der »Bilanzierung defizitärer Realitäten«; vgl. ebd., S. 198, im Zusammenhang einer philologisch übrigens anfechtbaren Interpretation einer Episode aus Fieldings »Tom Jones«).

In diesem Lesemodell spielt einer der meistzitierten und schwierigsten Begriffe Isers eine wichtige Rolle: der des *impliziten Lesers.* Iser formuliert ihn analog zum Begriff des »impliziten Autors«, den der amerikanische Literaturwissenschaftler Wayne C. Booth eingeführt hat. Was damit offenbar *nicht* gemeint ist, ist leichter zu sagen, als eine positive Bestimmung zu treffen. Der implizite Leser ist nicht der Leser, der häufig in literarischen Texten direkt angesprochen wird – das wäre etwa ein *fiktiver* Leser, analog zum Erzähler (vgl. Goetsch 1983). Der implizite Leser ist auch weder der Leser, den ein Autor im Blick hat, wenn er seine Texte schreibt – das wäre etwa der historisch zu lokalisierende Adressat oder *intendierte* Leser (vgl. Wolff 1971) –, noch der reale *empirische* Leser. Der implizite Leser ist aber auch nicht ein fiktiver *idealer* Leser, der bei seiner Lektüre alles, was der Text an Bedeutungsangeboten enthält, vollständig realisieren könnte. Immerhin scheint diese Vorstellung dem, was Iser mit seinem Begriff meint, noch am nächsten zu kommen. Denn wie der ideale Leser hat auch der implizite Leser »keine reale Existenz« (Iser [2]1984, S. 60) und ist auch überhaupt kein Leser – die personifizierende Redeweise ist leider irreführend. Der implizite Leser ist vielmehr die »Wirkungsstruktur des Textes« (ebd., S. 67), und zwar einerseits als Eigenschaft der Texte, nämlich als »Gesamtheit der Vororientierungen, die ein fiktionaler Text seinen möglichen Lesern als Rezeptionsbedingungen anbietet« (ebd., S. 60), und andererseits (nicht sehr klar) als der »Übertragungsvorgang, durch den sich die Textstrukturen über die Vorstellungsakte in den Erfahrungshaushalt des Lesers übersetzen« (ebd., S. 67). Iser spricht auch von der »im Text ausmachbaren Leserrolle, die aus einer Textstruktur und einer Aktstruktur besteht« (ebd., S. 66). Es scheint, als bezeichne »impliziter Leser« sowohl die Gesamtheit aller gedanklichen Operationen, die ein Text für eine adäquate Rezeption vom Leser fordert, als auch die entsprechenden kognitiven Operationen *und* die textlichen Grundlagen selbst. Das Konzept des impliziten Lesers ist ein »transzendentales Modell, durch das sich allgemeine Wirkungsstrukturen fiktionaler Texte beschreiben lassen« (ebd.), ein allgemeinster Beschreibungsrahmen für die bewußtseinsmäßige Form, in der sich alle individuellen Realisierungen aller fiktionalen Texte vollziehen (vgl. ebd., S. 66f.). Jeder reale Leser kann die Wirkungsstrukturen eines fiktionalen Textes »immer nur selektiv realisieren«, und zwar »je nach den lebensweltlichen Dispositionen sowie dem Vorverständnis« (ebd., S. 65). Jede Lektüre ist vorläufig, auch der umfassendste Kommentar kann die »Wirkungsstruktur der Texte« nicht vollständig realisieren.

Das Konzept des »impliziten Lesers« ist zwar bekannt geworden, hat sich aber kaum durchsetzen können, und es ist unklar, ob es sich halten läßt. Neuerdings hat Ansgar Nünning vorgeschlagen, auf die Begriffe »impliziter Autor« und »impliziter Leser« völlig zu verzichten; was ihnen innerhalb eines Textes zugeordnet werden kann, solle statt dessen im Konzept einer textuellen Ebene gefaßt werden, die von der Gesamtheit der bedeutungstragenden Strukturelemente eines Textes gebildet wird (NÜNNING 1993).

Iser nimmt an, daß fiktionale Texte nicht nur in pragmatischer Hinsicht unbestimmt sind, sondern auch – und vor allem – in semantischer: Vielfach ist in ihnen etwas ausgespart, wodurch der Leser angeregt wird, seine Subjektivität, sein Kombinationsvermögen, seine Vorstellungskraft, sein Weltwissen, seine Wertvorstellungen ins Spiel zu bringen. Dabei unterscheidet Iser »Unbestimmtheitsstellen« im engeren Sinn von »Leerstellen« und »Negationen«, und zwar nach der Art der jeweils geforderten Leseraktivität. Den Begriff »Unbestimmtheitsstelle« übernimmt Iser von Roman Ingarden: Der Text bestehe aus »schematisierten Ansichten« der intendierten Gegenstände; sie heißen »schematisiert«, weil sie nur soweit detailliert sind, wie es dem Autor für die Zwecke der Darstellung notwendig erscheint. Unbestimmtheitsstellen zeigen dem Leser eine »Komplettierungsnotwendigkeit« an (ISER ²1984, S. 284; vgl. INGARDEN 1968, § 11, INGARDEN ⁴1972, § 38). Den Anreiz, diese Art von Unbestimmtheit durch Vorstellungsarbeit zu beseitigen oder zu vermindern, hält Iser für gering, sofern er überhaupt empfunden wird. Zentrale Bedeutung haben für ihn hingegen die Arten von Unbestimmtheit, die er mit den Begriffen Leerstelle und Negation zu fassen sucht.

Die sinnkonstituierende Aktivität des Lesers ist nach Iser am befriedigendsten, wenn der Leser die einzelnen Vorstellungssegmente (entsprechend den einzelnen Textsegmenten) selbständig aufeinander bezieht und nicht nur explizite Formulierungen nachbuchstabiert. »Erst die Leerstellen gewähren einen Anteil am Mitvollzug und an der Sinnkonstitution des Geschehens.« (ISER 1970, S. 236, vgl. ebd. S. 248 u. ö.) Besonders aktivitätsfördernd wäre eine Stelle, an der es zwischen den Elementen des Repertoires semantische oder normative Spannungen gibt, so daß sich divergierende Perspektiven auf den Gegenstand und das Thema des Textes ergeben. Sodann müssen die Textsegmente – das wäre der Beitrag der Textstrategien – so angeordnet sein, daß die thematisch oder normativ divergierenden Elemente des Repertoires unvermittelt aufeinanderstoßen: »Leerstellen [...] zeigen eine Kombinationsnotwendigkeit an.« (ISER [2]1984, S. 284) Die Kombinationsnotwendigkeiten werden desto zahlreicher, (1) je reicher ein Text an bedeutungstragenden und aufeinander beziehbaren Details ist, (2) je mehr diese Details unterschiedlichen Standpunkten und Sichtweisen zugeordnet werden können und (3) je weniger offensichtlich die Beziehungen sind oder je weniger einschlägige Hinweise im Text bereits formuliert sind – solange der Text lesbar bleibt (→ DIALOGIZITÄT). Insofern ist eine Leerstelle jede Stelle zwischen Textelementen, die eine Hypothesenbildung darüber erfordert, in welchem Verhältnis sie zueinander stehen. Erfolgt die geforderte Hypothesenbildung tatsächlich, wird die Leerstelle aufgefüllt.

Sind die Leerstellen als »unformulierte Beziehungen« (ISER 1970, S. 235), als »im Text ausgesparte Anschließbarkeiten«, als »Gelenke des Textes«, als »gedachte Scharniere der Darstellungsperspektiven« (ISER [2]1984, S. 284) den Textstrategien zuzuordnen, so die Negationen dem Textrepertoire: »Die Negationspotentiale rufen Bekanntes oder Bestimmtes auf, um es durchzustreichen; als Durchgestrichenes bleibt es im Blick und verursacht angesichts seiner gelöschten Geltung Modifizierungen in der Einstellung« des Lesers (ebd., S. 267, vgl. S. 328). Iser denkt hier vor allem an »gezielte Teilnegationen« »eingekapselter Normen« (ebd., S. 329); eine »Negation erzeugt [...] Leerstellen im selektierten Normenrepertoire« (ebd., S. 335) oder »markiert« »eine Verdeckung am bekannten Wissen und [stellt] damit dessen Geltung in Frage« (ebd., S. 350).

Isers verstreuten Andeutungen folgend (vgl. besonders ISER 1970, S. 234-241), kann versucht werden, einen – unvollständigen – Katalog textlicher Bedingungen für Leerstellen zusammenzustellen. Zu ihnen gehören: die Technik des harten Schnittes, wodurch die Textelemente diskontinuierlich segmentiert werden – eine Erzählsequenz wird an einer spannenden Stelle abgebrochen, unvermittelt werden neue Figuren eingeführt oder neue Handlungsstränge begonnen; es werden Erzählerkommentare gegeben, die das Geschehen nicht auktorial-verbindlich interpretieren, sondern selber nur Hypothesen entwerfen, die der Leser koordinieren, als Anspielung oder Andeutung erkennen (vgl. ISER 1972, S. 59, S. 68-70) oder als ironische Mehrdeutigkeit identifizieren muß (ISER 1970, S. 240); auch Strategien literarischer Camouflage würden hierher gehören (vgl. DETERING 1994), ebenso die von WARNING 1975b (S. 32) in diesem Zusammenhang genannte Technik der Verfremdung. Offenbar sind die Grenzen zwischen der Aussparung einer Beziehung und der Aussparung einer Information, die der Leser in seiner Vorstellung ergänzen muß, in Isers Konzept fließend.

Eine »Negation« kann z. B. dort bestehen, wo der Leser die Beziehung zu einem gezielt nicht angewendeten Erzählverfahren herstellen muß (vgl. ISER [2]1984, S. 322). Solch ein »ausgespartes Verfahren« (ISER 1987, S. 17), das der Leser gleichwohl »als Hintergrund gewärtigt« (ISER [2]1984, S. 321), ist z. B. die Linearität des Erzählens in Sternes »Tristram Shandy« oder eine erzählerorientierte und leserorientierende Erzählweise, die in Joyces »Ulysses« aufgegeben sei. Ebenso kann – wiederum gezielt – auch eine soziale oder moralische Norm außer Kraft gesetzt sein und dadurch eine normbezogene Erwartung gleichzeitig aufgebaut und enttäuscht werden – wenn etwa der Selbstmord im »Werther« oder der Ehebruch in »Madame Bovary« nicht ausdrücklich verurteilt werden.

Prinzipiell sind diejenigen Leerstellen, die nur dadurch zustande kommen, daß der Leser bei der Erstlektüre noch nicht über alle Informationen des Textes verfügen konnte, beseitigt, wenn die Lektüre beendet ist. Es gibt aber auch Informationslücken, die sich selbst bei wiederholter Lektüre nicht oder nur mit einem bestimmten Grad an Wahrscheinlichkeit beseitigen lassen. Auch die gründlichste Lektüre kann nicht verbindlich klären, ob Uwe Johnson seinen Jakob Abs durch Unfall, Selbstmord oder gar Mord zu Tode kommen läßt – es bleibt bei »Mutmassungen über Jakob«.

Verschwinden mit abgeschlossener Erstlektüre viele, namentlich informatorische Leerstellen hinsichtlich des Handlungsverlaufs und seiner Motivation, so werden – jedenfalls in komplexeren Texten – zahlreiche andere überhaupt erst sichtbar. Die »zusätzliche Information bildet die Voraussetzung dafür, daß nun die unformulierten Beziehungen zwischen den einzelnen Textsituationen sowie die dadurch gewährten Zuordnungsmöglichkeiten anders, vielleicht sogar intensiver genutzt werden können. Das Wissen, das nun den Text überschattet, gewärtigt Kombinierbarkeiten, die in der Erstlektüre oftmals dem Blick noch verschlossen waren. Bekannte Vorgänge rücken nun in neue, ja sogar wechselnde Horizonte und erscheinen daher als bereichert, verändert und korrigiert.« (ISER 1970, S. 235f.) Erst bei wiederholter Lektüre wird z. B. die ›unformulierte Beziehung‹ erkennbar, die das zweimalige Auftreten der lakonischen Aufforderung »Effi komm!« (entstehungsgeschichtlich, so Fontane, die Keimzelle des ganzen Romans) an weit auseinanderliegenden Knotenpunkten der Handlung verbindet.

Nicht nur das Fehlen autoritativer Interpretationen beim Aneinanderstoßen benachbarter Textsegmente (wie etwa beim harten Schnitt zwischen zwei Kapitelgrenzen) erzeugt eine Leerstelle. Vielmehr ist in vielen Fällen gerade die Koordination weit auseinanderliegender Textelemente verlangt – etwa des Zugunfalls, den Anna Karenina beobachtet (als ein Mann unter die Räder einer Lokomotive gerät) und Annas eigenem Selbstmord (wenn sie sich vor einen Zug wirft, womit der frühere Unglücksfall rückblickend den Charakter einer Vorausdeutung erhält).

Freilich droht sich die Rede von der Leerstelle als »unformulierter Beziehung«, als »Kombinationsnotwendigkeit« oder »ausgesparter Anschließbarkeit« ins Vage zu verlieren. Denn schließlich ist »Leerstelle« gleichbedeutend mit: Fehlen expliziter Formulierung dessen, was aufeinander beziehbare Textelemente miteinander verbindet, oder mit interpretationsrelevanter Beziehung überhaupt. Jede sinnvolle Beziehung zwischen Textelementen, die nicht ausdrücklich und autoritativ charakterisiert ist, wäre dann eine Leerstelle – gleich in welcher Textart, zwischen welchen Textelementen und zwischen welchen innertextlichen und außertextlichen Dingen auch immer.

4. Zur kritischen Diskussion von Isers Konzepten

Schon Hans Ulrich Gumbrecht fragte 1977 in seiner Rezension von »Der Akt des Lesens«, ob es nun möglich werde, die Wirkungsstruktur einzelner Texte verbindlich zu beschreiben (vgl. GUMBRECHT 1977, S. 524f.). Eine solche universal gültige Beschreibung des Wirkungspotentials eines Textes wäre aber kaum etwas anderes als die ›objektiv richtige Analyse‹ im Gewande der Wirkungsästhetik. Es hat sich rasch gezeigt, daß diese Hoffnung illusionär ist (vgl. ebd. 1977, S. 523f., und die Diskussion in WEBER 1978, S. 168-182). Jede Aussage über einen Text bringt von Anfang an die Voraussetzungen und das Weltwissen des Interpreten ins Spiel, und das gilt selbstverständlich auch für die Aussagen über potentiell wirkungsmächtige Stellen. Eine Leerstelle ist nur faßbar in der Interpretation, die ihr Vorhandensein plausibel macht (vgl. H. LINK 1973, TITZMANN 1977, S. 230ff., FISH 1989). Isers Wirkungsästhetik ersetzt die traditionelle Interpretation nicht, sondern erweitert nur ihren Horizont um die Frage nach der möglichen Wirkung von Textelementen bei der Sinnkonstituierung (→ Hermeneutische Modelle).

Deshalb ist Iser vorgehalten worden, auf halbem Wege stehengeblieben zu sein: Er biete lediglich ein abstraktes Modell und betreibe im Grunde traditionelle Interpretation (→ Formen ›textimmanenter‹ Analyse). Entweder wendet man sich daher realen Lesern und ihrer Lektüre zu, wie es die empirische Literaturwissenschaft oder die historische Leseforschung tun (vgl. Schön 1987), oder man beläßt es bei Textinterpretationen, die man um die Idee der Leerstelle und der Vermutung über mögliche Wirkungen, mögliche lesersteuernde Funktionen bestimmter textlicher Details erweitert. So erscheint es auch sinnvoll, falls man den Weg in die Empirie der Leseforschung nicht beschreiten möchte, den Gedanken der Leerstelle im Rahmen einer allgemeinen Textanalyse systematisch neu zu formulieren – und dabei in Kauf zu nehmen, daß sich Akzentverschiebungen gegenüber dem von Iser Gemeinten ergeben können.

Ihren Kristallisationskern haben alle einschlägigen Überlegungen in einem Gedanken, den Iser als »Dialektik von Zeigen und Verschweigen« (Iser [2]1984, S. 265) formuliert: »Das Verschwiegene [...] und die Leerstellen [...] stimulieren den Leser zu einer projektiven Besetzung des Ausgesparten. Sie [...] veranlassen ihn, sich das Nicht-Gesagte als das Gemeinte vorzustellen. [...] Der Kommunikationsprozeß [zwischen Text und Leser, M. R.] wird [...] durch die Dialektik von Zeigen und Verschweigen in Gang gesetzt und reguliert. Das Verschwiegene bildet den Antrieb der Konstitutionsakte, zugleich aber ist dieser Produktivitätsreiz durch das Gesagte kontrolliert, das sich seinerseits wandelt, wenn das zur Erscheinung gebracht wird, worauf es verwiesen hat.« (Ebd., S. 264-266) Die hier angedeuteten Phänomene sind oft alltagssprachlich oder mit herkömmlichen, etwa rhetorischen Begriffen der Textanalyse hinreichend zu erfassen (→ Rhetorik): Ellipse, Aposiopese, Ironie, Andeutung, Wortspiel, Ambiguität usw. Viel Belehrendes kann man etwa Empsons Klassiker »Seven Types of Ambiguity« (1930, rev. 1947) und dem reichen Überblick bei Christiaan L. Hart Nibbrig entnehmen (»Rhetorik des Schweigens«, 1981; vgl. auch Otto Lorenz, »Schweigen in der Dichtung«, 1989; aufschlußreich ferner die soziologische Darstellung in Bellebaum 1992. Zur begrifflichen Fassung semantischer Unbestimmtheit in linguistischer Sicht vgl. Pinkal 1991).

Einen gut nachvollziehbaren, wenn auch etwas technizistisch formulierten Vorschlag zur Methodisierung hat Michael Titzmann in seiner »Strukturalen Textanalyse« vorgelegt (TITZMANN 1977, S. 230-263, mit vielen Beispielen). Titzmann ordnet seine Hinweise um den Gedanken des bedeutsamen »Fehlens von etwas«: Im Hinblick auf einen sprachlichen oder kulturellen Standard, der in der Interpretation namhaft gemacht werden muß, fehlt in einem Text etwas, das vom Leser mitzubedenken und für die Konstituierung des Textsinnes bedeutsam ist.

Zur Illustration müssen hier – natürlich ohne jeden Vollständigkeitsanspruch – wenige andeutende Beispiele genügen. Es gibt etwa: (1) grammatische Aussparungen (wie der Anakoluth in Hebels Kalendergeschichte »Unglück der Stadt Leiden«: »Als aber nachmittags der Zeiger auf dem großen Turm auf halb fünf stand [...] – und plötzlich geschah ein Knall.«), oder eine Aposiopese wie in Johnsons »Jahrestage« (S. 1090), als Marie Cresspahl und D. E. den New Yorker Bürgermeister Lindsay schmähen: »– John Vliet Lindsay ist ein ...: sagt Marie. [...] – John Vliet Lindsay ist ein ...: sagt D.E., und übertrumpft sie noch im bösen Leumund. Es ist ein Wort, das kennt nicht jedermann in New York, es gehört sich gewiß nicht für die Ohren um unseren Tisch herum, und es sollte vor Kindern nie und nimmer in den Mund genommen werden.«); (2) metrische Aussparungen, etwa ein fehlender Schlußreim wie in der letzten Strophe von Heines »Laß die heil'gen Parabolen«; (3) Aussparungen in der Handlungsdarstellung (die ausgesparte Darstellung des Beischlafs in Texten des 19. Jahrhunderts); (4) »unformulierte Beziehungen« (Iser) bei diskontinuierlicher Binnenstruktur eines Textes (wie beim Aneinanderstoßen von Erzählsegmenten nach dem Prinzip des harten Schnittes oder wie in Texten, die nach dem Bauprinzip der Montage gearbeitet sind; (5) die gezielte Verletzung einer literarischen Norm (wie der in der deutschen Lyrik um 1900 ›unzulässige‹ Beginn von Hofmannsthals »Ballade des äußeren Lebens« mit »und«: »Und Kinder wachsen auf mit tiefen Augen« oder der Verzicht auf Grammatikalität in dadaistischer Lyrik um 1920); gezielte Verstöße gegen herrschende Interpretationen von Wirklichkeit (z. B. gegen den Realismus in Kafkas Erzählung »Die Verwandlung« mit der als real behaupteten Verwandlung Gregor Samsas in ein »ungeheueres Insekt«); die fehlende Bestätigung einer moralischen Norm (wie die fehlende Verurteilung des Selbstmords in Goethes Werther) usw.

Ein Zusammenhang zwischen Aussparungstyp und Bedeutsamkeit scheint nicht gegeben – in allen Arten wird es triviale und interessante Fällen geben. Hinsichtlich der Feststellbarkeit einzelner

Arten von bedeutungstragendem »Fehlen von etwas« dürften Fälle wie die unter (1) bis (3) genannten in der Regel einen höheren Grad von Auffälligkeit besitzen, während die »unformulierten Beziehungen« in den Fällen (4) und (5) in der Regel einen höheren Erklärungsaufwand bedingen, und zwar einen um so höheren, je verborgener oder je abhängiger von Wissensvoraussetzungen hinsichtlich des gemeinten Standards die Beziehung zwischen Textelementen oder zwischen Text und Außertextuellem ist. Die Grenzen, an denen die Rede vom bedeutungstragenden Fehlen vage wird, bleiben unscharf. Sobald aber weniger offensichtliche Beziehungen herzustellen sind, wird der Argumentationsaufwand höher, der nötig ist, um zu klären, ob überhaupt eine Leerstelle vorliegt. Jede risikofreudige Interpretation erschließt Neuland, und wenn sie glückt, erhellt sie Beziehungen, die vorher niemand gesehen und formuliert hatte, von denen aber nachher viele Beurteiler geneigt sind, sie als vorhanden anzusehen. Jede Neuorientierung der Fragestellung erschließt neue Bezugsfelder, so daß in psychoanalytischer, intertextueller, dekonstruktiver usw. Perspektive jedesmal eine Vielzahl neuer, als sinnvoll betrachteter Beziehungen entdeckt werden kann.

Festzuhalten bleibt also nur, daß der Interpret überzeugend darlegen muß, zwischen welchen Textstellen oder in bezug auf welche Normen oder Modelle etwas ausgespart ist, obwohl es gemeint ist; was genau ausgespart ist; in welcher Weise auf das Verschwiegene hingedeutet wird; welche Funktion die Aussparung hat, also welche Hypothesenbildung angeregt wird; und er sollte darlegen, weshalb er die angezeigte Leerstelle für bemerkenswert hält. Mit Blick auf die Struktur eines Gesamttextes könnte von Interesse sein, ob eine bestimmte Art von Leerstelle in signifikanter Häufung oder signifikanten Positionen auftritt.

Die Literaturwissenschaft hat sich über die Idee der Leerstelle hinaus mit Isers Verstehenstheorie wenig beschäftigt (aber → HERMENEUTISCHE MODELLE). Freilich ist die Literaturwissenschaft hier auch gar nicht recht zuständig, sondern viel eher die Erkenntnistheorie, die Psychologie, die Linguistik. Eine gründliche Auseinandersetzung, auch unter Einbeziehung empirisch gewonnener Daten ist aber bislang kaum erfolgt (vgl. GROEBEN, symptomatisch die knappe Erwähnung in VIEHOFF 1988, S. 19f.). Die Frage, ob es überhaupt sinnvoll ist, ein abstraktes Lesemodell zu entwerfen, das von empirischen Gegebenheiten absieht, wird heute meist verneint. Lesen und Verstehen werden als komplexe Handlungen begriffen, die immer schon von vielfältigen lebensgeschichtlichen, psychischen und sozialen Bedingungen mitbestimmt, also Teil situierter Kommunikation sind (vgl. AUST 1983, VIEHOFF 1988, S. 20f.; radikale Konsequenzen für die Interpretation literarischer Texte bei SCHEFFER 1992). Eine aktuelle Darstellung von Verstehen aus der Sicht der kognitiven Linguistik geben RICKHEIT/STROHNER 1993; sie zeigt übrigens, daß unser tatsächliches Wissen über die komplexen Prozesse sprachlichen Verstehens viel begrenzter ist, als die Sicherheit von Isers Globalentwurf glauben macht. Eine wichtige und gut lesbare Ergänzung zu Iser gibt D. W. Hardings Abhandlung »Psychologische Prozesse beim Lesen fiktionaler Texte« (1961, in: HEUERMANN 1975, S. 72-88).

Auch hat man auf die zahlreichen unausgesprochenen Voraussetzungen hingeweisen, auf denen Isers Modell ruht: Er beschreibt eine intellektualistische Lektüre, die sich fast ausschließlich dafür interessiert, wie literarische Texte Ideologien, Weltbilder, Sinnsysteme verarbeiten, und läßt dagegen die Frage nach der ästhetischen → WERTUNG außer acht; er favorisiert Texte, in denen das Spiel mehrerer Standpunkte und Perspektiven entfaltet ist (vgl. STIERLE 1975a, bes. S. 361ff.), während er monoperspektivischen und leerstellenarmen Texten wenig Interesse entgegenbringt (obwohl er seine Bilanzierungsthese hier genauso für anwendbar hält; vgl. ISER [2]1984, S. 129f.); Iser unterstellt, daß es zuallererst die Leerstellen seien, an denen sich die Sinnkonstitution entzünde, nicht etwa manifeste Positionen – was man jedenfalls zugunsten eines Sowohl-als-auch ersetzen sollte; Iser glaubt den realen Leser aus seinem Modell ausklammern zu können, neigt aber dazu, die Position des impliziten Lesers mit der realen Figur des inhaltlich wenig interessierten, akademisch-objektivistischen und auf maximale Texttreue bedachten Lesers zu besetzen und außerdem – nicht in seiner Theorie, aber in seinen Analysebeispielen – überhaupt zu übersehen, daß jede Aussage über einen Text die Aussage eines realen Lesers ist, dessen Behauptungen von Anfang an von seiner Standortgebundenheit, seiner Subjektivität und seinem Weltwissen beeinflußt sind. Der Fluchtpunkt, auf den hin alle diese Bemerkungen orientiert sind, ist Isers eigene Subjektivität. Terry EAGLETON 1988 (S. 49f.) hat etwas boshaft, aber wohl nicht zu Unrecht Isers Theorie direkt neben die ›hedonistische‹ Lesepraxis von Roland Barthes gestellt (→ DEKONSTRUKTION), die in dieser Hinsicht den Vorzug hat, daß sie ihre Subjektivität kraß, ja provozierend nach außen kehrt und so unübersehbar, aber auch angreifbar macht (vgl. z. B. Barthes, »Die Lust am Text«, 1974 [1973]).

5. Versuch eines Ausblicks

In einem Diskussionsbeitrag zur Frage des Theorienpluralismus in der Literaturwissenschaft hat Manfred Engel kürzlich resümiert, wie es der Theorien-Avantgarde im gewöhnlichen Wissenschaftsbetrieb ergeht, im »Maelstrom des mainstream«: daß nämlich »ihre stolzen Schiffe unerbittlich in seinen theorielosen Abgrund gerissen« würden. Die Theorien werden, so Engel, entprinzipialisiert, und was sich als brauchbar an ihnen erweist, wird eingemeindet: »Was etwa ist von der Rezeptionsforschung geblieben als ihr Kernvokabular – ›Leerstelle‹, ›Erwartungshorizont‹ etc. – und ganz allgemein ein größeres Interesse am Leser?« (Engel 1993, S. 439f.) Freilich bleibt es Isers theoriegeschichtliches Verdienst, bewußt gemacht zu haben, daß Texte immer schon auf Leser hin orientiert sind und ihre Aktivität erzwingen. In diesem Zusammenhang haben sich eine Reihe der von Iser angebotenen Begriffe als hilfreich erwiesen, wie ›Leserlenkung‹ oder ›Leserrolle‹. Iser hat die Einsicht befördert, daß jede Sinnbildung das Resultat eines komplexen Konstruktionsprozesses im Bewußtsein des Lesers ist, und zwar vom ersten Leseschritt an. Seine Überlegungen haben gelehrt, sich die Frage, was dabei vom Text herkommen mag und was Leistung und Zutat des Lesers ist, nachdrücklicher zu stellen, so daß sie als Fehlerkorrektiv wirken konnten. Auch wird die Frage, welche – kognitiven, aber auch affektiven – Operationen Textdetails in Gang zu setzen vermögen, dank seiner Arbeit entschiedener in den Blick genommen. Und mag sich schließlich auch Isers zentraler Begriff der »Leerstelle« in der Textanalyse als weniger tauglich erweisen als vielfach erhofft, so hilft er doch in jedem Fall, Formen und Funktionen des bedeutungsträchtigen »Fehlens von etwas« in Texten schärfer wahrzunehmen.

VI. Grundfragen der Textrezeption

1. Theorien der literarischen Rezeption
Rezeptionsästhetik, Rezeptionsforschung,
Empirische Literaturwissenschaft
von Detlev Schöttker

1. Rezeptionsästhetik und ihre Diskussion

Daß literarische Texte nicht nur geschrieben und verbreitet, sondern auch gehört und gelesen werden, ist zwar eine Selbstverständlichkeit, wurde in der Literaturwissenschaft aber erst seit Ende der sechziger Jahre zum Gegenstand theoretischer Überlegungen und methodisch reflektierter Untersuchungen. So schreibt Leo Löwenthal 1932 in einem Aufsatz mit dem Titel »Zur gesellschaftlichen Lage der Literatur«, der einen ersten Überblick über Grundfragen der Literatursoziologie auf der Basis einer kritischen Gesellschaftstheorie lieferte, daß »eine für die Forschung so unendlich wichtige und zentrale Aufgabe wie das Studium der Wirkung dichterischer Werke fast überhaupt nicht in Angriff genommen« worden sei, »obwohl in Zeitschriften und Zeitungen, Briefen und Erinnerungen ein unendliches Material bereit liegt, um über die Aufnahme der Dichtungen in bestimmten gesellschaftlichen Gruppen und Individuen sich zu unterrichten« (Löwenthal 1932, S. 102).

Durch den Nationalsozialismus und die Ablehnung gesellschaftlicher Fragestellungen in der Literaturwissenschaft der Nachkriegszeit hatte sich die Situation bis Mitte der sechziger Jahre in Deutschland nicht grundlegend geändert, so daß Hans Robert Jauß in seiner Konstanzer Antrittsvorlesung von 1967 die Feststellung von Löwenthal im Grundsatz wiederholte. Doch blieb es in diesem Falle nicht bei einer Mängelanzeige. Denn Jauß skizzierte erstmals eine Theorie der literarischen Rezeption, die (vor allem in einer erweiterten Fassung von 1970) zum Auslöser einer langjährigen Debatte in der Literaturwissenschaft wurde und in Verbindung mit Wolfgang Isers ergänzender Theorie des Lesers als Element des Textes das Selbstverständnis der philologischen Disziplinen langfristig verändert hat (zu Iser und seinen Textanalysen → Wirkungsästhetik).

Wie nachhaltig die Wirkung der Überlegungen von Jauß und Iser war, zeigt nicht nur die Fülle der theoretischen Beiträge, historischen Studien und Dokumentationen zur Rezeption literarischer Werke, die seit Anfang der siebziger Jahre entstanden sind (vgl. die Bibliographie in GRIMM 1975). Der Einfluß läßt sich auch an der Tatsache ablesen, daß literaturwissenschaftliche Einführungen und Lexika ohne Darstellungen zur Rezeption inzwischen undenkbar wären. Noch in der ersten Ausgabe der hier vorliegenden »Grundzüge« von 1973, die Anfang der siebziger Jahre konzipiert wurde, fehlte ein eigenes Kapitel zur Rezeptionstheorie, obwohl Jauß' Überlegungen bereits in die Abschnitte zur → HERMENEUTIK, Literatursoziologie und → LITERATURGESCHICHTSSCHREIBUNG eingegangen waren, also in die Darstellung jener Teildisziplinen der Literaturwissenschaft, in denen die Rezeptionsästhetik ihre größten Wirkungen entfaltet hat.

Doch hat Jauß die innovative Funktion seiner Überlegungen zunächst nicht so klar gesehen, wie man in späteren Resümees lesen kann (JAUSS 1982, S. 10ff., 1987, 1992). Während er hier davon spricht, daß die Rezeptionsästhetik zu einem Wandel der herrschenden Auffassungen in der Literaturwissenschaft geführt habe, den er in Anlehnung an Thomas S. Kuhns Buch »Die Struktur wissenschaftlicher Revolutionen« (engl. 1962, dt. 1967) als »Paradigmawechsel« bezeichnet, hat er in einem Aufsatz von 1969 »drei große Paradigmen« in der Geschichte der Literaturwissenschaft unterschieden (»das klassisch-humanistische, das historisch-positivistische und das ästhetisch-formalistische« Paradigma), ohne allerdings die Rezeptionsästhetik zu einem neuen Paradigma zu erklären (JAUSS 1969, S. 287ff.).

Da es bis heute jedoch keine Theorien der literarischen Rezeption gibt, die über die Referierung der Forschungsdiskussion hinausgehen und vor allem methodisch praktikabel sind, lassen sich die vorliegenden Ansätze nur verständlich machen, wenn man ihre Entwicklung und den jeweiligen Diskussionszusammenhang berücksichtigt. Ich beginne mit der Darstellung der Theorien von Jauß und Iser, da sie die Auslöser für die Neuorientierung in der Literaturwissenschaft waren, gehe dann auf die Vor- und die Nachgeschichte der Rezeptionsästhetik ein, die Möglichkeiten einer historischen und soziologischen Erweiterung der Rezeptionsforschung aufgezeigt haben, und skizziere schließlich den Stellenwert der Rezeptions-Problematik innerhalb der Empirischen Literaturwissenschaft, die sich jedoch nicht als Erweiterung der Rezeptionsforschung, sondern als eigenständige Disziplin begreift.

Jauß' Ausgangspunkt in seinem ersten Entwurf zur Rezeptionsästhetik ist die Beobachtung, daß die Rolle des lesenden Publikums in den Literaturgeschichten seit dem 19. Jahrhundert sowie in marxistischen und strukturalistischen Literaturtheorien der Gegenwart (→ SOZIALGESCHICHTLICHE ZUGÄNGE; → FORMALISMUS UND STRUKTURALISMUS) vernachlässigt wird. Beiden Theorien gilt sein hauptsächliches Interesse, da sie seit Mitte der sechziger Jahre ernsthafte Konkurrenten der vorherrschenden werkimmanenten Interpretation zu werden schienen (→ FORMEN ›TEXTIMMANENTER‹ ANALYSE). »Ihre Methoden«, so wendet Jauß jedoch ein, »begreifen das literarische Faktum im geschlossenen Kreis einer Produktions- und Darstellungsästhetik. Sie verkürzen die Literatur damit um eine Dimension, die unabdingbar zu ihrem ästhetischen Charakter wie auch zu ihrer gesellschaftlichen Funktion gehört: die Dimension ihrer Rezeption und Wirkung.« (JAUSS 1970, S. 168)

Das Interesse am Leser war Teil einer kommunikationstheoretischen Neuorientierung, die die historisch-hermeneutischen und sozialwissenschaftlichen Disziplinen seit Ende der sechziger Jahre in Deutschland vollzogen haben (wie die Aufnahme handlungstheoretischer Konzeptionen des amerikanischen Pragmatismus in Philosophie und Soziologie und die Etablierung der Gesprächsanalyse in der Linguistik zeigen; vgl. BEIERSDORF/SCHÖTTKER 1978). Jauß selbst bezog sich jedoch auf jene Grundlegung einer philosophischen Hermeneutik, die Hans-Georg Gadamer in seinem Buch »Wahrheit und Methode« von 1960 vorgenommen hatte (JAUSS 1970, S. 185f.). Gadamer knüpft hier an die Tradition der philosophischen Hermeneutik in Deutschland an, geht aber über die Entwürfe seiner Vorläufer Schleiermacher, Dilthey und Heidegger hinaus (vgl. BIRUS ed. 1982a), indem er die »wirkungsgeschichtliche Verflechtung« des »historischen Bewußtseins« betont und den Vorgang des historischen Verstehens mit einer inzwischen berühmt gewordenen Metapher als spannungsvolle »Verschmelzung« der »Horizonte« von Gegenwart und Vergangenheit begreift (→ HERMENEUTISCHE MODELLE; → ZUM VERHÄLTNIS VON HERMENEUTIK UND NEUEREN ANTIHERMENEUTISCHEN STRÖMUNGEN). »Im Vollzug des Verstehens«, so Gadamer, »geschieht eine wirkliche Horizontverschmelzung, die mit dem Entwurf des historischen Bewußtseins zugleich dessen Aufhebung vollbringt« (GADAMER 1960, S. 311f.).

Doch hat Gadamer daraus keine methodischen Konsequenzen gezogen. »Es wird also nicht gefordert«, so schreibt er, »daß man die Wirkungsgeschichte als eine neue selbständige Hilfsdisziplin der Geisteswissenschaften entwickeln solle, sondern daß man sich selber richtiger verstehen lerne und anerkenne« (ebd., S. 306). Die methodische Lücke, die durch den Verzicht auf die theoretische Durchdringung des »Prinzips der Wirkungsgeschichte« entstanden war, wollte Jauß ausfüllen, um einen Beitrag zur »Erneuerung der Literaturgeschichte« zu liefern (JAUSS 1970, S. 171): »Die Geschichtlichkeit der Literatur beruht nicht auf einem post festum erstellten Zusammenhang ›literarischer Fakten‹, sondern auf der vorgängigen Erfahrung des literarischen Werkes durch seine Leser. Dieses dialogische Verhältnis ist auch die primäre Gegebenheit für die Literaturgeschichte.« (Ebd.)

Jauß verbindet hier zwei unterschiedliche Ebenen, ohne diese genügend zu unterscheiden: die Aneignung von Werken der Vergangenheit durch Leser der Gegenwart (die *hermeneutische* Ebene der Rezeption) und die Aneignung von Werken der Vergangenheit durch Rezipienten in der Vergangenheit (die *historische* Ebene der Rezeption). »Geschichte der Literatur«, so heißt es auch an anderer Stelle, »ist ein Prozeß ästhetischer Rezeption und Produktion, der sich in der Aktualisierung literarischer Texte durch den aufnehmenden Leser, den reflektierenden Kritiker und den selbst wieder produzierenden Schriftsteller vollzieht« (ebd., S. 172). Da die Aneignung eines Werkes in der Gegenwart aber durch Aneignungsformen in der Vergangenheit geprägt ist, gehört das Verhältnis von → HERMENEUTIK und Rezeptionsgeschichte zu den Grundproblemen jeder historisch orientierten Rezeptionstheorie.

Die Beliebigkeit, die sich ergeben würde, wollte man unterschiedliche Aussagen von Lesern der Gegenwart zur Grundlage der literaturhistorischen Urteilsbildung machen, hat Jauß durch eine Konzeption zu umgehen versucht, die er mit dem von dem Soziologen Karl Mannheim übernommenen Begriff des »Erwartungshorizonts« bezeichnet hat. Jauß versteht darunter ein »objektivierbares Bezugssystem der Erwartungen«, das sich »für jedes Werk im historischen Augenblick seines Erscheinens« ergebe und sich aus drei Faktoren zusammensetze: »aus dem Vorverständnis der Gattung, aus der Form und Thematik zuvor bekannter Werke und aus dem Gegensatz von poetischer und praktischer Sprache« (ebd., S. 174; → FIKTIONALITÄT UND POETIZITÄT; → GATTUNGSFRAGEN). Der reale Leser kommt in dieser Konzeption nicht vor. Er wird zu einem

Konstrukt, das im Werk »vorausgesetzt« ist und ihm entnommen werden muß (ebd., S. 177ff.). Nicht der Leser, sondern eine im Text enthaltene Vorstellung vom Publikum rückt damit ins Zentrum der Rezeptionsästhetik.

Jauß hat diese Konsequenz allerdings in seinem ersten Aufsatz nicht gezogen, sondern erst zum Bestandteil seiner Theorie gemacht, als Wolfgang Iser die begrifflichen und methodischen Grundlagen für die werkimmanente Auffassung des Lesers geschaffen hatte (→ WIRKUNGSÄSTHETIK). Daraufhin betonte auch Jauß den »hermeneutischen Vorrang« eines »impliziten Lesers« (JAUSS 1975a), der von Iser als neue Kategorie eingeführt worden war. Auch dieser Begriff hat seine Vorgeschichte. Denn zunächst hatte Iser in seiner Konstanzer Antrittsvorlesung »Die Appellstruktur der Texte« von 1969 den Leserbezug des literarischen Werkes aus der Kategorie der »Unbestimmtheit« abgeleitet, die er (mit einigen konzeptionellen Verschiebungen) aus Roman Ingardens Buch »Das literarische Kunstwerk« von 1931 übernahm (vgl. ISER 1976, S. 267ff.). Ingarden versuchte hier aus phänomenologischer Sicht zu zeigen, daß ein literarisches Werk aus »schematisierten Ansichten« besteht und erst durch »Konkretisationen« in ein sinnhaftes Phänomen verwandelt wird (INGARDEN 1931; → HERMENEUTISCHE MODELLE; → PSYCHOLOGISCHE ZUGÄNGE).

Während Ingarden den methodischen Schritt zum Leser als dem Träger literarischer »Konkretisationen« nicht vollzog, hat Iser die Kategorie der »Unbestimmtheit« zum »Umschalteelement zwischen Text und Leser« gemacht. Die Unbestimmtheits- oder Leerstellen werden damit zur »Basis einer Textstruktur, in der der Leser immer schon mitgedacht ist« (ISER 1970, S. 248). Da Iser aber ausschließlich die Funktion poetischer Unbestimmtheit für die »Konkretisation« von Texten untersuchte, blieb seine Idee der Rezeptionsanalyse in erster Linie *Textanalyse*, während die literatur*historische* Dimension des Rezeptionswandels, die Jauß zunächst anvisiert hatte, nicht in den Blick kam. Der von Jauß verwendete Begriff der Rezeptionsästhetik trifft demnach eher auf Isers Theorie der Literatur zu, während Jauß' Rezeptionstheorie auch die *Rezeptionsgeschichte*, also die Geschichte der Überlieferung und Deutung von Werken umfassen sollte.

Die Beschränkung auf die werkimmanente Ebene bleibt auch für die Erweiterungen bestimmend, die Iser an seinem ersten Entwurf vorgenommen hat. Während er den Begriff des »impliziten Lesers« in seinem Buch von 1972 ausschließlich im Titel verwendet (ISER

1972), wird der Begriff in »Der Akt des Lesens« (1976) ausführlich erläutert. Iser hat damit eine bereits begonnene Diskussion über unterschiedliche Leserkonzeptionen aufgenommen und weitergeführt, die erstmals zu einer differenzierten Lesertypologie führte (vgl. H. LINK 1976, S. 41ff., Georg JÄGER 1987).

Im Unterschied zum ›idealen‹, ›fiktiven‹, ›intendierten‹ oder ›realen‹ Leser (um nur einige der seither konstruierten Lesertypen zu nennen) besitzt der »implizite« Leser »keine reale Existenz«, sondern »verkörpert die Gesamtheit der Vororientierungen, die ein fiktionaler Text seinen möglichen Lesern als Rezeptionsbedingungen anbietet«. Weiter betont Iser, »daß dem Verfaßtsein der Texte Aktualisierungsbedingungen eingezeichnet sein müssen, die es erlauben, den Sinn des Textes im Rezeptionsbewußtsein des Empfängers zu konstituieren« (ISER 1975, S. 60f.). Das Problem der Einbildungskraft, das nicht nur hier, sondern von Anfang an im Hintergrund seiner Aktualisierungstheorie stand (vgl. ISER 1972, S. 248f.), behandelte Iser schließlich in »Das Fiktive und das Imaginäre« (1991). Das Buch läßt die Herkunft aus der Rezeptionsdebatte allerdings kaum noch erkennen, da Iser von der Fiktions-Diskussion der Philosophie ausgeht und seinen Überlegungen eine anthropologische Ausrichtung gibt (ISER 1993; → FIKTIONALITÄT UND POETIZITÄT).

Weit radikaler als Iser hatte allerdings Roland Barthes in seinem 1970 erschienenen Buch »S/Z« die Eigenständigkeit des Lesers betont und durch die Analyse von Balzacs Novelle »Sarrasine« demonstriert (→ DEKONSTRUKTION; → FORMALISMUS UND STRUKTURALISMUS). »Unsere Literatur«, so schreibt Barthes zunächst (ähnlich wie LÖWENTHAL 1932 und JAUSS 1970), »ist von der gnadenlosen Trennung gezeichnet, die die literarische Institution zwischen dem Hersteller und dem Verbraucher des Textes, seinem Besitzer und seinem Käufer, seinem Autor und seinem Leser aufrechterhält. Ein solcher Leser ist in einem Nichtstun versunken.« (BARTHES 1987, S. 8) Über den Leser und seine vielfältigen, über den Text weit hinausgehenden Aneignungsformen bemerkt er dann (im Gegensatz zu Iser): »Das Ich ist kein unschuldiges Subjekt, das dem Text vorherginge und das danach von ihm Gebrauch machte wie von einem Objekt, das zu zerlegen, oder wie von einem Ort, der zu besetzen wäre. Dieses ›Ich‹, das sich dem Text annähert, ist selber schon eine Pluralität anderer Texte [...]. Ich bin nicht im Text verborgen, ich bin darin nur unauffindbar: Meine Aufgabe ist es, Systeme zu bewegen und zu übertragen, deren Sicht weder am Text noch am ›Ich‹ halt macht.« (Ebd., S. 14f.; → DIALOGIZITÄT)

Zunächst haben freilich nicht die dekonstruktivistische Lektüre-Theorie (und -Praxis) von Barthes, sondern die Theorien von Jauß und Iser eine intensive Debatte in der deutschen Literaturwissenschaft ausgelöst. Sie wurde in Fachzeitschriften ausgetragen, in Sammelbänden dokumentiert (H. NAUMANN 1973, HOHENDAHL 1974, WARNING 1975a, GRIMM 1975, WEBER 1978) und zum Gegenstand von Darstellungen mit zum Teil kritischen Neuansätzen (GRIMM 1975, H. LINK 1976, ZIMMERMANN 1977, REESE 1980). Dabei stand Jauß' Konzeption im Mittelpunkt, da sie durch die Verbindung von → HERMENEUTIK und Rezeptionsgeschichte eine Vielzahl methodischer Probleme bündelt. Da sich erstmals auch Literaturwissenschaftler der DDR an der Diskussion beteiligten (WEIMANN 1970 und H. NAUMANN 1973) und einige kritische Beiträge in der Bundesrepublik ebenfalls vom Vorrang der Literaturproduktion ausgehen wollten (WARNEKEN 1972), hat Jauß die Debatte zu einem »Dialog zwischen ›bürgerlicher‹ und ›materialistischer‹ Rezeptionsästhetik« erklärt (JAUSS 1975b), obwohl sich die Positionen bereits so sehr differenziert hatten, daß sie kaum noch auf einen Nenner zu bringen waren. Im Mittelpunkt stand jedoch immer die Frage, ob die Literaturwissenschaft auf die Autorität der Werke und ihrer Wirkungen zugunsten einer Autonomie der Leser und ihrer Rezeptionsweisen verzichten könne (MANDELKOW 1974).

Jauß selbst hat die Stränge der Diskussion zu drei Bereichen gebündelt, die er mit den Begriffspaaren »Rezeption und Wirkung«, »Tradition und Selektion« und »Erwartungshorizont und kommunikative Funktion« bezeichnete (JAUSS 1975b, S. 380ff.). Sie betreffen Fragen der (bis heute uneinheitlichen) Terminologie, der literaturgeschichtlichen Kanonbildung (→ LITERATURGESCHICHTSSCHREIBUNG) und der gesellschaftlichen Rolle der Literatur (→ SOZIALGESCHICHTLICHE ZUGÄNGE). Jauß hat dabei auf Fragestellungen zurückgegriffen, die Karl Robert Mandelkow in einem grundlegenden Aufsatz formuliert hatte (MANDELKOW 1970). Schon der erste Problemkreis ist jedoch nicht nur terminologischer, sondern auch konzeptioneller Natur. Zwar wurde Jauß' Vorschlag akzeptiert, wonach »Wirkung« in erster Linie »das vom Text bedingte«, »Rezeption« hingegen »das vom Adressaten bedingte Element der Konkretisation oder Traditionsbildung« bezeichnen sollte (JAUSS 1975b, S. 383). Doch sind die Probleme damit keineswegs geklärt. Denn beide Begriffe sind durch die Überlagerung von gegenwärtiger Aneignung (Konkretisation) und historischer Überlieferung (Traditionsbildung) viel zu komplex, als daß sie sich durch gegenseitige Abgrenzung hinreichend bestimmen ließen. So umfaßt der Begriff der Rezeption nicht nur die Lektüre literarischer Werke in der Gegenwart, sondern auch so unterschiedliche Formen der Textverarbeitung wie → LITERATURKRITIK, → TEXTEDITION, → ÜBERSETZUNG, Interpretation, Anthologisierung oder Bearbeitung in Vergangenheit und Gegenwart, die den zweiten Problemkreis, also das Verhältnis von »Tradition und Selektion« betreffen.

Hier geht es darum, in welcher Weise Leser auf die Überlieferung und den herrschenden Kanon der Literatur durch Auswahl und Kritik Einfluß nehmen können (→ WERT, KANON UND ZENSUR; → LITERARISCHE WERTUNG). Die Frage nach dem Geltungsanspruch der Tradition hatte Ende der sechziger Jahre bereits in der Philosophie zu einer von Jürgen Habermas provozierten Debatte geführt, an der auch Gadamer teilnahm (vgl. APEL u. a. 1971; → HERMENEUTISCHE MODELLE). Jauß hat die Problematik aufgegriffen und eine doppelte Distanzierung vorgenommen: zum einen gegen die konservative, an der »Autorität« eines klassischen Kanons orientierte Auffassung Gadamers, die von der werkimmanenten Literaturwissenschaft geteilt wurde (GADAMER 1960, S. 283ff., JAUSS 1970, S. 186f., SCHLAFFER 1975; → FORMEN ›TEXTIMMANENTER‹ ANALYSE), zum anderen gegen die dogmatische Kanonisierung der von Georg Lukács geprägten und am bürgerlichen Realismus orientierten Literaturauffassung der DDR (SCHLENKER 1977). »Tradition im Bereich der Kunst«, so Jauß, »ist kein organisch-selbsttätiges Werden, substantielles Sich-Erhalten oder bloßes ›Bewahren des Erbes‹. Tradition setzt Selektion voraus, wo immer eine Wirkung vergangener Kunst in gegenwärtiger Rezeption erkennbar wird.« (JAUSS 1975b, S. 387)

Der dritte Problemkreis reicht von Überlegungen zur methodischen Umsetzung der Kategorie des Erwartungshorizonts bis zu Fragen nach den Besonderheiten der ästhetischen Erfahrung. So bezeichnet Jauß als ein »entscheidendes Problem« der Rezeptionsästhetik die Frage, »wie sich im Erwartungshorizont einer Lebenspraxis ästhetische Erfahrung in kommunikative Verhaltensmuster umsetzen kann« (ebd., S. 393). Jauß bezieht sich hier auf den Erwartungshorizont des realen Lesers und spricht damit das Problem der sozialen Funktion des Lesens an, das in der Rezeptionsdebatte zu verschiedenen Vorschlägen einer handlungs- oder interaktionstheoretischen Erweiterung der Rezeptionsästhetik geführt hat (WARNING 1975, GUMBRECHT 1975, STIERLE 1975a), während er in späteren Publikationen vor allem die Geschichte der ästhetischen

Erfahrung vergegenwärtigt hat, ohne freilich den Bezug auf sein ursprüngliches Programm einer rezeptionsästhetischen Erneuerung der Literaturgeschichte systematisch auszubauen (zusammengefaßt in JAUSS 1982).

2. Ansätze historischer und soziologischer Rezeptionsforschung

Im Jahr 1967, in dem Jauß' Antrittsvorlesung »Literaturgeschichte als Provokation der Literaturwissenschaft« erstmals veröffentlicht wurde, erschien im »Merkur« ein Aufsatz von Harald Weinrich mit dem Titel »Für eine Literaturgeschichte des Lesers«, der ebenfalls von der Vernachlässigung des Publikums in der Literaturwissenschaft ausging und Perspektiven einer Überwindung des Mangels zeigte. Zwar war der Text nicht so erfolgreich wie der Beitrag von Jauß, doch hat Weinrich erstmals auf Arbeiten hingewiesen, die die historische und soziale Stellung des Publikums zum Gegenstand von Überlegungen gemacht haben (WEINRICH 1967b). So wurde hier mit der Erinnerung an die Vorgeschichte der Rezeptionsästhetik zugleich die Grundlage für ihre Weiterentwicklung gelegt. Es handelt sich dabei um Arbeiten zur Wirkungsästhetik, zur Publikumsforschung und zur Literatursoziologie. Zwar hat auch die → LITERATURGESCHICHTSSCHREIBUNG seit dem späten 19. Jahrhundert die Aufnahme von Autoren beim Publikum dokumentiert, doch fehlte den Arbeiten bis auf Franz Mehrings Lessing-Buch (1893), das erst in den siebziger Jahren wiederentdeckt wurde (s. u.), eine erklärungskräftige Theorie der Aneignung, da es hier in erster Linie darum ging, die Bedeutung der Autoren durch eine Darstellung ihrer Wirkung zu unterstreichen (STÜCKRATH 1979).

Die Wirkungsästhetik, die vor allem für die → POETIK des Dramas von Aristoteles bis hin zu Brecht grundlegend ist (TURK 1976), sich aus den Prinzipien der Dramaturgie aber auch allgemein ableiten läßt (KLOTZ 1976), ist für eine rezeptionsgeschichtlich orientierte Literaturwissenschaft allerdings ein Grenzfall (→ GRUNDLAGEN SZENISCHER TEXTE; → GATTUNGSFRAGEN). Denn Aufbau, Stil und Aufführung eines Werkes werden in erster Linie von der beabsichtigten Wirkung auf ein Publikum aus betrachtet. Das Publikum existiert dabei in der Vorstellung des Autors oder Regisseurs, so daß die Wirkungsästhetik eher für die werkimmanente Rekonstruktion von Erwartungshorizonten von Bedeutung ist, wie sie Jauß' Programm vorsieht. Das gilt auch für Jean-Paul Sartres umfangreichen Essay »Was ist Literatur« von 1948, den Weinrich ebenfalls als Vorläufer für eine Literaturgeschichte des Lesers zitiert. Zwar finden sich dort im Kapitel »Für wen schreibt man?« wichtige Überlegungen zur Rolle des Publikums, doch bleiben sie an den Autor als Gegenüber gebunden. »Das Publikum«, so Sartre, »ist eine Erwartung, eine Leere, die ausgefüllt werden will, ein Atemholen – im übertragenen und im eigentlichen Sinne des Wortes. Kurzum: es ist der Andere.« (SARTRE 1958, S. 47)

Darüber hinaus hat Weinrich auf Erich Auerbach hingewiesen, in dessen Arbeiten das Publikum seit den dreißiger Jahren als Untersuchungsgegenstand eine zentrale Rolle einnahm: seine Dissertation »Das französische Publikum des 17. Jahrhunderts« (1933), sein Hauptwerk »Mimesis« (1949) und vor allem die späte Aufsatzsammlung »Literatursprache und Publikum in der lateinischen Spätantike und im Mittelalter« (1958a). In einem umfangreichen Beitrag dieses Bandes mit dem Titel »Das abendländische Publikum und seine Sprache« (1958b), der offenbar als Buch geplant war und sich als Gegenkonzept zu Ernst Robert Curtius' Monumentalwerk »Europäische Literatur und lateinisches Mittelalter« (1948) verstehen läßt, hat Auerbach die Grundlinien einer Geschichte der Träger literarischer Kultur von der Antike bis ins 17. Jahrhundert skizziert – eine Skizze, auf der Weinrichs Versuch einer historischen Lesertypologie aufbaut (WEINRICH 1967b, S. 266ff.). Auerbach benutzt dafür die Kategorien des schriftunkundigen Zuhörers, des Philologen (seit der Antike), des lesenden Laien (seit Ausbreitung des Buchdrucks) und der lesenden Masse (im Industriezeitalter), mit denen sich zugleich die Formen des Lesens verändert haben: von der »intensiven« Lektüre weniger Texte zur »extensiven« Lektüre viele Texte (so die grundlegende Unterscheidung von ENGELSING 1970, vgl. außerdem WEINRICH 1984 und CHARTIER 1995; → LITERATUR UND MEDIEN).

Während Auerbach seine Darstellung des Publikumswandels aus Hinweisen erarbeitet hat, die in den Texten selbst zu finden waren, und historische Dokumente eher ergänzend heranzog (»das damalige Publikum« also »mit philologischen Mitteln soziologisch zu analysieren« versuchte, wie er seine Methode treffend charakterisierte; AUERBACH 1958b, S. 254), legte Roger Escarpit, auf den Weinrich ebenfalls hingewiesen hat, 1958 den Entwurf zu einer soziologischen Analyse literarischer Werke vor, bei der nicht mehr die Besonderheiten des literarischen Textes, sondern das Phänomen des gedruckten Buches im Mittelpunkt stand (ESCARPIT 1961; → LITE-

RATUR ALS ›SYSTEM‹). Escarpits Aufteilung der Literatursoziologie in die Bereiche der »Produktion, Verbreitung und Konsumption« ist auch für die Rezeptionsforschung grundlegend geworden. Das gilt ebenfalls für die Kategorien, die die Literatursoziologie im Anschluß an Escarpit geprägt hat, um (mit unterschiedlicher theoretischer Begründung und methodischer Ausrichtung) die Einheit und das Zusammenwirken der Ebenen begreifbar zu machen: »literarisches Leben« (KAYSER [5]1959), »literarischer Markt« (WINKLER 1973), »Institution Kunst« (BÜRGER 1977c) oder »Literatursystem« (SCHMIDT 1980, 1982a).

Die Arbeiten von Auerbach und Escarpit repräsentieren zwei Pole der Literatursoziologie, zwischen denen sich auch die Rezeptionsforschung bewegt. Es handelt sich dabei einerseits um Ansätze, bei denen das Werk Bezugspunkt der Analyse ist, andererseits um Ansätze, bei denen das Werk den Ausgangspunkt für die Untersuchung seiner Aneignungsformen bildet. Während die *werkorientierte* Richtung eher der Literaturwissenschaft zuzuordnen ist (→ HERMENEUTISCHE MODELLE), tendiert die *leserorientierte* Richtung eher zu den Kultur- und Sozialwissenschaften (→ LITERATUR ALS ›SYSTEM‹). Doch sind die Übergänge fließend und haben zu differenzierten Gegenstandsbestimmungen geführt (vgl. BARK ed. 1974, SCHARFENSCHWERDT 1977, BÜRGER ed. 1978). Offenkundig geworden sind die Gegensätze erstmals 1967 mit Theodor W. Adornos »Thesen zur Kunstsoziologie«. Adorno hat hier nicht nur die Ausgrenzung der ästhetischen Dimension aus der kunstsoziologischen Analyse, sondern auch ihre Begrenzung auf die Wirkung von Kunstwerken kritisiert. »Kunstsoziologie«, so Adorno, dürfe nicht nur danach fragen, »wie die Kunst in der Gesellschaft« stehe und »wie sie in ihr« wirke, sondern habe in erster Linie zu untersuchen, wie sich »Gesellschaft in den Kunstwerken« objektiviere (ADORNO 1967, S. 102).

Adorno bezieht sich hier auf einen Beitrag zur Soziologie der Kunst in der Neuausgabe des Fischer-Lexikons »Soziologie« von 1967, in dem Alphons Silbermann auf der Basis eigener musiksoziologischer Arbeiten Grundpositionen einer empirischen Kunstsoziologie skizziert hat (vgl. BÜRGER 1977b). »Soziologisch«, so heißt es da, »kann jedoch die Kunst nur in dem Augenblick erfaßt werden, wo sich die Beziehungen zwischen Künstler und Hörer, Leser und Betrachter entfalten, wo also das Kunstwerk nach außen hin appelliert, wo es [...] einen bedeutsamen Augenblick, nämlich den des Kunsterlebnisses, hervorbringt« (SILBERMANN 1967, S. 194).

Schon 1964 hatte Hans Norbert Fügen die Literatursoziologie in diesem Sinne als spezielle Soziologie zu bestimmen versucht, ohne die Untersuchung auf Rezeptionsphänomene zu beschränken. »Da die Soziologie«, so Fügen, »das soziale, d. h. intersubjektive Handeln zum Forschungsgegenstand hat, ist sie nicht am literarischen Werk als ästhetischem Gegenstand interessiert« (FÜGEN 1964, S. 14).

Die Aufspaltung der Literatursoziologie in eine werk- und eine leserbezogene Richtung hat mit der sozialgeschichtlichen Werkanalyse und der historischen Leserforschung eine diachrone Entsprechung. Die historische Leserforschung ist aus der Geschichts- und Kulturwissenschaft hervorgegangen und untersucht die Entwicklung des Lesepublikums und der gesellschaftlichen Bedingungen des Lesens, die wiederum eng mit der Geschichte des Bildungssystems, des Verlagswesen und des Buchhandels zusammenhängen. Wegweisend waren für den deutschen Sprachbereich hier die Arbeiten zur Geschichte des Lesers und der Lektüre von Rolf Engelsing (ENGELSING 1970, 1973, 1974), zur Produktion, Distribution und Rezeption populärer Lesestoffe von Rudolf Schenda (SCHENDA 1977) und zur Geschichte des Buchhandels von Reinhard Wittmann (WITTMANN 1982, 1991). Daß einige neuere Arbeiten auch direkte Bezüge zwischen Werkanalyse und Lesergeschichte herstellen (SCHLIEBEN-LANGE ed. 1985), läßt sich aus dem Einfluß erklären, den die Rezeptionsästhetik auf die Theoriebildung in der historischen Leserforschung ausgeübt hat (vgl. Georg JÄGER 1987).

Obwohl die genannten Arbeiten viele Kenntnisse über die Träger literarischer Kultur vermittelt haben, ohne die eine historische und gesellschaftliche Rezeptionsforschung undenkbar wäre, sind die Ergebnisse nur in Ansätzen mit dem Problem des historischen Verstehens verknüpft worden (GRIMM 1975, ZIMMERMANN 1977). Eine besondere Rolle für diese Verbindung von Rezeptionsgeschichte und Hermeneutik spielen die Schriften Walter Benjamins. Zwar ist Benjamins Rezeptionstheorie fragmentarisch geblieben, doch wurde sie im Verlauf der siebziger Jahre nach und nach wiederentdeckt, so daß die Rezeptionsdebatte von ihr profitieren konnte, während die Benjamin-Forschung daranging, die Elemente zu einer Theorie zusammenzusetzen (BÜRGER 1973, GARBER 1976, S. 8ff., GARBER 1987, KAULEN 1987).

Grundlage der Rezeptionstheorie Benjamins ist (im Gegensatz zu Jauß und Iser) die Idee des »Fortlebens« oder »Nachlebens« der Werke, das als Veränderung ihrer literischen Substanz aufgefaßt wird. »Denn in dem Fortleben«, so schreibt Benjamin in seinem frühen Aufsatz »Die Aufgabe des Übersetzers« von 1923, »das so nicht heißen dürfte, wenn es nicht Wandlung und Erneuerung des Lebendigen wäre, ändert sich das Original. Es gibt eine Nachreife auch der festgelegten Worte.« (BENJAMIN 1923, S. 12)

Während die hermeneutische Ebene hier noch ausgeblendet ist, hat Benjamin in seinem 1931 erschienenen Artikel »Literaturgeschichte und Literaturwissenschaft« die Idee des »Fortlebens« mit der gegenwärtigen Aneignung von Werken verknüpft. Der Artikel weist konzeptionell große Ähnlichkeiten mit Jauß' erstem Aufsatz auf und wird von ihm mehrfach zitiert (JAUSS 1970, S. 144, S. 153, S. 170). Benjamin geht hier von einer Kritik der zeitgenössischen Literaturwissenschaft aus und betont dann den Gegenwartsbezug des Interpreten bei der Aneignung von Werken der Vergangenheit. Seine zentrale, auch von Jauß wiedergegebene (und durch die Zeichensetzung etwas verwirrende) Aussage lautet: »Denn es handelt sich ja nicht darum, die Werke des Schrifttums im Zusammenhang ihrer Zeit darzustellen, sondern in der Zeit, da sie entstanden, die Zeit, die sie erkennt – das ist unsere – zur Darstellung zu bringen. Damit wird die Literatur ein Organon der Geschichte und sie dazu – nicht das Schrifttum zum Stoffgebiet der Historie zu machen, ist die Aufgabe der Literaturgeschichte.« (BENJAMIN 1931a, S. 290)

Doch hat Benjamin die Überlieferung keineswegs aus den Augen verloren. Beide Pole, die Aneignung von Werken durch Leser der Gegenwart (Hermeneutik) und die Aneignung im Prozeß der Überlieferung (Rezeptionsgeschichte) bilden auch in weiteren Arbeiten einen Spannungszustand, der auf methodische Vermittlung ausgerichtet war. So schreibt Benjamin 1934 in einem Brief an Leo Löwenthal nach der Lektüre von dessen Untersuchung über »Die Auffassung Dostojewskis im Vorkriegsdeutschland«, daß ihm nun der »durchaus neue Typ einer Rezeptionsgeschichte vor Augen« stehe (BENJAMIN 1934, S. 259). Löwenthal ging es hier vor allem um gesellschaftliche Aspekte der Literaturaneignung, nicht um die Werke selbst. »Wann und wie die Menschen bestimmte Kunstwerke erleben, ob sie diese sich aneignen oder nicht, wer sie sich aneignet«, so schreibt er, »all diese Probleme sind nicht zu verstehen, wenn man sie nicht aus dem Lebensprozeß der Gesellschaft, näher: aus der jeweiligen ökonomischen und sozialen Situation erklärt« (LÖWENTHAL 1934, S. 343). Die von Benjamin formulierten Ergänzungsfragen betonen dagegen den Gegenwartsbezug und die Möglichkeit einer Kritik der Überlieferung. »Wieweit«, so heißt es in seinem Brief an Löwenthal, »ist diese deutsche Rezeption dem

Werke Dostojewskis adäquat gewesen? Läßt sich von ihm aus keine andere denken?« (Benjamin 1934, S. 260)

In seinem Aufsatz »Eduard Fuchs, der Sammler und der Historiker« von 1937, der 1987 in Jauß' »Rückschau« als »Wegbereiter des geschichtlich-hermeneutischen Paradigmas der Rezeptionstheorie« bezeichnet wird (Jauss 1987, S. 28), schreibt Benjamin, daß der »historische Materialismus« das »geschichtliche Verstehen« als »ein Nachleben des Verstandenen« aufzufassen habe, »dessen Pulse bis in die Gegenwart spürbar sind«. Zugleich unterscheidet er zwei Auffassungen von Rezeption: Die »alte, dogmatische und naive Vorstellung« gründe sich auf die Behauptung, »maßgebend für unsere Rezeption eines Werkes müsse die Rezeption sein, welche es bei den Zeitgenossen gefunden« habe; eine »neue und kritische« frage dagegen nach »den wirklichen Ursachen für den größeren oder geringeren Erfolg eines Künstlers, für die Dauer seines Erfolgs und ebensosehr für das Gegenteil«. Erst unter dieser Voraussetzung sei der »geschichtliche Gehalt eines Kunstwerks« so zu erfassen, »daß es als Kunstwerk für uns transparenter« werde (Benjamin 1937, S. 468f.). Benjamin knüpft hier an seinen Artikel »Wie erklären sich große Bucherfolge« von 1931 an, in dem er eine »Anzahl neuer Fragen« formuliert hatte, die ebenfalls auf die Verknüpfung von Rezeptionsgeschichte und gegenwärtiger Aneignung hinausliefen: »Welchem Umstand verdankt das Werk Erfolg oder Mißerfolg? was hat das Votum der Kritik bestimmt? an welche Konventionen schließt es an? in welchen Kreisen sucht es seine Leser?« (Benjamin 1931b, S. 294; → Literaturkritik)

Darüber hinaus hat Benjamin auf zwei Publikationen hingewiesen, die neben Levin Schückings »Soziologie der literarischen Geschmacksbildung« von 1921 (Schücking 1961) als Vorläufer der Rezeptionsforschung gelten können und in neueren Arbeiten stärker beachtet werden (vgl. Mandelkow 1981), weil sie methodisch umsetzbare Vorschläge enthalten: Franz Mehrings »Lessing-Legende« von 1893 und Julian Hirschs »Genesis des Ruhms« von 1914. Hirsch, auf den Benjamin auch in seinem Brief an Löwenthal hinwies, entwickelte erstmals eine systematische Methode der Rezeptionsanalyse, in deren Mittelpunkt Persönlichkeiten stehen, die wegen ihrer Taten oder Werke auch über den Tod hinaus von einem größeren Publikum verehrt werden. Es ging Hirsch um das Phänomen des Ruhms und dessen Erklärung. Den Begriff definiert er im phänomenologischen Sinne als »kollektiv-psychologische Erscheinung«, die eine Beziehung zwischen dem für »eminent« gehaltenenen Individuum und der »verehrungsbedürftigen« Masse stiftet (Hirsch 1914, S. 15). Methodisch wegweisend ist dabei vor allem seine Unterscheidung zwischen »ruhmerzeugenden und ruhmerweiternden Faktoren« auf seiten des Individuums (etwa Erfolg, Todesumstände usf.) oder auf seiten der Masse (etwa Sensationsbedürfnis, Bedürfnisse der Presse usf.).

Auch Benjamin hat das Phänomen des Ruhms mehrfach theoretisch zu durchdringen versucht. »Die Geschichte der großen Kunstwerke«, hieß es schon im »Übersetzer«-Aufsatz von 1923 nach einer Lektüre von Hirschs Buch, »kennt ihre Deszendenz aus den Quellen, ihre Gestaltung im Zeitalter des Künstlers und die Periode ihres grundsätzlich ewigen Fortlebens bei den nachfolgenden Generationen. Diese letzte heißt, wo es zutage tritt, Ruhm. Übersetzungen entstehen, wenn im Fortleben ein Werk das Zeitalter seines Ruhmes erreicht.« (Benjamin 1923, S. 11) Da allerdings Erfolglosigkeit bei den Zeitgenossen und anhaltender Erfolg nach dem Tod das Schicksal vieler Schriftsteller und Künstler ist, wäre eine Theorie des Ruhms durch eine Theorie der *ungleichzeitigen* Rezeption zu ergänzen (vgl. Roh 1993), auf die Benjamins Fragen nach den Ursachen von Erfolg oder Mißerfolg offenbar hinausläuft.

Mehrings Lessing-Buch, das mit einer Darstellung der Rezeptionsgeschichte Lessings beginnt, war für Benjamin dagegen nicht in methodisch-kategorialer, sondern in politisch-konzeptioneller Hinsicht von Bedeutung. Mehring wollte zur »Rettung« des Autors »aus den Philisternetzen der Bourgeoise« beitragen (Mehring 1975, S. 34) und hat damit das Konzept einer Rezeptionsgeschichte als Überlieferungskritik begründet, das Benjamin zu einem Grundgedanken seiner Rezeptionstheorie ausgebaut hat. »Es ist niemals ein Dokument der Kultur, ohne zugleich ein solches der Barbarei zu sein«, so lautet eine berühmte Formulierung im »Fuchs«-Aufsatz (Benjamin 1937, S. 477), die Benjamin später in seine Thesen »Über den Begriff der Geschichte« übernommen und rezeptionsgeschichtlich erweitert hat: »Und wie es [das Dokument] selbst nicht frei ist von Barbarei, so ist es auch der Prozeß der Überlieferung nicht, in der es von dem einen an den anderen gefallen ist.« (Ebd., S. 696f.)

In einem 1937 geplanten Buch über Baudelaire wollte Benjamin die Konzeption einer Rezeptionsgeschichte als Überlieferungskritik in die Praxis umsetzen und in einer Vorrede theoretisch begründen. Doch wurde das Projekt nur zum Teil ausgeführt. Bekannt geworden ist die Vorrede, die nur zweieinhalb Druckseiten umfaßt, weil sie 1970 im »Kursbuch« unter dem (nicht von Benjamin stammenden) Titel »Fragment über Methodenfragen einer marxistischen Literatur-Analyse« veröffentlicht und auf die aktuelle Diskussion in der Literaturwissenschaft bezogen wurde. Auch hier hat Benjamin – in Anlehnung an die von Hirsch für den Überlieferungsprozeß verwendete Fluß-Metapher (Hirsch 1914, S. 25) – Fragen zur Kritik der Überlieferung formuliert: »Die Quellen fließen nach Herzenslust, und wo sie sich zum Strome der Überlieferung vereinigen, da tun sich schön tracierte Böschungen auf [...]. Wessen Mühlen treibt dieser Strom? wer fischt in ihm? – so fragt die kritische Theorie und verändert das Bild der Landschaft, indem sie nicht nur die physischen, sondern auch die gesellschaftlichen Kräfte beim Namen nennt, welche in ihr am Werke sind.« (Benjamin 1970, S. 1)

Der Interpret muß nach dieser Vorstellung die Faktoren herausarbeiten, die die Überlieferung eines Werkes geprägt haben. Denn »es ist eine vulgärmarxistische Illusion«, so das häufig zitierte Fazit Benjamins, »die gesellschaftliche Funktion eines sei es geistigen, sei es materiellen Produkts unter Absehung von den Umständen und den Trägern seiner Überlieferung bestimmen zu können« (ebd., S. 1f.). Nicht alle Rezipienten wären danach für die Analyse der Rezeption von Bedeutung, sondern nur diejenigen, die am Überlieferungsprozeß beteiligt sind und auf ein Werk Einfluß genommen haben (Verleger, Kritiker, Interpreten, Übersetzer, Editoren). Je nach Einflußnahme lassen sich dabei Hierarchisierungen vornehmen. Setzen sich im Verlauf der Rezeptionsgeschichte neue Auffassungen durch (in Editionen oder Deutungen), dann verändert sich nicht nur die Rezeption, sondern auch das Werk selbst. Der scheinbare Umweg über die Rezeptionsgeschichte führt zum Werk zurück, weil die in ihm wirkenden Kräfte und Interessen erkennbar werden. Die Analyse der Rezeption bleibt deshalb einem Werk nicht äußerlich, sondern ist Bedingung seiner Erkenntnis. Die aktuelle Aneignung von Werken (die hermeneutische Ebene der Rezeption) und ihre Aneignung im Prozeß der Überlieferung (die historische Ebene der Rezeption) werden damit zu einer Einheit verbunden.

3. Empirische Literaturwissenschaft

Während sich die hermeneutisch orientierte Rezeptionsforschung um eine Verknüpfung von Werk- und Rezeptionsanalyse bemühte, hat die Empirische Literaturwissenschaft eine radikale Trennung zwischen Werk und Aneignung vorgenommen. Wie die empirisch orientierte Literatursoziologie (FÜGEN [6]1974), so will auch sie keine Aussagen über die *ästhetische Qualität* von Texten machen, sondern ausschließlich ihre *kommunikative Funktion* untersuchen. Trotz einiger Vorläufer (VIEHOFF 1991) betont die Empirische Literaturwissenschaft die Neuartigkeit ihrer Konzeption. Sie will kein empirisch verfahrender Zweig innerhalb der herkömmlichen Literaturwissenschaft sein, sondern die Disziplin dadurch neu begründen, daß sie die Verfahrensweisen der empirischen Sozialforschung auf die Analyse literarischer Kommunikation überträgt (GROEBEN 1982a). Die Eigenständigkeit wird äußerlich durch die Großschreibung des Adjektivs »Empirisch« zum Ausdruck gebracht. »Empirisch« bedeutet dabei im Sinne des kritischen Rationalismus und der analytischen Wissenschaftstheorie, daß Aussagen grundsätzlich durch Erfahrungen überprüfbar und falsifizierbar sein müssen (FINKE 1982). Damit verbunden sind der Anspruch auf Anwendungsorientierung und ein hohes Maß an Exaktheit in Begriffen und Definitionen, die zu einer starken Formalisierung der Sprache führt und die Lektüre der einschlägigen Schriften nicht immer zum Vergnügen werden läßt.

In Deutschland wurde die Empirische Literaturwissenschaft 1972 von Norbert Groeben begründet (GROEBEN 1972, S. 138ff.). Sie hat 1980 mit dem »Grundriß der Empirischen Literaturwissenschaft« von Siegfried J. Schmidt ein umfassendes theoretisches Fundament bekommen (SCHMIDT 1980, 1982a), ist aber keineswegs abgeschlossen und für Erweiterungen offen (SCHMIDT 1991, S. 385ff.; BARSCH u. a. 1994). Während die theoretischen Entwürfe durch Systematik und Genauigkeit beeindrucken und für die hermeneutische Literaturwissenschaft zweifellos eine Bereicherung darstellen können, haben die bisherigen Erträge empirischer Untersuchungen für den außenstehenden Beobachter eher begrenzten Wert, da sie vor allem der internen Theoriebildung dienen und kaum neue Einsichten in Textstrukturen oder Rezeptionsweisen vermitteln (GROEBEN ed. 1981, KREUZER/VIEHOFF ed. 1981, HEUERMANN u. a. 1982, VIEHOFF 1988). Doch könnten Anspruch und Grenzen der Empirischen Literaturwissenschaft nur im Rahmen eines neuen Positivismusstreits geklärt werden, der in den sechziger Jahren zur Klärung von theoretischen Gegensätzen in der deutschen Soziologie geführt hatte (ADORNO u. a. 1972, DAHMS 1993), die Literaturwissenschaft aber noch nicht erreichte, so daß die Herausforderungen der Empirischen Literaturwissenschaft trotz einiger Ansätze (BOLLENBECK/KNOBLOCH 1983) bisher unbeantwortet blieben.

Allerdings gibt es auch innerhalb der Empirischen Literaturwissenschaft unterschiedliche Positionen mit unterschiedlichen Entwicklungen, die deshalb verschiedene Bewertungen erfordern. Während die von Norbert Groeben begründete Richtung von der Psychologie ausgeht (GROEBEN 1972, 1982b) und sich als leserbezogene Rezeptionsforschung begreift (GROEBEN 1977; → PSYCHOLOGISCHE ZUGÄNGE), ist die von Siegfried J. Schmidt geprägte Schule stärker auf die Linguistik und die Kommunikationswissenschaften bezogen und als umfassende Handlungstheorie konzipiert. Ausgangspunkt ist hier nicht mehr das Verhältnis von Text und Leser wie bei Groeben, sondern das literarische Handeln auf den Ebenen der Produktion, Vermittlung, Rezeption und Verarbeitung (SCHMIDT 1980, 1982a). So definiert Groeben Rezeption als »Informationsverarbeitung, die die im Text enthaltene ›linguistische Information‹ so mit Weltwissen usw. verbindet, daß dabei auch über die im Text enthaltenen manifesten Bedeutungsinhalte hinaus Information ›geschaffen‹ wird« (GROEBEN 1994, S. 23). Schmidt schreibt dagegen: »Rezipieren heißt Kommunikate konstruieren und nicht Sinn ermitteln. Kommunikatproduktion im Literatursystem geschieht aus Anlaß der Wahrnehmung von literarischen Gegebenheiten.« (SCHMIDT 1988, S. 149)

Die Definition setzt zwei theoretische Erweiterungen voraus, die die Emprirische Literaturwissenschaft der Schmidt-Schule in den achtziger Jahren vollzogen hat: zum einen die Verbindung zur soziologischen *Systemtheorie* Niklas Luhmanns, wobei Schmidt nicht nur synchrone, sondern auch diachrone Ziele verfolgt (SCHMIDT 1989; → LITERATUR ALS ›SYSTEM‹); zum anderen die Anlehnung an die Erkenntnistheorie des Radikalen Konstruktivismus (SCHMIDT 1995), der von der Auffassung ausgeht, daß alle Formen menschlicher Wahrnehmung subjektive Konstruktionen und keine Repräsentationen der Wirklichkeit darstellen (vgl. SCHMIDT ed. 1987). Zwar sind inzwischen auch literaturtheoretische Entwürfe mit konstruktivistischer Ausrichtung erschienen (RUSCH 1987, SCHEFFER 1992, FLACKE 1994), doch orientieren sie sich so sehr an der Empirischen Literaturwissenschaft, daß von einer eigenen Richtung noch nicht gesprochen werden kann. Die Empirische Literaturwissenschaft zeigt aber insgesamt, daß die Rezeptionsforschung hier eine empirische und theoretische Weiterentwicklung erfahren hat, während die Debatte in der hermeneutischen Literaturwissenschaft Ende der siebziger Jahre zum Stillstand kam.

2. Übersetzungstheorie, Übersetzungswissenschaft, Übersetzungsforschung

von Sabine Lorenz

1. Zur Bestimmung von Begriff und Gegenstand

Forschungsarbeiten zur Theorie, Praxis und Rezeption der Übersetzung haben in den letzten vier Jahrzehnten international immer mehr an Bedeutung und Umfang gewonnen, so daß die zahlreichen Publikationen zum Thema kaum mehr überschaubar sind. Dabei bleibt die Beschäftigung mit Fragen der Übersetzung nicht beschränkt auf die Literatur- und Sprachwissenschaft, sondern findet auch – zumeist unter Zugrundelegung eines weiter gefaßten Übersetzungsbegriffs – in der dekonstruktivistischen (vgl. Graham 1985; → Dekonstruktion), kulturwissenschaftlichen und ethnologischen (vgl. Bachmann-Medick 1994) Diskussion statt. Ein einführender Überblick über die wichtigsten und interessantesten Ansätze zu Fragen der Übersetzung ist daher notwendig selektiv.

Im Feld der philologischen Auseinandersetzung mit der Übersetzung läßt sich neben zahlreichen Arbeiten im Bereich der hermeneutischen Übersetzungstheorie, die sich vor allem auf Schleiermacher gründet (→ Hermeneutische Modelle), zwischen zwei neueren Grundrichtungen unterscheiden. Beide haben sich in den letzten Jahrzehnten international etabliert und bestimmen die Diskussion wesentlich: Auf der einen Seite hat sich eine vorrangig linguistisch orientierte Richtung herausgebildet, die sich dezidiert Übersetzungs*wissenschaft*, »science of translation«, nennt und vor allem Fragen der Theorie und Praxis des Übersetzens zum Gegenstand hat. Ihr Interesse gilt einer allgemeinen Übersetzungstheorie, die die Übersetzung sowohl literarischer als auch nicht-literarischer Sach- und Fachtexte beschreiben können soll. Darüber hinaus wird der Praxisbezug und der von der Übersetzungswissenschaft zu leistende Beitrag zur Ausbildung von Dolmetschern und Übersetzern betont.

Dem steht auf der anderen Seite der aus verschiedenen Einzelphilologien und der Komparatistik hervorgegangene historisch-deskriptive Ansatz der »translation studies« oder Übersetzungs*forschung* gegenüber, dessen Interesse vor allem der Beschreibung der Rezeption und Geschichte der literarischen Übersetzung und Übersetzungskonzeptionen gilt. Auf eine einfache Formel gebracht, ließen sich diese beiden Richtungen innerhalb der Philologie charakterisieren mit den Fragen: »›Wie soll/muß man Literatur übersetzen?‹ und ›Wie ist Literatur nun wirklich übersetzt worden?‹« (A. P. FRANK 1988, S. IX)

Trotz etlicher Berührungspunkte unterscheiden sich beide Ansätze doch hinsichtlich ihrer Methoden, Orientierungen und der Bestimmung ihres Gegenstandsbereichs, also der Definition dessen, was als »Übersetzung« in ihren jeweiligen Untersuchungsbereich fällt. Während die Übersetzungswissenschaft unter linguistischen und kommunikationswissenschaftlichen Prämissen von einer normativen Bestimmung des Übersetzungsbegriffs ausgeht (zentral ist hier der Begriff der »Äquivalenz«), ist die literaturwissenschaftlich und kulturtheoretisch ausgerichtete Übersetzungsforschung an der Beschreibung historischer Übersetzungsfälle orientiert und geht von dem historischen Faktum der Übersetzung aus, ohne eine normative Bestimmung dessen vorzunehmen, was Übersetzung ist. Auf diese Weise bekommt sie auch »Übersetzungsfälle« in den Blick, die literatur- und kulturgeschichtlich bedeutend sind – etwa die ›Übersetzungen aus zweiter Hand‹ oder Pseudoübersetzungen wie James Macphersons »Ossian« –, die von der Übersetzungswissenschaft aber auf der Grundlage ihrer normativen Definitionen ausgegrenzt werden.

Aufgrund der Vielfalt der übersetzungstheoretischen Ansätze erscheint es derzeit unmöglich, eine allgemein gültige Definition dessen zu geben, was Übersetzung ist (vgl. APEL 1983, KOLLER [4]1992). Dennoch lassen sich einige Konstanten zeigen, die die Übersetzungskonzeptionen auch in ihrem historischen Verlauf bestimmen. Einen Ansatzpunkt bietet Roman Jakobsons Unterteilung und Eingrenzung des Gegenstandsbereichs. Danach umfaßt die *intralinguale* Übersetzung die Wiedergabe sprachlicher Äußerungen in derselben Sprache (z. B. die Übersetzung eines Textes in eine spätere Sprachstufe, aber auch Kommentar, Paraphrase); die *intersemiotische* Übersetzung vollzieht eine Transmutation zwischen verschiedenen semiotischen Systemen (KOLLER [4]1992 führt als Beispiel die »Umsetzung von Sigmund Freuds Theorien in die Form eines Comics« an); und die *interlinguale* Übersetzung schließlich gibt Äußerungen einer Sprache in einer anderen Sprache wieder und stellt damit (nach Jakobson) den Bereich der »translation proper« dar, der »eigentlichen Übersetzung« (JAKOBSON 1959).

Eine weitere Differenzierung innerhalb der interlingualen Übersetzung ist die Unterscheidung zwischen der Übersetzung mündlicher Äußerungen (dem Dolmetschen) und der Übersetzung schriftlicher Äußerungen, also von Texten, die wiederum in Sach- und Fachtexte einerseits und literarische Texte andererseits unterteilt werden können (vgl. → FIKTIONALITÄT UND POETIZITÄT).

Die Übersetzung von Sach- und Fachtexten ist vorrangig unter pragmatischen Gesichtspunkten zu sehen als die Übermittlung von Informationen in einer anderen Sprache. Die Übersetzung literarischer Texte dagegen ist Bestandteil der Rezeption eines Textes oder Werkes. Als ein auf einen Prätext – das Original bzw. den Ausgangstext – sich beziehender Text stellt sie einen Fall von → INTERTEXTUALITÄT dar (vgl. KOPPENFELS 1985).

Eine weitere Konstante bei den Versuchen, den Begriff der Übersetzung zu definieren, ist das Merkmal der »doppelten Gerichtetheit« (KOLLER [4]1992), d. h. die Bindung der Übersetzung an Original und Zielsprache zugleich. Vor dem Hintergrund der Geschichte der Übersetzung und ihrer Konzeptionen wird deutlich, daß die über Jahrhunderte hinweg gestellte Frage, ob Übersetzungen wörtlich (also dem *Original* treu) oder frei (also der *Zielsprache* oder -literatur angenähert) sein sollen, zumeist normativ zugunsten einer der beiden Lösungen beantwortet wurde. So ist in der frühen Geschichte der Übersetzung bei Cicero und dann Horaz die Orientierung an der Zielsprache maßgebend. Hieronymus sagt von seinen Übersetzungen aus dem Griechischen, daß er »einen Sinn durch den anderen« ausgedrückt habe, nimmt allerdings die »Heiligen Schriften« von dieser ›freien‹ Methode aus, da in ihnen »auch die Wortfolge ein Mysterium ist«. Jahrhundertelang wird, bis zur Romantik, die freie Übersetzung weitestgehend als Norm gelten.

Erst mit der Abkehr von der rationalistischen Sprachtheorie der Aufklärung, die die Wörter als Stellvertreter universaler Sachverhalte und Gedanken versteht, erst in der neueren → HERMENEUTIK also wird nicht nur das Verstehen, sondern auch die Übersetzbarkeit überhaupt problematisiert. Schleiermacher geht in seiner Abhandlung »Ueber die verschiedenen Methoden des Uebersezens« von der Sprachgebundenheit der Gedanken und der unaufhebbaren Differenz der Sprachen aus und kommt zu dem Schluß, daß es eine Äquivalenz der Bedeutung nicht geben kann. Daher plädiert er gegen die »einbürgernde«, sich wie ein Original der Zielliteratur gebende Übersetzung und für eine »verfremdende«, d. h. an der Sprache des Originals orientierte Übersetzungsmethode, deren Sprache »ahnden läßt, daß sie nicht ganz frei gewachsen, vielmehr zu einer fremden Aehnlichkeit hinübergebogen sei« (STÖRIG [2]1973, S. 55).

Auch wenn gegen Ende des 19. Jahrhunderts Wilamowitz-Moellendorff noch einmal die freie Übersetzung zur Norm erhebt und fordert, »den Buchstaben zu verachten und dem Geiste zu folgen«, wird Schleiermachers Ansatz, der die Übersetzung als Paradigma einer »Kunst des Verstehens« des Fremden begreift, in der Folge bestimmend für die hermeneutische Übersetzungstheorie.

Hans-Georg Gadamer verwendet den Begriff in einem philosophisch weiterreichenden, fundamentalen Sinn: Er versteht die Übersetzung als hermeneutische *Grundsituation*, in der die »Fremdsprachlichkeit [...] nur einen gesteigerten Fall von hermeneutischer Schwierigkeit, d. h. von Fremdheit und Überwindung derselben« bedeutet (GADAMER 1960, S. 365). Wie im Bemühen um dialogische Verständigung müsse der Übersetzer »den zu verstehenden Sinn in den Zusammenhang hinübertragen, in dem der Partner des Gesprächs lebt« (ebd., S. 403). Da aber Verstehen als an Sprache gebunden gedacht wird, sich erst im Medium der Sprache vollzieht, ist jede Übersetzung bereits Interpretation, »die Vollendung der Auslegung, die der Übersetzer dem ihm vorgegebenen Wort hat angedeihen lassen« (ebd.; zum Zusammenhang → PROBLEMATISIERUNGEN DER HERMENEUTIK; → ZUM VERHÄLTNIS VON HERMENEUTIK UND NEUEREN HERMENEUTISCHEN STRÖMUNGEN).

Rudolf Kloepfer definiert Übersetzen als »eine Form des den Erkenntnisprozeß weiterführenden, unabschließbaren, ins Offene führenden Deutungsversuches von Dichtung« (KLOEPFER 1967, S. 84), die das Überleben des literarischen Werkes bedeute. Unabschließbar sei dieser Prozeß insofern, als jede Übersetzung nur »einer der möglichen Wege des Verstehens bzw. Erkennens« sei (ebd., S. 70). Übersetzungen werden hier also verstanden als Dokumente der Wirkungsgeschichte eines Werkes, in denen der Übersetzer »den originalen künstlerischen Willen mit den Mitteln einer anderen Muttersprache« (ebd. S. 84) nachzuvollziehen versucht. Das Ergebnis ist kein Äquivalent, sondern »ein dem Original zumindest analoges Ganzes« (ebd.).

Dagegen nimmt Friedmar Apel eine rezeptionsgeschichtliche Perspektive ein, um eine »Radikalisierung der hermeneutischen Fragestellung« (APEL 1982, S. 26) vorzunehmen. Die hermeneutische Problembestimmung von Übersetzung als »sprachliche Objektivation eines je historischen und subjektiv bestimmten Verstehens eines Textes« sei unzureichend, da sie ein »Nacheinander von Verstehen, Auslegung und sprachlicher Objektivation« voraussetze (ebd., S. 25). Es müsse vielmehr davon ausgegangen werden, daß

»sich das je bestimmte Verstehen eines Textes erst in der Übersetzung selbst« (ebd.) herstelle. Zudem sei die Problembestimmung um die Rolle des Lesers zu erweitern, da jede Übersetzung »die Kristallisation eines Erfahrungsprozesses« sei, »der in der Rezeption [...] gleichsam wieder verflüssigt wird« (ebd.). Im Sinne von Hans Robert Jauß' rezeptionsgeschichtlichem Konzept versteht Apel Übersetzungen als Konkretionen des Bedeutungshorizontes eines Werkes, die so eine konstruktive Funktion innerhalb seiner Rezeptionsgeschichte erfüllen (→ THEORIEN DER LIT. REZEPTION).

2. Übersetzung und »Äquivalenz«

Die ersten Ansätze einer dezidiert wissenschaftlichen Beschäftigung mit Fragen der Übersetzung schließen sich an die Etablierung der Linguistik in den fünfziger und sechziger Jahren als eigenständige Wissenschaft und die in ihrem Kontext untersuchten Fragen der maschinellen Übersetzung durch den Computer an. In der Folge ist innerhalb der Übersetzungswissenschaft zu unterscheiden zwischen ausschließlich linguistisch orientierten Ansätzen (Translationslinguistik) und solchen, die neben dem rein linguistischen Aspekt des Sprachwechsels auch den kommunikativen Aspekt des Übersetzens zu berücksichtigen suchen. Abgesehen von einigen Ausnahmen hat sich die Übersetzungswissenschaft zu einer Domäne vorrangig deutschsprachiger Forscher entwickelt.

Trotz der differenten Ausprägungen einzelner Ansätze innerhalb der Übersetzungswissenschaft lassen sich doch einige Konstanten zeigen, die die Diskussion der vergangenen drei Jahrzehnte durchgängig bestimmt haben. Grundlegend ist zum einen das Wiederaufgreifen des in der Literaturtheorie seit der Romantik verabschiedeten Konzepts der Dichotomie von Form und Inhalt, demzufolge die Aussage eines Textes nicht an seine spezifische sprachliche Form gebunden sei und daher als Invariante in der Übersetzung erhalten bleiben könne. Daraus folgt die Annahme einer prinzipiellen Übersetzbarkeit der Sprachen. Zum anderen ist der Begriff der Äquivalenz bestimmend, der seit Roman Jakobsons Beschreibung des Verhältnisses von Original und Übersetzung als »equivalence in difference« für konstitutiv angesehen, je nach Ansatz aber unterschiedlich definiert und gewichtet wird.

Gegenstand der Translationslinguistik, wie sie von der »Leipziger übersetzungswissenschaftlichen Schule« durch Otto Kade,

Albrecht Neubert und Gert Jäger vertreten wird, ist die »Untersuchung der Translationsprozesse als sprachlicher Prozesse«. Ausgehend von dem informationstheoretischen Modell von Sender, Empfänger und Code wird Übersetzen als ein Sonderfall der sprachlichen Kommunikation begriffen: Da Sender und Empfänger nicht über dieselbe Sprache, und das heißt nicht über den gleichen Code verfügen, muß im Übersetzen ein Codewechsel stattfinden, bei dem über die Herstellung von Äquivalenzrelationen der Informationsgehalt (mit anderen Worten: die Nachricht oder der Inhalt) der Äußerung als Invariante erhalten bleiben soll. Aufgabe der Translationslinguistik ist es, ausgehend von konkreten Texten und ihren Übersetzungen die Regelmäßigkeiten zu beschreiben, die die Äquivalenzbeziehungen zwischen zwei Sprachen steuern, um so sprachenpaarbezogene Übersetzungswörterbücher und -grammatiken zu erstellen. Die Analyse literarischer Übersetzungen wird von der Translationslinguistik bewußt ausgeschlossen, da die Relation zwischen literarischen Texten und ihren Übersetzungen aufgrund ihrer Formbetontheit nicht über die Bezugsgröße der Inhaltsinvarianz zu bestimmen sei. Der Übersetzung literarischer Texte hafte ein Moment der Kreativität an, das nicht wissenschaftlich operationalisierbar sei. Gegenstand der Translationslingusitik sind danach allein pragmatische bzw. Sachtexte, bei denen die Form dem Inhalt untergeordnet ist.

Eugène A. Nida, dessen 1964 erschienenes Buch »Towards a Science of Translation« als »Meilenstein« gilt, »mit dem die Übersetzungswissenschaft als Wissenschaft recht eigentlich begründet wurde« (KOLLER [4]1992, S. 154), wendet sich neben den sprachlichen vor allem auch den kommunikativen, empfängerbezogenen Aspekten der Übersetzung zu. Von vorrangiger Bedeutung ist für Nida die Analyse semantischer Probleme unter Einbeziehung moderner linguistischer Methoden wie der frühen Ansätze Noam Chomskys zur generativen Transformationsgrammatik, der allgemeinen Semantik und der *language-and-culture*-Forschung Sapirs und Whorfs. Vor diesem Hintergrund entwirft Nida eine Theorie der Übersetzung, die vor allem in ihrer Forderung nach Erhalt der »message« des Textes ihre Herkunft aus dem Kontext der Bibelübersetzung zu erkennen gibt. Auch in Nidas Definition des Übersetzens hat die Forderung nach der *Invarianz der Bedeutung* Vorrang, während die Form – Nida benutzt den Begriff »style« – nur als ein Sekundäres hinzutritt: »Translating consists in reproducing in the receptor language the closest natural equivalent of the source-language message, first in terms of meaning and secondly in terms of style.« (NIDA/ TABER 1969 [1964], S. 12) Der Übersetzer ist also in erster Linie dem Inhalt des Ausgangstextes verpflichtet und erst in zweiter Linie der Form. Folgerichtig plädiert Nida für eine zielsprachenorientierte, freie Übersetzung. Als konstitutiv für die Übersetzung wird die Erreichung von Äquivalenz definiert. Dabei unterscheidet Nida formale Äquivalenz, die sich in Form und Inhalt am Ausgangstext ausrichtet, und dynamische Äquivalenz (in späteren Arbeiten verwendet Nida den Begriff »functional equivalence«), die sich an der Zielsprache und dem Empfänger (»receptor«) der »Botschaft« ausrichtet und vorzuziehen ist. Ein vielzitiertes Beispiel für einen Fall dynamischer Äquivalenz ist die Übersetzung »Seehundbaby Gottes« für »Lamm Gottes« in den Eskimosprachen, in der der Begriff »Seehundbaby« die Konnotationen des Begriffs »Lamm« ersetzen soll. Es geht also um »Wirkungsgleichheit«. Zugrunde liegt ein Begriff der prinzipiellen Verstehbarkeit und damit zugleich auch Übersetzbarkeit. Nida geht von »underlying bases for human communication« (ebd., S. 53ff.) aus und damit wie Chomsky von einer allen Sprachen eignenden universalen Tiefenstruktur. Nida wendet sich entschieden gegen die Relativitätsthese von Sapir/ Whorf, wenn er formuliert: »What people of various cultures have in common is far greater than what separates them.« Auf der Grundlage des Primats der Inhaltsübersetzung muß die Übersetzung literarischer Texte allerdings auch in Nidas Theorie weitgehend ausgegrenzt werden: »In transferring the message from one language to another, it is the content which must be preserved at any cost; the form, except in special cases, such as poetry, is largely secondary.« (Ebd., S. 105)

Erstmals innerhalb der Übersetzungswissenschaft betont Wolfram Wilss deren hermeneutischen Charakter, indem er auf die Instanz des Verstehens beim Übersetzen aufmerksam macht (WILSS 1977, S. 10). Das verschafft Wilss die Möglichkeit – vor allem in seinen späteren Arbeiten, in denen er den Übersetzungsprozeß unter kognitionspsychologischen Prämissen untersucht –, Kategorien wie künstlerische Kreativität und Intuition mit einzubeziehen. Orientiert an der Textlinguistik, definiert Wilss »Übersetzen« als »Textverarbeitungs- und Textreverbalisierungsprozeß, der von einem ausgangssprachlichen Text zu einem möglichst äquivalenten zielsprachlichen Text hinüberführt und das inhaltliche und stilistische Verständnis der Textvorlage voraussetzt« (ebd., S. 72). Darüber hinaus sei Übersetzen eine »spezifische Form interlingualer Kommunikation«, die auf »sprachliches Handeln und Entscheiden bezogen ist und an konkreten sprachenpaarbezogenen Fragestellungen orientiert sein muß« (ebd., S. 11). Jede Übersetzung ist Wilss zufolge daher der Versuch der »Synchronisation von syntaktischen, lexikalischen und stilistischen Regelapparaten zweier Sprachen« (ebd., S. 13). Im Prozeß des Übersetzens unterscheidet Wilss eine Verstehensphase und eine Rekonstruktionsphase, in der der Übersetzer den Ausgangstext »unter optimaler Berücksichtigung kommunikativer Äquivalenzgesichtspunkte reproduziert« (ebd.), wobei Äquivalenz als Näherungswert aufgefaßt wird.

Wie Nida geht Wilss von prinzipieller Übersetzbarkeit aus, die gewährleistet sei »durch die Existenz von syntaktischen, semantischen und erfahrungslogischen Universalkategorien« (ebd., S. 56), und kommt damit unter dem Begriff der linguistischen Unübersetzbarkeit zu einer ähnlich gelagerten Ausgrenzung von literarischen Texten, in denen die »sprachliche Form die Bedeutung mitkonstituiert« und damit für die »Erreichung einer funktionalen Äquivalenz wesenskonstitutiv ist« (ebd.).

Allerdings betont Wilss, Äquivalenz sei keine übersetzungs*prozessuale*, sondern eine übersetzungs*kritische* Kategorie. Dabei formuliert er den Anspruch, auf der Grundlage »erschöpfender, alle relevanten Textmerkmale erfassender Analyse- und Syntheseprozeduren« (ebd., S. 183) die Vergleichsgrundlage für die Erfassung von Äquivalenz bereitzustellen, ohne allerdings die hermeneutischen Voraussetzungen dieses ausschließlich am Ausgangstext orientierten Vergleichs zu reflektieren.

In seinen späteren Arbeiten verlagert Wilss das Interesse auf kognitionspsychologische Aspekte, um den Prozeß des Übersetzens zu analysieren, d. h. »mentale Zustände und Prozesse ans Licht zu heben und Übersetzen als eine komplexe Form der Sprachverwendung vorzuführen« (Wilss 1988, S. VIII). Übersetzen wird als zweckrationales Sprachhandeln verstanden, das sich rekonstruieren lassen soll. Ziel dieses Handelns ist »Wirkungsgleichheit«, wobei – auf der Grundlage eines nachrichtentechnischen Kommunikationsmodells – die Selbigkeit des übermittelten Sinns als interlinguales *tertium comparationis* für garantiert angenommen wird. Um »Variabilität des Übersetzens«, d. h. verschiedene Übersetzerlösungen zu erklären, führt Wilss die Begriffe des *kulturellen Kontextes* und der *subjektiven Kreativität* ein. Mit kulturellem Kontext sind nicht nur die bereits bei Nida berücksichtigten außerliterarischen Bedingungen gemeint, die das fertige Produkt der Übersetzung bestimmen, sondern kulturelle Faktoren, die den mentalen Entscheidungsprozeß des Übersetzers beeinflussen.

3. Kritik der »Äquivalenz«-Konzepte: die »Skopostheorie«

Eine entschiedene Abwendung vom Äquivalenzkonzept und der damit verbundenen Invarianzforderung findet schließlich in der funktionalen Translationstheorie statt, die von der pragmatisch-situativen Eingebundenheit von Texten ausgeht. Übersetzen könne demzufolge nicht als bloßer Umcodierungsprozeß zwischen zwei Sprachen beschrieben werden, Sprache sei vielmehr aufzufassen »als Text in einer Situation, als Teil einer Kultur mit einer bestimmten Funktion« (SNELL-HORNBY 1986, S. 26) und Übersetzung demnach als ein »kultureller Transfer«, der mit einem auf Symmetrie zielenden Begriff wie dem der Äquivalenz nicht hinreichend beschrieben werden könne (ebd., S. 16).

Am konsequentesten ausformuliert ist der funktionale Ansatz in der »Skopostheorie« von Katharina Reiß und Hans J. Vermeer. Sie gehen in ihrer »Grundlegung einer allgemeinen Translationstheorie« (REISS/VERMEER 1984) nicht nur von einem sehr weit gefaßten Übersetzungsbegriff aus, der »auch die Möglichkeit des Umsetzens von sprachlichem in aktionales Handeln und umgekehrt« einschließen soll (ebd., S. 91), sondern schränken gleichzeitig die Bedeutung des Äquivalenzbegriffs ein und propagieren die »Entthronisierung des Originals«. Ausgehend von rezeptionstheoretischen und handlungstheoretischen Prämissen legen Reiß/Vermeer zum einen einen adressatenbezogenen Textbegriff zugrunde: Texte werden als Informationsangebote begriffen, deren Textsinn situativ, d. h. erst in der (übersetzerischen) Rezeption realisiert wird. Zum anderen wird Übersetzen als ein Sonderfall intentionalen Handelns und somit als zweck- oder zielgerichtet aufgefaßt. (Die Begriffe »Zweck«, »Ziel«, »Funktion« und »Skopos« werden bewußt synonym verwendet, was nicht unwesentlich zur Schwerverständlichkeit der szientistisch anmutenden Sprache der »Grundlegung« beiträgt.) So können Reiß/Vermeer schließlich zu ihrer zentralen These gelangen: »Die Dominante aller Translation ist deren Zweck« (REISS/VERMEER, S. 96). Dem Übersetzer – oder in dieser Terminologie: dem »Translator« – obliegt es, den Zweck bzw. die Funktion seiner Übersetzung im Hinblick auf die intendierten Zieltextrezipienten zu wählen und so beispielsweise darüber zu entscheiden, ob er »›Don Quijote‹ als literarisches Kunstwerk der Weltliteratur, als Kinder- und Jugendbuch usw.« übersetzt. Maßstab für eine gelungene Übersetzung ist ihre Adäquatheit, worunter die Übereinstimmung des »Translats« mit dem gesetzten Zweck verstanden wird. An diesem Punkt wird die radikale Zieltextorientiertheit dieses Ansatzes deutlich, in dem die Beziehung der Übersetzung zum Ausgangstext als nachrangig aufgefaßt wird: Äquivalenz bezeichnet demzufolge die »Gleichwertigkeit« auf der Ebene von Sprachzeichen einerseits und die »Funktionskonstanz zwischen Ausgangs- und Zieltext« andererseits (ebd., S. 140), die als Sonderfall von Adäquatheit aufgefaßt wird.

Auf Kritik von seiten der empirisch-induktiven Übersetzungswissenschaft ist die Skopostheorie vor allem wegen ihrer Normativität gestoßen (vgl. KOLLER [4]1992), von seiten der literaturwissenschaftlich orientierten Übersetzungsforschung wegen ihres eingeschränkten Geltungsbereichs (vgl. TURK 1989). Denn selbst wenn die Translationstheorie den Anspruch erhebt, für alle Texte gültig zu sein, so besitzt sie doch einige Überzeugungskraft nur für den Bereich der »operativen« (d. h. persuasiven oder appellativen) Texte im Sinne Reiß' und nicht für den der literarischen.

4. Historisch-deskriptive Übersetzungsforschung

Parallel und in Abgrenzung zu den linguistischen Ansätzen der Übersetzungswissenschaft, die zumeist produktiv-präskriptiv orientiert sind, hat sich in den letzten Jahren ein Paradigmenwechsel vollzogen. Das geschah mit der Etablierung einer dezidiert historisch-deskriptiven Übersetzungsforschung, der es weniger um eine Theorie der Übersetzung geht als vielmehr um die Erforschung der Rezeption von literarischen Übersetzungen und Übersetzungskonzeptionen. Hier sind vor allem zwei Ansätze zu unterscheiden: der *systemtheoretische*, zieltextorientierte Ansatz, wie er von Forscherteams in Belgien und den Niederlanden einerseits und Israel andererseits vertreten wird, und der *transferorientierte* Ansatz des Göttinger Sonderforschungsbereichs »Die literarische Übersetzung« (1985-1996). Mit beiden wird ein dritter Weg eingeschlagen zwischen der linguistisch orientierten Übersetzungswissenschaft und den hermeneutischen, literaturwissenschaftlich angelegten Übersetzungstheorien.

Auch der systemtheoretisch orientierte Ansatz ist funktional und damit zugleich zieltextorientiert. Anders allerdings als der Pragmatismus der Skopostheorie bewegt er sich nicht auf der Ebene der Übersetzungstheorie, sondern konzentriert sich auf historische Übersetzungsforschung. Im Zentrum des Interesses steht nicht die Frage nach der Beziehung der Übersetzung zum Original, sondern die Frage nach der Funktion der Übersetzung in der Zielliteratur. Ziel ist es, einen theoretischen Rahmen zu erarbeiten, der es ermöglicht, »to historicize actual translated texts and see the temporal nature of certain aesthetic presuppositions which influence the process of translation« (GENTZLER 1993, S. 107).

Grundlegend für den systemtheoretischen Ansatz wurden die in den siebziger Jahren publizierten Arbeiten des Kulturtheoretikers Itamar Even-Zohar, der an die Literaturtheorie des Russischen Formalismus anknüpft, vor allem an Jurij Tynjanovs Modell der »literarischen Evolution« (→ FORMALISMUS UND STRUKTURALISMUS). Demzufolge ist nicht nur die Sprache, sondern auch jedes literarische Werk und die jeweilige Literatur, zu der es gehört, als System zu begreifen. Werke sind also nicht isoliert zu betrachten, sondern lassen sich in ihrer Besonderheit immer nur im Zusammenhang mit dem Stellenwert begreifen, den sie innerhalb des Systems besitzen, also über ihre »Differenzqualität« zu anderen literarischen und außerliterarischen Elementen. Even-Zohar prägt den Begriff des »Polysystems«, der auf die offene Struktur und die Einwirkung interkultureller Transferprozesse auf das literarische System hinweisen soll. Das Polysystem ist »a system of various systems which intersect with each other and partly overlap, using different options, yet functioning as one structured whole, whose members are interdependent« (EVEN-ZOHAR 1979, S. 290).

Das Polysystem besteht Even-Zohar zufolge also aus verschiedenen Teilsystemen, die sich hierarchisch zueinander verhalten: Im Zentrum des Systems stehen die kanonischen, und das heißt hier, in Umkehrung des allgemeinsprachlichen Kanonbegriffs (→ WERT, KANON UND ZENSUR): die innovativ wirkenden Texte. Historische Veränderungen innerhalb des Polysystems zeichnen sich ab in Verschiebungen der Hierarchie, indem bislang nicht kanonisierte Texte von der Peripherie ins Zentrum rücken und somit eine Umstrukturierung zur Folge haben. Derartige Transferprozesse finden auch zwischen verschiedenen Polysystemen statt, wie im Fall der Übersetzung. Indem Übersetzungen eine Position im Polysystem der Zielliteratur einnehmen, erhalten sie eine Funktion, die sich wie im Falle nicht-übersetzter, originaler Texte als ›peripher‹ oder ›zentral‹ bestimmen läßt.

Abhängig von ihrer Position innerhalb des Polysystems hat übersetzte Literatur zugleich auch einen Einfluß auf die Normen der Übersetzungspraxis: Nimmt sie eine zentrale, innovatorische Position ein, wird sich als Übersetzungsnorm Nähe zum Ausgangstext, d. h. Adäquatheit, durchsetzen, um die »Bereicherung« der Zielliteratur zu gewährleisten. Nimmt sie dagegen eine marginale Position ein, wird als Norm die Orientierung an vorhandenen Modellen der Zielkultur dominieren.

Zwar ist Even-Zohars Polysystemtheorie nicht unumstritten geblieben; Kritik richtete sich vor allem gegen den hier verwendeten Systembegriff (→ LITERATUR ALS ›SYSTEM‹), gegen die mangelnde Berücksichtigung extraliterarischer Faktoren und gegen Even-Zohars Tendenz zur Generalisierung. Dennoch hat sie einen Paradigmenwechsel von der präskriptiven Übersetzungstheorie zur historisch-deskriptiven Übersetzungsforschung eingeleitet.

Ist Even-Zohars Polysystemtheorie vorrangig als Beitrag zur Theorie der Literatur zu verstehen, so konzipiert Gideon Toury, daran anknüpfend, seine Theorie der Übersetzung mit dem Ziel einer funktionsgeschichtlichen Grundlage für die historisch-deskriptive Übersetzungsforschung. Dabei geht er explizit zieltextorientiert vor. Ihm geht es nicht um die Aufstellung von Normen für eine gelungene Übersetzung, sondern um die Beschreibung der Gesetzmäßigkeiten, unter denen Übersetzungen im System der Zielliteratur als Übersetzungen funktionieren.

Ausgangspunkt ist für Toury nicht die Frage nach Äquivalenz, sondern die nach der Differenz zwischen (Sprach-)Systemen: »[...] every linguistic system and/or textual tradition *differs* from any other in terms of structure, repertory, norms of usage etc.« (TOURY 1980, S. 94) Daraus ergeben sich zwei wichtige Konsequenzen für Tourys Theorie. Zum einen ersetzt Toury den materiellen Äquivalenzbegriff der linguistisch orientierten Übersetzungswissenschaft durch ein funktionales Konzept: Eine Äquivalenzrelation ist immer dann gegeben, wenn ein Text *als* Übersetzung im System der Zielliteratur funktioniert. Zum anderen richtet Toury sein Augenmerk nicht auf die sprachenpaarbedingten Abweichungen, die aufgrund der Systemdifferenzen obligatorisch sind. Von weitaus größerem Interesse sind für ihn die nicht-obligatorischen Abweichungen und die ihnen zugrundeliegenden übersetzerischen »Normen«, die Aufschluß geben über eine die Übersetzungsentscheidungen steuernde Performanz-Kompetenz.

Toury unterscheidet drei Normenkomplexe, die dem Übersetzer einen Entscheidungsspielraum öffnen und so Abweichungen begründen können:

1. den Komplex der »preliminary norms«, die in der Zielkultur vorherrschen und so den jeweils geltenden Übersetzungsbegriff bestimmen. In diesen Bereich gehören Fragen der »translation policy«, wie die Auswahl der zu übersetzenden Werke und Autoren, die Abgrenzung von Übersetzung, Imitation und Adaption und die Frage der Zulässigkeit von Übersetzungen aus zweiter Hand;
2. die »initial norms«, worunter die Norm der Adäquatheit gegenüber dem Ausgangstext einerseits und die Norm der Akzeptabilität in der Zielkultur andererseits zu verstehen sind; diese Initialnormen steuern schließlich
3. die »operational norms«, d. h. die konkreten, nicht durch Systemdifferenzen bedingten Entscheidungen, die sich an einer Übersetzung ablesen lassen.

Nicht nur die Norm der Akzeptabilität ist eine zielliterarische Norm (was unmittelbar einleuchtet), sondern auch die Norm der Adäquatheit gegenüber dem Ausgangstext soll als zielliterarische Erwartung verstanden werden. Darüber hinaus ist nicht von einer strikten Befolgung einer dieser beiden antagonistischen Normen auszugehen, sondern vom Normbruch zugunsten der jeweils anderen: Übersetzungen definieren sich nach Toury gerade darüber, daß sie die Norm der Akzeptabilität verletzen, indem sie fremde Strukturelemente in der Zielsprache bewahren, und daß sie die Norm der Adäquatheit verletzen, indem sie den Text in einen anderen kulturellen Kontext, in ein anderes Polysystem transferieren.

In der konkreten Übersetzungsanalyse soll denn auch »Adäquatheit« nicht über Eigenschaften des Ausgangstextes bestimmt werden, sondern über die Abweichung des Zieltextes von seiner »Umgebung«. Erst vor diesem Hintergrund wird der Ausgangstext in den Blick genommen, um so die Differenzqualität des Zieltextes als vom Ausgangstext verursacht zu bestimmen.

Zugleich führt Toury allerdings an anderer Stelle für den Vergleich von Ausgangs- und Zieltext einen ›hypothetischen dritten Text‹ ein, eine Invariante, die auf der Basis einer »systemic (textemic) analysis« des Ausgangstextes gewonnen wird und als »invariant of the comparison« dienen soll (ebd., S. 49). Dies steht in verblüffendem Widerspruch zu Tourys dezidiert funktionalem, zieltextorientiertem Ansatz: Während er auf der einen Seite von der Differenz linguistischer Systeme ausgeht, postuliert er auf der anderen Seite mit dieser Invariante eine zwei Sprachen zugrundeliegende strukturelle Universalie – ohne die hermeneutischen Implikationen zu reflektieren, die sich aus einer ›textemischen Analyse‹ des Ausgangstextes ergeben.

Die Annahme eines solchen ›tertium comparationis‹ ist allerdings nicht zwingend für die Stringenz von Tourys »Theory of Translation« (vgl. GENTZLER 1993, S. 133f.). Sie hat in der Folge innerhalb der Übersetzungsforschung weite Beachtung gefunden und so wie Even-Zohars Polysystemtheorie einen wesentlichen Beitrag zur Etablierung der zur gleichen Zeit in Belgien und den Niederlanden betriebenen »Translation Studies« geleistet. In der 1985 erschienenen Gruppenveröffentlichung »The Manipulation of Literature« formuliert Hermans die wesentlichen Aspekte des neuen Ansatzes: Literatur wird als dynamisches und komplexes System betrachtet; der Ansatz zur Erforschung literarischer Übersetzungen ist deskriptiv, zieltextorientiert, funktional und systemisch; leitende Fragen sind die nach den Normen, die die Produktion und Rezeption von Übersetzungen steuern, und die nach der Funktion der Übersetzung innerhalb der Zielliteratur und für das Verhältnis der Literaturen zueinander (vgl. HERMANS 1985, S. 9). Im selben Band umreißen J. Lambert u. a. vor dem Hintergrund ihrer Studien zur Übersetzung in Frankreich in der ersten Hälfte des 19. Jahrhunderts die Konsequenzen dieses Ansatzes für die praktische Forschungsarbeit, wenn sie betonen, daß Übersetzungen nicht isoliert betrachtet werden dürften: »Translations and translators inevitably operate in the context of collective norms and models« (ebd., S. 151). Daher dürften sich die Untersuchungen nicht auf die Beziehung einzelner Ausgangs- und Zieltexte beschränken, sondern müßten das gesamte System beider Literaturen in den Blick bekommen, um zu schlüssigen Aussagen zu kommen.

Derartige großangelegte Übersetzungsstudien sind in der Folge nicht nur von den belgischen und niederländischen Forschungsteams betrieben worden, sondern – mit einer etwas anderen Akzentsetzung – auch vom Göttinger Sonderforschungsbereich »Die literarische Übersetzung«. Der Göttinger Ansatz versteht sich als transferorientiert. Das heißt: Es geht hier nicht primär um die Stellung des übersetzten Textes im System der Zielliteratur, sondern um die Übersetzung *als* Übersetzung, als einen Text, der zwischen den Sprachen, Literaturen und Kulturen vermittelt. Das Augenmerk des transferorientierten Ansatzes gilt weniger der wie auch immer festzustellenden Äquivalenz der Übersetzung, sondern vielmehr der

Differenz, die aus dem Aufeinandertreffen zweier verschiedener Sprachen, Literaturen und Kulturen entsteht und als kulturschaffend begriffen wird. Jede Übersetzung impliziert Interpretation und entfaltet eine sprachliche, literarische und kulturelle Produktivität, die eine Bereicherung der Zielkultur darstellt. Erklärtes Ziel des Sonderforschungsbereiches ist es, einen Beitrag zur »Kulturgeschichte der Übersetzung ins Deutsche« zu leisten.

Arbeitsschwerpunkte des Sonderforschungsbereiches, in dem zahlreiche Philologien vertreten sind, sind sowohl Forschungen im Bereich der Geschichte der Übersetzungskonzeptionen (Theoriegeschichte) als auch der Geschichte der Übersetzungspraxis, die die »äußere Übersetzungsgeschichte« umfaßt, d. h. die sozialen und institutionellen Bedingungen für die Entstehung von Übersetzungen, und die »innere Übersetzungegeschichte«, d. h. die Beschaffenheit der Übersetzungen selbst (vgl. A. P. FRANK 1988, S. 195). Veröffentlicht in den »Göttinger Beiträgen zur internationalen Übersetzungsforschung« wurden so beispielsweise Studien zur Übersetzung aus zweiter Hand, zu Mehrfachübersetzungen eines Werkes, Übersetzerprofilen, Kanonisierungsstrategien und -tendenzen über die Auswahl der zu übersetzenden Texte (→ WERT, KANON UND ZENSUR). Ein weiterer Schwerpunkt liegt auf dem Gebiet der Dramenübersetzungen, die in besonderem Maße bestimmten Traditionen und Konventionen der Theaterpraxis unterliegen (→ GRUNDLAGEN SZENISCHER TEXTE). Und schließlich gilt das Interesse der Übersetzung als einem Medium der Fremderfahrung, als Schnittstelle von »Kontakt- und Transferprozessen zwischen den Kulturen«. Insofern versteht sich die Übersetzungsforschung auch als »bedeutender Zweig der Kulturwissenschaft« (TURK 1993).

3. Literaturgeschichtsschreibung

von Albert Meier

1. Begriff, Aufgaben, Konzepte der Literaturgeschichtsschreibung

Auf den kleinsten Nenner gebracht, stellt die Geschichtsschreibung der Literatur zwischen verschiedenen Texten einen Zusammenhang her: entweder durch eine äußerliche Reihung, deren Sinn im Erfassen der Gegenstände liegt, oder durch das Aufzeigen einer inneren Logik in ihrer zeitlichen Abfolge. Insofern hat sie zwei formal entgegengesetzte, in der Regel freilich ineinander verschränkte Leistungen zu erbringen: einerseits das Registrieren, für das die einzelnen Daten im Mittelpunkt stehen (im wesentlichen die Autoren bzw. Werke); andererseits deren Auswertung, wobei nicht mehr die individuellen Dichtungen das eigentliche Untersuchungsobjekt bilden, sondern deren interne Beziehungen. Immer aber kommt zu diesen Aufgaben die dritte hinzu: die Kenntnisse oder Erkenntnisse an andere zu vermitteln und ihnen eine sachgerechte Darstellung zu geben. In beiden Fällen hat die Literaturgeschichtsschreibung ihren Zweck darin, ihr Material zu erschließen und dessen Brauchbarkeit zu sichern.

Aus diesem Grund war das additive Verfahren nur solange zureichend, wie sich die Informationen in ihrer Extensität noch überschauen ließen. Als aber die Fülle des stetig expandierenden Wissens die eigene Verfügbarkeit zu gefährden begann, mußte die Literaturgeschichtsschreibung Auswahltechniken entwickeln und Wertungen vornehmen (→ Literarische Wertung; → Wert, Kanon und Zensur). Blickt man zurück auf die Absichten und Vorgehensweisen der Literaturhistoriker, so macht sich daher als Haupttendenz der Übergang bemerkbar von einer äußerlichen Anordnung hin zu einer immanenten Aufbereitung, für die der jeweilige Text oder Autor nur noch ein Moment einer übergeordneten Struktur repräsentiert. Damit differenzieren sich kontroverse Binnenstrategien aus; gegenüber der neuen Intention auf Einsicht in geschichtliche Verläufe wird das Sammeln von Informationen zur bloßen Hilfsfunktion zurückgestuft.

An diesem Umschlagspunkt vom positivistischen Archivieren zur → Hermeneutik nimmt die Literaturgeschichtsschreibung im eigentlichen Sinn ihren Anfang. Insbesondere für den deutschen Bereich ist diese Neuorientierung auf die zweite Hälfte des 18. Jahrhunderts zu datieren, in deren Verlauf sich in allen Dimensionen der Kultur eine Temporalisierung – d. h. die Wahrnehmung prozessualer Veränderungen – durchsetzte (→ Poetik). Seitdem verlangt jede Literaturgeschichtsschreibung gleichermaßen ein (oft implizit bleibendes) Modell von Geschichte als durchschaubarem Ablauf wie einen spezifischen Begriff von Literatur, der die Ausschlußkriterien liefert (ob etwa ein Kochbuch dazugehört oder worin sich gute Dichtung von schlechter unterscheidet). Sie muß sich darüber im klaren sein, welcher Art ihre Prämissen sind: Hat die Literaturgeschichte ihr Ziel in den einzelnen poetischen Texten, die sie in ihrem zeitlichen Kontext angemessener erläutern will, oder nutzt sie die Werke, um vom Besonderen auf das Allgemeine zu schließen, z. B. auf eine Struktur literarischer Epochen oder → Gattungen, einen → Stil oder einen ›Volkscharakter‹? Erklärt sie solche Sinnbezüge induktiv oder deduktiv, und geht sie dabei vom Werk, vom Autor, vom Leser oder vom Zeitgeist aus? Wird die Poesie als autonome Kulturleistung angesehen oder in ein Abhängigkeits- bzw. Wechselverhältnis zu den sozialen Gegebenheiten ihrer Gegenwart gestellt?

In allen ihren Formen hat die Literaturgeschichtsschreibung beim Versuch, ihr Material zu ordnen, Distinktionen vorzunehmen: zunächst nur zwischen ›früher‹ und ›später‹; mit zunehmender Datenmenge dann auch zwischen ›repräsentativ‹ und ›belanglos‹ oder ›progressiv‹ und ›konventionell‹ usw. Von solchen Vorentscheidungen hängt ab, welchen Anforderungen sie genügen kann und wie sie ihre Rolle in der literarischen Öffentlichkeit, aber auch innerhalb der Literaturwissenschaft bestimmt: ob sie sich als sekundär einschätzt und ihr Material nur im nachhinein verarbeiten will oder ob sie sich als aktiven Faktor bei der künftigen Literaturproduktion begreift; ob sie auf die induktive Einsicht in literarische Gesetzmäßigkeiten abzielt (indem sie z. B. die Entelechie, also die innere Entfaltungslogik, von → Gattungen rekonstruiert) oder Dichtung durch den Verweis auf deren Tradition und/oder soziale Rolle zu legitimieren sucht; ob sie höherrangigen Disziplinen der Philologie (insbesondere der → Hermeneutik) nur zuarbeitet oder sich gar als bevorzugtes Organ einer Sinnfindung deklariert, deren Geltungsbereich die Grenzen der Literatur z. B. in Richtung auf Kulturgeschichte oder Anthropologie überschreitet; ob sie sich als innerliterarisches Ordnungsinstrument bescheidet oder in anderem Rahmen – speziell in der Politik – folgenreich sein möchte.

Insbesondere im 19. Jahrhundert unterstellt die Literaturgeschichte ihrem Gegenstand eine wesensgemäße Historizität, in der die einzelnen Fakten nur als Repräsentanten des substantiellen Ganzen ihr Recht besitzen. Hatte sich zuvor die registrierende Literaturgeschichtsschreibung aufgespalten in die beiden Formen »Analistik« (chronologische Reihung der Werke) und »Biographik« (alphabetische Reihung der Autoren), so prägt die prozeßorientierte Literaturgeschichte ebenfalls zwei Varianten aus: eine Geschichte der literarischen Fakten, die sich auf deren Verhältnis zu außerliterarischen Ereignissen bzw. Konstellationen richtet (im Zusammenhang mit politischen Veränderungen oder einem Weltbildwandel), sowie eine immanente Strukturgeschichte, in der es allein um die Gesetzmäßigkeit der ›literarischen Evolution‹ geht (→ FORMALISMUS UND STRUKTURALISMUS). Anders gesagt: Sobald sich die Geschichtsschreibung nicht mehr mit dem Verzeichnen und Überliefern von Daten begnügt, wird ihr die Annahme einer notwendigen Prozessualität ihres Gegenstandes zum Bedürfnis; über der Hypothese von dessen Einheitlichkeit kommt ihr allerdings leicht das konkrete Material abhanden. Insofern muß Geschichtsschreibung ihren komplexen Gegenstand im Interesse der Einheitlichkeit reduzieren, indem sie Sortierungen vornimmt: Was ist historisch relevant oder irrelevant? Unausweichlich stellt sich dabei das Zentralproblem aller historischen Interpretation: die Einteilung des Gesamtprozesses in kleinere, untereinander verbundene Einheiten – d. h. in erster Linie die Periodisierung, aber auch die Abgrenzung von Gattungen, Stilen, Motiven bzw. Stoffen oder Dichtervereinigungen. Welcher Ausschnitt herausgegriffen wird, was welchem Abschnitt zuzuordnen ist und wie die Verknüpfungen funktionieren, macht Entscheidungen erforderlich; deren Kriterien lassen sich zwar nachträglich als sinnvoll demonstrieren, modifizieren den deduktiven Charakter des Vorgehens aber nicht grundlegend (indem entweder ein individueller Autor oder ein universal determinierender ›Volks-‹ oder ›Epochencharakter‹ im Mittelpunkt steht; wenn ein Modell kausaler Einflüsse oder das Prinzip entelechetischer Autonomie gilt; wenn die Geschichte als prospektiv offen oder als von vornherein determiniert behandelt wird). Da diese Art von Literaturgeschichte die gegebenen Texte als Argumente für ihre Generalthese braucht, kann sie nur noch indirekt zu ihrer Interpretation beitragen und instrumentalisiert sie vielmehr zu Dokumenten des jeweils angenommenen Kontinuums. Am markantesten zeigt sich diese Abstraktionstendenz in der Absicht des russischen → FORMALISMUS, hinter den konkreten poetischen Ereignissen eine überzeitliche Strukturgeschichte aufzuzeigen: einen eigengesetzlichen Entwicklungsgang des literarischen Systems, der sich im Gänsemarsch gleichförmiger ästhetischer Innovationen realisiert.

Allerdings hat es nur während der vergleichsweise eng umgrenzten Phase vom späten 18. Jahrhundert bis in die ersten Jahrzehnte des 20. Jahrhunderts als plausible Einsicht gegolten, daß die Literatur oder die Poesie einen gesetzmäßigen Fortschritt vollziehe und in solcher Dynamik aus einem einzigen Grundprinzip heraus dargestellt werden könne. Waren die Texte oder Autoren vordem nur formal auf eine Linie gebracht worden, so setzt sich in jüngerer Zeit jede Art von substantialistischer Einheitsvermutung der Kritik aus. Wie die Geschichtsschreibung überhaupt, so ist auch die Geschichtsschreibung der Literatur als bloße Konstruktion von Sinn verdächtig geworden, die weniger die immanente Logik der Sachen herausarbeitet als vorgefertigte Erklärungsmodelle auf diese projiziert (→ PROBLEMATISIERUNGEN DER HERMENEUTIK; → LITERATUR ALS ›SYSTEM‹; → DISKURSANALYSE, DISKURSGESCHICHTE). Wenn die historische Reflexion aber Modelle expliziert, statt Wahrheit zu ermitteln, und Daten also weit eher funktionalisiert als erschließt, dann relativiert sich die Geschichtsschreibung zu einer stets interessebedingten Interpretation, deren Regeln nicht im Material liegen, sondern vom Historiker gesetzt werden.

Im Laufe des 18. Jahrhunderts hat dieser Anspruch auf Vereinheitlichung der kulturellen Vielfalt unter einer allgemeinen Leitidee Geltung erlangt und Ordnungsversuche hervorgebracht, die insbesondere dort erfolgreich waren, wo sie finalistisch argumentierten und die Literatur in den größeren Rahmen der Nationalkulturen integrierten. Diese teleologische Literaturgeschichtsschreibung ist als Resultat von drei Ausdifferenzierungen zu begreifen, die sich während der Spätaufklärung vollendet haben. Damit der Historismus des 19. Jahrhunderts auch – und bevorzugt – auf literarischem Feld möglich wurde, mußte sich erstens die »schöne« Literatur oder Poesie als eigenständiger Bereich im Gesamtkomplex der »litteraria« herausbilden; zweitens mußten die verschiedenen Nationalsprachen und Nationalliteraturen gegeneinander abgesetzt werden, um sich in ihrer Individualität reflektieren zu lassen; drittens mußte sich die Beschäftigung mit dem Verlauf von Literatur aus dem Kontext anderer philologischer Aufgaben auslösen (Sprachgeschichte; → STILISTIK; → METRIK usw.) und eine eigenständige Disziplin ins Leben rufen, die keinen bloßen Teilbereich von Grammatik oder → POETIK mehr bildete, sondern eine spezifische Leistung erbrachte. Gemeinsam haben diese Veränderungen zu einer akademischen Verankerung geführt und zur Institutionalisierung der »Literaturgeschichte« als zentraler Aufgabe der Literaturwissenschaft beigetragen, womit auch die Bildung spezifischer Darstellungsformen (als Textsorte oder im mündlichen Vortrag) verbunden war.

In diesem Zusammenhang zeigt sich das Florieren des Themas »Literaturgeschichte« während des 19. Jahrhunderts überhaupt als Aufspaltung in verschiedene Tätigkeitsbereiche. Zur einstigen philologischen Hauptaktivität, den Wissensstand zu sichern, treten jetzt neue Funktionen hinzu, die mit der Ausweitung des Publikums zu tun haben. Über das herkömmliche Archivieren hinaus kommt es einerseits zur Aufwertung der Literaturgeschichtsschreibung als eines Mediums der Erkenntnis, da die Geschichtsschreibung beansprucht, den allein adäquaten Zugang zur Wirklichkeit der Literatur herzustellen, und nur der historische Blickwinkel es wiederum ermöglichen soll, auch den einzelnen Elementen des Geschichtsprozesses gerecht zu werden (durch richtiges Bewerten und Ermitteln der jeweiligen Voraussetzungen). Dieser Verwissenschaftlichung der Arbeit an Literatur entspricht auf der anderen Seite ihre Popularisierung: Die Literaturhistoriker richten sich zunehmend auch an ein Laienpublikum, um nicht nur akademisches Wissen zu kultivieren, sondern einer literarischen Öffentlichkeit das Fundament zu legen, die dann wiederum die Nationwerdung befördern soll. Alles in allem stellt sich die Literaturgeschichtsschreibung des 19. Jahrhunderts also als kulturelles Phänomen dar, das selbst nur historisch zu erfassen ist: im Wandel der Formen und Aufgaben, Prämissen und Ergebnisse. Die ausschlaggebenden Dimensionen sind dabei die jeweiligen Abgrenzungen des Gegenstandsbereichs, die Gliederung des Gesamtverlaufs in Epochenabschnitte und die Lokalisierung der Literatur in übergeordneten politischen oder sozialen Kontexten; ebenso die Auffassungen vom Zusammenhang zwischen Autoren, Werken und Publikum einerseits und zwischen den Werken und Gattungen andererseits oder den ästhetischen Kriterien und poetologischen Erklärungsannahmen.

2. Literaturgeschichtsschreibung von der Antike bis ins 16. Jahrhundert

Auch wenn man von einer Literaturgeschichtsschreibung im engeren Sinn erst seit dem späten 18. Jahrhundert sprechen darf, läßt sich ihre Entstehung über die altphilologischen Disziplinen seit dem

Humanismus bis in die Antike zurückverfolgen. Das erste überlieferte Modell findet sich im 4. Kapitel der aristotelischen »Poetik«, wo der knappe Überblick über die griechische Literatur seit vorhomerischer Zeit, speziell über die Entwicklung von Tragödie und Komödie im Vollzug der Entelechie jeder Gattung, zur Begründung der sachgerechten Beschaffenheit literarischer Werke dient. Die erste Formulierung des bis heute erfolgreichen Dreiphasen-Modells geht auf Dionysios aus Halikarnassos zurück (»Über die alten Redner«, 1. Jahrhundert v. Chr.). Dionysios verstand die frühe Prosaliteratur der Griechen als Phase der Blüte, ließ dann mit Alexander dem Großen eine Zeit des Niedergangs beginnen und nahm in der augusteischen Kultur seiner Gegenwart wieder einen Neuanfang wahr. Ansonsten aber dominieren in der Antike die Versuche, die Geschichte der Literatur über die Biographien musterhafter Autoren zu erfassen: sowohl als Einleitung zu Abschriften einzelner Werke als auch in selbständigen Biographiensammlungen (vgl. insbesondere Suetons »De viris illustribus«; vermutlich ca. 110 n. Chr.), die sich in byzantinischer Zeit zu mehr oder weniger umfangreichen Nachschlagewerken entwickelten (am bedeutendsten ist die um das Jahr 1000 entstandene »Suda«). Während des gesamten Mittelalters stehen ähnliche Biographiensammlungen im Vordergrund, die jeden Autor kontextfrei anhand seiner wichtigsten Daten erfassen (einer Liste der Werke und knapper Inhaltsangaben). Hierbei sind – Manfred FUHRMANN zufolge – drei Haupttypen zu unterscheiden: erstens der »Schriftstellerkatalog«, der im wesentlichen auf »De viris illustribus« des Kirchenvaters Hieronymus (ca. 347-410) zurückgeht; zweitens der »Accessus ad auctores« (ein Beispiel ist Konrad von Hirsaus »Dialogus super auctores« aus der ersten Hälfte des 12. Jahrhunderts); drittens das in Chroniken und Enzyklopädien tradierte bio-bibliographische Wissen. All dieses Material wird mehr oder weniger nur angehäuft, kaum jedoch schon kritisch in Schlußfolgerungen auf allgemeine Strukturen ausgewertet. Gerade innerhalb von poetischen Werken dienen solche Schriftstellerkataloge vielmehr der Selbstreflexion des jeweiligen Autors, der sich in die Reihe seiner Vorläufer und Zeitgenossen einordnet, um auf diese Weise das eigene Vorgehen zu charakterisieren (vgl. etwa den Prolog zu Gottfrieds von Straßburg »Tristan« und den Literaturexkurs in Wolframs von Eschenbachs »Parzival«, beide vor 1210).

Erst im italienischen Humanismus wird das von Dionysios begründete Dreiphasenmodell wieder aufgegriffen (bzw. neu konzipiert), zumal dieses sich dem Vertrauen auf die neue Blüte nach der langen Karenzphase des Mittelalters geradezu aufdrängte: Je mehr der Unterschied von Antike und Neuzeit ins Bewußtsein rückte, desto mehr wurde er auch der Erklärung bedürftig. (Hieraus läßt sich begreifen, warum eine intensivere Beschäftigung mit der Literatur-Geschichte immer dann auftritt, wenn eine Zeit sich als Neubeginn oder Gipfelung versteht.) Im 15. Jahrhundert finden sich schließlich Ansätze zu einer Auseinandersetzung mit dem Grundproblem der Periodisierung. Die anscheinend erste Darstellung der Literaturgeschichte als Prozeß bieten die »Scriptorum illustrium Latinae linguae libri XVIII« des Sicco Polentone im 15. Jahrhundert. Hier wird, bei der Dichtung genauso wie bei der Sachprosa, unterschieden zwischen den drei Stufen »antiquitas« – »aetas posterior« – »aetas nostra« (Altertum, spätere Zeit, unsere Zeit). Im 16. Jahrhundert ist diese Zyklus-Theorie vielfach weitergeführt und hauptsächlich von Julius Caesar Scaliger in den »Poetices libri VII« (1561) zu einer Differenzierung in fünf Epochen verfeinert worden. (Dieses organizistische Modell von ›Ursprung‹, ›Aufblühen‹, ›Welken‹, ›Vergreisung‹ und ›neuer Kindheit‹ konkurrierte lange mit anderen Metaphoriken, in denen die Zeitenfolge etwa in Analogie zu den wichtigsten Metallen oder auch den Jahreszeiten konzipiert wurde.) Unbeschadet ihrer Differenzen stimmen diese Sammelwerke vor allem darin überein, daß sie in der Hauptsache zu Unterrichtszwecken dienten und deshalb kaum zwischen den verschiedenen Formen der Literatur unterschieden; vielmehr bezogen sie sich ebenso auf Dichtung wie auf Prosa und thematisierten gleichermaßen Historiker wie Theologen usw. Ebenso selbstverständlich fanden zunächst nur die klassischen Sprachen Griechisch und Latein Berücksichtigung, bevor dann auch der neuzeitlichen Sprachen und Literaturen gedacht wurde (zuerst in Italien). Neben solchen bio-bibliographischen Nachschlagewerken ist im Mittelalter – ebenfalls in Anlehnung an antike Vorbilder – auch die Gattung der Annalistik gepflegt worden, die nach der strikt äußerlichen Chronologie die literarischen Erscheinungen notiert und insofern zuallererst Informationsaufgaben erfüllt.

3. Literaturgeschichtsschreibung vom 16. bis ins frühe 20. Jahrhundert

Ein Neuansatz, der die literarische Geschichte aus dem humanistischen Kontext der Poetiken herauslöst und eine mehrhundertjährige Tradition ausprägt, entsteht im 16. Jahrhundert mit der »historia litteraria«, die in Analogie zur »historia naturalis« keine temporalen Entwicklungen darstellen will, sondern durch das Aufzeigen von Verwandtschaften ordnende Überblicke liefert. Diese (später in Deutschland so genannte) »Litterärgeschichte« entspricht dem polyhistorischen Wissenschaftsmodell, das auf additive Erfassung möglichst vollständiger Daten und deren taxonomische Anordnung zu einem Gesamtkomplex angelegt war. (Vgl. für die Anfänge insbesondere Konrad Gesners »Bibliotheca universalis«, 1548; für die Spätzeit Christoph August Heumanns »Conspectus reipublicae literariae sive via ad historiam literariam«, 1718.) Auf dieser Basis entstehen im 17. Jahrhundert überall im romanisch geprägten Europa Geschichten der Literatur, wobei eine immer stärkere Konzentration auf die jeweilige Nationalsprache zu konstatieren ist. In Deutschland setzt dieser Prozeß ein mit Martin Opitz' »Buch von der Deutschen Poeterey« (1624; → POETIK; → METRIK). Opitz geht es um die Legitimation des Deutschen als gleichrangiger Literatursprache, und dementsprechend wird die Argumentation durch den Rückgriff auf eine genuin deutsche Literaturgeschichte seit dem Hochmittelalter vorbereitet. Indem er so die deutsche Dichtungstradition von der Bardendichtung in antiker Zeit herleitet, begründet Opitz eine patriotische Literaturgeschichtsschreibung, die auch der deutschen Sprache die Literaturfähigkeit seit der Antike bescheinigt, also die altphilologische Argumentationsweise aufgreift. Unter den Nachfolgern von Opitz ist insbesondere Carl Ortlobs »De variis Germanae poeseos aetatibus exercitatio« (1654) hervorzuheben. Hier wird in Anlehnung an Scaliger der erste ernsthafte Periodisierungsversuch für den engeren Bereich der deutschen Literatur unternommen: von einer ›Kindheitsphase‹ (bis zu Karl dem Großen) über die ›Jugendzeit‹ (bis ca. 1150), das ›Mannesalter‹ (bis ca. 1300) und die ›Vergreisung‹ (bis ca. 1600) geht es zu einem neuen ›Wiederaufleben‹ mit Opitz' Reform. Die Literaturhistoriker dieser Zeit konzentrieren sich in erster Linie auf das Erfassen von Daten im Interesse des Nachweises einer kontinuierlichen Literaturtradition auch in Deutschland. Immer definiert dabei das humanistische Schema von drei bzw. fünf Phasen die Epocheneinteilung; in Daniel Morhofs »Unterricht von Teutscher Sprache und Poesie« (1682) findet dieses Konzept seinen Höhepunkt und Abschluß. Hier steht die deutsche Dichtungsgeschichte unverbunden, aber gleichberechtigt neben den analogen Vorgängen in Frankreich, Italien, Spanien, England, Holland und Skandinavien; sie wird anhand der Werktitel chronologisch in drei Epochen gegliedert und mit Textauszügen belegt. In dieser Form finden die »historiae litterariae« bis weit ins 19. Jahrhundert hinein Nachfolger. Gleichwohl deutet sich schon während der Frühaufklärung eine neue Sichtweise an. Sie reagiert auf die Herausforderung der französisch-englischen »Querelle des Anciens et des Modernes«, die als zentraler Wendepunkt jeder Literaturgeschichtsschreibung zu betrachten ist (→ POETIK). Seitdem sich im späten 17. Jahrhundert das Bewußtsein von der Andersartigkeit der gegenwärtigen Kultur und Literatur im Vergleich zur Antike herausbildete, hatte der Glaube an die überzeitliche Gültigkeit tradierter Normen nachgelassen; an seine Stelle war zunehmend die Aufmerksamkeit auf den historischen Wandel getreten. Die Durchsetzung der Fortschrittsidee leitete dann die Verzeitlichung der Kulturanalyse ein: Als neues Ordnungsprinzip setzte sich das Evolutionsdenken durch, das in der wachsenden Datenflut als Filter wirksam wurde, um nicht länger alles unterschiedslos erfassen zu müssen, sondern zwischen Innovativem und Traditionellem unterscheiden und sich auf die Innovation konzentrieren zu können.

Als die entscheidende Krisenphase der Literaturgeschichtsschreibung muß wohl die Mitte des 18. Jahrhunderts gelten. In allen kulturellen Bereichen entwickelt sich um diese Zeit ein neues historisches Verständnis, das auf die Notwendigkeit reagiert, den Erfahrungsdruck der Daten durch philosophische Regulative zu bewältigen: Nicht mehr um die Archivierung von Fakten und deren Strukturierung in Phasen geht es nun, sondern um die Suche nach den Triebkräften des historischen Verlaufs. Diese Abkehr von einer bloß äußerlichen Auflistung ist mit dem Bedürfnis nach kritischer Bewertung von Texten und Autoren verbunden; insofern hat die Masse des Detailwissens einen Selektionsbedarf hervorgebracht, den erstmals J. F. Reimmanns »Versuch einer Einleitung in die Historiam Literariam Antediluvianam« (1708/1709) reflektiert: Reimmann unterscheidet zwischen der herkömmlichen »notitia librorum historica« und der »notitia librorum critica«. Infolgedessen reicht die Leistung des Literarhistorikers über das Sammeln seines Materials hinaus; sie schließt dessen Kritik ein und führt hinsichtlich der Frage nach dem poetischen Wert zur Prüfung der literarischen Qualitäten des Autors. Eine solche Reflexion der Gegenwart beruht auf der Auseinandersetzung mit der Entwicklung und erlaubt damit allmählich die Wahrnehmung von – womöglich kausalen – Verbindungslinien. In dieser Wende von der *denotativen Geschichtsschrei-*

bung zur *interpretierenden Geschichtsphilosophie* bringt sich ein grundlegender Weltbild-Wandel zur Geltung: Die Nebeneinanderordnung allen Wissens nach dem Muster der »historia naturalis« wird zunehmend dynamisiert zu einer zeitlichen Ordnung des Nach- und Auseinander.

Am folgenreichsten realisiert sich dieses neue Kulturkonzept zuerst in Johann Joachim Winckelmanns »Geschichte der Kunst des Alterthums« (1764), die Aufstieg und Fall der hohen Kunst strikt nach der teleologisch-kausal verstandenen Menschenalter-Analogie begründet und zur Erläuterung der Stilunterschiede die Klimatheorie heranzieht. Geschichtsschreibung wird hier explizit nicht mehr auf eine »bloße Erzählung der Zeitfolge und der Veränderungen in derselben« eingegrenzt, sondern als »Lehrgebäude« philosophisch aktiviert und zum Erkenntnisinstrument erhöht. Der Gedanke, diese Methode der Geschichtsschreibung für die bildenden Künste auf die Literaturgeschichte zu übertragen, geht auf Johann Gottfried Herders »Von der Griechischen Litteratur in Deutschland« (1766) zurück. Herder erhofft von einem »Winckelmann in Absicht der Dichter« nun auch eine mit Winckelmanns kunstgeschichtlicher Leistung vergleichbare Durchdringung der literarischen Daten. Dieser Gedanke läuft auf die Aufwertung der Literaturgeschichte zu einer Wissenschaft hinaus, die Gewichtiges von Folgenlosem trennt. Aufgegriffen wird er namentlich bei August Wilhelm Schlegel und Friedrich Schlegel; vor allem aber wird von ihnen in zahlreichen Arbeiten zur deutschen, europäischen und außereuropäischen Literatur das *Subjekt* des ›Bildungsprozesses‹ folgenreich bestimmt: Es soll der je individuelle ›Nationalgeist‹ eines Volkes sein, der als tragendes Subjekt der literarischen Entwicklung fungiert. Damit setzt gerade in Deutschland die Literaturgeschichtsschreibung im engeren Sinn ein: mit der romantischen Annahme, der Verlauf der dichterischen Entwicklung sei als ein Ganzes zu betrachten, in dem sich der einheitliche Charakter der – politisch noch ungeeinten – Nation manifestiert.

Auf diese Weise gewinnt die Literaturgeschichtsschreibung nun eine Bedeutung, die sie über die herkömmliche Philologie hinausführt und zu einem kulturpolitischen Faktor ersten Ranges erhebt. Als Geschichtsschreibung der Literatur eines bestimmten Volkes entwickelt sich die Literarhistorie zu einer spezifischen Textsorte, die zugleich Kunst- und Erkenntnisanspruch erhebt. Aus diesem Grund muß sie sich um Gesamtdarstellungen bemühen: Es kommt darauf an, die gesetzmäßigen Prozesse aus einem einzigen Prinzip, von ihrem Ziel her, zu begreifen. Im Unterschied zur vorhergehenden Geschichtsschreibung aus der Außensicht geht es nun um die Entdeckung einer »inneren« Geschichte, die alle einzelnen Phänomene als Teile eines organischen Ganzen miteinander vereint. Das damit verbundene Entelechie-Modell der allmählichen Entfaltung eines Sinnzusammenhangs ist mustergültig verwirklicht in Georg Gottfried Gervinus' »Geschichte der poetischen National-Litteratur der Deutschen« (1835-1842). Als einheitsstiftendes Subjekt, das den Entwicklungsprozeß der Poesie trägt, fungiert bei Gervinus – wie schon bei einigen Vorläufern im späten 18. Jahrhundert – das deutsche »Volk«. Insofern verkörpert sich der Nationalcharakter vorrangig in der Dichtung und nimmt in deren organischem Wachstumszusammenhang die politische Einigung vorweg. Als entscheidende Leistung des Literaturhistorikers gilt nunmehr die Präsentation seines Materials in dessen postulierter Totalität.

Die Geschichtsschreibung der Literatur erlangt auf diese Weise Kunstcharakter und sondert sich von anderen Formen der Vermittlung von Literaturgeschichte ab. Denn während Gervinus die Literaturgeschichte als eine eigenständige Gattung etabliert, bilden sich vielfältige Darstellungsformen heraus. Das sind in erster Linie die diversen Formen der *didaktischen* Literaturgeschichte, die sich über die akademische Fachöffentlichkeit hinaus an unterschiedliche Laiengruppen richtet (etwa an ein weibliches Publikum im Gegensatz zum männlich-gelehrten). Im wissenschaftlichen Bereich setzt sich jedoch Gervinus mit seiner ganzheitlichen Geschichtsdarstellung durch; seine namhaften Nachfolger wechseln allenfalls den einheitstiftenden Bezugspunkt, weichen zunächst aber nicht vom Erkenntnisanspruch der einen deutschen Nationalpoesie ab und stimmen insbesondere in der Hochschätzung der Goethezeit als des Gipfels der Entwicklung überein.

Gerade diese Behauptung und Betonung einer deutschen Vollendung der europäischen Kultur erlaubt die Konzentration auf das 18. Jahrhundert als der entscheidenden Vorgeschichte und ermöglicht allmählich die Beschäftigung auch mit kleineren Einheiten, die für diese Blütezeit repräsentativ sind. Ab der Mitte des 19. Jahrhunderts finden sich deshalb immer häufiger Eingrenzungen auf bestimmte Epochen oder Gattungen (etwa Hermann Hettners »Literaturgeschichte des 18. Jahrhunderts«, 1856-1870). Die Linkshegelianer erweitern demgegenüber den Gegenstandsbereich und erfassen statt der nationalrelevanten Hochliteratur eher deren kulturhistorische Rahmenbedingungen: Massenliteratur und Journalismus oder die sozialen Strukturen des Publikums (vgl. etwa Robert Prutz: »Geschichte des deutschen Journalismus«, 1845).

Ein weiteres literaturgeschichtliches Paradigma vom gleichen Rang wie Gervinus setzt sich erst in der zweiten Hälfte des 19. Jahrhunderts durch. Wilhelm Scherer übernimmt, u. a. in seiner »Geschichte der deutschen Litteratur« (1880-1883), den an naturwissenschaftlichen Methoden orientierten literarhistorischen ›Positivismus‹ aus Frankreich (Hippolyte Taine) und propagiert eine neue Art der Epocheneinteilung: die These einer regelmäßig wiederkehrenden Blütezeit. Scherer geht es in seiner Geschichtsanalyse jeweils um das »Warum« literarischer Erscheinungen, d. h. um den Aufweis von Kausalzusammenhängen zwischen der Literatur und ihren gesellschaftlichen Rahmenbedingungen. Demgegenüber wendet sich zur gleichen Zeit Julian Schmidt den ›großen Individuen‹ zu und rückt diese als die entscheidenden Kulturfaktoren in den Mittelpunkt des geschichtlichen Blicks.

Das gesamte 19. Jahrhundert hindurch macht die Literatur*geschichte* den Kern der Literatur*wissenschaft* aus: Wissenschaftliche Erkenntnis der Dichtung wird als Einsicht in deren Entwicklungsprinzipien verstanden, und die Bedeutung eines Werkes soll sich aus dessen Stellung im Kontinuum der Literatur heraus erschließen. An der Wende vom 19. zum 20. Jahrhundert kommt der historischen Literaturbetrachtung diese privilegierte Stellung jedoch abhanden; sie sinkt neben den verschiedenen Formen der geisteswissenschaftlichen Analyse zu einer untergeordneten Disziplin ab, etwa als Propädeutik zur Orientierung von Schülern und Studenten. Zugleich differenziert sich auch die politische Instrumentalisierung der Literaturgeschichtsschreibung in dem Maße aus, wie sich konkurrierende politische Richtungen gesellschaftlich durchsetzen. (Dies gilt in erster Linie für die sozialdemokratische Tendenz, für die am prominentesten Franz Mehrings »Die Lessing-Legende« von 1893 mit ihrer Kritik an der konservativ-apologetischen Preußenverherrlichung des Kaiserreichs steht.) Den letzten großen systematischen Entwurf zur Deutung der deutschen Literaturgeschichte hat Josef Nadler mit seiner »Literaturgeschichte der deutschen Stämme und Landschaften« (1912-1928) vorgelegt. Die Einheitsannahme wird hier ›kulturbiologisch‹ begründet; deshalb stehen nun weder die einzelnen Autoren im Zentrum, noch erscheinen die verschiedenen Epochen als Ganzheit. Nadler konzentriert sich vielmehr auf stammesgeschichtlich begründete ›Volkscharaktere‹, die sich in den einzelnen Dichtern manifestieren und je nach den historischen Gegebenheiten zur Vorherrschaft gelangt oder in den Hintergrund getreten sein sollen. Demgegenüber hat Hermann August Korffs »Geist der Goethezeit« (1923-1953) noch einmal den Kreislauf des europäischen Denkens reflektiert und die Goethezeit als den ›Gipfel‹ der Humanität herauszuarbeiten versucht.

4. Status quo

Seitdem hat es in der deutschen Literaturgeschichtsschreibung keinen Großentwurf mehr gegeben, der in der Nachfolge von Gervinus den Anspruch erhoben hätte, die literarischen Ereignisse systematisch als prozessuale Sinneinheiten zu erfassen und aus einem einzigen Blickwinkel heraus zu deuten. Datenfülle und Einheitlichkeitspostulat scheinen unvereinbar geworden zu sein; als Konsequenz begannen die Literarhistoriker, sich mit kleineren Einheiten (einzelnen Epochen, Gattungen, Regionen, Stilen etc.) zu begnügen, nicht mehr als Einzelne, sondern in Gruppen zu arbeiten, schließlich auch neue Erklärungsparadigmen zu entwickeln. Das letztere gilt insbesondere für die sechziger und siebziger Jahre in der Bundesrepublik, als nach der geschichtsskeptischen Phase der werkimmanenten Literaturinterpretation (→ FORMEN ›TEXTIMMANENTER‹ ANALYSE) das Bedürfnis nach historischer Einordnung wieder spürbar wurde und vorrangig → SOZIALGESCHICHTLICHE ZUGÄNGE und – wie in Hans Robert Jauß' Aufsatz »Literaturgeschichte als Provokation der Literaturwissenschaft« – Fragen der Rezeptionsgeschichte in den Vordergrund rückten (→ THEORIEN DER LIT. REZEPTION). Ähnlich wie in der DDR konnten diese Projekte nur noch von Autorenkollektiven durchgeführt und in Gestalt von Sammelbänden publiziert werden, womit das Gervinussche Ideal der Ganzheitlichkeit verabschiedet und die Frage nach dem Kunstcharakter obsolet geworden war.

Seit den frühen achtziger Jahren läßt sich in der Literaturgeschichtsschreibung eine neue Krisenphase konstatieren. Sie hängt mit dem Scheitern von Sozialgeschichten zusammen, die nach dem Muster der ideologiekritischen Widerspiegelungstheorie gearbeitet haben und der Gefahr erlegen sind, ihre literarischen Gegenstände allzu deterministisch an gesellschaftliche Kausalfaktoren zu binden. Demgegenüber bemüht man sich neuerdings um die Entwicklung theoretischer Modelle, die der relativen Autonomie der Literatur wieder stärker Rechnung tragen und nicht-reduktive Erklärungen der Beziehung zwischen Poesie und Gesellschaft erlauben. Diese Konzentration auf die heuristischen Grundlagen, deren praktische Umsetzung weithin noch aussteht, hat sich bisher vor allem in zwei Tendenzen bemerkbar gemacht. Die eine geht von der aktuellen Systemtheorie Luhmanns oder Parsons' aus und zielt auf wissenssoziologische Fragestellungen ab (→ LITERATUR ALS ›SYSTEM‹; → SOZIALGESCHICHTLICHE ZUGÄNGE); die andere begreift Literatur nicht als eigenständiges System, sondern überträgt kulturgeschichtliche Erklärungsmodelle wie etwa Norbert Elias' Zivilisationstheorie auf den Bereich des Literarischen und fügt die Dichtung in den Kontext von allgemeiner Kultur- oder Mentalitätsgeschichte ein, behandelt die poetischen Texte daher als Indikatoren für Entwicklungen höherer Ordnung und die Literaturwissenschaft als Teilfach der Geschichte.

Kontrastiert werden diese historisch interessierten Varianten von Literaturwissenschaft von dem grundsätzlich systemkritischen Ansatz der → DEKONSTRUKTION, der den hermeneutischen Zirkel jeden historistischen Denkens als Selbstwiderspruch diskreditiert (→ PROBLEMATISIERUNGEN DER HERMENEUTIK). Gegenwärtig ist ein erhebliches Mißtrauen gegenüber allen universalistischen und insofern ideologischen Konzepten zu beobachten, das einerseits methodologische Verunsicherungen ausgelöst hat, andererseits aber auch neue Chancen der Literaturgeschichtsschreibung eröffnet: Indem man auf den Anspruch verzichtet, im Bildungsprozeß der Literatur eine objektiv gegebene Wahrheit zu ermitteln, gewinnt man die Freiheit zum Pragmatismus, der sich seiner eigenen Erklärungsgrenzen bewußt bleibt. Wenn Literaturgeschichtsschreibung nicht Organ von Wahrheitsfindung ist, sondern sich nur als zweckgebundene Reduktion von Komplexität versteht, definiert sich ihr Geltungsanspruch nicht länger im Kontrast zu rivalisierenden Vorgehensweisen. Das Fehlen eines substantialisierten Geschichtsbegriffs relativiert die Methoden, von denen keine mehr einen Alleinvertretungsanspruch zu erheben braucht. Dieser Zustand des literaturgeschichtlichen *Pluralismus* erlaubt es den verschiedenen Ansätzen, sich gegenseitig zu tolerieren und das eigene Vorgehen weniger aus dem Gegenstand als aus der Funktion zu legitimieren: als versammeltes Bildungsgut und Lektüreanregung für Laien, als einführender Überblick für den akademischen Nachwuchs, nicht zuletzt und immer mehr aber auch als Orientierungshilfe für die zünftige Literaturwissenschaft, deren Vertreter mit dem Zwang zur Spezialisierung einen höheren Bedarf an Hilfestellung für die anderen Bereiche entwickeln. Damit kann die Literaturgeschichtsschreibung heute einerseits einen Informationsbedarf stillen, indem sie ihre Selektionsleistung erbringt (→ WERT, KANON UND ZENSUR). Andererseits schafft sie dadurch die Voraussetzungen für wenigstens provisorische Gliederungsraster, deren heuristischer Zweck darin liegt, die Aufmerksamkeit vom Überblickswissen über die Zusammenhänge auf die einzelnen Gegenstände zu richten. Indem die Literaturgeschichte Ordnungsstrukturen für den Umgang mit der Vergangenheit vorschlägt, gelingt es ihr zumindest, das Bewußtsein von der Differenz zwischen einem jeweiligen Heute und allem Früheren zu bestärken und Fehldeutungen auszuschließen. Gerade weil der Glaube, man könne die Geschichte so verstehen, wie sie sich wirklich begeben hat, in jeder Hinsicht überholt ist, fungiert die Geschichtsschreibung als regulative Idee, die zumindest die Blindheit gegenüber anderen Denkweisen problematisiert.

4.1 Literarische Wertung und Kanonbildung

von Simone Winko

1. Problemstellung

Welche Texte aus der kaum mehr überschaubaren Menge literarischer Texte sollen Studierende lesen? Da Vollständigkeit nicht zu erreichen ist, muß eine Auswahl getroffen werden. Kann diese Auswahl mehr als nur beliebig sein? Gibt es Konsens über die wichtigeren und die weniger wichtigen Texte und Autoren? Nach welchen Merkmalen und Maßstäben richtet sich eine solche Auswahl? Fragen wie diese, die sich nicht nur Studienanfänger stellen, beziehen sich auf die beiden Problemfelder ›Wertung‹ und ›Kanonbildung‹ und führen ins Zentrum der folgenden Erläuterungen.

Als »Kanon« wird im allgemeinen ein Corpus von Texten bezeichnet, das eine Gesellschaft oder Gruppe für wertvoll hält und an dessen Überlieferung sie interessiert ist. Betrachtet man zum Beispiel Verlagsprogramme daraufhin, von welchen Autoren verschiedener Nationalitäten Gesamtausgaben erstellt worden oder welche dieser Texte zur Zeit lieferbar sind, dann hat man eine ungefähre Vorstellung vom Kanon der Weltliteratur. (Da Kanonisierung immer mit zeitlicher Verzögerung eintritt, müßte die Gegenwartsliteratur von dieser Suche ausgeschlossen werden.) Ein Kanon wäre auch eine Liste der 100 wichtigsten literarischen Werke, die Germanistikstudenten bis zum Examen gelesen haben müssen, vorausgesetzt, es ließe sich in einer bestimmten Gruppe, etwa der Mehrheit der Germanistikdozenten, Konsens über die Titel finden, die ein solcher Kanon enthielte. (Tendenziell ließe sich etwa »Die Leseliste« bei Griese u. a. 1994 als Kanon verstehen, der auf einem solchen akademischen Konsens beruht.) Der literaturwissenschaftlichen Beschäftigung mit diesem Thema eröffnet sich eine doppelte Perspektive: Zum einen kann deskriptiv vorgegangen und untersucht werden, welche Texte nach welchen Kriterien tradiert wurden und nach welchen Mechanismen sie in einen Kanon einbezogen oder aus ihm ausgeschlossen werden. Zum anderen kann eine normative Perspektive eingenommen und nach adäquaten Maßstäben für die Kanonisierung literarischer Texte, für die Neu- oder Umbildung von Kanones gesucht werden. Unter beiden Perspektiven hängt das Problem der Kanonbildung eng mit dem umfassenderen Problem der Wertung von Literatur zusammen.

Unter dem Thema ›Wertung von Literatur‹ wird gewöhnlich das sprachliche Beurteilen literarischer Texte verstanden. (Traditionellerweise wird das Thema mit dem Stichwort ›literarische Wertung‹ bezeichnet; da diese Bezeichnung mehrdeutig ist, wird hier ›Wertung von Literatur‹ vorgezogen.) Damit ist jedoch wieder nur einer der beiden Aspekte erfaßt, unter denen das Thema literaturwissenschaftlich von Bedeutung ist, und zwar der *normative*. Der zweite, *deskriptive* Aspekt betrifft die Analyse von Wertungen, die im Umgang mit Literatur vollzogen werden, soweit sie in den Gegenstandsbereich der Literaturwissenschaft fallen. Haben Literaturwissenschaftler im ersten Fall Maßstäbe der Wertung zu finden und zu begründen, so geht es im zweiten Fall darum, Wertungsprozesse und -mechanismen in allen Bereichen des privaten und institutionellen Umgangs mit Literatur zu rekonstruieren und zu erklären. Da die Wertung von Literatur den Rahmen bildet, innerhalb dessen Kanonisierung zu analysieren ist, soll sie zunächst (2.) untersucht werden, um im Anschluß daran (3.) Mechanismen und Problematik der Kanonbildung behandeln zu können. Die Untersuchungsperspektive wird dabei überwiegend analytisch sein: Ich beschränke mich auf die interne Analyse der (vermutlichen) Funktionsweise des Wertens und der Kanonbildung und muß hier historische und systematische Erklärungen weitgehend außer acht lassen.

2. Wertung von Literatur

Unter dem Begriff »Wertung« ist eine Handlung zu verstehen, mit der ein Subjekt einem Objekt (Gegenstand, Sachverhalt, Person) die Eigenschaft zuordnet, in bezug auf einen bestimmten Maßstab, einen Wert, positiv oder negativ zu sein. Ein Text ist demnach nicht an sich wertvoll oder auch wertlos, sondern wird es erst, wenn man ihn auf einen Wertmaßstab bezieht und fragt, ob und in welchem Umfang er diesem Maßstab entspricht. (Tatsächlich werden nicht nur Texte bewertet, sondern auch Autoren, Ereignisse und literarische wie nicht-literarische Sachverhalte; der Einfachheit halber werde ich mich im folgenden auf die Wertung von Texten beschränken.) Diese sehr formale Bestimmung erlaubt es, die zwei Formen zu erfassen, in denen sich die Wertungen von Literatur manifestieren: sprachlich formulierte Wertungen und wertende Handlungen (2.1). Zugleich läßt sich ausgehend von dieser Bestimmung eine der am häufigsten gestellten Fragen beantworten: Wie verbindlich sind

Wertungen? (2.2) Und drittens ist zu fragen, welche dieser Maßstäbe zur Beurteilung von Literatur theoretisch gefordert und praktisch angewendet worden sind oder werden (2.3).

2.1 Erscheinungsformen von Wertungen

Versucht man, sich einen Überblick über die Wertungen im Umgang mit Literatur zu verschaffen, so bietet sich eine Einteilung in die oben angesprochenen zwei Formen des Wertens an: Literatur wird zum einen mit sprachlichen Äußerungen beurteilt. Zum anderen manifestieren sich Wertungen in Form von Handlungen, die den Handelnden als Wertung nicht bewußt zu sein brauchen. In beiden Fällen liegen – meist implizite – Werte zugrunde. Im ersten Fall stellen Werte die Voraussetzung dafür dar, von der Beschreibung eines Textes zu seiner Wertung zu gelangen: Sie bilden die Rechtfertigungsgrundlage sprachlicher Wertungen. Im zweiten Fall bilden Werte die Motivationsgrundlage einer Handlung und leiten sie. Um diese zwei Formen, in denen sich Wertungen manifestieren, zu unterscheiden, sollen die sprachlich formulierten im folgenden »sprachliche Wertungen« genannt werden, während die Wertungen, die sich in nicht-sprachlichen Handlungen ausdrücken, als »motivationale Wertungen« bezeichnet werden (zuerst HEYDEBRAND [2]1984).

Sprachliche Wertungen können explizit oder implizit sein. Die wichtigste explizite Form stellen Werturteile dar, das heißt Aussagen der Form »Grass' neuer Roman ist ein Meisterwerk«. Impliziten Wertungen dagegen sieht man ihren wertenden Charakter nicht sofort an. Eine Aussage wie »Grass' neuer Roman ist sehr umfangreich« zum Beispiel beschreibt eigentlich einen neutralen Sachverhalt; in bestimmten Kontexten kann sie aber wertend eingesetzt werden, etwa wenn der Sprecher vorher klar gemacht hat, daß er knappe, kurzgefaßte Erzähltexte für zeitgemäß hält und besonders schätzt.

Motivationale Wertungen manifestieren sich meistens in Form von Selektionen. Zu ihnen zählen Akte bewußter Entscheidung, etwa die Wahl eines Œuvres für eine Gesamtausgabe oder auch die Entscheidung für den Kauf eines Romans; darüber hinaus können aber auch vorbewußte Selektionen durch Werte motiviert werden, wie unten am Beispiel des Lesens erläutert wird.

Alle diese Wertungen kommen in jedem Bereich des Handelns mit Literatur vor: bei der Produktion (Autoren), Rezeption (Leser), Distribution (Verleger, Lektoren, Redakteure, Bibliothekare; Zensoren) und Verarbeitung von Literatur (Literaturkritiker, -wissenschaftler, -didaktiker; als »Verarbeitung« von Literatur gilt hier das Verfassen von Sekundärtexten im Anschluß an die Lektüre literarischer Texte, zum Beispiel Rezensionen oder Interpretationen). Wertungen gehören damit zum Gegenstandsbereich einer Literaturwissenschaft, die ihre Aufgabe nicht allein in der Analyse und Historiographie literarischer Texte sieht (→ LITERATUR ALS ›SYSTEM‹; → THEORIEN DER LIT. REZEPTION; → LITERATURGESCHICHTSSCHREIBUNG; → LITERATURKRITIK). An zwei knappen Beispielen sollen diese abstrakten Ausführungen veranschaulicht werden: Anhand des Leseprozesses und der literaturwissenschaftlichen Praxis soll gezeigt werden, welche sprachlichen und motivationalen Wertungen den Umgang mit Literatur bestimmen können.

2.1.1 Lesen

Schon der Akt des Lesens und Verstehens von Texten kann von wertgeleiteten Selektionen beeinflußt werden. Kognitionspsychologische Untersuchungen haben gezeigt, daß bereits die Wahrnehmung selektiv ist, d. h. Leser nehmen unterschiedliche Merkmale eines Textes auf und verarbeiten sie auf verschiedene Weise. Für diese Unterschiede sind unter anderem »Schemata« verantwortlich, die Textwahrnehmung und -verstehen steuern. Das Verstehen eines Textes hat man sich nämlich, zumindest nach heute konsensfähigen Modellen (VIEHOFF 1988), nicht als passive Übertragung von Textinformation auf das Leserbewußtsein vorzustellen, sondern als aktive Konstruktionsleistung des Lesers. Dieser erstellt mithilfe von Schemata, d. h. erlernten Mustern zum Beispiel von Handlungsfolgen oder Erzählabläufen, eine für ihn sinnvolle Lesart eines Textes (→ WIRKUNGSÄSTHETIK). Schemata werden im Sozialisationsprozeß erworben, in ihre Ausbildung fließen subjektive Komponenten (Erfahrungen, Dispositionen) und intersubjektive Komponenten (Konventionen, Normen) ein. Über die Schemata können Werte verschiedenster Art – ethische, politische, hedonistische und formal-ästhetische – auf den Verstehensprozeß einwirken, ohne daß es den Lesern bewußt ist: Ihre Lesart erscheint ihnen keineswegs wertgeleitet, sondern einfach ›evident‹. So wird etwa eine Leserin, für die feministische Werte wichtig sind, die Figuren in Fontanes »Effi Briest« anders wahrnehmen und den Roman auch anders verstehen als ein Leser, der kulturkonservative Werte vertritt (→ FEMINISTISCHE ZUGÄNGE – ›GENDER STUDIES‹).

Schon die primäre Form der Beschäftigung mit Literatur, das Lesen, kann also von Wertungen bestimmt sein – und damit die

Grundlage für jeden weiteren, professionellen Umgang mit literarischen Texten.

2.1.2 Literaturwissenschaft

In der Literaturwissenschaft sind Wertungen auf zwei Ebenen zu unterscheiden: zum einen Wertungen der Literatur insgesamt, zum anderen Wertungen einzelner oder mehrerer literarischer Texte. Erstere weisen schon den Gegenstand Literatur und die Beschäftigung mit ihm als wertvoll aus. Sie dienen damit der Abgrenzung und Rechtfertigung von Literatur und Literaturwissenschaft ›nach außen‹, vor allem gegenüber der Gesellschaft. Der besondere Wert von Literatur kann zum Beispiel darin gesehen werden, daß sie einen spezifischen kognitiven und emotionalen Gewinn für ihre Leser erbringt, der auf andere Weise nicht zu erzielen ist; oder darin, daß sie den Lesern ein ›Probehandeln‹ ermöglicht, das von konkreten Handlungszwängen entlastet ist. Die zweite Gruppe von Wertungen fragt nach dem Wert einzelner literarischer Texte oder Textgruppen unter literaturwissenschaftlichen Perspektiven. Sie können als ›interne‹ Wertungen bezeichnet werden. Drei Typen von Wertungen sind hier wiederum zu unterscheiden: Selektionen, Einstufungen und Werturteile.

Literaturwissenschaftler selektieren, indem sie manche Werke einer Edition oder Interpretation für wert erachten oder sie in eine literarhistorische Darstellung aufnehmen, andere dagegen nicht. Die Maßstäbe hinter diesen Wertungen bleiben meist implizit. Es können Normen und Werte sein, die in der Institution Literaturwissenschaft gelten oder von einzelnen Gruppen von Forschern akzeptiert werden; aber auch individuelle Vorlieben für bestimmte Themen, Autoren oder Gattungen können diese Wertungen beeinflussen (→ LITERATURKRITIK).

Die Texte, die den Selektionsfilter passiert haben und in den Kanon literaturwissenschaftlich relevanter Texte aufgenommen worden sind, werden nicht alle als ›gleichwertig‹ beurteilt. Vielmehr werden sie unterschiedlich eingestuft, und zwar nach denselben historisch variablen Maßstäben, die auch zur Selektion herangezogen werden können. Dieses Einstufen literarischer Texte kann in Form sprachlicher, expliziter Wertungen vorgenommen werden; meist vollzieht es sich aber in motivationalen Wertungen – etwa wenn es allein an der Häufigkeit oder Intensität abzulesen ist, mit der ein literarischer Text behandelt wird. So gibt es in der Literaturwissenschaft eine implizite Hierarchie der Forschungsgegenstände, die einen Indikator für die Einstufung literarischer Texte zu bestimmten Zeiten bildet: Heute (1996) sind zum Beispiel Arbeiten über Autoren wie Goethe, Kafka oder Thomas Mann häufig vermutlich prestigeträchtiger als Studien zu Gottsched, Keller oder Heinrich Mann.

Sprachliche Wertungen kommen in Interpretationen und literarhistorischen Darstellungen vor. Noch bis in die Mitte des 20. Jahrhunderts hinein finden sich zahlreiche explizite Werturteile in Literaturgeschichten. Zum Selbstverständnis der Literarhistoriker gehörte es unter anderem, die Qualität literarischer Werke zu beurteilen, ›wertvolle‹ von ›wertloser‹ Literatur zu trennen und dies auch deutlich auszusprechen. In neueren Literaturgeschichten dagegen dominieren die Dokumentation von Entwicklungen, die historische Einordnung und Erklärung, und es wird nur noch selten in expliziter Form gewertet. Die Literarhistoriker erfüllen dieselbe Selektionsfunktion wie ihre Vorläufer, formulieren ihre Darstellungen aber ›sachlicher‹: Ihre Wertungen sind in der Regel implizit und erst durch eine genauere Analyse von Formulierungen zu erschließen. Ein Beispiel für eine implizite – negative – Wertung in den Literaturgeschichten des 19. und frühen 20. Jahrhunderts stellt zum Beispiel die Tatsache dar, daß die Texte weiblicher Autoren aus dem Corpus der einbezogenen Literatur ausgesondert, in eigenen Kapiteln behandelt und mit dem Etikett »Frauenliteratur« versehen wurden (→ FEMINISTISCHE ZUGÄNGE – ›GENDER STUDIES‹).

2.2 Zur Verbindlichkeit von Wertungen

Eine der Standardfragen zu unserem Thema lautet: »Sind Wertungen subjektiv oder objektiv?« Diese Alternative erweist sich als zu einfach: Wertungen können keine überzeitliche und kontextunabhängige Geltung beanspruchen, sind aber ebensowenig nur auf das wertende Individuum begrenzt; vielmehr haben sie sowohl subjektive als auch intersubjektive Komponenten. Um die folgenden Erläuterungen, was unter diesen Komponenten zu verstehen ist und welche Verbindlichkeit Wertungen überhaupt beanspruchen können, anschaulicher zu machen, sollen sie an einem Beispiel aus der → LITERATURGESCHICHTSSCHREIBUNG illustriert werden.

In seiner Darstellung früher Erzählungen Heinrich Bölls führt der Literaturwissenschaftler und -kritiker Heinrich Vormweg eine Reihe formaler und inhaltlicher Eigenschaften dieser Texte an, unter anderem traditionelle Erzählmuster, Sachlichkeit und Wahrhaftigkeit des Erzählens, authentische Vermittlung von Einsichten in typische Züge der Wirklichkeit. Er resümiert: »Entscheidend auch für den späteren Böll aber bleibt, daß es eine moralische Qualität ist, aus der seine Erzählungen ihre ganz unbezweifelbare literarische Bedeutung ziehen.« (VORMWEG 1980, S. 260)

Worin liegen die intersubjektiven und die subjektiven Elemente dieser sprachlichen Wertung? Intersubjektivität wird zum einen dadurch erzielt, daß sich Vormweg auf angebbare Eigenschaften der Texte bezieht. Diese Eigenschaften sind zwar meistens nicht an der Textoberfläche abzulesen, sondern erfordern Interpretationen, man kann sich aber argumentierend über sie verständigen. Solche Eigenschaften können etwa die Figurencharakterisierung in einem Drama, die Bildlichkeit in einem Gedicht oder, wie im Beispiel, Merkmale wie Sachlichkeit der Darstellung oder traditionelle Erzähltechniken sein. Zur Intersubjektivität tragen zweitens die Werte bei, die Wertungen zugrundeliegen. Es ist davon auszugehen, daß Werte im Sozialisationsprozeß angeeignet werden und wenn auch keine gesamtgesellschaftliche, so doch gruppenspezifische Geltung haben. ›Moralische Qualität literarischer Texte‹ dürfte im Literatursystem als positiver Wert relativ weite Anerkennung finden, außer vielleicht in Gruppen, die eine ästhetizistische Literaturauffassung vertreten. Zur intersubjektiven Verständigung über Wertungen trägt drittens die Begründung eines Urteils bei. Im Beispiel wird die Begründung der Wertung vorangestellt: Vormwegs Beschreibung der Textmerkmale und seine Interpretation der Texte (zusammen mit einigen impliziten Voraussetzungen) dienen als Grundlage seines Urteils.

Die subjektiven Aspekte der Wertungen liegen auf der Hand und relativieren zum Teil die intersubjektiven. Zum einen spielt eine Rolle, daß es immer ein Komplex von Voraussetzungen ist, den ein Subjekt ins Spiel bringt, wenn es Objekteigenschaften auf Werte bezieht. Wenn für Vormweg das formale Merkmal ›Wahrhaftigkeit des Erzählens‹ eine positive moralische Eigenschaft darstellt, dann dürfte diese Einschätzung zwar relativ konsensfähig, keineswegs aber zwingend sein; wenn er ›Sachlichkeit‹ ebenso einstuft, dann scheint dieser Zusammenhang noch weniger zwingend. Andere Interpreten könnten bestreiten, daß ein solches stilistisches Merkmal überhaupt mit ethischen Maßstäben beurteilt werden könne. Wenn Personen Textmerkmale auf Werte beziehen, dann sind diese Bezugnahmen zwar oftmals konsensuell und damit keineswegs beliebig; Werte sind aber so allgemein formuliert, daß es immer mehrere Möglichkeiten gibt, wie sie sich in Objekten konkretisieren können. In der aktuellen Zuordnung, die ein Wertender vollzieht, liegt also das Subjektive seiner Wertung.

Einen zweiten subjektabhängigen Faktor stellt die unterschiedliche Gewichtung der Eigenschaften dar, in denen sich ein Wert realisieren kann. Vormweg urteilt, daß die Moralität der Erzählungen Bölls ihren literarischen Wert ausmache. Dabei setzt er voraus, daß Texte auch dann ›literarisch wertvoll‹ sein können, wenn sie keine hervorragenden ästhetischen Qualitäten, dafür aber ausgeprägte moralische Eigenschaften aufweisen. Andere Böll-Interpreten gewichten anders; sie attestieren seinen Texten durchaus Moralität, werten sie aber mit Hinweis auf fehlende formal-ästhetische Qualitäten negativ. Grundlage *dieser* Wertung ist die Annahme, positiver literarischer Wert werde in erster Linie von ästhetischen Merkmalen der Form realisiert, während die moralischen Qualitäten höchstens zweitrangig sind.

In *wissenschaftlichen* Kontexten kommt es darauf an, die Wirkung der subjektiven Faktoren zu verringern und so die Verbindlichkeit von Wertungen zu erhöhen. Unverbindlich, also von nur begrenzter Gültigkeit, sind Urteile, bei deren Begründung sich der Sprecher auf das eigene Gefühl, auf seine subjektive Einschätzung beruft. Als ›verbindlich‹ kann dagegen ein Werturteil gelten, mit dem der Sprecher den Anspruch verbindet, es intersubjektiv begründen zu können, und ›fundiert‹ ist ein Urteil, wenn der Sprecher diesen Anspruch einlöst. (Damit ist nicht gesagt, daß einem fundierten Werturteil jeder zustimmen muß; es muß aber plausibel gemacht werden können.) Indizien für einen intersubjektiven Geltungsanspruch stellen textintern ein argumentativer Zusammenhang und kontextuell die Wahl bestimmter Textsorten und Veröffentlichungsformen dar. Von Wertungen – seien sie explizit oder implizit –, die in einer Rezension in einer Tageszeitung oder in einem wissenschaftlichen Artikel in einer germanistischen Fachzeitschrift veröffentlicht werden, können Leser erwarten, daß sie zumindest begründbar sind. Anders ausgedrückt: Wenn der Verfasser sich unverbindlich und nur als Privatperson äußern wollte, dann hat er das falsche Medium gewählt.

Um ein Werturteil über einen literarischen Text zu begründen, muß ein Sprecher drei Bedingungen erfüllen: Er muß erstens Argumente dafür vorbringen, daß der Text die Eigenschaften, auf die er sich bezieht, auch tatsächlich aufweist; in unserem Beispiel leistet Vormweg dies mit seiner Beschreibung und Interpretation der Texte Bölls. Zweitens muß er den Wertmaßstab rechtfertigen, den er seinem Urteil zugrundelegt. Rechtfertigen läßt sich ein Wert nicht in einem absoluten Sinn, sondern immer nur im Zusammenhang eines Wertsystems, in dem der Wert gilt. Vormweg könnte seinen Wertmaßstab zum Beispiel dadurch rechtfertigen, daß er von der Literatur als solcher einen – wie auch immer bestimmten – moralischen Appell an die Leser fordert, der sich auch im Einzeltext dokumentieren müsse, und würde sich damit in die lange Tradition moralischer Wertung von Literatur einordnen. Drittens muß ein Sprecher begründen können, daß er den Wert zu Recht auf die Texteigenschaften bezogen hat beziehungsweise daß die Texteigenschaften tatsächlich in der Lage sind, den Wert zu realisieren. Vormweg hätte also zu begründen, daß es einen Zusammenhang zwischen den angeführten formalen Texteigenschaften und seinem moralischen Wertmaßstab gibt, wobei er zum Beispiel die potentielle Wirkung einer ›authentischen‹ Erzählweise auf die Leser anführen könnte. Ein Werturteil wie das Vormwegs kann demnach als Beispiel für eine verbindliche Wertung gelten, zu deren expliziter Fundierung noch zwei Schritte ausgeführt werden müßten.

2.3 Wertmaßstäbe in literaturwissenschaftlicher Theorie und Praxis

Ein auch nur annähernd vollständiger historischer Abriß der literaturwissenschaftlichen Wertungsdiskussion und ihrer Kriterien kann hier nicht gegeben werden. (Gute Überblicke bieten MECKLENBURG 1977 und M. SCHRADER 1987; dort finden sich auch Informationen zur didaktischen Wertungsdiskussion.) Statt dessen gehe ich klassifikatorisch vor, indem ich die Typen von Wertmaßstäben behandle, die in Theorie und Praxis der Literaturwissenschaft vertreten beziehungsweise angewendet worden sind.

Folgende Überlegung kann den Ausgangspunkt der Rekonstruktion bilden: Die Wertung von Literatur betrifft die Gegenstandskonstitution des Faches und bildet eine der ›Schaltstellen‹, an denen sichtbar wird, daß Forderungen aus anderen Bereichen der Gesellschaft an Literatur herangetragen werden (MECKLENBURG 1977, S. VIII). Das zeigt sich zum einen in der Strategie, mit der Literaturwissenschaftler ihren Gegenstand als gesellschaftlich relevant ausweisen. Wenn der Literatur bestimmte Funktionen zugeschrieben werden – etwa: kognitiven und emotionalen Gewinn zu erbringen oder von Handlungszwängen entlastetes Probehandeln und spielerische Normreflexion zu ermöglichen (vgl. SCHMIDT 1980, S. 120ff., S. 178-189) –, so sind dies keine Selbstzwecke; vielmehr rechtfertigen sie Literatur über besondere Leistungen, die sie den einzelnen, Gruppen oder ›der Gesellschaft‹ erbringt. Zum anderen zeigt sich die Schaltstellenfunktion darin, daß die Wertmaßstäbe, mit denen Literatur beurteilt wird, in der Regel keine ›rein literarischen‹ sind, sondern normative Vorgaben aus philosophischen, religiösen, ethischen, sozialen, politischen und anderen Rahmentheorien enthalten. Dementsprechend lassen sich unter den Werten, die bis heute in der Literaturwissenschaft zur Beurteilung von Literatur herangezogen worden sind, formal-ästhetische Werte unterscheiden von inhaltlichen, die stärker an nicht-literarische Rahmentheorien gebunden sind.

Formal-ästhetische Maßstäbe beziehen sich auf formale, strukturelle, sprachliche Eigenschaften literarischer Texte; zu ihnen zählen zum Beispiel ›Schönheit‹, ›Selbstreferenz‹, ›Offenheit‹, ›Stimmigkeit‹, ›Ganzheit‹. (Die hier und im folgenden als Beispiele genannten Wertmaßstäbe werden nur in ihrer positiven Variante angegeben; ausführlicher und mit Zuordnung von Theorien vgl. HEYDEBRAND/WINKO 1996, Kap. I.3 und II.5.) Was jeweils unter diesen Wertmaßstäben zu verstehen ist und ob sie positiv oder negativ eingeschätzt werden, hängt von der Literaturtheorie ab, in deren Rahmen sie bestimmt werden (LENZ/SCHULTE-MIDDELICH 1982, S. 12ff.). Werte, mit denen der Inhalt literarischer Texte beurteilt wird, lassen sich aus jedem Bereich menschlichen Lebens übertragen. In der Literaturwissenschaft sind es überwiegend politische und geschichtsphilosophische Theorien, aus denen inhaltliche Werte wie ›Moralität‹, ›Freiheit‹, ›Humanität‹, ›Emanzipation‹ und andere importiert werden.

Zwei weitere Typen von Werten werden an Literatur herangetragen: relationale und wirkungsbezogene Werte. Relationale Maßstäbe bestimmen den ›Wert‹ literarischer Texte in Hinsicht auf eine Bezugsgröße. Diese Bezugsgröße kann die natürliche Sprache sein, ebenso die literarische Tradition oder auch die Realität. Beispiele sollen dies verdeutlichen. Literatur wird oftmals über ihre Abweichung von der ›normalen‹ Sprachverwendung bestimmt (→ FIKTIONALITÄT UND POETIZITÄT). ›Abweichung‹ kann in diesen Theorien zum Wert werden, mit dem auch einzelne Texte beurteilt werden können: Ein Text, der sich durch ein hohes Maß an formalen Qualitäten wie ›Versifikation‹ oder ›ungewöhnliche Bilder‹ von der Alltagssprache unterscheidet, wäre demnach besonders positiv zu bewerten. In bezug auf die literarische Tradition sind es meist ›Innovation‹ und ›Originalität‹, die als Maßstäbe herangezogen werden. Als ›wertvoll‹ gelten nur die Texte, die literarische Muster oder

Inhalte nicht bloß reproduzieren, sondern mit eigenem schöpferischen Impetus neu gestalten (→ FORMALISMUS). Wird Literatur auf Realität bezogen, sind es oft positiv aufgefaßte Werte wie ›Wirklichkeitsnähe‹ oder ›Authentizität‹ – allerdings auch manchmal deren Gegensätze –, die auf die Texte angewendet werden. Eine authentische Darstellung sozialer Wirklichkeit etwa kann unter dieser Voraussetzung als positiv, eine surrealistisch verfremdende Gestaltung dagegen als negativ beurteilt werden (oder eben umgekehrt).

Mit wirkungsbezogenen Werten werden die vermutlichen oder tatsächlichen Effekte beurteilt, die literarische Texte für ihre Leser haben. Dies können zum einen Wirkungen sein, die allein von individuellem Interesse sind, zum Beispiel kognitive Effekte (wie Informationsgewinn, Wissensvermittlung und Reflexion), auf Emotionen bezogene Wirkungen (wie Betroffenheit, Mitleid, Identifikation und Lust) oder (lebens)praktische Wirkungen (wie Handlungsorientierung und Sinnstiftung). Zum anderen können dies aber auch Effekte sein, die unter gesellschaftlichem Aspekt relevant sind, wie kommerzieller Gewinn und die Zunahme an Prestige durch die Beschäftigung mit kulturell anerkannten Objekten. Während in der Literaturwissenschaft formal-ästhetische, ethisch-moralische und relationale Werte dominieren, spielt für andere Handlungsbereiche folgender Typus von Werten eine größere Rolle: für die nicht-professionellen Leser – neben den inhaltlichen Werten – die individuell wirkungsbezogenen Werte, allen voran wohl die ›Lust am Lesen‹, für die Literaturvermittler ökonomische Werte und der ›Prestigewert‹.

Alle angeführten Maßstäbe sind in ihrer inhaltlichen Bestimmung und ihrer Geltung historisch variabel. Einige von ihnen, zum Beispiel ›Innovation‹ und ›Originalität‹, sind erst mit der Etablierung des eigenständigen Handlungsbereichs ›Literatur‹ entstanden (SCHMIDT 1989, Kap. 10 und 12; → LITERATUR ALS ›SYSTEM‹). Literaturwissenschaftliche Wertmaßstäbe sind also keineswegs zeitlos, und ebensowenig sind sie unabhängig von gesellschaftlichen Entwicklungen und Theorien anderer Disziplinen. Wenn es heute in der Literaturwissenschaft beispielsweise möglich ist, Texte danach zu beurteilen, ob sie patriarchale Strukturen repräsentieren oder ein emanzipatorisches Potential enthalten, so ist dies in erster Linie durch die zunehmende gesellschaftliche und akademische Relevanz feministischen Denkens seit den siebziger Jahren zu erklären (→ FEMINISTISCHE ZUGÄNGE – ›GENDER STUDIES‹).

3. Kanonbildung

3.1 Mechanismen der Kanonisierung

Welche Faktoren und Prozesse dazu führen, daß ein literarischer Text kanonisiert wird oder auch nicht, ist noch nicht zufriedenstellend erforscht worden. Es liegen zwar theoretische Konzeptionen und diverse Studien zu verschiedenen Autoren, Werken und einzelnen möglichen Einflußfaktoren vor (vgl. HEYDEBRAND 1993), der Gesamtprozeß der Kanonbildung bedarf aber noch immer genauerer historisch-empirischer Untersuchungen (WOESLER 1980). Zwar dürfte das *Phänomen* ›Kanon‹ fast so alt wie die Literatur selbst sein (der *Begriff* wird allerdings erst seit Ende des 18. Jahrhunderts auf Literatur angewendet; vgl. LÜSEBRINK/BERGER [3]1987, S. 7); einer eingehenderen Analyse stand aber bis in dieses Jahrhundert hinein unter anderem die Auffassung im Wege, es seien immer – gewissermaßen gesetzmäßig – ›die besten‹ Werke und Autoren, die kanonisiert werden, oder anders ausgedrückt: die Ansicht, im Kanon setzten sich universale Werte durch.

Kanonbildung als Durchsetzung zeitloser literarischer Qualität nach eigenen Gesetzen – dieser Auffassung wird heute ein differenzierteres Modell entgegengestellt. Unter einem ›Kanon literarischer Texte‹ wird das Resultat von Deutungs- und Selektionsprozessen verstanden, in denen literaturinterne und soziale Komponenten auf komplexe Weise zusammenspielen (ASSMANN/ASSMANN 1987, LÜSEBRINK/BERGER [3]1987, HEYDEBRAND 1993). Die Kriterien, nach denen Texte ausgewählt und interpretiert werden, sind historisch und kulturell variabel; ihre Geltung hängt auch von der jeweiligen Träger- oder Interessengruppe ab, die die Kanonisierung vollzieht. Betrachtet man das Corpus an Texten, das lange Zeit als ›der‹ Kanon galt, nämlich den ›Kanon der Gebildeten‹, der von Bürgertum und Universität getragen wurde, dann kommen folgende Faktoren in den Blick: Literaturintern dürften ästhetische Programme, Gattungstraditionen sowie normative, zum Beispiel autonomieästhetische Vorgaben und Wertungen in verschiedenen Institutionen auf die Kanonbildung eingewirkt haben (→ POETIK); als Faktoren des sozialen Umfelds scheinen politische Konstellationen und wechselnde kulturelle Bedingungen eine Rolle gespielt zu haben, etwa Regierungsformen und ihre politische Funktionalisierung von Literatur, ideologische oder weltanschauliche Präferenzen einer Zeit (→ SOZIALGESCHICHTLICHE ZUGÄNGE).

Fragt man, warum überhaupt das Bedürfnis besteht, aus der Menge von Texten einige herauszustellen, die als besonders ›wertvoll‹ gelten, so kommt man zu mindestens drei wichtigen Funktionen, die Kanones erfüllen (Heydebrand 1993). Erstens tragen sie zur Selbstdarstellung und Identitätsstiftung einer Gruppe oder Gesellschaft bei: Die Mitglieder der Gruppe sehen in ihnen Normen und Werte repräsentiert, die die Gruppe konstituieren. Zweitens haben Kanones Legitimationsfunktion; sie dienen der Rechtfertigung und Abgrenzung der Gruppe gegen andere. Und drittens liefern Kanones Handlungsorientierung. Kanonisiert werden Texte, die prägnante Formen von Wissen, ästhetische Normen, Moralvorstellungen und Verhaltensregeln kodieren, nach denen sich Mitglieder einer Gruppe oder Gesellschaft richten können. Diese Funktionsbestimmung kann die Kanonpluralität, also das Neben- und Gegeneinander verschiedener Kanones erklären: Verschiedene Trägergruppen haben abweichende Selbstdarstellungs- und Legitimationsbedürfnisse und kanonisieren daher unterschiedliche Texte. Darüber hinaus läßt die Funktionsbestimmung erkennen, daß es nicht allein um die kanonisierten Texte geht, sondern immer auch um ihre Deutungen und um die Wertvorstellungen, die sie repräsentieren sollen. Neben einem »materialen Kanon«, der die ›wertvollen‹ Texte überliefert, ist ein »Deutungskanon« anzunehmen (Heydebrand 1993, S. 5); in ihm sind die Interpretationen der Texte festgeschrieben, die in einer Institution zu einem bestimmten Zeitpunkt als ›kanonisch‹ gelten.

Ein Kanon literarischer Texte liegt in der Regel nicht als Liste oder Verzeichnis vor, sondern ist vielmehr über die Präsenz literarischer Texte und die Kommunikation über sie rekonstruierbar, die für verschiedene Kanones in unterschiedlichen Institutionen und Medien stattfinden kann. Dazu zwei Beispiele: Um den akademischen Kanon zu rekonstruieren, ist zu fragen, für welche Autoren Werkausgaben, vor allem kritische Ausgaben erstellt worden sind; es ist zu prüfen, welche Autoren und Texte in Literaturgeschichten behandelt, wie ausführlich sie dargestellt und wie sie bewertet werden. Aufschlußreiche Informationen bieten darüber hinaus Anzahl und Tenor der Monographien und anderer wissenschaftlicher Publikationen über Autoren oder Werke; und schließlich ist es aussagekräftig, ob zu einem Autor oder Werk regelmäßig Veranstaltungen im Lehrangebot an Universitäten nachzuweisen sind. Soll der ›bildungsbürgerliche Kanon‹ profiliert werden, sind andere Fragen zu stellen. Es ist zu prüfen, ob Leseausgaben eines Autors kontinuierlich erhältlich sind, ob sich seine Texte in Anthologien finden lassen und in ›Klassikerbibliotheken‹ aufgenommen wurden. Auch Einträge in Universallexika, Feuilletonartikel zu Jubiläen, Präsenz auf dem Theater oder intertextuelle Bezugnahmen dokumentieren die Bedeutung eines Autors in diesem Kontext, und als besonderes Indiz kann es gelten, wenn seine Texte zur Pflichtlektüre im Deutschunterricht an der Schule zählen. Auch wenn der akademische und der bildungsbürgerliche Kanon unterschiedlich rekonstruiert werden, so stimmen sie doch in weiten Teilen überein – was historisch aus der Entstehungssituation und Entwicklung des Literatursystems zu erklären ist und aus den Rollen, die Bürgertum (als Trägergruppe) und Literaturwissenschaft (als zentrale Institution der Normentradierung) dabei spielten (SCHMIDT 1989, S. 304ff., S. 425ff.).

Nachdem die Kanonisierung literarischer Texte bisher nur anhand kontextueller Faktoren thematisiert worden ist, liegt nun die Frage nahe, ob es nicht doch bestimmte Eigenschaften eines Textes gibt, die eher für oder eher gegen seine Kanonisierung sprechen. Auch diese Frage läßt sich wieder nur relativ zum jeweils untersuchten Kanon beantworten. Pauschal betrachtet scheinen zwei Merkmale die Chancen eines Textes zu erhöhen, in den bildungsbürgerlichen und den akademischen Kanon aufgenommen zu werden: Zum einen muß er komplex genug sein, um mehrmals gelesen werden zu können, zum anderen muß er für verschieden komplexe Lesarten und unterschiedliche Wertvorstellungen anschlußfähig sein. Alle spezielleren Kriterien können nur mit stärkerem Bezug auf die jeweilige Trägergruppe erklärt werden. Wenn zum Beispiel für die im Bildungsbürgertum kanonisierten Texte angeführt wird, sie behandelten zentrale menschliche Probleme auf besonders repräsentative Weise, dann hängt die Einschätzung, was für wen repräsentativ ist und welche Probleme als ›zentral menschlich‹ einzustufen sind, von den Normen und Werten dieser Gruppe ab. Textmerkmale scheinen insgesamt für die Kanonisierung eine geringere Rolle zu spielen als Kontextbedingungen (vgl. dazu WOESLER 1980, S. 1224, sowie die ausführliche Beispielanalyse in HEYDEBRAND/WINKO 1994, S. 97-112, dort unter dem Aspekt der Geschlechterdifferenz).

3.2 Zur Frage der Berechtigung von Kanones

Insbesondere in den USA wurde lebhaft und von unterschiedlichen theoretischen Positionen aus um die Vorteile und Gefahren von Kanones diskutiert. Die wichtigsten Einwände richten sich gegen

Voraussetzungen und Folgen der Kanonisierung. Nur zwei dieser Einwände seien hier angeführt: Zum einen werden mit der Hochwertung eines bestimmten Korpus von Texten zahlreiche andere Texte abgewertet und ausgegrenzt. Ein Kanon spiegelt – gewissermaßen ›per definitionem‹ – Normen und Werte einer machthabenden Gruppe und wird seinerseits als Machtinstrument eingesetzt, da er als ›Maßstab‹ oder ›Filter‹ für die Zulassung und den Ausschluß neuer Texte dient. Zweitens kann eine Kritik der Kanonbildung an den oben angeführten Bestimmungen der Funktionen anknüpfen, die Kanones für Gruppen oder Gesellschaften haben. In immer stärker differenzierten Gesellschaften ist es zunehmend problematisch, von homogenen sozialen Schichten oder Gruppen zu sprechen, und einen einheitlichen Kanon von der gesellschaftlichen Reichweite, wie er noch für ›das Bildungsbürgertum‹ angesetzt werden kann, gibt es heute nicht mehr. (Auf grundsätzliche Einwände von poststrukturalistischer Seite, die zum Beispiel den Gedanken der Repräsentativität als solchen in Frage stellen, kann hier nicht mehr eingegangen werden; eine Zusammenfassung findet sich in HEYDEBRAND/WINKO 1994, S. 148-156.)

Sind Kanones heute also entbehrlich, weil Einheit nicht mehr herzustellen ist, oder sind sie nicht wünschenswert, weil jeder Versuch, eine Einheit herzustellen, mit einer zu hohen Ausschlußrate zu bezahlen wäre? In dem Für und Wider der Diskussion wurde eine Alternative vorgeschlagen, die dem Pluralismus im Fach Germanistik entspricht: Nach dem Vorbild amerikanischer Hochschulen, wo es neben dem traditionellen Kanon der ›männlichen weißen Autoren‹ neue Kanones etwa weiblicher Autoren und verschiedener ethnischer Gruppen gibt, wurde für mehrere, gruppengebundene Kanones plädiert. Problematisch ist diese Lösung, weil sie der akademischen Kommunikationsgemeinschaft die gemeinsame Grundlage entzieht; denn die Anzahl der Texte, die allen bekannt sind, wird kontinuierlich abnehmen.

Damit haben wir wieder die einleitende Frage dieses Artikels erreicht, was Studierende der Literaturwissenschaft heute lesen sollen. Angesichts der skizzierten Forschungssituation kann sie hier nicht definitiv, sondern nur mit einigen pragmatischen Hinweisen beantwortet werden: Relevant für das Studium sind nach wie vor die literarischen Texte und Autoren, auf die sich andere Autoren bezogen und die auf die Entwicklung der Literatur – in formaler wie inhaltlicher Hinsicht – maßgeblich eingewirkt haben (GRIESE u. a. 1994). Dieser traditionelle Kanon ist so lange unentbehrlich, wie Literaturwissenschaft auch → LITERATURGESCHICHTSSCHREIBUNG und Rekonstruktion literarischer Problemsituationen betreibt. Er bildet damit eine wichtige Grundlage zur akademischen Verständigung und nicht zuletzt auch zur Selbstverständigung: Als materialer wie als Deutungskanon kodiert er prägnante kognitive und emotionale Schemata und Werte, die zur Ausdifferenzierung einer Kultur beigetragen haben, an der auch die Gegenwart teilhat.

4.2 Wert, Kanon und Zensur

von Rainer Grübel

1. Verhältnis und Gegenstände der Begriffe Wert, Kanon und Zensur

1.1 Zusammenhang der Begriffe

Die Begriffswörter »Wert«, »Kanon« und »Zensur« hängen logisch miteinander zusammen, indem sich ihre Inhalte (von rechts nach links) einschließen oder (von links nach rechts) voraussetzen. Wer Zensur ausübt, hat eine Intuition oder sogar eine genaue Vorstellung vom Kanon desjenigen, was gemäß stillschweigender oder ausdrücklicher sozialer Übereinkunft in einem bestimmten Redezusammenhang gesagt oder veröffentlicht werden darf, sowie vom Gegenkanon desjenigen, was dem eigenen Urteil oder der Ansicht Dritter zufolge unterbleiben muß. Das Aufstellen, Erhalten und Durchbrechen eines Kanons von Texten wiederum hat zur Voraussetzung, daß der ihn Errichtende, Wahrende und Verändernde den Wert der diesen Kanon bildenden Bestandteile sowie die Werthaltigkeit des Kanons selbst vertritt. Ohne ein solches Wertkriterium, das im literarischen Leben auch ungenannt bleiben kann, läßt sich kein Kanon entwerfen und damit auch keine Zensur ausüben.

1.2 Literaturwissenschaftliche Begriffsverwendung

Beim Gebrauch der Grundbegriffe »Wert«, »Kanon« und »Zensur« in der Literaturwissenschaft lassen sich zwei grundsätzlich verschiedene Fälle unterscheiden, wenngleich sie oft miteinander einhergehen. Die Ausdrücke können zum einen dem Bereich der Literatur selbst angehören, etwa Bestandteile eines literarischen Textes und seiner Verwendung sein (oder als solche angesehen werden) und beispielsweise werthafte (axiomatische) Erscheinungen des literarischen Geschehens und seiner Referenz meinen. Der erste Vers des Volksliedes »Wie schön blüht uns der Maien« appelliert an den ästhetischen Wert der besprochenen Welt, während in Büchners »Woyzeck« der Titelheld dem ihn peinigenden Hauptmann mit der Replik »Er ist ein guter Mensch« zum Erstaunen des Zuschauers oder Lesers einen positiven ethischen Wert zuspricht. Homer (»Ilias« XII, 742) hat Andromache in ihrer Totenklage auf Hektor von ihren »heftigsten Schmerzen« sprechen und so den Verlust des Gatten mit dem Gefühlswert in höchster negativer Steigerung belegen lassen. All diese Wertäußerungen gehören den Objektsprachen der Werke an, mit denen sich die Literaturwissenschaft befaßt.

Zum anderen können die Begriffe »Wert«, »Kanon«, »Zensur« axiologische (einer Wertlehre angehörige) Termini der Rede über sprachliche Kunstwerke sein oder von Begriffen dieser Rede vorausgesetzt werden, wie vom Ausdruck »hoher Stil« in klassizistischen Werken oder von den Begriffen »Parteilichkeit«, »Positiver Held« und »Volkstümlichkeit« in der Doktrin des Sozialistischen Realismus; als ausformulierte literarische Entwürfe gehören sie zwar nicht dem engeren Feld der literarischen Texte an, wohl aber dem weiteren Gegenstandsbereich Literatur, zu dem auch alle Erscheinungen des literarischen Lebens zählen (wie die Medien-Institutionen, Verlagswesen, Schriftstellervereinigungen; → LITERATURKRITIK).

Aristoteles handelt im sechsten Abschnitt seiner »Poetik« von der Ethik der dargestellten Tragödienhandlung, aber er wertet auch die Sprache ihrer Darstellung: »Die Tragödie ist Nachahmung einer guten und in sich geschlossenen Handlung von bestimmter Größe, in anziehend geformter Sprache.« »Anziehend geformt« ist für ihn eine Sprache, die über Rhythmus und Melodie verfügt. Horaz fordert im »Buch von der Dichtkunst« (»De arte poetica«, 23) nicht nur, das Kunstwerk solle »einfach und einheitlich« (»simplex [...] et unum«) sein, er verlangt von ihm neben der Schönheit auch Wirksamkeit: »Nicht genug ist's, daß schön [pulchra] sei die Dichtung, süß [dulcia] und zu Herzen gehend, soll sie den Hörer ergreifen [animum auditoris agunto].« Die Horazische Doppelfunktion der Dichtung, »nützen wollen die Dichter oder erfreuen / auch beides zugleich« (»aut prodesse volunt aut delectare poetae / aut simul«; »De arte poetica«, 333), öffnet auch einen Wertfächer für die Sprachkunst (→ POETIK).

Schließlich gehört wie alle Literaturkritik die Verurteilung der symbolistischen Dichtung als »Entartung« oder von Zolas Prosa als »Pornographie« durch Max Nordau (1892) ebenso hierher wie Emil STAIGERS (1967a) den »Zürcher Literaturstreit« auslösende Rede über »Schmutz und Schund« der Literatur seiner Zeit (→ FORMEN ›TEXTIMMANENTER‹ ANALYSE).

Vor allem auf der Ebene der literatur- und kunstwissenschaftlichen Terminologie begegnen Werte auch als Inhalt entfalteter Begriffe. Sie sind – wie noch »das Vollkommene« bei Hans-Robert JAUSS (1983) – wertträchtiger Bestandteil einer literaturwissenschaftlichen Metasprache und wurden nicht selten dem literarischen

Diskurs oder Äußerungen des literarischen Lebens entlehnt. Schließlich können im werttheoretischen Metadiskurs, wie in diesem Kapitel des vorliegenden Buches, auch diese ausdrücklich werthaltigen literaturwissenschaftlichen Begriffe Gegenstand axiologischer Betrachtung sein.

1.3 Wertungen in Texten

So bedeutsam es ist zu unterscheiden, ob im jeweils betrachteten Text selber die Rede von Werten geht oder der den Text Beurteilende die Werte zu- oder aberkennt, nicht immer ist dies dem Wortlaut so sicher abzulesen wie in den oben angeführten Beispielen. Kein Wörterbuch trennt werthaltige Lemmata wie »schön«, »gut« oder »Schmerz« von zunächst nicht werthaltigen Ausdrücken wie den Kopula und Partikeln oder dem Zustandsverb »sein«, die aber wie jedes andere Wort im literarischen Werk aufgrund der Stellung im Text, des Kontextes, der Referenz oder des intertextuellen Verweises werthaltig gemeint und verstanden werden können. So läßt sich kein unstrittiges Kriterium benennen, das dem Prädikat des ersten Verses im Eingangstext von Durs Grünbeins Zyklus »Den teuren Toten« zweifelsfrei einen Wert zuordnen läßt, obgleich es die Sterblichkeit der Menschen bezeichnet: »Unklar weshalb, es ist so, / Wer weiß warum.« Auch der Hinweis auf die Kluft zwischen dem festgestellten ontologischen Wert in der zweiten Hälfte des ersten Verses und dem zunächst als ungeklärt (erste Hälfte Vers 1), dann als fraglich eingeschätzten Erkenntniswert (Vers 2) führt, wie schon die Spannweite zwischen ökonomischem und affektivem Wert im Titelwort »teuren«, nur zu einer möglichen, keineswegs aber zwingenden Wertbestimmung. Wie in archaischer (mythischer) Rede kann im Gedicht dem Sein der höchste Wert zukommen, kann es – so auch im Realismus – hoch über dem meist selbst nicht ausgedrückten Zeichen-Sein einer jeder literarischen Äußerung, über seinem Zeichenwert stehen. Ist die Welt dagegen selber als Buch, Schrift oder Text gefaßt, steht der Zeichenwert über dem Seinswert: Was (auch) Zeichen ist, hat höheren Wert als das nur Dingliche. Schließlich kann in Umkehrung der aufgeführten Fälle – wie in buddhistischen Diskursen – gerade das Nicht-Sein oder aber, so in der Apophatik, das Nicht-Zeichen-Sein an der Spitze der Wertpyramide stehen.

1.4 Gattungsbezeichnungen

Der Unterschied zwischen expliziter und impliziter Darstellung von Werten im literarischen Werk wird in der literaturwissenschaftlichen und -kritischen Praxis ebenso oft übergangen wie die Differenz zwischen literarischem und (literatur-)wissenschaftlichem oder literaturkritischem Wertnachweis. Die Gattungsbezeichnungen »Tragödie« und »Ode« gehören als Untertitel klassizistischer Dramen und Gedichte zum Wortlaut des jeweiligen Werks, beanspruchen im Werthorizont ihrer Poetik für das Werk die Zugehörigkeit zum »hohen Stil« und einen Spitzenplatz in der Gattungshierarchie (→ GATTUNGSFRAGEN; → PARATEXTE). Der solche Werke betrachtende Wissenschaftler oder Kritiker sollte entscheiden, ob er die klassizistischen Ausdrücke »Tragödie« und »Ode« sowie die Begriffe »Lehrstück« und »Chronik« aus Brechts Gattungsvokabular als werthaltige Bestandteile des Textes oder aber als literaturwissenschaftliche Termini im engeren Sinne handhabt, denen er seinerseits wiederum Werte zusprechen kann.

2. Schwierigkeiten einer Theorie des literarischen Wertes

Wer eine Theorie des literarischen Wertes entwirft, steht zunächst vor der Schwierigkeit, daß sie (wie Wolfgang KAYSER 1977 feststellt) in jedem Fall eine Theorie der Literatur voraussetzt. Letztlich ist sie im jeweiligen Selbstmodell der Kultur verankert. Umgekehrt enthält jede Literaturtheorie ausdrücklich oder unausdrücklich Wertbegriffe, mit deren Hilfe sich die Erscheinungen, die zum Gegenstandsbereich der Literatur gezählt werden sollen, erst gegen die übrigen Phänomene abgrenzen lassen. Comics werden im Literaturunterricht der Schulen behandelt, seit in den siebziger Jahren ein auf der Kommunikationstheorie fußender, die bis dahin vorherrschende Werthierarchie einebnender Literaturbegriff die Literaturdidaktik eroberte.

Eine zweite Schwierigkeit der literarischen Werttheorie rührt aus der Unklarheit des »Wert«-Begriffs her. Von Beginn an schwankt er zwischen der Bedeutung ›Preis‹, die einen Tausch- oder Vergleichswert, und der Bedeutung ›Würde‹, die den unvergleichlichen Eigenwert bezeichnet. Wilhelm Scherer gründet den Entwurf des literarischen Wertes auf den komparativen Marktwert des Buches (SCHERER 1983 [1883]), für Wilhelm Dilthey (1887) ist der »selbständige Wert der Dichtung« dagegen nicht empirisch zu fassen.

Daneben steht die im Rahmen des Neokantianismus erneut aufgeworfene und weiterhin umstrittene Frage, ob Werte Dingen gleich absolut und damit völlig unabhängig vom Wertenden sind oder ob sie nur relativ gelten (MAREN-GRIESEBACH 1974, S. 30f.) und so womöglich objektiv, doch auch von der Anerkenntnis durch Wertende abhängig sind. Die Auffassung vom Wert als objektivierbarer Vergleichsgröße liegt der Präferenztheorie zugrunde, die in angloamerikanischen Kulturen im Gefolge der Verhaltenstheorie Oberhand gewonnen hat und Wert vor allem am normorientierten Präferenzverhalten untersucht. Charles W. Morris etwa gründet seinen ästhetischen Wertentwurf auf das (beobachtbare) Präferenzverhalten des Wertenden (MORRIS 1972). Demgemäß unterscheidet er zwischen dem »operativen Wert«, der die Präferenzrichtung bei Entscheidungen markiert, dem »vorgestellten Wert«, der die Übereinstimmung eines Präferenzverhaltens mit einer Situation oder einem Objekt kennzeichnet und schließlich dem »Objektwert«, einer Objekteigenschaft, die geeignet ist, das Präferenzverhalten des Wertenden zu stützen. Alle drei Wertarten bilden nur verschiedene Aspekte der Betrachtung von Wertsituationen, d. h. von Präferenzverhalten.

Die deutsche Ästhetik hat dagegen am Entwurf des Schönen als einem Eigenwert festgehalten und dem Wertobjektivismus wie dem Wertsubjektivismus eine Absage erteilt. Kant hatte in der »Kritik der Urteilskraft« wie die objektivierende empiristische Auffassung vom Schönen als Moment der bewerteten Erscheinung so auch ihr subjektivierendes Gegenstück, den rationalistischen Entwurf des Schönen, als Erscheinung ›a priori‹, als Zutat des Urteilenden verworfen. Die Urteilskraft vermittelt für ihn zwischen dem von Notwendigkeit geprägten Naturbegriff und dem Freiheitsbegriff der Sittlichkeit. Das Ästhetische leistet die Vermittlung des Übersinnlichen, des sinnlicher Erfahrung nicht zugänglichen Unendlichen und gründet in einer Subjektivität, in welcher der Mensch kraft der Gesetzlichkeit des Verstandes und durch Verknüpfung mit dem Sinnlichen zur Natureinheit sich selbst zum Subjekt und die Natur zum Objekt setzt. Geschmacksurteile sind für Kant stets ästhetisch, d. h. sie haben weder bloß subjektives Gefallen noch auch nur Mißfallen zum Gegenstand. Sie beziehen sich ebenso wenig aufs nur Angenehme wie aufs Gute und werden ohne Interesse an ihrem Gegenstand gefällt.

Auch Hegel schließt sowohl die objektive wie die subjektive Eigenart des Schönen aus, wenn er es als »Ideal« und als »sinnliches Scheinen der Idee« bestimmt (HEGEL I, S. 112, S. 117). In diesem Scheinen erfüllt sich für ihn weder das subjektive Sein des aktiven endlichen Wollens noch das objektive Sein des passiven intellektuellen und somit gleichfalls beschränkten Erkennens. Vielmehr gelange im schönen Gegenstand sein eigener Begriff verwirklicht zur Erscheinung und führe die unfreie Endlichkeit über in freie Unendlichkeit. Der Wert des Schönen tritt für Hegel dann in sein Recht, wenn der Betrachter auf das Ausüben von Zwang wie auf das Nutzen-Wollen verzichtet und die schöne Erscheinung in sich gewähren läßt.

Obgleich Theodor W. Adorno den Begriff des Scheinens mit Blick auf den Wert des Schönen als »statisch« kritisierte, hat auch er an der Inkommensurabilität des Schönen mit dem Gegenstand wie mit dem Subjekt festgehalten (ADORNO 1970, S. 82). Dem »formal Schönen« sei kein »materiales Wesen« entgegenzusetzen, das Prinzip des Schönen sei vielmehr in der Dynamik seines Geworden-Seins zu fassen, in dem das »Bild des Schönen« als zugleich Eines und Ungeteiltes in der Befreiung von der Übermacht des Ganzen und Ungeschiedenen der Natur entstehe.

Auch für Martin Heidegger ist das Schöne weder abzuleiten aus dem Ding als Träger von Eigenschaften noch aus höheren Begriffen oder aus Anschauungen des Betrachters, da anders das Kunstwerk als vorhandener Gegenstand (als »Ding« oder »Zeug«) genommen werde; das den Wert des Kunstwerks ausmachende Schöne sei vielmehr das »Sich-ins-Werk-Setzen der Wahrheit des Seienden«, dessen Sein aus dem Verborgenen in die Stetigkeit seines Scheinens trete, in dem sich das Werk zugleich als Geschaffenes offenbare (HEIDEGGER 1950b, S. 25; → HERMENEUTISCHE MODELLE). Hier wird der ästhetische Wert zu einem Moment der Ontologie.

Die Moderne, vor allem das Werk von Baudelaire, Verlaine, Blok, Rilke, Valéry, meidet die mimetische Illusion, Literatur vermittle sinnliche Anschauung, und gründet den Wert auf die Sprachlichkeit der Dichtung. Für Theodor Meyer gilt es analog, im Sprachkunstwerk »die Lebensfülle und den Kräftereichtum der Welt« in der »Gefühlssphäre« statt zur Anschauung zur Vorstellung zu bringen (Th. MEYER 1990 [1901]). Sind für Rickert Werte irreal und nicht einmal ideal existent, verhalten sie sich zu den realen Wertungsakten wie die abstrakte identische Bedeutung zu verschiedenen konkreten Verstehensakten, so entwirft SCHELER sie in seiner Formalen Wertethik (1916) als zeitlose »ideale Bedeutungseinheiten«, die den historischen Werterlebnissen gegenüberstehen. Dem pflichtet Nicolai HARTMANN (1936) bei, wenn er die Werte in ihrer Seinsweise den sinnlicher Wahrnehmung nicht zugänglichen Platonischen Ideen gleichsetzt. Roman Jakobsons These von der Äquivalenz als der entscheidenden Grundlage des sprachlichen Verhältnisses benachbarter Größen in der Sprachkunst (z. B. Versfüße, Verse, Strophen, Gedichte in Zyklen, Kapitel, Akte) führt die Entsinnlichung des Ästhetischen aus zeichentheoretischer Sicht fort (→ FIKTIONALITÄT UND POETIZITÄT).

In der Postmoderne tritt – wie schon in der Romantik (→ POETIK) – erneut das Erhabene als ästhetischer Wert neben, wenn nicht an die Stelle des Schönen. Jean-François Lyotard deutet Kants Begriff des Erhabenen, der noch in jenem Verhältnis bestand, in dem das sinnlich Wahrnehmbare »in der Vorstellung der Natur für einen möglichen übersinnlichen Gebrauch desselben als tauglich beurtheilt wird«, aus einem metaphysischen Begriff um in einen ontologischen, nämlich in einen allgemeinen Ausdruck der Ästhetik des Nichtsinnlichen. Das Kunstwerk gerät in dieser negativen, apophatischen Ästhetik in die Aporie, Undarstellbares darzustellen, und sein Wert bemißt sich allenfalls am Grad der Darstellung der Undarstellbarkeit. Für Jacques Derrida ist auch die Unübersetzbarkeit eines Textes Kriterium seines Wertes, wie auch die gelungene Übersetzung gerade die Unübersetzbarkeit des übersetzten Textes am besten verkörpert. Der in der Postmoderne verbreitete Wertrelativismus, dessen Anhänger meinen, es lasse sich einer jeden Erscheinung jeder beliebige Wert zuerkennen, mündet in eine Indifferenz der Werte, die jede Valeur und jede Bewertung zur Zielscheibe des Enthüllens ihrer Unhaltbarkeit, ihrer → DEKONSTRUKTION nehmen. DERRIDA (1983 [1967]) stellt, eher dem Vergleichswert zuneigend, den »symbolischen Nullwert« heraus. Unter dieser Voraussetzung ist nur eine negative Axiologie möglich, die mit den Werten und Werturteilen auch jedes Wertsystem außer Geltung zu setzen sucht oder bereits gesetzt sieht (BAUDRILLARD 1982, S. 21). Die in Hochmoderne und → STRUKTURALISMUS (Jakobson) vorherrschende Neigung zur Äquivalenz wird abgelöst vom Hang zur Invalenz. Im Gegenzug wird die Axiologie der negativen Ästhetik als neue Ethik vorgetragen.

Positive Werttheorien dagegen wählen zunächst zwischen äußersten Möglichkeiten: Sie können den Wert entweder als dem beurteilten Gegenstand, z. B. einem literarischen Kunstwerk, objektiv eigen, ihm »inhärent«, »intrinsik« entwerfen, oder ihn als dem zu beurteilenden Gegenstand von außen – z. B. aufgrund des individuellen oder kollektiven Geschmacks – zugewiesene Größe, als »extrinsik« auffassen. Der Extremfall ist auf der einen Seite der Wertobjektivismus, der in der Kunstperiode überwog und Hogarths

»Analysis of Beauty« prägt. G. D. Birkhofs (1931) Entwurf des berechenbaren »ästhetischen Maßes«, das proportional zur Zahl der Ordnungsbeziehungen (also der Mannigfaltigkeit der Gliederung des Materials im ästhetischen Gegenstand) steige und der Komplexität des aufgewendeten Materials gemäß sinke, ist ihre positivistische Ausprägung. Max Bense (1954-1960) und Rul Gunzenhäuser (1962) haben ihn kybernetisch umgesetzt zum Maß der »ästhetischen Information«, das den Quotienten aus subjektiver Redundanz und statistischer Information bildet.

Am anderen Ende der Skala steht jener Wertsubjektivismus, der die Valeur in das Belieben des Urteilenden stellt – seit altersher unter der Losung »Über Geschmack läßt sich nicht streiten« (vgl. Strube 1985). Gracian hat im 17. Jahrhundert den »richtigen Geschmack« (»gusto«) beim »Mann von Welt« wie von der Erfahrung so auch vom Blick nach Innen abhängig gemacht. Daraus entwickelte sich im Übergang nach Frankreich die sozialethische Bindung des »guten Geschmacks« (»goût«) an den »Ehrenmann« (»honête homme«). Seit Gottsched wird unterschieden zwischen überindividuellem Unterscheidungsgeschmack (›süß‹ – ›sauer‹) und individuellem Wohlgeschmack (›angenehm‹ – ›unangenehm‹). Jüngere Ästhetiken gründen Geschmacksurteile auf ›Kennerschaft‹.

An der Skepsis der Ästhetik gegenüber dem Subjektivismus und Objektivismus der Werte hat sich die literaturwissenschaftliche Wertungsdiskussion wenig gestört. So sucht die sprachanalytische Axiologie einen Ausweg aus der Aporie zwischen den beiden Extremen, indem sie der Wertzuerkennung einen Wertmaßstab zugrunde legt. Najder (1975) sieht durch das Wertkriterium (den »axiologischen Wert«) zwei weitere Werte begründet: 1. den qualitativen Wert, den »Güterwert« oder »attributiven Wert« – man denke an Wohlklang, innovative Beschaffenheit (→ Formalismus und Strukturalismus), Dichte, Einstimmigkeit (Staiger; → Formen ›textimmanenter‹ Analyse), Vielstimmigkeit (Bachtin; → Dialogizität), Komplexität, Welthaltigkeit, gesellschaftliche Relevanz eines literarischen Textes – und 2. den durch Vergleich herbeigeführten »quantitativen« Wert, z. B. »bester Roman des Jahres«, »schwächster Abschnitt der Erzählung«, »gelungenste Aufführung des Stücks«. Allerdings kann das Vorordnen des Wertmaßstabes die Frage nicht beantworten, ob er wiederum den Erscheinungen selber oder aber dem individuellen Welterleben des Subjekts oder der sozialen Übereinkunft entstammt. Vorsicht ist geboten, wenn die Begründungskategorie mit demselben Ausdruck »Wert« belegt wird wie die durch sie begründeten Kategorien. Heuristisch hilfreich scheint es, zwischen drei Wertebenen zu unterscheiden, von denen Literaturwissenschaftler und Literaturkritiker handeln können.

3. Der Charakter ästhetischer Werturteile

Wie alles Werten realisiert auch das ästhetische sprachlogisch oder semiotisch eine dreistellige Beziehung. Ein Wertender (1), für den die Wertung symptomatisch ist, beurteilt einen Gegenstand (2), der in der Wertung werthaft dargestellt wird und richtet sich appellativ – ausdrücklich oder unausdrücklich – an Wertungsadressaten (3), deren Zustimmung erheischt wird (GRÜBEL 1983, 1995, FRICKE 1991). Auch ein Werturteil wie: »Der Roman ›Ein weites Feld‹ ist mißlungen«, das auf den ersten Blick nur die Qualität von Grass' Roman zu bestimmen scheint, teilt implizit die Einschätzung dieses Werks durch den Urteilenden mit und appelliert zugleich ebenso unausdrücklich an die Zustimmung der Angesprochenen. Kant formulierte in der »Kritik der Urteilskraft« (§ 8), »daß man durch das Geschmacksurteil [über das Schöne] das Wohlgefallen an einem Gegenstande jederman ansinne, ohne sich doch auf einem Begriffe zu gründen«. Mehr als die je unterschiedliche soziale Einbettung des Urteilenden gälte es, den grundsätzlich gesellschaftlichen Charakter dieses bislang kaum erforschten ›Anmutens‹ sowie das Publikum des ästhetischen Urteils durch eine Soziologie des ästhetischen Wertens zu erforschen.

Ästhetische Urteile lassen sich, da sie nicht auf einer Begriffslogik fußen, zwar nicht wissenschaftlich *begründen*, doch sie lassen sich wissenschaftlich *beschreiben*. Allerdings gehen die vorliegenden Entwürfe für solche Beschreibungen ebenso weit auseinander wie die ihnen zugrundeliegenden Literaturbegriffe und -theorien.

Auf sprachanalytischer Grundlage schlägt Harald FRICKE (1981, S. 207) vor, »verbreitet wirksame Prinzipien des literarischen Wertens« an Hand sprachlicher Betrachtung der Wertungsäußerung zu erforschen. Ausgehend von einem Modell der auf Normabweichung gegenüber dem Gebrauch der natürlichen Sprache begründeten Poetizität, bemißt er anhand der Anzahl der Funktionen einer Sprachabweichung zunächst ein internes komparatives poetisches Beurteilungskriterium (→ FIKTIONALITÄT UND POETIZITÄT). Hinzu tritt ein Maßstab, der neben der internen Funktion der Sprachabweichung auch die externe Funktion der referentiellen Bezugnahme auf die dargestellte Wirklichkeit und ihren Modus berücksichtigt. Als drittes Kriterium führt Fricke (ebd., S. 209) die zusätzlich zu internen und externen Funktionen tretende »funktionstragende Abweichung von einer literarhistorischen bzw. textimmanenten Quasinorm« ein, mit der etwa das Ausbleiben des Reims gegenüber einer durch Tradition und/oder vorausgehenden Text etablierten Reimerwartung erfaßt wird. Die Triftigkeit dieses Beschreibungsversuchs von literarischen Wertungen ist jedoch auf die Gültigkeit der ›Innovationsästhetik‹ beschränkt und – wie schon die Theorie des ästhetischen Wertes im tschechischen → STRUKTURALISMUS – in hohem Maße abhängig von der Definition sprachlicher bzw. ästhetischer Normen, die ihrerseits strittiger Gegenstand von Linguistik und Ästhetik sind. Zur Beschreibung der Wertung von Texten in der Volkskultur (Märchen, Pop-Song oder Graffiti) eignet sie sich gewiß nicht.

Wenn HEYDEBRAND ([2]1984) mit NAJDER (1975) feststellt, der Wertmaßstab wirke beim Verfertigen werthaltiger Gegenstände (also auch literarischer Texte) als »motivationaler Wert«, insofern er den Anstoß zur Auswahl bestimmter Elemente und zum Ausschluß anderer Möglichkeiten gebe, dann schließen beide solche Fälle aus, in denen alle bestehenden Varianten abgewiesen werden und die Lösung sich allein negativ auf Bestehendes bezieht. Indem bei der Beurteilung bestehender Gegenstände, also auch literarischer Texte, auf ihre Güte oder ihren Vergleichswert hin der axiologische Wert als »theoretischer Wert« wirksam gesehen wird, als eine Werterwartung, die in der Werkrezeption enttäuscht oder bestätigt werden kann, ist wiederum der spätestens seit der Genieästhetik des Sturm und Drang (→ POETIK) auch in der deutschen Kultur bekannte Fall ausgeschlossen, bei dem der Autor mit dem Werk auch den Wertmaßstab setzt.

Heydebrand hat weiterhin vorgeschlagen, »Letztwerte« (z. B. Überleben, Lust, Spiritualität) zu unterscheiden von »habituellen Werten« (z. B. Reflektiertheit, Originalität) und »situativen Werten« (z. B. Ablenkung, Spannung), aber keine Kriterien an die Hand gegeben, sie gegeneinander abzustufen. Auch das Situieren der literarischen Wertung im »Sozialsystem Literatur« gibt Anlaß zu Fragen: Zum einen sind aufwendige Versuche mißlungen, Bestseller zu lancieren, und der Zusammenbruch der Kulturen des »realexistierenden Sozialismus« zeigt, daß jede Instrumentalisierung ästhetischer und literarischer Werte im Sinne der Nutzung und

Erhaltung bestehender ökonomischer oder sozialer Systeme in modernen Kulturen letztlich nichts fruchtet. Zum anderen ist die überwiegende Rezeptionsform gedruckter Literatur noch immer individuell; und anders als genuiner Mythos und Folklore wenden sich die Lyrik und das Erzählen der Gegenwart an den einzelnen Leser. Auch in der ›verwalteten Welt‹ läßt sich der ästhetische Wert letztlich nicht administrieren.

Angesichts beschleunigter literarischer Moden ruft die These von der ›Überzeitlichkeit‹ ästhetischer Werte zunehmend Zweifel hervor. Andererseits ist der westlichen, auf das Übergewicht der Diskontinuität gegründeten Innovationskultur die Alternative einer durch die Vorherrschaft von Kontinuität fundierten Traditionskultur entgegenzuhalten, in der etwa die Kleiderordnung weniger durch wechselnde Moden als durch stetige geschlechts-, alters-, standes- oder berufsspezifische Normen bestimmt ist (wie sie in unserer Kultur noch in manchen Berufen und im Militär gilt). Für die literarischen Gattungen der Folklore, etwa für Märchen und Volkslied, spielt – ganz im Gegensatz auch zur vom Innovationswert geprägten Popularkultur des ›Pop‹ – die Neuheit kaum eine Rolle. Mündlich tradierte Kulturen, deren Texte vom Vergessen bedroht sind, neigen zur Stetigkeit, während Kulturen mit fixierten Texten (die Popkultur zählt durch Schallplatte, Compact-Disc und Video dazu) eher das Kriterium der Neuerung in den Vordergrund rücken (ASSMANN 1992).

Die für westliche Kulturen der Neuzeit ebenfalls charakteristische Auffassung von der *Autonomie* des Kunstwerks ist (im Gefolge von Friedrich Schlegels romantischer Forderung nach einer am Maßstab der organischen Ganzheit orientierten immanenten Kritik) mit Blick auf den ästhetischen Wert von Benedetto CROCE (1923) und T. S. ELIOT (1932) weitergeführt und bei René Wellek ausformuliert worden (WELLEK/WARREN 1963 [1949], S. 42). Danach hat jedes Einzelwerk sein eigenes Wertsystem: »As a system of values it [the work of art] leads an independant life.« (→ POETIK) In phänomenologischem Horizont hat Roman INGARDEN (1969) die autonome Wertsetzung des Kunstwerks auf die ästhetischen Werteigenschaften seiner Schichten gegründet. Die ästhetischen Wertqualitäten lassen sich so weder ontisch noch phänomenal von den Schichtenelementen als ihrer Basis lösen; sie sind seinsheteronome Erscheinungen ihrer Träger. Für Ingarden ist der ästhetische Wert doppelt fundiert, nämlich in den Bestimmtheiten des Kunstwerks und im Akt der »Unbestimmtheitsstellen« ausfüllenden Konkretisation; es kommt dann darauf an, den durch das jeweilige Kunstwerk bereits gegebenen ästhetischen Wert zu treffen und im Werterlebnis angemessen mitzuvollziehen (→ WIRKUNGSÄSTHETIK).

Schon Oskar WALZEL (1923, S. 142) macht anhand der Wirkungsgeschichte von Shakespeare und Goethe die Zeitbedingtheit von Wertgebungen geltend, setzt aber einen objektiven Wert im Grad voraus, mit dem die »Kultur des Zeitalters« zum Ausdruck gebracht wird. Historisch orientiert sind auch die Wertentwürfe in den Arbeiten von E. D. HIRSCH (1969) und SCHÜCKING (1961); die hier konzipierte Soziologie des Geschmacks hat eine Soziologie des ästhetischen Wertes begründet. Eine Psychologie des literarischen Werturteils steht dagegen noch aus.

Während der Russische → FORMALISMUS die Rolle des Kunstwerks in der »literarischen Evolution« dem jeweiligen Grad von Verfremdung und Innovation ablas, hat der tschechische Strukturalist Jan Mukařovský den ästhetischen Wert funktional an der Negation des praktischen Wertes sowie an der Brechung der jeweils herrschenden ästhetischen Norm bemessen. Allerdings setzt auch Mukařovský neben der aktuellen zeitbezogenen Wertung einen »unabhängigen ästhetischen Wert« an, der dem materiell fixierten Kunstwerk, dem Artefakt eignet und »objektiver ästhetischer Wert« genannt wird. Ähnlich liegt in der Rezeptionsästhetik (vgl. JAUSS 1969) der Wert eines Werks im Vermögen, durch das Übersteigen des jeweilig historisch gegebenen »Erwartungshorizontes« einen »Horizontwandel« auszulösen (→ THEORIEN DER LIT. REZEPTION). Relativiert er »Vollkommenheit« zunächst noch geschichtlich als die bei Hegel »im Spiegel der deutschen Klassik und ihres Begriffs der Individualdität gesehene Kunst der Antike« (JAUSS 1969, S. 117f.), so hat er in jüngeren Veröffentlichungen (JAUSS 1983) dieselbe »Vollkommenheit« als überhistorisches anthropologisches Bedürfnis entdeckt, das im »Faszinosum des Imaginären« zutage- und dem Realen wie dem Fiktiven entgegentrete. Jauß bleibt damit wertästhetisch dem – wenn auch zurückgenommenen – Projekt der Moderne verpflichtet.

Im Horizont marxistisch-materialistischer Ästhetik hat Georg Lukács die wesentlich auf die »Totalität des Weltzustandes« bezogene Kategorie der »Widerspiegelung« zum Kriterium des ästhetischen Wertes eines Kunstwerks erhoben. In der »Theorie des Romans« vertrat er noch die an der Schwelle zur Moderne lokalisierbare Ansicht, die Formen müßten die nicht mehr von außen vorgegebene Totalität entweder so verengen oder ausdünnen, daß sie das Darzustellende noch tragen könnten, oder sie stünden vor dem Erfordernis, »die Unrealisierbarkeit ihres notwendigen Gegenstandes und die innere Notwendigkeit des einzig möglichen polemisch darzutun und so die Brüchigkeit des Weltaufbaus dennoch in die Formenwelt hineinzutragen« (LUKÁCS 1965 [1916], S. 33). In späteren Arbeiten hat er dann jedoch – gegen Expressionismus und andere Strömungen der »imperialistischen« avantgardistischen Literatur gewandt – den typisierenden Realismus als Ästhetik verbindlich gemacht, weil er die Totalität der Welt noch in ihrer gesamtgesellschaftlichen Wirklichkeit darstelle (LUKÁCS 1969, S. 67). Aus dieser Sicht rechtfertigt Lukács sogar die normative Doktrin des Sozialistischen Realismus mit ihren Wertkriterien Volkstümlichkeit, positiver Held, Parteilichkeit und »happy end«: »Das optimistische Ende sozialistischer Werke stammt aus der richtigen Widerspiegelung eines großen welthistorischen Prozesses.« (LUKÁCS ^{3}1952, S. 460)

Aus gleichfalls historischer Perspektive konstatiert Jochen Schulte-Sasse, nachdem er die verschiedensten literarischen Wertkonzepte Revue hat passieren lassen, im Horizont eines »ideologiekritischen« Wertentwurfs zwar die historische Bestimmtheit (»Progressivität«) der Inhaltswerte, sieht sie aber gegen Adornos Votum weitgehend unabhängig von der künstlerischen Gestalt: »Im gelungenen Kunstwerk verbinden sich künstlerische Gestaltungskraft und historische Fortschrittlichkeit zu einem Beziehungsgefüge, das im ästhetischen Reflexionskontinuum zwar als Einheit erlebt werden mag, dessen *Zusammenhang* aber durch keine besondere Affinität der künstlerischen und inhaltlichen Wertaspekte garantiert ist.« (SCHULTE-SASSE 1976, S. 209) Hier kapituliert die Wertästhetik erneut vor dem Form-Inhalt-Problem. Ähnlich inhaltsorientiert am sozial-emanzipatorischen Vermögen ist die Werturteilsfindung in feministischen Literaturentwürfen (→ FEMINISTISCHE ZUGÄNGE – ›GENDER STUDIES‹).

3. Heuristische Wertungsbezüge und Ebenen des literarischen Wertes

Die an kulturellen Wertungen beteiligten Komponenten lassen sich gliedern in drei Gruppen mit insgesamt neun Arten von Wertbezügen. Bei der ersten, oben bereits eingeführten Gruppe ist der

Bezug so dem Dreieck der Personalpronomina nachgebildet, daß die in jeder Wertung unverzichtbare ›dritte Person‹ die erste Stelle einnimmt. Bei der zweiten Gruppe steht der Bezug zur Wertung selbst im Vordergrund, während die letzte Gruppe die Wertung in ihrem Verhältnis zu außerhalb des je einzelnen Wertes und der jeweiligen Wertung liegenden Eigenschaften und Erscheinungen bestimmt (GRÜBEL 1995):

(1-3) Die ersten drei Beziehungen betreffen neben dem obligatorischen *Gegenstand* die *Subjekte* und *Adressaten* der Wertung. Wertungsobjekt kann eine natürliche oder kulturelle Erscheinung sein; Wertender und Wertungsadressat können persönlich oder unpersönlich, individuell oder kollektiv bestimmt sein.

(4) Die Wertung kann auf eine Wertungsgrundlage, d. h. ein Wertungs-*Kriterium* bezogen sein, das entweder mit einer Eigenschaft des Bewerteten übereinstimmt oder durch die Wertung erst an den Wertungsgegenstand herangetragen wird.

(5) Die Wertung kann ihrer *Art* nach absolut oder relativ (vergleichend), sie kann positiv, neutral oder aber negativ und schließlich auch subjektiv oder aber objektiv gesetzt sein.

(6) Die Wertungs-*Gattung* bestimmt die Wertung ihrem Charakter nach. Hier wird eine Gruppierung aller Werte in fünf Gattungen vorgeschlagen, die den *ästhetischen* Wert neben den *epistemischen*, den *praktischen*, den *ludischen* (Spielwert) und den *religiösen* Wert setzt.

(7) Die Wertungs-*Ordnung* gibt die Art des Verhältnisses zwischen bewerteten Gegenständen und Werten an. Sie legt fest, wie sich ein bestimmter Wert im Bewerteten zu anderen, womöglich gegensätzlichen Werten verhält, wie sich das Bewertete auf andere bewertete Gegenstände und wie es grundsätzlich auf Werte bezogen ist. ›Polyvalenz‹ heißt die Vereinigung von inkompatiblen Werten in einem Gegenstand, ›Heterovalenz‹ die Verteilung inkompatibler Werte auf verschiedene bewertete Erscheinungen. ›Ambivalenz‹ setzt Mehrwertigkeit voraus, Heterovalenz bildet die Voraussetzung für Einwertigkeit. ›Äquivalenz‹ ist die Gleichbewertung verschiedener Erscheinungen. ›Invalenz‹ erklärt mögliche Werte mit Blick auf das potentiell Bewertete für nicht gültig; sie ist strikt zu scheiden von der negativen Wertung, welche dem Bewerteten einen negativen Wert zuweist. ›Monovalenz‹ setzt das Vorhandensein von nur einem einzigen Wert in einer Erscheinung voraus, Polyvalenz dagegen negiert das Vorhandensein von nur einem einzigen Wert in einer Erscheinung.

(8) Durch die Wertungs-*Situation* ist eine Wertung entweder in einen nur eine einzige Wertung zulassenden, monologischen Wertungszusammenhang eingebettet, oder aber in einen dialogischen axiomatischen Kontext (→ DIALOGIZITÄT), der alternativen, womöglich sogar gegensätzlichen Wertungen Raum gibt.

(9) Wertungen treten schließlich oft in einem Beziehungsgeflecht auf, das hier Wertungs-*Feld* genannt wird. Das *innere* Wertungsfeld bilden Wertungen, die sich auf Werte einer einzigen Wertgattung beschränken; bezieht sich die Wertung dagegen auf Werte, die mehr als einer Wertgattung angehören, so liegt der Wertbezug im *äußeren* Wertungsfeld. Dies ist etwa immer dann der Fall, wenn der ästhetische Wert mit dem Erkenntniswert oder dem ethischen Wert korreliert.

Wie sich sprachlicher Text, literarisches Kunstwerk und ästhetischer Akt unterscheiden lassen, so können wir zu heuristischen Zwecken auch drei verschiedene Wert-*Ebenen* abgrenzen, deren Verankerung in der Gegebenheit des Werks unterschiedlich zu beurteilen ist. Der *Materialwert* bestimmt die Eignung des künstlerischen Materials, d. h. von Sprache, Ideologemen und Referenzpartikeln zur Bildung des Kunstwerks. Er erstreckt sich sowohl auf das Inventar der sprachlichen Elemente und ihre Syntagmatik als auch auf das Feld der durch sprachliche Mittel bezeichneten Gegenstände und die Regeln ihrer raumzeitlichen, logischen (auch psychologischen und soziologischen) Verknüpfung. Schließlich umfaßt der Materialwert auch die bedeutungsverleihenden Zuordnungsverfahren von Einheiten des sprachlichen Materials zu bezeichneten Gegenständen.

So griff Heinrich Heine im »Buch der Lieder« (1827) ganz anders als sein Zeitgenosse August von Platen nicht zum gehobenen Idiom der deutschen Klassik, sondern zur schlichten Sprache und Formenwelt der Volkslieder sowie den von ihnen inspirierten Gestaltungsformen romantischer Lyrik und konfrontierte die poetischen Materialien von Sprache und Gattung mit Weltpartikeln einer ›prosaisierten‹ – nach dem Zeitgeschmack eher geringwertigen – Wirklichkeit. In genau diesem Sinne hat Heiner Müller wiederholt »die DDR« als Material seiner Stücke bezeichnet; es tritt gleichwertig zum Material seiner am deutschen Klassizismus geschulten Sprache und der intertextuell vor allem auf Antike und Shakespeare bezogenen Stoffe und Motive.

Nicht der geschriebenen Sprache haben Rousseau und HERDER ([5]1978 [1773], S.234: »tote Letternverse«) den höheren (Material-)

Wert zuerkannt, sondern der mündlichen Rede – wegen ihrer Ursprünglichkeit. DERRIDA (1974 [1967], S. 44) dagegen gibt gegenüber dem Redelaut der Schrift den Vorzug, weil sie die ontischonthologische »différance« zu erkennen gibt, die zwar »ursprünglicher« ist als der Sprachlaut, anders als er aber nicht mehr Ursprung zu sein vorgibt (→ DEKONSTRUKTION).

Der *künstlerische* Wert (vgl. INGARDEN, auch BACHTIN 1979) bestimmt die Eignung des Kunstwerks, den Autor sowie den als Mitschöpfer aufgefaßten Leser oder Hörer zum Herstellen des dynamischen ästhetischen Gegenstandes zu bewegen (→ WIRKUNGSÄSTHETIK). Der künstlerische Wert nutzt den Materialwert des in das Kunstwerk eingeführten Materials und vermittelt ihn mit dem Wert seiner künstlerischen Konstruktion. Die Konstruktion ist darauf gerichtet, durch je spezifische prägnante Vielfalt und Anordnung der Bestandteile die Komplexität des künstlerischen Textes auf ein möglichst hohes Niveau an positiver oder negativer Welthaltigkeit zu heben. Während der Materialwert im Verhältnis zum künstlerischen Wert instrumentell ist, ist der künstlerische Wert, bezogen auf den ästhetischen Wert, funktional latent.

Die Heineschen Kontrafakturen romantischer Dichtung motivieren die Leser als raffiniert konstruierte zyklische Kunstgebilde dazu, einen ästhetischen Gegenstand zu erzeugen, der jene »romantique défroqué« verkörpert, die den hohen Selbstanspruch säkularer Heiligkeit und den romantischen Gestus ästhetischen Heilens opfert zugunsten des sprachlichen Vorzeigens alltäglicher Verwundungen.

Der *ästhetische* Wert nutzt die Spanne zwischen der Einheit und heterogenen Fülle des ästhetischen Objektes und tritt in ästhetischen Bildungen zutage wie dem ›Tragischen‹, dem ›Elegischen‹ oder dem ›Erhabenen‹. Künstler und Rezipienten machen ihn geltend, wenn sie den ihm gegenüber latenten künstlerischen Wert kraft der ästhetischen Funktion zweckfrei und schöpferisch nutzen zu ihrem ästhetischen Handeln. Dem Artefakt nicht immanent, setzt der so zur Geltung gebrachte ästhetische Wert im kulturellen Kontinuum der Rezeption die Zeitgebundenheit des Artefakts stets aufs Neue außer Kraft.

So hat beispielsweise das deutsche Publikum Heines fragile Kunstwerke, etwa die »Loreley« – ihre Ironie naiv übersehend – auch als ›deutsche Volkslieder‹ gelesen und gehört oder – ihren künstlerischen Wert gänzlich verkennend – als mißlungene romantische Gebilde. Im Ausland hingegen war die romantische Folie weniger übermächtig, und so begegnen solche Mißverständnisse dort bezeichnenderweise seltener. (Die nationalsozialistische Kulturpropaganda hat diese Fehleinschätzung zur ›Abwehr‹ eines jüdischen deutschen Dichters befördert und mißbraucht.)

Wenn die Wertästhetik nicht postmodernem Relativismus erliegen will, sollte sie sich der Erhebung von Wertkriterien sowie der drei Instanzen des Wertens und der zugehörigen Funktionen widmen: dem Wertenden und seiner vor allem literaturpsychologischen Symptomatik, dem Werturteilsadressaten und seiner gesellschaftlichen Apellativität sowie dem bewerteten Gegenstand mit materiellem, künstlerischem und ästhetischem Wertcharakter.

5. Literarischer Kanon

Obwohl es von der Sache her nahe läge, ist der Wertbegriff bislang zur Grundlegung einer Theorie des literarischen Kanons kaum herangezogen worden. Dabei geht die Begründung von Kanones stets mit ausdrücklichen oder unausdrücklichen Werturteilen einher und gehört so zum Gegenstandsbereich der literaturwissenschaftlichen Axiologie. Der griechische Ausdruck »kanōnē« (zunächst »Meß-Rohr«, dann auch übertragen »Maßstab«) kommt aus dem Semitischen (vgl. hebr. »qha-neh«: »Meßrute«, »Waagebalken«). Er bezeichnete seit dem 5. Jahrhundert auch das Beispielhafte, wurde nun in der Kunstlehre als Werktitel gebraucht und verwies in der attizistischen Literaturkritik bereits auf das »Klassische«. Im 5. Jahrhundert kam ein Kanon der drei Tragiker Aischylos, Sophokles, Euripides in Gebrauch, dem die alexandrinische Ordnungskultur dann zehn antike Lyriker hinzufügte; die Herkunft des Katalogs der zehn Rhetoren ist ungeklärt (Gärtner 1979). Attizistische Rhetorik und Hellenismus legten wie in ihrem Gefolge die byzantische Kultur die Gültigkeit ihres Autoren- und Werkkatalogs auf Dauer an. Unbegrenzte Gültigkeit beansprucht der seit 350 zum »Kanon« der Bibel zusammengefaßte, nicht unbestritten gebliebene religiöse Katalog alt- und neutestamentlicher Texte, der sowohl Schriften mit weniger Autorität als »Apokryphen« als auch Werke der Ketzer abwehrt (vgl. Detering 1995).

Der Begriff »Kanon« bezeichnet seit dem 18. Jahrhundert einen zumeist geschlossenen Kreis von Werken, die aufgrund ihres herausgehobenen Wertes in gewisser Hinsicht für verbindlich angesehenen werden. Für orale Kulturen, die gleichfalls feste Textüberlieferungen kennen, ist der Begriff weniger gebräuchlich. Literarische Kanones sind Bestandteil des kollektiven kulturellen Gedächtnisses (→ DIALOGIZITÄT), sie verengen Traditionen, thematisieren und kondensieren Kulturen und entziehen die kanonischen, nicht selten im wertenden Sinne »klassisch« genannten Werke als Kulturdenkmäler zum Teil der weiteren kulturellen Bearbeitung. Mikrotextuell entsprechen ihnen die ›Stereotypen‹.

Der literarische Kanon ist in der Regel überindividuell und hat zugleich ideologischen und sozialen Charakter. Mit Hilfe kanonischer Werke wird an das Publikum appelliert, um es durch Wertzustimmung zum Kanonträger zu machen. Die Übereinstimmung über Kanones stiftet kulturelle Identität, schließt die Teilnehmer an Kulturen oder Subkulturen zu Gemeinschaften zusammen und taugt zum kulturellen Machtmittel von Eliten, im Gegenkanon jedoch auch zur Bestreitung von Macht und zur Errichtung kultureller Gegenmacht.

Historisch tragen Kanones durch ihren normativen Charakter der jeweiligen Kultur Stetigkeit ein, bieten im Kanonwechsel aber auch Gelegenheit zu ihrer Reform. Langzeitkanones bilden Kulturen aus, die – wie das alte Ägypten, konfuzianisches China, Hinduismus und Buddhismus, Judentum, Christentum, Islam und Abendland – dem vermeintlich allgemeingültigen Gesetz kultureller »Evolution« widerstehen; nicht immer gelingt es jedoch, mit Hilfe des Kanons eine »Große Tradition« (ASSMANN/ASSMANN 1987, S. 7f.) zu begründen oder einzutreten in die »Große Zeit« (BACHTIN 1979, S. 350). Das Streben, einen Bildungs- oder Lektürekanon durch Erziehung an jüngere Generationen weiterzuvermitteln, zeitigt wechselnde Erfolge; oft konterkariert ein alternativer Katalog generationsspezifischer Kulttexte die Kanongültigkeit. Der ganz überwiegend allmähliche Kanonwandel kann durch Kanonsprünge unterbrochen werden – wie den Klassikersturz im bundesrepublikanischen Lektürekanon der siebziger Jahre oder die zur Vereinigung führende »Wende« 1989 in den neuen Bundesländern.

Die Kanonbildung ist ein hochkomplexer und wenig erforschter Vorgang. In modernen Kulturen tragen zu ihr Autoren, Kritiker und Literaturwissenschaftler bei sowie die Medien, Preisverleihungen, Lehrbuchkommissionen und die Kultusbürokratie, doch manifestiert sich in der Kanongültigkeit wohl überwiegend die Wirkung der ›unsichtbaren Hand‹. Hier verfügen Kanones über

1. einen festen Kern, zu dem im abendländischen Horizont des 20. Jahrhunderts etwa die Bibel, Homer, Dante, Shakespeare, Racine, Rousseau, Goethe, Schiller, Puškin, Poe, Heine, Andersen,

Balzac, Dostoevskij, Tolstoj, Zola, Proust, Joyce, Döblin, Musil, Achmatova zählen,

2. eine verhältnismäßig beständige Zwischenschicht, die in der deutschen Literatur u. a. aus Opitz, Lessing, Bürger, Keller, Raabe, Storm, Fontane, Brecht, Frisch, Dürrenmatt gebildet wird sowie

3. eine bewegliche Peripherie, an der in ihrer Bewertung stark schwankende Autoren wie etwa Kuhlmann, Gottsched, Hölderlin, Kleist, Stifter, Wedekind, Jünger, Benn, Fried oder Brinkmann angesiedelt sind.

Nur in kleinen Gruppen und in der offiziellen Kultur totalitärer Gesellschaften gelingt es, einen einzigen Kanon ›von oben‹ oder wenige homogene Kanones durchzusetzen. Differenzierte moderne Kulturen verfügen über konkurrierende Autoren- und Werkkataloge, die sich nur zum Teil überschneiden und ihren Trägern das Gefühl elitärer Gruppenzugehörigkeit oder aber kultureller Ohnmacht vermitteln. Neben regionalen gibt es einzelsprachliche, eurozentristische (»Abendland«, »Westliche Welt«, BLOOM) und weltliterarische Kanones, die nationalen, imperialen oder weltkulturellen Zwecken dienen können. Verfechter der ›Frauenliteratur‹ konterkarieren traditionelle, aus ihrer Sicht dominant männliche Kanones durch weibliche Gegenkanones (LAUTER 1985; → FEMINISTISCHE ZUGÄNGE – ›GENDER STUDIES‹). Radikale Vertreter der Postmoderne sind kanonfeindlich und unterziehen jeden Kanon der → DEKONSTRUKTION.

Der Bekanntschaft mit dem je aktuellen Titelverzeichnis trauen vor allem soziale Aufsteiger Prestige-Wirkung zu, und so helfen Bestsellerlisten in den Medien, die tatsächliche oder vorgebliche Kenntnis solcher eher fiktiven als realen Kanones zu aktualisieren. Da diese schnell alternden Bücherlisten verkaufsfördernde Wirkung haben, suchen Verlage, ihre Aufstellung durch Werbekampagnen, Büchermessen sowie durch Einflußnahme auf die → LITERATURKRITIK zu steuern.

Jeder Kanon scheidet die Menge der Werke in kanonische und nichtkanonische. Ein Teil der nichtkanonischen Literatur wird mit Hilfe der Zensur zum Negativkanon verbotener Texte umgeprägt.

6. Literarische Zensur

Solange es in Kulturen neben Handlungstabus wie dem Inzestverbot auch Schreib- und/oder Redetabus gibt, besteht in ihnen eine

Zensur. Schon die Herkunft des Zensurbegriffs aus der römischen Steuerpraxis, in der sie die Einschätzung des Vermögens durch den Zensor bezeichnet, belegt den Zusammenhang mit Werturteilen. Neben der inneren Zensur, die bewußt oder – wie Freuds »Traumzensur« – unbewußt geübt werden kann, ist also mit oder ohne Rechtsgrundlage eine präventive oder nachholende äußere literarische Zensur am Werk, die größeren oder kleineren Teilen des Publikums, z. B. den Jugendlichen, bestimmte Werke, Film- und Theateraufführungen ganz oder in Teilen vorenthält, zumindest aber den Zugang zu ihnen erschwert.

Der Zensur dienen die »Schere im Kopf«, der verschlossene häusliche Bücherschrank, die sekretierten Bücher in der Bibliothek, der Index verbotener Schriften und oft eine obrigkeitliche Stelle, die entweder als Vorzensur alle zur Veröffentlichung freizugebenden Werke oder auf Anzeige hin einzelne veröffentlichte Schriften prüft. Der Aufgabe nach gibt es: 1. Zensur gegen Subversion zum Machterhalt, 2. Zensur zur Durchsetzung und Pflege eines Kanons und 3. Zensur zum Sinnerhalt (ASSMANN/ASSMANN 1987, S. 26). Der Sache nach unterscheidet Hahn analog zu Parsons Normbegriff »kognitive«, den Wahrheitsanspruch des Zensurierten in Abrede stellende, »kathektische«, seine Attraktivität leugende und »moralische«, seine Daseinsberechtigung bestreitende Zensur (HAHN 1987, S. 30f.). Zensur wahrt Normen, indem sie gegenläufige Werte, Normen und ihre Träger beeinträchtigt.

Ist das Ausüben innerer Zensur ein vor allem individualpsychologischer herstellungstechnischer Vorgang, so liegt der kulturelle Akt äußerer literarischer Zensur im Schnittbereich von Soziologie, Jurisprudenz und Literaturwissenschaft. Zwar vollzieht der Zensor im Tilgen von Werken oder Textstellen zumeist eine negative Handlung, doch schlagen sich qualifiziert wähnende Zensoren nicht selten Änderungen vor oder führen sie selbst durch und bereiten so der Werkedition manche Probleme. Schließlich kann das Wirken der Zensur durch gegenläufiges Bestreben, sie zu umgehen, zu unterlaufen, zu konterkarieren, schöpferische kulturelle Tätigkeit auslösen. Zu ihr zählt auch die Tätigkeit von Emigranten- und Auslandsverlagen, inoffizielle Verbreitung, z. B. im Samizdat der UdSSR, oder die Kunst der literarischen »Camouflage« (vgl. DETERING 1994).

Die Urteile über die Notwendigkeit der Zensur laufen auseinander. Betrachten die betroffenen Autoren sie zumeist als ärgerliches, wenn nicht gar die Kultur oder ihre eigene Existenz gefährdendes Hindernis, sah Goethe sie für unentbehrlich an, lobte Chamisso sie als Erzieher. Auch Schriftsteller wie Jacob Grimm nahmen die Aufgabe des Zensors auf sich, und Eichendorff hat für das preußische Kultusministerium einen (liberalen) Gesetzentwurf zur Zensur verfaßt.

Die inhaltliche Zensur ist ideologischer Art und untersagt den Gebrauch einzelner Namen (z. B. »Trotzky« im Stalinismus), Reizwörter (»Freiheit«), Motive (z. B. Tyrannenmord), ganzer Stoffe und Stoffkomplexe (z. B. innere Kriminalität und Alkoholismus in der Sowjetunion, Homosexualität im wilhelminischen Deutschland). Seltener ist diejenige literarische Zensur, die sich gegen die stilistische Eigenart von Werken wendet und etwa Vulgarismen verbietet, wie den Ausdrucks »Hure« noch im 19. Jahrhundert, oder bestimmte Stilmittel oder künstlerische Ausdrucksformen unterdrückt (z. B. die Konkrete Poesie). Zensoren haben neben Einzelwerken (z. B. De Sades »Justine et Juliette«), auch das gesamte Œuvre von Autoren (z. B. Kafkas Werk im Nationalsozialismus und im realexistierenden Sozialismus) und sogar ganze künstlerische Perioden (Expressionismus, Surrealismus) verboten. Auch Verhaftung und Vertreibung von Autoren wurden in Faschismus und realexistierendem Sozialismus als vorgreifendes Zensurmittel gebraucht (in der UdSSR zusätzlich die Verbannung).

Im Horizont identitätsstiftender Religion wurde die Zensur im europäischen Mittelalter von Vertretern der Kirche geübt. In der Neuzeit ist das nach Erfindung des Buchdrucks dringlicher werdende Zensuramt 1529 politisch säkular geworden und lag in der Hand der Herrschenden, zunächst der Fürsten und dann republikanischer staatlicher Stellen (→ LITERATUR UND MEDIEN). Nicht selten hatten Universitäten lokale Zensurhoheit. In England ist die Präventivzensur nach Miltons »Aeropagitica«, der »Rede für die Freiheit unzensierten Drucks« (1644), bereits 1694, in Frankreich 1830, in Österreich auf Grillparzers Memorandum »Über die Aufhebung der Zensur« (1844) hin 1848 abgeschafft worden. In Deutschland blieb sie bis zur Reichsgründung in Teilstaaten gehandhabt; der Vatikan hob seinen Index gar erst 1966 auf.

Neigten aufgeklärte und liberale Obrigkeiten zur zurückhaltenden Handhabung, so nutzten repressive Politiker wie Metternich und diktatorische sowie totalitäre Regimes wie Nationalsozialismus oder realexistierender Sozialismus sie exzessiv. Hier waren die Verbrennung oder anderweitige Vernichtung von Büchern, die Verhaftung von Autoren, Lektoren, Kritikern und Verlegern als

Repressialien und die Selbstzensur stimulierende Disziplinierungsmittel an der Tagesordung. In der DDR wurde der »Staatssicherheitsdienst« nicht nur zur Kontrolle bereits geschriebener, sondern – wie im Fall von Monika Maron – auch zur Einflußnahme auf noch zu schreibende Werke mißbraucht.

Die brutalste Form vorbeugender Zensur ist auch im 20. Jahrhundert die Autorentötung. 1921 wurde mit Lenins Zustimmung der russische Dichter Nikolaj Gumilev von Staats wegen ermordert, hunderte Autoren fielen den Verfolgungen in der UdSSR der dreißiger Jahre zum Opfer. Viele jüdische und andere Schriftsteller fanden den Tod in deutschen Konzentrationslagern oder Ghettos. Die von den Nationalsozialisten geplante Vernichtung des Judentums zielte in einem Akt globaler Zensur auch auf die Zerstörung der jüdischen Kultur. Im Horizont des Fundamentalismus ist Zensur noch stets mit der Todesdrohung verbunden, wie in der »fatwa«, dem vom iranischen Ayatollah Khomeini nach dem Erscheinen der »Satanic Verses« im Jahr 1989 gegen Salman Rushdie verhängten Todesurteil. Die in westlichen Kulturen wirkungsvollste Zensur üben gegenwärtig die Wächter von »Political Correctness«. Damit wird die im Prozeß der Zivilisation erkennbare Verlagerung der Zensur von außen nach innen rückgängig gemacht.

5. Literaturkritik
von Gustav Seibt

1. Kritik und »criticism«: Vorbemerkungen

Was Literaturkritik sei, das haben die verschiedenen literarischen Kulturen und ihre großen Schriftsteller und Kritiker in ganz unterschiedlicher Weise definiert. In der angelsächsischen Welt versteht man unter »criticism« eine vernünftige und systematische, dem ›common sense‹ verpflichtete Erörterung der Künste, die deren Werke und Techniken erklärt und bewertet. Solcher »criticism« soll sich von subjektiver ästhetischer Erfahrung, Wahrnehmung und Wertschätzung deutlich durch seine Begründungspflichten unterscheiden. »Kritik« ist in diesem Verständnis der alten Philologie und der modernen Literaturwissenschaft nah verwandt. Umgekehrt kultivieren die gelehrten Disziplinen, die sich mit der Literatur und ihrer Geschichte befassen, in der angelsächsischen Welt starke kritische Elemente, die mit einem neutralen szientifischen Verständnis der Literaturwissenschaft nicht zu vereinbaren wären. In Deutschland wird Literaturkritik seit langem anders aufgefaßt. Dort soll die Kritik einem unmittelbaren Reagieren auf literarische Reize entspringen; im Zentrum stehen Urteil und Wertung einer Kritikerpersönlichkeit, deren Empfindlichkeit, Erfahrung und Autorität einen starken Einfluß auf das Lesepublikum anstrebt und die literarische Entwicklung gleichsam strategisch zu lenken versucht. Ort dieses Kampfes ist nicht das elysische Gefilde gelehrter Kennerschaft, sondern die staubige Arena der Presse. »Wer nicht Partei ergreifen kann, der hat zu schweigen«, lautet eines der Gesetze, die Walter Benjamin für die Kritiker aufstellte. Und: »Nur wer vernichten kann, kann kritisieren.« Deshalb hat der Kritiker »mit dem Deuter von vergangenen Kunstepochen nichts zu tun«. Dieser agonale Zug und diese strikte Trennung von Kritik und Literaturhistorie wären aber auch in der romanischen Welt kaum vorstellbar. Die humanistische Kommentartradition Italiens hat sich nie vor ästhetischen Urteilen gescheut, und ein Kritiker und Essayist wie der Argentinier Jorge Luis Borges hat die Werke aller Zeiten und Zonen in einen Raum imaginativer Gleichzeitigkeit gezogen, um sie dort zu vergleichen und zu bewerten. Dagegen hat sich umgekehrt die Literaturwissenschaft in Deutschland immer vor allem als gelehrte Disziplin verstanden, während die Kritik sich spätestens seit der

Entstehung des modernen Feuilletons von ihren gelehrten Quellen geradezu programmatisch entfernt hat (→ LITERATUR UND MEDIEN). Den Typus des Poeten oder Philosophen, der als Professor, Quelleneditor, Kommentator und Übersetzer zugleich die höchste kritische Instanz seines Landes ist, wie in Italien nacheinander Giosuè Carducci und Benedetto Croce, hat die deutsche Kultur nicht hervorgebracht. Von den beiden deutschen Versuchen in dieser Richtung ist der eine, das Lebenswerk Rudolf Borchardts, in seiner Spannweite erst postum sichtbar geworden und der andere, die großartige Vermittlungsleistung, mit der Ernst Robert Curtius die westeuropäische Moderne in Deutschland bekannt machte, heute praktisch vergessen. Schon ein solcher grober Vergleich der kritischen Kulturen zwingt dazu, Begriffe, Funktionen und Formen der Kritik historisch zu verstehen und auf konkrete Situationen zu beziehen (zum folgenden → LITERATURGESCHICHTSSCHREIBUNG; → LITERARISCHE WERTUNG; → WERT, KANON UND ZENSUR).

2. Von der künstlerischen Kritik zur Kritik als Institution

Das Bedürfnis, auf Kunst zu reagieren und sich über die Erfahrung von Kunst auszutauschen, ist sicher so alt wie diese selbst. Wir wissen wenig darüber, wie die Zuhörer der homerischen Epen, die Zuschauer der attischen Tragödie oder das Publikum des höfischen Romans im Mittelalter ihre Erlebnisse artikuliert haben. Doch ist unvorstellbar, daß sie nicht darüber gesprochen haben sollen. Die neuzeitliche höfische Gesellschaft und der aristokratisch-bürgerliche Salon waren immer auch die Bühnen kritischer Auseinandersetzungen über Kunst und Literatur. Polis, Hof und Salon sind Stätten vormoderner literarischer Öffentlichkeiten, die an konkrete Lebensformen auf Sichtweite gebunden waren. Autoren und Publikum kannten einander und teilten wesentliche ästhetische Erfahrungen und Überzeugungen. Produktion und Rezeption von Literatur war dort auf vielfache Weise – religiös, rituell, repräsentativ – in die von Autoren wie Zuhörern und Lesern geteilten Lebensformen eingebunden. Diese vormodernen literarischen Öffentlichkeiten müssen zumindest der Möglichkeit nach als mündlich gedacht werden. Die schriftlich kommunizierende Gelehrtenrepublik – in den aus dem höfischen Leben hervorgegangenen Akademien organisiert – ist eine Übergangsform zur modernen literarischen Öffentlichkeit (→ LITERATUR UND MEDIEN). Solche frühen, an überschaubare Lebenskreise und ein oft ausgewähltes und hochtrainiertes Publikum gebundene literarische Öffentlichkeiten zeichnen sich in der Regel durch ein stark normatives und traditionales Kunstverständnis aus, was reale ästhetische Kühnheiten und Freiheiten keineswegs ausschließt, da solche elitären Kulturen oft einen entsprechend verfeinerten Kunstverstand ausbilden. Nur wird Kunst noch nicht als autonome Sphäre verstanden. Ihr Regelwerk ist teils allgemein moralisch, teils materiell und technisch (→ POETIK). In diesen Welten wird der Fortschritt der Künste nicht geschichtsphilosophisch-dynamisch begriffen, sondern technisch-akkumulativ.

So enthalten etwa die »Frösche« des Aristophanes bereits wichtige Vorformen literarkritischen Argumentierens, doch sind sie noch ganz bezogen auf den politisch-moralischen Rahmen der Polis. Euripides erscheint als Verderber der Sitten und hysterischer Neutöner, Aischylos als schwerfälliger Rhetor einer altväterlichen Religiosität, Sophokles hält die klassische Mitte zwischen diesen Extremen; er vertritt ein überzeitliches Ideal in einer im übrigen als moralische Dekadenz verstandenen Kunstentwicklung, die dazu tendiert, immer extravagantere Reize bei einem immer verwöhnteren Publikum auszulösen. Bemerkenswert ist nicht zuletzt, daß diese Gründungsurkunde der europäischen Literatur- und Theaterkritik selbst von einem Autor stammt, in der Form des Theaters daherkommt und sich an ein Publikum wendet, das die kritisierten Werke so gut kennt, daß es für die Wiedererkennungswerte der Stilparodien empfänglich ist. Letztes Kriterium dieser Literaturkritik sind die moralisch-religiösen Werte, die eine Polis tragen, denen Kritiker, Kritisierte und Publikum gleichermaßen verpflichtet sind. Eine solche Einheit von Kunst, Publikum und Kritik ist später oft erträumt und angestrebt worden, in der Neuzeit am spektakulärsten vom musikdramatischen Gesamtkunstwerk Richard Wagners, das sich seine eigene Ideologie und Kritik und sein eigenes Publikum schaffen wollte; doch realisiert wurde sie in neueren Zeiten an keiner Stelle. Aus der Trennung der Sphären aber entspringen die Vielfalt literaturkritischer Möglichkeiten und der Reichtum, den die Geschichte der Literaturkritik dem heutigen Betrachter zeigt.

Kritische Elemente sind also in jeder Kunstübung und in jeder Aufnahme von Kunst enthalten. Doch erst in der modernen Welt hat die Kritik zu ihrem Begriff gefunden und ist zu einer Institution geworden. Sie ist ein Produkt des bürgerlichen Zeitalters, ihre Geburtsstunde ist das 18. Jahrhundert. Damals hat sich die Literatur wie alle Kunst weitgehend von ihren religiösen, moralischen und repräsentativen Funktionen befreit, um fortan nur noch ihrem eigenen Gesetz, ihrer Entwicklungslogik zu folgen. Zugleich bildete sich ein anonymes, unabhängiges Lesepublikum aus, dessen Interessen auf ästhetische Erfahrungen – Welt- und Selbsterfahrungen – mehr als auf Belehrung und Besserung gerichtet waren (→ POETIK). Und zwischen der autonomen Literatur und dem gleichermaßen autonomen Publikum entwickelte sich die eigene Sphäre des Marktes und der bürgerlichen Öffentlichkeit. Auch die letztere folgte ihrem eigenem Gesetz, der universalen Vernunft, die keine Autorität und keine fremde Kontrolle über sich anerkennt. Dort, im Vernunftreich der Öffentlichkeit, zwischen Publikum und Literatur, liegt der Geburtsort der literarischen Kritik. Sie ist ein Spaltprodukt der neuzeitlichen Strukturgeschichte mit ihren Differenzierungen und der Ausbildung eigener, spezialisierter Lebensbereiche. Historisch-genetisch ging die literarische Öffentlichkeit im 18. Jahrhundert wenigstens in Deutschland sogar der politischen Öffentlichkeit voraus. Im absolutistischen Staat durfte das Bürgertum zunächst eher über die Künste und die Literatur frei und vernünftig reden als über Politik und Religion.

Wichtig für das Verständnis der Geschichte literarischer Kritik ist nun, daß ihre Position nicht fest geblieben ist, sondern daß sie als freischwebender Himmelskörper zwischen den drei Sternen, unter denen sie geboren wurde, unstet hin- und herwanderte – bis auf den heutigen Tag. Ihre Heimat ist das Vernunftreich der Öffentlichkeit. Doch von dort wandert sie einmal in die Kunst und wird zur Selbstreflexion der immanenten ästhetischen Entwicklung; oder sie schlägt sich auf die Seite des Publikums und macht sich dessen Gewohnheiten, Unterhaltungsbedürfnisse, politische und moralische Vorlieben und Interessen zueigen. Man macht es sich zu leicht, wenn man feststellt, das Wesen der Kritik sei Vermittlung – Vermittlung der immer komplizierter werdenden Kunst ans Publikum oder Vermittlung der Publikumsbedürfnisse an die Kunst (→ HERMENEUTIK; → LITERATUR – LITERATURBETRIEB – LITERATUR ALS ›SYSTEM‹). Zwar ist Kritik ein nachgeborenes Kind der modernen Welt, aber sie lebt doch aus eigenem Recht nach eigenen Gesetzen, und nicht Vermittlung und Ausgleich sind ihr Wesen, sondern eine eigene Kraft, die der Kunst teils ihre Freiheit, teils aber auch ihren Weltbezug sichern hilft. Sie ist ein quecksilbriges Zwischenwesen, halb so einsam wie die Kunst, halb so gesellig wie Publikum und Öffentlichkeit.

Auch dies ist keine Wesensbestimmung der Literaturkritik, sondern nur ihre Ableitung aus einer immer noch fortbestehenden historischen Situation, eine strukturgeschichtliche Typologie. Eine Besonderheit der Literaturkritik gegenüber anderen kunstkritischen Disziplinen wie der Musik- oder Kunstkritik besteht noch darin, daß ihr Medium, die Sprache, auch das Medium ihres Gegenstandes und das Medium der bürgerlichen Öffentlichkeit überhaupt ist. Keine andere Form von Kunstkritik ist daher sowohl ihrem Gegenstand wie ihrem Publikum so nah wie die Kritik der Literatur. Ja, erst diese Nähe erklärt überhaupt das quecksilbrig-schwebende Wesen der literarischen Kritik.

3. Grundformen der Literaturkritik: Skizze einer historischen Typologie

Diese sehr verallgemeinerten Bestimmungen lassen sich umsetzen in eine historische Typologie der Grundformen von Literaturkritik, in der ihre Geschichte nicht als Entwicklung, sondern als immer wieder neue, konkreten Bedürfnissen entspringende Ausformung fortdauernder Möglichkeiten erscheint. In einer solchen nicht genetischen, sondern typologischen und funktionsgeschichtlichen Sicht wird die literaturgeschichtliche Überlieferung zu einem Repertoire von Beispielen, auf die jede Gegenwart von neuem zurückgreifen kann. Die Geschichte der Literaturkritik gewinnt so einen praktischen Nutzen für ihre heutigen Konsumenten, Praktiker und Opfer.

Die Trias ›autonome Literatur‹, ›vernünftige Öffentlichkeit‹, ›frei wählendes Publikum‹ bezeichnet Standpunkte und Einstellungen von Kritik, die jeweils unterschiedliche Wahrnehmungsweisen, Kriterien und Absichten mit sich bringen, ja in der Regel sogar unterschiedliche Gegenstände und Adressaten.

Eine Kritik, die sich auf den Standpunkt der vernünftigen diskursiven Öffentlichkeit stellt, begreift ästhetische Regeln und Kriterien als Unter- und Anwendungsfall der universalen gesetzgebenden Vernunft. Kritik etabliert und begründet ein rationales ästhetisches Regelwerk, an dem die einzelnen literarischen Erscheinungen gemessen werden. Rationalistisch und regelpoetisch begann die Geschichte der Literaturkritik, als sie im 18. Jahrhundert aus den praxisorientierten Poetiken der klassischen rhetorischen Tradition herauswuchs (→ POETIK; → RHETORIK). Schon im 18. Jahrhundert haben sich eher deduktive, gesetzgeberische (Gottsched) und eher induktive, Gesetze ablesende und am Einzelfall entwickelnde Formen (Lessing) der regelpoetischen Kritik ausgebildet. Rationalismus und Regelpoetik gelten heute weithin als überholt, weil sie ungeschichtlich seien und den spontanen, nichtverrechenbaren, irrationalen Elementen von Kunst, Literatur und Kreativität, kurz ihrer Freiheit, nicht gerecht würden. Gleichwohl überleben regelpoetische Sichtweisen bis heute etwa in Gestalt der Semiotik (soweit sie die Rhetorik beerbt hat), linguistischer und narratologischer Methoden, die vor allem bei der Bewertung experimenteller Lyrik und der stark standardisierten Kriminalliteratur nach wie vor ihr Recht behaupten. Gerade die scheinbar unverständlichste moderne Dichtung läßt sich unter streng formalen Gesichtspunkten am besten beurteilen. Und Kritiker wie Patricia Highsmith (in ihrer Studie »Suspense«) oder Jorge Luis Borges argumentierten bei der Einschätzung von Detektivromanen selbstverständlich mit den überzeitlichen Gesetzmäßigkeiten des Genres, die sich seit seiner Etablierung im 19. Jahrhundert nicht verändert haben. Durch die gezielte Wiederaufnahme traditioneller Erzählformen in der sogenannten Postmoderne ist eine solche semiotisch-regelpoetische Beurteilung von Erzählliteratur zu neuen Ehren gekommen. Umberto Eco hat nicht nur die Erzählmuster des Feuilletonromans des 19. Jahrhunderts erneuert, sondern auch der Kritik die entsprechenden Regelwerke durchsichtig und anwendbar gemacht. So wurden seine eigenen Romane zum Gegenstand einer Deutungsindustrie, die die Grenzen der Literaturwissenschaft mühelos überschritt. Überhaupt hat das Künstliche einer Literatur aus Literatur formale kritische Verfahren provoziert, nicht zuletzt in einer Intertextualitätsforschung, die in den romanischen Ländern bis in die aktuelle literarische Publizistik hineinwirken (→ DIALOGIZITÄT). Konstruktive und formale Analysen sind gewinnbringend nicht zuletzt für die Macher von Literatur selber, jedenfalls für die Autoren, die ein stark technisch geprägtes Verständnis von ihrem Metier haben. In Deutschland freilich ist eine semiotisch informierte Literaturkritik erst neuerdings sichtbar geworden; das dort liegende Potential für die differenzierte und klare Beschreibung verwickelt ästhetischer Strukturen blieb bei uns weitgehend ungenutzt.

Eine zweite Grundform der Kritik nimmt den Standpunkt der autonomen Kunst ein, die sich unvorhersehbar und doch verstehbar nach ihren eigenen schöpferischen Gesetzen entwickelt. Die so verstandene Eigengesetzlichkeit von Kunst, Musik und Literatur will freilich mit den kalten Nachrechnungen der allgemeinen Vernunft, mit Regelpoetik und Semiotik, nichts zu tun haben. Die genieästhetische Einfühlung und Anverwandlung im Sturm und Drang, die philosophische Ästhetik der deutschen Klassik und die romantische Selbstreflexion der Kunst (→ POETIK) beschreiben ein eigenes Reich. Hier haben nur Eingeweihte und Gleichgestimmte Zutritt. Kunst ist in dieser Sicht die beste Kritikerin von Kunst, und die Verfahrensweisen der Literaturkritik sind selbst produktiv und literarisch. Zudem wird solche Literaturkritik geschichtsphilosophisch, denn Literatur erscheint als Evolution eines menschheitlichen imaginativen Vermögens, bei der es keine Wiederkehr des Vergangenen geben kann, es sei denn auf einer höheren Stufe. Schillers Kritik an den Gedichten Bürgers, seine Ablehnung von dessen falscher homerischer Einfachheit und sein Tadel für den Geschmack des großen Haufens, sind ein besonders deutliches Beispiel für diese kunstautonome Literaturkritik. Kunstelitismus und Geschichtsphilosophie hängen dabei insofern eng zusammen, als die Kritik den modernen Differenzierungsprozeß im Ästhetischen mitvollzieht; der Affekt gegen das Schematische und Klischeehafte des Massengeschmacks ist die Schnittstelle, wo eine ruhelose, ewig unzufriedene, sich selbst immer wieder überholende künstlerische Entwicklung mit der Freiheitsforderung einer irdisch nicht mehr gebundenen Kunst zusammentrifft, deren Autonomie sich gerade im endlosen Weiterschreiten verwirklicht (sein Ziel kann, etwa in der Romantik, paradoxerweise durchaus die Wiedergewinnung von Ursprüngen werden). Die romantische Kritik der Brüder Schlegel hat in dieser Weise mitschöpferisch argumentiert und an der Kunst den Zeigerstand der Tendenzen des gegenwärtigen Zeitalters abgelesen (→ POETIK). Die bedeutendsten Erben der klassisch-romantischen Literaturkritik waren in diesem Jahrhundert Rudolf Borchardt und die von ihm in noch nicht deutlich erkannter Weise beeinflußten Walter Benjamin und Theodor W. Adorno; in gewisser Weise ist auch Karl Kraus dieser Tradition zuzurechnen. Borchardts Hofmannsthal-Rede (mit ihrem Modell, Nietzsches unzeitgemäßer Betrachtung von »Richard Wagner in Bayreuth«) argumentiert sowohl vom historisch bestimmten Materialstand aus wie mit einer Dichtungskonzeption, die alles Kommunikative und Gesellschaftliche verleugnet. Bei Benjamin und Adorno wird die ästhetische Geschichtsphilosophie insofern materialistisch, als zwar die gestaltgebenden Intentionen der Kunst autonom gedacht werden, nicht aber das sprachliche und stoffliche Material, mit dem sie arbeiten muß. Wesentliche Kriterien dieser Form von Kritik sind daher einerseits eine Ästhetik der Verbote, die sich gegen das Abgenutzte und Klischeehafte richtet, das ›nicht mehr geht‹, andererseits das Postulat unbedingter Modernität, verstanden als leidende Zeitgenossenschaft in einem übermächtigen historischen Prozeß, mit der Aufgabe, die utopische Möglichkeit eines unmittelbaren Ausdrucks von Menschlichkeit zu bewahren oder wiederherzustellen. Der klassische-romantische Kunstelitismus verwandelt sich in die Avantgarde-Rolle in einem geschichtsphilosophischen Befreiungsprozeß. Diese ›linksromantische‹ Nachfolge hat ihr Gegenüber in der ›rechtsromantischen‹, anarchistischen Literaturkritik (z. B. Karl Heinz Bohrers), die das Irrationale, Spontane und Expressive von Literatur gleichermaßen gegen die Abstraktionen der Regelpoetik, gegen die Wiederholungen des Marktgängigen wie gegen die Stellvertreterrolle in einer ästhetischen Geschichtsphilosophie verteidigt. Freilich kann auch der Bohrersche Affekt gegen das Vorgeformte nicht ganz auf geschichtliche Vermeidungshaltungen verzichten und ist der geschichtsphilosophischen Verbotsästhetik Adornos nah verwandt. Links- wie rechtsromantische Nachfolger der großen deutschen Kritik um 1800 beharren gemeinsam auf der ungeselligen Inkommensurabilität einer von Marktzwängen losgelösten, nur ihrer eigenen Dynamik gehorchenden Kunstübung mit ihren unwillkürlichen Emanationen.

Die dritte Grundform der Kritik nimmt entschlossen den Standpunkt des Publikums ein. Der Kritiker ist in dieser Sichtweise zwar künstlerisch empfänglich, doch nicht selbst Künstler und auch nicht notwendig in künstlerische Verfahrensweisen eingeweiht. Was beim Publikum Gewohnheiten sind, ist bei ihm Erfahrung, im besten Fall Kennerschaft. Er muß ein intelligentes Durchschnittspublikum vertreten, das trockene Belehrung und schwärmerische Einführung (ganz zu schweigen von den Geheimbotschaften der »inner circles«) unelegant findet und dem die Literatur bestenfalls ein Lebensbedürfnis unter vielen anderen ist. Auch diese Einstellung hat ihre Vorläufer im 18. Jahrhundert, vor allem in der englischen Geschmacksdebatte, die wiederum das höfisch-rhetorische Kriterium des Aptum, des Passenden, aufgenommen hat. Der Kritiker als Anwalt des Publikums schlüpft sozusagen in die neu zugeschnittenen Kleider der früheren höfischen Auftraggeber. Sein Feld ist heute das Feuilleton der Tagespresse oder der Fernsehschirm. Hier erfährt das Publikum, was es lesen soll, ob die neuen Bücher hinreichend spannend, rührend, lustig, oder ob sie schwierig (aber vielleicht doch lohnend), verfehlt, ideologisch, oder ganz einfach mißlungen, langweilig, schlecht sind. Diese Kritik ist Geschmacksurteil des Vorkosters, angemessen vor allem für die Dutzendware der Saison, geeignet, die Bücherfluten rasch zu kanalisieren. Doch nicht nur der unmittelbare ästhetische Reiz, der Unterhaltungswert, ist das Kriterium solcher Kritik aus der Mitte des allgemeinen Publikums. Oft ebenso wichtig sind moralische und politische Gesichtspunkte (→ Wert, Kanon und Zensur). Da wurde früher gefragt, ob die neuen Bücher auch vaterländisch seien und nicht die kämpfende Truppe beleidigen; heute will man wissen, ob Frauen gut oder schlecht wegkommen; man fragt, ob die Literatur fortschrittlich oder reaktionär sei, ja man interessiert sich für die Person des Autors und die stofflichen Vorwürfe des Inhalts. Glänzende Beispiele solcher inhaltlichen, politischen und biographischen Kritik enthält das Werk Heines, dessen Nachfolger bis heute in den Zeitungen sitzen und dort im besten Falle die Rechte des Lebens vor einer hoffärtigen, sich selbst genügenden Literatur verteidigen. Das Geschmacksurteil im engeren Sinne der prüfenden Wahrnehmung ästhetischer Reize hat in der Geschichte der deutschen Kritik immer herausragende Vertreter gehabt, vor dem Ersten Weltkrieg Fontane und Kerr in der Theaterkritik, in den zwanziger Jahren Tucholsky, nach dem Zweiten Weltkrieg Friedrich Sieburg in der Literaturkritik. Hier wird alles Professorale, überbildet Philosophische, trocken Philologische entschlossen abgewehrt. Der Ton ist urban, witzig, selbst unterhaltsam, das Ziel nicht selten, dem Leser die eigene Lektüre abzunehmen und zu ersetzen.

Die hier typologisch (und daher ihrerseits regelpoetisch) skizzierten und vereinfachten Grundformen literarkritischer Einstellungen treten in der Wirklichkeit der literarischen Publizistik natürlich so gut wie nie in ungemischter Ausprägung auf. Auch gibt es zwischen den drei typischen Einstellungen innere Affinitäten, die von sich aus schon Übergänge nahelegen. Die induktive, dem einzelnen Werk zugewandte Regelpoetik tendiert der Sache nach zur autonomistischen, immanenten und geschichtsphilosophischen Kritik. Die kalte regelpoetische Analyse kommt in ihrer deduktiven Ausprägung da, wo sie semiotisch und diskursanalytisch wird, leicht in die Nähe der politischen oder ideologischen Kritik, die vom Publikum und seinen Lebensbedürfnissen aus argumentiert. Und das dem Konventionellen zugeneigte Geschmacksurteil des dritten Typus ist – als Nachfolge für die Einstellung eines höfischen Auftraggebers – einer normativen → Poetik verwandt, die, einmal ausformuliert, im strengen Sinne regelpoetisch wird. Es gibt zwischen den hier vorgeschlagenen Typen der Literaturkritik also einen Austausch von Motiven, ja fast so etwas wie einen logischen Kreislauf, der die Einheit der Kritik bezeugt und ihre Lebendigkeit verbürgt. Man darf nicht glauben, daß die drei grundlegenden Einstellungen notwendig auf unterschiedliche Literaturkonzepte zurückzuführen seien. Vielmehr haben die hier skizzierten Typen ihre jeweilige situative Berechtigung, also eine eigene Pragmatik. Es gibt auch in der Literaturkritik so etwas wie eine Verhältnismäßigkeit der Mittel. Stofflich bestimmte, aktuelle Wirklichkeit verarbeitende Literatur, Unterhaltungsromane oder auch der epische Traditionalismus junger literarischer Kulturen, die die europäische Entwicklung nachholen, sind beim konventionellen Geschmacksurteil und bei inhaltlicher Bewertung gut aufgehoben. Einige wichtige Kriterien des Urteils sind hier einerseits der Realismus, also soziale und psychologische Glaubwürdigkeit, genaue Recherche, andererseits aber auch Vermeidung von Banalität und Ungeschicklichkeit auf einem oft betretenen Terrain. Formal anspruchsvolle Werke, Parodien, Reprisen, Kriminalromane, narrative Experimente fordern semiotische und regelpoetische Betrachtungsweisen heraus. Hier werden motivische Feinarbeit, Kohärenz, innere Stimmigkeit (oder im Gegensatz dazu kalkulierte Brüchigkeit), hohe literarische Kultur, Vielfalt der äußeren Bezüge zu wichtigen Maßstäben des Urteils. Kunstphilosophisches Geschütz dürfte nur selten einzusetzen sein, am ehesten bei Sprachexperimenten, avantgardistischen Kühnheiten (sofern diese sich nicht im Programmatischen erschöpfen), vor allem aber bei jenen von der Kritik überhaupt erst zu erkennenden Werken, die unwillkürlich einen ganzen Welt- und Sprachzustand zur Diskussion stellen. So hat Adorno Beckett behandelt, so Nietzsche den Fall Wagner, so Friedrich Schlegel den »Wilhelm Meister«, um nur berühmteste Beispiele zu nennen. Der kunstphilosophische Typus der Kritik bewährt sich ohnehin am wenigsten im aktuellen Rezensionsgeschäft, sondern eher in der literaturgeschichtlichen Rückschau und Neuordnung des Materials (so wie Borchardt in seinen Schriften zu Hofmannsthal und George eine Kritik der Dichtung des ganzen 19. Jahrhunderts vorgelegt hat). Was immer von Schaden ist, ist die Vereinseitigung der Einstellungen: Das pure Geschmacksurteil wird dann leicht unbegründet, geistlos und herrisch, die nackte regelpoetische Analyse rechthaberisch und urteilslos, das kunstphilosophische Räsonnement ideologisch, verstiegen und anschauungsarm. Solche Pathologien zeigt die Geschichte der Literaturkritik in allen ihren Phasen. Es gibt keine Hierarchie der kritischen Grundtypen; die Kritik lebt vom Zusammenwirken der Sinnlichkeit der Leser, der Analyse der Konstrukteure und der Reflexion der Denker.

Die hier skizzierten Grundtypen oder Einstellungen literarischer Kritik lassen sich nicht einfach mit den Stationen der literarischen Zirkulation parallelisieren. Man kann nicht sagen, der kunstphilosophische Blickpunkt spiegele notwendigerweise die Produktionsseite, der regelpoetische die Vermittlung und der Standpunkt des Publikums die Rezeptionsseite wider – so verlockend sich solche Bezüge zunächst darstellen mögen und so sehr sie einem Bedürfnis nach Systematik und Konsistenz entgegenkommen würden. Eher ist es so, daß die kunstphilosophische Perspektive die Trennung von Produktion und Rezeption gar nicht anerkennt und Vermittelbarkeit leugnet, daß regelpoetische Erwägungen dazu tendieren, zu Rezepturen für die Kunstproduktion zu werden, und daß die Kritik aus dem Publikum im Extremfall die Autonomie der Produktionssphäre leugnet, sich jedenfalls um die objektiven Anforderungen des literarischen Artefakts nicht schert. Trotz dieser Einschränkungen gilt aber natürlich, daß die Entwicklung literarkritischer Formen eine pragmatische Seite hat, die tief in die Struktur der literaturkritischen Argumentation und Wahrnehmung hineinwirkt. Bei ihrem regelpoetischen Ausgangspunkt war die Kritik, deren Begriff sich ursprünglich von der Textkritik herleitet (→ TEXTKRITIK UND TEXTEDITION), im System des Unterrichts und der Wissenschaften beheimatet. Ihre Form war zunächst die gelehrte Abhandlung, ihr Ort die Zeitschrift, das Jahrbuch, die poetologische Traktatliteratur. Das gilt auch für die genieästhetischen und kunstphilosophischen Ansätze seit dem 18. Jahrhundert, die der Kritik freilich auch Gespräch und Roman, Essay und Vorlesung eroberten. Der Essay und sein meist esoterisches Publikum, das schulbildende und polemische Manifest, Vorworte und Streitschriften blieben die Orte der kunstautonomen Kritik. Und natürlich ist die Entwicklung der am Publikum orientierten Geschmackskritik eng mit der Entfaltung des modernen Pressewesens verbunden. Der Gelehrte und der Kenner wird erst hier vom Berufskritiker, vom Literaturagenten, vom Strategen im Literaturkampf ersetzt. Die moderne Form der Rezension mit ihren Anforderungen an Schnelligkeit, Kürze, leichte Aufnehmbarkeit und Witz entsteht erst hier. Auch das in den Texten erscheinende Ich des Kritikers verändert sich an den unterschiedlichen Orten. Dem Ich des vernünftig wägenden Gelehrten und Kenners tritt das entflammte, enthusiastische Ich des Nach- und Mitdichters an die Seite, während das Ich des Vertreters des allgemeinen Publikums zwar gerne Subjektivität vorweist, aber am liebsten mit dem herabziehenden und ernüchternden ›common sense‹ eines verbindlichen Konversationstons kokettiert. Nur scheinbar paradoxerweise entstehen vor allem in dieser Sphäre die Literaturpäpste, die unfehlbar dekretierenden Geschmacksrichter, die das ›comme il faut‹ der Literatur für ihre Zeit und Sphäre festlegen. Die negativen Seiten solcher stellvertretenden Subjektivität, deren Witz immer mehrheitsgerecht und oft machtkonform ist, sind nicht nur das bevormundende Starkritikergehabe, die Rolle nationaler und internationaler Pythien, sondern auch das Attentätertum, wie es früh und erschreckend in der Kontroverse zwischen Platen und Heine vorexerziert wurde. Hier wurde mit existentiellen, nicht ablegbaren Eigenschaften wie Homosexualität und jüdischer Abstammung argumentiert, um den Gegner zu vernichten. Die Regelpoetik wird leicht starr und unduldsam, die kunstautonome Kritik weihevoll und eben unkritisch oder verstiegen und nicht mehr nachprüfbar, sie inszeniert dann ihr Expertentum nur noch, ohne es zu begründen; am fürchterlichsten aber ist die Tyrannis des Haufens, wenn Kritiker sich aufs gesunde Volksempfinden berufen und den Außenseiter jagen. Der Kritiker aus dem Publikum ist zudem am ehesten für die Korruption des Literaturbetriebs anfällig, den Einsatz der Macht zugunsten von Freunden und Gönnern, das käufliche Rezensententum, die Depravierung der Kritikerrolle zum literarischen Agentenwesen, schließlich die Anfälligkeit für bloße Moden und sekundäre Avantgarden, den ›radical chic‹. Es ist kein Zufall, daß Kritiker, denen es am meisten auf abstrakte Machtbeweise ankommt und am wenigsten auf ästhetische Überzeugungen, doch am lautesten auf die Unabhängigkeit der Kritik pochen. Hier wird die stellvertretende Subjektivität zur baren Willkür, die nur darauf achtet, stets und immer die Lacher auf ihrer Seite zu haben.

4. Kritik der Kritik

Wo liegt die Instanz für die Kritik der Kritik? Gibt es, jenseits von pädagogischen Funktionszuweisungen, ein inneres, literarisches Kriterium ihrer Selbstkritik? Man könnte meinen, es sei die Interpretation, der logische Nachvollzug der Texte. Und in der Tat ist richtig, daß noch die rudimentärsten Beschreibungen, Inhaltsangaben oder Funktionsanalysen von literarischen Werken, sofern sie über das bloße Protokoll von Sinneseindrücken hinausgehen, zumindest Skizzen von Interpretationen enthalten, die sich vor den allgemeinen, wenn auch geschichtlich umstrittenen Gesetzen philologischer Erkenntnis rechtfertigen müssen (→ HERMENEUTIK). Für die pragmatischen Zwecke, auf die es hier ankommt, sei beispielsweise auf Umberto Ecos Klärungen in seinem Band »Die Grenzen der Interpretation« hingewiesen. Natürlich kann man auch für die Literaturkritik die Möglichkeit eines intersubjektiv nachvollziehbaren Interpretierens grundsätzlich verneinen; nur lohnt sich dann eben auch das Reden über Kritik nicht mehr, und das Reden über Texte mag überhaupt im allgemeinen grauen Strom der undeutbaren Zeichen versinken. Diesseits solcher Extrempositionen aber gilt, daß es für die Kritik keine ermäßigten Standards an interpretativer Kompetenz geben sollte, ja letztlich nicht einmal an philologischem Wissen. Wer, wie beispielsweise Curtius, schon als Zeitgenosse ›gelehrte‹ Einsichten in Struktur und Anspielungshorizonte eines radikal neuen Werks wie des »Ulysses« von Joyce hatte, stand eben auch als Kritiker besser da. Logisch kann es etwas anderes als jenes Kontinuum von Philologie, Interpretation und Kritik nicht geben, das im angelsächsischen Gebrauch von ›criticism‹ gemeint ist, und das auch die romanische ›critica letteraria‹ unterstellt. Man mag nun glauben, das Resultat der Kritik, die Wertung, ergebe sich am Ende eines verwickelten interpretativen Prozesses gleichsam von selbst, wie das Ergebnis einer komplizierten Gleichung mit mehreren Unbekannten. So wurde beispielsweise in der sogenannten Wertungsdebatte der fünfziger und sechziger Jahre argumentiert; freilich liegt hier ein Konsistenzideal für ästhetisches Gelingen zugrunde, das nicht einfach vorausgesetzt werden darf (→ WERT, KANON UND ZENSUR). Und so sehr die Regeln der Interpretation auch für die Literaturkritik gelten, so sehr gilt eben auch, daß ihre Anwendung und die sich daraus ergebenden Gewichtungen eine Erfahrung und Urteilskraft voraussetzen, die man gemeinhin »Geschmack« nennt.

Der Geschmack, so mag man daher meinen, sei die Letztinstanz der Literaturkritik, das gewisse Etwas, das ›je ne sais quoi‹ von Takt und Empfindung, durchaus auch in jenem obersten Sinne, in dem Adorno von »geschichtsphilosophischem Takt« redet. Nun ist aber der Geschmack natürlich nichts Unmittelbares, nicht einfach Ausdruck einer fühlenden Menschennatur, wie etwa das 18. Jahrhundert glaubte, aber auch nicht nur das Sediment vorgängiger Literatur und also ein Resultat von Lesegewohnheiten. In seiner methodisch noch immer anregenden, wenn auch weitgehend vergessenen Studie zur »Soziologie der literarischen Geschmacksbildung« hat Levin Schücking auf Faktoren wie Schule, Gelehrte Welt, Presse, Werbungskraft des Neuen, Zirkelbildung und so fort hingewiesen. Und Pierre Bourdieus Geschmacksoziologie mit ihren Begriffen des »Feinen Unterschieds« und des Habitus läßt sich gewiß auch auf die Geschmacksbildung der exoterischen wie esoterischen Literaturkritik übertragen (→ SOZIALGESCHICHTLICHE ZUGÄNGE; → LITERATUR ALS ›SYSTEM‹). Für ältere Epochen gibt es eine Fülle literatursoziologischer Untersuchungen (herausragend Erich Auerbachs Abhandlung über Literatursprache und Publikum in der lateinischen Spätantike und im Mittelalter), die unmittelbar Fragen des literarischen Empfindens berühren. Dagegen verblassen die Schematismen der Rezeptionsgeschichte (→ THEORIEN DER LITERARISCHEN REZEPTION) und → WIRKUNGSÄSTHETIK mit ihren undeutlichen Lebensweltbegriffen und ihrem äußerlichen Verständnis des Neuen als Durchbrechung des Gewohnten, der »Horizontverschiebung« und »Horizontverschmelzung«. Ist, soziologisch betrachtet, die Kritik und der von ihr jeweils geltend gemachte Geschmack also nur eine Funktion sozialer Konstellationen, positiver formuliert, gruppenspezifischer und lebensweltlicher Bedürfnisse? Kann, extrem gefragt, nicht ein Stephen-King-Roman einem schlichten Gemüt ähnliche Sensationen vermitteln wie dem anspruchsvollen Leser die »Göttliche Komödie«? Gibt es, jenseits der äußerlichen Textanalyse, die bestenfalls Komplexitätsgrade unterscheiden kann, ein Kriterium für die Rangdifferenz?

Das ist die Pilatusfrage der Kritik, und wer behauptet, sie beantworten zu können, verdient in der Regel kein Vertrauen. Wer sagt, gut und groß sei das jeweils Neue, die Eroberung unbekannter Kontinente der Sprache und der Seele, der mag recht haben, er muß dann nur zeigen können, wo das Neue ist und wo es früher gewesen ist. Neu kann auch die Wiederkehr eines ganz Alten sein, wie zum Beispiel die Entdeckung des Archaischen in der romantischen Poesie, und etwas scheinbar ganz Neues wie die absolute Metapher in der Lyrik des 20. Jahrhunderts kann sich beim zweiten Blick als Reprise oder Neuerfindung von etwas Altem erweisen, hier der Concetto-Dichtung des Barock. Es gibt vermutlich für die Aufnahme und Kritik von Literatur keine absoluten Werte, sondern nur Zwischenergebnisse von lebenslangen Lektüreerfahrungen, an die freilich höchste Anforderungen an Kanonbeherrschung, Sprachkenntnissen und philologischer Kompetenz zu richten sind. Im fortwährenden Lesen um des Lesens willen erzeugt die Literatur gleichsam aus sich heraus die Erfahrungswerte, die im Idealfall soziale Prägungen und ästhetische Gewohnheiten hinter sich lassen. Kanon ist dabei zunächst nur das Mindestmaß des zu Kennenden, nicht eine ausschließende Instanz, sondern die Fülle der Leseerfahrungen. Mindestmaß meint daher eben nicht Alles auf einer Lektüreliste, sondern genügend Verschiedenes. Wer nur realistische Romane gelesen hat, hat keine ausreichenden Kriterien, um überhaupt Literatur beurteilen zu können; wer nur mit einer Nationalliteratur vertraut ist oder nur eine Epoche oder Gattung kennt, weiß zuwenig, und seien seine subjektiven Leseerfahrungen noch so intensiv. Die Automatismen des Geschmacks werden revidiert durch die Erfahrung des Neuen, aber ebenso durch die Neuerfahrung des historisch Fremden, des Wiederzugewinnenden. In diesem Austausch zwischen Alt und Neu stählt sich das Urteil eher als im vollständigen Aufnehmen der saisonalen Produktion. Es gibt nicht das absolute Gedächtnis, das alles bewahrt, aber es gibt die Arbeit der Generationen, die das weitergeben, was ihnen Eindruck gemacht hat, und es gibt das Wiederentdecken des Vergessenen. All das speist sich von der Hoffnung auf das Neue, also darauf, auch den Lebenden werde es gelingen, sich auszusprechen und sogar nach ihrem Tod noch zu sprechen; man kann sich Leser denken, die nur Vergangenes lesen (das dann nicht mehr vergangen ist), aber keine Kritik, die nicht auf das Neue hoffte. Das Neue freilich, das sich dem Alten so frei und selbstverständlich zugesellen müßte wie Dante in seiner Vorhölle den Dichtern der Antike. Man mag das Traditionalismus nennen; eher ist es die Einsicht, daß der Literatur und ihrer Kritik ein einziges Leben längst nicht mehr genügen kann.

Anhang

Glossar

Absolute Poesie Bezeichnung für eine Richtung innerhalb der literarischen → Moderne (Baudelaire, Mallarmé, Valéry, George, Benn), die darauf zielt, Dichtung, besonders lyrische Dichtung, von direkten Wirklichkeitsbezügen zu lösen, um sie aus sprachinternen Bezügen zu entwickeln. In der Lyrik Gegensatz zur → Erlebnislyrik einerseits und zur → Gesellschaftslyrik andererseits.

Absurdes Theater Theaterform vornehmlich der fünfziger Jahre. Sie soll eine ›existenzielle Verlorenheit‹ des Menschen, seine Ängste, Obsessionen oder Bestimmtheit durch das Unbewußte in den Dramentexten wie in den Inszenierungsweisen ausstellen. Neben der Aufhebung realistischer Räume und der Unmöglichkeit konsistenter Handlung ist (vor allem in den Stücken von Samuel Beckett und Eugène Ionesco) eine Tendenz zur Autonomisierung der Sprache kennzeichnend, die gleichsam durch die Figuren hindurchzugehen scheint.

Abwehrmechanismus Der → Psychoanalyse zufolge unbewußtes Verfahren, ein als anstößig empfundenes Gefühl oder einen entsprechenden Wunsch unbewußt zu halten.

Abweichungspoetik, Deviationspoetik Diejenige Theorie der → Poetizität, welche das → hinreichende und → notwendige Merkmal von Literatur in dem Umstand erblickt, daß die Sprache in literarischen Texten in einer bestimmten Hinsicht anders verwendet wird als in nicht-literarischen, zentral vor allem in der Theorie des → Russischen Formalismus.

Adäquatheit → Initialnormen

aemulatio Wetteifernde Nachahmung eines normativ-verbindlichen literarischen Vorbildes.

Äquivalenz 1. In der strukturalistischen Literaturtheorie Roman Jakobsons ist die als »Äquivalenz« bezeichnete Gleichwertigkeit aufeinander folgender Elemente (von den → Versfüßen bis hin etwa zu den Teilen einer Trilogie) das entscheidende Kennzeichen poetischer Rede. – 2. In der Übersetzungswissenschaft allgemein die Gleichwertigkeit von Original und Übersetzung. Die Äquivalenzrelation wird als die für die Übersetzung konstitutive Beziehung zum → Ausgangstext definiert, die auf der Ebene des Inhalts, der Intention, der Form oder Wirkung zu erzielen ist. *Formale Äquivalenz* bezeichnet die Orientierung der Übersetzung an der »Form« des Ausgangstextes (indem z. B. Lyrik unter Beibehaltung ihrer metrischen und klanglichen Merkmale übersetzt wird), *dynamische* oder *funktionale Äquivalenz* die Orientierung der Übersetzung an der Zielkultur.

Äquivalenzklasse Klasse von Einheiten, die durch Gleichheit bestimmter Eigenschaften gekennzeichnet sind.

Ästhetik, philosophische Dem Wortsinn nach ist Ästhetik die Lehre von der sinnlichen Wahrnehmung. In diesem Sinne untersucht Kants transzendentale Ästhetik deren Anteil an der Erkenntnis. Meist jedoch meint philosophische Ästhetik (Terminus seit A. G. Baumgartens »Aesthetica«, 1750-1758) jene Disziplin, die sich deskriptiv und/oder normativ mit allgemeinen Problemen der Kunst und im engeren Sinne des Schönen befaßt, also seine Gesetze und Normen (lebendige Form, Harmonie usw.), seine Spielarten (das Erhabene, Anmutige, Tragische usw.) oder sein Verhältnis zu Kunst und Natur erörtert.

Ästhetik, sensualistische Zentrale Tendenz der Aufklärungsästhetik, die einen epochalen Wechsel von einer aristotelisierenden zu einer platonisierenden Kunsttheorie bewirkt: Im Mittelpunkt der Reflexion über das Kunstschöne steht nicht mehr die materiale Beschaffenheit eines → Werkes, sondern dessen sinnlicher Reiz für den Betrachter. Im 18. Jahrhundert vor allem durch Shaftesbury initiiert und in Deutschland namentlich durch Lessing propagiert.

Ästhetisches Objekt Der Literaturtheorie des Prager → Strukturalismus zufolge besteht jeder Text aus zwei Komponenten: dem *Artefakt*, der in Laut oder Schrift materialisierten Ebene des Textes, und dem *ästhetischen Objekt*. Dieses konstituiert sich erst in der konkreten Interaktion zwischen Text und einem Leser, der den Zeichen mithilfe seiner Sprachkompetenz und seiner eigenen Erfahrungswelt Bedeutungen zuordnen kann (→ Rezeption; → Wirkungsästhetik).

Agitprop-Lyrik Ursprünglich vor allem in den ehemals sozialistischen Staaten verbreitete Agitations- und Propaganda-Lyrik, vor allem in den sechziger Jahren auch in der politischen Literatur der westlichen Staaten populär.

Aktantenschema Von Algirdas J. Greimas im Rahmen des literaturwissenschaftlichen → Strukturalismus entwickeltes Konzept für die Handlungsträger eines narrativen Geschehens und ihre durch Oppositionen und Zuordnungen geprägte Konfiguration, die den Verlauf einer Erzählhandlung bestimmen. Greimas schließt damit an das Modell der »Handlungskreise« in Vladimir Propps »Morphologie des Märchens« an, denen dort jeweils bestimmte »Funktionen« (Handlungsschritte) zugeordnet sind. Greimas' für die strukturalistische → Erzählgrammatik grundlegender Versuch bestimmt »die Protagonisten der Erzählung nicht nach dem, was sie sind, sondern nach dem, was sie tun« (Roland Barthes), also als Aktanten, die »einer auf die ganze Erzählung projizierten paradigmatischen Struktur unterworfen [sind] (Subjekt-Objekt; Geber-Empfänger; Helfer-Widersacher)« (ders.). Dabei kann die Position eines Aktanten von verschiedenen Figuren auch gemeinsam, nacheinander usw. eingenommen werden; ebenso kann eine Figur im Verlauf einer Erzählung die Positionen verschiedener Aktanten einnehmen.

Akzeptabilität → Initialnormen

Alexandriner Zwölf- bzw. dreizehnsilbiges → Versmaß mit einem → Kolon-Schluß nach der sechsten Silbe (weithin vorherrschend in der Versdichtung des Barock). Je nach Art der obligatorischen → Reim-Bindung ist zu unterscheiden zwischen dem *Heroischen Alexandriner* (Reimschema: a a b b) und dem *Elegischen Alexandriner* (Reimschema: a b a b).

Allegorese Auch »hermeneutische Allegorie«: Ein in der Antike entwickeltes, im Mittelalter weiter differenziertes hermeneutisches Verfahren der Textauslegung (allegorische → Exegese), das darauf abzielt, einen über den Wortsinn (»sensus litteralis«) hinausweisenden, tieferen, im Wort zeichenhaft verborgenen Sinn (»sensus spiritualis«) zu entschlüsseln (→ Schriftsinn, mehrfacher); kann auch auf Gegebenheiten der außerliterarischen Wirklichkeit angewendet werden, insofern diese als Zeichen in der Schöpfung als dem ›Buch der Natur‹ verstanden werden.

Allegorie Rhetorische Figur, bei der ein abstrakter Begriff oder Vorstellungszusammenhang aufgrund einer konventionalisierten Zuordnung durch ein Konkretum substituiert, in sprachliche oder visuelle Bildzeichen oder Bildfolgen verschlüsselt wird – etwa personifiziert (*Begriffsallegorie*: Justitia als Frauengestalt mit Waage, Augenbinde und Schwert). Allegorie und allegorisches Bildprogramm verweisen häufig auf einen kultur- und sozialgeschichtlichen Verwendungskontext, im dem der Gebrauch, das Verständnis und die Deutung der Allegorie verankert sind. Von der allegorischen Wortfigur (*rhetorische Allegorie*) zu unterscheiden ist die *hermeneutische Allegorie* (→ *Allegorese*). – In der → Dekonstruktion Paul de Mans avanciert die Allegorie – in Bezug auf ihre sprachphilosophischen Deutungen bei Goethe und Benjamin – aufgrund der Arbitrarität, die der allegorischen Substitution zugrundeliegt und der in dieser doppelten Verweisstruktur implizierten semiotischen Differenz und Nachträglichkeit der Bedeutung zum meta-figurativen Modell für die Uneinholbarkeit der Bedeutung und, als »Allegorie des Lesens«, für die Unabschließbarkeit der → Lektüre.

Alltag, literarischer In der Terminologie des → Russischen Formalismus das nicht unmitttelbar zum Sprachkunstwerk selbst gehörende Umgebungsfeld, in dem sich die literarischen Institutionen befinden.

Allusion → Anspielung, Allusion

alter deus lat.: »zweiter Gott«. Von Julius Caesar Scaliger geprägte und von der Genieästhetik im 18. Jahrhundert (Shaftesbury: »second maker«) aufgegriffene Bestimmung des Dichters als eines gottähnlichen Schöpfers.

Anachronie Chronologische Abweichung zwischen der erzählerischen Repräsentation von Ereignissen (in der → narration) und deren faktischer Abfolge (in der → histoire); → Analepse; → Prolepse.

Anagramm Ein durch Versetzung des graphemischen Materials eines Wortes neu gebildetes Wort. Oft als literarisches Spiel oder als Technik der Verrätselung verwendet (z. B. »Hans Christoffel von Grimmelshausen« → »Samuel Greifnson von Hirschfeldt« oder »German Schleifheim von Sulsfort«).

Analepse Narratologischer Terminus: »Rückgriff« oder »Rückwendung« (Eberhard Lämmert); in der Terminologie Gérard Genettes »jede nachträgliche Erwähnung eines Ereignisses, das innerhalb der Geschichte zu einem früheren

Zeitpunkt stattgefunden hat als dem, den die Erzählung bereits erreicht hat« (→ Prolepse).

Analytische Philosophie 1. Eine auf die Philosophen Gottlob Frege, Bertrand Russell und George Edward Moore zurückgehende Richtung der Philosophie, die in sprachkritischer Wendung gegen die Metaphysik eine eindeutige Überprüfung des ›Sinns‹ von Aussagen zu ermöglichen sucht und großen Wert auf präzise Begriffsbestimmung, strenge Begründung von Argumenten und logische Folgerichtigkeit legt. – 2. Im engeren Sinne eine auf Ludwig Wittgenstein zurückgehende Richtung der analytischen Philosophie im Sinne von (1), die der Sprache eine → transzendentale Rolle für die Lösung jedes philosophischen Problems zuschreibt.

Analytische Psychologie Von Carl Gustav Jung begründeter Teilbereich der Tiefenpsychologie, der dem Streben nach persönlicher Reifung und Unabhängigkeit einen besonderen Stellenwert bei der Erklärung menschlicher Handlungen beimißt.

Anmerkung Entweder als Fußnote oder im Anschluß an den Text eines → Werkes gesetzte Form des → Paratextes.

Annalistik Konzept einer auf relative Neutralität ausgerichteten Geschichtsschreibung, die auf übergeordnete Erklärungsparadigmen (Epochen, Entwicklungsmodelle) verzichtet und ihren Gegenstand primär chronologisch gliedert: in der Abfolge von Jahren oder Jahresgruppen (in der Literaturgeschichte zuletzt ausführlich die ab 1952 von Heinz Otto Burger herausgegebenen »Annalen der deutschen Literatur«).

Anspielung, Allusion Andeutender Hinweis oder verhüllte Darstellung von als bekannt vorausgesetzten Personen oder Sachverhalten.

Antagonist → Protagonist

Apophatik Von griech. »apophatikos« (»verneinend«) abgeleitete Bezeichnung der Annahme des Pseudo-Dionysios Areopagites, wonach das Wesen der Dinge so wie der Name Gottes unaussprechlich sei, im Poststrukturalismus vor allem von Jacques Derrida und Jean-François Lyotard wieder aufgegriffen.

Aposiopese → Ellipse

Apparat Editionswissenschaftlicher Begriff, bezeichnet das Variantenverzeichnis in einer wissenschaftlichen Textausgabe, das abweichende überlieferte Versionen des edierten Textes (vollständig oder auswählend) sowie sämtliche Editoreingriffe dokumentiert. Im weiten Sinn meint der Begriff alle Bestandteile einer wissenschaftlichen Ausgabe außer dem Textteil. Dazu gehören neben dem Variantenverzeichnis: Informationen des Herausgebers über die Anlage der Ausgabe und verwendete Abkürzungen und → Siglen, Beschreibung der ausgewerteten → Überlieferungsträger sowie Angaben und Materialien zu → Entstehungs-, Überlieferungs- und Wirkungsgeschichte des edierten → Werks, Register und Konkordanzen sowie möglicherweise den edierten Text sprachlich und inhaltlich erläuternde → Kommentare des Herausgebers. Anlage und Funktion des im engeren Sinne als kritischer Apparat bezeichneten Variantenverzeichnisses sind abhängig von Überlieferungslage und Editionsziel. Ein *Einzelstellenapparat* verzeichnet listenartige alle Varianten. Gegensatz ist der *integrale Apparat,* der (auf verschiedene Weise) varianten und invarianten Text gemeinsam darstellt. Während der Einzelstellenapparat hauptsächlich zur Rechtfertigung und Überprüfung der Textedition dient, ist der integrale Apparat meist ein *genetischer Apparat,* also ein Variantenverzeichnis, dessen zentrale Aufgabe in der Darstellung der Genese des edierten Textes liegt. Der *lemmatisierte Apparat* ist ein mit Stichwörtern aus dem Haupttext (Lemmata) versehener Einzelstellenapparat. Ein *negativer Apparat* beschränkt sich im Gegensatz zum *positiven* auf die Verzeichnung der vom edierten Text abweichenden Stellen (und wird daher auch als Synonym für den *nichtlemmatisierten Apparat* gebraucht).

àptum lat.: »das Angemessene«; → decorum.

Arbeiterliteratur Bezeichnet einerseits literarische Texte, die von Arbeitern verfaßt wurden, andererseits literarische Texte, die ihre Themen aus der Lebenswelt von Arbeitern bezieht und häufig mit einem (impliziten oder expliziten) Aufruf zur Emanzipation der Arbeiterklasse verbunden ist.

Archetyp lat.: »Urbild«. Nach der → Analytischen Psychologie C. G. Jungs eine dem kollektiven Unbewußten entstammende und daher allen Menschen gemeinsame Vorstellung.

Archetypus lat.: »Urbild«, »Original«. In der Editionswissenschaft der älteste aus den überlieferten → Textzeugen zu rekonstruierende Zustand eines nicht im Original überlieferten Textes, von dem sich alle überlieferten Abschriften herleiten lassen.

Archiv Michel Foucault bezeichnet mit diesem Begriff das System derjenigen Regeln, nach denen in einer Kultur in einem bestimmten Zeitraum Aussagen und Diskurse gebildet, tradiert und modifiziert werden.

Artefakt Im Unterschied zum → ästhetischen Objekt die in Laut oder Schrift materialisierte Ebene des Textes; im Unterschied zum materiellen Bestand des → Werks das künstlerische als ›künstliches‹ Gebilde.

Assonanz (Halbreim) Form des → Reimes, bei der die Vokale, nicht aber die Konsonanten übereinstimmen (Bob Dylan: »Once upon a time / you dressed so fine«).

atektonische Form → tektonische Form

Ausgabe, historisch-kritische Dem Prinzip der Vollständigkeit und der Überprüfbarkeit verpflichtete wissenschaftliche Grundlagenausgabe. Neben dem kritisch konstituierten Text und einem ausführlichen editorischen Bericht über die zugrundegelegten Prinzipien sowie dem Nachweis aller Herausgebereingriffe bietet sie eine präzise Beschreibung der → Überlieferungs- und der → Entstehungsgeschichte des edierten → Werkes einschließlich der Dokumentation seiner Textgenese (d. h. eine Dokumentation aller authentischen Fassungen eines → Werkes und seiner Vorarbeiten).

Ausgabe, kritische Wissenschaftliche Ausgabe eines häufig nicht im Original überlieferten literarischen → Werkes, dessen authentischer Text auf der Basis der Dokumentation und Auswertung der Überlieferung nach textkritischen Prinzipien zu rekonstruieren versucht wird (→ Lese-; → Studienausgabe).

Ausgangstext Übersetzungswissenschaftliche Bezeichnung für den zu übersetzenden bzw. übersetzten Text, heute weitgehend anstelle des Begriffs eines ›Originals‹ gebraucht. Der Ausgangstext (AT) ist Teil der *Ausgangssprache* (AS), *Ausgangsliteratur* und *Ausgangskultur*.

Autobiographie Retrospektive und subjektzentrierte literarische Darstellung des eigenen Lebens, vom *Tagebuch* vor allem durch die Rückschau und die Öffentlichkeitsadressierung, von *Memoiren* durch die Konzentration auf Erfahrungen oder Entwicklungen der eigenen Person unterschieden. Der *autobiographische Roman* transponiert die Darstellung des eigenen Lebens des Autors in ein fiktionales Geschehen; er hat deshalb größere Lizenzen im Umgang mit faktischen und fiktiven Elementen (Beispiel: Karl Philipp Moritz, »Anton Reiser«; Andersen, »Nur ein Spielmann«).

Autograph Eigenhändige Niederschrift des Autors.

Autofunktion In Jurij Tynjanovs Ausprägung des → Russischen Formalismus der Bezug eines jeden Elementes des Textes zu anderen Sprachen (z. B. zur praktischen Sprache) und anderen kulturellen ›Reihen‹, z. B. zu anderen Künsten, zum Verlagswesen, zur Presse.

Autonomieästhetik Bezeichnung für ein ästhetisches Programm, das sich um 1800 mit der Etablierung des Literatursystems als eines eigenständigen, von anderen diskursiven und nicht diskursiven Praktiken und Wertbezügen unabhängigen gesellschaftlichen Handlungsbereichs durchsetzt. Es postuliert die Freiheit der Literatur von jedem außerliterarischen Zweck, weist ihr eine besondere Art der Erkenntnis zu und festigt das Bild des Künstlers als eines schöpferischen → Originalgenies. Das Autonomiepostulat führt zur Abgrenzung ›hoher‹ Literatur von ›niederer‹ Massenliteratur; im 20. Jahrhundert erlangt es besondere Bedeutung für die Literaturauffassung des → New Criticism und der ›textimmanenten‹ Interpretation.

Autopoiesis Die Rückbezüglichkeit der poetischen Darstellungsformen in den ästhetischen Konzepten von Formalismus, → Strukturalismus und → Systemtheorie.

Autor Der Verfasser (juristisch der Urheber) eines Werkes der Literatur, Kunst, Musik, Fotografie oder des Films. Traditionell wird der Autor gedacht als intentionales Subjekt, das einen bestimmten Sinn in seinen Text ›hineinlegt‹, der dann wieder aus ihm ›herauszulesen‹ ist. Ansätze des → Poststrukturalismus stellen diese individualisierende Subjektposition in der Literatur in Frage, behandeln den Autor nicht als Urheber, sondern als Effekt der Texte, verkünden den »Tod des Autors« (Roland Barthes) oder analysieren die klassifikatorischen Effekte der → Autorfunktion, die einer Gruppe von Texten ein konstantes Wertniveau, einen begrifflichen und theoretischen Zusammenhang, eine Kontinuität des Stils usw. zuschreibe (Michel Foucault). Vor allem Roland Barthes (»Der Tod des Autors«, 1977) und Michel Foucault (»Was ist ein Autor?«, 1979) haben den Begriff poststrukturalistisch und diskursgeschichtlich problematisiert. Beide bestimmen den »Autor« weniger als Person als vielmehr als »Ort«, an dem sich Texte kreuzen (Barthes), oder als »Funktion«, mit der sich bestimmte Diskurse steuern, verwalten und rezipieren lassen (Foucault). Das Konzept des Autors als des selbstmächtigen Schöpfers eines autonomen → Werkes konstituierte sich gegen Ende des 18. Jahrhunderts gleichermaßen juristisch, sozioökonomisch und ästhetisch, was nicht zuletzt in der Entstehung eines modernen Urheberrechts seinen Niederschlag fand. Spätestens seit diesem Zeitraum bildet der Bezug zum Autor eines der diskursiven Merkmale literarischer Texte, das in der Theorie und der künstlerischen Praxis der → Moderne (etwa → Ready-mades) und der Postmoderne grundlegend problematisch wird.

Autorenfilm → Film

Autorfunktion Michel Foucaults Begriff von der »Funktion Autor« bezieht sich nicht auf empirische Verfasser von Texten, sondern bezeichnet ein Prinzip, nach dem → Diskurse zusammengehalten und gruppiert werden und mit dessen Hilfe ihnen ein Ursprung und Bedeutung zugeschrieben werden. Die Zuschreibung »Autor« zu Texten variiert historisch und mit verschiedenen Diskurstypen.

Autorisation Ermächtigung, die der Autor einem Text gibt, der von ihm verfaßte und in der vorliegenden Form gewollte Text zu sein. Je nach der Art der Beteiligung eines Autors an der Entstehung des entsprechenden → Textzeugen läßt sich der *Autorisationsgrad* unterscheiden in Formen genereller (Druckerlaubnis), punktueller (Einzelkorrekturen) und delegierender (Einbeziehung von Helfern) Autorisation. Von aktiver Autorisation wird gesprochen, wenn der Autor einen Text nachweislich selbst geprüft hat, von passiver Autorisation, wenn er ihm nicht widersprochen hat.

Avantgarde Jeweils neue, mit den bestehenden ästhetischen Konventionen auf radikale Weise brechende künstlerische Richtung des 20. Jahrhunderts. Zur literarischen Avantgarde gehören aus heutiger Sicht Bewegungen wie Futurismus, Dadaismus und → Konkrete Poesie, deren Gemeinsamkeit im Zurückdrängen der Mitteilungsfunktion (→ Sprachfunktionen; → Organonmodell) der sprachlichen Mittel besteht.

Belletristik Bezeichnung für das gesamte Feld des fiktional-unterhaltenden oder ›schöngeistigen‹ Schrifttums, gelegentlich in abschätziger Bedeutung gebraucht, die seit dem 18. Jahrhundert in Abwandlung des französischen Begriffs der »belles lettres« gebräuchlich wurde. Dieser bezeichnete das Gebiet der schönen

Wissenschaften (Grammatik, Rhetorik, Poesie) im Gegensatz zu den »lettres humaines« (Schulwissenschaften).

Bild, poetisches Terminologisch nicht fest umrissener, zusammenfassender Ausdruck für → Metaphern und Vergleiche, die bildliche Elemente enthalten, sowie – allgemeiner – für die sprachliche Sichtbarmachung und Vergegenwärtigung von Anschauungen, Vorstellungen und Erkenntnissen.

Bildfeld Zugehörigkeit von → Metaphern und Metaphernkomplexen zu sprachlich und literarisch tradierten, offenen, oft variantenreichen Bildkomplexen; in der Bedeutung und Bedeutungsgeschichte komplexer Bildfelder (Zentralmetaphern) sind häufig sozial- und kulturhistorische Konstituenten menschlicher Welt- und Selbstverständnisse aufgehoben.

Biographie griech. »bios«: »Leben«, »graphein«: »schreiben«. Literarische Gebrauchsform, die zumeist mit dem Anspruch auf kritisch-objektive, den historischen Fakten verpflichtete Wirklichkeitsdarstellung vom Leben einer historischen Person berichtet.

Biographismus Bezeichnung eines literaturwissenschaftlichen Verfahrens, das einen Text allein oder überwiegend aufgrund von biographischen Fakten aus dem Leben des Autors verstehen will (zumeist abwertend gebraucht).

Blankvers Fünfhebiges, jambisch reguliertes und reimloses → Versmaß englischer Herkunft (außer als Versmaß in Gedichten auch als Dramenvers verbreitet).

Briefroman Sonderform des → Romans, die als Abfolge oder Wechsel von Briefen eines oder mehrerer fiktiver Korrespondenten(-innen) komponiert ist (bei nur einem fiktiven Briefschreiber ähnlich dem → Tagebuchroman). Die Blütezeit des europäischen Briefromans lag zwischen 1740 und 1820. Ich-Form, geringe zeitliche Distanz zwischen Erlebnis und Aufzeichnung sowie der offene Zukunftshorizont erlauben subtile Selbstdarstellung und fördern zugleich die Anteilnahme der Lesenden.

Briefsteller Lehrbuchartige Anleitung (seit dem 17. Jahrhundert) zum Schreiben formgerechter Briefe mit Regeln und Musterbriefen für alle erdenklichen Schreibanlässe. Vorläufer waren die mittelalterlichen »artes dictandi« (auch »dictaminis«) sowie die späteren deutschsprachigen Formular-, Kanzlei- und Sekretariatsbücher.

Bürgerliches Trauerspiel → Trauerspiel, Bürgerliches

Camouflage frz.: »Tarnung«. Bezeichnung für literarische Strategien, mittels derer ein Text eine verborgene, nicht von allen Lesern wahrnehmbare zweite Bedeutungsebene etabliert und Redeverbote, Tabus, Zensurvorschriften usw. unterläuft; intentionale Differenz zwischen Oberflächentext und Subtext.

Chirographie → Typographie

Choreographie griech. »choros«: »Tanzschar«, »Tanzplatz« und »graphein«: »schreiben«. Die schriftliche Fixierung von Tanzschritten in ihrer räumlichen Anordnung (wörtlich: »Tanznotation«); seit dem 17. Jahrhundert zunehmend auch als eigenständige Ausprägung einer → Dramaturgie.

Chronotopos griech. »chronos«: »Zeit« und »topos«: »Ort«. In Michail Bachtins Romantheorie Bezeichnung für eine Kombination literarischer Raum- und Zeitgestaltung, die jeweils für bestimmte Romanformen und Epochen typisch ist.

Code In der Informations- und Kommunikationstheorie eine Vorschrift für die Zuordnung eines Zeichenvorrats zu einem anderen, die die Übertragung von Informationen ermöglicht. In der Semiotik werden Codes als Grundlage für das Verstehen von Zeichen begriffen; aus dieser Perspektive kann ein literarischer Text als eine vom Autor codierte Information betrachtet werden. Seine *Decodierung* durch den Leser schafft dann nicht eigenständig etwas Neues, sondern entschlüsselt lediglich die bereits vorhandene Bedeutung.

Collage Ursprünglich Begriff der bildenden Kunst; als literarisches Verfahren Kombination heterogener sprachlicher Fremdmaterialien (→ Montage).

Comic strips Wörtlich: »komische (Bild-)Streifen«, Kurzform: »Comics«. Ursprünglich auf europäische Bilderbogen zurückgehende Bildergeschichten, die in der amerikanischen Presse zu Ende des 19. Jahrhunderts auftauchten und sich seither zu einer selbständigen literarisch-bildnerischen Kunstform der Popularkultur entwickelt haben, deren Möglichkeiten von trivialer Unterhaltung bis zu prononcierter Artifizialität reichen.

Commedia dell'arte Stegreifkomödie, mit Masken und Typenpersonal, Aufkommen im 16. Jahrhundert in Italien. Vier immer wiederkehrende Figuren: Pantalone (Kaufmann aus Venedig), Dottore (Arzt aus Bologna), Arlecchino und Brighella (zwei Diener aus Bergamo), später auch: Capitano (der spanische Liebhaber), Florindo und Isabella (die nichtmaskierten Verliebten), Colombina, Corallina (Dienerinnen). Kennzeichnend sind kurze Fabel- und Handlungsmuster mit Zwischennummern und feste Konventionen für die Aufführung. Molière und Goldoni entwickeln das Genre zur Typen- und Charakterkomödie weiter (Abschaffung der Masken). Im 20. Jahrhundert u. a. durch Max Reinhardt, Jean-Louis Barrault und Giorgio Strehler für das Theater wiederentdeckt.

copy-text Der unter pragmatischen Gesichtspunkten gewählte Ausgangstext für die Erstellung eines eklektischen kritischen Textes (*Mischtext*).

copy-text-theory Angelsächsisches Editionsverfahren mit dem Ziel der kritischen Rekonstruktion eines verlorenen Originals bzw. der Erstellung eines an der Autorintention orientierten *idealen Textes* (→ Text).

critique génétique In den siebziger Jahren des 20. Jahrhunderts begründete französische Forschungsrichtung, die sich anhand der Analyse und Interpretation literarischer Arbeitshandschriften mit der Genese literarischer Texte beschäftigt.

Gegenstand ihres Interesses ist nicht das Produkt eines Schreibprozesses (»écrit«), sondern dieser Prozeß selbst (»écriture«).

Cultural Materialism Textkritische Methode, die in Großbritannien von Terry Eagleton, Raymond Williams und in gewisser Nähe zu → Cultural Poetics entwickelt wurde. Ihr Ziel ist es, die Zusammenhänge zwischen staatlicher Macht und Kultur sichtbar zu machen und Möglichkeiten der Kritik und Subversion von Macht zu zeigen.

Cultural Poetics Die von Stephen Greenblatt als »Cultural Poetics« oder »New Historicism« bezeichnete literaturwissenschaftliche Methode begreift literarische wie nicht-literarische Texte als Teil der sozialen Praxis. Folglich verweist Literatur nicht nur auf die gesellschaftliche Realität und deren Machtstrukturen, sondern ist selbst an ihrer diskursiven Konstituierung beteiligt. »Cultural Poetics« sucht in den Texten nach den Spuren, die vom Austausch zwischen den literarischen und anderen kulturellen und sozialen Diskursen zeugen.

Decodierung → Code

decorum lat.: »das sich Ziemende« (synonym zu »aptum«). Insbesondere in der klassizistischen Horaz-Tradition zentrales rhetorisches Stilprinzip: die Angemessenheit von Stoff und Darstellungweise.

Definite Kennzeichnung Ein → singulärer Terminus der Form »derjenige (dasjenige) x, für den (das) gilt, daß p«.

Dekonstruktion Vor allem von Jacques Derrida und Paul de Man entworfene Strategie der → Lektüre, welche im Wiederholen eines Textes dessen Strukturbedingungen (vornehmlich binäre Oppositionen) herausliest und diese subvertiert, ohne aus ihnen auszubrechen. Die Praxis der Dekonstruktion (die darum eher mit diesem prozessualen Begriff bezeichnet werden sollte als mit dem statischen des *Dekonstruktivismus*) zielt darauf ab, erkenntnistheoretischen wie methodologischen Fundamenten (z. B. Kausalitätsprinzip) und essentialistischen Vorstellungen den Boden zu entziehen (→ Dezentrierung; → différance; → Lektüre).

Dekonstruktivismus → Dekonstruktion

Deuteragonist → Protagonist

Deviationspoetik → Abweichungspoetik

Dezentrierung Dem statischen Strukturbegriff des französischen → Strukturalismus setzt Jacques Derrida mit »Dezentrierung« das Modell einer Struktur entgegen, in dem die Bewegung der semiotischen → différance jede Konstruktion eines fixierbaren und alle Bestandteile hierarchisch organisierenden Zentrums ausschließt. – Im Kontext der abendländischen philosophischen Tradition: die Unmöglichkeit weiterer Setzungen solcher transzendentalen Signifikate.

Diachronie/Synchronie Während eine diachrone Untersuchung historisch ausgerichtet ist und nach den Veränderungen ihres Objekts im Laufe der Zeit fragt, untersucht eine synchrone Analyse dessen Struktur und Funktionieren zu einem bestimmten Zeitpunkt. So faßt die von Ferdinand de Saussure begründete strukturalistische Linguistik (→ Strukturalismus) Sprache erstmals als ein zu einer gegebenen Zeit funktionierendes System auf, ohne nach ihrer Geschichte zu fragen.

Dialogisch, Dialogizität In Michail Bachtins Theorie als Gegenbegriff zur → Monologizität die Konkurrenz verschiedener ›Stimmen‹ innerhalb einer Äußerung oder eines Textes, in denen sich miteinander unvereinbare soziale oder weltanschauliche Standpunkte ausdrücken.

Dichtung Auch »Poesie«: Voraussetzung und Gegenstand von Literaturbetrieb, Literaturkritik und Literaturwissenschaft (darunter des vorliegenden Bandes).

différance In Jacques Derridas Sprachtheorie markiert der Begriff, der durch die Schreibweise mit »a« hervorgehoben ist, die Radikalisierung von Saussures linguistischem Zeichenbegriff (→ Strukturalismus; → Semiotik), der von der rein relationalen Konstitution von Bedeutung im System der Sprache ausgeht. Mit der in der französischen Theoriedebatte erfolgten Ausweitung der ursprünglich linguistischen Terminologie auf die weiteren Bereiche von Literatur und Kommunikation, Subjektivität und Bewußtsein modifiziert der differenzielle Zeichenbegriff die Konzeptualisierung dieser Bereiche hin zu Modellen einer unabschließbaren Verweisbewegung, der Verzeitlichung und des Aufschubs (→ Präsenz; → Dekonstruktion; → Lektüre).

Differenzierung In der soziologischen Systemtheorie Niklas Luhmanns werden drei Haupttypen gesellschaftlicher Differenzierung unterschieden: *segmentäre Differenzierung*, die ein Nebeneinander relativ geschlossener Gebilde bezeichnet (Familien, Sippen, Stämme oder Nationen); *stratifikatorische Differenzierung* als ein hierarchisches Übereinander von sozialen Schichten (Beispiel: Ständegesellschaft); *funktionale Differenzierung*, in der Teilsysteme wie Politik, Wirtschaft, Recht effektive Strukturen zur spezialisierten Bearbeitung jeweils eines gesamtgesellschaftlichen Problems ausbilden. Sie entwickeln eine eigendynamische Selbststeuerung (→ Selbstreferentialität), durch die sie mit der Gesellschaft als ganzer und den jeweils anderen Teilsystemen nur noch mittelbar verbunden sind. So bildet sich im 18. Jahrhundert ein eigenständiges System ›Literatur‹ heraus, das von direkten religiösen, politischen oder erzieherischen Funktionsbezügen weitgehend abgekoppelt ist. Innerhalb des Systems formieren sich spezifische Rollen, in deren Rahmen einzelne Akteure am Systemprozeß teilhaben können: → Autor, Kritiker, Verleger, Publikum.

Digitalisierung Die Umwandlung von Daten und Informationen jeglicher Art, seien es akustische oder optische Signale, in eine schrittweise, voneinander getrennte (diskrete) Reihenfolge von Ziffern, wie sie ein Computer verarbeiten kann.

Diplomatischer Abdruck/diplomatische Abschrift Genaue Umsetzung einer Vorlage in moderne Drucktypen oder Schrift bei unveränderter Übernahme der räumlichen Anordnung der Zeichen aus dem Original.

Diskurs frz. »discours«, allgemein »Unterredung«, »Vortrag« oder »Abhandlung«. 1. In der Tradition der europäischen Aufklärung insbesondere ein wahrheitsuchendes philosophisches Gespräch (so auch bei Habermas). – 2. In der neueren literaturwissenschaftlichen Diskussion meist im Sinne der → Diskursanalyse Michel Foucaults Bezeichnung für eine historische Gesamtheit effektiv geschehener Aussagen, denen eine spezifische Regelhaftigkeit immanent ist. Foucault behandelt Diskurse nicht als Mengen von Zeichen, die etwas bedeuten, sondern als materielle Praktiken, die »systematisch die Gegenstände bilden, von denen sie sprechen«, und die sich bestimmen lassen über einen gemeinsamen Redegegenstand, über die Vorschriften und Konventionen, die festlegen, wie, von wem, mit welchen Begriffen und in welchen Medien über diesen Gegenstand gesprochen werden darf, sowie über ihre Beziehungen zu anderen Diskursen. Indem sie festlegen, was gesagt werden darf und was nicht, bringen Diskurse Machteffekte (insbesondere Ausschließungen) hervor und sind zugleich Ort von Machtkämpfen. Diskurse sind an Medien, Institutionen und materielle Apparate gebunden.

Diskursanalyse Diskursanalyse (im Sinne Michel Foucaults) fragt nach der Materialität und den Machteffekten historischer Aussageformationen; d. h. sie untersucht die Regelhaftigkeit und die Ausschließungsmechanismen von → Diskursen (etwa die Grenzziehung zwischen Wahnsinn und Vernunft). Dabei verfährt sie strikt antihermeneutisch und anti-›humanistisch‹: es soll keine sinnhafte Tiefendimension unter und kein (→ Autor-)Subjekt hinter den Aussagen aufgewiesen, sondern das Funktionieren des manifesten Diskurses beschrieben werden mit Hilfe von Kategorien wie Ereignis, Serie, Regelhaftigkeit und Möglichkeitsbedingung. In der literaturwissenschaftlichen Diskussion führten diskursanalytische Ansätze vor allem zur Problematisierung grundlegender Kategorien wie → Autor, → Werk, → Leser, Sinn, → Interpretation und → Kommentar.

Diskursmontage Narratives Verfahren vor allem in Romanen der klassischen → Moderne, in dem mehrere Figurenstimmen innerhalb eines Erzähltextes – mehr oder weniger frei von Vermittlung und Moderation durch einen Erzähler – gegeneinandergesetzt werden, einander durchdringen und insofern den Effekt der erzählerischen → Polyphonie erzeugen.

Dispositiv In der Terminologie Michel Foucaults eine machtstrategisch bestimmte Konstellation aus Elementen, die zu einem → Diskurs gehören (→ Wissen; → Episteme), und nicht-diskursiven Praktiken. (Beispiel: das Zusammenspiel von literarischen Institutionen, pädagogischem Diskurs und bildungspolitischen Richtlinien zur Etablierung bestimmter literarischer Texte als Schulbuchlektüre in der zweiten Hälfte des 19. Jahrhunderts).

Distichon Ein → Strophenmaß, das aus einem → Hexameter und einem → Pentameter zusammengesetzt ist.

Divination Zentraler Begriff der → Hermeneutik-Konzeption Friedrich Schleiermachers: Divinatorisches Verstehen, für welches die ursprüngliche Wesensgleichheit unterschiedlicher Individualitäten konstitutiv ist, vollzieht sich als intuitives, ›einfühlendes‹ Erfassen von Text-Bedeutungen.

Dokudram → Fernsehspiel

Dolmetschen Bezeichnet das mündliche Übersetzen in Abgrenzung zur schriftlichen Übersetzung. Noch bis ins 19. Jahrhundert stand »dolmetschen« synonym für »übersetzen« (seit Luthers »Sendbrieff [...] Von Dolmetzschen«).

Drama Neben → Lyrik und → Epik eine der von Goethe als → Naturformen bezeichneten drei Hauptgattungen der Dichtung. Konstitutiv ist die auf dem (weder durch einen → Erzähler noch ein → lyrisches Ich vermittelten, sondern durch Schauspieler auf einer Bühne vergegenwärtigten) → dramatischen Dialog aufgebaute Struktur. Im weiteren Sinne Sammelbezeichnung für Schauspiele aller Art.

Dramatischer Dialog Dialogform, in der die appellative Sprachfunktion (→ Sprachfunktionen) zwischen den Dialogpartnern vorherrscht, konstitutiv besonders für das klassische → Drama.

Dramaturgie Seit Lessings »Hamburgischer Dramaturgie« bezeichnet der Begriff (ausgehend von der »Poetik« des Aristoteles) 1. die Kompositionsprinzipien des Dramatischen, 2. die Theorie der Wirkungsgesetze und Techniken des Dramas, 3. in der Theaterpraxis die Tätigkeit des Dramaturgen.

drame statique, statisches Drama In der Dramaturgie Maurice Maeterlincks Bezeichnung für Dramen des → Symbolismus im Theater der Jahrhundertwende ohne psychologische Konturierung der Helden, Dialog, Handlung. Ziel ist der Versuch, hinter dem Alltag verborgene Schicksalsmächte sichtbar zu machen und den menschlichen Akteur als Marionette dieser Mächte darzustellen.

écriture → Schrift

écriture féminine In der französischen feministischen Theorie (Hélène Cixous, Luce Irigaray) geprägter Begriff, der eine der »männlichen« entgegengesetzte Schreibweise zu kennzeichnen versucht. Ausgangspunkt ist zumeist eine Theorie der → Psychoanalyse, die der frühen Einheit mit der Mutter oder der weiblichen Körpererfahrung eine »weibliche« Form der Artikulation zuordnet. Generell werden durch die »écriture féminine« statt der literarischen Inhalte diejenigen Ausschlußverfahren kenntlich gemacht, die in der allgemeinen, »männlichen« Sprachordnung »andere« Formen der Erfahrung und der Artikulation unmöglich machen (→ Weibliches Schreiben).

Edition, wissenschaftliche Wissenschaftlich reflektierte und kontrollierte Herausgabe eines → Textes. Editionsziel der *textkritischen Edition* ist die Rekonstruktion des Originals. Dagegen bietet die *überlieferungsgeschichtliche Edition* einen oder mehrere nachweisbar gelesene Texte in möglichst unveränderter individueller Gestalt. Dieser Editionstyp bietet sich bei »unfesten« Texten an, die häufig nicht durch ein Autorbewußtsein konsistent gehalten wurden und durch ihren vielfachen Gebrauch mit unterschiedlicher Zweckbestimmung eine offene Überlieferungsform aufweisen, d. h. in zahlreichen Textmutationen und verschiedenen Redaktionen auftreten. Eine *elektronische Edition* verwendet als → Textträger anstelle eines Buchs elektronische Medien. Der Schwerpunkt einer *textgenetischen Edition* liegt auf der Darstellung der Entstehung des Textes; → Ausgabe.

Einakter Bühnenstück in einem Akt, zumeist ausschnitthaft konzipiert: dargestellt wird eine Situation statt einer Handlung.

Einbürgernde Übersetzung Nach Schleiermacher diejenige Übersetzungsmethode, bei der der Übersetzer »den Leser möglichst in Ruhe« läßt und »den Schriftsteller ihm entgegen« bewegt, in der also der Ausgangstext der Zielliteratur angepaßt wird (→ Akzeptabilität), um wie ein Originaltext der Zielliteratur zu wirken (Gegensatz: → Verfremdende Übersetzung).

Einheiten, aristotelische Die »drei Einheiten«, die in der normativen Rezeption der aristotelischen »Poetik« vom Drama gefordert werden: Einheit der Zeit (unterschiedlich definierte Begrenzung des Handlungszeitraums: 12 oder 24 Stunden, bei Corneille auch 30 Stunden), Einheit des Ortes (schwankend zwischen der Eingrenzung auf einen Saal oder eine Stadt), Einheit der Handlung (klare Unterscheidung von schlüssig-stringenter Haupthandlung und untergeordneten Episoden). Nur die letztere ist bei Aristoteles erörtert, die »drei Einheiten« werden erst in der italienischen Renaissance-Poetik (in der aufklärerischen Dramentheorie in Deutschland vor allem durch Gottsched) als Grundprinzip rationalistischer → Regelpoetik festgeschrieben.

Einstellung Neben dem Einzelbild die Grundeinheit des Films: ein jeweils zusammenhängend belichtetes, ungeschnittenes Stück Film; auch die Beschreibung des jeweiligen Bildausschnitts und -inhalts.

Einstellung auf die Sprache Angelehnt an die Wahrnehmungstheorie der → Phänomenologie, bezeichnet der Begriff im → Russischen Formalismus die gezielte Lenkung der Aufmerksamkeit des Rezipienten insbesondere auf die poetische Sprache (→ Sprachfunktion). Dieser Gedanke wurde in → Strukturalismus und → Systemtheorie weiterentwickelt zu den Konzepten der → Selbstreferentialität und → Autopoiesis der poetischen Rede.

Elegie In der Gattungslehre entweder ein → Gedicht klagenden Charakters oder (im engeren Sinne) ein aus → Distichen in beliebiger Anzahl zusammengesetztes Gedicht.

eleos → *Katharsis*

Ellipse 1. In der Rhetorik und Stilistik Bezeichnung für eine Verkürzung durch Auslassung eines mehr oder weniger eindeutig ergänzbaren Redeteils. Eine *deiktische Ellipse* ist eine eigens als Auslassung hervorgehobene, etwa explizit kommentierte oder durch Interpunktion markierte Ellipse, eine *Aposiopese* das Abbrechen eines Satzes. – 2. In der → Narratologie Bezeichnung für die Auslassung von Ereignissen in der → narration; den Sonderfall der Auslassung von Fakten innerhalb einer Handlung nennt Gérard Genette *Paralipse*. Genette unterscheidet *implizite* (unmarkierte) und *explizite* (markierte) sowie zeitlich bestimmte und unbestimmte narrative Ellipsen. In manchen → Genres ist das elliptische Vorenthalten von Informationen geradezu gattungsprägend (z. B. im Detektivroman).

Emblem/Emblematik Bild und Text verbindende Kunstform mit dreiteiligem Aufbau: Bild (»pictura«, »imago«), Motto (»lemma«, »inscriptio«) und Epigramm (»subscriptio«); im sinnfälligen Bildprogramm Lebewesen, Gegenstände, mythologische, geschichtliche und biblische Szenen oder Figuren, während das kurzgefaßte Motto im oder über dem Text und das Epigramm in Versen oder in Prosa unter dem Bild erscheint; im 16. und 17. Jahrhundert bildete die Emblematik mit ihrer charakteristischen Bild-Text-Verknüpfung eine literarisch-künstlerische Gattung mit weitverbreiteter und verzweigter Tradition (Emblembücher, Emblemliteratur) sowie nachhaltigem Einfluß auf die Bildlichkeit dichterischer Sprache.

Emblematik → Emblem

Emendation lat. »emendatio«: »Verbesserung«. In der Editionswissenschaft die Korrektur eindeutiger Fehler des überlieferten Textes durch den Herausgeber. Die Grenze zur → Konjektur ist nicht immer scharf zu ziehen.

Empirische Literatursoziologie Richtung der soziologisch ausgerichteten Literaturwissenschaft. Sie untersucht mit Methoden der empirischen Sozialforschung diejenigen Interaktionsprozesse, die das Handeln der an der Institution Literatur Beteiligten regeln – etwa Produktions-, Reproduktions- und Distributionsverhältnisse, die soziale Rolle des → Autors, Zusammensetzung des Publikums, die Funktionen literarischer Produkte im gesellschaftlichen Leben.

Empirische Literaturwissenschaft Eigenständige Richtung der Literaturwissenschaft, die sich nicht mit der ästhetischen Qualität von Texten, sondern ausschließlich mit ihren kommunikativen Funktionen, Voraussetzungen und ›Rahmenbedingungen‹ beschäftigt und Methoden der empirischen Sozialforschung auf die Analyse von Texten und ihrer Rezeption anwendet.

Endreim Form des → Reimes, für gewöhnlich am Versende, bei der die auslautenden Vokale und Konsonanten vollständig (»reiner Reim«) oder annähernd (»unreiner Reim«) übereinstimmen.

Enjambement → Zeilensprung

Entautomatisierung In der Theorie des → Russischen Formalismus diejenige Wirkung der poetischen Sprache, welche die durch Gewöhnung hervorgerufene »Nichtwahrnehmbarkeit« der Wirklichkeit sowie der Sprache durch Verfahren der »Verfremdung« aufhebt (Viktor Šklovskij: »den Stein wieder steinern machen«).

Entstehungsgeschichte (eines Textes) Die Geschichte eines Textes bis zu seiner Fertigstellung (→ Überlieferungsgeschichte). Im Unterschied zur *Textgenese* umfaßt die Entstehungsgeschichte nicht nur die schriftlich fixierte Entwicklung von Fassung zu Fassung, sondern unter Einbeziehung anderer Zeugnisse alle für die Entwicklung des Textes relevanten Faktoren von der ersten Anregung bis zu den Bedingungen der letzten Korrektur.

Epik Neben → Lyrik und → Drama eine der von Goethe als → Naturformen bezeichneten drei Hauptgattungen der Dichtung. Konstitutiv für sie ist die Darstellungsfunktion der Sprache (→ Sprachfunktion; → Organon-Modell), mit der ein zumeist fiktives Geschehen (→ Fiktion) narrativ in Versen (→ Epos) oder Prosa (→ Roman, Erzählung, Novelle) dargestellt wird.

Episches Theater Die im 20. Jahrhundert von Erwin Piscator und Bertolt Brecht konzipierte Theorie und Praxis des »epischen Theaters« bestimmt sich ausdrücklich als »nicht-aristotelisch«. Im Zentrum stehen die anti-illusionistische Darstellung eines Geschehens durch → Verfremdung u. a. mit Hilfe epischer Darstellungsmittel, die der Illusionswirkung und »Einfühlung« entgegenstehen, Distanz und Reflexion ermöglichen, die also das »Bekannte seiner Vertrautheit entziehen und so als veränderbar darstellen sollen« (Bertolt Brecht). Große Bedeutung hat die Schauspieltechnik des vorzeigenden (und sich selbst explizit reflektierenden) Spiels, des »Gestus«, in dem der Handlungsverlauf etwa als »Beiseite-Sprechen« erläutert und kommentiert wird.

Epistel, poetische Nach antiken Mustern (Horaz, Ovid) gestaltetes Briefgedicht, das an eine bestimmte reale oder fiktive Person gerichtet, aber wegen seines allgemeinen (belehrenden, moralisch-philosophischen, ästhetischen, satirischen) Inhalts einem größeren Leserkreis zugedacht ist. Als Versformen werden → Hexameter, → Alexandriner und jambische Verse (letztere mit und ohne Reim) benutzt. Besonders beliebt im 17. und 18. Jahrhundert.

Episteme griech. etwa: »Wissen«, »Einsicht(-sfähigkeit)«. Von Michel Foucault terminologisch verwandte Bezeichnung des für eine Epoche charakteristischen Denkschemas, mit dem Wissen hervorgebracht, organisiert und verarbeitet wird. Kennzeichnend zum Beispiel für die »Klassik« genannte Epoche war nach Michel Foucault die Episteme »Repräsentation«, die Alltagswissen, Philosophie und Naturwissenschaften gleichermaßen bestimmt hat.

Epos griech.: »Wort, Erzählung«; auch »Epopöe«. Narrative Großform in Versen mit zumeist additiver Darstellung der Ereignisse und Verzicht auf Problematisierungen der erzählten Welt- und Werteordnung. In der folgenreichen Unterscheidung Hegels zwischen Epos und → Roman erscheint das Epos als (zunächst kollektiv hervorgebrachte, vom Kollektiv oder seiner Vorgeschichte handelnde und ans Kollektiv adressierte) Darstellung der »gesamte[n] Weltanschauung und Lebenswirklichkeit eines Volksgeistes«. Vor allem im 18. und 19. Jahrhundert werden in der deutschen Literatur von einzelnen Autoren Konzepte des antiken Epos (namentlich Homers und Vergils) wieder aufgegriffen (Voß, Goethe).

Erhabenes Ästhetischer Komplementärbegriff zum »Schönen«, der sich im Gegensatz zur »Schönheit« nicht auf die formal-stoffliche Beschaffenheit einer Dichtung bezieht, sondern deren Affektwirkung auf den Hörer oder Leser thematisiert. Der um 40 n. Chr. im anonymen griechischen Traktat »Peri Hypsous« geprägte Begriff wurde hauptsächlich durch Boileau in die neuzeitliche → Ästhetik eingebracht und hat insbesondere im 18. Jahrhundert (bei Burke, Kant, Schiller) die Diskussion um die ethische Dimension der Kunst entscheidend beeinflußt.

Erlebnislyrik Vom jungen Goethe zuerst praktiziertes Konzept der → Lyrik, bei dem im Gegensatz zur älteren → Gesellschaftslyrik des 17. und 18. Jahrhunderts und zur → Absoluten Poesie privates Erleben und Empfinden zum Ausdruck kommt oder als solcher Ausdruck inszeniert wird.

Erlebte Rede Auch franz. »style indirect libre«, engl. »free indirect style«. Form der indirekten Wiedergabe mentaler Zustände oder Vorgänge der Figur einer Erzählung; kann sowohl dem → Erzähler als auch der Figur zugeschrieben werden, weil sie grammatische Kennzeichen indirekter (episches → Präteritum, 3. Person) wie auch direkter Rede (syntaktisch unabhängig, Indikativ, nicht von Redeankündigungen abhängig) aufweist. Erlebte Rede ist leicht zu erkennen, wenn deiktische oder stilistische Signale auf die → Perspektive der Figur hinweisen, andernfalls läßt sie sich nur aus dem Kontext erschließen.

Erwartungshorizont Ein von Hans Robert Jauß 1970 in die Literaturwissenschaft eingeführter Begriff, der 1. bezeichnen kann, daß in jedem Text bestimmte Erwartungen über seine Aneignung enthalten sind, und sich 2. auch auf das lesende Publikum übertragen läßt und dann die Gesamtheit der (etwa aus bisheriger Leseerfahrung abgeleiteten) Erwartungen bezeichnet, mit denen Leser an die Lektüre eines neuen Textes herangehen (→ Horizontverschmelzung).

Erzähler Die vermittelnde Instanz zwischen dem (erzähllogisch stets vom Erzähler verschiedenen) → Autor als dem realen Urheber eines erzählenden Werkes (→ narration) und der erzählten Geschichte (→ histoire) sowie zwischen Geschichte und Leser. Der Erzähler kann als Figur im Erzähltext in der ersten Person hervortreten und an den Ereignissen der von ihm erzählten Geschichte teilhaben *(Ich-Erzähler)*; er kann sie – in der dritten Person – *auktorial* kommentieren, sich aber auch »unsichtbar« machen, indem er als narrative Instanz auf besondere Kennzeichen des Erzählens verzichtet; → Perspektive; → Erzählfunktion; → Erzählsituationen.

Erzählgrammatik Der russische Erzählforscher Vladimir Propp hat in seinen Analysen von Zaubermärchen festgestellt, daß sie alle in einer bestimmten Weise »funktionieren«, sich wie ein einzelner Satz in »Funktionen« zerlegen lassen; so konnte er in seiner »Morphologie des Märchens« eine »Grammatik« der russischen Zaubermärchen erstellen. Darauf aufbauend hat die spätere strukturalistische → Narratologie versucht, ein universelles Strukturmodell aller oder eines spezifischen Korpus von Erzählungen zu rekonstruieren, das analog den fundamentalen Strukturen der Sprache organisiert sein sollte: »Von der Struktur her deckt sich die Erzählung mit dem Satz, ohne jemals auf eine bloße Summe von Sätzen reduzierbar zu sein: die Erzählung ist ein großer Satz, genauso wie jeder konstitutive Satz gewissermaßen der Entwurf einer kleinen Erzählung ist. In der Erzählung stößt man [...] auf die wesentlichen Kategorien des Verbs (Zeiten, Aspekte, Modi, Personen).« (Barthes) Erzählforscher wie Roland Barthes, Tzvetan Todorov und Algirdas J. Greimas zeigen, wie der Inhalt einer Erzählung sich in grundlegende Einheiten (Funktionen und Aktanten) aufgliedern läßt, welche sich ihrerseits auf grundlegende Oppositionen (z. B. gut/böse; tot/lebendig) zurückführen lassen. Die Repräsentationen solcher abstrakten Konzepte der Tiefenstruktur in Funktionen (befreien/vernichten) und Aktanten (Held/Bösewicht) auf der Textoberfläche werden durch narrative Transformationsregeln organisiert (→ Aktantenschema).

Erzählfunktion Von Käte Hamburger etablierte Bezeichnung für die vermittelnde narrative Instanz in Er/Sie-Erzählungen (im Unterschied zum »Erzähler«, den sie mit dem Ich-Erzähler identifiziert). Die Erzählfunktion tritt weniger personalisiert in Erscheinung als ein Ich-Erzähler, sie ist in sprachlichen Besonderheiten des Erzählerberichts, in Kommentaren oder direkten Leseranreden greifbar; → Erzähler; → Präteritum, episches.

Erzählsituationen Franz K. Stanzel unterscheidet die drei »typischen Erzählsituationen« durch (1) einen *auktorialen* Erzähler (Kennzeichen: allwissende Übersicht), (2) einen *personalen* Erzähler (Kennzeichen: Sicht aus dem Blickwinkel einer Figur) und (3) einen *Ich*-Erzähler (der Erzähler ist eine der Figuren). Dieses Konzept wurde kritisiert wegen seiner Vermischung der Fragen nach der → Perspektivierung einer Erzählung und dem narrativen Akt selbst. Gérard Genette differenziert daher nach den beiden Parametern → Fokalisierung und Narration (*homodiegetische Narration*: der Erzähler ist eine Figur in der Geschichte; *heterodiegetische Narration*: der Erzähler kommt nicht in der Geschichte vor).

Erzählung 1. Gattungstheoretischer Oberbegriff für Texte, die (im allgemeinen → fiktionale) Handlungen und Geschehnisse in Versen (→ Epos, Ballade) oder → Prosa darstellen (im letzteren Fall bezeichnet »Erzählung« häufig auch einen narrativen Text von geringerem Umfang und geringerer Komplexität als der → Roman). – 2. Narratologischer Terminus: mehrdeutige Bezeichnung einerseits für die Ebene der → *histoire* (im → Russischen Formalismus: der *Fabel*), aus der sich unterschiedliche Formen der narrativen Aktualisierung und Vermittlung im Sinne der → *narration* (im Sinne von *discours*, im → Russischen Formalismus: *szujet*) generieren lassen, die dann im aktuellen Erzählvorgang (der *narration* im engeren Sinne) mitgeteilt werden; Erzählungen im Sinne dieser allgemeinen Narratologie können sowohl Erzähltexte im gattungsspezifischen Sinne von 1. sein als auch andere literarische Darstellungen von Geschehen (etwa Dramen oder Filme).

Evolution, literarische Von Jurij Tynjanov ausformulierte Literaturtheorie des → Russischen Formalismus, die davon ausgeht, daß jedes literarische → Werk und der literarische Zusammenhang, in den es gehört, als System aufzufassen sind. Bedeutung erlangen die einzelnen Elemente des Werkes oder das Werk selbst durch die Differenzqualität zu anderen Elementen oder Werken innerhalb des Systems. Die Beziehungen der Werke aufeinander, die ihre Funktion innerhalb des Systems bestimmen, unterliegen der Veränderung hinsichtlich der Stellung des Werkes wie auch der Entwicklung der Gattungen, die entweder eine »zentrale« oder »peripherale« Position einnehmen und damit entweder innovativ oder »automatisiert« wirken können. Literatur hat danach ihre Geschichte in der stetigen Abfolge formaler → Innovationen, in der ästhetische Modelle immer wieder durch neue abgelöst werden (→ Geschichtsphilosophie, ästhetische).

Exegese griech. »exegesis«: »Auseinandersetzung«, »Erklärung«. Bezeichnung für die Auslegung von Texten, insbesondere solcher mit Verkündigungs- oder Gesetzescharakter (Bibel, juristische Schriftwerke, selten Werke literarischen Inhalts). In der Literaturwissenschaft ist der Begriff weitgehend durch den der → Interpretation ersetzt worden.

Existenzaussage Aussage der Form »es gibt mindestens ein x, für das gilt, daß p«.

Existenzial In der Existenzphilosophie Martin Heideggers Bezeichnung für die »Seinscharaktere des Daseins« als allgemeine Grundstrukturen des Menschseins (im Unterschied einerseits zur *existenziellen* Situation des Menschen, die sich aus einer bestimmten Lebenssituation ergibt, andererseits zu den *Kategorien* als den Seinsbestimmungen des nicht daseinsmäßig Seienden).

Explikation Semantische Analyse eines Begriffs, gleichbedeutend mit einer Definition des entsprechenden Phänomens.

Fabel (fabula) 1. Als narratologischer Begriff: In der Terminologie des → Russischen Formalismus Bezeichnung für die narrative Ebene der → histoire (Gegensatz: »szujet«; → narration). – 2. Als Genre: Lehrhafte, kurze Beispielerzählung, zumeist von Tieren als Verkörperungen menschlicher Typen oder Eigenschaften, mit einer zumeist am Schluß explizit formulierten moralischen Sentenz.

Faksimile Exakte (meist fotomechanische) Reproduktion eines Originals.

faktual lat. »factum«: »Geschehen«, »Tatsache«. Von Gérard Genette etablierte Bezeichnung für diejenigen narrativen Texte, die den Anspruch erheben, »wirklich Geschehenes« wiederzugeben (etwa mündliche oder briefliche Alltagserzählung, Zeitungsnachricht, Geschichtsschreibung); Gegenteil: → fiktional; → fiktiv.

falsches Bewußtsein Marx und Engels bestimmen »Ideologie« als »notwendig falsches Bewußtsein«, da sie stets die Lebensbedingungen und Interessen einer bestimmten sozialen Klasse widerspiegele; nur eine dialektisch-materialistische Sichtweise vermöge die tatsächlichen Widersprüche von Klassengesellschaften aufzudecken. Diese Konzeption spielt eine wichtige Rolle für die marxistische Ästhetik, in neuerer Zeit besonders für die Überlegungen Theodor W. Adornos und Frederic Jamesons.

Fassungen Voneinander abweichende vollendete oder nicht vollendete Ausführungen eines → Werkes.

Feature Wörtlich: »Aufmachung«. Im englischen Sprachraum allgemein ein längerer Spielfilm oder der Hauptfilm eines Kinoprogramms. Im deutschen Gebrauch seit etwa 1945 die möglichst pointierte und anschauliche Aufmachung einer Information vor allem in Presse, Hörfunk und Fernsehen. Von der Dokumentation unterscheidet es sich durch die bewußte Abwechslung in den Mitteln und die Anlage auf Effekte hin, von der → Reportage durch den geringeren Grad an Subjektivierung.

Feld Die soziologische Theorie Pierre Bourdieus geht davon aus, daß sich in der → Moderne eine Ausdifferenzierung von eigenständigen Handlungsbereichen mit jeweils eigenen Regeln und Legitimitätsnormen vollzieht (Wissenschaft, Literatur, Wirtschaft, Politik, Religion usw.). Diese verschiedenen gesellschaftlichen Felder strukturieren sich nach Macht- und Einflußbeziehungen, die sich aufgrund der unterschiedlichen Verteilung von → Kapital konstituieren. Das literarische Feld erscheint seit dem 19. Jahrhundert um zwei Pole gruppiert: ›hohe‹ Literatur, bei der das Hauptinteresse der Beteiligten eher auf »symbolisches Kapital« gerichtet ist (Ruhm, »guten Namen«), und ›niedere‹ Literatur, die vor allem kommerziellen Massenerfolg anstrebt.

Fernsehspiel Analog zum Begriff Hörspiel gebildet, bezeichnet der Begriff entsprechend zunächst vor allem die Einrichtung von Dramatik, Epik und Hörspiel für das Fernsehen, dann auch die Entwicklung originärer Stoffe und fernsehspezifischer Darstellungsformen. In der zunächst vornehmlichen Orientierung an Mitteln des Theaters und sparsamen Verwendung des Spektrums filmischer Möglichkeiten hat es sich als eine genuin deutsche Variante als filmische Form mit besonderem künstlerischen Anspruch entwickelt; heute weitgehend historisch. Stattdessen haben sich, zumeist orientiert an angelsächsischen Vorbildern, auch in Deutschland andere Formen etabliert, vom Dokudram(a) (»semi-documentary«, Mischung dokumentarischer und fiktionaler Elemente) über → Feature, Situationskomödie (»sitcom«), bis zu »tv-drama« und »soap opera« (in kurzen Abständen und über längere Zeiträume gesendete Fortsetzungsgeschichten mit zumeist ›kollektiven‹ Helden, etwa Familiengeschichten).

Feuilleton frz. wörtlich: »Blättchen«. – 1. Eine Zeitungssparte (Kulturteil) mit den unterschiedlichsten Elementen wie Interview, Rezension, Porträt, Glosse, Fortsetzungsroman usw. Als Sparte geht es auf die 1800 von Abbé Geoffroy im »Journal des Débats« eingeführte Annoncenbeilage zurück, rapide Ausbreitung fand es in Europa ab etwa 1850. Im deutschsprachigen Raum wurde es meist durch einen fortlaufenden Balken im unteren Teil des Blattes von der übrigen Zeitung abgetrennt (»unterm Strich«). – 2. Ein literarisch-journalistisches Genre: kurze Texte, die heiter-ironisch und betont unterhaltsam eher unscheinbar-alltägliche Anlässe erörtern. Abschätzig wird »Feuilletonismus« im Sinne oberflächlich-belangloser, geschwätziger Virtuosität gebraucht (am entschiedensten bei Karl Kraus).

Feuilletonismus → Feuilleton

Figur 1. In der Rhetorik Bezeichnung für eine bewußte Abweichung vom gewöhnlichen Sprachgebrauch, die die ästhetische Gestaltung eines Textes steigern und seine Wirkung verstärken soll. Zu unterscheiden sind *Wortfiguren* und *Gedankenfiguren*. Während die Wortfiguren unmittelbar die Wortbedeutung betreffen (→ Metapher; → Metonymie; → Allegorie), eine Abweichung von der grammatischen Norm darstellen (→ Ellipse, Wiederholungen) oder die Stellung im Satz verändern (Inversion), organisieren Gedankenfiguren eine bestimmte Art der Gedankenführung, ohne daß der Wortlaut selbst unmittelbar wichtig wäre (Beispiel: Antithese). – 2. Person in fiktionalen Texten.

Figuraldeutung → Typologie

Fiktion lat. »fictio«: »Erfindung«, »Erdichtung«. Fiktional sind diejenigen → narrativen (auch dramatischen) Texte, die keinen Anspruch auf Referenzialisierbarkeit (Fundierung in empirisch-wirklichem Geschehen) erheben, die also erzählen, »was möglich« oder vorstellbar ist (Aristoteles, »Poetik«), ihren fiktionalen Status durch bestimmte textuelle, kontextuelle und → paratextuelle Signale (z. B. episches → Präteritum; → Genre-Kennzeichnung als → Märchen oder → Roman) anzeigen und insofern mit einer entsprechenden Lesehaltung und Erwartung (»suspension of disbelief«) rechnen dürfen (→ fiktiv; Gegenbegriff: → faktual). – Im Englischen ist »fiction« gleichbedeutend mit erzählender Prosadichtung, deren jeweiliges → Genre durch inhaltliche Kriterien näher bestimmt wird (»Science Fiction«, »Mystery Fiction«, »Pulp Fiction« usw.).

fiktiv Ereignisse und Figuren in literarischen Werken gelten als fiktiv (»erfunden«), sofern sie als Elemente einer nichtwirklichen (»möglichen«) Welt in einem fiktionalen Text erscheinen, bzw. nicht vorgeben, Teil der Leserwelt zu sein.

Fiktive Welt Die von einem Autor imaginierte und in einem narrativ-fiktionalen Text dargestellte erzählte Welt, die aus zumeist erfundenen Figuren, Situationen und Ereignissen besteht und durch eigene, von der realen Wirklichkeitserfahrung mehr oder weniger abweichende Regeln und Gesetze bestimmt wird.

Fiktivität → fiktiv

Film 1. Der materielle Träger für lichtempfindliches Aufnahmematerial (engl. »film«). – 2. Das reproduzierbare Wiedergabematerial für Bewegungsbilder, d. h. eine Mediengattung (engl. »movie«). – 3. Das soziale und technische System zur Herstellung projizierbarer Bewegungsbilder (engl. »cinema«, »the movies«), im Unterschied zum Kino als dem Begriff für das soziale und technische System der Projektion und Rezeption. – Für das Verhältnis von Film und Literatur sind folgende Aspekte besonders häufig diskutiert worden: Film und Kino können Gegenstand literarischer oder theoretischer Texte sein; spezifische Eigenschaften des Films können in literarischen Texten imitiert oder simuliert werden (»filmische Schreibweise« etwa in → Montage, Überblendung, Vogelperspektive, Zeitlupe und -raffer usw.); der Film ist eine mögliche Verwertungs- oder Rezeptionsform von Literatur (»Literaturverfilmung«); der Film hat spezifische Formen der kollektiven Autorschaft entwickelt (→ Autor), die durch ein hohes Maß an Anonymität, Arbeitsteiligkeit und Transitorik des Schaffens geprägt ist (der Versuch einer Gegenbewegung ist seit den sechziger Jahren der »Autorenfilm« mit dem Versuch der Fusion von Produktion, Buch und Regie).

Filmerzählung Erzählung, die als Vorlage für einen Film konzipiert ist.

filmische Schreibweise → Film

Fixierung Psychoanalytische Bezeichnung für ein unbewußtes Festhalten an Einstellungen, Vorstellungen, Wünschen, die dem frühen Kindesalter entstammen.

Flugblätter Seit dem ausgehenden 15. Jahrhundert nachgewiesen. Meist ein- oder zweiseitige Drucke in Text und/oder Bild überwiegend sensationellen, weltanschaulich-missionarischen oder politischen Inhalts, an breite Leserschichten gerichtet. Analog eingesetzte Texte größeren Umfangs werden als »Flugschriften« bezeichnet.

Flugschriften → Flugblätter

Fokalisierung In der Terminologie Gérard Genettes Bezeichnung für den Grad der Einschränkung der → Perspektive innerhalb einer → Erzählung. Teilt der Erzähler mehr Informationen mit als der Figur bekannt sein können, so ist diese Stelle unfokalisiert (*Nullfokalisierung*: »allwissender Erzähler«). Erhält der Leser die Informationen aus der inneren Sicht einer Figur (dies ist auch in der dritten Person möglich), so ist die Erzählung an der betreffenden Stelle *intern fokalisiert* (»personal« erzählt). Gibt es mehrere interne Fokalisierungszentren, aus denen das erzählte Geschehen abwechselnd wahrgenommen wird, liegt eine *variable Fokalisierung* vor. *Multiple Fokalisierung* bezeichnet die aufeinander folgenden Darstellungen eines Ereignisses aus den Blickwinkeln mehrerer Figuren. Eine Erzählpartie, in welcher der Erzähler weniger weiß als die Figuren seiner Erzählung, in der er keinen Einblick in deren Wahrnehmungsweisen hat, ist *extern fokalisiert* (»neutral«). Besonders in modernen Erzähltexten variieren die Fokalisierungen häufig; → Erzählsituation.

Formalismus, Russischer Zwischen 1915 und 1930 in Rußland entwickelte, der zeitgleichen künstlerischen → Avantgarde entsprechende Literatur-, Film- und Kunstkonzeption, die sich gegen vorherrschende biographische (→ Biographismus), psychologische, soziologische und philosophische Betrachtungsweisen der Literatur wandte, um ihrerseits eine literatur- und kunstspezifische Theorie und daraus abgeleitete Methoden der Analyse von literarischen Kunstwerken zu entwickeln. Die Formalisten suchten die → Form-Inhalt-Dichotomie durch die Betrachtung des Kunstwerks als etwas »Gemachtem« zu überwinden. Im Mittelpunkt ihres Interesses stand insofern weniger das einzelne literarische Werk als vielmehr die Frage nach den allgemeinen Kennzeichen von → Literarizität. Erst zur Klärung dieser Frage dienten die einzelnen Werke, die als »die Summe aller darin angewandten stilistischen Mittel« (Viktor Šklovskij) aufgefaßt wurden. Forschungsgeschichtlich ist die Fernwirkung des Russischen Formalismus und des ihm verwandten Prager → Strukturalismus auf den Strukturalismus der sechziger Jahre und die nachfolgenden Literaturtheorien von größter Bedeutung. – Seit den dreißiger Jahren wurde der Begriff »Formalismus« in der marxistischen Ästhetik weithin abwertend gebraucht.

Form-Inhalt-Dichotomie Annahme, derzufolge Form und Inhalt eines Textes zu trennen seien, so daß auch bei einem »Formwechsel« wie der Übersetzung der Inhalt als invariante Bedeutung, Nachricht oder Botschaft erhalten bliebe.

Fortsetzungsroman Seit dem 19. Jahrhundert in Zeitungen oder im Kolportagebuchhandel in fortgesetzten Abschnitten publizierte Romane (auch »Serienromane«), die zur Stimulation fortgesetzten Kaufs häufig zu spannungsreicher Handlung, offenen Situationen am Kapitelende u. ä. tendieren. Viele Romane bekannter und ›kanonisierter‹ Autoren des 19. und 20. Jahrhunderts erschienen zuerst als Fortsetzungsromane.

Frauenliteratur Bezeichnung einer Literatur von Frauen, die sich inhaltlich speziell mit frauenspezifischer Realität und emanzipatorischem Anspruch im Kontext von Feminismus und neuer Frauenbewegung seit den sechziger Jahren befaßt. Sie soll Identifikationsangebote für Leserinnen bereithalten und einer feministischen Bewußtseinsbildung dienen; häufig autobiographisch und dokumentarisch geprägt (→ Weibliches Schreiben; → Gynocriticism).

Freie Rhythmen Nicht gereimte und nicht strophisch gegliederte → Verse mit wechselnden → Versmaßen, die aus der klassischen Antike etwa durch die Dichtung Pindars überliefert sind (Beispiel: Klopstock, »Die Frühlingsfeier«).

Freie Verse Nicht gereimte und nicht strophisch gegliederte → Verse mit wechselnden → Versmaßen (Beispiel: Trakl, »De profundis«).

Frequenz In der Erzähltheorie Gérard Genettes Bezeichnung für die Relation zwischen der Häufigkeit von Ereignissen in der → histoire und derjenigen ihrer narrativen Repräsentation in der → narration. Ein einmaliges Ereignis kann einmal (*singulativ*) oder mehrfach (*repetitiv*) erzählt werden; mehrfach stattfindende Ereignisse können singulativ erzählt, sie können aber auch in einer einmaligen Erzählung zusammengefaßt, *iterativ* erzählt werden. Im allgemeinen wechseln diese Erzählweisen auch innerhalb eines Textes, doch kann ein bestimmter Frequenz-Typus dominant werden (z. B. iteratives Erzählen bei Proust oder in Thomas Manns »Der Zauberberg«).

Funktion, ästhetische In → Formalismus und → Strukturalismus (namentlich in der Ästhetik Jan Mukařovskýs) ist die ästhetische Funktion des Kunstwerks genau diejenige Funktion, welche die möglichen praktischen Funktionen der Kommunikation im Kunstwerk außer Kraft setzt. Sie läßt sich daher nur negativ definieren (→ Sprachfunktion).

Funktionsanalyse Terminus der Literatursoziologie Peter Bürgers: sozialgeschichtliche Analyse von Funktionen und Funktionswandel der Literatur innerhalb einer bestimmten Gesellschaft.

Gattung Der Begriff wird in unterschiedlicher und teilweise widersprüchlicher Weise gebraucht. Hier soll er zur Bezeichnung für eine Gruppe von Texten stehen, deren Zusammengehörigkeit nicht nach logisch-systematischen (→ Gattungsbegriff), sondern nach historischen Gesichtspunkten bestimmt ist. Diese sind: Abhängigkeit von Texten, die als vorbildhaft gelten, oder Befolgung von Regeln und Vorschriften, die mit dem jeweiligen Gattungsnamen verbunden sind. Gattungen haben den Charakter von »Institutionen« (Wellek/Warren), denen der Einzeltext ›beitreten‹, gegen die er aber auch verstoßen und die er umgestalten kann; → Genre; → Naturformen.

Gattungsbegriff Im Unterschied zur → Gattung nachträglich gebildeter abstrakter Ordnungsbegriff zum Zweck der → Textklassifikation, der den Anspruch auf Angemessenheit, Systematik und Eindeutigkeit erhebt.

Gedankenbericht → psycho-narration

Gedicht Im weiteren Sinne jeder poetische Text in gebundener (Vers-)Sprache (einschließlich etwa Versdramen als »dramatischen Gedichten«); im engeren, heute meist üblichen Sinne Bezeichnung für einen lyrischen Text in gebundener oder freier Form (→ prosaische Lyrik; → Prosagedicht).

Gedichtmaß Metrische Regeln, die das Ganze eines Verstextes bestimmen (Beispiel: das → Sonett).

Gegenstände im formalen Sinne Jeder Ausdruck, der für die Variablen x und y in der Identitätsformel »x = y« eingesetzt werden kann, bezeichnet einen Gegenstand im formalen Sinn, ebenso jeder Ausdruck, der für die Indeterminitpronomen »jemand« oder »etwas« eingesetzt werden kann.

Gegenübertragung Bei einer → Psychoanalyse auftretende emotionale Reaktion des Therapeuten auf die Übertragung des Patienten.

Geistesgeschichte → Ideengeschichte

gender studies Von der → Diskursanalyse geprägte kulturkritische Untersuchung sozial und diskursiv etablierter Geschlechterrollen (»genders«, im Unterschied zu den biologischen »sexes«).

Generative Transformationsgrammatik → Transformationsgrammatik

Genie → Originalgenie, Originalität

Geniepoetik Eine (vor allem im späteren 18. Jahrhundert verbreitete) Form der → Poetik, in deren Zentrum das Konzept des → Originalgenies steht.

Genotext In der Terminologie Julia Kristevas der (unbegrenzte) Prozeß der Hervorbringung von → Text; Schreibprozeß (→ Phänotext).

Genre Häufig im Sinne von ›Untergattungen‹ etwa für → Novelle und → Roman (als Untergattungen der → Epik); → Komödie und → Tragödie (als Untergattungen des → Dramas), Naturgedicht und Gedankenlyrik (als Untergattungen der Lyrik) usw. verwendet (→ Gattung); in Anlehnung daran auch bezogen auf narrative → Schemata, die mit bestimmten Stoffbereichen verknüpft sind (vor allem in Erzähltexten und Filmen: »Western«, »Thriller«, »screwball comedy« usw.).

Gesamtkunstwerk Der von Richard Wagner in den »Zürcher Schriften« (1849/1852) entwickelte Begriff bezeichnet die Wiedervereinigung der seit der griechischen Tragödie auseinandergefallenen Einzelkünste. Durch Zusammenführung von Tanz (→ Choreographie), Musik, Wortkunst (auch Baukunst, Malerei und Bildhauerei) soll das »wahre Drama« als »Kunstwerk der Zukunft« entstehen.

Geschehen Die Gesamtheit der Ereignisse, aus denen sich die → histoire-Ebene einer → Erzählung (im weiteren Sinne) konstituiert. Häufig gleichbedeutend mit dem Begriff der *Handlung* gebraucht, der im engeren Sinne aber nur diejenigen Ereignisse bezeichnen sollte, die durch intentionale Akte der handelnden Figuren verursacht werden.

Geschichtsphilosophie, ästhetische Vorstellung eines unumkehrbaren ästhetischen Prozesses, der mit dem allgemeinen menschlichen Kulturprozeß kommuniziert und unwiederholbare Bedingungen künstlerischer Produktivität hervorbringt (anders → Evolution, literarische).

Geschmack Spontane und subjektive, rational zunächst nicht begründete, durch vorgängige Gewöhnung oder bewußte Erfahrung bestimmte Weise der Reaktion auf Kunstwerke, die nach Gefallen oder Mißfallen beurteilt werden (→ Wertung).

Gesellschaftslyrik Form der → Lyrik (vor allem des 16. bis 18. Jahrhunderts), deren → lyrisches Ich ganz in seiner repräsentativen Rolle für die (zumeist ›höhere‹) Gesellschaft aufgeht.

Geste, semantische Begriff aus der Poetik von → Russischem Formalismus und tschechischem → Strukturalismus, der die bedeutungshaltige Einstellung von sprachlichen Elementen (z. B. Lauten) im poetischen Text bezeichnet.

Gestaltästhetik Die von der psychologischen Gestalttheorie befruchtete ästhetische Konzeption Oskar Walzels, in der die → Form-Inhalt-Dichotomie durch den Begriff der beide umfassenden »Gestalt« überwunden werden soll.

Ghasel → Gedichtmaß orientalischer Herkunft, bestehend aus meist zehn bis zwanzig Versen mit der Reimfolge »a a x a x a x ... x a«.

Grausames Theater, Theater der Grausamkeit Der von Antonin Artaud (in »Das Theater und sein Double«, 1938) konzipierte Begriff benennt eine programmatisch antiliterarische Theaterauffassung. Sprache gilt ihr als nur eines der szenischen Mittel einer Aufführung; die nicht-psychologisierende Spielweise soll möglichst unmittelbar, auch schockhaft auf den Zuschauer wirken.

Gynocriticism Ein von Elaine Showalter geprägter Begriff, der die literaturwissenschaftliche Beschäftigung mit der von Frauen geschriebenen Literatur bezeichnet und einen eigenen, um zahlreiche vergessene Autorinnen erweiterten → Kanon zu rekonstruieren versucht, zugleich aber auch die literarischen Verfahrensweisen und Strategien sichtbar macht, durch die sich eine aufgrund ihres Geschlechts marginalisierte Gruppe Gehör verschafft.

Habitus In der soziologischen Theorie Pierre Bourdieus Bezeichnung für ein strukturiertes und im allgemeinen nur langsam veränderbares Bündel von Denk-, Wahrnehmungs- und Handlungsmustern, die in klassenspezifischer Sozialisation erworben sind und das Verhalten eines Individuums weitgehend steuern. Ein literarischer Text erscheint in dieser Perspektive immer als das Resultat des Zusammenwirkens eines schriftstellerischen Habitus mit den gegebenen Strukturen des literarischen → Feldes.

Handlung → Geschehen

Happening Kunstform zwischen bildender Kunst und → Drama seit den fünfziger Jahren des 20. Jahrhunderts, deren »Handlung« nicht mehr auf traditionelle Aufführungsorte beschränkt ist, die die Zuschauer zu Mitakteuren macht und den traditionellen → Werk-Begriff auflöst. Alan Kaprows »18 happenings in 6 parts« (New York 1958) führt Zuschauer durch 6 Räume; da die resultierende Situation das Happening ausmacht, ist jede »Inszenierung« einzigartig; das Kunstwerk wird vom Künstler (wie später in »happenings« von Joseph Beuys) lediglich in seinen allgemeinen Abläufen strukturiert (→ Performance).

Heldenbrief → Heroide

Hermeneutik griech. »hermeneúein«: »übersetzen, auslegen, interpretieren«. Die Lehre von den Voraussetzungen und methodischen Verfahrensweisen des richtigen Verstehens von Texten, im weiteren philosophischen Sinne (in der Tradition der Philosophie Heideggers) die Lehre von der Auslegung des Seins.

Hermeneutischer Zirkel Von Fichte und Schleiermacher etabliertes Bild für die dynamischen Wechselbeziehungen zwischen Vorverständnis und → Erwartungshorizont des Textrezipienten und dessen Veränderung durch den Text (→ Horizontverschmelzung) sowie von Teil und Ganzem des Textes, die ein neues, abermals am Text zu überprüfendes und durch ihn zu veränderndes Verständnis eröffnet und so fort; sachgemäßer als das Bild vom Zirkel wäre das einer Spiralbewegung.

Heroide/Heldenbrief Nach dem Vorbild von Ovids »Heroides« gestaltete Sonderform der → poetischen Epistel: fingierte oder hochgradig stilisierte Liebesbriefwechsel in gereimten → Versen (meist → Alexandrinern) zwischen berühmten Gestalten aus Sage und Geschichte. Wichtiger Bestandteil der europäischen Lyrik des 16. bis 18. Jahrhunderts.

Hexameter → Versmaß griechischer Herkunft mit folgender Formel:

– v (v) – v (v) – v (v) – v (v) – v v – x.

Hinreichendes Merkmal Ein Merkmal F ist hinreichend dafür, daß x ein G ist, wenn gilt: wenn x ein F ist, dann ist es auch ein G.

histoire frz.: »Geschichte«. Narratologischer Terminus: Die Ordnung der einzelnen Geschehenspartikel (z. B. Begegnung, Trennung, Wiederbegegnung) in ihrer logischen, chronologischen und psychologischen Abfolge, entsprechend dem Begriff der »fabula« im → Russischen Formalismus und dem englischen Begriff des »plot« (oder der »story«). Diese narrative Ereignisfolge kann von der narrativen Zeichenfolge der → narration (»discours«, engl. »discourse«) signifikant abweichen.

Historiographie lat. »historia«: »Geschichte«, griech. »graphein«: »schreiben«. Geschichtsschreibung, Darstellung von »wirklich Geschehenem« (Aristoteles, »Poetik«, im Unterschied zum Dichter, der »Mögliches« darstellt). Literarisch hochentwickelte Großform → faktualen Erzählens. Trotz des Anspruchs auf ›authentische‹ Wiedergabe des Geschehenen kann Historiographie nicht ohne → narrative Konstruktionen und → Schemata auskommen, sondern bedarf – auch unabhängig von Grad und Beschaffenheit expliziter oder impliziter leitender Interessen des Historiographen – einer Auswahl, Verknüpfung, Motivation und Erklärung der jeweils ›erzählten‹ Ereignisse; → Fiktion.

Historismus Im 18. Jahrhundert vorbereitete, seit der Romantik und besonders im 19. Jahrhundert dominierende ›relativistische‹ Orientierung der Geisteswissenschaften, die ihre Gegenstände durch die Reflexion ihrer jeweiligen historischen Bedingungen zu verstehen versuchen.

Hörspiel Seit den zwanziger Jahren zunehmend Sammelbegriff für das gesamte Spektrum akustischer Möglichkeiten dramatischer Texte und Inszenierungen im Hörfunk zwischen Geräusch, Sprache und Musik. Das Hörspiel verfügt über eigene ästhetische Mittel wie Schnitt, Überblendung, Montage, Parallelton u. ä. und bewegt sich zwischen Funkadaptionen von Literatur und Dramatik und spezifischen Sub-Genres ähnlich wie Kino- und Fernsehfilm.

Horizontverschmelzung Von Hans-Georg Gadamer etablierter Terminus der hermeneutischen Theorie, häufig mißverstanden (und wohl nicht sehr glücklich gewählt). Gemeint ist die Gesamtheit und zugleich der ideal gedachte Endpunkt der sich im Verstehensprozeß vollziehenden dynamischen Wechselbeziehungen zwischen gegenwärtig vertrauter und textuell vermittelter fremder Weltsicht, zwischen → Erwartungshorizont, Vorkenntnissen und Vor-Urteilen des Rezipienten und dem Horizont der → Textwelt.

Hybride Konstruktion Sprachliche Äußerung, die ihren grammatischen und stilistischen Merkmalen nach dem Standpunkt des Sprechers zugeordnet werden kann, aber implizit den Bezug auf einen anderen »verbal-ideologischen« Standpunkt erkennen läßt (so in der → Dialogizitäts-Theorie Michail Bachtins).

Hypertext 1. Nicht-lineares und potentiell interaktives Text-Netz aus elektronisch (mithilfe eines Computers) untereinander vielfältig verbindbaren Wortgruppen. – 2. In der Terminologie Gérard Genettes Bezeichnung derjenigen

Texte, die durch Transformation oder Nachahmung aus einem früheren Text abgeleitet wurden (→ Intertextualität; → Transtextualität).

Ideengeschichte Im Gegensatz zur historisch-phänomenologisch ausgerichteten *Stoffgeschichte* (→ Stoff) bezeichnet der Begriff ein literaturgeschichtliches Konzept, das bestimmte Problemstellungen, Abstraktionen und Modellbildungen in ihren Konstituierungen und Wandlungen in literarischen Texten erörtert; tritt in Deutschland in den ersten Jahrzehnten des 20. Jahrhunderts an die Stelle der Stoffgeschichte. Der oft in ähnlicher Bedeutung gebrauchte Begriff der *Geistesgeschichte* bezeichnet ein demgegenüber stärker vereinheitlichendes (und die → Literarizität eher vernachlässigendes) Konzept, das unterschiedliche Hervorbringungen einer Kultur oder Kulturstufe als Hervorbringungen eines identischen ›Geistes‹ erfassen will.

Ideologem In Analogie zu linguistischen Begriffen wie »Phonem«, der Bezeichnung für die kleinste bedeutungsunterscheidende Einheit in der Phonetik, versteht Fredric Jameson »Ideologeme« als die minimalen Einheiten umfassender und grundsätzlich antagonistischer Klassendiskurse.

Ideologie Im weiteren Sinne ein System von Ideen und Werten, das aus der Perspektive einer bestimmten sozialen Gruppe ihrer jeweiligen Deutung der Wirklichkeit zugrundeliegt; im engeren (marxistischen) Sinne notwendig → falsches Bewußtsein.

Ideologiekritik Verfahren der marxistischen Philosophie, dessen Ziel die Aufdeckung von zumeist unbewußten Interessen ist, die gegebenen Wirklichkeitsdeutungen sozialer Gruppen (in der marxistischen Ästhetik: bestimmter Kunstwerke oder künstlerischer Bewegungen) zugrundeliegen.

Illokution, illokutionärer Sprechakt Sprachliche Handlung, die mit der Äußerung eines Satzes vollzogen wird.

Illumination Das farbige Ausmalen oder Illustrieren von Handschriften, Kodizes und → Inkunabeln; Buchmalereien.

Imagination Von ›Phantasie‹ und ›Einbildungskraft‹ nicht eindeutig abgrenzbar, bezeichnet der Begriff in der → Kognitionspsychologie das menschliche Vermögen, Vorstellungen, Träume, Halluzinationen, Bilderwelten u. ä. zu erzeugen. Der poetische Imaginationsakt erfuhr historisch unterschiedliche Wertungen, Erklärungen und Begründungen. So wurde vor allem in romantischen Dichtungstheorien des frühen 19. Jahrhunderts der → Autor als genialischer, autonomer Schöpfer imaginativer Welten verstanden (→ Geniepoetik).

Imitatio Nachahmung eines normativ-verbindlichen literarischen Vorbildes.

Impliziter Autor Aus dem Text erschließbare Instanz zwischen realem → Autor und → Erzähler oder → lyrischem Ich, der die literarische Gestaltung der genannten narrativen Instanzen zugeschrieben wird (→ impliziter Leser).

Impliziter Leser In der → Wirkungsästhetik Wolfgang Isers die (irreführend anthropomorphisierende) Bezeichnung der im Akt des Lesens zu realisierenden *Leserrolle* eines Textes, also der Gesamtheit aller in der Struktur eines Textes beschlossenen gedanklichen Operationen, die für eine adäquate Rezeption vom Leser gefordert werden (→ Impliziter Autor).

Initialnormen In der Übersetzungstheorie Gideon Tourys diejenigen Normen, die die Übersetzungsmethode steuern: entweder eine stärkere Orientierung am Ausgangstext (Norm der *Adäquatheit*) oder an den Konventionen und Traditionen der Zielsprache und -literatur (Norm der *Akzeptabilität*). Adäquatheit gegenüber dem Ausgangstext wird traditionellerweise mit dem Begriff der »Treue« belegt, Akzeptabilität in der Zielkultur mit dem der »freien« oder »einbürgernden« Übersetzung (→ Präliminarnormen).

Inkunabel Auch »Wiegendruck« oder »Frühdruck«: alle vor 1500, also in der Frühzeit des Buchdrucks gedruckten Bücher.

Innerer Monolog → Monolog

Innovationsästhetik Anders als die *Traditionsästhetik* gründet die Innovationsästhetik in der Forderung des Neuseins einer hinzutretenden ästhetischen Erscheinung im Verhältnis zum bisherigen ästhetischen Inventar. Die neue ästhetische Erscheinung ist nicht vorhersehbar und bricht die bisher geltende Norm (→ Abweichungspoetik; → Evolution; → Verbotsästhetik).

Innovationswert Der Wert, den eine Erscheinung aufgrund ihrer Neuheit gegenüber bereits bestehenden Erscheinungen besitzt.

Inquit-Formel Wendung zur Kennzeichnung direkter Rede wie »sagte sie« oder »er antwortete«.

Inschrift (inscriptio) Schriftliche Aufzeichnung auf Stein, Metall, Holz, etc., häufig als Tafel an Denkmälern, Gebäuden, Grabsteinen, Gefäßen usw.; beim → Emblem die Überschrift der bildlichen Darstellung.

Inspiration lat. »inspiratio«: »Einhauchung«, »Begeisterung« (ähnlich dem griech. »enthusiasmós«: wörtlich »das In-dem-Gott-Sein«). In von mythischen Anschauungen bestimmten Kulturen die Vorstellung eines übernatürlichen (göttlichen, dämonischen) Ergriffenwerdens, das den Dichter zum Gefäß oder Instrument von (solchermaßen als verbindliche Wahrheitsverkündigung autorisierten) Texten macht. Von der Konzeption des → Originalgenies unterschieden durch den Aspekt der radikalen Heteronomie. Im späteren Sprachgebrauch verblaßt zur Bezeichnung eines aktuellen Aktes der → Phantasie.

Institution Im weiteren Sinne regelhafte Verfestigungen menschlichen Handelns, die es verbindlich erwartbar und berechenbar machen. Institutionen sind mit konkreten Handlungsnormen und Rollenerwartungen verknüpft, die erfüllen muß, wer an den jeweiligen Formen der Interaktion und Kommunikation teilnehmen möchte – literatursoziologisch etwa → Autor, Kritiker, Verleger,

Leser im → literarischen Leben. Literatursoziologisch relevante Institutionen sind diejenigen Einrichtungen, die die Produktion, Distribution und Rezeption von Literatur regeln.

Intentionalität Von Franz Brentano in die philosophische Diskussion eingeführter, von Edmund Husserl in das Zentrum der → Phänomenologie gestellter Begriff, unter dem die Zielgerichtetheit psychischer Phänomene wie z. B. Denken, Lieben und Hassen auf einen Gegenstand (ein Objekt, einen sprachlichen oder nicht-sprachlichen Inhalt) verstanden wird. In der literaturwissenschaftlichen Diskussion ist der Begriff eng verknüpft mit der Frage nach dem Status des → Autors.

Interaktionstheorie (der Metapher) Unter den Theorien der → Metapher akzentuiert die Interaktionstheorie im Unterschied zur Substitutionstheorie den pragmatischen Verwendungszusammenhang metaphorischen Sprechens; ob eine sprachliche Äußerung wörtlich oder metaphorisch gemeint ist, hängt danach vom situativen Kontext der Äußerung ab; die Interaktionstheorie der Metapher hebt das dynamische, überraschende, sprachproduktive Element metaphorischer Bildlichkeit hervor.

Interdiskurs Begriff der Literaturtheorie Jürgen Links, der eine Verbindung zwischen → System- und → Diskurs-Theorie herstellen soll: diskursive Vermittlungsgrößen zwischen den zahlreichen ausdifferenzierten Teilsystemen und entsprechenden Spezialdiskursen moderner Gesellschaften. Dazu gehören in enger Wechselbeziehung Alltagssprachen, politische, journalistische, populärwissenschaftliche Diskurse und literarische Kommunikation.

Interpolation lat. »interpolatio«: »Einschaltung«, »Verfälschung«. In der Editionswissenschaft eine nicht vom Autor stammende Änderung eines Textes (meist eine Einfügung), die durch einen bewußten, aber nicht markierten Eingriff in die Überlieferung das Original herzustellen oder auch Gefälschtes als Original hinzustellen versucht.

Interpretation lat.: »interpretatio«: »Erklärung«, »Auslegung«. Die reflektierte und durch methodische Regeln geleitete Ausarbeitung des Verstehens sinnhaltiger Strukturen (→ Exegese; → Hermeneutik; → ›Lektüre‹ vs. ›Interpretation‹). Als *(text- oder werk-)immanente Interpretation* wird (mißverständlich) das Ensemble von Verfahren der stilkritischen Werkinterpretation bezeichnet, das im deutschen Sprachraum etwa durch Emil Staiger, im englischen Sprachraum durch den → New Criticism praktiziert wurde.

Intertextualität Diejenigen Aspekte eines Textes, die auf expliziten oder impliziten Bezügen zu anderen Texten beruhen. Solche Bezüge können auf unterschiedlichen Ebenen vorhanden sein: → Stoffen, → Themen, → Motiven, Figurentypen und -konstellationen, narrativen → Schemata, Redeweisen, impliziten und expliziten → Zitaten usw. Der Begriff wird je nach vorausgesetztem Begriff von → Text oder → Textualität in unterschiedlich engen oder weiten Bedeutungen verwendet (→ Dialogizität).

Journalismus Im 19. Jahrhundert allgemein Bezeichnung eines von professionellen Journalisten moderierten, umfassenden sozialen Prozesses, heute eingeschränkt auf die hauptberufliche Tätigkeit der Sammlung, Selektion, Prüfung, Verarbeitung und Verbreitung von Informationen in Bild, Text und Ton in Formen von Nachrichten, Kommentaren, Berichten, Unterhaltung usw. in den Massenmedien, vor allem unter dem Aspekt der Aktualität.

Kabarett Kleine Bühne mit Unterhaltungstheater: in einer Folge von Sketchen, Liedern, Parodien werden politische und gesellschaftliche Verhältnisse dargestellt und kommentiert.

Kadenz In der Metrik: Gestalt des Versendes; entweder betonte (stumpfe; männliche) oder unbetonte (klingende; weibliche).

Kanon 1. Ein Korpus von → Werken (oder mit dem Namen eines → Autors zusammengefaßten Werkgruppen), die in einer bestimmten Gesellschaft, Gruppe oder Nation als allgemeingültig und verbindlich gelten oder gelten sollen (*materialer Kanon*). – 2. Ein Korpus von Interpretationen, in dem festgelegt wird, welche Bedeutungen und Wertvorstellungen mit den kanonisierten Texten verbunden werden (*Deutungskanon*). – 3. Im Gegensatz zu diesen Begriffsverwendungen bezeichnet Itamar Even-Zohar Texte, die innovativ auf eine Literatur wirken, in gewisser Weise also den bis dahin geltenden Kanon sprengen, als kanonisch, d. h. »verbindlich« für die Weiterentwicklung des Literatursystems (→ Innovationsästhetik; → Evolution). – Kanones sind historisch und kulturell variabel. Sie erfüllen mindestens drei Funktionen für ihre Trägergruppe: Identitätsstiftung, Legitimation und Handlungsorientierung.

Kapital In der klassischen Ökonomie Bezeichnung für die Gesamtheit aus Geld, Besitz, Produktivkapital; in der Soziologie Pierre Bourdieus ausgeweitet auf *kulturelles Kapital* (Bildung, Titel, Sprachkompetenz), *soziales Kapital* (Verwandtschaft, »Beziehungen«) und *symbolisches Kapital* (Prestige, Ehre, Renommee) als sinnlich wahrnehmbarer Ausdruck und legitime Form der anderen Kapitalsorten (→ Feld; → Habitus).

Karnevalisierung In der → Dialogizitäts-Theorie Michail Bachtins der Prozeß der Dialogisierung und Ambivalisierung einer monologisch orientierten Kultur oder Literatur durch Verfahren der Familiarität, Exzentrizität, Mesalliance und Profanierung.

Katharsis Der Begriff (griech. »Reinigung«, ursprünglich im medizinischen Sinne verstanden) entstammt der aristotelischen »Poetik« und bezeichnet den Endzweck der → Tragödie als → Wirkung beim Zuschauer. Seit Lessing häufig (produktiv) mißverstandener Begriff, nach dem der Zweck der Tragödie einerseits als »Reinigung« *von* »eleos« und »phobos« (»Jammer« und »Schauder«, bei Lessing irrtümlich: »Furcht« und »Mitleid«) andererseits als »Reinigung« *durch* sie aufgefaßt wird. Gemeint ist bei Aristoteles eine Läuterung der tragischen Affekte auf ein sozialverträgliches, sittlich zweckmäßiges Mittelmaß (im Sinne eines Abreagierens), nicht eine völlige Befreiung von ihnen.

Kino → *Film*

Klasse Grundbegriff vor allem der marxistisch orientierten Soziologie, bezeichnet Gruppen in der vertikalen Gliederung der Gesellschaft. Klassen sind durch den jeweiligen historischen Entwicklungsstand der Produktivkräfte bestimmt.

Klimatheorie Hauptsächlich im 18. Jahrundert (programmatisch bei Montesquieu) gebräuchliches Axiom der aufklärerischen Geschichtsphilosophie: Kulturelle Differenzen und Wandlungen (Nationalcharaktere, Staatsformen usw.) werden durch die jeweiligen »klimatischen« Rahmenbedingungen erklärt (Klimazonen, geographische Lage, Naturgegebenheiten usw.).

Knittelvers → Versmaß, in dessen *freier* Variante nur der Paarreim, in dessen *strenger* Variante außerdem die Silbenzahl (acht oder neun) vorgeschrieben ist.

Kodex Handschrift eines Textes; im engeren Sinne die zu einem Buch gerollten oder gebundenen, auf Papyrus, Pergament oder Papier fixierten und überwiegend vor der Erfindung des Buchdrucks entstandenen Handschriften (→ Manuskript).

Kognitionspsychologie Teilgebiet und theoretische Richtung der Psychologie, welches sich auf Prozesse der Kognition bezieht. »Kognition« ist ein Sammelbegriff für alle Vorgänge, die im weitesten Sinn mit dem Erkennen von ›Welt‹ zusammenhängen (Denken, Sprache, Wahrnehmung, Erinnerung, Aufmerksamkeit).

Kollation Von lat. »collatio« (»Zusammentragen«, »Vergleichung«) abgeleiteter Begriff, der in der Editionswissenschaft den Vergleich verschiedener → Textzeugen im Hinblick auf Gemeinsamkeiten und Unterschiede im Text bezeichnet. Als *historische Kollation* wird der Vergleich verschiedener überlieferter Handschriften und Druckausgaben eines → Werkes bezeichnet, als *interne Kollation* dagegen der Vergleich unterschiedlicher Exemplare *einer* Druckausgabe.

Kollektivsymbol In der neueren Literatursoziologie Bezeichnung einer Anschauungsform (wie Analogie; → Metapher; → Symbol), mittels derer das Wissen der Spezialdiskurse einer Gesellschaft in eine anschauliche und allgemeinverständliche, den Austausch über → Diskurs-Grenzen hinweg ermöglichende Form gefaßt werden kann.

Kolon Durch Pausen markierter Teil eines Satzes.

Kolophon Auch »Schlußschrift« oder »Schlußimpressum«: Druckvermerk am Ende eines Haupttextes, häufig als Abschluß eines Buches.

Kommentar Editionswissenschaftlich: Sprachliche und sachliche Erläuterung eines Textes durch den Herausgeber. Fakultativer Bestandteil einer → historisch-kritischen Ausgabe, zentraler Bestandteil der → Studienausgabe.

Kommunikation Zwischenmenschliche Informationsvermittlung mit Hilfe sprachlich oder außersprachlich kodierter Botschaften.

Komödie griech. »komos«: »Umzug beim Trinkgelage«, »Ode«: »Gesang«, weitgehend gleichbedeutend mit »Lustspiel«. Aus dem antiken Dionysoskult entstandene Form des → Dramas, die auf eine komische Bloßstellung von Personen und Verhältnissen oder das ironisierende Spiel mit der Theaterillusion zielt. Sie bezieht ihre erheiternde Wirkung aus der komischen Situation (*Situations-Komödie*), aus den übertrieben typisierten Charakteren (*Typenkomödie*, *Charakter-Komödie*, bei belehrender Absicht auch *Verlachkomödie*), aus der überraschenden Lösung scheinbar unlösbarer Komplikationen (*Intrigen-Komödie*) und dem Sprachwitz. Die *weinerliche Komödie* (so Gellerts Übersetzung von *Comédie larmoyante*) in der »Empfindsamkeit« des 18. Jahrhunderts soll durch Rührung Mitgefühl und moralische Belehrung ermöglichen.

Konfigurationsanalyse Strukturalistisch und diskurstheoretisch: die Untersuchung der Konstellation, in der die Figuren oder → Aktanten eines Textes zueinander stehen, und die an semantischen Merkmalen erkennbar ist, durch die sich die Figuren ähneln oder voneinander unterscheiden. Demgemäß lassen sich Textgruppen dadurch unterscheiden, welche typische Konstellation sie aufweisen. (Beispiel: Im → Bürgerlichen Trauerspiel können Figuren Klassengrenzen überschreiten, wenn sie nur charakterlich zueinander passen.)

Konjektur lat. »coniectura«: »Vermutung«. Eingriff des Editors in den überlieferten Text zugunsten einer plausiblen Vermutung über eine Verbesserung des Textes (→ Emendation).

Konkrete Poesie Inbegriff solcher Texte (der zweiten Hälfte des 20. Jahrhunderts), die sich ganz auf das Sprachmaterial, etwa (unter der Bezeichnung *Konstellationen*, Eugen Gomringer) auf syntaktische Strukturen oder als *Visuelle Poesie* auf die graphische Gestalt als das elementare Objekt der Lektüre konzentrieren.

Konstruktives Prinzip In der Terminologie des → Russischen Formalismus, vor allem bei Jurij Tynjanov, die Verfahrensdominante eines Werks, die alle seine anderen Verfahren deformiert. So wird durch die Dichte der Verszeile die lexikalische Färbung des Einzelwortes im Kontext der Versreihe assimilativ verändert, und es erlangt eine neue lexikalische Tonalität. Insbesondere wird die vom Stoff vorgegebene Perspektive gebrochen.

Konstruktivismus Allgemein erkenntnis- und wissenschaftstheoretische Position, deren zentrale Absicht die zirkelfreie methodische Begründung aller Wissensbereiche ist. In der Literaturwissenschaft bedeutet dies den Verzicht auf → Interpretation (→ Hermeneutik) zugunsten empirisch gesicherter Deskription von Texten unter Zuhilfenahme textlinguistischer und kognitionspsychologischer Verfahren. Sinn und Bedeutung liegen nicht in den Texten selbst, sondern werden ihnen im Akt des Lesens bzw. der Interpretation zugeschrieben; diese kognitive Konstruktion von Sinn gilt es demnach zu untersuchen (→ Radikaler Konstruktivismus).

Kontamination lat. »contaminare«: »durch Berührung/Vermischung verderben«. Editionsphilologischer Begriff für die Anfertigung einer neuen Fassung eines Textes, indem nicht von *einem* Exemplar abgeschrieben wird, sondern mehrere Texte als Vorlage benutzt und vom Schreiber ineinandergearbeitet werden. In Fällen kontaminierter Überlieferung ist es kaum mehr möglich, auf den originalen Ausgangstext zurückzuschließen.

Kunst als Verfahren Formelhafte Bezeichnung für die im → Russischen Formalismus entwickelte und mit der Kunstpraxis der → Avantgarde übereinstimmende Auffassung, wonach ein Kunstwerk gleichsam prozessual-dynamisch als Gesamtheit der Entwicklung und Anwendung formaler Darstellungsmittel wahrzunehmen ist.

Kunstwerk, transitorisches → transitorisches Kunstwerk

Kurzgeschichte Allgemein: eine kurze → Erzählung in → Prosa, im engeren Sinne der *short story* ein in der amerikanischen Literatur des 20. Jahrhunderts entwickeltes Konzept einer (thematisch zumeist gegenwartsbezogenen) Geschichte, deren → narration einen knappen und prägnanten Ausschnitt der → histoire darstellt.

Lachmannsche Methode Nach dem Philologen Karl Lachmann benannte Editionstheorie und -methode, die ausgehend von einer durch den Verlust des Originals gekennzeichneten Überlieferungslage auf eine ›objektive‹ Rekonstruktion des → Archetypus zielt.

language-and-culture-Forschung Ethnolinguistische Forschungsrichtung, die von dem amerikanischen Ethnologen Sapir begründet und von Whorf weitergeführt wurde. Während Sapir auf der Grundlage der Untersuchung nordamerikanischer Indianersprachen die Hypothese aufstellt, die Sprache einer bestimmten Kultur spiegele die physikalische und soziale Umwelt der sie Sprechenden wider, erweitert Whorf sie zur *Sapir-Whorf-Hypothese*, derzufolge die Wirklichkeitserfassung durch die spezifische grammatische Struktur einer Sprache geprägt sei (*linguistisches Relativitätsprinzip*).

Lautgeste Im Wortgebrauch des → Russischen Formalismus eine besondere Lautinstrumentierung, die in der Art einer averbalen Metapher den Eindruck einer tatsächlichen Geste hervorruft.

lectio difficilior lat.: »schwierigere Lektüre/Lesart«. Textkritische Regel, sich in Zweifelsfällen für die anspruchsvollere Lesart unter den überlieferten Varianten zu entscheiden. Beruht auf der Hypothese, daß die Handschriftenkopisten zur Vereinfachung und Trivialisierung ihrer Vorlage tendierten, die bessere/schwierigere Lesart wahrscheinlich also die originale ist.

Leerstelle In der → Wirkungsästhetik Wolfgang Isers Bezeichnung für eine Stelle semantischer Unbestimmtheit in einem Text, die bei der Lektüre »Kombinationsnotwendigkeit« erzeugt: Textelemente sind aufeinander beziehbar, ohne daß ihre Beziehung offensichtlich oder im Text selbst formuliert wäre (→ Unbestimmtheitsstelle).

Legende Religiös erbauliche Erzählung von irdischen, oft auch jenseitig-himmlischen (häufig Wunder-)Taten eines Heiligen (in Versen oder Prosa; auch Legenden-Dramen).

Leithandschrift Vom Herausgeber zur Grundlage einer Edition bestimmte zuverlässige Handschrift, in deren Text nur in Fällen eindeutig erkennbarer und korrigierbarer Fehler eingegriffen wird.

Leitmotiv Von Richard Wagner etablierter musikdramatischer Begriff (→ Gesamtkunstwerk): selbständige, mit anderen zu einer potentiell »unendlichen Melodie« kombinierbare melodisch-semantische Einheit der musikalischen → narration. In der Literatur vor allem von Thomas Mann aufgegriffen, aber (ohne diese Bezeichnung) bereits in Romanen des 19. Jahrhunderts (etwa bei Raabe) vorbereitet.

›Lektüre‹ vs. ›Interpretation‹ Im Gegensatz zum hermeneutischen Begriff der → Interpretation und gegen das strukturalistische Wissenschaftlichkeitsideal einer kategorialen Trennung von Meta- und Objektsprache in der literaturwissenschaftlichen Analyse verweist der Begriff der »Lektüre« (oder des »Lesens«) in der → Dekonstruktion nicht auf eine der Rezeption vorgängige, im Text selbst liegende Bedeutung, die es ans Licht zu bringen gilt, sondern im Gegenteil darauf, daß jede Lektüre ihren Gegenstand verändert (Jacques Derrida). Der Begriff bezeichnet also die Annahme, daß der Sinn des Textes nicht objektiv und unabhängig (vor-)gegeben ist, sondern sich nur prozessual *im* und relational *zum* Akt des Lesens beschreiben läßt (→ Wirkungsästhetik). Die Konsequenz ist eine Enthierarchisierung der Ebenen von Text und Leser, ein Immanenzverhältnis von Lektüre und Sinnkonstitution.

Lemma Wort oder Textteil aus dem edierten Text, das im kritischen → Apparat wiederholt wird, um eine eindeutige Zuordnung von kritischem Text und → Variante zu gewährleisten. Das *Lemmazeichen* (]) wird als Trennung zwischen Lemma und zugeordnetem varianten Text eingesetzt.

Leseausgabe Häufigster Editionstyp. Die Leseausgabe enthält einen Textabdruck ohne wissenschaftlichen Anspruch, bietet gelegentlich Vor- oder Nachwort des Herausgebers und verzichtet meistens auf weitere Erläuterungen (→ Ausgabe, historisch-kritische; → Ausgabe, kritische; → Studienausgabe).

Leser Jede → Rezeptionstheorie entwirft eine Typologie von Leserbegriffen. Die bekanntesten, aber nicht einheitlich verwendeten Begriffe sind: *fiktiver Leser* (der fingierte Leser, der häufig in literarischen Texten direkt angesprochen wird; Entsprechung des ebenfalls textinternen fiktiven Erzählers); *intendierter Leser* (das Vorstellungsbild desjenigen historisch zu lokalisierenden Lesers, das der Autor vor Augen hat und auf den er mit seinem Text zielt; in diesem Sinn der Adressat); *idealer Leser* (Abstraktion eines Lesers, der bei seiner Lektüre alles, was der Text an Bedeutungsangeboten enthält, vollständig realisieren könnte); die → Wirkungsästhetik Wolfgang Isers entwirft das Konzept eines → *impliziten Lesers.*

Leserforschung Kulturwissenschaftliche Forschungsrichtung, die sich u. a. mit dem Wandel des Lesens und der sozialen Stellung von Lesern beschäftigt.

Literarisches Leben Literatursoziologische Bezeichnung für den Gesamtkomplex der Produktion, Distribution und Rezeption (durch Leser, Kritiker, Wissenschaftler) von Literatur in einer Gesellschaft, diejenigen Faktoren also, die die literarische Kommunikation ermöglichen.

Literarizität Zumeist gleichbedeutend mit → Poetizität gebraucht. Im → Russischen Formalismus die Eigenart der poetischen Rede, durch die → Einstellung auf den Ausdruck die Sprache des literarische Werks sichtbar zu machen (»literaturnost«).

Logozentrismus → Phonozentrismus/Logozentrismus

Lyrik → Gedicht; → Prosagedicht; → Prosaische Lyrik

Lyrisches Ich Ursprünglich im Gegensatz zum realen → Autor des Gedichts (→ Erlebnislyrik) als ›absolutes‹ Subjekt ohne Bezug zur außersprachlichen Wirklichkeit definiert (programmatisch in Gottfried Benns »Probleme der Lyrik«, 1951), wird der Begriff heute meist analog zu dem des → Erzählers in narrativen Texten verwendet.

Madrigal → Gedichtmaß, bei dem die Reimung, aber nicht die Reimstellung vorgeschrieben ist. Die meist alternierenden Verse haben keine feste Hebungszahl. Die Länge des Gedichts ist frei.

Märchen Von mittelhochdeutsch »maere«: »Kunde«, »Nachricht«. Kürzere, in sich schlüssig gestaltete Prosaerzählung über wunderbare Begebenheiten aus einer zeitlich und räumlich nicht festgelegten, einfach strukturierten Welt, in der die Naturgesetze nicht gelten. Das Märchen ist »eindimensional« (Max Lüthi): ›reale‹ und ›magische‹ Welt gehen nahtlos ineinander über. Das (anonym und genuin mündlich überlieferte) *Volksmärchen* trägt dabei Merkmale der → Mündlichkeit und folgt festen narrativen → Schemata; das (genuin schriftliche, einem bestimmten Autor zugeordnete) *Kunstmärchen* greift in freier Gestaltung Elemente und Strukturprinzipien des Volksmärchens auf (→ Mündlichkeit).

Manuskript Wörtlich: »Handschrift«. Bezeichnet für die Zeit vor Erfindung des Buchdrucks jeglichen Text, während es heute auch handschriftliche wie maschinengeschriebene (dafür eigentlich: »Typoskript«) Texte, im literaturwissenschaftlichen Sprachgebrauch häufig als Vorlagen für den Druck bezeichnen kann (→ Kodex).

Medialität → Medium

Medium »Speicherung, Übertragung und Verarbeitung von Information – nichts anderes ist die elementare Definition von Medien überhaupt.« (Friedrich A. Kittler) Der Begriff bezeichnet zunächst jegliches vermittelnde Element innerhalb eines Kommunikationsprozesses, besonders in bezug auf die Weitergabe von Informationen in Sprache, Schrift und Bild. Während in der Antike auch das Orakel als vermittelnde Instanz zwischen Göttern und Menschen als Medium fungierte (wie heute in okkultistischen Praktiken), wird der Begriff heute vor allem im Plural zum umgangssprachlichen Synonym für diejenigen technischen Verbreitungsmittel verwendet, die der Massenkommunikation dienen: Zeitungen, Zeitschriften, Film, Schallplatten, Hörfunk und Fernsehen, Video, Bildschirmtext, CD-ROM, Telekommunikation. – Der Begriff der *Medialität* betont die konkrete Speicherung, Übertragung und Verarbeitung von Daten durch das jeweilige Medium. Entsprechend meint *Multimedialität* die Präsentation von Informationen in Systemen, die sich aus verschiedenen Einzelmedien zusammensetzen und vor allem visuelle und akustische Daten gleichzeitig speichern und verbreiten können.

Meistersang Schulmäßig betriebene Lieddichtung vor allem des 14. bis 15. Jahrhunderts in der deutschsprachigen Dichtung.

metafiction Bezeichnung für selbstreflexive Erzähltexte (im weiteren Sinne als Darstellung von Geschehen), in denen narrative Konventionen, die konventionell der Suggestion von ›Realität‹ dienen, implizit oder explizit gebrochen werden (etwa indem Figuren ihre Handlungsebene verlassen und im Erzählrahmen auftauchen, sich an den Erzähler oder den Autor wenden, oder indem der Erzähler ausdrücklich erläutert, auf welche Weise er seine Geschichte konstruiert usw.).

Metapher griech. »metaphora«: »Übertragung«. Uneigentlicher sprachlicher Ausdruck; ›übertragene‹, ›bildhafte‹ Bedeutung eines Wortes (»Motorhaube«; »Fuß des Berges«); Ersetzung eines Ausdrucks durch einen anderen aufgrund semantischer Ähnlichkeit (z. B. Ähnlichkeit der Form, Funktion, Gestalt). Der Unterschied zwischen eigentlicher und übertragener Wortbedeutung kann gering sein (*verblaßte Metapher*); bei der *absoluten Metapher* dagegen ist die Distanz zwischen eigentlicher und übertragener Bedeutung besonders ausgeprägt (Celan: »schwarze Milch der Frühe«); → Metonymie; → Allegorie.

Metonymie Uneigentliche Ausdrucksweise ähnlich der → Synekdoche; in rhetorischer Terminologie die Ersetzung eines Ausdrucks durch einen anderen, wobei der ersetzende Ausdruck in einer realen Beziehung zur eigentlich gemeinten Sache steht (»im Andersen blättern« meint: »in Andersens Schriften blättern«); linguistisch definierbar als ein semantisches Kontiguitätsverhältnis (im Beispiel: Verhältnis Autor – Werk) zwischen dem uneigentlichen und eigentlich gemeinten Ausdruck (Beispiele für Kontiguitätsverhältnisse: Ursache – Wirkung, Rohstoff – Endprodukt, Bewohner – Ort).

Metrik Gesamtheit all derjenigen Regeln, nach denen Verstexte gebildet werden, zugleich Bezeichnung der mit der Verslehre befaßten Wissenschaft.

Mimesis Zentraler Begriff der aristotelischen »Poetik«, der häufig (und zu eng) mit »Nachahmung« (»imitatio«) übersetzt worden ist; gemeint ist eher die »darstellende Hervorbringung« menschlicher Handlungen als motivierter Geschehenszusammenhänge (als »mimesis praxeos«; → Mythos).

Mnemotechnik Technik des Erinnerns; in der antiken Rhetorik beruhte die Mnemotechnik vor allem auf bildhaften Gedächtnis- und Vorstellungshilfen, die als ›Merkbilder‹ fungierten. Mnemotechnische Konzepte spielen in der Untersuchung des Verhältnisses von Literatur und kulturellem »Gedächtnis« eine zentrale Rolle.

Moderne Das lateinische Adjektiv »modernus« bezeichnet seit der Antike allgemein das jeweils Neue gegenüber dem jeweils Alten. Als literarischer Begriff wird die Selbstbezeichnung der »Modernen« gegenüber den »Alten« (der Antike) in der → Querelle des Anciens et des Modernes verwandt. Als literarische (Selbst-)Bezeichnung einer die ›Neuheit‹ (im Sinne einer → Innovationsästhetik) zum Programm erhebenden künstlerischen Bewegung (→ Avantgarde) oder Epoche spielt der Begriff eine zentrale Rolle in der innovativen französischen Poetik des 19. Jahrhunderts und der von dieser beeinflußten europäischen Literaturströmungen (Rimbaud: »il faut être absolument moderne«); »die Moderne« als ästhetischen Epochenbegriff proklamierte der Kieler Literaturwissenschaftler Eugen Wolff (zunächst im Kontext des Berliner Naturalismus 1886; danach rasch verallgemeinert zum Sammelbegriff für avantgardistische künstlerische Bewegungen). Die Grenze zwischen einer allgemeinen kulturgeschichtlichen und einer im engeren Sinne ästhetischen Verwendung des Begriffs ist unscharf.

Modernismus Bezeichnung für die Gesamtheit derjenigen ästhetischen Verfahren, die für die avantgardistischen künstlerischen Bewegungen der → Moderne kennzeichnend sind; auch literarhistorischer Oberbegriff für diese künstlerischen Bewegungen selbst; → Avantgarde.

Monolog 1. In szenischen Texten ein (zumeist längeres) Selbstgespräch einer Figur. Wolfgang Kayser hat die Unterscheidung folgender Monolog-Typen etabliert: *technischer Monolog* (zur Überbrückung zwischen zwei Szenen); *epischer Monolog* (zur erzählerischen Vermittlung von auf der Bühne nicht sichtbaren Vorgängen, etwa in der »Mauerschau«); *lyrischer Monolog* (Selbstoffenbarung der seelischen Zustände einer Figur); *Reflexions-Monolog* (Nachdenken der Figur über ihre Situation); *dramatischer Monolog* (in einer Konfliktsituation wird in innerem Ringen des Helden eine für den Verlauf der Handlung bedeutende Entscheidung getroffen). – 2. In der Erzählforschung Bezeichnung für die narrative Wiedergabe von Gedanken oder stummen Selbstgesprächen einer Figur. Der eher diffuse deutsche Terminus *Innerer Monolog* wird in der englisch- und französischsprachigen Narratologie differenziert in *narrated monologue* (ein → Erzähler berichtet die Gedanken einer Figur oder gibt sie in indirekter oder → erlebter Rede wieder), *quoted monologue* (die wörtliche Wiedergabe von Gedanken im Präsens als ›stumme‹ direkte Rede ohne Zwischenschaltung eines Erzählers; entspricht weitgehend dem französischen Terminus *monologue interieur*), *autonomous monologue* (»Monologerzählung«, in welcher von Beginn an durchgängig aus der ›Sicht‹ der erlebenden Figur im *quoted monologue* in der ersten Person Präsens Indikativ erzählt wird; mit dem Verzicht auf einen übergeordneten Erzähler oder Erzählrahmen konstituiert sich der *autonomous monologue* als eigenständiges experimentelles Genre); → psycho-narration.

Monologisch, Monologizität Im Gegensatz zur → Dialogizität eine sprachliche Äußerung, die eine einheitliche, geschlossene Weltsicht repräsentiert (Michail Bachtin).

Montage 1. Allgemein das Zusammensetzen vorgefertigter Teile zu einem fertigen Produkt. – 2. In der Literatur die (umfangreiche) Integration heterogener fremder Diskurs- oder Textpartikel in einen eigenen Text (→ Collage). – 3. In der Filmtechnik das Schneiden und erneute Zusammenstellen des Filmmaterials unabhängig von der ursprünglich gedrehten Reihenfolge.

Motiv In der Musik: kleinste melodische Einheit. In der Literatur: Allgemeiner, noch nicht textuell strukturierter Erfahrungs- und Vorstellungsbereich, der als Bestandteil in den Stoff (→ histoire) einer → Erzählung (im weiteren Sinne einer Darstellung von Geschehen) oder eines → Gedichts eingeht (→ Leitmotiv).

Motivation Die begründende und narrativen Zusammenhang herstellende Verknüpfung einzelner Segmente des Geschehens auf der histoire-Ebene einer → Erzählung (im weiteren Sinne; auch → mythisches Analogon).

Motto Paratext: einem Text als → Zitat vorangestellter (und häufig aus einem literarischen Werk entnommener) Sinnspruch.

Mündlichkeit/Oralität Ein kommunikativer Zustand, in dem die Weitergabe immaterieller Kultur- und Wissensbestände in erster Linie mündlich erfolgt; vor allem bezogen auf Gesellschaften, die über kein schriftliches Notationssystem verfügen. Zu ihren Merkmalen gehören Formelhaftigkeit und Redundanz, eine entsprechende Gedächtniskultur, gleichzeitige physische Anwesenheit der Kommunikationspartner sowie ein Zeitbegriff, der die Vergangenheit nach den Erfordernissen der Gegenwart zurichtet.

Multimedialität → Medien

mythisches Analogon Erzähltheoretischer Terminus Clemens Lugowskis (1931; neuerdings aufgegriffen von Heinz Schlaffer, Matias Martinez u. a.), der an die Verwendung des Mythos-Begriffs in der »Poetik« des Aristoteles anknüpfen kann: Insofern narrative Texte auf einen bestimmten Ausgang des Geschehens hin angelegt sind, ist die Motivation des in ihnen dargestellten Geschehens nur vordergründig »von vorn motiviert«; diese kausale Motivation verdeckt eine faktisch dominierende Geschehensmotivation »von hinten«. Diese Grundstruktur entspricht formal dem Grundsatz mythischen Denkens von der Absichtlichkeit allen Geschehens (→ Mythos). Undeutlich ist, ob Lugowski alle narrativen Texte als (je unterschiedlich ausgeprägten) »formalen Mythos« beschreiben will oder nur diejenigen, in deren erzählter Welt eine »Motivation von hinten« eine Rolle spielt.

Mythos Primär mündliche Ursprungserzählung, die das übernatürlich-wunderbare Entstehen und die daraus abgeleitete Beschaffenheit und Bedeutung eines Sachverhalts, einer Person, einer Gemeinschaft, einer Sitte, eines Kultus darstellt. Die von Mythen vorausgesetzte (und in der wiederholten erzählerischen Vergegenwärtigung in der Gemeinschaft konstituierte und stabiliserte) mythische Welt ist u. a. gekennzeichnet durch zyklische (nicht-lineare) Zeitvorstellungen, die Gewißheit des Wirkens göttlicher, übernatürlicher, schicksalhafter oder dämonischer Mächte und die Überzeugung, daß alles Geschehen sich der planenden Absicht solcher Mächte verdankt. Die systematische Entfaltung eines Beziehungsnetzes mythischer Erzählungen heißt *Mythologie*. Für die Literaturwissenschaft haben der Mythos als archaische Denk- und Anschauungsform und die Geschichten der Mythologie mehrfache Bedeutung: als Stoff- und Motivbereich (namentlich in Bearbeitungen von Geschichten der antiken und der nordischen Mythologien), als Gegenstand philosophischer und ästhetischer Reflexion (namentlich in Klassik und Romantik, erneut in strukturalistischen Konzepten wie Roland Barthes' »Mythen des Alltags« und in aufklärungskritischen Konzepten der Postmoderne) und als narratologisches Modell im Sinne des »formalen Mythos« oder → mythischen Analogon.

narration frz.: »Erzählung«. Narratologischer Terminus: »narration« (auch: »discours«, engl. »discourse«) bezeichnet die sprachlich-künstlerische Anordnung der die Geschehenspartikel repräsentierenden Motive im Text der Erzählung (entsprechend dem »szujet« in der Terminologie des → Russischen Formalismus); diese narrative Zeichenfolge kann von der logischen, chronologischen und psychologischen Ereignisfolge (→ histoire, »plot«, »story«) signifikant abweichen. – Im engeren Sinne kann »narration« auch nur den aktuellen Vorgang der Vermittlung einer Erzählung bezeichnen (→ Erzählsituationen).

narrativ Erzählend, in erzählender Form.

Narratologie, Narrativik lat. »narrare«: »erzählen«. Erzählforschung als Teil der allgemeinen Literaturwissenschaft, im Sinne einer Erforschung der Grundlagen, Strukturprinzipien, Funktionsweisen (in der strukturalen Narratologie vor allem der Erzeugung von ›Bedeutung‹), Bauformen und Verfahren von Texten, die Geschehen darstellen (häufig, aber nicht ausschließlich Texte der erzählerischen Genres, sondern etwa auch Dramen, Balladen, Filme usw.); → Erzählung.

Narzißmus Psychoanalytische Bezeichnung für 1. die auf einem unsicheren Selbst- und Selbstwertgefühl beruhende Selbstbezogenheit, die mit Größen- und Allmachtsvorstellungen einhergeht und beim Kleinkind phasengerecht, beim Erwachsenen hingegen pathologisch ist, 2. das Verhältnis einer Person zum eigenen Selbst, das ›gesund‹ oder pathologisch sein kann.

Nationalliteratur Literarhistorische Kategorie seit etwa der Mitte des 18. Jahrhunderts: die Gesamtheit des Schrifttums einer Nation, nicht zwangsläufig in der jeweiligen Volkssprache verfaßt.

Naturformen der Poesie Von Goethe (»Noten und Abhandlungen zum west-östlichen Divan«) etablierter Terminus für die drei Hauptgattungen → Lyrik, → Epik und → Drama, für die Goethe überzeitlich-anthropologische Geltung beansprucht.

Negation In der → Wirkungsästhetik Wolfgang Isers eine Aussparung im → Repertoire eines Textes: Eine Norm oder ein Interpretations- oder Sinnsystem wird gezielt ausgespart, d. h. entgegen der Lesererwartung nicht verwendet oder in seiner Geltung nicht bestätigt.

New Criticism In den vierziger und fünfziger Jahren die maßgebliche Methode in der anglo-amerikanischen Literaturwissenschaft, bei der literarische Texte ›immanent‹, als autonome, von äußeren Faktoren unabhängige Strukturen interpretiert werden. Im Verfahren eines »close reading« werden die Einzelelemente des Textes analysiert und anschließend zum Textganzen, das als einheitlich-›stimmiger‹ und organischer Bedeutungskomplex aufgefaßt (und vorausgesetzt) wird, in Beziehung gesetzt (dagegen → Dekonstruktion). Wegbereiter war in den zwanziger Jahren I. A. Richards. Führende Vertreter sind John Crowe Ransom, Allen Tate, W. K. Wimsatt, Robert Penn Warren und Cleanth Brooks. Im deutschsprachigen Raum ist die ›textimmanente‹ → Interpretation mit dem »New Criticism« vergleichbar.

New Historicism → *Cultural Poetics*

Norm, ästhetische Im → Russischen Formalismus und in Teilen des → Strukturalismus sowie in unterschiedlichen Ausprägungen einer → Abweichungspoetik das die Lesererwartung bestimmende Substrat der vorgängigen und bekannten ästhetischen Praxis.

Notwendiges Merkmal Ein Merkmal F ist notwendig dafür, daß x ein G ist, wenn gilt: wenn x ein G ist, dann ist es auch ein F.

Novelle ital.: »Neuigkeit«. Zumeist in → Prosa (seltener auch in Versen) abgefaßte Erzählung kürzeren oder mittleren Umfangs, die auf ein bestimmtes (in Goethes Bestimmung des Genres: »unerhörtes«) Ereignis, einen zentralen Konflikt konzentriert ist, das in einem bestimmten zentralen Symbol zur Anschauung kommen kann (aber nur in der normativen → Regelpoetik der Novelle im späten 19. Jahrhundert, namentlich bei Paul Heyse, kommen soll). Mehrere Novellen sind häufig durch eine Rahmenerzählung zusammengefaßt (musterbildend Boccaccio, »Il Decamerone«).

Ode In der → Metrik als Oberbegriff verwendet, der alle im → Strophenmaß antiker Oden verfaßte Gedichte subsumiert. Zu unterscheiden sind vor allem das *Asklepiadeische*, das *Alkäische* und das *Sapphische* Odenmaß.

Ödipuskomplex Der → Psychoanalyse zufolge diejenige Konstellation zwischen Kind und Eltern während des 4. bis 6. Lebensjahres des Kindes, bei der dieses den jeweils gegengeschlechtlichen Elternteil begehrt und den gleichgeschlechtlichen als Rivalen fürchtet.

Öffentlichkeit In der bürgerlichen Neuzeit Ort der vernunftgeleiteten, im Idealfall herrschaftsfreien Auseinandersetzung über politische, gesellschaftliche und ästhetische Fragen, deren Teilnehmer im Idealfall freie und vernünftige Individuen sind.

oral history Eine Arbeitsrichtung der neueren → Historiographie, die sich mit den Formen mündlicher Überlieferungen und ihren subjektiven wie kollektiven Erfahrungsgehalten und Deutungsmustern befaßt.

oral poetry engl.: »mündliche Dichtung«. Forschungsgegenstand der Folkloreforschung und allgemeinen Literaturwissenschaft, die sich mit Formen, Strukturen, Themen und Überlieferungsweisen mündlicher Dichtung befaßt. A. B. Lord hat noch im 20. Jahrhundert Formen südslawischer Gesänge empirisch untersucht und dabei entdeckt, daß sie strukturelle Gemeinsamkeiten mit den Epen Homers aufweisen, nämlich Formelhaftigkeit, Stereotypien, Wiederholungen sowie einfache, wiederholbare Melodien.

Organon-Modell der Sprache Von Karl Bühler entwickeltes Sprachmodell, bei dem entsprechend den kommunikativen Bereichen Gegenstand, Sender und Empfänger die »Darstellungs-«, »Kundgabe-« (oder »Symptom-«) und »Appellfunktion« des sprachlichen Zeichens unterschieden werden (→ Sprachfunktionen).

Originalgenie/Originalität Aus der antiken Lehre von der → Inspiration abgeleitetes Konzept des Künstlers, das den Aspekt der radikalen Heteronomie durch die Betonung einer zwar je einzigartigen, irrationalen, aber natürlichen Schöpferkraft ersetzt. Erklärt programmatisch Originalität zum entscheidenden Charakteristikum eines Künstlers, der damit zugleich das Leitbild eines autonomen Individuums verkörpert. Den Kennzeichen des Genies (intensiver Empfindung und spontaner Schaffenskraft) entspricht die Erwartung an die Rezipienten des so entstandenen Kunstwerks, den Schaffensprozeß im Modus der Rezeption nachzuvollziehen. Die zunächst vor allem in England kultivierte Genie-Theorie (Edward Young) übertrumpft im frühen 18. Jahrhundert die klassizistische → Regelpoetik (in Deutschland im »Sturm und Drang«).

ornatus In der Rhetorik Bezeichnung für den Rede-»Schmuck«, der vom Redner eingesetzt wird, um sein Publikum zu beeinflussen; der ornatus soll die Rede angenehm, anschaulich und anregend erscheinen lassen. Redeschmuck kann sich nach Quintilian in einzelnen Wörtern (*ornatus in verbis singulis*) und in Wortverbindungen (*ornatus in verbis coniunctis*) zeigen. Zum ornatus gehören insbesondere die → Tropen sowie die Wort- und Gedankenfiguren der Rede.

Paläographie Wissenschaft von der Geschichte der Formen und Mittel der Schrift.

Pantomime Wortlose szenische Darstellung durch Gebärde, Mimik oder Tanz.

Paradigmatik Ordnung sprachlicher Elemente, die (wie die Personalpronomina: ich, du, er, sie, es...) in einer Äquivalenzbeziehung zueinander stehen und aus der bei der Bildung eines Satzes oder eines Textes eine Auswahl getroffen wird (→ Syntagmatik).

Paralipomena griech.: »Beiseitegelassenes«. Im engeren Sinn die Bezeichnung für solche Texte und Textfragmente, die ursprünglich für ein bestimmtes Werk vorgesehen waren, dann aber dort beiseite gelassen und, vom Autor selbst oder von anderen, nachträglich veröffentlicht wurden. Im weiteren Sinn in der Editionspraxis sowohl die im Nachlaß eines Autors aufgefundenen Skizzen und Fragmente, die sich keinem der veröffentlichten Werke zuordnen lassen, als auch solche handschriftlichen Zeugnisse der → Entstehungsgeschichte eines Werkes, die sich nicht als Entstehungsvarianten (→ Variante) im → Apparat verzeichnen lassen, da sie noch nicht Werkstruktur besitzen (Stichwörter, Gliederungen, Stoffsammlungen; → Werk) oder eine eindeutige Zuordnung zu bestimmten Stellen des Werkes fehlt.

Paralipse → *Ellipse*

Paratext Gesamtheit derjenigen Texte, die aus einem Manuskript ein Buch machen und dessen Rezeption steuern. Gérard Genette unterscheidet *Peritexte*, die mit dem Buch zusammen erscheinen (Reihen- und Verlagsbezeichnungen, Titel, Vor- und Nachworte, Klappentexte), und *Epitexte*, die zwar auf das Buch bezogen, aber räumlich von ihm getrennt sind (Entwürfe, Briefe, Tagebucheintragungen, Prospekte, Interviews).

Parodie Im Unterschied zum → Pastiche satirisch-herabsetzende inhaltliche Transformation eines literarischen Textes unter Beibehaltung von Form und Stil (→ Travestie).

Pastiche Im Unterschied zu → Parodie und → Travestie ohne satirische Absicht vorgenommene Nachahmung eines literarischen Stils.

Pentameter Versmaß griechischer Herkunft mit folgender Formel:

 –   –
– v (v) – v (v) – ' – v v – v v –.

Performance Darstellung vor Publikum durch einen Künstler, der (mindestens) seinen Körper in Kunst-Aktionen zum Gegenstand und Mittel der Darstellung macht. Ziel ist nicht das fertige Objekt, sondern die Erfahrung des Prozesses für Zuschauer und Künstler. Die traditionellen Konzepte von Urheber/→ Autor und Rezipient werden ähnlich aufgelöst wie im → Happening.

Perspektive Blickwinkel, aus dem die Ereignisse einer → Erzählung erzählt werden. Der englische Terminus *point of view* (»Blickpunkt«) bezeichnet das perspektivische Zentrum der Wahrnehmung in einer Erzählpartie, das nicht mit der Identität des Erzählenden und seiner Relation zur erzählten Geschichte verwechselt werden darf. Der Erzähler kann weniger wissen als die jeweils in diese Ereignisse verstrickte Figur (*neutrale Perspektive*), gleich viel (*personale Perspektive*) oder mehr (*auktoriale Perspektive*); → Fokalisierung.

Phänomenologie griech.: »Lehre von den Erscheinungen«. In der Philosophie Hegels die Lehre von den Entwicklungsstufen des Bewußtseins, in der (programmatisch so benannten) »phänomenologischen« Philosophie Husserls (seit 1900) zentraler Begriff für eine universale Sinn- und Bedeutungsforschung, die mittels philosophisch reflektierter »Wesensschau« das im Bewußtsein Gegebene möglichst objektiv zu erfassen sucht. In der Literaturwissenschaft von großem Einfluß auf die Theorien Roman Ingardens und Wolfgang Isers (→ Wirkungsästhetik), auch auf die ästhetischen Schriften Martin Heideggers.

Phänotext In der Terminologie Julia Kristevas der Text als abgeschlossenes Produkt; Manifestation des → Genotexts.

Phantasie Von → Imagination und Einbildungskraft nicht eindeutig abgrenzbar und zuweilen als Synonym verwendet, bezeichnet der Begriff die Fähigkeit, Sinneseindrücke und Vorstellungen zu verknüpfen oder zu neuartigen Vorstellungsbildern umzugestalten; daher ist Phantasie die psychische Grundlage für die Genese und Produktion künstlerischer Vorstellungen.

Philologie griech. »philos«: »Freund«, »logos«: »Wort, Rede, Buch«. Bezeichnung für die Gesamtheit der theoriegeleiteten Erschließung (durch Textkritik, Edition und Kommentar) und poetologischen und historischen Reflexion (durch Exegese, Interpretation, Textanalyse) sprachlicher (zumeist literarischer) Dokumente: Philologie ist diejenige Wissenschaft, die sich um Sicherung, Verständnis und Vermittlung literarischer Texte und deren geistiger, kultureller und sozialer Zusammenhänge bemüht.

phobos → Katharsis

Phonozentrismus/Logozentrismus Von Jacques Derrida eingeführter Begriff für die unterliegende Ideologie weiter Teile des abendländischen Denkens, die die Stimme und das gesprochene Wort als bevorzugtes Medium philosophischer Erkenntnis ausgibt, Wahrheit nur als Einheit von »logos« und »phonè« denken kann und in der die Schrift als Fall in das ›Außen‹ des Sinns abgewertet wird (→ Stimme, Schrift).

pièce bien faite Das nach einer dramaturgischen → Regelpoetik seiner äußeren Struktur und seinem Handlungs-Aufbau (»liaison des scènes«) nach mustergültig »wohlgesetzte« Drama, zunächst orientiert an der »tragédie classique« des französischen Klassizismus.

Poesie → Dichtung

poeta eruditus lat.: »gebildeter, kenntnisreicher Dichter«, auch *poeta doctus* (»gelehrter Dichter«). Vor allem in der Renaissance das Ideal des umfassend gebildeten und seine Dichtung und poetische Kompetenz vor allem aus dieser Gelehrsamkeit gewinnenden Dichters.

Poetik 1. Der auf literarische Texte bezogene Teilbereich der → Ästhetik; zur Unterscheidung von der normativen Poetik im Sinne von 2. hat sich für diese deskriptiv-analytische Bedeutung auch die (grammatisch unkorrekte) Bezeichnung *Poetologie* (sprachlich korrekt wäre eher »Poesiologie«) eingebürgert. – 2. Eine normativ ausgerichtete Theorie darüber, welche formalen Eigenschaften ein literarischer Text besitzen oder – im engeren Sinne – welche Themen er behandeln soll (→ Regelpoetik).

Poetizität Genau jenes Merkmal, das literarische Texte von nicht-literarischen unterscheidet; → Literarizität; → Fiktionalität.

Poetische Sprache In der Terminologie des → Russischen Formalismus die Sprache in ihrer poetischen, sonst nicht zweckgebundenen Verwendung; sie ist charakterisiert durch die → Einstellung auf die Sprache.

point of view → Perspektive

Polyhistorismus Wörtlich »Vielwisserei«; auf universaler Faktenkompilation beruhendes Gelehrsamkeitsideal zumal des 17. Jahrhunderts, demzufolge Wissenschaft nur in der Gesamtheit der verschiedenen Disziplinen möglich ist (speziell in der Verbindung von Philosophie, Historie, Philologie und Jurisprudenz). Die terminologische Verwendung geht zurück auf Morhofs »Polyhistor« (1688).

Polyphonie griech.: »Vielstimmigkeit«. In der → Dialogizitäts-Theorie Michail Bachtins die Darstellung von gleichberechtigten ›Stimmen‹ und der durch sie repräsentierten Weltsichten in literarischen Texten ohne hierarchisierende Bevorzugung einer dominanten Erzählerstimme. Mit dieser Emanzipation zugunsten der ›unvermittelten‹ Blickwinkel erfährt der Leser die Welt zwar immer noch durch Vermittlung des → Autors (den Bachtin mit dem → Erzähler gleichsetzt und der hier etwa die Rolle eines in seinem Werk abwesenden Komponisten einnimmt, dessen → Intentionalität das Werk gleichwohl als eine Ganzheit konstituiert), aber die Dominanz einer Stimme wird abgelöst.

Polysystem In der Übersetzungstheorie Itamar Even-Zohars Begriff, mit dem der Offenheit des literarischen → Systems und der Einwirkung interkultureller Transferprozesse Rechnung getragen werden soll. Das Polysystem besteht aus verschiedenen, hierarchisch strukturierten Teilsystemen, deren Relation zueinander der historischen und interkulturellen Veränderung unterliegt.

Popularliteratur → Trivialliteratur

Positivismus Wissenschaftsrichtung, die sich im 19. Jahrhundert gegen jede Form metaphysischen Denkens richtete (der Begriff wurde programmatisch von dem französischen Soziologen Auguste Comte geprägt) und das Fundament wissenschaftlicher Theorie allein im »Positiven«, d. h. empirisch Gegebenen, in der Erfassung und Deutung von beobachtbaren und erfahrbaren Tatsachen nach dem Vorbild der exakten Naturwissenschaften sah.

Poststrukturalismus Gelegentlich auch »Neostrukturalismus« (Manfred Frank). Sammelbezeichnung für ausgesprochen unterschiedliche, in den späten sechziger Jahren in Absetzung vom traditionellen → Strukturalismus vor allem in Frankreich entstandene, gegen die → Hermeneutik gerichtete Theorieansätze, die neben der Kritik der idealistischen Ursprungs- und Identitätsphilosophie vor allem die Kritik an bestimmten humanistischen und metaphysischen ›Mythen‹ eint: dem autonomen Subjekt (→ Autor), der einen, kohärenten Geschichte, der absoluten Wahrheit, dem zugrundeliegenden Sinn. Wichtige Richtungen sind die historische → Diskursanalyse (Michel Foucault), die → Dekonstruktion

Derridas und des amerikanischen Dekonstruktivismus (Paul de Man u. a.) und die strukturale → Psychoanalyse Jacques Lacans und Julia Kristevas.

Prädikat Sprachphilosophisch: Ein sprachlicher Ausdruck, der zusammen mit einem → singulären Terminus einen Satz einfachster Form ergibt; in den Sätzen »Hans ist ein Mörder« und »Hans singt« sind »ist ein Mörder« und »singt« Prädikate (Abkürzung: »P«).

Präliminarnormen In der Übersetzungstheorie Gideon Tourys diejenigen Normen der Zielkultur, die den jeweils geltenden Übersetzungsbegriff bestimmen und damit festlegen, was und wie übersetzt wird. Dazu zählen Übersetzungspolitik, Verlagsstrategien und Marktgesetze, aber auch poetologische Erwartungen oder Restriktionen, die bestimmte Formen der »Übersetzung« (Übersetzung aus zweiter Hand, Adaptionen, Imitationen) zulassen oder ausschließen (→ Initialnormen).

Präsenz Prominent verwendet vor allem in Jacques Derridas Charakterisierung der abendländischen Philosophie als »Metaphysik der Präsenz«, die den Sinn des Seins nur als Präsenz zu denken vermag; bei Jacques Derrida wird diese Begründung des Seins in der Präsenz in eine »ursprüngliche«, differenzielle Ökonomie von → Spur (frz. »trace«) und → différance überführt.

Präsupposition Sprachphilosophisch: Notwendige Voraussetzung für die korrekte Durchführung eines illokutionären Sprechaktes; bei der behauptenden Äußerung des Satzes »Hans ist ein Mörder« beispielsweise wird die Aussage »Es gibt jemanden namens Hans« präsupponiert.

Präteritum, episches Häufig verwendetes Tempus von Erzählungen. Im Unterschied zum »historischen Präteritum«, das einen Rückblick auf Ereignisse der Vergangenheit markiert (etwa in der → Historiographie), ist das »epische Präteritum« – wie Käte Hamburger gezeigt hat – vor allem ein Signal der → Fiktionalität. Mit seiner Verwendung können Ereignisse aus der Vergangenheit (»dann war Weihnachten«), der Gegenwart (»jetzt war Weihnachten«) und der Zukunft (»morgen war Weihnachten«) dargestellt werden; das epische Präteritum selbst verhält sich dabei neutral, die Zeitperspektive »aus der Geschichte heraus« wird allein mittels deiktischer Angaben (wie etwa der genannten Zeitadverbien) hergestellt.

Pragmalinguistik Teil der Linguistik, der sich mit Sprache als einer Form sozialen Handelns beschäftigt und die Interaktion zwischen Kommunikationspartnern in konkreten Kommunikationssituationen und Sprechakten untersucht.

Praktische Sprache In der Terminologie des → Russischen Formalismus die Sprache in ihrer zweckgebundenen nichtpoetischen Verwendung; sie ist auf das Übermitteln einer Mitteilung ausgerichtet und liegt deshalb in der Regel selbst nicht im Wahrnehmungsfeld des Nutzers.

prodesse et delectare lat.: »nützen und unterhalten«. Von Horaz in der »Ars poetica« geprägtes Begriffspaar, das die Wirkung der Dichtung bestimmt und in der Theorie der Dichtung bis ins späte 18. Jahrhundert deren soziale Legitimation gewährleistet (zumeist im Sinne von ›auf unterhaltsame Weise nützlich sein‹).

Produktionsästhetik Im Gegensatz zur → Wirkungsästhetik, die die Wirkung der Kunst auf ihre Rezipienten erörtert, jedes ästhetische Konzept, das die Formen der Konzeption und Herstellungsverfahren von Kunstwerken in den Mittelpunkt stellt (→ Poetik).

Prolepse In der Erzähltheorie Gérard Genettes Bezeichnung für die Vorwegnahme eines Ereignisses durch den Erzähler oder eine Handlungsfigur; Eberhard Lämmert unterscheidet »zukunftsgewisse« und »zukunftsungewisse« Vorgriffe oder Vorausdeutungen (→ Analepse).

Proposition Sprachphilosophie: Der semantische Gehalt eines Aussagesatzes, der zusammen mit einem → illokutionären Sprechakt eine vollständige Äußerung ergibt, unabhängig von seiner Oberflächenstruktur und dem pragmatischen Kontext seiner Äußerung. In dem Satz: »ich behaupte, daß p« ist »daß p« die explizit gemachte Proposition des von mir geäußerten Satzes »p«.

Prosa Ungebundene Rede, im Gegensatz zu der an formale Regeln wie Metrum und Reim gebundenen Verssprache. Prosa bezeichnet zum einen die ungestaltete Alltagsrede, zum anderen die literarischen Bereiche von Sachprosa und Kunstprosa, die lange Zeit ihrerseits den Regeln der → Poetik, → Rhetorik und → Stilistik unterworfen war. Prosaische Formen wie der → Roman, die → Novelle oder die → Kurzgeschichte haben nach und nach das an den Vers gebundene → Epos verdrängt, so wie das Prosa-Drama weitgehend an die Stelle des Versdramas getreten ist; auch in der Lyrik haben sich prosanahe Formen etabliert (→ Prosagedicht; → prosaische Lyrik).

Prosagedicht frz.: »poème en prose«. Mischform aus → Erzählung und → Gedicht, die in prosaischer, gelegentlich traditionelle Genreerwartungen provozierender Form lyrische Ausdrucksmöglichkeiten erprobt (zwischen Romantik und früher → Moderne etabliert u. a. von Wergeland, Bertrand, Guérin, Baudelaire).

Prosaische Lyrik Literarische Texte, deren Sprachmaterial durch die graphische Segmentierung Gedichtcharakter erhält (Beispiel: Brecht, »Vergnügungen«).

Prosodie Inbegriff der suprasegmentalen Merkmale einer Sprache wie Intonation und Akzentuierung.

Prosopopöie Rhetorische Figur, vermittels derer dem Text ein »Gesicht« (griech. »prósopon«) verliehen wird, indem eine Stimme als Sprechinstanz suggeriert wird. In Paul de Mans dekonstruktiver Theorie der → Lektüre (→ Dekonstruktion) fungiert die Prosopopöie aufgrund dieser rhetorischen Suggestion einer den Text verantwortenden Instanz als metafiguratives Modell für die Referenz erzeugende Funktion von Sprache (→ Stimme).

Protagonist griech. »protagonistes«: »erster Kämpfer«. Seit der griechischen Tragödie Bezeichnung für den Hauptdarsteller (auch: für den durch diesen dargestellten Helden) im Drama, neuerdings in weiterer Bedeutung auch für die Hauptfigur einer Erzählung oder eines Films; analog wird der Gegenspieler des Helden gelegentlich als *Antagonist*, der zweite Hauptdarsteller als *Deuteragonist* bezeichnet.

Pseudonym Meist zum Zweck der Verbergung oder ironisch vorgenommene Ersetzung eines authentischen Eigennamens durch einen erfundenen Namen (z. B. Matthias Claudius' »Asmus«; Erich Kästners »Münchhausen«-Filmdrehbuch unter dem Pseudonym »Berthold Bürger«).

Psychoanalyse 1. Der von Sigmund Freud begründete Teilbereich der → Tiefenpsychologie, der alles menschliche Verhalten auf die beiden »Triebe« von »Libido« (Sexualität) und Aggression zurückführt. – 2. Ein daraus abgeleitetes therapeutisches Verfahren zur Heilung seelischer Erkrankungen.

psycho-narration Von Dorrit Cohn etablierte Bezeichnung für eine (traditionell meist als »Gedankenbericht« bezeichnete) narrative Technik, in der die Gedanken und Empfindungen einer Figur ›von außen‹ durch die Erzählinstanz mitgeteilt (»erzählt«) und entsprechend umgestaltet, zumeist stark gerafft, bisweilen aber auch gedehnt werden. Die Figurensprache spielt dabei (anders als in → erlebter Rede oder im »quoted monologue«; → Monolog) keine Rolle; die mitgeteilten Empfindungen müssen nicht sprachlich vorformuliert sein. Insofern reicht diese Form tiefer ins Vor- und Unbewußte der Figuren als alle anderen Techniken.

Querelle des anciens et des modernes frz.: »Streit der Alten [oder: Antiken] und der Neuen [oder: Modernen]«. 1687 von Charles Perrault vor der Académie Française ausgelöster Streit um den kulturellen Vorrang der Antike vor der Neuzeit, um die Möglichkeit, von den tradierten Mustern abzuweichen; namentlich Perrault und Fontenelle betonten die Eigenständigkeit und Ebenbürtigkeit der neueren Kulturleistungen, ihre Gegner (u. a. Boileau, La Fontaine, Racine) beharrten auf der normativen Gültigkeit der antiken Vorbilder (→ Moderne).

Radikaler Konstruktivismus Erkenntnistheoretisches Modell, das davon ausgeht, daß alle Formen menschlicher Wahrnehmung Konstruktionen des Subjekts vollziehen und keine ›objektiven‹ Repräsentationen von Wirklichkeit vermitteln. Dieses Konzept ist von Vertretern der → Empirischen Literaturwissenschaft auch auf die Produktion und Rezeption literarischer Texte übertragen worden (→ Konstruktivismus).

Ready-made Von Marcel Duchamp ›erfundene‹ Kunstgattung, bei der ein beliebiger existierender Gegenstand zum Kunstwerk erklärt wird.

Redundanz In der Informationstheorie der Überschuß an Signalisation gegenüber der Information. Wenn Redundanz vorliegt, kann die Signalisation abnehmen, ohne daß Verlust an Information eintritt. Redundanz mindert die Gefahr des Mißverstehens.

Referentialität lat. »referre«: »sich beziehen auf«. In der Sprachwissenschaft die Beziehung eines sprachlichen Zeichens zu dem von ihm bezeichneten Gegenstand in der außersprachlichen ›Welt‹.

Reflektorfigur Von Franz K. Stanzel eingeführter Begriff zur Bezeichnung einer in der modernen → Epik häufig vorkommenden Figur, in deren Bewußtsein (und nicht in dem des → Erzählers) das Dargestellte »reflektiert« wird (→ Monolog).

Regelpoetik Diejenige Theorie der Literatur, die 1. Normen spezifiziert, denen jeder literarische Text genügen sollte, und 2. Anweisungen dafür gibt, wie diese Normen praktisch erfüllt werden können (→ Poetik).

Reim Partielle Übereinstimmung des phonetischen Materials wenigstens zweier Wörter innerhalb eines Textes, zumeist am Ende eines Verses (→ Assonanz; → Endreim; → Stabreim).

Repertoire In der → Wirkungsästhetik Wolfgang Isers Bezeichnung für die Gesamtheit der selegierten Bausteine des Textes, durch die er auf die außertextuelle Realität oder auf andere literarische Texte bezogen ist. Bezugsmenge ist die Gesamtheit der in der Bezugsrealität vorhandenen (sprachlich gefaßten) Normen, Interpretations- und Sinnsysteme (→ Intertextualität).

Reportage → Genre zwischen Literatur, → Journalismus und Sozialforschung, das sich auf Dokumentierbares bezieht; gegenüber anderen dokumentarisch-informatorischen Formen stärker durch bewußt subjektivierte Präsentation bestimmt, historisch eng mit *Reisebericht* und *Genrebild* (im Sinne des kunstgeschichtlichen Terminus) verwandt. Im Zug der Presseentwicklung ausdifferenziert nach Gegenstandsbereichen (Gerichts-, Sport-Reportage usw.), nach Verfahren (offene, verdeckte, »Rollen-Reportage«) und nach Medien (Hörfunk-, Fernseh-, Zeitungsreportage; auch als selbständige literarische Form in Büchern).

Repräsentationsmodell (von Sprache) Modell, dem zufolge sprachliche Zeichen für ein ihnen vorgängiges Bewußtsein stehen und das Denken eines Subjekts oder die Realität ›ersetzen‹.

Rezeptionsästhetik, Rezeptionsgeschichte Von Hans Robert Jauß 1967 etablierte Bezeichnung für eine Theorie und Methode der Literaturanalyse, bei der nicht der → Text und sein Entstehungszusammenhang, sondern seine Aneigung durch → Leser im Mittelpunkt steht. Nahe verwandt mit Isers → Wirkungsästhetik, aber (auf gemeinsamen theoretischen Grundlagen) im Unterschied zu dieser eher historisch orientiert.

Rezeptionsforschung Sammelbezeichnung für verschiedene Richtungen der Literaturwissenschaft, die sich mit der Aneignung und Verarbeitung von Texten durch Leser der Vergangenheit oder Gegenwart beschäftigen (→ Rezeptionsgeschichte; → Rezeptionsästhetik; → Leserforschung; → Empirische Rezeptionsanalyse).

Rezeptionstheorie Jede Theorie über die möglichen Reaktionen des Lesers auf einen literarischen Text, ihre Umstände oder Bedingungen.

Rhapsode griech.: »Sänger«. In der Antike und in späteren, gleichfalls von → Mündlichkeit bestimmten Kulturen wandernder Sänger, der eigene und fremde Gesänge (vornehmlich aus den Epen Homers), zumeist zu eigener musikalischer Begleitung, öffentlich vortrug.

Rhetorik Wirkungsorientierte Theorie und Praxis der richtigen Rede und der redeanalogen Gestaltung schriftlicher Texte.

Rhythmische Metaphern Im → Russischen Formalismus Lautwiederholungen, die wie die → Lautgeste im poetischen Text eine Bedeutungsfunktion erlangen.

Rhythmus Die Beschaffenheit der Beziehung zwischen metrischer Ordnung eines Verstextes und sprachlicher Erfüllung.

Rollengedicht Gedicht, das vollständig als Rede einer vom → Autor verschiedenen fiktiven oder realen Person konzipiert ist. Bestimmung und Abgrenzung des Begriffs variieren mit der Bestimmung der Begriffe des → Autors und des → lyrischen Ich.

Roman Umfangreiche, erzählerisch komplexe Vers- oder Prosaerzählung.

Russischer Formalismus → Formalismus, Russischer

Sapir-Whorf-Hypothese → language-and-culture-Forschung

Satire Bezeichnung für Texte, deren Ziel die witzig-aggressive Bloßstellung von Mißständen ist.

Schema 1. Kognitionspsychologisch: Kognitives Muster erwartbarer Handlungsabläufe, Ereignisse oder Eigenschaften in bestimmten Situationen, das die Wahrnehmung und das Verstehen von Wirklichkeit wie auch von Texten steuert (etwa das komplexe Wahrnehmungsmuster eines bestimmten → Genres wie beispielsweise der »short story«). Schemata werden erlernt und sind meistens sozial konsensuell. – 2. Narratologisch: narratives Strukturmodell, das (im weiteren Sinne) eine bestimmte → Erzählgrammatik repräsentiert oder (im engeren Sinne) für ein → Genre (etwa »Western«, »Detektivgeschichte« usw.) konstitutiv ist.

Schrift (écriture) 1. Form des graphischen Ausdrucks von Sprache. – 2. Jacques Derridas Philosophie der → Dekonstruktion konzipiert »Schrift« (frz. »écriture«) in Opposition zur abendländischen Metaphysik, die vom Vorrang der Stimme her denkt und »Schrift« als bloß sekundäres Ausdrucksmittel versteht (strukturalistisch: als Signifikant des »natürlichen«, lautlichen Signifikanten). »Schrift« steht für den Text, der nicht von einem Autor kontrolliert wird und nicht *einem* von diesem intendierten Sinn untersteht; sie ist eine → Spur (frz. »trace«), die auf etwas verweist, das nicht statisch präsent ist, sondern weiterverweist innerhalb eines Gefüges von Verweisungen. »Schrift« oder »Proto-Schrift« (»archi-écriture«) wird bei Derrida also zu einem allgemeineren Denkmodell, das in Überschreitung noch des strukturalistischen Zeichenbegriffs die ursprungs- und zentrumslose, rein differentielle Natur allen Seins meint (→ différance; → Präsenz).

Schriftlichkeit/Literalität Kommunikationsmodus, der sich bei der Weitergabe immaterieller Kultur- und Wissensbestände schriftlicher Notationssysteme bedient. Gegenüber → Mündlichkeit/Oralität entfallen der besseren Einprägsamkeit dienende Mittel und Redundanzen, auch Rücksichten auf physisch Anwesende, überhaupt alle Umstände physischer Präsenz und Gleichzeitigkeit. Intellektuelle Techniken der Distanzierung, Theoretisierung und Abstraktion werden heute als Effekte von »Verschriftlichung« von Kultur und Wissen diskutiert. Eine Ausdifferenzierung erfährt der Begriff im Blick auf semi-orale bzw. semi-literale Gesellschaften wie etwa die Gesellschaften des Mittelalters, in denen das Prinzip der Schrift zwar bekannt war, seine Kenntnis und sein Gebrauch aber auf Eliten beschränkt blieb.

Schriftsinn, mehrfacher Grundlage einer für das gesamte Mittelalter verbindlichen und darüber hinaus wirksamen Tradition der → Exegese biblischer Texte, durch Augustinus in der Schrift »De doctrina christiana« fixiert. Der wörtlich-buchstäbliche Sinn des Textes (*sensus litteralis*) erhellt die geschichtlich verstandene Tatsache; der allegorische Sinn (*sensus allegoricus*) vermittelt die heilsgeschichtliche Glaubenswahrheit im Hinblick auf das Verhältnis von altem und neuem Bund; der moralische Sinn (*sensus moralis*) bezeichnet die ethische Wahrheit des Textes; der anagogische Sinn (*sensus anagogicus*) eröffnet die eschatologische, d. h. die letzten und jenseitigen Dinge betreffende Perspektive des Textes.

Selbstreferenz Wörtlich: »Bezug/Verweisung auf sich selbst« (→ Referentialität). Begriff aus der → Systemtheorie Niklas Luhmanns, wonach Systeme »in der Konstitution ihrer Elemente und ihrer elementaren Operationen auf sich selbst (sei es auf Elemente desselben Systems, sei es auf die Einheit desselben Systems) Bezug nehmen. Systeme müssen, um dies zu ermöglichen, eine Beschreibung ihrer selbst erzeugen und benutzen; sie müssen mindestens die Differenz von System und Umwelt systemintern als Orientierung und als Prinzip der Erzeugung von Informationen verwenden können. Selbstreferentielle Geschlossenheit ist daher nur in einer Umwelt, ist nur unter ökologischen Bedingungen möglich.« (LUHMANN 1984, S. 25) Damit werden Systeme als Einheiten gedacht, die ihre Identität nie *haben*, sondern sie als Prozeß einer auf sich selbst bezogenen Ausdifferenzierung *gewinnen*.

Semantik Die Lehre von der Bedeutung sprachlicher Zeichen und Zeichenfolgen (Äußerungen) innerhalb des Sprachsystems und im praktischen Sprachgebrauch. Unterschieden werden die *lexikalische Semantik* (Bedeutung von Wörtern und Relationen zwischen ihnen wie Synonymie und Antonymie), die *Satzsemantik* (Bedeutung durch Wort- und Satzstellung) sowie die *Textsemantik* (Bedeutung einer syntaktisch und thematisch zusammenhängenden längeren Äußerung in einer bestimmten Kommunikationssituation; → Textlinguistik).

Semiologie → *Semiotik*

Semiotik/Semiologie griech. »semeion«: »Zeichen«. Ursprünglich die systematische medizinische Lehre von den Krankheitssymptomen. Heute Bezeichnung für die allgemeine Lehre von den Zeichen, zumeist im engeren Sinne linguistisch-literaturwissenschaftlich verstanden. Im Anschluß an Charles S. Peirce (1839-1914) gliederte Charles Morris (1901-1979) die Semiotik in vier Bereiche: die *Semantik* (untersucht Bedeutung der Zeichen); *Pragmatik* (untersucht Beziehung zwischen Zeichen und Benutzer); *Syntax* (untersucht Beziehungen der Zeichen untereinander); *Sigmatik* (untersucht das Verhältnis zwischen Zeichen und Referent).

septem artes liberales lat.: die »sieben freien Künste«. Im Mittelalter Bezeichnung für das System der gesamten Bildung, bestehend aus dem *Trivium* der sprachbezogenen Wissenschaften Grammatik, Rhetorik und Dialektik und dem *Quadruvium* der mathematischen Wissenschaften Arithmetik, Geometrie, Musik und Astronomie.

Serienroman → Fortsetzungsroman

short story → Kurzgeschichte

Sigle In der Editionswissensschaft bezeichnet der Begriff das Abkürzungszeichen für → Überlieferungsträger. Eigenhändige Niederschriften werden meist mit *H*, fremdhändige mit *h* bezeichnet; Drucke entsprechend mit *D*. Bei jeweils mehreren Überlieferungsträgern einer Kategorie treten Exponenten hinzu (*H1*). Werkausgaben eines Autors werden traditionell mit A und B (für Teilausgaben), C (für Gesamtausgaben) sowie E (für Einzelausgaben) bezeichnet. Bei vielfältiger handschriftlicher Überlieferung werden auch Schreibersiglen (gegebenfalls mit Exponenten zur Kennzeichnung des verwendeten Schreibmaterials) verwendet.

Signifikant/Signifikat → Strukturalismus

Singulärer Terminus Sprachphilosophie: Sprachlicher Ausdruck mit der Funktion, einen → Gegenstand im formalen Sinne zu bezeichnen, der zusammen mit einem → Prädikat einen Satz einfachster Form ergibt; in den Sätzen »Hans singt« und »Der gegenwärtige König von Frankreich ist kahlköpfig« sind »Hans« und »der gegenwärtige König von Frankreich« singuläre Termini (Abkürzung: »s.T.«).

Skopostheorie Funktionalistischer Ansatz der Übersetzungswissenschaft, demzufolge Übersetzen intentionales Handeln ist und es in der Entscheidung des (hierin dem → Autor verwandten) Übersetzers liegt, über die Funktion seiner Übersetzung zu bestimmen.

Skriptorium Die Schreibstube mittelalterlicher Klöster, in der vor allem bereits bestehende Texte abgeschrieben und damit bewahrt und verbreitet wurden.

soap opera → Fernsehspiel

Sonett Ein → Gedichtmaß, das zumeist aus zwei Quartetten (meist mit der Reimfolge a b b a a b b a) und zwei Terzetten (oft mit der Reimfolge c d c d c d) besteht (so das verbreitetste italienisch-französische Sonett), in der Form des englischen oder *Shakespeare*-Sonetts aus drei Quartetten und einem abschließenden Reimpaar besteht. Viele Abwandlungen der Grundform sind belegt.

Sprachfunktionen Nach Roman Jakobson (»Linguistik und Poetik«) gibt es neben den drei grundlegenden Funktionen des → Organon-Modells drei weitere Funktionen des Sprachzeichens, die entsprechend ihrer kommunikativen Rolle in »poetische«, »phatische« und »metasprachliche« Funktion unterschieden werden.

Spur Ursprünglich von Friedrich Nietzsche entwickeltes, in seiner Fassung in der dekonstruktiven Philosophie Jacques Derridas von Freud und Lévinas beeinflußtes Konzept, das das Denken der → différance auf Phänomene des Bewußtseins und des Gedächtnisses überträgt. Vor dem Hintergrund einer rein differenziellen Konstitution von Sinn und → Präsenz können Subjektivität und Bewußtsein nicht mehr als autarke Selbstbestimmung des Individuums aus sich selbst, als »Bei-Sich-Sein« (»présence de soi«) gedacht werden, sondern nur über den Bezug auf das gänzlich Andere, die Spur des Anderen im Selben. – Die Spur perpetuiert somit ein Spiel (»jeu«) von Anwesenheit und Abwesenheit.

Stabreim (Anlautreim) Form des → Reimes, bei der die anlautenden Konsonanten identisch sind (Erster Merseburger Zauberspruch: »Phol unde Wodan vuoren zi holza«; Wagner: »Winterstürme wichen dem Wonnemond«).

Ständeklausel Bedingung für → Tragödien in → Regelpoetiken des 17. und 18. Jahrhunderts, nach der nur Vertreter höherer Stände, Fürsten und Adlige, als Hauptgestalten auftreten sollten, da nur hier die für die Tragödie notwendige soziale ›Fallhöhe‹ vorauszusetzen sei; mit dem → Bürgerlichen Trauerspiel des 18. Jahrhunderts aufgehoben.

Stanze → Gedichtmaß, im Deutschen aus acht jambisch regulierten Elfsilblern (gelegentlich auch mit männlicher Kadenz) mit der Reimfolge a b a b a b c c gebildet.

Statisches Drama → *drame statique*

Stemma Graphische Verzeichnung der Abhängigkeitsverhältnisse verschiedener → Überlieferungsträger eines Textes in Form eines Stammbaums.

Stilisierung 1. Anpassung eines Stoffes oder Textes an die Vorgaben durch bestimmte Stilideale. – 2. Terminus der Literaturtheorie Michail Bachtins: in literarischen Werken die Reproduktion einer Figurenrede durch den Autor vor dem Hintergund seiner eigenen, von der Figurenrede abweichenden ›verbal-ideologischen‹ Haltung.

Stimme In Jacques Derridas Philosophie der → Dekonstruktion als traditionell bevorzugter Begriff einer Opposition von gesprochenem Wort und → Schrift untersucht, die das abendländische Denken von Platon bis zu Saussure (→ Strukturalismus) oft untergründig organisiert. Das Privileg der Stimme steht zum einen im Zusammenhang mit der Erfahrung und Selbstvergewisserung des »Bei-Sich-Seins« im Augenblick des Sprechens (von Derrida das System des »s'entendre-parler« genannt); zum anderen befördert der Anschein der Unvermitteltheit und Natürlichkeit der Stimme die Vorstellung einer Tilgung der Materialität und Äußerlichkeit jedes Signifikanten und eines Sprechens im Bereich reiner Idealität.

Stoff Ältere und narratologisch weniger prägnante Bezeichnung für die → histoire einer → Erzählung (im weiteren Sinne als Darstellung von Geschehen).

stream of conciousness engl.: »Bewußtseinsstrom«, zunächst psychologischer Terminus. Nach Vorläufern im 19. Jahrhundert seit James Joyce, Virginia Woolf u. a. Bezeichnung für die erzählerische Technik einer ohne Einschaltung eines Erzählers auskommenden, häufig ungrammatisch und assoziativ ›fließenden‹ Artikulation der Gedanken einer Figur. Grammatisch eine ›stumme‹ direkte Rede, insofern gleichbedeutend mit »quoted monologue« (→ Monolog).

Strophenmaß Nach Art und Anzahl der Verse und gegebenenfalls der Art der Reimbindung bestimmte metrische Regeln, nach denen eine Strophe gebaut ist (Beispiel: Stanze).

Strophensprung Fortsetzung einer syntaktischen Einheit über das Strophenende hinweg.

Struktur Die Gesamtheit der zwischen den Elementen einer gegebenen Menge bestehenden Beziehungen und der sie bestimmenden Regeln und Prinzipien.

Strukturalismus lat. »structura«: »Bauweise«. Zentraler Begriff zunächst für die mit Ferdinand de Saussure einsetzende Sprachwissenschaft, die Sprache als ein geschlossenes System arbiträrer Zeichen versteht, die ihre Bedeutung nicht (›essentialistisch‹) in sich selbst tragen, sondern erst in der Opposition zu anderen Zeichen (›relational‹) gewinnen. Dieses zunächst aus der Phonetik gewonnene Modell setzt seinerseits fundamentale binäre Oppositionen voraus: »langue« (als Sprachsystem) versus »parole« (als aktuelle Äußerung); »synchrone« (ein gegebenes Sprachsystem untersuchende) Analyse versus »diachrone« (historische) Analyse; »syntagmatische« (Verknüpfungs-)Relationen von Zeichen versus »paradigmatische« (Austauschbarkeits-)Relationen; »Signifikant« (Bezeichnendes) versus »Signifikat« (Bezeichnetes). (Aus der Kritik wie aus der konsequenten Reflexion dieser Voraussetzungen ergaben sich wesentliche Grundzüge des → Poststrukturalismus.) Die im Anschluß an Saussure entwickelte strukturale Analyse literarischer Texte (z. B. in der »Prager Schule«, im marxistischen Strukturalismus, in strukturalistischen Erzähltheorien) konzentriert sich in ungleich stärkerem Maße als herkömmliche Analysemethoden auf deren formale Grundbedingungen; sie interessiert sich weniger für die Bedeutung von Texten als vielmehr für die *Produktion von Bedeutungen*. Ihr Ziel ist eine »Poetik [...], die sich zur Literatur so verhält wie die Linguistik zur Sprache, und deren Ziel daher nicht wäre zu erklären, was einzelne literarische

Werke bedeuten, sondern das System von Figuren und Konventionen aufzudecken, auf Grund dessen Werke ihre jeweilige Form und Bedeutung haben« (Jonathan Culler; → histoire; → narration; → Narratologie; → Erzählgrammatik).

Strukturhomologie Ähnlichkeitsbeziehung zwischen zwei strukturierten Bereichen, etwa zwischen Gesellschaftstrukturen und literarischen Werkstrukturen, zwischen Werkstruktur und spezifischen Vorstellungswelten sozialer Gruppen, aber auch zwischen unterschiedlichen Gesellschaften, Teilsystemen und → Feldern. So können beispielsweise die Machtstrukturen zwischen ökonomischem und kulturellem Feld strukturhomolog sein.

Studienausgabe Wissenschaftlich fundierte Ausgabe für ein breiteres Publikum. Wie die → historisch-kritische Ausgabe bietet sie einen gesicherten Text und einen editorischen Bericht über die gewählte Textgrundlage sowie ein Verzeichnis aller Herausgebereingriffe. Außerdem enthält sie einen ausführlichen Sachkommentar und häufig auch ausgewählte Materialien zur → Entstehungs- und Rezeptionsgeschichte eines → Werks (→ Leseausgabe; → Ausgabe, historisch-kritische; → Ausgabe, kritische).

Substitutionstheorie (der Metapher) Auf Aristoteles fußende Metapherntheorie, nach der das ›eigentliche‹ Wort bei der → Metapher durch ein anderes, fremdes ersetzt (substituiert) wird; → Interaktionstheorie (der Metapher).

Sujet → narration

Symbol (klassisch-romantischer Symbolbegriff) Der in diversen Wissenschaftsdisziplinen verwendete Symbol-Begriff ist in seiner Bedeutung (auch in der Literaturwissenschaft) stark umstritten. Allgemein bezeichnet der Begriff ein mehrschichtiges, beziehungsreiches und bedeutungstiefes Bild, das über sich hinaus auf geistige Zusammenhänge verweist und diese veranschaulicht. Für Goethe haben Symbole eine aufschließende Kraft, die das Allgemeine im Besonderen und das Besondere im Allgemeinen offenbart. Dementsprechend begreift sich klassisch-romantische Dichtung als symbolische Transformation der Welt, die über ihr Erscheinungsbild hinaus auf tiefere Seinsschichten verweist und diese erschließt; → Allegorie.

Symbolismus Im engeren Sinne ein Dichtungsprogramm französischer Lyriker, exemplarisch etwa Jean Moréas' 1886 veröffentlichtes »Manifeste du Symbolisme«, das den Symbolismus, verstanden als Abkehr von der poetischen → Mimesis der äußeren Welt zugunsten einer zeichen- und symbolhaften, zugleich selbstreflexiven Auslegung der Wirklichkeit, für kurze Zeit zur lyrischen Doktrin erklärte; im weiteren Sinne ein Sammeletikett für entsprechende Tendenzen innerhalb der europäischen Lyrik zwischen 1880 und 1910.

Synchronie → Diachronie/Synchronie

Synekdoche Uneigentliche, der → Metapher und der → Metonymie verwandte Ausdrucksweise; Ersetzung eines Ausdrucks durch einen anderen, zu seinem semantischen Feld gehörenden Begriff (»unter meinem Dach« meint: »in meinem Haus«; »sie forderten Brot« meint: »sie forderten Lebensmittel, Nahrung«); bei der Synekdoche werden z. B. ein Teil für das Ganze, ein Allgemeines für ein Spezielles, eine Gattung für eine Art gesetzt.

Synfunktion In der Terminologie des → Russischen Formalismus der Bezug eines jeden Elementes des Kunstwerks auf die anderen Elemente des Werks sowie auf sein Gesamtsystem.

Syntagmatik Ordnung sprachlicher Elemente, die in einem Syntagma, Satz, Absatz oder auch einem ganzen Text in einer durch die jeweilige Syntax geregelten Folgebeziehung zueinander stehen (→ Paradigmatik).

System, Systemtheorie Für die literaturwissenschaftliche Debatte ist vor allem der soziologische Systembegriff (wie er in den Arbeiten Niklas Luhmanns formuliert wird) bedeutend geworden. Konstitutiv für ein soziales System sind die Interdependenz aller Elemente, Geschlossenheit, Regelmäßigkeit in den Beziehungen der Teile untereinander und die Abgrenzung von der Umwelt, die die Identität des Systems gewährleistet. Die permanente Anpassung an veränderte Umweltbedingungen führt zur → Differenzierung des Systems und zur Herausbildung von Teil- oder Subsystemen. Im Anschluß daran lassen sich Literatur aber auch die Literatur distribuierenden Institutionen als Teilsystem eines umfassenden Systems ›Gesellschaft‹ beschreiben.

Szientismus 1. Gelegentlich kritisch verwendete Bezeichnung für vorrangig am Modell der Naturwissenschaft orientierte literaturwissenschaftliche Verfahren. – 2. Position innerhalb der gegenwärtigen Literaturtheorie, die im Unterschied zu → poststrukturalistischen Theorien ihren Gegenstand ›Literatur‹ als Teil umfassender kultureller Produktions- und Reproduktionsverhältnisse zu bestimmen sucht.

Tagebuchroman An die literarische Gebrauchsform des Tagebuchs angelehnt, mit dem → Briefroman eng verwandte Sonderform des Romans. Erzählung der ›inneren Geschichte‹ des fiktiven Verfassers in der Fiktion der unmittelbaren Niederschrift von Gedanken und Empfindungen, z. T. im Wechsel mit retrospektiven berichtenden Passagen. Die prinzipiell monologische Form und das Fehlen eines Adressaten ermöglichen die Darstellung von Krisenerfahrungen des Subjekts in der → Moderne (Beispiel: Rilke, »Die Aufzeichnungen des Malte Laurids Brigge«).

tektonische Form Ursprünglich Begriff aus der Kunstgeschichte, von Volker Klotz aus Heinrich Wölfflins »Kunstgeschichtlichen Grundbegriffen« auf das → Drama übertragen: kunstvoll strenger Aufbau eines Kunstwerks, dessen Teile sich wechselseitig aufeinander beziehen, ein Ganzes herstellen. Die »tektonische« wird als »geschlossene« von der »atektonischen« als der »offenen Form« des Dramas unterschieden.

Terzinen → Gedichtmaß, bestehend aus dreiversigen Strophen und einem abschließenden Einzelvers mit der Reimfolge a b a b c b c d c ... y z y z.

Text Zentraler und sehr unterschiedlich gebrauchter Begriff der Literaturwissenschaft. 1. Textlinguistisch: Zusammenhängende Folge von mehreren Sätzen (im weiteren Sinne:) in gesprochener oder (im engeren Sinne:) in geschriebener Sprache, die durch folgende Merkmale gekennzeichnet ist: Situationsbezogenheit, thematischen Zusammenhang und Textkohäsion (syntaktisch textkonstituierende Beziehungen zwischen den Sätzen wie Pronominalisierung, Wiederholung, Synonymie, Paraphrase), Textkohärenz (Aufbau, thematische Entfaltung, graphische Gliederung, Abgrenzung), kommunikative Intention. – 2. In der Editionswissenschaft wird sowohl die Abgrenzung des »Textes« zum konkreten »Dokument« oder zur von diesem bezeugten Gestalt diskutiert als auch sein Verhältnis zum (sprachlichen) → Werk. Oppositionsbegriffe sind *idealer Text* (der eigentlich gemeinte und gewollte, jedoch fehlerhaft überlieferte Text, der daher wie der verlorengegangene *authentische Text* vom Editor zu rekonstruieren ist) und *historischer Text* (der nachweisbar existierende und gelesene Text in der von einem konkreten Dokument bezeugten Gestalt). Dem traditionellen *statischen* oder *geschlossenen Textbegriff*, der »Text« mit einer bestimmten (womöglich der ›besten‹ oder ›letztgültigen‹) Fassung identifiziert, steht ein *dynamischer Textbegriff* gegenüber, der »Text« definiert als die Summe seiner → Fassungen. (Eine Integration beider Aspekte soll der von Martens 1989 eingeführte *komplexe Textbegriff* leisten, der Statik *und* Dynamik als Eigenschaften des literarischen Texts beschreibt, die beide in einer wissenschaftlichen Edition zu berücksichtigen sind.) Zielt der Begriff des *dynamischen Textes* vor allem auf die Einbeziehung der Textgenese, so gilt der Ausdruck des *unfesten Textes* der Einbeziehung der überlieferungsgeschichtlichen Modifikationen in den Textbegriff: Er bezeichnet Texte, die in verschiedenen Mutationen oder mehrfachen Redaktionen vorliegen und für die es nicht sinnvoll ist, nach einem originalen Text zu fragen (→ Textualität).

Textgenese Im Unterschied zur → Entstehungsgeschichte umfaßt die Textgenese die schriftlich fixierte Entwicklung von Fassung zu Fassung.

Textlinguistik In den sechziger Jahren entstandene, in sich heterogene Richtung der Sprachwissenschaft, deren Analysen die Grenze einzelner Sätze überschreiten und → Texte auf ihre Struktureigenschaften, die Bedingungen ihrer Erzeugung, ihren Zusammenhang, ihre sprachliche Variation usw. hin mit linguistischen Methoden untersucht.

Textualität Die Gesamtheit derjenigen Eigenschaften und Strukturprinzipien, die eine Sammlung von Zeichen zu einem → Text machen. Theorien des → Poststrukturalismus sprechen in einem weiteren Sinne von der »Textualität« der Wirklichkeit: Sie gehen davon aus, daß die Wahrnehmung von ›Wirklichkeit‹, weil sie immer schon über textuell vorgeprägte Strukturen und → Diskurse vermittelt sei (→ Intertextualität; → Diskursanalyse), allenfalls trügerisch ›unmittelbar‹, tatsächlich aber stets nur in schon textualisierter Form möglich sei.

Textwelt Jeder literarische Text entwirft im Modus der Fiktionalität eine spezifische Textwelt, in der sich die Figuren bewegen und Dinge geschehen. Gegenüber außertextueller Realität kann eine mehr oder weniger große Diskrepanz bestehen, je nachdem, ob sich die Funktionslogiken der beiden Welten gleichen oder nicht. Im naturalistischen Drama wird beispielsweise eine möglichst weitreichende Ähnlichkeit beider angestrebt, in der Utopie eine weitreichende Differenz.

Textzeuge Editionswissenschaft: Überlieferungsträger. Handschrift, Typoskript oder Druck (usw.), die einen Text bezeugen.

Theatralität Die Gesamtheit dessen, was den Text eines → Dramas von seiner Inszenierung unterscheidet, in ihm aber angelegt ist; die Eigenständigkeit der vielfältigen ästhetischen Mittel, die während einer Aufführung realisiert werden können.

Thema In der Musik: melodischer Grundgedanke eines Werkes oder Werkteils. In der Literatur: Einheitstiftender, die motivischen und stofflichen Einzelheiten integrierender und mit außerliterarischen Vorstellungs- und Erfahrungsbereichen verbindender Gegenstand eines literarischen Textes.

Tiefenhermeneutik Hermeneutisches Konzept, das Jürgen Habermas dem »Universalitätsanspruch« der → Hermeneutik im Sinne etwa Schleiermachers, Diltheys, Gadamers entgegensetzt: Ziel ist die Aufklärung verzerrter Kommunikation mithilfe psychoanalytischer (im Sinne vor allem Alfred Lorenzers) und ideologiekritischer Verfahren.

Tiefenpsychologie Psychologische Teildisziplin, die, auf die → Psychoanalyse zurückgehend, unbewußten Gefühlen und Motiven einen zentralen Stellenwert bei der Erklärung menschlicher Handlungen und Gefühlsäußerungen einräumt.

Topos, Topik griech. »topos«: »Ort«. 1. In der Rhetorik die (von Aristoteles begründete) Lehre von der systematischen Auffindung der Argumente. Die Topoi bezeichnen dabei nicht die Argumente selbst, sondern die Orte, an denen sie aufgefunden werden können. Sie machen die Beweisziele des Redners plausibel, indem sie sie auf allgemein akzeptierte Ansichten zurückführen. – 2. In der von Ernst Robert Curtius etablierten literaturwissenschaftlichen Verwendungsweise bezeichnet der Begriff ein bis ins 18. Jahrhundert hinein für die Textproduktion verbindliches Archiv festgelegter Denk- und Ausdrucksschemata (im Sinne von ›Gemeinplätzen‹, ohne abwertende Bedeutung). Das können sowohl zitathafte Formeln sein wie feste → Motive, → Bilder oder → Embleme.

Tragikomödie Mischform aus → Tragödie und → Komödie, deren Definition wesentlich von der Bestimmung der beiden historischen Bezugsgattungen abhängt. Seit den zwanziger Jahren dieses Jahrhunderts zunehmend durch groteske Elemente geprägt.

Tragödie griech.: »Bocksgesang« (vielleicht im Zusammenhang mit einem Opferritual), weitgehend gleichbedeutend mit »Trauerspiel«. Eine aus antiken Kultritualen entstandene Form des → Dramas, in deren Mittelpunkt ein als schicksalhaft erscheinender, nicht positiv lösbarer Interessen- oder Wertkonflikt steht.

Transfer, übersetzerischer Die Summe der Bedingungsfaktoren des Übersetzens, sowohl *innerliterarisch* (Quasi-Normen, wie die Erfüllung oder Nicht-Erfüllung von Genre-Erwartungen) als auch *extraliterarisch* (Copyrightbestimmungen, Verlagsrecht, Übersetzerhonorare usw.).

Transformationsgrammatik, Generative Vor allem von Noam Chomsky ausformulierte Grammatiktheorie zur formalisierten Beschreibung von Sprache; geht davon aus, daß Sätze einer sprachlich realisierten *Oberflächenstruktur* über geregelte *Transformationen* aus rekonstruierbaren *Tiefenstrukturen* generiert werden. Grundgedanken der Generativen Transformationsgrammatik haben die Suche nach einer strukturalistischen → Erzählgrammatik beeinflußt.

Transitorisches Kunstwerk lat. »transire«: »vorübergehen«; Kunstwerk in der Zeit. Nach Lessing (»Hamburgische Dramaturgie«, 5. Stück) steht die Kunst des Schauspielers, die dort als »transitorische Malerei« bestimmt wird, zwischen den bildenden Künsten und der Poesie. Schönheit zu erlangen sei demnach ihr höchstes Gesetz, doch »braucht sie ihren Stellungen jene Ruhe nicht immer zu geben, welche die alten Kunstwerke [d. h. die Statuen der Griechen] so imponierend macht«. Aus der Transitorik der dramatischen Kunst, ihrem Vollzug während der Aufführung, erwachsen der Theaterwissenschaft Dokumentationsprobleme für ihren Gegenstand (→ Theatralität).

Translationslinguistik Zweig der Übersetzungwissenschaft, der sich vor allem mit den Grundlagen für die maschinelle Übersetzung beschäftigt. Ziel ist es, auf der lexikalischen, syntaktischen, semantischen und pragmatischen Ebene Übersetzungsregularitäten zu beschreiben, die Bedeutungsgleichheit zwischen Ausgangs- und Zieltexten gewährleisten. Zugrundegelegt wird ein aus der Informationstheorie stammendes Code-Modell. Danach tritt der den Codewechsel vollziehende Übersetzer als Vermittler zwischen Sender und Empfänger.

Transtextualität In der Terminologie Gérard Genettes der Inbegriff aller Sachverhalte, die einen Text in eine manifeste oder verdeckte Beziehung zu anderen Texten bringen (→ Intertextualität; → Dialogizität).

transzendental Philosophischer Terminus: apriorische Struktur, die jede Erkenntnis erst möglich macht.

Transzendentalpoesie Von Friedrich Schlegel geprägter Zentralbegriff der romantischen Poetik, demzufolge ein dichterisches Werk in sich die Bedingungen seiner Möglichkeit reflektieren soll (→ Universalpoesie, progressive).

Trauerspiel, Bürgerliches Um die Mitte des 18. Jahrhunderts nach englischen und französischen Vorbildern auch in Deutschland eingeführte Form des → Dramas, die sich von den klassizistischen Normen des Trauerspiels absetzt: Fiktive Stoffe, die private, vor allem familiäre Konflikte behandeln (unter Aufhebung der → Ständeklausel), werden in Prosasprache (statt in den → Alexandrinern der barocken Tragödie) behandelt; das Publikum wird durch Rührung aufgrund der Identifizierung mit den leidenden Charakteren moralisch belehrt und gebessert.

Travestie Satirisch-herabsetzende stilistische Transformation eines literarischen Textes unter Beibehaltung des Inhalts (→ Parodie; → Pastiche).

Trivialliteratur Auch »niedere Literatur« oder »Massenliteratur«, im Gegensatz zur »hohen Literatur«. Abwertende Bezeichnung für nicht dem Bildungskanon zugerechnete literarische Texte, heute häufig ersetzt durch den eher deskriptiven Begriff der »Popularliteratur«.

Tropen griech. »tropos«: »Redefigur«. In rhetorischer Terminologie die Bezeichnung für Ausdrucksweisen uneigentlichen Sprechens, für bildlich und im übertragenen Sinne gebrauchte sprachliche Wendungen (→ Allegorie; → Metapher; → Metonymie; → Synekdoche).

Typographie Im Gegensatz zur *Chirographie*, dem Schreiben mit der Hand, das Drucken mit beweglichen Lettern aus Metall, wie es in Europa Mitte des 15. Jahrhunderts entwickelt wurde, bei dem die einzelnen Buchstaben nicht mehr beim Prozeß des Schreibens selbst entstehen, sondern einem zuvor gefertigten Zeichenvorrat entnommen werden. Eingeführt ist damit das erste serielle Reproduktionsverfahren in der Geschichte der Textverarbeitung, mit dem die Verbreitung von Schrift zunehmend beschleunigt und erweitert wurde.

Typologie Eine mit dem Neuen Testament etablierte (dort etwa in den Briefen des Paulus praktizierte) Methode der → Exegese, die Personen und Geschehnisse des Alten Testaments als Zeichen deutet, die auf entsprechende Personen und Geschehnisse der durch Christus eröffneten neuen Epoche verweisen, deren *Präfigurationen* sie sind; so erscheint Adam als *Antitypus* Christi, Eva verweist auf Maria, der Weg der Juden durchs Schilfmeer auf die Auferstehung usw. Die Typologie ist also eine heilsgeschichtliche Realprophetie und erweist die Übereinstimmung des Alten und Neuen Testaments. Friedrich Ohly hat darüber hinaus eine produktive Wirkung dieser Form der *Figuraldeutung* in der Deutung nachbiblischer historischer Personen und Geschehnisse nach biblischen Modellen nachzuweisen versucht (*halbbiblische Typologie*).

Typoskript → Manuskript

Überlieferung Gesamtheit der zu einem → Werk überlieferten → Textzeugen; Art und Zahl der überlieferten Textzeugen bestimmen die *Überlieferungslage*. Nach der Beziehung des Autors zu den verschiedenen Textzeugen lassen sich unterscheiden: eigenhändige, autorisierte (d. h. zwar nicht eigenhändige, aber vom Autor für gültig erklärte) und nichtautorisierte Zeugen der Überlieferung. Nach dem Gesichtspunkt der materiellen Beschaffenheit der Zeugen gibt es handschriftliche, gedruckte und mündliche Überlieferungsformen, wobei die mündliche Überlieferung aus schriftlichen Zeugnissen erschlossen werden muß.

Überlieferungsgeschichte Die Geschichte der Überlieferung eines Textes (seit seiner Fertigstellung).

Übersetzungsforschung engl.: »translation studies«. Allgemein literaturwissenschaftliche, komparatistisch orientierte, historisch-deskriptive Untersuchung von Übersetzungen, Rezeption und Geschichte der literarischen Übersetzung und der Übersetzungskonzeptionen (→ Übersetzungswissenschaft).

Übersetzungswissenschaft engl.: »science of translation«. Vorrangig linguistisch orientierte allgemeine Übersetzungstheorie, die einerseits auf die Beschreibung der Übersetzung von Texten, andererseits auf praktische Fragen der Dolmetscher- und Übersetzerausbildung angewandt werden soll (→ Übersetzungsforschung).

Übertragung Psychologischer Terminus: Zuschreibung einer spezifischen Kommunikationsrolle auf den Therapeuten durch den Patienten bei einer → Psychoanalyse, die auf dessen frühkindlichen → Fixierungen beruht.

Unbestimmtheitsstelle 1. In der Literaturtheorie Roman Ingardens Bezeichnung für diejenigen Stellen in der gegenständlichen Schicht eines literarischen Werkes, »wo man auf Grund der im Werk auftretenden Sätze von einem bestimmten Gegenstand (oder von einer gegenständlichen Situation) nicht sagen kann, ob er eine bestimmte Eigenschaft besitzt oder nicht« (INGARDEN, »Vom Erkennen des literarischen Kunstwerks«, 1968, S. 49). – 2. In der → Wirkungsästhetik Wolfgang Isers Sammelbegriff für verschiedene Phänomene semantischer Unbestimmtheit des Textes, die dem Leser überhaupt erst »einen Anteil am Mitvollzug und an der Sinnkonstitution des Geschehens« gewähren (ISER in: WARNING 1975, S. 236). Iser unterscheidet zwischen Unbestimmtheitsstellen im Sinne Ingardens, → Leerstellen und → Negationen.

Unbewußtes, kollektives Nach der → Analytischen Psychologie C. G. Jungs ein allen Menschen gemeinsamer Bereich unbewußter Vorstellungen; → Archetyp.

Universalpoesie, progressive Von Friedrich Schlegel 1798 geprägte Definition der »romantischen« als einer in einem ewigen Werden begriffenen Poesie: Die verschiedenen Gattungen verschmelzen ebenso wie Kunstpoesie und Naturpoesie, Poesie und Philosophie und überhaupt Poesie und Leben in einem unabschließbaren Prozeß (→ Transzendentalpoesie).

Urheberrecht Das Verfügungsrecht des → Autors eines Werkes der Literatur, Musik, Kunst usw. über sein geistiges Eigentum.

Variante In der Editionswissenschaft Bezeichnung für eine Textabweichung. Unterscheiden lassen sich: 1. Entstehungsvarianten (häufig werden nur diese im engeren Sinne als *Varianten* bezeichnet): Differenzen (Veränderungen, Korrekturen, Ausarbeitungen) zwischen den während des Prozesses seiner Entstehung erstellten unterschiedlichen → Fassungen eines Werkes, die häufig (aber nicht notwendig) auf den → Autor selbst zurückzuführen sind (*Autorvarianten*). – 2. Überlieferungsvarianten oder *Lesarten*: Differenzen zwischen verschiedenen Zeugen *eines* Textes: absichtliche oder zufällige Eingriffe von Schreibern, Redaktoren, Setzern, Herausgebern. Da auch der Autor selbst seinen eigenen Text redaktionell bearbeiten kann, sind Überlieferungsvarianten zwar häufig, aber nicht immer *Fremdvarianten* (d. h. nicht vom Autor veranlaßt).

Verbotsästhetik Meist geschichtsphilosophisch begründete Ablehnung von als schematisch, verbraucht oder kitschig angesehenen Kunstformen, die durch den Fortschritt der Kunst überholt seien (→ Evolution, literarische; → Geschichtsphilosophie, ästhetische).

Verfremdende Übersetzung Nach Schleiermacher diejenige Methode des Übersetzens, bei der der Übersetzer »den Schriftsteller möglichst in Ruhe« läßt und »den Leser ihm entgegen« bewegt, in der also die Übersetzung als Übersetzung erkennbar bleibt (→ Einbürgernde Übersetzung).

Verfremdung 1. Im → Russischen Formalismus sowohl das Fremd- und dadurch Bemerkbar-Machen eines Referenzobjektes poetischer Rede (etwa eines Opernbesuchs durch die literarische Darstellung aus der Perspektive eines Provinzmädchens oder der menschlichen Umgangsformen aus der Sicht eines Pferdes) als auch das Wahrnehmbar-Machen der sonst zu Zwecken der Mitteilung transparenten, d. h. nichtwahrnehmbaren praktischen Sprache im poetischen Gebrauch. – 2. In der »nichtaristotelischen« Dramaturgie Bertolt Brechts Verfahren und Ergebnis (»V-Effekt«) der illusionszerstörenden, distanzierte Reflexion ermöglichenden Darstellungsmittel (→ Episches Theater).

Vermittlung 1. In der marxistischen Theorie dialektischer Terminus, der die Herstellung von Bezügen zwischen Basis und Überbau bezeichnet. – 2. In der → Systemtheorie Bezeichnung für die Herstellung von Bezügen zwischen den Subsystemen eines Systems. – 3. *Literaturvermittlung* bezeichnet die Herstellung von Bezügen zwischen literarischen Texten und Lesern (durch → Edition, Literaturwissenschaft, Literaturkritik).

Vers Segment (Zeile) eines Verstextes (zumeist Gedicht, Epos, Versdrama), zusammengesetzt aus → Versfüßen, in neueren Gedichten häufig auch ohne metrische Gliederung (→ prosaische Lyrik).

Verschiebung Der (in anderer Bedeutung auch in der → Psychoanalyse verwendete) Begriff bezeichnet in der Ästhetik des → Russischen Formalismus eines der Hauptverfahren der auf Innovation zielenden → Avantgardekunst: Ein Element wird aus seinem gewohnten Kontext gelöst (dekontextualisiert) und in einen neuen und unerwarteten Kontext eingebettet (rekontextualisiert); ein möglicherweise bekanntes Element kann durch Verschiebung unerwartet auftreten und eine überraschende Wirkung auslösen (Beispiel: Montage).

Versfuß Wiederkehrendes Element eines → Versmaßes, zum Beispiel der Jambus (v –), der Trochäus (– v), der Daktylus (– v v), der Anapäst (v v –) und der Spondeus (– –).

Versifikation Inbegriff all derjenigen Regeln, die sich auf den Gebrauch eines prosodisch relevanten Sprachmaterials beziehen.

Versmaß Metrische Regeln, nach denen ein → Vers gebaut ist (Beispiel: Blankvers).

vir-bonus-Ideal lat.: das Ideal des »guten, rechten Mannes«. In der römischen Rhetorik Bezeichnung für ein Konzept, das der moralischen Kontrolle des rein technischen Redevermögens dienen sollte. Auf dem Weg über das Idealbild des christlichen Redners (Augustinus) über das des vollendeten Hofmannes (Castiglione) bis zu dem des guten Bürgers (Knigge) hat es die Normen geprägt, nach denen öffentliche Personen beurteilt werden.

Vorwort Paratextuelle Form: meist in Prosa abgefaßtes Rahmenstück eines oder mehrerer Texte, das sich auf den Leser, das nachfolgende Werk oder auch den Verfasser des Vorworts selbst bezieht. (In dramatischen Texten oder Versdichtungen entspricht dem etwa der *Prolog*.)

Weibliches Schreiben Anders als die Theorie der → écriture féminine ist »weibliches Schreiben« nicht unbedingt mit dem biologischen Geschlecht verknüpft, sondern mit einer bei beiden Geschlechtern möglichen Subversion einer traditionellen, »männlich« gesetzten (Sprach-)Ordnung (→ gender studies). Dies geschieht nach der Theorie von Julia Kristeva etwa bereits durch Formen und Schreibstile der literarischen → Moderne wie Fragmentarisierung der Textformen, Zerstörung des linearen Erzählens, Infragestellung der semantischen Eindeutigkeit.

Welt, fiktive → fiktive Welt

Werk Der Begriff nimmt eine (vom Autor gestiftete) organische Beziehung zwischen Signifikant und Signifikat an, die nicht offen vorliegt; das ›Geheimnis‹ der Bedeutung eines Textes muß mittels Interpretationsstrategien herausgelesen werden. Theorien des → Poststrukturalismus verweigern sich diesem ›Wahrheitsspiel‹ – stattdessen bemühen sie sich um eine Herausarbeitung der Regeln, die für den Werk-Begriff zentral sind.

Wert 1. Der Maßstab, der ein Objekt oder ein Merkmal eines Objekts als ›wertvoll‹ oder ›wertlos‹ erscheinen läßt. – 2. Die positiv oder negativ beurteilte Eigenschaft selbst, zumeist nicht als objektive Größen, sondern als Konstrukte oder Zuschreibungen, die in bestimmten Bezugssystemen (Gesellschaften, Gruppen) als gültig anerkannt werden.

Wertung Bezeichnung einer Handlung, in der ein Subjekt in einer konkreten Situation aufgrund bestimmter Wertmaßstäbe und Zuordnungsvoraussetzungen einem Objekt positive oder negative Eigenschaften zuschreibt. Diese Zuschreibung kann in nicht-sprachlicher Form als Selektions- oder Wahlakt (*motivationale Wertung*) oder in verbalisierter Form als explizite oder implizite *sprachliche Wertung* vollzogen werden.

Werturteil Ein Aussagesatz, mit dem ein Sprecher auf der Grundlage eines Wertmaßstabs ein Objekt, eine Person oder einen Sachverhalt als positiv oder negativ einstuft.

Widerspiegelungstheorie Sammelbegriff für Konzepte marxistischer Ästhetik, denen zufolge Literatur (als Teil des »ideologischen Überbaus«) insofern

Erkenntniswert besitzt, als sie ein Abbild der Wirklichkeit (der »materiellen Basis«) darstellt. Unterschiede zwischen Ausprägungen dieser Theorie liegen etwa in der Weise, in der diese Widerspiegelung gedacht ist (von der direkten Abbildung über Georg Lukács' Konzept der »gesellschaftlichen Totalität«, die im Mikrokosmos eines Werkes reflektiert ist, bis zu Lucien Goldmanns These einer → Strukturhomologie zwischen Gesellschaft und Werk), und in der Bedeutung, die jeweils inhaltlichen und ästhetisch-formalen Eigenschaften der Kunstwerke beigemessen wird.

Widmung In gedruckter Form derjenige → Paratext, der die symbolische Schenkung eines Werks (bei handschriftlicher Widmung dagegen: eines Exemplars) an einen Adressaten anzeigt.

Wiegendruck → Inkunabel

Wirkungsästhetik 1. Im weiteren Sinne jeder ästhetische Entwurf, der im Gegensatz zur Produktionsästhetik Kunstwerke unter dem Aspekt ihrer beabsichtigten wie faktisch vollzogenen und sich vollziehenden Wirkung beim Rezipienten untersucht. Die Dramentheorie von Aristoteles bis Lessing ist ein klassisches Beispiel für solche wirkungsästhetischen Konzepte. – 2. Im engeren Sinne bezeichnet der Begriff die von Wolfgang Iser in großer Nähe zur → Rezeptionsästhetik und Rezeptionsgeschichte Hans Robert Jauß' etablierte Literaturtheorie (→ impliziter Leser; → Leerstelle).

Wissen In der → Diskursanalyse Michel Foucaults bezeichnet der Begriff durch die »Macht« hergestellte, historisch determinierte »Felder«, mit denen auf geregelte Weise (soziale) Gegenstände (z. B. ›Wahnsinn‹, ›Sex‹, ›Normalität‹) wie auch die ihnen entsprechenden Subjektivitäten produziert werden. Ein bestimmtes Wissensfeld bezeichnet Foucault als → Diskurs.

Wortfeldtheorie Sprachwissenschaftliche Theorie über die Gliederung, Herkunft, Verbreitung und Bedeutung sinnverwandter Wörter aufgrund der Annahme, daß ein Wort »nur in diesem Ganzen und kraft dieses Ganzen« (Jost Trier, 1931) Bedeutung hat.

Zäsur Metrisch geregelter Wort- oder Kolonschluß im Innern eines → Verses.

Zeichen Zentraler Begriff aller semiotischen (oder semiologischen) Wissenschaften. Zeichen sind sinnlich wahrnehmbare Gegenstände (z. B. Lautäußerungen, Schriftzeichen, Verkehrsschilder), die aufgrund gesellschaftlicher Vereinbarung Träger einer bestimmten Information sind, auf etwas von sich selbst Verschiedenes verweisen und auf diese Weise als Mittel der Kommunikation dienen. Diese beiden grundlegenden Momente von Zeichen – der Zeichenträger und die mentale Bedeutung – werden in Saussures strukturalistischer Linguistik als »Signifikant« und »Signifikat« unterschieden (→ Strukturalismus; → Semiotik).

Zeilensprung (Enjambement) Fortführung einer syntaktischen Einheit über eine metrische Einheit hinweg.

Zentralmetapher → *Bildfeld*

Zieltext Übersetzungswissenschaftliche Bezeichnung für den übersetzten Text (ZT), der Teil der *Zielsprache* (ZS), *Zielliteratur* und *Zielkultur* ist.

Zitat Wörtlich oder annähernd wörtlich wiedergegebener Teil aus einer Rede oder einem Text anderer; in Schrifttexten meist durch Anführungszeichen markiert.

Bibliographie

Die Ausgaben- und Jahresangaben der verzeichneten Literatur entsprechen der Zitierung in den Kapiteln. Wurden mehrere Auflagen eines Titels genannt, so werden die Erscheinungsjahre in chronologischer Folge nach den Verfassernamen aufgeführt. Fremdsprachige Originalausgaben sind dort eingefügt, wo die Beiträger darauf Wert legten.

Verzeichnis der verwendeten Abkürzungen für Zeitschriften:

DVjs	Deutsche Vierteljahrsschrift für Literaturwissenschaft und Geistesgeschichte
IASL	Internationales Archiv für Sozialgeschichte der deutschen Literatur
ISSJ	International Social Sciences Journal
JbDSG	Jahrbuch der Deutschen Schillergesellschaft
JEGP	Journal of English and German Philology
LiLi	Zeitschrift für Literaturwissenschaft und Linguistik
PBB	Beiträge zur Geschichte der deutschen Sprache und Literatur
PMLA	Publications of the Modern Language Association of America
WB	Weimarer Beiträge. Zeitschrift für Literaturwissenschaft, Ästhetik und Kulturwissenschaften

ADLER, Jeremy / Ulrich ERNST 1987: Text als Figur. Visuelle Poesie von der Antike bis zur Moderne. Weinheim. (= Ausstellungskatalog der Herzog-August-Bibliothek, Bd. 56).

ADORNO, Theodor W. 1958-1974: Noten zur Literatur I-IV. Frankfurt a. M.

ADORNO, Theodor W. 1967: Thesen zur Kunstsoziologie. Wieder in: Bürger 1978, S. 204-211.

ADORNO, Theodor W. 1970: Gesammelte Schriften. Hg. von Gretel Adorno und Rolf Tiedemann. Bd. 7: Ästhetische Theorie. Frankfurt a. M.

ADORNO, Theodor W. u. a. 1972: Der Positivismusstreit in der deutschen Soziologie. Darmstadt, Neuwied.

ALEXANDER, Werner 1993: Hermeneutica generalis. Zur Konzeption und Entwicklung der allgemeinen Verstehenslehre im 17. Jahrhundert. Stuttgart.

ALLEMANN, Beda ²1969: Strukturalismus in der Literaturwissenschaft? In: Jürgen Kolbe (Hg.), Ansichten einer künftigen Germanistik. München, S. 143-152.

ALSTON, W. P. 1960: The Ontological Argument Revisited. In: Philosophical Review 69 (1960), S. 452-474.

ANDEREGG, Johannes 1973/²1977: Fiktion und Kommunikation. Ein Beitrag zur Theorie der Prosa. Göttingen.

ANZ, Heinrich 1979: Die Bedeutung poetischer Rede. Studien zur hermeneutischen Begründung und Kritik von Poetologie. München.

APEL, Friedmar 1982/1983: Sprachbewegung. Eine historisch-poetologische Untersuchung zum Problem des Übersetzens. Heidelberg. (= Beiträge zur neueren Literaturgeschichte, Folge 3, Bd. 52).

APEL, Friedmar 1983: Literarische Übersetzung. Stuttgart. (= Sammlung Metzler, Bd. 206).

APEL, Karl-Otto u. a. 1971: Hermeneutik und Ideologiekritik. Frankfurt a. M.
APEL, Karl-Otto 1980: Die Idee der Sprache. In der Tradition des Humanismus von Dante bis Vico. Bonn.
ARISTOTELES 1976: Poetik. Übersetzung, Einleitung und Anmerkungen von Olof Gigon. Stuttgart.
ARISTOTELES 1982/1991: Poetik. Griechisch / Deutsch. Übersetzt und hg. von Manfred Fuhrmann. Stuttgart.
ARNDT, Hans Werner 1994: Die Hermeneutik des 18. Jahrhunderts im Verhältnis zur Sprach- und Erkenntnistheorie des Klassischen Rationalismus. In: Bühler 1994.
ARNOLD, Heinz Ludwig / Volker SINEMUS (Hgg.) 1973: Grundzüge der Literatur- und Sprachwissenschaft. Bd. 1: Literaturwissenschaft. München.
ARONSTEIN, Philipp 1960: Zur englischen Stilistik. Eine Einführung. In: Zeitschrift für französischen und englischen Unterricht 19 (1960), S. 251-264.
ARP, Hans 1953: worträume und schwarze sterne. auswahl aus den gedichten der jahre 1911-1952. Wiesbaden.
ASCHENBERG, Heidi 1984: Idealistische Philologie und Textanalyse. Zur Stilistik Leo Spitzers. (= Tübinger Beiträge zur Linguistik, Bd. 200).
ASMUTH, Bernhard 1972: Aspekte der Lyrik. Düsseldorf. (= Grundstudium Literaturwissenschaft, Bd. 6).
ASMUTH, Bernhard / Luise BERG-EHLERS 1974: Stilistik. Düsseldorf. (= Grundstudium Literaturwissenschaft, Bd. 5).
ASMUTH, Bernhard 1980/[3]1990: Einführung in die Dramenanalyse. Stuttgart. (= Sammlung Metzler, Bd. 188).
ASMUTH, Bernhard 1991: Stilprinzipien, alte und neue. Zur Entwicklung der Stilistik aus der Rhetorik. In: Neuland / Bleckwenn 1991, S. 23-38.
ASSMANN, Aleida / Jan ASSMANN / Christof HARDMEIER (Hgg.) 1983: Schrift und Gedächtnis. Beiträge zur Archäologie der literarischen Kommunikation. München.
ASSMANN, Aleida / Jan ASSMANN (Hgg.) 1987: Kanon und Zensur. Archäologie der literarischen Kommunikation II. München.
ASSMANN, Jan 1992: Das kulturelle Gedächtnis. München.
AUCOUTURIER, M. 1994: Le formalisme Russe. Paris.
AUERBACH, Erich 1946/[2]1959/[3]1964: Mimesis. Dargestellte Wirklichkeit in der abendländischen Literatur. Bern.
AUERBACH, Erich 1953: Typologische Motive in der mittelalterlichen Literatur. Krefeld.
AUERBACH, Erich 1958a: Literatursprache und Publikum in der lateinischen Spätantike und im Mittelalter. Bern.
AUERBACH, Erich 1958b: Das abendländische Publikum und seine Sprache. In: Auerbach 1958a, S. 177-259.
AUST, Hugo 1983: Lesen. Überlegungen zum sprachlichen Verstehen. Tübingen. (= Konzepte der Sprach- und Literaturwissenschaft, Bd. 31).
BAASNER, Frank (Hg.) 1989: Literaturgeschichtsschreibung in Italien und Deutschland. Traditionen und aktuelle Probleme. Tübingen. (= Reihe der Villa Vigoni, Bd. 2).
BACHMANN, Dieter 1969: Essay und Essayismus. Stuttgart. (= Sprache und Literatur, Bd. 55).

Bachmann-Medick, Doris 1994: Multikultur oder kulturelle Differenzen? Neue Konzepte von Weltliteratur und Übersetzung in postkolonialer Perspektive. In: DVjs 68 (1994), S. 585-612.
Bachtin, Michail M. 1971: Probleme der Poetik Dostoevskijs. München.
Bachtin, Michail M. 1979a: Die Ästhetik des Wortes. Hg. und eingeleitet von Rainer Grübel. Frankfurt a. M.
Bachtin, Michail M. 1979b: Das Problem von Inhalt, Material und Form im Wortkunstschaffen. In: Bachtin 1979, S. 95-153.
Bakhtin [Bachtin], Michail M. 1981: The Dialogic Imagination. Austin.
Bakhtin [Bachtin], Michail M. 1986: Speech Genres and Other Late Essays. Austin.
Bachtin, Michail M. 1987: Rabelais und seine Welt. Volkskultur als Gegenkultur. Frankfurt a. M.
Bachtin, Michail M. 1989: Formen der Zeit im Roman. Untersuchungen zur historischen Poetik. Hg. von Edward Kowalski und Michael Wegner. Frankfurt a. M.
Bakhtin [Bachtin], Michail M. 1990: Art and Answerability. Early Philosophical Works. Austin.
Backmann, Reinhold 1924: Die Gestaltung des Apparates in den kritischen Ausgaben neuerer deutscher Dichter. In: Euphorion 25 (1924), S. 629-662.
Badinter, Elisabeth 1993: XY. Die Identität des Mannes. München, Zürich.
Bal, Mieke 1985: Narratology. Introduction to the Theory of Narrative. Toronto.
Bally, Charles 1932: Linguistique générale et linguistique française. Paris.
Bally, Charles [3]1951: Traité de stylistique française. 2 Bde. Genève, Paris. [Zuerst 1909].
Bark, Joachim (Hg.) 1974: Literatursoziologie. 2 Bde. Bd. 1: Begriff und Methodik. Bd. 2: Beiträge zur Praxis. Stuttgart u. a.
Barner, Wilfried 1970: Barockrhetorik. Untersuchungen zu ihren geschichtlichen Grundlagen. Tübingen.
Barsch, Achim u. a. (Hgg.) 1994: Empirische Literaturwissenschaft in der Diskussion. Frankfurt a. M.
Bartel, Klaus J. 1976: German Literary History 1777-1835. An Annotated Bibliography. Bern, Frankfurt a. M. (= German Studies in America, Bd. 22).
Barthes, Roland 1959: Am Nullpunkt der Literatur. Hamburg. [Zuerst 1953].
Barthes, Roland 1960: Sur Racine. Paris.
Barthes, Roland 1964a: Mythen des Alltags. Frankfurt a. M. [Zuerst 1957].
Barthes, Roland 1964b: Essais critiques. Paris.
Barthes, Roland 1964c: Die strukturalistische Tätigkeit. In: Schiwy 1969, S. 153-158.
Barthes, Roland 1966: Introduction à l'analyse structurale des récits. In: Communications 8 (1966), S. 7-33. Dt. 1988 in: Das semiologische Abenteuer. Frankfurt a. M., S. 102-143.
Barthes, Roland 1967: Kritik und Wahrheit. Frankfurt a. M.
Barthes, Roland 1969: Literatur oder Geschichte. Frankfurt a. M.
Barthes, Roland 1970: L'empire des signes. Paris.
Barthes, Roland 1974: Die Lust am Text. Frankfurt a. M. [Zuerst frz. 1973].
Barthes, Roland 1976/1987: S/Z. Frankfurt a. M. [Zuerst frz. 1970].
Barthes, Roland 1977a: Poétique du récit. Paris.
Barthes, Roland 1977b: Image – Music – Text. New York.

BARTHES, Roland 1979: Elemente der Semiologie. Frankfurt a. M. [Zuerst frz. 1964].

BARTHES, Roland 1980: La chambre claire. Notes sur la photographie. Paris. Dt. 1985: Die helle Kammer. Bemerkungen zur Photographie. Frankfurt a. M.

BARTHES, Roland 1980: Leçon / Lektion. Französisch und Deutsch. Antrittsvorlesung im Collège de France. Frankfurt a. M. [Zuerst frz. 1978].

BARTHES, Roland 1988a: Das semiologische Abenteuer. Frankfurt a. M. [Zuerst frz. 1985].

BARTHES, Roland 1988b: Einführung in die strukturale Analyse von Erzählungen. In: Barthes 1988a, S. 102-143.

BATTS, Michael 1987: A History of Histories of German Literature. Prolegomena. New York, Bern, Frankfurt a. M. (= Canadian Studies in German Language and Literature, Bd. 37).

BAUDRILLARD, Jean 1982: Der symbolische Tausch und der Tod. München.

BAYERDÖRFER, Hans-Peter 1987: Regie und Interpretation oder Bühne und Drama. Fußnoten zu einem unerschöpflichen Thema. In: H. Kreuzer / D. Zerlin (Hgg.), Literatur-Theater-Museum. Acta Ising (1986). München.

BEARDSLEY, Monroe C. 1958: Aesthetics. Problems in the Philosophy of Criticism. New York.

BEARDSLEY, Monroe C. 1961: The Definition of the Arts. In: Journal of Aesthetics and Art Criticism 20 (1961), S. 3-11.

BEARDSLEY, Monroe C. 1962: The Metaphorical Twist. In: Philosophy and Phaenomenological Research 22 (1962), S. 293-307.

BEARDSLEY, Monroe C. 1983: An Aesthetic Definition of Art. In: H. Curtler (Hg.), What is Art. New York, S. 15-29.

BEAUVOIR, Simone de 1992: Das andere Geschlecht. Sitte und Sexus der Frau. Hamburg.

BECKER-CANTARINO, Barbara 1987: Der lange Weg zur Mündigkeit. Frau und Literatur (1500-1800). Stuttgart.

BÉDIER, Joseph 1928: La tradition manuscrite du »Lai de l'Ombre«. Réflexions sur l'art d'éditer les anciens textes. In: Romania 54 (1928), S. 161-196 u. 321-356.

BEETZ, Manfred 1980: Rhetorische Logik. Prämissen der deutschen Lyrik im Übergang vom 17. zum 18. Jahrhundert. Tübingen.

BEETZ, Manfred 1981: Nachgeholte Hermeneutik. Zum Verhältnis von Interpretations- und Logiklehren in Barock und Aufklärung. In: DVjs 55 (1981), S. 591-628.

BEHLER, Ernst 1988: Derrida – Nietzsche, Nietzsche – Derrida. München.

BEHRENS, Irene 1940: Die Lehre von der Einteilung der Dichtkunst. Halle a. d. S.

BEIERSDORF, Günter / Detlev SCHÖTTKER 1978: Alltagsgespräch, literarischer Dialog, ästhetische Kommunikation. Zur neueren Diskussion in Literaturwissenschaft und Linguistik. In: Diskussion Deutsch 9 (1978), S. 501-519.

BEILENHOFF, Wolfgang (Hg.) 1974: Poetik des Films. Deutsche Erstausgabe der filmtheoretischen Texte der russischen Formalisten mit einem Nachwort und Anmerkungen. München. (= Kritische Information, Bd. 10).

BEIN, Thomas 1990: Textkritik. Eine Einführung in Grundlagen der Edition altdeutscher Dichtung. Göppingen. (= Göppinger Arbeiten zur Germanistik, Bd. 519).

BEIN, Thomas (Hg.) 1995: Altgermanistische Editionswissenschaft. Frankfurt a. M. (= Dokumentation germanistischer Forschung, Bd. 1).

BEISSNER, Friedrich 1958/1959: Einige Bemerkungen über den Lesartenapparat zu Werken neuerer Dichter. In: Orbis litterarum 13/14 (1958/1959), Suppl. 2, S. 5-20.

BEISSNER, Friedrich 1961: Aus der Werkstatt der Stuttgarter Hölderlin-Ausgabe. In: Beißner, Hölderlin. Reden und Aufsätze. Weimar, S. 251-265.

BEISSNER, Friedrich 1964a: Lesbare Varianten. Die Enstehung einiger Verse in Heines »Atta Troll«. In: Festschrift für Josef Quint. Hg. von Hugo Moser, Rudolf Schützeichel und Karl Stackmann. Bonn, S. 15-23.

BEISSNER, Friedrich 1964b: Editionsmethoden der neueren deutschen Philologie. In: Zeitschrift für Deutsche Philologie 83 (1964), S. 72-96.

BELKE, Horst 1973a: Literarische Gebrauchsformen. Düsseldorf. (= Grundstudium Literaturwissenschaft, Bd. 9).

BELKE, Horst 1973b: Autobiographie und Memoiren. In: Belke 1973a, S. 138-141.

BELKE, Horst 1973c: Die Multifunktionalität einer literarischen Gebrauchsform am Beispiel des Briefes. In: Belke 1973a, S. 142-157.

BELKE, Horst 1973d: Tagebuch. In: Belke 1973a, S. 130-138.

BELLEBAUM, A. 1992: Schweigen und Verschweigen. Bedeutungen und Erscheinungsvielfalt einer Kommunikationsform. Opladen.

BENJAMIN, Jessica 1990: Die Fesseln der Liebe. Psychoanalyse, Feminismus und das Problem der Macht. Frankfurt a. M.

BENJAMIN, Walter 1923: Die Aufgabe des Übersetzers. In: Benjamin 1972-1989, Bd. 4, S. 9-21.

BENJAMIN, Walter 1931a: Literaturgeschichte und Literaturwissenschaft. In: Benjamin 1972-1989, Bd. 3, S. 283-290.

BENJAMIN, Walter 1931b: Wie erklären sich große Bucherfolge? In: Benjamin 1972-1989, Bd. 3, S. 294-300.

BENJAMIN, Walter 1934: Brief an Leo Löwenthal vom 1. Juli 1934. In: Leo Löwenthal, Mitmachen wollte ich nie. Ein autobiographisches Gepräch mit Helmut Dubiel. Frankfurt a. M. 1981, S. 258-261.

BENJAMIN, Walter 1937: Eduard Fuchs, der Sammler und der Historiker. In: Benjamin 1972-1989, Bd. 2, S. 465-505.

BENJAMIN, Walter 1940: Über den Begriff der Geschichte. In: Benjamin 1972-1989, Bd. 1, S. 691-705.

BENJAMIN, Walter 1955: Einbahnstraße. Frankfurt a. M. [Zuerst 1928].

BENJAMIN, Walter 1963: Das Kunstwerk im Zeitalter seiner technischen Reproduzierbarkeit. Drei Studien zur Kunstsoziologie. Frankfurt a. M. [Zuerst 1936].

BENJAMIN, Walter 1970: Fragment über Methodenfragen einer marxistischen Literatur-Analyse. In: Kursbuch 20 (1970), S. 1-3. [Zuerst 1937/1938].

BENJAMIN, Walter 1972: Ursprung des deutschen Trauerspiels. Hg. von Rolf Tiedemann. Frankfurt a. M. [Zuerst 1925].

BENJAMIN, Walter 1972-1989: Gesammelte Schriften. 7 Bde. Hg. von Rolf Tiedemann und Hermann Schweppenhäuser. Frankfurt a. M.

BENN, Gottfried 1968: Gesammelte Werke in acht Bänden. Hg. von Dieter Wellershoff. Bd. 4: Reden und Vorträge. Wiesbaden.

BENSE, Max 1954-1960: Aesthetica. 4 Bde. Stuttgart, Baden-Baden, Krefeld.

BERGER, Peter L. / Th. LUCKMANN 1969: Die gesellschaftliche Konstruktion der Wirklichkeit. Eine Theorie der Wissenssoziologie. Frankfurt a. M.

BERGHAHN, Klaus L. 1979: Wortkunst ohne Geschichte. Zur werkimmanenten Methode der Germanistik nach 1945. In: Monatshefte 71 (1979), S. 387-398.
BERGMANN, Rolf / Kurt GÄRTNER (Hgg.) 1993: Methoden und Probleme der Edition mittelalterlicher deutscher Texte. Bamberger Fachtagung 26.-29. Juni 1991. Tübingen. (= Beihefte zu editio, Bd. 4).
BERIGER, L. 1938: Die literarische Wertung. Ein Spektrum der Kritik. Halle a. d. S.
BERMANN, Art 1988: From the New Criticism to Deconstruction. Urbana, Chicago.
BETTI, Emilio 1967: Allgemeine Auslegungslehre als Methodik der Geisteswissenschaften. Tübingen.
BETTI, Emilio 1988: Zur Grundlegung einer allgemeinen Auslegungslehre. Mit einem Nachwort von Hans-Georg Gadamer. Tübingen. [Zuerst ital. 1955].
BEUTIN, Wolfgang (Hg.) 1972: Literatur und Psychoanalyse. Ansätze zu einer psychoanalytischen Textinterpretation. München.
BEUTIN, Wolfgang u. a. (Hgg.) 1979: Deutsche Literaturgeschichte von den Anfängen bis zur Gegenwart. Stuttgart.
BICKERTON, Derek 1967: Modes of Interior Monologue. A Formal Definition. In: Modern Language Quarterly 28 (1967), S. 229-239.
BIERWISCH, Manfred 1965: Poetik und Linguistik. In: Sprache im technischen Zeitalter 15 (1965), S. 1258-1273.
BIRKHOFF, G. D. 1931: A Mathematical Approach to Aesthetics. In: Scientia, Sept. 1931, S. 133-146.
BIRUS, Hendrik (Hg.) 1982a: Hermeneutische Positionen. Schleiermacher, Dilthey, Heidegger, Gadamer. Göttingen.
BIRUS, Hendrik 1982b: Zwischen den Zeiten. Friedrich Schleiermacher als Klassiker der neuzeitlichen Hermeneutik. In: Birus 1982a, S. 15-58.
BIRUS, Hendrik / Anna FUCHS 1989: Ein terminologisches Grundinventar für die Analyse von Metaphern. In: Wagenknecht 1989, S. 157-174.
BITTNER, Rüdiger / Peter PFAFF (Hgg.) 1977: Das ästhetische Urteil. Beiträge zu einer sprachanalytischen Ästhetik. Köln.
BLACK, Max 1962: Models and Metaphors. Studies in Language and Philosophy. Ithaca.
BLACK, Max 1979: More about Metaphors. In: A. Ortony (Hg.), Metaphor and Thought. Cambridge, S. 19-43.
BLEICH, D. 1978: Subjective Criticism. Baltimore.
BLEISSEM, Isabella / Hanns-Peter REISNER 1995: Neuere Deutsche Literaturwissenschaft. Perspektiven auf literarische Texte – Grundstrukturen des Fachs und Methoden der Interpretation. Stuttgart.
BLIZEK, William L. 1974: An Institutional Theory of Art. In: British Journal of Aesthetics 14 (1974), S. 142-150.
BLOOM, Harold 1973: The Anxiety of Influence. A Theory of Poetry. New York.
BLOOM, Harold 1975: A Map of Misreadings. New York.
BLOOM, Harold 1979: Deconstruction and Criticism. London.
BLUMENBERG, Hans 1979: Schiffbruch mit Zuschauer. Paradigma einer Daseinsmetapher. Frankfurt a. M.
BLUMENBERG, Hans 1981/1986: Die Lesbarkeit der Welt. Frankfurt a. M.
BLUMENSATH, Heinz (Hg.) 1972: Strukturalismus in der Literaturwissenschaft. Köln.

Bode, Ingrid 1966: Die Autobiographien zur deutschen Literatur, Kunst und Musik 1900-1965. Bibliographie und Nachweise der persönlichen Begegnungen und Charakteristiken. Stuttgart.

Boerner, Peter 1969: Tagebuch. Stuttgart. (= Sammlung Metzler, Bd. 85).

Boethius, Henning 1971: Dichtungstheorien der Aufklärung. Tübingen.

Boethius, Henning 1973: Ästhetik. In: Arnold / Sinemus 1973, S. 105-114.

Bogdal, Klaus-Michael (Hg.) 1990: Neue Literaturtheorien. Eine Einführung. Opladen.

Bogdal, Klaus-Michael (Hg.) 1993: Neue Literaturtheorien in der Praxis. Textanalysen von Kafkas »Vor dem Gesetz«. Opladen.

Bogdal, Klaus-Michael 1995a: Kann Interpretieren Sünde sein? Literaturwissenschaft zwischen sakraler Poetik und profaner Texttheorie. In: H. Bay / C. Hamann (Hgg.), Ideologie nach ihrem »Ende«. Opladen, S. 129-145.

Bogdal, Klaus-Michael 1995b: Akteure literarischer Kommunikation. In: Jürgen Fohrmann / Harro Müller (Hgg.), Kategorien der Literaturwissenschaft. München, S. 273ff.

Boghardt, Martin 1977: Analytische Druckforschung. Ein methodischer Beitrag zu Buchkunde und Textkritik. Hamburg.

Böhler, Michael 1985: Der »neue« Zürcher Literaturstreit. Bilanz nach 20 Jahren. In: Albrecht Schöne (Hg.), Akten des VII. Internationalen Germanisten-Kongresses Göttingen 1985. Kontroversen, alte und neue. Tübingen, Bd. 2, S. 250-262.

Bohn, Volker (Hg.) 1990: Bildlichkeit. Internationale Beiträge zur Poetik. Frankfurt a. M.

Bohrer, Karl Heinz 1981: Plötzlichkeit. Zum Augenblick des ästhetischen Scheins. Frankfurt a. M.

Bohrer, Karl Heinz (Hg.) 1993: Ästhetik und Rhetorik. Lektüren zu Paul de Man. Frankfurt a. M.

Bokelmann, E. 1991: Propädeutik einer endlich gültigen Theorie von den deutschen Versen. Tübingen.

Bollack, Jean 1990: L'Oedipe roi de Sophocle. Le texte et ses interprétations. 4 Bde. Lille. (= Cahier de Philologie, Bd. 11).

Bollenbeck, Georg / Clemens Knobloch 1983: Faktengewinn als Geschichtsverlust. Zur Kritik von S. J. Schmidts »Grundriß der Empirischen Literaturwissenschaft«, Bd. 1. In : Spiel 2 (1983), S. 375-388.

Bolz, Norbert 1984: Gewinnung und Auswertung quantitativer Merkmale in der statistischen Stilforschung. In: Spillner 1984, S. 193-222.

Bolz, Norbert 1990: Theorie der neuen Medien. München.

Bolz, Norbert 1993: Am Ende der Gutenberg-Galaxis. Die neuen Kommunikationsverhältnisse. München.

Bonaccorso, Giovanni (Hg.) 1983/1991: Corpus Flaubertianum. Bd. 1: Un cœur simple. Bd. 2: Hérodias. Edition diplomatique et génétique des manuscrits. Paris.

Bonaparte, Marie 1981: Edgar Poe. Eine psychoanalytische Studie. Mit einem Vorwort von Sigmund Freud und einem Nachwort von Oskar Sahlberg. 3 Bde. Frankfurt a. M. [Zuerst 1933].

Bonnet, Henri / Bernard Brun (Hgg.) 1982: Marcel Proust. Matinée chez la Princesse de Guermantes. Cahiers du »Temps retrouvé«. Edition critique. Paris.

BOONE, Joseph A. / Michael CADDEN (Hgg.) 1990: Engendering Men. The Question of Male Feminist Criticism. New York, London.
BOOTH, Wayne C. 1974: Die Rhetorik der Erzählkunst. 2 Bde. Heidelberg. (= UTB 384/385).
BORCHARDT, Rudolf 1957: Reden. Stuttgart.
BORCHMEYER, Dieter 1987/1994 (2., neu bearb. Aufl.): Theater (und Literatur). In: Dieter Borchmeyer / Viktor Žmegač (Hgg.), Moderne Literatur in Grundbegriffen. Frankfurt a. M., S. 370-381.
BORGES, Jorge Luis 1994: Von Büchern und Autoren. Rezensionen 1936-1939. Frankfurt a. M.
BORNSCHEUER, Lothar [2]1984: Topik. In: Reallexikon der deutschen Literaturgeschichte. Berlin, New York, Bd. 4, S. 454-475.
BOSSE, Heinrich 1981: Autorschaft ist Werkherrschaft. Über die Entstehung des Urheberrechts aus dem Geist der Goethezeit. Paderborn u. a.
BOSSE, Heinrich 1985: »Die Schüler müssen selbst schreiben lernen« oder Die Einrichtung der Schiefertafel. In: Dietrich Boueke / Norbert Hopster (Hgg.), Schreiben – Schreiben lernen. Rolf Sanner zum 65. Geburtstag. Tübingen.
BOUCHINDHOMME, Christian / Rainer ROCHLITZ (Hgg.) 1990: »Temps et récit« de Paul Ricœur en débat. Paris.
BOUEKE, Dietrich u. a. 1995: Wie Kinder erzählen. Untersuchungen zur Erzähltheorie und zur Entwicklung narrativer Fähigkeiten. München.
BOURDIEU, Pierre 1974: Zur Soziologie der symbolischen Formen. Frankfurt a. M.
BOURDIEU, Pierre 1977: La production de la croyance. Contribution à une économie des biens symboliques. In: Actes de la recherche en sciences sociales 3 (1977), S. 3-44.
BOURDIEU, Pierre 1982a: Die feinen Unterschiede. Kritik der gesellschaftlichen Urteilskraft. Frankfurt a. M.
BOURDIEU, Pierre 1982b: Die Wechselbeziehungen von eingeschränkter Produktion und Großproduktion. In: Christa Bürger / Peter Bürger / Jochen Schulte-Sasse (Hgg.), Zur Dichotomisierung von hoher und niederer Literatur. Frankfurt a. M., S. 40-61.
BOURDIEU, Pierre 1985: Sozialer Raum und »Klassen«. Leçon sur la leçon. Zwei Vorlesungen. Frankfurt a. M.
BOURDIEU, Pierre 1987a: Flaubert. Einführung in die Sozioanalyse. In: Sprache im technischen Zeitalter 25 (1987), S. 173-189 u. 240-255.
BOURDIEU, Pierre 1987b: Sozialer Sinn. Kritik der theoretischen Vernunft. Frankfurt a. M.
BOURDIEU, Pierre 1992: Les règles de l'art. Genèse et structure du champ littéraire. Paris.
BOVENSCHEN, Silvia 1979: Die imaginierte Weiblichkeit. Exemplarische Untersuchungen zu Kulturgeschichtlichen und literarischen Repräsentationsformen des Weiblichen. Frankfurt a. M.
BOWERS, Fredson 1959: Textual and Literary Criticism. Cambridge.
BOWERS, Fredson 1964: Bibliography and Textual Criticism. Oxford.
BOWERS, Fredson 1975: Essays in Bibliography, Text, and Editing. Charlottesville.
BOWRA, Cecil Maurice 1964: Heldendichtung. Eine vergleichende Phänomenologie der heroischen Poesie aller Völker und Zeiten. Stuttgart.

BRAUNECK, Manfred / Gérard SCHNEILIN (Hgg.) 1987: Drama und Theater. Bamberg.
BRAY, René 1966: La formation de la doctrine classique en France. Paris.
BREMOND, Claude 1972: Die Erzählnachricht. In: Ihwe 1972, S. 177-217. [Zuerst frz. 1964].
BREMOND, Claude 1973: Logique du récit. Paris.
BRENNER, Charles 1955/1970: Grundzüge der Psychoanalyse. Frankfurt a. M.
BREUER, Dieter 1974: Einführung in die pragmatische Texttheorie. München.
BREUER, Dieter 1977: Die Bedeutung der Rhetorik für die Textinterpretation. In: Plett 1977, S. 23-44.
BREUER, Dieter 1994 (3., verbesserte Aufl.): Deutsche Metrik und Versgeschichte. München.
BRINKER-GABLER, Gisela (Hg.) 1978: Deutsche Dichterinnen vom 16. Jahrhundert bis zur Gegenwart. Frankfurt a. M.
BRINKER-GABLER, Gisela (Hg.) 1988: Deutsche Literatur von Frauen. 2 Bde. München.
BRINKMANN, Hennig 1980: Mittelalterliche Hermeneutik. Tübingen.
BRITTEN, Uwe 1992: Die »Kellerasseln« treten ans Licht. Zur Autobiographik der achtziger Jahre. In: WB 38 (1992), S. 448-459.
BROCH, Hermann 1975: Das Böse im Wertsystem der Kunst. In: Broch, Schriften zur Literatur. Frankfurt a. M., Bd. 2, S. 119-157.
BROD, Harry (Hg.) 1987: The Making of Masculinities. The New Men's Studies. London, Sydney, Wellington.
BROD, Harry / Michael KAUFMAN (Hgg.) 1994: Theorizing Masculinities. Thousand Oaks, London, New Delhi.
BROICH, Ulrich / Manfred PFISTER (Hgg.) 1985: Intertextualität. Formen, Funktionen, anglistische Fallstudien. Tübingen. (= Konzepte der Sprach- und Literaturwissenschaft, Bd. 35).
BROOKS, Peter/ Shoshana FELMAN / J. H. MILLER (Hgg.) 1985: The Lesson of Paul de Man. New Haven. (= Yale French Studies, Bd. 69).
BROWN, Lee B. 1969: Definitions and Art Theory. In: Journal of Aesthetics and Art Criticism 27 (1969), S. 409-415.
BRUNETIÈRE, F. 1890: L'évolution des genres dans l'histoire de la littérature. Paris.
BUCH, Hans Christoph 1972: »Ut Pictura Poesis«. Die Beschreibungsliteratur und ihre Kritiker von Lessing bis Lukács. München.
BUCHHEIM, Thomas 1986: Die Sophistik als Avantgarde normalen Lebens. Hamburg.
BUCHHOLZ, Michael B. (Hg.) 1993: Metaphernanalyse. Göttingen.
BÜCHNER, Georg 1981: Woyzeck. Faksimileausgabe der Handschriften. Hg. von Gerhard Schmid. Wiesbaden. (= Manu scripta, Bd. 1).
BUCK, August 1972: Dichtungslehren der Renaissance und des Barocks. In: Neues Handbuch der Literaturwissenschaft. Hg. von Klaus von See. Bd. 9,1: Renaissance und Barock. Frankfurt a. M., S. 28-60.
BUCK, Günther 1983: Literarischer Kanon und Geschichtlichkeit. Zur Logik des literarischen Paradigmenwandels. In: DVjs 57 (1983), S. 351-365.
BUFFIÈRE, Felix 1956: Les mythes d'Homère et la pensée grecque. Paris.
BÜHLER, Axel (Hg.) 1994: Unzeitgemäße Hermeneutik. Verstehen und Interpretation im Denken der Aufklärung. Frankfurt a. M.

BÜHLER, Karl [2]1965: Sprachtheorie. Die Darstellungsfunktion der Sprache. Stuttgart.
BUMKE, Joachim 1986: Höfische Kultur. Literatur und Gesellschaft im hohen Mittelalter. 2 Bde. München.
BÜRGER, Christa 1985: Institutionssoziologie. Statt einer Interpretation. Anmerkungen zu Kleists Erzählen. In: David E. Wellbery (Hg.), Positionen der Literaturwissenschaft. Acht Modellanalysen am Beispiel von Kleists »Das Erdbeben in Chili«. München, S. 88-109.
BÜRGER, Peter 1973: Benjamins »rettende Kritik«. Vorüberlegungen zum Entwurf einer kritischen Hermeneutik. In: Bürger 1979, S. 160-172.
BÜRGER, Peter 1974: Theorie der Avantgarde. Frankfurt a. M.
BÜRGER, Peter 1977a: Aktualität und Geschichtlichkeit. Studien zum gesellschaftlichen Funktionswandel der Literatur. Frankfurt a. M.
BÜRGER, Peter 1977b: Probleme der Rezeptionsforschung. In: Bürger 1979, S. 118-144.
BÜRGER, Peter 1977c: Institution Kunst als literatursoziologische Kategorie. Skizze einer Theorie des historischen Wandels der gesellschaftlichen Funktion der Literatur. In: Bürger 1979, S. 173-199.
BÜRGER, Peter (Hg.) 1978: Seminar Literatur- und Kunstsoziologie. Frankfurt a. M.
BÜRGER, Peter 1979: Vermittlung – Rezeption – Funktion. Ästhetische Theorie und Methodologie der Literaturwissenschaft. Frankfurt a. M.
BÜRGER, Peter 1983: Zum Funktionswandel der Literatur. Frankfurt a. M.
BURKAMP, W. 1929: Die Struktur der Ganzheiten. Berlin.
BUSCH, Bernd 1989: Belichtete Welt. Eine Wahrnehmungsgeschichte der Fotografie. München.
BUTLER, Judith 1991: Das Unbehagen der Geschlechter. Frankfurt a. M.
BUTLER, Judith 1994: Körper von Gewicht. Die diskursiven Grenzen des Geschlechts. Berlin.
CARL, Wolfgang 1974: Existenz und Prädikation. Sprachanalytische Untersuchungen zu Existenz-Aussagen. München.
CARNEY, James D. 1975: Defining Art. In: British Journal of Aesthetics 15 (1975), S. 191-206.
CENTER for Editions of American Authors 1972 (überarb. Aufl.): Statement of Editorial Principles and Procedures. New York.
CENTER/COMMITTEE for Scholarly Editions 1977: An Introductory Statement. New York.
CERQUIGLINI, Bernard 1989: Éloge de la variante. Histoire critique de la philologie. Paris.
CERVENKA, Miroslav 1973: Die Grundkategorien des Prager literaturwissenschaftlichen Strukturalismus. In: Viktor Žmegač / Zdenko Skreb (Hgg.), Zur Kritik literaturwissenschaftlicher Methodologie. Frankfurt a. M., S. 137-168.
CHARTIER, Roger 1990: Lesewelten. Buch und Lektüre in der frühen Neuzeit. Frankfurt a. M.
CHARTIER, Roger 1995: Die geschriebene Botschaft und ihre Rezeptionen. Vom Codex zum Bildschirm. In: Neue Rundschau 106 (1995), S. 117-131.
CHATMAN, Seymour 1965: A Theory of Meter. The Hague.
CHATMAN, Seymour 1966: On the Theory of Literary Style. In: Linguistics 27 (1966), S. 13-25.

Chatman, Seymour 1978: Story and Discourse. Narrative Structure in Fiction and Film. Ithaca.
Chisholm, David 1975: Goethe's Knittelvers. A Prosodic Analysis. Bonn. (= Abhandlungen zur Kunst-, Musik- und Literaturwissenschaft, Bd. 185).
Chodorow, Nancy 1985: Das Erbe der Mütter. Psychoanalyse und Soziologie der Geschlechter. München.
Ciupke, Markus 1994: Des Geklimpers vielverworrner Töne Rausch. Die metrische Gestaltung in Goethes »Faust«. Göttingen.
Cixous, Hélène 1980: Weiblichkeit in der Schrift. Berlin.
Clark, K. / M. Holquist 1984: Mikhail Bakhtin. Cambridge, London.
Clauss, Elke 1993: Liebeskunst. Untersuchungen zum Liebesbrief im 18. Jahrhundert. Stuttgart, Weimar.
Coenen, Hans Georg 1988: Literarische Rhetorik. In: Jahrbuch Rhetorik 7 (1988), S. 43-62.
Cohn, Dorrit 1978: Transparent Minds. Narrating Modes for Presenting Consciousness in Fiction. Princeton.
Cohn, Dorrit 1981: The Encirclement of Narrative. On Franz K. Stanzel's »Theorie des Erzählens«. In: Poetics Today 2 (1981), S. 157-182.
Colm Hogan, Patrick / Lalita Pandit (Hgg.) 1990: Criticism and Lacan. Essays and Dialogue on Language, Structure, and the Unconscious. Athens, London.
Con Davis, Robert (Hg.) 1981: The Fictional Father. Lacanian Readings of the Text. Amherst.
Cremerius, Johannes (Hg.) 1974: Psychoanalytische Textinterpretation. Hamburg.
Crittenden, Charles D. 1991: Unreality. The Metaphysics of Fictional Objects. Ithaca.
Croce, Benedetto 1923: Poesia e non poesia. Bari.
Croce, Benedetto 1930: Ästhetik als Wissenschaft vom Ausdruck und allgemeine Sprachwissenschaft. Theorie und Geschichte. Tübingen.
Crossman, I. / S. Suleiman (Hgg.) 1980: The Reader in the Text. Essays on Audience and Interpretation. Princeton.
Crowder, Robert G. / R. Wagner ²1972: The Psychology of Reading. An Introduction. Oxford.
Crystal, David / Derek Davy 1969: Investigating English Style. London, Harlow.
Crystal, David 1987: The Cambridge Encyclopedia of Language. Cambridge.
Culler, Jonathan 1975: Structuralist Poetics. Structuralism, Linguistics, and the Study of Literature. Ithaca, New York.
Culler, Jonathan 1988: Dekonstruktion. Derrida und die poststrukturalistische Literaturtheorie. Reinbek [Zuerst engl. 1982].
Currie, G. 1985: What Is Fiction? In: Journal of Aesthetics and Art Criticism 43 (1985), S. 385-392.
Curtius, Ernst Robert 1948/⁴1963: Europäische Literatur und lateinisches Mittelalter. Bern, München.
Curtius, Ernst Robert 1950: Kritische Essays zur europäischen Literatur. Bern.
Dahms, Hans-Jürgen 1993: Positivismusstreit. Frankurt a. M.
Dane, Gesa (Hg.) 1985: Anschlüsse. Versuche nach Michel Foucault. Tübingen.

DANNEBERG, Lutz / Friedrich VOLLHARDT (Hgg.) 1992: Vom Umgang mit Literatur und Literaturgeschichte. Positionen und Perspektiven nach der »Theoriedebatte«. Stuttgart.

DANNEBERG, Lutz 1996: Zur Theorie der werkimmanenten Interpretation. In: Wilfried Barner / Christoph König (Hgg.), Zeitenwechsel. Frankfurt a. M., S. 313-342.

DANTO, Arthur C. 1964: The Artworld. In: Journal of Philosophy 61 (1964), S. 571-584.

DANTO, Arthur C. 1981: Die Verklärung des Gewöhnlichen. Eine Philosophie der Kunst. Frankfurt a. M.

DANTO, Arthur C. 1985: Narration and Knowledge. New York.

DANTO, Arthur C. 1986: The Philosophical Disenfranchisement of Art. New York.

DEGENHARDT, Inge (Hg.) 1979: Literarische Wertung. Stuttgart.

DELEUZE, Gilles 1983/1985: Cinema. 2 Bde. Paris. Dt. 1989/1991: Kino. 2 Bde. Frankfurt a. M.

DELIUS, Harald 1970: Zur Natur und Verbindlichkeit ästhetischer Wertungen. In: Siegfried J. Schmidt (Hg.), text bedeutung ästhetik. München, S. 153-175.

DE MAN, Paul 1971/²1983 (2., erw. Aufl.): Blindness and Insight. Essays on the Rhetoric of Contemporary Criticism. Hg. von W. Godzich. Minneapolis.

DE MAN, Paul 1979: Allegories of Reading. Figural Language in Rousseau, Nietzsche, Rilke, and Proust. New Haven. Dt. Teilübersetzung: de Man 1988.

DE MAN, Paul 1983: Epistemologie der Metapher. In: Anselm Haverkamp (Hg.), Theorie der Metapher. Darmstadt, S. 414-437. [Zuerst engl. 1978].

DE MAN, Paul 1984: The Rhetoric of Romanticism. New York.

DE MAN, Paul 1986: The Resistance to Theory. Hg. von W. Godzich. Minneapolis. Dt.: de Man 1987.

DE MAN, Paul 1987: Der Widerstand gegen die Theorie. In: Volker Bohn (Hg.), Romantik. Literatur und Philosophie. Frankfurt a. M., S. 80-106.

DE MAN, Paul 1988: Allegorien des Lesens. Frankfurt a. M.

DE MAN, Paul 1993: Die Ideologie des Ästhetischen. Hg. von Christoph Menke. Frankfurt a. M.

DERRIDA, Jacques 1967: La structure, le signe et le jeu dans le discours des sciences humaines. In: Derrida, L'écriture et la différence. Paris, S. 409-428.

DERRIDA, Jacques 1972a: La pharmacie de Platon. In: Derrida, La dissémination. Paris.

DERRIDA, Jacques 1972b: Die Schrift und die Differenz. Frankfurt a. M. [Zuerst frz. 1967].

DERRIDA, Jacques 1972c: Positions. Entretiens avec Henri Ronse, Julia Kristeva, Jean Louis Houdebine, Guy Scarpetta. Paris. Dt.: Derrida 1986.

DERRIDA, Jacques 1974/1983: Grammatologie. Frankfurt a. M. [Zuerst frz. 1967].

DERRIDA, Jacques 1984a: Guter Wille zur Macht (I). In: Forget 1984, S. 56-58.

DERRIDA, Jacques 1984b: Guter Wille zur Macht (II). Die Unterschriften interpretieren (Nietzsche/Heidegger). In: Forget 1984, S. 62-77.

DERRIDA, Jacques 1986: Positionen. Wien, Graz. [Zuerst frz. 1972].

DERRIDA, Jacques 1987: Lettre à un ami japonais. In: Derrida, Psyché. Inventions de l'autre. Paris, S. 387-393.

DERRIDA, Jacques 1988: Randgänge der Philosophie. Wien, Graz. [Zuerst frz. 1972].

DERRIDA, Jacques / Geoffrey BENNINGTON 1994 (Hgg.): Jacques Derrida. Ein Portrait von Geoffrey Bennington und Jacques Derrida. Frankfurt a. M.

DE SAUSSURE → SAUSSURE

DETERING, Heinrich 1994: Das offene Geheimnis. Zur literarischen Produktivität eines Tabus von Winckelmann bis zu Thomas Mann. Göttingen.

DETERING, Heinrich 1995: Religiöses Denken und literarische Strukturen. In: Bernd Jaspert (Hg.), Frömmigkeit. Gelebte Religion als Forschungsaufgabe. Interdisziplinäre Forschungstage. Paderborn, S. 201-213.

DICKIE, George 1969: Defining Art. In: American Philosophical Quarterly 6 (1969), S. 253-256.

DICKIE, George 1974: Art and Aesthetics. An Institutional Analysis. Ithaca.

DIJK, Tenn A. van 1972: Beiträge zur generativen Poetik. München.

DILTHEY, Wilhelm 1883/²1923: Einleitung in die Geisteswissenschaften. In: Dilthey, Gesammelte Schriften. Bd. 1,3. Hg. von Bernhard Groethuysen. Leipzig.

DILTHEY, Wilhelm 1900/1957: Die Entstehung der Hermeneutik (1900). In: Dilthey, Gesammelte Schriften. Bd. 5. Hg. von Georg Misch. Stuttgart, S. 317-338.

DILTHEY, Wilhelm ¹³1957: Das Erlebnis und die Dichtung. Lessing, Goethe, Novalis, Hölderlin. Göttingen.

DILTHEY, Wilhelm ²1958: Gesammelte Schriften. Bd. 7: Der Aufbau der geschichtlichen Welt in den Geisteswissenschaften. Stuttgart, Göttingen.

DILTHEY, Wilhelm 1966: Das hermeneutische System Schleiermachers in der Auseinandersetzung mit der älteren protestantischen Hermeneutik. In: Dilthey, Gesammelte Schriften. Bd. 14,2. Hg. von Martin Redeker. Berlin, S. 595-787.

DILTHEY, Wilhelm 1981: Der Aufbau der geschichtlichen Welt in den Geisteswissenschaften. Hg. von Manfred Riedel. Frankfurt a. M.

DIMIĆ, Milan V. 1966: Nationaler und übernationaler Standpunkt im literarischen Werturteil. In: Actes du Congrès de l'Association Internationale de Littérature Comparée. Paris, S. 637-645.

DISSELBECK, Klaus 1987: Geschmack und Kunst. Eine systemtheoretische Untersuchung zu Schillers Briefen »Über die ästhetische Erziehung des Menschen«. Opladen.

DOLEŽEL, Lubomír 1982: The Conceptual System of Prague School Poetics. Mukařovský and Vodička. In: P. Steiner u. a. (Hgg.), The Structure of the Literary Process. Studies Dedicated to the Memory of Felix Vodička. Amsterdam, Philadelphia, S. 109-126.

DOLEŽEL, Lubomír 1989: Possible Worlds and Literary Fictions. In: Sture Allén (Hg.), Possible Worlds in Humanities, Arts and Sciences. Proceedings of Nobel Symposium 65. Berlin, New York, S. 221-242.

DOLEŽEL, Lubomír 1990: Occidental Poetics. Tradition and Progress. London.

DOLLIMORE, Jonathan / Alan SINFIELD (Hgg.) 1985/1994 (2., erw. Aufl.): Political Shakespeare. Essays in Cultural Materialism. Manchester.

DÖRNER, Andreas / Ludgera VOGT 1994: Literatursoziologie. Literatur, Gesellschaft, Politische Kultur. Opladen.

DÖRNER, Andreas 1995: Politischer Mythos und symbolische Politik. Sinnstiftung durch symbolische Formen. Opladen.

DREYFUS, Hubert / Paul RABINOW 1987: Michel Foucault. Jenseits von Strukturalismus und Hermeneutik. Frankfurt a. M.

DUBOIS, Jacques u. a. 1974: Allgemeine Rhetorik. (= Pragmatische Texttheorie, Bd. 2).
DYCK, Joachim 1966: Ticht-Kunst. Deutsche Barockpoetik und rhetorische Tradition. Bad Homburg, Berlin, Zürich.
EAGLETON, Terry 1988/[2]1992: Einführung in die Literaturtheorie. Stuttgart. [Zuerst engl. 1983]. (= Sammlung Metzler, Bd. 246).
EBELING, Gerhard 1942: Evangelische Evangelienauslegung. Eine Untersuchung zu Luthers Hermeneutik. München. [Fotomechanischer Nachdruck Darmstadt 1969].
EBRECHT, Angelika / Regina NÖRTEMANN / Herta SCHWARZ (Hgg.) 1990: Brieftheorie des 18. Jahrhunderts. Texte, Kommentare, Essays. Stuttgart.
ECO, Umberto 1972/[5]1985: Einführung in die Semiotik. München. [Zuerst 1968].
ECO, Umberto 1973: Das offene Kunstwerk. Frankfurt a. M. [Zuerst 1962].
ECO, Umberto 1990: Lector in fabula. Die Mitarbeit der Interpretation in erzählenden Texten. München, Wien. [Zuerst engl. 1979: The Role of the Reader].
ECO, Umberto 1978/1987: Im Labyrinth der Vernunft. Leipzig.
ECO, Umberto 1992: Die Grenzen der Interpretation. München.
EDITIO. Internationales Jahrbuch für Editionswissenschaft. Tübingen 1987ff.
EGGERT, Hartmut / Christine GARBE 1995: Literarische Sozialisation. Stuttgart.
EHLICH, Konrad (Hg.) 1980a: Erzählen im Alltag. Frankfurt a. M.
EHLICH, Konrad 1980b: Der Alltag des Erzählens. In: Ehlich 1980a, S. 11-27.
EHRENZELLER, Hans 1955: Studien zur Romanvorrede von Grimmelshausen bis Jean Paul. Diss. Bern.
EHRISMANN, Otfrid 1975: Das Nibelungenlied in Deutschland. Studien zur Rezeption des Nibelungenliedes von der Mitte des 18. Jahrhunderts bis zum Ersten Weltkrieg. München. (= Münchener Gemanistische Beiträge, Bd. 14).
EHRMANN, J. (Hg.) 1966/[2]1970: Structuralism. New York.
EIBL, Karl 1976: Kritisch-rationale Literaturwissenschaft. Grundlagen zu einer erklärenden Literaturgeschichte. München.
ĖJCHENBAUM, Boris 1965: Aufsätze zur Theorie und Geschichte der Literatur. Frankfurt a. M.
ĖJCHENBAUM, Boris 1987: Mein Zeitbote. Leipzig, Weimar. [Zuerst russ. 1929].
EIMERMACHER, Karl 1977: Zum Verhältnis von strukturalistischer und semiotischer Analyse. In: Dieter Kimpel / Beate Pinkerneil (Hgg.), Methodische Praxis der Literaturwissenschaft. Kronberg, S. 259-283.
EIMERMACHER, Karl 1989: Zur Entstehungsgeschichte einer deskriptiven Semiotik in der Sowjetunion. In: Eimermacher (Hg.), Semiotica Sovietica. 2 Bde. Aachen, Bd. 1, S. 11-67.
EISENSTEIN, Elizabeth L. 1979: The Printing Press as an Agent of Change. Communication and Cultural Transformation in Early-Modern Europe. 2 Bde. Cambridge.
ELIOT, Thomas Stearns 1932: The Use of Poetry and the Use of Criticism. Studies in the Relation of Criticism to Poetry in England. Cambridge.
ELIOT, Thomas Stearns 1952: Von Poe zu Valéry [1948]. In: Eliot, Der Vers. Wiesbaden, S. 83-114.
ELSNER, Monika / Hans Ulrich GUMBRECHT / Thomas MÜLLER / Peter M. SPANGENBERG 1994: Zur Kulturgeschichte der Medien. In: Klaus Merten / Siegfried J. Schmidt / Siegfried Weischenberg (Hgg.), Die Wirklichkeit der Medien. Eine Einführung in die Kommunikationswissenschaft. Opladen, S. 163-187.

ELWERT, W. Th. 1968: Italienische Metrik. München.
ELWERT, W. Th. [3]1970: Französische Metrik. München.
EMPSON, W. 1953: Seven Types of Ambiguity. London. [Zuerst 1930].
EMRICH, Wilhelm 1965: Zum Problem der Wertung und Rangordnung literarischer Werke. In: Emrich, Geist und Widergeist. Wahrheit und Lüge in der Literatur. Bonn, S. 9-29.
ENDERS, Horst 1967: Die Werkinterpretation. Darmstadt. (= Wege der Forschung, Bd. 26).
ENGEL, Johann Jakob 1844: Schriften. Bd. 8. Berlin.
ENGEL, Manfred 1993: Im Maelstrom des Mainstream? In: JbDSG 37 (1993), S. 437-441.
ENGELSING, Rolf 1970: Die Perioden der Lesergeschichte in der Neuzeit. Das statistische Ausmaß und die soziokulturelle Bedeutung der Lektüre. In: Archiv für Geschichte des Buchwesens 10 (1970), Sp. 945-1002.
ENGELSING, Rolf 1973: Analphabetentum und Lektüre. Zur Sozialgeschichte des Lesens in Deutschland zwischen feudaler und industrieller Gesellschaft. Stuttgart.
ENGELSING, Rolf 1974: Der Bürger als Leser. Lesergeschichte in Deutschland 1500-1800. Stuttgart.
ENKVIST, Nils Erik / Michael J. GREGORY / John SPENCER 1964: Linguistics and Style. London.
ENKVIST, Nils Erik 1964: On Defining Style. An Essay in Applied Linguistics. In: Enkvist / Gregory / Spencer 1964, S. 1-56.
ERHART, Walter 1994: Plädoyer für Moden. In: JbDSG 38 (1994), S. 415-422.
ERLICH, Victor 1955: Russian Formalism. History, Doctrine. Den Haag. Dt. 1964: Russischer Formalismus. München.
ESCARPIT, Robert 1961: Das Buch und der Leser. Entwurf einer Literatursoziologie. Köln, Opladen.
ESCARPIT, Robert 1967: Die Revolution des Buches. Gütersloh.
EVEN-ZOHAR, Itamar 1978: The Position of Translated Literature within the Polysystem. In: James S. Holmes / José Lambert / Raymond van den Broeck (Hgg.), Literature and Translation. New Perspectives in Literary Studies. Leuven, S. 117-127.
EVEN-ZOHAR, Itamar 1979: Polysystem Theory. In: Poetics Today 1 (1979), S. 287-310.
EVEN-ZOHAR, Itamar 1981: Translation Theory Today. A Call for Transfer Theory. In: Poetics Today 2 (1981), S. 1-7.
FABIAN, Bernhard / Dieter KRANZ 1971: Interne Kollation. Eine Einführung in die maschinelle Textverarbeitung. In: Martens / Zeller 1971, S. 385-400.
FANTA, Walter 1994: Die Computer-Edition des Musil-Nachlasses. Baustein einer Epochendatenbank der Moderne. In: editio 8 (1994), S. 127-157.
FAULSEIT, Dieter / Gudrun KÜHN [4]1969: Stilistische Mittel und Möglichkeiten der deutschen Sprache. Leipzig. [Zuerst 1965].
FAULSTICH, Werner 1991: Medientheorien. Göttingen.
FELDGES, Matthias 1969: Grimmelshausens »Landstörtzerin Courasche«. Eine Interpretation nach der Methode des vierfachen Schriftsinnes. Bern. (= Basler Studien zur deutschen Sprache und Literatur, Bd. 38).
FELMAN, Shoshana 1992: Weiblichkeit wiederlesen. In: Vinken 1992, S. 33-61.

Felman, Shoshana 1993: What Does A Woman Want? Reading and Sexual Difference. Baltimore.
Fetscher, Rolf 1978: Grundlinien der Tiefenpsychologie von S. Freud und C. G. Jung in vergleichender Darstellung. Stuttgart, Bad Cannstatt. (= Problemata, Bd. 69).
Fetzer, G. 1980: Wertungsprobleme in der Trivialliteraturforschung. München.
Fietz, Lothar ²1992: Strukturalismus. Eine Einführung. Tübingen.
Fink-Eitel, Hinrich 1989: Foucault zur Einführung. Hamburg.
Finke, Peter L. 1982: Konstruktiver Funktionalismus. Die wissenschaftstheoretische Basis einer empirischen Theorie der Literatur. Braunschweig, Wiesbaden.
Fischer, Jens Malte (Hg.) 1980: Psychoanalytische Literaturinterpretationen. Tübingen.
Fischer, Ludwig 1968: Gebundene Rede. Dichtung und Rhetorik in der literarischen Theorie des Barock in Deutschland. Tübingen. (= Studien zur deutschen Literatur, Bd. 10).
Fischer-Lichte, Erika 1983: Semiotik des Theaters. 3 Bde. Tübingen.
Fish, Stanley 1980: Is There a Text in This Class? The Authority of Interpretative Communities. Cambridge.
Fish, Stanley 1989: Why No One's Afraid of Wolfgang Iser. In: Fish, Doing What Comes Naturally. Change, Rhetoric and the Practice of Theory in Literary and Legal Studies. Oxford, S. 68-86. [Zuerst 1981].
Flacke, Michael 1994: Verstehen als Konstruktion. Literaturwissenschaft und Radikaler Konstruktivismus. Opladen.
Flaker, Alexandr 1973: Der russische Formalismus. Theorie und Wirkung. In: Viktor Žmegač / Zdenko Skreb (Hgg.), Zur Kritik literaturwissenschaftlicher Methodologie. Frankfurt a. M., S. 115-136.
Flaker, Aleksandr 1989: Glossarium der russischen Avantgarde. Graz, Wien.
Flichy, Patrice 1991: Une histoire de la communication moderne. Paris. Dt. 1994: Tele. Geschichte der modernen Kommunikation. Frankfurt a. M., New York.
Flitner, Wilhelm 1954: Vom Kanon der literarischen Bildung. In: Flitner, Grund- und Zeitfragen der Erziehung und Bildung. Stuttgart, S. 57-75.
Flusser, Vilém 1987: Die Schrift. Göttingen.
Fohrmann, Jürgen / Harro Müller (Hgg.) 1988: Diskurstheorien und Literaturwissenschaft. Frankfurt a. M.
Fohrmann, Jürgen 1989: Das Projekt der deutschen Literaturgeschichte. Entstehung und Scheitern einer nationalen Poesiegeschichtsschreibung zwischen Humanismus und Deutschem Kaiserreich. Stuttgart.
Fohrmann, Jürgen 1993: Über das Schreiben von Literaturgeschichte. In: Peter J. Brenner (Hg.), Geist, Geld und Wissenschaft. Arbeits- und Darstellungsformen von Literaturwissenschaft. Frankfurt a. M., S. 175-202.
Fontane, Theodor 1974: Werke, Schriften und Briefe. Hg. von Walter Keitel und Helmuth Nürnberger. München.
Forget, Philippe (Hg.) 1984: Text und Interpretation. München.
Forget, Philippe 1988: Diskursanalyse versus Literaturwissenschaft? In: Fohrmann / Müller 1988, S. 311-329.
Foucault, Michel 1971: Die Ordnung der Dinge. Eine Archäologie der Humanwissenschaften. Frankfurt a. M. [Zuerst frz. 1966].

FOUCAULT, Michel 1973: Archäologie des Wissens. Frankfurt a. M. [Zuerst frz. 1969].

FOUCAULT, Michel 1974a/1988: Schriften zur Literatur. München.

FOUCAULT, Michel 1974b/1991: Die Ordnung des Diskurses. Inauguralvorlesung am Collège de France, 2. Dezember 1970. München. [Zuerst frz. 1972].

FOUCAULT, Michel 1978: Dispositive der Macht. Über Sexualität, Wissen und Wahrheit. Berlin.

FOUCAULT, Michel 1983: Der Wille zum Wissen. Sexualität und Wahrheit 1. Frankfurt a. M.

FOUCAULT, Michel 1988: Was ist ein Autor? In: Foucault, Schriften zur Literatur. Frankfurt a. M., S. 7-31. [Zuerst frz. 1969].

FOWLER, Roger (Hg.) 1966: Essays on Style and Language. New York.

FRANK, Armin Paul 1988: Rückblick und Ausblick. In: Harald Kittel (Hg.), Die literarische Übersetzung. Stand und Perspektiven ihrer Erforschung. Berlin, S. 180-206. (= Göttinger Beiträge zur internationalen Übersetzungsforschung, Bd. 2).

FRANK, Horst Joachim ²1993: Handbuch der deutschen Strophenformen. Tübingen, Basel, Frankfurt a. M.

FRANK, Manfred 1977/1985: Das individuelle Allgemeine. Textstrukturierung und -interpretation nach Schleiermacher. Frankfurt a. M.

FRANK, Manfred 1980/1990 (erw. Neuausgabe): Das Sagbare und das Unsagbare. Frankfurt a. M.

FRANK, Manfred 1983/²1984a: Was ist Neostrukturalismus? Frankfurt a. M.

FRANK, Manfred 1984b: Die Grenzen der Beherrschbarkeit der Sprache. Das Gespräch als Ort der Differenz von Neostrukturalismus und Hermeneutik. In: Forget 1984, S. 181-213.

FRANK, Manfred 1986: Vieldeutigkeit und Ungleichzeitigkeit. Hermeneutische Fragen an eine Theorie des literarischen Textes. In: Sprache und Literatur in Wissenschaft und Unterricht 57 (1986), S. 20-30.

FRANK, Manfred 1988: Zum Diskursbegriff bei Foucault. In: Fohrmann / Müller 1988, S. 25-44.

FRÄNKEL, Hermann ²1962: Dichtung und Philosophie des frühen Griechentums. Eine Geschichte der griechischen Epik, Lyrik und Prosa bis zur Mitte des 5. Jahrhunderts. München.

FREGE, Gottlob 1892: Über Sinn und Bedeutung. In: Frege 1969a, S. 18-39.

FREGE, Gottlob 1918/1919a: Der Gedanke. In: Frege 1976, S. 30-53.

FREGE, Gottlob 1918/1919b: Die Verneinung. In: Frege 1976, S. 54-71.

FREGE, Gottlob 1969a (3., durchgesehene Auflage): Funktion, Begriff, Bedeutung. Hg. und eingeleitet von Günther Patzig. Göttingen.

FREGE, Gottlob 1969b: Logik. In: Frege, Nachgelassene Schriften. Hg. von Kambartel, Hermes, Kaulbach. Hamburg, S. 137-163.

FREGE, Gottlob 1969c: Logik in der Mathematik. In: Frege, Nachgelassene Schriften. Hg. von Kambartel, Hermes, Kaulbach. Hamburg, S. 219-270.

FREGE, Gottlob 1976 (2., ergänzte Auflage): Logische Untersuchungen. Hg. und eingeleitet von Günther Patzig. Göttingen.

FREI, Norbert 1980: Theodor Fontane. Die Frau als Paradigma des Humanen. Königstein i. Ts.

FREUD, Sigmund 1907: Der Wahn und die Träume in W. Jensens »Gradiva«. In: Freud 1987, S. 9-85.

FREUD, Sigmund 1908: Der Dichter und das Phantasieren. In: Freud 1987, S. 169-179.
FREUD, Sigmund 1916: Einige Charaktertypen aus der psychoanalytischen Arbeit. In: Freud 1987, S. 229-253.
FREUD, Sigmund 1972: Die Traumdeutung. Frankfurt a. M. [Zuerst 1900].
FREUD, Sigmund 1986: Der Witz und seine Beziehung zum Unbewußten. Frankfurt a. M. [Zuerst 1905].
FREUD, Sigmund 1987: Schriften zur Kunst und Literatur. Frankfurt a. M.
FREUD, Sigmund 1991a: Vorlesungen zur Einführung in die Psychoanalyse. Biographisches Nachwort von Peter Gay. Frankfurt a. M. [Zuerst 1916-1917].
FREUD, Sigmund 1991b: Neue Folge der Vorlesungen zur Einführung in die Psychoanalyse. Biographisches Nachwort von Peter Gay. Frankfurt a. M. [Zuerst 1932].
FREUND, E. 1987: The Return of the Reader. Reader-Response Criticism. London, New York.
FREUNDLIEB, Dieter 1992: Literarische Interpretation. Angewandte Theorie oder soziale Praxis? In: Danneberg / Vollhardt 1992, S. 13-24.
FREVERT, Ute 1991: Männergeschichte oder die Suche nach dem »ersten« Geschlecht. In: Manfred Hettling / Claudia Huerkamp / Paul Nolte / Hans-Walter Schmuhl (Hgg.), Was ist Gesellschaftsgeschichte? Positionen, Themen, Analysen. München, S. 31-43.
FREY, Eberhard 1970: Franz Kafkas Erzählstil. Eine Demonstration neuer stilanalytischer Methoden an Kafkas Erzählung »Ein Hungerkünstler«. Bern. (= Europäische Hochschulschriften, Reihe 1, Bd. 31).
FREY, Eberhard 1980: Text und Stilrezeption. Empirische Grundlagenstudien zur Stilistik. Königstein i. Ts.
FREY, Hans-Jost / Otto LORENZ 1980: Kritik des freien Verses. Welche Kriterien gibt es heute für den freien Vers? Antworten auf die Preisfrage der Deutschen Akademie für Sprache und Dichtung vom Jahr 1979. Heidelberg.
FRICKE, Harald 1981: Norm und Abweichung. Eine Philosophie der Literatur. München.
FRICKE, Harald 1982: Semantics or Pragmatics of Fictionality? A Modest Proposal. In: Poetics 11 (1982), S. 439-452.
FRICKE, Harald 1991: Wie wissenschaftlich kann literarische Wertung sein? In: Fricke, Literatur und Literaturwissenschaft. Beiträge zu Grundfragen einer verunsicherten Disziplin. Paderborn, München, Wien, Zürich, S. 147-167.
FRICKE, Harald / Rüdiger ZYMNER 1993 (2., durchgesehene Aufl.): Einübung in die Literaturwissenschaft. Parodieren geht über Studieren. Paderborn.
FRIEDEMANN, Käte 1910: Die Rolle des Erzählers in der Epik. Leipzig.
FRIEDRICH, Hugo 1956/1973 (5. Aufl. der erweiterten Neuausgabe): Die Struktur der modernen Lyrik. Von der Mitte des neunzehnten bis zur Mitte des zwanzigsten Jahrhunderts. Reinbek.
FRIEDRICH, Hugo 1967: Strukturalismus und Struktur in literaturwissenschaftlicher Hinsicht. In: Europäische Aufklärung. Herbert Dieckmann zum 60. Geburtstag. Hg. von Hugo Friedrich. München, S. 77-86.
FROMM, Hans 1995: Zur Geschichte der Textkritik und Edition mittelhochdeutscher Texte. In: R. Harsch-Niemeyer (Hg.), Beiträge zur Methodengeschichte der neueren Philologien. Tübingen, S. 63-90.

FRÜHWALD, Wolfgang u. a. (Hgg.) 1975ff.: Internationales Archiv für Sozialgeschichte der deutschen Literatur. Tübingen.

FRYE, Northrop 1969: Contexts of Literary Evaluation. In: Yearbook of Comparative Criticism. Bd. 2: Problems of Literary Evaluation. London, S. 14-21.

FUCKS, Wilhelm 1955: Mathematische Analyse von Sprachelementen, Sprachstil und Sprachen. Köln, Opladen.

FUCKS, Wilhelm / Josef LAUTER 1965: Mathematische Analyse des literarischen Stils. In: Helmut Kreuzer/Rul Gunzenhäuser (Hgg.), Mathematik und Dichtung. Versuche zur Frage einer exakten Literaturwissenschaft. München, S. 107-122. (= Sammlung Dialog, Bd. 3).

FÜGEN, Hans Norbert 1974/⁶1974: Die Hauptrichtungen der Literatursoziologie und ihre Methoden. Ein Beitrag zur literatursoziologischen Theorie. Bonn.

FUHRMANN, Manfred 1973/1992 (2., überarbeitete und veränderte [gekürzte] Aufl.): Einführung in die antike Dichtungstheorie. Darmstadt.

FUHRMANN, Manfred 1983: Die Geschichte der Literaturgeschichtsschreibung von den Anfängen bis zum 19. Jahrhundert. In: Bernard Cerquiglini / Hans Ulrich Gumbrecht (Hgg.), Der Diskurs der Literatur- und Sprachhistorie. Wissenschaftsgeschichte als Innovationsvorgabe. Frankfurt a. M., S. 49-72.

FUHRMANN, Manfred 1989: Die antike Rhetorik. München.

GABLER, Hans Walter 1994: Textual Criticism. In: M. Groden / M. Kreiswirth (Hgg.), The John Hopkins Guide to Literary Theory and Criticism. Baltimore, London, S. 708-714.

GABRIEL, Gottfried 1975: Fiktion und Wahrheit. Eine semantische Theorie der Literatur. Stuttgart. (= Problemata, Bd. 51).

GABRIEL, Gottfried 1991: »Sachen gibt's, die gibt's gar nicht«. Sind literarische Figuren fiktive Gegenstände? In: Gabriel, Zwischen Logik und Literatur. Erkenntnisformen von Dichtung, Philosophie und Wissenschaft. Stuttgart, S. 133-146.

GADAMER, Hans-Georg 1960/1972 (3., erw. Aufl.)/⁴1975/⁶1990: Wahrheit und Methode. Grundzüge einer philosophischen Hermeneutik. Tübingen.

GADAMER, Hans-Georg 1967: Rhetorik, Hermeneutik und Ideologiekritik. Metakritische Erörterungen zu »Wahrheit und Methode«. In: Gadamer ⁵1986a, Gesammelte Werke. Bd. 2: Hermeneutik II. Tübingen, S. 232-250.

GADAMER, Hans-Georg 1974: Hermeneutik. In: Historisches Wörterbuch der Philosophie. Hg. von Joachim Ritter. Basel, Darmstadt, Bd. 3, Sp. 1061-1073.

GADAMER, Hans-Georg 1977a: Das ontologische Problem des Wertes. In: Gadamer, Kleine Schriften. Bd. 4: Variationen. Tübingen, S. 205-217.

GADAMER, Hans-Georg 1977b: Die Aktualität des Schönen. Stuttgart.

GADAMER, Hans-Georg 1984: Text und Interpretation. In: Forget 1984, S. 24-55.

GADAMER, Hans-Georg ⁵1986a: Gesammelte Werke. Bd. 1: Hermeneutik I. Wahrheit und Methode. Grundzüge einer philosophischen Hermeneutik. Bd. 2: Hermeneutik II. Ergänzungen, Register. Tübingen.

GADAMER, Hans-Georg 1986b: Der »eminente« Text und seine Wahrheit. In: Sprache und Linguistik 57 (1986), S. 4-10.

GÁLDI, Ladislao 1971: Introduzione alla stilistica italiana. Bologna.

GALE, Richard M. 1971: The Fictive Use of Language. In: Philosophy 46 (1971), S. 324-339.

GALLAS, Helga (Hg.) 1972: Strukturalismus als interpretatives Verfahren. Darmstadt, Neuwied.
GALLOP, Jane 1992: Around 1981. Academic Feminist Literary Theory. New York.
GARBER, Klaus 1976: Martin Opitz, der »Vater der deutschen Dichtung«. Eine kritische Studie zur Wissenschaftsgeschichte der Germanistik. Stuttgart.
GARBER, Klaus 1987: Benjamins ästhetische Theorie der Rezeption. In: Garber, Rezeption und Rettung. Drei Studien zu Walter Benjamin. Tübingen, S. 3-58.
GÄRTNER, Hans 1979: Kanon. In: Konrat Ziegler / Walther Sontheimer (Hgg.), Der Kleine Pauly. München, Bd. 3, Sp. 108f.
GASKELL, Philip 1972: A New Introduction to Bibliography. Oxford.
GAUGER, Hans-Martin 1985: Über das Rhetorische. In: Jahrbuch der Deutschen Akademie für Sprache und Dichtung 1985, S. 85-102.
GEBHARDT, Peter (Hg.) 1980: Literaturkritik und literarische Wertung. Darmstadt. (= Wege der Forschung, Bd. 354).
GEERTZ, Clifford 1983/1987: Dichte Beschreibung. Beiträge zum Verstehen kultureller Systeme. Frankfurt a. M.
GEISSLER, Rolf 1982: Arbeit am literarischen Kanon. Perspektiven der Bürgerlichkeit. Paderborn.
GELDSETZER, Lutz (Hg.) 1968: Matthias Flacius Illyricus. De ratione cognoscendi sacras literas – Über den Erkenntnisgrund der Heiligen Schrift. Lateinisch-deutsche Parallelausgabe. Düsseldorf.
GELLHAUS, Axel (Hg.) 1994: Die Genese literarischer Texte. Modelle und Analysen. Würzburg.
GENESIS. Revue internationale de critique génétique. Paris 1992ff.
GENETTE, Gérard 1966: Figures. Paris.
GENETTE, Gérard 1969: Figures II. Paris.
GENETTE, Gérard 1972: Figures III. Paris.
GENETTE, Gérard 1989/1992: Paratexte. Das Buch vom Beiwerk des Buches. Mit einem Vorwort von Harald Weinrich. Frankfurt a. M., New York. [Zuerst frz. 1987].
GENETTE, Gérard 1992: Fiktion und Diktion. München.
GENETTE, Gérard 1993: Palimpseste. Die Literatur auf zweiter Stufe. Frankfurt a. M.
GENETTE, Gérard 1994: Die Erzählung. München.
GENTZLER, Edwin 1993: Contemporary Translation Theories. London, New York.
GIBSON, Eleanor J. / Harry LEVIN 1980: Die Psychologie des Lesens. Mit einer Einführung von Hans Aebli. Stuttgart. [Zuerst amerik. 1975].
GIESECKE, Michael 1991: Der Buchdruck in der frühen Neuzeit. Eine historische Fallstudie über die Durchsetzung neuer Informations- und Kommunikationstechnologien. Frankfurt a. M.
GILBERT, Sandra / Susan GUBAR 1979: The Madwoman in the Attic. The Woman Writer and the Nineteenth-Century Literary Imagination. New Haven, London.
GLASER, Horst Albert (Hg.) 1980: Deutsche Literatur. Eine Sozialgeschichte. Rein-bek.
GNÜG, Hiltrud / Renate MÖHRMANN 1985: Frauen Literatur Geschichte. Schreibende Frauen vom Mittelalter bis zur Gegenwart. Stuttgart.

GOEPPERT, Sebastian / Herma C. GOEPPERT 1981: Psychoanalyse interdisziplinär. Sprach- und Literaturwissenschaft. München.

GOETHE, Johann Wolfgang 1952-1966: Werke Goethes. Hg. von der Deutschen Akademie der Wissenschaften zu Berlin [1956-1958 hg. unter Leitung von Ernst Grumach. Seit 1963 hg. vom Inst. f. dt. Sprache u. Literatur d. Dt. Akad. d. Wiss. zu Berlin]. Berlin. [Akademie-Ausgabe].

GOETHE, Johann Wolfgang 1975: Werke. Hg. im Auftrage der Großherzogin Sophie von Sachsen. Abt. I: Werke, Abt. II: Naturwissenschaftliche Schriften, Abt. III: Tagebücher, Abt. IV: Briefe. Reprint Tübingen [Weimarer Ausgabe; zuerst Weimar 1887-1919].

GOETHE, Johann Wolfgang [9]1981: Maximen und Reflexionen. In: Goethes Werke. Bd. 12: Kunst und Literatur. Textkritisch durchgesehen von Erich Trunz und Hans Joachim Schrimpf. Kommentiert von Herbert von Einem und Hans Joachim Schrimpf. München [Hamburger Ausgabe].

GOETSCH, Paul 1983: Leserfiguren in der Erzählkunst. In: Germanisch-Romanische Monatsschrift 64 (1983), S. 199-215.

GREIMAS, Algirdas Julien 1967: Relationship between Structural Linguistics and Poetics. In: ISSJ 1 (1967), S. 8-16.

GOLDMANN, Lucien 1970a: Der genetische Strukturalismus in der Literatursoziologie. In: Alternative 13 (1970), S. 50-60. [Zuerst frz. 1966].

GOLDMANN, Lucien 1970b: Soziologie des Romans. Darmstadt, Neuwied. [Zuerst frz. 1964].

GOLDMANN, Lucien 1973: Der verborgene Gott. Darmstadt, Neuwied. [Zuerst frz. 1955].

GOMBRICH, Ernst 1967: Freuds Ästhetik. In: Literatur und Kritik 19 (1967), S. 511-528.

GOODMAN, Nelson 1968/1973: Sprachen der Kunst. Ein Ansatz zu einer Symboltheorie. Mit einem Nachwort von Jürgen Schlaeger. Frankfurt a. M.

GOODMAN, Nelson 1977: When is Art. In: D. Perkins / B. Leondar (Hgg.), The Arts and Cognition. Baltimore, S. 11-19.

GOODMAN, Nelson 1983: Fiction for Five Fingers. In: L. S. Cauman (Hg.), How Many Questions? Indianapolis, S. 336-339.

GOODY, Jack / Ian WATT / Kathleen GOUGH 1986: Entstehung und Folgen der Schriftkultur. Frankfurt a. M.

GOODY, Jack 1987: The Logic of Writing and the Organization of Society. Cambridge. Dt. 1990: Die Logik der Schrift und die Organisation der Gesellschaft. Frankfurt a. M.

GÖRNER, Rüdiger 1986: Das Tagebuch. Eine Einführung. München. (= Artemis Einführungen, Bd. 26).

GÖTTERT, Karl-Heinz [2]1994: Einführung in die Rhetorik. Grundbegriffe – Geschichte – Rezeption. München. (= UTB 1599).

GÖTTINGER BEITRÄGE zur internationalen Übersetzungsforschung. Bd. 1-10. Berlin 1987-1995.

GRACIAN, Baltasar 1646: El discreto. Huesca.

GRAEFE, Ulf 1976: Die rationalistische Kontrolle der Metapher in der kritischen Poetik Gottscheds. In: Holger A. Pausch (Hg.), Kommunikative Metaphorik. Bonn, S. 81-95.

GRAHAM, J. F. (Hg.) 1985: Difference in Translation. London.

GRASSI, Ernesto 1962: Die Theorie des Schönen in der Antike. Köln.

GRASSMUCK, Volker 1988: Vom Animismus zur Animation. Anmerkungen zur künstlichen Intelligenz. Hamburg.
GRAWE, Christian 1989: Über die Sinnentleerung der Literatur. Polemische Anmerkungen zu Bernd W. Seilers Aufsatz in Diskussion Deutsch 104, 1988. In: Diskussion Deutsch 20 (1989), Heft 106, S. 208-211.
GRAY, Beninson 1969: Style. The Problem and Its Solution. The Hague, Paris. (= De proprietatibus litterarum. Serie maior, Bd. 3).
GREENBLATT, Stephen 1980: Renaissance Self-Fashioning. From More to Shakespeare. Chicago.
GREENBLATT, Stephen. 1990: Verhandlungen mit Shakespeare. Innenansichten der englischen Renaissance. Berlin. [Zuerst amerik. 1988].
GREENBLATT, Stephen 1991: Schmutzige Riten. Betrachtungen zwischen den Weltbildern. Berlin. [Zuerst amerik. 1990].
GREENBLATT, Stephen 1994: Wunderbare Besitztümer. Die Erfindung des Fremden. Reisende und Entdecker. Darmstadt. [Zuerst amerik. 1991].
GREETHAM, D. C. 1992: Textual Scholarship. An Introduction. New York, London.
GREETHAM, D. C. 1993: Editorial and Critical Theory. From Modernism to Postmodernism. In: G. Bornstein / R. G. Williams (Hgg.), Palimpsest. Editorial Theory in the Humanities. Ann Arbor, S. 9-28.
GREG, W. W. 1950/1951: The Rationale of Copy-Text. In: Studies in Bibliography 3 (1950/1951), S. 19-36.
GREIMAS, Algirdas Julien 1966: Sémantique structurale. Paris.
GREIMAS, Algirdas Julien 1970/1983: Du sens. Essais sémiotiques. 2 Bde. Paris.
GREIMAS, Algirdas Julien 1972a: Die Struktur der Erzählaktanten [1967]. In: Ihwe 1972, S. 218-238.
GREIMAS, Algirdas Julien 1972b: Elemente einer narrativen Grammatik. In: Blumensath 1972, S. 47-67.
GREINER, Bernhard 1992: Die Komödie. Eine theatralische Sendung. Grundlagen und Interpretationen. Tübingen. (= UTB 1665).
GRENZMANN, Wilhelm ²1958: Brief. In: Reallexikon der deutschen Literaturgeschichte. Berlin, Bd. 1, S. 186-193.
GRÉSILLON, Almuth 1994: Eléments de critique génétique. Lire les manuscrits modernes. Paris.
GRIESE, Sabine u. a. 1994: Die Leseliste. Kommentierte Empfehlungen. Stuttgart.
GRIMM, Gunter (Hg.) 1975: Literatur und Leser. Theorien und Modelle zur Rezeption literarischer Werke. Stuttgart.
GRIMM, Gunter 1977: Rezeptionsgeschichte. Grundlegung einer Theorie. München. (= UTB 691).
GRIMMINGER, Rolf (Hg.) 1980ff.: Hansers Sozialgeschichte der deutschen Literatur. München.
GRODDECK, Wolfram (Hg.) 1991: Friedrich Nietzsche, »Dionysos-Dithyramben«. Bd. 1: Textgenetische Edition der Vorstufen und Reinschriften. Berlin, New York.
GROEBEN, Norbert 1972/1973: Literaturpsychologie. Literaturwissenschaft zwischen Hermeneutik und Empirie. Stuttgart, Berlin, Köln, Mainz.
GROEBEN, Norbert 1977: Rezeptionsforschung als empirische Literaturwissenschaft. Kronberg i. Ts.

Groeben, Norbert (Hg.) 1981: Rezeption und Interpretation. Ein interdisziplinärer Versuch am Beispiel der »Hasenkatastrophe« von Robert Musil. Tübingen.

Groeben, Norbert 1982a: Empirische Literaturwissenschaft. In: Dietrich Harth / Peter Gebhardt (Hgg.), Erkenntnis der Literatur. Theorien, Konzepte, Methoden der Literaturwissenschaft. Stuttgart, S. 266-297.

Groeben, Norbert 1982b: Leserpsychologie. Textverständnis, Textverständlichkeit. Münster.

Groeben, Norbert / Peter Vorderer 1988: Leserpsychologie. Lesemotivation, Lektürewirkung. Münster.

Groeben, Norbert 1994: Der Paradigma-Anspruch der Empirischen Literaturwissenschaft. In: Barsch u. a. 1994, S. 21-38.

Grondin, Jean 1991: Einführung in die philosophische Hermeneutik. Darmstadt.

Gross, Sabine 1984/1994: Lese-Zeichen. Kognition, Medium und Materialität im Leseprozeß. Darmstadt.

Grübel, Rainer 1977: Bertolt Brecht. »Gegen Verführung«. Versuch einer Interpretation. In: Dieter Kimpel / Beate Pinkerneil (Hgg.) 1976, Modelle der Interpretation. Kronberg, S. 284-318.

Grübel, Rainer 1979: Die FORSOCY (Formalisten-Soziologen). In: G. Erler u. a. (Hgg.), Von der Revolution zum Schriftstellerkongreß. Wiesbaden, S. 120-157.

Grübel, Rainer 1983: Künstlerische Struktur, ästhetische Funktion und ästhetischer Wert im sprachlichen Kunstwerk. In: A. van Holk (Hg.), Dutch Contributions to the IX. International Congress of Slavists. Amsterdam, S. 43-82.

Grübel, Rainer 1989a: Zum Entwurf des ästhetischen Wertes in den ästhetischen Theorien von Michail Bachtin, Jan Mukařovský und Roman Ingarden. In: Karl Eimermacher (Hg.), Issues in Slavic Literary and Cultural Theory. Bochum, S. 59-92.

Grübel, Rainer 1989b: The Problem of Value and Evaluation in Bachtin's Writing. In: Russian Literature 26 (1989), S. 131-166.

Grübel, Rainer 1995: Vollendung ohne Ende? Genuine Ambivalenz der Teleologie oder Wider tyrannische Perfektion. In: Poetica 27 (1995), S. 58-100.

Grubmüller, Klaus 1986: Edition. In: Reallexikon der Germanischen Altertumskunde. Von Johannes Hoops. 2., völlig neu bearbeitete und stark erweiterte Auflage. Hg. von Heinrich Beck u. a. Berlin, New York, Bd. 6, S. 447-452.

Grünbaum, Adolf 1984/1988: Die Grundlagen der Psychoanalyse. Eine philosophische Kritik. Stuttgart.

Grüttemeier, Ralf 1993: Dialogizität und Intentionalität bei Bachtin. In: DVjs 67 (1993), S. 764-783.

Guiraud, Pierre 1970: La stylistique. Paris. [Zuerst 1954].

Gülich, Elisabeth / Wolfgang Raible (Hgg.) 1972: Textsorten. Differenzierungskriterien aus linguistischer Sicht. Frankfurt a. M.

Gumbrecht, Hans Ulrich 1975: Konsequenzen der Rezeptionsästhetik oder Literaturwissenschaft als Kommunikationssoziologie. In: Poetica 7 (1975), S. 388-413.

Gumbrecht, Hans Ulrich 1976: Fiktion und Nichtfiktion. In: Funkkolleg Literatur. Studienbegleitbrief 3. Weinheim, Basel, S. 37-59.

GUMBRECHT, Hans Ulrich 1977: Besprechung von Wolfgang Iser: »Der Akt des Lesens«. In: Poetica 9 (1977), S. 522-534.
GUMBRECHT, Hans Ulrich 1980: Erzählen in der Literatur / Erzählen im Alltag. In: Ehlich 1980, S. 403-419.
GUMBRECHT, Hans Ulrich / Ursula LINK-HEER (Hgg.) 1985: Epochenschwellen und Epochenstrukturen im Diskurs der Literatur- und Sprachhistorie. Frankfurt a. M.
GUMBRECHT, Hans Ulrich 1988: »Ihr Fenster zur Welt« oder Wie aus dem Medium »Fernsehen« die »Fernsehwirklichkeit« wurde. In: Hans Georg Soeffner (Hg.), Kultur und Alltag. Göttingen, S. 243-250.
GUMBRECHT, Hans Ulrich / K. Ludwig PFEIFFER (Hgg.) 1988: Materialität der Kommunikation. Frankfurt a. M.
GUNN, Daniel 1988: Psychoanalysis and Fiction. An Exploration of Literary and Psychoanalytic Borders. Cambridge.
GÜNTHER, Hans / K. HIELSCHER 1973: Marxismus und Formalismus. Dokumente einer literaturtheoretischen Kontroverse. München.
GÜNTHER, Hans 1973: Struktur als Prozeß. München.
GÜNTHER, Hans 1983: Literarische Evolution und Literaturgeschichte. Zum Beitrag des russischen Formalismus. In: Bernard Cerquiglini / Hans Ulrich Gumbrecht (Hgg.), Der Diskurs in der Literatur- und Sprachhistorie. Frankfurt a. M., S. 265-279.
GUNZENHÄUSER, Rul 1962: Ästhetisches Maß und ästhetische Information. Quickborn.
HAACKE, Wilmont 1950: Handbuch des Feuilletons. 3 Bde. Emsdetten.
HAACKE, Wilmont 1952: Die literarischen und journalistischen Gattungen des Feuilletons. In: Haacke, Handbuch des Feuilletons. Emsdetten, Bd. 2, S. 131-290.
HAAS, Gerhard 1966: Traktat und Essay. In: Haas, Studien zur Form des Essays und seinen Vorformen im Roman. Tübingen, S. 107-116. (= Studien zur deutschen Literatur, Bd. 1).
HAAS, Gerhard 1969: Essay. Stuttgart. (= Sammlung Metzler, Bd. 85).
HABERMAS, Jürgen 1967: Zur Logik der Sozialwissenschaften. Tübingen.
HABERMAS, Jürgen 1968: Erkenntnis und Interesse. Frankfurt a. M.
HABERMAS, Jürgen 1973: Zu Gadamers »Wahrheit und Methode«. In: Karl-Otto Apel (Hg.), Hermeneutik und Ideologiekritik. Frankfurt a. M., S. 45-56.
HABERMAS, Jürgen 1985: Der philosophische Diskurs der Moderne. Frankfurt a. M.
HAGESTEDT, Jens 1988: Die Entzifferung des Unbewußten. Zur Hermeneutik psychoanalytischer Textinterpretationen. Frankfurt a. M., Bern, New York, Paris. (= Europäische Hochschulschriften, Bd. 1025).
HAGGERTY, George E. / Bonnie ZIMMERMAN (Hgg.) 1995: Professions of Desire. Lesbian and Gay Studies in Literature. New York.
HAHN, Alois 1987: Kanonisierungsstile. In: Aleida Assmann / Jan Assmann 1987, S. 28-37.
HALBWACHS, Maurice 1985: Das Gedächtnis und seine sozialen Bedingungen. Frankfurt a. M.
HALFMANN, Ulrich 1971: Der amerikanische »New Criticism«. Ein Überblick über seine geistesgeschichtlichen und dichtungstheoretischen Grundlagen mit einer ausführlichen Bibliographie. Frankfurt a. M.

Hallberg, R. von 1984: Canons. Chicago.
Haller, Rudolf 1973: Das Problem der Objektivität ästhetischer Wertungen. In: Neue Hefte für Philosophie 5 (1973), S. 105-117.
Halliday, Michael Alexander Kirkwood / A. McIntosh / P. Strevens 1970: The Linguistic Sciences and Language Teaching. London. [Zuerst 1964].
Hamburger, Käte 1957/²1968/³1977/1987: Die Logik der Dichtung. München.
Handbuch der deutschen Bildungsgeschichte. 6 Bde. München 1987ff.
Hansen-Löve, Aage 1978/²1985: Der russische Formalismus. Methodologische Rekonstruktion seiner Entwicklung aus dem Prinzip der Verfremdung. Wien.
Harding, David W. 1961: Psychologische Prozesse beim Lesen fiktionaler Texte. In: Heuermann / Hühn / Röttger 1975, S. 72-88.
Hart Nibbrig, Christiaan L. 1974: Ja und Nein. Studien zur Konstitution von Wertgefügen in Texten. Frankfurt a. M.
Hart Nibbrig, Christiaan L. 1981: Rhetorik des Schweigens. Frankfurt a. M.
Harth, Dietrich / Gerhard vom Hofe 1982: Unmaßgebliche Vorstellung einiger literaturtheoretischer Grundbegriffe. In: Dietrich Harth / Peter Gebhardt (Hgg.), Erkenntnis der Literatur. Theorien, Konzepte, Methoden der Literaturwissenschaft. Stuttgart, S. 8-32.
Hartmann, Nicolai 1936: Das Wertproblem in der Philosophie der Gegenwart. In: Actes du 8ième Congrès international de Philosophie, S. 975ff.
Hass, Hans-Egon ²1970: Das Problem der literarischen Wertung. Darmstadt.
Hatzfeld, Helmut 1929: Romanistische Stilforschung. In: Germanisch-Romanische Monatsschrift 17 (1929), S. 50-67.
Haubrichs, Wolfgang (Hg.) 1975: LiLi 5 (1975), Heft 19/20: Edition und Wirkung.
Haug, Walter (Hg.) 1979: Formen und Funktionen der Allegorie. Symposion Wolfenbüttel 1978. Stuttgart. (= Germanistische Symposien, Berichtbände, Bd. 3).
Haug, Walter 1985/²1992: Literaturtheorie im deutschen Mittelalter von den Anfängen bis zum Ende des 13. Jahrhunderts. Darmstadt.
Hauptmeier, Helmut / Siegfried J. Schmidt 1985: Einführung in die Empirische Literaturwissenschaft. Braunschweig, Wiesbaden.
Hausen, Karin 1976: Die Polarisierung der »Geschlechtscharaktere«. Eine Spiegelung der Dissoziation von Erwerbs- und Familienleben. In: Wolfgang Conze (Hg.), Sozialgeschichte der Familie in der Neuzeit Europas. Stuttgart, S. 363-393.
Haussmann, Thomas 1991: Erklären und Verstehen. Zur Theorie und Pragmatik der Geschichtswissenschaft. Mit einer Fallstudie über die Geschichtsschreibung zum Deutschen Kaiserreich 1871-1918. Frankfurt a. M.
Havelock, Eric A. 1982: The Literate Revolution in Greece and Its Cultural Consequences. Princeton. Dt. 1990: Schriftlichkeit. Das griechische Alphabet als kulturelle Revolution. Weinheim.
Havelock, Eric A. 1986: The Muse Learns to Write. Reflections on Orality and Literacy from the Antiquity to the Present. New Haven. Dt. 1992: Als die Muse schreiben lernte. Frankfurt a. M.
Haverkamp, Anselm (Hg.) 1983: Theorie der Metapher. Darmstadt. (= Wege der Forschung, Bd. 389).
Haverkamp, Anselm (Hg.) 1995: Deconstruction is/in America. A New Sense of the Political. New York.

HAVRÁNEK, Bohuslav 1964: The Functional Differentiation of the Standard Language. In: Paul L. Garvin (Hg.), A Prague School Reader on Esthetics, Literary Structure and Style. Washington, S. 3-16.

HAY, Louis / Winfried WOESLER (Hgg.) 1979: Die Nachlassedition. La publication de manuscrits inédits. Akten des vom Centre National de la Recherche Scientifique und der Deutschen Forschungsgemeinschaft veranstalteten französisch-deutschen Editorenkolloquiums Paris 1977. Bern. (= Jahrbuch für Internationale Germanistik. Reihe A, Kongressberichte, Bd. 4).

HAY, Louis / Winfrid WOESLER (Hgg.) 1981: Edition und Interpretation. Edition et interprétation des manuscrits littéraires. Akten des mit Unterstützung der Deutschen Forschungsgemeinschaft und des Centre National de la Recherche Scientifique veranstalteten deutsch-französischen Editorenkolloquiums Berlin 1979. Bern, Frankfurt a. M., Las Vegas. (= Jahrbuch für Internationale Germanistik. Reihe A, Kongressberichte, Bd. 11).

HAY, Louis 1984: Die dritte Dimension der Literatur. Notizen zu einer »critique génétique«. In: Poetica 16 (1984), S. 307-323.

HAY, Louis 1985: Le texte n'existe pas. Réflexions sur la critique génétique. In: Poétique 62 (1985), S. 147-158.

HAY, Louis 1993: Les manuscrits au laboratoire. In: Hay (Hg.), Les manuscrits des écrivains. Paris, S. 122-137.

HEGEL, Georg Wilhelm Friedrich 1955: Ästhetik. 2 Bde. Mit einem Essay von Georg Lukács. Frankfurt a. M.

HEGEL, Georg Wilhelm Friedrich 1970: Werke in zwanzig Bänden. Auf der Grundlage der Werke von 1832-1845 neu edierte Ausgabe. Bd. 15: Vorlesungen über Ästhetik III. Frankfurt a. M.

HEGEL, Georg Wilhelm Friedrich 1976: Ästhetik. 2 Bde. Hg. von Friedrich Bassenge. Berlin.

HEIDEGGER, Martin 1929: Kant und das Problem der Metaphysik. Bonn.

HEIDEGGER, Martin 1950a/[3]1957: Holzwege. Frankfurt a. M.

HEIDEGGER, Martin 1950b: Der Ursprung des Kunstwerks. In: Heidegger 1950a, S. 7-68.

HEIDEGGER, Martin [15]1979: Sein und Zeit. Tübingen. [Zuerst 1927].

HEITMANN, Annegret 1994: Selbst Schreiben. Eine Untersuchung der dänischen Frauenautobiographik. Frankfurt a. M. (= Beiträge zur Skandinavistik, Bd. 12).

HEMPFER, Klaus 1973: Gattungstheorie. München. (= UTB 133).

HEMPFER, Klaus 1976: Poststrukturale Theorie und narrative Praxis. München.

HENKEL, Arthur / Albrecht SCHÖNE (Hgg.) [2]1976: Emblemata. Handbuch zur Sinnbildkunst des 16. und 17. Jahrhunderts. Stuttgart.

HERDER, Johann Gottfried 1891: Sämmtliche Werke. 33 Bde. Hg. von Bernhard Suphan. Bd. 5. Berlin.

HERDER, Johann Gottfried 1977: Briefe. Gesamtausgabe. 1763-1803. Bd. 2: Mai 1771 – April 1773. Bearb. von W. Dobbek und G. Arnold. Weimar.

HERDER, Johann Gottfried 1978 (5., neu bearb. Aufl.): Auszug aus einem Briefwechsel über Ossian und die Lieder alter Völker. In: Herders Werke in fünf Bänden. Hg. von den nationalen Forschungs- und Gedenkstätten der klassischen deutschen Literatur in Weimar. Berlin, Weimar, Bd. 2, S. 227-275.

HERMAND, Jost 1968: Synthetisches Interpretieren. Zur Methodik der Literaturwissenschaft. München.

HERMAND, Jost 1992: Neuere Entwicklungen zwischen 1945 und 1980. In: Helmut Brackert / Jörn Stückrath (Hgg.), Literaturwissenschaft. Ein Grundkurs. Reinbek.

HERMANS, Theo (Hg.) 1985: The Manipulation of Literature. Studies in Literary Translation. London.

HERRLITZ, Hans-Georg 1976: Lektürekanon und literarische Wertung. In: Harro Müller-Michaels (Hg.), Literarische Bildung und Erziehung. Darmstadt, S. 243-261.

HERRNSTEIN SMITH, Barbara 1988: Contingencies of Value. Alternative Perspectives for Critical Theory. Cambridge, London.

HESELHAUS, Clemens 1957: Auslegung und Erkenntnis. In: Gestaltprobleme der Dichtung. Festschrift für Günter Müller. Hg. von Clemens Heselhaus. Bonn, S. 259-282.

HESS-LÜTTICH, Ernest W. B. 1974: Das sprachliche Register. Der Register-Begriff in der britischen Linguistik und seine Relevanz für die angewandte Sprachwissenschaft. In: Deutsche Sprache 2 (1974), S. 269-286.

HEUERMANN, Hartmut / Peter HÜHN / Brigitte RÖTTGER (Hgg.) 1975: Literarische Rezeption. Beiträge zur Theorie des Text-Leser-Verhältnisses und seiner empirischen Erforschung. Paderborn. (= Informationen zur Sprach- und Literaturdidaktik, Bd. 4).

HEUERMANN, Hartmut / Peter HÜHN / Brigitte RÖTTGER 1982: Werkstruktur und Rezeptionsverhalten. Empirische Untersuchungen über den Zusammenhang von Text-, Leser- und Kontextmerkmalen. Göttingen. (= Literatur und Didaktik, Bd. 2).

HEUSLER, Andreas [2]1956: Deutsche Versgeschichte mit Einschluß des altenglischen und altnordischen Stabreimverses. 3 Bde. Berlin.

HEYDEBRAND, Renate von [2]1984: Wertung, literarische. In: Reallexikon der deutschen Literaturgeschichte. Berlin, New York, Bd. 4, S. 828-871.

HEYDEBRAND, Renate von / Dieter PFAU / Jörg SCHÖNERT (Hgg.) 1988: Zur theoretischen Grundlegung einer Sozialgeschichte der Literatur. Ein struktural-funktionaler Entwurf. Tübingen. (= Studien und Texte zur Sozialgeschichte der Literatur, Bd. 21).

HEYDEBRAND, Renate von 1990: Parabel. In: Archiv für Begriffsgeschichte 33 (1990), S. 27-122.

HEYDEBRAND, Renate von 1993: Probleme des »Kanons« – Probleme der Kultur- und Bildungspolitik. In: Johannes Janota (Hg.), Methodenkonkurrenz in der germanistischen Praxis. Vorträge des Augsburger Germanistentags 1991. Tübingen, Bd. 4, S. 3-22.

HEYDEBRAND, Renate von / Simone WINKO 1994: Geschlechterdifferenz und literarischer Kanon. Historische Beobachtungen und systematische Überlegungen. In: IASL 19 (1994), Heft 2, S. 96-172.

HEYDEBRAND, Renate von / Simone WINKO 1996: Einführung in die Wertung von Literatur. Paderborn.

HIEBEL, Hans H. 1991: MEDIA. Tabelle zur Geschichte der Medien-Technik. In: Theo Elm / Hans H. Hiebel (Hgg.), Medien und Maschinen. Freiburg i. Br., S. 186-224.

HILDEBRAND, Adolf 1893: Das Problem der Form in der bildenden Kunst. Straßburg.

HILLARD, Gustav 1955: Über die Selbstbiographie. In: Merkur 9 (1955), S. 240-247.

HILLARD, Gustav 1969: Vom Wandel und Verfall des Briefes. In: Merkur 23 (1969), S. 342-351.
HILLEBRAND, Bruno 1993 (3., erw. Aufl.): Theorie des Romans. Erzählstrategien der Neuzeit. Stuttgart, Weimar.
HINCK, Walter (Hg.) 1977: Textsortenlehre – Gattungsgeschichte. Heidelberg. (= Medium Literatur, Bd. 4).
HINMAN, Charlton 1963: The Printing and Proof-Reading of the First Folio of Shakespeare. 2 Bde. Oxford.
HINMAN, Charlton (Hg.) 1968: The Norton Facsimile. The First Folio of Shakespeare. New York.
HIRSCH, Eric Donald 1967: Validity in Interpretation. New Haven, London. Dt.: Hirsch 1972.
HIRSCH, Eric Donald 1969: Privileged Criteria in Literary Evolution. In: Yearbook of Comparative Criticism. Bd. 2: Problems of Literary Evaluation. London, S. 22-34.
HIRSCH, Eric Donald 1972: Prinzipien der Interpretation. München.
HIRSCH, Julian 1914: Die Genesis des Ruhms. Ein Beitrag zur Methodenlehre der Geschichte. Leipzig.
HISS, Guido 1993: Der theatralische Blick. Einführung in die Aufführungsanalyse. Berlin.
HOCKE, Gustav René ²1978: Europäische Tagebücher aus vier Jahrhunderten. Motive und Anthologie. Wiesbaden, München.
HOCKETT, Charles F. 1958: A Course in Modern Linguistics. New York.
HOEFER, Hartmut 1971: Typologie im Mittelalter. Zur Übertragbarkeit typologischer Interpretation auf weltliche Dichtung. Göppingen.
HOEK, Leo H. 1981: La marque du titre. Dispositifs sémiotiques d'une pratique textuelle. La Haye, Paris, New York. (= Approaches to Semiotics, Bd. 60).
HÖFELE, Andreas 1991: Drama und Theater. Einige Anmerkungen zur Geschichte und gegenwärtigen Diskussion eines umstrittenen Verhältnisses. (= Forum Modernes Theater, Bd. 6).
HOF, Renate 1995: Die Grammatik der Geschlechter. »Gender« als Analysekategorie der Literaturwissenschaft. Frankfurt a. M., New York.
HOFMANN, Martin / Lothar SIMON 1995: Problemlösung Hypertext. Grundlagen, Entwicklung, Anwendung. München, Wien.
HOGARTH, William. 1753: The Analysis of Beauty. London.
HOHENDAHL, Peter Uwe (Hg.) 1974: Sozialgeschichte und Wirkungsästhetik. Dokumente zur empirischen und marxistischen Rezeptionsforschung. Frankfurt a. M.
HOHENDAHL, Peter Uwe (Hg.) 1985: Geschichte der deutschen Literaturkritik. Stuttgart.
HOHENDAHL, Peter Uwe 1988: Marxistische Literaturtheorie zwischen Hermeneutik und Diskursanalyse. Fredric Jamesons »The Political Unconscious«. In: Fohrmann / Müller 1988, S. 200-220.
HOHENDAHL, Peter Uwe 1990: Nach der Ideologiekritik. Überlegungen zur geschichtlichen Darstellung. In: Hartmut Eggert u. a. (Hgg.), Geschichte als Literatur. Formen und Grenzen der Repräsentation von Vergangenheit. Stuttgart, S. 77-90.
HÖLDERLIN, Friedrich 1943-1985: Sämtliche Werke. Hg. von Friedrich Beißner und Adolf Beck. Stuttgart. [Große Stuttgarter Ausgabe].

HÖLDERLIN, Friedrich 1975ff.: Sämtliche Werke. Historisch-kritische Ausgabe. Hg. von D. E. Sattler. Frankfurt a. M. [Frankfurter Ausgabe].

HOLENSTEIN, Elmar 1975: Roman Jakobsons phänomenologischer Strukturalismus. Frankfurt a. M.

HOLL, Karl 1927: Luthers Bedeutung für den Fortschritt der Auslegungskunst. In: Holl, Gesammelte Aufsätze zur Kirchengeschichte I. Luther. Tübingen, S. 544-582.

HOLLAND, Norman N. 1968: The Dynamics of Literary Response. New York.

HOLLAND, Norman N: 1973: Poems in Persons. An Introduction to the Psychoanalysis of Literature. New York.

HOLLAND, Norman N. 1975: 5 Readers Reading. New Haven, London.

HOLLAND, Norman N. 1988: The Brain of Robert Frost. A Cognitive Approach to Literature. New York.

HOLLAND, Norman N. 1990: Holland's Guide to Psychoanalytic Psychology and Literature-and-Psychology. New York, Oxford.

HÖLLERER, Walter 1965: Theorie der modernen Lyrik. Dokumente zur Poetik I. Reinbek.

HOLMES, James S. / José LAMBERT / Raymond VAN DEN BROECK (Hgg.) 1978: Literature and Translation. New Perspectives in Literary Studies. Leuven.

HOLQUIST, Michael 1990: Dialogism. Bakhtin and his World. New York, London.

HOLTHUIS, Susanne 1993: Intertextualität. Aspekte einer rezeptionsorientierten Konzeption. Tübingen.

HOLUB, Robert C. 1984: Reception Theory. A Critical Introduction. London.

HOLUB, Robert C. 1992: Crossing Borders. Reception Theory, Poststructuralism, Deconstruction. University of Wisconsin Press, S. 3-36.

HONEGGER, Claudia 1991: Die Ordnung der Geschlechter. Die Wissenschaften vom Menschen und das Weib. Frankfurt a. M.

HÖRISCH, Jochen 1988: Die Wut des Verstehens. Frankfurt a. M.

HORKHEIMER, Max / Theodor W. ADORNO 1969/1971: Dialektik der Aufklärung. Philosophische Fragmente. Frankfurt a. M. [Zuerst 1944].

HORN, András 1990: Über die zweifache subjektive Bedingtheit des literarästhetischen Genusses. In: Orbis litterarum 45 (1990), S. 1-29.

HULTBERG, Helge 1966: Eine instrumentale Werttheorie. In: Orbis litterarum 21 (1966), S. 39-48.

HUME, David 1757: Über die Regel des Geschmacks. In: J. Kulenkampff (Hg.) 1944, Materialien zu Kants »Kritik der Urteilskraft«. Frankfurt a. M., S. 43-63.

HUND, Wulf D. (Hg.) 1973: Strukturalismus. Ideologie und Dogmengeschichte. Darmstadt, Neuwied.

HURLEBUSCH, Klaus 1986: Deutungen literarischer Arbeitsweise. In: Zeitschrift für deutsche Philologie 105 (1986), S. 4-42.

IBSCH, Elrud 1995: Die empirische Literaturwissenschaft. In: WB 44, S. 218-235.

IHWE, Jens (Hg.) 1971-1972: Literaturwissenschaft und Linguistik. Ergebnisse und Perspektiven. 3 Bde. Frankfurt a. M.

IHWE, Jens 1976: The Philosophy of Literary Criticism Reconsidered. On the Logic of Interpretation. In: Poetics 14 (1976), S. 339-372.

IHWE, Jens 1977: Sprache und Interpretation. In: Wolfgang Klein (Hg.), Methoden der Textanalyse. Heidelberg, S. 24-31. (= Medium Literatur, Bd. 3).

IHWE, Jens 1985: Fiktion ohne Fiktionen. Nelson Goodmans Beitrag zur Aktualität »nicht-existierender« und »fiktionaler« Objekte. In: Zeitschrift für Semiotik 9 (1985), S. 107-127.
INEICHEN, Hans 1975: Erkenntnistheorie und geschichtlich-gesellschaftliche Welt. Diltheys Logik der Geisteswissenschaften. Frankfurt a. M.
INEICHEN, Hans 1991: Philosophische Hermeneutik. Freiburg i. Br., München.
INGARDEN, Roman 1931/1960 (2., verb. u. erw. Aufl.)/[3]1965/[4]1972: Das literarische Kunstwerk. Eine Untersuchung aus dem Grenzgebiet der Ontologie, Logik und Literaturwissenschaft. Tübingen.
INGARDEN, Roman 1968: Vom Erkennen des literarischen Kunstwerks. Tübingen. [Zuerst poln. 1936].
INGARDEN, Roman 1969: Erlebnis, Kunstwerk, Wert. Vorträge zur Ästhetik 1937-1967. Tübingen.
INNIS, Harold A. 1972: Empire and Communication. Toronto, Buffalo.
IRIGARAY, Luce 1977: Das Geschlecht das nicht eins ist. Berlin.
IRIGARAY, Luce 1980: Speculum. Spiegel des anderen Geschlechts. Frankfurt a. M.
ISER, Wolfgang 1970/[4]1974: Die Appellstruktur der Texte. Unbestimmtheit als Wirkungsbedingung literarischer Prosa. Konstanz. Auch in: Warning 1975a, S. 228-252.
ISER, Wolfgang 1972: Der implizite Leser. Kommunikationsformen des Romans von Bunyan bis Beckett. München. (= Theorie und Geschichte der Literatur und der Schönen Künste, Bd. 31). (= UTB 163).
ISER, Wolfgang 1975: Im Lichte der Kritik. In: Warning 1975, S. 325-342.
ISER, Wolfgang 1976/1984 (2., durchges. u. verb. Aufl.)/[4]1994: Der Akt des Lesens. Theorie ästhetischer Wirkung. München. (= UTB 636).
ISER, Wolfgang 1980: The Indeterminacy of the Text. A Critical Reply. In: Comparative Criticism 2 (1980), S. 27-47.
ISER, Wolfgang 1981: Talk like Whales. A Reply to Stanley Fish. In: Diacritics 11 (1981), S. 82-87.
ISER, Wolfgang 1987: Laurence Sternes »Tristram Shandy«. Inszenierte Subjektivität. München.
ISER, Wolfgang 1988: Shakespeares Historien. Genesis und Geltung. Konstanz. (= Konstanzer Bibliothek, Bd. 9).
ISER, Wolfgang 1991/1993: Das Fiktive und das Imaginäre. Perspektiven literarischer Anthropologie. Frankfurt a. M.
JÄGER, Georg 1987: Historische Lese(r)forschung. In: W. Arnold u. a. (Hgg.), Die Erforschung der Buch- und Bibliotheksgeschichte. Wiesbaden, S. 485-507.
JÄGER, Gert / Albrecht NEUBERT (Hgg.) 1982: Äquivalenz bei der Translation. Leipzig. (= Übersetzungswissenschaftliche Beiträge, Bd. 5).
JÄGER, Hasso 1972: Studien zur Frühgeschichte der Hermeneutik. In: Archiv für Begriffsgeschichte. Bd. 16 (1972), S. 35-84.
JAHRBUCH für internationale Germanistik 21 (1989), Heft 2: Abhandlungen zum Rahmenthema 26 »Probleme der Übersetzung«.
JAKOBSON, Roman 1959: Lingustic Aspects of Translation. In: R. A. Brower (Hg.), On Translation. New York.
JAKOBSON, Roman 1960: Linguistics and Poetics. In: Thomas A. Sebeok (Hg.), Style in Language. New York, London, S. 350-377. Dt. 1960: Linguistik und Poetik. In: Ihwe 1971-1972, Bd. 1, S. 99-135.

JAKOBSON, Roman / Claude LÉVI-STRAUSS 1962: »Les Chats« de Charles Baudelaire. In: L'Homme. Révue française d'anthropologie. Bd. 2,1, S. 5-21. Dt. in: Blumensath 1972, S. 184-201.

JAKOBSON, Roman 1962-1988: Selected Writings. 8 Bde. Den Haag, Paris.

JAKOBSON, Roman 1971: Der Doppelcharakter der Sprache. Die Polarität zwischen Metaphorik und Metonymik. In: Ihwe 1971-1972, Bd. 1, S. 323-333.

JAKOBSON, Roman 1972: Der grammatische Bau des Gedichts von B. Brecht »Wir sind sie«. In: Gallas 1972, S. 35-75.

JAKOBSON, Roman 1978a: Poetik. Ausgewählte Aufsätze 1921-1971. Hg. von Elmar Holenstein und Tarcisius Schelbert. Frankfurt a. M.

JAKOBSON, Roman 1978b: Rückblick auf den Beginn einer Wissenschaft von der Dichtkunst (1965). In: Jakobson 1978a, S. 122-126.

JAKOBSON, Roman 1979: Aufsätze zur Linguistik und Poetik. Hg. von Wolfgang Raible. Frankfurt a. M. u. a.

JAKOBSON, Roman 1988: Semiotik. Ausgewählte Texte 1919-1982. Hg. von Elmar Holenstein. Frankfurt a. M.

JAMESON, Fredric 1972: The Prison-House of Language. A Critical Account of Structuralism and Russian Formalism. New York.

JAMESON, Fredric 1988: Das politische Unbewußte. Literatur als Symbol sozialen Handelns. Reinbek. [Zuerst am. 1981].

JANOTA, Johannes (Hg.) 1993: Kultureller Wandel und die Germanistik in der Bundesrepublik. Vorträge des Augsburger Germanistentags 1991. Bd. 3: Methodenkonkurrenz in der germanistischen Praxis. Tübingen.

JAPP, Uwe 1988: Der Ort des Autors in der Ordnung des Diskurses. In: Fohrmann / Müller 1988, S. 223-234.

JAPPE, Georg 1969: Vom Briefwechsel zum Schriftwechsel. In: Merkur 23 (1969), S. 351-362.

JAUSS, Hans Robert 1969: Paradigmawechsel in der Literaturwissenschaft. Wieder in: Viktor Žmegač (Hg.) 1972, Methoden der deutschen Literaturwissenschaft. Eine Dokumentation. Frankfurt a. M., S. 274-290.

JAUSS, Hans Robert 1967/1970: Literaturgeschichte als Provokation der Literaturwissenschaft. Frankfurt a. M. Wieder in: Jauß [4]1974, S. 144-207.

JAUSS, Hans Robert [4]1974: Literaturgeschichte als Provokation. Frankfurt a. M.

JAUSS, Hans Robert 1975a: Der Leser als Instanz einer neuen Geschichte der Literatur. In: Poetica 7 (1975), S. 325-344.

JAUSS, Hans Robert 1975b: Zur Fortsetzung des Dialogs zwischen »bürgerlicher« und »materialistischer« Rezeptionsästhetik. In: Warning 1975, S. 343-352.

JAUSS, Hans Robert 1982/1991: Ästhetische Erfahrung und literarische Hermeneutik. Frankfurt a. M.

JAUSS, Hans Robert 1983: Das Vollkommene als Faszinosum des Imaginären. In: Dieter Henrich / Wolfgang Iser (Hgg.), Funktionen des Fiktiven. München, S. 443-461. (= Poetik und Hermeneutik, Bd. 10).

JAUSS, Hans Robert 1987: Die Theorie der Rezeption. Rückschau auf ihre unerkannte Vorgeschichte. Konstanz.

JAUSS, Hans Robert 1992: Rezeption, Rezeptionsästhetik. In: Historisches Wörterbuch der Philosophie. Hg. von Joachim Ritter. Darmstadt, Bd. 8, Sp. 996-1004.

JEHLEN, Myra 1992: Archimedes und das Paradox feministischer Literaturwissenschaft. In: Vinken 1992, S. 319-359.

JENSEN, Stefan 1976: Einleitung. In: Talcott Parsons, Zur Theorie sozialer Systeme. Opladen. (= Studienbücher zur Sozialwissenschaft, Bd. 14).

JOHNSON, Barbara 1980: The Critical Difference. Essays in the Contemporary Rhetoric of Reading. Baltimore.

JOLLES, André 1930/[4]1968: Einfache Formen. Legende, Sage, Mythe, Rätsel, Spruch, Kasus, Memorabile, Märchen, Witz. Tübingen.

JÖNS, Dietrich Walter 1966: Das »Sinnenbild«. Studien zur allegorischen Bildlichkeit bei Andreas Gryphius. Stuttgart. (= Germanistische Abhandlungen, Bd. 13).

JOYCE, James 1984: Ulysses. A Critical and Synoptic Edition. 3 Bde. Hg. von Hans Walter Gabler, Wolfhard Steppe und Claus Melchior. New York.

JUNG, Carl Gustav 1920: Über die Beziehung der analytischen Psychologie zum literarischen Kunstwerk. In: Urban 1973, S. 18-39.

JUNG, Carl Gustav 1930: Psychologie und Dichtung. In: Beutin 1972, S. 78-100.

JUNG, Carl Gustav 1952: Symbole der Wandlung. In: Jung 1973, Gesammelte Werke. Bd. 5. Olten u. a.

JUNG, Werner 1990: Neuere Hermeneutikkonzepte. Methodische Verfahren oder geniale Anschauung? In: Bogdal 1990, S. 154-175.

JURGENSEN, Manfred 1979: Das fiktionale Ich. Untersuchungen zum Tagebuch. Bern, München.

JUST, Klaus Günther 1960 (2., überarb. Aufl.): Essay. In: W. Stammler (Hg.), Deutsche Philologie im Aufriß. 3 Bde. Berlin, Sp. 1897-1948.

JUST, Klaus Günther 1966a: Das Tagebuch als literarische Form. In: Just, Übergänge. Probleme und Gestalten der Literatur. Bern, München, S. 25-41.

JUST, Klaus Günther 1966b: Versuch und Versuchung. Zur Geschichte des europäischen Essays. In: Just, Übergänge. Probleme und Gestalten der Literatur. Bern, München, S. 7-24.

KABELL, Aage 1960: Metrische Studien II. Antiker Form sich nähernd. Uppsala.

KADE, Otto 1968: Zufall und Gesetzmäßigkeit in der Übersetzung. Leipzig. (= Beihefte zur Zeitschrift Fremdsprachen 1).

KAES, Anton (Hg.) 1978: Kino-Debatte. Texte zum Verhältnis von Literatur und Film 1909-1929. München.

KAES, Anton 1990: New Historicism. Literaturgeschichte im Zeichen der Postmoderne? In: Hartmut Eggert u. a. (Hgg.), Geschichte als Literatur. Formen und Grenzen der Repräsentation von Vergangenheit. Stuttgart, S. 56-66.

KAFKA, Franz 1982ff.: Schriften. Tagebücher. Briefe. Kritische Ausgabe. Hg. von Jürgen Born, Gerhard Neumann, Malcolm Pasley, Jost Schillemeit. Frankfurt a. M.

KAHRMANN, Cordula / Gunter REISS / Manfred SCHLUCHTER 1977: Erzähltextanalyse. Eine Einführung in Grundlagen und Verfahren. 2 Bde. Kronberg.

KALVERKÄMPER, Hartwig 1983: Antike Rhetorik und Textlinguistik. Die Wissenschaft vom Text in altehrwürdiger Modernität. In: Allgemeine Sprachwissenschaft, Sprachtypologie und Textlinguistik. Festschrift für Peter Hartmann. Hg. von M. Faust u. a. Tübingen, S. 349-372.

KAMMLER, Clemens 1986: Michel Foucault. Eine kritische Analyse seines Werks. Bonn.

KAMMLER, Clemens 1990: Historische Diskursanalyse. In: Bogdal 1990, S. 31-55.

KANT, Immanuel [2]1793/1979: Kritik der Urteilskraft. Hg. von Wilhelm Weischedel. Frankfurt a. M.

KANZOG, Klaus [2]1984: Zensur. In: Reallexikon der deutschen Literaturgeschichte. Berlin, New York, Bd. 4, S. 998-1049.

KANZOG, Klaus 1991: Einführung in die Editionsphilologie der neueren deutschen Literatur. Berlin. (= Grundlagen der Germanistik, Bd. 31).

KAUL, Elfriede Christine 1990: Stilproduktion und Stilrezeption. Regensburg.

KAULEN, Heinrich 1987: Rettung und Destruktion. Untersuchungen zur Hermeneutik Walter Benjamins. Tübingen.

KAYSER, Wolfgang 1948/[5]1959/[16]1973/[20]1992: Das sprachliche Kunstwerk. Eine Einführung in die Literaturwissenschaft. Bern.

KAYSER, Wolfgang 1954: Die Anfänge des modernen Romans im 18. Jahrhundert und seine heutige Krise. In: DVjs 28 (1954), S. 417-474.

KAYSER, Wolfgang 1955: Entstehung und Krise des modernen Romans. Stuttgart. (= Sonderdruck aus DVjs 28 (1955), Heft 4).

KAYSER, Wolfgang 1957: Wer erzählt den Roman? In: Neue Rundschau 68 (1957), S. 444-459.

KAYSER, Wolfgang 1958: Vom Werten der Dichtung. In: Kayser, Die Vortragsreise. Studien zur Literatur. Bern, S. 58-70.

KAYSER, Wolfgang [17]1975: Kleine deutsche Versschule. Bern.

KAYSER, Wolfgang 1977: Literarische Wertung und Interpretation. In: Mecklenburg 1977, S. 24-40.

KELLETAT, Alfred 1964: Zum Problem der antiken Metren im Deutschen. In: Der Deutschunterricht 16 (1964), Heft 6, S. 50-85.

KENNICK, William E. 1964: Definition and Theory in Aesthetics. In: Kennick (Hg.), Art and Philosophy. New York, S. 86-92.

KERCKHOVE, Derrick de 1990: La civilisation vidéo-chrétienne. Paris. Dt. 1995: Schriftgeburten. Vom Alphabet zum Computer. München.

KERMODE, Frank 1988: History and Value. The Clarendon Lectures and the Northcliffe Lectures. Oxford.

KIENECKER, Michael 1989: Prinzipien literarischer Wertung. Sprachanalytische und historische Untersuchungen. Göttingen.

KIENPOINTNER, M. 1992: Alltagslogik. Struktur und Funktion von Argumentationsmustern. Stuttgart, Bad Cannstatt.

KILLY, Walther 1958 (2., erw. Aufl.): Wandlungen des lyrischen Bildes. Göttingen.

KILLY, Walther 1961: Deutscher Kitsch. Ein Versuch mit Beispielen. Göttingen.

KIMMERLE, Heinz 1970: Typologie der Grundformen des Verstehens von der Reformation bis zu Schleiermacher. In: Zeitschrift für Theologie und Kirche 67 (1970), S. 162-182.

KIPARSKY, P. 1975: Stress, Syntax and Meter. In: Language 51 (1975), S. 576-616.

KITTLER, Friedrich A. / Horst TURK 1977: Einleitung. In: Kittler/Turk (Hgg.), Urszenen. Literaturwissenschaft als Diskursanalyse und Diskurskritik. Frankfurt a. M., S. 9-43.

KITTLER, Friedrich A. 1985a: Ein Erdbeben in Chili und Preußen. In: David E. Wellbery (Hg.), Positionen der Literaturwissenschaft. Acht Modellanalysen am Beispiel von Kleists »Das Erdbeben in Chili«. München, S. 24-38.

KITTLER, Friedrich A. 1985b/1987 (2., erw. u. korr. Aufl.)/ [3]1995: Aufschreibesysteme 1800/1900. München.

KITTLER, Friedrich A. 1986: Grammophon, Film, Typewriter. Berlin.

KITTLER, Friedrich A. 1991: Grenzen des Pluralismus. In: JbDSG 35 (1991), S. 310-312.

Kittler, Friedrich A. 1993: Draculas Vermächtnis. Technische Schriften. Leipzig.

Klaiber, Theodor 1921: Die deutsche Selbstbiographie. Beschreibungen des eigenen Lebens, Memoiren, Tagebücher. Stuttgart.

Klein, Melanie 1985: Frühstadien des Ödipuskomplexes. Frühe Schriften 1928-1945. Hg. von Jochen Sterk. Frankfurt a. M.

Kleinspehn, Thomas 1993: Der flüchtige Blick. Sehen und Identität in der Kultur der Neuzeit. Reinbek.

Klemm, Imma 1984: Fiktionale Rede als Problem der sprachanalytischen Philosophie. Königstein i. Ts.

Kloepfer, Rolf 1967: Die Theorie der literarischen Übersetzung. Romanisch-deutscher Sprachbereich. München. (= Freiburger Schriften zur romanischen Philologie, Bd. 12).

Kloepfer, Rolf 1977: Komplementarität von Sprache und Bild. Am Beispiel von Comic, Karikatur und Reklame. In: Roland Posner / Hans-Peter Reineke (Hgg.), Zeichenprozesse. Semiotische Forschung in den Einzelwissenschaften. Wiesbaden, S. 129-145.

Klotz, Volker 1962/1969: Geschlossene und offene Form im Drama. München. [Zuerst 1960].

Klotz, Volker 1964: Leo Spitzers Stilanalysen. In: Sprache im technischen Zeitalter 12 (1964), S. 992-1000.

Klotz, Volker 1976: Dramaturgie des Publikums. Wie Bühne und Publikum aufeinander eingehen. München, Wien.

Knape, Joachim 1994: Elocutio. In: Historisches Wörterbuch der Rhetorik. Hg. von Gert Ueding. Tübingen, Bd. 2, Sp. 1022-1083.

Knobloch, H. 1962: Vom Wesen des Feuilletons. Mit Studienmaterial. Theorie und Praxis des Feuilletons. Halle.

Knörrich, Otto 1992: Lexikon lyrischer Formen. Stuttgart.

Koch, Walter A. 1981: Poetizität. Skizzen zur Semiotik der Dichtung. Hildesheim, New York.

Kögler, Hans Herbert 1994: Michel Foucault. Stuttgart, Weimar. (= Sammlung Metzler, Bd. 281).

Kofman, Sarah 1988: Derrida Lesen. Hg. von Peter Engelmann. Wien, Graz. [Zuerst frz. 1984].

Kohlmayer, Rainer 1988: Der Literaturübersetzer zwischen Original und Markt. Eine Kritik funktionalistischer Übersetzungstheorien. In: Lebende Sprachen 33 (1988), S. 145-156.

Kolkenbrock-Netz, Jutta 1988: Interpretation, Diskursanalyse und/oder feministische Lektüre literarischer Texte von Frank Wedekind. In: Ursula A. J. Becher / Jörn Rüsen (Hgg.), Weiblichkeit in geschichtlicher Perspektive. Fallstudien und Reflexionen zu Grundproblemen der historischen Frauenforschung. Frankfurt a. M.

Koller, Werner 1992 (4., völlig neu bearb. Aufl.): Einführung in die Übersetzungswissenschaft. Heidelberg, Wiesbaden. (= UTB 819).

Köller, Wilhelm 1975: Semiotik und Metapher. Untersuchungen zur grammatischen Struktur und kommunikativen Funktion von Metaphern. Stuttgart. (= Studien zur Allgemeinen und Vergleichenden Literaturwissenschaft, Bd. 10).

König, Josef 1978: Die Natur der ästhetischen Wirkung [1957]. In: König, Vorträge und Aufsätze. Hg. von Günther Patzig. Freiburg, München, S. 256-337.

KOPPE, Franz 1983: Grundbegriffe der Ästhetik. Frankfurt a. M.
KOPPE, Franz 1991: Kunst als entäußerte Weise, die Welt zu sehen. Zu Nelson Goodman und Arthur C. Danto in weitergehender Absicht. In: Koppe (Hg.), Perspektiven der Kunstphilosophie. Texte und Diskussionen. Frankfurt a. M., S. 81-103.
KOPPEN, Erwin 1987: Literatur und Photographie. Über Geschichte und Thematik einer Medienentdeckung. Stuttgart.
KOPPENFELS, Werner von 1985: Intertextualität und Sprachwechsel. Die literarische Übersetzung. In: Broich / Pfister 1985, S. 137-158.
KRAFT, Herbert 1982: Die Aufgaben der Editionsphilologie. In: Zeitschrift für Deutsche Philologie 101 (1982), Sonderheft: Probleme neugermanistischer Edition, S. 4-12.
KRAFT, Herbert 1990: Editionsphilologie. Mit Beiträgen von Jürgen Gregolin, Wilhelm Ott und Gert Vonhoff. Darmstadt.
KRAFT, Viktor 1951 (2., neu bearb. Aufl.): Die Grundlagen einer wissenschaftlichen Wertlehre. Wien.
KRAUS, Karl 1986: Heine und die Folgen. Schriften zur Literatur. Hg. von Christian Wagenknecht. Stuttgart.
KREMER, Detlef 1993: Die Grenzen der Diskurstheorie Michel Foucaults in der Literaturwissenschaft. In: Jörg Drews (Hg.), Vergessen. Entdecken. Erhellen. Bielefeld, S. 98-111.
KREUTZER, Hans Joachim / Reinhold VIEHOFF (Hgg.) 1981: Literaturwissenschaft und empirische Methoden. Eine Einführung in aktuelle Projekte. In: LiLi, Beiheft 12, Göttingen.
KREUZER, Helmut 1975: Veränderungen des Literaturbegriffs. Göttingen.
KREUZER, Helmut / Karl PRÜMM (Hgg.) 1979: Fernsehsendungen und ihre Formen. Stuttgart.
KRIS, Ernst 1952/1977: Die ästhetische Illusion. Phänomene der Kunst in der Sicht der Psychoanalyse. Frankfurt a. M.
KRISTEVA, Julia 1969a: Semiotiké. Recherches pour une sémanalyse. Paris.
KRISTEVA, Julia 1969b: Bakhtine, le mot, le dialogue et le roman. In: Kristeva 1969a, S. 143-173. Dt. in: Ihwe 1971-1972, Bd. 3, S. 345-375.
KRISTEVA, Julia 1969c: Le texte clos. In: Kristeva 1969a, S. 113-142.
KRISTEVA, Julia 1970: Le texte du roman. Paris.
KRISTEVA, Julia 1972a: Probleme der Textstrukturation. In: Blumensath 1972, S. 243-262.
KRISTEVA, Julia 1972b: Sémanalyse et production de sens. Quelques problèmes de sémiotique littéraire à propos d'un texte de Mallarmé, »Un coup de dés«. In: Algirdas Julien Greimas, Essais de sémiotique poétique. Paris, S. 207-234.
KRISTEVA, Julia 1978: Die Revolution der poetischen Sprache. Frankfurt a. M.
KROLL, Walter 1974: Zur Einführung. In: Walter Kroll / A. Flaker, Literaturtheoretische Modelle und kommunikatives System. Zur aktuellen Diskussion in der polnischen Literaturwissenschaft. Kronberg, S. 3-23.
KRONSBEIN, Joachim 1984: Autobiographisches Erzählen. Die narrativen Strukturen der Autobiographie. München.
KRZYWON, Jürgen 1981: Literarische Wertung. Zur Revision eines literaturtheoretischen und literaturpraktischen Begriffs. In: sub tua platano. Festgabe für A. Beinlich. Emsdetten, S. 470-484.

KUCZYNSKI, Jürgen 1983: Probleme der Autobiographie. Berlin, Weimar.
KÜHLMANN, Wilhelm / Wolfgang NEUBER (Hgg.) 1994: Intertextualität in der Frühen Neuzeit. Studien zu ihren theoretischen und praktischen Perspektiven. Frankfurt a. M.
KUHNEN, Johannes 1953: Die Gedicht-Überschrift. Versuch einer Gliederung nach Arten und Leistungen. Diss. Frankfurt a. M.
KÜPER, Christoph 1988: Sprache und Metrum. Semiotik und Linguistik des Verses. Tübingen.
KURZ, Gerhard 1979: Zu einer Hermeneutik der literarischen Allegorie. In: Haug 1979, S. 12-24.
KURZ, Gerhard 1982: Metapher, Allegorie, Symbol. Göttingen.
KURZAWA, Werner 1982: Analytische Aspekte der literarischen Wertung. Frankfurt a. M.
LABOV, William / Joshua WALETZKY 1972: Erzählanalyse. Mündliche Versionen persönlicher Erfahrung. In: Ihwe 1971-1972, Bd. 2, S. 78-126.
LACAN, Jacques 1966a: Das Spiegelstadium als Bildner der Ichfunktion, wie sie uns in der psychoanalytischen Erfahrung erscheint. In: Lacan 1973, S. 61-70.
LACAN, Jacques 1966b: Das Drängen des Buchstabens im Unbewußten oder die Vernunft seit Freud. In: Lacan 1975, S. 15-59.
LACAN, Jacques 1966c: Das Seminar über E. A. Poes »Der entwendete Brief«. In: Lacan 1973, S. 7-61.
LACAN, Jacques 1972: Vorlesung über E. A. Poes »Der gestohlene Brief«. In: Gallas 1972, S. 201-262.
LACAN, Jacques 1973: Schriften I. Ausgewählt und hg. von Norbert Haas. Olten.
LACAN, Jacques 1975: Schriften II. Ausgewählt und hg. von Norbert Haas. Frankfurt a. M.
LACAN, Jacques 1985: Feminine Sexuality. Jacques Lacan and the »école freudienne«. Hg. von Juliet Mitchell und Jacqueline Rose. New York, London.
LACHMANN, Karl 1876: Der Nibelungen Lied [...] herausgegeben durch Friedrich Heinrich von der Hagen [...]. In: Lachmann, Kleinere Schriften zur Classischen Philologie. Hg. von K. Müllenhoff. Berlin, S. 81-114.
LACHMANN, Renate 1974: Die »Verfremdung« und das »Neue Sehen« bei Viktor Šklovskij. In: Poetica 3 (1974), S. 226-249.
LACHMANN, Renate (Hg.) 1982: Dialogizität. München.
LACHMANN, Renate 1987: Value Aspects in Jurij Lotman's Semiotics of Culture / Semiotics of Text. In: Dispositio 12 (1987), S. 13-33.
LACHMANN, Renate 1990: Gedächtnis und Literatur. Intertextualität in der russischen Moderne. Frankfurt a. M.
LÄMMERT, Eberhard 1955/⁸1991: Bauformen des Erzählens. Stuttgart.
LÄMMERT, Eberhard (Hg.) 1982: Erzählforschung. Ein Symposium. Stuttgart. (= Germanistische Symposien, Berichtbände, Bd. 4).
LANDOW, George P. 1992/1993: Hypertext. The Convergence of Contemporary Critical Theory and Technology. Baltimore, London.
LANDWEHR, Jürgen 1975: Text und Fiktion. Zu einigen literaturwissenschaftlichen und kommunikationstheoretischen Grundbegriffen. München.
LANG, Hermann 1973/³1993: Die Sprache und das Unbewußte. Jacques Lacans Grundlegung der Psychoanalyse. Frankfurt a. M.
LAPLANCHE, J. / J.-B. PONTALIS 1967: Das Vokabular der Psychoanalyse. 2 Bde. Frankfurt a. M.

LAQUEUR, Thomas 1992: Auf den Leib geschrieben. Die Inszenierung der Geschlechter von der Antike bis Freud. Frankfurt a. M.

LAUENER, H. 1986: Die Sprache der Fiktion. In: Erkenntnis 24 (1986), S. 343-362.

LAUER, Reinhard 1979: Tynjanow. In: Turk 1979, S. 267-285.

LAUER, Reinhard 1991: Evolutionsmodelle in der Literaturwissenschaft. In: Günther Patzig (Hg.), Der Evolutionsgedanke in den Wissenschaften. Göttingen, S. 30-52.

LAURETIS, Teresa de 1987: Technologies of Gender. Essays on Theory, Film, and Fiction. Bloomington, Indianapolis.

LAUSBERG, Heinrich 1960: Handbuch der literarischen Rhetorik. Eine Grundlegung der Literaturwissenschaft. München.

LAUSBERG, Heinrich 1966: Rhetorik und Dichtung. In: Der Deutschunterricht 18 (1966), Heft 6, S. 47-93.

LAUSBERG, Heinrich 1971 (4., durchges. Aufl.): Elemente der literarischen Rhetorik. München.

LAUTER, P. 1985: Race and Gender in the Shaping of the American Literary Canon. A Case Study from the Twenties. In: J. Newton / D. Rosenfelt (Hgg.), Feminist Criticism and Social Change. Sex, Class, and Race in Literature and Culture. New York, S. 19-44.

LEACH, E. 1971: Claude Lévi-Strauss. München.

LEBRAVE, Jean-Louis 1994: Hypertextes – Mémoires – Écriture. In: Genesis 5 (1994), S. 9-24.

LEHMANN, Jürgen 1988: Bekennen – Erzählen – Berichten. Studien zu Theorie und Geschichte der Autobiographie. Tübingen. (= Studien zur deutschen Literatur, Bd. 98).

LEIBFRIED, Erwin 1970/[2]1972: Kritische Wissenschaft vom Text. Manipulation, Reflexion, transparente Poetologie. Stuttgart.

LEINER, Wolfgang 1965: Der Widmungsbrief in der französischen Literatur (1580-1715). Heidelberg.

LEJEUNE, Philippe 1975: Le pacte autobiographique. Paris. Dt. 1994: Der autobiographische Pakt. Frankfurt a. M.

LENTRICCHIA, Frank 1980: After the New Criticism. Chicago.

LENZ, Bernd / Bernd SCHULTE-MIDDELICH (Hgg.) 1982: Beschreiben, Interpretieren, Werten. Das Wertungsproblem in der Literatur aus der Sicht unterschiedlicher Methoden. München.

LÉON, Pierre 1993: Précis de Phonostylistique. Parole et expressivité. Paris.

LEPENIES, Wolf / H. H. RITTER (Hgg.) 1970: Orte des wilden Denkens. Zur Anthropologie von Claude Lévi-Strauss. Frankfurt a. M.

LEROI-GOURHAN, André 1964/1965: La geste et la parole. 2 Bde. Paris. Dt. 1980: Hand und Wort. Die Evolution von Technik, Sprache und Kunst. Frankfurt a. M.

LESSER, Simon O. 1970: Die Funktionen der Form. In: Joseph Strelka / Walter Hinderer (Hgg.), Moderne amerikanische Literaturtheorie. Frankfurt a. M., S. 259-279.

LESSING, Gotthold Ephraim 1759: Briefe, die neueste Literatur betreffend. 1. Teil, 19. Brief (1759). In: Lessing 1973, Werke. Bd. 5: Literaturkritik, Poetik und Philologie. Hg. von Herbert G. Göpfert. München, S. 77-83.

LÉVI-STRAUSS, Claude 1958: Anthropologie structurale. Paris. Dt. 1967: Strukturale Anthropologie. Frankfurt a. M.

Lévi-Strauss, Claude 1960: La structure et la forme. Réflexions sur un ouvrage de Vladimir Propp. In: Cahiers de l'ISEA, Nr. 99.

Lévi-Strauss, Claude 1977: Die Strukturanalyse in der Sprachwissenschaft und in der Anthropologie [1945]. In: Lévi-Strauss 1977, Strukturale Anthropologie I. Frankfurt a. M., S. 43-67.

Levin, Samuel R. 1962: Linguistic Structures in Poetry. Den Haag. (= Janua linguarum, Bd. 23).

Levin, Samuel R. 1965: Internal and External Deviation in Poetry. In: Word 21 (1965), S. 225-237.

Levinson, Jerrold 1979: Defining Art Historically. In: British Journal of Aesthetics 19 (1979), S. 232-250.

Lewis, David 1978: Truth in Fiction. In: American Philosophical Quarterly 15 (1978), S. 37-46.

Lindenberger, Herbert 1990: Ideology and Innocence. On the Politics of Critical Language. In: PMLA 105 (1990), S. 398-435.

Lindhoff, Lena 1995: Einführung in die feministische Literaturtheorie. Stuttgart.

Link, Hannelore 1973: »Die Appellstruktur der Texte« und ein »Paradigmenwechsel« in der Literaturwissenschaft? In: JbDSG 17 (1973), S. 532-583.

Link, Hannelore 1976: Rezeptionsforschung. Eine Einführung in Methoden und Probleme. Stuttgart u. a.

Link, Jürgen 1974/1979 (2., überarb. u. erw. Aufl.): Literaturwissenschaftliche Grundbegriffe. Eine programmierte Einführung auf strukturaler Basis. München.

Link, Jürgen 1975: Die Struktur des literarischen Symbols. Theoretische Beiträge am Beispiel der späten Lyrik Brechts. München. (= Kritische Information, Bd. 24).

Link, Jürgen / Ursula Link-Heer 1980: Literatursoziologisches Propädeutikum. München.

Link, Jürgen 1983: Elementare Literatur und generative Diskursanalyse. München.

Link, Jürgen / Wulf Wülfing (Hgg.) 1984: Bewegung und Stillstand in Metaphern und Mythen. Fallstudien zum Verhältnis von elementarem Wissen und Literatur im 19. Jahrhundert. Stuttgart.

Link, Jürgen 1988: Literaturanalyse als Interdiskursanalyse. Am Beispiel des Ursprungs literarischer Symbolik in der Kollektivsymbolik. In: Fohrmann / Müller 1988, S. 284-307.

Link, Jürgen / R. Parr 1990: Semiotische Diskursanalyse. In: Bogdal 1990, S. 107-130.

Link, Jürgen / Ursula Link-Heer 1990: Diskurs / Interdiskurs und Literaturanalyse. In: LiLi 20 (1990), S. 88-99.

Link, Jürgen / Wulf Wülfing (Hgg.) 1991: Nationale Mythen und Symbole in der zweiten Hälfte des 19. Jahrhunderts. Strukturen und Funktionen von Konzepten nationaler Identität. Stuttgart.

Lord, Albert B. 1960: The Singer of Tales. Cambridge. Dt. 1965: Der Sänger erzählt. Wie ein Epos ensteht. München.

Lorenz, Otto 1989: Schweigen in der Dichtung. Göttingen. (= Palaestra, Bd. 284).

Lorian, Al. 1970: Stylistique 1970. In: Revue de Linguistique Romane 34 (1970), Heft 133-134, S. 113-122.

LOTMAN, Jurij M. 1973: Die Struktur des künstlerischen Textes. Hg. von Rainer Grübel. Frankfurt a. M. [Zuerst russ. 1970].
LOTMAN, Jurij M. 1975: Die Analyse des poetischen Textes. Kronberg. [Zuerst russ. 1973].
LOTMAN, Jurij M. 1981: Kunst als Sprache. Leipzig.
LÖWENTHAL, Leo 1932: Zur gesellschaftlichen Lage der Literatur. In: Zeitschrift für Sozialforschung 1 (1932), Heft 1, S. 85-102.
LÖWENTHAL, Leo 1934: Die Auffassung Dostojewskis im Vorkriegsdeutschland. In: Zeitschrift für Sozialforschung 3 (1934), Heft 3, S. 343-382.
LUBAC, Henri de 1959-1964: Les quatre sens de l'écriture. 4 Bde. Paris.
LÜDEKING, Karlheinz 1988: Analytische Philosophie der Kunst. Frankfurt a. M.
LUGOWSKI, Clemens 1932/[2]1976: Die Form der Individualität im Roman. Studien zur inneren Struktur der frühen deutschen Prosaerzählung. Mit einer Einleitung von Heinz Schlaffer. Frankfurt a. M.
LUHMANN, Niklas 1984: Soziale Systeme. Grundriß einer allgemeinen Theorie. Frankfurt a. M.
LUHMANN, Niklas 1986: Das Kunstwerk und die Selbstreproduktion der Kunst. In: Hans Ulrich Gumbrecht / K. Ludwig Pfeiffer (Hgg.), Stil. Geschichten und Funktionen eines kulturwissenschaftlichen Diskurselements. Frankfurt a. M., S. 620-672.
LUHMANN, Niklas 1990: Weltkunst. In: Luhmann u. a., Unbeobachtbare Welt. Über Kunst und Architektur. Bielefeld, S. 23-54.
LUHMANN, Niklas 1993: Gibt es in unserer Gesellschaft noch unverzichtbare Normen? Heidelberg. (= Heidelberger Universitätsreden 4).
LUKÁCS, Georg 1937: Die Tragödie Heinrich von Kleists. In: Lukács 1971, Werke. Bd. 7: Deutsche Literatur in zwei Jahrhunderten. Neuwied, Berlin, S. 201-231.
LUKÁCS, Georg 1951: Vorwort zu »Balzac und der französische Realismus«. In: Lukács 1961, Schriften zur Literatursoziologie. Berlin, S. 241-253.
LUKÁCS, Georg [3]1952: Der russische Realismus in der Weltliteratur. Berlin.
LUKÁCS, Georg 1965/[7]1982: Die Theorie des Romans. Ein geschichtsphilosophischer Versuch über die Formen der großen Epik. Darmstadt, Neuwied.
LUKÁCS, Georg 1969: Es geht um den Realismus. In: Fritz J. Raddatz (Hg.), Marxismus und Literatur. Eine Dokumentation in drei Bänden. Reinbek, Bd. 2, S. 60-86.
LÜSEBRINK, Hans-Jürgen / Günter BERGER [3]1987: Kanonbildung in systematischer Sicht. In: Berger / Lüsebrink (Hgg.), Literarische Kanonbildung in der Romania. Beiträge aus dem Deutschen Romanistentag 1985. Rheinfelden, S. 3-32.
LUTZ-HENSEL, Magdalene 1975: Prinzipien der ersten textkritischen Editionen mittelhochdeutscher Dichtung. Berlin. (= Philologische Studien und Quellen, Bd. 77).
LÜTZELER, Paul Michael 1990: Der postmoderne Neohistorismus in den amerikanischen Humanities. In: H. Eggert u. a. (Hgg.), Geschichte als Literatur. Formen und Grenzen der Repräsentation von Vergangenheit. Stuttgart, S. 67-76.
MAAS, Paul 1960 (4., erw. Aufl.): Textkritik. Leipzig. [Zuerst 1927].
MACCORMICK, Peter J. 1988: Fictions, Philosophies, and the Problems of Poetics. Ithaca, London.

Macdonald, Margaret / Michael Scriven 1954: The Language of Fiction. In: Proceedings of the Aristotelian Society, Suppl. 28 (1954), S. 165-196.

Macherey, P. 1973: Die strukturale Analyse der Literatur. Tod der Strukturen. In: Macherey, Theorie der literarischen Produktion. Neuwied, Berlin.

Malblanc, Alfred 1944: Pour une stylistique comparée du français et de l'allemand. Essai de représentation linguistique comparée. Paris.

Malblanc, Alfred 1961: Stylistique comparée du français et de l'allemand. Essais de représentation linguistique comparée et étude de traduction. Stuttgart. (= Bibliothèque de stylistique comparée, Bd. 2).

Man → de Man

Mandelkow, Karl Robert 1970: Probleme der Wirkungsgeschichte. In: Jahrbuch für internationale Germanistik 2 (1970), S. 71-84. Wieder in: Hohendahl 1974, S. 82-96.

Mandelkow, Karl Robert 1974: Rezeptionsästhetik und marxistische Literaturtheorie. In: Walter Müller-Seidel (Hg.), Historizität in Sprach- und Literaturwissenschaft. Vorträge und Berichte der Stuttgarter Germanistentagung 1972. München, S. 379-388.

Mandelkow, Karl Robert 1980/1989: Goethe in Deutschland. Rezeptionsgeschichte eines Klassikers. 2 Bde. München.

Mandelkow, Karl Robert 1981: Rezeptionsgeschichte als Erfahrungsgeschichte. Vorüberlegungen zu dem Versuch einer Wirkungsgeschichte Goethes in Deutschland. In: H.-J. Mähl / Eberhard Mannack (Hgg.), Studien zur Goethezeit. Heidelberg, S. 153-176.

Maren-Griesebach, Manon 1974: Theorie und Praxis literarischer Wertung. München.

Margolis, Joseph 1965: The Language of Art and Art Criticism. Detroit.

Markwardt, Bruno 1937-1967: Geschichte der deutschen Poetik. 5 Bde. Berlin.

Marouzeau, Jules [5]1963/1968: Précis de stylistique française. Paris. [Zuerst 1941].

Marsch, Edgar (Hg.) 1975: Über Literaturgeschichtsschreibung. Die historisierende Methode des 19. Jahrhunderts in Programm und Kritik. Darmstadt. (= Wege der Forschung, Bd. 382).

Martens, Gunter / Hans Zeller (Hgg.) 1971: Texte und Varianten. Probleme ihrer Edition und Interpretation. München.

Martens, Gunter 1975: Texterschließung durch Edition. Überlegungen zur rezeptionsästhetischen Bedeutung textgenetischer Apparate. In: Haubrichs 1975, S. 82-104.

Martens, Gunter 1982: Text ohne Varianten? Überlegungen zur Bedeutung der Frankfurter Hölderlin-Ausgabe in der gegenwärtigen Situation der Editionsphilologie. In: Zeitschrift für deutsche Philologie 101 (1982), S. 43-64.

Martens, Gunter 1989: Was ist ein Text? Ansätze zur Bestimmung eines Leitbegriffs der Textphilologie. In: Poetica 21 (1989), S. 1-25.

Martens, Gunter 1993: Herausgeberbericht. In: G. Dammann / G. Martens / K. L. Schneider (Hgg.), Georg Heym. Gedichte 1910-1912. Historisch-kritische Ausgabe aller Texte in genetischer Darstellung. 2 Bde. Tübingen.

Martinez, Matias / Lutz Rühling 1986: Poesie als Abweichung? Zu Harald Frickes »Norm und Abweichung«. In: Text + Kontext 13 (1986), S. 382-393.

Martinez, Matias 1996: Doppelte Welten. Struktur und Sinn zweideutigen Erzählens. Göttingen. (= Palaestra, Bd. 298).

MARTÍNEZ-BONATI, Felix 1973: Die logische Struktur der Dichtung. In: DVjs 47 (1973), S. 185-200.
MATT, Peter von 1972: Literaturwissenschaft und Psychoanalyse. Eine Einführung. Freiburg i. Br.
MATT, Peter von 1974: Anwendung psychoanalytischer Erkenntnisse in der Interpretation. Das psychodramatische Substrat. In: Cremerius 1974, S. 29-45.
MATT, Peter von 1979: Die Opus-Phantasie. Das phantasierte Werk als Metaphantasie im kreativen Prozeß. In: Psyche 33 (1979), S. 193-212.
MATTHEWS, Robert J. 1979: Traditional Aesthetics Defended. In: Journal of Aesthetics and Art Criticism 38 (1979), S. 39-50.
MAURER, Karl 1977: Formen des Lesens. In: Poetica 9 (1977), S. 472-498.
MAURER, Karl 1984: Textkritik und Interpretation. In: Poetica 16 (1984), S. 324-355.
MAYER, Hans 1967: Große deutsche Verrisse von Schiller bis Fontane. Frankfurt a. M.
MAYER, Hans (Hg.) 1978: Deutsche Literaturkritik. 4 Bde. Frankfurt a. M.
McGANN, Jerome J. 1983: A Critique of Modern Textual Criticism. Chicago.
McGANN, Jerome J. 1991: The Textual Condition. Princeton.
McGANN, Jerome J. 1995: The Rationale of Hypertext. In: *internet
McKERROW, Ronald B. 1948: An Introduction to Bibliography. For Literary Students. Oxford. [Zuerst 1927].
McLUHAN, Marshall 1962: The Gutenberg-Galaxy. Toronto. Dt. 1968: Die Gutenberg-Galaxis. Düsseldorf, Wien.
McLUHAN, Marshall 1964: Understanding Media. New York. Dt. 1968: Die magischen Kanäle. Düsseldorf, Wien.
MECKLENBURG, Norbert 1972: Kritisches Interpretieren. Untersuchungen zur Theorie der Literaturkritik. München.
MECKLENBURG, Norbert (Hg.) 1977: Literarische Wertung. Texte zur Entwicklung der Wertungsdiskussion in der Literaturwissenschaft. Tübingen. (= Deutsche Texte, Bd. 43).
MEDVEDEV, Pavel N. 1976: Die formale Methode in der Literaturwissenschaft. Hg. und übersetzt von H. Glück. Stuttgart. [Zuerst 1928].
MEHRING, Franz 1975: Die Lessing-Legende. Berlin. [Zuerst 1893].
MEIER, Christel 1977: Zum Problem der allegorischen Interpretation. In: Beiträge zur Geschichte der Deutschen Sprache und Literatur. Tübingen.
MEINONG, Alexius 1904: Über Gegenstandstheorie. In: Meinong 1971, Gesamtausgabe. Hg. von Rudolf Haller und Rudolf Kindinger, gemeinsam mit Roderick Chisholm. Graz, Bd. 2, S. 481-530.
MELLARD, James M. 1991: Using Lacan. Reading Fiction. Urbana, Chicago.
MENDE, Dirk 1980: Frauenleben. Bemerkungen zu Fontanes »L'Adultera« nebst Exkursen zu »Cécile« und »Effi Briest«. In: Hugo Aust (Hg.), Fontane aus heutiger Sicht. Analysen und Interpretationen seines Werks. München, S. 183-213.
MENKE, Bettine 1990: Dekonstruktion – Lektüre. Derrida literaturtheoretisch. In: Bogdal 1990, S. 235-264.
MERTENS, Wolfgang 1981: Psychoanalyse. Stuttgart, Berlin u. a.
MERTENS, Wolfgang 1992: Kompendium psychoanalytischer Grundbegriffe. München.
MEURS, J. van 1988: Jungian Literary Criticism 1920-1980. An Annotated, Criti-

cal Bibliography of Works in English (With a Selection of Titles after 1980). Metuchen, London.

MEYER, Conrad Ferdinand 1958ff.: Sämtliche Werke. Historisch-kritische Ausgabe. Hg. von Hans Zeller und Alfred Zäch. Bern.

MEYER, Heinrich 1992: Edition und Ausgabentypologie. Eine Untersuchung der editionswissenschaftlichen Literatur des 20. Jahrhunderts. Bern u. a. (= Europäische Hochschulschriften, Bd. 1360).

MEYER, Theodor 1990: Das Stilgesetz der Poesie. Frankfurt a. M. [Zuerst 1901].

MEYER-KRENTLER, Eckhardt 1986: »Unterm Strich«. Literarischer Markt, Trivialität und Romankunst in Raabes »Der Lar«. Paderborn.

MICHEL, Georg 1968/1972: Einführung in die Methodik der Stiluntersuchung. Ein Lehr- und Übungsbuch für Studierende. Berlin.

MICHEL, Paul 1987: Alieniloquium. Elemente einer Grammatik der Bildrede. Bern.

MIERAU, Fritz (Hg.) 1987: Die Erweckung des Wortes. Essays der russischen Formalen Schule. Leipzig.

MILLETT, Kate 1971: Sexus und Herrschaft. Die Tyrannei des Mannes in unserer Gesellschaft. München.

MINOR, Jakob 1902 (2., umgearbeitete Aufl.): Neuhochdeutsche Metrik. Ein Handbuch. Straßburg.

MISCH, Georg 1949-1969: Geschichte der Autobiographie. 4 Bde. Frankfurt a. M.

MITCHELL, Juliet 1985: Psychoanalyse und Feminismus. Freud, Reich, Laing und die Frauenbewegung. Frankfurt a. M.

MITTELMANN, Hanni 1980: Die Utopie des weiblichen Glücks in den Romanen Theodor Fontanes. Bern, Frankfurt a. M., Las Vegas.

MOENNIGHOFF, Burkhard 1991: Intertextualität im scherzhaften Epos des 18. Jahrhunderts. Göttingen. (= Palaestra, Bd. 293).

MOI, Toril 1985: Sexual/Textual Politics. Feminist Literary Theory. London, New York. Dt.: Moi 1989.

MOI, Toril 1989: Sexus – Text – Herrschaft. Feministische Literaturtheorie. Bremen.

MOLINIÉ, Georges 1991: La stylistique. Paris.

MOLLINGER, Robert N. 1981: Psychoanalysis and Literature. An Introduction. Chicago.

MON, Franz 1968: An eine Säge denken. (Wie schreibe ich weiter?) In: Akzente 15 (1968), S. 429-436.

MORRIS, Charles W. 1972: Grundlagen der Zeichentheorie. Ästhetik der Zeichentheorie. München.

MORRIS, Charles W. 1975: Zeichen, Wert, Ästhetik. Frankfurt a. M.

MORTON, A. Q. 1978: Literary Detection. How to Prove Authorship and Fraud in Literature and Documents. Bath.

MOSER, Dietz-Rüdiger 1990: Lachkultur des Mittelalters? Michail Bachtin und die Folgen seiner Theorie. In: Euphorion 84 (1990), S. 89-111. (Vgl. die anschließende Diskussion in: Euphorion 85 (1991), S. 409-437.)

MOUNIN, Georges 1967/1968: Les stylistiques actuelles. In: Cahiers internationaux de symbolisme 15/16 (1967/1968), S. 53-60.

MUCKENHAUPT, Manfred 1986: Text und Bild. Grundfragen der Beschreibung von Text-Bild-Kommunikation aus sprachwissenschaftlicher Sicht. Tübingen. (= Tübinger Beiträge zur Linguistik, Bd. 271).

Mukařovský, Jan 1936/1970b: Ästhetische Funktion, Norm und ästhetischer Wert als soziale Fakten. In: Mukařovský 1970a/³1978, S. 7-113.
Mukařovský, Jan 1948: Über die Dichtersprache. In: Mukařovský, Studien zur strukturalistischen Ästhetik und Poetik. Frankfurt a. M., S. 142-199.
Mukařovský, Jan 1966: Der Standort der ästhetischen Funktion unter den übrigen Funktionen. In: Mukařovský ³1978, S. 113-137.
Mukařovský, Jan 1967a: Kapitel aus der Poetik. Frankfurt a. M.
Mukařovský, Jan 1967b: Das dichterische Werk als Gesamtheit von Werten. In: Mukařovský 1967a, S. 34-43.
Mukařovský, Jan 1968: Varianten und Stilistik. In: Poetica 2 (1968), S. 399-403.
Mukařovský, Jan 1970a/³1978: Kapitel aus der Ästhetik. Frankfurt a. M.
Mukařovský, Jan 1974/1977: Studien zur strukturalistischen Ästhetik und Poetik. Frankfurt a. M., Berlin, Wien.
Müller, Günther 1929: Bemerkungen zur Gattungspoetik. In: Philosophischer Anzeiger (1929), Heft 3, S. 129-147.
Müller, Günther 1968: Morphologische Poetik. Gesammelte Aufsätze. Hg. von Elena Müller. Darmstadt.
Müller, Harro 1993: Hermeneutik oder Dekonstruktion. Zum Widerstreit zweier Interpretationsweisen. In: Bohrer 1993.
Müller, Harro 1994: Giftpfeile. Zur Theorie und Literatur der Moderne. Bielefeld.
Müller, Jan-Dirk 1988: Ich Vungenant und die leüt. Literarische Kommunikation zwischen mündlicher Verständigung und anonymer Öffentlichkeit in Frühdrucken. In: Gisela Smolka-Koerdt u. a. (Hgg.), Der Ursprung von Literatur. Medien, Rollen, Kommunikationssituationen zwischen 1450 und 1650. München.
Müller, Wolfgang G. 1981: Topik des Stilbegriffs. Zur Geschichte des Stilverständnisses von der Antike bis zur Gegenwart. Darmstadt. (= Impulse der Forschung, Bd. 34).
Müller-Dyes, Klaus 1978: Literarische Gattungen. Lyrik, Epik, Dramatik. Freiburg, Basel, Wien.
Müller-Funk, Wolfgang 1995: Erfahrung und Experiment. Studien zur Theorie und Geschichte des Essayismus. Berlin.
Müller-Michaels, Harro 1980: Didaktische Wertung. Anmerkungen zur Kanondiskussion. In: Jahrbuch der Deutschdidaktik. Königstein, S. 136-148.
Müller-Pozzi, Heinz ²1995: Psychoanalytisches Denken. Eine Einführung. Bern, Stuttgart, Toronto.
Müller-Seidel, Walter ²1969: Probleme der literarischen Wertung. Über die Wissenschaftlichkeit eines unwissenschaftlichen Themas. Stuttgart.
Müller-Seidel, Walter 1975: Theodor Fontane. Soziale Romankunst in Deutschland. Stuttgart.
Murphy, James J. 1974: Rhetoric in the Middle Ages. Berkeley, Los Angeles, London.
Murphy, Peter (Hg.) 1994: Fictions of Masculinity. Crossing Cultures, Crossing Sexualities. New York, London.
Nagel, Bert 1971 (2., mit e. Nachw. versehene Aufl.): Meistersang. Stuttgart.
Nagera, Humberto (Hg.) 1969/1970/1987: Psychoanalytische Grundbegriffe. Eine Einführung in Sigmund Freuds Terminologie und Theoriebildung. Frankfurt a. M.

NAJDER, Z. 1975: Values and Evaluations. Oxford.
NAUMANN, Dietrich 1979: Literaturtheorie und Geschichtsphilosophie. Teil 1: Aufklärung, Romantik, Idealismus. Stuttgart. (= Sammlung Metzler, Bd. 184).
NAUMANN, Hans (Hg.) 1973: Der moderne Strukturbegriff. Darmstadt.
NAUMANN, Manfred (Hg.) 1973: Gesellschaft, Literatur, Lesen. Literaturrezeption in theoretischer Sicht. Berlin, Weimar.
NELL, V. 1988: Lost in a Book. The Psychology of Reading for Pleasure. New Haven.
NENDZA, J. 1991: Wort und Fiktion. Eine Untersuchung zum Problem der Fiktionalität in der Sprachzeichenkommunikation. Aachen.
NEULAND, Eva / Helga BLECKWENN (Hgg.) 1991: Stil, Stilistik, Stilisierung. Linguistische, literaturwissenschaftliche und didaktische Beiträge zur Stilforschung. Frankfurt a. M., Bern, New York, Paris. (= European University Studies, Serie 34, Bd. 4).
NEUMANN, Bernd 1970: Identität und Rollenzwang. Zur Theorie der Autobiographie. Frankfurt a. M.
NEUMANN, Gerhard 1981: Werk oder Schrift? Vorüberlegungen zur Edition von Kafkas »Bericht für eine Akademie«. In: Hay / Woesler 1981, S. 154-173.
NICKISCH, Reinhard M. G. 1969: Die Stilprinzipien in den deutschen Briefstellern des 17. und 18. Jahrhunderts. Mit einer Bibliographie zur Briefschreiblehre 1474-1800. Göttingen. (= Palaestra, Bd. 254).
NICKISCH, Reinhard M. G. 1988: Briefkultur. Entwicklung und sozialgeschichtliche Bedeutung des Frauenbriefes im 18. Jahrhundert. In: Gisela Brinker-Gabler (Hg.), Deutsche Literatur von Frauen. Bd. 1: Vom Mittelalter bis zum Ende des 18. Jahrhunderts. München, S. 389-409.
NICKISCH, Reinhard M. G. 1991: Brief. Stuttgart. (= Sammlung Metzler, Bd. 260)
NICKISCH, Reinhard M. G. 1994a: Briefsteller. In: Historisches Wörterbuch der Rhetorik. Hg. von Gert Ueding. Tübingen, Bd. 2, Sp. 76-86.
NICKISCH, Reinhard M. G. 1994b: Schriftsteller auf Abwegen? Über politische »Offene Briefe« deutscher Autoren in Vergangenheit und Gegenwart. In: JEGP 93 (1994), S. 469-484.
NIDA, Eugène A. / Charles R. TABER 1964: Toward a Science of Translating. With Special Reference to Principles and Procedures Involved in Bible Translation. Leiden. Dt. 1969: Theorie und Praxis des Übersetzens, unter besonderer Berücksichtigung der Bibelübersetzung. London.
NIERAAD, Jürgen 1977: »Bildgesegnet und Bildverflucht«. Forschungen zur sprachlichen Metaphorik. Darmstadt. (= Erträge der Forschung, Bd. 63).
NIETZSCHE, Friedrich 1967ff.: Werke. Kritische Gesamtausgabe. Hg. von Giorgio Colli und Mazzino Montinari. Weitergeführt von Wolfgang Müller-Lauter und Karl Pestalozzi. Berlin, New York.
NIGGL, Günther 1989 (Hg.): Die Autobiographie. Zu Form und Geschichte einer literarischen Gattung. Darmstadt. (= Wege der Forschung, Bd. 565).
NISCHIK, Reingard M. 1991: Mentalstilistik. Ein Beitrag zur Stiltheorie und Narrativik. Dargestellt am Erzählwerk Margaret Atwoods. Tübingen.
NIVELLE, Armand 1970: Frühromantische Dichtungstheorie. Berlin.
NORDAU, Max 1892: Entartung. Berlin.
NÜBOLD, Peter 1974: Quantitative Methoden zur Stilanalyse literarischer Texte. Braunschweig.

NÜNNING, Ansgar 1993: Renaissance eines anthropomorphen Passepartouts oder Nachruf auf ein literaturkritisches Phantom? Überlegungen und Alternativen zum Konzept des »implied author«. In: DVjs 67 (1993), S. 1-25.
OELLERS, Norbert 1982a: Angleichung, Normalisierung, Restitution. Die Editio hybrida als Schicksal der deutschen Klassiker? In: Oellers / Steinecke 1982, S. 29-42.
OELLERS, Norbert / Hartmut STEINECKE (Hgg.) 1982b: Zeitschrift für deutsche Philologie 101 (1982), Sonderheft: Probleme neugermanistischer Edition.
OELLERS, Norbert / Hartmut STEINECKE (Hgg.) 1986: Zeitschrift für deutsche Philologie 105 (1986), Sonderheft: Editionsprobleme der Literaturwissenschaft.
OESTERREICH, P. L. 1988: Zur rhetorischen Metakritik der Philosophie. In: H. Schanze / S. Kopperschmidt (Hgg.), Rhetorik und Philosophie. München, S. 297-318.
OESTERREICH, P. L. 1990: Fundamentalrhetorik. Untersuchungen zu Person und Rede in der Öffentlichkeit. Hamburg.
OHLER, Annemarie (Hg.) 1995: Heilige Bücher. Text und Überlieferung. Freiburg i. Br.
OHLY, Friedrich 1977: Schriften zur mittelalterlichen Bedeutungsforschung. Darmstadt.
ONG, Walter J. 1987: Oralität und Literalität. Die Technologisierung des Wortes. Opladen.
OSBORNE, Harold 1981: What Is a Work of Art? In: British Journal of Aesthetics 21 (1981), S. 3-11.
OTT, Wilhelm / Hans Walter GABLER / Paul SAPPLER 1982: EDV-Fibel für Editoren. Tübingen.
OTT, Wilhelm 1990: Edition und Datenverarbeitung. In: Kraft 1990, S. 59-70.
PAECH, Joachim 1988: Literatur und Film. Stuttgart.
PAGEL, Gerda 1989/ ²1991: Lacan zur Einführung. Hamburg.
PARSONS, Terence 1980: Nonexistent Objects. New Haven, London.
PASCAL, Roy 1965: Die Autobiographie. Gehalt und Gestalt. Stuttgart. (= Sprache und Literatur, Bd. 19).
PASCAL, Roy ³1969: Autobiographie. In: W.-H. Friedrich / Walther Killy (Hgg.), Das Fischer Lexikon. Literatur II. Frankfurt a. M., S. 78-84.
PASCAL, Roy 1977: The Dual Voice. Free Indirect Speech and Its Functioning in the Nineteenth-Century European Novel. Manchester.
PATZIG, Günther 1980: Tatsachen, Normen, Sätze. Stuttgart.
PAUL, Otto / Ingeborg GLIER ⁸1970: Deutsche Metrik. München.
PAUSCH, Holger A. 1974: Die Metapher. In: Wirkendes Wort 24 (1974), S. 56-69.
PAVEL, Thomas G. 1986: Fictional Worlds. Cambridge, London.
PAVIS, Patrice 1988: Semiotik der Theaterrezeption. Tübingen.
PECH, Klaus U. 1980: Kritik der psychoanalytischen Literatur- und Kunsttheorie. Frankfurt a. M., New York u. a.
PÊCHEUX, Michel 1975: Les vérités de La Palice. Paris.
PECHLIVANOS, Miltos / Stefan RIEGER / Wolfgang STRUCK / Michael WEITZ (Hgg.) 1995: Einführung in die Literaturwissenschaft. Stuttgart, Weimar.
PEIL, Dietmar 1983: Untersuchungen zur Staats- und Herrschaftsmetaphorik in literarischen Zeugnissen von der Antike bis zur Gegenwart. München.
PEIL, Dietmar 1990: Überlegungen zur Bildfeldtheorie. In: PBB 112 (1990), S. 209-241.

PEKAR, T. 1994: Dekonstruktion. In: Historisches Wörterbuch der Rhetorik. Hg. von Gert Ueding. Tübingen, Bd. 2, Sp. 512-521.
PÉPIN, Jean 1988: Hermeneutik. In: Reallexikon für Antike und Christentum. Hg. von Theodor Klauser. Stuttgart, Bd. 14, Sp. 722-771.
PETERSEN, Julius 1939: Deutung und Wertung. In: Petersen, Die Wissenschaft von der Dichtung. Berlin, S. 248-274.
PETERSEN, Jürgen H. 1991: Der deutsche Roman der Moderne. Grundlegung, Typologie, Entwicklung. Stuttgart.
PETERSEN, Jürgen H. 1993: Erzählsysteme. Eine Poetik epischer Texte. Stuttgart, Weimar.
PFEIFFER, Joachim [17]1967: Wertung. In: Pfeiffer, Umgang mit Dichtung. Eine Einführung in das Verständnis des Dichterischen. Hamburg.
PFEIFFER, Joachim 1989: Literaturpsychologie 1945-1987. Eine systematische und annotierte Bibliographie. Hg. in Verbindung mit Wolfram Mauser und Bernd Urban. Würzburg.
PFEIFFER, Karl Ludwig 1990: Zum systematischen Stand der Fiktionstheorie. In: Journal of General Philosophy of Science 21 (1990), S. 135-156.
PFEIFFER-RUPP, Rüdiger 1984: Graphostilistik. In: Spillner 1984, S. 101-119.
PFISTER, Manfred 1977/[3]1982: Das Drama. Theorie und Analyse. München. (= UTB 580).
PIEPER, Ursula 1979: Über die Aussagekraft statistischer Methoden für die linguistische Stilanalyse. Tübingen. (= Ars linguistica, Bd. 5).
PIETZCKER, Carl 1974: Zum Verhältnis von Traum und literarischem Kunstwerk. In: Cremerius 1974, S. 57-69.
PIETZCKER, Carl 1985a: Einführung in die Psychoanalyse des literarischen Kunstwerks am Beispiel von Jean Pauls »Rede des toten Christus«. Würzburg.
PIETZCKER, Carl 1985b: Zur Psychoanalyse der literarischen Form. In: Pietzcker, Trauma, Wunsch und Abwehr. Psychoanalytische Studien zu Goethe, Jean Paul, Brecht, zur Atomliteratur und zur literarischen Form. Würzburg, S. 191-215.
PIETZCKER, Carl 1990a: Literarische Form. Eine durchlässige Grenze. In: Freiburger literaturpsychologische Gespräche. Hg. von Bernd Urban und Wolfram Mauser. Bd. 9: Die Psychoanalyse der literarischen Form(en), S. 64-91.
PIETZCKER, Carl 1990b: Überblick über die psychoanalytische Forschung zur literarischen Form. In: Freiburger literaturpsychologische Gespräche. Hg. von Bernd Urban und Wolfram Mauser. Bd. 9: Die Psychoanalyse der literarischen Form(en), S. 9-32.
PIETZCKER, Carl 1992: Lesend interpretieren. Zur psychoanalytischen Deutung literarischer Texte. Würzburg.
PILZ, Georg / Erich KAISER (Hgg.) 1976: Literarische Wertung und Wertungsdidaktik. Kronberg i. Ts.
PINKAL, Manfred 1991: Vagheit und Ambiguität. In: Armin von Stechow / Dieter Wunderlich (Hgg.), Semantik. Berlin, New York, S. 250-269. (= Handbücher zur Sprach- und Kommunikationswissenschaft, Bd. 6).
PLATZ, Norbert H. 1986: Die Beeinflussung des Lesers. Untersuchungen zum pragmatischen Wirkungspotential viktorianischer Romane zwischen 1844 und 1872. Tübingen. (= Buchreihe der Anglia, Bd. 25).
PLETT, Heinrich Franz (Hg.) 1977a: Rhetorik. Kritische Positionen zum Stand der Forschung. München.

Plett, Heinrich Franz 1977b: Die Rhetorik der Figuren. Zur Systematik, Pragmatik und Ästhetik der »elocutio«. In: Plett 1977a, S. 125-165.

Plett, Heinrich Franz [2]1979: Textwissenschaft und Textanalyse. Semiotik, Linguistik, Rhetorik. Heidelberg. (= UTB 328).

Plett, Heinrich Franz (Hg.) 1991: Intertextuality. Berlin, New York.

Plumpe, Gerhard 1985: Systemtheorie und Literaturgeschichte. Mit Anmerkungen zum Deutschen Realismus im 19. Jahrhundert. In: Gumbrecht / Link-Heer 1985, S. 251-264.

Plumpe, Gerhard 1990: Der tote Blick. Zum Diskurs der Photographie in der Zeit des Realismus. München.

Plumpe, Gerhard 1993: Ästhetische Kommunikation der Moderne. Bd. 1: Von Kant bis Hegel. Bd. 2: Von Nietzsche bis zur Gegenwart. Opladen.

Polheim, Karl Konrad 1985: Ist die Textkritik noch kritisch? In: Georg Stötzel (Hg.), Germanistik. Forschungsstand und Perspektiven. Vorträge des Deutschen Germanistentages 1984. Teil 2: Ältere Deutsche Literatur. Neuere Deutsche Literatur. Berlin, New York, S. 324-336.

Polheim, Karl Konrad 1991: Der Textfehler. Begriff und Problem. In: editio 5 (1991), S. 38-54.

Pomorska, R. 1983: The Legacy of the OPOJAZ. In: Russian Literature 14 (1983), S. 229-239.

Ponton, R. 1988: Geburt des psychologischen Romans. Kulturelles Kapital, soziales Kapital und literarische Strategie Ende des 19. Jahrhunderts in Frankreich. In: Sprache im technischen Zeitalter 26 (1988), S. 42-66.

Popper, Karl R. [5]1979: Das Elend des Historizismus. Tübingen.

Posner, Roland 1972: Strukturalismus in der Gedichtinterpretation. Textdeskription und Rezeptionsanalyse am Beispiel von Baudelaires »Les Chats«. In: Blumensath 1972, S. 202-242.

Postman, Neil 1985: Amusing Ourselves to Death. Public Discourse in the Age of Show Business. New York. Dt. 1985: Wir amüsieren uns zu Tode. Urteilsbildung im Zeitalter der Unterhaltungsindustrie. Frankfurt a. M.

Propp, Vladimir 1972/1975 (2. erw. Aufl.): Morphologie des Märchens. Hg. von Karl Eimermacher. Frankfurt a. M. [Zuerst russ. 1929].

Ptassek, P. 1993: Rhetorische Rationalität. Stationen einer Verdrängungsgeschichte von der Antike bis zur Neuzeit. München.

Püschel, Ulrich 1976: Überlegungen zu einer Stiltypologie. In: Heinrich Weber / Harald Weydt (Hgg.), Sprachtheorie und Pragmatik. Akten des 10. Linguistischen Kolloquiums Tübingen 1975. Tübingen, S. 223-234.

Quandt, Siegfried / Hans Süssmuth (Hgg.) 1982: Historisches Erzählen. Formen und Funktionen. Göttingen.

Quasthoff, Ute 1980: Erzählen in Gesprächen. Tübingen.

Quintilian 1975: Institutionis Oratoriae Libri. Ausbildung des Redners. Hg. und übersetzt von H. Rahn. Darmstadt.

Raitz, Walter / Erhard Schütz (Hgg.) 1976: Der alte Kanon neu. Zur Revision des literarischen Kanons in Wissenschaft und Unterricht. Opladen.

Reese, Walter 1980: Literarische Rezeption. Stuttgart. (= Sammlung Metzler, Bd. 194).

Reh, Albert M. 1990: Psychoanalytische Literaturbetrachtung. In: Zoran Konstantinović / A. M. R. / Karol Sauerland (Hgg.), Literaturwissenschaftliche Betrachtungsweisen I. Frankfurt a. M., Bern u. a., S. 51-102.

Rehbock, Helmut 1980: Art. »Rhetorik«. In: H. P. Althaus / H. Henne / H. E. Wiegand (Hgg.), Lexikon der Germanistischen Linguistik. Tübingen, S. 293-303.

Rehm, Walther 1964a: Mottostudien. Kierkegaards Motti. In: Rehm 1964, S. 215-248.

Rehm, Walther 1964b: Jean Pauls vergnügtes Notenleben oder Notenmacher und Notenleser. In: Rehm 1964, S. 7-96.

Rehm, Walther 1964: Späte Studien. Bern, München.

Reich-Ranicki, Marcel 1994: Die Anwälte der Literatur. Stuttgart.

Reichel, Peter 1993: Der schöne Schein des Dritten Reiches. Faszination und Gewalt des Faschismus. Frankfurt a. M.

Reiss, Katharina / Hans J. Vermeer 1984: Grundlegung einer allgemeinen Translationstheorie. Tübingen. (= Linguistische Arbeiten, Bd. 147).

Renner, Rolf Günter / Engelbert Habekost (Hgg.) 1995: Lexikon literaturtheoretischer Werke. Stuttgart.

Reuss, Roland / Peter Staengle 1995: Einleitung. In: Reuß / Staengle (Hgg.), Franz Kafka. Historisch-kritische Ausgabe sämtlicher Handschriften, Drucke und Typoskripte. Basel, Frankfurt a. M.

Rickheit, Gert / Hans Strohner 1993: Grundlagen der kognitiven Sprachverarbeitung. Tübingen, Basel.

Ricœur, Paul 1965: De l'interprétation. Essais sur Freud. Paris. Dt.: zuerst 1969, erneut: Ricœur 1974.

Ricœur, Paul 1969: Le conflit des interprétations. Essais d'herméneutique. Paris. Dt.: Ricœur 1973.

Ricœur, Paul 1970: Qu'est-ce qu'un texte ? Expliquer et comprendre. In: Rüdiger Bubner (Hg.), Hermeneutik und Dialektik II. Hans-Georg Gadamer zum 70. Geburtstag. Tübingen, S. 181-200.

Ricœur, Paul 1973: Hermeneutik und Strukturalismus. Der Konflikt der Interpretationen I. München.

Ricœur, Paul 1974: Die Interpretation. Ein Versuch über Freud. Frankfurt a. M.

Ricœur, Paul 1975: La métaphore vivante. Paris. Dt.: Ricœur 1986a.

Ricœur, Paul 1983-1985: Temps et récit. 3 Bde. Paris. Dt.: Ricœur 1988-1991.

Ricœur, Paul 1984: La configuration du temps. Paris.

Ricœur, Paul 1986a: Die lebendige Metapher. München. (= Übergänge, Bd. 12). Ricœur, Paul 1986b: Du texte à l'action. Essais d'herméneutique II. Paris.

Ricœur, Paul 1988-1991: Zeit und Erzählung. 3 Bde. München.

Ricœur, Paul 1989/1991: Le temps raconté. 2 Bde. Paris.

Riesel, Elise 1954: Abriß der deutschen Stilistik. Moskau.

Riesel, Elise 1963 (2., durchges. Aufl.): Stilistik der deutschen Sprache. Moskau. [Zuerst 1959].

Riesel, Elise 1964: Der Stil der deutschen Alltagsrede. Moskau.

Riffaterre, Michael 1959: Criteria for Style Analysis. In: Word 15 (1959), S. 154-174.

Riffaterre, Michael 1960: Stylistic Context. In: Word 16 (1960), S. 207-218.

Riffaterre, Michael 1961: Vers la définition linguistique du style. In: Word 17 (1961), S. 318-344.

Riffaterre, Michael 1964: The stylistic function. In: Horace G. Lunt (Hg.), Proceedings of the Ninth International Congress of Linguists (Cambridge ,

Aug. 27-31, 1962). London, The Hague, Paris, S. 316-323. (= Janua linguarum. Serie maior, Bd. 12).

RIFFATERRE, Michael 1970: Describing Poetic Structures. Two Approaches to Baudelaire's »Les Chats«. In: Ehrmann ²1970.

RIFFATERRE, Michael 1973: Strukturale Stilistik. München. [Zuerst frz. 1971].

RIFFATERRE, Michael 1983: Textproduction. New York. [Zuerst 1979].

RIMMON-KENAN, Shlommith 1983: Narrative Fiction. Contemporary Poetics. London, New York.

ROGGE, Helmut 1966: Fingierte Briefe als Mittel politischer Satire. München.

ROH, Franz 1993: Der verkannte Künstler. Studien zur Geschichte und Theorie des kulturellen Mißverstehens. Köln. [Zuerst 1948].

ROHNER, Ludwig 1966: Der deutsche Essay. Materialien zur Geschichte und Ästhetik einer literarischen Gattung. Neuwied, Berlin.

ROMBACH, Heinrich 1971: Strukturontologie. Eine Phänomenologie der Freiheit. München.

ROSE, G. J. ²1986: The Power of Form. A Psychoanalytic Approach to Aesthetic Form. New York.

ROTHE, Arnold 1986: Der literarische Titel. Funktionen, Formen, Geschichte. Frankfurt a. M.

RUBIN, Gayle 1975: The Traffic in Women. Notes on the »Political Economy« of Sex. In: Rayna R. Reiter (Hg.), Toward an Anthropology of Women. New York, S. 157-210.

RÜDIGER, Horst (Hg.) 1973: Literatur und Dichtung. Versuch einer Begriffsbestimmung. Stuttgart u. a.

RUH, Kurt 1978: Votum für eine überlieferungskritische Editionspraxis. In: L. Hödl / D. Wuttke, Probleme der Edition mittel- und neulateinischer Texte. Kolloquium der DFG Bonn 1973. Boppard, S. 35-40.

RUH, Kurt 1985: Überlieferungsgeschichte mittelalterlicher Texte als methodischer Ansatz zu einer erweiterten Konzeption von Literaturgeschichte. In: Ruh (Hg.), Überlieferungsgeschichtliche Prosaforschung. Tübingen, S. 262-272.

RUSCH, Gebhardt 1987: Autopoiesis, Literatur, Wissenschaft. Was die Kognitionstheorie für die Literaturwissenschaft besagt. In: Schmidt 1987, S. 374-400.

RUSSELL, Bertrand 1905: On Denoting. In: Mind 14 (1905), S. 479-493.

RUSSELL, William M. 1971: Linguistic Stylistics. In: Linguistics (1971), S. 75-82

RUSTERHOLZ, Peter 1970: Die Trauerspiele der Zeit und das Lustspiel der Ewigkeit. Andreas Gryphius. In: Rusterholz, Theatrum vitae humanae. Funktion und Bedeutungswandel eines politischen Bildes. Studien in den Dichtungen von Andreas Gryphius, Christian Hofmann von Hofmannswaldau und Daniel Casper von Lohenstein. Berlin, S. 25-77. (= Philologische Studien und Quellen, Bd. 51).

RUSTERHOLZ, Peter 1977: Faktoren der Sinnkonstitution in semiotischer Sicht. In: Kaspar H. Spinner (Hg.), Zeichen, Text, Sinn. Zur Semiotik des literarischen Verstehens. Göttingen, S. 78-124.

RUSTERHOLZ, Peter 1979a: Zum Problem des adäquaten Textverstehens. In: Ulrich Nassen (Hg.), Studien zur Entwicklung einer materialen Hermeneutik. München, S. 234-253.

RUSTERHOLZ, Peter 1979b: Semiotik und Hermeneutik. In: Ulrich Nassen (Hg.), Texthermeneutik. Aktualität, Geschichte, Kritik. Paderborn, München, S. 37-57.

Rusterholz, Peter 1993: Über die Interpretierbarkeit der Texte. In: Zeitschrift für Semiotik 15 (1993), S. 303-317.

Ruttkowski, Wolfgang Viktor 1968: Die literarischen Gattungen. Reflexionen über eine modifizierte Fundamentalpoetik. Bern, München.

Ruwet, N. 1963: L'analyse structurale de la poésie. In: Linguistics (1963), S. 38ff.

Ryle, Gilbert / R. B. Braithwaite / George E. Moore 1933: Imaginary Objects. In: Proceedings of the Aristotelian Society, Suppl. 12 (1933), S. 18-70.

Ryner, K. / A. Pollatsek 1989: The Psychology of Reading. Englewood Cliffs.

Sachs, Hanns 1951: The Creative Unconscious. Cambridge.

Samuels, Andrew 1989: Jung und seine Nachfolger. Neuere Entwicklungen der Analytischen Psychologie. Stuttgart.

Sanders, Barry 1994: A is for Ox. Violence, Electronic Media, and the Silencing of Written Word. New York. Dt. 1995: Der Verlust der Sprachkultur. Frankfurt a. M.

Sanders, Willy 1973: Linguistische Stiltheorie. Probleme, Prinzipien und moderne Perspektiven des Sprachstils. Göttingen.

Sandig, Barbara 1978: Stilistik. Sprachpragmatische Grundlegung der Stilbeschreibung. Berlin, New York.

Saporta, Sol 1960: The Application of Linguistics to the Study of Poetic Language. In: Thomas A. Sebeok (Hg.), Style in Language. New York, London, S. 82-93.

Sartre, Jean Paul 1958/1981: Was ist Literatur? Hg., neu übersetzt und mit einem Nachwort von Traugott König. Reinbek [Zuerst frz. 1947/1948].

Sartre, Jean Paul 1966: Interview mit Bernard Pingaud. In: Schiwy 1969, S. 208-213.

Saussure, Ferdinand de 1967a: Grundlagen der Allgemeinen Sprachwissenschaft. Berlin. [Zuerst Vorlesung frz. 1916, Erstdruck 1931].

Saussure, Ferdinand de 1967b: Cours de linguistique générale. Édition critique par Rudolf Engler. Bd. 1. Wiesbaden.

Saussure, Ferdinand de 1972: Cours de linguistique générale. Publié par Charles Bally et Albert Sechehaye. Édition critique préparée par Tullio de Mauro. Paris.

Savile, Anthony 1983: Beauty and Attachment. In: Eva Schaper (Hg.), Pleasure, Preference and Value. Studies in Philosophical Aesthetics. Cambridge, S. 99-119.

Schabert, Ina 1995: »Gender« als Kategorie einer neuen Literaturgeschichtsschreibung. In: Hadumod Bußmann / Renate Hof (Hgg.), Genus. Zur Geschlechterdifferenz in den Kulturwissenschaften. Stuttgart, S. 162-204.

Schäfer, Jürgen 1975: Die Krise der Shakespeare-Edition. München. (= Schriften der Phil. Fachbereiche der Universität Augsburg, Bd. 2).

Schanze, Helmut 1977: Rhetorik und Literaturwissenschaft. Zum Verhältnis von Produktionstheorie und Analysesystem von Texten im 18. Jahrhundert. In: Plett 1977, S. 62-76.

Scharfenschwerdt, Jürgen 1977: Grundprobleme der Literatursoziologie. Ein wissenschaftsgeschichtlicher Überblick. Stuttgart.

Scheffer, Bernd 1992: Interpretation und Lebensroman. Zu einer konstruktivistischen Literaturtheorie. Frankfurt a. M.

Scheffer, Bernd 1993: Interpretation und Blamage. »Vor dem Gesetz« – Präambeln aus konstruktivistischer Sicht. In: Bogdal 1993, S. 140-158.

SCHEIBE, Siegfried 1971: Zu einigen Grundprinzipien einer historisch-kritischen Ausgabe. In: Martens / Zeller 1971, S. 1-44.

SCHEIBE, Siegfried u. a. 1988a: Vom Umgang mit Editionen. Eine Einführung in Verfahrensweisen und Methoden der Textologie. Berlin.

SCHEIBE, Siegfried 1988b: Zur Anwendung der synoptischen Variantendarstellung bei komplizierter Prosaüberlieferung. Mit einem Beispiel aus Franz Fühmanns »Das Judenauto«. In: editio 2 (1988), S. 142-191.

SCHEIBE, Siegfried 1990: Probleme der Autorisation in der textologischen Arbeit. In: editio 4 (1990), S. 57-72.

SCHEIBE, Siegfried 1991a: Editorische Grundmodelle. In: Siegfried Scheibe / Christel Laufer (Hgg.), Zu Werk und Text. Beiträge zur Textologie. Berlin, S. 23-60.

SCHEIBE, Siegfried 1991b: Zu einigen theoretischen Aspekten der Textkonstitution. In: editio 5 (1991), S. 28-37.

SCHELER, Max 1916: Der Formalismus in der Ethik und die materiale Wertethik. Berlin.

SCHEMME, Wolfgang 1975: Trivialliteratur und literarische Wertung. Stuttgart.

SCHENDA, Rudolf 1977: Volk ohne Buch. Studien zur Sozialgeschichte der populären Lesestoffe 1770-1910. München. [Zuerst 1970].

SCHENDA, Rudolf 1993: Vom Mund zum Ohr. Bausteine zu einer Kulturgeschichte volkstümlichen Erzählens in Europa. Göttingen.

SCHERER, Wilhelm 1874: Vorträge und Aufsätze zur Geschichte des geistigen Lebens in Deutschland und Österreich. Berlin.

SCHERER, Wilhelm 1983: Geschichte der deutschen Literatur. Berlin. [Zuerst 1883].

SCHERPE, Klaus R. 1968: Gattungspoetik im 18. Jahrhundert. Historische Entwicklung von Gottsched bis Herder. Stuttgart.

SCHEUER, Helmut 1979: Biographie. Studien zur Funktion und zum Wandel einer literarischen Gattung vom 18. Jahrhundert bis zur Gegenwart. Stuttgart.

SCHILLEMEIT, Jost 1987: Korrekturen in Kafkas Manuskripten und ihre Darstellung in der Kritischen Kafka-Ausgabe. In: Werner / Woesler 1987, S. 93-106.

SCHINGS, Hans Jürgen 1966: Die patristische und stoische Tradition bei Andreas Gryphius. Köln, Graz. (= Kölner germanistische Studien, Bd. 2).

SCHISSLER, Hanna 1992: Männerstudien in den USA. In: Geschichte und Gesellschaft 18 (1992), S. 204-220.

SCHIWY, Günther 1969: Der französische Strukturalismus. Reinbek.

SCHIWY, Günther 1971: Neue Aspekte des Strukturalismus. München.

SCHIWY, Günther 1973: Strukturalismus und Zeichensysteme. München.

SCHLAFFER, Heinz 1975: Die Entstehung des hermeneutischen Bewußtseins. Eine historische Kritik an Gadamers »Wahrheit und Methode«. In: LiLi 5 (1975), Heft 17, S. 62-73.

SCHLAFFER, Heinz 1990: Poesie und Wissen. Die Entstehung des ästhetischen Bewußtseins und der philologischen Erkenntnis. Frankfurt a. M.

SCHLAWE, F. 1969: Die Briefsammlungen des 19. Jahrhunderts. Bibliographie der Briefausgaben und Gesamtregister der Briefschreiber und Briefempfänger 1815 bis 1915. 2 Halbbde. Stuttgart.

SCHLEIERMACHER, Friedrich Daniel Ernst 1959: Hermeneutik. Hg. von Heinz Kimmerle. Heidelberg. [Abhandlungen der Heidelberger Akademie der Wissenschaften. Philosophisch-historische Klasse].

SCHLEIERMACHER, Friedrich Daniel Ernst 1977: Hermeneutik und Kritik. Hg. von Manfred Frank. Frankfurt a. M.

Schleiermacher, Friedrich Daniel Ernst 1985: Allgemeine Hermeneutik von 1809/10. Hg. von Wolfgang Virmond. In: Internationaler Schleiermacher-Kongreß Berlin 1984. Hg. von Kurt-Victor Selge. Berlin, New York, Bd. 2, S. 1269-1310.

Schlenker, Wolfram 1977: Das »Kulturelle Erbe« in der DDR. Gesellschaftliche Entwicklung und Kulturpolitik 1945-1965. Stuttgart.

Schlieben-Lange, Brigitte (Hg.) 1985: Lesen – historisch. In: LiLi 15 (1985), Heft 57/58.

Schlobach, J. 1980: Zyklentheorie und Epochenmetaphorik. Studien zur bildlichen Sprache der Geschichtsreflexion in Frankreich von der Renaissance bis zur Frühaufklärung. München.

Schlütter, Hans-Jürgen 1966: Der Rhythmus im strengen Knittelvers des 16. Jahrhunderts. In: Euphorion 60 (1966), S. 48-90.

Schmid, Herta 1975: Entwicklungsschritte zu einer modernen Dramentheorie im russischen Formalismus und tschechischen Strukturalismus. In: Aloysius van Kesteren / Herta Schmid (Hgg.), Moderne Dramentheorie. Kronberg, S. 7-40.

Schmid, Herta 1982: Die »Semantische Geste« als Schlüsselbegriff des Prager literaturwissenschaftlichen Strukturalismus. In: Elrud Ibsch (Hg.), Schwerpunkte der Literaturwissenschaft außerhalb des deutschen Sprachraums. Amsterdam, S. 209-259. (= Amsterdamer Beiträge zur Neueren Germanistik, Bd. 15).

Schmid, Wolf 1977: Der ästhetische Inhalt. Amsterdam.

Schmid, Wolf / W.-D. Stempel (Hgg.) 1983: Dialog der Texte. Wien.

Schmid, Wolf 1994: Ornamentales Erzählen in der russischen Moderne. Frankfurt a. M. u. a.

Schmidt, Reiner 1980: Deutsche Ars Poetica. Zur Konstituierung einer deutschen Poetik aus humanistischem Geist im 17. Jahrhundert. Meisenheim am Glan. (= Deutsche Studien, Bd. 34).

Schmidt, Siegfried J. 1975: Versuch einer pragmatischen Interpretation des Ausdrucks »Fiktionalität«. In: Schmidt, Literaturwissenschaft als argumentierende Wissenschaft. Zur Grundlegung einer rationalen Literaturwissenschaft. München, S. 170-190.

Schmidt, Siegfried J. 1980/1991: Grundriß der Empirischen Literaturwissenschaft. Bd. 1: Der gesellschaftliche Handlungsbereich Literatur. Braunschweig, Wiesbaden. [1991: Frankfurt a. M.]

Schmidt, Siegfried J. / A. Barsch 1981: Generative Phonologie und Generative Metrik. Rekonstruktive Untersuchungen auf der Grenze zwischen Linguistik und Literaturwissenschaft. Opladen.

Schmidt, Siegfried J. 1982a: Grundriß der Empirischen Literaturwissenschaft. Bd. 2: Zur Rekonstruktion literaturwissenschaftlicher Fragestellungen in einer Empirischen Theorie der Literatur. Braunschweig, Wiesbaden.

Schmidt, Siegfried J. 1982b: Die Empirische Literaturwissenschaft. Ein neues Paradigma. In: Spiel 1 (1982), Heft 1, S. 5-25.

Schmidt, Siegfried J. 1985: On Writing Histories of Literature. Some Remarks from a Constructivist Point of View. In: Poetics 14 (1985), S. 279-301.

Schmidt, Siegfried J. (Hg.) 1987: Der Diskurs des Radikalen Konstruktivismus. Frankfurt a. M.

Schmidt, Siegfried J. 1988: Diskurs und Literatursystem. Konstruktivistische Alternativen zu diskurstheoretischen Alternativen. In: Fohrmann / Müller, S. 134-160.

SCHMIDT, Siegfried J. 1989: Die Selbstorganisation des Sozialsystems Literatur im 18. Jahrhundert. Frankfurt a. M.

SCHMIDT, Siegfried J. 1990: Der beobachtete Beobachter. Zu Text, Kommunikation und Verstehen. In: V. Riegas / Ch. Vetter (Hgg.), Zur Biologie der Kognition. Frankfurt a. M., S. 308-328.

SCHMIDT, Siegfried J. (Hg.) 1993: Literaturwissenschaft und Systemtheorie. Positionen, Kontroversen, Perspektiven. Opladen.

SCHMIDT, Siegfried J. 1995: Vom Text zum Literatursystem. Skizze einer konstruktivistischen (empirischen) Literaturwissenschaft. In: Heinz von Foerster u. a., Einführung in den Konstruktivismus. München, Zürich, S. 147-166. [Zuerst 1985].

SCHMITT, Hans-Jürgen (Hg.) 1973: Die Expressionismusdebatte. Materialien zu einer marxistischen Realismuskonzeption. Frankfurt a. M.

SCHNEIDER, Manfred 1987: Luther mit McLuhan. Zur Medientheorie und Semiotik heiliger Zeichen. In: Diskursanalysen 1. Medien. Hg. von Friedrich Kittler u. a. Opladen, S. 13-25.

SCHNUR, Harald 1994: Schleiermachers Hermeneutik und ihre Vorgeschichte im 18. Jahrhundert. Studien zur Bibelauslegung, zu Hamann, Herder und F. Schlegel. Stuttgart, Weimar.

SCHNUR-WELLPOTT, Margrit 1983: Aporien der Gattungstheorie aus semiotischer Sicht. Tübingen.

SCHOBER, Rita 1968: Im Banne der Sprache. Strukturalismus in der Nouvelle Critique, speziell bei Roland Barthes. Halle.

SCHOBER, Rita 1973: Zum Problem der literarischen Wertung. In: WB 19 (1973), S. 10-53.

SCHOLES, R. 1974: Structuralism in Literature. An Introduction. New Haven, London.

SCHOLZ, Bernhard F. [3]1987: Literarischer Kanon und literarisches System. In: Günter Berger / Hans-Jürgen Lüsebrink (Hgg.), Literarische Kanonbildung in der Romania. Rheinfelden, S. 55-85.

SCHOLZ, O. R. 1988: Fiktionale Welten, mögliche Welten und Wege der Referenz. In: Peter Finke / Siegfried J. Schmidt (Hgg.), Analytische Literaturwissenschaft. Braunschweig, S. 69-85.

SCHÖN, Erich 1987: Der Verlust der Sinnlichkeit oder Die Verwandlung des Lesers. Mentalitätswandel um 1800. Stuttgart.

SCHÖN, Erika 1990: Die Leser erzählen lassen. Eine Methode in der aktuellen Rezeptionsforschung. In: IASL 15 (1990), S. 193-201.

SCHÖNAU, Walter 1991: Einführung in die psychoanalytische Literaturwissenschaft. Stuttgart. (= Sammlung Metzler, Bd. 259).

SCHÖNE, Albrecht 1967: Über Goethes Brief an Behrisch vom 10. November 1767. In: Benno von Wiese / H. Singer (Hgg.), Festschrift für Richard Alewyn. Köln, Graz, S. 193-229.

SCHÖNE, Albrecht [2]1968: Säkularisation als sprachbildende Kraft. Studien zur Dichtung deutscher Pfarrerssöhne. Göttingen. (= Palaestra, Bd. 226).

SCHÖNE, Albrecht 1986: Eröffnungsrede. In: Schöne (Hg.), Akten des VII. Internationalen Germanisten-Kongresses Göttingen 1985. Kontroversen, alte und neue. Tübingen. Bd. 1, S. 9-14.

SCHÖNE, Albrecht 1993a (3. Aufl. mit Anm.): Emblematik und Drama im Zeitalter des Barock. München. [Zuerst 1964].

SCHÖNE, Albrecht ³1993b: Götterzeichen, Liebeszauber, Satanskult. Neue Einblicke in alte Goethetexte. München. [Zuerst 1982].
SCHÖNERT, Jörg 1985: The Social History of German Literature. On the Present State of Distress in the Social History of German Literature. In: Poetics 14 (1985), S. 303-319.
SCHRADER, Hans-Jürgen 1989: Literaturproduktion und Büchermarkt des radikalen Pietismus. Johann Heinrich Reitz' »Historie der Wiedergebohrnen« und ihr geschichtlicher Kontext. Göttingen. (= Palaestra, Bd. 283).
SCHRADER, Monika 1987: Theorie und Praxis literarischer Wertung. Literaturwissenschaftliche und -didaktische Theorien und Verfahren. Berlin, New York.
SCHREIBER, Jens 1985: Word-Engineering. Informationstechnologie und Dichtung. In: Jochen Hörisch / Hubert Winkels (Hgg.), Das schnelle Altern der Literatur. Essays zu deutschsprachigen Texten zwischen 1968 und 1984. Düsseldorf, S. 287-305.
SCHRÖDER, Hartmut 1993: Semiotische Aspekte multimedialer Texte. In: Schröder (Hg.), Fachtextpragmatik. Tübingen, S. 181-213. (= Forum für Fremdsprachenforschung, Bd. 19).
SCHÜCKING, Levin L. 1961 (3., neu bearb. Aufl.): Soziologie der literarischen Geschmacksbildung. Bern, München.
SCHULTE-SASSE, Jochen 1976 (2., völlig neu bearb. Aufl.): Literarische Wertung. Stuttgart. (= Sammlung Metzler, Bd. 98).
SCHULTE-SASSE, Jochen / Renate WERNER 1977a: E. Marlitts »Im Hause des Kommerzienrates«. Analyse eines Trivialromans in paradigmatischer Absicht. In: Eugenie Marlitt, Im Hause des Kommerzienrates. München, S. 389-434.
SCHULTE-SASSE, Jochen / Renate WERNER (Hgg.) 1977b: Einführung in die Literaturwissenschaft. München.
SCHULTE-SASSE, Jochen 1979: Literarischer Kitsch. Texte zu seiner Theorie, Geschichte und Einzelinterpretation. Tübingen. (= Deutsche Texte, Bd. 52).
SCHULTZ, U. 1965 (Hg.): Das Tagebuch und der moderne Autor. München.
SCHULZ-BUSCHHAUS, Ulrich 1988: Kanonbildung in Europa. In: Hans-Joachim Simm (Hg.), Literarische Klassik. Frankfurt a. M., S. 45-68.
SCHUPPENHAUER, Claus 1970: Der Kampf um den Reim in der deutschen Literatur des 18. Jahrhunderts. Bonn.
SCHÜTT, Julian 1995: Staigers Maß. In: Weltwoche Supplement Nr. 8.
SCHÜTZ, Erhard (Hg.) 1991: HighTech – LowLit? Literatur und Technik. Autoren und Computer. Essen.
SCHÜTZ, Erhard 1992: Postscriptum oder Ewige Vergangenheiten. Schriftzukunft in der Zukunftsliteratur. In: Erhard Schütz / Klaus Siebenhaar (Hgg.), Vergangene Zukunft. Bonn, S. 177-199.
SCHÜTZ, H. 1989: Das Theater der Embleme. In: Kunstforum International 102 (1989), S. 48-131.
SCHÜTZE, Fritz 1976: Zur soziologischen und linguistischen Analyse von Erzählungen. In: Internationales Jahrbuch für Wissens- und Religionssoziologie 10 (1976), S. 7-42.
SCHWANITZ, Dietrich 1990: Systemtheorie und Literatur. Ein neues Paradigma. Opladen.
SCHWEIKLE, Günther 1985: Zur Edition mittelhochdeutscher Lyrik. Grundlagen und Perspektiven. In: Zeitschrift für deutsche Philologie 104 (1985), Sonderheft, S. 2-18.

SCHWEINITZ, Jörg (Hg.) 1992: Prolog vor dem Film. Nachdenken über ein neues Medium 1909-1914. Leipzig.
SCOTT, Joan Wallace 1988: Gender. A Useful Category of Historical Analysis. In: Scott, Gender and the Politics of History. New York, S. 28-50.
SEARLE, John R. 1975: The Logical Status of Fictional Discourse. In: New Literary History 6 (1975), S. 319-332.
SEIDEL, Gerhard 1970/1977 (erw. Neuausgabe): Die Funktions- und Gegenstandsbedingtheit der Edition. Untersucht an poetischen Werken Bertolt Brechts. Berlin. [Erw. Neuausgabe unter dem Titel: Bertolt Brecht – Arbeitsweise und Edition. Das literarische Werk als Prozeß. Berlin.]
SEIDLER, Herbert 1959: Die Dichtung. Wesen, Form, Dasein. Stuttgart.
SEIDLER, Herbert 1969: Beiträge zur methodologischen Grundlegung der Literaturwissenschaft. Zum Wertungsproblem in der Literaturwissenschaft. Der Ambivalenzbegriff in der Literaturwissenschaft. In: Jahrbuch der Österreichischen Akademie der Wissenschaften. Phil.-hist. Kl. 262, Abh. 3. Wien, Köln, Graz, S. 5-31.
SEIFFERT, Hans Werner [2]1963: Untersuchungen zur Methode der Herausgabe deutscher Texte. Berlin. (= Dt. Akademie der Wissenschaften, Veröffentlichungen des Instituts für deutsche Sprache und Literatur, Bd. 28).
SEILER, Bernd W. 1988: »Effi, du bist verloren!« Vom fragwürdigen Liebreiz der Fontaneschen Effi Briest. In: Diskussion Deutsch 19 (1988), S. 586-605.
SEUFFERT, Bernhard 1989: Prolegomena zu einer Wieland-Ausgabe. Berlin 1905. Reprint Hildesheim. In: Abhandlungen der preußischen Akademie der Wissenschaften, Heft 3 und 4.
SHOWALTER, Elaine 1977: A Literature of Their Own. British Women Novelists from Brontë to Lessing. Princeton.
SHOWALTER, Elaine 1979: Towards a Feminist Poetics. In: Mary Jacobus (Hg.), Women Writing and Writing About Women. London, S. 22-41.
SIBLEY, Frank 1965: Ästhetisch und nicht-ästhetisch. In: Bittner / Pfaff 1977, S. 134-155.
SIEGEL, H. 1981: Sowjetische Literaturtheorie 1917-1940. Stuttgart.
SILBERMANN, Alphons 1967: Kunst. In: Fischer Lexikon, Soziologie. Frankfurt a. M., S. 156-166.
SILBERMANN, Alphons 1981: Einführung in die Literatursoziologie. München.
ŠKLOVSKIJ, Viktor 1919: Kunst als Verfahren. In: Striedter [3]1981, S. 3-35.
ŠKLOVSKIJ, Viktor 1966a: Theorie der Prosa. Frankfurt a. M. [Zuerst russ. 1925, erweiterte Neuaufl. 1989].
ŠKLOVSKIJ [Schklovski], Viktor 1966b: Schriften zum Film. Frankfurt a. M.
SNELL, Bruno [4]1975: Aristophanes und die Ästhetik. In: Snell, Entdeckung des Geistes. Göttingen, S. 111-126.
SNELL, Bruno 1982 (4., neubearb. Aufl.): Griechische Metrik. Göttingen.
SNELL-HORNBY, Mary (Hg.) 1986: Übersetzungswissenschaft. Eine Neuorientierung zur Integrierung von Theorie und Praxis. Tübingen. (= UTB 1415).
SOWINSKI, Bernhard 1973: Deutsche Stilistik. Beobachtungen zur Sprachverwendung und Sprachgestaltung im Deutschen. Frankfurt a. M.
SPILLNER, Bernd 1974: Linguistik und Literaturwissenschaft. Stilforschung, Rhetorik, Textlinguistik. Stuttgart, Berlin, Köln, Mainz.
SPILLNER, Bernd 1976: Empirische Verfahren in der Stilforschung. In: LiLi 22 (1976), S. 16-34.

SPILLNER, Bernd 1977: Das Interesse der Linguistik an Rhetorik. In: Plett 1977, S. 93-108.
SPILLNER, Bernd 1981: Stilistische Abwandlung von topisierter Rede. In: Germanistische Linguistik 3/4 (1981), S. 61-75.
SPILLNER, Bernd 1982: Stilanalyse semiotisch komplexer Texte. Zum Verhältnis von sprachlicher und bildlicher Information in Werbeanzeigen. In: Kodikas / Code. Ars Semeiotica 4/5 (1982), S. 91-106.
SPILLNER, Bernd (Hg.) 1984a: Methoden der Stilanalyse. Tübingen.
SPILLNER, Bernd 1984b: Methoden der Stilanalyse. Forschungsstand und analytische Bibliographie. In: Spillner 1984a, S. 223-240.
SPILLNER, Bernd 1984c: Grundlagen der Phonostilistik und Phonästhetik. In: Spillner 1984a, S. 69-99.
SPINNER, Kaspar H. 1975: Die Struktur des lyrischen Ich. Frankfurt a. M.
SPITZER, Leo 1949: A Method of Interpreting Literature. Northampton. Dt. 1966: Eine Methode Literatur zu interpretieren. München.
SPITZER, Leo 1951: Wiederum Mörikes Gedicht »Auf eine Lampe«. In: Trivium. 9 (1951), S. 133-147.
SPITZER, Leo 1969: Texterklärungen. Aufsätze zur europäischen Literatur. München.
STACKMANN, Karl 1964: Mittelalterliche Texte als Aufgabe. In: Festschrift für Jost Trier zum 70. Geburtstag. Hg. von W. Foerste und K. H. Borck. Köln, Graz, S. 240-267.
STACKMANN, Karl 1979: Die Klassische Philologie und die Anfänge der Germanistik. In: H. Flashar / K. Gründer / A. Horstmann (Hgg.), Philologie und Hermeneutik im 19. Jahrhundert. Zur Geschichte und Methodologie der Geisteswissenschaften. Göttingen, S. 240-259.
STACKMANN, Karl 1993: Die Edition – Königsweg der Philologie? In: Bergmann / Gärtner 1993, S. 1-18.
STAIGER, Emil 1939: Die Zeit als Einbildungskraft des Dichters. Untersuchungen zu Gedichten von Brentano, Goethe und Keller. Zürich.
STAIGER, Emil 1946/1971/^{5}1983: Grundbegriffe der Poetik. München.
STAIGER, Emil 1955: Die Kunst der Interpretation. Studien zur deutschen Literaturgeschichte. Zürich. [Zuerst Neophilologus 35 (1951)].
STAIGER, Emil 1962: Ernst Beutler als Literarhistoriker. In: Jahrbuch des Freien Deutschen Hochstifts 1962. Tübingen, S. 1-8.
STAIGER, Emil 1967a: Literatur und Öffentlichkeit. In: Sprache im technischen Zeitalter 22 (1967), S. 90-97.
STAIGER, Emil 1967b: Friedrich Schiller. Zürich.
STAIGER, Emil 1969: The Questionable Nature of Value Problems. In: Yearbook of Comparative Criticism. Bd.2: Problems of Literary Evaluation. London, S. 205.
STAIGER, Emil 1977: Einige Gedanken zur Fragwürdigkeit des Wertproblems. In: Mecklenburg 1977, S. 103-117.
STANZEL, Franz K. 1964: Typische Formen des Romans. Göttingen.
STANZEL, Franz K. 1979/^{4}1989: Theorie des Erzählens. Göttingen. (= UTB 904).
STAROBINSKI, Jean 1973: Psychoanalyse und Literatur. Frankfurt a. M.
STEER, Georg 1985: Textgeschichtliche Edition. In: Kurt Ruh (Hg.), Überlieferungsgeschichtliche Prosaforschung. Tübingen, S. 37-52.

STEER, Georg 1993: Textkritik und Textgeschichte. Editorische Präsentation von Textprozessen. Das »Nibelungenlied«. Der »Schwabenspiegel«. Die »Predigten« Taulers. In: Bergmann / Gärtner 1993, S. 107-119.

STEGMÜLLER, Wolfgang 1974: Der sogenannte Zirkel des Verstehens. In: K. Hübner / A. Menne (Hgg.), Natur und Geschichte. 10. Deutscher Kongreß für Philosophie (Kiel 1972). Hamburg.

STEINER, George 1975: After Babel. Aspects of Language and Translation. New York, London. Dt. 1981: Nach Babel. Aspekte der Sprache und der Übersetzung. Frankfurt a. M.

STEINER, P. 1976: From Formalism to Structuralism. A Comparative Study of Russian Formalism and Prague Structuralism. Ann Arbor.

STEINER, P. 1994: Russian Formalism. A Metapoetics. Ithaca, London.

STEINHAUSEN, G. 1889/1891: Geschichte des deutschen Briefes. 2 Bde. Berlin. [Unveränderter Nachdruck Zürich 1968].

STEINWACHS, Ginka 1971: Mythologie des Surrealismus oder die Rückverwandlung von Kultur in Natur. Eine strukturale Analyse von Bretons »Nadja«. Neuwied, Berlin.

STEMPEL, Wolf Dieter 1972a: Zur formalistischen Theorie der poetischen Sprache. In: Stempel 1972b.

STEMPEL, Wolf Dieter (Hg.) 1972b: Texte der russischen Formalisten. Bd. 2. München. (= Theorie und Geschichte der Literatur und der Schönen Künste, Texte und Abhandlungen 6,2).

STEMPEL, Wolf Dieter 1978: Gestalt, Ganzheit, Struktur. Aus der Vorgeschichte des Strukturalismus in Deutschland. Göttingen.

STENZEL, Jürgen 1978: Die Begründung literarischer Werturteile und das Phänomen der Bestimmungsleistung. In: Zeitschrift für Ästhetik und allgemeine Kunstwissenschaft 23 (1978), S. 40-51.

STEPHAN, Inge 1981: »Das Natürliche hat es mir seit langem angetan«. Zum Verhältnis von Frau und Natur in Fontanes »Cécile«. In: Reinhold Grimm / Jost Hermand (Hgg.), Natur und Natürlichkeit. Stationen des Grünen in der deutschen Literatur. Königstein i. Ts., S. 118-149.

STERN, Laurent 1965/1966: Fictional Characters, Places, and Events. In: Philosophy and Phenomenological Research 26 (1965/66), S. 202-215.

STIERLE, Karlheinz 1975a: Text als Handlung. Zur systematischen Literaturwissenschaft. München.

STIERLE, Karlheinz 1975b: Was heißt Rezeption bei fiktionalen Texten? In: Poetica 7 (1975), S. 345-386.

STIERLE, Karlheinz 1982: Gibt es eine poetische Sprache? In: Poetica 14 (1982), S. 270-278.

STOLLBERG-RILINGER, Barbara 1986: Der Staat als Maschine. Zur politischen Metaphorik des absoluten Fürstenstaats. Berlin. (= Historische Forschungen, Bd. 30).

STOLT, Birgit 1984: Luthers Übersetzungstheorie und Übersetzungspraxis. In: Leben und Werk Martin Luthers von 1526 bis 1546. Festgabe zu seinem 500. Geburtstag. Hg. von Helmar Junghaus. Göttingen, S. 241-252.

STÖRIG, Hans Joachim (Hg.) [2]1973: Das Problem des Übersetzens. Darmstadt. (= Wege der Forschung, Bd. 8).

STRELKA, Joseph 1978: Probleme der literarischen Wertung. In: Strelka, Methodologie der Literaturwissenschaft. Tübingen, S. 331-339.

Striedter, Jurij (Hg.) 1969a/[2]1971/[3]1981: Russischer Formalismus. Texte zur allgemeinen Literaturtheorie und zur Theorie der Prosa. München.

Striedter, Jurij (Hg.) 1969b: Texte der russischen Formalisten. Bd. I, München. (= Theorie und Geschichte der Literatur und der Schönen Künste, Texte und Abhandlungen, Bd. 6,1).

Striedter, Jurij 1969c: Zur formalistischen Theorie der Prosa und der literarischen Evolution. In: Striedter 1969b.

Striedter, Jurij 1976: Einleitung. In: Felix Vodička, Die Struktur der literarischen Entwicklung. München, S. I-CIII. (= Theorie und Geschichte der Literatur und der Schönen Künste, Bd. 34).

Striedter, Jurij 1989: Literary Structure, Evolution, and Value. Russian Formalism and Czech Structuralism Reconsidered. Cambridge.

Strohmeyer, Fritz 1910: Der Stil der französischen Sprache. Berlin.

Strube, W. 1985: Zur Geschichte des Sprichworts »Über Geschmack läßt sich nicht streiten«. In: Zeitschrift für Ästhetik und allgemeine Kunstwissenschaft 30 (1985), S. 158-185.

Stückrath, Jörn 1979: Historische Rezeptionsforschung. Ein kritischer Versuch zu ihrer Geschichte und Theorie. Stuttgart.

Studies in Bibliography. Papers of the Bibliographical Society of the University of Virginia. Charlottesville 1948/1949 ff.

Sumpf, Joseph 1971: Introduction à la stylistique du français. Paris.

Suppan, Wolfgang 1966: Volkslied. Seine Sammlung und Erforschung. Stuttgart. (= Sammlung Metzler, Bd. 52).

Szondi, Peter 1963/1992: Theorie des modernen Dramas (1880-1950). Frankfurt a. M.

Szondi, Peter 1970: L'herméneutique de Schleiermacher. In: Poétique 2 (1970), S. 141-155. Dt. 1976: Schleiermachers Hermeneutik heute. In: Sprache im technischen Zeitalter 16 (1976), S. 95-111.

Tanselle, G. Thomas 1990: Textual Criticism and Scholarly Editing. Virginia.

Tanselle, G. Thomas 1994: Editing Without a Copy-Text. In: Studies in Bibliography 47 (1994), S. 1-22.

Tatarkiewicz, Wladyslaw 1971: What is Art? The Problem of Definition Today. In: British Journal of Aesthetics 11 (1971), S. 134-153.

Teichmann, Gottfried 1983: Psychoanalyse und Sprache. Von Saussure zu Lacan. Würzburg.

Text. Transactions of the Society for Textual Scholarship New York 1984 ff.

Thierse, Wolfgang 1985: Thesen zur Problemgeschichte des Werk-Begriffs. In: Zeitschrift für Germanistik 6 (1985), S. 441-449.

Thorne, James Peter 1969: Poetry, Stylistics and Imaginary Grammars. In: Journal of Linguistics 5 (1969), S. 147-150.

Thürnau, Donatus 1994: Gedichtete Versionen der Welt. Nelson Goodmans Semantik fiktionaler Literatur. Paderborn u. a.

Timpanaro, Sebastiano 1971 (2., erw. u. überarb. Aufl.): Die Entstehung der Lachmannschen Methode. Hamburg. [Zuerst ital. 1963].

Titzmann, Michael 1977: Strukturale Textanalyse. Theorie und Praxis der Interpretation. München. (= UTB 582).

Titzmann, Michael 1991: Skizze einer integrativen Literaturgeschichte und ihres Ortes in einer Systematik der Literaturwissenschaft. In: Titzmann

(Hg.), Modelle des literarischen Strukturwandels. Tübingen, S. 395-438. (= Studien und Texte zur Sozialgeschichte der Literatur, Bd. 33)

Todd, Janet 1988: Feminist Literary Theory. New York.

Todorov, Tzvetan (Hg.) 1965: Théorie de la littérature. Textes des formalistes russes. Paris.

Todorov, Tzvetan 1967: Littérature et signification. Paris.

Todorov, Tzvetan 1972: Poetik der Prosa. Frankfurt a. M. (= Ars poetica, Studien, Bd. 16).

Todorov, Tzvetan 1981: Mikhail Bakhtine, le principe dialogique. Suivi des écrits du cercle de Bakhtine. Paris.

Tomaševskij, Boris V. 1985: Theorie der Literatur. Poetik. Wiesbaden. [Zuerst russ. 1925].

Topitsch, Ernst 1971: Kritik der phänomenologischen Wertlehre. In: Hans Albert / Ernst Topitsch (Hgg.), Werturteilsstreit. Darmstadt, S. 26-32. (= Wege der Forschung, Bd. 175).

Toury, Gideon 1980: In Search of a Theory of Translation. Tel Aviv.

Trubetzkoy [Trubeckoj], N. S. 1973: Die gegenwärtige Phonologie [1933]. In: Naumann 1973, S. 57-80.

Turk, Horst 1976: Wirkungsästhetik. Theorie und Interpretation der literarischen Wirkung. München.

Turk, Horst (Hg.) 1979: Klassiker der Literaturtheorie. München.

Turk, Horst 1988a: Soziale und theatralische Konventionen als Problem des Dramas und der Übersetzung. In: Erika Fischer-Lichte u. a. (Hgg.), Soziale und theatralische Konventionen als Problem der Dramenübersetzung. Tübingen. (= Forum Modernes Theater, Bd. 1).

Turk, Horst 1988b: Die Schrift als Ordnungsform des Erlebens. Diskursanalytische Überlegungen zu Adalbert Stifter. In: Fohrmann / Müller 1988, S. 400-417.

Turk, Horst 1989: Probleme der Übersetzungsanalyse und der Übersetzungstheorie. In: Jahrbuch für internationale Germanistik 21 (1989), S. 8-82.

Turk, Horst (Hg.) 1992: Theater und Drama. Theoretische Konzepte von Corneille bis Dürrenmatt. Tübingen. (= Deutsche Textbibliothek, Bd. 8).

Turk, Horst 1993: Einleitung. In: Armin Paul Frank / Kurt-Jürgen Maaß / Fritz Paul / Horst Turk (Hgg.), Übersetzen, verstehen, Brücken bauen. Geisteswissenschaftliches und literarisches Übersetzen im internationalen Kulturaustausch. Berlin. (= Göttinger Beiträge zur internationalen Übersetzungsforschung, Bd. 8,1)

Turner, G. W. 1973: Stylistics. Harmondsworth.

Tynjanov, Jurij 1967: Die literarischen Kunstmittel und die Evolution der Literatur. Frankfurt a. M.

Tynjanov, Jurij 1977: Das Problem der Verssprache. München. [Zuerst russ. 1924, Nachdruck 1965].

Ueding, Gert / Bernd Steinbrink 1994 (3., überarb. u. erw. Aufl.): Grundriß der Rhetorik. Geschichte, Technik, Methode. Stuttgart.

Uffhausen, Dietrich 1975/1977: Der Wanderer. Anmerkungen zum Erstling der Frankfurter Hölderlin-Ausgabe. In: Hölderlin-Jahrbuch 19/20 (1975-1977), S. 519-541.

Uffhausen, Dietrich (Hg.) 1989: Friedrich Hölderlin. »Bevestigter Gesang«. Die neu zu entdeckende hymnische Spätdichtung bis 1806. Stuttgart.

UNGER, Rudolf 1924: Literaturgeschichte als Problemgeschichte. Berlin.
URBAN, Bernd (Hg.) 1973: Psychoanalyse und Literaturwissenschaft. Texte zur Geschichte ihrer Beziehungen. Tübingen.
URBAN, Bernd / Winfried KUDSZUS (Hgg.) 1981a: Psychoanalytische und psychopathologische Literaturinterpretation. Darmstadt.
URBAN, Bernd / Winfried KUDSZUS 1981b: Kritische Überlegungen und neue Perspektiven zur psychoanalytischen und psychopathologischen Literaturinterpretation. Einleitung. In: Urban / Kudszus 1981a, S. 1-22.
USPENSKIJ, Boris A. 1975: Poetik der Komposition. Struktur des künstlerischen Textes und Typologie der Kompositionsform. Frankfurt a. M. [Zuerst russ. 1973].
VALÉRY, Paul 1991: Première leçon du cours de poétique. Antrittsvorlesung über Poetik am Collège de France. In: Valéry, Werke. Frankfurter Ausgabe in 7 Bänden. Hg. von J. Schmidt-Radefeldt. Bd. 5. Frankfurt a. M.
VAN REES, C. J. 1983: Advances in the Empirical Sociology of Literature. The Institutional Approach. In: Poetics 12 (1983), S. 285-310.
VEESER, H. A. (Hg.) 1989: The New Historicism. New York, London.
VERDAASDONK, H. 1985: Empirical Sociology of Literature as a Non-Textually Oriented Form of Research. In: Poetics 14 (1985), S. 173-185.
VERWEYEN, Theodor / Hans-Joachim KERTSCHER (Hgg.) 1995: Dichtungstheorien der deutschen Frühaufklärung. Tübingen. (= Hallesche Beiträge zur europäischen Aufklärung, Bd. 1).
VICKERS, Brian 1988: In Defence of Rhetoric. Oxford.
VIEHOFF, Reinhold 1988: Literarisches Verstehen. Neuere Ansätze und Ergebnisse empirischer Forschung. In: IASL 13 (1988), S. 1-39.
VIEHOFF, Reinhold (Hg.) 1991: Alternative Traditionen. Dokumente zur Entwicklung einer empirischen Literaturwissenschaft. Braunschweig.
VINAY, Jean-Paul / Jean DARBELNET 1958: Stylistique comparée du français et de l'anglais. Méthode de traduction. Paris.
VINKEN, Barbara (Hg.) 1992: Dekonstruktiver Feminismus. Literaturwissenschaft in Amerika. Frankfurt a. M.
VOGT, Jochen (Hg.) 1972a: Der Kriminalroman. Theorie und Geschichte einer Gattung. 2 Bde. München.
VOGT, Jochen 1972b/^{7}1990: Aspekte erzählender Prosa. Eine Einführung in Erzähltechnik und Romantheorie. Opladen.
VOGT, Jochen ^{2}1995: Thomas Mann, »Buddenbrooks«. München.
VOGT, Ludgera 1992: Vom Trivialautor zum Literaten. Das Beispiel Simmel. In: Bertelsmann Briefe, Okt. 1992, S. 13-17.
VOGT, Ludgera 1994: Kunst oder Kitsch. Ein »feiner Unterschied«? Soziologische Aspekte ästhetischer Wertung. In: Soziale Welt 45 (1994), S. 363-384.
VORMWEG, Heinrich 1980: Prosa in der Bundesrepublik seit 1945. In: Kindlers Literaturgeschichte der Gegenwart. Bd. 1: Die Literatur der Bundesrepublik Deutschland. Hg. von Dieter Lattmann. Frankfurt a. M., S. 169-420.
VOSSKAMP, Wilhelm 1971: Dialogische Vergegenwärtigung beim Schreiben und Lesen. Zur Poetik des Briefromans im 18. Jahrhundert. In: DVjs 45 (1971), S. 80-116.
VOZNESENSKIJ, A. 1927: Die Methodologie der russischen Literaturforschung in den Jahren 1910-1925. In: Zeitschrift für slavische Philologie 4 (1927), S. 145-162; 5 (1929), S. 175-199.

Wagenknecht, Christian 1971: Weckherlin und Opitz. Zur Metrik der deutschen Renaissancepoesie. München.

Wagenknecht, Christian (Hg.) 1989a: Zur Terminologie der Literaturwissenschaft. Akten des IX. Germanistischen Symposions der Deutschen Forschungsgemeinschaft Würzburg 1986. Stuttgart.

Wagenknecht, Christian 1989b: Vom Taufen von Begriffen. Am Beispiel der Widmung. In: Wagenknecht 1989a, S. 423-436.

Wagenknecht, Christian [3]1993: Deutsche Metrik. Eine historische Einführung. München.

Wagenknecht, Christian 1994: Johann Wolfgang Goethe. Faust. Helena-Akt. In: Wilfried Barner (Hg.), Ein Text und ein Leser. Weltliteratur für Liebhaber. Göttingen, S. 108-122.

Wagenschein, Martin 1977: Rettet die Phänomene! (Der Vorrang des Unmittelbaren). In: Der mathematische und naturwissenschaftliche Unterricht 30 (1977), S. 129-137.

Walzel, Oskar 1923: Werturteil. In: Walzel, Gehalt und Gestalt im Kunstwerk des Dichters. Berlin, S. 112-143.

Warneken, Bernd Jürgen 1972: Zu Hans Robert Jauß' Programm einer Rezeptionsästhetik. In: Hohendahl 1974, S. 290-296.

Warning, Rainer (Hg.) 1975a/[4]1994: Rezeptionsästhetik. Theorie und Praxis. München. (= UTB 303).

Warning, Rainer 1975b: Rezeptionsästhetik als literaturwissenschaftliche Pragmatik. In: Warning 1956a/[4]1994, S. 9-41.

Waugh, Patricia 1984: Metafiction. The Theory and Practice of Self-Conscious Fiction. London.

Weber, Heinz-Dieter (Hg.) 1978: Rezeptionsgeschichte oder Wirkungsästhetik. Stuttgart. (= Literaturwissenschaft – Gesellschaftswissenschaft, Bd. 34).

Weber, Heinz-Dieter 1981: Literaturgeschichte als Sozialgeschichte. In: Der Deutschunterricht 33 (1981), Heft 1, S. 56-78.

Weber, Samuel 1990: Rückkehr zu Freud. Jacques Lacans Entstellung der Psychoanalyse. Wien.

Wedewer, Rolf 1985: Zur Sprachlichkeit von Bildern. Ein Beitrag zur Analogie von Sprache und Kunst. Köln.

Wegmann, Nikolaus 1988a: Zurück zur Philologie? Diskurstheorie am Beispiel einer Geschichte der Empfindsamkeit. In: Fohrmann / Müller 1988, S. 349-364.

Wegmann, Nikolaus 1988b: Diskurse der Empfindsamkeit. Zur Geschichte eines Gefühls in der Literatur des 18. Jahrhunderts. Stuttgart.

Wehrli, Fritz 1928: Zur Geschichte der allegorischen Deutung Homers im Altertum. Basel.

Wehrli, Max 1965: Wert und Unwert in der Dichtung. Köln, Olten.

Wehrli, Max 1984: Literatur im deutschen Mittelalter. Eine poetologische Einführung. Stuttgart, S. 236-270.

Wehrli, Max 1991: Vom Schwinden des Werk-Begriffs. In: editio 5 (1991), S. 1-11.

Wehrli, Max 1993: Was ist/war Geistesgeschichte? In: Christoph König / Eberhard Lämmert (Hgg.), Literaturwissenschaft und Geistesgeschichte 1910 bis 1925. Frankfurt a. M., S. 23-37.

Weidemann, Hermann 1994: Aristoteles. Peri hermeneias. In: Aristoteles, Werke in deutscher Übersetzung. Begr. von Ernst Grumach. Hg. von Hellmut Flashar. Bd. 1, Teil 2. Paderborn.

WEIGEL, Sigrid 1984: Frau und »Weiblichkeit«. Theoretische Überlegungen zur feministischen Literaturkritik. In: Inge Stephan / Sigrid Weigel (Hgg.), Feministische Literaturwissenschaft. Dokumentation der Tagung in Hamburg 1983. Berlin. (= Literatur im historischen Prozeß. Neue Folge, Bd. 11).

WEIGEL, Sigrid ²1985: Der schielende Blick. Thesen zur Geschichte weiblicher Schreibpraxis. In: Sigrid Weigel / Inge Stephan, Die verborgene Frau. Sechs Beiträge zu einer feministischen Literaturwissenschaft. Hamburg, S. 83-137.

WEIGEL, Sigrid 1987: Die Stimme der Medusa. Schreibweisen in der Gegenwartsliteratur von Frauen. Dülmen.

WEIMANN, Robert 1970: Gegenwart und Vergangenheit in der Literaturgeschichte. Wieder in: Hohendahl 1974, S. 238-268.

WEIMAR, Klaus 1974: Kritische Bemerkungen zur »Logik der Dichtung«. In: DVjs 48 (1974), S. 10-14.

WEIMAR, Klaus 1975: Historische Einleitung zur literaturwissenschaftlichen Hermeneutik. Tübingen.

WEIMAR, Klaus / Christoph JERMANN 1984: »Zwiesprache« oder Literaturwissenschaft? Zur Revision eines faulen Friedens. In: Neue Hefte für Philosophie 23 (1984), S. 113-157.

WEIMAR, Klaus 1989: Literatur, Literaturgeschichte, Literaturwissenschaft. Zur Geschichte der Bezeichnungen für eine Wissenschaft und ihren Gegenstand. In: Wagenknecht 1989, S. 9-23.

WEINRICH, Harald 1964/²1971: Tempus. Besprochene und erzählte Welt. Stuttgart. (= Sprache und Literatur, Bd. 16).

WEINRICH, Harald 1967a: Semantik der Metapher. In: Folia Linguistica. Acta Societatis Linguisticae Europaeae 1 (1967), S. 3-17.

WEINRICH, Harald 1967b/1970: Für eine Literaturgeschichte des Lesers. In: Weinrich, Literatur für Leser. Essays und Aufsätze zur Literaturwissenschaft. Stuttgart, S. 23-34. (= Sprache und Literatur, Bd. 68).

WEINRICH, Harald 1972: Die Textpartitur als heuristische Methode. In: Der Deutschunterricht 24 (1972), Heft 4, S. 43-60.

WEINRICH, Harald 1975: Fiktionssignale. In: Weinrich (Hg.), Positionen der Negativität, Poetik und Hermeneutik. München, Bd. 6, S. 525-526.

WEINRICH, Harald 1984: Lesen, schneller lesen, langsamer lesen. In: Neue Rundschau 95 (1984), Heft 3, S. 80-99.

WEINSTEIN, M. 1992: Jurij Tynjanov ou la naissance de la poétique moderne. 2 Bde. Paris.

WEITZ, Morris 1956: Die Rolle der Theorie in der Ästhetik. In: W. Henckmann (Hg.) 1979, Ästhetik. Darmstadt, S. 193-208.

WELLEK, René / Austin WARREN 1963: Theory of Literature. London. Dt. 1968: Theorie der Literatur. Berlin.

WELLEK, René 1970: The Literary Theory and Aesthetics of the Prague School. In: Wellek, Discriminations. Further Concepts of Criticism. New Haven.

WELLEK, René 1977-1990: Geschichte der Literaturkritik 1750-1950. 4 Bde. Berlin.

WENZEL, Horst 1995: Hören und Sehen, Schrift und Bild. Kultur und Gedächtnis im Mittelalter. München.

WERBER, Niels 1992: Literatur als System. Zur Ausdifferenzierung literarischer Kommunikation. Opladen.

WERNER, Michael / Winfried WOESLER (Hgg.) 1987: Edition et Manuscrits. Probleme der Prosa-Edition. Akten des mit Unterstützung des Centre Nationale de la Recherche Scientifique und der Deutschen Forschungsgemeinschaft veranstalteten französisch-deutschen Editorenkolloquiums Paris 1983. Bern u. a. (= Jahrbuch für internationale Germanistik, Reihe A, Kongressberichte, Bd. 19).

WEST, Martin L. 1973: Textual Criticism and Editorial Technique Applicable to Greek and Latin Texts. Stuttgart.

WHITE, Hayden 1986: Auch Klio dichtet oder Die Fiktion des Faktischen. Studien zur Tropologie des historischen Diskurses. Stuttgart. (= Sprache und Geschichte, Bd. 10).

WHITE, Hayden 1990: Die Bedeutung der Form. Erzählstrukturen in der Geschichtsschreibung. Frankfurt a. M.

WIDDOWSON, H. G. 1992: Practical Stylistics. An Approach to Poetry. Oxford.

WIDMANN, Hans 1973: Vom Nutzen und Nachteil der Erfindung des Buchdrucks. Aus der Sicht der Zeitgenossen des Erfinders. Mainz.

WIECKENBERG, Ernst-Peter 1969: Zur Geschichte der Kapitelüberschrift im deutschen Roman vom 15. Jahrhundert bis zum Ausgang des Barock. Göttingen. (= Palaestra, Bd. 253).

WIEGMANN, Hermann 1977: Geschichte der Poetik. Ein Abriß. Stuttgart. (= Sammlung Metzler, Bd. 160).

WIEGMANN, Hermann 1989: Von Platons Dichterkritik zur Postmoderne. Studien zur Rhetorik und Ästhetik. Bielefeld.

WILLENBERG, H. 1978: Zur Psychologie literarischen Lesens. Wahrnehmung, Sprache und Gefühle. Paderborn. (= Informationen zur Sprach- und Literaturdidaktik, Bd. 15).

WILSS, Wolfram 1977: Übersetzungswissenschaft. Probleme und Methoden. Stuttgart.

WILSS, Wolfram 1988: Kognition und Übersetzen. Zu Theorie und Praxis der menschlichen und der maschinellen Übersetzung. Tübingen. (= Konzepte der Sprach- und Literaturwissenschaft, Bd. 41).

WINKLER, Lutz 1973: Entstehung und Funktion des literarischen Marktes. In: Winkler, Kulturwarenproduktion. Frankfurt a. M., S. 12-75.

WINTER, Rainer / Roland ECKERT (Hgg.) 1990: Mediengeschichte und kulturelle Differenzierung. Opladen.

WIRSCHING, J. 1979: Kanon. In: K. Ziegler / W. Sontheimer (Hgg.), Der Kleine Pauly. München, Bd. 3, Sp. 109f.

WITTE, Bernd 1993: Das Gericht, das Gesetz, die Schrift. Über die Grenzen der Hermeneutik am Beispiel von Kafkas Türhüter-Legende. In: Bogdal 1993, S. 94-114.

WITTMANN, Reinhard 1982: Buchmarkt und Lektüre im 18. und 19. Jahrhundert. Beiträge zum literarischen Leben 1750-1880. Tübingen.

WITTMANN, Reinhard 1991: Geschichte des deutschen Buchhandels. München.

WOESLER, Winfried 1980: Der Kanon als Identifikationsangebot. Neue Überlegungen zur Rezeptionstheorie. In: Woesler (Hg.), Modellfall der Rezeptionsforschung. Droste-Rezeption im 19. Jahrhundert. Dokumentation, Analysen, Bibliographie. Frankfurt a. M., Bd. 2, S. 1213-1227.

WOLFF, Erwin 1971: Der intendierte Leser. In: Poetica 4 (1971), S. 141-166.
WOLTERSTORFF, Nicholas 1980: Works and Worlds of Art. Oxford.
WOOD, David 1991: On Paul Ricœur. Narrative and Interpretation. London, New York.
WOODS, John 1974: The Logic of Fiction. The Hague.
WOOLF, Virginia 1992: Ein eigenes Zimmer. Drei Guineen. Essays. Leipzig.
WRIGHT, Elizabeth 1986: Lacan und Literaturanalyse. In: Albrecht Schöne (Hg.), Akten des VII. Internationalen Germanisten-Kongresses Göttingen 1985. Kontroversen, alte und neue. Tübingen, Bd. 6, S. 213-220.
WUCHERPFENNIG, Wolf 1988: We don't need no education. Foucault und die poststrukturalistische Germanistik. In: Norbert Oellers (Hg.), Germanistik und Deutschunterricht im Zeitalter der Technologie. Tübingen, Bd. 1, S. 162-174.
WÜLLENWEBER, Walter 1995: Die Hornhautgeneration oder wir 30jährigen. In: Kursbuch 121 (1995), S. 39-45.
WÜNSCH, Marianne 1977: Zur Kritik der psychoanalytischen Textanalyse. In: Wolfgang Klein (Hg.), Methoden der Textanalyse. Heidelberg, S. 45-60.
WÜNSCH, Marianne ²1984: Wirkung und Rezeption. In: Reallexikon der deutschen Literaturgeschichte. Berlin, New York, Bd. 4, Sp. 894-919.
WUTHENOW, Ralph-Rainer 1990: Europäische Tagebücher. Eigenart, Formen, Entwicklung. Darmstadt.
WUTZ, Herbert 1957: Zur Theorie der literarischen Wertung. Kritik vorliegender Theorien und Versuch einer Grundlegung. Tübingen. (= Neue geisteswissenschaftliche Studien, Bd. 1).
WYATT, Frederick 1976: Anwendung der Psychoanalyse auf die Literatur. Phantasie, Deutung, klinische Erfahrung. In: Mechthild Curtius (Hg.), Seminar »Theorien der künstlerischen Produktivität«. Entwürfe mit Beiträgen aus Literaturwissenschaft, Psychoanalyse und Marxismus. Frankfurt a. M., S. 335-357.
ZAPF, Hubert 1991a: Kurze Geschichte der angloamerikanischen Literaturtheorie. München. (= UTB 1629).
ZAPF, Hubert 1991b: New Historicism. In: Zapf 1991a, S. 230-240.
ZELLER, Hans 1958: Zur gegenwärtigen Aufgabe der Editionstechnik. Ein Versuch, komplizierte Handschriften darzustellen. In: Euphorion 52 (1958), S. 356-377.
ZELLER, Hans 1971: Befund und Deutung. Interpretation und Dokumentation als Ziel und Methode der Edition. In: Martens / Zeller 1971, S. 45-89.
ZELLER, Hans 1975: Struktur und Genese in der Editorik. Zur germanistischen und anglistischen Editionsforschung. In: Haubrichs 1975, S. 105-126.
ZELLER, Hans 1979: Die Bedeutung der Varianten für die Interpretation. Am Beispiel der »Judenbuche« der Droste. In: Hay / Woesler 1981, S. 119-132.
ZELLER, Hans 1985: Für eine historische Edition. Zu Textkonstitution und Kommentar. In: Germanistik. Forschungsstand und Perspektiven. Vorträge des Deutschen Germanistentages 1984. Hg. von Georg Stötzel. Bd. 2: Ältere deutsche Literatur. Neuere deutsche Literatur. Berlin, New York.
ZELLER, Hans 1986: Die Typen des germanistischen Varianten-Apparats und ein Vorschlag zu einem Apparat für Prosa. In: Zeitschrift für deutsche Philologie 105 (1986), Sonderheft, S. 42-69.
ZELLER, Hans 1989: Fünfzig Jahre neugermanistischer Edition. Zur Geschichte und künftigen Aufgaben der Textologie. In: editio 3 (1989), S. 1-17.

ZELLER, Hans 1990: Was nützt die Modernisierung der historischen Orthographie in unseren Klassiker-Ausgaben? In: editio 4 (1990), S. 44-56.
ZELLER, Rosmarie 1988: Struktur und Wirkung. Zu Konstanz und Wandel literarischer Normen im Drama zwischen 1750 und 1810. Bern, Stuttgart.
ZENKE, Jürgen 1976: Die deutsche Monologerzählung im 20. Jahrhundert. Köln, Wien.
ZEUTSCHNER, Heiko 1995: Die braune Mattscheibe. Fernsehen im Nationalsozialismus. Hamburg.
ZIMA, Peter V. 1980: Textsoziologie. Eine kritische Einführung. Stuttgart.
ZIMA, Peter V. 1989: Ideologie und Theorie. Eine Diskurskritik. Tübingen.
ZIMA, Peter V. 1991: Literarische Ästhetik. Methoden und Modelle der Literaturwissenschaft. Tübingen. (= UTB 1590).
ZIMMERMANN, Bernhard 1977: Literaturrezeption im historischen Prozeß. Zur Theorie einer Rezeptionsgeschichte der Literatur. München.
ŽMEGAČ, Viktor (Hg.) 1978/1984 (2., durchges. Aufl.): Geschichte der deutschen Literatur vom 18. Jahrhundert bis zur Gegenwart. 2 Bde. Königstein i. Ts.
ŽMEGAČ, Viktor 1990: Der europäische Roman. Geschichte seiner Poetik. Tübingen.
ZUMTHOR, Paul 1987: La lettre et la voix. De la »littérature« médiévale. Paris.
ZUMTHOR, Paul 1990: Einführung in die mündliche Dichtung. Berlin.

Register

Sachregister

Das folgende Sachregister verzeichnet nicht alle, sondern nur die für das Verständnis eines Begriffs einschlägigen Textstellen der Kapitel-Texte (nicht aber des Glossars). Epochenbezeichnungen wurden nicht, Fachtermini anderer Wissenschaften nur dann berücksichtigt, wenn sie unmittelbar literaturwissenschaftlich relevant erschienen. Doppelbegriffe aus Substantiven und spezifizierenden Attributen sind zur leichteren Auffindbarkeit entsprechend dem für den jeweiligen Sachzusammenhang signifikanten Begriffsteil eingeordnet.

Personenregister

Mitarbeiter dieses Bandes

Klaus-Michael Bogdal, Dr. phil.; Professor für Germanistik an der Gerhard-Mercator-Universität GH Duisburg.

Anne Bohnenkamp, Dr. phil.; Wissenschaftliche Assistentin am Institut für Allgemeine und Vergleichende Literaturwissenschaft der Universität München.

Andreas Dörner, Dr. phil.; Wissenschaftlicher Mitarbeiter am Institut für Politikwissenschaft der Universität Magdeburg; z. Zt. DFG-Postdok-Stipendiat an der Universität Regensburg.

Walter Erhart, Dr. phil.; Privatdozent am Seminar für Deutsche Philologie der Universität Göttingen.

Bernd Graff, Dr. phil.; Assistent am Institut für Theaterwissenschaft der Universität München; z. Zt. Habilitation zur ›Semantik des Raumes‹.

Rainer Grübel, Dr. phil.; Professor für Slawische Philologie (Literaturwissenschaft) an der Universität Oldenburg.

Britta Herrmann, M. A.; Stipendiatin am Graduierten-Kolleg »Geschlechterdifferenz und Literatur« der Universität München.

Hermann Korte, Dr. phil.; Oberstudiendirektor und Lehrbeauftragter an der Universität GH Essen.

Sabine Lorenz; Literaturwissenschaftlerin mit dem Schwerpunkt Übersetzungswissenschaft und freie Übersetzerin in Göttingen.

Matias Martinez, Dr. phil.; Hochschulassistent am Institut für Allgemeine und Vergleichende Literaturwissenschaft der Universität München.

Albert Meier, Dr. phil.; Professor für Neuere deutsche Literatur an der Christian-Albrechts-Universität Kiel.

Burkhard Moennighoff, Dr. phil.; Wissenschaftlicher Assistent am Seminar für Deutsche Philologie der Universität Göttingen.

Klaus Müller-Dyes, Dr. phil.; Akademischer Oberrat für Neuere deutsche Literatur am Seminar für Deutsche Philologie der Universität Göttingen.

Uwe Neumann, Dr. phil.; Hochschulassistent am Seminar für Allgemeine Rhetorik der Universität Tübingen.

Reinhard M.G. Nickisch, Dr. phil.; lehrt seit 1968 Neuere deutsche Literatur am Seminar für Deutsche Philologie der Universität Göttingen.

Caroline Pross, M.A.; Studium der Germanistik, Romanistik und Geschichte in München und Madrid.

Matthias Richter, Dr. phil.; unterrichtet an einem Göttinger Gymnasium und ist Lehrbeauftragter an der TU Braunschweig.

Lutz Rühling, Dr. phil.; Lehrbeauftragter am Skandinavischen Seminar der Universität Göttingen; Stipendiat der Dr. Meyer-Struckmann-Stiftung.

Peter Rusterholz, Dr. phil.; Ordinarius für Neuere deutsche Literatur an der Universität Bern.

Detlev Schöttker, Dr. phil.; lehrt Literaturwissenschaft an der Universität Stuttgart.

Erhard Schütz, Dr. phil.; Professor für Neuere deutsche Literatur an der Humboldt-Universität Berlin, lehrt Kulturjournalismus und Historische Publizistik an der Freien Universität Berlin.

Gustav Seibt, Dr. phil.; Literatur-Redakteur der Frankfurter Allgemeinen Zeitung.

Bernd Spillner, Dr. phil.; Professor für Romanistik und Allgemeine Sprachwissenschaft an der Gerhard-Mercator-Universität GH Duisburg.

Jochen Vogt, Dr. phil.; Professor für Germanistik/Literaturwissenschaft an der Universität GH Essen.

Ludgera Vogt, Dr. phil.; Hochschulassistentin am Institut für Soziologie der Universität Regensburg.

Kirsten Wechsel, M.A.; Wissenschaftliche Mitarbeiterin am Skandinavischen Seminar der Universität Göttingen.

Thomas Wegmann; Wissenschaftlicher Mitarbeiter für Neuere deutsche Literatur/Mediengeschichte an der Freien Universität Berlin.

Gerald Wildgruber; Studium der Allgemeinen und Vergleichenden Literaturwissenschaft, Philosophie und Romanistik in München und Paris.

Simone Winko, Dr. phil.; Wissenschaftliche Assistentin am Literaturwissenschaftlichen Seminar der Universität Hamburg.

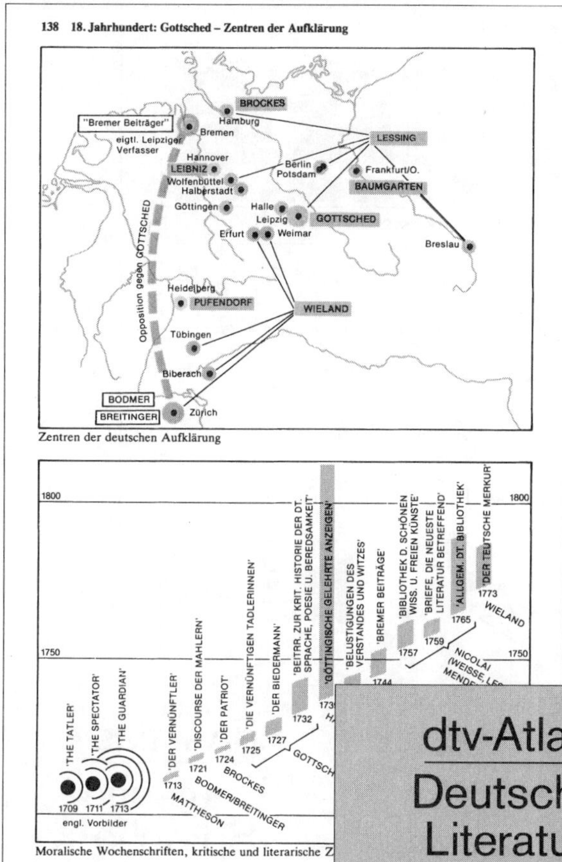

138 18. Jahrhundert: Gottsched – Zentren der Aufklärung

Zentren der deutschen Aufklärung

Moralische Wochenschriften, kritische und literarische Z

Die deutsche Literatur seit 1945

Herausgegeben von Heinz Ludwig Arnold

»Eine eindrucksvolle, spannende, vielfältige Sammlung, die eine gezielte Auswahl, ein zufälliges Erblättern oder enthusiastische Leseabende erlaubt.«
Offener Kanal Berlin

»Draußen vor der Tür«
1945–1948
dtv 3-423-12081-9

»Doppelleben«
1949–1952
dtv 3-423-12082-7

Im Treibhaus
1953–1956
dtv 3-423-12083-5

Die Wunderkinder
1957–1960
dtv 3-423-12084-3

Geteilte Himmel
1961–1966
dtv 3-423-**12369**-9

Deutschstunden
1967–1971
dtv 3-423-**12441**-5

Unvollendete Geschichten
1972–1977
dtv 3-423-**12442**-3

Seelenarbeiten
1978–1983
dtv 3-423-**12596**-9

Letzte Welten
1984–1989
dtv 3-423-**12636**-1

Augenblicke des Glücks
1990–1995
dtv 3-423-**12697**-3

Flatterzungen
1996–1999
dtv 3-423-**12827**-5

Heinz Ludwig Arnold
Die westdeutsche Literatur 1945 bis 1990
Ein kritischer Überblick
dtv 3-423-**30485**-5

dtv

Wörterbücher zur deutschen Sprache

WAHRIG Wörterbuch der deutschen Sprache
Hrsg. von Gerhard Wahrig
Neu herausgegeben und bearbeitet von Dr. Renate Wahrig-Burfeind

ISBN 3-423-03366-5

CD-ROM

ISBN 3-423-52102-3

Mit 20000 Stichwörtern in der alten und neuen Schreibweise das aktuelle, grundlegend erweiterte Standardwerk zu Rechtschreibung, Worttrennung, Grammatik und Aussprache. Mit dem amtlichen Regelwerk zur Rechtschreibreform.

WAHRIG Universalwörterbuch Rechtschreibung
Hrsg. von
Renate Wahrig-Burfeind

ISBN 3-423-32524-0

WAHRIG Fremdwörterlexikon
Von Renate Wahrig-Burfeind

ISBN 3-423-32516-X

Umfassende Angaben zu Aussprache, Betonung, Grammatik. Mit der Neuregelung der Fremdwortschreibung.

WAHRIG 2 Bände im Vorteilspaket
Universalwörterbuch Rechtschreibung und Fremdwörterlexikon

ISBN 3-423-32525-9

Etymologisches Wörterbuch des Deutschen
Erarbeitet im Zentralinstitut für Sprachwissenschaft, Berlin, unter der Leitung von Wolfgang Pfeifer

ISBN 3-423-32511-9

8000 Einträge erklären Herkunft, Entwicklung, Bedeutung und Verwandtschaft von rund 22000 Wörtern der deutschen Sprache.

Wörterbuch Synonyme
Von Herbert Görner und Günter Kempcke

ISBN 3-423-32515-1

Mehr als 30000 Stichwörter mit ihren einzelnen Bedeutungsvarianten.

Deutsches Wörterbuch 33 Bände
Von Jacob Grimm und Wilhelm Grimm

ISBN 3-423-59045-9

Hansers Sozialgeschichte der deutschen Literatur bei dtv

Vom 16. Jahrhundert bis zur Gegenwart
Herausgegeben von Rolf Grimminger

Die Literatur des 17. Jahrhunderts
Herausgegeben von Albert Meier
ISBN 3-423-04344-X

Deutsche Aufklärung bis zur Französischen Revolution 1680–1789
Herausgegeben von Rolf Grimminger
2 Bände
ISBN 3-423-04345-8

Zwischen Revolution und Restauration 1815–1848
Herausgegeben von Gert Sautermeister und Ulrich Schmid
ISBN 3-423-04347-4

Bürgerlicher Realismus und Gründerzeit 1848–1890
Herausgegeben von Gerhard Plumpe und Edward McInnes
ISBN 3-423-04348-2

Naturalismus, Fin de siècle, Expressionismus 1890–1918
Herausgegeben von York-Gothart Mix
ISBN 3-423-04349-0

Literatur in der Bundesrepublik Deutschland bis 1967
Herausgegeben von Ludwig Fischer
ISBN 3-423-04352-0

Literaturgeschichte im dtv

Michael von Albrecht
Geschichte der römischen Literatur
Von Andronicus bis Boëthius
2 Bände
ISBN 3-423-30099-X

Dieter Kartschoke
Geschichte der deutschen Literatur im frühen Mittelalter
ISBN 3-423-30777-3

Joachim Bumke
Geschichte der deutschen Literatur im hohen Mittelalter
ISBN 3-423-30778-1

Thomas Cramer
Geschichte der deutschen Literatur im späten Mittelalter
ISBN 3-423-30779-X

Elisabeth und Herbert A. Frenzel
Daten deutscher Dichtung
Chronologischer Abriß der deutschen Literaturgeschichte
Band 1:
ISBN 3-423-03003-8
Band 2:
SBN 3-423-03004-6

Horst Dieter Schlosser
dtv-Atlas Deutsche Literatur
ISBN 3-423-03219-7

Heinz Ludwig Arnold
Die westdeutsche Literatur 1945 bis 1990
Ein kritischer Überblick
ISBN 3-423-30485-5

Volker Meid (Hrsg.)
Sachlexikon der Literatur
ISBN 3-423-32522-4

Arno Borst
Der Turmbau von Babel
Geschichte der Meinungen über Ursprung und Vielfalt der Sprachen und Völker
4 Bände in Kassette
ISBN 3-423-59028-9

Gero von Wilpert
Lexikon der Weltliteratur
in vier Bänden
Autoren (2 Bände)
Werke (2 Bände)
ISBN 3-423-59050-5

Literaturwissenschaft im dtv

Heinz Ludwig Arnold
Heinrich Detering (Hrsg.)
Grundzüge der Literaturwissenschaft
ISBN 3-423-30171-6

Bernd Balzer
Das literarische Werk Heinrich Bölls
Einführung und Kommentare
ISBN 3-423-30650-5

Reinhard Baumgart
Deutsche Literatur der Gegenwart
Kritiken, Essays, Kommentare
ISBN 3-423-04674-0

Klaus Michael Bogdal
Hermann Korte (Hrsg.)
Grundzüge der Literaturdidaktik
ISBN 3-423-30798-6

Umberto Eco
Zwischen Autor und Text
Interpretation und Überinterpretation
ISBN 3-423-04682-1

Die Grenzen der Interpretation
ISBN 3-423-30168-6

Lector in fabula
Die Mitarbeit der Interpretation in erzählenden Texten
ISBN 3-423-30141-4

Die Suche nach der vollkommenen Sprache
ISBN 3-423-30829-X

Georg Lukács
Die Theorie des Romans
ISBN 3-423-30173-2

Peter von Matt
Liebesverrat
Über die Treulosen in der Literatur
ISBN 3-423-30143-0

Verkommene Söhne, mißratene Töchter
Familiendesaster in der Literatur
ISBN 3-423-30647-5

... fertig ist das Angesicht
Zur Literaturgeschichte des menschlichen Gesichts
ISBN 3-423-30769-2

Die verdächtige Pracht
Über Dichter und Gedichte
ISBN 3-423-30826-5

Jan Philipp Reemtsma
Das Buch vom Ich
Christoph Martin Wielands »Aristipp und einige seiner Zeitgenossen«
ISBN 3-423-30760-9

Daniel W. Wilson
Das Goethe-Tabu
Protest und Menschenrechte im klassischen Weimar
ISBN 3-423-30710-2

Sprechen und Schreiben

Klaus Bartels
Veni vidi vici
Geflügelte Worte aus dem Griechischen und Lateinischen
ISBN 3-423-**20167**-3

Etymologisches Wörterbuch des Deutschen
Herausgegeben von Wolfgang Pfeifer
ISBN 3-423-**32511**-9

Deutsches Wörterbuch
von Jacob und Wilhelm Grimm
33 Bände
ISBN 3-423-**59045**-9

Werner König
dtv-Atlas Deutsche Sprache
ISBN 3-423-0**3025**-9

Werner Lansburgh
Holidays for Doosie
Eine Reise durch Europa oder Englisch mit Liebe
ISBN 3-423-**20230**-0

Helen Leuninger
Reden ist Schweigen, Silber ist Gold
Gesammelte Versprecher
ISBN 3-423-**20118**-5

Ludwig Reiners
Stilfibel
Der sichere Weg zum guten Deutsch
ISBN 3-423-**30005**-1

Hans Joachim Störig
Abenteuer Sprache
Ein Streifzug durch die Sprachen der Erde
ISBN 3-423-**30863**-X

Wolfgang Viereck, Karin Viereck und Heinrich Ramisch
dtv-Atlas Englische Sprache
ISBN 3-423-0**3239**-1

WAHRIG Wörterbuch der deutschen Sprache
Auf der Grundlage der neuen amtlichen Rechtschreibregeln
ISBN 3-423-0**3366**-5
CD-ROM
ISBN 3-423-**52102**-3

WAHRIG Fremdwörterlexikon
ISBN 3-423-**32516**-X

WAHRIG Universalwörterbuch Rechtschreibung
Von Renate Wahrig-Burfeind
ISBN 3-423-**32524**-0

Bitte besuchen Sie uns im Internet: www.dtv.de